BOUQUINS

Collection fondée par G

et dirigée p

JAMES M. McPHERSON
Professeur d'histoire à l'université de Princeton

LA GUERRE DE SÉCESSION

(1861-1865)

Traduit de l'américain par Béatrice Vierne

PRÉFACE DE PHILIPPE RAYNAUD
Professeur de science politique
à l'université de Lille II

CHRONOLOGIE
TABLE DES ABRÉVIATIONS
NOTICES BIBLIOGRAPHIQUES
INDEX ET CARTES

ROBERT LAFFONT

Ce volume fait partie de L'Histoire des États-Unis *éditée par Oxford University Press sous la direction de Vann Woodward.*

***Béatrice Vierne a reçu le prix Maurice Edgar Coindreau 1992 pour sa traduction de* La Guerre de Sécession.**

Titre original en anglais *Battle Cry of Freedom*
Copyright © 1988 by Oxford University Press Inc.

© Éditions Robert Laffont, S.A., Paris, 1991
pour la traduction française et la préface

ISBN : 2-221-06742-8
Dépôt légal : mars 2006 - N° d'éditeur : L 06742 (E06)

Pour Vann et Willie
et à la mémoire de Glenn et Bill
qui m'ont fait entrer dans le monde
historique et universitaire,
au bon vieux temps de Johns Hopkins.

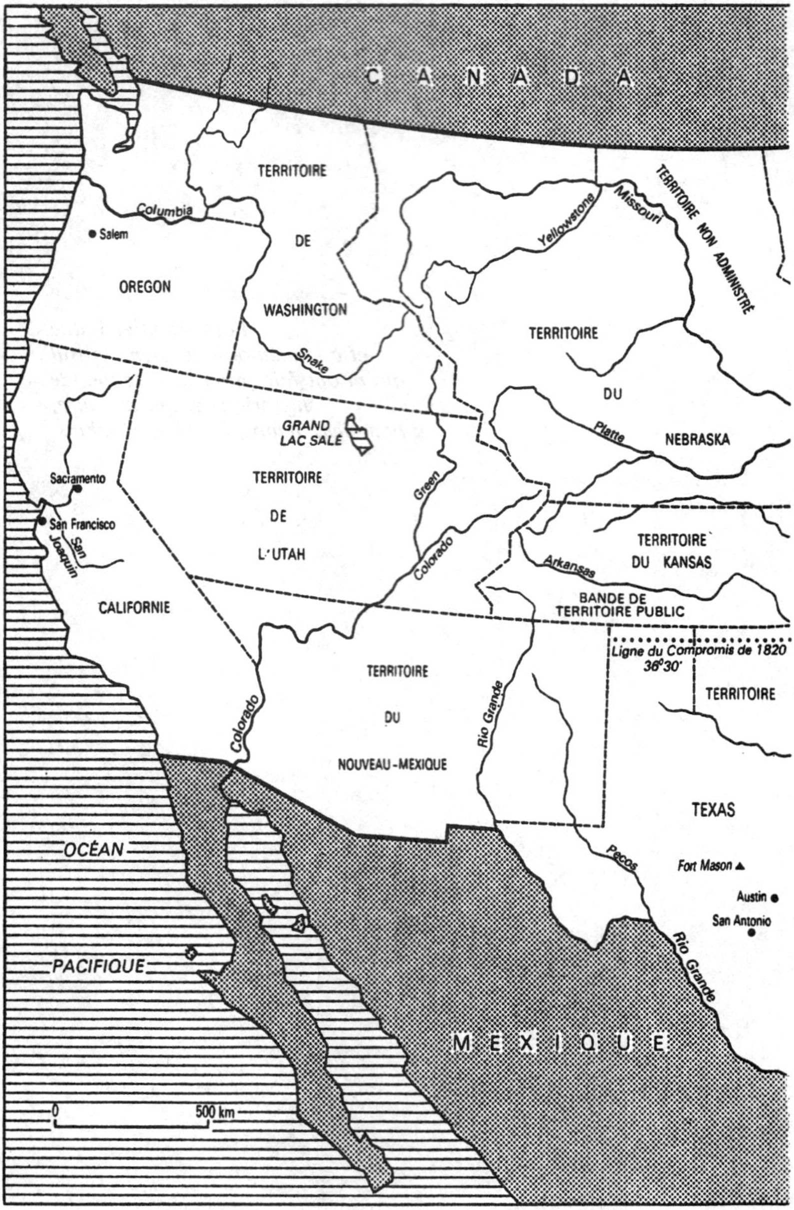
CANADA
TERRITOIRE NON ADMINISTRÉ
TERRITOIRE
DE
WASHINGTON
Columbia
Salem
OREGON
Snake
Yellowstone
Missouri
TERRITOIRE
DU
NEBRASKA
Platte
GRAND
LAC SALÉ
TERRITOIRE
DE
L'UTAH
Green
Sacramento
San Francisco
San
Joaquin
Colorado
TERRITOIRE
DU KANSAS
Arkansas
BANDE DE
TERRITOIRE PUBLIC
CALIFORNIE
Ligne du Compromis de 1820
36°30'
TERRITOIRE
TERRITOIRE
DU
NOUVEAU-MEXIQUE
Rio Grande
Colorado
TEXAS
OCÉAN
PACIFIQUE
Pecos
Fort Mason
Austin
San Antonio
Rio Grande
MEXIQUE
0
500 km

LES ÉTATS-UNIS EN 1861

BATTLE CRY OF FREEDOM
(Cri de guerre : Liberté)

Les paroles et la musique originales de ce chant martial furent écrites durant l'été de 1862, par George F. Root, l'un des principaux compositeurs nordistes de la guerre de Sécession. L'air était si entraînant que le musicien sudiste H.L. Schreiner et le parolier W.H. Barnes l'adaptèrent pour les troupes confédérées. Les deux versions connurent une grande popularité de part et d'autre de la ligne Mason-Dixon. Le troisième couplet et le refrain de chacune ont été reproduits ci-dessous.

TROISIÈME COUPLET :

Union : Bienvenue dans nos rangs aux braves loyaux et fidèles / Qui poussent le cri de guerre : Liberté ! / Si pauvre soit-il, nul ne sera esclave, / S'il pousse le cri de guerre : Liberté !

Confédérés : Ils ont donné leur vie sur le sanglant champ de bataille, / En poussant le cri de guerre : Liberté ! / Leur devise est résistance, ne cédons pas aux tyrans ! / Poussons le cri de guerre : Liberté !

REFRAIN :

Union : L'Union à tout jamais, / hourra, les gars, hourra ! / A bas le traître, vive l'étoile, / rallions-nous au drapeau, les gars, / rallions-nous encore une fois, / en poussant le cri de guerre : Liberté !

Confédérés : Notre Dixie à tout jamais, / elle n'est jamais prise en défaut, / à bas l'aigle, vive la croix, / rallions-nous autour du beau drapeau, / rallions-nous encore une fois, / poussons le cri de guerre : Liberté !

PRÉFACE

de Philippe Raynaud

Si la guerre de Sécession reste assez largement méconnue du public français, cela tient sans doute à ce qu'elle est la principale tragédie de l'histoire des États-Unis, et qu'elle contredit ainsi l'idée familière que l'expérience américaine ait été essentiellement modérée, paisible et heureuse. Depuis Tocqueville, en effet, la réflexion sur l'Amérique nous permet d'abord d'interpréter notre propre condition politique. Ceux qui déplorent la longue suite de révolutions qui a suivi 1789 admirent et envient la longévité et la souplesse du régime né en 1787, qui semble au contraire irrémédiablement prosaïque ou bourgeois aux nostalgiques de la tradition révolutionnaire française : les uns et les autres ont de la peine à comprendre qu'une guerre civile longue et meurtrière, dont bien des caractères évoquent les révolutions européennes, ait pu se dérouler aux États-Unis. En outre, depuis Tocqueville, les plus clairvoyants des observateurs français voient dans les États-Unis l'image même des passions démocratiques et égalitaires ; or, le conflit des années 1860 est né de l'existence et de la vitalité en Amérique d'une institution, l'esclavage, qui apparaît comme le plus clair défi aux idéaux modernes, et sa suppression à l'issue de la guerre n'a nullement suffi à établir l'égalité entre les anciens esclaves et les Blancs américains.

Le beau livre de James McPherson propose dans un récit vivant et coloré une excellente synthèse de l'état des connaissances sur la guerre civile américaine, et, surtout, il donne une image précise de ce qu'elle représente pour les Américains d'aujourd'hui : la naissance d'une société nouvelle, très différente de celle qui s'était formée aux lendemains de l'Indépendance. Avant de dire ce qui fait la nouveauté de son propos, je voudrais cependant rappeler quels étaient les enjeux du conflit et, surtout, montrer pourquoi celui-ci a été pour la démocratie américaine l'épreuve décisive où sont apparues au grand jour toutes les ambiguïtés du régime né en 1787 avec l'adoption de la Constitution.

Le Nord et le Sud : deux civilisations ?

La guerre civile américaine a eu comme cause immédiate l'élection de Lincoln, que les États du Sud considéraient comme une menace pour la survie de leur système social, alors que son but immédiat était seulement d'empêcher l'expansion de l'esclavage dans les territoires nouvellement acquis. Mais elle est surtout l'aboutissement d'une rivalité beaucoup plus ancienne entre les deux « sections » de la nation américaine, dont l'origine se trouve dans le développement progressif, au début du XIXe siècle, de deux sociétés de plus en plus différentes. Dominé par l'aristocratie des planteurs, le Sud conserve une économie essentiellement agricole, mais prospère grâce à la forte vente du coton en Europe ; de ce fait, il associe un régime politique moderne et une économie libre-échangiste à un régime social fortement hiérarchisé, où la coupure entre les hommes libres et les esclaves est redoublée par les inégalités de pouvoir et de statut entre l'élite des planteurs et des notables et les « pauvres Blancs ». Le Nord donne au contraire une image essentiellement dynamique de la démocratie américaine : s'il est favorable à une politique protectionniste pour défendre son industrie naissante, il connaît aussi une mobilité sociale plus forte, qui s'accompagne du développement de mœurs plus égalitaires et même de courants d'opinion « radicaux » qui font écho aux mouvements sociaux de la vieille Europe. En fait, le clivage entre les deux sections est déjà nettement affirmé dans les années 1830 : une des analyses les plus profondes des oppositions entre le Sud et le Nord se trouve d'ailleurs dans le premier volume de *De la démocratie en Amérique* (1835), qui donne une synthèse des réflexions américaines sur les problèmes posés par l'esclavage des Noirs. Comme je crois utile de comprendre le problème des relations entre Nord et Sud tel qu'il apparaissait aux contemporains avant de l'interpréter à la lumière de ce que nous savons après coup sur ces conséquences, je partirai donc de la réflexion de Tocqueville, qui porte, rappelons-le, « sur l'état actuel et l'avenir des trois races qui habitent le territoire des États-Unis[1] ».

Ce que Tocqueville est allé chercher aux États-Unis, ce sont les « lois de la démocratie américaine », qui est pour lui surtout la terre par excellence de l'égalité des conditions, et qui donne donc une image de ce que l'Europe peut attendre de la démocratie. Mais Tocqueville sait aussi que la société américaine n'est pas un pur produit de l'idée démocratique : le peuple américain reste un peuple particulier, né d'une histoire singulière qui se déroule dans des circonstances originales. Dans l'ensemble, celles-ci sont favorables au développement paisible de la démocratie : les Américains ont hérité des libertés anglaises, ils combinent

1. Alexis de Tocqueville, *De la démocratie en Amérique*, Tome I, deuxième partie, chap. 10, Paris, J. Vrin, p. 262-278.

l'esprit de liberté et l'esprit de religion, ils jouissent d'une situation géographique exceptionnellement favorable. Mais ce peuple démocratique est aussi confronté à deux autres peuples qui, pour des raisons symétriques, incarnent deux principes radicalement opposés à celui de l'égalité des conditions. Les Indiens ne sont pas seulement des « sauvages » rebelles à la « civilisation » : libres et fiers, mais déjà dégradés par l'irruption des mœurs et des besoins modernes dans leur monde traditionnel, ils représentent une forme tragique et dérisoire du principe aristocratique et du militaire contre lesquels s'est constitué le nouveau monde démocratique. Le déracinement des Indiens les conduit à une lente disparition, qui traduit l'incompatibilité entre leur conception de l'indépendance individuelle et celle des colons américains ; celui des Noirs, plus violent encore, semble en revanche les condamner à une servitude indéfinie :

« Plongé dans cet abîme de maux, le Nègre sent à peine son infortune ; la violence l'avait placé dans l'esclavage, l'usage de la servitude lui a donné des pensées d'esclave ; il admire ses tyrans plus encore qu'il ne les hait, et trouve sa joie et son orgueil dans la servile imitation de ceux qui l'oppriment. [...]

« Le Nègre a perdu jusqu'à la propriété de sa personne, et il ne saurait disposer de sa propre existence sans commettre une sorte de larcin[1]. »

L'existence de l'esclavage aux États-Unis introduit la forme la plus extrême de l'inégalité dans ce monde de l'égalité radicale qu'est la démocratie moderne. C'est cela même qui, combiné avec la différence visible des races, rend l'esclavage *moderne* beaucoup plus dur et inflexible que l'esclavage antique :

« Les maux immédiats produits par l'esclavage étaient à peu près les mêmes chez les anciens qu'ils le sont chez les modernes, mais les suites de ces maux étaient différentes. Chez les anciens, l'esclave appartenait à la même race que son maître, et souvent il lui était supérieur en éducation et en lumières. La liberté seule les séparait ; la liberté étant donnée, ils se confondaient aisément.

« Les anciens avaient donc un moyen bien simple de se délivrer de l'esclavage et de ses suites ; ce moyen était l'affranchissement et, dès qu'ils l'ont employé d'une manière générale, ils ont réussi.

« Ce n'est pas que, dans l'Antiquité, les traces de la servitude ne subsistassent encore quelque temps après que la servitude était détruite.

« Il y a un préjugé naturel qui porte l'homme à mépriser celui qui a été son inférieur, longtemps encore après qu'il est devenu son égal ; à l'inégalité réelle que produit la fortune ou la loi, succède toujours une inégalité imaginaire, qui a ses racines dans les mœurs ; mais chez les anciens, cet effet secondaire de l'esclavage avait un terme. L'affranchi ressemblait si fort aux hommes d'origine libre, qu'il devenait bientôt impossible de le distinguer au milieu d'eux. Ce qu'il y avait de plus difficile chez les anciens était de modifier la loi ; chez les modernes,

1. Tocqueville, *op. cit.*, p. 261-262.

c'est de changer les mœurs et, pour nous, la difficulté réelle commence où l'Antiquité la voyait finir.

« Cela vient de ce que chez les modernes le fait immatériel et fugitif de l'esclavage se combine avec le fait permanent de la différence de race. Le souvenir de l'esclavage déshonore la race, et la race perpétue le souvenir de l'esclavage[1]. »

Les Blancs américains se perçoivent comme fondamentalement égaux quelles que soient par ailleurs les inégalités « réelles » — de pouvoir ou de richesse — qui les divisent ; de ce fait même, ceux dont la situation relative est la moins favorable ont d'autant plus intérêt à ce que leur statut soit *essentiellement* différent de la caste des esclaves : de là, *au Nord comme au Sud*, une exacerbation des sentiments « racistes » qui semble curieusement accompagner le progrès de la démocratie[2]. Mais ce durcissement de l'inégalité, qui semble contredire le mouvement général d'adoucissement des mœurs caractérisant la démocratie, se traduit par des évolutions divergentes, voire opposées, dans le Nord et dans le Sud.

Dans les États du Nord, où l'esclavage a toujours été une forme marginale de production, l'universalité du travail libre montre chaque jour la supériorité de celui-ci du point de vue même de l'économie ; l'abolition rapide de l'esclavage dans cette partie de l'Union est ainsi la conséquence naturelle de l'affermissement du régime moderne : « Ce n'est pas dans l'intérêt des Nègres, mais dans celui des Blancs, qu'on détruit l'esclavage aux États-Unis[3]. » Mais cette évolution ne se traduit pas pour autant par une amélioration de la condition des Noirs dans l'Union américaine ; la logique économique conduit à elle seule à empêcher le transfert des Noirs dans les États où, l'esclavage aboli, ils perdent leur valeur marchande et, surtout, le sentiment de l'inégalité des races et le refus des Blancs d'être confondus avec les anciens esclaves

1. Tocqueville, *op. cit.*, p. 261-262.

2. Tocqueville écrit à l'époque d'Andrew Jackson, dont la présidence (de 1829 à 1837) fut marquée à la fois par le développement du « capitalisme » américain, par la démocratisation du système politique, par la lutte contre les Indiens et par la naissance du « problème noir ». Les analyses de *De la démocratie en Amérique* permettent de comprendre la solidarité entre ces différents phénomènes. Pour ce qui nous intéresse, on remarquera que la revendication d'une extension des franchises électorales était souvent appuyée sur l'idée que, sans cela, rien ne distinguerait le « pauvre Blanc » du Noir ; dans le même esprit, on notera que, selon certains historiens, le durcissement du Sud est également lié au développement de la démocratie jacksonienne, ainsi qu'au déclin de la fraction la plus éclairée des planteurs (cf. sur ce point Clement Eaton, *The Freedom-of-Thought Struggle in the Old South*, New York, Harper & Row, 1964).

3. Tocqueville, *op. cit.*, p. 265. Il semble en fait que Tocqueville sous-estime ici l'efficacité économique des plantations : beaucoup d'historiens considèrent aujourd'hui que l'agriculture du Sud était en fait plus productive que celle du Nord, et que la principale raison de l'abolition de l'esclavage résidait dans son incompatibilité avec les principes démocratiques et humanitaires. *Cf.* notamment sur ce point : Robert W. Fogel & Stanley L. Engerman, *Time on the Cross : The Economics of American Slavery*, Boston, 1974 ; Robert W. Fogel, *Without Consent or Contract : The Rise and Fall of American Slavery*, New York, Norton, 1990 ; Roger L. Ransom, *Conflict and Compromise : The Political Economy of Slavery, Emancipation and The American Civil War*, Cambridge U.P., 1990.

conduisent à aggraver le « préjugé de race », ce qui, même en l'absence de discrimination légale, conduit à faire des Noirs une caste de parias, vouée aux travaux les plus bas. Ainsi, du fait de la ségrégation raciale naissante, « le Nègre ne partage ni les droits, ni les plaisirs, ni les douleurs, ni même le tombeau de celui dont il a été déclaré l'égal », et « l'inégalité se grave dans les mœurs à mesure qu'elle s'efface dans les lois[1] ».

Au Sud, la présence d'un grand nombre de Noirs, combinée avec des caractéristiques géographiques favorables à la culture de plantation (et avec l'expansion de la demande de coton dans le monde industrialisé) produit une situation rigoureusement inverse, où l'esclavage peut sembler sinon économiquement rationnel du moins provisoirement rentable[2], et où, surtout, il apparaît comme la condition politique et sociale de la coexistence entre les deux races, et de la domination des Blancs. De ce fait, alors même que la légitimité morale et l'utilité de l'esclavage restent contestées, « la législation des États du Sud relative aux esclaves présente de nos jours une sorte d'atrocité inouïe », qui permet de « juger de la position désespérée des deux races qui les habitent[3] » : pour rendre à jamais impossible toute confusion de statut entre Noirs et Blancs, on interdit aux Nègres d'apprendre à lire, et on multiplie les obstacles légaux à l'affranchissement[4]. Inversement, cette dureté *légale* des relations interraciales s'accompagne, *dans les mœurs*, d'une familiarité plus grande entre les deux races (analogue à celle qui, dans les temps « aristocratiques », pouvait s'établir entre des individus dont le statut était irrémédiablement inégal[5]) :

« Au Sud, où l'esclavage existe encore, on tient moins soigneusement les Nègres à l'écart ; ils partagent quelquefois les travaux des Blancs et leurs plaisirs ; on consent jusqu'à un certain point à se mêler avec eux ; la législation est plus dure à leur égard ; les habitudes sont plus tolérantes et plus douces.

« Au Sud, le maître ne craint pas d'élever jusqu'à lui son esclave, parce qu'il sait qu'il pourra toujours, s'il le veut, le rejeter dans la poussière. Au Nord, le Blanc n'aperçoit plus distinctement la barrière qui doit le séparer d'une race avilie, et il s'éloigne du Nègre avec d'autant plus de soin qu'il craint d'arriver un jour à se confondre avec lui[6]. »

---

1. Tocqueville, *op. cit.*, p. 265.
2. Pour mieux montrer les causes sociales et politiques du maintien et du durcissement de l'esclavage dans le Sud, Tocqueville sous-estime sans doute le poids des arguments économiques dans l'attitude des planteurs ; *cf.* p. VIII, n. 3.
3. Tocqueville, *op. cit.*, p. 277.
4. *Ibid.*, p. 277 : « On avait remarqué d'ailleurs depuis longtemps que la présence du Nègre libre jetait une inquiétude vague au fond de l'âme de ceux qui ne l'étaient pas et y faisait pénétrer, comme une lueur douteuse, l'idée de leurs droits. »
5. *Cf.* sur ce point, dans le deuxième volume de *De la démocratie en Amérique*, le chapitre « Comment la démocratie modifie les rapports du serviteur et du maître » (troisième partie, chap. V).
6. *Ibid.*, p. 265.

La question noire manifeste donc à la fois l'unité profonde de la démocratie américaine et la possible division des deux sections qui la composent. Le clivage entre États libres et États esclavagistes recouvre en effet des positions foncièrement identiques à l'égard des Noirs. D'un autre côté, la différence des conditions sociales et économiques du Nord et du Sud entraîne néanmoins des réponses différentes au problème racial (l'esclavage ou la ségrégation raciale) et elle conduit, chez les Blancs eux-mêmes, à la formation de *deux types humains* distincts d'abord par leurs « capacités commerciales », mais aussi et surtout par leurs passions et par leurs mœurs.

Si l'homme du Nord — le « yankee » — est le représentant le plus pur de l'esprit indissolublement démocratique et utilitaire qui domine en Amérique, les Blancs du sud des États-Unis sont au contraire poussés par l'esclavage à mépriser les valeurs du travail et de l'accumulation des richesses :

« Le Blanc de la rive droite[1], obligé de vivre par ses propres efforts, a placé dans le bien-être matériel le but principal de son existence... Il y a quelque chose de merveilleux dans les ressources de son génie, et une sorte d'héroïsme dans son avidité pour le gain.

« L'Américain de la rive gauche ne méprise pas seulement le travail, mais toutes les entreprises que le travail fait réussir ; vivant dans une oisive aisance, il a les goûts des hommes oisifs ; l'argent a perdu une partie de sa valeur à ses yeux. [...] L'esclavage n'empêche donc pas seulement les Blancs de faire fortune, il les détourne de le vouloir[2]. »

Mais ce clivage ne concerne pas seulement les conduites économiques ; la présence ou l'absence de l'esclavage produit deux types d'attitudes globales, qui se retrouvent dans tous les aspects de la vie. L'habitude de la domination donne à l'Américain du Sud un caractère emporté qui fait de lui un « homme altier, prompt, irascible, violent[3] » ; la vie de la plantation le pousse à aimer « la grandeur, le luxe, la gloire, le bruit, les plaisirs, l'oisiveté[4] » ; l'existence d'une aristocratie blanche statutairement supérieure aux Noirs encourage la renaissance d'une mentalité aristocratique et même « féodale », dont la vitalité de l'éthique de l'« honneur[5] », marquée notamment par la fréquence des duels, est

1. Tocqueville compare ici les différences produites entre les habitants des deux rives de l'Ohio par le seul fait de la présence de l'esclavage au Sud, et de son absence au Nord.
2. Tocqueville, *op. cit.*, I, p. 267-268.
3. *Ibid.*, p. 287.
4. *Ibid.*, p. 288.
5. Le deuxième volume de la *Démocratie*... contient un chapitre très remarquable sur « l'honneur aux États-Unis et dans les sociétés démocratiques » (II, troisième partie, chap. XVIII) ; de manière significative, Tocqueville a finalement décidé de ne pas y publier un intéressant paragraphe consacré à la vision sudiste de l'honneur, parce que celle-ci lui paraissait traduire les aspects aristocratiques de la culture du Sud (pour ce texte, *cf. ibid.*, II, p. 194, note h).

le signe le plus certain[1]. L'absence de l'esclavage et l'égalité qui règne au Nord habituent au contraire ses habitants à chercher à subvenir eux-mêmes à leurs besoins, les entraînent à la tolérance envers autrui, et leur enseignent ainsi « l'art de faire concourir la société à la postérité de chacun de ses membres, et à extraire de l'égoïsme individuel le bonheur de tous[2] ».

Les différences entre le Nord et le Sud marquent donc aux yeux de Tocqueville la réapparition paradoxale, au cœur du monde de l'égalité, de l'opposition entre ces « deux humanités distinctes[3] » que sont l'aristocratie et la démocratie. L'Amérique n'a donc pas dépassé la condition politique permanente de l'humanité, qui fait que, même si le principe moderne de l'égalité est vrai et juste, l'« aristocratie » a une grandeur propre et favorise des vertus qui risquent de se perdre dans la démocratie ; en outre, cette coexistence dans une même collectivité politique de deux types d'homme opposés, plus encore que la division des intérêts produite par l'esclavage, constitue un danger majeur pour l'Union américaine :

« L'Américain du Sud est plus spontané, plus spirituel, plus ouvert, plus généreux, plus intellectuel et plus brillant.

« L'Américain du Nord est plus actif, plus raisonnable et plus habile.

« L'un a les goûts, les préjugés, les faiblesses et la grandeur de toutes les aristocraties.

« L'autre, les qualités et les défauts qui caractérisent la classe moyenne.

« Réunissez deux hommes en société, donnez à ces deux hommes les mêmes intérêts et en partie les mêmes opinions ; si leur caractère, leurs lumières et leur civilisation diffèrent, il y a beaucoup de chances pour qu'ils ne s'accordent pas. La même remarque est applicable à une société de nations.

« L'esclavage n'attaque donc pas directement la confédération américaine par les intérêts, mais indirectement par les mœurs[4]. »

Il n'y a pas grand-chose à changer à cette analyse de la nature de l'opposition entre Sud et Nord, écrite plus de vingt-cinq ans avant le déclenchement de la guerre de Sécession. Les polémiques qui ont précédé celle-ci, de même que son déroulement et ses suites, ont d'ailleurs amplement confirmé les prévisions de Tocqueville, dont la clairvoyance venait de sa profonde intelligence du rapport complexe que la démocratie américaine entretenait avec l'esclavage et avec le « racisme ». Progressivement, tous les débats politiques ont été dominés par l'antagonisme des deux sections[5],

1. Pour une étude récente du problème de l'« honneur » dans la culture du Sud, *cf.* Bertram Wyatt-Brown, *Honor and Violence in the Old South*, Oxford - New York, Oxford University Press, 1986.

2. Tocqueville, *op. cit.*, I, p. 287-288.

3. *Ibid.*, II, p. 280 : « Ce sont comme deux humanités distinctes, dont chacune a ses avantages et ses inconvénients particuliers, ses biens et ses maux qui lui sont propres. »

4. *Ibid.*, I, p. 288.

5. *Ibid.*, I, p. 288, note. « C'est à cette diversité de caractères qu'il faut recourir pour expliquer comment, toutes les fois qu'il y a une division d'opinion parmi les Anglo-Américains, on a vu le Nord d'un côté et le Sud de l'autre, sans que souvent on puisse voir la même division tracée dans les intérêts. »

qui a affaibli l'Union en mettant au premier plan la défense des prérogatives des États ; sudistes et nordistes se sont perçus comme deux types d'hommes opposés (Cavaliers et Yankees) ; quant aux suites de la guerre, elles ont amplement montré que la fin de l'esclavage et l'établissement de l'égalité juridique ne pouvaient que radicaliser l'hostilité des Blancs du Sud envers les Noirs[1], dont la condition dans les États du Nord n'est pas pour autant devenue très enviable[2].

Il faut cependant ajouter que, quelles que fussent les différences entre le Nord et le Sud, les deux « sections » appartenaient bien à une même aire de civilisation, anglo-saxonne de culture politique et juridique et démocratique dans ses passions les plus profondes — et que c'est précisément de là qu'est venue la radicalisation du conflit (qui aurait pu, après tout, être évitée par une sécession paisible des États du Sud). Remarquons tout d'abord que, malgré leurs prétentions à un passé prestigieux, leur vision du monde hiérarchique et leur hostilité envers le Nord industriel, les « aristocrates » du Sud faisaient en fait pleinement partie du monde américain. Beaucoup de planteurs étaient d'origine populaire et de fortune récente ; les sudistes cherchaient avant tout à protéger leurs « droits de propriété » et ils se réclamaient du « constitutionalisme » moderne ; l'économie du Sud, enfin, était orientée vers la croissance et son expansion venait à la fois de l'expansion de l'industrie textile anglaise et de la mécanisation de l'égrenage du coton. Le planteur était donc bien un Américain, attaché à ses « droits » constitutionnels et désireux de participer à l'expansion de la jeune République ; celle-ci se trouve d'ailleurs aux origines du conflit, qui est né de la volonté du Sud d'étendre son système social dans les terres nouvelles ouvertes à la colonisation ; il faut en outre ajouter que, si les États du Sud ont en général mis au premier plan les « droits des États », ils ont également exigé de l'Union qu'elle intervînt pour imposer le respect de leur « institution particulière » aux États du Nord réticents (notamment en contraignant ceux-ci à renvoyer à leurs maîtres les esclaves fugitifs). Les divergences entre les deux sections sont nées du fait que deux sociétés bien différentes s'y étaient développées, mais ces deux sociétés appartenaient bien à une même civilisation et c'est précisément pour cela qu'il y a eu entre elles un conflit dont le véritable enjeu était la définition de la Nation américaine, et l'interprétation de la révolution de 1776.

---

1. *Cf.* Tocquevile, *op. cit.*, I, p. 274 : « S'il fallait absolument prévoir l'avenir, je dirais que, suivant le cours probable des choses, l'abolition de l'esclavage au Sud fera croître la répugnance que la population blanche y éprouve pour les Noirs. »

2. *Cf. ibid.*, I, p. 264 : « Si je considère les États-Unis de nos jours, je vois bien que, dans une certaine partie du pays, la barrière légale qui sépare les deux races tend à s'abaisser, non celle des mœurs : j'aperçois l'esclavage qui recule ; le préjugé qu'il a fait naître est immobile. »

La Constitution américaine, les droits des États et l'esclavage

Dans les justifications de la sécession présentées en 1861 par les États du Sud, les trois arguments principaux portent sur les droits des États dans le régime américain, sur la nature de l'Union et sur la légitimité de l'« institution particulière » du Sud, l'esclavage des Noirs. Les États « confédérés » ne se sont pas contentés de rompre avec l'Union, ils se sont également présentés comme les seuls vrais héritiers de la révolution américaine et, surtout, du régime politique fondé à Philadelphie en 1787 : en se séparant des États du Nord, la Caroline du Sud et ses alliés prétendaient accomplir une deuxième fondation politique qui aurait dû conduire à un nouveau pacte constitutionnel, mais dont les principes auraient été les mêmes que ceux des combattants de la guerre d'Indépendance et des fondateurs de la République. Sur bien des points, il est certes aisé de montrer ce qu'a de factice cette généalogie. La différence principale entre la « révolution de 1861[1] » et celle de 1776 a d'ailleurs été clairement énoncée par un des principaux hommes politiques du Sud, Alexander Stephens, vice-président de la confédération. Pour celui-ci, la « pierre angulaire » (*cornerstone*) qui distinguait la Constitution adoptée en mars 1861 par les États confédérés de celle sous laquelle avait vécu auparavant l'Union américaine n'était autre que la reconnaissance explicite de l'esclavage, fondé sur le principe de l'inégalité des races humaines. Or, comme le reconnaissait d'ailleurs Stephens, il s'agissait là d'une innovation constitutionnelle importante (la Constitution de 1787 n'évoque l'esclavage qu'indirectement), et d'une véritable rupture avec l'esprit de la Déclaration d'indépendance de 1776 (qui affirme sans restriction raciale que les hommes ont été dotés par Dieu de droits inaliénables — « la vie, la liberté et la recherche du bonheur »). Il n'en reste pas moins que, à bien des égards, la rhétorique des confédérés et leur stratégie de légitimation imitent celles de la révolution américaine de 1776 : ils se réclament de l'idéal du gouvernement modéré et de l'héritage des libertés traditionnelles anglaises[2], ils s'efforcent de montrer que le pacte (*compact*) qui les liait aux États du Nord a été rompu par « une longue suite d'abus » dont la description est calquée sur les griefs de Jefferson contre le roi d'Angleterre dans la Déclaration d'indépendance[3], ils se

1. Comme le rappelle James M. McPherson, les sudistes les plus conscients n'ignoraient pas que leur mouvement était tout autant une « contre-révolution préventive ».

2. Voir par exemple le message de Jefferson Davis au Congrès du 4 mars 1861 (Henry Steele Commager, *Documents of American History*, New York, 7th edition, 1962, I, p. 389-392).

3. *Cf.* la déclaration de la Caroline du Sud sur les causes de la sécession (*ibid.*, p. 372-374). Si le conservatisme sudiste refuse l'inspiration égalitaire ou humaniste de la Déclaration d'indépendance, il conserve cependant un de ses aspects révolutionnaires ; pour légitimer l'interprétation sudiste de la Constitution, il fallait en effet mettre au principe de

dotent, enfin, d'une Constitution très proche de celle de 1787. Plutôt que de considérer tout cela comme de la pure et simple hypocrisie, il me paraît plus fécond, là encore, de partir de l'hypothèse que le conflit entre le Nord et le Sud a agi comme un révélateur des ambiguïtés du régime fondé après l'Indépendance et que seule la guerre a pu trancher des questions que la Constitution avait simplement permis de *contourner*.

La plus grave de ces questions est évidemment celle de l'esclavage. La rhétorique de l'époque révolutionnaire considérait l'action des colons comme une réponse à la tentative de la métropole d'asservir les Américains : elle faisait donc de l'« esclavage », entendu comme soumission permanente à la volonté d'autrui, le mal politique suprême ; de ce fait, une contradiction est très vite apparue entre les principes de la révolution et les institutions et les mœurs américaines. La querelle de l'esclavage commence en fait avec l'Indépendance et joue déjà un rôle dans les discussions entre les colonies du Nord et celles du Sud. Les premières, où la population servile noire est peu nombreuse, sont évidemment plus sensibles aux arguments antiesclavagistes alors que, dans les régions méridionales, les esprits éclairés comme Patrick Henry ou Jefferson sont partagés entre l'intérêt pour les « droits de l'humanité » et le sentiment qu'une abolition immédiate de l'esclavage poserait des problèmes à peu près insolubles. En résumé, on peut dire que la délégitimation de l'esclavage commence pendant la période révolutionnaire, même si celle-ci n'a pas mené à son terme l'émancipation[1].

Ces tensions et ces hésitations se reflètent d'ailleurs dans la Déclaration d'indépendance de 1776, rédigée par Jefferson. D'un côté, en effet, celle-ci affirme d'emblée que « tous les hommes naissent égaux, que leur Créateur les a dotés de certains droits inaliénables, parmi lesquels la vie, la liberté et la recherche du bonheur », ce qui prive évidemment l'esclavage de toute légitimité de principe ; d'un autre côté cependant, le Congrès américain refuse d'inclure parmi ses griefs contre George III le maintien et l'extension de la traite, de peur de heurter des intérêts puissants et représentés en son sein. Contrairement à ce que l'on pourrait croire, le document adopté n'est pas pour autant incohérent, puisqu'il porte simplement sur les *principes* qui pouvaient légitimer la naissance d'une Amérique indépendante, et non pas sur les tâches que celle-ci aurait à accomplir. Il n'en reste pas moins que, fondée sur une combinaison subtile entre deux registres d'arguments (les droits de l'homme et les libertés héritées des Anglais), la Déclaration était susceptible de deux

---

l'Union une théorie quasi libertaire du pacte social, qui supposait que les parties contractantes gardent toujours le droit de revenir sur un contrat.

1. Voir sur ce point : Bernard Bailyn, *The Ideological Origins of American Revolution*, Cambridge Mass., Harvard U.P., 1967, p. 232-246.

types d'interprétation qui n'ont pas cessé de s'opposer dans la querelle de l'esclavage : on pouvait considérer que les principes fondamentaux devaient entraîner l'émancipation, ou, au contraire, que l'essentiel résidait dans l'invocation au bénéfice des Américains des libertés traditionnelles des Anglais.

Le problème posé par la Constitution de 1787 est différent. Celle-ci ne légifère pas sur l'esclavage, qui est du ressort des États, mais elle ne peut pas l'ignorer complètement : la population servile est prise en compte dans la détermination du nombre des représentants des États[1], l'importation des esclaves ne pouvait être interdite avant 1808 et les « personnes astreintes au service ou au travail » pour le compte d'autrui ne pouvaient pas en être dispensées en s'enfuyant dans d'autres États. Certains critiques « radicaux » de l'œuvre des constituants, retrouvant curieusement les arguments des défenseurs du Sud esclavagiste au XVIIIe siècle, voient dans ces dispositions la preuve que le Compromis de 1787 était favorable à une institutionnalisation durable de l'esclavage. En fait, aucune des trois clauses qui se réfèrent au fait de l'esclavage ne peut être interprétée dans ce sens : loin de réduire les esclaves à des propriétés, elles les considèrent comme des personnes et elles constituent en fait un compromis provisoire entre les États libres et les États à esclaves, inéluctable dès lors qu'il était impossible de faire adopter le principe de l'abolition dans l'ensemble de l'Union[2] ; c'est d'ailleurs pour cela que, sous la Reconstruction qui a suivi la guerre civile, l'esclavage proprement dit a pu être aboli par amendement sans refonte générale de la Constitution[3]. Il n'en reste pas moins que, lors des controverses ultérieures, le compromis adopté en 1787 a laissé quelques armes aux défenseurs de l'« institution particulière » du Sud : moyens politiques avec la majoration de leur représentation au Congrès, moyens juridiques aussi, puisque la Constitution connaissait déjà une clause sur les esclaves fugitifs qui semblait faire obligation à l'Union de défendre la « propriété » servile.

A la fin du XVIIIe siècle, la plupart des Américains éclairés croyaient en fait que l'esclavage disparaîtrait progressivement des États-Unis sous l'influence combinée des idéaux humanitaires et libéraux et du progrès économique : une forme aussi primitive d'organisation économique et sociale, estimait-on, ne pourrait pas survivre aux progrès des Lumières. Ce qui a rendu cette évolution impossible, c'est la combinaison entre l'intérêt

1. La représentation des États à la Chambre des représentants dépend de leur population et de leur capacité productive qui est supposée en dépendre. Dans le texte de 1787, la population servile des États à esclaves est estimée pour trois cinquièmes d'une population libre.

2. Sur ces questions, *cf.* Don E. Fehrenbacher, *The Dred Scott Case Is Significance in American Law & Politics*, New York, Oxford U.P., p. 19-27.

3. L'esclavage a été aboli par le treizième amendement ; cela ne signifie nullement, bien sûr, que ce changement constitutionnel ait été suffisant pour faire des Noirs des citoyens à part entière.

économique des États du Sud[1] et la sourde hostilité des Américains à la présence de Noirs libres sur leur territoire, qui devait les conduire à privilégier la voie assez improbable du transfert des populations libérées vers des territoires vierges à coloniser. C'est dans ce contexte que le Sud a pu avec quelque vraisemblance détacher le Compromis de 1787 de l'esprit libéral qui inspirait les Pères fondateurs pour tenter de faire de la Constitution un document favorable à la protection durable de l'ensemble des intérêts acquis aux États-Unis plutôt qu'un moyen de progresser dans la voie de la protection des droits de l'homme. Or, si fâcheuse que fût cette tentative, elle n'en reflétait pas moins une des interprétations possibles de la Constitution, et elle jetait une lumière crue sur ce qui est peut-être l'ambiguïté centrale de la fondation américaine. Ce qui fait la force des États-Unis, c'est que, contrairement à la France de 1789, ils ont su très vite passer de l'invocation du droit naturel à la construction d'un régime politique favorable à la protection de la liberté qui, même s'il repose en profondeur sur la philosophie des droits de l'homme, n'en a pas moins pour caractère essentiel de définir et de défendre de manière rigoureuse les droits *des Américains*, selon une logique qui reste très proche de la tradition des libertés anglaises. Inversement, si le régime fondé sur la séparation ou la balance des pouvoirs et limité par le *Bill of Rights* de 1789 a bien pour but de protéger les droits des individus, il définit en fait un droit positif qui concerne les seuls citoyens américains : on comprend donc que le droit américain ait pu être systématiquement invoqué pour défendre contre l'abstraction des droits de l'homme les intérêts légalement protégés des citoyens américains propriétaires d'esclaves.

Si l'esclavage est bien l'origine du conflit entre le Sud et le Nord, les problèmes juridiques et politiques posés par la sécession concernent essentiellement les deux questions, étroitement liées, de la nature de l'Union et des droits des États. La Constitution avait pour objet de créer une « Union plus parfaite » que celle qui régnait jusqu'alors entre les anciennes colonies anglaises, mais elle ne déléguait à l'Union qu'une partie des attributions des « États » : elle était, selon la formule des auteurs du *Fédéraliste*, un gouvernement à la fois *national* et fédéral, où certaines questions restaient inaccessibles à la législation fédérale. Il est néanmoins devenu rapidement clair que les formules adoptées en 1787 et en 1789 laissaient une marge considérable aux interprétations[2], qui sont à

1. L'invention de l'égreneuse à coton (*cotton gin*) a rendu l'esclavage rentable.

2. L'article 1, section 8, de la Constitution prévoit que le Congrès a le pouvoir « de faire toutes lois qui sont nécessaires et convenables » (*necessary and proper*) pour mettre à exécution les pouvoirs qui lui sont reconnus par ailleurs ; c'est sur cette clause que se fonde la doctrine des pouvoirs implicites ou impliqués (*implied powers*) invoquée par tous les défenseurs du renforcement de l'Union depuis Hamilton. D'un autre côté, le dixième amendement

l'origine des divergences entre les courants « fédéralistes » (c'est-à-dire centralisateurs) et républicains[1], avant d'être au centre du débat entre le Nord et le Sud. Sans entrer dans le détail de ces discussions complexes, on se contentera d'exposer ici les deux questions de principe que posait la politique du Sud en 1861.

Le fondement ultime de la position des confédérés consiste à dire que la Constitution américaine est un pacte (*compact*) conclu par des États souverains pour leur avantage mutuel, et qui peut être rompu lorsqu'un groupe d'États de la Fédération cherche à imposer à l'Union une politique qui favorise ses intérêts propres sans considération du bien commun et au détriment de certaines des parties contractantes. Une première version de cette théorie a été défendue en 1832 par la Caroline du Sud, sous l'inspiration de John C. Calhoun[2], lors de l'affaire de la « nullification » : refusant d'appliquer le tarif protectionniste adopté par le Congrès fédéral, la Caroline du Sud prétendait que, *parce que l'Union était un instrument créé par les États pour la défense de leurs intérêts*, le peuple de chacun de ceux-ci conservait la faculté d'invalider (« nullifier ») les lois fédérales qu'il jugerait inacceptable[3]. A cette époque, Calhoun désirait encore préserver l'Union et il ne souhaitait pas de sécession ; il n'en reste pas moins qu'il posait déjà le principe majeur qui devait inspirer les confédérés en 1861 : l'Union américaine devait son existence à un pacte toujours révisable entre des États qui restaient *souverains*. Cette interprétation de la Constitution pèche évidemment en ce qu'elle méconnaît complètement ce qui fait la nouveauté essentielle du système politique inventé à Philadelphie : la superposition, au-dessus des États fédérés, d'un « gouvernement » national doté d'une autorité propre parce qu'il a en charge les intérêts de la totalité constituée par le « peuple américain » : la Constitution n'a pas été adoptée au nom des États mais de « nous, le peuple des États-Unis ». La meilleure argumentation contre la doctrine de la nullification a d'ailleurs été fournie par James Madison, un des principaux rédacteurs

---

prévoit que « les pouvoirs, qui ne sont pas délégués aux États-Unis par la Constitution, ou refusés par elle aux États sont réservés aux États respectivement ou au peuple ». Les débats sur la limite de la construction de l'État fédéral portent en grande partie sur la signification de ces formules.

1. On appelait « fédéralistes » ceux qui, comme Hamilton, souhaitaient renforcer les pouvoirs de l'Union et « républicains » ceux qui, comme Jefferson, voyaient dans le *self-government* local et dans les pouvoirs des « États » la base de la démocratie américaine.

2. John C. Calhoun (1782-1850), vice-président des États-Unis de 1828 à 1832 et sénateur de Caroline du Sud durant la plus grande partie de sa carrière politique, a été le défenseur le plus ardent des intérêts du Sud en même temps qu'un des meilleurs théoriciens politiques américains.

3. La doctrine de la « nullification » a été formulée par Calhoun en 1829 (*South Carolina Exposition and Protest*) ; la tentative de la Caroline du Sud échoua du fait de la fermeté du président Andrew Jackson et du refus des autres États du Sud de soutenir la cause de la nullification.

de la Constitution, et un des principaux hommes politiques du Sud de l'époque de la fondation. Comme le rappelait Madison à un de ses correspondants, la Constitution n'avait pas été établie par l'autorité souveraine des gouvernements des États mais bien plutôt « par le peuple de chacun de ces États, agissant avec sa plus haute capacité souveraine » à travers les conventions de ratification ; la Constitution fédérale avait donc la même autorité que celle des États puisque, pour les questions où l'Union avait autorité, elle avait fait du peuple de tous les États *un* peuple[1]. Mais la capacité de l'Union à imposer durablement une telle interprétation supposait en fait que les États-Unis fussent une Nation, et que le patriotisme fédéral l'emportât sur celui qui liait les citoyens à « leur » État : c'est seulement avec la guerre civile que la question a été tranchée[2].

La supériorité de l'Union sur les États qui la composent était d'ailleurs d'autant moins manifeste aux yeux du Sud que certaines positions prises auparavant par les deux plus prestigieux fondateurs de la République américaine issus du Sud, Jefferson et Madison, semblaient légitimer l'idée du recours direct au « peuple des États » pour juger de la validité de certaines décisions fédérales. Protestant contre les mesures d'exception contenues dans les *Alien and Sedition Acts* de 1798[3], Jefferson et Madison avaient notamment fait adopter les *Virginia and Kentucky Resolutions* qui proclamaient le droit des États à opposer leur autorité aux décisions fédérales qu'ils estimeraient inconstitutionnelles. Comme devait, là aussi, le rappeler Madison, cela ne signifiait pas pour autant qu'un seul État pouvait à lui seul bloquer les mécanismes de la Fédération, ni que la préservation des droits de la minorité autorisait celle-ci à imposer sa volonté à la majorité[4]. Mais il y a néanmoins une certaine continuité entre l'inspiration des *Virginia and Kentucky Resolutions* et la doctrine sudiste des « droits des États », plus proche, il est vrai, de certaines thèses de Jefferson que de celles de Madison. Contrairement à ce dernier, qui attendait de la Cour suprême qu'elle garantît les libertés, Jefferson voulait plutôt s'appuyer pour cela sur le peuple périodiquement réuni en convention constitutionnelle : combinée avec l'idée, également jeffersonienne, du rôle de la démocratie locale et des États fédérés dans

1. Lettre de J. Madison à E. Everett, août 1830, citée par Drew McCoy, *The Last of the Fathers, James Madison & the Republican Legacy*, Cambridge & New York, Cambridge U.P., 1989, p. 134-135.

2. Le cas du chef des armées confédérées, Robert E. Lee, est ici tout à fait significatif : Lee ne croyait ni aux vertus de l'esclavage, ni à la légitimité constitutionnelle de la sécession, mais il refusait de se battre contre son État, la Virginie.

3. Les *Alien and Sedition Acts*, adoptés par un Congrès à majorité fédéraliste, alourdissaient les procédures de naturalisation pour les étrangers, donnaient au président des pouvoirs d'exception, et reconnaissaient aux autorités fédérales le pouvoir de poursuivre comme crimes les « libelles séditieux » contre les agents du pouvoir central.

4. Voir sur ce point Drew McCoy, *op. cit.*, p. 139-151.

la formation de l'esprit républicain, cette théorie a sans nul doute joué un rôle important dans la formation des idées constitutionnelles défendues par le Sud au XIXe siècle.

Sudistes, abolitionnistes et républicains :
L'éclatement de la culture politique américaine

L'importance historique du conflit entre le Nord et le Sud provient donc bien de ce qu'il a fait apparaître au grand jour les ambiguïtés de la culture politique américaine, avant de trancher les questions contournées lors de la fondation des États-Unis. Les parties en présence ont chacune repris des éléments de l'héritage de la révolution américaine, et la cohérence de celui-ci est devenue problématique.

Dans ce travail d'appropriation partisane de l'héritage commun, la tâche la plus ardue était sans doute celle des défenseurs du Sud. On doit d'ailleurs remarquer que c'est sans doute là que sont apparues pour la première fois des idéologies globalement opposées à la tradition américaine, dont le modèle le plus parfait se trouve dans l'œuvre de George Fitzhugh[1]. Pour ce dernier, qui s'efforçait d'acclimater en Amérique des idées assez proches de celles que Carlyle défendait en Angleterre, la supériorité de la société du Sud sur celle du Nord venait précisément de ce que le système de l'esclavage présupposait le renoncement aux idées égalitaires et individualistes de la révolution américaine. La plantation était aux yeux de Fitzhugh le modèle d'une communauté quasi organique, où l'autorité patriarcale des maîtres avait pour fonction principale de *protéger* les faibles des effets destructeurs de la modernité démocratique et capitaliste, qui, selon lui, jetait les travailleurs du Nord dans un monde totalement déréglé. L'éloge des particularités du Sud s'accompagnait donc chez lui d'une récusation complète, non seulement du Nord industriel, mais encore des idées libérales et de l'économie moderne. Or, quel que fût le succès du paternalisme ou la méfiance envers l'individualisme moderne dans l'idéologie sudiste[2], le Sud revendiquait néanmoins son appartenance à la tradition libérale et « constitutionnaliste » ; les planteurs étaient attachés à la liberté politique dont ils jouissaient et les projets du Sud ne peuvent être compris en dehors de la dynamique expansionniste de l'Amérique. Ainsi, pour la majorité des sudistes, le rêve patriarcal que

1. George Fitzhugh (1808-1881) est l'auteur de *Sociology for the South* (1854) et de *Cannibals All* (1857 ; rééd. Cambridge Mass., Harvard U.P., 1960). Sur Fitzhugh, voir notamment : Eugene D. Genovese, *The World the Slaveholders Made : Two Essays of Interpretation* (New York, 1969).

2. Sur ces courants, voir notamment Eugene D. Genovese, *op. cit.*.

Fitzhugh plaçait au centre de sa théorie ne pouvait donc en fait être qu'un élément subordonné dans une idéologie qui devait opérer une synthèse entre la culture « républicaine » de 1776 et de 1787 et l'expérience particulière de la société esclavagiste.

De ce point de vue, le théoricien le plus intéressant reste sans aucun doute John C. Calhoun, qui est celui qui a le mieux su articuler l'apologie de l'« institution particulière » sur une interprétation cohérente de la Constitution américaine et sur une doctrine politique de portée générale. L'idée première de Calhoun, en cela très représentatif de sa « section », c'est qu'il faut dissocier l'apport positif de la tradition politique américaine (le perfectionnement du gouvernement constitutionnel) de l'inspiration en partie illusoire ou utopique qui a inspiré les hommes qui ont fait la Révolution : il faut, pourrait-on dire, jouer la *Constitution* contre la *Déclaration d'indépendance*.

La doctrine de Calhoun peut jusqu'à un certain point être rapprochée de celle que Burke opposa aux principes de la Révolution française. Pour l'auteur des *Réflexions sur la Révolution en France*[1], la doctrine française des droits de l'homme était fondamentalement erronée parce qu'elle transposait dans l'État civil et politique la liberté et l'égalité qui régnaient dans l'état de nature. Or, disait Burke, les « droits de l'homme » n'avaient dans ces conditions aucune protection réelle, puisqu'ils se confondaient avec le libre jeu des égoïsmes ; pour établir des libertés réelles (dont le modèle était donné par les libertés anglaises), il fallait donc qu'existât préalablement une communauté politique, historiquement constituée, et dont le régime ne pouvait faire davantage qu'établir un compromis entre le principe du *gouvernement* et celui de la *liberté* :

> « Le gouvernement des hommes n'est pas établi en vertu de droits naturels qui peuvent exister et existent en effet indépendamment de lui. [...] Le gouvernement est une invention de la sagesse humaine pour pourvoir aux besoins des hommes. Les hommes sont en droit d'obtenir de cette sagesse qu'elle réponde à ces besoins. Parmi ces derniers, il faut compter celui d'exercer sur les passions humaines une contrainte suffisante — cette contrainte qui fait défaut hors de la société civile. Dans ce sens, les contraintes font partie, au même titre que les libertés, des droits de l'homme[2]. »

Que ce soit du fait d'une influence directe ou de la logique de sa position conservatrice, Calhoun part d'une position similaire dans son livre *A Disquisition on Government*. La nature humaine se définit pour lui par la coexistence de deux traits contradictoires, la sympathie pour autrui (qui est à la racine de la société) et la préférence pour soi (qui rend

1. Edmund Burke, *Réflexions sur la Révolution en France*, trad., Paris, Hachette, coll. « Pluriel », 1989.
2. *Ibid.*, p. 76.

nécessaire le gouvernement). Loin de s'appuyer d'emblée sur l'inégalité entre les hommes, la doctrine de Calhoun part donc de la situation créée par l'égalité naturelle pour en déduire la nécessité de la contrainte :

« Cette constitution de notre nature, qui nous fait ressentir plus intensément ce qui nous affecte directement que ce qui nous affecte indirectement à travers autrui, conduit directement au conflit entre les individus. [...] Cette tendance vers un état universel de conflit qui oppose chaque individu à chaque individu, si elle n'est pas réfrénée par quelque moyen de contrôle, s'achève en un état de discorde universelle, destructrice de l'ordre social et des fins pour lesquelles celui-ci a été établi. Ce pouvoir de contrôle, où qu'il soit situé et quel que soit celui qui l'exerce, est le gouvernement[1]. »

Si le gouvernement permet de protéger la société, la liberté est le moyen de son *progrès* : en ce sens, elle est, elle aussi, nécessaire. Mais sa portée connaît une double limite : la liberté ne peut s'épanouir que sous certaines conditions politiques et historiques, et elle recrée sans cesse l'inégalité des conditions, résultat naturel de l'inégalité des talents et des efforts[2]. Ce qui empêche certains de percevoir ces vérités, dit Calhoun, c'est cette « opinion dominante » que « tous les hommes sont nés libres et égaux » :

« Ainsi, comme il n'y a jamais eu d'état tel que le prétendu état de nature, il s'ensuit que les hommes, loin d'être nés dans celui-ci, sont nés dans l'État social et politique ; et, bien entendu, au lieu d'être nés libres et égaux, ils sont nés assujettis non seulement à l'autorité de leurs parents, mais encore aux lois et aux institutions du pays où ils sont nés, et sous la protection desquelles ils émettent leur premier souffle[3]. »

L'obstacle majeur au plein développement de la République américaine se trouve en fait dans les principes « évidents par eux-mêmes » de la Déclaration[4] et dans l'idée démocratique de l'équivalence entre liberté et égalité.

Il est aisé de voir à quelles fins politiques tend l'argumentation de Calhoun : elle vise à montrer la compatibilité du régime établi par les Américains en 1787 (fondé sur la liberté politique entendue comme protection contre l'arbitraire[5]) avec l'existence de l'esclavage mais aussi avec une certaine inégalité de conditions à l'intérieur de la population libre. Ces deux formes d'inégalité ne peuvent pas être fondées sur le même principe : l'inégalité de conditions entre hommes libres découle des effets de la liberté, alors que l'inégalité qui sépare les hommes libres

1. John C. Calhoun, *A Disquisition on Government*, in *Works*, I, 1851-1856, rééd., New York, Russell & Russell, 1968, p. 4.
2. *Ibid.*, p. 56-57.
3. *Ibid.*, p. 58.
4. Sur l'antagonisme entre les idées de Calhoun et l'esprit de la Déclaration d'indépendance, voir : Carl Becker, *La Déclaration d'indépendance. Contribution à l'histoire des idées politiques* (1922), trad., Paris, Seghers, coll. « Vent d'Ouest », 1967, p. 162-167.
5. John C. Calhoun, *op. cit.*, p. 12-14.

des esclaves provient du fait que « tous les peuples » n'ont pas « également droit à la liberté », qui n'est possible qu'au terme d'un processus « nécessairement lent » d'épanouissement de leurs facultés morales et intellectuelles. Mais la protection de l'esclavage est néanmoins nécessaire à celle de l'inégalité entre hommes libres, dans la mesure où elles sont deux réponses aux exigences de la division du travail, qui entraîne toujours la distinction entre une classe laborieuse et une élite dirigeante. Le conservatisme sudiste cherche donc chez Calhoun à s'allier aux classes dirigeantes du Nord industriel, dont le développement économique est favorisé par les changements sociaux du XIXe siècle, mais qui ressentent parfois la démocratie comme une menace contre leur position. En contrepartie, pour le Sud lui-même, Calhoun combine les deux rêves « aristocratique » et « républicain » : l'aristocratie des planteurs est l'élite naturelle du Sud, mais, tendanciellement, l'existence de l'esclavage, qui libère tous les Blancs des tâches serviles, rend possible au sein du peuple du Sud une plus grande égalité que dans les États du Nord[1].

La doctrine de Calhoun ne renie ni les postulats modernes de la culture politique américaine[2], ni les principes « républicains », mais elle tend à contenir la dynamique de la démocratie. Or, il se trouve qu'elle contredit aussi, malgré elle, les principes constitutionnels américains et que cela tient précisément à ce que ceux-ci sont organiquement liés à la logique de l'égalité. Outre son interprétation du principe fédéral (dont nous avons déjà vu les faiblesses), la plus célèbre des idées de Calhoun est celle de la majorité fondée sur le concours (*concurrent majority*) ; le gouvernement constitutionnel, dit Calhoun, ne peut pas se confondre avec le pur et simple règne de la majorité, mais doit également permettre la protection de la minorité, ce qui n'est possible que par l'institutionnalisation du compromis entre les deux parties : pour toutes les questions où les intérêts fondamentaux d'une partie de la société sont en jeu, il faut donc aboutir au concours de la minorité à l'œuvre de la majorité, ce qui suppose un droit de *veto* assez étendu. Le modèle dont part Calhoun est évidemment celui de la théorie des factions développées par Madison dans le n° 10 du *Fédéraliste*, qui montrait comment le principe de la balance des pouvoirs devait être complété par celui de

1. L'idée d'une extension de l'aristocratie à l'ensemble des Blancs grâce à l'esclavage est une composante importante de l'idéologie du Sud, qui sous-tend par exemple le célèbre discours d'Alexandre Stephens sur la Constitution des États confédérés ; *cf.* cette formule d'un journal de Richmond au début de la guerre civile : « Nous croyons qu'il n'est pas impossible, et qu'il est désirable que notre confédération soit constituée seulement de *gentlemen* et de Nègres. » (*Daily Whig*, 23 juillet 1861, cité *in* E. Merton Coulter, *The Confederate States of America, 1861-1865*, Bâton rouge, Louisiana State U.P., 1950, p. 66.)

2. Elle présuppose au contraire l'héritage des Lumières anglo-écossaises, avec le thème de la civilisation et celui du conflit, dans la nature humaine, entre les deux principes de la sympathie et de l'égoïsme.

la multiplicité des partis ou des « factions » : les divisions partisanes étaient la conséquence de la liberté et elles pouvaient être utilisées à son profit, pour la protection des droits des minorités. Mais il y a entre Madison et Calhoun deux différences majeures, qui sont précisément celles qui distinguent l'idéologie du Sud du courant principal de la démocratie américaine ; la première est dans la sous-estimation de la supériorité en dernière instance du principe majoritaire[1] ; la seconde, plus subtile, est dans le rôle donné aux « factions » et notamment à la minorité : Madison souhaitait multiplier les factions pour empêcher qu'aucun individu se définît entièrement par son appartenance à *un* groupe d'opinions et d'intérêts, alors que la vision de Calhoun présuppose une institutionnalisation des divisions partisanes, considérées comme des réalités permanentes de nature quasi statutaire ou corporative. Si la Constitution américaine a survécu au développement de la démocratie, c'est parce qu'elle permettait de combiner la mutation permanente des intérêts et des opinions avec le règne de la majorité ; l'interprétation que donnait Calhoun du Compromis de 1787 exprimait admirablement les aspirations des États du Sud — mais elle contredisait en profondeur la dynamique inscrite dans la fondation américaine.

Si l'idéologie sudiste tendait à renoncer aux idées de la Déclaration d'indépendance et à s'appuyer sur le constitutionnalisme entendu comme culture du compromis, la pensée des abolitionnistes comme William Lloyd Garrison, en est en quelque sorte le symétrique exact : ces derniers refusent en effet tout compromis avec le Sud et ils sacralisent les principes de la Déclaration jusqu'à refuser de reconnaître la légitimité de la Constitution, dès lors que celle-ci semble accorder une protection légale à l'« institution particulière » du Sud. Garrison alla d'ailleurs jusqu'à brûler la Constitution, qu'il dénonçait comme un « contrat avec la mort » (*covenant with death*) et comme un pacte avec le diable, dès lors qu'elle rendait possible l'existence de l'esclavage au Sud et même sa protection au Nord avec la loi sur les fugitifs.

Parce que les abolitionnistes jouaient les droits de l'homme « *abstrait* » contre l'ordre politique établi, les sudistes et les autres conservateurs voyaient en eux des héritiers de la Révolution française, des « Jacobins » étrangers à la tradition politique anglo-saxonne. Il faut cependant remarquer que, dans ses tendances les plus fortes, le mouvement abolitionniste s'inscrit bien dans un courant typiquement américain : d'inspiration religieuse, il dénonce le *péché* de l'esclavage plus encore qu'il ne défend les droits des esclaves, et il prône la désobéissance civile plus que la résistance violente. La force du courant abolitionniste vient en fait de ce que, pour détruire le système hiérarchique fondé sur

1. Sur ce point, voir Drew R. McCoy, *op. cit.*, p. 136-137.

l'esclavage et la tradition qui le légitimait, il en appelait, comme aurait dit Péguy, à une tradition plus ancienne ; il est lié en effet à un puissant mouvement de *revival* quasi puritain qui s'exprime aussi dans l'action antialcoolique des sociétés de tempérance[1] mais, en ressuscitant l'esprit des puritains, il a également permis la cristallisation de certains traits profonds des mouvements radicaux américains[2]. L'abolitionnisme prolonge ainsi la « démocratisation du christianisme » commencée à l'époque révolutionnaire[3] ; sa logique va de la critique du Mal présent dans la société à l'acclimatation en Amérique des mouvements « utopiques » nés en Europe et il s'appuie sur les courants égalitaires les moins strictement « politiques » de la démocratie américaine, comme le féminisme. Malgré son caractère polémique, l'analogie avec les mouvements issus de la Révolution française en Europe a donc une certaine vérité : l'abolitionnisme a été le vecteur des idéologies radicales (des « ismes », auraient dit les sudistes) en Amérique et la logique du combat politique a donné un certain style « jacobin » à ses partisans, qui court comme un fil rouge depuis l'insurrection de John Brown jusqu'à la Reconstruction.

Pour comprendre la sécession du Sud, il faut donc y voir le résultat d'une opposition entre deux mondes et deux courants issus l'un et l'autre de l'expérience de la fondation américaine. Mais le déroulement de la guerre — et la capacité du Nord à s'imposer comme l'héritier légitime de la Révolution et comme le garant de la légitimité resteraient inintelligibles si l'on confondait Lincoln avec les abolitionnistes, ou si on voyait dans sa modération le simple résultat d'un calcul politique. Lincoln voulait œuvrer pour la fin de l'esclavage, qu'il considérait comme virtuellement incompatible avec l'esprit du régime américain : c'est le sens de son fameux discours sur l'impossibilité de faire tenir une maison « divisée contre elle-même » (à moitié esclave, à moitié libre). Mais il savait aussi que rien dans la Constitution ne l'autorisait à abolir immédiatement l'esclavage ; c'est ce qui l'a conduit à rechercher une articulation nouvelle entre les principes de la Déclaration d'indépendance et la Constitution, où l'idéal du droit naturel (la liberté des hommes) devait orienter l'action politique jusqu'à ce que la transformation de

---

1. Au Nord, les campagnes antialcooliques sont souvent liées au milieu abolitionniste ; au Sud, au contraire, elles influencent les milieux les plus conservateurs de la classe des planteurs. On peut y voir deux expressions, politiquement opposées, d'un même esprit puritain : l'alcool est dénoncé dans un cas comme une servitude et comme un obstacle à l'autonomie individuelle et, dans l'autre, la répression du péché est liée à la défense de la hiérarchie sociale.

2. Le problème de la présence de l'esclavage dans une société libre est également au centre de la pensée politique de D.H. Thoreau et de R.W. Emerson.

3. Sur la période post-révolutionnaire, voir Nathan O. Hatch, *The Democratization of American Christianity*, New Haven & Londres, Yale U.P., 1989.

la société permît son inscription dans le droit positif. La guerre a reposé le problème à nouveaux frais : la grandeur de Lincoln est d'avoir sans cesse gouverné dans les limites extrêmes de la légalité pour sauver l'essentiel (l'Union) tout en progressant vers l'abolition de l'esclavage.

Le moment est venu pour moi de laisser le lecteur entrer dans le beau récit de James M. McPherson. Je voudrais néanmoins dire quelques mots des mérites les plus éminents de son œuvre. *Battle Cry of Freedom* est, d'abord, une histoire des États-Unis à l'époque de la guerre de Sécession : c'est dire que, au-delà du conflit Nord-Sud, c'est la mutation de la société américaine tout entière qui nous est ici expliquée. Cependant, le récit de McPherson évite de nous présenter le déroulement de la guerre comme un progrès fatal vers la victoire du Nord : il nous rappelle au contraire ce que celle-ci a eu de *contingent*, suspendue qu'elle était à la réélection de Lincoln, qui dépendait elle-même des succès militaires dans des affrontements dont l'issue n'était nullement certaine. Il nous montre clairement aussi ce qui a sans doute fait la supériorité politique du Nord : un régime politique fortement structuré où le système bipartisan a permis à la fois la modération du combat politique, la claire formulation des enjeux des oppositions entre les partis et la capacité du pouvoir à décider. L'oscillation du Sud entre la quête de l'unanimité et le respect tatillon des « droits des États » ou des privilèges des hommes libres a au contraire lourdement grevé l'action des autorités politiques de la confédération. McPherson établit clairement, enfin, le rôle joué par l'auto-émancipation des Noirs dans ce conflit qui mettait avant tout aux prises les deux « sections » de l'Amérique « blanche », et où l'hostilité au « Nègre » était loin d'être absente chez les défenseurs de l'Union ; en ce sens il nous rappelle aussi que la fin de l'esclavage n'a été que le début de la libération des Noirs américains.

PH.R.

Novembre 1990

Agrégé de philosophie et de science politique, Philippe Raynaud est professeur à l'université de Lille II. Il a notamment publié : *Terrorisme et démocratie* (en collaboration avec François Furet et Antoine Liniers), Paris, Fayard, 1985 ; *Max Weber et les dilemmes de la raison moderne*, Paris, P.U.F., 1987 et, avec Paul Thibaud, *La Fin de l'école républicaine*, Paris, Calmann-Lévy, 1990. Il prépare un livre consacré à la genèse des cultures politiques française et américaine.

CHRONOLOGIE

Dates	États-Unis	Europe
1845	Annexion du Texas	Famine de la pomme de terre en Irlande.
1846	Début de la guerre avec le Mexique. La frontière de l'Oregon est établie. La clause Wilmot est présentée au Congrès.	Abolition des lois sur le blé en Angleterre. Élection du pape Pie IX.
1847	L'armée américaine prend Mexico	Troubles en France dus à une crise économique.
1848	Fin de la guerre du Mexique. Annexion de la Californie et du Nouveau-Mexique. Découverte d'or en Californie. Naissance du parti du Free Soil. Taylor élu président.	Révolution de février : Louis-Philippe abdique ; la IIe République est proclamée. Insurrection de juin à Paris. Louis Napoléon devient président de la IIe République. Révolutions et contre-révolutions en Allemagne et en Autriche-Hongrie. Révolutions en Italie. Parution du *Manifeste communiste* de K. Marx et F. Engels.
1849	Ruée vers l'or en Californie.	Les troupes françaises écrasent la République à Rome. Les Autrichiens prennent Venise. Kossuth est élu président de Hongrie, puis déposé.
1850	Compromis de 1850.	

Dates	États-Unis	Europe
1851	Sauvetages d'esclaves fugitifs. Lopez et ses flibustiers capturés à Cuba.	Coup d'État de Louis Napoléon. Exposition universelle au Crystal Palace de Londres.
1852	Publication de *La Case de l'oncle Tom*. Pierce élu président.	En France, le second Empire est proclamé. Cavour devient Premier ministre du Piémont.
1853	Première expédition des flibustiers de William Walker.	Napoléon III épouse Eugénie de Montigo.
1854	Loi Kansas-Nebraska. Manifeste d'Ostende. Naissance du parti républicain. Succès politiques du mouvement des Know-Nothings.	Début de la guerre de Crimée. Bataille de la Balaclava.
1855	Le « Kansas ensanglanté ». William Walker prend le pouvoir au Nicaragua.	Prise de Sébastopol. Exposition universelle à Paris.
1856	Agression contre Charles Sumner au Sénat. John Brown perpètre le massacre de Pottawatomie. Buchanan élu président.	Le Congrès de Paris met fin à la guerre de Crimée.
1857	Décision Dred Scott. Hinton Helper publie *Impending Crisis of the South*. « Panique » de 1857.	Révolte des Cipayes aux Indes contre les Britanniques.
1858	Le Congrès repousse la Constitution de Lecompton au Kansas. Débats Lincoln-Douglas.	Attentant manqué d'Orsini contre Napoléon III.
1859	Raid de John Brown contre Harper's Ferry.	La France déclare la guerre à l'Autriche. Bataille de Solférino. Traité de Zurich. Publication de *De l'origine des espèces* de Darwin.
1860	Lincoln élu président. La Caroline du Sud fait sécession.	Traité entre la France et le Piémont qui cède à la France, Nice et la Savoie. Victoires de Garibaldi en Italie.

Dates	États-Unis	Europe
1861	Création des États confédérés d'Amérique. Attaque contre le fort Sumter. Première bataille de Manassas. Affaire du *Trent*.	Des troupes françaises entrent au Mexique. En Russie, Alexandre II abolit le servage. Proclamation du royaume d'Italie.
1862	Batailles de Shiloh, des Sept Jours, de Manassas (2e), de l'Antietam, de Fredericksburg, de Stone Rivers. Proclamation d'émancipation préliminaire. La Grande-Bretagne et la France décident de ne pas intervenir dans la guerre de Sécession.	Bismarck devient ministre-président de la Prusse.
1863	Proclamation d'émancipation. Batailles de Chancellorsville, de Gettysburg, de la Chickamauga, de Chattanooga ; prise de Vicksburg. Lincoln prononce le discours de Gettysburg.	Des troupes françaises occupent Mexico. Seconde révolution polonaise. Question du Schleswig-Holstein.
1864	Batailles de la Wilderness, de Spotsylvania ; de Cold Harbor, de la Cedar Creek, de Franklin, de Nashville. Prise d'Atlanta. Siège de Petersburg. Lincoln réélu à la présidence.	Le *Syllabus Errorum* de Pie IX est interdit en France. Napoléon fait proclamer l'archiduc Maximilien empereur du Mexique. Guerre austro-prussienne contre le Danemark. Création de la première Internationale.
1865	Lee capitule à Appomattox. Assassinat de Lincoln. Le treizième amendement abolit l'esclavage.	Expériences de Mendel sur les mécanismes de l'hérédité. Pierre Lallement invente le vélocipède.

AVERTISSEMENT DE L'AUTEUR

Les deux camps de la guerre civile américaine prétendaient l'un et l'autre se battre pour la liberté. Le Sud, déclara en 1863 Jefferson Davis, président de la Confédération, était « contraint de prendre les armes pour soutenir les droits politiques, la liberté, l'égalité et la souveraineté de l'État, patrimoine que [ses] ancêtres révolutionnaires avaient acquis au prix de leur sang ». Mais, soutenait Abraham Lincoln, si les confédérés réussissaient dans cette entreprise, ils détruiraient l'Union « conçue dans la liberté » par ces mêmes ancêtres révolutionnaires, comme « l'ultime, le meilleur espoir » de préserver les libertés républicaines dans le monde. « Nous devons régler cette question tout de suite, déclara Lincoln en 1861, et décider si sous un régime de liberté, la minorité a le droit de dissoudre le gouvernement à chaque fois que l'envie lui en prend. »

Les journalistes du Nord tournaient en ridicule l'idée que les confédérés se battaient pour la liberté. « Leur devise, ironisa le poète et journaliste William Cullen Bryant, n'est pas liberté, mais esclavage. » Toutefois, les nordistes ne luttèrent pas au départ pour libérer les esclaves. « Je n'ai aucune intention de toucher, directement ou indirectement, à l'esclavage dans les États où il existe », assura Lincoln au début du conflit. En juillet 1861, le Congrès de l'Union ratifia cette position à une majorité écrasante. En moins d'un an, cependant, aussi bien Lincoln que le Congrès avaient décidé de faire de l'émancipation des esclaves dans les États confédérés l'une des politiques de guerre de l'Union. A l'époque du discours de Gettysburg, en novembre 1863, le Nord se battait pour une « nouvelle naissance de la liberté », destinée à transformer la Constitution rédigée par les pères fondateurs — sous laquelle les États-Unis étaient devenus le pays détenteur du plus grand nombre d'esclaves — en une charte d'émancipation pour une république où, pour reprendre les paroles de la version nordiste du chant *Cri de guerre : Liberté !*, « nul ne sera esclave ».

Les multiples significations de l'esclavage et de la liberté, la façon dont ils furent dissous et reparurent sous d'autres formes dans le creuset de la guerre, constituent l'un des thèmes centraux du présent ouvrage. Dans ce même creuset, on vit se fondre les quelques États regroupés de façon assez lâche au sein d'une *Union* fédérale, sous un gouvernement central faible, en une nouvelle *Nation*, forgée par les feux d'une guerre qui vit périr un plus grand nombre d'Américains que toutes les autres guerres que le pays a livrées jusqu'à ce jour.

Les Américains appartenant à la génération de la guerre de Sécession traversèrent une expérience qui donna au temps et à la conscience des dimensions nouvelles. « Nous vivons des jours terriblement critiques, angoissants, au cours desquels se décidera le sort du continent pour plusieurs siècles », écrivit l'un des contemporains de l'événement, une phrase typique d'innombrables autres que l'on retrouve dans les journaux intimes et lettres de l'époque. « La fièvre guerrière et l'intérêt que suscitent les incidents du conflit ont tout absorbé. Il monopolise nos pensées et nos paroles », écrivit dès le mois d'août 1861 le Virginien Edmund Ruffin, un de ces zélés avocats de la Sécession que l'on appelait les « mangeurs de feu », remarque à laquelle fit écho, trois jours plus tard, le sage yankee, Ralph Waldo Emerson : « La guerre [...] a pris des proportions si colossales qu'elle menace de tous nous engloutir — aucune préoccupation ne peut l'exclure, aucun ermitage nous cacher. » Le conflit « ramassait en l'espace de quelques années les émotions de toute une vie », nota un civil nordiste en 1865. Après Gettysburg, le général George Meade confia à sa femme qu'au cours des dix jours précédents, « [il avait] vécu autant que durant les trente dernières années ». De la lointaine capitale britannique, où il était secrétaire particulier de son père à la légation américaine, le jeune Henry Adams s'interrogeait : « [Je me demande] si un seul d'entre nous sera jamais capable de vivre satisfait en temps de paix et de paresse. Notre génération a été bouleversée depuis les couches les plus inférieures de la société et l'on trouve dans son histoire un quelque-chose qui marquera de son sceau chacun de ses membres jusqu'à ce que nous soyons tous au tombeau. Nous ne saurions être banals [...]. On fait chaque jour et sans y regarder à deux fois ce qui, en d'autres temps, serait l'événement d'une année, peut-être même d'une vie entière. » En 1882, Samuel Clemens (alias Mark Twain) constata que la guerre de Sécession restait au centre de la conscience sudiste : elle était « ce qu'est ailleurs la naissance du Christ : la date de référence ». La chose n'avait rien de surprenant, ajoutait Twain, car la guerre avait « déraciné des institutions séculaires [...], transformé la vie sociale de la moitié du pays et agi si profondément sur le caractère national tout entier que son influence ne saurait être évaluée avant deux ou trois générations ».

Cinq générations ont passé et ce conflit ne nous a pas quittés. Aujourd'hui encore, on voit fleurir des centaines de tables rondes sur la guerre de Sécession, des centaines d'associations Lincoln. Chaque années, des milliers d'Américains revêtent des uniformes bleus ou gris et s'en vont, armés de leur réplique des fusils Springfield, participer à la reconstitution des batailles de ce conflit fratricide. Une bonne demi-douzaine de revues d'histoire, populaires ou spécialisées, continuent à tenir la chronique de tous les aspects possibles et imaginables de la guerre de Sécession. Les imprimeurs déversent chaque année des centaines de livres sur ce sujet ; ils viennent s'ajouter aux plus de cinquante mille titres existant déjà et font de cette guerre l'événement de l'histoire américaine qui a fait, et de très loin, couler le plus d'encre. Certains de ces ouvrages — notamment les séries en plusieurs tomes — se sont hissés au rang de véritables classiques : l'*History of the United States*, en sept volumes, de James Ford Rhodes, qui va du Compromis de 1850 à celui de 1877 ; l'*Ordeal of the Union*, en quatre tomes, d'Allan Nevins, qui couvre les années 1847-1861, auquel font suite quatre autres volumes sur *The War of the Union* ; les six cents pages de *The Impending Crisis 1848-1861*, de David M. Potter ; les trois tomes consacrés par Bruce Catton à l'armée du Potomac (*Mr. Lincoln's Army*, *Glory Road* et *A Stillness at Appomattox*), les trois volumes supplémentaires, regroupés sous le titre de *The Centennial History of the Civil War*[1], plus deux autres tomes consacrés à la carrière d'Ulysses S. Grant durant la guerre ; la superbe biographie, en quatre volumes, de Douglas Southall Freeman, *R.E. Lee*, et les trois volumes supplémentaires consacrés aux seconds du général Lee, *Lee's Lieutenants* ; et enfin *The Civil War* de Shelby Foote, trois volumes passionnants qui couvrent à eux trois près de trois mille pages.

A côté de tels monuments, la tentative que voici de condenser en un seul volume la guerre et ses causes apparaîtra des plus modestes. Néanmoins, je me suis efforcé d'intégrer les événements politiques et militaires de la période en question, ainsi que les importants changements sociaux et économiques, de façon à former une trame sans coutures, synthétisant les connaissances les plus récentes et mes propres recherches et interprétations. A l'exception du premier chapitre, qui dépeint à grands traits la société et l'économie américaines vers le milieu du XIXe siècle, j'ai choisi le ton narratif pour écrire mon récit et en tirer la morale. Ce choix est dû non seulement au modèle global de l'*Oxford History of the United States*, où s'insère ce volume, mais aussi à mes propres convictions quant à la meilleure façon d'écrire l'histoire de ces années regorgeant de crises successives, de changements rapides, d'événements dramatiques et de transformations dynamiques. Une approche anecdotique ou thématique ne saurait rendre convenablement ce dynamisme, ces rapports complexes de cause à effet, cette intensité d'expérience,

1. La traduction française d'une adaptation (réalisée par l'auteur) de ces trois volumes est parue en 1976 chez Payot, en deux tomes, sous le titre : *La Guerre de Sécession*. (NdE.)

surtout durant les quatre années de guerre, où les choses évoluaient dans différentes sphères quasi simultanément et empiétaient les unes sur les autres de façon si puissante et si immédiate que les acteurs de ces événements avaient l'impression de vivre une vie entière en l'espace d'un an.

Pour donner un exemple : les invasions simultanées du Maryland et du Kentucky par les confédérés, à la fin de l'été 1862, eurent lieu alors que se déroulait une intense activité diplomatique, susceptible de mener à une possible intervention européenne dans le conflit ; que Lincoln décidait d'émettre une proclamation d'émancipation ; que des émeutes contres les Noirs et la conscription éclataient dans le Nord, entraînant l'application de la loi martiale ; et que les démocrates pacifistes nourrissaient l'espoir de s'assurer le contrôle du Congrès de l'Union lors des élections prévues pour l'automne. Chacun de ces événements affecta directement les autres ; aucun ne saurait se comprendre indépendamment de l'ensemble. Une approche anecdotique ou thématique qui traiterait les événements militaires, la diplomatie, l'esclavage et l'émancipation, l'opposition à la guerre et les libertés civiles, et enfin la politique nordiste au sein de chapitres distincts, au lieu de les entremêler, comme j'ai tenté de le faire ici, laisserait le lecteur ignorer comment et pourquoi la bataille de l'Antietam fut si cruciale pour l'issue de toutes ces autres grandes questions.

L'importance de l'Antietam et de plusieurs autres batailles, qui décidèrent « du sort du continent pour les siècles à venir », justifie aussi la place faite aux campagnes militaires dans le présent ouvrage. La plupart des choses que nous considérons comme importantes à cette époque de l'histoire des États-Unis — le sort de l'esclavage, la structure de la société aussi bien dans le Nord que dans le Sud, la direction de l'économie américaine, la destinée des nationalismes rivaux dans le Nord et dans le Sud, la définition de la liberté, la survie même du pays — reposaient sur les épaules de ces hommes las, en bleu et en gris, qui tentèrent pendant quatre ans de régler tout cela par la force des armes, avec une férocité sans égale, dans le monde occidental, entre les guerres napoléoniennes et la Première Guerre mondiale.

Le moment le plus agréable dans la rédaction d'un livre est celui où l'auteur exprime sa reconnaissance envers les personnes et les institutions qui l'ont aidé. Les ressources de la bibliothèque Firestone à l'université de Princeton et de la bibliothèque Henry E. Huntington à San Marino, Californie, ont fourni la majeure partie des données sur lesquelles s'appuie mon texte. Après une première année sabbatique entre les murs de la bibliothèque Huntington, une seconde année passée au *Center for Advanced Study in the Behavioral Sciences* à l'université de Stanford, où fut rédigée une partie du livre, acheva de me donner le temps et l'occasion de me livrer aux lectures, recherches et rédactions nécessaires sur la période de la guerre de Sécession. Ces deux années si riches et si fécondes en Californie ont été conjointement financées par l'université de Princeton, grâce à des bourses accordées par le *National Endowment for the Humanities*, et par la bibliothèque Huntington et le *Behavioral Sciences Center*. Je leur dois donc beaucoup à tous pour le soutien qui m'a permis d'écrire *Battle Cry of Freedom*. Je veux aussi remercier Gardner Lindzey, Margaret Amara et le personnel du *Behavioral Sciences Center*, qui m'ont aidé à accéder aux trésors des bibliothèques des universités de Stanford et Berkeley. Le personnel de la *Manuscript Collection*, de la bibliothèque du Congrès, et Richard Sommers, en sa qualité d'archiviste-historien de l'*U.S. Army Military History Institute* à Carlisle, Pennsylvanie, m'ont accueilli avec la plus grande courtoisie et m'ont été d'un précieux secours durant mes visites à ces merveilleuses mines de renseignements. Je remercie encore le personnel des services photographiques et iconographiques des bibliothèques où j'ai trouvé de quoi illustrer les pages qui vont suivre.

George Fredrickson a lu un premier état du texte et m'a suggéré d'excellentes améliorations, de même que mon collègue Allan Kulikoff qui a eu la gentillesse de lire les chapitres I et XX. Sheldon Meyer, premier vice-président de l'Oxford University Press, a participé à ce projet dès le départ et l'a guidé d'une main experte jusqu'à sa conclusion. Leona Capeless, directrice de collection à Oxford, a soigneusement peaufiné le texte et m'a aidé de son optimisme et de ses encouragements. Ma dette envers Vann Woodward est plus grande que je ne saurais le dire. Professeur, ami, érudit, il a guidé pendant près de trente ans le développement de ma vocation d'historien, m'a offert l'exemple de son talent consommé et a fait plus que quiconque pour donner naissance à ce livre. Je suis grandement redevable aussi à Willie Lee Rose, en tant qu'ami et condisciple à l'université Johns Hopkins, car il est, après Vann, le principal artisan de mon initiation aux mystères de notre confrérie.

Sans l'amour et le soutien de ma femme Patricia, jamais ce livre n'aurait pu voir le jour. Elle m'a non seulement aidé en se chargeant de certaines recherches et en lisant d'un œil acéré les premières versions, pour les purger de toute rhétorique confuse et pompeuse, mais elle m'a aussi assisté dans cette tâche fastidieuse mais essentielle que constitue la correction des épreuves ; c'est elle enfin qui m'a soufflé le titre. Pour finir, je remercie chaleureusement Jenny, ainsi que Dahlia et ses amis, de m'avoir aidé à comprendre aussi bien la force potentielle que représentait la cavalerie dans la guerre de Sécession et les difficultés qu'elle connut.

J.M.M.

Princeton, juin 1987.

PROLOGUE

Depuis les palais de Moctezuma

Le matin du 14 septembre 1847, les feux d'un soleil resplendissant consumèrent le voile de brume qui enveloppait Mexico. Une douce brise s'éleva pour dissiper l'odeur de poudre qui s'attardait dans les airs après la sanglante bataille de Chapultepec. Boueux, le visage mangé de barbe, les soldats de l'armée américaine, en uniformes usés jusqu'à la corde, pénétrèrent au pas sur la Plaza de Armas, se mirent en rang tant bien que mal et présentèrent les armes avec lassitude, tandis qu'un drapeau américain troué par les balles montait vers le ciel pour flotter sur l'antique capitale des Aztèques. Le tout sous l'œil surpris et déçu des civils. C'étaient donc ces gringos en haillons qui avaient vaincu les magnifiques armées de Santa Anna ?

Brusquement, une musique martiale tonitruante leur parvint d'une des rues qui débouchait sur la place. Des dragons sémillants, sabre au clair, arrivèrent au galop, escortant un splendide coursier bai, monté par un général de haute taille, superbe dans son uniforme d'apparat avec des épaulettes d'or et un couvre-chef orné de plumes blanches. Les Mexicains éclatèrent en acclamations involontaires. S'ils devaient endurer l'humiliation d'une conquête, autant que ce fût sous la botte de conquérants dignes de ce nom. Au son de *Yankee Doodle* et *Hail to the Chief*, joués par la fanfare, le général Winfield Scott mit pied à terre et accepta la capitulation officielle de la ville. Des fusiliers marins américains, le torse barré d'une bandoulière, ne tardèrent pas à patrouiller les palais de Moctezuma, tandis qu'à Guadalupe Hidalgo, non loin de là, l'envoyé des États-Unis, Nicholas Trist, négociait un traité qui agrandissait le territoire de son pays de près d'un quart de sa superficie et amputait de moitié le territoire mexicain. Au cours des seize mois précédents, les forces américaines, sous les généraux Scott et Zachary Taylor, avaient remporté dix grandes batailles, la plupart contre des armées mexicaines supérieures en nombre et défendant des positions fortifiées. Selon le duc de Wellington, la campagne de Scott contre la ville de Mexico était la plus brillante jamais entreprise dans l'histoire de la guerre moderne.

Toutefois, certaines ironies du sort, certaines altercations vinrent ternir ces triomphes. La guerre avait été déclarée par un Président démocrate, à des fins d'expansion territoriale, et combattue par les whigs que leur hostilité à la guerre aida à obtenir la majorité à la Chambre des représentants lors des élections de 1846[1]. Pourtant, les deux généraux qui menèrent les troupes américaines à la victoire étaient des whigs. Le Président démocrate, James K. Polk, releva le général Scott, whig notoire, de son commandement, après que ce dernier eut ordonné le passage en cour martiale de deux généraux démocrates coupables d'avoir inspiré des articles de presse mettant à leur actif les victoires américaines. Le Président rappela aussi son propre envoyé parce qu'il lui paraissait trop clément envers les Mexicains, mais Trist ne tint aucun compte de ce rappel et négocia un traité lui cédant tout le territoire mexicain que Polk avait espéré s'approprier au départ, lequel était néanmoins plus réduit que celui qu'il visait désormais. Polk n'en envoya pas moins le traité devant le Sénat, où un groupe réunissant des whigs, qui ne voulaient pas un pouce de territoire mexicain, et des démocrates, qui en réclamaient davantage, faillit bien, à quatre voix près, le faire capoter. En 1848, le parti hostile à la guerre désigna le héros du conflit, Zachary Taylor, comme candidat à la présidence et remporta la victoire ; quatre ans plus tard, ce même parti désigna l'autre héros, Winfield Scott, et perdit les élections. Les députés des États du Nord s'efforcèrent de faire appliquer une clause interdisant l'esclavage dans des territoires conquis lors d'une guerre où les deux tiers des soldats volontaires étaient originaires des États esclavagistes. Lorsqu'il accéda à la présidence, le général Taylor, qui possédait pourtant des esclaves, s'opposa à l'expansion de l'esclavage. La discorde engendrée par la guerre du Mexique éclata quinze ans plus tard dans un conflit beaucoup plus vaste, dont le principal héros fut élu Président vingt ans après avoir contribué, en tant que simple lieutenant Sam Grant, à remporter la bataille décisive de Chapultepec, dans le cadre d'une guerre qu'il tenait pour « l'une des plus injustes jamais livrées par une nation forte contre une plus faible qu'elle[2] ».

Les Américains remportèrent la guerre du Mexique, malgré leurs querelles, parce que leurs adversaires étaient encore plus déchirés qu'eux par des luttes de faction. Et aussi grâce à la précision de tir et à la fougue de leurs divisions mêlant soldats réguliers et volontaires ; mais surtout grâce au professionnalisme et au courage de leurs officiers subalternes. Pourtant, la compétence de ces derniers portait en elle l'ironie suprême

---

1. En ce qui concerne l'idéologie et les positions politiques des partis démocrate et whig, voir p. 140-142.
2. *Personal Memoirs of U.S. Grant*, 2 vol. (New York, 1885), t. I, p. 53.

de la guerre du Mexique, car, parmi les meilleurs d'entre eux, un grand nombre allait se battre les uns contre les autres dans la guerre suivante. Servant ensemble dans l'état-major de Scott, on trouvait deux brillants lieutenants, Pierre G.T. Beauregard et George B. McClellan. Les audacieuses missions de reconnaissance du capitaine Robert E. Lee derrière les lignes mexicaines ouvrirent la voie à deux victoires américaines décisives. Dans l'un de ses rapports, le capitaine Lee faisait l'éloge du lieutenant Grant. Ce dernier fut officiellement remercié pour le rôle qu'il avait joué dans l'attaque contre Mexico, remerciements transmis par l'entremise du lieutenant John Pemberton qui, seize ans plus tard, se rendrait à Grant à Vicksburg. Les lieutenants James Longstreet et Winfield Scott Hancock combattirent côte à côte à la bataille de Churubusco ; seize ans plus tard, Longstreet commanda l'assaut contre le corps d'armée de Hancock à Cemetery Ridge, assaut mené par George Pickett qui se rappelait très certainement le jour où il avait ramassé le drapeau du 8e régiment d'infanterie, lors de son attaque contre Chapultepec, le lieutenant Longstreet, qui le portait, s'étant écroulé, blessé. Albert Sidney Johnston et Joseph Hooker luttèrent ensemble à Monterrey ; les volontaires du Mississippi, sous le colonel Jefferson Davis, brisèrent une charge mexicaine à Buena Vista, tandis que les officiers d'artillerie George H. Thomas et Braxton Bragg se battaient en cette occasion l'un à côté de l'autre avec autant de courage qu'ils devaient le faire l'un contre l'autre en qualité de commandants d'armée, sur une crête située à plus d'un millier de kilomètres, dans le Tennessee. Lee, Joseph E. Johnston et George Gordon Meade servirent sous Scott au siège de Vera Cruz, en tant qu'officiers du génie, tandis qu'en mer, sur un bâtiment de la flotte américaine, le lieutenant Raphael Semmes partageait une cabine avec le lieutenant John Winslow, dont le navire, l'*USS Kearsarge*, coulerait le sien, le *CSS Alabama*, à huit mille kilomètres de là, dix-sept ans plus tard.

La guerre du Mexique permit aux États-Unis de suivre la « destinée manifeste[1] » qu'ils s'étaient eux-mêmes donnée, laquelle était d'enjamber le continent américain d'un océan à l'autre. Dès le milieu du siècle, cependant, les problèmes de croissance de cette république adolescente menaçaient de mettre le pays en pièces avant qu'il n'eût atteint sa maturité.

1. Voir p. 56-57.

Chapitre I

LES ÉTATS-UNIS AU MILIEU DU XIXe SIÈCLE

I

Le signe distinctif des États-Unis a toujours été la croissance. De façon caractéristique, les Américains ont défini ce processus en termes quantitatifs. Jamais la chose n'a été aussi vraie que durant la première moitié du XIXe siècle, époque où un taux de croissance inégalé survint dans trois domaines : démographique, territorial et économique. En 1850, Zachary Taylor — dernier des présidents nés avant l'adoption de la Constitution — pouvait jeter un regard rétrospectif sur les énormes changements survenus durant sa vie d'adulte. La population des États-Unis avait doublé une première, puis une seconde fois. De même, à force de pousser sans répit vers l'ouest et vers le sud, les Américains avaient quadruplé la taille de leur pays, en colonisant, conquérant, annexant ou achetant des territoires occupés depuis des millénaires par les Indiens et revendiqués par la France, l'Espagne, la Grande-Bretagne et le Mexique. Au cours de ce même demi-siècle, le produit national brut avait septuplé. A l'époque, aucune autre nation ne pouvait égaler fût-ce une seule composante de cette croissance explosive. La combinaison des trois faisait de l'Amérique l'enfant prodige de toute les nations du XIXe siècle.

Considérée comme « le progrès » par les Américains, cette croissance débridée eut aussi des conséquences négatives. Pour les Indiens, ce fut plutôt l'histoire d'une contraction que d'une expansion, du déclin d'une culture pleine de vie vers la dépendance et l'apathie. Les Noirs eux aussi, qui formaient un septième de la population, portaient une lourde part du fardeau qu'impliquait ce progrès, mais n'en tiraient guère d'avantages. Les récoltes que faisaient pousser les esclaves alimentèrent une partie de la croissance économique de l'époque et contribuèrent largement à l'expansion territoriale. Le flot de coton produit par le sud des États-Unis dominait le marché mondial, réglait l'allure de la révolution industrielle en Angleterre et en Nouvelle-Angleterre et resserrait plus solidement que jamais les chaînes de l'esclavage sur les Afro-Américains.

D'ailleurs, même pour les Américains blancs, la croissance économique ne signifiait pas forcément un progrès sans mélange. Certes, le revenu par habitant doubla durant le demi-siècle, mais cette abondance nouvelle n'était pas également répartie entre les divers secteurs de la population. Riches et pauvres voyaient les uns et les autres s'accroître leurs revenus, mais l'inégalité de leurs richesses s'accentua considérablement. A mesure que la population commençait à passer de la ferme à la ville, les agriculteurs se spécialisèrent de plus en plus dans la production de récoltes destinées au marché plutôt qu'à la consommation locale. La fabrication des tissus, vêtements, articles de cuir, outils et autres produits passa du foyer à l'atelier et de celui-ci à l'usine. Dans l'affaire, de nombreuses femmes virent changer leur rôle traditionnel ; de productrices, elles devinrent consommatrices, ce qui entraîna une transition dans leur condition sociale. Certains artisans virent leur savoir-faire se déprécier à mesure que la division du travail et les inventions mécaniques évinçaient les méthodes artisanales traditionnelles de production et les transformaient eux-mêmes d'artisans indépendants en ouvriers salariés. Les risques de conflits de classe, qui en résultèrent, menacèrent l'édifice social de la vaillante jeune république.

Plus dangereux encore était le spectre de conflits ethniques. A l'exception d'une poignée de fermiers allemands en Pennsylvanie et dans les vallées situées au pied des Appalaches, la population blanche américaine d'avant 1830 consistait en descendants de Britanniques protestants. Au cours des vingt années qui suivirent, le prix très bas des terres et leur abondance, le besoin de main-d'œuvre d'une économie en pleine croissance, s'ajoutant aux pressions que faisait peser la population de l'Europe du Nord sur des ressources locales limitées, attira d'abord vers les États-Unis un filet d'émigrants allemands et irlandais, puis un véritable flot. Or la plupart de ces néo-Américains fréquentaient des églises catholiques. Leur présence croissante ne tarda pas à inquiéter certains protestants. De nombreuses organisations nativistes surgirent pour assurer le premier front de la résistance dans ce qui devint une longue et pénible retraite vers l'acceptation du pluralisme culturel.

Toutefois, au milieu du siècle, le plus grand péril menaçant la survie des États-Unis n'était ni les tensions de classe, ni les querelles ethniques, mais plutôt le conflit opposant le Nord et le Sud quant à l'avenir de l'esclavage. Pour beaucoup d'Américains, la servitude semblait incompatible avec les idéaux qui avaient présidé à la naissance de leur république. Si tous les hommes étaient nés égaux et nantis par le créateur de certains droits inaliénables, parmi lesquels la liberté et la quête du bonheur, qu'est-ce qui pouvait bien justifier le joug imposé à plusieurs millions d'hommes (et de femmes) ? La génération qui avait lutté pour l'indépendance avait aboli l'esclavage dans les états situés au nord de la ligne Mason-Dixon ; les nouveaux États situés au nord de l'Ohio (le

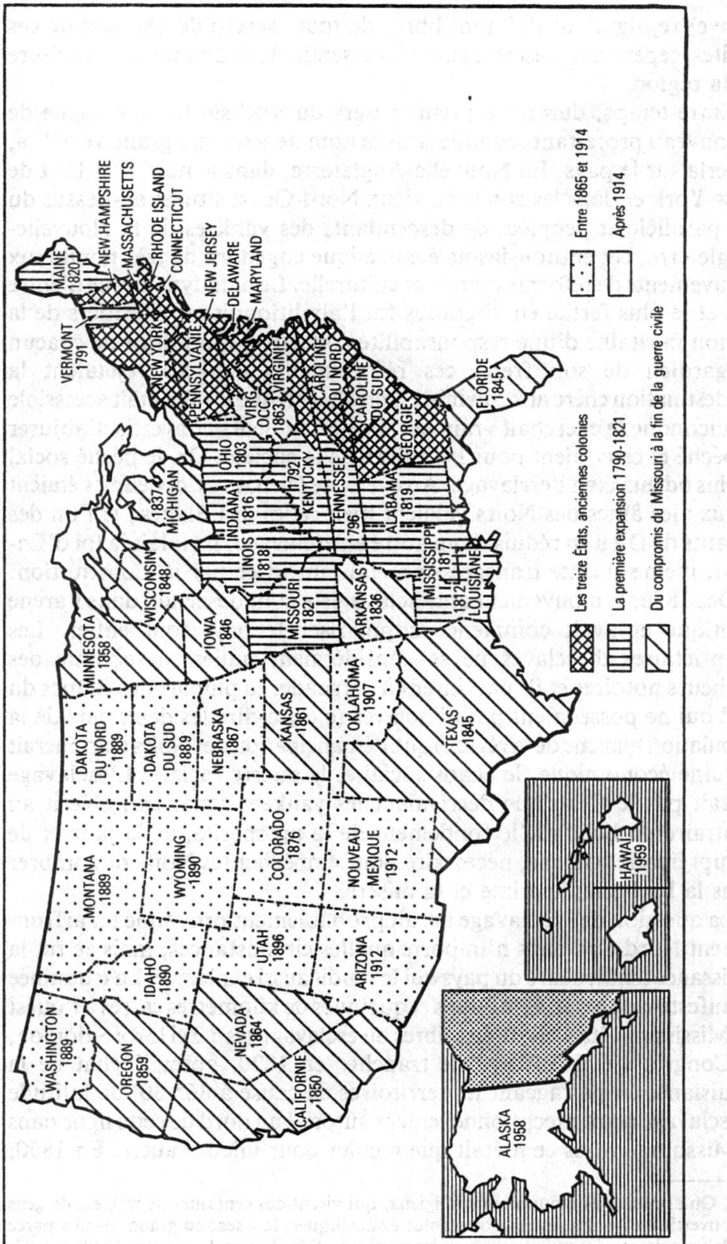

DATE A LAQUELLE LES ÉTATS FURENT ADMIS DANS L'UNION

fleuve) rejoignirent l'Union, libres de toute servitude. Au sud de ces limites, cependant, l'esclavage devint essentiel à l'économie et à la culture de la région.

Entre-temps, durant le premier tiers du XIXe siècle, une vague de renouveau protestant, connue sous le nom de « second grand réveil[1] », déferla sur le pays. En Nouvelle-Angleterre, dans le nord de l'État de New York et dans les zones du vieux Nord-Ouest situées au-dessus du 41e parallèle et peuplées de descendants des yankees de la Nouvelle-Angleterre, cet enthousiasme évangélique engendra de très nombreux mouvements de réforme morale et culturelle. Le plus dynamique d'entre eux et le plus fertile en discordes fut l'abolitionnisme. Héritiers de la notion puritaine d'une responsabilité collective, qui faisait de chacun le gardien de son frère, ces réformateurs yankees rejetaient la prédestination chère aux calvinistes, prêchaient que le salut était accessible à quiconque le cherchait vraiment, pressaient leurs convertis d'abjurer le péché et œuvraient pour l'éliminer de la société. Or, le péché social le plus odieux était l'esclavage. Aux yeux de Dieu, tous les peuples étaient égaux ; les âmes des Noirs valaient bien celles des Blancs ; si l'un des enfants de Dieu en réduisait un autre en esclavage, il violait la loi d'En-haut, même si cette transgression était autorisée par la Constitution.

Dès 1850, le mouvement antiesclavagiste était descendu dans l'arène politique et avait commencé à polariser le pays tout entier. Les propriétaires d'esclaves ne se considéraient nullement comme des pécheurs notoires et ils parvinrent à persuader la plupart des Blancs du Sud qui ne possédaient pas d'esclaves (c'est-à-dire les deux tiers de la population blanche de la région) que l'émancipation des Noirs entraînerait la ruine économique, le chaos social et la guerre raciale. L'esclavage n'était pas le fléau que décrivaient les yankees fanatisés ; c'était au contraire un bienfait, le fondement de la prospérité, de la paix et de la suprématie blanche, nécessaire pour empêcher les Noirs de sombrer dans la barbarie, le crime et la misère.

La question de l'esclavage aurait probablement provoqué un affrontement Nord-Sud dans n'importe quelles circonstances, mais ce fut la croissance tentaculaire du pays qui la rendit aussi explosive. La « destinée manifeste » de ces trois millions et quelques de kilomètres carrés à l'ouest du Mississippi était-elle d'être libres ou esclavagistes ? Tel le roi Salomon, le Congrès s'était efforcé de trancher en 1820, après l'achat de la Louisiane, en partageant les territoires en cause à 36° 30' de latitude (l'esclavage étant exceptionnellement autorisé au nord de cette ligne dans le Missouri). Mais ce n'était que reculer pour mieux sauter. En 1850,

1. On appelait ces mouvements religieux, qui virent des centaines de milliers de gens se convertir à diverses sectes protestantes évangéliques, le « second grand réveil » parce qu'ils rappelaient des mouvements analogues dans l'Amérique des années 1740, appelés le « grand réveil ».

le Congrès réussit à différer une nouvelle fois la crise grâce à un autre compromis. Mais en 1860, il n'était plus possible de continuer ainsi. De toute façon, la croissance territoriale du pays aurait pu créer un risque de démembrement sous l'effet d'une force centrifuge, mais ce fut l'esclavage qui mit le feu aux poudres dès le milieu du siècle.

II

A l'époque de l'acquisition de la Louisiane, en 1803, les États-Unis étaient une nation insignifiante, à la périphérie de l'Europe. Leur population était à peu près égale à celle de l'Irlande. Thomas Jefferson estimait que l'empire de la liberté qu'il venait d'acheter à Napoléon suffirait à absorber la croissance démographique américaine pendant une centaine de générations. Or, en 1850, soit deux générations plus tard, non seulement les Américains remplissaient cet empire, mais ils avaient en outre essaimé jusqu'à la côte du Pacifique pour en former un autre. Encore quelques années et les États-Unis dépassaient la Grande-Bretagne pour devenir la nation la plus peuplée de l'hémisphère occidental, derrière la Russie et la France. En 1860, le pays comptait près de trente-deux millions d'habitants, dont quatre millions d'esclaves. Au cours du demi-siècle précédent, la population américaine s'était multipliée quatre fois plus vite que celle d'Europe et six fois plus vite que la population moyenne du globe[1].

Trois facteurs expliquaient le phénomène : un taux de natalité une fois et demie plus élevé qu'en Europe ; un taux de mortalité un peu plus bas ; et l'immigration. Tous trois étaient liés à la relative abondance de l'économie américaine. Le rapport entre la superficie des terres et le nombre d'habitants était nettement plus favorable qu'en Europe, si bien qu'il y avait davantage de nourriture et que les couples pouvaient se marier plus jeunes et avoir de plus nombreux enfants. Les épidémies, même si elles ravageaient fréquemment l'Amérique du Nord, faisaient moins de victimes dans cet environnement en grande partie rural que parmi la population plus dense de la vieille Europe. Ce même rapport entre la superficie et le nombre d'habitants faisait monter les salaires américains et offrait des possibilités qui attirèrent cinq millions d'immigrants durant la première moitié du siècle.

Même si la prédominance rurale se maintint au cours de cette période, entre 1810 et 1860, la population urbaine (définie comme étant composée des personnes vivant dans les bourgs ou villes de deux mille cinq cents habitants ou plus) s'accrut trois fois plus vite que la population rurale,

1. Peter D. McClelland et Richard J. Zeckhauser, *Demographic Dimensions of the New Republic* (Cambridge, Mass., 1982), p. 87.

passant de six à vingt pour cent de la population totale. Ce fut le *taux* d'urbanisation le plus élevé de l'histoire américaine. Durant ces mêmes années, le pourcentage de main-d'œuvre occupée à des tâches non agricoles passa de vingt et un à quarante-cinq pour cent[1]. Pendant ce temps, le rythme d'accroissement naturel de la population américaine, tout en restant plus élevé que celui d'Europe, commença à ralentir, à mesure que les parents, soucieux de mieux élever et éduquer leurs enfants, décidaient d'en restreindre le nombre. De 1800 à 1850, le taux de natalité décrut de vingt-trois pour cent. Le taux de mortalité décrut lui aussi légèrement — mais sans doute d'à peine plus de cinq pour cent[2]. La population, cependant, continua à augmenter au même rythme tout au long de la période — soit de trente-cinq pour cent environ par décennie — parce que l'immigration croissante compensait la dénatalité. Pour le demi-siècle pris dans son ensemble, l'excédent des naissances par rapport aux décès causa pour les trois quarts l'accroissement de la population, le reste étant dû à l'immigration[3].

La croissance économique alimenta ces changements démographiques. La population doublait tous les vingt-trois ans ; le produit national brut tous les quinze ans. Les historiens spécialisés dans l'économie ne sont pas d'accord sur le moment où commença ce taux de croissance « intensif », car les données utilisées pour le mesurer sont fragmentaires avant 1840. Ce qui reste clair, c'est que jusqu'au début du XIXᵉ siècle, la croissance économique était « extensive » — virtuellement identique à la croissance démographique. A un moment donné, après la guerre de 1812 — probablement à la suite de la reprise qui succéda à la dépression de 1819-23 — l'économie se mit à croître plus vite que la population, causant une augmentation du produit national et des revenus par habitant, estimée en moyenne à un virgule sept pour cent par an de 1826 à 1860[4]. Le taux de croissance le plus élevé eut lieu dans les années 1830,

---

1. Stanley Lebergott, « Law Force and Employment, 1800-1960 », in Dorothy Brady (éd.), *Output, Employment and Productivity in the U.S. after 1800*, Études sur les revenus et la richesse (Princeton, 1966), p. 119.

2. Une alimentation et un niveau de vie supérieurs, qui auraient dû faire baisser encore plus le taux de mortalité, furent en partie combattus par l'urbanisation et l'immigration. Antérieurement au XXᵉ siècle, les taux de mortalité étaient toujours plus élevés dans les villes et de nombreux immigrants souffraient d'un taux de mortalité initialement plus haut, en se trouvant exposés à un nouvel environnement microbien. De nombreux immigrants irlandais arrivèrent considérablement affaiblis par la famine et allèrent en outre s'entasser dans les quartiers les plus pauvres des grandes villes.

3. McClelland et Zeckhauser, *Demographic Dimensions*, p. 101, p. 108-109 ; Robert V. Wells, *Revolution in Americans' Lives : A Demographic Perspective on the History of Americans, Their Families, and Their Society* (Westport, Conn., 1982), p. 92-104.

4. Pour un résumé des recherches récentes à ce sujet, voir Susan Lee et Peter Passell, *A New Economic View of American History* (New York, 1979), p. 52-62 ; Robert E. Gallman, « Economic Growth », in Glenn Porter (éd.), *Encyclopedia of American Economic History*, 3 vol. (New York, 1980), p. 133-150 ; et Stanley L. Engerman et Robert E. Gallman, « U.S. Economic Growth, 1783-1860 », *Research in Economic History*, n° 8 (1983), p. 1-46.

interrompu par une grave crise économique de 1837 à 1843 et par une seconde, de moindre importance, en 1857-58.

Même si la majorité des Américains bénéficia de cette hausse des revenus, les couches situées au sommet de la pyramide sociale connurent une hausse plus forte que la base. Alors que les revenus moyens s'accroissaient de cent deux pour cent, les salaires réels des travailleurs n'augmentaient que de quarante à soixante-cinq pour cent[1]. Cette disparité de plus en plus grande entre riches et pauvres semble avoir caractérisé la plupart des économies capitalistes au cours de leurs premières décennies de croissance intensive et d'industrialisation. Sous ce rapport, les ouvriers américains connurent sans doute un sort plus favorable que la plupart de leurs homologues européens. D'ailleurs, c'est une question toujours controversée de savoir si les ouvriers britanniques ne subirent pas, durant le premier demi-siècle de la révolution industrielle, un *déclin absolu* des salaires réels[2].

Dans un pays aussi vaste que les États-Unis, l'amélioration des transports était une condition *sine qua non* du développement économique. Avant 1815, le seul moyen rentable pour transporter du frêt sur de longues distances était les navires à voiles et les *flatboats* (bateaux à fond plat) qui descendaient les fleuves. La plupart des routes américaines étaient de simples sentiers de terre battue, creusés d'ornières et quasi impraticables en cas de pluie. Pour une tonne de marchandises, le transport sur cinquante kilomètres vers l'intérieur à partir d'un port américain coûtait aussi cher que la traversée de l'Atlantique. Pour aller de Cincinnati à New York, il fallait compter au minimum trois semaines ; et le seul moyen d'expédier du frêt entre ces deux villes était de lui faire descendre l'Ohio et le Mississippi jusqu'à la Nouvelle-Orléans, puis de le transporter par mer via le golfe du Mexique et la côte est des États-Unis — trajet qui durait au bas mot sept semaines. Rien d'étonnant, dans ces conditions, si le commerce transatlantique des États-Unis excédait leur commerce intérieur — la majeure partie des produits manufacturés que l'on y achetait venaient de Grande-Bretagne, les

1. Telle est la fourchette d'estimations que l'on trouve dans les trois études faites sur le sujet, toutes trois fondées sur des données fragmentaires : Alvin H. Hansen, « Factors Affecting the Trends of Real Wages », *American Economic Review*, n° 15 (1925), p. 27-41 ; Donald R. Adams, Jr., « Prices and Wages », in Porter (éd.), *Encyclopedia of American Economic History*, p. 229-246, qui résume toutes les recherches pertinentes jusqu'à la date de sa rédaction ; et Donald R. Adams Jr., « The Standard of Living During American Industrialization : Evidence from the Brandywine Region, 1800-1860 », *Journal of Economic History*, n° 42 (1982), p. 903-917.

2. Pour un résumé de la discussion en question, en ce qui concerne la Grande-Bretagne et d'autres pays, voir John Kombos, « Stature and Nutrition in the Hapsburg Monarchy : The Standard of Living and Economic Development in the Eighteenth Century », *AHR*, n° 90 (1985), p. 1149-1151. Voir aussi Donald R. Adams, Jr., « Some Evidence on English and American Wage Rates, 1790-1830 », *Journal of Economic History*, n° 30 (1970), p. 499-520.

artisans vendaient principalement des articles faits à la commande dans les marchés locaux, les fermiers qui n'habitaient pas à proximité d'une voie d'eau navigable consommaient la plus grande partie de ce qu'ils cultivaient — et si l'économie ne croissait guère plus vite que la population.

Tout cela changea après 1815, à la suite de ce que les historiens ont appelé, sans exagération, une révolution des transports. Des compagnies privées, les autorités des divers États et jusqu'au gouvernement national financèrent la construction de routes macadamisées praticables en toutes saisons. Plus important encore, l'État de New York devint le pionnier de l'ère des canaux en construisant le canal de l'Érié, d'Albany à Buffalo, qui reliait la ville de New York au Nord-Ouest, et déclencha ainsi une véritable orgie de constructions qui se solda par près de six mille kilomètres de canaux dès 1850. Durant ces mêmes années, les bateaux à vapeur permirent au rêve de Robert Fulton de se réaliser en brassant l'eau de tous les fleuves navigables de Bangor à St. Joseph. Dans les années 1850, le caractère romantique de ces bateaux et leur importance économique furent éclipsés par le chemin de fer. Les quelque quatorze mille kilomètres de voie ferrée que possédaient les États-Unis dès 1850 représentaient le plus vaste réseau du monde, mais ils ne pouvaient pourtant rivaliser avec les plus de trente mille kilomètres supplémentaires installés au cours de la décennie suivante, lesquels donnèrent au pays un réseau ferroviaire supérieur aux réseaux combinés de tous les autres pays du monde. Des rubans de fer perçaient les Appalaches et enjambaient le Mississippi. Une invention encore plus neuve, le télégraphe, dépêchait des messages instantanés le long de fils de cuivre et bondissait même au-delà des têtes de ligne pour traverser le continent de part en part dès 1861.

Ces prodiges modifièrent profondément la vie américaine. Ils divisèrent par deux les frais de transport routier, qui passèrent à quinze cents la tonne/*mile*[1]. Les routes, cependant, n'avaient guère d'importance, sinon pour les courts trajets et les voyages locaux. Les tarifs des canaux tombèrent à moins d'un cent par tonne/*mile*, ceux des fleuves encore plus bas et ceux des chemins de fer à moins de trois cents dès 1860. En dépit de leur coût plus élevé, les voies ferrées l'emportaient sur la concurrence, grâce à leur vitesse et à leur fiabilité plus grandes (la plupart des canaux gelaient en hiver et les fleuves n'étaient plus navigables en cas d'assèchement ou de crue). Les villes où les trains ne s'arrêtaient pas s'étiolaient ; celles qui avaient leur gare connaissaient au contraire une forte expansion, surtout si elles étaient également situées sur une voie d'eau. Jaillissant sur la rive verdoyante du lac Michigan, Chicago était devenue dès 1860 le terminus de quinze lignes ferroviaires, sa population s'étant accrue de trois cent soixante-quinze pour cent au cours de la décennie précédente. Lancé à la vitesse folle de cinquante kilomètres

1. Rappelons qu'un *mile* = 1 609,32 mètres. (NdE.)

à l'heure, le cheval de fer fit passer la durée d'un voyage entre New York et Chicago de trois semaines à deux jours. Les déraillements ne tardèrent pas à dépasser les explosions de bateaux à vapeur comme principale cause de morts accidentelles. A eux deux, cependant, ces moyens de transport réduisaient de quarante-cinq jours le temps nécessaire à l'acheminement de marchandises entre Cincinnati et New York, par exemple, (au lieu de cinquante jours, il n'en fallait plus que cinq). Cincinnati devint la capitale des États-Unis pour les conserves de viande. La différence entre le prix de gros du porc en provenance de l'Ouest à Cincinnati et à New York tomba de neuf dollars cinquante-trois à un dollar dix-huit le baril ; celle du prix de gros de la farine de l'Ouest entre ces deux mêmes villes passa de deux dollars quarante-huit à vingt-huit cents.

Le télégraphe fournissait des cotations instantanées sur les changements de ces prix-là et d'autres dans tout le pays. Parallèlement au chemin de fer et aux innovations techniques dans le domaine de l'imprimerie et de la fabrication du papier, le télégraphe accrut énormément l'influence des journaux, principal moyen de communication du pays. Le prix du numéro tomba de six cents en 1830 à un ou deux cents en 1850. Les tirages augmentaient deux fois plus vite que la population. Les « dernières nouvelles » dataient de quelques heures et non plus de quelques jours. Les rapides emportaient les éditions hebdomadaires des journaux métropolitains (par exemple le *New York Tribune* de Horace Greeley[1]) à des agriculteurs habitant à plus d'un millier de kilomètres et façonnaient ainsi leurs convictions politiques. En 1848, plusieurs grands journaux mirent leurs ressources en commun et fondèrent l'Associated Press, pour le traitement des dépêches télégraphiques[2].

La révolution des transports métamorphosa l'économie. En 1815 encore, les Américains produisaient dans leurs fermes ou chez eux la plupart de ce qu'ils consommaient, utilisaient ou portaient. Presque tous les vêtements étaient confectionnés par les mères de famille et leurs filles, avec des tissus qu'elles avaient pour la majeure partie filés et tissés elles-mêmes, à la lumière de chandelles qu'elles avaient fabriquées ou à celle du jour qui arrivait par les fenêtres de maisons bâties en matériaux locaux, en provenance d'une scierie ou d'une briqueterie voisines, par des charpentiers ou maçons du cru, quand ce n'était pas par les hommes de la famille. Les chaussures étaient fabriquées par des membres de la famille ou par le cordonnier du village, avec du cuir provenant d'une

1. En 1831, Horace Greeley, tout jeune homme, avait quitté son New Hampshire natal pour New York et il n'avait pas tardé à devenir l'un des journalistes les plus en vue de l'époque. En 1841, il fonda le *New York Tribune*, dont il fit le premier journal des États-Unis pour les trente années suivantes.

2. On a vu surgir une vaste somme de littérature décrivant et analysant ces changements dans les transports et les communications ; peut-être le compte rendu le plus vivant reste-t-il celui de George Rogers Taylor, *The Transportation Revolution, 1815-1860* (New York, 1951).

tannerie locale. Les forgerons façonnaient les outils et instruments agraires utilisés par la communauté. Il n'était pas jusqu'aux armes à feu qui ne fussent produites avec amour et fierté par un artisan de l'endroit. Dans les bourgs et villes de grande taille, des maîtres tailleurs, bottiers, ébénistes ou charrons présidaient aux destinées de petites échoppes où ils travaillaient avec quelques ouvriers et un apprenti ou deux, qui fournissaient de fort beaux articles « sur commande » pour les clients les plus fortunés. A une époque où les transports routiers étaient onéreux et lents, bien peu de ces marchandises étaient vendues à plus de trente kilomètres du lieu où elles étaient fabriquées.

Le monde pré-industriel ne put survivre à cette révolution des transports, qui rendit possible une division du travail et une spécialisation de la production pour des marchés toujours plus vastes et plus lointains. Un nombre croissant de fermiers se spécialisèrent dans les récoltes auxquelles leur terrain et leur climat étaient le mieux adaptés. Grâce à l'argent que leur rapportait la vente de ces récoltes, ils achetaient des denrées alimentaires, des vêtements et des objets naguère produits localement, voire par eux-mêmes, mais désormais cultivés, traités ou fabriqués ailleurs et expédiés par canal ou voie ferrée. Pour semer et ramasser ces récoltes spécialisées, les fermiers s'équipèrent aussi d'inventions nouvelles, semoirs, motoculteurs, tondeuses et moissonneuses, qu'une industrie de machines agricoles en plein essor fournissait en nombre croissant.

Dans les bourgs et les villes, des entrepreneurs, que l'on appela « capitalistes marchands » ou « industriels », réorganisèrent et normalisèrent la production de toute une variété de marchandises destinées à la vente en grosses quantités sur des marchés régionaux et, finalement, nationaux. Certains de ces nouveaux capitaines d'industrie étaient issus des rangs des maîtres artisans et s'occupaient désormais à planifier et diriger le travail d'employés qu'ils payaient à la journée ou à l'article, au lieu de partager avec eux le travail nécessaire à la fabrication d'un produit et les bénéfices rapportés par sa vente. D'autres n'avaient pas ou guère de liens antérieurs avec le « commerce » (confection de chaussures, vêtements, etc.). C'étaient des hommes d'affaires qui apportaient un capital et des talents d'organisateur, afin de restructurer une entreprise de façon plus efficace. Cette restructuration prenait diverses formes, mais toutes avaient en commun un trait dominant : le processus de fabrication d'un produit (par exemple chaussures ou meubles), naguère effectué par un seul ou quelques artisans spécialisés, était à présent divisé en de nombreuses opérations, nécessitant chacune des qualifications limitées et accomplies par un ouvrier particulier. Celui-ci travaillait parfois à la main, avec des outils, mais de plus en plus souvent à l'aide de machines.

Les industries hautement mécanisées, comme le textile, passèrent très tôt au système de l'usine, où toutes les opérations s'effectuaient sous le même toit, avec une seule source d'énergie (le plus souvent de l'eau, parfois de la vapeur) pour actionner les machines. Ce système permit à l'industrie textile de Nouvelle-Angleterre d'accroître sa production annuelle de tissu de coton de quatre millions de mètres en 1817 à trois cent huit millions en 1837. Dans les entreprises moins mécanisées, par exemple la confection, les opérations se déroulaient dans des ateliers de taille plus réduite, une partie du travail étant même « sous-traitée » à du personnel peu qualifié — souvent des femmes et des enfants — qui travaillait à domicile et rapportait l'article à l'atelier pour les finitions. Ce système persista même après l'invention de la machine à coudre, dans les années 1840, celle-ci pouvant être utilisée chez soi aussi bien qu'à l'usine.

Quel que fût le rapport exact entre machines et outils maniés à la main, entre fabrication centralisée et « sous-traitance », les principales caractéristiques de ce nouveau mode de production étaient la division et la spécialisation du travail, la standardisation du produit, une plus grande discipline de la main-d'œuvre, une efficacité accrue, de plus grandes quantités d'articles produites et des coûts plus bas. Ces facteurs firent baisser le prix de gros des produits manufacturés de quarante-cinq pour cent entre 1815 et 1860. Au cours de cette même période, le prix payé par le consommateur chuta encore un peu plus, puisque sa baisse est estimée à cinquante pour cent[1].

Dès 1860, le profil naissant de l'économie américaine moderne, avec sa consommation de masse, sa production en série et son agriculture intensive de type capitaliste, était visible. Son développement avait été inégal selon les régions et les industries. Il était loin d'être achevé, même dans les régions les plus évoluées du pays, comme la Nouvelle-Angleterre, où l'on trouvait encore nombre de forgerons de village et de cordonniers à l'ancienne. A la frontière située à l'ouest du Mississippi et le long de nombreuses frontières internes des régions plus anciennes, où la révolution des transports n'avait pas encore pénétré — par exemple les hautes terres et pinèdes du Sud ou les forêts du Maine et les Adirondacks — il avait à peine fait son apparition. De nombreux Américains vivaient encore dans une économie artisanale et non de marché, qui se suffisait presque à elle-même et ne différait guère de celle qu'avaient connue leurs grands-parents. Mais les secteurs les plus avancés de l'économie avaient

1. Adams, « Prices and Wages », in Porter (éd.), *Encyclopedia of American Economic History*, p. 234. En choisissant 1815 comme année de base pour ses mesures, l'auteur déforme quelque peu le tableau, car cette année-là, les prix reflétaient encore l'inflation causée par la guerre de 1812. Toutefois, même si l'on choisit l'année de crise économique que fut 1819, la chute des prix de gros et de détail au cours des quarante années suivantes reste impressionnante, avec respectivement vingt-quatre et quarante et un pour cent.

d'ores et déjà donné aux États-Unis le niveau de vie le plus élevé du monde et le deuxième rang dans la production industrielle, derrière les cousins britanniques qu'ils étaient désormais en passe de rattraper en dépit du demi-siècle d'avance avec lesquels ces derniers avaient démarré leur révolution industrielle[1].

Lesdits cousins avaient d'ailleurs commencé à dresser l'oreille. La victoire du voilier *America* sur quatorze yachts britanniques dans la course du Royal Yacht Squadron, en 1851, avait secoué la plus grande puissance maritime du monde. Cette course eut lieu durant l'exposition universelle de Londres, au Crystal Palace, où les produits de l'industrie américaine avaient soulevé une vive curiosité. Ce n'était point tant la qualité des fusils, moissonneuses, serrures et revolvers américains qui avait impressionné les Britanniques, que la façon dont ils avaient été produits au moyen de pièces interchangeables, fabriquées à la machine. En 1851, la notion de l'interchangeabilité n'était pas nouvelle. Elle n'était pas non plus exclusivement américaine. L'industrie française de l'armement avait accompli un travail de pionnier dans le domaine des pièces interchangeables pour les fusils dès les années 1780. Toutefois, la plupart de ces pièces avaient été fabriquées par des artisans qualifiés, travaillant à la main. Leur interchangeabilité était donc au mieux approximative. Ce qui était nouveau pour les observateurs européens en 1851, c'était la technique américaine qui consistait à fabriquer chaque pièce au moyen d'une machine spéciale capable de reproduire un nombre infini de pièces identiques selon des normes plus strictes que n'aurait pu en respecter le plus habile des artisans. Les Britanniques surnommèrent ce processus « le système américain de manufacture », nom qui lui est resté jusqu'à ce jour[2].

L'interchangeabilité des pièces fabriquées selon ce « système » n'était pas toujours aussi parfaite qu'on voulait bien dire. Il était parfois nécessaire de limer à la main pour obtenir un ajustage précis. Les machines de précision et les jauges assurant une tolérance d'ajustage au millième de pouce[3] ne vinrent qu'une génération ou deux plus tard. Néanmoins, un contrôle effectué sur dix fusils choisis au hasard, tous fabriqués entre 1844 et 1853, mais aucun la même année, à la fabrique d'armes de Springfield, dans le Massachusetts, convainquit les sceptiques britanniques. Un ouvrier les démonta tous les dix, mélangea toutes les

1. Edgar Winfield Martin, *The Standard of Living in 1860 : American Consumption on the Eve of the Civil War* (Chicago, 1942), p. 400-401.

2. Les meilleures études sur ce système sont : Nathan Rosenberg (éd.), *The American System of Manufactures* (Édimbourg, 1969) ; David A. Hounshell, *From the American System to Mass Production, 1800-1932* (Baltimore, 1984) ; et Otto Mayr et Robert C. Post (éd.), *Yankee Enterprise : The Rise of the American System of Manufactures* (Washington, 1981).

3. Rappelons qu'un pouce (*inch*) = 2,54 cm. (NdE.)

pièces détachées dans une boîte et remonta les dix armes sans aucune difficulté.

Ce n'était pas une coïncidence si l'interchangeabilité fut mise au point dans une fabrique de petites armes. En temps de guerre, une armée a besoin, à un rythme précipité, d'un grand nombre d'armes et doit pouvoir remplacer les pièces endommagées avec la même rapidité. Les fabriques d'armes du gouvernement américain, à Springfield et Harper's Ferry, avaient progressivement peaufiné le processus durant les vingt-cinq années antérieures à 1850. Pendant la guerre de Crimée, les Britanniques importèrent des machines américaines pour établir la fabrique d'Enfield. Samuel Colt fonda aussi à Londres une fabrique de revolvers, équipée de machines venues du Connecticut. Ces événements symbolisèrent le remplacement de la Grande-Bretagne par les États-Unis au premier rang de la hiérarchie mondiale dans l'industrie des machines-outils.

Au cours des années 1850, des délégations d'industriels britanniques en visite outre-Atlantique envoyèrent chez eux des rapports sur une grande variété de produits manufacturés par des machines spécialisées : horloges et montres, meubles et toutes sortes d'autres objets en bois, clous et vis, écrous et boulons, crampons de voie ferrée, serrures, charrues et ainsi de suite. « Il n'y a rien qu'on ne puisse fabriquer au moyen de machines », affirma Samuel Colt à une commission parlementaire en 1854 — à cette date, les Britanniques étaient tout prêts à le croire[1].

En Amérique, les principes de la production en série s'étendirent à des domaines qui pouvaient pourtant paraître peu prometteurs : par exemple, le bâtiment. Ce fut l'époque où l'on inventa la construction préfabriquée, à « charpente-ballon ». De nos jours, les trois quarts au moins des maisons américaines sont bâties ainsi. Avant les années 1830, cependant, il n'y avait pratiquement que trois méthodes de construction : avec des rondins taillés à la hache ; avec des briques et de la pierre ; avec de lourdes charpentes de bois façonnées par des charpentiers et assemblées à tenons et mortaises maintenus par des chevilles de bois. La première méthode était bon marché, mais les maisons en rondins étaient balayées par les courants d'air et ne pouvaient satisfaire une classe moyenne de plus en plus nombreuse et aisée ; les deux autres étaient solides, mais fort coûteuses et fort lentes, faisant appel à des maçons ou charpentiers qualifiés, lesquels ne couraient pas les rues des grandes villes nées presque du jour au lendemain, comme Chicago, où l'on eut besoin de toute urgence d'un grand nombre de logements. Pour satisfaire ce besoin, les premiers bâtiments préfabriqués apparurent dans les années 1830 à Chicago et Rochester, une ville-champignon poussée le long du canal de l'Érié. Ils étaient faits grâce à l'assemblage désormais familier de

1. Eugene S. Ferguson, « Technology as Knowledge », in Edwin T. Layton Jr., (éd.), *Technology and Social Change in America* (New York, 1973), p.23.

planches sciées mécaniquement et rattachées les unes aux autres par des clous fabriqués en série, pour former la charpente de maisons en bois. Des parois et des toits sciés mécaniquement, des portes et fenêtres fabriquées en série venaient combler les vides. Les sceptiques assuraient, moqueurs, que ces « charpentes-ballons » seraient emportées par le premier grand vent, mais en réalité elles étaient remarquablement solides, car les planches étaient clouées les unes aux autres de telle façon que tout travail du bois s'effectuait contre le grain. En attendant, ces maisons exigeaient une simple fraction du temps et de l'argent nécessaires aux édifices érigés selon les méthodes traditionnelles. Cette « construction de Chicago » connut un tel succès qu'elle se répandit très vite aux quatre coins du pays[1].

Les maisons à charpente-ballon illustraient quatre des facteurs cités, à l'époque et ultérieurement, pour expliquer l'avènement du système américain de manufacture. Le premier était ce que les économistes appellent « demande » et que les spécialistes de l'histoire sociale pourraient appeler une démocratie de la consommation ; le besoin ou le désir d'une population croissante et mobile de disposer d'une variété de marchandises prêtes à consommer à des prix raisonnables. Se considérant comme membres des « classes moyennes », la plupart des Américains, dans les années 1850, étaient disposés à acheter des chaussures, meubles, vêtements d'homme, montres, fusils, jusqu'à des maisons préfabriquées et ils en avaient les moyens. Ces articles, s'ils n'avaient pas la qualité, le fini, l'élégance et la solidité des articles de luxe confectionnés sur mesure par les artisans, étaient néanmoins fonctionnels et abordables. Une nouvelle institution, le « grand magasin », naquit pour vendre ces objets fabriqués en série à la masse des citoyens. Les visiteurs européens qui faisaient leurs réflexions (pas toujours aimables) sur le rapport entre un système politique fondé sur le suffrage universel masculin (et blanc) et un système socio-économique fondé sur la consommation standardisée voyaient juste. La profonde misère et l'extrême richesse n'étaient nullement absentes des États-Unis, mais c'était sans conteste le vaste « juste milieu » qui frappait le plus les observateurs.

Un autre des facteurs qui présida au succès du système américain fut la rareté, et, partant, le coût élevé, de la main-d'œuvre. Ce fut par exemple le manque de charpentiers qualifiés qui engendra la maison à charpente-ballon. « Les classes ouvrières sont comparativement peu fournies, nota une commission d'industriels britanniques en visite aux États-Unis en 1854, et c'est justement à cette pénurie [...] que l'on peut attribuer l'extraordinaire ingéniosité de ces machines destinées à économiser les efforts, dont le travail automatique remplace si complètement la main-

1. Daniel J. Boorstin, *The Americans: The National Experience* (New York, 1965), p. 148-152.

d'œuvre plus abondante des pays producteurs plus anciens. » Les Européens furent étonnés de constater que peu de travailleurs américains s'opposaient à la mécanisation. La main-d'œuvre étant rare de toute façon, les nouvelles machines au lieu de remplacer l'ouvrier, comme c'était souvent le cas ailleurs, avaient plutôt tendance à multiplier la productivité de chacun. « Les ouvriers [américains], rapporta un industriel britannique (non sans exagération), accueillent avec satisfaction toutes les améliorations mécaniques dont ils peuvent, de par leur éducation, comprendre et apprécier l'importance et la valeur, comme étant ce qui les sauve des pénibles corvées du travail non spécialisé[1]. »

Sans rejeter cette thèse du manque de main-d'œuvre, certains historiens avancent une troisième raison pour expliquer la nature capitaliste du système américain — la richesse des États-Unis en ressources naturelles. Ces dernières sont une forme de capital ; au cours de la période qui nous occupe, on en a trois exemples frappants avec les terres disponibles, le bois et l'énergie hydraulique, tout spécialement en Nouvelle-Angleterre. Le rapport très favorable entre la superficie et le nombre d'habitants encouragea un type d'agriculture qui aurait été dispendieux ailleurs, mais qui était économiquement valable aux États-Unis, où l'utilisation des machines se soldait par un modeste rendement à l'arpent, certes, mais qui était en même temps un rendement élevé sous le rapport des heures de travail salarié. Le bois était aussi abondant en Amérique qu'il pouvait être rare en Europe, si bien qu'il y servait un peu à tout — il alimentait les bateaux à vapeur et les locomotives, fournissait le matériau de construction pour les maisons, les charpentes et les pièces détachées des machines, et ainsi de suite. Les machines-outils américaines furent mises au point dans l'industrie du bois, où elles permirent de façonner à peu près tout ce qui était fait en bois : meubles, montures de fusils, manches de cognées, rayons de roues, portes et des centaines d'autres articles. La production mécanisée gâchait beaucoup plus de bois que la production à la main, mais elle était économiquement rationnelle dans un pays où le bois était bon marché et la main-d'œuvre coûteuse. L'avance américaine dans le domaine des machines à travailler le bois prépara le terrain pour une supériorité naissante, après 1850, dans celui des machines à travailler le métal. Les cours d'eau au débit rapide fournissaient aux fabriques américaines une source d'énergie peu onéreuse, si bien que l'eau resta la principale source d'énergie industrielle aux États-Unis jusqu'en 1870[2].

---

1. Citations empruntées à H. J. Habbakuk, *American and British Technology in the Nineteenth Century* (Cambridge, 1967), p. 6-7 ; et Douglass C. North, *The Economic Growth of the United States, 1790-1860* (Englewood Cliffs, 1961), p. 173.

2. Paul A. David, *Technical Choice, Innovation and Economic Growth : Essay on American and British Experience in the Nineteenth Century* (Cambridge, 1975), p. 87-90 ; Rosenberg (éd.), *American System*, p. 58-59 ; Dolores Greenberg, « Reassessing the

Une quatrième raison proposée par les observateurs britanniques pour expliquer l'efficacité économique des Américains était un système d'éducation qui avait produit parmi les ouvriers américains une alphabétisation très répandue et une « souplesse adaptative ». Par contraste, un ouvrier britannique, formé au prix d'un long apprentissage « sur le tas » plutôt que dans les écoles, n'était pas, à en croire un fabricant anglais, « d'esprit malléable ni prêt à accepter la nouveauté » et il était en outre « peu disposé à changer les méthodes auxquelles il était habitué ». Le système de l'apprentissage était en passe de disparaître aux États-Unis, où la plupart des enfants, en tout cas dans le nord-est du pays, fréquentaient l'école jusqu'à quatorze ou quinze ans. « Beaucoup plus instruits que les hommes d'un niveau social bien supérieur dans la vieille Europe [...] tous les ouvriers [américains] semblent être constamment occupés à concevoir quelque nouveauté propre à les aider dans leur travail et il y a un vif désir [...] d'être « mis au courant » de chaque nouvelle amélioration[1]. »

C'était peut-être un peu exagéré. Cependant, de nombreuses innovations technologiques américaines furent en effet apportées par les ouvriers. Elias Howe, ouvrier mécanicien de Boston, qui inventa une machine à coudre, n'est qu'un exemple parmi tant d'autres. C'était ce dont voulaient parler les contemporains lorsqu'ils mentionnaient l'ingéniosité yankee. Ils disaient d'ailleurs « yankee » aux trois sens du terme : américain ; résident des États du Nord plus particulièrement ; et de la Nouvelle-Angleterre tout spécialement. Sur les cent quarante-trois inventions importantes brevetées aux Etats-Unis entre 1790 et 1860, quatre-vingt-treize pour cent étaient issues des États libres et près de la moitié de la seule Nouvelle-Angleterre — alors qu'elle ne comptait même pas le quart de la population libre. Une grande partie de l'industrie de la machine-outil et la plupart des usines où l'on trouvait les formes les plus perfectionnées du système américain de manufacture étaient situées en Nouvelle-Angleterre. En 1847, un visiteur argentin nota que les habitants de cette région qui avaient émigré vers d'autres États avaient apporté « au reste de l'Union [...] l'aptitude morale et intellectuelle [et] l'aptitude manuelle qui [faisaient] de l'Américain un atelier ambulant. [C'étaient] eux qui [fondaient] et [développaient] les grandes entreprises coloniales et ferroviaires, les banques et les compagnies[2] ».

Power Patterns of the Industrial Revolution : An Anglo-American Comparison », *AHR*, n° 87 (1982), p. 1237-1261.

1. Rosenberg (éd.), *American System*, p. 203 ; John E. Sawyer, « The Social Basis of the American System of Manufacturing », *Journal of Economic History*, n° 14 (1954), p. 377-378.

2. Roger Burlingame, *March of the Iron Men : A Social History of Union Through Invention* (New York, 1938), p. 469-476 ; Domingo Faustino Sarmiento, *Sarmiento's Travels in the United States in 1847*, trad. de Michael A. Rockland (Princeton, 1970), p. 198.

La relation établie par les observateurs britanniques entre la « souplesse adaptative » des yankees et leur système d'éducation existait effectivement. Au milieu du XIXe siècle, la Nouvelle-Angleterre venait au premier rang mondial dans le domaine des établissements scolaires et de l'alphabétisation. Plus de quatre-vingt-quinze pour cent de la population adulte savait lire et écrire ; les trois quarts des enfants entre cinq et dix-neuf ans étaient inscrits sur les registres d'une école qu'ils fréquentaient en moyenne six mois par an. Les autres États du Nord n'étaient pas très loin derrière. Le Sud restait à la traîne avec quatre-vingts pour cent seulement de sa population blanche alphabétisée et un tiers des enfants blancs inscrits à l'école pour une fréquentation moyenne de trois mois par an. Les esclaves, bien sûr, n'allaient pas à l'école et un dixième d'entre eux environ savaient lire et écrire. Pourtant, même en comptant les esclaves, près des quatre cinquièmes de la population américaine étaient alphabétisés dans les années 1850, contre les deux tiers en Grande-Bretagne et dans le nord de l'Europe et le quart dans le sud et l'est du vieux continent. Si l'on ne comptait que la population libre, le taux d'alphabétisation de quatre-vingt-dix pour cent, dont pouvaient s'enorgueillir les États-Unis, n'était égalé que par la Suède et le Danemark[1].

L'accroissement de la scolarisation dans ces pays, depuis le XVIIe siècle, découlait de la réforme protestante. L'état de prêtrise de tous les croyants les obligeait à savoir lire et comprendre la parole de Dieu. Au XIXe siècle, la religion continuait à jouer un rôle important dans l'éducation américaine. La plupart des universités et de nombreuses écoles secondaires étaient financées par des églises appartenant à diverses confessions. Les écoles publiques elles-mêmes reflétaient les principes de la foi protestante. Depuis 1830, une rapide expansion et une rationalisation du système d'instruction publique, parties de la Nouvelle-Angleterre, s'étaient répandues vers l'ouest et vers le sud — bien qu'elles n'eussent pas encore pénétré bien loin au-delà de l'Ohio. Secrétaire du Conseil pour l'éducation de l'État du Massachusetts et infatigable journaliste, Horace Mann présida à des réformes parmi lesquelles figuraient la création d'écoles normales pour les enseignants, l'introduction de programmes standardisés et gradués, l'évolution de diverses sortes d'écoles communales à la campagne et d'écoles de charité

1. Albert Fishlow, « The Common School Revival : Fact or Fancy ? », in Henry Rosovsky (éd.), *Industrialization in Two Systems* (New York, 1966), p. 40-67 ; *A Compendium of the Seventh Census of the United States* (Washington, 1854), p. 141-151 ; Carlo M.Cippolla, *Literacy and Development in the West* (Harmondsworth, Angl., 1969) ; Carl F.Kaestle, *Pillars of the Republic : Common Schooling and American Society, 1780-1860* (New York, 1983), p. 13-74 ; Lee Soltow et Edward Stevens, *The Rise of Literacy and the Common School in the United States : A Socioeconomic Analysis to 1870* (Chicago, 1981), p. 89-142.

dans les villes vers un *système* d'instruction publique et l'extension de cette instruction au niveau secondaire.

Un des objectifs premiers de ces écoles était toujours d'inculquer les valeurs morales protestantes de « la régularité, la ponctualité, la constance et le zèle » grâce à « une instruction morale et religieuse quotidienne », comme l'expliqua l'inspecteur général de toutes les écoles du Massachusetts en 1857. Ces valeurs, ainsi qu'un certain nombre d'aptitudes cognitives et de connaissances, servaient aussi une économie capitaliste en croissance. Les écoles étaient « le grand agent du développement ou de l'augmentation des ressources nationales, écrivit Horace Mann en 1848, plus puissant pour la production et l'emploi profitable de la richesse totale d'un pays que tout ce qui est mentionné dans les ouvrages des économistes politiques[1] ». A un ami virginien qui aurait voulu voir son État rivaliser avec les progrès industriels de la Nouvelle-Angleterre le magnat des textiles, Abbott Lawrence, répondit : « Vous ne pouvez espérer développer vos propres ressources sans un système général d'instruction publique ; c'est le levier qui permet d'actionner toute amélioration permanente. » « Les ouvriers intelligents, ajoutait un autre homme d'affaires yankee en 1853, comme pour faire écho aux visiteurs britanniques, peuvent ajouter beaucoup plus au capital investi dans une entreprise que ceux qui sont ignorants[2]. »

III

Dernièrement, les spécialistes ont contesté les observations citées plus haut, selon lesquelles les ouvriers américains avaient accueilli le nouvel ordre industriel à bras ouverts[3]. Les artisans qualifiés notamment

---

1. Michael B. Katz, *The Irony of Early School Reform : Educational Innovation in Mid-Nineteenth Century Massachusetts* (Cambridge, Mass., 1968), p. 43 ; Horace Mann, « Annual Report of 1848 », in *The Life and Works of Horace Mann*, 5 vol. (Boston, 1891), t. IV, p. 245-251.

2. Abbott Lawrence, *Letters to William C. Rives of Virginia* (Boston, 1846), p. 6 ; Arthur A. Ekirch, *The Idea of Progress in America, 1815-1860* (New York, 1944), p. 197.

3. Pour ce paragraphe et le suivant, je me suis inspiré de certaines des nombreuses études sur la classe ouvrière d'avant la guerre de Sécession, parues au cours de ces dernières années, notamment Alan Dawley, *Class and Community : The Industrial Revolution in Lynn* (Cambridge, Mass., 1976) ; Anthony F. C. Wallace, *Rockdale : The Growth of an American Village in the Early Industrial Revolution* (New York, 1978) ; Thomas Dublin, *Women at Work : The Transformation of Work and Community in Lowell, Massachusetts, 1826-1860* (New York, 1979) ; Jonathan Prude, *The Coming of Industrial Order : Town and Factory Life in Rural Massachusetts, 1810-1860* (Cambridge, 1983) ; Sean Wilentz, *Chants Democratic : New York City and the Rise of the American Working Class, 1788-1850* (New York, 1984) ; Walter Licht, *Working for the Railroad : The Organization of Work in the Nineteenth Century* (Princeton, 1983) ; Steven J. Ross, *Workers on the Edge : Work, Leisure and Politics in Industrializing Cincinnati, 1788-1890* (New York, 1985) ; Christine Stansell, *City of Women : Sex and Class in New York, 1789-1860* (New York, 1986).

semblent avoir résisté à certaines composantes du développement capitaliste. Ils formèrent des syndicats et des partis de travailleurs qui acquirent une puissance considérable dans les années 1830, à l'époque où les tensions engendrées par le passage d'une économie artisanale localisée à un capitalisme en pleine expansion étaient à leur comble. Les désaccords concernant les salaires et le contrôle du travail aboutirent à des grèves et à d'autres formes de conflits. L'activisme ouvrier déclina après 1837, à mesure que la crise économique créait un chômage qui désarma le militantisme. Après le redressement qui suivit, le fort accroissement de l'immigration intensifia les dissensions ethniques et religieuses au sein de la classe ouvrière. Le nativisme, la lutte antialcoolique et le conflit croissant entre Nord et Sud détrônèrent les questions économiques qui s'étaient imposées au premier plan dans les années 1830. Néanmoins, des tensions persistèrent sur les lieux de travail, ponctuées parfois d'explosions, par exemple la grève des ouvriers de la chaussure dans le Massachusetts en 1860.

Les innovations techniques n'étaient pas la cause principale de l'agitation ouvrière. Certes, les machines remplaçaient parfois les artisans ou dépréciaient leur savoir-faire, mais à cette époque, la plupart des machines effectuaient des tâches simples et répétitives, naguère confiées à des ouvriers pas ou peu qualifiés. D'ailleurs même lorsque des machines-outils plus complexes remplacèrent certains artisans, elles permirent en même temps l'expansion d'autres catégories de travailleurs hautement qualifiés — mécaniciens, outilleurs, ingénieurs des travaux publics et ingénieurs mécaniciens — dont le nombre doubla dans les années 1850[1]. La révolution des transports et des communications créa de nombreux métiers nouveaux dont certains, nécessitant de solides qualifications, étaient fort bien payés — pilotes de bateau à vapeur, cheminots, télégraphistes. Ces deux dernières catégories quintuplèrent dans les années 1850. Du fait de la rapide expansion vers l'Ouest de la frontière urbaine, de l'extraordinaire mobilité de la population américaine et des différences dans le rythme du développement technique, les ouvriers qualifiés remplacés par une technique nouvelle dans un coin du pays avaient toujours la ressource de partir plus à l'ouest pour y trouver du travail. Les observateurs européens qui comparaient la résistance aux innovations dans leur propre pays à la réceptivité que manifestaient les travailleurs des États-Unis envers les changements ne se trompaient pas.

La baisse des revenus n'était pas non plus la principale cause d'agitation ouvrière aux États-Unis. En dépit de brusques flambées d'inflation, vers le milieu des années 1830 et 1850, et de périodes de chômage dues aux crises économiques, la tendance à long terme des salaires réels était à la hausse. Bien sûr, les gens vivent dans le court terme et l'ouvrier moyen

1. Ce calcul est basé sur les listes professionnelles des recensements de 1850 et 1860.

s'efforçant de joindre les deux bouts durant le marasme économique de 1841 ou 1857, par exemple, n'avait pas les perspectives réconfortantes de l'historien. Qui plus est, dans certaines professions, les salaires masculins baissèrent lorsque l'introduction de nouvelles méthodes ou de nouvelles machines permit aux employeurs d'engager des « novices » ou des « travailleurs d'occasion », bien souvent des femmes et des enfants, pour effectuer les différentes parties d'un processus continu, naguère confié entièrement à des ouvriers qualifiés. Si l'agitation survint en grande partie dans des professions spécifiques soumises à ce processus de déqualification — cordonniers, tailleurs, tisserands, ébénistes, imprimeurs —, ce ne fut pas une coïncidence.

Et puis, aussi, malgré la tendance générale à la hausse dans le domaine des salaires réels, les ouvriers situés tout en bas de l'échelle sociale, surtout les femmes, les enfants et les immigrés de fraîche date, s'échinaient durant d'interminables journées de travail, dans des ateliers et des usines mal ventilés, pour un salaire de misère. Ils ne pouvaient assurer leur subsistance que si les autres membres de leur famille travaillaient aussi. Toutefois, pour certains de ces ouvriers, les quelques sous qu'ils gagnaient en tant que domestiques, employés d'usine, déchargeurs, petites mains, aides-maçons ou ouvriers du bâtiment, représentaient une amélioration par rapport à la famine qu'ils avaient laissée derrière eux en Irlande. Néanmoins, l'indigence était fréquente et sévissait de plus en plus parmi les ouvriers des grandes villes ayant une importante population d'immigrants. A New York une multitude de pauvres s'entassait dans d'immondes taudis, si bien que le taux de mortalité de la ville était presque deux fois plus élevé que celui de Londres[1].

Même s'ils devaient finalement se révolter en 1863, au cours de l'émeute la plus sanglante de l'histoire américaine, les travailleurs pauvres de New York n'étaient pas à la pointe des protestations ouvrières en cette période d'avant-guerre. Ce n'était pas tant le niveau des salaires que la notion même de salaire qui alimentait une grande partie de la contestation. Le salariat était une forme de dépendance qui semblait contredire les principes républicains sur lesquels le pays avait été bâti. Au cœur du républicanisme, il y avait la liberté, un droit de naissance aussi précieux que précaire, constamment menacé par les manipulations corrompues du pouvoir. Thomas Jefferson, le philosophe du républicanisme, avait défini l'essence de la liberté comme étant l'indépendance, laquelle exigeait la propriété de biens productifs. Un homme qui dépendait d'autrui pour sa subsistance ne pourrait jamais être vraiment libre et une classe dépendante ne pourrait jamais constituer la base d'un gouvernement républicain. Les femmes, les enfants et les esclaves étaient dépendants ; c'était d'ailleurs cela qui, par définition, les excluait du système politique

1. Martin, *Standard of Living in 1860*, p. 174.

des hommes libres de la république. Les salariés eux aussi étaient dépendants ; c'était pour cette raison que Jefferson redoutait le développement du capitalisme industriel avec son besoin de travailleurs salariés. Il envisageait plutôt une Amérique idéale, peuplée d'agriculteurs et d'artisans producteurs, propriétaires de leurs moyens de production et ne dépendant de personne pour leur subsistance.

Mais l'économie américaine n'évolua pas dans cette direction. Au lieu d'accéder à cette utopie, les artisans qualifiés qui possédaient leurs outils et vendaient le fruit de leur travail pour un « juste prix », se trouvèrent peu à peu entraînés dans un système où ils ne vendaient plus que leur travail. Au lieu d'être leur propre patron, ils travaillaient pour quelqu'un d'autre. Au lieu d'obtenir un juste prix pour la qualité de leur travail, ils touchaient un salaire fixé non pas d'après la qualité intrinsèque de ce travail, mais selon ce que pourrait supporter un « marché » de plus en plus éloigné. Le « maître » et l'« ouvrier » n'étaient plus liés par le labeur qu'ils avaient en commun et par l'espoir que nourrissait le second de devenir un jour maître à son tour. De plus en plus souvent, ils se scindaient en « employeur » et « employé », ayant chacun des intérêts différents, voire parfois opposés. L'employeur voulait accroître les profits, ce qui sous-entendait une plus grande efficacité et un contrôle des coûts de production, dans lesquels entraient les salaires. L'employé finissait par dépendre de son « patron » non seulement pour son salaire, mais aussi pour ses moyens de production — des machines que le travailleur lui-même ne pouvait plus désormais espérer posséder un jour. La montée du capitalisme industriel entre 1815 et 1860 commença donc à forger un nouveau système de rapports de classes entre les capitalistes possédant les moyens de production et les prolétaires dont le seul bien était leur puissance de travail. Cette évolution ne plut guère aux artisans et ouvriers qui la subirent. Leurs porte-parole et eux-mêmes décochèrent d'amères critiques contre le capitalisme naissant.

Ce dernier était incompatible avec le républicanisme, soutenaient-ils. En obligeant un homme à dépendre de son salaire pour vivre, on le privait de son indépendance et donc de sa liberté. Le salariat ne valait pas mieux que l'esclavage — d'où l'expression « servitude salariale ». Le patron n'était ni plus ni moins qu'un propriétaire d'esclaves. C'était lui qui fixait les heures de travail, le rythme du labeur, sa répartition, le niveau des salaires ; il était libre d'engager et de congédier à sa guise. L'artisan préindustriel avait eu l'habitude de travailler autant ou aussi peu qu'il lui plaisait. Il était payé à la pièce et non à l'heure. S'il lui prenait l'envie de s'arrêter un moment pour aller boire un coup ou deux avec des amis, il le faisait. Sous le nouveau régime, en revanche, tous les ouvriers travaillaient dans un engrenage ; le système les transformait en machines ; ils n'étaient plus que les esclaves de la pendule. Les fabricants encourageaient le mouvement en faveur de la tempérance, dont la puissance s'accrut après 1830, parce que ses vertus morales protestantes — sobriété, ponctualité, fiabilité, épargne — étaient précisément les valeurs nécessaires aux ouvriers disciplinés du nouvel ordre des choses. Certains employeurs interdisaient de boire durant les heures de travail et tentèrent même d'étendre cette interdiction en dehors de ces limites. Pour des hommes qui considéraient leurs trois ou quatre libations quotidiennes comme un droit, c'était un autre signe d'esclavage.

Aux yeux des réformateurs ouvriers, le capitalisme violait aussi d'autres dogmes du républicanisme : la vertu, le bien public et l'égalité. La vertu exigeait des individus qu'ils missent les intérêts de la communauté au-dessus des leurs ; le capitalisme glorifiait la recherche de son propre intérêt dans la quête de profits. Le bien public spécifiait qu'une république devait être bénéfique à tout le monde et pas seulement aux classes favorisées ; mais en accordant des chartes et en votant des budgets pour établir des banques, créer des compagnies, creuser des canaux, construire des voies ferrées, édifier des barrages et entreprendre d'autres projets utiles au développement économique, les autorités des États et les autorités locales avaient favorisé certaines classes au détriment des autres. Elles avaient créé des *monopoles*, des concentrations de pouvoir qui menaçaient la liberté. Elles avaient aussi encouragé une inégalité croissante des richesses (définies comme étant la propriété de biens réels et personnels). Dans les plus grandes villes américaines, dès les années 1840, les cinq pour cent les plus riches de la population possédaient environ soixante-dix pour cent des biens imposables, alors que la moitié la plus pauvre ne possédait quasiment rien. Et même si les richesses étaient moins inégalement distribuées à la campagne, en 1860 dans le pays tout entier, les cinq pour cent des hommes libres adultes situés le plus haut sur l'échelle sociale possédaient cinquante-trois pour cent des richesses, alors que la moitié inférieure n'en possédait que un pour cent. L'âge, au même titre que la classe sociale, expliquait cette disparité — la plupart des hommes de vingt et un ans ne possédaient rien ou presque, alors que la plupart de ceux de soixante ans possédaient quelque chose et que l'individu moyen pouvait espérer quintupler son avoir durant le passage de la jeunesse à l'âge mûr. Néanmoins, pour les Américains situés au bas de l'échelle économique, la propriété de biens devenait un objectif insaisissable[1].

Les attaques contre cet état de choses vibraient d'éloquence républicaine. Le salariat « traînait à sa suite les chaînes de l'esclavage et les serrait de plus en plus étroitement autour du travailleur libre »,

1. Edward Pessen, *Riches, Class and Power Before the Civil War* (Lexington, Mass., 1973), surtout le chap. 3 ; Lee Soltow, *Men and Wealth in the United States, 1850-1870* (New Haven, 1975), p. 99, p. 180, p. 183 ; Ross, *Workers on the Edge*, p. 75 ; Jeffrey G. Williamson et Peter H. Lindert, *American Inequality : A Macroeconomic History* (New York, 1980), p. 36-39.

déclarait un orateur. L'usine tenait ses ouvriers « pieds et poings liés par l'entremise d'un système de despotisme mesquin aussi vexatoire qu'il n'y en eût jamais dans l'Ancien Monde pour opprimer les victimes de la tyrannie[1] ». Un versificateur établit un parallèle entre la lutte de l'Amérique pour sa liberté en 1776 et le combat des ouvriers un demi-siècle plus tard :

Cette liberté conquise par nos pères
Et chèrement payée de leur sang,
Le système de l'usine l'annihile...
Le fléau britannique est désormais le nôtre,
Assez pour faire damner un roi et son trône[2].

Pour faire échec à cette nouvelle tyrannie, un ouvrier n'avait que le droit de lui refuser son travail — de démissionner et de partir ailleurs ou de se mettre en grève. C'était plus que ne pouvaient faire les esclaves, mais quant à savoir si cela suffisait pour faire contrepoids au capital, c'était un sujet de controverse inépuisable à l'époque et encore aujourd'hui. Les radicaux ne le pensaient pas. Ils soumirent toutes sortes de projets pour répartir plus également les richesses et les biens ou pour contourner le système salarial grâce à des coopératives de producteurs. Les années 1830 et 1840 virent aussi proliférer les expériences communautaires qui allaient de l'entreprise assez anodine des Transcendantalistes à Brook Farm à la célèbre Communauté Oneida, de John Humphrey Noyes, où les partenaires conjugaux étaient mis en commun au même titre que les autres biens.

Ce n'étaient toutefois que des coups d'épingle à la périphérie du capitalisme. Plus proche du centre, une croisade anti monopole s'était développée, en prenant comme canal le parti démocrate de Jackson[3]. Ce mouvement unissait les syndicats et les porte-parole des ouvriers aux petits fermiers, surtout ceux des hautes terres du Sud et de la moitié méridionale du Nord-Ouest, situés à l'extrême limite de la révolution opérée par l'économie de marché et redoutant de s'y trouver entraînés. Ces groupes manifestaient un état d'esprit de producteurs, fondé sur la théorie de la valeur du travail : toute richesse authentique provient du travail qui l'a produite et les profits de cette richesse devraient aller à ceux qui l'ont créée. Banquiers, avocats, négociants, spéculateurs et autres « capitalistes », lesquels étaient tous autant de « vampires » ou de « parasites » qui « manipulaient » la « richesse associée » et s'étaient « engraissés des gains de l'ouvrier usé par le labeur », ne figuraient pas

1. Dawley, *Class and Community*, p. 82 ; John Ashworth, *« Agrarians & Aristocrats » : Party Political Ideology in the United States, 1837-1846* (Londres, 1983), p. 31.
2. Prude, *The Coming of Industrial Order*, p. 120.
3. Président des États-Unis de 1829 à 1837, Andrew Jackson fut le premier Président élu par le parti qui prit le nom de parti démocrate sous son administration.

parmi ces « classes productrices[1] ». De toutes les « sangsues » qui saignaient à blanc les fermiers et les ouvriers, les banquiers étaient les pires. Les banques en général et la Second Bank of the United States[2] en particulier devinrent le principal symbole du développement capitaliste au cours des années 1830 et le bouc émissaire de tous les maux qu'on lui imputait.

Une partie du capital engagé dans la révolution industrielle américaine émanait des autorités des divers États et des autorités locales, lesquelles finançaient les routes, les canaux et l'éducation. Une autre partie venait d'investisseurs étrangers qui espéraient trouver dans cette économie en pleine et rapide expansion des profits plus élevés que ceux qu'ils auraient pu obtenir chez eux. Une troisième provenait des gains conservés par les firmes américaines. Mais les banques ayant reçu leur charte de l'État constituaient une source croissante de capital. Leur nombre tripla entre 1820 et 1840, alors que leurs actifs quintuplaient. Après être restés stationnaires durant la crise des années 1840, le nombre des banques et leurs actifs doublèrent de nouveau entre 1849 et 1860. Leurs billets représentaient la principale forme de monnaie avant la guerre de Sécession[3].

Aussi importantes fussent-elles pour le développement économique, les banques l'étaient encore plus comme enjeu politique. Un système bipartite de démocrates et de whigs se forma autour du veto opposé par Andrew Jackson au renouvellement de la charte de la Second Bank of the United States en 1832. Pendant une douzaine d'années ou plus après la « panique » de 1837[4], la question bancaire resta celle qui polarisait le plus les opinions dans la politique des différents États, lançant les whigs favorables au développement des banques contre les démocrates qui s'y opposaient. Ces derniers dépeignaient la concentration de richesses dans les banques comme la plus grave menace pesant sur la liberté depuis George III. « Les banques sont les ennemis connus de notre gouvernement républicain depuis le début, proclamaient-ils, le moteur d'une nouvelle forme d'oppression [...], un legs que les tendances aristocratiques d'une ère révolue nous ont laissé, pour remplacer l'usurpation seigneuriale

1. Prude, *The Coming of Industrial Order*, p. 218 ; Dawley, *Class and Community*, p. 44.

2. La Second Bank of the United States avait reçu du Congrès en 1816 une charte qui faisait d'elle une banque centrale, possédant des pouvoirs étendus pour contrôler l'émission d'argent et de crédit. Jackson opposa son veto à un projet de loi prévoyant de renouveler la charte de cet établissement, parce qu'il était contre les banques et que son parti rejetait l'énorme pouvoir financier de la banque, considéré comme une menace envers la démocratie et les chances égales pour tous les citoyens.

3. Bureau de recensement, *Historical Statistics of the United States* (Washington, 1960), p. 623-625.

4. Cette panique fut l'avatar américain d'un marasme qui commença en Angleterre et s'étendit aux autres pays, provoquant de nombreuses banqueroutes et des reniements de dettes aux États-Unis, et déclenchant une crise économique qui dura six ans.

et les exactions féodales. » C'étaient les banques qui causaient « l'inégalité artificielle de la richesse, une grande partie de la pauvreté et du crime, le triste état de la morale publique et bien d'autres maux accablant la société. [...] Par justice pour l'égalité des droits, n'ayons plus de banques[1] ».

En réponse à cela, les partisans des banques tournaient ces sentiments en ridicule, les accusant d'être puérils et réactionnaires. Le « système du crédit », déclaraient-ils, était « l'enfant des libres institutions », un agent de croissance économique qui avait apporté une prospérité sans précédent à tous les Américains. « Ce dont nous manquons, c'est de capital, assurait un whig de l'Ohio en 1843. Nous avons besoin, grâce aux facilités de banques [...] bien organisées, de pouvoir développer les vastes ressources de notre État. » L'homme qui « recommanderait aujourd'hui l'abandon total de notre système de crédit » n'était pas moins antédiluvien que celui « qui chercherait à substituer un chariot tiré par des chevaux à une locomotive ou à un bateau à vapeur ou qui s'efforcerait de remonter les courants impétueux du Mississippi dans un bateau à fond plat[2] ».

Les whigs du Nord et leurs successeurs républicains, après 1854, mirent au point une analyse raisonnée de la liberté du travail pour justifier leur vision du développement capitaliste. A l'argument des artisans qui assuraient que le système des salaires et de la division du travail dressait les ouvriers contre leur employeur, les whigs opposaient l'idée qu'une plus grande efficacité était bénéfique à tout le monde puisqu'elle faisait monter les salaires en même temps que les profits. « Les intérêts du capitaliste et du travailleur sont [...] parfaitement harmonisés, écrivit l'économiste whig de Philadelphie, Henry Carey. Chacun tire avantage de toute mesure qui tend à faciliter [...] la croissance[3]. » A ceux qui prétendaient que toute richesse était créée par le travail, les whigs répondaient que le banquier qui mobilisait du capital, l'entrepreneur qui le mettait en œuvre et le négociant qui organisait des marchés étaient autant de « travailleurs » qui créaient des richesses aussi sûrement que le faisaient l'agriculteur ou l'artisan travaillant de leurs mains. Si l'on faisait valoir que les salaires transformaient les ouvriers en esclaves, l'idéologie de la liberté du travail assurait que la dépendance salariale pouvait très bien n'être que passagère ; que dans une économie à croissance rapide, dans une société où tous les citoyens avaient les mêmes

1. James Roger Sharp, *The Jacksonians versus the Banks : Politics in the States after the Panic of 1837* (New York, 1970), p. 313 ; William G. Shade, *Banks or No Banks : The Money Issue in Western Politics, 1832-1865* (Detroit, 1972), p. 157, p. 117, p. 124. (Suivant l'ouvrage original, nous avons conservé l'ordre d'apparition des citations dans les références de pages données en note. NdE.)

2. Sharp, *Jacksonians versus the Banks*, p. 198 ; Ashworth, « *Agrarians & Aristocrats* », p. 82.

3. Eric Foner, *Free Soil, Free Labor, Free Men : The Ideology of the Republican Party before the Civil War* (New York, 1970), p. 19.

chances de réussir et où l'instruction publique était gratuite, un jeune homme pratiquant les vertus du labeur, de l'auto discipline, de l'amélioration de soi-même, de l'épargne et de la sobriété pouvait fort bien se hisser à la force du poignet et devenir son propre patron, voire finir à son tour dans la peau d'un employeur.

Dès qu'il était question d'hommes partis de zéro et qui par la vertu de « leur diligence, leur prudence, leur persévérance et leur sens de l'économie » avaient fini par devenir « d'abord aisés, puis riches[1] », les Américains du milieu du XIXe siècle avaient tout un éventail d'exemples, réels aussi bien que mythiques, à faire miroiter. Avec l'élection d'Abraham Lincoln, ils purent même citer un homme qui était passé d'une simple cahute en rondins[2] à la Maison-Blanche. « Je n'ai pas honte d'avouer qu'il y a vingt-cinq ans, j'étais un travailleur salarié qui posait des rails ou s'embarquait sur un *flatboat* — exactement comme cela pourrait arriver à n'importe quel autre fils d'une famille pauvre ! » déclara Lincoln à un auditoire de New Haven en 1860. Mais dans les États libres, poursuivait-il, chacun sait qu'il « peut améliorer sa condition. [...] Un homme libre fatalement destiné à rester toute sa vie un simple travailleur salarié, cela n'existe pas ». Les deux termes « esclave » et « salarié » s'excluaient mutuellement, assurait Lincoln. « L'homme qui l'année dernière travaillait pour autrui, travaille cette année pour son propre compte et l'année prochaine, il engagera des gens qui travailleront pour lui. » Si un homme « stagne toute sa vie au rang de travailleur salarié, ce n'est pas la faute du système, mais la faute soit d'une nature dépendante qui préfère cela, soit de son imprévoyance, de sa sottise ou d'une singulière malchance. » Le « système de la *liberté* du travail, concluait Lincoln, ouvre la voie à tous — offre à chacun l'espoir, l'énergie, le progrès et une meilleure condition ». C'était précisément l'absence de cet espoir, de cette énergie, de ce progrès dans le Sud esclavagiste, qui faisait des États-Unis une « maison divisée[3] ».

Pour idéalisée qu'ait pu être la version du rêve américain proposée par Lincoln[4], cette idéologie de la mobilité sociale atténua la conscience

1. Ashworth, « *Agrarians & Aristocrats* », p. 66-67.

2. La cahute en rondins, ou *log cabin*, était la demeure type des familles pauvres de la région appelée frontière ; s'élever dans la hiérarchie sociale, en passant de la cahute en rondins à une plus grande prospérité et à une maison plus cossue, devint le symbole de l'ascension sociale aux États-Unis.

3. *CWL*, t. II, p. 364, t. III, p. 478, p. 479, t. IV, p. 24. Lors de sa campagne pour être nommé sénateur en 1858, Abraham Lincoln fit de l'image de la « maison divisée contre elle-même » une célèbre métaphore pour désigner le conflit entre États esclavagistes et États libres. La phrase est empruntée à Jésus : « [...] Si une maison est divisée contre elle-même, il est impossible qu'elle subsiste. » Bible (Sacy), Évangile selon saint Marc, III, 25.

4. Stephan Thernstrom, *The Other Bostonians : Poverty Progress in the American Metropolis, 1880-1970* (Cambridge, Mass., 1973), p. 220-261, passe en revue les résultats de diverses études sur la mobilité professionnelle aux États-Unis. Ils indiquent qu'au XIXe siècle, un tiers environ des Américains passèrent d'un statut professionnel inférieur à un

et les conflits de classes aux États-Unis. « Il n'y a pas, tout au moins dans les États de la Nouvelle-Angleterre, un seul jeune travailleur moyennement doué qui ne conçoive l'idée de quelque invention ou amélioration mécaniques pour la fabrication, grâce à laquelle il espère bien, avec le temps, accéder à une meilleure position, voire s'élever jusqu'à devenir un homme riche et distingué », fit observer en 1854 un industriel britannique en visite. En 1860, un journal de Cincinnati rapportait : « Sur toute la multitude de jeunes gens diversement employés dans notre ville, il n'y en a pas un qui ne désire devenir riche, qui ne s'y attende même avec confiance[1]. » Cet évangile de la réussite provoqua un raz-de-marée littéraire destiné à aider les Américains à améliorer leur condition, en expliquant aux jeunes gens comment aller de l'avant. Cela donna à la vie du pays un certain dynamisme, mais lui imposa aussi un rythme trépidant et une obsession matérialiste de l'acquisition, qui dégoûtait certains Européens et inquiétait de nombreux Américains.

Whigs et républicains soutenaient toutes sortes d'« améliorations » destinées à promouvoir la croissance économique et la mobilité sociale — des « améliorations intérieures » sous forme de routes, canaux, voies ferrées et ainsi de suite ; des tarifs protectionnistes pour défendre l'industrie et la main-d'œuvre américaines de la concurrence étrangère bon marché ; un système bancaire centralisé et rationalisé. Beaucoup d'entre eux appuyèrent la croisade en faveur de la tempérance, laquelle dégrisa si bien la population américaine que la consommation de boissons alcoolisées par habitant adulte tomba de l'équivalent de plus de vingt-cinq litres d'alcool pur par an, dans les années 1820, à moins de huit litres dans les années 1850. Au cours de cette même période, la consommation de café et de thé par habitant doubla. Les whigs soutenaient aussi les écoles publiques dans lesquelles ils voyaient le grand levier de la mobilité sociale. Les écoles communales, déclara le gouverneur whig de New York, William H. Seward, étaient « les grandes institutions égalisatrices [...], non pas en nivelant tout le monde vers le bas, mais en élevant au contraire tout le monde au contact des gens sages et bons ». Horace Mann croyait que l'éducation « [faisait] mieux que d'enlever aux pauvres leur hostilité envers les riches ; elle les [empêchait] d'être pauvres[2] ».

---

statut supérieur au cours de leur vie (un dixième parcourant le chemin inverse), tandis qu'un pourcentage plus important de leurs fils s'élevaient dans la hiérarchie. Ce n'était pas, bien sûr, la même chose que de passer de l'état de salarié à celui de patron, étant donné qu'un ouvrier passant d'un travail non qualifié à un travail qualifié ou à un travail de bureau restait probablement un salarié. Ces études retracent les types de carrière d'une moitié de la population, celle qui restait au même endroit d'un recensement au suivant. L'extraordinaire mobilité géographique des Américains indique peut-être un degré encore plus élevé de mobilité sociale vers le haut, car les gens ont tendance à se déplacer pour aller chercher mieux que ce qu'ils ont déjà.

1. Rosenberg (éd.), *American System*, p. 204 ; Foner, *Free Soil*, p. 14.
2. Ashworth, « *Agrarians & Aristocrats* », p. 165 ; Mann, « Annual Report of 1848 », in *Life and Works of Horace Mann*, t. IV, p. 251.

Les défenseurs de ces principes whigs-républicains étaient le plus souvent des hommes qui avaient réussi dans l'économie de marché, ou qui aspiraient à le faire. De nombreuses études portant sur les schémas électoraux d'avant la guerre de Sécession ont montré que les whigs et les républicains réussissaient leurs meilleurs scores parmi les employés de bureau protestants en passe de s'élever socialement, les travailleurs qualifiés et les agriculteurs vivant près de réseaux de transports qui les reliaient à l'économie de marché. Tous ces gens étaient des individus qui appartenaient, pour ainsi dire, au système et qui acceptaient bien volontiers la transformation capitaliste du XIXe siècle, car ils en tiraient profit pour la plupart. Bien que certains démocrates, surtout dans le Sud, appartinssent à la même catégorie, le plus grand soutien accordé aux démocrates était le fait de marginaux plus ou moins exclus du système : travailleurs irrités par la déqualification des métiers artisanaux et la dépendance du salariat ; immigrants catholiques situés tout en bas de l'échelle sociale et professionnelle, qui s'offusquaient des efforts que faisaient les yankees protestants pour réformer leur penchant à la boisson ou forcer leurs enfants à fréquenter des écoles publiques ; héritiers de la méfiance chère à Jefferson et Jackson à l'égard des banques, grandes firmes et autres concentrations de pouvoir menaçant la liberté républicaine ; petits fermiers de l'intérieur ou des régions isolées, hostiles aux aigrefins de la ville, aux négociants, aux banques, aux yankees et à quiconque risquait d'empiéter sur leur liberté de vivre à leur guise[1].

Étant donné l'illogisme de la politique américaine, ces généralisations sont sujettes à de nombreuses réserves. En dépit de leur marginalité, le minuscule nombre d'hommes noirs vivant dans la demi-douzaine d'États du Nord où ils étaient autorisés à voter formaient un solide bloc whig. L'égalitarisme que professait le parti démocrate était réservé aux seuls Blancs. Son engagement en faveur de l'esclavage et du racisme était flagrant, aussi bien dans le Nord que dans le Sud, alors que la doctrine whig était en partie issue du zèle réformateur évangélique qui avait engendré le mouvement abolitionniste. A l'autre extrémité de l'échelle sociale, parmi les dirigeants démocrates de New York figuraient de nombreux banquiers et négociants n'ayant rien en commun avec les

---

1. Les études sur lesquelles est fondé ce paragraphe sont trop nombreuses pour être toutes citées ici : parmi les plus récentes et enrichissantes figurent Foner, *Free Soil* ; Ashworth, « *Agrarians & Aristocrats* » ; Wilentz, *Chants Democratic* ; Daniel Walker Howe, *The Political Culture of the American Whigs* (Chicago, 1979) ; Ronald P. Formisano, *The Transformation of Political Culture : Massachusetts Parties, 1790's-1840's* (New York, 1982) ; Donald B.Cole, *Jacksonian Democracy in New Hampshire, 1800-1851* (Cambridge, Mass., 1970) ; J. Mills Thornton III, *Politics and Power in a Slave Society : Alabama, 1800-1860* (Baton Rouge, 1978) ; Steven Hahn, *The Roots of Southern Populism : Yeoman Farmers and the Transformations of the Georgia Upcountry, 1850-1890* (New York, 1983) ; et Harry L. Watson, *Jacksonians Politics and Community Conflict : The Emergence of the Second American Party System in Cumberland County, North Carolina* (Baton Rouge, 1981).

masses irlando-américaines des taudis en dehors de leur allégeance au même parti politique. Les généralisations du paragraphe précédent décrivent donc une simple tendance et n'ont nullement valeur d'axiome.

C'était peut-être dans les États les plus anciens du Nord-Ouest — l'Ohio, l'Indiana et l'Illinois — que cette tendance était le plus visible. La plupart des premiers colons qui s'y étaient implantés étaient venus de la zone la plus septentrionale du Sud et de Pennsylvanie. Ils avaient peuplé le sud de la région en question et développé une économie fondée sur le maïs, le porc et le whiskey[1], vendant leur faible surplus aux marchés qui leur étaient accessibles par le réseau fluvial Ohio-Mississippi. On les appelait *Buckeyes* (« œil de biche »), *Hoosiers* (« péquenots »), *Suckers* (« nigauds ») ; ils portaient des vêtements tissés et cousus à la maison, teints à l'huile de noix ou de noix cendrée (en américain *butternut*), d'où leur surnom de « *Butternuts* ». Ils conservaient leur mentalité rurale et sudiste et leur esprit de clocher, restant hostiles aux « yankees » originaires de la Nouvelle-Angleterre venus peupler le nord de ces mêmes États, que le canal de l'Érié leur rendit accessible à partir de 1825. Ces yankees établirent une économie fondée sur le blé, le bétail, les moutons et les produits laitiers, liée aux marchés de l'Est par un réseau ferroviaire en plein essor après 1850. Les voies ferrées et les banques, industries, bourgs et villes appartenant aux yankees ou contrôlés par eux, proliféraient à toute allure, si bien que cette partie des trois États en question connut une croissance plus rapide que les secteurs « *Butternuts* ». Une analyse quantitative des variables socio-économiques et culturelles en Illinois en 1850 a permis de constater que les zones yankees avaient une corrélation positive avec la production de blé, de fromage et de laine ; la valeur des fermes à l'arpent et le pourcentage de terres amendées ; la valeur des machines agricoles ; les banques et les sentiments probancaires ; l'urbanisation ; la croissance démographique ; les écoles ; l'alphabétisation ; les églises congrégationalistes et presbytériennes ; et enfin les ligues en faveur de la tempérance et les sociétés antiesclavagistes. Les zones « *Butternuts* », quant à elles, avaient une corrélation positive avec la production de maïs, de patate douce et de whiskey, avec l'hostilité aux banques et aux Noirs, l'analphabétisme et les églises baptistes. Inutile de dire que les secteurs « *Butternuts* » étaient démocrates à une majorité écrasante, alors que les comtés yankees votaient whig, puis, après 1854, républicain[2].

Un autre bloc électoral démocrate était constitué de gens « extérieurs au système » au sens littéral du terme — à savoir les immigrants. Durant

---

1. Nom généralement donné au whisky fabriqué en Irlande et aux États-Unis. (NdE.)
2. Shade, *Banks or No Banks*, p. 136-37. Voir aussi Henry B. Hubbart, *The Older Middle West, 1840-1880* (New York, 1936), et Richard Lyle Power, *Planting Corn Belt Culture: The Impress of the Upland Southerner and Yankee in the Old Northwest* (Indianapolis, 1953).

les quarante premières années de la république, les immigrants n'étaient pas venus très nombreux. Dans les années 1820 encore, les arrivées se montaient en moyenne à moins de treize mille par an. Au cours de la décennie suivante, en revanche, ce chiffre quadrupla. La pression exercée par une population croissante sur des ressources limitées incita des milliers de gens, en Grande-Bretagne, en Irlande et en Allemagne occidentale, à s'entasser dans des navires à destination des salaires plus élevés ou des terres moins onéreuses du Nouveau Monde. En dépit de la crise économique qui sévit en Amérique au début des années 1840, le nombre annuel d'immigrants fit un bond de quarante pour cent durant l'explosion des années 1830. Le redressement économique coïncida avec la famine de la pomme de terre en Irlande et l'agitation politique en Europe continentale, qui atteignit son point culminant avec les révolutions de 1848. Ces forces symétriques incitèrent trois millions d'immigrants à franchir l'Atlantique au cours des dix années qui suivirent 1845. Ce fut, proportionnellement, la plus grosse affluence d'étrangers de toute l'histoire américaine.

Avant 1840, les trois quarts des immigrants étaient protestants, venant principalement de Grande-Bretagne. La moitié de tous les arrivants qui entrèrent sur le marché du travail devinrent des travailleurs qualifiés ou des employés de bureau et un autre tiers se lança dans l'agriculture. Toutefois, à mesure que le nombre des immigrants se multipliait par six durant les vingt années suivantes, sa composition religieuse et professionnelle changea radicalement. Les deux tiers des nouveaux venus étaient à présent des catholiques d'Irlande ou d'Allemagne. Par ailleurs, tandis que la proportion d'agriculteurs (en majorité allemands) se maintenait, le pourcentage de toutes les autres catégories chutait, à l'exception de celle des travailleurs pas ou peu qualifiés, presque tous irlandais, qui monta en flèche pour représenter près de la moitié du nombre total[1].

La pauvreté, la religion et l'aliénation culturelle des Irlandais faisaient triplement d'eux des étrangers. Des émeutes anticatholiques et ethniques eurent lieu dans plusieurs villes du Nord-Est au cours des années 1830 et 1840. La plus grave survint à Philadelphie où deux batailles rangées mettant aux prises trois adversaires — protestants, catholiques irlandais et membres de la milice — firent au moins seize morts et des dizaines de blessés, sans compter deux églises et des douzaines d'autres bâtiments

1. Douglas C. North, « Capital Formation in the United States during the Early Period of Industrialization : A Reexamination of the Issues », in Robert W. Fogel et Stanley L. Engerman (éd.), *The Reinterpretation of American Economic History* (New York, 1971), p. 279 ; North, *Growth of the American Economy*, p. 98 ; William F. Adams, *Ireland and Irish Emigration to the New World from 1815 to the Famine* (New Haven, 1932) ; Robert Joseph Murphy, « The Catholic Church in the United States During the Civil War Period », *Records of the American Catholic Historical Society*, n° 39 (1928), p. 293-294.

entièrement détruits. On vit surgir dans plusieurs villes des partis politiques « nativistes » dont les objectifs avoués étaient de prolonger la période de naturalisation, avant que les immigrants ne pussent devenir citoyens et électeurs américains, et de réserver la fonction publique aux personnes nées en Amérique. Ces partis parvinrent à faire élire un des leurs maire de New York et trois autres représentants de Philadelphie. Le nativisme était à vrai dire plus hostile aux catholiques qu'aux immigrés en tant que tels. D'ailleurs les immigrants protestants (surtout ceux d'Irlande du Nord) figuraient parmi les « nativistes » les plus acharnés. Ce mouvement, bien qu'il recrutât ses dirigeants dans la bourgeoisie, comptait de nombreux adeptes parmi les ouvriers qualifiés protestants. Ce fut en grande partie par la faute de leur haine d'origine ethnique envers les autres ouvriers qu'avorta la naissance d'une solidarité ouvrière prônée par Jackson. Cependant, en raison de ses connotations whigs, le nativisme cimenta plus solidement que jamais l'allégeance des immigrants catholiques au parti démocrate. Le nativisme politique devait causer des explosions encore plus destructrices dans les années 1850, où il contribua à l'effondrement du système bipartite, qui précéda la guerre de Sécession[1].

La transformation économique eut un impact ambigu sur un autre groupe non intégré à la société active — les femmes. Le glissement qui s'effectua de la fabrication vers l'atelier ou l'usine modifia la fonction de nombreuses familles qui, d'unités de production, devinrent des unités de consommation. Dans le domaine agricole, le passage des récoltes servant à assurer la subsistance à celles servant à procurer des revenus eut un effet analogue, quoique moins prononcé, sur les familles rurales. Ces changements transformèrent le premier rôle économique de la plupart des femmes libres qui cessèrent d'être productrices pour devenir consommatrices. (Les esclaves, évidemment, continuèrent à travailler aux champs comme elles l'avaient toujours fait.) Au lieu de filer, de tisser, de faire du savon, des chandelles et autres choses du même genre, chez elles, les femmes se mirent de plus en plus souvent à acheter tous ces articles dans les magasins.

Certes, il y eut des femmes qui allèrent travailler dans les usines de textiles ou qui prirent du travail chez elle en qualité de couturières, modistes, fermeuses de chaussures et ainsi de suite. Bien que l'on comptât peu de femmes — pour ne pas dire aucune (à part les esclaves) — parmi les travailleurs agricoles (ce qui n'empêchait pas les femmes de fermiers

---

1. Michael Feldberg, *The Turbulent Era : Riot and Disorder in Jacksonian America* (New York, 1980), p. 9-32 ; Ray Allen Billington, *The Protestant Crusade, 1800-1860 : A Study of the Origins of American Nativism* (New York, 1938), p. 193-237 ; David Montgomery, « The Shuttle and the Cross : Weavers and Artisans in the Kensington Riots of 1844 », *Journal of Social History*, 5 (1972), p. 411-446 ; Wilentz, *Chants Democratic*, p. 315-325.

de travailler dur) et les ouvriers du bâtiment, des mines ou des transports, elles furent nombreuses en revanche à conserver leurs emplois de domestiques ou de blanchisseuses. Au milieu du siècle, un quart des employés des manufactures étaient des femmes, alors que dans l'industrie textile, les femmes et les très jeunes filles représentaient près des deux tiers des salariés. Néanmoins, vingt-cinq pour cent seulement des femmes blanches travaillaient à l'extérieur avant de se marier et moins de cinq pour cent après. De nombreuses jeunes filles célibataires — comme les célèbres « *Lowell girls*[1] » — ne faisaient partie de la force ouvrière que pendant deux ou trois ans, le temps de se constituer une dot pour se marier. L'idéal de la classe moyenne pour les femmes était un foyer et des enfants. Et l'immense popularité des revues féminines (il en existait à l'époque plus d'une centaine, avec à leur tête le célèbre *Godey's Lady's Book*) permettait de diffuser cet idéal à travers toute la société.

Le bouleversement économique fit passer les hommes, en tant que producteurs, de chez eux à l'atelier ou à l'usine. Cette séparation nouvelle entre le métier et le foyer créa la notion de « sphères d'activité » séparées pour les hommes et les femmes. L'univers de l'homme était le monde trépidant, compétitif, dynamique des affaires et de la politique. Celui de la femme était le foyer et la famille ; son rôle était de porter et d'élever ses enfants et de faire du foyer un refuge que le mari regagnait chaque soir après le travail pour y retrouver l'amour et la chaleur des siens. Dans la mesure où ce « culte des vertus domestiques » tenait les femmes à l'écart de « la vie réelle » et les confinait à une sphère inférieure, c'était un grand pas en arrière dans la quête d'égalité des droits et du statut[2].

La femme au foyer représentait-elle cependant un véritable pas en arrière ? Les historiens commencent à émettre certaines réserves sur cette interprétation des choses. La transformation économique coïncida avec un changement dans la qualité de la vie de famille — et le provoqua

1. Il s'agissait des filles pas encore mariées des fermiers de la Nouvelle-Angleterre, qui constituèrent à l'origine la main-d'œuvre des fabriques de textiles établies à Lowell, Massachusetts, dans les années 1820. Elles devinrent célèbres en tant que symbole de l'industrialisation de l'Amérique.

2. Une littérature de plus en plus fournie et stimulante sur l'histoire de la femme et de la famille au XIXe siècle a rendu ce champ d'étude particulièrement intéressant. La liste des ouvrages importants est trop longue pour être citée ici ; ma propre présentation des choses a été influencée (entre autres) par : Catherine Clinton, *The Other Civil War : American Women in the Nineteenth Century* (New York, 1984) ; Nancy F. Cott, *The Bonds of Womanhood : « Woman's Sphere » in New England, 1780-1835* (New Haven, 1977) ; Kathryn Kish Sklar, *Catharine Beecher : A Study in American Domesticity* (New Haven, 1973) ; Mary P. Ryan, *Cradle of the Middle Class : The Family in Oneida County, New York, 1790-1865* (Cambridge, 1981) ; Carl N. Degler, *At Odds : Women and the Family in America from the Revolution to the Present* (New York, 1980) ; Ellen Carol DuBois, *Feminism and Suffrage : The Emergence of an Independent Women's Movement in America, 1848-1869* (Ithaca, 1978) ; Suzanne Lebsock, *The Free Women of Petersburg : Status and Culture in a Southern Town, 1784-1860* (New York, 1984) ; et Catherine Clinton, *The Plantation Mistress : Woman's World in the Old South* (New York, 1982).

même en partie — ainsi que dans le nombre d'enfants mis au monde. A mesure que la famille perdait son rôle d'unité économique, elle se transformait en une alliance consacrée à l'amour et à l'éducation des enfants. L'idéal de l'amour romantique guidait de façon croissante le choix du partenaire conjugal, choix laissé de plus en plus souvent d'ailleurs aux jeunes gens concernés plutôt qu'à leurs parents. Et si les épouses avaient désormais un rôle économique moindre, celui qu'elles tenaient au sein du foyer était plus important. Dans les zones urbaines, à mesure que les pères passaient hors de chez eux la majeure partie des heures de veille et que les mères endossaient la responsabilité de former et d'éduquer leurs enfants, la domination patriarcale sur la femme et les enfants s'éroda. Dans les familles bourgeoises, l'affection et l'encouragement à l'autodiscipline remplacèrent la répression et les châtiments corporels comme principal moyen d'éducation. Ces familles devinrent de plus en plus axées sur les enfants — phénomène très souvent remarqué par les visiteurs européens. L'enfance fut reconnue comme un stade à part de la vie ; plus les parents déversaient d'amour sur leur progéniture, moins ils avaient d'enfants et plus ils consacraient une part importante de leurs ressources à leur éducation, n'hésitant pas à les envoyer à l'école en nombre croissant, pour de plus longues périodes.

Cela aide à expliquer le déclin du taux de natalité et la hausse simultanée du niveau d'éducation que l'on constate au XIXe siècle. Les femmes jouèrent un rôle crucial dans cette évolution et en tirèrent d'importants avantages. Dans les classes moyennes, les mariages étaient plus que jamais l'association de deux partenaires égaux. Les hommes gouvernaient peut-être en dehors du foyer, mais à la maison c'était plutôt la femme. La décision d'avoir moins d'enfants était prise par consentement mutuel, mais elle émanait sans doute le plus souvent des femmes. Elle exigeait pourtant un sacrifice partiel de prérogatives sexuelles traditionnellement masculines. C'étaient en effet les hommes que les principaux moyens de contraception — abstinence et *coïtus interruptus* — contraignaient à exercer un certain contrôle de soi. Ayant moins d'enfants, les femmes des classes moyennes des années 1850 n'étaient plus soumises au cycle infernal des grossesses, accouchements et allaitements de façon aussi continue qu'avaient pu l'être leurs mères et grands-mères. Cela leur permettait non seulement de donner davantage d'affection à chacun de leurs enfants, mais les libérait aussi pour diverses activités en dehors du foyer.

Car, de façon apparemment paradoxale, la notion de sphère d'influence féminine *à l'intérieur* du foyer devint un tremplin pour l'extension de cette sphère au-delà de ces limites. Si les femmes devaient devenir les gardiennes des bonnes manières et de la moralité, les vestales de la piété et de l'éducation des enfants, pourquoi n'étendraient-elles pas ce domaine de la religion et de l'instruction hors de chez elles ? Ce fut ce qui se produisit. Cela faisait longtemps que les femmes constituaient la vaste majorité des congrégations religieuses ; avec le « second grand réveil », leur prédominance s'accentua encore. Ce renouveau évangélique produisit aussi un « bienveillant empire » de sociétés bibliques, d'organisations en faveur d'une réforme morale et d'associations en tous genres pour épurer les mœurs — tout particulièrement les mouvements en faveur de la tempérance et de l'abolition de l'esclavage. Dans tous ces combats, les femmes jouaient un rôle actif, d'abord au sein de sociétés féminines distinctes, puis, de plus en plus, au sein d'associations « mixtes », après que les femmes abolitionnistes eurent réussi la première percée dans les années 1830.

Les progrès accomplis par les femmes dans le domaine de l'instruction furent encore plus frappants. Avant le XIXe siècle, en Amérique comme ailleurs, les filles recevaient une éducation beaucoup moins poussée que celle des garçons et parmi les analphabètes, il y avait beaucoup plus de femmes que d'hommes. En 1850, la situation avait considérablement changé aux États-Unis, où les filles fréquentaient l'école élémentaire et savaient lire et écrire à peu près dans les mêmes proportions que les garçons — à l'époque, c'était le seul pays où il en était ainsi. Les études supérieures étaient encore l'apanage des hommes, mais plusieurs « pensionnats » où les filles pouvaient suivre des études secondaires avancées furent fondés durant le deuxième quart du XIXe siècle. Peu après sa fondation, en 1833, Oberlin College ouvrit ses portes aussi bien aux jeunes filles qu'aux jeunes gens. Plus importante encore, peut-être, fut la féminisation de l'enseignement. Comme la plupart des autres changements sociaux et économiques, ce processus commença en Nouvelle-Angleterre et se répandit peu à peu vers l'ouest et vers le sud. Dès 1850, près des trois quarts du corps enseignant dans les écoles publiques du Massachusetts étaient des femmes.

Une autre profession ayant trait à l'éducation s'ouvrit aux femmes à cette époque — celle d'écrivain ou de journaliste. La nouvelle importance attachée au foyer et à la famille créa un énorme public pour les articles et les livres traitant de l'art de diriger un foyer, d'élever ses enfants, de cuisiner et autres sujets annexes. Pour répondre à ce besoin, les revues féminines ne tardèrent pas à proliférer. Un métier lucratif apparut pour celles qui maniaient agréablement la plume. Les femmes, désormais mieux éduquées et moins accaparées par leurs occupations, prédisposées en outre par le romantisme et le sentimentalisme de la culture victorienne, créèrent aussi un marché prometteur pour les œuvres de fiction tournant autour des vicissitudes de l'amour, du mariage, de la vie de famille et de la mort. Une nuée d'auteurs se mirent à publier par dizaines des « best-sellers » sirupeux — « cette fichue cohorte de scribouillardes », pour reprendre la formule de Nathaniel Hawthorne, jaloux peut-être de leurs droits d'auteur.

Par conséquent, alors même que la notion d'une sphère d'activité domestique fermait la porte de devant au nez des femmes désireuses de sortir de chez elles pour pénétrer dans le monde réel, elle ouvrait la porte de derrière à un univers en pleine expansion où se côtoyaient la religion, la réforme, l'éducation et la littérature. Inévitablement, les femmes capables d'écrire, de parler en public, d'enseigner ou de diriger des revues commencèrent à demander pourquoi elles ne gagneraient pas autant que les hommes pour remplir ces tâches et pourquoi elles ne pourraient pas, elles aussi, prêcher, pratiquer le droit ou la médecine, devenir propriétaires indépendamment de leurs maris — et voter. Ainsi, le « féminisme domestique » — comme l'ont baptisé certains historiens — mena indirectement à un féminisme plus radical exigeant des droits égaux dans tous les domaines. En 1848, une convention tenue à Seneca Falls, village du nord de l'État de New York, lança le mouvement moderne en faveur des droits de la femme. Sa Déclaration de sentiments, modelée sur la Déclaration d'indépendance, proclamait que « tous les hommes et toutes les femmes sont nés égaux » et méritaient de ce fait leurs « droits inaliénables », notamment le droit de vote. Cette convention se réunit dans une église ; l'une de ses deux principales organisatrices, Elizabeth Cady Stanton, avait été éduquée dans le plus ancien des pensionnats de jeunes filles, à Troy dans l'État de New York ; l'autre, Lucretia Mott, avait fait ses premiers pas d'adulte comme enseignante ; toutes deux avaient joué un rôle actif dans le mouvement abolitionniste. Ces activités constituaient en partie la porte de derrière du féminisme domestique qui, en 1848, parvint à entrebâiller de quelques millimètres la porte de devant[1].

IV

L'évolution de la famille, axée, durant cette période, sur les enfants, poussa les abolitionnistes à concentrer leur attention sur ce qui leur apparaissait comme le plus affreux péché de l'esclavage américain : la tragique ironie du sort qui faisait que les institutions encourageaient l'esclave à fonder une famille et menaçaient simultanément celle-ci de destruction.

Aux États-Unis, les mariages d'esclaves n'avaient aucun fondement légal. En 1850, plus de la moitié des Noirs vivaient dans des exploitations

1. Outre DuBois, *Feminism and Suffrage*, et Lebsock, *Free Women of Petersburg*, p. 195-236, voir Keith Melder, « Ladies Bountiful : Organized Women's Benevolence in Early 19th-Century America », *New York History*, n° 48 (1967), p. 231-254 ; Mary Kelley, *Private Woman, Public State : Literary Domesticity in Nineteenth Century America* (New York, 1984) ; et Barbara Epstein, *The Politics of Domesticity : Women, Evangelism and Temperance in Nineteenth-Century America* (Middletown, Conn., 1981).

ou plantations comptant moins de vingt esclaves et ils avaient le plus grand mal à trouver un conjoint sur place. Ce qui ne les empêchait pas de se marier et de mettre au monde une nombreuse progéniture. Les propriétaires les y encourageaient, en partie parce que l'abolition de la traite en provenance d'Afrique, en 1807, les obligeait à dépendre de l'accroissement naturel de la population servile pour faire face aux besoins en main-d'œuvre d'un royaume du coton en pleine expansion. A l'opposé des États-Unis, les économies esclavagistes de la plupart des autres parties de l'hémisphère occidental avaient atteint leur développement maximal à l'époque où la traite des Africains battait son plein. De ce fait, ils comptaient surtout sur les importations pour renouveler leur cheptel. En outre, ils importaient deux fois plus d'hommes que de femmes et s'efforçaient de dissuader leurs esclaves de fonder des familles. En conséquence de quoi, alors que la population servile des États-Unis doublait par le moyen de la reproduction naturelle tous les vingt-six ans, les esclaves des autres sociétés du Nouveau Monde connaissaient un *déclin* naturel net[1].

Toutefois, l'esclavage en Amérique du Nord mettait en danger cette structure familiale qu'il encourageait simultanément. Les maîtres conscients de leurs responsabilités faisaient de leur mieux pour éviter de disloquer les familles noires par des ventes ou des déménagements. Malheureusement, ils n'avaient pas tous le sens des responsabilités et, de toute façon, ils ne pouvaient pas revenir d'outre-tombe pour empêcher les ventes destinées à satisfaire leurs créditeurs, lorsqu'il s'agissait de régler leur succession. La continuelle expansion de l'économie de plantations vers de nouvelles frontières déracina de nombreux esclaves qui laissaient derrière eux, en s'éloignant vers l'ouest, les membres de leur famille. Les récentes études sur les mariages d'esclaves ont permis de constater qu'un quart de ces unions, environ, furent brisées par les propriétaires ou leurs héritiers, qui vendirent l'un des deux époux ou les éloignèrent l'un de l'autre[2]. Sans être une pratique normale, la vente de jeunes enfants séparément de leurs parents survenait aussi avec une fréquence inquiétante.

---

1. Philip D. Curtin, *The Atlantic Slave Trade: A Census* (Madison, 1969) ; C. Vann Woodward, « Southern Slaves in the World of Thomas Malthus », in Woodward, *American Counterpoint : Slavery and Racism in the North-South Dialogue* (Boston, 1971), p. 78-106.

2. Les études suivantes ont mis à jour un taux de foyers brisés par la faute des propriétaires allant d'un cinquième à un tiers : John W. Blassingame, *The Slave Community* (New York, 1972), p. 89-92 ; Herbert Gutman et Richard Sutch, « The Slave Family : Protected Agent of Capitalist Masters or Victim of Slave Trade ? », in Paul A. David et al., *Reckoning with Slavery* (New York, 1976), p. 127-129 ; Herbert Gutman, *The Black Family in Slavery and Freedom* (New York, 1976), p. 146-147 ; Paul D. Escott, *Slavery Remembered : A Record of the Twentieth-Century Slave Narratives* (Chapel Hill, 1979), p. 46-48 ; et C. Peter Ripley, « The Black Family in Transition : Louisiana, 1860-1865 », *JHS*, n° 41 (1975), p. 377-378.

Ces familles éclatées étaient le plus gros défaut dans la cuirasse des défenseurs de l'esclavage et les abolitionnistes s'empressèrent d'y enfoncer leurs épées. L'une des attaques morales les plus puissantes contre l'institution de l'esclavage fut le livre *American Slavery as It Is* (*L'Esclavage américain tel qu'en lui-même*) de Theodore Weld, publié en 1839 et réédité à plusieurs reprises. Composé en majeure partie d'extraits de réclames et d'articles des journaux sudistes, cet ouvrage condamnait la servitude par la bouche même des propriétaires d'esclaves. Parmi des centaines d'autres citations de la même encre, on trouvait dans ce livre des promesses de récompense pour le retour d'esclaves en fuite, contenant des détails tels que celui-ci : « Il est probable qu'il tentera de gagner Savannah, car on dit qu'il a des enfants non loin de là » ; ou encore des réclames telles que la suivante, tirée d'un journal de la Nouvelle-Orléans : « NEGRES A VENDRE — Une Négresse de vingt-quatre ans et deux enfants, un de huit ans et un de trois. Lesdits Nègres seront vendus séparément ou en un seul lot, selon le désir des acheteurs[1]. »

Harriet Beecher-Stowe puisa dans le livre de Weld pour certaines scènes de *La Case de l'oncle Tom*, qui reste sans doute le réquisitoire le plus convaincant de tous les temps contre l'esclavage (nous en reparlerons plus loin). Écrit dans le style guimauve popularisé par les romancières en vogue, *La Case de l'oncle Tom* se concentrait sur ces familles noires brisées, y voyant le thème le plus susceptible de faire vibrer la corde sensible chez les lectrices des classes moyennes chérissant leurs enfants et leur mari. Eliza traversant dans sa fuite l'Ohio engorgé par les glaces pour sauver son fils du marchand d'esclaves et Tom pleurant ses enfants abandonnés dans le Kentucky, lorsqu'on le vendit à un maître habitant plus au sud, figurent parmi les scènes les plus inoubliables de la littérature américaine.

Cependant, même si de nombreux lecteurs nordistes versaient des larmes sur le sort de Tom, les manifestations politiques et économiques de l'esclavage engendraient davantage de discordes que de condamnations morales ou humanitaires. La servitude apparaissait comme une institution de plus en plus « particulière » dans une république démocratique qui connaissait une transition rapide vers le capitalisme industriel fondé sur la liberté du travail. Aux yeux d'un nombre croissant de yankees, l'esclavage dégradait la main-d'œuvre, entravait le développement économique, décourageait l'éducation et créait une classe possédante autoritaire bien décidée à gouverner le pays pour servir les intérêts de son institution rétrograde. L'esclavage sapait « l'intelligence, la vigueur et l'énergie », affirmait un dirigeant whig new-yorkais antiesclavagiste, William Henry Seward, dans les années 1840. Il avait produit dans le

1. Weld, *American Slavery as It Is : Testimony of a Thousand Witnesses* (New York, 1839), p. 165, p. 168.

Sud « un sol épuisé, des villes frappées par l'âge et la décrépitude, des routes lamentablement négligées [...], une absence d'entreprise et d'améliorations ». Une telle institution était « incompatible avec tous [...] les éléments de la sécurité, du bien-être et de la grandeur des nations ». L'esclavage et le travail libre, concluait Seward dans son discours le plus célèbre, étaient « des systèmes antagonistes », entre lesquels un « conflit irrépressible » faisait rage, conflit qui devait avoir pour résultat l'abolition de l'esclavage[1].

Mais que l'esclavage fût ou non arriéré et inefficace, comme le soutenait Seward, il était remarquablement productif. A partir de 1800, la récolte de coton brut doubla toutes les décennies, ce qui représentait la plus forte augmentation de tous les produits agricoles. Le coton du Sud américain, pour la culture duquel on employait presque uniquement des esclaves, fournissait les trois cinquièmes de l'approvisionnement mondial. Les matières premières du Sud constituaient aussi les trois cinquièmes de toutes les exportations américaines, rapportant des devises qui jouaient un grand rôle dans la croissance économique du pays. Et, bien que l'esclavage rendît à coup sûr le Vieux Sud fort « différent » du Nord, la question de savoir si ces dissemblances pesaient plus lourd que les similarités et si elles engendrèrent un conflit inévitable reste sujette à interprétation. Car enfin, le Nord et le Sud partageaient un langage commun, une Constitution commune, un système légal et juridique commun, une commune dévotion aux institutions républicaines, pour beaucoup une religion protestante et un héritage ethnique anglo-saxon communs, une histoire commune, les souvenirs communs d'une même lutte pour accéder au rang de nation.

Pourtant, quand survinrent les années 1850, des Américains de part et d'autre de la ligne qui séparait la liberté de la servitude n'hésitaient pas à souligner plus volontiers leurs différences que leurs similarités. Yankees et sudistes parlaient la même langue, certes, mais de plus en plus ils se servaient de ce vocabulaire pour se vilipender mutuellement. Le système juridique devint lui aussi un instrument de dissension et non plus d'unité : les États du Nord votèrent des lois entérinant la liberté individuelle à seule fin de défier une loi fédérale concernant les esclaves fugitifs, soutenue par le Sud ; la Cour suprême, alors sous la coupe des sudistes, dénia au Congrès le droit de bannir l'esclavage des territoires qui n'avaient pas encore le statut d'État, décision que la plupart des nordistes jugèrent inique. Quant à la foi protestante commune, elle aussi était devenue plus une source de division que d'harmonie. Les deux confessions les plus représentées — méthodiste et baptiste — s'étaient scindées en églises ennemies du Nord et du Sud justement à propos de

---

1. Foner, *Free Soil*, p. 41, p. 51 ; George E. Baker (éd.), *The Works of William H. Seward*, 5 vol. (New York, 1853-84), t. IV, p. 289-292.

l'esclavage ; quant à celle qui venait au troisième rang — la foi presbytérienne — elle subit elle aussi un déchirement à la fois pour des raisons géographiques et à cause de l'esclavage. L'idéologie républicaine vint à son tour semer la discorde plutôt que la bonne entente, car la majorité des nordistes l'interprétait en faveur du travail libre, alors que la plupart des sudistes soutenaient que l'un des principes les plus sacrés de la liberté républicaine était le droit de propriété — lequel impliquait le droit de posséder des esclaves.

Dans les deux camps, on commença à mettre le doigt, avec fierté ou avec alarme, sur certaines différences quantitatives entre le Nord et le Sud. De 1800 à 1860, la proportion de la main-d'œuvre nordiste employée dans le secteur agricole était tombée de soixante-dix à quarante pour cent, tandis que la proportion sudiste était restée constante aux environs de quatre-vingts pour cent. Un dixième seulement des habitants du Sud vivaient dans ce que les agents de recensement qualifiaient de zones urbaines, comparés à un quart des habitants du Nord. Les sept huitièmes des immigrants s'établissaient dans les États libres. Parmi les personnalités de l'avant-guerre suffisamment en vue pour mériter ensuite une place dans le *Dictionary of American Biography*, la profession militaire comptait deux fois plus de sudistes que de nordistes, proportion inversée pour ceux qui s'étaient distingués dans la littérature, les arts, la médecine et l'éducation. Dans le domaine des affaires, la proportion de yankees était trois fois plus grande et elle l'était six fois plus parmi les ingénieurs et inventeurs[1]. Le taux de jeunes nordistes fréquentant les établissements scolaires était presque deux fois plus important. Près de la moitié des habitants du Sud (y compris les esclaves) étaient analphabètes, alors qu'on n'en comptait que six pour cent dans les États libres.

De nombreux sudistes conservateurs se gaussaient de la foi yankee dans les bienfaits de l'instruction. « Est-ce là le moyen de produire des producteurs ? demandait la *Southern Review*. Faire de chaque enfant de l'État un littéraire ne saurait servir de qualification à ceux qui ont besoin de vivre du travail de leurs mains. » Le Sud, rétorqua un pasteur du Massachusetts, Theodore Parker, en 1854, était « l'ennemi de l'industrie du Nord — de nos mines, nos fabriques et notre commerce [...], de notre politique démocratique au sein de l'État, de notre culture démocratique à l'école, de notre travail démocratique parmi la communauté ». Yankees et sudistes ne pouvaient pas plus se mélanger que ne le pouvaient l'eau et l'huile, convenait l'avocat et planteur de Savannah, Charles C. Jones, Jr. « [Ils] ont été si entièrement séparés par le climat, la moralité, la religion et par leurs conceptions si

1. Rupert B. Vance, « The Geography of Distinction : The Nation and Its Regions, 1790-1927 », *Social Forces*, n° 18 (1939), p. 175-176.

radicalement opposées de l'honneur, de la vérité et de la virilité qu'ils ne peuvent plus désormais coexister sous le même gouvernement[1]. »

Sous-tendant toutes ces différences, on trouvait l'institution particulière. « Sur le chapitre de l'esclavage, déclarait le *Charleston Mercury* en 1858, le Nord et le Sud ne constituent pas seulement deux peuples, mais deux peuples rivaux et hostiles[2]. » Cette rivalité concernait l'avenir même de la république. Pour les Américains du XIXe siècle, cet avenir, c'était l'Ouest. L'expansion avait été le souffle vital du pays. Tant que la controverse de l'esclavage portait sur la moralité de cette institution là où elle existait déjà, le système bipartisan parvenait à contenir les passions qu'elle soulevait. Mais lorsque dans les années 1840 le débat commença à se tourner vers l'expansion de l'esclavage dans les nouveaux territoires, il devint incontrôlable.

« C'est vers l'Ouest que se dirige le cours de l'empire, » avait écrit l'évêque George Berkeley à propos du Nouveau Monde, dans les années 1720. C'était vers l'Ouest aussi qu'avait regardé Thomas Jefferson pour assurer un empire de liberté aux générations futures de fermiers américains. Il n'y avait pas jusqu'au président de l'université de Yale, Timothy Dwight, qui, en sa qualité de fédéraliste de la Nouvelle-Angleterre, appartenant à la région et au groupe les moins favorables à l'expansion vers l'Ouest, ne se fût laissé aller à l'éloquence dans un poème datant de 1794 :

> Salut à toi, monde occidental ! conçu par le ciel
> Comme un brillant exemple, pour rénover l'humanité.
> Bientôt tes fils sillonneront le continent
> Et fonderont leur foyer au lointain rivage Pacifique ;
> Véhicule leurs autorité, religion, moeurs et art
> Et répands leur liberté jusqu'à la mer d'Asie.

Un demi-siècle plus tard, un autre yankee, qui n'avait jamais mis les pieds dans les territoires de l'Ouest, trouvait leurs attraits irrésistibles. « Je ne chemine vers l'Est que contraint et forcé, écrivait Henry David Thoreau, mais vers l'Ouest, je m'en vais de bon gré. L'humanité progresse d'est en ouest[3]. »

« *Go West, young man !* » (Pars vers l'Ouest, jeune homme !), conseillait Horace Greeley durant la crise économique des années 1840.

---

1. *Southern Review* cité in Kaestle, *Pillars of the Republic*, p. 207 ; Parker cité in John L. Thomas (éd.), *Slavery Attacked : The Abolitionist Crusade* (Englewood Cliffs, 1965), p. 149 ; Jones in Robert Manson Myers (éd.), *The Children of Pride : A True Story of Georgia and the Civil War* (New York, 1972), p. 648.

2. John McCardell, *The Idea of a Southern Nation : Southern Nationalists and Southern Nationalism, 1830-1860* (New York, 1979), p. 270-271.

3. Henry Nash Smith, *Virgin Land : The American West as Symbol and Myth* (Editions Vintage Books, New York, 1957), p. 11 ; Loren Baritz, « The Idea of the West », *AHR*, n° 66 (1961), p. 639.

Et ils partirent, par millions, durant la première moitié du XIXᵉ siècle, obéissant à un élan qui ne s'est jamais démenti. « L'Ouest est notre objectif, il ne nous reste pas d'autre espoir, écrivait un voyageur en instance de migration. Pour les pauvres, il n'y a rien de tel qu'un nouveau pays. » « La Vieille Amérique semble en passe de voler en éclats et de partir vers l'Ouest, notait de son côté un pionnier en route pour l'Illinois en 1817. Tandis que nous cheminons ainsi vers l'Ohio, sur cette immense piste, nous sommes rarement hors de vue des groupes de familles qui nous suivent et nous précèdent[1]. » De 1815 à 1850, la population de la région située à l'ouest des Appalaches s'accrut presque trois fois plus vite que celle des treize États originaux. Durant cette période, un nouvel État se joignit à l'Union tous les trois ans, en moyenne. Dès les années 1840, les États situés entre les Appalaches et le Mississippi avaient dépassé le stade de zone frontalière. A l'origine, le réseau fluvial, surtout celui que formaient l'Ohio, le Mississippi, le Missouri et leurs affluents, grâce auquel les colons avaient pu accéder à leurs nouveaux foyers et rester en liaison avec le reste du monde, ces États avaient constitué une frontière naturelle.

Or cette frontière, après s'être enfoncée dans une première rangée d'États au-delà du Mississippi, fit, dans les années 1840, un bond de plus de mille cinq cents kilomètres, par-dessus de grandes plaines arides et d'impressionnantes chaînes de montagnes, pour rejoindre la côte du Pacifique. Ce fut d'abord une frontière de pistes terrestres et de routes maritimes contournant le cap Horn ; de commerce de peaux de castor des montagnes, d'argent de Santa Fe et de cuir de Californie. Vers 1840, c'était aussi devenu une frontière agricole, à mesure que des milliers d'Américains vendaient leurs biens aux prix imposés par la crise économique, attelaient leurs bœufs à des chariots et partaient vers l'Ouest par les pistes de l'Oregon, de la Californie et des Mormons, vers un nouvel avenir — sur des terres appartenant au Mexique ou revendiquées par la Grande-Bretagne. Cela n'avait guère d'importance, cependant, car la plupart des Américains considéraient que leur « destinée manifeste » était d'absorber ces régions au sein de l'Union. Des perspectives illimitées attendaient les colons qui sauraient transformer « ces forêts sauvages, ces plaines vierges de tout sentier, ces vallées où l'homme n'[avait] jamais mis le pied » en « un vaste tableau d'incessantes améliorations, d'entreprise universelle et de commerce sans égal », proclamait l'auteur d'un guide destiné aux émigrants partant pour l'Oregon et la Californie. « Ces vallées fertiles gémiront sous le poids colossal de leurs abondants produits ; sur ces fleuves innombrables grouilleront des myriades de

1. Lewis O. Saum, *The Popular Mood of Pre-Civil War America* (Westport, Conn., 1980), p. 205 ; Malcolm J. Rohrbough, *The Trans-Appalachian Frontier : People, Societies and Institutions, 1775-1850* (New York, 1978), p. 163.

bateaux à vapeur. [...] Des routes à péage, des voies ferrées, des canaux s'entrecroiseront dans la contrée tout entière[1]. »

Selon tous les critères, la plus remarquable migration vers l'Ouest, avant la ruée vers l'or californien de 1849, fut l'hégire des mormons vers le bassin du Grand Lac Salé. Première religion indigène d'Amérique, le mormonisme jaillit de l'enthousiasme spirituel soulevé par le « second grand réveil » parmi les yankees de la deuxième génération vivant dans le « *burned-over district*[2] », au nord de l'État de New York. Le fondateur et prophète Joseph Smith bâtit non seulement une église, mais donna naissance à une communauté utopique qui, comme des douzaines d'autres à cette époque, fit des expériences de propriété commune et d'arrangements conjugaux peu orthodoxes. A l'encontre de la plupart des autres, cependant, le mormonisme survécut et prospéra.

Toutefois, la route vers la survie était parsemée d'obstacles. La structure théocratique des mormons était à la fois une force et une faiblesse. Smith, qui prétendait être en communication directe avec Dieu, faisait peser sur sa secte une discipline de fer. Enrégimentés en phalanges d'ouvriers infatigables, les vrais croyants créaient de prospères communautés partout où ils se fixaient. Cependant Smith, avec son complexe messianique, sa volonté d'affirmer que le mormonisme était la seule vraie religion et qu'il hériterait de la terre, son insistance sur une obéissance aveugle, suscita des schismes à l'intérieur du mouvement et un profond ressentiment à l'extérieur. Chassés de l'État de New York et de l'Ohio, les mormons partirent vers l'Ouest pour créer leur propre Sion dans le Missouri ; mais les habitants de cet État ne voulaient rien savoir de ces saints yankees qui recevaient des révélations de Dieu et que l'on soupçonnait de menées abolitionnistes. En 1838-39, des foules en fureur massacrèrent plusieurs mormons et firent fuir le reste de l'autre côté du Mississippi, dans l'Illinois. Là, les fidèles connurent plusieurs années de prospérité, en dépit de la crise économique. Des missionnaires itinérants firent des milliers de convertis à la foi mormonne, dont les adeptes transformèrent la ville de Nauvoo, au bord du Mississippi, en une cité florissante de quinze mille âmes. Une fois de plus, les voisins non mormons en vinrent à envier la prospérité des Saints et à redouter leur armée privée, la légion de Nauvoo. Lorsqu'une nouvelle branche schismatique divulgua que la dernière révélation reçue par Smith recommandait la polygamie, le Prophète ordonna la destruction de la presse à imprimer des dissidents. Des fonctionnaires de l'Illinois firent

1. Lansford Hastings, *Emigrants' Guide to Oregon and California* (1845), cité in Kevin Starr, *Americans and the California Dream* (New York, 1973), p. 15.

2. Littéralement « la région ravagée par le feu ». Il s'agit de la région de l'État de New York, d'Albany jusqu'à Buffalo vers l'ouest, balayée par le feu spirituel des renouveaux religieux dans les années 1820, lequel consumait, pensait-on, le péché et l'immoralité.

arrêter Smith et son frère, en juin 1844 ; une bande d'émeutiers fit irruption dans la prison et les assassina[1].

Le successeur de Smith, Brigham Young, comprit que les Saints ne pourraient édifier leur Sion parmi des incroyants, hostiles de surcroît, si bien qu'il dirigea, en 1846-47, un nouvel exode vers le bassin du Grand Lac Salé, sur le territoire mexicain, région apparemment si inhospitalière qu'aucun autre Blanc n'en voulait. Leurs seuls voisins y seraient des Indiens qui, selon la théologie mormonne, étaient les descendants d'une des tribus perdues d'Israël que les fidèles avaient le devoir de convertir.

Brigham Young s'avéra un des organisateurs les plus efficaces du siècle. Comme Joseph Smith, il était né dans le Vermont. Ce qu'il pouvait envier à Smith en matière de charisme était plus que compensé par une volonté de fer et une extraordinaire faculté d'administrateur. Il organisa la migration des mormons jusque dans ses moindres détails. Sous son autorité théocratique, une planification centralisée et une irrigation collective à partir des rivières de montagne permirent aux mormons de survivre à la famine durant les deux premiers hivers au bord du Lac Salé et de faire littéralement fleurir le désert — non pas comme une rose, mais en en faisant jaillir du grain et des légumes. A mesure que des milliers de convertis arrivaient chaque année non seulement des États-Unis, mais aussi d'Europe, la population de la Sion du grand bassin s'enfla jusqu'à atteindre quarante mille habitants en 1860. Young parvint même à empêcher les fidèles de se joindre aux diverses ruées vers l'or à destination de la Californie en 1849 et des régions de Virginia City et de Denver dix ans plus tard. Les mormons gagnèrent plus d'argent en traitant avec les prospecteurs en route pour les mines d'or que ne le firent la plupart de ceux-ci une fois arrivés sur place.

La plus grande menace pesant sur les Saints était celle d'un conflit avec le gouvernement américain qui acheta le grand bassin au Mexique, au moment même où les mormons fondaient leur Sion au bord du Lac Salé. En 1850, Young persuada les autorités à Washington de le nommer gouverneur du nouveau territoire de l'Utah. Cette décision unissait au sommet l'église et l'État et préserva la paix un certain temps. Cependant, les juges territoriaux et autres fonctionnaires non mormons se plaignirent que leur autorité n'existait que de nom ; la population obéissait aux lois que lui transmettait et interprétait pour elle la hiérarchie ecclésiastique. Les tensions entre mormons et non-mormons dégénéraient parfois en violents affrontements. L'opinion américaine se mobilisa franchement contre les Saints en 1852, lorsque l'église mormonne accepta ouvertement

---

1. Ces paragraphes et les suivants s'inspirent de : Wallace Stegner, *The Gathering of Zion : The Story of the Mormon Trail* (New York, 1964) ; Leonard J. Arrington, *Great Basin Kingdom* (Cambridge, Mass., 1958) ; Arrington, *Brigham Young : American Moses* (New York, 1985) ; Newell G. Bringhurst, *Brigham Young and the Expanding Frontier* (Boston, 1985) ; et Norman F. Furniss, *The Mormon Conflict, 1850-1859* (New Haven, 1960).

la pratique des mariages multiples comme étant décrétée par le ciel (Brigham Young épousa pour sa part cinquante-cinq femmes au total). En 1856, le premier programme électoral officiel du parti républicain traitait la polygamie de « pratique barbare », à ravaler au même rang que l'esclavage. En 1857, le président James Buchanan déclara que les mormons étaient en rébellion contre l'État et expédia des troupes pour les obliger à se soumettre à un nouveau gouverneur. Durant la guérilla que livrèrent les Saints à ces soldats, à l'automne de 1857, un groupe de mormons fanatiques massacra, à Mountain Meadows, cent vingt émigrants en route vers la Californie. Ce crime incita le gouvernement à envoyer des renforts. Young, en réaliste qu'il était, céda à l'inévitable, capitula devant l'autorité civile, réfréna l'ardeur de ses partisans et conclut une paix boîteuse avec les États-Unis. Lorsqu'on demanda au nouveau Président, Abraham Lincoln, ce qu'il avait l'intention de faire au sujet des mormons, il répondit que comme ils étaient le cadet de ses soucis, « [il avait] l'intention de les laisser tranquilles ».

Comme tant d'autres épisodes de l'histoire américaine, le mouvement vers l'Ouest paraît marqué au coin de la croissance et de la réussite. Pour les Américains indigènes, cependant — les Indiens — ce fut une amère succession d'amenuisements et de défaites. Dès 1850, les maladies de l'homme blanc et les guerres avaient réduit la population indienne au nord du Rio Grande à la moitié du million qui vivait là, selon les estimations, deux siècles plus tôt. Aux États-Unis, tous les Indiens, hormis quelques milliers d'individus, avaient été repoussés à l'ouest du Mississippi. Les gouvernements démocrates des années 1830 avaient mené à bien un déplacement forcé de quatre-vingt cinq mille Indiens appartenant aux cinq « nations civilisées » — Cherokees, Choctaws, Creeks, Chickasaw et Seminoles — hors des États du Sud-Est jusqu'à un territoire qui leur avait été assigné, à l'ouest de l'Arkansas. Durant cette même période, une impitoyable répression contre la tentative que fit Faucon Noir pour récupérer les terres de ses ancêtres dans l'Illinois et l'anéantissement définitif de la résistance séminole en Floride mirent fin à plus de deux siècles de guerres contre les Indiens à l'est du Mississippi.

Le gouvernement avait d'ores et déjà pris la décision d'établir une « frontière indienne permanente », suivant grosso modo le 95e méridien (c'est-à-dire les limites occidentales de l'Arkansas et du Missouri). Au-delà de cette ligne de démarcation, les Indiens étaient libres de se déplacer à leur guise dans ce que l'explorateur Zebulon Pike avait baptisé le grand désert américain. Toutefois l'idée d'une frontière indienne permanente tint à peine l'espace d'une décennie. Les migrations vers l'Ouest par voie de terre, la conquête du territoire mexicain et la découverte d'or en Californie montrèrent bien que la région était « manifestement destinée » aux Américains blancs. Le gouvernement ressuscita donc la farce des négociations avec les chefs indiens pour la cession d'immenses morceaux de territoire en échange d'annuités très vite envolées en achats d'« eau de feu » et d'autres marchandises proposées par les sournois trafiquants blancs. Étant donné qu'il n'y avait plus, une fois atteinte la côte du Pacifique, de frontière occidentale au-delà de laquelle repousser les Indiens, on mit au point une politique consistant à les parquer dans des « réserves », où ils pourraient apprendre les moeurs des Blancs ou périr. La plupart de ces réserves étaient situées sur des terrains pauvres et nombreux étaient les Indiens qui n'étaient guère enclins à apprendre à vivre comme des Blancs. Ils périrent donc — dans le seul État de Californie, la maladie, la malnutrition, l'« eau de feu » et les homicides réduisirent la population indienne de cent cinquante mille environ, en 1845, à trente-cinq mille seulement en 1860. Alors que les grandes plaines et le Sud-Ouest désertique restaient encore vierges de toute présence blanche, la politique des réserves annonçait le sort que connaîtraient les fiers guerriers de ces régions dix ou vingt ans plus tard[1].

La « destinée manifeste » qui représentait l'espoir pour les Américains blancs sonna donc le glas des Peaux-Rouges. Elle mit aussi, très lentement, le feu aux poudres qui devaient faire voler en éclats les États-Unis en 1861.

Chapitre II

LE MEXIQUE NOUS EMPOISONNERA

I

Dans toute l'histoire américaine, ce fut sous la présidence de James K. Polk que les acquisitions de territoire furent les plus importantes. En effet, durant son unique mandat, le pays s'agrandit des deux tiers, grâce à l'annexion du Texas, à la délimitation de la frontière de l'Oregon et à la saisie de tous les territoires mexicains situés au nord du 31e parallèle. Élu en 1844, sur la foi d'un programme réclamant pour l'Oregon une frontière septentrionale fixée à 54° 40' de latitude et pour le Texas une frontière méridionale marquée par le Rio Grande, Polk finit par transiger à 49° de latitude nord avec les Britanniques, mais il fit la guerre au Mexique pour lui arracher le Texas — s'octroyant en prime la Californie et le Nouveau-Mexique. De cet événement découla un conflit

1. Robert M. Utley, *The Indian Frontier of the American West, 1846-1890* (Albuquerque, 1984), p. 31-64.

sectionnel[1] qui devait, quinze ans plus tard, dégénérer en guerre civile[2].

« La guerre de Mr. Polk » souleva l'opposition des whigs au Congrès ; en mai 1846, ils votèrent contre la résolution qui affirmait qu'un état de guerre existait entre le Mexique et les États-Unis. Cependant, une fois que la majorité démocrate eut permis la ratification de cette résolution, les whigs entérinèrent, pour la plupart, les budgets des armées chargées d'affronter l'ennemi. Un député whig, jadis témoin de la disparition du parti fédéraliste après qu'il se fut opposé à la guerre de 1812[3], assura ironiquement qu'il était désormais en faveur de « la guerre, la peste et la famine ». Les whigs n'en continuèrent pas moins à accuser Polk d'avoir sciemment provoqué ce conflit en envoyant des troupes américaines dans un territoire revendiqué par le Mexique. Ils multipliaient les attaques sournoises contre la façon dont le gouvernement menait la guerre et s'élevaient d'avance contre toute acquisition de territoire qui pourrait en résulter. Encouragés par les élections de 1846 et 1847, qui leur permirent de gagner trente-huit sièges et de prendre le contrôle de la Chambre des représentants, les whigs intensifièrent leurs attaques contre Polk. L'un des nouveaux représentants de leur parti, originaire de l'Illinois, un grand garçon dégingandé, au visage anguleux, percé de deux yeux gris et surmonté de cheveux noirs hirsutes, toujours affublé de vêtements mal coupés, présenta des résolutions réclamant des informations sur l'endroit exact où les Mexicains avaient déclenché les hostilités en faisant couler le sang américain. La Chambre repoussa, certes, les résolutions d'Abraham Lincoln, mais elle en ratifia une en revanche, soumise par un autre whig, affirmant que la guerre avait été « décidée par le Président inutilement et anticonstitutionnellement[4] ».

---

1. Dans l'histoire américaine, l'expression « conflit sectionnel » se réfère aux querelles politiques survenues entre États esclavagistes et États libres avant 1861. Le mot « section » désignait à l'origine un mille carré de terres fédérales, soit six cent quarante acres ou deux cent cinquante-neuf hectares. Au sens large, il désignait un ensemble d'États (le Sud, le Nord-Est, le Middle West) ayant les mêmes intérêts.

2. Les mobiles et les actes de Polk ont été exposés en détail par Charles G. Sellers, *James K. Polk, Continentalist, 1843-1846* (Princeton, 1966).

3. Le parti fédéraliste, créé par George Washington et Alexander Hamilton, avait mis en vigueur la Constitution des États-Unis, en 1789, et gouverné le pays durant ses douze premières années d'existence. Évincés du pouvoir en 1800, par l'élection à la présidence de Thomas Jefferson, les fédéralistes se retrouvèrent de plus en plus isolés dans les États du Nord-Est. Sympathisants de la Grande-Bretagne dans sa guerre contre la France de Napoléon Bonaparte, la plupart des fédéralistes s'opposèrent à la déclaration de guerre de leur pays aux Britanniques, en 1812, laquelle était issue de conflits concernant les ingérences des Anglais dans le commerce maritime américain.

4. *CG*, 30e Cong., 1re Sess., p.64, p.95, et Appendice, p.93-95. La meilleure étude sur l'opposition à la guerre est celle de John H. Schroeder, *Mr. Polk's War : American Opposition and Dissent, 1846-1848* (Madison, 1973). Voir aussi Robert W. Johannsen, *To the Halls of the Montezumas : The War with Mexico in the American Imagination* (New York, 1985), ouvrage qui montre combien cette guerre était populaire auprès du grand public, en dehors de la Nouvelle-Angleterre et de quelques autres régions le long du littoral atlantique.

Tout comme la guerre, la « destinée manifeste » était une doctrine principalement démocrate. Depuis le jour où Thomas Jefferson avait triomphé de l'opposition fédéraliste à l'achat de la Louisiane[1], les démocrates avaient activement prôné l'expansion des institutions américaines d'un bout à l'autre de l'Amérique du Nord, que cela plût ou non aux autochtones — Indiens, Espagnols, Mexicains et autres Canadiens. Lorsque Dieu avait assuré le succès des soldats américains durant la guerre d'Indépendance, expliqua un représentant démocrate en 1845, Il n'avait pas « voulu que les États originels fussent les seuls lieux de résidence de la liberté sur terre. Au contraire, Il ne les avait conçu que comme le grand centre d'où irradieraient encore et toujours la civilisation, la religion et la liberté, jusqu'à ce que le continent tout entier pût se repaître de leurs bienfaits ». « Oui, plus, encore plus, toujours plus ! s'exclamait en écho John L. O'Sullivan, père de la formule "destinée manifeste". Toujours plus [...] jusqu'à ce que notre destinée nationale soit accomplie et que [...] ce continent illimité nous appartienne entièrement[2]. »

Les whigs n'avaient rien contre l'idée d'étendre les bienfaits de la liberté américaine, fût-ce aux Indiens et aux Mexicains, mais ils renâclaient à l'idée de l'imposer par la force. Conformément aux origines évangéliques d'une grande partie de l'idéologie whig, ils croyaient davantage aux missions qu'aux annexions. « "Telle une cité bâtie au sommet d'une colline[3]", les États-Unis devraient inculquer les idées du vrai républicanisme » par l'exemple plutôt que par la conquête, soutenaient de nombreux whigs. Certes, ce serait « tout à l'avantage de l'humanité, s'il nous était possible de répandre à travers le Mexique l'Idée de l'Amérique — l'idée que tous les hommes naissent libres et égaux en droits, déclara, en 1846, le pasteur antiesclavagiste Theodore Parker, mais nous devons d'abord faire de ces idées une réalité dans notre propre pays ». Alors que la notion démocrate du progrès prévoyait une avancée des institutions existantes dans l'espace, l'idée whig, quant à elle, envisageait l'amélioration de ces mêmes institutions dans le temps. « S'opposant à l'instinct d'acquisition illimitée se dresse celui de

1. De nombreux fédéralistes s'opposèrent à l'achat de la Louisiane, parce que les régions rurales du Sud et de l'Ouest étaient des citadelles du parti de l'opposition, le parti républicain, qui avait à sa tête Thomas Jefferson, et que cette expansion territoriale risquait fort de diluer encore davantage leur propre pouvoir, dont la force était concentrée dans les États commerçants du Nord-Est.

2. John Wentworth de l'Illinois et O'Sullivan, cités par Frederick Merk, *Manifest Destiny and Mission in American History : A Reinterpretation* (New York, 1963), p.28, p.52.

3. L'expression est empruntée à John Winthrop, chef de file des puritains émigrés d'Angleterre qui établirent la colonie de Massachusetts Bay en 1630, sous forme de communauté religieuse qui, espéraient-ils, servirait d'exemple de pureté — « telle une cité bâtie au sommet d'une colline » — à l'humanité tout entière. Ce sentiment de mission à remplir et d'exemple à donner a imprégné une grande partie de l'histoire américaine.

l'amélioration intérieure[1], expliquait Horace Greeley. Une nation ne saurait consacrer simultanément ses énergies à l'absorption d'autres territoires et à l'amélioration des siens[2]. »

Or, l'acquisition de territoires mexicains était le principal objectif de Polk dans cette guerre. En 1846, les colons américains installés en Oregon et en Californie avaient, en manifestant leur désir de voir ces deux régions annexées par les États-Unis, précipité une double crise avec la Grande-Bretagne et le Mexique. Faisant l'éloge de ces émigrants qu'il disait « déjà occupés à établir les bienfaits de l'autonomie dans des vallées où les fleuves coulent vers le Pacifique », Polk s'était engagé à étendre la loi américaine aux « régions lointaines qu'ils ont choisies pour s'y fixer[3] ». Un traité avec la Grande-Bretagne lui assura l'Oregon au-dessous du 49e parallèle, mais en revanche, tous les efforts déployés pour persuader le Mexique de vendre la Californie et le Nouveau-Mexique échouèrent. Polk décida donc d'avoir recours à la force. Peu après son accession à la présidence, il ordonna à la flotte du Pacifique de se tenir prête à s'emparer des ports californiens, en cas de guerre avec le Mexique. A l'automne de 1845, Polk fit savoir au consul américain à Monterey qu'il devait encourager le sentiment en faveur d'une annexion chez les colons américains et les Mexicains mécontents.

Les Américains de Californie n'avaient guère besoin d'encouragements, d'autant moins qu'ils avaient parmi eux un capitaine avide de gloire, John C. Frémont, appartenant à l'unité topographique de l'armée américaine. Célèbre pour ses explorations dans l'Ouest, Frémont était en outre le gendre du puissant sénateur du Missouri, Thomas Hart Benton. Lorsque les rumeurs de guerre contre le Mexique gagnèrent la vallée de Sacramento, Frémont prit sur lui d'aider les colons à se soulever et à proclamer l'indépendance de la Californie. Cette « république à drapeau d'ours » (son drapeau portait l'effigie d'un grizzly) connut une brève existence, avant que ses citoyens ne fêtassent l'annonce officielle de la guerre, qui leur garantissait l'annexion par les États-Unis.

Tandis que se déroulaient ces événements, des volontaires du Missouri et un régiment de soldats réguliers suivaient la piste de Santa Fe pour s'emparer de la capitale du Nouveau-Mexique. Ayant à leur tête Stephen Watts Kearny, ces redoutables dragons occupèrent la ville le 18 août 1846, sans coup férir. Après avoir fait hisser le drapeau américain, Kearny laissa derrière lui une garnison et s'enfonça dans le désert en direction

1. Par améliorations intérieures, on entendait les grandes entreprises de nature à accroître la prospérité de l'Union tout entière, tels les canaux ou les chemins de fer.

2. Schroeder, *Mr. Polk's War,* p. 75-76 ; Parker, « A Sermon of War », in Robert E. Collins (éd.), *Theodore Parker : American Transcendentalist* (Metuchen, N.J., 1973), p. 252 ; Greeley, cité par Daniel Walker Howe, *The Political Culture of the American Whigs* (Chicago, 1979), p. 21.

3. Sellers, *Polk*, p. 210.

de la Californie, avec une centaine d'hommes prêts à se joindre aux quelques centaines de marins, fusiliers marins et autres volontaires déjà sur place pour y mater la résistance mexicaine, ce qui fut fait dès janvier 1847. Durant les mois suivants, une succession de stupéfiantes victoires américaines au sud du Rio Grande, avec pour point culminant la prise de Mexico, vint garantir la permanence de ces conquêtes. Une seule question restait à régler : combien de territoire fallait-il s'approprier ?

A l'origine, l'appétit de Polk s'était borné au Nouveau-Mexique et à la Californie. Dès le mois d'avril 1847, il dépêcha au Mexique Nicholas Trist, chargé de négocier un traité pour l'acquisition de ces deux provinces. Mais l'aisance avec laquelle les soldats américains s'imposèrent déclencha chez leur Président une véritable fringale de territoires. A l'automne de 1847, un mouvement démocrate visant à annexer « tout le Mexique » — ou tout au moins plusieurs provinces supplémentaires — se manifestait bruyamment. Les démêlés entre les démocrates qui convoitaient tout le Mexique et les whigs hostiles à toute annexion mettaient Trist dans une position fort précaire à Mexico, à quelque cinq mille kilomètres de distance, car le fier Santa Anna répugnait, comme on peut l'imaginer, à céder la moitié du territoire national. Polk prit le parti des ultras de Washington et rappela son émissaire en octobre 1847. Toutefois, une possibilité d'aboutissement semblait se profiler au moment même où Trist reçut la dépêche du Président, si bien qu'il préféra désobéir et signer un traité conforme aux instructions originelles de Polk. Contre la somme de quinze millions de dollars, versés par les États-Unis, et le rachat des dettes mexicaines envers les citoyens américains, le Mexique acceptait de reconnaître le Rio Grande comme frontière du Texas et cédait en outre à ses voisins le Nouveau-Mexique et la haute Californie[1]. Lorsque ce traité de Guadalupe Hidalgo atteignit Washington, en février 1848, Polk le traita d'abord par le mépris. Après mûre réflexion, cependant, il le présenta au Sénat, où les whigs disposaient d'un nombre suffisant de voix pour repousser tout accord destiné à annexer une plus vaste portion de territoire mexicain, mais consentiraient peut-être à approuver un document qui gommait les apparences de conquête par un dédommagement financier. Cette stratégie s'avéra payante ; le Sénat ratifia le traité par trente-huit voix contre quatorze, cinq de ces dernières appartenant à des démocrates qui voulaient davantage de territoire et sept à des whigs qui n'en voulaient pas du tout[2].

Ce triomphe de la « destinée manifeste » rappela peut-être à certains Américains la prophétie de Ralph Waldo Emerson : « Les États-Unis

1. Cette cession concernait les États actuels de Californie, du Nevada et de l'Utah, la majeure partie du Nouveau-Mexique et des portions de l'Oklahoma, du Colorado et du Wyoming, ainsi qu'un tiers du Texas.

2. *Senate Executive Docs.*, 30ᵉ Cong., 1ʳᵉ Sess., nº 52, p. 36. Les deux autres voix contre le traité appartenaient à des démocrates à qui il déplaisait pour d'autres raisons.

conquerront le Mexique, mais ce sera l'acte d'un homme avalant l'arsenic qui aura bientôt raison de lui. Le Mexique nous empoisonnera[1]. » Emerson avait raison. Et le poison, c'était l'esclavage. L'empire pour la Liberté, cher à Jefferson, était devenu en majeure partie un empire pour l'esclavage. Depuis la guerre d'Indépendance, les acquisitions territoriales avaient fait entrer dans l'Union les États esclavagistes de la Louisiane, du Missouri, de l'Arkansas, de la Floride et du Texas, alors que seul l'Iowa, qui venait tout juste d'être admis en 1846, était venu grossir les rangs des États libres. De nombreux citoyens du Nord redoutaient un sort analogue pour ce nouvel empire du Sud-Ouest. Ils condamnaient la guerre qui à leurs yeux faisait partie du « complot esclavagiste » visant à étendre l'« institution particulière ». Le président Polk n'était-il pas propriétaire d'esclaves ? N'avait-il pas été élu en présentant un programme qui promettait d'agrandir les territoires esclavagistes en annexant le Texas ? Les esclavagistes du Sud ne comptaient-ils pas parmi les partisans les plus acharnés de la « destinée manifeste » ? La majeure partie des territoires arrachés au Mexique (y compris le Texas) ne se situait-elle pas au-dessous de la vieille limite fixée à 36° 30' de latitude par le Compromis du Missouri — la ligne de démarcation traditionnelle entre la liberté et la servitude ? La législature du Massachusetts s'éleva contre cette guerre « anticonstitutionnelle » et contre son « triple objectif qui est d'étendre l'esclavage, de renforcer le pouvoir des esclavagistes et d'obtenir le contrôle des États libres ». Hosea Biglow, le philosophe-paysan yankee de James Russell Lowell[2], s'inquiétait :

Cette Californie, ils en veulent juste
Pour créer d'nouveaux États esclavagistes
Pour vous insulter et vous mépriser
Et vous piller comme au coin d'un bois[3].

Polk ne parvenait pas à comprendre à quoi rimaient toutes ces histoires. « En ce qui concerne la guerre du Mexique, nota-t-il dans son journal intime, [l'esclavage est] une question abstraite. Selon toute probabilité, on ne pourra acquérir du Mexique aucun territoire dans lequel l'esclavage risquerait d'exister un jour. » Toute cette agitation était « non seulement malveillante, mais criminelle ». Cependant, bon nombre de

---

1. Edward W. Emerson et Waldo E. Forbes (éd.), *Journals of Ralph Waldo Emerson*, 10 vol. (Boston, 1909-14), t. VII, p. 206.

2. James Russell Lowell était un poète et essayiste de Boston, qui écrivait des vers en dialecte rustique sous le nom de plume de Hosea Biglow, pour faire ses commentaires sur les événements sociaux et politiques de l'époque, et notamment ceux qui concernaient l'esclavage.

3. H.V. Ames (éd.), *State Documents on Federal Relations* (Philadelphie, 1906), p.241-242 ; *The Works of James Russell Lowell, éd. Standard Library*, 11 vol. (Boston, 1890), t. VIII, p. 46-47.

membres du Congrès — dont certains appartenaient pourtant au même parti que Polk — ne partageaient pas ses convictions. Ils estimaient nécessaire de débattre la question qui, entre 1846 et 1850, éclipsa toutes les autres. Des centaines d'hommes politiques se sentirent tenus d'exprimer leur opinion. Certains reconnaissaient avec Polk qu'il s'agissait d'un problème « abstrait », parce que les « conditions naturelles » excluraient d'elles-mêmes l'esclavage de ces régions. « Le droit d'emmener des esclaves au Nouveau-Mexique ou en Californie n'a guère d'importance », déclara John J. Crittenden, du Kentucky, pour la bonne raison qu'« aucun homme raisonnable n'y emmènerait ses esclaves, même s'il le pouvait[1] ». Néanmoins, de nombreux sudistes pensaient le contraire. Ils remarquaient que le coton poussait déjà dans les vallées fluviales du Nouveau-Mexique. Cela faisait des siècles aussi que des esclaves s'échinaient dans les mines et ils constitueraient très certainement une main-d'oeuvre idéale dans ces territoires riches en minerais. « La Californie est particulièrement bien adaptée à la main-d'œuvre servile, trancha une convention sudiste. Le droit de faire protéger ses biens [et ses esclaves] dans ce territoire n'est pas une abstraction. » Un journal de Géorgie renforça les soupçons des abolitionnistes, quant à l'existence d'un complot pour consolider le pouvoir esclavagiste, en reconnaissant que l'ouverture de ces territoires à l'esclavage avait un objectif plus vaste : elle « garantirait au Sud l'équilibre du pouvoir au sein de la Confédération et, de toute éternité [...] lui donnerait le contrôle des opérations gouvernementales[2] ».

Sur tous les membres du Congrès qui firent connaître leur opinion, plus de la moitié exprimèrent leur certitude (les sudistes) ou leur crainte (les nordistes) de voir l'esclavage s'installer dans les nouveaux territoires si on l'y autorisait[3], même si bon nombre d'entre eux reconnaissait que l'institution ne risquait guère de s'enraciner profondément dans une région que l'on supposait couverte de déserts et de montagnes. Pour s'en assurer, cependant, les représentants nordistes votèrent en faveur d'une résolution prévoyant d'exclure l'esclavage des nouveaux territoires. Il s'agissait de la fatidique clause Wilmot. Le samedi 8 août 1846, par une étouffante soirée d'été, alors que la session approchait de son terme avec un débat sur les projets de lois budgétaires pour la guerre du Mexique, le représentant de la Pennsylvanie, David Wilmot, qui remplissait son premier mandat, se leva et proposa un amendement stipulant que « la

1. Milo Milton Quaife (éd.), *The Diary of James K. Polk during His Presidency, 1845 to 1849*, 4 vol. (Chicago, 1910), t. II, p. 308. Michael F. Holt, *The Political Crisis of the 1850s* (New York, 1978), p. 77.

2. Robert S. Starobin, *Industrial Slavery in the Old South* (New York, 1970), p.18-20 ; *Milledgeville Federal Union*, 10 nov. 1846, cité par Schroeder, *Mr. Polk's War*, p.55.

3. Desmond D.Hart, « The Natural Limits of Slavery Expansion : The Mexican Territories as a Test Case », *Mid-America*, n° 52 (1970), p. 119-131.

condition expresse et fondamentale, si l'on devait acheter à la république du Mexique le moindre territoire [...] serait que ni l'esclavage, ni aucune servitude involontaire n'existeraient jamais dans aucune partie desdits territoires[1] ».

Cette manœuvre cachait pas mal de choses. Certes, Wilmot et ses alliés étaient poussés par leurs convictions antiesclavagistes, mais aussi par un désir de régler de vieux comptes politiques. Wilmot agissait au nom d'un groupe de démocrates du Nord, que Polk avait contrariés et qui en avaient plus qu'assez de voir le Sud dominer leur parti. Leurs griefs remontaient à 1844, date à laquelle les sudistes avaient refusé de nommer Martin Van Buren candidat à la présidence parce qu'il n'avait pas voulu ratifier l'annexion du Texas. L'administration Polk avait accordé sa protection à New York aux « Hunkers », une faction locale du parti démocrate dont on connaissait l'hostilité à l'égard de Van Buren et les sympathies envers le Sud. Des réductions pratiquées dans le tarif douanier de Walker, dont la mise en vigueur, en 1846, avait imposé les droits de douane les plus bas que l'on eût vu depuis quinze ans, avaient éveillé l'amertume des démocrates de l'État industriel de Pennsylvanie qui estimaient que le gouvernement s'était engagé à imposer des taxes plus élevées sur certains articles. Le veto opposé par Polk à un projet de loi sur les fleuves et les ports avait irrité les démocrates de la région des Grands Lacs et des grands fleuves de l'Ouest. Le compromis accepté par le gouvernement, qui fixait la frontière de l'Oregon au 49ᵉ parallèle, exaspéra les nombreux démocrates qui avaient scandé le slogan : « Le cinquante-quatrième ou la guerre ! » Ayant, au risque d'une guerre avec le Mexique, voté pour l'annexion du Texas, avec sa frontière contestée le long du Rio Grande, ils se sentaient trahis en voyant Polk refuser de s'exposer à une autre guerre avec la Grande-Bretagne pour obtenir l'Oregon tout entier. « Nos droits sur l'Oregon ont été honteusement compromis, déclara un démocrate de l'Ohio. Le gouvernement est sudiste, sudiste, trois fois sudiste ! [...] Puisque le Sud a fixé des limites aux territoires libres, que le Nord en fixe à son tour aux territoires esclavagistes. » Et le représentant du Connecticut, Gideon Welles, de renchérir : « Le moment est venu pour la démocratie du Nord de prendre position. Depuis des années, tout a pris une forme sudiste, tout a été soumis aux caprices des sudistes. Nous devons, concluait Welles, assurer aux habitants du Nord [...] qu'il n'est pas question d'étendre l'institution de l'esclavage par le biais de cette guerre[2]. »

---

1. *CG*, 29ᵉ Cong., 1ʳᵉ Sess., p. 1217.
2. *Cleveland Plain Dealer*, 22 juin, 5 août 1846, cité par Stephen E. Maizlish, *The Triumph of Sectionalism : The Transformation of Ohio Politics, 1844-1856* (Kent, 1983), p. 56, p. 60-61 ; lettres de Welles à Martin Van Buren, 28 juillet 1846, 30 juin 1848, citées par Richard H. Sewell, *Ballots for Freedom : Antislavery Politics in the United States, 1837-1860* (New York, 1976), p. 143 ; discours de Welles devant la Chambre, 7 janvier 1847, in *CG*, 29ᵉ Cong., 2ᵉ Sess., p. 136. Voir aussi Eric Foner, « The Wilmot Proviso Revisited », *JAH*, n° 56 (1969), p. 262-279.

Lorsque Wilmot proposa sa clause restrictive, par conséquent, il libéra l'ire trop longtemps contenue des démocrates du Nord, dont beaucoup se souciaient nettement moins de l'esclavage dans les nouveaux territoires que de leur propre pouvoir au sein du parti. Quant aux whigs du Nord, dont le passé d'antiesclavagistes était plus consistant, ils ne furent que trop heureux de soutenir cet amendement, si bien que cette coalition nordiste bipartite à la Chambre lui permit de passer malgré l'opposition conjuguée des démocrates et des whigs du Sud. Funeste présage ! D'ordinaire, au Congrès, les votes sur les problèmes de tarifs douaniers, de banque, d'aide fédérale aux améliorations intérieures et ainsi de suite, suivaient un schéma partisan. La clause Wilmot transforma brutalement l'opposition des partis en un affrontement sectionnel : la ligne de partage n'était plus partisane, mais géographique. Le paysage politique ne serait plus jamais le même. « Comme par magie, nota le Boston Whig, [cette clause] fit éclater au grand jour la crise gravissime qui est sur le point de scinder en deux le peuple américain[1]. »

Le plein effet de la clause Wilmot ne se fit pas immédiatement sentir, car en 1846 le Congrès s'ajourna avant que le Sénat n'eût eu loisir de voter à son sujet. Cependant, les démocrates du Nord présentèrent de nouveau le projet de loi dès l'ouverture de la session suivante, arrachant une plainte angoissée au Président qui commençait à comprendre quelle tempête il allait récolter pour avoir semé le vent de la guerre. « La question de l'esclavage prend un [...] aspect effrayant », nota-t-il dans son journal. Elle « ne saurait manquer de détruire le parti démocrate, à supposer qu'elle ne menace pas au bout du compte l'Union tout entière[2] ». Une nouvelle fois, la Chambre ratifia la clause Wilmot à l'issue d'un vote sectionnel, mais la suprématie du Sud au Sénat (en 1847, l'Union comptait quinze États esclavagistes contre quatorze États libres) lui permit d'y faire échec. Finalement, les pressions exercées par le gouvernement persuadèrent un nombre suffisant de démocrates nordistes à la Chambre de revenir sur leur décision et de ratifier le projet de loi budgétaire sans clause restrictive. La crise, toutefois, n'était pas résolue — elle n'était que différée.

On pourrait représenter le sentiment concernant la liberté du sol en 1847 sous la forme de trois cercles concentriques. Au centre, se trouvait un noyau d'abolitionnistes qui considéraient l'esclavage comme une honteuse violation des droits de l'homme, à abroger au plus vite. Les entourant et puisant parmi eux sa manne idéologique, il y avait un cercle plus large d'antiesclavagistes qui voyaient dans la servitude un mal — entendant par là qu'elle était socialement répressive, économiquement

1. 15 août 1846, cité par Potter, *Impending Crisis*, p. 23.
2. Quaife (éd.), *Diary of Polk*, t. II, p. 305.

rétrograde et politiquement nuisible aux intérêts des États libres[1]. Ce cercle était principalement composé de whigs (et de quelques démocrates), issus de la ceinture d'États et de régions yankees situés au nord du 41ᵉ parallèle, pour qui cette question était la plus importante de toute la politique américaine. Le cercle extérieur, enfin, regroupait tous ceux qui avaient voté pour la clause Wilmot, mais sans estimer qu'il s'agissait de la question la plus cruciale qui se posât au pays ; ils étaient donc ouverts aux compromis. Y figuraient des whigs tels qu'Abraham Lincoln, convaincu que l'esclavage était « un fléau total pour le Noir, le Blanc et l'État » qui « prive notre exemple républicain de sa juste influence dans le monde, car il permet aux ennemis des libres institutions de nous taxer, non sans raison, d'hypocrisie », mais croyant aussi que « la propagation des doctrines abolitionnistes a plutôt tendance à aggraver qu'à atténuer ses maux » en unissant le Sud dans la défense de l'institution[2]. Ce cercle regroupait aussi des démocrates comme Martin Van Buren, qui se souciaient fort peu des conséquences de l'esclavage pour les esclaves et qui avaient été les alliés du « pouvoir esclavagiste », jusqu'à ce que celui-ci s'opposât à la nomination de Van Buren en 1844.

Tous les partisans de la liberté du sol (qu'on appelait les free soilers) — sauf peut-être certains adeptes de Van Buren — étaient bien d'accord avec les propositions suivantes : la main-d'œuvre libre était plus efficace que la main-d'oeuvre servile, parce qu'elle était motivée par le besoin de gagner un salaire et l'envie de s'élever socialement, plutôt que par la menace du fouet ; l'esclavage sapait la dignité du travail manuel en l'associant à la servitude et dégradait de ce fait la main-d'œuvre blanche partout où il existait ; il entravait l'instruction et les progrès sociaux et maintenait non seulement les Noirs asservis, mais aussi les pauvres blancs dans l'ignorance ; de ce fait, cette institution enfonçait tous les sudistes dans la misère, à l'exception de l'aristocratie des propriétaires d'esclaves, et empêchait le développement d'une économie diversifiée ; il fallait donc l'écarter de tous les nouveaux territoires, pour que le libre travail pût y prospérer.

---

1. Trois cinquièmes des esclaves étaient comptés parmi la population sur laquelle était basée la représentation à la Chambre, ce qui donnait aux électeurs du Sud une importance relativement plus grande que celle des électeurs du Nord dans la politique nationale. Du fait que la population moyenne des États esclavagistes était moins nombreuse que celle des États libres, la représentation égale de chaque État par deux sénateurs donnait en outre au Sud un pouvoir disproportionné au Sénat. Et du fait que les votes des grands électeurs de chaque État étaient égaux au nombre conjugué de ses sénateurs et de ses représentants, le Sud bénéficiait, encore une fois, d'un pouvoir disparate aux élections présidentielles. En 1848, avec trente pour cent des suffrages exprimés, les États esclavagistes contrôlaient quarante-deux pour cent des votes de grands électeurs. Cette décision d'inclure trois cinquièmes des esclaves pour calculer la représentation avait été prise à la suite d'un compromis mis au point lors de la convention constitutionnelle de 1787, entre les États esclavagistes, qui avaient souhaité compter tous les esclaves, et les États antiesclavagistes, qui auraient voulu ne pas les compter du tout. Voir la Constitution des États-Unis.

2. *CWL*, t. I, p. 74-75 ; t. II, p. 255 ; t. III, p. 92.

Pour certains membres des deux cercles extérieurs, ces propositions n'étaient pas, comme le précisa d'ailleurs David Wilmot, le fruit d'une « sensiblerie exagérée [...] non plus que d'une compassion morbide envers l'esclave ». Et Wilmot poursuivait : « La race noire occupe déjà une assez grande partie de notre beau continent. [...] Je veux préserver pour la main-d'œuvre libre et blanche ce pays splendide [...] où les fils du labeur, de ma propre race et de ma propre couleur, pourront vivre sans la disgrâce qu'entraîne pour les travailleurs blancs libres l'association avec l'esclave nègre. » Si l'esclavage gagnait les nouveaux territoires, écrivit le journaliste et poète William Cullen Bryant, free soiler lui aussi, « la main-d'œuvre libre de tous les États ne s'y [installerait] pas ». En revanche, si l'esclavage en était proscrit, « la main-d'œuvre libre des États s'y rendrait [...] et d'ici quelques années, le pays [regorgerait] d'habitants actifs et énergiques[1] ».

Inutile de dire que toutes ces attaques contre leur système social hérissaient les sudistes. A une certaine époque, bon nombre d'entre eux avaient partagé cette conviction que l'esclavage était un fléau — même si c'était un fléau momentanément « nécessaire », en raison des conséquences raciales explosives d'une émancipation. Toutefois, dès 1830, ce sentiment s'était atténué, à mesure que la demande mondiale de coton enfermait le Sud dans les tentacules d'une économie de plantations en pleine expansion. Les attaques abolitionnistes contre l'esclavage mirent les sudistes sur la défensive et les incitèrent à livrer, à bout d'exaspération, quelques virulentes contre-attaques. En 1840, l'esclavage n'était donc plus à leurs yeux un mal nécessaire, mais « un immense bienfait moral, social et politique — et pour l'esclave et pour le maître ». Il avait civilisé des sauvages africains et leur avait fourni une sécurité qui ne les quittait pas, du berceau à la tombe, et pouvait se comparer favorablement à la pauvreté lamentable des travailleurs « libres » en Grande-Bretagne et dans le nord du pays. En débarrassant les Blancs des tâches subalternes, il élevait la main-d'œuvre blanche et la protégeait d'une concurrence dégradante avec les Noirs libres. L'esclavage faisait disparaître le spectre de la lutte des classes, qui finirait par détruire les sociétés fondées sur la libre entreprise, car il « [favorisait] l'égalité entre les hommes libres, en éliminant parmi eux tout besoin de grades et de castes, et [préservait] par là même les institutions républicaines[2] ». L'esclavage établissait en outre les fondations d'une élite de gens bien nés, propres à se consacrer aux beaux-arts, à la

---

1. *CG*, 29ᵉ Cong., 2ᵉ Sess., Appendice, p. 314-317 ; New York Evening Post, 10 nov. 1847.
2. Propos tenus par le sénateur du Mississippi, Albert Gallatin Brown, cité par David Donald, *Charles Sumner and the Coming of the Civil War* (New York, 1960), p. 348 ; résolution d'une convention sur les droits sudistes à Montgomery, mars 1852, citée par J. Mills Thornton III, *Politics and Power in a Slave Society : Alabama, 1800-1860* (Baton Rouge, 1978), p. 206-207.

littérature, à l'hospitalité et au service public. Il créait donc une société bien supérieure à celle de ces yankees « vulgaires, méprisables, petits-commerçants ». « [D'ailleurs], fit valoir le sénateur de Virginie, Robert M. T. Hunter, il n'existe pas un seul système de civilisation digne de respect, dont les fondations n'ont pas reposé sur l'institution de l'esclavage domestique. » « Loin d'être un mal, déclarait John C. Calhoun, résumant la position sudiste, [l'esclavage était] un bien manifeste, [...] la base la plus sûre et la plus stable pour les institutions libres dans le monde entier[1]. »

Les adeptes de l'esclavage souhaitaient bien entendu offrir aux nouveaux territoires tous les avantages de leur institution. Même ceux qui ne s'attendaient pas à voir la servitude y prospérer étaient irrités par les efforts des nordistes pour l'en exclure, car c'était attenter à l'honneur du Sud. La clause Wilmot, assurait un Virginien, décrétait contre le Sud une « inégalité dégradante ». « [Elle] revient à dire au sudiste : Arrière ! Tu n'es pas mon égal et tu dois donc être excommunié, car tu portes une souillure morale. » Ayant fourni la majeure partie des soldats qui avaient conquis le territoire mexicain, les sudistes étaient bien sûr tout spécialement ulcérés par cette proposition de leur en dénier les avantages à venir. « Quand le soldat las de combattre rentre chez lui, demanda un natif de l'Alabama, faut-il lui dire qu'il n'a pas le droit d'emporter ses biens sur le sol qu'il a payé de son sang[2] ? » « Aucun véritable homme du Sud, ils furent nombreux à le proclamer, [ne voudrait se soumettre à une telle] dégradation sociale et régionale... La mort est préférable à l'aveu de son infériorité[3]. »

Outre cet honneur auquel ils étaient religieusement attachés, les propriétaires d'esclaves estimaient que « [leurs] vies et [leurs] fortunes, ainsi que celles de [leurs] familles » étaient en jeu. La mise en application de la clause Wilmot aurait pour résultat dix nouveaux États libres, avertit James Hammond, de Caroline du Sud. « [Le Nord, alors,] nous piétinera allègrement [au Congrès, il] accordera la liberté ou Dieu sait quel équivalent à nos esclaves et nous réduira à la condition de Haïti. [...] Notre unique planche de salut est dans l'*égalité* du POUVOIR. Si nous n'agissons pas dès à présent, nous vouons délibérément nos enfants, non pas notre postérité, mais nos propres enfants aux feux de l'enfer[4]. »

---

1. Hunter, cité par Donald, *Sumner and the Coming of the Civil War*, p. 349 ; Calhoun in *CG*, 25e Cong., 2e Sess., Appendice, p. 61-62.

2. Les deux citations sont extraites de Chaplain W. Morrison, *Democratic Politics and Sectionalism : The Wilmot Proviso Controversy* (Chapel Hill, 1967) p. 65.

3. Morrison, *Democratic Politics and Sectionalism*, p. 65 ; Don E. Fehrenbacher, *The South and Three Sectional Crises* (Baton Rouge, 1980), p. 26 ; William J. Cooper Jr., *The South and the Politics of Slavery, 1828-1856* (Baton Rouge, 1978), p. 239.

4. William L. Barney, *The Road to Secession : A New Perspective on the Old South* (New York, 1972), p. 105-106.

Les sudistes contestèrent la constitutionnalité de la clause Wilmot. Certes, quelques précédents semblaient habiliter le Congrès à exclure l'esclavage des nouveaux territoires. Le premier Congrès réuni après l'adoption de la Constitution avait réaffirmé l'ancienne ordonnance du Nord-Ouest, de 1787, interdisant l'institution dans le territoire du Nord-Ouest. Divers Congrès ultérieurs avaient remis en vigueur cette ordonnance pour chaque territoire détaché de cette région. Le Compromis de 1820 prohibait l'esclavage au nord de 36° 30' de latitude dans tous les territoires acquis par l'achat de la Louisiane en 1803. Les représentants du Sud avaient voté ces lois, mais en février 1847, le sénateur John J. Calhoun soumit des résolutions déniant au Congrès le droit d'interdire la possession d'esclaves dans les territoires. « De taille élevée, le visage marqué et las, les tempes fiévreuses, la joue hâve et l'oeil creux, fixant sur tout un regard intense », pour reprendre la description que fit de lui Clay, Calhoun soutint que les territoires étaient « le bien commun » des États souverains. Agissant en qualité de « coagents » de ces États, les membres du Congrès ne pouvaient pas plus empêcher un propriétaire d'esclaves de transplanter ses biens humains dans ces territoires qu'ils ne pouvaient lui interdire d'y envoyer ses chevaux ou ses porcs. Si le Nord s'entêtait à vouloir faire passer à toute force son amendement Wilmot, avertit Calhoun d'une voix sépulcrale, le résultat serait « la révolution politique, l'anarchie, la guerre civile[1] ».

Le Sénat ne ratifia pas les résolutions de Calhoun. A mesure qu'approchaient les élections présidentielles de 1848, les deux grands partis cherchaient à combler les fissures qui s'étaient ouvertes dans leurs rangs entre gens du Nord et du Sud. Une solution possible, consacrée par la tradition, était de prolonger la ligne du Compromis du Missouri à travers les nouveaux territoires jusqu'au Pacifique. Polk et son cabinet y souscrivirent. Le Président, malade et vieilli avant l'âge, ne songeait pas à se représenter. Le secrétaire d'État, James Buchanan, fit des 36° 30' de latitude son cheval de bataille dans la course à la candidature. A plusieurs reprises, en 1847-48, le Sénat ratifia une version de cette proposition, avec le soutien de la plupart des sénateurs sudistes qui renonçaient au principe de l'esclavage dans tous les territoires, pour pouvoir l'imposer légalement dans certains d'entre eux. Mais à chaque fois, la majorité nordiste à la Chambre la fit capoter.

Une autre solution, connue sous le nom de souveraineté populaire, jaillit du maelström de la campagne présidentielle. En 1848, elle était généralement associée au sénateur du Michigan, Lewis Cass, principal rival de Buchanan pour le titre de candidat démocrate à la présidence. Faisant valoir que les colons des nouveaux territoires étaient aussi capables

1. *CG*, 29e Cong., 2e Sess., p. 453-455 ; le portrait de Calhoun par Clay est cité par Nevins, *Ordeal*, t. I, p. 24.

de s'autogouverner que les citoyens des différents États, Cass proposa de les laisser décider s'ils voulaient ou non de l'esclavage. Cette idée avait le charme politique de l'ambiguïté, car Cass ne précisait pas *quand* les électeurs devraient choisir — serait-ce au stade du territoire ou bien au moment d'adopter une Constitution, lorsque le territoire accéderait au rang d'État de l'Union ? La plupart des contemporains penchaient pour la première hypothèse — y compris Calhoun qui s'opposait donc à la souveraineté populaire, parce qu'elle risquait de violer les droits de propriété des colons sudistes. Toutefois, les sudistes qui voyaient des avantages à la proposition de Cass furent assez nombreux pour permettre à ce dernier d'être nommé candidat, même si le programme démocrate — fait significatif — ne ratifiait pas la souveraineté populaire. Il rejetait en revanche à la fois la clause Wilmot et les résolutions de Calhoun. Le parti démocrate restait ainsi fidèle à la tradition de préserver, si possible, son unité en évitant de prendre franchement position sur l'esclavage.

Les whigs en firent autant. Ils allèrent même jusqu'à n'adopter aucun programme et à choisir comme candidat le héros d'une guerre à laquelle la plupart d'entre eux s'étaient opposés. Rien n'illustre mieux le caractère hétéroclite de la politique américaine que cette candidature de Zachary Taylor. Cet homme trapu, aux jambes courtaudes, le visage contracté par un perpétuel froncement de sourcils, peu soucieux de sa mise, officier de carrière (mais sans être passé par West Point[1]), ne possédant aucune opinion politique reconnaissable, ne paraissait guère être du bois dont on fait les présidents. On aurait pu penser que le généralissime Winfield Scott, bel homme et imposant, ancien élève de West Point, ayant un faible pour les uniformes d'apparat et de la facilité pour exprimer ses convictions de whig bon teint, était un meilleur choix, si le parti des opposants à la guerre se sentait tenu de se refaire une virginité en présentant un candidat militaire. Scott, cependant, avait les défauts de ses vertus. Ses détracteurs le trouvaient pompeux. Il avait un penchant pour la rédaction de lettres ouvertes gaffeuses en diable, qui l'exposaient à tous les ridicules. Son surnom — le Vieil Esbroufeur emplumé (Old Fuss and Feathers) — traduisait clairement la nature des désavantages politiques qu'il présentait. Taylor, de son côté, avait les qualités de ses défauts, comme le montre bien également le sobriquet dont on l'avait lui aussi affublé : « le Fonceur » (Rough and ready). Or de nombreux électeurs, en cette ère nouvelle de suffrage masculin universel (pour les Blancs), semblaient avoir un faible pour les candidats taillés à la serpe. En tant que héros de la guerre, Taylor occupait la première place dans l'affection de ses concitoyens. Certes, c'était Scott qui avait organisé et mené la campagne de 1847, dont l'issue avait été la prise de Mexico,

1. Le Saint-Cyr des États-Unis, fondé en 1802. (NdE.)

mais les victoires de Taylor le long du Rio Grande, l'année précédente, et son extraordinaire triomphe à Buena Vista, en février 1847, contre des troupes ennemies trois fois plus nombreuses, avaient déjà assis sa réputation, avant que Scott ne fût entré en scène.

Une fois mis sur orbite par Buena Vista, Taylor s'avéra impossible à arrêter. Le principal rival du « Fonceur » pour la candidature whig (en plus de Scott) était Henry Clay. Courtois, spirituel, aimé de tous, ce dernier était à soixante-dix ans la vivante incarnation de Mr. Whig — un des fondateurs du parti et l'architecte du « système américain » qu'il prônait pour promouvoir la croissance économique grâce à un tarif douanier protectionniste, à une banque nationale et à une aide fédérale aux améliorations intérieures. Candidat trois fois malheureux déjà dans la lutte pour la présidence, Clay possédait non seulement l'actif, mais aussi le passif d'une longue carrière politique. Comme la majorité de son parti, il s'était opposé à l'annexion du Texas et à la guerre avec le Mexique[1]. Or, les whigs ne pouvaient espérer remporter l'élection sans s'assurer les voix d'une partie des États où l'annexion et la guerre avaient été populaires. La candidature de Taylor semblait donc être la solution.

Le général représentait en outre une aubaine pour les whigs du Sud, qui devaient faire face à une érosion de leur pouvoir chez eux en raison du soutien persistant des whigs du Nord à la clause Wilmot. (La plupart des démocrates du Nord y avaient renoncé en faveur de la formule de la souveraineté populaire proposée par Cass.) Les chefs du parti whig dans le Sud, tout spécialement le sénateur du Kentucky, John J. Crittenden, et le représentant de Géorgie, Alexander Stephens, manipulèrent l'engouement pour Taylor afin de le transformer en mouvement sudiste. Le fait que Taylor possédait en Louisiane et dans le Mississippi des plantations où vivaient plus de cent esclaves semblait faire de lui un homme sûr touchant la question qui revêtait le plus d'importance aux yeux des sudistes. « La vérité, déclara Robert Toombs de Géorgie, [c'est que Clay] s'est vendu corps et âme aux whigs antiesclavagistes du Nord. » Taylor, en revanche, était « par sa naissance, ses relations et ses convictions [...] avec le Sud[2] ». Ce furent donc les votes des délégués du Sud à la convention whig qui dénièrent à Clay le titre de candidat dès le premier tour de scrutin pour l'accorder à Taylor au quatrième.

1. Par une cruelle ironie du sort, l'un des fils de Clay fut tué à la bataille de Buena Vista. Un autre whig éminent adversaire de l'aventure mexicaine, Daniel Webster, perdit lui aussi un fils à la guerre.

2. Lettre de Toombs à James Thomas, 16 avril 1848, citée par Ulrich B. Phillips (éd.), *The Correspondence of Robert Toombs, Alexander H. Stephens and Howell Cobb*, Annual Report of the American Historical Association, 1911, vol. 2 (Washington, 1913), p. 103-104 ; *New Orleans Bee et Charleston Mercury*, cités par Joseph G. Rayback, *Free Soil: The Election of 1848* (Lexington, Ky., 1970), p. 42, p. 43.

La candidature de Taylor fit éclater un schisme qui couvait depuis longtemps dans les rangs des whigs du Nord. « Il est bien évident que nous ne pouvons et ne voulons sous aucun prétexte soutenir le général Taylor, écrivit Charles Sumner du Massachusetts. Nous ne saurions donner notre appui à un homme qui ne soit pas un adversaire déclaré de l'extension de l'esclavage. » Sumner parlait au nom d'une faction connue sous le nom de « Conscience Whigs », regroupant ceux que leurs principes rendaient hostiles à l'esclavage. Ils avaient maille à partir avec un autre groupe plus conservateur, appelé les « Cotton Whigs », ou whigs du coton en raison de l'éminence qu'avaient acquise parmi eux les magnats des textiles. La faction « coton » s'était, certes, opposée à la guerre du Mexique et avait encouragé la clause Wilmot, mais sa position dans les deux cas paraissait tiède et, en 1848, elle souhaitait faire cause commune avec les whigs du Sud en faveur de Taylor, afin de remporter la victoire aux élections. Incapables de sanctionner cette alliance des « seigneurs du rouet » et des « seigneurs du fouet », les « Conscience Whigs » désertèrent le parti. Leur objectif, pour reprendre les paroles de Sumner était ni plus ni moins qu'une « nouvelle cristallisation des partis, au sein de laquelle on trouvera un vaste parti nordiste de la liberté[1] ».

Le moment semblait venu pour un mouvement de cet ordre. A New York, la faction Van Buren du parti démocrate était prête à se révolter. Surnommés les « Brûleurs de granges » (à cause du légendaire fermier hollandais qui avait brûlé sa grange pour la débarrasser des rats), ses adeptes envoyèrent une délégation séparée à la convention nationale du parti démocrate. Lorsque cette dernière décida par vote d'accepter les deux délégations new-yorkaises, les « Brûleurs de granges » partirent en claquant la porte et tinrent leur propre conclave, au cours duquel ils ratifièrent la candidature de Van Buren avec un programme prônant la clause Wilmot. Les démocrates antiesclavagistes et les whigs des autres États du Nord applaudirent des deux mains. La convention des « Brûleurs de granges » fut l'étincelle qui alluma un violent incendie politique antiesclavagiste ; le parti de la Liberté s'offrit en guise de petit bois.

Fondé en 1839 par des abolitionnistes purs et durs, le parti de la Liberté n'avait jusque-là pu obtenir que trois pour cent des voix nordistes pour son candidat à la présidence, lors des élections de 1844. Depuis cette date, ses dirigeants n'avaient cessé de discuter leur future stratégie. Une aile radicale souhaitait proclamer une nouvelle doctrine soutenant que la Constitution habilitait le gouvernement à abolir l'esclavage *dans tous les États de l'Union*. Toutefois, une majorité plus pragmatique, sous

1. Lettres de Sumner à Salmon P. Chase, 7 février 1848, 12 décembre 1846, Chase Papers, Bibliothèque du Congrès. Pour suivre l'évolution de cette scission du parti whig au Massachusetts, voir Kinley J. Brauer, *Cotton versus Conscience : Massachusetts Whig Politics and Southwestern Expansion, 1843-1848* (Lexington, Ky., 1967).

l'égide de Salmon P. Chase, voulait au contraire aller en sens inverse : vers une coalition avec les whigs et les démocrates antiesclavagistes. Habile avocat qui s'était souvent chargé de défendre des esclaves en fuite, Chase unissait de profondes convictions religieuses et un total manque d'humour à une ambition insatiable et à un sens politique aigu. Certes, expliquait-il, les adeptes de la Liberté devaient continuer à proclamer bien haut leur volonté de mettre fin à l'esclavage partout où il existait, mais le meilleur moyen de faire les premiers pas vers cet objectif n'était-il pas de se joindre à ceux qui voulaient à tout prix l'écarter des nouveaux territoires — quelles que fussent leurs autres opinions ? Et si la coalition avait assez de poids dans l'Ohio pour faire élire Chase au Sénat américain, tant mieux. Au printemps de 1848, Chase tâta le terrain auprès des « Conscience Whigs » et des « Brûleurs de granges ». Ces ouvertures débouchèrent en août sur une convention des Free Soilers, après que les deux grands partis eurent désignés comme candidats respectifs Cass et Taylor, arrachant ainsi tous les antiesclavagistes à leurs allégeances d'antan.

La convention des Free Soilers, à Buffalo, ne ressemblait à rien tant qu'un feu de camp. Quinze mille « délégués », unis par une même ferveur, se pressaient dans les rues étouffantes de la ville. Rassemblés sous un gigantesque dais érigé dans un parc, ils acclamèrent d'interminables discours vilipendant le pouvoir esclavagiste, tandis qu'un comité exécutif de quatre cent soixante-cinq membres se réunissait à l'église pour s'occuper des choses sérieuses. Cet aréopage accomplit un véritable petit miracle en parvenant à faire fusionner des factions de trois partis dont les opinions se heurtaient sur le chapitre des banques, des tarifs douaniers et d'autres questions économiques. Tous ces problèmes, qui formaient le tout venant de la politique américaine depuis vingt ans, devaient, déclara le vétéran whig Joshua Giddings, député de l'Ohio, s'effacer devant un dilemme autrement important : « Nos conflits politiques devront dorénavant porter sur l'esclavage et la liberté[1]. » Le comité créa donc son propre parti en désignant comme candidat à la présidence un « Brûleur de granges » et à la vice-présidence un « Conscience Whig », qui défendaient tous deux un programme de Liberté, rédigé en grande partie par Chase. La « convention réunie en masse » dans le parc approuva d'un rugissement unanime le travail du comité.

Il n'avait pas été facile pour les hommes de la Liberté et les « Conscience Whigs » d'accepter Martin Van Buren comme candidat à la présidence. En tant que jacksonien proesclavagiste, le Petit Magicien, comme on l'appelait en raison de ses tours de passe-passe politiques, s'était attiré dans les années 1830 la haine apparemment inextinguible des abolitionnistes et des whigs. En 1848, cependant, on voyait poindre une

1. Maizlish, *Triumph of Sectionalism*, p. 89.

ère nouvelle et Van Buren réclamait désormais que la servitude fût exclue des territoires et abolie dans le district de Columbia[1]. Ses adeptes, « Brûleurs de granges », proclamaient bien haut que l'esclavage était « un terrible fléau moral, social et politique — un vestige de la barbarie, qui ne [pouvait] qu'être balayé par l'avance de la civilisation chrétienne ». S'adressant à ses collègues du parti whig, Sumner précisait : « Ce n'est pas pour le Van Buren de 1838 que nous devons voter, mais pour celui d'*aujourd'hui*[2]. » En choisissant Charles Francis Adams comme candidat à la vice-présidence, le nouveau regroupement renforçait en revanche son côté « Conscience ». Charles Francis avait hérité sa mission antiesclavagiste de son père John Quincy, mort un peu plus tôt cette année-là. Joshua Leavitt, un des fondateurs du parti de la Liberté, qui, en 1844, avait lutté aux côtés de John Quincy Adams pour abolir au Congrès la règle du bâillon, adoptée en 1836 pour éliminer sans débat les propositions ou pétitions antiesclavagistes, fit monter les larmes aux yeux de bien des membres de la convention de Buffalo, avec son émouvant discours retraçant le courage des pionniers de l'abolitionnisme. Leavitt donna alors sa bénédiction à la nouvelle coalition en faveur de la liberté du sol. « Le parti de la Liberté n'est pas mort, déclara-t-il, mais métamorphosé. » S'engageant à « poursuivre la lutte, encore et toujours » pour obtenir enfin « la liberté du sol, de la parole, de l'entreprise et des hommes », les délégués rentrèrent chez eux pour servir la cause du Seigneur[3].

Les Free Soilers firent de l'esclavage la grande question de la campagne. Contraints de renoncer à leur bonne habitude de faire comme si cette question n'existait pas, les deux grands partis s'efforcèrent alors de gagner des voix dans chacune des deux sections du pays en brouillant les cartes. Les démocrates firent circuler dans le Nord et dans le Sud deux biographies différentes de Cass. Dans le Nord, ils insistaient sur la souveraineté populaire, comme étant le meilleur moyen pour écarter l'esclavage des territoires. Dans le Sud, ils rappelaient que Cass s'était engagé à combattre la clause Wilmot et faisaient remarquer, non sans fierté, que le parti démocrate avait présidé (malgré l'opposition des whigs) à l'acquisition d'un territoire à l'intérieur duquel l'esclavage pourrait s'étendre.

---

1. Il s'agit du territoire souverain d'une superficie de quelques milliers d'hectares dont les États du Maryland et de Virginie firent don, afin d'y établir la capitale des États-Unis — Washington — et le siège du gouvernement fédéral. (NdE.)
2. Ces deux citations sont empruntées à Rayback, *Free Soil*, p. 211, p. 247.
3. Ce compte rendu de la convention des *Free Soilers* s'inspire de Rayback, p. 201-230 ; de Morrison, *Democratic Politics and Sectionalism*, p. 145-155 ; de Frederick J. Blue, *The Free Soilers : Third Party Politics, 1848-1854* (Urbana, 1973) ; de Brauer, *Cotton vs. Conscience*, p. 229-245 ; de Sewell, *Ballots for Freedom*, p. 142-158 ; et de John Mayfield, *Rehearsal for Republicanism : Free Soil and the Politics of Antislavery* (Port Washington, N.Y., 1980), p. 111-119.

Les whigs, qui n'avaient aucun programme à expliquer et dont le candidat n'avait pas de passé politique à défendre, eurent moins de mal à sembler contenter tout le monde. Dans le Nord, ils faisaient valoir que Taylor s'était engagé à ne pas opposer de veto à la décision du Congrès concernant l'esclavage dans les territoires, quelle qu'elle fût. Il s'avéra que les whigs antiesclavagistes qui soutenaient le général parce qu'ils pensaient qu'il épouserait leur cause — par exemple William H. Seward et Abraham Lincoln — avaient raison. Les sudistes auraient dû s'intéresser de plus près à un discours que prononça Seward à Cleveland. Affable, malin, sagace, politicien d'instinct, mais aussi adversaire de l'esclavage par principe, Seward devait bientôt s'imposer comme un des principaux conseillers de Taylor. « La liberté et la servitude sont deux éléments antagonistes de la société, déclara-t-il à son public de Cleveland. L'esclavage peut être borné à ses actuelles limites ; [mais, en définitive], il peut et doit être aboli[1]. » Dans le Sud, cependant, la réputation que s'était forgée Taylor en tant que héros de Buena Vista et son statut de grand propriétaire d'esclaves en aveuglèrent plus d'un. « Nous préférons le vieux Zack avec ses plantations de canne à sucre et de coton et ses quatre cents Nègres », annonçait le *Richmond Whig*. « Les gens [du Sud] vont-ils voter pour un président sudiste ou pour un nordiste ? » demandait un journal de Géorgie[2].

La plupart d'entre eux votèrent pour le sudiste. Taylor l'emporta dans huit des quinze États esclavagistes avec une majorité de cinquante-deux pour cent. Il triompha aussi dans sept États libres sur quinze, en dépit du fait que les suffrages whigs dans le Nord tombèrent à quarante-six pour cent en raison des défections vers les rangs des Free Soilers. Ces derniers, cependant, bien qu'ils eussent séduits quatorze pour cent de l'électorat nordiste, arrivant en second devant les démocrates dans le Vermont, le Massachusetts et l'État de New York, ne purent s'imposer dans un seul État. En fin de compte, ils n'affectèrent pas les résultats de l'élection : Van Buren eut beau s'attirer un nombre suffisant de voix démocrates dans l'État de New York pour faire tomber celui-ci dans l'escarcelle de Taylor, les Free Soilers neutralisèrent cet effet en gagnant à leur cause suffisamment d'électeurs whigs dans l'Ohio pour mettre cet État à l'actif de Cass. Malgré les tensions engendrées par la question de l'esclavage, les forces centripètes de la politique partisane furent plus puissantes que les forces centrifuges de la politique sectionnelle[3].

Néanmoins, ces tensions avaient bien failli pousser le système jusqu'au point de rupture. Les Free Soilers, qui espéraient bien réaligner la politique

1. Nevins, *Ordeal*, t. I, p. 212 ; James Ford Rhodes, *History of the United States from the Compromise of 1850...*, 7 vol. (New York, 1893-1906), t. I, p. 162.
2. Cité par Cooper, *The South and the Politics of Slavery*, p. 265, p. 262.
3. Pour des données et une analyse électorales détaillées, voir Rayback, *Free Soil*, p. 279-302.

américaine pour en faire une lutte entre la liberté et l'esclavage, se déclarèrent satisfaits des élections. « En ce qui concerne l'esclavage, l'esprit du public a été troublé jusqu'à des profondeurs encore jamais atteintes », écrivit Sumner. Et l'un de ses confrères de faire chorus : « La récente élection n'est que le "Bunker Hill[1]" d'une révolution morale et politique qui se terminera forcément par la victoire du camp de la liberté[2]. »

II

Passé presque inaperçu à l'Est, dans le feu de la campagne présidentielle, un autre événement sensationnel survenu en 1848 laissait présager de nouvelles tensions dans le système bipartite. En janvier, des ouvriers qui construisaient une scierie pour John Sutter près de Sacramento découvrirent des paillettes d'or dans le lit d'un fleuve. En dépit des efforts de Sutter pour étouffer la chose, le bruit se répandit jusqu'à San Francisco. Dès le mois de juin, à mesure que la population se précipitait en masse vers les contreforts de la Sierra, la frénésie de l'or transforma le port en ville fantôme. En août, la nouvelle atteignit la côte atlantique où elle se heurta au scepticisme d'un public gavé de contes de fées en provenance de l'Ouest. En décembre, cependant, lorsque l'ultime message annuel de Polk au Congrès fit allusion aux découvertes « extraordinaires » de Californie, le pays tout entier dressa l'oreille. Comme dans une mise en scène bien réglée, un agent spécial des gisements d'or arriva à Washington deux jours plus tard, porteur d'une boîte à thé contenant près de dix kilos d'or pur. Le doute s'évanouit ; il n'y eut plus que des croyants ; beaucoup se prirent à rêver de faire fortune et cent mille aspirants nababs partirent vers l'Ouest. Le goutte-à-goutte d'émigrants de la décennie précédente se transforma en véritable raz-de-marée, avec la grande ruée vers l'or de 1849, dont chansons et récits firent bientôt la chronique, métamorphosée au siècle suivant en kilomètres de pellicule hollywoodienne. Au cours de cette première année, quatre-vingt mille environ de ces « forty-niners » (les hommes de 49) atteignirent effectivement la Californie. Des milliers d'autres périrent en route, dont une bonne partie victimes d'une épidémie de choléra. Quelques-uns des « forty-niners » firent fortune, mais la plupart ne trouva au bout du

1. Bunker Hill était le nom d'une bataille de la guerre d'Indépendance, qui eut lieu près de Boston en 1775 et au cours de laquelle des miliciens américains repoussèrent des soldats de l'armée régulière britannique. Cette victoire fit beaucoup pour le moral des insurgés et devint le symbole de ralliement de la cause révolutionnaire.

2. Lettre de Sumner à Salmon P. Chase, 16 nov. 1848, Chase Papers, Bibliothèque du Congrès ; lettre de Preston King à Sumner, 25 déc. 1848, Sumner Papers, Bibliothèque Houghton, université de Harvard.

voyage qu'un pénible labeur, de rudes épreuves et pour finir la déception. Ce qui n'empêcha pas les gens de continuer à affluer, au point qu'en 1850, selon le recensement qui eut lieu cette année-là, la Californie avait une population plus nombreuse que le Delaware ou la Floride. En demandant à devenir le trente et unième État de l'Union, le territoire déclencha dans l'Est une nouvelle crise entre Nord et Sud.

Ce dont les camps de prospecteurs, pleins de bruit et de fureur, avaient besoin par-dessus tout, c'était de lois et d'ordre. Au début, chaque camp avait élu ses propres instances officielles et imposé une justice rudimentaire. C'était toutefois nettement insuffisant pour une vaste région peuplée principalement d'hommes « venus des quatre coins de la planète » et prompts à violer ou à défendre les droits de chacun par le revolver ou la corde. Seules quelques compagnies de l'armée assuraient sur place un semblant d'autorité nationale, mais il s'avéra vite qu'il ne fallait pas trop compter sur les soldats, car l'attrait de l'or en incita plus d'un à déserter. La Californie avait donc besoin d'un gouvernement territorial. Il en allait de même pour le Nouveau-Mexique, avec son importante population hispanique et indienne et sa colonie mormone en pleine croissance près du Grand Lac Salé. En décembre 1848, avant de quitter la Maison-Blanche, Polk incita vivement le Congrès à créer des gouvernements territoriaux pour ces deux provinces. Pour résoudre l'exaspérant problème de l'esclavage, Polk recommanda de prolonger la ligne des 36° 30' de latitude jusqu'au Pacifique[1].

Le Congrès, cependant, ne voulut pas en entendre parler. Durant la courte session qui prit fin le 4 mars, des pugilats éclatèrent dans les deux Chambres, les membres sudistes hurlèrent des menaces de sécession et aucune législation territoriale ne put obtenir une majorité de voix. A la Chambre, les députés du Nord présentèrent une nouvelle fois la clause Wilmot, rédigèrent pour la Californie un projet de loi territoriale qui en excluait l'esclavage, ratifièrent une résolution réclamant l'abolition du commerce d'esclaves dans le district de Columbia et envisagèrent même de déposer un projet de loi visant à abolir l'esclavage proprement dit dans la capitale fédérale. Ces velléités mirent en rage les sudistes qui profitèrent de leur domination au Sénat pour les écraser les unes après les autres.

Un comité sudiste demanda à Calhoun de rédiger un « Avis », exposant la position de leur section de l'Union sur ces iniquités. Le sénateur de Caroline du Sud accepta bien volontiers, subodorant une nouvelle occasion de créer le parti des Droits du Sud qu'il avait longtemps espéré fonder. Après avoir énuméré une longue liste d'« agressions » nordistes

1. La citation est empruntée à Ray Allen Billington, *The Far Western Frontier, 1830-1860* (New York, 1956). Cet ouvrage comporte un excellent récit de la ruée vers l'or de Californie et d'affaires s'y rapportant.

— notamment l'ordonnance du Nord-Ouest, le Compromis du Missouri, les lois sur la liberté individuelle qui, dans divers États, entravaient la récupération d'esclaves en fuite et la clause Wilmot — l'Avis réitérait la doctrine de Calhoun, affirmant le droit constitutionnel d'emmener les esclaves dans tous les territoires, rappelait aux sudistes que « leurs biens, leur prospérité, leur égalité, leur liberté et leur sécurité » étaient en jeu et avertissait tout le monde du fait que le Sud risquait de faire sécession si ses droits n'étaient pas protégés[1].

Mais l'artillerie lourde de Calhoun manqua sa cible. Bien que quarante-six démocrates du Sud, sur les soixante-treize qui siégeaient au Congrès, eussent signé son Avis, deux seulement des quarante-huit whigs en firent autant. En effet, les whigs du Sud, qui venaient tout juste de voir leur candidat élu Président ne voulaient pas risquer de saper l'assise de leur parti avant même que Taylor ne fût entré en fonction. « Nous ne pensons pas voir un gouvernement que nous avons amené au pouvoir essayer d'attenter ou laisser qui que ce soit attenter à notre sécurité », expliqua Robert Toombs. Et Alexander Stephens renchérit : « Sous le général Taylor, nous nous sentons en *sécurité*[2]. »

Le choc fut donc d'autant plus rude, lorsqu'ils s'aperçurent que Taylor était un loup partisan de la liberté du sol déguisé en agneau soutenant les droits des États. En bon chef militaire qu'il était, Taylor projetait de sortir de l'impasse de l'esclavage par une attaque de flanc, qui court-circuiterait le stade territorial pour faire admettre directement la Californie et le Nouveau-Mexique en tant qu'États de l'Union. Il en résulterait, évidemment, deux États libres de plus, l'esclavage étant illégal dans ces provinces selon la loi mexicaine. Les journaux du Sud reproduisirent un éditorial du *San Francisco Star* affirmant que quatre-vingt-dix-neuf colons sur cent considéraient l'esclavage comme « un fléau moral, social et politique qu'il n'était pas nécessaire de s'infliger à eux-mêmes, non plus qu'à leur postérité ». La Californie et le Nouveau-Mexique feraient en outre pencher la balance au Sénat du côté opposé à celui du Sud, de façon peut-être irréversible. « Pour la première fois, déclara le sénateur du Mississippi, Jefferson Davis, nous sommes sur le point de rompre à jamais l'équilibre entre les deux sections du pays. » Ce n'était rien de moins qu'un « projet visant à dissimuler la clause Wilmot sous une prétendue Constitution d'État[3] ». A en croire d'autres démocrates du Sud, qui firent serment de ne jamais « consentir à se laisser

1. Richard Cralle (éd.), *The Works of John C. Calhoun*, 6 vol. (New York, 1854-55), t. VI, p. 285-313.

2. Lettre de Toombs à John J. Crittenden, 22 janv. 1849, lettre de Stephens à Crittenden, 17 janv. 1849, citées par Cooper, *The South and the Politics of Slavery*, p. 271.

3. Nevins, *Ordeal*, t. I, p. 22 ; *CG*, 31e Cong., 1re Sess., Appendice, p. 1533 ; lettre de Davis à W.R. Cannon, 8 janv. 1850, Civil War Collection, Bibliothèque Henry E. Huntington.

ainsi avilir et enchaîner » par « une ruse et une injustice aussi monstrueuses », la chose soulevait « un point d'honneur »[1].

Taylor, cependant, continua sur sa lancée. Il expédia des agents à Monterrey et Santa Fe, afin d'encourager les colons à adopter une Constitution et à demander leur admission au sein de l'Union. Les Californiens avaient déclenché le processus avant l'arrivée de l'émissaire présidentiel. En octobre 1849, ils ratifièrent une Constitution d'État libre et en novembre élirent un gouverneur et une législature, qui adressèrent au Congrès américain une pétition, afin d'être admis comme État membre de l'Union. Le Nouveau-Mexique fut plus lent à agir. Peu d'anglophones, à l'exception des mormons du Lac Salé, dont les relations avec le gouvernement étaient pour le moins tendues, vivaient dans cet énorme territoire. En outre, le Texas revendiquait la moitié des terres qui constituent aujourd'hui l'État du Nouveau-Mexique et une partie du Colorado. Il fallait régler cette querelle frontalière avant de pouvoir envisager l'accession du Nouveau-Mexique au rang d'État de l'Union.

Peut-être une Californie libre n'aurait-elle pas hérissé à ce point les sudistes, si d'autres événements ne les avaient pas poussés à considérer Taylor comme un traître envers sa propre classe. Quarante années de carrière militaire avaient donné à ce dernier une vision des choses plus nationale que sectionnelle. Il espérait encore consolider le parti whig en incitant les Free Soilers à regagner ses rangs. En août 1849, le Président déclara donc à un auditoire pennsylvanien que « les habitants du Nord ne [devaient] nullement redouter une future extension de l'esclavage[2] ». S'étant engagé à n'opposer aucune espèce de veto à de nouvelles lois portant sur cette éventualité, Taylor fit savoir à Robert Toombs, catastrophé, qu'il avait l'intention de tenir parole, même si le Congrès jugeait bon d'entériner la clause Wilmot. Et pour mettre un comble au désastre, le sénateur Seward devint un ami et conseiller du Président. La publicité faite à ces événements s'abattit comme une grêle sur les whigs du Sud qui se firent battre à plate couture lors des élections régionales de 1849. « La question de l'esclavage, écrivit un Géorgien, est la seule qui affecte le résultat des élections. » Ayant « totalement abandonné le Sud » et « détaché du parti whig tout entier » la population des États esclavagistes, Taylor faisait dangereusement monter l'ire des sudistes[3].

L'atmosphère s'alourdit encore lorsque le Congrès se réunit en décembre 1849. La victoire de Taylor aux élections n'ayant pas entraîné

1. Citations empruntées à Robert W. Johannsen, *Stephen A. Douglas* (New York, 1973), p. 245 ; Fehrenbacher, *The South and Three Sectional Crises*, p. 40 ; Cooper, *The South and the Politics of Slavery*, p. 278.

2. Potter, *Impending Crisis*, p. 87.

3. Nevins, *Ordeal*, t. I, p. 241-242 ; Cooper, *The South and the Politics of Slavery*, p. 280, p. 286.

dans son sillage celle des whigs, ceux-ci ne contrôlaient aucune des deux Chambres[1]. Douze Free Soilers pouvaient déplacer à leur guise l'équilibre entre les cent douze démocrates et les cent cinq whigs de la Chambre basse. Le candidat démocrate au poste de « speaker[2] » était Howell Cobb, affable modéré de Géorgie. Le candidat whig était Robert Winthrop, du Massachusetts, un « Cotton Whig », qui avait déjà été « speaker » durant le Congrès précédent. Plusieurs démocrates refusèrent leur soutien à Cobb, tandis que les Free Soilers, qui étaient d'anciens whigs, se désolidarisaient de Winthrop, en dépit de son adhésion antérieure à la clause Wilmot. Présage plus fâcheux encore, une demi-douzaine de whigs du Sud, sous l'égide de Stephens et de Toombs, s'opposaient de leur côté à Winthrop *à cause* de cette adhésion et aussi parce que le comité électoral whig refusait de repousser la fameuse clause. « Je ne veux avoir aucun lien avec un parti qui ne s'est pas dissocié de ces agressifs mouvements abolitionnistes », proclama Stephens. Pour résister « à la dictature des hordes de Goths et de vandales du Nord », le Sud devait faire « les préparatifs nécessaires en matière d'hommes et d'argent, d'armes et de munitions, etc., qui lui [permettraient] de faire face à la crise[3] ».

Durant trois semaines et soixante-deux tours de scrutin, la Chambre fut dans l'incapacité d'élire son président. Tout au long de cette crise, les menaces de désunion devinrent une véritable rengaine. « Si, au moyen de votre législation, vous cherchez à nous chasser des territoires de Californie et du Nouveau-Mexique, tonna Toombs, *je suis pour la désunion.* » « Nous avons calculé la valeur de l'Union, avertit Albert Gallatin Brown, député du Mississippi. Nous vous sommons de nous accorder nos droits [en Californie] ; si vous refusez, je suis d'avis de les prendre par une occupation armée. » C'était la liberté du Sud qui était désormais en jeu, autant qu'elle avait pu l'être en 1776, car « de toute évidence, assurait un député de l'Alabama, le pouvoir de dicter quel genre de bien l'État [pourrait] autoriser un citoyen à posséder et à utiliser pour son travail — qu'il [s'agît] de boeufs, de chevaux ou de Nègres — [... était] pareillement despotique et tyrannique[4] ». Plusieurs

---

1. Les démocrates conservèrent une majorité de huit voix au Sénat, où Salmon P. Chase rejoignit John P. Hale, du New Hampshire, en tant que second Free Soiler. Chase avait été élu par une coalition de démocrates et de Free Soilers appartenant à la législature de l'Ohio, dans le cadre d'un marché selon lequel les seconds permettaient aux premiers de contrôler la législature de l'État en échange de leur soutien à Chase dans l'élection au Sénat et de l'abrogation des « lois noires » de l'Ohio qui avaient restreint l'accès des Noirs aux écoles, aux tribunaux et à d'autres agences publiques.

2. Le « speaker » est le président de la Chambre des représentants. Il détient un pouvoir considérable d'influer sur les débats et la législation et on le considère comme le chef du parti de la majorité à la Chambre basse.

3. Cooper, *The South and the Politics of Slavery*, p. 282 ; Fehrenbacher, *The South and Three Sectional Crises*, p. 40.

4. *CG*, 31e Cong., 1re Sess., p. 27-28, p. 257-261 ; Thornton, *Politics and Power in a Slave Society*, p. 213.

pugilats éclatèrent en pleine Chambre entre représentants du Sud et du Nord. Le Sénat s'enflamma à son tour. Jefferson Davis, à ce qu'on rapporte, provoqua en duel un député de l'Illinois et, au cours d'un débat particulièrement houleux, le sénateur Henry S. Foote (du Mississippi lui aussi) tira de sa poche un revolver chargé. Finalement, en désespoir de cause, la Chambre adopta une règle spéciale autorisant l'élection du Président à la majorité simple et nomma Cobb à ce poste au soixante-troisième tour de scrutin. Les années 1850 s'annonçaient mal.

L'Union était-elle sérieusement en danger ? Les sudistes avaient-ils vraiment l'intention de faire sécession ou bien bluffaient-ils pour obliger le Nord à faire des concessions ? Les Free Soilers penchaient pour cette dernière hypothèse. Chase repoussait d'un haussement d'épaule les « vieilles menaces de désunion ». Joshua Giddings n'y voyait qu'une « gasconnade » destinée à « effrayer les faux durs[1] de façon à leur faire accepter ces mesures ». « Les mécontents du Sud [...] espèrent bien arracher un compromis, observa Seward. Je crois que le Président est disposé à s'opposer à eux, tout comme le général Jackson pouvait l'être naguère à contrecarrer les partisans de la nullification[2]. »

Taylor avait effectivement l'intention de déjouer le bluff des sudistes, s'ils bluffaient vraiment. Son message au Congrès, en janvier 1850, pressait vivement l'assemblée de reconnaître sans tarder la Californie comme nouvel État de l'Union et d'en faire autant pour le Nouveau-Mexique lorsqu'il serait prêt. Taylor ne devait jamais bouger de cette position. Lorsque Toombs et Stephens le prirent à partie en tant que sudiste, l'avertissant que le Sud ne « se soumettrait pas » à de telles insultes, il se mit en colère. En des termes fort peu présidentiels, il leur déclara qu'il prendrait en personne la tête d'une armée destinée à faire appliquer la loi et qu'il ferait pendre tous les traîtres qu'il trouverait — Toombs et Stephens compris — avec aussi peu de componction qu'il avait fait pendre les espions et les déserteurs au Mexique. Taylor confia par la suite à un proche qu'il avait jusque-là considéré les yankees comme les agresseurs dans les querelles entre Nord et Sud, mais que depuis son entrée en fonctions, l'expérience l'avait convaincu que les sudistes étaient

1. Rhodes, *History of the U.S.*, t. I, p. 131-133. Dans le jargon politique de l'époque les « faux durs » étaient des « habitants du Nord adhérant aux principes sudistes ».

2. Cette référence à la nullification renvoie à une crise survenue en 1832, lorsque l'État de Caroline du Sud tenta de nullifier l'application d'un tarif douanier à l'intérieur de ses limites, tandis que le Président, Andrew Jackson, jurait de faire respecter la loi, en envoyant la troupe s'il le fallait, et de faire arrêter les hauts fonctionnaires de Caroline du Sud s'ils résistaient. On finit par désamorcer la situation en baissant le tarif. Sur les nullificateurs et leur doctrine, voir A. de Tocqueville, *De la démocratie en Amérique*, vol. I, 2e partie, chap. X, « Quelles sont les chances de durée de l'union américaine ? - Quels dangers la menacent ? » (NdE.)

« intolérants et révolutionnaires » et que son ex-gendre, Jefferson Davis, était leur « conspirateur en chef[1] ».

Les menaces présidentielles ne firent rien pour calmer les esprits dans le Sud. « Il existe ici un triste état de choses, rapporta un représentant de l'Illinois. Je crains bien que notre Union ne soit en danger[2]. » Calhoun lui-même trouvait les représentants sudistes « plus déterminés et hardis [qu'il ne les avait] jamais vus ». Et il continuait : « Beaucoup se proclament ouvertement partisans de la désunion et plus nombreux encore sont ceux qui reconnaissent qu'il n'y a guère d'espoir de remède, à moins d'en arriver là. » Peut-être Calhoun noircissait-il la situation. Les partisans avoués de la désunion — ceux qui méprisaient les yankees, croyaient à des différences inconciliables entre le Nord et le Sud et s'attirèrent le sobriquet de « mangeurs de feu » à cause de leur défense passionnée d'un nationalisme sudiste — n'étaient encore qu'une minorité, même en Caroline du Sud. Un plus grand nombre de sudistes, et parmi eux Calhoun lui-même, conservaient ne fût-ce qu'un « petit espoir » de trouver un remède autre que la sécession. Dans le cas de Calhoun, cet espoir était certes infime. « Telles que les choses se présentent actuellement, écrivit-il à un ami le 16 février 1850, [le Sud] ne peut pas demeurer en toute sécurité au sein de l'Union [...] et il n'y a pour ainsi dire aucune perspective de voir la situation s'améliorer. » Ce qui ne l'empêchait pas, et d'autres sudistes avec lui, de continuer à réclamer « dans une mesure opportune et efficace » quelques concessions de la part du Nord pour éviter la sécession[3].

Suspendue au-dessus de la tête du Congrès, telle une épée de Damoclès, une convention des délégués des États esclavagistes devait se réunir « pour élaborer et adopter un mode quelconque de résistance à l'agression nordiste ». C'était ainsi que le projet d'une unité sudiste, mûri de longue date par Calhoun, portait enfin ses fruits. Souffrant des premières atteintes de la phtisie qui devait le mettre au tombeau cinq mois plus tard, le député de Caroline du Sud se cantonna à l'arrière-plan et laissa le Mississippi prendre la tête des opérations. Une réunion bipartite à Jackson, en octobre 1849, se solda par un appel à une nouvelle convention, à Nashville, au mois de juin suivant. L'objectif de cette réunion ne faisait guère de doute : elle servirait à former un « front uni » d'États du Sud « afin de présenter [...] au Nord une simple alternative : ou bien l'on dissolvait l'association », ou les yankees cessaient de violer les droits du Sud. Dans le courant de l'hiver, les États cotonniers les plus

1. Rhodes, *History of the U.S.*, t. I, p. 134 ; Thelma Jennings, *The Nashville Convention : Southern Movement for Unity, 1848-1851* (Memphis, 1980), p. 49.

2. Potter, *Impending Crisis*, p. 89.

3. J. Franklin Jameson (éd.), *Correspondence of John C. Calhoun*, dans Annual Report of the American Historical Association, 1899, vol. II (Washington, 1900), p. 780-782 ; Jennings, *Nashville Convention*, p. 50.

méridionaux du Sud, ainsi que la Virginie, élurent des délégations. Même si les whigs des États situés plus au nord restaient sur leur quant-à-soi, le mouvement engendra un élan suffisant pour inquiéter plus d'un Américain[1].

Au plus fort de la crise, Henry Clay vint occuper une fois de plus le devant de la scène et, comme il l'avait déjà fait par deux fois, en 1820 et 1833, proposa certaines concessions pour amadouer les sudistes. Les débats qui s'ensuivirent, en 1850, devinrent les plus célèbres de toute l'histoire du Congrès. Partageant les feux de la rampe avec Clay, on retrouvait Calhoun et Daniel Webster, les deux autres membres du grand triumvirat du Sénat, qui dominait la politique américaine depuis des lustres. Tous trois étaient nés durant la guerre d'Indépendance. Ils avaient consacré toute leur carrière à préserver l'héritage des pères fondateurs — Clay et Webster en tant que nationalistes, Calhoun en tant que sectionaliste qui se plaisait à répéter que l'Union ne pourrait survivre que tant que le Nord et le Sud y jouiraient d'un pouvoir égal. Tous trois avaient été frustrés à plusieurs reprises dans leur quête du pouvoir présidentiel. Tous trois faisaient là leur ultime apparition, Clay et Webster pour proposer des compromis, Calhoun pour faire planer sur les débats une sinistre présence annonciatrice de désastre, même après sa mort à la fin du premier acte. Plusieurs étoiles montantes de la nouvelle génération jouèrent aussi dans ce grand drame des rôles de premier plan : les sénateurs Stephen A. Douglas, William H. Seward, Jefferson Davis et Salmon P. Chase.

Le 20 janvier 1850, Clay présenta au Sénat huit résolutions. Il regroupa les six premières par paires, offrant chacune une concession au Nord et au Sud. La première paire admettrait la Californie en tant qu'État et organiserait le restant de la cession mexicaine sans « aucune restriction ni condition au sujet de l'esclavage ». La deuxième paire de résolutions réglait le conflit frontalier entre le Texas et le Nouveau-Mexique en faveur du second, mais offrait une compensation au Texas sous la forme d'une reprise fédérale des dettes contractées durant son existence en tant que république indépendante. Cela réduirait certes la possibilité de créer un État esclavagiste supplémentaire en découpant le Texas, mais permettrait à ce dernier de repartir du bon pied sur le plan financier[2]. Les détenteurs de reconnaissances de dettes texanes étaient en grande partie des sudistes ; à la tête d'un puissant groupe de pression, favorable à cette portion du Compromis de 1850, se trouvait un député de Caroline du Sud. La

1. Jennings, *Nashville Convention*, p. 3-79 ; les citations figurent p. 7, p. 24-25.

2. Les termes de l'annexion du Texas autorisaient la division de ce territoire en quatre États supplémentaires au plus. Jamais on ne profita de cette autorisation, mais en 1850, certains sudistes espéraient voir créer au moins un nouvel État prélevé sur le Texas, surtout si l'on reconnaissait les droits que ce dernier faisait valoir sur le Nouveau-Mexique.

troisième paire de résolutions soumise par Clay prévoyait l'abolition du commerce d'esclaves dans le district de Columbia, assortie d'une garantie que l'esclavage proprement dit y demeurerait licite. Cependant, alors que ces six propositions étaient un tant soit peu plus favorables au Nord qu'au Sud, les deux dernières faisaient nettement pencher la balance en faveur du Sud en niant au Congrès tout pouvoir de s'immiscer dans le commerce d'esclaves entre les États et en réclamant des lois plus strictes pour permettre aux propriétaires d'esclaves de récupérer ces derniers lorsqu'ils se réfugiaient dans les États libres[1].

En définitive, le Compromis de 1850 suivit de très près les propositions de Clay, mais sept mois de discours, de débats et d'épuisantes négociations en coulisse attendaient les protagonistes. Et le « compromis » qui finit par se préciser n'était pas un de ces traités par lequel les différentes parties concernées renoncent partiellement à leurs exigences, mais une série de mesures prises au coup par coup, dont chacune ne devint loi qu'avec une majorité de représentants d'une section votant contre la majorité de l'autre. Le Compromis de 1850 écarta indubitablement une crise très grave, mais rétrospectivement, il apparaît clairement qu'il ne fit que différer le traumatisme.

Des générations d'écoliers ont récité les fameux discours prononcés au Sénat lors du débat sur le Compromis. « Je souhaite parler aujourd'hui non pas en tant qu'habitant du Massachusetts, ni en tant qu'homme du Nord, mais en tant qu'Américain, déclara Daniel Webster en préambule à son discours du 7 mars, qui devait détourner de lui ses anciens admirateurs antiesclavagistes. Je m'exprime en ce jour pour la préservation de notre Union. Prêtez oreille à la cause que je plaide. » S'étant opposé à la guerre du Mexique, avant de soutenir la clause Wilmot, Webster priait à présent instamment les nordistes d'enterrer les anciennes passions. A quoi bon multiplier ainsi « railleries et reproches » à l'endroit du Sud, sous la forme de cet amendement ? La nature se chargerait d'exclure la servitude du Nouveau-Mexique. « Pourquoi se donner la peine de réaffirmer inutilement un décret de la nature, de faire appliquer de nouveau la volonté divine ? » Quant à la désunion, Webster mettait les mangeurs de feu en garde contre le fait qu'elle ne saurait avoir lieu « sans convulsions », de même que « les corps célestes ne sauraient jaillir hors de leurs sphères et se bousculer dans les royaumes spatiaux, sans entraîner l'anéantissement de l'univers[2] » !

Le discours de Webster séduisit un vaste éventail d'Américains qui, en mars 1850, se ralliaient à l'idée d'un compromis, mais il présentait un contraste frappant avec les diatribes des sénateurs s'exprimant au

1. Les sudistes avaient d'ores et déjà introduit un projet de loi draconien sur les esclaves fugitifs durant cette session parlementaire. Pour de plus amples détails sur les esclaves en fuite, voir le chapitre suivant.

2. *CG*, 31e Cong., 1re Sess., Appendice, p. 269-276.

nom de citoyens qui ne partageaient pas cette position centriste. Trois jours avant l'intervention de Webster, Calhoun, mourant, avait délivré son ultime message à la nation. Trop faible pour le prononcer lui-même, le sénateur squelettique de Caroline du Sud resta assis, emmitouflé dans des couvertures, tandis que James Mason, sénateur de Virginie, lisait son discours au Sénat. Les lugubres prophéties de Calhoun se reflétaient dans ses yeux perçants et profondément enfoncés, qui observaient la scène du fond du linceul. « La grande et la première cause [de danger], c'est que l'équilibre entre les deux sections du pays a été rompu. » La population du Nord s'était accrue plus vite que celle du Sud, de même que sa richesse et sa puissance. La faute en était à la législation discriminatoire qui favorisait le Nord : à savoir l'ordonnance du Nord-Ouest et le Compromis de 1820[1], qui excluaient les propriétaires du Sud d'un vaste domaine ; les tarifs douaniers et l'aide fédérale aux améliorations intérieures (Calhoun se gardait de mentionner qu'il avait jadis soutenu ces mesures), destinés à encourager les entreprises du Nord aux frais du Sud. Les yankees s'en étaient pris gratuitement aux institutions du Sud jusqu'à ce que, un par un, les liens qui soudaient l'Union eussent cédé : les religions méthodistes et baptistes s'étaient scindées en églises du Nord et du Sud ; à cause de l'esclavage, la discorde était en train de se répandre dans les associations bénévoles ; les partis politiques eux-mêmes étaient en proie à la zizanie ; bientôt, « il ne [resterait] plus rien que la force pour maintenir ensemble les différents États ». Que pouvait-on faire pour prévenir cet état de choses ? Du fait que le Nord avait toujours été l'agresseur, c'était à lui de cesser de critiquer l'esclavage, de renvoyer chez eux les esclaves fugitifs, d'accorder au Sud des droits égaux dans les territoires et de consentir à un amendement de la Constitution « qui [rendrait] au Sud, en substance, le pouvoir qu'il avait de se protéger avant que l'équilibre entre les deux sections du pays n'eût été rompu[2] ». La Californie servirait de test. Admettre cet État libre au sein de l'Union équivalait à une déclaration d'intention marquant une volonté de « détruire irrémédiablement l'équilibre entre les deux sections ». Dans ces conditions, les États du Sud ne pourraient « eu égard à leur honneur et à leur sécurité demeurer membres de l'Union[3] ».

1. L'ordonnance du Nord-Ouest était une loi datant de 1787, qui avait exclu l'esclavage des territoires situés au nord de l'Ohio et à l'est du Mississippi (les fleuves) ; le Compromis de 1820 était une autre loi qui avait accepté le Missouri en tant qu'État esclavagiste, mais exclu l'institution de toutes les autres zones acquises grâce à l'achat de la Louisiane (vaste région achetée à la France en 1803), au nord du 36° 30' de latitude.

2. Calhoun songeait probablement à sa proposition, présentée à titre posthume dans *Disquisition on Government*, laquelle prévoyait une « majorité consentante » qui doterait le pays d'un président nordiste et d'un sudiste, possédant chacun un droit de veto sur la législation du Congrès.

3. *CG*, 31ᵉ Cong., 1ʳᵉ Sess., Appendice, p. 451-455.

William H. Seward exprima le sentiment des Américains diamétralement opposés à Calhoun. Dans un discours prononcé le 11 mars, il condamna « tout compromis » comme celui que Clay avait proposé. L'esclavage était une institution injuste, rétrograde, moribonde, déclara le sénateur de l'État de New York. Ses jours étaient comptés. « On ne saurait faire refluer la marée du progrès social. » Non seulement la Constitution conférait au Congrès le pouvoir d'exclure l'esclavage des territoires, mais en outre « il [existait] une loi supérieure à celle de la Constitution », la loi d'En-haut devant qui tous les hommes sont égaux. « [La crise actuelle], continua Seward, englobe la terrible question de savoir si l'Union doit tenir et si l'esclavage, sous l'action régulière et paisible de causes morales, sociales et politiques, doit être supprimé par un effort volontaire progressif et moyennant compensation ; ou bien si l'Union doit être dissoute et si une guerre civile doit s'ensuivre, entraînant une émancipation violente, mais totale et immédiate[1]. »

Les propos de Seward sur la loi d'En-haut firent sensation. Les sudistes les accusèrent d'être « monstrueux et diaboliques » ; Clay les déclara « insensés, imprudents et abominables ». Taylor lui-même les condamna. « Voilà de beaux draps dans lesquels le gouverneur Seward nous a fourrés, observa le Président devant un journaliste favorable au gouvernement. Il faut immédiatement désavouer ce discours[2]. » Avec ou sans désaveu, les sentiments de Seward représentaient l'opinion des États les plus septentrionaux du Nord aussi exactement que celui de Calhoun reflétait celle des États du Sud profond. Néanmoins, des citoyens originaires des zones limitrophes du Nord et du Sud continuèrent à s'activer fiévreusement pour tenter de faire intervenir un accord entre les deux extrêmes. Tandis que les péroraisons se poursuivaient devant des gradins noirs de monde, des commissions cherchaient à établir un compromis susceptible de recueillir une majorité de voix.

Une commission spéciale du Sénat, composée de treize membres, sous la présidence de Clay, soumit un projet de loi regroupant plusieurs mesures : l'admission de la Californie, l'organisation des deux territoires (le Nouveau-Mexique et l'Utah) sans restriction concernant l'esclavage, et le règlement du conflit frontalier en faveur du Nouveau-Mexique, assorti du versement de dix millions de dollars au Texas pour financer la dette encourue avant de devenir un État. Baptisée par dérision le « projet Omnibus » par le président Taylor, cette proposition était conçue pour attirer une majorité de voix des deux sections, en incitant chacune à accepter les clauses dont elle ne voulait pas pour obtenir celles qui lui tenaient à cœur. La perspective semblait suffisamment prometteuse pour

1. *CG*, 31e Cong., 1re Sess., Appendice, p. 260-269.

2. Nevins, *Ordeal*, t. I, p. 301-302. Seward portait le titre de gouverneur parce qu'il avait été gouverneur de l'État de New York.

calmer les mangeurs de feu de la convention de Nashville, qui se réunirent le 3 juin. Depuis la fin de l'hiver, la fièvre de la désunion semblait quelque peu tombée. Six États esclavagistes n'envoyèrent à Nashville aucun délégué et deux autres ne dépêchèrent que quelques émissaires à titre officieux. Les whigs notamment brillaient par leur absence. S'étant aperçue qu'elle ne disposait d'aucun mandat pour entreprendre une action radicale, la convention adopta une attitude attentiste. Les délégués ratifièrent une résolution en faveur du prolongement jusqu'au Pacifique de la ligne passant par le 36° 30' de latitude et ajournèrent la convention jusqu'à ce que le Congrès fût passé aux actes[1].

Cependant, tandis que les législateurs s'échinaient dans la canicule qui régnait à Washington, il devint évident que la stratégie de l'omnibus faisait long feu. Un bloc en faveur du Compromis, formé de whigs venant des États du Sud les plus proches du Nord et de démocrates des États du Nord les plus proches du Sud, se dessina pour la soutenir, mais il regroupait moins d'un tiers des membres de chacune des Chambres. La plupart des autres membres du Congrès manifestèrent leur intention de voter contre le projet, afin de faire capoter les clauses dont ils ne voulaient pas. Dans les rangs des whigs, une séparation en trois groupes distincts se teinta d'une animosité de plus en plus vive. Taylor et la plupart des whigs du Nord se cramponnaient à leur politique de « la Californie seulement », persuadés qu'approuver l'esclavage (potentiel) au Nouveau-Mexique et dans l'Utah causerait la perte de leur parti dans le Nord. Les whigs du Sud profond étaient radicalement opposés à une Californie libre. Les whigs de Clay, favorables au Compromis, étaient en butte aux flèches acérées des deux autres clans. L'antipathie de Taylor pour Clay et Webster prit un ton particulièrement caustique.

Dans cette atmosphère explosive, éclata une nouvelle crise à la fin du mois de juin. Une poignée de civils et de soldats avait tenu une convention à Santa Fe pour rédiger une Constitution d'État libre. Celle-ci fut ratifiée par un électorat qui se montait à moins de huit mille votants. Taylor soutint activement l'admission du Nouveau-Mexique en même temps que celle de la Californie, redoublant ainsi l'offense faite à l'honneur sudiste. Pendant ce temps, le gouverneur du Texas menaçait d'imposer par la force les droits que revendiquait son État sur Santa Fe et le reste du Nouveau-Mexique, à l'est du Rio Grande. Des heurts entre les Texans et l'armée américaine paraissaient imminents. A l'approche du 4 juillet, jour de la fête nationale, les sudistes multipliaient les menaces d'aller se battre pour le Texas. « Tous les hommes libres du Delaware au Rio Grande viendront à la rescousse », glapit Alexander Stephens avec toute la hargne guerrière que lui permettaient d'exprimer ses quarante-cinq kilos. « [Et] lorsque le “Rubicon” aura été franchi,

1. Jennings, *Nashville Convention*, p. 135-166.

les jours de notre République seront comptés[1]. » Taylor ne broncha pas. Après avoir préparé ses ordres enjoignant à la garnison de Santa Fe de tenir bon, il passa un 4 juillet étouffant à écouter des discours devant le monument à Washington, pour lors inachevé. Apaisant sa faim et sa soif à grand renfort de légumes crus, de cerises et de lait glacé, le Président tomba malade le lendemain et mourut le 9 juillet d'une gastro-entérite aiguë.

Que ce fût une bonne ou une mauvaise chose, la mort de Taylor fut le tournant de la crise. Le nouveau Président, Millard Fillmore, était un whig de l'État de New York, hostile à la faction Seward favorable au Compromis, ce Président nordiste devait pencher presque autant en faveur du Sud que le Président sudiste qu'était Taylor avait pu le faire en faveur du Nord. Fillmore mit la demande d'admission du Nouveau-Mexique sur la touche et accorda son soutien au projet Omnibus. Le Sénat n'en passa pas moins un mois entier à ratifier une confondante série d'amendements et d'abrogations d'amendements, avant de finir par rejeter la proposition de Clay le 31 juillet. Épuisé et désabusé, le représentant naguère si redoutable du Kentucky quitta Washington pour aller se reposer à Newport. Ses collègues plus jeunes restèrent dans le chaudron du Capitole pour ramasser les morceaux.

Et ce fut par morceaux que le compromis finit par être entériné. Représentant la nouvelle génération, Stephen A. Douglas entra en scène au troisième acte, pour se tailler la vedette. Cet homme dont la capacité d'absorption d'alcool ne le cédait qu'à sa capacité de travail (combinaison qui devait avoir raison de lui onze ans plus tard, à l'âge de quarante-huit ans) avait reçu le sobriquet de Petit Géant en raison de la vaillance politique dont il faisait preuve du haut de son petit mètre soixante. N'ayant jamais cru à la stratégie de l'omnibus, Douglas réduisit ce véhicule en autant de pièces détachées qu'il le fallait et parvint à trouver une majorité pour chacune de celles-ci. Les nordistes des deux partis et les whigs des États limitrophes fournirent les voix nécessaires à l'admission de la Californie, à l'interdiction du commerce d'esclaves dans le district de Columbia et au versement (aussitôt accepté) de dix millions de dollars au Texas pour régler la querelle frontalière avec le Nouveau-Mexique. De nombreux démocrates du Nord se joignirent aux sudistes des deux partis pour ratifier une loi plus sévère sur les esclaves fugitifs et ériger l'Utah et le Nouveau-Mexique en territoires où n'existerait aucune restriction concernant l'esclavage. Fillmore se porta au secours d'une cause qu'on avait bien cru perdue, en persuadant un nombre suffisant de whigs du Nord de s'abstenir de voter sur ces deux derniers projets de loi pour permettre leur passage. Pour toutes ces

1. Holman Hamilton, *Prologue to Conflict: The Crisis and Compromise of 1850* (Lexington, Ky., 1964), p. 105.

mesures, en tout cas, les votes se partagèrent selon une ligne plus géographique que partisane, un nouveau signe indiquant que le bipartisme s'effondrait sous le poids de l'esclavage[1].

Néanmoins, les résultats acquis par Douglas semblaient avoir eu raison de l'impasse qui avait paralysé le gouvernement et menacé la république depuis 1846. Ils crevèrent l'abcès qui venait d'envenimer l'une des sessions les plus longues et les plus houleuses de l'histoire du Congrès. La majeure partie du pays poussa un soupir de soulagement. Le champagne et le whiskey coulèrent à flots dans la capitale. Aux cris de « L'Union est sauvée ! », des foules éméchées donnaient la sérénade aux politiciens qui avaient accompli cet exploit. « Tous les visages que je croise sont joyeux, nota un observateur. Les triomphateurs se réjouissent, les neutres se sont tous ralliés au camp victorieux et les vaincus se taisent. » Le président Fillmore s'empressa de baptiser ce compromis « le règlement définitif » de tous les problèmes sectionnels, expression qui devint très vite la marque de l'orthodoxie politique. Seuls les partisans de Calhoun et les Free Soilers contestaient son caractère définitif[2].

Toutefois, ces insatisfaits de droite et de gauche étaient momentanément isolés. Lorsque la convention de Nashville se réunit de nouveau, en novembre, la moitié des délégués seulement — venus de sept États — se présentèrent. Et ces inconditionnels eux-mêmes paraissaient reconnaître la futilité de leur entreprise. Ils ratifièrent des résolutions attaquant le Compromis et affirmant le droit de sécession, mais leur seule proposition concrète fut un appel à une nouvelle convention des droits du Sud — dont ni la date, ni le lieu n'étaient spécifiés. Les mangeurs de feu de Caroline du Sud repartirent de Nashville bien décidés à ne pas perdre leur temps la prochaine fois à tenter de coopérer avec d'autres États qui ne songeaient qu'à affadir les natives couleurs de la décision dans l'ombre de la pensée[3]. Ils agiraient seuls, dans l'espoir de voir les autres États du Sud leur emboîter le pas[4].

Les Free Soilers, eux aussi, fulminaient en voyant ainsi « consommées les iniquités de la plus scandaleuse session du Congrès » — pour reprendre la formule de Charles Francis Adams. Salmon P. Chase estimait, quant à lui, que « la question de l'esclavage dans les territoires [avait] été évitée. Elle [n'avait] pas été réglée[5] ». Il avait raison. Sous sa forme définitive,

1. Les résultats des scrutins dans les deux Chambres sont fort commodément présentés par Hamilton, *Prologue to Conflict*, p. 191-200.

2. Nevins, *Ordeal*, t. I, p. 343, p.345-346.

3. L'auteur cite ici la fin du célèbre monologue d'Hamlet (III, 1) : « *Thus conscience does make cowards of us all, / And thus the native hue of resolution / Is sicklied o'er with the pale cast of thought...* » (« Ainsi la réflexion fait de nous des lâches, / Les natives couleurs de la décision / S'affaiblissent dans l'ombre de la pensée... » — Traduction d'Yves Bonnefoy.) [NdE.]

4. Jennings, *Nashville Convention*, p. 187-211.

5. Adams cité par Hamilton, *Prologue to Conflict*, p. 167 ; Chase cité par Potter, *Impending Crisis*, p. 116.

la législation destinée à organiser l'Utah et le Nouveau-Mexique spécifiait que lors de leur admission en tant qu'États « ils [seraient] reçus au sein de l'Union, avec ou sans esclavage, comme le [stipulerait] leur Constitution au moment de cette admission ». Il n'était donc pas question de l'esclavage *durant la période où ils resteraient des territoires*. L'omission était délibérée. Le Congrès se lavait les mains du problème en se déchargeant sur la Cour suprême de toute mise en cause des lois territoriales. Il se trouva qu'aucune affaire d'esclavage ne survint dans ces territoires. Plusieurs propriétaires d'esclaves transportèrent leurs biens jusqu'en Utah, où le gouverneur, Brigham Young, et sa législature eurent l'obligeance de légaliser l'institution en 1852 (l'année où les Saints entérinèrent officiellement la polygamie). Le Nouveau-Mexique, lui aussi, ratifia un code de l'esclavage en 1859, mais ni l'un, ni l'autre territoire n'était susceptible de venir renforcer le Sud au Congrès. Le recensement de 1860 dénombrait vingt-neuf esclaves en Utah et pas un seul au Nouveau-Mexique ; de toute façon, aucun des deux n'était près de devenir un État de l'Union. La Californie fut le théâtre d'une ironie du sort qui empêcha peut-être Calhoun de se retourner dans sa tombe. Dans cet État, en effet, des décisions judiciaires autorisèrent le « séjour » (lequel durait parfois plusieurs années) de propriétaires d'esclaves avec leurs biens. Il fut donc un temps, dans les années 1850, où la Californie compta probablement plus d'esclaves que l'Utah et le Nouveau-Mexique réunis. Et le nouvel État libre ne risquait pas de faire pencher la balance au Sénat contre les intérêts du Sud, car ses sénateurs étaient des démocrates indéniablement du type « faux dur »[1].

« Je crois que le règlement de la dernière session et la fermeté avec laquelle le gouvernement a fait appliquer la loi sur les esclaves fugitifs ont donné un second souffle à l'esclavage, écrivit un whig de Caroline du Nord au début de 1851. Cela doit faire vingt-cinq ans que les biens de cette nature n'avaient pas été aussi peu menacés[2]. » Il se trompait — et justement à cause de la « fermeté » avec laquelle le gouvernement faisait appliquer la loi sur les esclaves en fuite. Parmi tous les legs du « règlement définitif », ce fut cette mesure, pourtant l'une des moins débattues, qui fut la plus fertile en discordes.

---

1. Hamilton, *Prologue to Conflict*, p. 174-177, 203-204 ; William E. Franklin, « The Archy Case : The California Supreme Court Refuses to Free a Slave », *Pacific Historical Review*, n° 32 (1963), p. 137-154 ; Paul Finkelman, « The Law of Slavery and Freedom in California, 1848-1860 », *California Western Law Review*, n° 17 (1981), p. 437-464.
2. Lettre de William A. Graham à son frère, 6 janv. 1851, citée par Nevins, *Ordeal*, t. I, p. 349.

Chapitre III

UN EMPIRE POUR L'ESCLAVAGE

I

Sur toutes les questions sauf une, les sudistes d'avant la guerre de Sécession défendaient les droits des États et un gouvernement fédéral faible. Cette exception, c'était la loi de 1850, sur les esclaves fugitifs, qui donnait au gouvernement national plus de pouvoir que ne lui en avait jamais accordé jusque-là aucune loi ratifiée par le Congrès. Cette ironie découlait directement de la décision prise par la Cour suprême dans l'affaire *Prigg/Pennsylvanie* (1842).

Couché dans le langage typiquement contourné de la Constitution, dès qu'il s'agissait d'esclavage, l'article IV, section 2, stipulait que toute « personne tenue au service ou au travail obligatoire dans un État », qui s'échapperait dans un autre, « [serait] livrée sur la demande de la partie à laquelle le service ou travail [pourrait] être dû ». La Constitution ne précisait pas comment cette clause serait appliquée. Une loi fédérale de 1793 autorisait les propriétaires d'esclaves à franchir les limites des États de l'Union pour récupérer leur bien et le présenter devant n'importe quel magistrat ou tribunal fédéral, afin de faire la preuve qu'il leur appartenait. Cette loi ne prévoyait pour le fugitif ni la protection de l'*habeas corpus*, ni le droit de comparaître devant un jury, ni celui de témoigner en sa propre faveur. Certains nordistes estimaient qu'elle revenait, ni plus ni moins, à inviter des ravisseurs malintentionnés à venir enlever les Noirs libres. Et en effet, les chasseurs d'esclaves professionnels ne se donnaient pas toujours la peine de s'assurer qu'ils avaient capturé la bonne proie, ni les juges de vérifier qu'un prétendu fugitif correspondait bien à la description fournie sur la déclaration sous serment le concernant. A vrai dire, bon nombre de chasseurs d'esclaves ne prenaient même pas le temps de présenter leur gibier devant un tribunal, mais s'empressaient de le faire disparaître vers le Sud par le plus court chemin.

Pour parer aux abus de ce genre, plusieurs États du Nord promulguèrent des lois sur la liberté individuelle. Ces décrets donnaient diversement aux fugitifs les droits de témoignage, d'*habeas corpus* et de comparution devant un jury, ou bien ils infligeaient des peines sévères aux ravisseurs. Habilement exploitées par des fonctionnaires antiesclavagistes, certaines de ces lois pouvaient permettre d'empêcher la capture des esclaves en fuite. En 1837, l'État de Pennsylvanie reconnut un dénommé Edward Prigg coupable d'enlèvement après qu'il se fut emparé d'une esclave et de ses enfants et les eut rendus à leur propriétaire dans le Maryland. Les avocats de Prigg firent appel devant la Cour suprême des États-Unis, qui rendit en 1842 un verdict fort complexe. Jugeant la loi contre les ravisseurs, en vigueur en Pennsylvanie, non conforme à la Constitution, la Cour lui opposa la loi sur les esclaves fugitifs de 1793 et réaffirma que les droits d'un propriétaire d'esclaves sur ses biens l'emportaient sur toute législation particulière à un État. En même temps, cependant, la Cour décréta que l'application de la clause de la Constitution concernant les esclaves fugitifs était une responsabilité fédérale et que les différents États n'étaient donc pas tenus de coopérer de quelque façon que ce fût. Cet arrêt ouvrit les vannes à une nouvelle série de lois sur la liberté individuelle (il y en eut neuf entre 1842 et 1850), interdisant de se servir des infrastructures des États pour reprendre des fugitifs[1].

Dans certaines régions du Nord, les propriétaires ne pouvaient revendiquer leurs esclaves en fuite sans l'aide de *marshals*, c'est-à-dire d'officiers fédéraux chargés d'exécuter les jugements. Les leaders noirs et les sympathisants blancs de nombreuses communautés se constituèrent en comités de surveillance, afin d'organiser la résistance aux tentatives de récupération. Ces comités collaboraient avec le légendaire « chemin de fer souterrain », un réseau d'organisations clandestines de sympathisants, qui se chargeaient d'acheminer les fugitifs vers les États libres et le Canada. Amplifié par les sudistes qui croyaient y voir un gigantesque complot de malfaiteurs yankees, coupables de voler chaque année des milliers d'esclaves, ce chemin de fer souterrain fut aussi érigé en un véritable mythe par ses organisateurs nordistes lorsqu'ils racontèrent leurs exploits héroïques à leurs petits-enfants. Le nombre exact d'esclaves en fuite est impossible à déterminer. Peut-être étaient-ils plusieurs centaines chaque année à parvenir à gagner le Nord et le Canada. Peu de ces fugitifs s'étaient sauvés du Sud profond, la région qui

1. Prigg v. Pennsylvania, Peters, 16e vol, p. 539 (1842). (Voir aussi note 3 p. 92. Peters et Howard ont établi les recueils des arrêts de la Cour suprême des États-Unis durant cette période ; la référence citée ici signifie donc que l'arrêt rendu dans l'affaire Prigg figure dans le seizième volume de la compilation de Peters, à partir de la p. 539. De même, pour la note 3 p. 92, il faut comprendre que la décision prise dans l'affaire Ableman figure dans le vingt et unième volume de la compilation de Howard, à partir de la p. 506.) Pour plus amples détails et analyses concernant les lois sur la liberté individuelle, voir Thomas D. Morris, *Free Men All : The Personal Liberty Laws of the North, 1780-1861* (Baltimore, 1974), p. 1-106 ; Stanley W. Campbell, *The Slave Catchers : Enforcement of the Fugitive Slave Law, 1850-1860* (Chapel Hill, 1970), p. 3-14 ; et Don E. Fehrenbacher, *The Dred Scott Case : Its Significance in American Law and Politics* (New York, 1978), p. 40-47.

manifestait pourtant le plus bruyamment pour obtenir une loi plus sévère sur les esclaves en fuite — plutôt pour des raisons de principe que pour les avantages pratiques qu'elle avait à y gagner. De même que la Californie libre, l'aide que les habitants du Nord apportaient aux fugitifs était une insulte à l'honneur sudiste. « Certes, la perte du bien lui-même est ressentie, déclara le sénateur de Virginie, James Mason, mais la perte de l'honneur l'est plus vivement encore. » La loi sur les esclaves fugitifs, fit remarquer un autre politicien, était « la seule mesure du Compromis [de 1850] conçue pour faire respecter les droits du Sud[1] ».

Or, pour préserver ces droits, la loi fédérale semblait prête à piétiner les prérogatives des États du Nord. Les sénateurs yankees s'étaient vainement efforcés d'accrocher au projet de loi des amendements garantissant aux prétendus fugitifs l'*habeas corpus* et le droit de témoigner et de comparaître devant un jury. Les sudistes indignés refusaient d'admettre que ces droits, qui appartenaient de naissance à tout citoyen américain, pussent s'appliquer à des esclaves. La loi de 1850 sur les esclaves fugitifs obligeait donc les Noirs capturés à faire la preuve qu'ils étaient des hommes libres, mais sans leur donner les moyens légaux de le faire. En revanche, un requérant pouvait traîner le prétendu fugitif devant un commissaire fédéral (nouvelle fonction créée par la loi) et prouver que l'homme (ou la femme) lui appartenait sur la simple foi d'une déclaration sous serment signée par un tribunal d'un État esclavagiste ou de la déposition de témoins blancs. Si le commissaire tranchait aux dépens du requérant, il touchait cinq dollars d'honoraires ; si c'était en sa faveur, il en touchait dix. Cette clause, que l'on disait justifiée par l'établissement des papiers nécessaires pour rapatrier l'esclave vers le Sud sous bonne escorte, eut très vite parmi les abolitionnistes la réputation de n'être qu'un moyen de soudoyer les commissaires. La loi de 1850 obligeait en outre les *marshals* fédéraux et leurs adjoints à aider les propriétaires d'esclaves à récupérer leur bien et leur infligeait une amende de mille dollars s'ils s'y refusaient. Elle donnait à ces mêmes *marshals* le droit de recruter les citoyens se trouvant sur place pour aider à s'emparer d'un fugitif et infligeait des peines sévères à quiconque donnait asile à un esclave en fuite ou faisait obstruction à sa capture. Les frais encourus pour attraper les esclaves et les renvoyer chez leur maître devaient être à la charge du Trésor fédéral[2].

---

1. Citations empruntées à Nevins, *Emergence*, t. II, p. 489 ; et Nevins, *Ordeal*, t. I, p. 385. Pour une analyse érudite du « chemin de fer souterrain » et des réalités de la question des fugitifs, voir Larry Gara, *The Liberty Line : The Legend of the Underground Railroad* (Lexington, Ky., 1961).

2 Cette loi est fort commodément reproduite chez Holman Hamilton, *Prologue to Conflict : The Crisis and Compromise of 1850* (Lexington, Ky., 1964), p. 204-208 ; ses diverses clauses sont résumées chez Campbell, *Slave Catchers*, p. 23-25.

L'application de cette loi confirma l'impression qu'elle avait été truquée pour servir les intérêts des requérants. Durant les quinze premiers mois qui suivirent sa ratification, quatre-vingt-quatre fugitifs furent remis en esclavage et cinq seulement relâchés. Au cours des années 1850, trois cent trente-deux esclaves furent rendus à leur maître et onze déclarés libres[1]. La loi, en outre, ne comportait aucune clause de prescription. Certains des premiers fugitifs remis en esclavage résidaient depuis de nombreuses années dans les États du Nord. En septembre 1850, des *marshals* fédéraux arrêtèrent un porteur noir qui vivait à New York depuis trois ans et le traînèrent devant un commissaire qui, malgré les instances du prisonnier, refusa de faire noter au procès-verbal que sa mère était une Noire libre et le renvoya chez le propriétaire qui le réclamait à Baltimore. Quelques mois plus tard, des chasseurs d'esclaves s'emparèrent d'un prospère tailleur noir qui habitait depuis de nombreuses années Poughkeepsie, une petite ville située sur la Hudson River, à une centaine de kilomètres au nord de New York, et l'emmenèrent en Caroline du Sud. En février 1851, dans le sud de l'Indiana, des agents fédéraux capturèrent un Noir, sous les yeux horrifiés de sa femme et de ses enfants, pour le rendre à un propriétaire qui prétendait que l'homme s'était enfui dix-neuf ans auparavant. Un citoyen du Maryland assura qu'une Noire de Philadelphie, qu'il déclara en fuite depuis vingt-deux ans, lui appartenait et il n'hésita pas à revendiquer en prime ses six enfants, tous nés à Philadelphie. Ce fut l'un des rares cas où le commissaire choisit de remettre l'esclave en liberté. Quant au tailleur de Poughkeepsie et au porteur de New York, des amis noirs et blancs se cotisèrent pour racheter leur liberté. Il n'en reste pas moins qu'il y eut beaucoup plus de Noirs renvoyés dans le Sud que laissés libres dans le Nord[2].

Des avocats antiesclavagistes contestèrent la loi sur les esclaves fugitifs, mais en 1859, la Cour suprême des États-Unis se prononça encore une fois en sa faveur[3]. Bien longtemps avant cette date, cependant, les Noirs et leurs alliés blancs avaient fait tout leur possible pour la rendre nulle et non avenue par la fuite et la résistance. La rapidité avec laquelle on avait pu remettre en esclavage des Noirs vivant depuis des années dans le Nord fit souffler un vent de panique parmi les communautés de couleur, dont beaucoup de membres gagnèrent le Canada ; on estime leur nombre à trois mille pour les seuls derniers mois de 1850. Dans les années 1850, la population noire de l'Ontario doubla pour atteindre onze mille âmes.

Quelques évasions spectaculaires eurent lieu au nez et à la barbe des chasseurs d'esclaves. A Boston vivait un jeune couple, William et Ellen

1. Campbell, *Slave Catchers*, p. 207.

2. *Ibid.*, p. 199-206 ; Potter, *Impending Crisis*, p. 131-132 ; Philip S. Foner, *History of Black Americans from the Compromise of 1850 to the End of the Civil War* (Westport, Conn., 1983), p. 33-36 ; Nevins, *Ordeal*, t. I, p. 385-386.

3. Ableman v. Booth, Howard, 21e, p. 506. (Voir note 1 p. 90.)

Craft, dont la fuite initiale hors de Géorgie, deux ans auparavant, avait fait les gros titres de la presse antiesclavagiste. Ayant le teint assez clair pour se faire passer pour une Blanche, Ellen s'était coupé les cheveux, avait revêtu des vêtements masculins et s'était doublement métamorphosée en un « Blanc » fortuné, mais souffreteux, qui partait se faire soigner dans le Nord accompagné par son serviteur (lequel n'était autre que William). Ils avaient ainsi pu s'enfuir vers la liberté en empruntant un véritable chemin de fer. William Craft, ébéniste qualifié, avait trouvé du travail à Boston. Sa femme et lui fréquentaient l'église de Theodore Parker, chef du comité de surveillance local, dont la congrégation comprenait plusieurs autres esclaves en fuite. La publicité qui entoura l'affaire Craft ne fut pas, bien entendu, sans attirer l'attention de leur propriétaire. Dès que le projet de loi sur les esclaves fugitifs eut été entériné, il envoya deux agents récupérer le couple. Autant lancer une balle en caoutchouc contre un mur de briques ! Boston était le centre de communication des abolitionnistes. Fidèles à la doctrine de la « loi d'En-haut », des Noirs et des Blancs de la ville s'étaient juré de résister à la loi sur les esclaves fugitifs. « Nous devons fouler aux pieds cette loi », déclara Wendell Phillips. Elle ne méritait rien d'autre que « l'opprobre, la résistance, la désobéissance », renchérit la société antiesclavagiste de l'endroit, qui ajoutait : « En tant qu'êtres moraux et pieux, [nous] ne pouvons nous soumettre à un statut immoral et impie. » Lorsque les chasseurs d'esclaves arrivèrent à Boston, le 25 octobre 1850, ils firent serment de capturer les Craft, « [dussent-ils] rester ici pour l'éternité ; et s'il n'y [avait] pas assez d'hommes dans le Massachusetts pour les prendre, [ils en feraient] venir du Sud ». En définitive, ils ne restèrent que cinq jours et repartirent bredouilles. Parker cacha Ellen Craft dans sa propre demeure et prit l'habitude d'avoir en permanence un pistolet chargé sur son bureau. William se terra chez un abolitionniste noir qui gardait deux barils de poudre devant sa porte et un véritable arsenal dans sa cuisine. Des membres du comité de surveillance placardèrent un peu partout des affiches portant le signalement des « voleurs d'hommes », les harcelèrent dans la rue et leur firent savoir le 30 octobre qu'il serait impossible de répondre de leur sécurité s'ils restaient plus longtemps. Ils reprirent le train l'après-midi même[1].

Le président Fillmore s'emporta contre les Bostoniens, menaça d'envoyer les troupes fédérales et fit savoir au propriétaire des Craft que s'il voulait faire une seconde tentative, le gouvernement l'y aiderait « dans toute la mesure des moyens que la Constitution et le Congrès ont mis à sa disposition ». Mais le comité de surveillance mit le couple

---

1. Citations empruntées à Foner, *History of Black Americans*, p. 19 ; et à Lawrence Lader, *The Bold Brahmins : New England's War Against Slavery, 1831-1863* (New York, 1961), p. 141.

en fuite à bord d'un bateau en partance pour l'Angleterre et, en guise de flèche du Parthe, Parker adressa à Fillmore une missive pleine de défi. « Je préférerais végéter toute ma vie en prison et y mourir de faim plutôt que de refuser de protéger un de mes paroissiens, déclarait le pasteur au Président. Je suis tenu de respecter les lois de Dieu, advienne que pourra. [...] Vous ne pensez quand même pas que je vais rester là sans rien faire, pendant que l'on emporte ma propre église pour la mettre en esclavage[1]. »

Boston resta aux commandes de cette nouvelle révolution. En février 1851, un serveur noir qui avait pris le nom de Shadrach, après s'être sauvé de Virginie l'année précédente, fut capturé dans un café de Boston par des agents qu'il était en train de servir. Ils le traînèrent au plus vite au tribunal fédéral, tandis qu'une foule courroucée se massait à l'extérieur. S'étant vu refuser l'utilisation des services administratifs de l'État par la loi sur la liberté individuelle, une poignée de *marshals* fédéraux s'efforça de garder le prisonnier. Brusquement, un groupe de Noirs fit irruption dans l'enceinte du tribunal, réduisit les *marshals* à l'impuissance et leur arracha Shadrach qui fut aussitôt embarqué sur le chemin de fer souterrain à destination du Canada. Tandis que le rescapé s'installait à Montréal, où il ouvrit un restaurant, les passions se déchaînaient aux États-Unis. Les abolitionnistes exultaient. « Ce Shadrach aussi est sorti indemne de la fournaise ardente, écrivit Theodore Parker. J'estime quant à moi que c'est la plus noble action accomplie à Boston depuis la destruction du thé en 1773[2]. » Mais la presse conservatrice de Boston qualifia ce sauvetage de « scandale, [...] le triomphe de la voyoucratie ». A Washington, Daniel Webster parlait de trahison et Henry Clay réclamait une enquête pour découvrir « si [les villes du pays devaient] être gouvernées par des Blancs ou par des Noirs ». Fermement décidé à étouffer toute résistance à la loi sur les esclaves fugitifs, le président Fillmore ordonna au procureur de poursuivre tous ceux qui s'étaient faits « les complices de cet abominable forfait ». Un jury d'accusation inculpa quatre Noirs et quatre Blancs, mais les jurés du procès refusèrent de les reconnaître coupables. « Le Massachusetts est encore en sécurité ! La loi d'En-haut y est toujours respectée », proclama un journal antiesclavagiste. Ce fut toutefois un rédacteur en

1. Foner, *History of Black Americans*, p. 37 ; Lader, *Bold Brahmins*, p. 143.

2. Parker faisait allusion à un incident resté fameux dans les événements qui aboutirent à la Déclaration d'indépendance adressée par les colons américains à la Grande-Bretagne en 1776. Pour protester contre le monopole commercial que les autorités britanniques avaient accordé à l'East India Tea Company (Compagnie du thé des Indes orientales), lequel aurait coulé les marchands américains, plusieurs Bostoniens déguisés en Indiens montèrent à bord d'un navire de la Compagnie dans le port de Boston, en 1773, et jetèrent par-dessus bord des caisses de thé, frappant ainsi un coup symbolique en faveur de la souveraineté coloniale.

chef de Savannah qui exprima l'opinion la plus répandue — peut-être dans le Nord aussi bien que dans le Sud — en accusant Boston d'être « une tache noire sur notre carte — déshonorée par la plus vile, la plus mesquine, la plus noire espèce de nullification[1] ».

Le gouvernement fédéral eut assez vite l'occasion de se livrer à une intervention musclée à Boston. Thomas Sims, jeune esclave de dix-sept ans, s'enfuit de Géorgie en février 1851 et parvint à se faufiler clandestinement à bord d'un navire pour Boston, où il prit lui aussi un emploi de serveur. Lorsque son maître retrouva sa trace, le maire de Boston décida de laisser la police municipale prêter main forte aux *marshals* fédéraux pour arrêter Sims. Cette fois, des fonctionnaires barricadèrent la porte du tribunal au moyen d'une lourde chaîne (que les abolitionnistes brandirent comme un symbole de l'ingérence du pouvoir esclavagiste dans le Nord) et firent garder l'édifice par la police et la troupe. Neuf jours durant, au mois d'avril 1851, les avocats du comité de surveillance s'efforcèrent vainement d'obtenir des actes d'*habeas corpus* et tentèrent toutes sortes d'autres manœuvres pour faire libérer Sims. Lorsque le commissaire fédéral se prononça en faveur du propriétaire, trois cents adjoints et soldats armés escortèrent le prisonnier hors du tribunal, à quatre heures du matin, et le conduisirent jusqu'à l'arsenal maritime, où deux cent cinquante soldats de l'armée américaine attendaient pour le faire monter à bord d'un navire en partance pour le Sud et l'esclavage[2].

L'élite marchande de Boston avait vengé la loi et l'ordre. Au cours des trois années suivantes, pas une seule affaire d'esclave en fuite n'éclata dans la ville — ne serait-ce que parce que plusieurs dizaines de Noirs vulnérables préférèrent décamper sans attendre. Pour un temps, le théâtre de la résistance se transporta ailleurs. Jusque-là, cette résistance n'avait guère fait de dégâts, en dehors de quelques égratignures et contusions. La plupart des abolitionnistes avaient traditionnellement prôné la non-violence. Certains d'entre eux, comme William Lloyd Garrison, étaient

1. Les détails et les citations repris dans ce paragraphe sont empruntés à James Ford Rhodes, *History of the United States from the Compromise of 1850...*, 7 vol. (New york, 1893-1906), t. I, p. 210 ; Campbell, *Slave Catchers*, p. 148-151 ; Lader, *Bold Brahmins*, p. 161-167 ; et Foner, *History of Black Americans*, p. 37-39.

2. Ultérieurement, le propriétaire de Sims le vendit aux enchères à Charleston. Il fut emmené à la Nouvelle-Orléans et vendu à un maître maçon de Vicksburg dans le Mississippi, où il vivait toujours lorsque les troupes de l'Union assiégèrent la ville en 1863. Sims réussit à gagner les lignes fédérales et obtint un laissez-passer spécial du général Ulysses S. Grant pour regagner Boston où il arriva juste à temps pour être témoin de la présentation du drapeau au 54e régiment d'infanterie du Massachusetts, le premier régiment noir recruté dans le Nord. Une douzaine d'années après la guerre de Sécession, Sims devint clerc et messager dans les services du ministre de la Justice des États-Unis, sous l'égide de qui il avait été renvoyé en esclavage quelque vingt-cinq ans auparavant. Campbell, *Slave Catchers*, p. 117-121 ; Lader, *Bold Brahmins*, p. 174-180 ; Foner, *History of Black Americans*, p. 39-42.

des pacifistes. Toutefois la loi sur les esclaves fugitifs émoussa cette volonté d'éviter les heurts. « La seule façon de s'assurer que la loi sur les esclaves fugitifs restera lettre morte, déclara le leader noir Frederick Douglass[1] en octobre 1850, c'est de tuer une bonne demi-douzaine de chasseurs d'esclaves. » Dans plusieurs communautés, les journaux titrèrent : « Les gens de couleur s'arment. » A Pittsburgh, « les revolvers, couteaux de chasse et autres armes mortelles se vendent à tous les coins de rue ». A Springfield, dans le Massachusetts, un marchand de laine blanc, du nom de John Brown, dans l'œil duquel brillait une lueur digne d'un guerrier biblique, mit sur pied un groupe d'autodéfense composé de Noirs, qu'il baptisa la légion de Galaad[2].

Le temps ne paraissait plus très lointain où le sang coulerait pour de bon. Lorsqu'il vint enfin, ce fut à Christiana, village de Pennsylvanie, proche de la frontière du Maryland, à peu près à mi-chemin de Philadelphie et d'un village du nom de Gettysburg. Peuplée d'une communauté de quakers, qui avait accueilli les fugitifs à bras ouverts, Christiana n'était rien moins que paisible et amicale le 11 septembre 1851. Ce matin-là un propriétaire d'esclaves du Maryland, accompagné de plusieurs membres de sa famille et de trois *marshals* adjoints y arriva, lancé à la poursuite de deux esclaves qui s'étaient sauvés deux ans auparavant et dont on disait qu'ils se cachaient dans la maison d'un autre Noir. Les arrivants trouvèrent en effet leurs fuyards, ainsi qu'une bonne vingtaine de Noirs armés qui s'étaient juré de s'opposer à cette capture. Deux quakers firent leur apparition et conseillèrent aux chasseurs d'esclaves de battre en retraite pour leur propre bien. Le propriétaire refusa, s'écriant : « Que le diable m'emporte si je ne récupère pas mon bien ! » Une fusillade éclata. Quand elle cessa, le propriétaire gisait mort et son fils gravement atteint (deux autres Blancs et deux Noirs étaient légèrement blessés). Les Noirs prirent la poudre d'escampette, leurs trois chefs filant droit sur le Canada par le chemin de fer souterrain[3].

La « bataille de Christiana » devint bien sûr un événement national. « Guerre civile — le premier coup a été donné », proclamait un journal de Lancaster en Pennsylvanie. Le *New York Tribune* prononça le verdict rendu par de nombreux yankees : « Si l'esclavage n'existait pas, on ne verrait pas ce genre de choses ; sans la loi sur les esclaves fugitifs, rien de tout cela n'arriverait dans les États libres. » La presse conservatrice faisait entendre un autre son de cloche sur « cet acte d'insurrection »

1. Né esclave, dans le Maryland, en 1817, Frederick Douglass s'était enfui vers le Nord et la liberté en 1838. Par la force de sa personnalité, de son intelligence et de son talent oratoire, il devint le leader noir le plus en vue de la cause abolitionniste.

2. Philip S. Foner, *The Life and Writings of Frederick Douglass*, 4 vol. (New York, 1950-55), t. II, p. 207 ; Foner, *History of Black Americans*, p. 29-30.

3. Le récit le plus complet est celui de Jonathan Katz, *Resistance at Christiana : The Fugitive Slave Rebellion, Christiana, Pennsylvania, September 11th, 1851* (New York, 1974) ; citation, p. 96.

qui « n'aurait jamais eu lieu sans les encouragements fournis à des Noirs ignorants et abusés par les fanatiques du credo de la ''loi d'En-haut'' ». Les sudistes, quant à eux, annoncèrent : « A moins que les émeutiers de Christiana ne soient pendus... nous vous quittons !... Si vous n'êtes pas capable de faire tout simplement justice, les liens seront dissous[1]. »

Cette fois-ci, Fillmore n'hésita pas à faire appel aux fusiliers marins. Avec l'aide des *marshals* fédéraux, ils fouillèrent les environs et arrêtèrent plus de trente Noirs et une demi-douzaine de Blancs. Le gouvernement chercha à faire extrader les trois fugitifs qui avaient gagné l'Ontario, mais les fonctionnaires canadiens refusèrent. Pour montrer qu'il ne plaisantait pas, le gouvernement poursuivit les prétendus participants, non seulement pour avoir résisté à la loi sur les esclaves fugitifs, mais pour haute trahison. Un jury d'accusation fédéral inculpa sous ce chef d'accusation trente-six Noirs et cinq Blancs, mais le procès ne tarda pas à dégénérer en farce. Un des avocats de la défense ne manqua pas de souligner tout le ridicule de l'affaire : « Monsieur — vous êtes au courant ? Il paraît que trois quakers inoffensifs et dociles et trente-huit malheureux Nègres sans le sou, armés de faucilles, de gourdins et de quelques pistolets, ayant à leur tête un meunier en chapeau mou sans arme, monté sur une vieille rosse alezane, ont déclaré la guerre aux États-Unis. » Les efforts tentés par le gouvernement pour discréditer la résistance ne firent qu'accroître la sympathie envers les abolitionnistes. « L'affaire a pris pour le moment une tournure fort prometteuse, nota l'un de ces derniers. [...] Ces procès pour haute trahison ont été une véritable aubaine. » Le jury ayant acquitté le premier accusé, un des quakers, le gouvernement renonça à poursuivre les autres pour trahison ou pour tout autre crime[2].

Pendant ce temps, un autre sauvetage sensationnel avait lieu à Syracuse, dans l'État de New York. Dans cette ville du nord de l'État, vivait un tonnelier noir, William McHenry, plus connu sous le nom de Jerry, qui avait fui le Missouri où il était esclave. L'agent de son propriétaire commit l'erreur de faire arrêter Jerry au moment où une convention antiesclavagiste se déroulait à Syracuse et où la ville était en outre bondée de gens venus assister à la foire du comté. Deux des abolitionnistes les plus éminents de tout le Nord, Gerrit Smith et Samuel J. May, conçurent un plan pour faire évader Jerry du poste de police. May, qui était pasteur unitarien, déclara à ses ouailles que la loi de Dieu l'emportait sur celle des esclaves fugitifs. « Nous devons [la] fouler [...] aux pieds, ajouta-

---

1. Foner, *History of Black Americans*, p. 54, p. 57 ; Rhodes, *History of the United States*, t. I, p. 223 ; Campbell, *Slave Catchers*, p. 152 ; Katz, *Resistance at Christiana*, p. 138.

2. Katz, *Resistance at Christiana*, p. 156-243 ; citations empruntées à Foner, *History of Black Americans*, p. 62 ; et à une lettre de J. Miller McKim à William Lloyd Garrison, 31 déc. 1851, Garrison Papers, bibliothèque publique de Boston.

t-il, quelles que soient les conséquences. » Le 1er octobre, un groupe nombreux de Noirs et de Blancs s'introduisit par la force dans le poste de police et en ressortit avec Jerry qui disparut aussitôt à bord d'une voiture, afin de traverser clandestinement le lac Ontario jusqu'au Canada. Un jury d'accusation inculpa douze Blancs et douze Noirs (cette fois-ci pour émeute et non pour haute trahison), mais neuf de ces derniers s'étaient déjà enfuis au Canada. Parmi ceux qui passèrent effectivement en jugement, un seul fut reconnu coupable — un Noir qui mourut avant de pouvoir faire appel[1].

La résistance du Nord à la loi sur les esclaves fugitifs alimenta bien sûr le ressentiment des mangeurs de feu qui ne s'étaient pas encore remis de l'admission de la Californie. « Si un tel déshonneur doit être la condition de notre participation, déclara l'un d'eux, nous ne pouvons pas rester plus longtemps membres de l'Union. » En 1851, la Caroline du Sud, la Géorgie et le Mississippi tinrent des conventions pour statuer sur la valeur de l'Union. William L. Yancey, mangeur de feu notoire, fit une tournée en Alabama pour pousser les habitants à réclamer une mesure similaire. « Il ne fait désormais plus de doute que [...] notre État va faire sécession », laissa entendre le gouverneur de Caroline du Sud[2].

Déjà, cependant, une réaction se faisait sentir. En voyant les prix du coton grimper comme ils ne l'avaient pas fait depuis dix ans, alors qu'on venait de connaître la plus belle récolte jamais enregistrée, bien des planteurs préférèrent y regarder à deux fois avant de faire sécession. Sous l'égide de Toombs et de Stephens, l'unionisme des whigs reprit de la vigueur. Les vieilles frontières partisanes s'estompèrent momentanément, lorsqu'une minorité de démocrates de Géorgie, d'Alabama et du Mississippi s'allia aux whigs pour former des partis d'Union constitutionnelle, destinés à faire échec aux démocrates pour les Droits du Sud. Les unionistes firent élire aux conventions des différents États une majorité de délégués qui prônaient la « coopération » avec les autres États du Sud, plutôt qu'une sécession individuelle. Or, comme l'avait bien montré la convention de Nashville, coopération était en fait un synonyme d'inaction. Des unionistes furent élus gouverneurs de Géorgie et du Mississippi (où Jefferson Davis se présenta comme candidat des Droits du Sud) ; le parti obtint aussi la majorité aux assemblées législatives de Géorgie et d'Alabama et comptait dans ses rangs quatorze des dix-neuf membres du Congrès élus dans ces trois États. Il n'y eut pas jusqu'en Caroline du Sud, où les séparatistes ne connussent des déboires. Ce revirement, après deux ans de rodomontades en faveur de la désunion, renforça la conviction de nombreux nordistes : les menaces

---

1. Campbell, *Slave Catchers*, p. 154-157 ; Foner, *History of Black Americans*, p. 42-46.

2. Avery O. Craven, *The Growth of Southern Nationalism, 1848-1861* (Baton Rouge, 1953), p. 103 ; Potter, *Impending Crisis*, p. 128.

de sécession n'avaient été qu'une simple « gasconnade » pour effrayer le gouvernement et l'obliger à faire des concessions[1].

Une analyse plus poussée, cependant, les aurait incités à émettre certaines réserves. Les unionistes ne se déclaraient pas moins ardents défenseurs de « la sécurité [...] des droits et [de] l'honneur des États esclavagistes » que les démocrates pour les Droits du Sud. Dans plusieurs États, ils adoptèrent le « programme de Géorgie », lequel proclamait que le Sud, s'il « n'approuvait pas totalement » le Compromis de 1850, acceptait de « le respecter en tant que règlement permanent de cette controverse sectionnelle » — tant que le Nord en ferait autant. MAIS... toute action entreprise au Congrès contre l'esclavage dans le district de Columbia, tout refus d'admettre un nouvel État esclavagiste ou de reconnaître l'esclavage dans les nouveaux territoires inciterait aussitôt la Géorgie (et d'autres États) à résister, « en dernier ressort » par la sécession. « [Par-dessus tout], concluait le programme, c'est de la fidèle application de la *Loi sur les esclaves fugitifs* [...] que dépend la préservation de notre Union bien-aimée[2]. »

En d'autres termes, l'unionisme du Sud était une denrée périssable ; il ne durerait qu'aussi longtemps que le Nord accepterait de bien se tenir. Cette réalité fit beaucoup pour neutraliser le triomphe apparent des whigs du Sud lors de ces élections de 1851. En effet, même si les whigs constituaient la majorité des voix unionistes, c'était bel et bien la queue démocrate de cette coalition qui agitait le chien whig, plutôt que le contraire. Pris en otage par le programme de Géorgie, les whigs étaient tenus de soutenir la loi sur les esclaves fugitifs et l'esclavage dans les territoires. Avec Fillmore à la Maison-Blanche, la situation paraissait pour la première fois stabilisée, mais les whigs du Nord étaient inquiets. La plupart d'entre eux avaient beaucoup de mal à avaler la loi sur les esclaves fugitifs. Le parti envoyait en nombre croissant au Congrès des antiesclavagistes radicaux : Thaddeus Stevens de Pennsylvanie et George W. Julian firent leur entrée à la Chambre en 1849 ; Benjamin Wade de l'Ohio devint sénateur en 1851. Si ces hommes-là prenaient le contrôle du parti, celui-ci risquait fort de se scinder le long d'une ligne Nord-Sud. Les whigs du Sud avaient tout juste survécu à l'apostasie de Taylor ; un autre coup du même genre leur serait fatal.

Après le sauvetage du dénommé Jerry à Syracuse, la controverse qui faisait rage autour de la loi sur les esclaves fugitifs décrut. Peut-être

1. Potter, *Impending Crisis*, p. 122-130 ; William J. Cooper Jr., *The South and the Politics of Slavery, 1828-1856* (Baton Rouge, 1978), p. 304-310 ; Craven, *Growth of Southern Nationalism*, p. 103-115 ; Nevins, *Ordeal*, t. I, p. 354-379 ; J. Mills Thornton III, *Politics and Power in a Slave Society : Alabama, 1800-1860* (Baton Rouge, 1978), p. 188-200 ; John Barnwell, *Love of Order : South Carolina's First Secession Crisis* (Chapel Hill, 1982), p. 123-190.

2. Potter, *Impending Crisis*, p. 128.

parce que les légions de la loi et de l'ordre finirent par l'emporter. Ou peut-être parce que presque tous les fugitifs convoités s'étaient réfugiés au Canada. Quoi qu'il en fût, en 1852 le nombre de Noirs renvoyés en esclavage se monta à moins du tiers de ce qu'il avait été la première année de la mise en application de la loi[1]. Les démocrates, les whigs conservateurs, les associations de marchands et d'autres forces incarnant la modération organisèrent des réunions publiques dans tout le Nord, afin d'affirmer leur soutien au compromis, y compris la loi sur les esclaves fugitifs.

Ces mêmes forces, aidées par la haine des Noirs, qui existait chez une bonne partie de la population du Nord, allèrent même plus loin. En 1851, l'Indiana et l'Iowa, suivis en 1853 par l'Illinois, votèrent une loi interdisant à toute personne de race *noire*, libre ou non, l'entrée sur leur territoire. Or les trois cinquièmes de la ligne séparant les États libres des États esclavagistes suivaient les frontières méridionales de ces trois États. Destinées en partie à rassurer le Sud, en refusant tout asile aux fuyards, ces lois d'exclusion reflétaient aussi les sentiments racistes de nombreux Blancs, spécialement les « *Butternuts* ». Bien que l'Ohio eût abrogé sa propre loi d'exclusion en 1849, de nombreux habitants des comtés situés au sud de cet État ne voulaient rien avoir à faire avec les Noirs et étaient plus susceptibles d'aider le chasseur d'esclave que son gibier[2].

Néanmoins, le ressentiment contre la loi sur les esclaves fugitifs continua à couver chez de nombreux yankees. Il arrivait même parfois que le cœur d'un partisan de la loi et de l'ordre fût attendri à la vue d'un prisonnier enchaîné, repartant vers la servitude. Parmi les protestants évangéliques jetés dans le mouvement antiesclavagiste par le second grand réveil, cette vision était une source de révulsion et d'activisme. Ce fut d'ailleurs pour cela que *La Case de l'oncle Tom* remporta un succès aussi stupéfiant. Fille, sœur et épouse de pasteurs congrégationalistes, Harriet Beecher-Stowe vivait depuis l'enfance dans une atmosphère tout imprégnée de la doctrine du péché, de l'expiation et du salut. Elle avait le don d'habiller ces thèmes d'une prose vibrante de pathétique et de sentimentalité. Après être paru, pendant neuf mois, sous forme de feuilleton dans un journal antiesclavagiste, *La Case de l'oncle Tom* fut publié en librairie au printemps de 1852. En l'espace d'un an, trois cent mille exemplaires avaient été vendus rien qu'aux États-Unis — ce qui équivaudrait à au moins trois millions d'exemplaires de nos jours. Le roman connut un triomphe comparable en Grande-Bretagne et fut traduit en plusieurs langues. Au bout de dix ans, les ventes avaient dépassé les deux millions d'exemplaires aux États-Unis, ce qui en fait

1. Campbell, *Slave Catchers*, p. 207.
2. *Ibid.*, p. 49-62 ; Leon F. Litwack, *North of Slavery : The Negro in the Free States, 1790-1860* (Chicago, 1961), p. 64-74.

le plus grand succès de librairie de tous les temps proportionnellement à la taille de la population.

Même si c'était Dieu qui, à en croire Harriet Beecher-Stowe, lui avait inspiré cet ouvrage, la loi sur les esclaves fugitifs avait été son instrument temporel. « Hattie, si je savais manier la plume aussi bien que toi, je pourrais écrire un texte qui ferait comprendre à notre nation tout entière quel maudit fléau est l'esclavage », s'était écriée la belle-sœur de Harriet, lorsque le Congrès ratifia cette loi. « Si Dieu me prête vie, je le ferai ! » promit Harriet. Et elle tint parole, écrivant à la lueur des chandelles, dans sa cuisine, après avoir couché ses six enfants et terminé ses tâches ménagères. En dépit d'une intrigue plutôt convenue et d'une construction par épisodes qui menaçait à tout moment de faire s'emballer le récit, des personnages inoubliables prirent vie sous sa plume. « Cet ouvrage triomphal », écrivit Henry James que ces pages avaient ému dans sa jeunesse, était « moins un livre qu'un état visionnaire[1] ». Puisant dans ce qu'elle avait pu observer de la servitude dans le Kentucky et dans ses expériences avec les fugitifs au cours des dix-huit années qu'elle avait passées à Cincinnati, cette habitante de la Nouvelle-Angleterre rendit la fiction d'Eliza traversant le fleuve Ohio sur des blocs de glace flottants ou de Tom endurant les coups de fouet de Simon Legree en Louisiane plus vraie que la réalité pour des millions de lecteurs. D'autant que le livre n'était pas une mise en accusation manichéenne du Sud. Certains de ses personnages les plus séduisants étaient des sudistes et son « méchant » le plus détestable, Simon Legree, était un yankee transplanté. Mme Stowe (ou peut-être était-ce Dieu) imputait à la nation tout entière le péché de l'esclavage. Son roman visait la conscience évangélique du Nord et il fit mouche.

Il n'est pas possible de mesurer avec exactitude l'influence politique de *La Case de l'oncle Tom*. On peut citer les chiffres de vente, mais non ceux des voix qu'il fit basculer vers l'antiesclavagisme, ni des lois qu'il inspira. Pourtant, aucun des contemporains ou presque ne doutait du pouvoir qu'il exerça. « On n'a jamais vu un pareil *coup de main* littéraire », assura Henry Wadsworth Longfellow, le poète américain le plus apprécié de l'époque. En Angleterre, Lord Palmerston qui, dix ans plus tard en tant que Premier ministre devrait décider s'il convenait ou non d'intervenir en faveur du Sud dans la guerre de Sécession, lut *La Case de l'oncle Tom* à trois reprises et professa son admiration moins pour la qualité de l'intrigue que « pour son sens politique ». Durant l'été de 1862, alors qu'il était aux prises avec le problème de l'esclavage, Abraham Lincoln emprunta à la bibliothèque du Congrès *A Key to Uncle Tom's Cabin* (*Pour comprendre la Case de l'oncle Tom*), un volume

1. Charles H. Foster, *The Rungless Ladder : Harriet Beecher-Stowe and New England Puritanism* (Durham, N.C., 1954), p. 12, p. 28-29.

ultérieur de Mme Stowe présentant la documentation sur laquelle elle avait basé son roman. Lorsque Lincoln fit la connaissance de l'auteur, un peu plus tard cette année-là, il la salua, dit-on, par ces mots : « Ainsi, voici le petit bout de femme qui a écrit le livre auquel nous devons cette grande guerre[1]. »

Les sudistes furent bien entendu piqués au vif. En dépit des efforts faits pour interdire le livre dans les États esclavagistes, les exemplaires s'arrachaient si bien à Charleston et ailleurs que les libraires étaient incapables de satisfaire la demande. La véhémence avec laquelle on dénonçait les « mensonges » et les « déformations » pratiqués par l'auteur est sans doute la meilleure preuve qu'elle avait visé juste. « Jamais on n'avait encore vu chez les femmes quelque chose d'aussi détestable, d'aussi monstrueux ! » déclara le *New Orleans Crescent*. Le rédacteur en chef du *Southern Literary Messenger*, pour sa part, fit la leçon à son critique littéraire : « Je veux un article aussi incendiaire que les feux de l'enfer, pour détruire et consumer la réputation de l'ignoble monstre en jupons qui a pu écrire un tel livre. » En l'espace de deux ans, des écrivains esclavagistes avaient répliqué par une bonne quinzaine de romans destinés à prouver que les esclaves avaient la vie plus belle que les travailleurs libres du Nord, cette thèse tenant tout entière dans le titre de l'un d'entre eux : *Oncle Robin dans sa case en Virginie et Tom sans case à Boston*[2]. Dix ans plus tard, durant la guerre civile, une dame de Caroline du Sud, qui tenait un journal intime et nourrissait certains doutes sur l'esclavage, reflétait néanmoins l'obsession des sudistes vis-à-vis de l'ouvrage de Mme Stowe en y faisant constamment référence pour évaluer les réalités de la vie dans le Sud[3].

Bien plus tard, le terme « oncle Tom » en vint à désigner une personne noire se comportant avec une servilité obséquieuse envers les oppresseurs blancs. Cela fut dû en partie aux fameux « Tom shows » montés un peu partout sur les scènes américaines, pendant des générations, et qui transformaient le roman en mélodrame souvent comique ou grotesque. Mais le Tom créé par Mme Stowe n'était pas un personnage obséquieux.

---

1. Longfellow, cité par Thomas F. Gossett, *Uncle Tom's Cabin and American Literature* (Dallas, 1985), p. 166 ; Palmerston, cité par Edmund Wilson, *Patriotic Gore : Studies in the Literature of the American Civil War* (New York, 1962), p. 8 ; Earl Schenck Miers (éd.), *Lincoln Day by Day : A Chronology 1809-1865*, 3 vol. (Washington, 1960), t.III, p. 121 ; Herbert Mitgang (éd.), *Abraham Lincoln : A Press Portrait* (Chicago, 1971), p. 373. Des pièces de théâtre tirées de *La Case de l'oncle Tom* parurent très vite sur les scènes américaines. Au début, ces œuvres reprenaient les thèmes du roman et renforçaient le message antiesclavagiste. Au fil du temps, cependant, les « Tom shows », comme on les appelait, perdirent une bonne partie de leur contenu antiesclavagiste pour devenir des sortes de parodies des spectacles de Noirs.

2. Gossett, *Uncle Tom's Cabin and American Culture*, p. 185-211 ; Craven, *Growth of Southern Nationalism*, p. 153-157.

3. Voir les fréquentes allusions à Harriet Beecher-Stowe et à son livre dans C. Vann Woodward (éd.), *Mary Chestnut's Civil War* (New Haven, 1981).

Non, ce Tom-là était, au contraire, un des seuls vrais chrétiens d'un roman que son auteur avait conçu pour émouvoir un public chrétien. On pourrait même dire que Tom était un personnage messianique. Comme Jésus, il endurait d'atroces souffrances infligées par un cruel pouvoir séculier. Comme Jésus, il mourait pour racheter les péchés de l'humanité et pour sauver aussi bien les oppresseurs que ses propres frères de race. Les lecteurs de *La Case de l'oncle Tom* vivaient à une époque où ce message était mieux compris qu'aujourd'hui. Ils appartenaient à une génération qui éprouvait non pas de la gêne, mais de la ferveur en chantant les paroles écrites dix ans plus tard par une autre yankee qui venait de regarder les soldats partir pour la guerre :

> Comme il mourut pour le bien des hommes,
> Mourons pour leur liberté.

II

L'humeur mi-défensive, mi-agressive du Sud dans les années 1850 découlait en partie d'un sentiment de subordination économique envers le Nord. Dans une nation pour laquelle croissance était synonyme de progrès, le recensement de 1850 inquiéta de nombreux sudistes. Au cours de la décennie précédente, la croissance démographique avait été de vingt pour cent plus élevée dans les États libres que dans les États esclavagistes. Le manque de débouchés économiques semblait expliquer cette réalité menaçante. Trois fois plus de gens nés dans les États du Sud étaient partis s'installer dans les États libres que le contraire, tandis que les sept huitièmes des immigrants élisaient domicile dans le Nord, où l'on trouvait du travail et où l'on n'était pas en concurrence avec la main-d'œuvre servile. Dans la course aux indices cruciaux du développement économique, le Nord semblait être en passe de laisser le Sud loin derrière lui. En 1850, quatorze pour cent seulement du réseau de canaux passaient dans les États esclavagistes. En 1840, le Sud possédait quarante-quatre pour cent du kilométrage ferroviaire, mais en 1850 le rythme plus rapide de la construction dans le Nord avait fait tomber ce pourcentage à vingt-six pour cent[1]. Pires encore étaient les données sur la production industrielle. Avec quarante-deux pour cent de la population, les États esclavagistes ne détenaient que dix-huit pour cent de la capacité de fabrication, chiffre en baisse par rapport aux vingt pour cent de 1840. Et cela était d'autant plus inquiétant que près de la moitié de ce capital industriel était regroupé dans les quatre États frontaliers, c'est-à-dire

1. Il convient de noter, cependant, que les principales villes du Sud et les zones produisant les denrées de base étaient situées sur des fleuves navigables ou à proximité, ce qui rendait les canaux et les chemins de fer moins importants que dans le Nord.

le Missouri, le Kentucky, le Maryland et le Delaware, dont l'engagement envers les droits du Sud était plutôt vacillant.

Le seul secteur florissant de l'économie sudiste était l'agriculture de base. En 1850, le prix du coton était remonté pour atteindre presque le double de son cours le plus bas, au milieu des années 1840, c'est-à-dire cinq cents et demi la livre. Malheureusement, cette brillante médaille elle-même avait un consternant revers. Les États producteurs de coton ne gardaient même pas cinq pour cent de leur production chez eux, pour la fabrication de textiles. Ils en exportaient soixante-dix pour cent à l'étranger et le reste vers les fabriques du Nord, où la valeur ajoutée par les diverses opérations industrielles était presque égale à ce que le coton brut rapportait au Sud, lequel devait ensuite importer les deux tiers de ses vêtements et autres produits manufacturés du Nord ou de l'étranger. Pourtant, même ces chiffres ne permettaient pas de prendre la réelle mesure de l'hémorragie de dollars qu'impliquait une économie reposant sur l'exportation de matières premières et l'importation de capital et de produits manufacturés. En effet, quinze à vingt pour cent du prix du coton brut allait à des « agents » qui organisaient pour les planteurs le crédit, l'assurance, le stockage et le transport. Or, la plupart de ces agents représentaient des firmes nordistes ou britanniques. Presque tous les navires qui emportaient le coton des ports du Sud et revenaient chargés de produits manufacturés étaient construits par des compagnies nordistes ou britanniques à qui ils appartenaient. A leur retour d'Europe, ils faisaient généralement escale dans les ports du Nord, où le commerce était plus important, et ils y déchargeaient une partie de leur cargaison, laquelle était ensuite acheminée vers le Sud par cabotage ou par voie de terre, ce qui augmentait les frais de transport des marchandises importées[1].

L'autocritique de cette « vassalité dégradante » aux yankees devint presque une litanie durant la crise qui opposa le Nord et le Sud entre 1846 et 1851. « Notre commerce tout entier, à l'exception d'une petite fraction, est aux mains des hommes du Nord, déplora un éminent habitant de l'Alabama en 1847. Prenez la ville de Mobile, par exemple — les sept

1. Les données regroupées dans ces paragraphes ont été réunies pour la plupart à partir de divers bordereaux des services de recensement pour 1840 et 1850. Une partie de ce matériau est commodément présentée sous forme de tableaux par Lewis C. Gray, *History of Agriculture in the Southern United States to 1860*, 2 vol. (Washington, 1933), t. II, p. 1043 ; Arthur M. Schlesinger Jr., (éd.), *History of American Presidential Elections, 1789-1968*,4 vol. (New York, 1971), t. II, p. 1128-1152 ; et dans *Twelfth Census of the United States Taken in the Year 1900, Manufactures*, Part II (Vol.8), p. 982-89. Les tableaux sur les réseaux de canaux et de voies ferrées et sur le commerce avec l'étranger figurent chez George Rogers Taylor, *The Transportation Revolution, 1815-1860* (New York, 1951), p. 71, p. 451. Harold Woodman, *King Cotton and His Retainers* (Lexington, Ky., 1968) et Douglass C. North, *The Economic Growth of the United States, 1790-1860* (New York, 1961), fournissent des documents sur le rang économique du Sud en tant qu'exportateur de matières premières et importateur de capital et de produits manufacturés.

huitièmes de nos valeurs bancaires appartiennent à des gens du Nord. [...] Nos affaires de gros et de détail — bref, tout ce qui vaut la peine d'être mentionné est aux mains d'hommes qui investissent leurs profits dans le Nord [...]. Financièrement parlant, nous sommes plus asservis que nos Nègres[1]. » Les yankees « disent pis que pendre de l'esclavage et des propriétaires d'esclaves, déclara quatre ans plus tard un journal du Sud, [et pourtant] nous achetons tous nos produits de luxe et de première nécessité au Nord. [...] Nos esclaves sont vêtus par les manufactures du Nord [et] travaillent avec des houes, des charrues et autres ustensiles venus du Nord. [...] Le propriétaire d'esclaves s'habille d'articles nordistes, monte à cheval sur une selle nordiste, [...] lit des livres nordistes... C'est dans des vaisseaux nordistes que ses produits sont acheminés vers le marché [...] et sur du papier nordiste avec une plume nordiste et de l'encre nordiste qu'il prend et reprend des résolutions concernant ses droits ». Comment le Sud pouvait-il espérer conserver son pouvoir, demandait le jeune apôtre sudiste de la diversification économique, James B.D. De Bow, si « le Nord s'enrichit et devient plus puissant, alors que [le Sud reste] au mieux stationnaire[2] » ?

En 1846, De Bow avait lancé à la Nouvelle-Orléans une revue portant le titre de *Commercial Review of the South and West* (mieux connue sous le nom de *De Bow's Review*), sur la couverture de laquelle s'étalait un slogan plein d'espoir : « Le commerce est roi. » « [La somme] perdue chaque année par la faute de notre vassalité envers le Nord, annonça De Bow en 1852, [était de] cent millions de dollars. Grands dieux ! L'Irlande subit-elle une relation plus déshonorante vis-à-vis de la Grande-Bretagne ? N'allons-nous donc jamais nous rebeller contre cette humiliante dépendance ? » Et De Bow de réclamer : « Des actes ! DES ACTES ! *DES ACTES* ! — non pas les discours ronflants du Congrès, mais le bourdonnement fiévreux des machines et le diligent maniement de l'enclume et du marteau[3]. » Nombreux furent les sudistes à acclamer ces paroles, mais ils eurent quand même droit à plus de discours que d'actes.

Ce qui avait incité De Bow à fonder son périodique, c'était la vision d'un empire commercial sudiste, évoquée lors d'une convention tenue à Memphis, en 1845. Cette réunion avait ranimé une tradition d'assemblées sudistes, lancée dans les années 1830, dans la volonté « de

1. Lettre de Joseph W. Lesesne à John C. Calhoun, 12 septembre 1847, citée par Franklin Jameson (éd.), *Correspondence of John C. Calhoun* (Washington, 1900), p. 1134-1135.

2. Le journal d'Alabama est cité par Robert Royal Russel, *Economic Aspects of Southern Sensationalism, 1840-1861* (Urbana, 1923), p. 48 ; *De Bow's Review*, n° 12 (1851), p. 557.

3. Extrait d'un discours de De Bow devant une convention commerciale sudiste à la Nouvelle-Orléans, en janvier 1852, cité par Herbert Wender, *Southern Commercial Conventions, 1837-1859* (Baltimore, 1930), p. 85 ; *De Bow's Review*, n° 13 (1852), p. 571 ; n° 9 (1850), p. 120.

rejeter les fers déshonorants de [la] dépendance commerciale[1] ». Le thème dominant de ces premières conventions était l'établissement de lignes de navigation sudistes pour pouvoir commercer directement avec l'Europe. La convention de Memphis, survenant après six années d'interruption, se concentra sur le besoin de liaisons ferroviaires entre la vallée inférieure du Mississippi et le sud de la côte atlantique. En 1852, ni la voie ferrée, ni les lignes de navigation ne s'étaient encore matérialisées, mais De Bow redonna vie au mouvement des conventions commerciales, avec une réunion à la Nouvelle-Orléans. Par la suite, il y eut jusqu'en 1859 des rassemblements de ce genre au moins une fois par an, dans diverses villes du Sud.

A défaut d'autre chose, ces conventions étaient prolixes en discours et résolutions. Outre la mise en route d'un commerce direct avec l'Europe, à bord de navires sudistes, elles réclamaient impérativement l'amélioration des équipements fluviaux et portuaires, la construction de voies ferrées et en particulier un chemin de fer à destination du Pacifique passant par le Sud. Elles pressaient vivement les sudistes de rivaliser avec les yankees dans la construction d'usines et les délégués consacraient aussi une partie de leur attention aux questions culturelles. Remarquant, pour leur plus grande honte, que la plupart des livres et magazines lus par les gens du Sud étaient dus aux plumes et aux presses à imprimer du Nord, que le Sud envoyait bon nombre de ses fils les plus brillants dans les universités du Nord et qu'une proportion scandaleuse de présidents d'université, de professeurs et d'instituteurs et même de rédacteurs en chef travaillant dans le Sud étaient natifs des États yankees, les conventions réclamaient le recrutement d'éditeurs, d'auteurs, de professeurs sudistes et la création de magazines et d'universités sudistes, auxquels serait apporté un soutien financier.

Parmi toutes ces suggestions, c'était l'évangile industriel qui soulevait le plus d'enthousiasme. « Donnez-nous des usines, des machines, des ateliers, déclaraient les journalistes du Sud, [et] nous serons avant longtemps en mesure de faire valoir nos droits. » Le textile semblait être pour le Sud la route la plus logique vers l'industrialisation. « Des fuseaux pour notre coton » devint un des cris de ralliement des entrepreneurs sudistes. « La Caroline du Sud et la Géorgie possèdent des avantages qu'il ne suffit que de favoriser pour réussir dans la manufacture du coton, déclara William Gregg, qui avait fait ses preuves en créant une grande fabrique de textiles à Graniteville, au pied des montagnes de Caroline du Sud. N'avons-nous pas la matière première sous la main, ce qui nous épargne le coût d'un double transport ? La main-d'œuvre n'est-elle pas meilleur marché chez nous que chez nos frères du Nord ? » Juste derrière

1. Résolution adoptée par la première convention commerciale du Sud, à Augusta, Géorgie, en octobre 1837, citée par Wender, *Southern Commercial Conventions*, p. 18.

l'industrie, le principal instrument de salut pour le Sud devait être le chemin de fer. « Cette entreprise des chemins de fer est la *dispensatrice* de bienfaits de l'ère moderne, écrivit en 1853 l'un des rares whigs qui restaient encore en Caroline du Sud. Il y a eu deux grandes époques dispensatrices de civilisation, la grecque et la chrétienne ; voici à présent celle du chemin de fer[1]. »

Le Sud fit en effet des progrès importants dans les années 1850. Les États esclavagistes multiplièrent leur kilométrage ferroviaire par plus de quatre, dépassant le Nord qui se contenta de tripler le sien durant cette même période ; les capitaux investis dans les manufactures augmentèrent de soixante-dix-sept pour cent, excédant le taux de croissance démographique, si bien que le taux d'investissement par habitant s'accrut de trente-neuf pour cent ; enfin, la valeur des textiles produits dans le Sud connut une hausse de quarante-quatre pour cent. Cependant, telle Alice au pays des merveilles, plus le Sud courait vite, plus il semblait prendre du retard. Même si la la part des États esclavagistes dans le réseau ferroviaire national passait à trente-cinq pour cent en 1860, c'était moins que les quarante-quatre pour cent de 1840. Selon l'indice du nombre de kilomètres de voie ferrée par habitant et par milliers de kilomètres carrés, le Nord restait plus de deux fois mieux équipé en 1860. Et la quantité de capitaux investis par kilomètre sous forme de réseau et de matériel roulant était de trente pour cent supérieure dans les États libres. Même si l'investissement industriel par habitant n'augmenta pas plus vite dans le Nord que dans le Sud, dans les années 1850, la population des États libres s'accrut davantage que dans les États esclavagistes (quarante pour cent contre vingt-sept), si bien que la part du Sud dans la capacité nationale de production tomba de dix-huit à seize pour cent. L'effort tenté pour satisfaire ceux qui réclamaient des fuseaux pour le coton échoua : en 1860, la valeur des tissus de coton fabriqués dans les États esclavagistes ne représentait que dix pour cent du total américain[2]. Par ailleurs, près de la moitié des fuseaux du Sud se trouvaient dans des États où il ne poussait presque pas de coton. En 1860, la ville de Lowell, dans le Massachusetts, faisait fonctionner

1. *Huntsville Advocate* et *Richmond Republican*, éditoriaux d'août 1850, cités par Arthur C. Cole, *The Whig Party in the South* (Washington, 1913), p. 208 ; Herbert Collins, « The Southern Industrial Gospel before 1860 », *JSH*, n° 12 (1946), p. 391 ; lettre de William C. Preston à Waddy Thompson, 7 sept. 1853, cité par Robert S. Tinkler, « Against the Grain : Unionists and Whigs in Calhoun's South Carolina », thèse, Princeton University, 1984, p. 92.

2. Ces données portent sur la valeur des produits textiles consignée à la rubrique « manufactures » du recensement. Elles ne tiennent pas compte de la fabrication ménagère, proportionnellement plus importante dans le Sud que dans le Nord, semble-t-il, à en juger par la quantité de coton brut consommée dans les États esclavagistes, qui se montait, selon les estimations, à dix-neuf pour cent du total américain pendant les années 1850.

davantage de fuseaux que les onze futurs États confédérés réunis[1]. La même année, les deux cinquièmes de tout le capital investi dans les manufactures du Sud se trouvaient dans les quatre États limitrophes. Les banques, les firmes commerciales, les agents, les courtiers et les compagnies maritimes du Nord continuaient à monopoliser le transport des marchandises du Sud[2].

Les défenseurs du développement industriel au sud du Potomac s'avouaient frustrés. Les sudistes étaient « dépourvus de chacune des caractéristiques qui dénotent un peuple industrieux », se désolait le fabricant de textiles William Gregg. Les industries du Sud avaient succombé à « la langueur, la maladie, la mort » parce que « un ver [rongeait] le fruit » et avait « sapé les plus belles tentatives » et « flétri les plus doux espoirs des fabricants du Sud[3] ».

Les contemporains et les historiens ont avancé plusieurs explications à cet « échec de l'industrialisation dans l'économie esclavagiste », comme l'a baptisé le sous-titre d'une récente étude. Emboîtant le pas à Adam Smith, les économistes classiques considéraient la main-d'œuvre libre plus efficace que son homologue servile, parce que le travailleur libre est stimulé par la peur d'être dans le besoin et le désir de s'améliorer. Un esclave, a écrit Smith, « ne saurait avoir d'autre intérêt que de manger le plus possible et de travailler le moins possible ». Les antiesclavagistes yankees partageaient ce point de vue. « Asservissez un homme, déclarait Horace Greeley, et vous détruisez son ambition, son initiative, ses capacités. Telle qu'est constituée la nature humaine, le désir d'améliorer sa condition est la source de l'effort[4]. » Frederick Law Olmsted,

1. Stephen J. Goldfarb, « A Note on Limits to the Growth of the Cotton-Textile Industry in the Old South », *JSH*, n° 48 (1982), p. 545.

2. Deux historiens économistes ont fait valoir que, selon les critères mondiaux, l'économie sudiste en 1860 n'était pas très en retard pour le développement commercial et industriel. En utilisant trois indices par habitant — le kilométrage ferroviaire, la production de tissu de coton et celle de fonte brute — Robert Fogel et Stanley Engerman se sont aperçus que, pour le kilométrage ferroviaire, le Sud arrivait juste derrière le Nord, mais devançait tout autre pays. En ce qui concerne la production textile, le Sud arrivait au sixième rang et au huitième pour la fonte brute. Toutefois l'indice ferroviaire utilisé est spécieux, car les chemins de fer relient non seulement des gens mais des *endroits*. Selon un indice combinant la population et la superficie du territoire en kilomètres carrés, la capacité ferroviaire du Sud retombait à moins de la moitié de celle du Nord et se situait aussi loin derrière plusieurs pays européens en 1860. En combinant les deux mesures de la capacité industrielle fournies par Fogel et Engerman, le Sud ne produisait par habitant que le dix-neuvième de la production britannique, le septième de la production belge, le cinquième de la production nordiste et le quart de la production suédoise — différences quand même importantes, qui tendent à saper la thèse qu'ils voudraient défendre. Voir Robert William Fogel et Stanley L. Engerman, *Time on the Cross : The Economics of American Negro Slavery* (Boston, 1974), p. 254-256.

3. William Gregg, « Domestic Industry — Manufacture at the South », *De Bow's Review*, n° 8 (1850), p. 134-136, et « Southern Patronage to Southern Imports and Domestic Industry », *ibid.*, n° 29 (1860), p. 77-83.

4. Smith cité par David Brion Davis, *The Problem of Slavery in the Age of Revolution, 1770-1823* (Ithaca, 1975), p. 352 ; Greeley cité par Eric Foner, *Free Soil, Free Men : The Ideology of the Republican Party before the Civil War* (New York, 1970), p. 46.

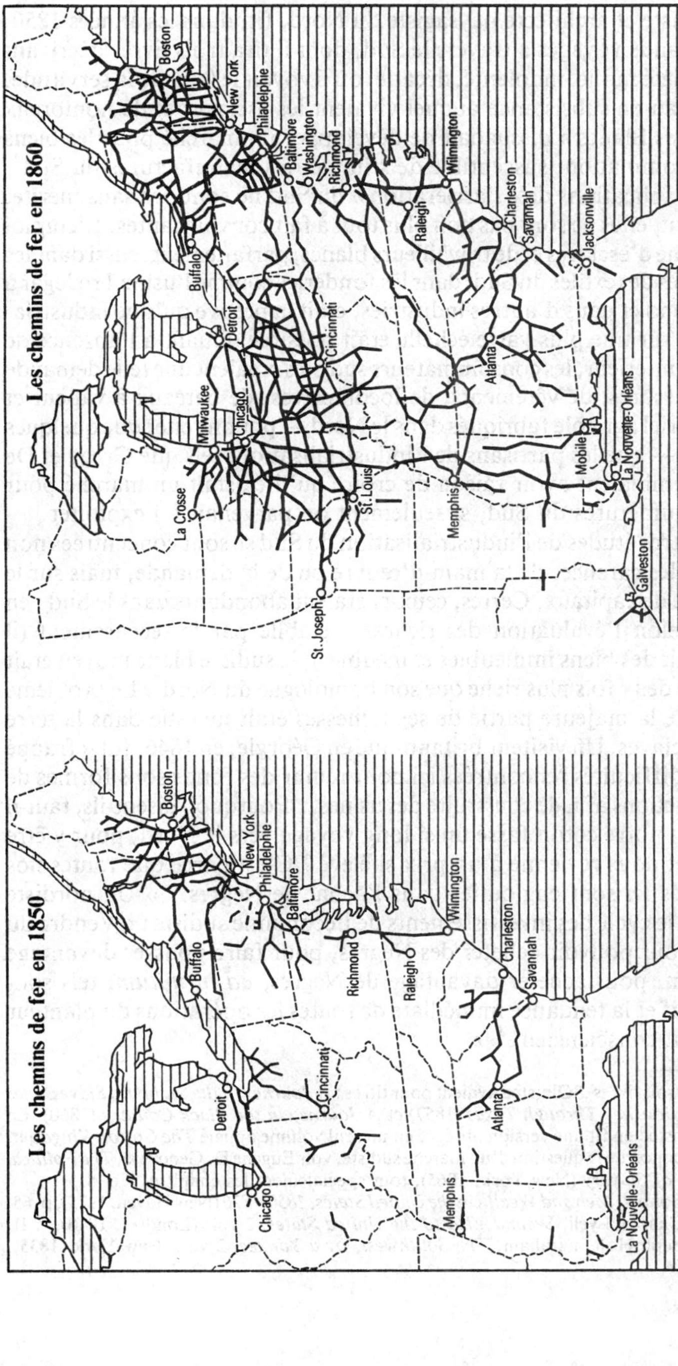
Les chemins de fer en 1860
Boston
New York
Philadelphie
Baltimore
Washington
Richmond
Wilmington
Raleigh
Charleston
Savannah
Jacksonville
Buffalo
Detroit
Cincinnati
Atlanta
Milwaukee
Chicago
La Nouvelle-Orléans
Mobile
La Crosse
St. Louis
Memphis
St. Joseph
Galveston
Les chemins de fer en 1850
Boston
New York
Philadelphie
Baltimore
Buffalo
Richmond
Raleigh
Wilmington
Charleston
Savannah
Cincinnati
Detroit
Atlanta
Chicago
Memphis
La Nouvelle-Orléans

journaliste et architecte paysagiste du Nord, fit, dans les années 1850, trois grands voyages à travers le Sud, dont il tira trois livres décrivant une société molle, indolente, décatie, où il voyait le fruit de la servitude. Le niveau de subsistance auquel vivaient les esclaves et de nombreux « pauvres Blancs » dissuadait de développer un marché pour les biens de consommation, susceptible de stimuler les manufactures du Sud[1].

Ces explications de « l'arriération » du Sud ne sont pas sans mérite. Pourtant, elles ne sont pas non plus tout à fait convaincantes. L'emploi simultané d'esclaves et de travailleurs blancs, parfaitement réussi dans les fabriques de textiles du Sud, dans les fonderies comme l'usine Tredegar à Richmond et dans d'autres industries, était la preuve qu'une industrialisation sur une plus vaste échelle était possible. Quant à l'absence de marché intérieur, les consommateurs sudistes créaient une telle demande de chaussures, de vêtements, de locomotives, de bateaux à vapeur et de matériel agricole fabriqués dans le Nord — pour ne citer que quelques articles — que les partisans de l'industrialisation, tels que Gregg et De Bow, semblaient avoir raison de croire qu'il existait un marché pour les manufactures du Sud, si seulement on parvenait à l'exploiter.

D'autres études de l'industrialisation du Sud se sont concentrées non pas sur les carences de la main-d'œuvre ou de la demande, mais sur le manque de capitaux. Certes, ceux-ci étaient abondants dans le Sud : en 1860, selon l'évaluation des richesses établie par le recensement (il s'agissait des biens immeubles et meubles), le sudiste blanc moyen était presque deux fois plus riche que son homologue du Nord[2]. Le problème était que la majeure partie de ses richesses était investie dans la terre et les esclaves. Un visiteur britannique en Géorgie, en 1846, fut « frappé par les difficultés rencontrées ici pour réunir des fonds sous formes de petites actions afin de construire des usines. "Pourquoi, disent-ils, faut-il que tout notre coton fasse un si long voyage vers le Nord, pour y être traité, et nous revienne à un prix si élevé ? C'est parce que toutes nos liquidités ici sont englouties dans l'achat de Nègres." » Un nordiste décrivit le cycle des investissements de l'économie sudiste : « Vendre du coton pour pouvoir acheter des Nègres, pour faire pousser davantage de coton, pour acheter davantage de Nègres, *ad infinitum*, tels sont l'objectif et la tendance immédiate de toutes les opérations du planteur de coton consciencieux[3]. »

1. Les trois livres d'Olmsted avaient pour titres : *A Journey in the Seaboard Slave States* (1856), *A Journey Through Texas* (1857) et *A Journey in the Black Country* (1860). En 1861, Olmsted en fit une version abrégée en un seul volume appelé *The Cotton Kingdom*. En ce qui concerne la question d'un marché sudiste, voir Eugene D. Genovese, *The Political Economy of Slavery* (New York, 1965), tout spécialement les chapitres 7 et 8.

2. Lee Soltow, *Men and Wealth in the United States, 1850-1870* (New Haven, 1975), p. 65.

3. Sir Charles Lyell, *Second Visit to the United States*, 2 vol. (Londres, 1846), t. II, p. 35 ; Joseph Holt Ingraham, *The Southwest, by a Yankee*, 2 vol. (New York, 1835), t. II, p. 91.

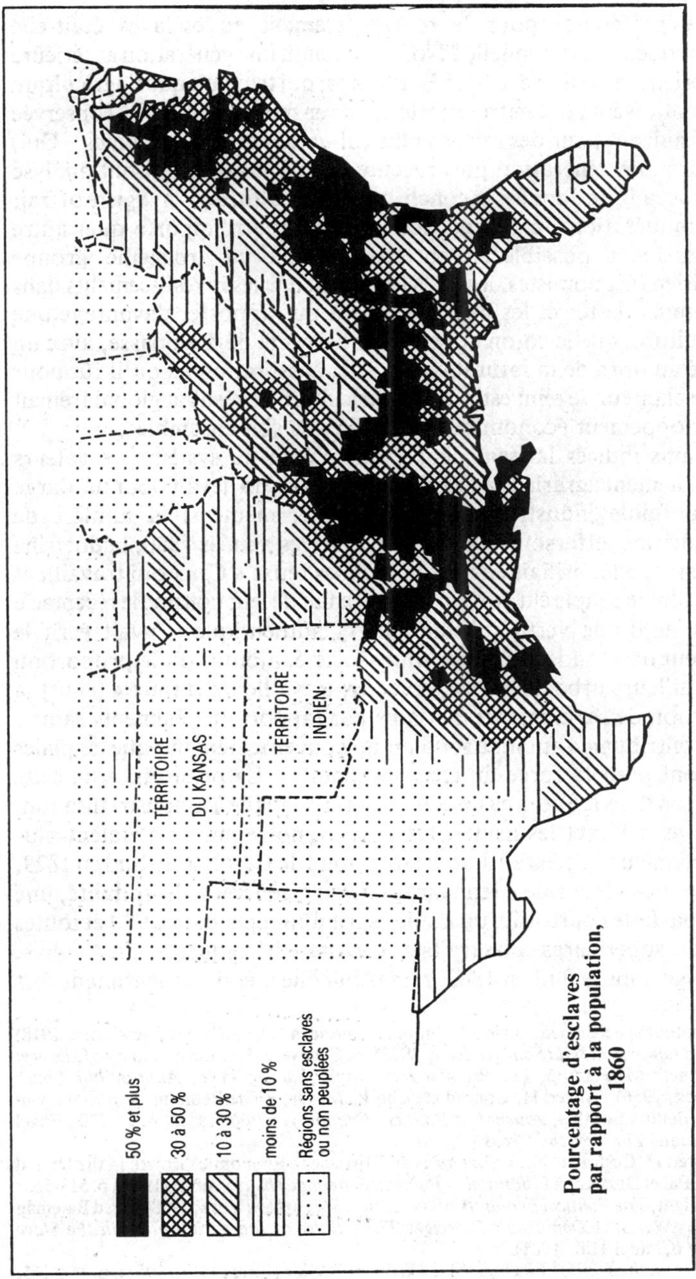

Pourcentage d'esclaves par rapport à la population, 1860

Cette préférence pour le réinvestissement en esclaves était-elle économiquement rationnelle ? Non, a répondu une génération antérieure d'historiens, à la suite d'Ulrich B. Phillips, qui trouvait que l'agriculture de plantation était une entreprise de moins en moins profitable, conservée par les sudistes pour des raisons plus culturelles qu'économiques[1]. Oui, a déclaré une génération plus récente de spécialistes, qui ont analysé des monceaux de données et conclu que l'agriculture esclavagiste offrait une rémunération du capital aussi bonne que n'importe quel autre investissement possible[2]. Peut-être, ajoute un troisième groupe d'historiens économistes, lesquels suggèrent que les investissements dans les chemins de fer et les usines auraient pu rapporter davantage que l'agriculture, que le coton appartenait d'ores et déjà au passé, avec un marché au bord de la saturation, et que, aussi rationnel qu'il fût pour chaque planteur de réinvestir dans l'agriculture, le résultat global freinait le développement économique du Sud dans son ensemble[3].

Certains indices laissent penser que c'était au système de valeurs essentiellement agrarien qui y prévalait que le Sud devait pour une large part sa faible industrialisation. En effet, même si la lumière de l'égalitarisme jeffersonien avait pâli, dans les années 1850, la doctrine agrarienne, elle, brillait encore de tous ses feux. « Ceux qui travaillent la terre sont le peuple élu de Dieu [...] qui a fait de leur poitrine le réceptacle particulier d'une vertu substantielle et authentique », avait écrit le laboureur de Monticello. Dans toute société, ajoutait-il, la proportion de travailleurs urbains par rapport aux travailleurs ruraux « [était] la proportion de ses éléments malsains par rapport aux éléments sains » et elle contribuait « autant à soutenir un gouvernement pur que les plaies ne le font pour la force du corps humain[4] ». La persistance de cette conviction dans le Sud créa un climat culturel hostile à l'industrialisation. « Dans les villes et les usines, les vices de notre nature s'étalent plus complètement », déclarait James Hammond de Caroline du Sud en 1829, tandis que la vie rurale « [encourageait] une généreuse hospitalité, une vive et parfaite courtoisie, un noble esprit d'indépendance [...] et toutes les vertus supérieures et les traits de caractère héroïques ». Un Anglais, en voyage dans le Sud en 1842, remarqua que c'était un sentiment fort

1. Voir tout spécialement Ulrich B. Phillips, *American Negro Slavery* (New York, 1918) et *Life and Labor in the Old South* (Boston, 1929) ; et Genovese, *Political Economy of Slavery*.

2. Kenneth M. Stampp, *The Peculiar Institution : Slavery in the Ante-Bellum South* (New York, 1956) ; Alfred H. Conrad et John R. Meyer, « The Economics of Slavery in the Ante Bellum South », *Journal of Political Economy*, n° 66 (1958), p. 95-130 ; Fogel et Engerman, *Time on the Cross*.

3. Alfred H. Conrad et al., « Slavery as an Obstacle to Economic Growth in the United States : A Panel Discussion », *Journal of Political Economic History*, n° 27 (1967), p. 518-560 ; Gavin Wright, *The Political Economy of the Cotton South* (New York, 1978) ; Fred Bateman et Thomas Weiss, *A Deplorable Scarcity : The Failure of Industrialization in the Slave Economy* (Chapel Hill, 1981).

4. *Notes on the State of Virginia*, éd. de William Peeden (Chapel Hill, 1955), p. 164-165.

répandu « que le labeur des gens devrait y être confiné à l'agriculture, laissant les manufactures à l'Europe ou aux États du Nord[1] ».

Les défenseurs de l'esclavage comparaient si souvent le sort confortable du Noir asservi à la misère des esclaves salariés du Nord qu'ils finirent par y croire. Gare à la « tentative d'imiter [...] la civilisation nordiste » avec ses « usines répugnantes, surpeuplées, licencieuses », avertissait un planteur en 1854. « Que le Nord profite tout seul de sa main-d'œuvre mercenaire, avec toute sa [...] pauvreté, son tapage, ses voyous et sa haine des fermages[2], renchérit le percepteur des douanes de Charleston. Nous n'en voulons pas. Nous sommes satisfaits de notre main-d'œuvre servile. [...] Nous aimons les choses anciennes — le vieux vin, les livres anciens, les vieux amis, les rapports anciens et clairement délimités entre employeur et employé[3]. »

Vers la fin des années 1850, les agrariens du Sud avaient monté une contre-attaque contre l'évangile de l'industrialisation. Le prestige social des planteurs attirait leurs concitoyens dans leur orbite plutôt que l'inverse. « Une vaste plantation et des Nègres représentent le *nec plus ultra* de l'ambition du sudiste bien né, nota un promoteur industriel désabusé du Mississippi en 1860. C'est pour en arriver là que l'avocat reste penché sur ses volumes poussiéreux, que le marchand prend ses mesures [...] que le journaliste pousse sa plume et l'artisan son rabot — tous, tous ceux qui osent le moins du monde y aspirer, considèrent cet état comme le but suprême de leur ambition. » Le commerce, somme toute, n'était-il pas un métier subalterne, bon pour les *yankees* et non pour un *gentleman* du Sud ? « Dans l'ensemble, il est fort vrai que le Nord s'occupe de notre commerce et de nos manufactures, écrivait un habitant de l'Alabama en 1858, mais c'est nous qui le voulons bien. Notre population est agricole et Dieu veuille qu'il en soit toujours ainsi. C'est la condition humaine la plus libre, la plus heureuse, la plus indépendante et, avec nous, la plus puissante, qui soit au monde[4]. »

Certes, de nombreux planteurs investirent dans les chemins de fer et les usines, et ces entreprises connurent une réelle expansion au cours

1. Hammond, cité par Orville Vernon Burton, *In My Father's House Are Many Mansions : Family and Community in Edgefield, South Carolina* (Chapel Hill, 1985), p. 37 ; James S. Buckingham, *The Slave States of America*, 2 vol. (Londres, 1842), t. II, p. 112.

2. Il s'agit d'une allusion à des émeutes et manifestations des fermiers de la vallée de l'Hudson, dans les années 1840, pour protester contre les baux à ferme archaïques, qui remontaient aux concessions accordées par les gouvernements coloniaux hollandais et britanniques au XVIIe siècle. Ces protestations entraînèrent des clauses concernant une réforme agraire dans la Constitution de l'État de New York, en 1846, lesquelles accordaient la terre aux fermiers en toute propriété.

3. « The Prospects and Policies of the South, as They Appear to the Eyes of a Planter », *Southern Quarterly Review*, n° 26 (1854), p. 431-432 ; William J. Grayson, *Letters of Curtius* (Charleston, 1852), p. 8.

4. *Vicksburg Sun*, 9 avril 1860 ; l'habitant de l'Alabama est cité par Russel, *Economic Aspects of Southern Sectionalism*, p. 207.

des années 1850, mais la tendance semblait aller vers une concentration encore plus forte des terres et des esclaves. Tandis que la richesse du Sud par habitant s'élevait de soixante-deux pour cent entre 1850 et 1860, le prix moyen des esclaves augmentait de soixante-dix pour cent et la valeur à l'hectare des terres arables montait de soixante-douze pour cent ; en revanche, les investissements par habitant ne s'accroissaient que de trente-neuf pour cent. En d'autres termes, les sudistes avaient en 1860 une plus forte proportion de leurs capitaux investis dans la terre et les esclaves qu'en 1850[1].

Même si la persistance de l'agrarianisme jeffersonien explique en partie ce phénomène, l'historien peut aussi lui trouver des raisons pragmatiques. Les années 1850 furent marquées par un *boom* du coton et d'autres grands produits du Sud. Le prix très bas du coton durant la décennie précédente avait déclenché une croisade en faveur de la diversification économique. A partir de 1850, cependant, le prix du coton fit un bond de plus de cinquante pour cent pour atteindre une moyenne de onze cents et demi la livre. En conséquence de quoi, la récolte de coton doubla pour donner quatre millions de balles par an vers la fin de la décennie. Les prix du sucre et du tabac, ainsi que leur production, connurent un accroissement analogue. La demande apparemment insatiable pour les produits de base du Sud incitèrent les planteurs à consacrer tous les hectares disponibles à leur culture. La production par habitant des principales cultures alimentaires y déclina bel et bien durant les années 1850 et cette société agricole semblait bien partie pour connaître un déficit alimentaire[2].

Il y avait bien quelques sudistes que ces tendances ne laissaient pas que d'inquiéter, mais la plupart exultaient face à la prospérité grisante que leur apportait le *boom* du coton. Les avocats du roi Commerce se firent tout petits : le roi Coton régnait sans partage. « Notre coton est le talisman le plus puissant du monde, affirmait un planteur en 1853. Par l'entremise de son pouvoir, nous transformons tout ce que nous

---

1. Au cours de cette même période, la richesse par habitant des nordistes s'accrut de vingt-six pour cent et les investissements par habitant dans l'industrie s'élevaient de trente-huit pour cent. Les données sur la richesse par habitant sont empruntées à Soltow, *Men and Wealth*, p. 67 ; celles sur le prix des esclaves à Phillips, *American Negro Slavery*, p. 371 ; toutes les autres données citées ici ont été compilées à partir des résultats publiés pour les recensements de 1850 et 1860.

2. Dans les États esclavagistes, la production de maïs, de patates douces et de porcs par habitant chuta de trois, quinze et vingt-deux pour cent respectivement entre 1850 et 1860. L'hypothèse selon laquelle les sudistes se transformaient en mangeurs de bœuf ne paraît pas expliquer de façon satisfaisante le déclin par habitant du porc. Le nombre de bovins par habitant dans le Sud n'augmenta que de trois pour cent durant la décennie et, selon Robert R. Russel, cette augmentation consistait presque entièrement en vaches laitières et non en bœufs pour la boucherie. Russel, *Economic Aspects of Southern Sectionalism*, p. 203. Les données figurant dans ce paragraphe, compilées pour la plupart à partir des résultats publiés pour les recensements de 1850 et 1860 sont disponibles sous forme de tableaux fort commodes chez Schlesinger (éd.), *History of American Presidential Elections*, t. II, p. 1128 et suiv.

L'ÉCONOMIE DU SUD

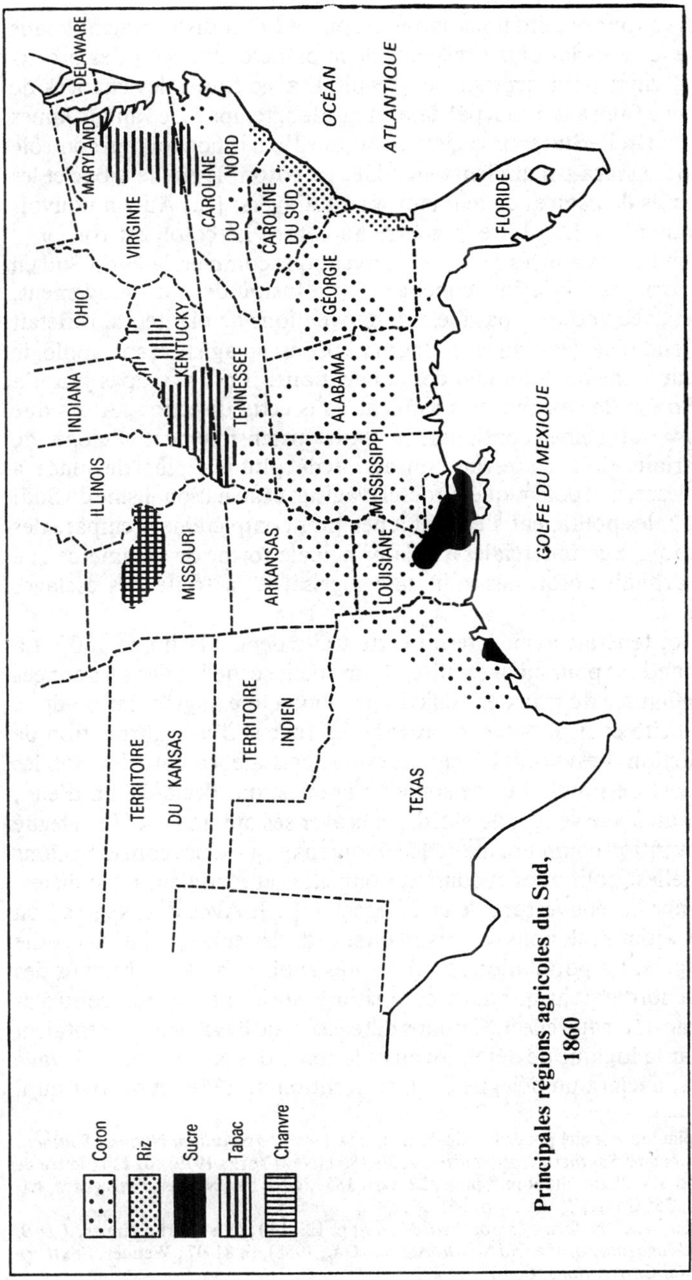

Principales régions agricoles du Sud, 1860

voulons en tout ce dont nous avons besoin. » Les sudistes étaient « sans conteste les gens les plus prospères de la planète, réalisant des profits de dix à vingt pour cent sur leur capital, avec toutes les chances de continuer à faire aussi bien pendant encore longtemps », se vantait James Hammond. « Le Sud esclavagiste est aujourd'hui le pouvoir qui contrôle le monde, assura-t-il au Sénat en 1858. Le coton, le riz, le tabac et les fournitures de navires dictent leur loi à l'univers. [...] Aucun pouvoir au monde n'ose [...] faire la guerre au coton. Le coton est roi[1]. »

Vers la fin des années 1850, les conventions commerciales du Sud en étaient arrivées à la même conclusion. La fusion de leur mouvement, en 1854, avec une série parallèle de conventions de planteurs, reflétait bien la tendance. Dorénavant, l'agriculture esclavagiste et son apologie devinrent le thème dominant des conventions. Il n'y avait pas jusqu'à la *De Bow's Review* qui ne s'avançât dans cette direction. Alors que De Bow lui-même continuait à faire ostensiblement l'éloge de l'industrialisation, sa revue consacrait de plus en plus de place à l'agriculture, aux polémiques proesclavagistes et au nationalisme du Sud. Dès 1857, les politiciens s'étaient à peu près complètement emparé des conventions « commerciales » et la principale forme de commerce que l'on y prônait désormais était une reprise de la traite des esclaves africains[2].

Une loi fédérale avait interdit cette traite depuis la fin de 1807. La contrebande se poursuivit ensuite sur une petite échelle ; dans les années 1850, la hausse du prix des esclaves provoqua une augmentation de ce trafic illicite et fit monter la pression en faveur d'une abrogation de l'interdiction. Les avocats de cette mesure obéissaient aussi à des mobiles politiques. Le simple fait de soulever la question, déclara l'un d'eux, reviendrait à « se venger du Nord et à braver ses opinions ». Un délégué à la convention commerciale de 1856 soutenait que « des considérations industrielles, politiques et constitutionnelles [autorisaient les sudistes] à réclamer la réouverture de ce commerce [...]. Avec des Nègres bon marché, ajoutait-il, nous serions en mesure de défier la législation hostile du Congrès. La population servile, après avoir comblé les besoins des États, déborderait jusque dans les territoires et rien ne pourrait contrôler son expansion naturelle ». Certains défenseurs de l'esclavage se sentaient tenus par la logique de défendre aussi la traite des Noirs. « L'esclavage est juste, déclara un délégué de la convention de 1858, et du fait qu'il

---

1. Le planteur est cité par John McCardell, *The Idea of a Southern Nation : Southern Nationalists and Southern Nationalism, 1830-1860* (New York, 1979), p. 134 ; lettre de Hammond à William Gilmore Simms, 22 avril 1859, citée par Nevins, *Emergence*, t.I, p. 5 ; *CG*, 35e Cong., 1re Sess., p. 961-962.

2. McCardell, *The Idea of a Southern Nation*, p. 129-140 ; Otis Clark Skipper, *J.D.B. De Bow : Magazinist of the Old South* (Athens, Ga., 1958), p. 81-97 ; Wender, *Southern Commercial Conventions*, p. 207, p. 225.

est juste, il ne peut rien y avoir d'injuste dans le moyen naturel de l'organiser. » Ou, pour reprendre la formule de William L. Yancey : « S'il est juste d'acheter des esclaves en Virginie et de les emmener à la Nouvelle-Orléans, pourquoi ne serait-il pas juste de les acheter en Afrique et de les amener ici[1] ? »

Pourquoi, en effet ? La plupart des sudistes, cependant, étaient incapables de suivre la logique de ce raisonnement. Outre la répugnance morale que suscitaient les horreurs du « passage » des Africains à travers l'océan Atlantique, de nombreux propriétaires d'esclaves résidant dans la partie septentrionale du Sud avaient des raisons économiques de s'opposer à la reprise de la traite africaine. Leur propre prospérité n'était pas étrangère à la demande croissante d'esclaves ; un flot grandissant de Noirs asservis déferlait de chez eux vers les États cotonniers. Néanmoins, la convention commerciale de Vicksburg en 1859 (à laquelle n'assistèrent que des délégués du Sud profond) réclama l'abrogation de l'interdiction d'importer des esclaves. Les instigateurs de cette proposition savaient bien qu'ils n'avaient aucune chance de réussir au Congrès, mais ils ne s'en souciaient guère, car la plupart d'entre eux étaient aussi des sécessionnistes, favorables à une nation sudiste habilitée à établir ses propres lois. Entre-temps, ils pouvaient toujours essayer de contourner la loi fédérale en faisant venir d'Afrique des « apprentis ». De Bow devint président d'une Association pour la fourniture de main-d'œuvre africaine, formée précisément dans ce but. En 1858, la Chambre basse de la législature de Louisiane autorisa l'importation de tels apprentis, mais le Sénat repoussa cette mesure[2].

Contrecarrés dans leurs tentatives de modifier la loi, les mangeurs de feu s'acharnèrent à la violer. L'exemple le plus fameux de traite illicite dans les années 1850 fut celui de la goélette *Wanderer*, appartenant à Charles A.L. Lamar, membre d'une célèbre et puissante famille du Sud. Lamar mit sur pied une association qui envoya plusieurs navires en Afrique pour en ramener des esclaves. Le *Wanderer*, navire rapide qui embarqua une cargaison de cinq cents Africains en 1858, faisait partie de la flotille. Les quatre cents survivants qui parvinrent en Géorgie permirent à Lamar de réaliser un gros bénéfice. Toutefois, des fonctionnaires fédéraux avaient eu vent de l'affaire et ils arrêtèrent Lamar et plusieurs membres de son équipage. Des jurés de Savannah les acquittèrent tous. Les membres du jury d'accusation qui avaient inculpé Lamar furent si violemment pris à partie dans la presse, où on les traita de dupes des agitateurs yankees, qu'ils finirent par publier une curieuse

1. Potter, *Impending Crisis*, p. 398-399 ; Wender, *Southern Commercial Conventions*, p. 178, p. 213.

2. Pour une étude du mouvement en faveur d'une reprise de la traite des Noirs africains, voir Ronald T. Takaki, *A Pro-Slavery Crusade : The Agitation to Reopen the African Slave Trade* (New York, 1971).

rétractation de leurs actes et par prôner l'abrogation de la loi de 1807 interdisant la traite des esclaves. « Céder plus longtemps à un sentiment morbide de fausse philanthropie et à l'aberration mentale malsaine des fanatiques de la "loi d'En-haut", déclarèrent-ils en se référant aux adversaires de la traite, serait de la faiblesse et un manque de sagesse. » Lorsque les nordistes s'élevèrent contre l'acquittement de Lamar, un journal sudiste les taxa d'hypocrisie : « Quelle différence y a-t-il entre un yankee qui viole la loi sur les esclaves en fuite dans le Nord et un sudiste qui viole [...] celle sur la traite des Noirs d'Afrique dans le Sud ? » Lamar racheta le *Wanderer* dans une vente aux enchères publique et se lança de plus belle dans ses entreprises de contrebande d'esclaves, jusqu'à la guerre de Sécession, durant laquelle il fut tué à la tête de son régiment[1].

III

Ceux qui souhaitaient importer davantage d'esclaves voulaient aussi acquérir plus de territoires où sévirait l'esclavage. Pour cela, de nombreux sudistes se tournaient non pas vers les régions assez peu prometteuses qui faisaient déjà partie des États-Unis, mais vers les terres situées au sud de la frontière. A la convention commerciale de 1856, un délégué du Texas porta un toast auquel tout le monde but avec enthousiasme : « A la république sudiste bordée au nord par la ligne Mason et Dixon et au sud par l'isthme de Tehuantepec, y compris Cuba et toutes les autres terres au large de notre côte méridionale[2]. »

En 1856, cette version de la « destinée manifeste » n'avait rien de nouveau. Huit ans auparavant, juste après que le Sénat eut approuvé le traité permettant d'acquérir la Californie et le Nouveau-Mexique, le président Polk avait tracé les grandes lignes de son prochain objectif : « Je suis résolument favorable à l'achat de Cuba pour en faire l'un des États de [l']Union[3]. » Cette idée séduisait particulièrement les sudistes qui y voyaient un excellent moyen d'étendre leur pouvoir politique. « La perle des Antilles, avec ses treize ou quinze représentants au Congrès, proclamait une brochure favorable à l'annexion, serait une puissante auxiliaire pour le Sud. » Convaincu que le golfe du Mexique était « un bassin aquatique appartenant aux États-Unis », le sénateur Jefferson

---

1. Citations empruntées à Nevins, *Emergence*, t. I, p. 436 ; et à Takaki, *Pro-Slavery Crusade*, p. 220. Voir aussi Tom Henderson Wells, *The Slave Ship* Wanderer (Athens, Ga., 1967).
2. Wender, *Southern Commercial Conventions*, p. 168.
3. Milo Milton Quaife (éd.), *The Diary of James K. Polk during His Presidency, 1845 to 1849*, 4 vol. (Chicago, 1910), t. III, p. 446.

Davis déclara en 1848 : « Cuba doit nous appartenir, [afin d']augmenter le nombre des circonscriptions esclavagistes[1]. »

Polk autorisa son ambassadeur en Espagne à offrir cent millions de dollars pour l'achat de l'île, mais cette tentative avorta. Les pesantes démarches de l'Américain provoquèrent à la fois la dérision et l'ire des hauts fonctionnaires espagnols. L'ambassadeur de Polk, politicien de Caroline du Nord affublé du nom impossible de Romulus M. Saunders, ne connaissait d'autre langue que l'anglais « qu'il lui arrive d'ailleurs de massacrer », nota le secrétaire d'État, Buchanan. Le ministre espagnol des Affaires étrangères fit savoir à Saunders qu'avant de vendre Cuba, l'Espagne « préférerait la voir couler au fond de l'océan ». De toute façon, il n'était guère probable que le Congrès, avec à la Chambre des représentants une majorité whig favorable à la clause Wilmot, ratifiât un budget pour acheter un territoire où vivaient près d'un demi-million d'esclaves. La victoire des whigs aux présidentielles de 1848 mit fin — momentanément — aux efforts officiels pour acquérir Cuba[2].

Cet échec ne fut pas pour surprendre les partisans de l'annexion, car enfin, le Texas, la Californie et le Nouveau-Mexique n'avaient été gagnés qu'au prix de la révolution et de la guerre ; ils étaient donc tout disposés à appliquer les mêmes méthodes dans le cas de Cuba. Leur champion fut Narciso Lopez, un beau soldat de fortune cubain, débordant de charisme, qui s'était enfui à New York en 1848, après que les Espagnols eurent déjoué sa tentative de fomenter un soulèvement parmi les planteurs de son pays. Lopez recruta une armée comptant plusieurs centaines d'aventuriers, d'anciens combattants de la guerre du Mexique et d'exilés cubains, pour préparer l'invasion de l'île. Il demanda à Jefferson Davis de prendre la tête de l'expédition, mais le sénateur éleva des objections et finit par recommander son ami Robert E. Lee qui, après avoir considéré cette offre, la déclina poliment. Lopez prit alors lui-même le commandement, mais le gouvernement Taylor eut vent de l'entreprise et envoya une force navale s'emparer des navires du Cubain et empêcher son départ en septembre 1849.

Nullement découragé, Lopez se mit aussitôt en devoir d'organiser une nouvelle expédition de « flibustiers » (de l'espagnol *filibustero* qui voulait dire pillard ou pirate). Jugeant les nordistes trop « timorés et lents » pour cette aventure, il quitta New York pour la Nouvelle-Orléans, où il projetait de « mettre ses espoirs dans les hommes de l'Ouest audacieux et du Sud chevaleresque[3] ». Il s'arrêta en route dans le Mississippi, pour

1. Basil Rauch, *American Interest in Cuba : 1848-1855* (New York, 1948), p. 111 ; *CG*, 30e Cong., 1re Sess., Appendice, p. 599; Robert E. May, *The Southern Dream of a Carribean Empire, 1854-1861* (Baton Rouge, 1973), p. 11.

2. Rauch, *American Interest in Cuba*, p. 48-100 ; citations figurant aux p. 97-98.

3. Cité par John Hope Franklin, *The Militant South, 1800-1861* (Cambridge, Mass., 1956), p. 105.

demander au gouverneur John Quitman de commander la force prévue pour l'invasion. Quitman avait fait la guerre du Mexique, il y avait acquis des galons de général et commandé l'assaut qui avait eu raison de Mexico. En bon mangeur de feu, qui avait multiplié les menaces de sécession durant la crise de 1850, il fut tenté d'accepter, mais il finit par refuser, car il se sentait tenu de rester à son poste dans le Mississippi. Il aida toutefois Lopez à recruter des hommes et à réunir des fonds pour acheter des armes. Le Cubain obtint de la même façon des armes et des hommes en Louisiane. En mai 1850, son armée de six cents flibustiers quitta la Nouvelle-Orléans à la voile, sous les acclamations de la foule et avec « les clins d'œil d'encouragement » des autorités. Lopez débarqua sur la côte nord-ouest de Cuba, prit la ville de Cardenas et brûla la demeure du gouverneur. Cependant, le soulèvement escompté des révolutionnaires cubains n'eut pas lieu. Lorsque les troupes espagnoles se rapprochèrent de Cardenas, les flibustiers durent battre en retraite jusqu'à leur embarcation qui n'échappa que de justesse au navire de guerre espagnol lancé à sa poursuite jusqu'à Key West, où la force expéditionnaire fut dissoute sans gloire[1].

Lopez n'en fut pas moins accueilli comme un véritable héros dans le Sud profond. Des douzaines de villes et d'organisations lui rendirent hommage, lui offrirent des parades, des vins d'honneur et des banquets. Les sénateurs du Sud réclamèrent une action américaine pour punir l'Espagne. « Je veux Cuba et je sais bien que tôt ou tard, nous l'aurons », assura l'autre sénateur du Mississippi, Albert Gallatin Brown, lequel n'en restait d'ailleurs pas là : « Je veux le Tamaulipas, le Potosi et un ou deux autres États mexicains, et je les veux tous pour la même raison — pour y implanter et y répandre l'esclavage. » Le *Southern Standard* proposait une vision encore plus grandiose : « Avec Cuba et Saint-Domingue, nous contrôlerions toute la production des tropiques et, grâce à elle, le commerce du monde entier, et, partant, le pouvoir sur toute la planète. » Assurément, renchérissait la *De Bow's Review*, « nous avons une destinée à accomplir, "une destinée manifeste" dans tout le Mexique, toute l'Amérique du Sud, toutes les Antilles[2] ».

L'administration de Zachary Taylor, qui s'efforçait à l'époque de faire admettre la Californie et le Nouveau-Mexique en tant qu'États libres, ne se laissa pas impressionner par ces beaux discours. Elle inculpa Lopez, Quitman et plusieurs autres sudistes pour avoir violé les lois sur la

---

1. Chester Stanley Urban, « New Orleans and the Cuban Question during the Lopez Expeditions of 1849-1851 : A Local Study in "Manifest Destiny" », *Louisiana Historical Quarterly*, n° 22 (1939), p. 1125 ; Robert E. May, *John A. Quitman : Old South Crusader* (Baton Rouge, 1985), p. 236-239.

2. May, *Southern Dream of a Carribean Empire*, p. 9 ; Jesse T. Carpenter, *The South as a Conscious Minority, 1789-1861* (New York, 1930), p. 179 ; *De Bow's Review*, n° 9 (1850), p. 167.

neutralité. Quitman menaça d'avoir recours à la milice du Mississippi pour défendre la souveraineté de son État contre les *marshals* fédéraux, mais il finit par se calmer, démissionna de son poste de gouverneur et consentit à se laisser arrêter. A la Nouvelle-Orléans, un même accusé (un planteur du Mississippi) passa trois fois en jugement, mais les débats se soldèrent, chaque fois, par un jury partagé, si bien que le gouvernement fédéral préféra renoncer à toute autre poursuite. Ce dénouement fut célébré par des débordements d'allégresse. « Les preuves contre Lopez eussent-elles été mille fois plus convaincantes, on n'aurait pu constituer un jury pour le déclarer coupable, car l'opinion publique fait la loi », remarqua un journal de la Nouvelle-Orléans[1].

Forts de ce soutien, les flibustiers firent une nouvelle tentative en 1851. William J. Crittenden, du Kentucky, neveu de l'*attorney general* (ministre de la Justice) de cet État, mit sur pied un « régiment » de volontaires sudistes au sein d'une nouvelle force de quatre cent vingt hommes chargée d'envahir Cuba. Une fois de plus, les autorités portuaires de la Nouvelle-Orléans, de mèche avec les flibustiers, les laissèrent partir le 3 août, sur un navire chargé jusqu'au plat-bord. Cette fois-ci, les Espagnols étaient prêts et les attendaient. Ils avaient déjà réprimé un soulèvement prématuré en faveur des envahisseurs et, au cours de diverses échauffourées, ils tuèrent deux cents flibustiers et firent les autres prisonniers. Après quoi, les autorités cubaines envoyèrent cent soixante de ceux-ci en captivité en Espagne, soumirent Lopez au supplice du garrot devant une foule nombreuse à La Havane, et alignèrent cinquante prisonniers américains, dont Crittenden, devant un mur de la place publique, pour les faire fusiller par un peloton d'exécution[2].

Lorsqu'on apprit ces événements à la Nouvelle-Orléans, des foules en fureur se livrèrent à une série d'émeutes. Elles détruisirent le consulat d'Espagne et mirent à sac les boutiques des commerçants espagnols. « Le sang appelle le sang ! claironnait un gros titre du *New Orleans Courier*. Il faut venger nos frères ! Emparons-nous de Cuba[3] ! » Mais l'administration Fillmore, toute honteuse d'avoir, par pure négligence, laissé les flibustiers arriver jusqu'à Cuba, limita son action à une manœuvre diplomatique couronnée de succès, pour faire libérer les Américains incarcérés en Espagne.

Après ce fiasco, les flibustiers se firent provisoirement oublier, tandis que les expansionnistes se concentraient sur la nécessité de faire élire une administration favorable à leurs vœux aux élections de 1852. Le nationalisme chauvin de l'élément « Jeune Amérique », au sein du parti

---

1. *Orleanian*, 8 juin 1850, cité par Urban, « New Orleans and the Cuban Question... », p. 1132. Voir aussi May, *Quitman*, p. 240-252.

2. Rauch, *American Interest in Cuba*, p. 151-163 ; Charles H. Brown, *Agents of Manifest Destiny : The Lives and Times of the Filibusters* (Chapel Hill, 1980), p. 67-88.

3. Urban, « New Orleans and the Cuban Question », p. 1159.

démocrate, fit de Cuba une importante question électorale[1]. Les Jeunes-Américains étaient loin d'être tous sudistes. Leur principal chef de file était d'ailleurs Stephen Douglas de l'Illinois. Toutefois, l'expansion restait surtout prioritaire dans le Sud. « Le désir de nous voir acquérir Cuba en tant que conquête sudiste est presque unanime parmi les gens du Sud », remarquait un observateur, tandis qu'un autre notait : « La sécurité du Sud ne sera assurée que par l'extension de son "institution particulière". » L'élection à la présidence de Franklin Pierce fut fêtée par les Jeunes-Américains à grands renforts de feux de joie et de défilés aux flambeaux, où l'on brandissait des bannières proclamant : « Les fruits de la dernière victoire démocrate — Pierce et Cuba[2]. »

Les premières décisions de Pierce ravirent ses partisans. « La politique de mon gouvernement ne sera pas bridée par quelque pressentiment timoré des maux que pourrait apporter l'expansion, promit-il dans son discours d'entrée en fonctions. De par notre position dans le monde, l'acquisition de certaines possessions [...] devient d'une haute importance pour notre protection. [...] L'avenir est illimité[3]. » Pierce peupla son cabinet et le corps diplomatique de partisans dévoués de la « destinée manifeste ». Parmi toutes ces nominations, celle de Pierre Soulé comme ambassadeur en Espagne signalait on ne peut plus clairement les intentions du gouvernement. Né en France, contraint en raison de ses opinions républicaines d'émigrer en Louisiane en 1825, Soulé, véritable tête brûlée, applaudit des deux mains aux révolutions européennes de 1848, visant à libérer le vieux continent de ses diverses monarchies, de même qu'il soutint les expéditions des flibustiers à destination de Cuba, afin de faire entrer l'île dans l'Union en qualité d'État esclavagiste. Moins d'un an après son arrivée à Madrid, Soulé prit la monarchie espagnole à partie, blessa en duel l'ambassadeur de France, présenta un ultimatum de quarante-huit heures (dont l'Espagne ne tint aucun compte) à propos d'un incident auquel était mêlé un navire américain à La Havane et commença à intriguer avec des révolutionnaires espagnols.

En dépit de tout cela, la seule menée expansionniste qui aboutit sous le gouvernement Pierce fut l'« Achat Gadsden », lequel ne fut d'ailleurs pas à la hauteur des espérances sudistes. James Gadsden, promoteur ferroviaire originaire de Caroline du Sud, fut nommé ambassadeur à Mexico, dans le but d'acheter un surcroît de territoires pour y faire passer une voie ferrée reliant la Nouvelle-Orléans au Pacifique. Les yankees antiesclavagistes soupçonnaient Gadsden de nourrir une autre ambition : celle d'acquérir des territoires susceptibles d'être ultérieurement admis

---

1. Pour une étude plus approfondie des élections, voir le chapitre suivant.
2. Citations empruntées à McCardell, *Idea of a Southern Nation*, p. 258-259, et Brown, *Agents of Manifest Destiny*, p. 105.
3. James D. Richardson (compilation de), *Messages and Papers of the Presidents*, 20 vol. (Washington, 1897-1917), t. VII, p. 2731-2732.

au sein de l'Union en tant qu'États esclavagistes. Peut-être avaient-ils raison. Toujours est-il que Gadsden commença par offrir jusqu'à cinquante millions de dollars à Santa Anna pour près de quatre cent mille kilomètres carrés de terres dans le nord du Mexique. Le rusé dirigeant mexicain avait besoin d'argent, comme toujours, mais ne voyait pas comment il pouvait décemment vendre près du tiers de ce qui restait de son pays. Il finit par conclure un marché avec Gadsden : il lui céderait quelque quatre-vingt-dix mille kilomètres carrés pour quinze millions de dollars. Toutefois, des sénateurs du Nord parvinrent à amputer cette superficie de quatorze mille kilomètres carrés avant qu'un nombre suffisant de démocrates du Nord ne se fussent joints aux sénateurs du Sud pour ratifier le traité en 1854[1].

Les efforts de Gadsden furent vite éclipsés par Cuba. Bien décidé à acquérir cette île, d'une façon ou d'une autre, Pierce savait que l'Espagne n'était pas plus disposée à la vendre en 1853 qu'elle ne l'avait été cinq ans plus tôt. Les preuves qui sont parvenues jusqu'à nous laissent penser que le gouvernement espérait, par conséquent, fomenter dans l'île une révolution « à la texane », soutenue par une nouvelle invasion de flibustiers. Les instructions adressées par le secrétaire d'État à Soulé stipulaient que de nouvelles tentatives d'acheter Cuba étaient « inopportunes », mais que les États-Unis comptaient voir l'île « se libérer ou être libérée de son actuel état de sujétion coloniale[2] ». Pierce eut, semble-t-il, une entrevue avec John Quitman, en juillet 1853, et l'encouragea à poursuivre ses projets d'invasion de flibustiers, en envoyant cette fois-ci une force plus nombreuse et plus richement financée que celle des tentatives avortées de Lopez. Quitman n'avait guère besoin de tels encouragements. « On nous a escroqué [...] le domaine public, déclara-t-il. Une portion du Texas, censément promise à l'esclavage, ne nous a-t-elle pas été arrachée [par le règlement du conflit frontalier en faveur du Nouveau-Mexique] ? [...] La côte dorée du Pacifique [...] est déniée à la main-d'œuvre du Sud. [...] Voici à présent que l'Ouest nous est fermé au même titre que le Nord. » Il était donc temps « de frapper un grand coup » à Cuba « de la même manière qu'au Texas[3] ».

D'éminents citoyens du Sud se rallièrent au projet de Quitman ; le gouverneur de l'Alabama le soutint activement. De nombreux dirigeants politiques du Texas aidèrent à organiser l'expédition qui devait, comme les autres, partir de la Nouvelle-Orléans. « Le moment est venu d'agir, écrivit Alexander Stephens, de Géorgie, pendant que l'Angleterre et la France sont occupées ailleurs » ; ailleurs, c'était la Crimée, théâtre d'une

1. Paul Neff Garber, *The Gadsden Treaty* (Philadelphia, 1923).
2. William R. Manning (éd.), *Diplomatic Correspondence of the United States : Inter-American Affairs, 1831-1860*, 12 vol. (Washington, 1932-39), t. XI, p. 160-166.
3. Rauch, *American Interest in Cuba*, p. 200-201 ; McCardell, *Idea of a Southern Nation*, p. 256.

guerre qui leur interdisait toute intervention[1]. Quand vint le printemps de 1854, Quitman avait recruté plusieurs milliers de volontaires. Les exilés cubains prirent contact avec des groupes révolutionnaires à l'intérieur de l'île, afin de coordonner un nouveau soulèvement. Le sénateur de Louisiane, John Slidell, soutenu par plusieurs de ses confrères, présenta au Congrès une résolution visant à suspendre la loi sur la neutralité. La commission des affaires étrangères s'apprêtait à rendre un rapport favorable, lorsqu'en mai 1854, de façon apparemment subite, le gouvernement fit volte-face et rappela Quitman à l'ordre[2].

Que s'était-il passé ? Selon toute vraisemblance, l'Administration qui avait dépensé tout son capital politique pour obtenir la ratification de la loi Kansas-Nebraska préféra se retirer d'une seconde entreprise pro-esclavagiste, susceptible de causer la perte de la moitié nordiste du parti démocrate[3]. « L'affaire du Nebraska a tristement ébranlé notre parti dans tous les États libres, écrivit le secrétaire d'État, William M. Marcy, et l'a privé de toute la force dont il avait besoin et qui aurait pu être utilisée de façon beaucoup plus profitable pour acquérir Cuba. » Le 31 mai, le lendemain du jour où fut signée la loi Kansas-Nebraska, Pierce émit une proclamation interdisant la flibusterie, sous peine d'encourir les pleines sanctions prévues par la loi sur la neutralité[4].

Cela ne mit pourtant pas un terme aux tentatives d'acquérir Cuba. En 1854, ayant décidé d'exploiter la triste situation financière du gouvernement espagnol, Pierce autorisa Soulé à offrir la somme considérable de cent trente millions de dollars pour l'achat de Cuba. Si l'Espagne refusait, Soulé devait faire porter tous ses efforts « sur le prochain objectif souhaitable qui [était] de détacher l'île de l'Empire espagnol ». On ne sait trop ce que signifiait au juste cette mystérieuse instruction, mais si le gouvernement s'attendait à voir Soulé agir par les voies discrètes de la diplomatie, il avait mal choisi son homme. En octobre 1854, Soulé eut à Ostende, en Belgique, une entrevue avec les ambassadeurs américains en Grande-Bretagne et en France, James Buchanan et John Mason. Dieu sait comment, le fougueux citoyen de Louisiane parvint à persuader non seulement le naïf Mason, mais aussi Buchanan, d'ordinaire circonspect, de signer un mémorandum que l'on appela par la suite le manifeste d'Ostende. « Cuba est aussi nécessaire à la république nord-américaine que n'importe quel membre de son

1. May, *Southern Dream of a Carribean Empire*, p. 39.
2. Ce paragraphe s'inspire des comptes rendus de Rauch, *American Interest in Cuba*, p. 262-286 ; Potter, *Impending Crisis*, p. 183-188 ; May, *Southern Dream of a Carribean Empire*, p. 46-60 ; et Brown, *Agents of Manifest Destiny*, p. 109-123.
3. En ce qui concerne la loi Kansas-Nebraska et ses conséquences, voir le chapitre suivant.
4. May, *Quitman*, p. 270-295 ; May, *Southern Dream of a Carribean Empire*, p. 60-67 ; Brown, *Agents of Manifest Destiny*, p. 124-144 ; citation empruntée à May, *Southern Dream*, p. 60.

actuelle [...] famille d'États », proclamait le fameux document. Si les États-Unis décidaient que leur sécurité passait par la possession de l'île et si l'Espagne persistait à refuser de la leur vendre, alors « [les] tentatives [américaines] de la ravir à l'Espagne [seraient] justifiées par toutes les lois, humaines et divines[1] ».

Selon sa bonne habitude, Soulé avait omis de tenir la presse européenne dans l'ignorance de la réunion d'Ostende. Un journal américain parvint aussi à glaner quelques détails du « manifeste » et révéla l'affaire en novembre 1854. La presse anti-esclavagiste éleva un chœur de protestations contre « la honte et le déshonneur » de ce « manifeste de brigands », de cette « supplique de voleurs de grand chemin », qui visait à « arracher, voler, assassiner, s'enrichir des dépouilles de provinces et du labeur d'esclaves[2] ». La Chambre des représentants se procura la correspondance diplomatique par les voies judiciaires et la publia. Déjà dangereusement ébranlé par le contrecoup de l'affaire Kansas-Nebraska, qui avait coûté aux démocrates soixante-six des quatre-vingt onze membres nordistes du Congrès aux élections de 1854, le gouvernement en état de choc contraignit Soulé à présenter sa démission et renonça à toute velléité d'acquérir Cuba. Ce qui n'empêcha pas Quitman de mettre sur pied une nouvelle expédition de flibustiers au printemps de 1855. Pierce finit par le persuader d'y renoncer ; l'arrestation et l'exécution de plusieurs révolutionnaires cubains par les troupes espagnoles, en janvier 1855 — fâcheux exemple de ce qui pourrait bien arriver aux chefs d'une nouvelle invasion — lui facilitèrent la tâche.

Pendant ce temps, l'attention générale s'était déplacée de quelques centaines de kilomètres, vers un point situé au sud-ouest de La Havane, où le plus remarquable des chefs flibustiers, et celui qui devait connaître le plus de réussite, était en train de commencer sa carrière météorique. Né à Nashville, en 1824, William Walker ne laissait guère transparaître la soif de pouvoir qui le consumait. Timide, taciturne, ascétique, le cheveu blond tirant sur le roux et le visage taché de son, ce petit gabarit d'un mètre soixante-deux pour moins de soixante kilos ne se distinguait guère que par son lumineux regard gris-vert, qui semblait transpercer l'interlocuteur. Après être sorti brillamment diplômé de l'université de Nashville à l'âge de quatorze ans, ce prodige infatigable s'en fut étudier la médecine en Europe, obtint à dix-neuf ans un doctorat en médecine à l'université de Pennsylvanie, mais ne pratiqua que très brièvement, avant de descendre à la Nouvelle-Orléans étudier le droit. Sa carrière d'avocat fut tout aussi brève, après quoi il se

1. Manning (éd.), *Diplomatic Correspondence*, t. XI, p. 175-178, p. 193-94.
2. Potter, *Impending Crisis*, p. 192 ; Nevins, *Ordeal*, t. II, p. 362.

tourna vers le journalisme et devint rédacteur en chef du *New Orleans Crescent*[1].

En 1849, Walker se joignit au flot humain en partance pour la Californie, mais son âme inquiète ne trouva pas le repos dans cet eldorado. Journaliste, il partit en croisade contre la criminalité et contribua à inspirer le « mouvement de surveillance[2] » à San Francisco. Il se battit trois fois en duel et fut deux fois blessé. En 1853, il trouva enfin sa vocation. Avec quarante-cinq hommes armés jusqu'aux dents, il partit par bateau de San Francisco pour aller « coloniser » les provinces mexicaines de Basse-Californie et de Sonora. Son intention avouée était de soumettre les Apaches, d'apporter les bienfaits de la civilisation américaine et de l'énergie anglo-saxonne à ces provinces mexicaines où sévissait l'obscurantisme et, incidemment, d'exploiter les gisements d'or et d'argent de la province de Sonora.

Ce ne fut ni la première ni la dernière expédition de flibustiers américains de l'autre côté de la frontière, durant les années agitées qui suivirent la guerre du Mexique. L'instabilité chronique et les fréquents renversements du gouvernement à Mexico créaient des vacances de pouvoir que venaient combler des chefs de bandits ou des envahisseurs gringos qui maintenaient la zone frontalière dans un état de chaos incessant. L'expédition de Walker connut tout d'abord plus de succès que la majorité de ces entreprises. Ses flibustiers capturèrent La Paz, la capitale endormie de la Basse-Californie. Walker se proclama Président de cette nouvelle république et se mit aussitôt en devoir d'annexer la province plus riche de Sonora, sans même y avoir mis les pieds. Ce coup d'audace attira de nouvelles recrues de Californie. L'armée de Walker, composée d'anciens chercheurs d'or en mal d'aventures, n'ayant que peu de provisions et encore moins d'expérience, franchit des montagnes escarpées, traversa le Colorado à bord d'embarcations de fortune et envahit la province de Sonora. Épuisés, affamés, mutinés, une cinquantaine de flibustiers désertèrent, tandis que les autres battaient en retraite face aux ennemis plus nombreux qui leur infligèrent de lourdes pertes. En compagnie de trente-quatre survivants, Walker regagna la frontière au plus vite et se rendit aux autorités américaines à San Diego, en mai 1854. Salué comme un héros par de nombreux citoyens de San Francisco, il fut poursuivi pour avoir violé la loi sur la neutralité et acquitté par un jury à qui il ne fallut que huit minutes pour prendre sa décision.

1. Ce paragraphe et les suivants sur la carrière de Walker s'inspirent principalement de William O. Scroggs, *Filibusters and Financiers : The Story of William Walker and His Associates* (New York, 1916) ; Albert Z. Carr, *The World and William Walker* (New York, 1963) ; Frederic Rosengarten Jr., *Freebooters Must Die ! The Life and Death of William Walker* (Wayne, Pa., 1976) ; et Brown, *Agents of Manifest Destiny*, p. 174 et suiv.

2. *Vigilante movement* : un *vigilante* est un citoyen de bonne volonté qui offre ses services comme auxiliaire à la police, généralement lorsque celle-ci est débordée. (NdE.)

Cette escapade jusqu'en Sonora n'était toutefois qu'un échauffement en prévision du véritable événement. Au début des années 1850, l'attention des Américains fut attirée par l'isthme d'Amérique centrale, véritable pont de terre entre l'Atlantique et le Pacifique. Un canal creusé à travers ces jungles abrégerait de plusieurs semaines le passage entre la Californie et le reste des États-Unis. Le Nicaragua semblait se prêter tout spécialement à une telle entreprise, mais la difficulté et le coût de la construction seraient énormes. En attendant, le magnat new-yorkais des transports, Cornelius Vanderbilt, fonda l'Accessory Transit Company qui transportait passagers et frêt entre New York et San Francisco, via le Nicaragua. Séduits par le climat tropical, qui permettait de faire pousser des fruits, du coton, de la canne à sucre et du café, d'autres investisseurs américains se mirent à couver la région de regards concupiscents. Le climat politique, en revanche, avait tout pour décourager les investissements ; le Nicaragua semblait être en révolution permanente, ayant souffert sous quinze présidents différents au cours des six années antérieures à 1855. La tentation de flibuster dans les parages était quasi irrésistible ; William Walker ne manqua pas d'y succomber.

En 1854, Walker signa un contrat avec les rebelles de la guerre civile qui sévissait cette année-là au Nicaragua et en mai 1855, il fit voile de San Francisco, avec son premier contingent de cinquante-sept hommes, pour aller soutenir leur cause. Du fait que la Grande-Bretagne appuyait le camp adverse et que les tensions américano-britanniques ne cessaient de s'aggraver depuis quelques années, les fonctionnaires américains fermèrent complaisamment les yeux. Avec le soutien financier de la compagnie de Vanderbilt, les flibustiers de Walker et leurs alliés rebelles triomphèrent des « légitimistes » et s'assurèrent le contrôle du gouvernement. Walker se promut lui-même au rang de commandant en chef de l'armée du Nicaragua, tandis que les Américains continuaient à arriver en rangs serrés dans le pays — ils étaient deux mille au printemps de 1856. Au mois de mai, le président Pierce reconnut officiellement le gouvernement de Walker.

Bien que Walker lui-même et une bonne moitié de ses flibustiers fussent originaires du Sud, l'entreprise n'était pas jusque-là trop marquée d'un sceau pro-sudiste. Dès le milieu de 1856, cependant, cela était en passe de changer. Alors qu'une grande partie de la presse du Nord condamnait Walker, ne voyant en lui qu'un aventurier au sens péjoratif du terme, les journaux sudistes lui tressaient des couronnes et le disaient au service d'une « noble cause [...], une cause qui [était], au fond, [la] cause [du Sud] ». En 1856, la convention nationale du parti démocrate mit à son programme un article conçu, comme par hasard, par Pierre Soulé, prônant « la suprématie [américaine] dans le golfe du Mexique[1] ». Les

1. *New Orleans Daily Delta*, 18 avril 1856, cité par Franklin, *Militant South*, p. 120 ; Schlesinger (éd.), *History of American Presidential Elections*, t. II, p. 1039.

tenants de l'expansion de l'esclavage avaient conscience des possibilités existant dans ces régions pour une agriculture de plantations. D'ailleurs, l'Amérique centrale offrait un potentiel plus intéressant encore que Cuba, car sa population métisse peu nombreuse[1] et ses gouvernements faibles et instables semblaient faire d'elle une proie facile. Bien sûr, les républiques de cette région avaient aboli l'esclavage quelque vingt-cinq ans auparavant, mais ce n'en était que mieux, car cela permettrait aux gens du Sud d'établir leurs plantations avec leurs esclaves sans rencontrer aucune concurrence de la part de planteurs locaux. « Un peuple barbare ne saurait se civiliser sans le salutaire apprentissage qu'a assuré l'esclavage, expliquait un journal de la Nouvelle-Orléans qui encourageait une émigration sudiste vers le Nicaragua de Walker. Le devoir des sages et leur prérogative décrétée par le ciel sont de guider et de gouverner les ignorants [...] par le biais de l'esclavage ; et plus vite les hommes civilisés apprendront à reconnaître leur devoir et leur droit, plus vite les véritables progrès de la civilisation reprendront[2]. »

Au cours de 1856, des centaines d'aspirants planteurs souscrivirent à des concessions de terres au Nicaragua. En août, Pierre Soulé en personne arriva dans la capitale de Walker pour négocier avec lui un prêt consenti par des banquiers de la Nouvelle-Orléans. « L'homme providentiel aux yeux gris », comme la presse avait désormais baptisé Walker, avait bien besoin d'une telle aide. Sa révolution traversait une mauvaise passe, car les autres nations d'Amérique centrale avaient formé une alliance pour le renverser. Elles avaient derrière elles Cornelius Vanderbilt dont Walker avait provoqué la colère en prenant fait et cause pour une faction qui lui était hostile au sein de l'Accessory Transit Company. A son tour, le président du Nicaragua rejoignit les rangs ennemis, si bien qu'en juillet 1856 Walker se bombarda Président. Le gouvernement Pierce rompit aussitôt les relations diplomatiques. Comprenant que le soutien du Sud était désormais son seul espoir, Walker décida, comme il le dit plus tard, « d'enchaîner les États du Sud au Nicaragua comme si ce dernier en faisait partie ». Le 22 septembre 1856, il révoqua l'édit d'émancipation du Nicaragua, qui datait de 1824, et rétablit la légalité de l'esclavage[3].

Cet audacieux coup de dés parvint à lui gagner le soutien du Sud. « Aucun mouvement au monde » n'était aussi important pour le Sud que celui de Walker, proclamait un journal. « Au nom de la race blanche, déclarait un autre, [voici qu'il] vous offre le Nicaragua, pour vous et vos esclaves, à un moment où vous ne comptez pas un seul ami à la surface

1. Dans les années 1850, la population du Nicaragua, par exemple, ne représentait qu'un douzième environ de son total actuel.

2. *Louisiana Courier*, 12 nov. 1857, cité par Chester Stanley Urban, « The Ideology of Southern Imperialism ». *Louisiana Historical Quarterly*, n° 39 (1956), p. 66.

3. William Walker, *The War in Nicaragua* (New York, 1860), p. 263.

du globe. » La convention commerciale réunie à Savannah exprima son enthousiasme envers les « efforts tentés pour apporter la civilisation aux États d'Amérique centrale et pour développer ces régions riches et productives par l'introduction d'une main-d'œuvre servile[1] ». Durant l'hiver de 1856-57, de nouvelles recrues arrivèrent de la Nouvelle-Orléans et de San Francisco à bord de plusieurs navires, afin de se battre aux côtés de Walker, mais il en aurait fallu beaucoup plus. Certains de ces hommes arrivèrent au Nicaragua juste à temps pour y succomber à une épidémie de choléra qui fit des ravages dans les troupes de Walker, au moment même où l'alliance centre-américaine triomphait d'elles sur le champ de bataille. Le 1er mai 1857, Walker se rendit avec les survivants de son armée à un commandant de la marine américaine, dont le navire les rapatria jusqu'à la Nouvelle-Orléans. Ils laissaient derrière eux un millier d'Américains morts de maladie ou au combat.

Cela ne mit pourtant pas un point final à l'affaire. On pourrait même dire que, dans le Sud, elle commençait à peine. Le retour de Walker fut fêté par de nouveaux transports d'allégresse. Les citoyens ouvrirent leurs cœurs et leurs porte-monnaie à « l'homme providentiel aux yeux gris », lorsqu'il parcourut le Sud, afin d'y trouver des hommes et de l'argent pour une nouvelle tentative. En novembre 1857, il quitta le port de Mobile pour une deuxième expédition au Nicaragua, mais la marine américaine le rattrapa et réexpédia son armée aux États-Unis. Dans les journaux sudistes, une explosion de colère salua cet « abus de pouvoir ». Alexander Stephens réclama à cor et à cri le passage en cour martiale du commodore qui avait intercepté Walker. Deux douzaines de sénateurs et membres du Congrès firent écho à ces sentiments, au cours d'un extraordinaire débat parlementaire. « Jamais un coup aussi violent n'a été porté contre les droits du Sud, lança un représentant du Tennessee, que lorsque le commodore Paulding a perpétré contre notre peuple cet arrogant outrage. » L'attitude du gouvernement prouvait bien que le président Buchanan ne valait pas mieux que n'importe quel autre yankee et qu'il voulait « écraser l'expansion de l'esclavage vers le sud ». En mai 1858, un jury de la Nouvelle-Orléans décidait par dix voix à deux d'acquitter Walker, accusé d'avoir violé la loi sur la neutralité[2].

Cette avalanche de sympathies sudistes entraîna Walker dans une nouvelle campagne pour organiser sa troisième invasion du Nicaragua. Une seconde tournée dans le Sud profond provoqua une frénésie presque pathologique parmi des gens qui se croyaient en train de livrer un combat à la mort à leurs oppresseurs yankees. Dans une ville, Walker supplia « les mères du Mississippi d'ordonner à leurs fils d'endosser l'armure

1. May, *Southern Dream of a Carribean Empire*, p. 108-109 ; Russel, *Economic Aspects of Southern Sectionalism*, p. 140.

2. *CG*, 35e Cong., 1re Sess., p. 562 ; May, *Southern Dream of a Carribean Empire*, p. 113-126.

de la guerre et de combattre pour les institutions, pour l'honneur de notre Sud ensoleillé[1] ». Les fils en question répondirent comme un seul homme. La troisième expédition de Walker partit encore une fois de Mobile, en décembre 1858, mais son navire heurta un récif et coula à soixante milles de la côte d'Amérique centrale. Malgré leur humiliant retour à leur point de départ, à bord du navire britannique qui les avait sauvés, les flibustiers reçurent, selon la coutume, un tumultueux accueil.

Mais le numéro de Walker commençait à s'user. Lorsqu'il se remit en quête de soutien pour son quatrième essai, les foules furent plus modestes. Il écrivit un livre sur ses expériences au Nicaragua, pour demander « aux cœurs de la jeunesse sudiste » de « répondre à l'appel de l'honneur[2] ». Quelques jeunes gens se laissèrent persuader de le suivre. Quatre-vingt-dix-sept flibustiers se rendirent par petits groupes jusqu'à un lieu convenu au Honduras, où ils espéraient trouver du soutien pour une nouvelle invasion du Nicaragua. Au lieu de quoi ils ne trouvèrent que l'hostilité et la défaite. Walker se rendit à un capitaine de la marine britannique, s'attendant à être, comme d'habitude, renvoyé aux États-Unis, mais le capitaine le remit entre les mains des autorités locales. Le 12 septembre 1860, l'homme aux yeux gris s'en fut à la rencontre de son destin devant un peloton d'exécution du Honduras.

Son souvenir survécut, non seulement dans les sentiments des Centre-Américains envers les gringos, mais aussi dans ceux que le conflit séparatiste qui déchirait les États-Unis suscitait chez les Nord-Américains. Lorsque le sénateur John J. Crittenden proposa en 1861 de résoudre la crise de la sécession en rétablissant la ligne du 36° 30' de latitude entre l'esclavage et la liberté dans tous les territoires « appartenant actuellement [aux États-Unis] ou acquis ultérieurement », Abraham Lincoln et son parti repoussèrent cette idée en assurant qu'elle « équivaudrait à un perpétuel pacte de guerre contre tout peuple, tribu ou État possédant un mètre carré de terre entre ici et la Terre de Feu[3] ».

C'était à peine exagéré. Ayant commencé la décennie dans un élan visant à défendre les droits du Sud par la diversification économique, de nombreux sudistes la terminaient avec une vision bien différente de leur avenir : l'expansion de l'esclavage pour former un empire tropical contrôlé par le Sud. C'était d'ailleurs le thème d'un livre publié en 1859 par Edward A. Pollard, journaliste de Virginie et futur membre et historien de la Confédération.

---

1. *Aberdeen [Miss.] Prairie News*, 1er juillet 1858, cité par Percy Lee Rainwater, « Economic Benefits of Secession : Opinions in Mississippi in the 1850's », *JSH*, n° 1 (1935), p. 462.
2. Walker, *The War in Nicaragua*, p. 278.
3. *CG*, 36e Cong., 2e Sess., p. 651.

« La voie de notre destin sur ce continent, écrivit-il, se trouve en [...] Amérique centrale [où] nous pouvons voir un empire aussi puissant, aussi splendide que jamais on n'en vit dépeint dans nos rêves historiques [...], un empire [...] représentant les nobles particularités de la civilisation sudiste [...] contrôlant les deux principaux produits du commerce mondial — le coton et le sucre [...]. Le destin de la civilisation sudiste est d'être menée à son apogée dans une gloire plus brillante encore que celle d'antan[1]. »

Un autre Virginien, George Bickley, chercha à donner corps à cette vision, avec les Chevaliers du Cercle d'Or, ordre fondé vers le milieu des années 1850 pour promouvoir un « cercle d'or » d'États esclavagistes : ce cercle partirait du Sud américain, traverserait le Mexique et l'Amérique centrale, poussant jusqu'aux rives de l'Amérique latine, et s'incurverait à nouveau vers le nord pour englober les Antilles et se refermer à Key West. « Avec cette adjonction soit à notre *système*, celui de l'*Union*, soit à une Confédération sudiste, écrivit-il en 1860, nous aurons entre les mains toutes les terres du continent où poussent le coton, le tabac, le sucre, le café, le riz, le maïs, ainsi que le plus grand entrepôt mondial de richesse minérale[2]. »

Ce fut ainsi que, dès 1860, l'Empire pour la Liberté de Thomas Jefferson s'était métamorphosé, pour reprendre la formule du représentant du Mississippi au Congrès, L.Q.C. Lamar, en un désir d'« implanter la liberté américaine avec les institutions sudistes sur chaque pouce de sol américain[3] ». Toutefois, le tollé soulevé par la tentative d'implanter la version sudiste de la liberté le long du golfe du Mexique, sous la forme paradoxale de l'esclavage, fut éclipsé par la controverse que déchaîna la volonté de l'implanter au beau milieu du Kansas.

Chapitre IV

ESCLAVAGE, RHUM ET ROMANISME

I

Ce fut en 1852 que le parti whig disputa pour la dernière fois des élections présidentielles. Lorsque le moment fut venu pour Millard Fillmore de solliciter un second mandat, les efforts qu'il avait déployés pour faire appliquer la loi sur les esclaves fugitifs lui valurent le soutien

1. Pollard, *Black Diamonds* (New York, 1859), p. 52-53, p. 108-109.
2. May, *Southern Dream of a Carribean Empire*, p. 150.
3. *CG*, 35ᵉ Cong., 1ʳᵉ Sess., p. 279.

des whigs du Sud. Il s'était, en revanche, aliéné les whigs antiesclavagistes, tout spécialement la faction Seward dans son propre État de New York, laquelle était favorable à la candidature de Winfield Scott, pourtant Virginien (mais qui ne possédait pas d'esclaves). La convention whig offrit un curieux spectacle : la plupart des délégués du Sud soutenaient un candidat nordiste et vice versa, sans compter que de nombreux whigs qui s'étaient prononcés contre la guerre quatre ans plus tôt donnaient leur voix au général qui avait emmené les troupes américaines à la victoire. Les manœuvres qui se multiplièrent durant la convention vinrent renforcer l'impression que les whigs avaient définitivement sombré dans le ridicule. Les sudistes obtinrent des modérés du Nord un soutien suffisant pour adjoindre au programme électoral une clause promettant d'« approuver » le Compromis de 1850 « comme règlement dans son principe et sa substance » de la question « dangereuse et passionnée » de l'esclavage. Tous les votes hostiles à cet article émanaient des whigs du Nord qui avaient fourni la moitié des délégués partisans de Scott. Il y eut cinquante-deux interminables tours de scrutin, au cours desquels les délégués yankees fournirent quatre-vingt-quinze pour cent des voix en faveur de Scott et les sudistes quatre-vingt-cinq pour cent de celles en faveur de Fillmore. Au cinquante-troisième tour, une douzaine de modérés du Sud passèrent du côté de Scott et lui donnèrent la victoire[1].

Ce dénouement consterna de nombreux whigs du Sud. Soupçonnant Seward d'avoir manigancé la chose, ils redoutèrent de voir se reproduire la débâcle des années Taylor. Quand ils constatèrent que la lettre par laquelle Scott acceptait sa nomination ne comportait qu'une tiède adhésion au programme, leurs craintes se changèrent en certitudes. « Si nous le soutenons, écrivit un whig de Caroline du Nord, nous devons nous attendre à former l'arrière-garde de l'armée d'abolitionnistes qui occupera les premiers rangs. » Sous la conduite d'Alexander Stephens et de Robert Toombs, neuf représentants sudistes du parti whig au Congrès annoncèrent qu'ils refusaient d'appuyer Scott. A mesure que la campagne se poursuivait, les défections dans les rangs des whigs du Sud tournèrent à la bousculade. Le jour de l'élection, Scott ne recueillit que trente-cinq pour cent des suffrages exprimés dans le Sud profond (contre cinquante pour cent à Taylor quatre ans auparavant) et, parmi les quinze États esclavagistes, ne l'emportait que dans le Kentucky et le Tennessee. Dans les onze futurs États confédérés, pas un whig ne fut élu gouverneur en 1852-53 et ils n'eurent que quatorze membres du Congrès sur soixante-cinq, ne contrôlant plus désormais que la législature

1. Potter, *Impending Crisis*, p. 232-33 ; Roy et Jeannette Nichols, « Election of 1852 », in Arthur M. Schlesinger Jr. (éd.), *History of American Presidential Elections, 1789-1968*, 4 vol. (New York, 1971), t. II, p. 943-944.

du Tennessee. Le verdict d'Alexander Stephens : « Le parti whig est mort » ne paraissait pas exagéré dans le Sud profond[1].

La métamorphose des whigs du Sud en démocrates fut facilitée par la sympathie croissante que manifestaient les démocrates du Nord envers le Sud. Même le retour au bercail des Brûleurs de grange ne parut pas entraver ce processus. La convention nationale des démocrates n'adopta pas moins de trois articles jurant fidélité au Compromis de 1850 et affirma que « le Congrès n'[avait] aucun pouvoir [...] pour s'immiscer dans les questions d'esclavage » — sinon bien sûr pour aider les maîtres à remettre la main sur les fugitifs[2]. En raison de la règle établie au sein du parti, exigeant une majorité des deux tiers pour pouvoir nommer un candidat à la présidence, les délégués sudistes furent en mesure de faire échec aux candidatures de Lewis Cass et Stephen Douglas, que leurs idées sur la souveraineté populaire rendaient suspects. Mais ils ne purent en revanche obtenir la nomination de leur propre favori, le malléable James Buchanan. Durant quarante-huit longs tours de scrutin, le parti resta aussi irrémédiablement dans une impasse que les whigs. Au quarante-neuvième tour, on finit par nommer un outsider, Franklin Pierce du New Hampshire, ancien sénateur et ancien combattant de la guerre du Mexique, acceptable à toutes les factions et tout à fait digne de confiance sur la question de l'esclavage en dépit de ses antécédents yankees. Albert G. Brown, du Mississippi, trouvait Pierce « aussi sûr que Calhoun soi-même », tandis qu'un mangeur de feu de Caroline du Sud notait qu'« on ne s'était pas attendu à une nomination si favorable au Sud ». Se lançant dans la campagne présidentielle plus unis qu'ils ne l'avaient été depuis l'époque de Jackson, les démocrates l'emportèrent haut la main[3].

Pierce fut à la hauteur des espérances du Sud. Certes, il ne parvint pas, malgré tous ses efforts, à acquérir Cuba, mais son gouvernement fit appliquer la loi sur les esclaves fugitifs avec une extrême rigueur et ouvrit en outre à l'esclavage le restant des territoires inclus dans l'achat de la Louisiane, quoique situés au nord du 36° 30' de latitude. Il le fit, cependant, pour le plus grand dommage de la tranquillité intérieure du parti démocrate et, au bout du compte, de l'Union tout entière.

1. William J. Cooper Jr., *The South and the Politics of Slavery, 1828-1856* (Baton Rouge, 1978), p. 330, p. 343.

2. Schlesinger (éd.), *History of Presidential Elections*, t. II, p. 952.

3. Les citations sont empruntées à Cooper, *The South and the Politics of Slavery*, p. 334. En plus du mandat de tous les États esclavagistes sauf deux, Pierce obtint ceux de tous les États du Nord à l'exception du Vermont et du Massachusetts ; il aurait, cependant, vu l'Ohio et le Connecticut lui échapper, si les Free Soilers n'avaient pas privé Scott des voix des whigs antiesclavagistes. Avec le retour des Brûleurs de grange au sein du parti démocrate, les Free Soilers ne réunirent que six pour cent des suffrages exprimés dans les États du Nord. Au plan national, cinquante et un pour cent des suffrages exprimés se portèrent sur Pierce contre quarante-quatre sur Scott. Les démocrates s'assurèrent le contrôle du Congrès, avec une majorité de plus des deux tiers à la Chambre et de près des deux tiers au Sénat.

En mars 1854, Anthony Burns s'échappa de Virginie, où il était esclave, et parvint à se dissimuler à bord d'un navire en partance pour Boston, où il trouva du travail dans un magasin de confection. Malheureusement, Burns, qui savait lire et écrire, commit l'erreur d'envoyer une lettre à son frère, toujours esclave. Le maître intercepta la missive et apprit ainsi où se trouvait le fugitif ; il partit aussitôt dans le Nord récupérer son bien. Un *marshal* adjoint arrêta Burns le 24 mai et le fit incarcérer, sous très bonne garde, dans les locaux du tribunal. Le comité de surveillance passa immédiatement à l'action, organisant une réunion au Faneuil Hall[1], où il fut décidé que « résister aux tyrans, c'[était] obéir à Dieu ». Aussitôt dit, aussitôt fait : un groupe d'abolitionnistes noirs et blancs, ayant à sa tête un pasteur unitarien de trente ans, Thomas Wentworth Higginson, s'efforça de délivrer Burns en prenant d'assaut le tribunal, armé de haches, de revolvers et d'un bélier. Higginson et un Noir parvinrent à franchir la porte, mais furent refoulés à coups de matraque par les assiégés ; au même instant, un coup de feu résonna et l'un des *marshals* tomba mort.

Le président Pierce à qui on demanda aussitôt de l'aide expédia à Boston plusieurs compagnies de fusiliers marins, de cavalerie et d'artillerie, qui vinrent prêter main-forte à la milice de l'État pour maintenir l'ordre, tandis qu'un commissaire fédéral statuait sur le cas de Burns. « A n'importe quel prix, déclara Pierce au procureur de Boston, veillez à faire appliquer la loi. » Le Président ordonna aussi à une vedette de la douane de se tenir prête à reconduire Burns en Virginie. Tout en sachant parfaitement que c'était inutile, les avocats du comité de surveillance n'en tentèrent pas moins toutes les manœuvres légales possibles et imaginables, tandis que les Bostoniens réunissaient la somme nécessaire au rachat de Burns. Son propriétaire paraissait prêt à accepter, mais le procureur refusa de sanctionner ce marché. Force devait rester à la loi et il mena victorieusement l'affaire à son terme. Le 2 juin, sous escorte militaire, Burns gagna le port de Boston à travers des rues bordées de yankees moroses, massés devant des bâtiments drapés de noir ; le drapeau américain avait été hissé la tête en bas et les cloches de la ville sonnaient le glas de la liberté dans le berceau de la révolution américaine. Il en avait coûté cent mille dollars (soit peut-être deux millions de dollars de 1987), mais le gouvernement Pierce avait imposé la majesté de la loi[2].

---

1. Le Faneuil Hall avait été le lieu de rencontre des patriotes révolutionnaires de Boston au cours des années 1770 et il fut consacré par la tradition américaine qui le considérait comme le berceau de la liberté et de l'indépendance des États-Unis.

2. James H. Pease et William H. Pease, *The Fugitive Slave Law and Anthony Burns* (Philadelphia, 1975) ; Stanley W. Campbell, *The Slave Catchers : Enforcement of the Fugitive Slave Law, 1850-1860* (New York, 1970), p. 124-132 ; Philip S. Foner, *History of Black Americans from the Compromise of 1850 to the End of the Civil War* (Westport, Conn., 1983), p. 69-77 ; Tilden G. Edelstein, *Strange Enthusiasm : A Life of Thomas Wentworth*

Les retombées de cette affaire furent considérables. « Quand tout fut fini et que je me retrouvai seul dans mon bureau, écrivit un whig jusque-là conservateur, je me cachai le visage dans les mains et pleurai. Je ne pouvais faire moins. » Amos A. Lawrence, un magnat du textile, nota de son côté : « Nous allâmes nous coucher un soir dans la peau de whigs à l'ancienne, conservateurs, partisans du Compromis et de l'Union, et nous nous réveillâmes le lendemain abolitionnistes acharnés[1]. » Un jury d'accusation fédéral inculpa Higginson, Theodore Parker, Wendell Philips et quatre autres abolitionnistes blancs et noirs d'émeute et d'incitation à l'émeute. Après que le juge d'un tribunal d'instance eut infirmé l'inculpation pour vice de forme, le gouvernement renonça aux poursuites, conscient qu'il lui serait impossible d'avoir gain de cause devant des jurés du Massachusetts. Le 4 juillet, jour de la fête nationale, avec la bénédiction de milliers de ses concitoyens, William Lloyd Garrison brûla publiquement un exemplaire de la Constitution qu'il dénonça comme un pacte de mort. Les États de Nouvelle-Angleterre adoptèrent de nouvelles lois sur la liberté individuelle, qui étaient, sur plusieurs points, en contradiction flagrante avec la loi fédérale[2].

Après des controverses locales mettant en cause la loi sur les esclaves fugitifs, l'Ohio, le Michigan et le Wisconsin votèrent eux aussi des lois plus musclées sur la liberté individuelle. Le cas le plus poignant fut celui de Margaret Garner, du Kentucky, qui, en janvier 1856, avec son mari et ses quatre enfants, parvint à passer en Ohio. Sur le point d'être reprise par une escouade de poursuivants, Margaret empoigna un couteau de cuisine et trancha la gorge d'une de ses filles, avant de tenter de tuer ses autres enfants, plutôt que de les voir retourner en esclavage. L'État de l'Ohio fit valoir ses droits à juger Margaret Garner pour homicide, mais un juge fédéral repoussa la requête des instances judiciaires et ordonna que les Garner fussent rendus à leur maître. Ce digne homme les vendit aussitôt à un citoyen de la Nouvelle-Orléans. En route pour cette ville, un des autres enfants de Margaret parvint, comme elle l'avait souhaité, à échapper à la servitude en se noyant dans le Mississippi, à la suite d'une collision entre deux bateaux à vapeur[3].

Mais ce qui contribua encore plus que la loi sur les esclaves fugitifs à éveiller le militantisme du Nord, ce fut la loi Kansas-Nebraska adoptée par le Congrès en mai 1854. Survenant au même moment que l'affaire

---

Higginson (New Haven, 1968), p. 155-161. Un an plus tard, un comité bostonien parvint à racheter la liberté de Burns. Il fut étudiant à Oberlin College pendant quelque temps, avant d'émigrer au Canada, où il mourut en 1862.

1. Lettre de George S. Hilliard à Francis Lieber, 1er juin 1854, Francis Lieber Papers, bibliothèque Henry E. Huntington ; lettre d'Amos Lawrence à Giles Richards, 1er juin 1854, citée par Pease et Pease, *The Fugitive Slave Law and Anthony Burns*, p. 43.

2. Thomas D. Morris, *Free Men All : The Personal Liberty Laws of the North, 1780-1861* (Baltimore, 1974), p. 219-220 ; Campbell, *The Slave Catchers*, p. 202-206.

3. Foner, *History of Black Americans*, p. 87-91 ; Campbell, *The Slave Catchers*, p. 244-247.

Burns, cette loi fut peut-être parmi les diverses causes qui entraînèrent le pays vers la guerre civile, l'événement le plus important. Elle acheva le parti whig moribond et donna naissance à un nouveau parti républicain, entièrement nordiste.

A l'origine de l'affaire Kansas-Nebraska, on trouvait ce même élan qui avait poussé les Américains vers l'Ouest dès le début de leur histoire. Des colons remuants et des spéculateurs fonciers avaient commencé à guigner d'un œil plein de convoitise le sol fertile des vallées de deux fleuves, le Kansas et le Platte. Par ailleurs, en 1852, l'idée d'un chemin de fer transcontinental à travers cette zone était devenu le rêve des entrepreneurs, des politiciens et des habitants de la région qu'on appelait « la frontière » et qui marquait la limite des terres peuplées. Cependant, tant que le gouvernement n'aurait pas arraché de nouvelles cessions de terres aux Indiens et organisé la région en territoire, il était impossible de dresser un lever topographique et impossible aussi aux colons de s'y fixer. Tout le monde parlait d'un chemin de fer jusqu'en Californie, grommela un député du Missouri, mais « au nom de Dieu, ce chemin de fer, comment [allait]-on le construire, si [on] ne [laissait] personne s'installer sur les terres qu'il [devait] traverser[1] » ? Les sudistes n'étaient pas pressés d'organiser ce territoire, car il était situé au nord du 36° 30' de latitude, ligne au-dessus de laquelle l'esclavage était exclu par le Compromis du Missouri. Sans compter qu'ils préféraient évidemment pour le chemin de fer un tracé plus méridional, à travers les territoires déjà organisés du Nouveau-Mexique, avec la Nouvelle-Orléans comme terminus oriental.

Or, il se trouvait que deux démocrates de l'Illinois — William A. Richardson et Stephen A. Douglas — étaient présidents respectivement des commissions de la Chambre et du Sénat pour l'organisation des territoires. Ils étaient l'un comme l'autre des champions de la doctrine prônée par le mouvement Jeune-Amérique : celle de la « destinée manifeste » sous forme d'une expansion ininterrompue vers l'Ouest. Gros investisseur foncier de Chicago, Douglas n'avait pas manqué d'augmenter la valeur de ses terres en s'assurant une concession fédérale pour une voie ferrée allant de Chicago à Mobile. Espérant peut-être répéter l'opération entre Chicago et San Francisco, Douglas et Richardson soumirent, en 1853, des projets de loi visant à organiser un territoire du Nebraska qui engloberait presque tout ce qui restait de l'achat de la Louisiane au-dessus du 36° 30' de latitude. La Chambre ratifia sans tarder cette mesure, mais l'opposition des sénateurs sudistes l'ajourna *sine die* en mars 1853. Pour donner force de loi à son projet, Douglas avait besoin du soutien d'au moins une demi-douzaine de

1. *CG*, 32ᵉ Cong., 2ᵉ Sess., p. 560.

sénateurs du Sud, lesquels lui firent savoir exactement ce qu'il lui en coûterait[1].

L'obstacle le plus sérieux pour Douglas était un quatuor de sénateurs sudistes qui logeaient tous ensemble dans une demeure de F Street. Ce « Mess de F Street », comme ils s'étaient eux-mêmes baptisés, était composé de James M. Mason et Robert M.T. Hunter de Virginie, d'Andrew P. Butler de Caroline du Sud, et de David R. Atchison du Missouri — respectivement présidents des commissions des Affaires étrangères, des Finances et de la Justice et président provisoire du Sénat[2]. En tant que tel, Atchison venait d'ailleurs au second rang pour la présidence du pays, puisque le vice-président de Pierce était mort durant le deuxième mois de son mandat. Buveur, grossier, batailleur, Atchison était, de tous les défenseurs des droits du Sud au Sénat, celui qui mâchait le moins ses mots. Ses électeurs, propriétaires d'esclaves, s'opposaient à l'organisation du territoire du Nebraska, car le Missouri se trouverait alors « environné de terres libres [...]. Avec les émissaires des abolitionnistes tout autour [...], les biens serviles ne seraient plus en sécurité ». Atchison annonça donc qu'il était prêt à voir le Nebraska « s'abîmer en enfer » plutôt que de voter en faveur de son organisation en territoire libre. « [Nous devons] étendre les institutions du Missouri à tout ce territoire, jura une assemblée à laquelle il faisait un discours, dussions-nous y laisser notre dernière goutte de sang et notre dernier dollar. » Le Mess de F Street fit passer un message à Douglas : s'il voulait son Nebraska, il devrait y abroger l'interdiction qui frappait la servitude et mettre « l'esclavagiste et l'antiesclavagiste sur un pied d'égalité[3] ».

Douglas n'était pas sans savoir qu'une telle mesure « soulèverait une tempête de tous les diables » dans le Nord. Il chercha donc tout d'abord à contourner le Compromis du Missouri plutôt qu'à l'abroger. La version originale du projet de loi sur le Nebraska, présenté en janvier 1854, plagiait les termes des lois adoptées pour l'Utah et le Nouveau-Mexique quatre

---

1. La littérature sur les origines de la loi Kansas-Nebraska est aussi fournie que riche en controverses. On trouvera un excellent résumé de la majeure partie de l'affaire chez Roy F. Nichols, « The Kansas-Nebraska Act : A Century of Historiography », *MVHR*, n° 43 (1956), p. 187-212. L'étude la plus lucide des origines de cette loi figure chez Potter, *Impending Crisis*, p. 145-176. Pour ma présentation des faits, je me suis aussi inspiré de Nevins, *Ordeal*, t. II, p. 88-121 ; Harry V. Jaffa, *Crisis of the House Divided: An Interpretation of the Lincoln-Douglas Debates* (Garden City, N.Y., 1959), p. 104-180 ; Robert W. Johannsen, *Stephen A. Douglas* (New York, 1973), p. 374-434 ; Roy F. Nichols, *Franklin Pierce* (Philadelphia, 1958), p. 319-324 ; James A. Rawley, *Race and Politics : « Bleeding Kansas » and the Coming of the Civil War* (Philadelphia, 1969), p. 21-57 ; et Don E. Fehrenbacher, *The Dred Scott Case : Its Significance in American Law and Politics* (New York, 1978), p. 178-187.

2. Président *pro tempore* — tel est son titre officiel — il est élu par le Sénat dans le cas où le vice-président des États-Unis, qui est aussi président du Sénat, est obligé d'assumer les fonctions de Président du pays. (NdE.)

3. Citations empruntées à Nevins, *Ordeal*, t. II, p. 92-93 ; et à Rawley, *Race and Politics*, p. 28.

ans auparavant, en stipulant que le Nebraska, lorsqu'il serait admis en tant qu'État ou États, rejoindrait l'Union « avec ou sans esclavage, comme le [prévoirait] sa constitution[1] ». Pour les sudistes, c'était loin d'être suffisant. Si le Compromis du Missouri restait en vigueur durant le stade territorial, jamais l'esclavage ne parviendrait à prendre pied. Atchison fit pression sur Douglas, lequel « s'aperçut » alors qu'à la suite d'une « faute de copie » une section entière du projet de loi, précisant que « toutes les questions ayant trait à l'esclavage dans les territoires [... devaient] être laissées à la discrétion des personnes y résidant », avait été omise[2]. Mais ce n'était pas encore tout à fait assez, car le Compromis du Missouri était toujours valable, même s'il avait été implicitement contourné par la clause due à la « faute de copie ». Douglas fit donc la démarche fatidique. Il ajouta une abrogation explicite de l'interdiction de l'esclavage au nord du 36° 30' de latitude. Qui plus est, sa nouvelle version du projet de loi organisait deux territoires : le Nebraska à l'ouest de l'Iowa et le Kansas à l'ouest du Missouri. Cela avait tout l'air d'un artifice pour réserver le Kansas à l'esclavage et le Nebraska à la liberté, d'autant plus que le climat et le sol du Kansas oriental ressemblaient fort à ceux du bassin du Missouri, où la plupart des esclaves de cet État étaient concentrés.

L'affaire souleva en effet une tempête de tous les diables, à côté de laquelle les débats de 1850 faisaient figure d'ondée printanière. Les premiers nuages annonçant l'orage arrivèrent d'ailleurs de l'Administration elle-même. Le Président redoutait les conséquences politiques qu'entraînerait la répudiation d'un pacte consacré par trente-quatre années de vie nationale. A l'exception du ministre de la Guerre, Jefferson Davis, et de celui de la Marine, James Dobbin, de Caroline du Nord, le cabinet était opposé à l'abrogation. Le gouvernement rédigea un vague projet de rechange, qui aurait permis de porter tout le problème de l'esclavage dans les territoires devant la Cour suprême, mais le Mess de F Street ne l'entendait pas de cette oreille. Le dimanche 22 janvier, en compagnie de Davis et Douglas, ses membres forcèrent la porte de la Maison-Blanche (Pierce n'aimait pas traiter les affaires d'État le jour du Seigneur) et mirent le Président devant un ultimatum : ou bien il soutenait l'abrogation, ou bien il perdait le Sud. Pierce capitula. Il accepta même de faire du projet de loi revu et corrigé « le critère de l'orthodoxie partisane » pour les démocrates[3].

Les démocrates et les whigs du Nord furent abasourdis par le document que leur soumettait Douglas, mais les Free Soilers, en revanche, ne furent nullement surpris. Que pouvait-on attendre d'autre du « pouvoir

1. *CG*, 33ᵉ Cong., 2ᵉ Sess., p. 115.
2. Potter, *Impending Crisis*, p. 159.
3. Rawley, *Race and Politics*, p. 35.

esclavagiste » ? Et ils avaient une réponse toute prête, afin de rallier tous les nordistes contre cette « grossière violation d'un engagement sacro-saint », cet « atroce complot » pour transformer un territoire libre en un « sinistre fief du despotisme, peuplé de maîtres et d'esclaves ». Ces expressions émanaient des plumes conjuguées de Salmon P. Chase, Charles Sumner, Joshua Giddings et trois autres députés Free Soilers, qui lancèrent dans le *National Era* — le journal qui avait publié en feuilleton *La Case de l'oncle Tom* — un « Appel des démocrates indépendants[1] ».

Cet appel donna le ton à un torrent de discours, de sermons et d'éditoriaux furibonds au Congrès et à travers tous les États du Nord. Le *New York Times*, organe modéré, prédit que la réaction du Nord risquait fort de « provoquer une haine intense et indéracinable envers l'institution [l'esclavage], haine qui [écraserait] son pouvoir politique, malgré tous les risques et à n'importe quel prix ». Des centaines de réunions « anti-Nebraska » adressèrent au Congrès résolution sur résolution et pétition sur pétition. « Ce forfait ne sera pas consommé, déclarait l'une d'elles, tout à fait caractéristique de l'ensemble. En dépit de la corruption, des pots-de-vin, des traîtrises, le Nebraska, cœur de notre continent, restera éternellement libre. » Sur les dix législatures du Nord, qui étaient en session dans les premiers mois de 1854, les cinq dont les whigs avaient le contrôle s'élevèrent contre le projet de loi et quatre des cinq que dominaient les démocrates refusèrent de le ratifier. Seule l'assemblée de l'Illinois, sous la pression de Douglas, consentit à approuver cette mesure. Au Congrès, les whigs du Nord furent unanimes dans leur opposition. Le sénateur whig du Maine, William Pitt Fessenden, fraîchement élu, tenait le projet de Douglas pour « un scandaleux outrage ». « Plus je le considère, ajouta-t-il, et plus je sens monter ma fureur. Il ne faudrait pas grand-chose pour faire de moi un abolitionniste enragé[2] ! »

Douglas chercha à démontrer que l'abrogation de l'interdiction de l'esclavage au nord du 36° 30' de latitude n'avait rien de nouveau : le Compromis de 1850, fit-il valoir, avait annulé cette restriction en autorisant la souveraineté populaire dans l'ancien territoire mexicain, aussi bien au nord qu'au sud de cette ligne. Les sénateurs nordistes démontrèrent le caractère fallacieux de cet argument. Le Compromis

1. *National Era*, 24 janvier 1854. On n'a jamais su très clairement pourquoi ces six figures de proue de l'antiesclavagisme s'étaient ainsi intitulées démocrates indépendants. Ces hommes avaient, en effet, presque tous été whigs avant de devenir Free Soilers. Peut-être ce nom était-il un vestige des élections de 1852, durant lesquelles les Free Soilers avaient appelé leur parti la Libre Démocratie.

2. *New York Times*, 24 janvier 1854 ; la résolution est citée par Nevins, *Ordeal*, t. II, p. 127 ; lettre de William P. Fessenden à Ellen Fessenden, 26 février 1854, citée par Richard H. Sewell, *Ballots for Freedom : Antislavery Politics in the United States, 1837-1860* (New York, 1976), p. 259.

de 1850 ne s'appliquait qu'à la cession mexicaine et non à l'achat de la Louisiane ; d'ailleurs, à l'époque, personne — Douglas pas plus qu'un autre — n'avait contesté la chose. La théorie de l'annulation apparaissait comme la rationalisation d'une politique que les pressions sudistes avaient imposée au sénateur de l'Illinois. Néanmoins, la discipline régnant au sein du parti démocrate et les tours de passe-passe de Douglas au Congrès parvinrent à assurer la victoire du projet de loi au Sénat, au mois de mars, par quarante et une voix à dix-sept ; sur les vingt démocrates représentant des États libres, cinq seulement firent bloc avec les whigs et les Free Soilers pour s'y opposer[1].

A la Chambre, les démocrates du Nord, qui devaient affronter leurs électeurs dès l'automne, se montrèrent plus rétifs aux pressions gouvernementales. Néanmoins, Alexander Stephens, chargé de défendre le projet de loi, fit donner « la cravache et l'éperon » et arracha la ratification le 22 mai, par cent quinze voix à cent quatre. « Il me semble que j'ai accompli la *Mission* de toute ma vie », exulta-t-il[2]. Peut-être, mais ce faisant, il donnait le coup de grâce[3] au système bipartite national. Dans les deux Chambres, tous les whigs du Nord votèrent contre le projet, alors que vingt-cinq des trente-quatre whigs du Sud votaient pour ou s'abstenaient pour cause d'appariement avec des démocrates, c'est-à-dire après accord avec des démocrates qui désiraient aussi s'abstenir. Sur les soixante-quinze démocrates du Sud, soixante-douze votèrent pour ou s'abstinrent par appariement, tandis que quarante-neuf des cent huit démocrates du Nord votaient contre ou s'abstenaient par appariement. Beaucoup de ces derniers savaient qu'un oui signifiait la défaite dans les élections prochaines, alors qu'un non marquerait la fin de leur influence au sein des instances dirigeantes du parti. Sept seulement des représentants nordistes qui ratifièrent le projet furent réélus, tandis que plusieurs de ceux qui votèrent contre quittèrent à jamais les rangs démocrates. Quant aux whigs du Nord et du Sud, des querelles acharnées creusèrent entre eux un abîme infranchissable. « Le parti whig a été proprement achevé par cette maudite affaire du Nebraska, écrivit Truman Smith, du Connecticut, dégoûté au point de démissionner du Sénat. Nous autres whigs du Nord sommes irrévocablement décidés à

1. Ces chiffres comprennent les sénateurs « appariés », un pour et un contre le projet, qui avaient conclu un accord par lequel ils s'engageaient pour une période donnée à ne pas participer à un scrutin où l'un des deux serait absent pour des raisons indépendantes de sa volonté. Le scrutin effectif fut de trente-sept à quatorze. Outre les sénateurs du Nord qui votèrent contre, il y eut aussi deux whigs et un démocrate des États esclavagistes, lesquels redoutaient principalement un retour de bâton nordiste, dangereux pour le Sud. Voir Robert P. Russel, « The Issues in the Congressional Struggle Over the Kansas-Nebraska Bill, 1854 », *JSH*, n° 29 (1963), p. 208-209.

2. Nevins, *Ordeal*, t. II, p. 156 ; Rawley, *Race and Politics*, p. 55. Les chiffres cités ici comprennent les représentants « appariés ». Les chiffres réels sont de cent treize à cent.

3. En français dans le texte. (NdE.)

ne plus jamais avoir fût-ce le plus infime rapport ou lien politique » avec les whigs du Sud[1]. Les sudistes ne demandaient pas mieux. « Nous n'aurons plus aucune association partisane [...] avec les whigs du Nord, déclarèrent-ils, tant qu'ils ne fourniront pas la preuve indubitable qu'ils se repentent [des] élans d'un violent fanatisme[2]. »

Pour doubler leurs torts d'un affront, les sénateurs du Sud repoussèrent un projet de loi, ratifié à la Chambre avec une prédominance de voix du Nord, visant à fournir aux colons des parcelles de quatre-vingts hectares prélevées sur les terres fédérales. Une telle loi, expliqua un sudiste, « deviendrait une alliée fort efficace de l'abolition, en encourageant et stimulant l'établissement de fermes libres par des yankees et des étrangers, préparés d'avance à résister à la participation de propriétaires d'esclaves dans le domaine public[3] ».

Une question se posait : les partis politiques avaient volé en éclats, qui allait ramasser les morceaux ? Dans le Sud profond, les démocrates n'allaient pas tarder à recueillir les derniers débris du parti whig dans leur propre poubelle. Dans les États situés plus haut, les whigs se cramponnèrent à une existence précaire — sous des noms différents — pendant encore quelques années. Dans le Nord, c'était plus compliqué. Certains whigs antiesclavagistes, comme William H. Seward, espéraient rajeunir les cadres pour les diverses élections de 1854, à la fois dans les États et nationales, en intégrant les Free Soilers et les démocrates anti-Nebraska. Malheureusement, ces deux groupes n'avaient aucune intention de se laisser ainsi absorber. Au lieu de cela, ils proposèrent, ainsi que de nombreux whigs, d'abandonner « tous ces noms de partis et de se rallier comme un seul homme à la cause du rétablissement de la liberté et de la chute du pouvoir esclavagiste[4] ». Ce fut ainsi que de nouvelles coalitions antiesclavagistes se formèrent dans tout le Nord pour disputer les élections de l'automne. Elles se donnaient différents noms — coalitions « anti-Nebraska », « de fusion », « du peuple », « indépendante » — mais celui qui revenait le plus souvent était « républicaine ». Ce fut, semble-t-il, un rassemblement anti-Nebraska dans une église de Ripon, dans le Wisconsin, qui le premier adopta cette étiquette. Une réunion de trente membres du Congrès à Washington ratifia ce choix le 9 mai. En juillet, dans le Michigan, le nouveau parti s'intitula officiellement le parti républicain. Dans de nombreuses

1. Cité par William E. Gienapp, « The Origins of the Republican Party, 1852-1856 », thèse de doctorat, University of California à Berkeley, 1980, p. 323. La version publiée de cette étude, portant le même titre (New York, 1987), est sortie trop tard pour être citée ici.

2. Il s'agit d'une citation composite, à partir d'extraits du *Richmond Whig*, du *Florida Sentinel* et du *Southern Reporter*, tous cités par Cooper, *The South and the Politics of Slavery*, p. 358.

3. Lettre de Jabez L.M. Curry à Clement C. Clay, juillet 1854, citée par Nevins, *Ordeal*, t. II, p. 335.

4. *National Era*, 22 mai 1854.

circonscriptions électorales, notamment dans le Vieux Nord-Ouest, des conventions optèrent pour ce nom tout vibrant d'échos de la lutte de 1776. « Étant donné la nécessité où nous nous trouvons de nous battre pour les principes de base d'un gouvernement républicain, déclara la convention du Michigan, et contre les desseins d'une aristocratie parmi les plus ignobles et les plus tyranniques qui aient jamais sévi sur terre ou avili l'homme, nous coopérerons et agirons sous le nom de républicains[1]. »

Dans le Nord, les campagnes électorales furent acharnées et sauvages, tout particulièrement dans l'État de l'Illinois, c'est-à-dire celui de Douglas. Ce dernier donna le coup d'envoi le 1er septembre, avec un discours à Chicago, où les hurlements d'une foule hostile l'empêchèrent de parler pendant deux heures d'horloge, au bout desquelles, ivre de rage, il quitta l'estrade à grands pas et s'en fut vers des circonscriptions plus favorables dans le sud de l'État. Pendant ce temps, Abraham Lincoln était « exaspéré [...] comme jamais auparavant » par la loi Kansas-Nebraska[2]. N'ayant pas encore renoncé, pour le moment, à l'appellation de whig, Lincoln prit la parole au nom des candidats anti-Nebraska à la législature de l'État, espérant qu'une victoire permettrait de forger une majorité parlementaire qui l'élirait au Sénat des États-Unis[3]. Dans le courant du mois d'octobre, Lincoln et Douglas se retrouvèrent sur la même estrade dans le cadre de deux joutes oratoires, à Springfield et à Peoria. Dans ses discours, Lincoln exposa les thèmes qu'il devait introduire à la Maison-Blanche six ans plus tard.

Les pères fondateurs, déclara-t-il, s'étaient opposés à l'esclavage. N'avaient-ils pas adopté une Déclaration d'indépendance décrétant tous les hommes nés égaux ? N'avaient-ils pas mis en vigueur l'ordonnance du Nord-Ouest de 1787, interdisant la servitude dans le vaste territoire du Nord-Ouest ? Certes, plusieurs d'entre eux possédaient des esclaves, mais ils avaient affirmé leur hostilité à cette institution dans le principe, tout en le tolérant momentanément (espéraient-ils) dans la pratique. C'était pour cette raison qu'ils n'avaient pas mentionné dans la Constitution les mots « esclave » ou « esclavage », se contentant de faire allusion aux « personnes tenues au service ou au travail obligatoire dans un État ». « Ainsi, cette réalité est dissimulée au fin fond de la Constitution, fit valoir Lincoln, de même qu'un homme malade cache un kyste ou une tumeur qu'il n'ose pas trancher net de peur de perdre tout son sang ; mais en se jurant bien, cependant, de se soumettre à l'ablation dès la fin d'une période donnée. » La première chose à faire était d'empêcher

1. Cité par Michael F. Holt, *The Political Crisis of the 1850s* (New York, 1978), p. 154.
2. *CWL*, t. IV, p. 67.
3. Jusqu'en 1913, lorsque fut notifié le dix-septième amendement, les deux sénateurs de chaque État étaient choisis par la législature de l'État. A l'exception du Nebraska (qui ne devint un État qu'en 1867) toutes les législatures comportent deux Chambres. (NdE.)

la tumeur de s'étendre, ce que les Pères fondateurs avaient fait avec l'ordonnance du Nord-Ouest, l'interdiction de la traite des Noirs d'Afrique en 1807 et la restriction du Compromis du Missouri en 1820. La seconde, c'était de mettre en route un processus d'émancipation progressive, ce que la génération des Pères fondateurs avait accompli dans les États situés au nord du Maryland.

Lincoln refusait d'admettre « qu'il [pût] y avoir le moindre droit moral dans l'asservissement d'un homme par un autre ». Mais, il n'avait pas pour autant l'intention de juger les gens du Sud. « [Quand ils] nous disent qu'ils ne sont pas plus responsables que nous de l'origine de l'esclavage, déclara-t-il, je le reconnais bien volontiers. [...] Ils sont précisément tels que nous serions dans leur situation. [...] Quand on dit que l'institution existe et qu'il est très difficile de s'en débarrasser », Lincoln non plus ne le contestait pas. « Je ne vais certes pas les blâmer de ne pas faire ce que je serais bien en peine de faire moi-même. Fussé-je doté des pleins pouvoirs en ce bas monde, je ne saurais pas comment régler le sort de l'institution existante. Ma première idée serait de libérer tous les esclaves et de les envoyer au Liberia. » Mais il suffisait d'un instant de réflexion pour se convaincre que c'était impossible. « Alors quoi ? Les libérer et les garder parmi nous dans une position subalterne ? Est-il bien certain que leur condition s'en trouverait améliorée ? [...] Que faire d'autre ? Les affranchir et faire d'eux nos égaux politiques et sociaux ? » Ses propres sentiments lui permettaient d'envisager la chose, mais « [on savait] bien qu'il n'en [irait] pas ainsi de la grande masse des citoyens blancs. [...] Or, un sentiment universel, qu'il [fût] bien ou mal fondé, n'[aurait su] être ignoré en toute sécurité ».

De toute façon, la Constitution protégeait l'esclavage partout où il existait déjà. « [Cela] ne fournit pas plus d'excuse pour permettre à l'esclavage de pénétrer sur notre territoire libre que ça n'en donnerait pour reprendre la traite des Africains », déclarait Lincoln. Le grand « tort moral et la grande injustice » de la loi Kansas-Nebraska, c'était qu'elle ouvrait à l'esclavage un territoire qui lui était jusque-là fermé, mettant ainsi l'institution « en bonne voie pour s'étendre et se perpétuer », au lieu de la restreindre dans le but d'y mettre progressivement fin. La solution de la souveraineté populaire était erronée dans le principe et pernicieuse dans la pratique. L'idée selon laquelle la question de l'esclavage sur un territoire ne concernait que les gens qui l'habitaient était fausse ; elle affectait l'avenir de la nation tout entière. « Le Nebraska, tout en n'étant qu'un territoire, ne fait-il pas partie de nous ? Le pays ne nous appartient-il pas ? Et si nous renonçons à le contrôler, ne renonçons-nous pas au droit de nous autogouverner ? [...] Je ne puis que haïr [cette] indifférence *déclarée*, mais qui masque, à ce que je crois, un zèle *réel* quoique secret en faveur de l'expansion [...] de cette monstrueuse injustice qu'est l'esclavage. » Quant aux assurances de

Douglas, selon lesquelles les conditions naturelles empêcheraient la servitude de s'implanter au Kansas, ce n'était pas un argument, mais une « berceuse ». La température, les précipitations et le sol de l'est du Kansas étaient exactement les mêmes que dans le Missouri et le Kentucky. Il existait déjà cinq États esclavagistes au nord du 36° 30' de latitude. « Ce n'est pas le climat qui [...] écartera l'esclavage de ces territoires [...], aucun élément *naturel* n'y parviendra. » Lincoln savait que des habitants du Missouri avaient déjà emmené des esclaves au Kansas. Le seul moyen de les arrêter était de faire voter l'interdiction de la servitude dans ces régions par le Congrès.

Douglas, cependant, avait protesté qu'une telle action serait contraire « au droit sacré de s'autogouverner » dont jouissaient les colons. Sophisme, rétorquait Lincoln ; c'était *l'esclavage* qui était contraire à ce droit. « Quand l'homme blanc se gouverne lui-même, c'est de l'autogouvernement ; mais quand il se gouverne et gouverne également un autre homme [...], c'est du despotisme. [...] Or le Noir est un *homme*. [...] Il ne peut y avoir aucun droit moral lié à l'asservissement d'un homme par un autre. »

« Que personne ne se laisse abuser ! concluait Lincoln. L'esprit de soixante-seize et l'esprit du Nebraska sont radicalement antagonistes. [...] Petit à petit [...], nous avons abandonné la foi de nos pères pour celle d'aujourd'hui. Il y a près de quatre-vingts ans, nous avons commencé par déclarer que tous les hommes étaient nés égaux ; or voici qu'à présent, en partant de cette affirmation, nous nous sommes abaissés jusqu'à cette autre déclaration, à savoir que l'asservissement de certains hommes par d'autres est un "droit sacré de s'autogouverner". Ces principes ne sauraient cœxister. [...] Notre toge républicaine est souillée, traînée dans la poussière. Il faut la purifier. [...] Adoptons de nouveau la Déclaration d'indépendance et, avec elle, les pratiques et les politiques qui s'accordent avec elle. [...] Si nous faisons cela, nous n'aurons pas seulement sauvé l'Union ; nous l'aurons en outre sauvée de telle manière qu'elle sera devenue et restera à jamais digne d'être sauvée[1]. »

Ce discours éloquent retraçait le programme électoral du parti républicain nouveau-né, mais Lincoln ne rejoignit officiellement ses rangs que plus d'un an après, une fois que le parti whig se fut irrémédiablement effondré. Il n'alla d'ailleurs jamais aussi loin que d'autres républicains qui réclamaient l'abolition de l'esclavage dans le district de Columbia et l'abrogation de la loi sur les esclaves fugitifs. Toutefois, la véhémence avec laquelle il affirma son opposition morale à la servitude, sa conviction que le gouvernement national avait le droit et le devoir de l'exclure des territoires et sa certitude que cette « tumeur » pouvait être retranchée marquèrent de leur empreinte le parti républicain. On ne saurait nier,

1. *CWL*, t. IV, p. 247-283. Ces citations sont empruntées au fameux discours prononcé par Lincoln à Peoria, le 16 octobre 1854.

cependant, que l'assise historique de l'argumentation de Lincoln présentait quelques faiblesses et Douglas s'empressa de faire porter son propre discours sur la plus évidente d'entre elles : ces mêmes Pères fondateurs, prétendument antiesclavagistes, qui avaient exclu la servitude du territoire du Nord-Ouest, l'avaient quand même laissé s'étendre dans les territoires du Sud-Ouest, établissant ainsi les fondations de sept nouveaux États esclavagistes et du grand royaume cotonnier du Sud profond. Mais les Free Soilers faisaient fi de cet argument ; si, sous certains rapports, les républicains de l'ère jeffersonienne avaient failli à leur mission, les républicains modernes des années 1850 ne commettraient pas la même erreur. L'esclavage ne devait pas s'étendre ; il fallait rejeter le parti qui avait imposé la loi Kansas-Nebraska.

En 1854, les électeurs nordistes semblaient en majorité partager ce point de vue. Les élections infligèrent un cinglant démenti aux démocrates. Alors qu'ils avaient été plébiscités dans tous les États du Nord sauf deux en 1852, en 1854 ils perdirent leur suprématie dans les législatures de tous ces États sauf deux. Le nombre de démocrates du Nord à la Chambre devait passer de quatre-vingt-treize à vingt-trois, si bien que leurs cinquante-huit collègues du Sud les distançaient largement. A l'occasion de ces élections, on a estimé qu'un quart peut-être de l'électorat démocrate du Nord avait déserté les rangs de son parti[1].

Ayant élu cent cinquante membres du Congrès, sous diverses étiquettes, les adversaires des démocrates avaient la possibilité de contrôler la nouvelle Chambre — si toutefois ils parvenaient à se rassembler derrière la même bannière politique. Mais le « si » était de taille. La difficulté d'un tel regroupement fut parfaitement illustrée par les tribulations de Lincoln dans l'Illinois, où la coalition anti-Nebraska disposait d'une majorité substantielle dans un vote commun des deux Chambres de la législature. Les whigs, auxquels appartenait Lincoln, constituaient les trois quarts environ de cette coalition, mais une demi-douzaine de démocrates anti-Nebraska refusaient de voter pour envoyer un whig au Sénat américain, si bien que, tour après tour, Lincoln fut dans l'impossibilité d'obtenir une majorité. Finalement, pour empêcher l'élection d'un démocrate de la faction Douglas, Lincoln préféra donner son soutien à un démocrate anti-Nebraska, Lyman Trumbull, qui s'imposa donc au dixième tour de scrutin[2].

Les eaux boueuses de l'Illinois étaient pourtant limpides, en comparaison des flots noirâtres de la politique nordiste dans d'autres

1. Ces résultats électoraux ont été calculés à partir du *Whig Almanac* (publié par le *New York Tribune*) de 1854 et 1855.

2. Don E. Fehrenbacher, *Prelude to Greatness : Lincoln in the 1850s* (New York, 1962), p. 37-39. Ce scrutin ne concernait pas le siège de Douglas au Sénat. Ayant été réélu en 1852, Douglas ne devait se représenter devant les électeurs qu'en 1858, date à laquelle il dut affronter Lincoln dans un combat encore plus fameux.

régions. Des profondeurs surgit un raz-de-marée nativiste qui, dans certains États, notamment ceux situés à l'est de l'Ohio, parut submerger jusqu'au mouvement anti-Nebraska. « Tout le monde ou presque semble être devenu complètement détraqué sur le chapitre du nativisme », glapit un démocrate de Pennsylvanie en 1854. Et un autre Pennsylvanien de faire chorus : « La fièvre des Know-Nothings[1] est une véritable épidémie par ici. » Un politicien du Connecticut déplorait que les nativistes « [fussent] en train de faire des ravages dans notre parti démocrate », tandis qu'un dirigeant whig du nord de l'État de New York avertissait que sa circonscription était « très dangereusement contaminée par la doctrine Know-Nothing ». Diversement traités de « tornade », d'« ouragan », de « monstrueuse manifestation de démence politique », ces Know-Nothings remportèrent, lors des élections de 1854, un triomphe dans le Massachusetts et le Delaware ; ils réunirent, selon les estimations, quarante et vingt-cinq pour cent des suffrages, respectivement, en Pennsylvanie et dans l'État de New York, et réussirent des scores impressionnants dans d'autres parties du Nord-Est et des États limitrophes[2]. Qui étaient ces mystérieux personnages, d'où venaient-ils et que représentaient-ils ?

II

La brusque flambée des partis nativistes du début des années 1840 était retombée après les élections de 1844, mais le feu ne s'était pas tout à fait éteint ; il couvait encore. La reprise économique consécutive à la crise avait atténué les tensions entre ouvriers autochtones et immigrés, qui avaient déclenché les émeutes cette année-là. Alors même que le volume de l'immigration en provenance d'Europe avait quadruplé, à cause de la famine de la pomme de terre vers le milieu de la décennie, l'économie américaine en pleine accélération semblait en mesure d'absorber tous les arrivants. La guerre du Mexique et la controverse qui s'ensuivit concernant l'esclavage monopolisèrent l'énergie politique. On aurait pu s'attendre à voir ce conflit avec une nation catholique attiser des sentiments hostiles à l'Église de Rome — mais le parti démocrate était justement celui des immigrants, alors que les whigs, qui avaient naguère flirté avec le nativisme, s'opposaient à la guerre.

Lors des élections présidentielles de 1852, les whigs, sous l'égide de l'antinativiste William H. Seward, tentèrent de gagner à leur cause les électeurs irlandais et catholiques. Le général Scott, leur candidat, était un épiscopalien très « haute église » (c'est-à-dire proche du rituel romain)

1. Pour la signification de cette appellation, voir plus loin. (NdE.)
2. Holt, *Political Crisis of the 1850s*, p. 157-158.

dont les filles avaient été éduquées dans un couvent. En tant que commandant en chef des forces américaines au Mexique, il avait veillé à protéger les biens ecclésiastiques. Durant la campagne électorale, les whigs postèrent dans les auditoires auxquels s'adressait Scott des Irlandais bien disposés qui lui posaient des questions, à seule fin de lui permettre de répondre qu'il « adorait entendre ce savoureux accent irlandais[1] ». Mais cette manœuvre maladroite échoua, car, tandis que les Américains d'origine irlandaise continuaient à voter démocrate comme ils l'avaient toujours fait, certains whigs s'offusquèrent de ce désir de plaire aux « *paddies* », comme on appelait les Irlandais, et préférèrent s'abstenir le jour du scrutin. Au moment où le problème de l'esclavage détachait les whigs du Sud de leur parti, une brusque reprise des hostilités inter-ethniques en fit autant pour les whigs du Nord, dans un certain nombre d'États.

Ce renouveau du nativisme eut plusieurs causes. Durant les cinq premières années de la nouvelle décennie, l'immigration atteignit un niveau cinq fois plus élevé que dix ans auparavant. La plupart des nouveaux arrivants étaient des ouvriers ou paysans pauvres et catholiques, originaires d'Irlande ou d'Allemagne, qui s'entassaient dans les taudis des grandes villes. La criminalité et les frais d'assistance sociale montèrent en flèche. Le taux de criminalité à Cincinnati, par exemple, tripla entre 1846 et 1853 et le nombre d'assassinats septupla. A Boston, les sommes dépensées pour secourir les miséreux furent multipliées par trois au cours de la même période[2]. Les Américains nés aux États-Unis attribuèrent ces augmentations aux immigrants, et surtout aux Irlandais, dont le taux d'arrestations et la part prélevée sur les caisses de secours étaient proportionnellement bien supérieurs à leur pourcentage dans la population. Les autochtones n'étaient d'ailleurs pas forcément les nativistes les plus convaincus. Des immigrants protestants arrivés un peu plus tôt d'Angleterre, d'Écosse et tout spécialement d'Irlande du Nord avaient apporté avec eux leur haine ancestrale pour les catholiques et on les trouvait très souvent à l'avant-garde des émeutiers et des électeurs anti-irlandais. Les radicaux et les agnostiques, nombreux parmi les révolutionnaires de 1848 qui avaient fui l'Allemagne après la répression, étaient eux aussi animés par un amer ressentiment contre l'Église romaine qui avait pris fait et cause pour les forces de la contre-révolution.

Sous le pontificat de Pie IX (1846-78), l'Église catholique entra en effet dans une période de réaction. Les révolutions de 1848-49 et les guerres d'unification en Italie firent du Saint-Père « un violent ennemi du libéralisme et de la réforme sociale ». Il proclama ultérieurement la

1. Potter, *Impending Crisis*, p. 245.

2. Jed Dannenbaum, « Immigrants and Temperance Ethocultural Conflict in Cincinnati, 1845-1860 », *Ohio History*, n° 87 (1978), p. 127-128 ; Oscar Handlin, *Boston's Immigrants : A Study in Acculturation* (Cambridge, Mass., 1941), p. 240.

doctrine de l'infaillibilité pontificale et promulgua son *Syllabus Errorum*, condamnant le socialisme, l'instruction publique, l'éducation, le rationalisme et autres iniquités. « C'est une erreur, déclarait le pape, que de croire que le pontife de Rome peut et doit s'accommoder du progrès, du libéralisme et de la civilisation moderne et les approuver. » La hiérarchie catholique américaine s'aligna sur le Vatican. L'archevêque de New York, John Hughes, décocha des attaques contre les abolitionnistes, les Free Soilers et divers mouvements réformateurs protestants, en qui il voyait les cousins du « républicanisme rouge » d'Europe[1].

Dans les années 1840, à cause de l'immigration, le nombre des catholiques avait augmenté trois fois plus vite que celui des protestants. Soulignant ce fait avec orgueil (alors que les protestants s'en inquiétaient), l'archevêque Hughes prononça, en 1850, une homélie qui fit grand bruit, *The Decline of Protestantism and Its Causes* (Le déclin du protestantisme et ses causes). « L'objectif que nous espérons atteindre, déclara-t-il, est de convertir toutes les nations païennes, et toutes les nations protestantes. [...] Notre mission n'a rien de secret [...], elle est de convertir le monde — y compris les citoyens des États-Unis — les habitants des villes et ceux de la campagne [...], les législatures, le Sénat, le cabinet, le Président, tout le monde ! » « Le protestantisme est caduc, impuissant, moribond, assurait pour sa part l'organe de l'archevêché, [...] et conscient du fait que sa dernière heure est venue lorsqu'on le met face à face avec la vérité catholique[2]. »

De tels propos ne pouvaient que ranimer les braises de l'anti-catholicisme. Marie la Sanglante, l'invincible Armada, la conspiration des poudres, la glorieuse révolution de 1688 et le *Livres des Martyrs* de Fox[3] faisaient partie de la conscience collective des protestants anglo-américains. Cela faisait bien deux siècles et demi que les puritains étaient en guerre contre le papisme et c'était loin d'être fini. En 1852, la première assemblée plénière des évêques américains, réunie à Baltimore, s'éleva contre l'instruction publique et décida de réclamer un soutien fiscal pour les écoles catholiques ou des abattements fiscaux pour les parents qui leur confiaient leurs enfants. Tout au long de cette année-là

---

1. Citations empruntées à Robert Kelley, *The Transatlantic Persuasion : The Liberal-Democratic Mind in the Age of Gladstone* (New York, 1969), p. 106 ; Eric Hobsbawm, *The Age of Capital, 1848-1875* (New York, 1976), p. 106 ; Walter G. Sharrow, « Northern Catholic Intellectuals and the Coming of the Civil War », *New York Historical Society Quarterly*, n° 58 (1974), p. 45.

2. Le discours de Hughes est cité par Ray Allen Billington, *The Protestant Crusade, 1800-1860* (New York, 1938), p. 291 ; *Freeman's Journal*, 4 mars 1848, cité in *ibid.*, p. 290.

3. Il s'agit d'événements de l'histoire anglaise aux XVIe et XVIIe siècles ; ils s'inscrivaient dans le cadre de la lutte entre protestants et catholiques, qui laissa un puissant héritage d'anticatholicisme parmi les protestants victorieux, y compris ceux qui émigrèrent en Amérique.

et de la suivante, cette tentative déclencha des campagnes virulentes dans plusieurs villes et États du Nord (y compris le Maryland). Sous l'étiquette « École libre », des listes électorales appartenant aux deux grands partis, mais surtout aux whigs, gagnèrent plusieurs élections en présentant un programme qui défendait les écoles publiques, berceaux du républicanisme, contre « l'audacieuse tentative » de cette « foi despotique » pour « unir [...] l'Église et l'État », pour « déraciner l'arbre de la liberté » et pour « substituer la mitre à notre bonnet phrygien ». L'archevêque de New York répliqua vertement, en accusant les écoles publiques d'être la source du « socialisme, du républicanisme rouge, de l'universalisme, de l'infidélité, du déisme, de l'athéisme et du panthéisme[1] ».

Au beau milieu de ces démêlés scolaires, Hughes plongea sa hiérarchie dans une autre lutte chargée d'émotions, en cherchant à protéger les biens ecclésiastiques. Dans de nombreuses régions, les églises catholiques appartenaient à des conseils d'administration laïcs, représentant l'assemblée des fidèles. Elles s'alignaient ainsi sur la pratique protestante, mais c'était un véritable défi à la tradition catholique. Les tentatives du clergé pour obtenir le contrôle des biens d'église furent portées jusque devant les législatures de plusieurs États, lesquelles refusèrent après d'aigres débats de remettre les biens entre les mains de la hiérarchie catholique — allant même dans certains cas jusqu'à mandater un contrôle laïc. En juillet 1853, monseigneur Gaetano Bedini, nonce du pape, arriva aux États-Unis, pour trancher la querelle des biens ecclésiastiques dans certains diocèses. Après s'être déclaré partout en faveur du clergé, Bedini entama une tournée à travers le pays pour donner la bénédiction papale aux catholiques d'Amérique. Une bonne partie de la presse protestante et nativiste fut prise de frénésie. « Il est ici, s'exclamait un journal, pour trouver le meilleur moyen de river à nos membres les chaînes italiennes qui nous lieront comme des esclaves au trône de la plus féroce tyrannie que connaisse le monde. » Le rôle joué par l'Église dans la répression des soulèvements nationalistes en Italie, dans les années 1848-49, déchaîna aussi contre Bedini, qu'ils surnommèrent « le Boucher de Bologne », de nombreux radicaux expatriés originaires de divers pays catholiques. Tandis que le nonce poursuivait sa visite, des émeutes éclatèrent dans plusieurs des villes où il était passé et lorsqu'il repartit enfin pour l'Italie, en février 1854, on dut l'embarquer clandestinement à bord d'un navire dans le port de New York, pour le soustraire à une foule en fureur[2].

Le mouvement en faveur de la tempérance exacerba lui aussi les tensions ethniques. Avant 1850, ce mouvement avait prôné surtout l'auto-

1. Dannenbaum, « Immigrants and Temperance », p. 129 ; Holt, *Political Crisis of the 1850s*, p. 162 ; Vincent P. Lannie, « Alienation in America : The Immigrant Catholic and Public Education in Pre-Civil War America », *Review of Politics*, n° 32 (1970), p. 515.
2. Billington, *Protestant Crusade*, p. 300-303.

discipline et la persuasion, pour convaincre les protestants des classes moyennes et ouvrières qu'il valait mieux repousser le démon appelé rhum et devenir des citoyens sobres, industrieux et soucieux de s'élever dans la société. Sous cette forme, il avait connu un succès étonnant, mais il n'avait pu venir à bout des bastions irréductibles que formaient les immigrants irlandais et allemands, pour qui tavernes et brasseries étaient au centre de la vie politique et sociale. Une hausse marquée de l'ivrognerie, des bagarres et de la criminalité, surtout parmi la population irlandaise, contribua à transformer la croisade en faveur de la tempérance en mouvement de coercition dirigé contre ces éléments récalcitrants. Convaincus que l'alcool était une cause de désordres sociaux, les prohibitionnistes cherchèrent à faire passer dans chaque État des lois interdisant la fabrication et la vente des boissons alcoolisées. Ils obtinrent leur première grande victoire dans le Maine, en 1851. Ce triomphe déclencha dans les autres législatures toute une vague de débats sur la « loi du Maine ». D'une façon générale, le parti démocrate s'opposait aux lois sur la tempérance, tandis que les whigs étaient divisés. Redoutant de s'aliéner l'électorat « imbibé », certains whigs refusèrent de prendre position, ce qui ne réussit qu'à détacher d'eux la large composante de leur parti favorable à la tempérance. Entre 1852 et 1855, des coalitions de non-buveurs de tous bords s'assurèrent le contrôle d'un nombre suffisant de législatures pour mettre en vigueur des « lois du Maine » dans une douzaine d'autres États, dont tous ceux de la Nouvelle-Angleterre, l'État de New York et le Delaware, ainsi que plusieurs États du Midwest[1].

Tout comme la prohibition pour une génération ultérieure, ces lois n'étaient bien souvent reconnues que pour mieux être violées. Il arrivait si souvent qu'elles ne soient pas appliquées que, dans plusieurs États, les législatures ou les tribunaux finirent par les abroger ou par restreindre leur portée. Ceux qui voulaient boire pouvaient continuer à le faire ; ceux qui ne voulaient pas avaient déjà arrêté sous l'influence de la première phase de la croisade, celle de la persuasion morale. En 1861, trois États seulement, sur les treize qui avaient mis la prohibition en vigueur, étaient encore « sobres ». La véritable importance de ce mouvement de tempérance forcée, dans les années 1850, résidait moins dans les lois qu'il imposa que dans le nouvel élan qu'il donna au nativisme. Un journal catholique mettait la prohibition dans le même sac que « les systèmes

---

1. Il existe plusieurs excellentes études sur l'alcoolisme et le mouvement de tempérance à cette époque : voir tout spécialement Ian R. Tyrrell, *Sobering Up : From Temperance to Prohibition in Antebellum America, 1800-1860* (Westport, Conn., 1979) ; W.J. Rorabaugh, *The Alcoholic Republic : An American Tradition* (New York, 1976) ; Jed Dannenbaum, *Drink and Disorder : Temperance Reform in Cincinnati from the Washingtonian Revival to the WCTU* (Urbana, 1984) ; et Norman H. Clark, *Deliver Us from Evil : An Interpretation of American Prohibition* (New York, 1976), Chap. 2-4.

d'instruction laïque, l'infidélité, le panthéisme », l'abolitionnisme, le socialisme, les droits de la femme et le « républicanisme rouge européen » ; tous ces éléments faisaient « partie d'un grand tout en guerre avec Dieu ». Les avocats de la tempérance n'étaient pas en reste. « C'est l'alcool qui remplit tant de foyers catholiques (et d'autres) de discorde et de violence [...], qui peuple nos prisons de coupables irlandais et qui rend si hideuses les potences chargées de tant d'assassins catholiques, déclara le *New York Tribune*, le journal de Horace Greeley. Le fait que les catholiques de notre pays tiennent beaucoup plus de débits de boisson et vendent beaucoup plus d'alcool que les membres de toute autre confession, proportionnellement à leur nombre, crée et entretient envers eux un puissant préjugé défavorable[1]. »

Battu par les vents anti-Nebraska, anti-alcool, anticatholiques et anti-immigrants, le système bipartite était prêt à s'effondrer dans le Nord dès 1854. Et les républicains antiesclavagistes ne furent pas les seuls à ramasser les morceaux. Dans plusieurs États, un nouveau et puissant parti nativiste parut profiter encore plus de ce naufrage. Depuis quelque temps, un certain nombre de sociétés secrètes, auxquelles ne pouvaient adhérer que les protestants nés aux États-Unis, avaient vu le jour. A New York, deux d'entre elles, l'ordre des Américains unis et l'ordre de la Bannière étoilée avaient fusionné en 1852, sous l'égide de James Barker. Dans le contexte des heurts entre protestants et catholiques au sujet des écoles, de la visite de Bedini et des campagnes en faveur de la tempérance, le dynamique Barker organisa des centaines de loges dans tout le pays, qui comptèrent jusqu'à un million de membres ou plus. Ceux-ci s'engageaient par serment à n'élire à des emplois publics que des protestants autochtones[2]. Au cours de conseils secrets, l'ordre décidait d'accorder son soutien à certains candidats ou désignait les siens. Questionnés par des gens extérieurs à leur confrérie, les membres devaient se borner à répondre : « *I know nothing* » (« Je ne sais rien »), d'où le sobriquet de Know-Nothing qui leur resta. En raison de leur clandestinité et de leur organisation extrêmement serrée, ces Know-Nothings formaient un groupe d'électeurs potentiellement très puissant[3].

---

1. *Cincinnati Catholic Telegraph*, 19 mars, 9 juillet 1853, cités par Dannenbaum, « Immigrants and Temperance », p. 134 ; *New York Tribune*, cité par Nevins, *Ordeal*, t. II, p. 329.

2. Rappelons que les élections sont un mode de recrutement plus fréquent aux États-Unis que dans les autres démocraties. Aujourd'hui, neuf cent mille fonctions, à tous les niveaux, sont électives ; et chaque année ont lieu environ cent cinquante mille élections. (NdE.)

3. Parmi les études générales sur les Know-Nothings, citons Billington, *Protestant Crusade*, tout particulièrement les chapitres 11-26 ; Ira M. Leonard et Robert D. Parmet, *American Nativism, 1830-1860* (New York, 1971) ; et Carleton Beals, *Brass-Knuckle Crusade : The Great Know-Nothing Conspiracy, 1820-1860* (New York, 1960), un livre à sensation qui ne brille pas par sa véracité. Outre plusieurs études sur les Know-Nothings dans différents États, il existe une monographie régionale : W. Darrell Overdyke, *The Know-Nothing Party in the South* (Baton Rouge, 1950). En ce qui concerne la réaction des catholiques, voir Robert Francis Hueston, *The Catholic Press and Nativism, 1840-1860* (New York, 1976).

Les membres étaient jeunes pour la plupart et se recrutaient surtout parmi les employés de bureau et les ouvriers spécialisés. Bon nombre d'entre eux n'avaient encore jamais voté. Une analyse a permis de constater que les jeunes gens de moins de trente ans étaient deux fois plus susceptibles de voter Know-Nothing que ceux qui avaient franchi le cap de la trentaine. Leurs chefs étaient, eux aussi, des « nouveaux » de la classe politique, reflétant l'arrière-plan social de leur circonscription. A Pittsburgh, plus de la moitié des dirigeants Know-Nothings avaient moins de trente-cinq ans et près de la moitié étaient des artisans et des employés de bureau. Les candidats de cette tendance élus à la législature du Massachusetts en 1854 étaient en grande majorité des ouvriers spécialisés, des pasteurs de campagne et des employés de diverses entreprises. Les dirigeants du mouvement au Maryland étaient plus jeunes et moins argentés que leurs homologues démocrates[1].

Sur le plan politique, les Know-Nothings avaient un programme et des préjugés. Ils étaient dans l'ensemble favorables à la tempérance et s'opposaient systématiquement au soutien fiscal pour les écoles paroissiales. Leur principal objectif était de réduire l'influence des électeurs nés à l'étranger dans la vie politique américaine. D'après la loi fédérale, les immigrants ne pouvaient être naturalisés qu'au bout de cinq années de résidence aux États-Unis, mais dans plusieurs grandes villes, des juges démocrates complaisants fournissaient aux immigrants les documents de naturalisation presque à leur descente du navire. La plupart des États n'accordaient le droit de vote qu'aux citoyens américains, mais certains autorisaient les immigrants à voter dès qu'ils comptaient un an de résidence. Au début des années 1850, le raz-de-marée des immigrants, qui avait débuté en 1846, commençait à se faire sentir sur les registres électoraux. Du fait que les arrivants étaient en majorité de jeunes adultes, le nombre d'électeurs nés à l'étranger s'accroissait proportionnellement plus vite que leur pourcentage dans la population. A Boston, par exemple, il augmenta de cent quatre-vingt-quinze pour cent entre 1850 et 1855, alors que l'électorat autochtone ne s'accroissait que de quatorze pour cent. Comme les voix « étrangères » appartenaient presque toutes à des démocrates catholiques et buveurs, cette rapide croissance était bien faite pour inquiéter les whigs, les protestants et les adeptes de la tempérance — et même certains démocrates autochtones de la classe ouvrière, qui se trouvaient en concurrence directe avec cette main-d'œuvre d'étrangers acceptant de travailler pour des

1. Holt, *Political Crisis of the 1850s*, p. 186-189 ; Gienapp, « Origins of the Republican Party », p. 348-349 ; Jean H. Baker, *Ambivalent Americans : The Know-Nothing Party in Maryland* (Baltimore, 1977), p. 63-68 ; Robert D. Parmet, « Connecticut's Know-Nothings : A Profile », *The Connecticut Historical Society Bulletin*, n° 31 (juillet 1966), p. 84-90 ; Dale Baum, *The Civil War Party System : The Case of Massachusetts, 1848-1876* (Chapel Hill, 1984), p. 27-28.

salaires de misère. Les habitants des zones rurales étaient eux aussi irrités par cet accroissement de l'électorat immigrant dans les villes. Les Know-Nothings demandèrent que la période d'attente pour la naturalisation passât de cinq à vingt et un ans. Dans certains États, ils voulaient réserver les emplois publics aux citoyens autochtones et imposer une période d'attente de plusieurs années après la naturalisation, avant d'accorder le droit de vote. Ils ne proposèrent pas de limites à l'immigration en soi, mais il est fort probable que certains d'entre eux espéraient bien décourager plus d'un immigrant en puissance, en rendant la citoyenneté et les droits politiques plus difficile à acquérir.

La plupart des Know-Nothings des États du Nord étaient aussi contre la loi Kansas-Nebraska. Dans certaines régions, ils se joignirent en 1854 aux coalitions anti-Nebraska, ce qui souleva la question complexe de leurs relations avec le nouveau parti républicain. Le mouvement antiesclavagiste était issu du même terreau protestant évangélique que les sociétés de tempérance et le nativisme. Certains Free Soilers considéraient l'esclavage et le catholicisme comme des institutions également répressives. Tous deux étaient « fondés et [s'appuyaient] sur l'ignorance et la tyrannie », déclara une loge Know-Nothing du Massachusetts, et « il ne [pouvait donc] exister de réelle hostilité au catholicisme romain, qui n'[englobât] aussi l'esclavage, son collaborateur naturel dans l'opposition à la liberté et aux institutions républicaines [1] ». Le soutien apporté par les électeurs immigrants et catholiques à l'aile « Hunker » du parti démocrate, conservatrice et esclavagiste, cimenta cette identification de l'esclavage au catholicisme, de même que de fréquents éditoriaux dans la presse catholique, qui taxaient le mouvement Free Soiler de « fanatisme outrancier, destructeur et sans loi ». En concurrence directe avec les Noirs libres tout en bas de l'échelle sociale, les Américains d'origine irlandaise étaient profondément hostiles aux « Nègres » et fomentaient souvent des émeutes contre eux dans les grandes villes du Nord. En 1846, un fort vote irlandais avait contribué à l'échec d'un référendum visant à accorder le droit de vote aux Noirs de l'État de New York. « Aucune autre classe de nos citoyens ne s'est montrée si zélée, si unanime dans son hostilité envers le suffrage égal sans distinction de couleur, nota amèrement le *New York Tribune*. "Ça vous plairait que votre fille épouse un Négro ?", tel était le quolibet qu'ils lançaient inlassablement aux défenseurs d'une démocratie sans distinction de race ou de couleur. » En 1854, un Free Soiler du Massachusetts résuma ainsi les questions qui domineraient les élections imminentes : « la liberté,

1. Billington, *Protestant Crusade*, p. 425. Pour un traitement plus approfondi de cette question, voir William E. Gienapp, « Nativism and the Creation of a Republican Majority in the North before the Civil War », *JAH*, n° 72 (1985), p. 529-559.

la tempérance et le protestantisme, contre l'esclavage, le rhum et le romanisme[1]. »

Cela dit, de nombreux dirigeants antiesclavagistes avaient conscience que le nativisme n'était guère conforme à leur propre idéologie. « Je ne comprends pas, écrivit Abraham Lincoln, comment quiconque se déclare sensible aux injustices dont souffrent les Noirs peut adhérer à une ligue dont le but est d'avilir toute une classe de Blancs. » William H. Seward se battait contre les nativistes de son État depuis plus de dix ans. En 1855, le programme républicain à New York affirmait : « Nous rejetons et condamnons les doctrines sectaires et anti-républicaines de l'ordre des Know-Nothings[2]. » « [Un antiesclavagiste], déclara George W. Julian, fondateur du parti républicain en Indiana, est par définition l'ennemi de [cette] machination organisée par le sectarisme et la répression, qu'on ne pourra se rappeler que comme la honte suprême et indélébile de notre politique. » « [Étant donné que] nous sommes contre l'esclavage des Noirs, parce que les droits de l'homme sont déniés aux esclaves, faisaient valoir d'autres républicains, nous sommes aussi contre [ce] système d'esclavage nordiste que créerait le retrait du droit de vote aux Irlandais et aux Allemands[3]. »

Les authentiques Free Soilers déploraient en outre l'engouement pour les Know-Nothings, où ils ne voyaient qu'une manœuvre pour brouiller les pistes et détourner l'attention de « la véritable question de notre époque », c'est-à-dire l'esclavage. « Ni le pape, ni les étrangers ne pourront jamais gouverner le pays ou menacer ses libertés, écrivit Charles A. Dana, rédacteur en chef du *New York Tribune* dont Greeley était propriétaire ; mais les hommes qui possèdent et vendent des esclaves le gouvernent bel et bien. » En 1854, Dana fit serment de ne plus jamais mentionner les Know-Nothings dans son journal, « sinon pour leur flanquer une trempe de tous les diables[4] ». George Julian subodorait même que « cette croisade contre le pape et les étrangers, bien faite pour égarer les esprits », était un artifice « sournois » des intérêts esclavagistes « afin de semer la discorde dans les États libres pour des bagatelles et des

1. Hueston, *The Catholic Press and Nativism*, p. 211 ; *New York Tribune*, 26 août 1854 ; *Boston Advertiser*, cité par Gienapp, « Origins of the Republican Party » , p. 500. Par « romanisme » (en anglais *romanism*), il faut entendre l'influence de Rome, c'est-à-dire le catholicisme.

2. *CWL*, t. II, p.316 ; Gienapp, « Nativism and the Creation of a Republican Majority », p. 537.

3. Gienapp, « Origins of the Republican Party », p. 641 ; Hans L. Trefousse, *The Radical Republicans : Lincoln's Vanguard for Racial Justice* (New York, 1969), p. 86 ; Sewell, *Ballots for Freedom*, p. 269 ; Holt, *Political Crisis of the 1850s*, p. 171.

4. *Liberator*, 10 novembre 1854 ; Dana, cité par Eric Forner, *Free Soil, Free Labor, Free Men : The Ideology of the Republican Party before the Civil War* (New York, 1970), p. 234, et par Trefousse, *The Radical Republicans*, p. 85.

questions secondaires, pendant que le Sud restait uni dans la défense de son grand intérêt[1] ».

Néanmoins, pour des raisons d'opportunisme politique, dans plusieurs États les dirigeants des Free Soilers formèrent des alliances avec les Know-Nothings pour les élections de 1854 et 1855. Dans certains cas, ils le firent avec l'intention délibérée de noyauter le mouvement et de le canaliser dans une direction antiesclavagiste. On en trouve l'exemple le plus flagrant au Massachusetts. Dans cet État, la guerre du Mexique et la clause Wilmot avaient redistribué les cartes, si bien qu'une coalition de Free Soilers (y compris des Conscience Whigs) et de démocrates avait pris le contrôle de la législature de 1850 à 1852. Cette coalition élut Charles Sumner au Sénat et proposa ou entérina un certain nombre de réformes : une loi sur les droits des ouvriers, une autre sur la journée de dix heures, des lois sur l'activité bancaire et la création de sociétés, sur la prohibition, et une redistribution des sièges de la législature[2], afin de faire passer un peu du pouvoir concentré à Boston (avec ses Cotton Whigs et son nombreux électorat irlandais) dans le centre et l'ouest de l'État. En 1853, un référendum ayant été organisé à ce sujet, les suffrages des whigs conservateurs et des Bostoniens parvinrent de justesse à faire échec à la réforme. Ce fut l'étincelle qui alluma l'incendie Know-Nothing de 1854 ; parti de l'ouest du Massachusetts, il se propagea irrésistiblement pour embraser l'État tout entier, remportant l'élection du gouverneur, une majorité écrasante à la législature et tous les sièges de représentants au Congrès. L'establishment whig fut traumatisé par la conflagration. « Je ne m'y attendais pas plus, déclara un journaliste whig, que je ne me serais attendu à un tremblement de terre venant raser le siège de l'État et faire du Faneuil Hall un amas de ruines[3]. »

Les dirigeants Free Soilers/républicains, par exemple Charles Francis Adams ou Charles Sumner, furent surpris eux aussi, mais il en allait autrement de certains de leurs partisans. Ainsi, l'un d'entre eux, Henry Wilson, était pour beaucoup dans ce qui s'était passé. Comme beaucoup des jeunes électeurs du mouvement Know-Nothing, Wilson avait été dans sa jeunesse apprenti et ouvrier cordonnier. Le « Savetier de Nattick », comme on le surnomma, devint fabricant de chaussures, se lança dans la politique sous l'étiquette whig et, en 1848, fut un des fondateurs du parti du Free Soil. En 1854, le parti républicain nouveau-né le choisit

1. Cité par Forner, *Free Soil, Free Labor, Free Men*, p. 233, et par Sewell, *Ballots for Freedom*, p. 267.

2. Après chaque recensement (ils ont lieu tous les dix ans), les circonscriptions électorales à l'intérieur de chaque État, ainsi que les circonscriptions fédérales, doivent être redécoupées pour refléter les changements survenus dans la distribution de la population au cours des dix années écoulées, car chaque circonscription doit compter à peu près le même nombre d'électeurs. Ce processus s'accompagne souvent de manipulations des limites des circonscriptions, afin d'avantager l'un ou l'autre parti.

3. Gienapp, « Origins of the Republican Party », p. 493.

comme candidat au poste de gouverneur. Les whigs, les démocrates et les Know-Nothings désignèrent eux aussi des candidats. Comprenant, avec sa perspicacité coutumière, que la frénésie nativiste allait déborder les autres partis, Wilson adhéra au mouvement Know-Nothing, dans l'espoir de parvenir à le contrôler. Certains Free Soilers n'hésitèrent pas à proclamer leur dégoût. « Alors que la liberté d'un empire est en jeu, écrivit l'un d'entre eux, voilà Wilson qui s'en va faire la chasse au *paddy*[1] ! » Wilson resta sur la liste en tant que candidat républicain, mais il finit très loin, à la quatrième place, ayant persuadé la plupart de ses adeptes Free Soilers de voter Know-Nothing.

Il y avait, cependant, une certaine méthode dans l'apparente folie de Wilson, comme le reconnut rageusement un Cotton Whig. « Les Know-Nothings, nota-t-il, ont été contrôlés par l'espèce la plus épouvantable d'aventuriers Free Soilers. Henry Wilson et Anson Burlingame ont remporté la victoire. [...] Tous autant qu'ils sont, nos membres du Congrès appartiennent à la faction antiesclavagiste ultra-agitée[2]. » La législature majoritairement Know-Nothing envoya Wilson au Sénat, où il ne fit rien pour la cause du nativisme, mais beaucoup en revanche pour celle de l'antiesclavagisme. Les seules mesures nativistes adoptées par la législature du Masssachusetts furent d'exiger que tous les électeurs sussent lire et écrire et de dissoudre plusieurs compagnies irlandaises de la milice ; il s'agissait d'ailleurs en partie d'un geste antiesclavagiste, car ces compagnies avaient fourni une grande partie des hommes chargés de renvoyer Anthony Burns vers la servitude[3]. Les assemblées votèrent aussi une nouvelle loi sur la liberté individuelle, ainsi qu'une loi interdisant la ségrégation raciale dans les écoles publiques — la première de ce genre jamais votée. En outre, ces législateurs Know-Nothings entérinèrent une série de réformes qui leur valut ironiquement la réputation d'être l'une des assemblées les plus progressistes de l'histoire de l'État : abolition de la prison pour dette, loi sur les biens de la femme mariée, création d'une commission d'assurance, vaccination obligatoire pour les écoliers,

---

1. Lettre de Edward L. Pierce à Horace Mann, 18 janvier 1855, cité in Gienapp, « Origins of the Republican Party », p. 592.

2. Lettre de Robert C; Winthrop à John P. Kennedy, 3 janvier 1855, cité par Nevins, *Ordeal*, t. II, p. 343.

3. Les législatures du Connecticut et de Rhode Island exigèrent aussi que les électeurs fussent capables de lire et d'écrire. Dans ces États, le pourcentage d'adultes analphabètes n'était que de quatre ou cinq pour cent, mais la plupart d'entre eux étaient des immigrants irlandais. Par la suite, les Know-Nothings, avec le soutien des républicains, ratifièrent une loi obligeant les citoyens naturalisés du Massachusetts à attendre deux ans après leur naturalisation pour pouvoir voter. Cette clause fut abrogée durant la guerre de Sécession. En 1850, les législatures républicaines de New York et du Michigan mirent en vigueur des lois sur les listes électorales, destinées à réduire les votes illégaux ; ces mesures visaient en partie des pratiques attribuées à l'appareil démocrate et à l'électorat irlandais dans les grandes villes. Joel H. Silbey, *The Partisan Imperative : The Dynamics of American Politics Before the Civil War* (New York, 1985), p. 141-154 ; Ronald P. Formisano, *The Birth of Mass Political Parties : Michigan, 1827-1861* (Princeton, 1971), p. 285-287.

extension du pouvoir des jurés et exemption du *homestead*[1] lors d'une saisie pour dette[2].

Dans la majeure partie du Nord, les républicains et les Know-Nothings avaient réussi à éliminer les whigs et à affaiblir les démocrates. En 1855, toutefois, on ne savait pas encore très bien lequel de ces deux nouveaux partis allait s'imposer comme le principal concurrent des démocrates. Dans la moitié des États, environ, les républicains venaient au second rang. Dans l'autre moitié, le parti américain, comme les Know-Nothings avaient désormais baptisé leur branche politique, semblait l'emporter. Mais un événement d'une grande importance survint cette année-là. Le centre de gravité nativiste commença à glisser vers le Sud. Dans le même temps où ils ajoutaient le Connecticut, Rhode Island, le New Hampshire et la Californie aux États dont ils contrôlaient les assemblées, les Know-Nothings sortaient aussi vainqueurs d'élections dans le Maryland et le Kentucky, prenaient le contrôle de la législature du Tennessee, recueillaient au moins quarante-cinq pour cent des suffrages dans cinq autres États du Sud et faisaient mieux dans l'ensemble du Sud que les Whigs depuis 1848.

Dans une grande partie du Sud, le parti américain était essentiellement le parti whig sous un nouveau nom. Certes, une tradition de nativisme existait dans le Sud, en dépit du nombre relativement faible d'immigrants et de catholiques. Ce fut ce nativisme qui sous-tendit le parti américain dans le Maryland, la Louisiane, le Missouri et, dans une moindre mesure, le Kentucky — autant d'États où l'on trouvait des villes ayant une importante population d'immigrants. « Citoyens de la Nouvelle-Orléans ! proclamait un tract de 1854, vous avez demain un important devoir à accomplir avec l'élection d'un procureur de la république. [...] Le père Mullen et les jésuites ne doivent plus régner sur notre ville. [...] Les Irlandais font [...] de nos élections des scènes de violence et de tricherie. [...] Américains ! Allons-nous nous laisser gouverner par des Irlandais et des Allemands[3] ? » Les émeutes nativistes et les flambées de violence le jour du scrutin eurent plus d'ampleur dans le Sud que dans le Nord. A Baltimore, diverses bandes telles que les « Gueules d'empeigne » et les « Buveurs de Sang » s'illustrèrent en faisant régner la terreur autour des urnes, afin d'assurer la domination des Know-Nothings. Vers le milieu des années 1850, des affrontements mi-ethniques, mi-politiques firent quatre victimes à la Nouvelle-Orléans, dix à St. Louis, dix-sept à Baltimore et au moins vingt-deux à Louisville. Dans certaines régions septentrionales du Sud, tout spécialement le Maryland, le parti américain

1. Dans de nombreux États existe une législation qui exempte une certaine quantité de biens fonciers de saisie par les créditeurs, afin que les personnes peu fortunées ne perdent pas *tout* ce qu'elles possèdent si elles n'arrivent pas à régler leurs dettes.
2. Baum, *The Civil War Party System*, p. 27-31.
3. Overdyke, *The Know-Nothing Party in the South*, p. 21-22, p. 24.

séduisait tout autant les démocrates que les whigs. Ailleurs, cependant, il attirait surtout les anciens whigs qui préféraient la compagnie politique des nativistes à celle des démocrates. Et le nationalisme des Know-Nothings devint un contrepoids unioniste au sectionalisme croissant des démocrates[1].

Très vite, la question de l'esclavage scinda les Know-Nothings selon une ligne de partage géographique. Lors du premier conseil national du parti américain, en juin 1855 à Philadelphie, Henry Wilson orchestra la défection de la plupart des délégués du Nord, lorsque les sudistes et les nordistes conservateurs ratifièrent un article destiné à soutenir la loi Kansas-Nebraska. A partir de cette date, le parti déclina dans le Nord, alors qu'il se consolidait dans le Sud. Le refuge logique des Know-Nothings antiesclavagistes était le parti républicain, qui se tenait prêt à les accueillir, s'il pouvait le faire sans donner sa bénédiction au nativisme. Abraham Lincoln exprima le dilemme des républicains en ces termes : « Pour ce qui est de leurs principes, dit-il des Know-Nothings, je n'en pense guère plus de bien que de ceux des propagateurs de l'esclavage. [...] Notre progression dans la dégénérescence me paraît bien rapide. En tant que nation, nous avons commencé par déclarer que ''*tous les hommes naissent égaux*''. Aujourd'hui, c'est presque comme si on disait ''tous les hommes naissent égaux, *sauf les Noirs*''. Et quand les Know-Nothings auront pris le pouvoir, on dira ''tous les hommes naissent égaux, sauf les Noirs, *les étrangers et les catholiques*''. Lorsque nous en serons arrivés là, je préférerai émigrer vers un pays où l'on ne fait pas semblant d'aimer la liberté — la Russie, par exemple, où l'on peut savourer le despotisme à l'état pur, sans le vil alliage de l'hypocrisie. » « [Néanmoins, dans le centre de l'Illinois], ajoutait Lincoln, les Know-Nothings sont pour la plupart mes vieux amis politiques et personnels. [... Sans eux], il n'y a pas suffisamment de matériaux pour combattre les démocrates du Nebraska. » Lincoln était donc disposé « à fusionner avec quiconque, chaque fois qu'il [était] possible de le faire, sur des bases [qu'il estimait] justes ». Le seul espoir de gagner dans l'Illinois était d'« accepter les éléments de cette organisation » aux conditions des républicains, une fois que « la doctrine Know-Nothing se [serait...] entièrement effondrée[2] ».

Dans l'Ohio, Salmon P. Chase montra comment procéder. Après l'avoir emporté dans toutes les circonscriptions fédérales, en 1854, la coalition anti-Nebraska de l'Ohio avait bien l'intention d'élire Chase gouverneur de l'État aux élections de 1855. Mais pouvait-elle y parvenir

1. Overdyke, *The Know-Nothing Party in the South*, passim ; Baker, *Ambivalent Americans*, passim ; James H. Broussard, « Some Determinants of Know-Nothing Electoral Strength in the South », *Louisiana History*, n° 7 (1966), p. 5-20.

2. Lettre de Lincoln à Owen Lovejoy, 11 août 1855 ; lettre de Lincoln à Joshua F. Speed, 24 août 1855, *CWL*, t. II, p. 316, p. 323.

sans le soutien des Know-Nothings ? Les Free Soilers militants, comme Joshua Giddings, en étaient convaincus. Les nativistes, disait Giddings, étaient « le contraire de tout ce qui était juste, libéral et américain. Jamais nous ne nous unirons à un tel parti, dans quelque alliance que ce soit ». Chase semblait partager son avis. « Je me refuse à opprimer des hommes à cause de leur naissance, écrivit-il. Je ne saurais faire de la foi religieuse un critère politique. » Il reconnut donc en janvier 1855 que la force du « mouvement Know-Nothing [... rendrait] peut-être impossible l'élection d'un homme dans [sa] position [1] ».

Bientôt, cependant, l'ambition de Chase l'incita à transiger. Officieusement, il se dit prêt à collaborer avec les Know-Nothings antiesclavagistes, s'il pouvait y parvenir sans « sacrifier [ses] principes ». « Il me semble que vous en avez assez dit contre les Kns [*sic*] et que vous feriez mieux d'arrêter un peu, conseilla-t-il à un de ses alliés de la presse en février 1855. Mon intention est de ne combattre personne qui ne nous combatte. » On pouvait concéder, poursuivait-il, « que les gens avaient quelques raisons de se soulever contre les influences papales et l'invasion des étrangers », mais à condition de souligner combien il était « important de conserver l'idée antiesclavagiste comme notre but suprême [2] ». En réalité, Chase voulait voir les républicains repousser les *politiques* nativistes, tout en reconnaissant le nativisme en tant qu'élan culturel. Il était notamment disposé à faire un geste en faveur de l'anticatholicisme, mais ne voulait pas s'aliéner les immigrants protestants, et particulièrement le nombreux électorat allemand, dont le soutien était convoité par les républicains qui en avaient grand besoin. En inclinant ainsi vers l'antiromanisme, tout en s'écartant d'un nativisme généralisé, les républicains trouvèrent un bon moyen d'absorber une partie des Know-Nothings sans avoir l'impression de « sacrifier leurs principes ».

Chase parvint à marcher sur cette corde raide sans chuter. Dans l'Ohio, les Know-Nothings conservateurs présentèrent une liste séparée. Les Free Soilers radicaux menacèrent d'en faire autant, si Chase faisait la moindre concession aux nativistes. La convention républicaine de l'État fit de Chase son candidat, défendant un programme antiesclavagiste qui, selon ses propres paroles, « ne louchait pas le moins du monde en direction du Knisme [*sic*] ». Moyennant quoi, les candidats aux autres postes officiels avaient tous des antécédents Know-Nothings, bien que Chase les tint pour « des hommes honnêtes

1. Giddings, cité par William E. Gienapp, « Salmon P. Chase, Nativism and the Formation of the Republican Party in Ohio », *Ohio History*, n° 93 (1984), p. 11 ; Chase, cité par Trefousse, *Radical Republicans*, p. 84, et par Stephen E. Maizlish, *The Triumph of Sectionalism : The Transformation of Ohio Politics, 1844-1856* (Kent, Ohio, 1983), p. 207.

2. Lettres de Chase à E.S. Hamlin, 21 novembre 1854, 9 février et 22 janvier 1855, citées par Maizlish, *Triumph of Sectionalism*, p. 206, p. 208, et par Gienapp, « Salmon P. Chase, Nativism », p. 10.

[...] sincèrement opposés à l'esclavage » et « n'adhérant que mollement à leur mouvement ». « La seule question posée au peuple est celle, vitale, de l'esclavage », proclama Chase qui prédit, en privé, que le mouvement des Know-Nothings allait « s'abandonner gracieusement à la mort[1] ».

Peut-être. Quoi qu'il en fût, la principale question ethnoculturelle de la campagne fut le racisme anti-Noir qu'y insufflèrent les démocrates, lesquels ne furent pas longs à parfaire la technique consistant à mettre dans le même sac les « républicains noirs » et l'égalité pour les Noirs. Ayant baptisé la candidature de Chase « le programme électoral de Sambo[2] », les démocrates de l'Ohio affirmèrent que les républicains avaient l'intention de sacrifier « les intérêts de plus de vingt millions d'hommes [...] à ceux de trois millions de Noirs ». La politique républicaine visant à limiter l'expansion de l'esclavage se transformerait inévitablement en programme d'émancipation, ce qui lâcherait « trois à cinq millions de créatures non civilisées, avilies et sauvages [...] à travers tout le pays » et ôterait le pain de la bouche des ouvriers blancs[3].

Chase survécut à ces attaques et fut élu gouverneur avec quarante-neuf pour cent des suffrages, contre quarante-trois aux démocrates et huit au parti américain qui s'était désolidarisé des républicains. Bien qu'il leur eût été impossible de s'imposer sans le soutien des Know-Nothings, les républicains accédèrent au pouvoir dans l'Ohio pour y défendre un programme d'antiesclavagisme que ne venait entacher aucune promesse aux nativistes. Ils firent preuve de la même habileté politique dans la bataille prolongée autour de la présidence de la Chambre des représentants, réunie en décembre 1855.

A l'ouverture du Congrès, le chaos qui régnait dans les divers partis reflétait les ravages exercés par les élections de 1854-55. La plupart des estimations donnaient environ cent cinq membres aux républicains, quatre-vingts aux démocrates et cinquante aux américains. Parmi ces derniers, trente et un venaient d'États esclavagistes et une demi-douzaine des dix-neuf restants étaient conservateurs en matière d'esclavage. En ce qui concernait les démocrates, vingt-trois seulement étaient originaires d'États libres et rares étaient ceux qui supportaient mal de marcher de concert avec leurs collègues sudistes. Quant aux républicains (qui n'acceptaient pas encore tous cette étiquette), les deux tiers peut-être avaient, ou en tout cas étaient réputés avoir, des liens avec le mouvement Know-Nothing, même si une bonne moitié d'entre eux attachaient plus

1. Gienapp, « Chase, Nativism », p. 22, p. 24, p. 26.

2. « Sambo » était un sobriquet injurieux appliqué aux Noirs ; en déclarant que la candidature de Chase faisait partie du programme électoral de Sambo ou en évoquant les « républicains noirs », les démocrates appliquaient une de leurs tactiques favorites, qui était d'associer le parti rival à l'idée d'égalité raciale aux yeux des électeurs.

3. Maizlish, *Triumph of Sectionalism*, p. 220.

d'importance à l'antiesclavagisme qu'au nativisme. On retrouvait dans leurs rangs, entre autres, Nathaniel P. Banks, du Massachusetts, ancien démocrate et ancien Know-Nothing, qui, tout comme son compère Henry Wilson au Sénat, souhaitait désormais atteler la charrette Know-Nothing aux chevaux républicains. Les républicains en firent leur candidat à la présidence de la Chambre, mais pendant deux mois de plus en plus orageux, les tours de scrutin se succédèrent sans que Banks pût réunir les cent dix-huit voix dont il avait besoin pour être élu. Le processus, cependant, eut au moins le mérite de cristalliser les convictions républicaines de ses partisans et lorsque la Chambre, le 2 février 1856, finit par modifier le règlement pour accepter une élection à la majorité relative, Banks devint Président avec cent trois voix au cent trente-troisième tour de scrutin. S'il y eut un événement qui marqua la naissance du parti républicain, ce fut celui-là.

Qu'est-ce qui avait donc rendu possibles, en l'espace de deux petites années, cette remarquable éclipse du mouvement Know-Nothing et cette brusque avancée qui donnait au parti républicain la majorité dans le Nord ? La réponse était liée en partie à la baisse spectaculaire de l'immigration qui, dans les années postérieures à 1854, diminua de plus de moitié par rapport à ce qu'elle avait été au début de la décennie. La principale raison, cependant, tenait en trois mots : le Kansas ensanglanté. Les événements survenus dans ce lointain territoire convainquirent en effet la plupart des nordistes que le pouvoir esclavagiste constituait finalement une menace beaucoup plus grande que le pape pour la liberté républicaine.

Chapitre V

LE CRIME CONTRE LE KANSAS

I

Ayant perdu au Congrès le combat en faveur d'un Kansas libre, les tenants de l'antiesclavagisme décidèrent de livrer bataille sur la prairie même. « Puisqu'on ne saurait se soustraire à votre défi, déclara William H. Seward aux sénateurs du Sud le 25 mai 1854, je le relève au nom de la cause de la liberté. Nous allons être en rivalité pour le sol vierge du Kansas et Dieu donne la victoire au camp le plus fort par le nombre, comme il l'est par le droit[1]. » Au Massachusetts, Amos Lawrence,

1. *CG*, 33e Cong., 1re Sess., Appendice, p. 769.

naguère conservateur, fut le principal commanditaire de la New England Emigrant Aid Company (Compagnie d'aide aux émigrants de la Nouvelle-Angleterre), constituée durant l'été de 1854 pour promouvoir le peuplement du Kansas par des Free Soilers. Peu d'habitants de la Nouvelle-Angleterre partirent en fait pour cette région, mais la compagnie fournit de l'aide aux fermiers des États du Midwest, qui commencèrent à se rendre par petits groupes vers le nouveau territoire. Pour remercier Lawrence, on donna son nom à une ville qui devint le quartier général des forces en faveur d'un État libre dans le territoire.

Au départ, toutefois, les habitants du Missouri, qui n'avaient que les frontières de leur État à franchir, étaient plus nombreux que les Free Soilers et au moins aussi décidés. « Notre enjeu est colossal, assura David Atchison, sénateur du Missouri, à son collègue Robert M.T. Hunter de Virginie. Nous devons jouer notre va-tout avec audace. [...] Si nous l'emportons, nous répandons l'esclavage jusqu'à l'océan Pacifique ; si nous échouons, nous perdons le Missouri, l'Arkansas, le Texas et tous les territoires. » Quinze années auparavant, les Missouriens avaient chassé les mormons de leur État, à force de les harceler et d'incendier leurs biens ; Atchison était persuadé qu'ils n'auraient aucun mal à récidiver au Kansas, à l'encontre des Free Soilers. « Nous nous organisons, confia-t-il à Jefferson Davis. Nous serons obligés de faire parler les armes, de brûler et de pendre, mais ce ne sera pas long. Nous avons l'intention de "mormoniser" les abolitionnistes[1]. »

Atchison fit de son mieux pour tenir cette promesse. Lorsqu'Andrew Reeder, démocrate de Pennsylvanie, arriva au Kansas en qualité de gouverneur du territoire, à l'automne de 1854, il organisa une élection pour désigner un délégué auprès du Congrès. Ce fut la première de nombreuses élections, au Kansas, où le tumulte habituel à la vie politique de la « Frontière » fut multiplié au centuple par l'affrontement sur l'esclavage. En novembre 1854, Atchison et d'autres éminents personnages du Missouri prirent la tête d'une invasion de « bandits frontaliers » qui s'introduisirent au Kansas pour y gonfler le nombre de voix en faveur du candidat esclavagiste. Traités de « Vomissures » par les colons d'origine nordiste, beaucoup de ces Missouriens dégingandés, ni rasés, ni lavés, très portés sur l'alcool, ne s'intéressaient guère à l'esclavage, mais ils aimaient encore moins « ces yankees moralisateurs aux longues figures », qui débordaient d'un « amour

1. Lettre d'Atchison à Hunter, citée par James A. Rawley, *Race and Politics : "Bleeding Kansas" and the Coming of the Civil War* (Philadelphie, 1969), p. 81 ; lettre d'Atchison à Davis, 24 septembre 1854, citée par William E. Gienapp, « The Origins of the Republican Party, 1852-1856 », thèse de doctorat, University of California at Berkeley, 1980, p. 570-571.

malsain et obséquieux pour les Nègres[1] ». Ce furent les « bandits frontaliers » qui remportèrent le premier round. Par l'apport de plus de mille sept cents voix, ultérieurement déclarées frauduleuses par une commission du Congrès, ils élurent un délégué esclavagiste.

Sans doute auraient-ils pu gagner sans tricher. Toujours est-il qu'en prévision de l'élection suivante (pour élire la législature du territoire), en mars 1855, le gouverneur Reeder fit faire un recensement. Sur les huit mille cinq cent un habitants légitimes (dont deux cent quarante-deux esclaves), deux mille neuf cent cinq avaient le droit de vote et les trois cinquièmes d'entre eux venaient du Missouri et d'autres États esclavagistes. Néanmoins, Atchison préférait être sûr de sa victoire. « Repérez parmi vous chaque gredin contaminé si peu que ce soit par les idées des Free Soilers ou des abolitionnistes et exterminez-le », lança le bras droit du sénateur dans le Missouri, pour exhorter à l'action les habitants de Saint Joseph. « Pour ceux qui auraient des remords de conscience [...], le moment est venu de passer outre à toutes ces supercheries, car vos vies et vos biens sont en danger. [...] Pénétrez dans chaque circonscription du Kansas [...] et votez à la pointe du couteau ou du revolver ! » S'étant absenté du Sénat, Atchison emmena de nouveau au Kansas un groupe de « bandits frontaliers ». « Onze cents hommes arrivent du comté de Platte pour voter, déclara-t-il à ses partisans, et si ça ne suffit pas, nous pouvons en envoyer cinq mille — suffisamment pour tuer tous les damnés abolitionnistes du territoire[2]. » Et ils furent, en définitive, cinq mille à faire le déplacement — ou, plus exactement, quatre mille neuf cent huit, si l'on en croit les résultats de l'enquête parlementaire — et à voter illégalement afin d'élire une législature territoriale composée de trente-six esclavagistes et de trois Free Soilers. « Les Missouriens ont noblement défendu *nos* droits », proclama un journal d'Alabama. « Salut à vous ! Venez tous, hommes du Sud ! lançait le *Leavenworth Herald*, organe esclavagiste. Amenez vos esclaves et remplissez le territoire. Le Kansas est sauvé[3] ! »

Le gouverneur Reeder fut scandalisé par ces procédés. Il était arrivé au Kansas plutôt bien disposé envers l'esclavage, mais les menaces de mort que lui adressèrent les Missouriens, s'il s'avisait de contrecarrer

---

1. Les idées toutes faites que les yankees et les Vomissures se faisaient les uns des autres ont été analysées par Michael Fellman, « Rehearsal for the Civil War : Antislavery and Proslavery at the Fighting Point in Kansas, 1854-1856 », in Lewis Perry and Michael Fellman (éd.), *Antislavery Reconsidered : New Perspectives on the Abolitionists* (Baton Rouge, 1979), p. 287-307 ; la citation se trouve p. 300. L'expression « bandit frontalier » a pour père Horace Greeley, mais les Missouriens l'adoptèrent avec fierté.

2. John Stringfellow, cité par Alice Nichols, *Bleeding Kansas* (New York, 1954), p. 26, extrait d'un compte rendu de son discours dans le journal esclavagiste *Leavenworth Herald* ; les paroles d'Atchinson furent rapportées par le Dr G.A. Butler, colon originaire du Tennessee, dans sa déposition devant un comité du Congrès, cité par Nevins, *Ordeal*, t. II, p. 385.

3. *Jacksonville (Ala.) Republican*, cité par Rawley, *Race and Politics*, p. 89 ; *Leavenworth Herald*, cité par Nichols, *Bleeding Kansas*, p. 29.

leurs activités, le précipitèrent dans l'autre camp et il ordonna de nouvelles élections dans un tiers des circonscriptions. Les candidats des Free Soilers les remportèrent presque toutes, mais lorsque la législature se réunit en juillet 1855, ce furent les premiers vainqueurs esclavagistes qui vinrent siéger avec morgue. Pendant ce temps, Reeder était parti pour Washington, où il supplia Pierce de désavouer cette sinistre farce. Le Président, cependant, préféra se laisser convaincre par les arguments d'Atchison, de Douglas et d'autres démocrates, qui lui assuraient que tout était de la faute de l'Emigrant Aid Company et que les journaux républicains avaient ridiculement grossi l'affaire. Atchison persuada même Pierce de remplacer Reeder par un homme plus malléable, en l'occurrence Wilson Shannon de l'Ohio. L'une des premières tâches qu'on lui confia fut de mettre en vigueur un code de l'esclavage ratifié par la législature, punissant d'amende et d'emprisonnement quiconque exprimerait des opinions hostiles à l'esclavage, autorisant la peine de mort pour quiconque encouragerait les esclaves à se révolter ou les aiderait à s'enfuir, obligeant tout électeur à s'engager sous serment à respecter ces lois, et légalisant de façon rétroactive les votes des « bandits frontaliers » en stipulant qu'il n'était pas nécessaire de résider au Kansas pour y voter[1].

Les Free Soilers installés au Kansas — qui à l'automne de 1855 étaient plus nombreux que les authentiques colons esclavagistes — n'avaient aucune intention de se soumettre à ces lois, non plus que de reconnaître « la législature postiche » qui les avait ratifiées. Les colons venus du Nord s'armèrent de nouveaux fusils Sharps, se chargeant par la culasse, qu'on leur faisait parvenir de Nouvelle-Angleterre. Les Free Soilers s'organisèrent politiquement et convoquèrent une convention à Topeka en octobre. Ils rédigèrent une Constitution d'État libre et décidèrent que de nouvelles élections auraient lieu pour désigner une législature et un gouverneur. Inutile de dire que les électeurs esclavagistes boycottèrent ces élections. En janvier 1856, le Kansas possédait donc deux gouvernements territoriaux : l'un, officiel, à Lecompton et l'autre, officieux, à Topeka, qui représentait cependant une majorité d'authentiques habitants du territoire.

Les partisans des deux camps étaient des arsenaux ambulants et les effusions de sang étaient inévitables à plus ou moins long terme. L'assassinat d'un Free Soiler par un esclavagiste, en novembre 1855, déclencha une série d'incidents propres à mettre le feu aux poudres. Quelque mille cinq cents Missouriens franchirent la frontière pour marcher sur Lawrence, la place forte des Free Soilers, où les attendaient

---

1. Nevins, *Ordeal*, t. II, p. 384-390 ; Jay Monaghan, *Civil War on the Western Border, 1854-1865* (New York, 1955), p. 17-30 ; Roy F. Nichols, *Franklin Pierce* (2e édition, Philadelphie, 1958), p. 407-418.

un millier d'hommes armés de fusils Sharps et d'un obusier. Les troupes fédérales se contentaient d'observer mollement, n'ayant reçu aucun ordre de l'apathique administration Pierce. Le gouverneur Shannon se rendit à Lawrence et parvint à convaincre les deux factions de dissoudre leurs troupes. Avec l'aide d'Atchison, il réussit à réexpédier, bon gré, mal gré, les Missouriens chez eux. « Attaquer Lawrence à l'heure qu'il est, leur déclara Atchison, c'est attaquer une bande de hors-la-loi ; et quel sera le résultat ? Vous risquez de faire élire un président abolitionniste et de causer la ruine du parti démocrate. Attendez un peu. Pour le moment, il est impossible de détruire ces gens sans perdre plus que vous n'avez à gagner[1]. »

Un tel raisonnement n'était pas fait pour encourager des perspectives de paix à long terme. Un hiver rigoureux fut, plus que toute autre chose, la cause d'une accalmie au cours des mois suivants. Mais au printemps de 1856, la violence surgit en même temps que les pissenlits. La migration annuelle de nouveaux colons semblait devoir consolider la majorité fidèle aux principes des Free Soilers. Les esclavagistes ne pouvaient réagir que par une bravade. « Le sang appelle le sang ! titra l'*Atchison Squatter Sovereign*. Il faut nous purger de tous les émissaires de l'abolition [...] et faire clairement comprendre que tous ceux qui ne repartiront pas immédiatement vers l'Est partiront pour l'Éternité[2] ! » Le juge Samuel Lecompte, esclavagiste notoire, demanda à un jury d'accusation d'inculper les membres de la législature officieuse de haute trahison. Étant donné que bon nombre d'entre eux vivaient à Lawrence, leur arrestation fournit aux Missouriens, désormais élevés au rang de détachement de police, une nouvelle occasion de s'attaquer à ce bastion des abolitionnistes yankees. Traînant à leur suite cinq canons, ils assiégèrent la ville le 21 mai. Ne voulant pas se mettre encore plus en marge de la loi, les dirigeants du mouvement en faveur de l'État libre décidèrent de ne pas résister. Le « détachement », fort de huit cents hommes, déferla alors dans les rues de Lawrence, démolit les locaux de ses deux journaux, mit le feu à l'hôtel et à la demeure du gouverneur élu par les Free Soilers et pilla les boutiques et les maisons.

Tous ces événements se déroulaient sur fond de débat national au sujet du Kansas. Au Congrès, aussi bien les républicains que les démocrates présentèrent des projets de loi sur l'admission du Kansas dans l'Union — les premiers selon la Constitution d'État libre rédigée à Topeka, les seconds après l'élection d'une nouvelle convention constitutionnelle, qui serait administrée par le gouvernement territorial de Lecompton. Les sudistes estimaient que leur avenir entier dépendait de cette affaire. « L'admission du Kansas au sein de l'Union en tant qu'État esclavagiste

1. Nevins, *Ordeal*, t. II, p. 141.
2. *Ibid.*, p. 433.

est désormais une question d'honneur, écrivit Preston Brooks, représentant de la Caroline du Sud, en mars 1856. Le sort du Sud se jouera sur la question du Kansas. Si le Kansas devient un État mercenaire [c'est-à-dire libre], la valeur des esclaves diminuera de moitié dans le Missouri[... et] l'abolitionnisme deviendra le sentiment dominant. Et il en ira de même dans l'Arkansas, et dans le nord du Texas[1]. »

Comme les républicains possédaient la suprématie à la Chambre et les démocrates au Sénat, aucun des deux partis ne parvint à faire ratifier son projet de loi. L'un et l'autre se concentrèrent sur la propagande que pourrait lui faire cette question, dans la perspective de l'élection présidentielle. Cette stratégie fut plus payante pour les républicains, car le soutien apporté par les démocrates aux excès des esclavagistes au Kansas fournissait à leurs adversaires une occasion rêvée d'amplifier cette nouvelle attaque du pouvoir esclavagiste contre les droits du Nord. Ayant la chance de posséder sur place une équipe fort capable de jeunes reporters antiesclavagistes, qui brillaient quelquefois davantage par leur zèle que par leur exactitude, la galaxie naissante des journaux républicains exploita au maximum l'image du Kansas ensanglanté.

Les sudistes s'entêtèrent d'ailleurs à leur donner ample matière à exploiter. A peine venait-on d'apprendre le « sac de Lawrence » qu'une nouvelle scandaleuse arrivait de l'enceinte même du Capitole à Washington. Tout au long du printemps, Charles Sumner avait laissé s'agrandir sa hargne contre ce qu'il appelait « Le crime contre le Kansas » — titre d'un discours qui s'étala sur deux jours, les 19 et 20 mai, et qu'il adressa au Sénat devant des gradins combles. « Je vais faire le discours le plus approfondi et le plus complet de ma vie, annonça-t-il juste avant à Salmon P. Chase. J'ai l'âme meurtrie par cet outrage et je vais la laisser s'épancher. » Ainsi fit-il, avec plus de passion que de délicatesse. « Des malfaiteurs et assassins du Missouri, déclara-t-il, des mercenaires recrutés parmi les vomissures des ivrognes d'une civilisation agitée » avaient perpétré « un viol contre un territoire vierge, l'obligeant à se soumettre à l'odieuse étreinte de l'esclavage ». Sumner s'attaqua nommément aux membres du Mess de F. Street, auxquels il associait dans l'opprobre Andrew P. Butler, de Caroline du Sud, qui avait « craché les glaires et les expectorations de sa rhétorique » pour exiger que les partisans d'un État libre au Kansas fussent privés de leurs armes. L'État que représentait Butler, fidèle à « la honteuse imbécillité qu'il doit à l'esclavage », avait envoyé au Sénat en sa personne un « Don Quichotte dont la Dulcinée [...], souillée aux yeux du monde et que lui seul croit chaste, est la catin qui a nom Esclavage[2] ».

---

1. Nevins, *Ordeal*, t. II, p. 427.
2. Lettre de Sumner à Chase, 25 mai 1856, Chase Papers, bibliothèque du Congrès ; *The Works of Charles Sumner*, 12 vol. (Boston, 1873), t. IV, p. 125-148.

Ce discours déclencha une véritable tempête — au Sénat, où plusieurs démocrates ne ménagèrent pas leurs reproches, et dans la presse, où même les éloges des républicains sur le fond étaient mitigés par des réserves quant à la forme. La seule raison pour laquelle plus d'un sudiste renonça à provoquer Sumner en duel fut la certitude qu'il s'y refuserait. D'ailleurs, seuls deux hommes du même monde pouvaient se battre en duel ; un être aussi abject que ce scélérat yankee ne méritait qu'une correction à coups de cravache — ou de canne. Ainsi en jugea Preston Brooks, membre du Congrès et cousin d'Andrew Butler. Deux jours après le discours, Brooks pénétra dans la salle presque vide où se réunissait le Sénat, après l'ajournement de la séance, et s'approcha du bureau auquel était assis Sumner, occupé à écrire des lettres. « [Votre discours], lança-t-il au sénateur, est une diffamation envers la Caroline du Sud et envers Monsieur Butler qui est de mes parents. » Et comme Sumner cherchait à se lever, Brooks pris d'une subite frénésie le frappa à la tête plus d'une trentaine de fois avec une canne à pommeau d'or ; Sumner, les jambes coincées sous son bureau, parvint finalement à arracher le meuble du parquet auquel il était fixé, mais ce fut pour s'écrouler avec lui dans une mare de sang[1].

Cet incident déchaîna la colère de tous les yankees, y compris ceux qui n'avaient guère de sympathie pour la victime. « Sumner ensanglanté » alla rejoindre le Kansas, non moins ensanglanté, en tant que symbole des iniquités du pouvoir esclavagiste. Le Sud, constata un journal, « ne saurait tolérer où que ce soit la liberté de parole et voudrait l'étouffer à Washington à coups de gourdins et de couteaux, comme ses représentants essaient actuellement de le faire au Kansas, par les massacres, la rapine et le meurtre ». « En sommes-nous donc arrivés là, demanda William Cullen Bryant, du *New York Evening Post*, qu'il nous faille hésiter à dire un mot plus haut que l'autre devant nos maîtres sudistes ? [...] Vont-ils nous châtier comme ils châtient leurs esclaves ? Sommes-nous donc des esclaves nous aussi, des esclaves pour la vie, cibles de leurs brutalités lorsque nous avons le malheur de leur déplaire[2] ? »

Mettant un comble à ses outrages, le Sud fêta Brooks comme un véritable héros. Même si quelques sudistes déploraient toute l'affaire parce qu'elle risquait de galvaniser le Nord, l'approbation générale du geste de Brooks l'emportait de très loin sur ces légères inquiétudes. En Caroline du Sud, les journaux s'enorgueillirent de constater que Brooks s'était « si noblement posé en défenseur de [...] l'honneur des Caroliniens

1. David Donald, *Charles Sumner and the Coming of the Civil War* (New York, 1960), p. 289-297.

2. *Cincinnati Gazette*, 24 mai 1856 ; *New York Evening Post*, 23 mai 1856, cité par William E. Gienapp, « The Crime against Sumner : The Caning of Charles Sumner and the Rise of the Republican Party », *CWH*, n° 25 (1979), p. 230, p. 232.

du Sud ». Le *Richmond Enquirer* décréta qu'il s'agissait d'un « acte excellent dans sa conception, meilleur encore dans son exécution et suprême par ses conséquences. Les vulgaires abolitionnistes du Sénat commencent à le prendre d'un peu trop haut. [...] Les voici bien hardis d'oser manifester leur morgue envers des gentlemen ! [...] La vérité c'est qu'on les a trop longtemps laissé vagabonder sans colliers. Il convient à présent de leur apprendre la soumission à coups de fouet[1] ». Un planteur et ex-officier de Louisiane, Braxton Bragg, écrivit que la Chambre devrait bien voter des remerciements à Brooks. « On ne saurait toucher la sensibilité de tels chiens qu'à travers leur crâne et avec un gros bâton. » Brooks lui-même se targua d'être « soutenu par tous les citoyens du Sud. On me supplie de distribuer les fragments de ma canne en guise de *reliques sacrées* ». Lorsque la Chambre vota son expulsion par cent vingt et une voix contre quatre-vingt-quinze, l'opposition des sudistes empêcha d'obtenir l'indispensable majorité des deux tiers. Brooks démissionna quand même et rentra chez lui faire justifier sa conduite par une réélection. La Caroline du Sud tout entière lui fit fête et le renvoya triomphalement à Washington à l'unanimité des voix. Des quatre coins du Sud, il reçut des douzaines de cannes neuves, certaines portant des inscriptions telles que : « Tapez plus fort » ou « Ayez recours à des arguments frappants[2]. »

Cette réaction sudiste exaspéra les modérés du Nord encore plus que ne l'avait fait l'agression. « Ce ne fut pas l'attaque proprement dite (pour horrible qu'elle fût) qui me transporta de rage, écrivit un whig à l'ancienne mode qui vota dorénavant républicain, mais le ton de la presse sudiste et l'approbation, à ce qu'il semble, de toute la population du Sud. » Un conservateur de Boston, qui avait jusque-là défendu le Sud, faisait chorus : « [Je dois désormais] reconnaître, à mon grand chagrin, que la civilisation était moins avancée que je ne l'eusse jamais cru, bien que [Theodore] Parker et ceux qu'on appelle extrémistes aient souvent et fort calmement insisté sur ce fait que je niais avec chaleur. » Des organisateurs du parti républicain signalèrent qu'ils n'avaient « encore jamais vu quoi que ce fût de comparable aux présents sentiments de haine et d'hostilité profondes, déterminées, radicales, envers toute extension de l'esclavage et de son pouvoir politique[3] ».

Le châtiment de Brooks se borna à une amende de trois cents dollars, prélevée par un tribunal de district. Les blessures de Sumner, compliquées

1. *Charleston Courier*, 29 août 1856, cité par Avery O. Craven, *The Growth of Southern Nationalism, 1848-1856* (Baton Rouge, 1953), p. 233 ; *Richmond Enquirer*, 9 juin 1856, cité par Gienapp, « The Crime Against Sumner », p. 222.

2. Bragg, cité par Donald, *Sumner*, p. 305 ; Brooks, cité par Gienapp, « The Crime Against Sumner », p. 221 ; les inscriptions sont citées par John Hope Franklin, *The Militant South, 1800-1861* (Cambridge, Mass., 1956), p. 54-55.

3. Toutes ces citations sont empruntées à Gienapp, « The Crime Against Sumner », p. 231, p. 234, p. 235.

par un syndrome post-traumatique qui transforma une névrose psychogène en infirmité physique, l'écartèrent du Sénat durant la majeure partie des quatre années suivantes[1]. Tout au long de cette période, la législature du Massachusetts le réélut à son siège, afin de condamner symboliquement la « barbarie de l'esclavage ». De nombreux yankees auraient bien voulu ne pas se limiter à une protestation aussi passive. « Si le Sud brandit le bâton de l'esclave pour discuter avec le Nord, nota dans son journal un pasteur de New York, le Nord n'a plus d'autre ressource que de lui rendre ses coups ou d'être réduit en esclavage[2]. » Au fin fond du Kansas vivait un abolitionniste de cinquante-six ans qui, lui aussi, croyait à la formule de l'Ancien Testament : œil pour œil, dent pour dent. D'ailleurs, John Brown avait tout de ce guerrier biblique qui terrassait ses ennemis à coups de mâchoire d'âne — encore qu'il préférât des armes plus modernes, telles que les fusils ou, en une atroce occasion, les sabres.

Père de vingt enfants, Brown n'avait guère connu de réussite dans ses diverses entreprises commerciales ou agricoles. En 1855, il se joignit à six de ses fils et à un gendre, qui avaient tous accepté des concessions au Kansas. Antiesclavagiste fanatique et jouissant d'une influence presque hypnotique sur la plupart de ses compagnons, Brown s'engagea dans une compagnie militaire des partisans de l'État libre (dont ses fils étaient aussi membres), afin de participer à la guérilla qui se généralisait au printemps de 1856. En route pour aller défendre Lawrence contre les Missouriens au mois de mai, cette compagnie apprit que la ville, qui n'offrait pourtant aucune résistance, avait été pillée. La nouvelle plongea Brown dans une fureur noire contre les forces esclavagistes et le remplit de mépris envers les hommes de Lawrence, qui n'avaient pas su se battre. Ce n'était pas ainsi qu'on allait libérer le Kansas, dit-il à ses hommes. Il fallait « combattre le feu par le feu », il fallait « faire naître la terreur dans les cœurs des esclavagistes ». Lorsque la petite bande apprit un peu plus tard l'agression contre Sumner à Washington, Brown « devint fou, *fou à lier* », selon les témoins. « Il faut faire quelque chose pour montrer à ces barbares que nous aussi, nous avons des droits », déclara-t-il. Selon ses calculs, les esclavagistes avaient assassiné au moins cinq Free Soilers au Kansas depuis le début des troubles. Brown conçut donc une « mesure radicale de représailles » contre « les chiens esclavagistes » de son voisinage, près de Pottawatomie Creek — dont aucun n'avait le moindre rapport avec les meurtres. Accompagné de quatre de ses fils et de trois autres hommes, il enleva de chez eux cinq colons esclavagistes,

1. Voir l'analyse approfondie et convaincante de Donald, *Sumner*, p. 312-347.
2. Henry Dana Ward, cité par Gienapp, « The Crime Against Sumner », p. 232.

dans la nuit du 24 au 25 mai, et leur fendit froidement le crâne à coups de sabre. Œil pour œil[1].

Cet affreux massacre resta impuni. Des fonctionnaires fédéraux parvinrent à arrêter deux des fils de Brown, qui n'avaient *pas* participé au crime, tandis que des bandes d'esclavagistes incendiaient les propriétés de la famille. Les chocs jumeaux de Lawrence et de Pottawatomie provoquèrent une escalade dans cette guerre d'embuscades. L'un des fils de Brown figura parmi les deux cents et quelques victimes. Se considérant comme les soldats d'une guerre sainte, Brown et ses autres fils parvinrent on ne sait trop comment à échapper aux forces de l'ordre et ne furent jamais jugés pour les meurtres de Pottawatomie. En dépit des efforts opiniâtres de l'armée américaine pour contenir toute cette violence, les troupes étaient trop peu nombreuses pour juguler les raids assassins qui caractérisaient le conflit.

A mesure que la nouvelle du massacre de Pottawatomie se propageait vers l'Est, une légende naquit parmi les antiesclavagistes, assurant que Brown n'y était pas mêlé ou bien qu'il avait agi en état de légitime défense[2]. On ne s'étonnera pas d'apprendre que les journaux républicains préféraient s'attarder sur la « barbarie » des « bandits frontaliers » et de Preston Brooks, plutôt que sur celle d'un partisan de l'État libre. De toute façon, les tristes événements de Pottawatomie ne tardèrent pas à être éclipsés par les récits d'autres « batailles » de ce qu'une bonne partie de la presse appelait désormais « la guerre civile au Kansas ». Plus que toute autre chose, ce fut cette guerre civile qui détermina le contexte de l'élection présidentielle de 1856.

II

Au début de l'année, il n'était pas du tout certain que le parti républicain allait devenir l'autre grand parti du Nord, face aux démocrates. En février, le parti américain organisa une convention nationale, dans l'espoir de

1. Stephen B. Oates, *To Purge This Land with Blood: A Biography of John Brown* (New York, 1970), p. 126-137 ; citations empruntées aux pages 128-129 et 133 ; elles sont fondées sur le témoignage ultérieur des hommes de la compagnie militaire de Brown. Une partie considérable de la vaste somme d'écrits historiques concernant John Brown tourne autour du massacre de Pottawatomie. Bien que certains contemporains aient nié le rôle de Brown dans cette affaire, les historiens l'acceptent, mais ne sont pas d'accord sur les mobiles et les détails. La version présentée ici est fondée sur celle de la biographie d'Oates, l'analyse la plus récente et la plus raisonnable de ce massacre. Pour de plus amples détails et une optique différente sur de nombreux points, voir James C. Malin, *John Brown and the Legend of Fifty-Six* (Philadelphia, 1942), ouvrage au demeurant frustrant en raison de sa forme tentaculaire et de son absence de structure, mais qui repose sur des recherches incroyablement détaillées de l'histoire du Kansas.

2. Malin, *John Brown and the Legend of Fifty-Six*, présente un compte rendu exhaustif des divers filtres à travers lesquels les contemporains et les historiens ultérieurs ont vu et déformé le massacre de Pottawatomie.

combler le fossé qui s'était creusé dans ses rangs, l'année précédente, entre le Nord et le Sud. Certains des délégués nordistes, partis en claquant la porte au mois de juin 1855, revinrent, mais une fois de plus une alliance composée de sudistes et de conservateurs de New York et de Pennsylvanie repoussa une résolution réclamant l'abrogation de la loi Kansas-Nebraska. Aussitôt, soixante-dix délégués yankees partirent pour aller fonder un parti « nord-américain ». Les délégués restants désignèrent Millard Fillmore comme candidat à la présidence.

Les nord-américains tinrent à leur tour une convention qui se réunit quelques jours avant celle des républicains en juin. Ils avaient l'intention de choisir un nativiste antiesclavagiste que les républicains seraient bien obligés de soutenir, s'ils voulaient éviter de créer une scission parmi les électeurs antiesclavagistes. L'issue de leur manœuvre démontra, toutefois, que l'élément nativiste ne parviendrait jamais à dominer l'ensemble antiesclavagiste. Une fois de plus, Nathaniel Banks, qui venait tout juste de consolider la suprématie républicaine à la Chambre par son élection à la présidence de cette assemblée, servit de cheval de Troie pour l'absorption des nord-américains par les républicains. Toujours fort bien vu des nativistes, Banks accepta de postuler au titre de candidat du parti nord-américain à la présidence des États-Unis. Une fois que les républicains auraient choisi leur candidat, cependant, Banks se désisterait en sa faveur, ne laissant aux nord-américains guère d'autre choix que de se rallier à lui. Plusieurs délégués à la convention nord-américaine étaient au courant de cette machination. Tout se déroula comme prévu. Banks fut désigné et tous les regards se tournèrent aussitôt vers Philadelphie, où les républicains devaient tenir leur première convention nationale.

Les dirigeants républicains, tels l'ex-whig Thurlow Weed, de New York, et l'ex-démocrate Francis Preston Blair, du Maryland, étaient des hommes sagaces. Comprenant que les anciennes loyautés risquaient d'inhiber certains vétérans du monde politique et de les tenir éloignés d'un conclave « républicain », ils n'utilisèrent pas cette étiquette pour réunir leur convention. Ils se contentèrent d'y inviter tous les délégués « qui, sans préjudice des différends politiques du passé, s'opposent à l'abrogation du Compromis du Missouri [et] à la politique de la présente administration ». Le programme et son candidat devraient être choisis avec le plus grand soin, afin d'attirer le plus d'électeurs possible. Particulièrement délicate était la tâche de séduire à la fois les nativistes et les immigrants (du moins les protestants), mais la fusion d'anciens whigs et d'anciens démocrates était presque aussi difficile à opérer. Le programme tenta d'atteindre ces objectifs en se concentrant sur les questions qui rassemblaient les suffrages de tous ces éléments disparates et en faisant l'impasse ou en biaisant lorsqu'il y avait des risques de discorde. Les quatre cinquièmes du document traitaient donc de l'esclavage ; la politique du gouvernement au Kansas était condamnée sans appel, le droit du Congrès à interdire l'esclavage dans les territoires réaffirmé, l'admission du Kansas en tant qu'État libre réclamée, le manifeste d'Ostende vilipendé et la Déclaration d'indépendance citée comme référence pour les principes de la liberté du sol. Deux brefs articles faisaient écho à l'ancien programme whig de financement gouvernemental pour les améliorations intérieures, en prônant une aide fédérale pour un chemin de fer transcontinental et pour l'aménagement des fleuves et des ports — projets qui bénéficieraient aussi du soutien des démocrates dans les zones où ils seraient avantageux (Pierce avait déjà opposé son veto à trois projets de loi sur les fleuves et les ports). Le dernier article, ayant trait au nativisme, était un véritable chef-d'œuvre d'ambiguïté. En s'opposant à toute législation susceptible de restreindre « la liberté de conscience et l'égalité des droits parmi les citoyens », le programme semblait désavouer le nativisme, mais en précisant bien qu'il s'agissait de « citoyens », il n'excluait pas d'office le projet des Know-Nothings, qui était de faire passer à vingt et un ans la période d'attente pour la naturalisation (mesure que les républicains n'avaient, évidemment, aucune intention de mettre en vigueur). En outre, l'expression « liberté de conscience » était une sorte de code pour les protestants, ulcérés par les tentatives catholiques de faire interdire dans les écoles publiques les lectures extraites de la Bible dans la version (réformée) du roi Jacques[1].

Du fait que le parti républicain était nouveau, son programme avait plus d'importance qu'à l'ordinaire, mais bien sûr c'était surtout le candidat qui devait contribuer à créer l'image du parti. Les deux personnalités les plus en vue étaient Seward et Chase, mais chacun s'était fait des ennemis dans des groupes que les républicains souhaitaient se concilier : nativistes, démocrates antiesclavagistes ou encore whigs conservateurs. Par ailleurs, Seward et son conseiller, Thurlow Weed, ne croyaient guère aux chances de leur parti aux élections de 1856 et préféraient attendre une conjoncture plus favorable quatre ans plus tard. L'homme le plus « utilisable », justement parce qu'il n'avait à peu près aucune expérience politique et donc aucun passé à défendre, était John C. Frémont. La flatteuse réputation de ce fringant « Pionnier » de l'Ouest était indéniablement un atout politique. Frémont, prédit un des stratèges républicains, attirerait des suffrages « par le seul romantisme de son existence et de sa position[2] ». Son mariage avec la fougueuse Jessie

---

1. L'appel à la convention est cité par Gienapp, « Origins of the Republican Party », p. 864 ; le programme a été reproduit par Arthur M. Schlesinger Jr. (éd.), *History of American Presidential Elections, 1789-1968*, 4 vol. (New York, 1971), t. II, p. 1039-1041. Rappelons que la « Bible du roi Jacques » était la traduction acceptée en langue anglaise de la religion protestante. L'Église catholique romaine la désavouait, lui préférant sa propre version.

2. Richard H. Sewell, *Ballots for Freedom : Antislavery Politics in the United States, 1837-1860* (New York, 1976), p. 283.

Benton, fille du légendaire jacksonien, Thomas Hart Benton[1], ennemi de la faction Atchison dans le Missouri, lui valait d'intéressantes relations parmi les anciens démocrates. Le rôle qu'il avait joué en Californie pour en faire un État libre, en 1849, et le soutien qu'il avait apporté au Kansas libre en 1856 lui fournissaient d'excellentes références antiesclavagistes. Tant et si bien que Frémont obtint l'investiture dès le premier tour. Et en guise de hochet pour les anciens whigs, William Dayton, du New Jersey, fut désigné candidat à la vice-présidence.

Ce dernier choix faillit, cependant, fausser la délicate manœuvre entreprise pour assurer le report des voix nord-américaines sur le candidat républicain. Banks déclina, comme prévu, l'honneur de représenter les nord-américains, mais en échange de leur soutien à Frémont, les nativistes comptaient bien voir leur candidat choisi par les républicains pour la vice-présidence. Voyant qu'il n'en était rien, ils épanchèrent leur bile pendant quelque temps, puis finirent par accepter Dayton. Leur ralliement à la liste républicaine les obligeait pourtant à avaler une couleuvre géante, car le père de Frémont avait été catholique et le « Pionnier » s'était marié devant un prêtre. Tout au long de la campagne, de faux bruits circulèrent, assurant que Frémont était secrètement catholique. Certains nord-américains ulcérés, notamment en Pennsylvanie, firent serment de voter pour Fillmore, mais ce dernier n'était guère fait pour leur mettre du baume au cœur, car il n'était Know-Nothing qu'en paroles et ses principaux partisans étaient d'anciens whigs du Sud qui n'avaient pu se résoudre à rejoindre les rangs démocrates.

En tant que mouvement politique organisé, le nativisme traversa une longue éclipse après 1856. L'hostilité à l'égard du romanisme (et du rhum) resta un courant souterrain à l'intérieur du républicanisme, mais pour la majorité des républicains, le grand danger qui menaçait les libertés américaines, c'était le pouvoir esclavagiste et non le catholicisme. « Vous êtes ici aujourd'hui, avait déclaré le président du parti aux délégués de la convention républicaine, pour donner sa direction à un mouvement qui devra décider si le peuple des États-Unis est voué dorénavant et pour jamais à être enchaîné à l'actuelle politique nationale d'extension de l'esclavage[2]. »

Sous tous les rapports, le candidat démocrate était l'antithèse de Frémont. A quarante-trois ans, le « Pionnier » était le plus jeune candidat qui se fût jamais présenté ; à soixante-cinq ans, James Buchanan était

---

1. Thomas Hart Benton fut sénateur du Missouri pendant trente ans. C'était un adversaire notoire de la Second Bank of the United States, un champion de l'expansion territoriale américaine et le porte-parole des petits fermiers de l'Ouest.

2. Nevins, *Ordeal*, t. II, p. 460. Pour un compte rendu du nativisme soulignant l'ambivalence des républicains lors des élections de 1856, voir William E. Gienapp, « Nativism and the Creation of a Republican Majority in the North before the Civil War », *JAH*, n° 72 (1985), p. 541-548.

le plus vieux. Alors que le séduisant Frémont et son ambitieuse épouse s'étaient fait, au fil des ans, autant d'ennemis que d'amis, Buchanan, austère célibataire presbytérien, semblait aussi terne que sûr. Alors que Frémont n'avait derrière lui que trois mois d'expérience politique, en tant que sénateur de Californie, Buchanan avait occupé tant de postes qu'on l'avait surnommé le « vieux fonctionnaire public » — membre du Congrès pendant dix ans, sénateur pendant dix autres, cinq ans de diplomatie en qualité d'ambassadeur en Russie et en Grande-Bretagne, et quatre ans secrétaire d'État. Buchanan, toutefois, partageait avec son rival un atout politique — il était utilisable. Il avait passé toute la période mouvementée de l'affaire Kansas-Nebraska à l'étranger (à la cour d'Angleterre) et, à l'encontre de Pierce et Douglas, les deux autres prétendants au titre de candidat démocrate, il n'avait aucune responsabilité dans le désastre du Kansas. En outre, Buchanan venait de Pennsylvanie, État qui semblait bien parti pour devenir le champ de bataille crucial du conflit électoral.

A la convention nationale des démocrates, Pierce et Douglas obtinrent une grande partie de leur soutien des délégués du Sud, qui leur savaient gré du rôle qu'ils avaient joué dans l'abrogation du Compromis du Missouri. La plupart des voix de Buchanan venaient du Nord — nouvelle ironie du sort, car Buchanan se révélerait beaucoup plus favorable aux sudistes que l'un ou l'autre de ses concurrents. Voyant que la situation restait confuse pendant plus d'une douzaine de tours, Pierce, puis Douglas se désistèrent pour ne pas laisser la discorde s'installer, permettant à Buchanan de s'imposer au dix-septième tour de scrutin. Suivant la démarche inverse du programme républicain, celui des démocrates ne consacrait qu'un cinquième à peine de son verbiage à la question de l'esclavage. Il soutenait la souveraineté populaire et accusait le parti républicain d'être un « parti sectionnel », incitant à « la trahison et la résistance armée à la loi dans les territoires ». D'autres articles réaffirmaient les vieilles scies jacksoniennes : les droits des États et surtout pas de banque nationale si « dangereuse pour nos institutions républicaines et pour les libertés du peuple[1] ».

La campagne vit se dessiner deux combats distincts : Buchanan contre Fillmore dans le Sud et le même Buchanan contre Frémont dans le Nord. Dans la plupart des États du Sud, elle manqua singulièrement de brio, car le résultat était acquis d'avance. Fillmore eut beau recueillir quarante-quatre pour cent des suffrages exprimés dans les États esclavagistes, il ne remporta que le Maryland. Frémont rallia à sa cause tous les États les plus septentrionaux — la Nouvelle-Angleterre, plus le Michigan et le Wisconsin — recueillant à lui seul soixante pour cent des suffrages exprimés contre trente-six pour cent à Buchanan et quatre pour cent

1. Schlesinger (éd.), *History of Presidential Elections*, t. II, p. 1035-1039.

à Fillmore. D'importantes majorités républicaines dans les régions traditionnellement yankees du nord de l'État de New York, du nord de l'Ohio et du nord de l'Iowa lui assurèrent aussi la victoire dans ces États. Le combat vital eut donc lieu dans les États méridionaux du Nord, c'est-à-dire la Pennsylvanie, l'Indiana, l'Illinois et le New Jersey. Ajoutés au bloc sudiste quasi unanime, la Pennsylvanie et n'importe quel autre État, ou bien tous les États autres que la Pennsylvanie, suffiraient à assurer la présidence à Buchanan.

Les démocrates concentrèrent leurs efforts sur les États les plus méridionaux du Nord, où ils présentèrent une image de conservatisme désireux de sauver l'Union face à l'extrémisme des républicains. Pour une fois, les vieilles questions des banques, des améliorations intérieures et des tarifs douaniers ne semblaient guère avoir d'importance. Même les nouveautés qu'étaient la tempérance et le nativisme ne touchaient que des poches régionales. Les démocrates, évidemment, se donnèrent les gants de dénoncer leurs rivaux en tant que partisans néo-whigs des banques et des tarifs protectionnistes, ou bien en tant que chauvins héritiers des Know-Nothings, mais les questions saillantes étaient l'esclavage, le racisme et, avant tout, l'Union. Sur ces trois points, les démocrates du Nord pouvaient adopter la position non pas de défenseurs de l'esclavage, mais de protecteurs de l'Union et de la race blanche, contre les républicains noirs partisans de la désunion.

Ces fanatiques yankees formaient un parti sectionnel, accusaient les démocrates. C'était parfaitement vrai. Les noms de Frémont et de son colistier apparurent dans les résultats de quatre États esclavagistes seulement (tous situés près de la ligne de partage entre Nord et Sud) et les républicains ne recueillirent dans ces États que nettement moins de un pour cent des suffrages. Si Frémont devenait président par la grâce d'un Nord unifié, avertissaient les démocrates, l'Union risquait fort de se désagréger. Comme le dit Buchanan en personne : « Il convient d'attaquer franchement [...] les républicains noirs en tant que partisans de la désunion et de leur asséner ce reproche sans désemparer [1]. » Les sudistes le secondèrent en menaçant de faire sécession en cas de victoire des républicains. « L'élection de Frémont, déclara Robert Toombs, marquerait la fin de l'Union et ce ne serait que justice. » Après que les élections d'État dans le Maine, au mois de septembre, eurent donné une majorité écrasante aux républicains, le gouverneur de Virginie, Henry Wise, mit sa milice en état d'alerte et écrivit à un correspondant privé : « Si Frémont est élu, il y aura une révolution. » Le sénateur de Virginie, James Mason, ajouta que le Sud « ne devrait

1. Buchanan cité par Roy F. Nichols et Philip S. Klein, « Election of 1856 », in Schlesinger (éd.), *History of Presidential Elections*, t. II, p. 1028.

pas hésiter, mais décréter sans plus tarder une "séparation immédiate, absolue et éternelle"[1] ».

Ces mises en garde furent efficaces. De nombreux whigs de la vieille école — notamment les fils de Henry Clay et de Daniel Webster — annoncèrent qu'ils voteraient pour Buchanan, car c'était le seul moyen de préserver l'Union. Il n'y eut pas jusqu'au propre beau-père de Frémont, Thomas Hart Benton, qui, en dépit de sa haine pour les dirigeants démocrates, n'incitât ses partisans à voter pour leur candidat. D'autres whigs conservateurs, dans des États cruciaux comme l'État de New York, la Pennsylvanie et l'Illinois, votèrent pour Fillmore (dont la campagne bénéficia secrètement d'une aide financière des démocrates), divisant ainsi l'électorat antidémocrate et contribuant à faire basculer ces deux derniers États dans l'escarcelle démocrate.

Non seulement une victoire républicaine détruirait l'Union, assuraient les démocrates, mais en touchant à l'esclavage et aux relations interraciales, elle menacerait en outre la suprématie blanche, aussi bien dans le Nord que dans le Sud. « Les républicains noirs, expliqua un journal démocrate de l'Ohio aux électeurs, [ont l'intention de] lâcher [...] des millions de Nègres qui vous côtoieront dans les usines et vous feront concurrence dans les domaines du travail honnête. » Les démocrates de Pittsburgh affirmèrent que la véritable question était « la race blanche ou la race noire », car « l'unique objectif du parti qui soutient Frémont » était « d'élever dans notre pays la race africaine à une égalité totale avec l'homme blanc sur le plan politique et économique ». Les démocrates de l'Indiana organisèrent une parade dans laquelle défilèrent des jeunes filles en robes blanches portant des banderoles où l'on pouvait lire : « Pères, sauvez-nous de maris nègres[2] ! »

Ces accusations de désunionisme et d'égalité raciale mirent les républicains sur la défensive. En vain cherchèrent-ils à répondre que les vrais désunionistes étaient les sudistes qui menaçaient de faire sécession. En vain aussi soutinrent-ils qu'ils n'avaient aucune intention « d'élever la race africaine à un pied d'égalité totale avec la race blanche ». Au contraire, protestaient bon nombre de républicains, s'ils s'efforçaient d'exclure l'esclavage des territoires, c'était avant tout pour protéger les colons blancs d'une concurrence dégradante avec la main-d'œuvre noire. Pour réfuter l'argument d'un abolitionnisme égalitaire, la « Constitution » d'État libre du Kansas comportait justement une clause restrictive excluant les Noirs libres au même titre que les esclaves. « Ce n'est point pour nous occuper du bien des Noirs que nous sommes ici,

1. Toombs, cité par Potter, *Impending Crisis*, p. 262 ; Wise et Mason, cités par Roy F. Nichols, *The Disruption of American Democracy* (New York, 1948), p. 44.

2. Citations empruntées à Stephen E. Maizlish, *The Triumph of Sectionalism : The Transformation of Ohio Politics, 1844-1856* (Kent, Ohio, 1983), p. 232 ; Michael F. Holt, *The Political Crisis of the 1850s* (New York, 1978), p. 187 ; Rawley, *Race and Politics*, p. 167.

déclara Lyman Trumbull à la convention républicaine, mais plutôt de la protection des travailleurs blancs, de la protection de nous tous et de nos libertés. » Des abolitionnistes tels que Lewis Tappan et William Lloyd Garrison s'en prenaient au parti républicain précisément parce qu'il « ne [faisait] aucune place à l'homme de couleur, libre ou esclave ». Et ils ajoutaient : « Sa moralité a pour limite le 36° 30' de latitude. [...] C'est un parti fondé sur la couleur de la peau, réservé exclusivement aux hommes blancs et non à tous les hommes[1]. »

Mais les dénégations républicaines ne surent pas convaincre des milliers d'électeurs de la partie méridionale du Nord que le parti n'était pas, tout bien considéré, une communion de « républicains noirs » dominés par « une sentimentalité débridée et fanatique envers la race noire[2] ». Les démocrates étaient en mesure de montrer du doigt plus d'un républicain qui s'était publiquement élevé en faveur de droits égaux pour les Noirs. Ils ne manquèrent pas de relever que la plupart de ceux qui s'intitulaient désormais républicains avaient récemment voté pour que l'on accordât le droit de vote aux Noirs de New York, du Wisconsin et d'ailleurs, et que les législateurs du Massachusetts, qui avaient mis fin à la ségrégation dans les écoles, appuyaient à présent la candidature de Frémont. Les démocrates pouvaient aussi faire valoir que d'éminentes personnalités de la communauté noire, comme Frederick Douglass qui déclarait que l'élection de Frémont « [préviendrait] l'établissement de l'esclavage au Kansas, [mettrait] un terme au règne de cette institution dans la République [...] et y [apposerait] le sceau de la réprobation nationale[3] », se rangeaient derrière les républicains. Après la souillure de la désunion, le spectre de l'égalité des Noirs était le plus grand obstacle au succès républicain dans une grande partie du Nord.

Les républicains savaient que pour l'emporter, ils devraient attaquer au lieu de se défendre et ils eurent tôt fait de repérer le talon d'Achille de leurs adversaires, lequel n'était autre que leur subordination au pouvoir esclavagiste. « Les meneurs d'esclaves, déclara un républicain de l'Ohio, cherchent à faire de notre pays un grand empire esclavagiste : à faire de la multiplication, de la vente, du travail des esclaves, de l'extension et de la domination de l'esclavage LES ÉLÉMENTS QUI CONTRÔLERONT A TOUT JAMAIS NOTRE GOUVERNEMENT. » Une victoire républicaine, prédit une réunion à Buffalo, assurerait « à notre pays un gouvernement populaire,

1. Citations empruntées à Rawley, *Race and Politics*, p. 151.

2. *Frémont : His Supporters and Their Record*, pamphlet publié par les démocrates durant la campagne présidentielle et reproduit par Schlesinger (éd.), *History of Presidential Elections*, t. II, p. 1071.

3. Philip S. Foner, *The Life and Writings of Frederick Douglass*, 4 vol. (New York, 1950-55), t. II, p. 401.

au lieu de celui d'une oligarchie ; un gouvernement garantissant à la face du monde les droits de l'homme plutôt que les privilèges des maîtres[1] ».

L'attaque républicaine porta très précisément sur le Kansas. Fallait-il parler des « tarifs douaniers, de la banque nationale et des améliorations intérieures, des controverses entre whigs et démocrates, demanda Seward, dans un de ses discours électoraux. Non, tout cela appartient au passé. Alors de quoi ? Du Kansas ? [...] Eh oui, le voilà le thème [...], lui et rien d'autre ». Un démocrate de toujours qui avait décidé de voter républicain expliqua que « le pouvoir esclavagiste eût-il été moins *insolemment agressif*, j'eusse accepté de le voir s'étendre [...], mais lorsqu'il cherche à agrandir son royaume par le feu et l'épée [au Kansas], je suis prêt à lui dire : Assez ! Cela suffit ! » Il déclara même à un ami démocrate qui tentait de le persuader de regagner les rangs du parti : « Ne gardez pas de place pour moi. Je ne reviendrai pas[2]. »

La campagne suscita une ferveur sans précédent dans la politique américaine. De jeunes républicains défilèrent en immenses cortèges aux flambeaux, scandant un slogan hypnotique : « *Free Soil, Free Speech, Free Men, Frémont !* » (Liberté du sol, de la parole, des hommes, Frémont !) Henry Wadsworth Longfellow avoua qu'il avait « du mal à rester tranquillement assis avec autant d'animation dans l'air ». En Indiana, un vétéran de la politique s'émerveillait : « Hommes, femmes et enfants, tout le monde semblait passer sa vie dehors, avec une sorte de ferveur que je n'avais encore jamais vue au cours des six élections présidentielles auxquelles j'ai activement participé. [...] En 40, tout n'était que jubilation — à présent, il n'y a que peu d'effervescence — mais une détermination pleine de gravité presque douloureuse[3]. » Phénomène extraordinaire, dans le Nord, quatre-vingt-trois pour cent des inscrits passèrent dans l'isoloir. Les habitants du Nord paraissaient d'ailleurs être « dans l'attente de la révolution », comme le nota un politicien médusé, alors qu'un journaliste confirmait que « le processus qui se déroule actuellement dans la politique des États-Unis est une *révolution*[4] ».

Tout en mobilisant un vaste électorat républicain, cette flambée de passions servit aussi à intensifier les funestes pressentiments qui incitèrent de nombreux ex-whigs à voter pour Buchanan ou Fillmore. L'Administration Pierce, de son côté, prit certaines mesures pour

1. Citations empruntées à Maizlish, *Triumph of Sectionalism*, p. 230 ; Holt, *Political Crisis of 1850s*, p. 197.
2. Rawley, *Race and Politics*, p. 160-161 ; Gienapp, « Origins of the Republican Party », p. 1069-1070.
3. Gienapp, « Origins of the Republican Party », p. 1042 ; Nevins, *Ordeal*, t. II, p. 487.
4. Hendrick Booraem V, *The Formation of the Republican Party in New York : Politics and Conscience in the Antebellum North* (New York, 1983), p. 190 ; Nichols et Klein, « Election of 1856 », in Schlesinger (éd.), *History of Presidential Elections*, t. II, p. 1031.

désamorcer la bombe à retardement appelée Kansas. Découragé par son incapacité à contrôler la violence qui régnait sur son territoire, le gouverneur Wilson Shannon démissionna en août. Pierce le remplaça par John W. Geary, à qui son mètre quatre-vingt-dix et son air impavide donnaient un aspect redoutable. Agé de trente-six ans seulement, Geary avait pourtant derrière lui un passé bien rempli et même glorieux : il avait été avocat, ingénieur civil, officier pendant la guerre du Mexique — c'était lui qui avait mené l'assaut contre Chapultepec — et premier maire de San Francisco, où il avait maté les hors-la-loi d'une ville ouverte à tous les vents. S'il existait un homme capable de faire régner la paix au Kansas à temps pour sauver les démocrates, c'était lui. Il précisa, rapporta-t-on, qu'il partait au Kansas « avec sur ses épaules un candidat à la présidence[1] ». En faisant reculer les bandes de guerilleros des deux camps et en utilisant les troupes fédérales (dont le nombre au Kansas se montait désormais à mille trois cents) avec autant d'audace que d'adresse, Geary parvint à juguler presque toutes les violences dès le mois d'octobre. Le Kansas ne saignait plus — du moins pour le moment.

En voyant ainsi poindre la paix au Kansas, certains démocrates en rupture de parti regagnèrent le bercail. S'apercevant que les colons nordistes l'emportaient par le nombre sur le territoire, ils comprirent que la souveraineté populaire risquait de faire finalement du Kansas un État libre. Alors que vingt pour cent ou plus des électeurs traditionnellement démocrates des États les plus au Nord semblent avoir voté républicain en 1856, dans les États situés plus bas le chiffre se montait probablement à dix pour cent ou moins[2]. Ce redressement partiel, après la déroute de 1854, permit aux démocrates de refaire une partie de leurs pertes antérieures. De vingt-cinq sièges seulement à la Chambre, les démocrates du Nord parvinrent jusqu'à cinquante-trois, même s'ils étaient toujours moins nombreux que les soixante-quinze démocrates du Sud et les quatre-vingt-douze républicains[3]. Mais le plus important fut qu'alors que Frémont enlevait onze États du Nord avec cent quatorze voix de grands électeurs, Buchanan s'imposa dans les cinq États restants (la Pennsylvanie, le New Jersey, l'Indiana, l'Illinois, auxquels s'ajoutait la Californie) avec soixante-deux voix, ce qui avec les cent douze qu'il avait obtenues dans le Sud lui donnait une marge confortable. Toutefois,

1. Nevins, *Ordeal*, t. II, p. 484.

2. Joel H. Silbey, *The Partisan Imperative : The Dynamics of American Politics Before the Civil War* (New York, 1985), p. 96 ; Thomas B. Alexander, « The Dimensions of Voter Partisan Constancy in Presidential Elections from 1840 to 1860 », in Stephen E. Maizlish et John J. Kushma (éd.), *Essays on American Antebellum Politics, 1840-1860* (College Station, Texas, 1982), p. 75.

3. Quatorze candidats du parti américain furent élus à la Chambre. Au Sénat, vingt-cinq des trente-sept démocrates étaient originaires du Sud. Vingt républicains et cinq whigs américains (quatre des États septentrionaux du Sud et un du Texas) complétaient les rangs du Sénat.

en ce qui concernait les suffrages exprimés, Buchanan était un président minoritaire, puisqu'il n'avait glané que quarante-cinq pour cent des voix au plan national — cinquante-six pour cent dans le Sud et quarante et un pour cent dans le Nord[1].

Les sudistes n'avaient aucune intention de laisser Buchanan oublier que c'était principalement à eux qu'il devait son élection. « M. Buchanan et les démocrates du Nord sont tributaires du Sud, nota un juge de Virginie après l'élection, en décrivant ce que devrait être, selon lui, le programme sudiste pour les quatre années à venir. Si nous pouvons nous imposer au Kansas, maintenir le tarif douanier au plus bas, nous arracher à notre dépendance commerciale vis-à-vis du Nord et agrandir encore un peu le territoire esclavagiste, peut-être pourrons-nous encore vivre libres sous la Bannière étoilée[2]. »

III

Cependant, pour s'imposer au Kansas, les esclavagistes auraient à payer d'audace, car il leur fallait triompher d'une majorité de colons Free Soilers, estimée à deux contre un. La législature esclavagiste, élue par les « bandits frontaliers » en 1855 et qui restait pour le moment la seule officiellement habilitée à légiférer, se montra à la hauteur de la situation. Réunie au mois de janvier 1857, elle ne tint aucun compte de la requête du gouverneur Geary, la priant de modifier le code draconien de l'esclavage qui prévoyait la peine de mort pour divers actes antiesclavagistes. Au lieu de cela, elle ratifia un projet de loi sur ce qui n'était ni plus ni moins qu'une convention constitutionnelle trafiquée. Stipulant que les délégués seraient élus en juin, cette mesure confiait aux chefs de la police des différents comtés (tous esclavagistes) le soin d'établir les listes électorales et désignait des commissaires de comté (non moins esclavagistes) pour choisir les juges de ces élections. Compte tenu de ce qui s'était passé lors des élections précédentes au Kansas, il suffisait d'un peu de perspicacité pour comprendre à quoi rimaient ces précautions. Et, pour couronner le tout, le projet de loi précisait que la nouvelle constitution rédigée par la convention entrerait en vigueur sans référendum populaire.

Geary en fut consterné. Arrivé au Kansas démocrate convaincu, « méprisant de tout cœur » la doctrine « pernicieuse » de l'abolition, il ne lui fallut pas longtemps pour se pénétrer de « la complicité criminelle

---

1. Frémont pour sa part n'obtint que trente-trois pour cent des suffrages exprimés au plan national, presque exclusivement regroupés dans le Nord où il reçut cinquante-cinq pour cent de tous les suffrages. Le score de Fillmore fut de vingt-deux pour cent au plan national, avec quarante-quatre pour cent des voix sudistes et treize pour cent des voix nordistes.
2. Rawley, *Race and Politics*, p. 172.

des fonctionnaires publics » dans leur volonté de faire du Kansas un État esclavagiste « à n'importe quel prix ». Cette conviction devait bientôt faire de lui un Free Soiler, avant de le lancer dans la carrière de général de l'Union pendant la guerre de Sécession, puis de gouverneur républicain de la Pennsylvanie, après les hostilités. En 1857, il commença par opposer son veto au projet de loi sur la convention. La législature n'eut rien de plus pressé que de passer outre. Le 4 mars 1857, Geary, désormais à couteaux tirés avec tous les fonctionnaires de son territoire et devenu la cible quotidienne de menaces de mort, voyant que le gouvernement en sursis de Pierce ne ferait rien pour le soutenir, présenta sa démission. Après avoir quitté le Kansas, il accorda une interview dans laquelle il s'élevait contre sa « législature criminelle ». Geary avait réussi à dompter les hors-la-loi de la ville la plus dure du pays, San Francisco, mais il n'avait pu venir à bout du Kansas[1].

Confronté dès ses premiers jours à la Maison-Blanche aux problèmes concernant le Kansas, qui avaient causé la perte de l'Administration Pierce, Buchanan était bien décidé à ne pas se laisser anéantir à son tour. Il parvint à persuader Robert J. Walker, du Mississippi, qui avait servi à ses côtés dans le cabinet Polk, d'accepter le poste de gouverneur du Kansas, afin de doter ce territoire d'une Constitution d'État rédigée dans les formes et approuvée par référendum. Walker avait une bonne tête de moins que Geary, mais il n'était pas moins courageux. Pourtant, il fut bien obligé à son tour de s'avouer vaincu par le Kansas. Quoique sudiste, il reconnaissait que les partisans d'un État libre seraient forcément majoritaires dans une élection équitable. L'ennui, c'était que l'élection des délégués, prévue en juin, n'avait aucune chance de l'être. Arrivé au Kansas à la fin du mois de mai — trop tard pour modifier la procédure électorale — Walker pressa vivement les partisans d'un État libre de participer quand même au scrutin, mais ils refusèrent, car ils ne voulaient à aucun prix sanctionner la légitimité de cette élection. Avec seulement deux mille deux cents votants sur les neuf mille deux cent cinquante inscrits, les délégués esclavagistes remportèrent tous les sièges à la convention qui devait se réunir à Lecompton en septembre.

Cette parodie d'élection donna un mauvais départ au mandat de Walker, mais ses critiques les plus virulents furent néanmoins des compatriotes sudistes qui s'opposaient à tout projet de référendum sur la future Constitution, alors que Walker y était favorable. Par conséquent, dès son entrée sur le territoire du Kansas, il dut subir l'hostilité des sudistes, à la fois sur place et dans l'Est. Lorsqu'on apprit de certaines sources à Washington que le président Buchanan approuvait l'insistance du gouverneur sur le chapitre du référendum, les démocrates du Sud se rebiffèrent, en proie à une vertueuse indignation. « *Nous sommes trahis*,

1. Rawley, *Race and Politics*, p. 176-179 ; citations figurant aux pages 176-177, 179.

s'écrièrent-ils comme un seul homme, par une Administration portée au pouvoir par des voix [sudistes]. » Les quatre membres sudistes du cabinet se retournèrent contre Walker. Les législatures et conventions démocrates de plusieurs États lui adressèrent des blâmes. Depuis le Mississippi, Jefferson Davis vitupérait contre sa « trahison ». Plusieurs éminents sudistes s'empressèrent de ressortir la menace habituelle de sécession, si le gouvernement ne révoquait pas Walker séance tenante et ne revenait pas sur son projet de référendum[1].

Soumis à de telles pressions, Buchanan céda et le Sud remporta une de ces victoires à la Pyrrhus dont il avait le secret. Avant d'en arriver là, cependant, le Kansas se présenta une fois encore aux urnes pour élire une nouvelle législature. Walker persuada cette fois les Free Soilers de voter, en leur promettant d'imposer une stricte impartialité. Pourtant, ô surprise, les premiers résultats semblèrent indiquer une étonnante victoire esclavagiste. Un examen plus poussé permit de constater un curieux phénomène : deux circonscriptions reculées comptant cent trente électeurs inscrits avaient dénombré près de deux mille neuf cents bulletins de vote. Pour l'une d'elles, quelque mille six cents noms avaient été directement copiés sur les listes électorales à partir d'un vieil annuaire de la ville de Cincinnati. Refusant d'accepter ces résultats frauduleux, Walker homologua pour la nouvelle législature une majorité de partisans d'un État libre. Cette décision arracha aux sudistes de nouvelles et virulentes protestations contre cette falsification des résultats.

Pendant que le tumulte battait son plein, la convention constitutionnelle de Lecompton achevait sa tâche. Le document qui vit le jour était, sous la plupart des rapports, conventionnel. Il stipulait, toutefois, que « le droit de propriété prime sur toute sanction constitutionnelle et le droit du propriétaire d'un esclave sur cet esclave et son extension est identique au droit du propriétaire de n'importe quel autre bien et tout aussi inviolable ». Pendant sept ans, il serait impossible d'apporter le moindre amendement à la Constitution et même après ce laps de temps « aucune modification ne pourra être apportée aux droits de propriété afférant à la possession d'esclaves[2] ». Telle était donc la solution que proposait une convention représentant un cinquième de l'électorat potentiel du Kansas pour un problème qui mobilisait la nation entière. Et pour être bien sûre que cet électorat ne déferait pas son ouvrage, la convention décida d'envoyer au Congrès la Constitution et la pétition

---

1. Lettre de Thomas W. Thomas à Alexander Stephens, 15 juin 1857 ; *New Orleans Crescent*, 17 juillet 1857 ; les deux sont cités par Craven, *Growth of Southern Nationalism*, p. 284 ; Davis cité par George Fort Milton, *The Eve of Conflict : Stephen A. Douglas and the Needless War* (Boston, 1934), p. 267.

2. On trouvera copie de la Constitution de Lecompton chez Daniel W. Wilder, *The Annals of Kansas* (Topeka, 1875), p. 134-147 ; les articles cités, sur l'esclavage, figurent aux pages 140 et 146.

réclamant l'admission au sein de l'Union sans référendum préalable — au mépris de toutes les promesses faites par Walker et Buchanan.

Les démocrates contrôlant le Congrès et le Sud contrôlant le parti démocrate, les forces esclavagistes avaient bon espoir de voir réussir cette manœuvre désespérée, mais elle se révéla trop éhontée pour la plupart des démocrates, y compris certains sudistes qui cherchèrent un moyen d'observer ne fût-ce que les formes d'un référendum. Le 7 novembre, la convention revint sur ses positions. Elle ordonnait finalement un référendum, portant non pas sur la Constitution dans son ensemble, mais seulement sur une alternative concernant l'esclavage, c'est-à-dire soit « la Constitution avec esclavage », soit « la Constitution sans esclavage ». L'offre paraissait équitable — à ce détail près que la Constitution sans esclavage comportait la clause suivante : « L'esclavage n'existera plus [au Kansas, mais] nul ne pourra en aucune façon porter atteinte au droit de posséder des esclaves actuellement en vigueur sur ce territoire. » Donc, dans la pratique, la Constitution sans esclavage se contentait d'interdire l'importation future d'esclaves au Kansas. Inutile de dire que les Free Soilers eurent le sentiment que le choix qu'on leur proposait était du type « pile : vous gagnez, face : je perds ». Ils s'empressèrent donc de clamer bien haut que ce n'était qu'une « vaste escroquerie ». Une grande partie de la presse démocrate du Nord emboîta le pas à sa rivale républicaine et se déclara scandalisée par « ce sale tour[1] ». Même si les partisans d'un État libre votaient pour la Constitution sans esclavage, objecta-t-on, qu'est-ce qui empêcherait les propriétaires d'esclaves de faire entrer des Noirs en contrebande le long des trois cents et quelques kilomètres de frontière avec le Missouri ? Or, une fois au Kansas, ce cheptel humain deviendrait aussi « inviolable » que le reste. Certes, plusieurs États du Sud interdisaient l'importation d'esclaves, mais les lois de ce genre ne rimaient strictement à rien. Et, de toute façon, les chances de pouvoir repousser la Constitution *avec* esclavage étaient problématiques, car la convention avait décidé de confier l'organisation du référendum à ces mêmes fonctionnaires qui avaient déjà manifesté tant de talent pour truquer les élections.

Le gouverneur Walker traita le travail accompli à Lecompton de « répugnante tricherie » et de « simulacre éhonté ». Il était « impossible » que Buchanan l'acceptât, déclara-t-il, car pas plus tard que le 22 octobre, le Président lui avait réitéré son soutien en faveur d'un référendum impartial. Mais les esclavagistes, qui souriaient dans leur barbe et assuraient que Buchanan avait changé d'avis, ne se trompaient pas. A un démocrate du Nord qui protestait amèrement contre cette volte-face présidentielle, Buchanan répondit qu'il n'avait pas le choix : s'il n'acceptait pas les résultats de la convention de Lecompton, les États

1. Nevins, *Emergence*, t. I, p. 236-237.

du Sud ou bien « feraient sécession ou bien prendraient les armes contre lui[1] ». Walker quitta le Kansas pour ne jamais y retourner. En trois ans, c'était le quatrième gouverneur broyé entre les meules de l'esclavage et de la liberté du sol.

Le 3 décembre 1857, un grand ami de Walker, Stephen A. Douglas, fit irruption à la Maison-Blanche pour prendre Buchanan à partie au sujet de la « supercherie » et des « tours de passe-passe » de cette Constitution de Lecompton. Si l'on élevait le Kansas au rang d'État, sous ce travesti de souveraineté populaire, assura-t-il au Président, c'était la destruction assurée du parti démocrate dans le Nord. Et si Buchanan insistait pour mener ce scandale à son terme, Douglas jurait bien de se dresser sur sa route au Congrès. « Monsieur Douglas, rétorqua Buchanan, je vous prierai de vous rappeler que, jusqu'à présent, jamais un démocrate n'a pu être en désaccord avec l'Administration de son choix sans être impitoyablement écrasé. [...] Prenez garde de ne pas subir le sort de Tallmadge et de Rives ! » Il faisait allusion à deux sénateurs qui avaient sombré dans un total oubli politique, après s'être heurtés à Andrew Jackson. « Monsieur le Président, riposta Douglas, je vous prierai, moi, de bien vouloir vous rappeler que le général Jackson est mort[2]. » Le gant était jeté, annonçant un duel qui allait scinder le parti démocrate et assurer l'élection d'un Président républicain en 1860.

La « soumission frauduleuse » (pour reprendre les mots de Douglas) de la Constitution de Lecompton aux électeurs du Kansas eut lieu le 21 décembre. Les Free Soilers refusèrent de participer à ce référendum, lequel se solda par conséquent par l'approbation de la Constitution « avec esclavage », par six mille deux cent vingt-six voix à cinq cent soixante-neuf. (Une enquête permit de constater que, selon la bonne habitude, deux mille sept cent vingt des bulletins favorables étaient truqués.) Pendant ce temps, la nouvelle législature territoriale des Free Soilers organisa son propre référendum pour le 4 janvier 1858. Cette fois-ci, les électeurs auraient l'occasion d'approuver ou de rejeter l'ensemble de la Constitution. Les électeurs esclavagistes boycottèrent évidemment cette consultation qui eut pour résultat cent trente-huit voix pour la Constitution « avec esclavage », vingt-quatre voix pour la Constitution « sans esclavage » et dix mille deux cent vingt-six voix contre la Constitution.

Le Congrès avait à présent le choix entre deux référendums. Au-dessous du Potomac, les mangeurs de feu attisaient les flammes de leur rhétorique pour s'assurer qu'il choisirait à bon escient. En Alabama, Yancey parlait de former des comités de salut public pour « embraser le cœur du Sud » et « précipiter les États cotonniers dans la révolution ». Les gouverneurs

1. Milton, *Eve of Conflict*, p. 270-271.
2. Robert W. Johannsen, *Stephen A. Douglas* (New York, 1973), p. 581-586.

et les législatures se tenaient prêts à réunir des conventions, afin d'envisager la sécession si le Congrès refusait d'admettre le Kansas selon la Constitution « dûment ratifiée » de Lecompton. « Si le Kansas est *chassé de l'Union parce qu'il est esclavagiste*, quel État esclavagiste pourra rester dans cette Union sans se déshonorer ? » demandait le sénateur de Caroline du Sud, James Hammond. Le peuple du Sud, déclara un député de Géorgie, entendait bien obtenir « l'égalité au sein de l'Union ou l'indépendance en dehors d'elle[1] ». Toutes ces menaces raffermirent Buchanan. Le 2 février 1858, il envoya la Constitution de Lecompton devant le Congrès, accompagnée d'un message recommandant l'admission d'un seizième État esclavagiste. Le Kansas, proclama le Président, « est à l'heure actuelle un État aussi esclavagiste que la Géorgie ou la Caroline du Sud[2] ».

L'affaire Lecompton mobilisa le Congrès pendant plusieurs mois. Elle déchaîna les passions encore plus vivement que ne l'avait fait initialement la loi Kansas-Nebraska, quatre ans plus tôt. Les deux camps étaient les mêmes qu'à cette époque — à deux importantes différences près : d'une part, Douglas avait pris la tête de l'opposition, et de l'autre, le nouveau parti républicain dominait la représentation nordiste à la Chambre. L'avenir politique de Douglas était en jeu. S'il avait soutenu la Constitution de Lecompton, il se serait assuré les faveurs de l'électorat du Sud pour l'élection présidentielle de 1860 ; mais, dans ces conditions, ce soutien n'aurait guère eu de valeur, car la pierre Lecompton attachée au cou des démocrates le ferait couler à pic dans tous les États du Nord. Douglas n'hésita donc pas un instant. Jamais, expliqua-t-il au Sénat, il ne pourrait voter dans le but de « faire avaler de force cette Constitution aux habitants du Kansas, contre leurs vœux et au mépris de nos engagements[3] ». Télégrammes et lettres arrivèrent par sacs entiers à Washington pour le féliciter de son geste. « Vous avez adopté la seule attitude capable de sauver les démocrates du Nord de l'annihilation aux prochaines élections », lui assurait une lettre très caractéristique[4]. Douglas connut même la sensation, nouvelle pour lui, d'être encensé par des membres de l'opposition tels que Horace Greeley qui voulait à toute force adopter le bon républicain qu'il était devenu.

Du Sud, cependant, ne lui parvint guère qu'une damnation éternelle. Les sudistes avouèrent leur « stupeur », en voyant le sénateur de l'Illinois se transformer en serpent réchauffé dans leur sein. « Douglas a été avec

---

1. Yancey, cité par Craven, *Growth of Southern Nationalism*, p. 289 ; Hammond, par Johannsen, *Douglas*, p. 600 ; le député de Géorgie, par Don E. Fehrenbacher, *The South and Three Sectional Crises* (Baton Rouge, 1980), p. 54.
2. James D. Richardson (éd.), *Compilation of the Messages and Papers of the Presidents*, 20 vol. (Washington, 1897), t. VII, p. 3010.
3. *CG*, 35e Cong., 1re Sess., p. 14-19.
4. Don E. Fehrenbacher, *The Dred Scott Case : Its Significance in American Law and Politics* (New York, 1978), p. 466.

nous jusqu'à ce qu'arrive l'heure de vérité, déclara un Géorgien, alors il nous a trompés et trahis. » Un Carolinien du Sud, pour sa part, se désolait de constater que « cette défection de Douglas [avait] fait plus que tout pour ébranler [sa] foi dans les hommes du Nord dès qu'il est question d'esclavage, car [il] le considérai[t] depuis longtemps comme l'un des amis les plus sûrs et dignes de confiance [de la cause sudiste] ». A mesure que la controverse s'envenimait, les discours tenus dans le Sud au sujet de Douglas se firent plus incendiaires : il avançait « en tête de la colonne noire [...] souillée par le déshonneur d'une traîtrise sans parallèle [...], d'une flagrante duplicité [...] de détestables hérésies [...] des immondices de son impudente apostasie [...], *tel un coq mort* dans l'arène du combat [...], qu'il s'abîme donc dans la tombe qu'il est en train de creuser pour sa dépouille politique[1] ».

Étant donné sa majorité démocrate, dominée par les sudistes, le Sénat ratifia l'admission du Kansas en tant qu'État esclavagiste le 23 mars 1858. A la Chambre, l'Administration pouvait compter sur au moins la moitié des démocrates du Nord, comme en 1854, mais cette fois, cela ne suffit pas à gagner la bataille. « Bataille » n'était d'ailleurs pas un mot trop fort pour les événements qui se déroulèrent dans cette auguste enceinte. Une fois, durant une séance qui se prolongea toute la nuit, le républicain de Pennsylvanie, Galusha Grow, se rendit du côté des démocrates pour une brève consultation avec certains nordistes de ce parti. Aussitôt Lawrence Keitt, de Caroline du Sud, lui lança : « Retournez donc de votre côté de la Chambre, espèce de freluquet de républicain noir ! » Grow ayant décoché une moqueuse repartie à l'adresse des meneurs d'esclaves, les deux hommes en vinrent aux mains et le républicain envoya le démocrate au tapis. Aussitôt des députés des deux camps se jetèrent dans la mêlée. « Il y avait là une bonne cinquantaine de messieurs d'un certain âge, voire d'un grand âge, occupés à s'assommer comme autant de sauvages de Tipperary[2], narra un reporter, décrivant la bataille rangée qui fit rage à deux heures du matin, la plupart d'entre eux dans l'incapacité, faute de souffle et de muscles, de se faire sérieusement mal. » Alexander Stephens, toutefois, croyait fermement que « si l'on avait eu des armes sous la main, [la bagarre] aurait probablement été sanglante. Toutes choses qui me portent à en conclure que l'Union ne peut et ne saurait durer bien lontemps[3] ». Le 1er avril, à l'issue d'un vote dramatique, vingt-deux démocrates du Nord (sur

1. Lettre d'Alexander H. Stephens à Pritchard, 9 déc. 1857, Stephens Papers, bibliothèque et musée Louis A. Warren Lincoln ; Fehrenbacher, *Dred Scott Case*, p. 466, p. 468, p. 483 ; Johannsen, *Douglas*, p. 599.

2. Cette allusion aux « sauvages de Tipperary » est une critique à peine voilée contre les Américains d'origine irlandaise, qui avaient une réputation de buveurs et de bagarreurs et dont beaucoup avaient émigré du comté de Tipperary dans le sud de l'Irlande.

3. *New York Weekly Tribune*, 13 février 1859, cité par Nevins, *Emergence*, t. I, p. 288 ; Stephens, cité par Rawley, *Race and Politics*, p. 239-240.

cinquante-trois) se joignirent aux républicains et à une poignée d'américains pour repousser la Constitution de Lecompton par cent vingt voix contre cent douze. « Nos affres ont pris fin, nota un démocrate de la faction Douglas, et Dieu merci, le bon droit a triomphé[1] ! »

Pour sauver la face, le gouvernement donna son soutien à un compromis selon lequel le Kansas devrait de nouveau voter pour savoir s'il acceptait ou refusait la Constitution de Lecompton, sous couvert d'un référendum concernant la taille de l'habituelle concession de terres accordée par les instances fédérales, une fois que le territoire aurait accédé au rang d'État. Le rejet de cette concession différerait l'admission en tant qu'État d'au moins deux ans. Ne voyant dans ce subterfuge qu'une sournoise tentative de les corrompre, les habitants du Kansas le rejetèrent par onze mille trois cents voix contre mille sept cent quatre-vingt-huit. Entre-temps, l'État s'était remis à saigner de plusieurs nouvelles blessures. Soldats irréguliers et « bandits frontaliers » s'exterminaient avec une grande férocité, au cours de raids et d'embuscades. En mai 1858, deux ans presque jour pour jour après le massacre de Pottawatomie, une bande d'esclavagistes mit les deux camps à égalité en enlevant de chez eux neuf colons partisans d'un État libre pour les passer par les armes (quatre d'entre eux survécurent à leurs blessures). John Brown en personne fit sa réapparition dans la région. Son gang envahit le Missouri, tua un propriétaire d'esclaves et libéra onze esclaves et de nombreux chevaux qui prirent la direction du Canada.

Au Kansas même, les partisans d'un État libre organisèrent un parti républicain et élurent les deux tiers des délégués à une nouvelle convention constitutionnelle en 1859. Le Kansas devint finalement membre de l'Union en tant qu'État libre en janvier 1861, rejoignant la Californie, le Minnesota et l'Oregon, dont les admissions successives depuis la guerre du Mexique avaient donné au Nord une supériorité de quatre États sur le Sud. Le Kansas devint d'ailleurs un des États les plus républicains de l'Union. Bien que la majorité des colons antiesclavagistes eussent été à l'origine des démocrates, la lutte contre le pouvoir esclavagiste les poussa dans les rangs des républicains qui obtinrent régulièrement des majorités de deux ou trois contre un durant les premières années qui suivirent l'accession au rang d'État.

Avec des ennemis tels que les démocrates, les républicains avaient à peine besoin d'amis. Comme si le Kansas ne suffisait pas, l'Administration Buchanan, la Cour suprême et les démocrates du Sud hasardèrent plusieurs autres actions apparemment conçues pour assurer une victoire républicaine aux présidentielles de 1860.

1. Johannsen, *Douglas*, p. 610.

Chapitre VI

LA LIE DE LA SOCIÉTÉ ET LES OUVRIERS CRASSEUX AVEC A. LINCOLN

I

Dred Scott passa dans l'anonymat les soixante et quelques années de son existence, à l'exception de deux. Cette célébrité acquise sur le tard, il la dut non pas à ses propres mérites, mais à ce qu'il représentait. Il avait été esclave d'un médecin-major de l'armée, John Emerson, qui, ayant quitté le Missouri entre 1830 et 1840, pour rester plusieurs années en poste dans l'Illinois et à Fort Snelling, dans le nord des régions faisant partie de l'achat de la Louisiane (aujourd'hui le Minnesota), l'avait emmené avec lui. A Fort Snelling, Scott avait épousé une esclave appartenant aussi à Emerson et c'était sur un territoire déclaré libre par le Compromis du Missouri qu'elle avait donné naissance à une fille, en regagnant le Missouri où leur maître les renvoyait. Après la mort d'Emerson, sa veuve hérita de ses esclaves et, en 1846, des amis blancs de Dred Scott, à St. Louis, lui conseillèrent d'intenter un procès pour réclamer son émancipation, en faisant valoir qu'il avait longtemps résidé dans un État et un territoire libres. Scott suivit cet avis. Ce fut ainsi que débuta une saga de onze ans qui, de simple demande d'émancipation, prit de telles proportions qu'elle finit par devenir la *cause célèbre*[1] par excellence de l'histoire constitutionnelle des États-Unis.

Scott commença par être débouté de sa plainte, puis, l'affaire étant repassée en jugement devant le tribunal de comté de St. Louis, en 1850, le juge trancha en sa faveur. Mme Emerson ayant fait appel, la cour suprême du Missouri cassa le second jugement en 1852 et remit les Scott en esclavage. D'ores et déjà, l'affaire commençait à prendre un caractère politique. En effet, les tribunaux du Missouri avaient préalablement accordé la liberté à des esclaves noirs se trouvant dans la même situation que Scott. Donc, en refusant de tenir compte de ces précédents et en affirmant que la loi en vigueur au Missouri l'emportait, malgré la résidence prolongée de Scott dans un territoire libre, la cour suprême de l'État cédait à des pressions esclavagistes. Les avocats de Scott, parmi lesquels ne tarda pas à figurer un habitant de St. Louis né dans le Vermont, pensaient toutefois avoir gain de cause, s'ils parvenaient à

1. En français dans le texte.

porter l'affaire devant une cour fédérale. La propriétaire de Scott étant partie s'installer à New York, ils en profitèrent pour faire appel auprès d'une cour fédérale itinérante[1], conformément à la clause de la Constitution américaine touchant l'appartenance des deux parties à des États différents de l'Union, qui prévoit que l'affaire est alors du ressort des tribunaux fédéraux. En 1854, la cour itinérante du Missouri accepta l'affaire (ce qui revenait à affirmer que Scott avait effectivement rang de citoyen de l'État), mais elle confirma le verdict de la cour suprême du Missouri refusant de l'émanciper. Les avocats de Scott firent alors appel devant la Cour suprême des États-Unis. Les esclavagistes se frottèrent les mains, car tout le monde savait bien désormais que l'affaire Scott détenait, potentiellement, la solution de problèmes constitutionnels cruciaux. Or, les sudistes étaient en majorité à la Cour suprême.

Les juges entendirent une première fois l'affaire en 1856 et demandèrent à la réentendre à la session suivante (1856-57) — peut-être pour éviter d'avoir à trancher avant l'élection présidentielle. Trois grandes questions se posaient à la Cour : 1) En tant que Noir, Scott était-il un citoyen jouissant du droit d'intenter des poursuites devant les tribunaux fédéraux ? 2) Sa résidence prolongée dans un État et un territoire libres (deux ans dans chacun) l'avait-elle émancipé ? 3) Fort Snelling était-il en fait un territoire libre — en d'autres termes, le Congrès avait-il eu le droit, en 1820, d'interdire l'esclavage dans les territoires situés au nord du 36° 30' de latitude ? La Cour aurait pu éluder la première et la dernière question en se contentant de réaffirmer les décisions de la cour suprême du Missouri et de la cour fédérale itinérante, qui avaient statué que le cas de Scott était régi par loi en vigueur dans le Missouri. Il existait des précédents ; dans l'affaire Strader c. Graham (1851), la Cour suprême des États-Unis avait déjà refusé d'accepter un appel interjeté contre la cour suprême du Kentucky, laquelle avait décidé que les esclaves du Kentucky emmenés provisoirement dans l'Ohio restaient des esclaves conformément à la loi en vigueur dans le Kentucky. D'ailleurs, on eut un temps l'impression que la Cour suprême allait prendre cette échappatoire. Le 14 février 1857, une majorité de juges vota, réaffirmant le principe Strader et en resta là. Le juge Samuel Nelson, de New York, commença même à rédiger l'arrêt, mais quelques jours plus tard cette même majorité renversa la vapeur et résolut d'émettre un jugement détaillé, couvrant tous les aspects de l'affaire.

Pourquoi la Cour suprême prit-elle cette mesure fatidique ? Les réponses à cette question ont été aussi incertaines qu'entachées de parti pris. Les comptes rendus des débats entre les juges, qui ne s'ébruitèrent

1. Les tribunaux des États-Unis étaient organisés sur trois niveaux : les cours de district, au niveau local ; les cours itinérantes au niveau régional ; et enfin la Cour suprême à Washington, qui était le tribunal de dernier appel.

parfois que plusieurs années après, restent fragmentaires. Une interprétation de ces données soutient que les deux juges non démocrates de la Cour, John McLean de l'Ohio et Benjamin Curtis du Massachusetts, avaient déclaré leur intention d'exprimer leur désaccord avec la décision étriquée préparée par Nelson. Ils comptaient affirmer non seulement que Scott était libre, mais aussi que les Noirs étaient des citoyens à part entière et que le Congrès était habilité à interdire l'esclavage dans les territoires. Ne voulant pas que cette « opinion dissidente » restât l'unique déclaration faite par des membres de la Cour suprême sur des questions aussi controversées, la majorité sudiste reconsidéra sa position et résolut, par vote, que son président, Roger B. Taney, rédigerait un arrêt détaillé. Ainsi, selon cette interprétation, McLean et Curtis auraient été indirectement responsables de la mesure vexatoire, connue sous le nom d'arrêt Dred Scott, qui se substitua à l'inoffensive « opinion » de Nelson[1].

La vérité, toutefois, semble avoir été un peu plus complexe. Cela faisait une bonne dizaine d'années que la question de l'esclavage dans les territoires empoisonnait l'Union. Depuis le Compromis de 1850, qui avait prévu un appel accéléré auprès de la Cour suprême pour toute affaire concernant les biens serviles dans les territoires de l'Utah et du Nouveau-Mexique — clause reprise mot pour mot dans la loi Kansas-Nebraska en 1854 — les politiciens s'efforçaient de se décharger de leurs responsabilités sur les tribunaux. Mais comme ces territoires n'interdisaient pas l'esclavage, aucune affaire de ce genre ne s'était matérialisée. Or voilà qu'arrivait justement, et il tombait à pic, un procès commencé dans une autre partie des territoires acquis avec la Louisiane. A Washington, durant l'hiver 1856-1857, beaucoup de gens, et particulièrement des sudistes, avaient grande envie de voir cette question enfin réglée par « le pouvoir judiciaire ». Alexander Stephens, ami personnel du juge James M. Wayne, de Géorgie, et cousin éloigné du juge Robert Grier, de Pennsylvanie, tous deux membres de la Cour suprême, écrivit, en décembre 1856, à un membre de sa famille : « J'ai mis en œuvre toute l'influence dont je jouis pour agir sur la Cour suprême, afin qu'ils cessent de différer l'affaire de la restriction du Missouri. [...] J'ai de bonnes raisons de croire qu'ils [décideront] que cette restriction était anticonstitutionnelle. » D'autres hommes influents du Sud exercèrent des pressions analogues. Elles parurent avoir l'effet désiré. « D'après ce que j'entends dire en confidence, [la décision] concordera avec mes propres opinions sur tous les points [...], rapporta Stephens deux semaines plus tard. La restriction de 1820 sera déclarée anticonstitutionnelle. Les juges sont tous en train de rédiger leur avis

1. Cette interprétation fit longtemps autorité ; son principal défenseur était Frank H. Hodder, « Some Phases of the Dred Scott Case », *MVHR*, n° 41 (1929), p. 3-22.

individuellement, à ce que je crois. Le président en fournira un fort complexe[1]. »

Les cinq juges originaires du Sud désiraient vivement dénier au Congrès le droit d'interdire l'esclavage dans les territoires. Certains d'entre eux avaient même commencé à rédiger des avis dans ce sens, mais le problème était de persuader les deux juges démocrates du Nord, Grier et Nelson, de leur emboîter le pas. C'était pour cette raison que les sudistes avaient tout d'abord accepté, à contrecœur, de contourner la question avec l'arrêt de Nelson, qui s'en tiendrait strictement à l'affaire. Apprenant que McLean et Curtis comptaient soulever dans leur « opinion dissidente » des problèmes plus vastes, les juges du Sud comprirent qu'ils tenaient le prétexte qui leur permettrait de changer d'avis. Ils approuvèrent donc la proposition soumise par Weir, demandant à Taney de préparer un arrêt couvrant tous les aspects de l'affaire[2].

Restait à amadouer suffisamment ne fût-ce qu'un des juges du Nord, pour éviter les apparences d'un verdict purement sectionnel. Nelson resta intraitable — il avait déjà rédigé son opinion et il était probablement vexé de voir que ses collègues avaient l'intention de la court-circuiter. Grier, en revanche, était prêt à se laisser faire, d'autant qu'il venait du même État que Buchanan. Ce dernier, élu à la présidence, mais pas encore entré en fonctions, était très soucieux de voir résolue la question territoriale. En réponse à une suggestion du juge John Catron, du Tennessee, il exerça sur Grier, qui succomba, une influence parfaitement déplacée, mais fort efficace. Taney pouvait compter sur son juge nordiste et préparer son arrêt[3].

C'était une opinion qu'il désirait exprimer depuis longtemps. Octogénaire, le président de la Cour suprême était fragile et mal portant. La mort de sa femme et de sa fille, emportées par une épidémie de fièvre jaune deux ans auparavant, l'avait laissé au désespoir. Pourtant, il se cramponnait à la vie, bien décidé à défendre son Sud bien-aimé contre les forces malfaisantes du républicanisme noir. Dans son jeune temps, Taney avait été un fervent jacksonien et s'était consacré à la tâche d'affranchir l'esprit d'entreprise américain des chaînes du privilège. En

1. Lettre d'Alexander Stephens à Linton Stephens, 15 décembre 1856, citée par Richard M. Johnston et William H. Browne, *Life of Alexander H. Stephens*, nouvelle édition (Philadelphie, 1883), p. 326 ; lettre de Stephens, à la date du 1er janvier 1857, citée par Nevins, *Emergence*, t. I, p. 108.

2. Cette analyse est fondée sur les comptes rendus de Don E. Fehrenbacher, *The Dred Scott Case : Its Significance in American Law and Politics* (New York, 1978), p. 305-311 ; James A. Rawley, *Race and Politics : « Bleeding Kansas » and the Coming of the Civil War* (Philadelphia, 1969), p. 275-281 ; et Nevins, *Emergence*, t. I, p. 107-110, t. II, p. 473-477.

3. La correspondance entre Buchanan, Catron et Grier, en février 1857, a été découverte dans les archives de Buchanan par son biographe, Philip Auchampaugh, qui a révélé leur teneur dans un article, « James Buchanan, the Court and the Dred Scott Case », *Tennessee Historical Magazine*, n° 9 (1926), p. 231-240. Voir aussi Fehrenbacher, *Dred Scott Case*, p. 311-313.

tant que secrétaire au Trésor, sous Jackson, il avait contribué à détruire la Seconde Banque des États-Unis. Ses premières décisions en tant que président de la Cour suprême avaient porté des coups meurtriers contre les statuts spéciaux des sociétés. Néanmoins, le principal thème des vingt-huit années qu'il avait passées à la tête de la Cour suprême était la défense de l'esclavage. Taney n'admirait guère l'institution en soi, ayant même émancipé ses propres esclaves, mais il était passionnément attaché à « la vie et [aux] valeurs du Sud, qui paraissaient organiquement liées à l'institution particulière et impossibles à préserver sans elle[1] ». Dans sa correspondance privée, Taney exprimait une colère croissante contre « l'agression nordiste ». « Nos compatriotes sudistes [courent un grave danger], écrivit-il ; l'assassin leur a mis le couteau sous la gorge[2]. » Selon l'historien Don Fehrenbacher, les autres sudistes de la Cour suprême partageaient ces inquiétudes ; le juge Peter Daniel, de Virginie, était un de ces « fanatiques esclavagistes, toujours occupés à remâcher leurs torts » et les trois autres des « défenseurs inconditionnels de l'esclavage ». En raison de cet « engagement émotionnel si intense que la perception et la logique lui étaient entièrement subordonnées », la décision sur l'affaire Dred Scott fut « essentiellement viscérale dans son origine [...], œuvre d'un parti pris que rien ne venait mitiger, polémique dans son esprit, [avec une] extraordinaire accumulation d'erreurs, d'incohérences et une présentation tendancieuse des faits[3] ».

L'« opinion » de Taney se demandait d'abord si Dred Scott, en tant que Noir, était un citoyen doté du droit de porter plainte devant les tribunaux fédéraux. Taney consacra plus de papier et d'encre à ce problème qu'à tout autre. Pourquoi ? On n'en sait trop rien, car dans l'esprit du public, c'était bien ce qui importait le moins dans toute cette affaire. Cela dit, les Blancs du Sud considéraient les Noirs libres comme une anomalie et une menace pesant sur l'assise de l'esclavage ; le propre État de Taney, le Maryland, comportait la plus nombreuse population de Noirs libres de toute l'Union. L'objectif apparent du président de la Cour suprême, en déniant la citoyenneté américaine aux Noirs, a écrit Fehrenbacher, était de « lancer une irrésistible contre-attaque au mouvement antiesclavagiste et [... de] faire face à tout ce qui menaçait la stabilité du Sud en écartant radicalement la race noire de la Constitution fédérale et de tous les droits qu'elle accordait ». Pour ce faire, cependant, il était obligé de jongler avec l'histoire, le droit et la logique, en se livrant à « une grossière dénaturation des faits[4] ». Les Noirs, décida Taney,

1. Ces mots sont ceux de Don E. Fehrenbacher, *Dred Scott Case*, p. 559. Voir aussi Fehrenbacher, « Roger B. Taney and the Sectional Crisis », *JSH*, n° 43 (1977), p. 555-556.
2. Citations extraites de la correspondance de Taney en 1856 et 1860, reproduites par Fehrenbacher, « Taney and the Sectional Crisis », p. 561, p. 556.
3. Fehrenbacher, *Dred Scott Case*, p. 234, p. 3, p. 559.
4. *Ibid.*, p. 341, p. 349.

n'avaient pas fait partie du « peuple souverain » qui avait forgé la Constitution et n'étaient donc pas inclus dans « tous les hommes » qui, selon la Déclaration d'indépendance, étaient « nés égaux ». Car enfin, l'auteur de la déclaration et bon nombre de ses signataires possédaient des esclaves et s'ils avaient considéré les membres de la race asservie comme des citoyens en puissance, ç'eût été « en contradiction totale et flagrante avec les principes qu'ils affirmaient ». D'ailleurs, poursuivait Taney, à l'époque où la Constitution avait été adoptée, les Noirs « passaient depuis plus d'un siècle pour des êtres d'un ordre inférieur [...], à tel point même qu'ils n'avaient aucun droit qu'un Blanc fût tenu de respecter[1] ».

C'était faux, comme Curtis et McLean ne manquèrent pas de le faire remarquer dans leurs « opinions dissidentes » respectives. En 1788 et plus tard, les Noirs libres avaient eu de nombreux droits légaux (notamment ceux de posséder et léguer des biens, de signer des contrats, de porter plainte devant les tribunaux). Dans cinq des treize États qui avaient ratifié la Constitution, les Noirs avaient le droit de vote et participèrent d'ailleurs au processus de ratification. Aucune importance, répliqua Taney, il s'agissait de droits liés à la citoyenneté d'État et il était question dans ce cas précis du rang de citoyen des États-Unis. Une personne pouvait très bien « jouir de tous les droits et privilèges de citoyen d'un État », affirma le président Taney, sans être « pour autant habilité à jouir de ces mêmes droits et privilèges dans un seul autre État » — pirouette judiciaire qui contredisait l'article IV, section 2 de la Constitution : « Les citoyens de chacun des États seront à même de jouir de tous les privilèges et immunités appartenant aux citoyens de tous les États. »

Ayant donc établi, sans doute possible pour lui, que les Noirs n'étaient pas des citoyens[2], Taney aurait pu en rester là et refuser de trancher, arguant du fait que l'affaire n'avait pas à être soumise à la Cour suprême. Il ne le fit pas, si bien que le reste de son arrêt en vint à être considéré par de nombreux contemporains et par les premières générations d'historiens comme relevant de l'*obiter dictum* — c'est-à-dire qu'on n'y voyait qu'une déclaration faite en passant, sur des sujets qui n'étaient pas officiellement soumis à la Cour, déclaration qui ne pouvait par conséquent faire jurisprudence. Mais Taney soutint que le tribunal itinérant ayant envisagé tous les aspects de l'affaire et les ayant jugés

---

1. La question de la citoyenneté noire occupe les pages 403 à 427 de l'arrêt de Taney dans *Dred Scott c. Sandford*, Howard, 19e vol., p. 393.

2. Deux autres juges soutinrent explicitement l'opinion de Taney sur ce point, alors que Curtis et McLean exprimèrent leur désaccord. Du fait que les quatre autres juges n'abordaient pas cette question dans leurs avis conformes à celui de Taney, leur silence revenait à reconnaître implicitement que l'opinion de Taney représentait celle de la Cour suprême. Voir Fehrenbacher, *Dred Scott Case*, p. 324-330, pour une analyse de la question.

« sur leurs mérites », l'affaire tout entière, y compris la constitutionnalité de la restriction stipulée par le Compromis du Missouri, sur laquelle Dred Scott fondait en partie sa demande d'affranchissement, était légalement du ressort de la Cour suprême. Les spécialistes modernes partagent cet avis. La décision de Taney, quoi qu'on pût en penser par ailleurs, ne tombait pas sous le coup de l'*obiter dictum*.

Taney et six de ses collègues (seuls Curtis et McLean faisant exception) étaient bien d'accord sur le fait que les deux « séjours » de Scott dans l'Illinois et à Fort Snelling, qui avaient duré deux ans chacun, ne pouvaient l'émanciper une fois revenu dans le Missouri, *même si Fort Snelling était un territoire libre*[1]. Taney ne consacra à ce point qu'une seule des cinquante-cinq pages de son arrêt. La constitutionnalité du Compromis du Missouri occupait en revanche vingt et une pages de prose laborieuse, faisant valoir que jamais le Congrès n'avait eu le droit d'interdire l'esclavage dans un territoire. Le fait que la Constitution (article IV, section 3) lui donnait le droit de « promulguer tous les statuts et règlements nécessaires » à l'administration des territoires n'était pas pertinent, déclara le président, pinailleur émérite, parce que les statuts et règlements n'étaient pas des lois. Le cinquième amendement garantissait que nul ne serait privé arbitrairement de sa vie, sa liberté ou ses biens ; or les esclaves étaient des biens comme les autres et l'interdiction de l'esclavage était donc une privation anticonstitutionnelle des biens. « Et si le Congrès lui-même n'a pas le droit d'agir ainsi, concluait Taney portant ce qu'il espérait être un mauvais coup à la souveraineté populaire, il ne saurait autoriser un gouvernement territorial à l'exercer. » Sur ce point, il s'agissait clairement d'*obiter dictum*, puisque la question du pouvoir d'un gouvernement territorial sur l'esclavage n'était pas mentionnée dans l'affaire.

Les républicains adoptèrent pour position officielle les « opinions dissidentes » de Curtis et McLean. Non seulement Scott était un homme libre, en vertu de sa longue résidence en territoire libre, déclarèrent-ils, mais il était en outre citoyen des États-Unis de par la Constitution, laquelle donnait d'ailleurs au Congrès le droit d'interdire l'esclavage dans les territoires. « *Tous* les statuts et règlements nécessaires » était une formule qui disait bien ce qu'elle voulait dire. Le premier Congrès, réuni selon la Constitution, avait réaffirmé l'ordonnance du Nord-Ouest de 1787, interdisant l'esclavage dans le territoire du Nord-Ouest. Jusqu'en 1820, des Congrès ultérieurs avaient exclu l'esclavage de territoires spécifiques en quatre autres occasions. A cette époque bon nombre de ceux qui avaient rédigé la Constitution étaient encore en vie et aucun n'avait élevé d'objection à ces projets de loi. Au contraire même, plusieurs de ces

1. Dix semaines après le jugement de la Cour suprême, la propriétaire de Scott l'émancipa. Il mourut un an plus tard.

hommes, encore membres du Congrès, avaient voté en leur faveur et certains, en tant que Président des États-Unis, y avaient apposé leur signature pour en faire des lois ! Si l'interdiction de l'esclavage dans un territoire violait la Constitution, demandait Curtis, qu'en était-il de la loi de 1807 interdisant d'importer des esclaves d'Afrique ? Et surtout, que fallait-il penser des lois interdisant l'esclavage *dans les États libres* ? De toute façon, interdire à un propriétaire d'esclaves d'emmener ses Noirs dans un territoire ne revenait nullement à le spolier de ses biens[1].

Au lieu d'éliminer la question de l'esclavage de la vie politique, l'arrêt de la Cour suprême devint lui-même un problème politique. Les démocrates du Nord assuraient triomphalement que l'« opinion » de Taney était « l'oraison funèbre du républicanisme noir [...] écrasant et annihilant [...] d'un seul coup [...] le programme antiesclavagiste ». Les sudistes se félicitaient à l'idée que « l'opinion du Sud concernant l'esclavage sudiste [...] est aujourd'hui la loi suprême du pays ». Cette décision « fait rendre gorge à cette misérable [...] organisation de républicains noirs[2] ». Seulement le parti républicain refusait de mourir. Sa presse condamna cette « décision de jésuites », fondée sur « de grossiers mensonges historiques » et une « dénaturation délibérée » de la Constitution. Si le jugement de la Cour suprême « devait avoir force de loi », déclara William Cullen Bryant, l'esclavage ne serait plus « l'institution particulière » de quinze États, mais « une institution fédérale, un patrimoine et une honte communs à tous les États de l'Union ». « Dorénavant, ajoutait-il, où que flotte [...] notre drapeau, ce sera le drapeau de l'esclavage. [...] Devons-nous accepter sans discuter [...] que notre Constitution devienne à l'avenir une Constitution de propriétaires d'esclaves et non d'hommes libres ? Jamais ! Jamais ! » Dans cet esprit, les législatures de plusieurs États ratifièrent des résolutions affirmant que l'arrêt de Taney « ne faisait pas jurisprudence et devait encore moins gouverner les consciences[3] ».

Le *New York Tribune* déclara, non sans mépris, que cette décision prise par « cinq propriétaires d'esclaves et deux faux durs[4] » était une « opinion [...] à laquelle on devait accorder à peu près autant de poids moral qu'au jugement d'une majorité des gens qui se réunissaient dans

1. Le dissentiment de Curtis était plus étoffé et plus puissant que celui de McLean. On le trouvera aux pages 564-633 de Howard, 19e vol.

2. *Cincinnati Enquirer*, 8 mars 1857, cité par Stanley I. Kutler (éd.), *The Dred Scott Decision : Law or Politics ?* (Boston, 1967), p. 54-55 ; *Philadelphia Pennsylvanian*, 10 mars 1857, *New York Herald*, 8 mars 1857, *Augusta Constitutionalist*, 15 mars 1857, *New Orleans Picayune*, 20 mars 1857, tous cités par Fehrenbacher, *Dred Scott Case*, p. 418-419.

3. La presse républicaine, citée par Charles Warren, *The Supreme Court in United States History*, nouvelle édition, 2 vol. (Boston, 1926), t. II, p. 302-309 ; Bryant cité par Nevins, *Emergence*, t. I, p. 96 ; les mesures prises par les assemblées ont été mentionnées par Fehrenbacher, *Dred Scott Case*, p. 431-435.

4. Les cinq juges originaires du Sud avaient été propriétaires d'esclaves, même s'ils n'étaient plus que trois à en posséder effectivement en 1857.

n'importe quel bar de Washington ». La théorie de l'*obiter dictum* justifiait le refus des républicains de reconnaître l'arrêt comme un précédent faisant jurisprudence. Ils proclamèrent même leur intention de « reconstituer » la Cour suprême, une fois qu'ils auraient remporté l'élection présidentielle de 1860, et de casser « les décisions inhumaines » de l'arrêt Dred Scott. « Le remède, expliqua le *Chicago Tribune*, [est] dans les urnes. [...] Il suffit que le prochain Président soit un républicain et 1860 marquera le début d'une ère aussi glorieuse que celle de 1776[1]. »

Les démocrates du Nord ne tardèrent pas à se rendre compte que Taney avait cherché leur déconfiture tout autant que celle des républicains. Bien que la question de la souveraineté populaire n'eût pas été directement soumise à la Cour suprême, l'arrêt Dred Scott reposait non seulement sur le principe que le Congrès n'avait pas le droit d'exclure l'esclavage d'un territoire, mais que les esclaves, en tant que biens, *ne pouvaient pas en être exclus*. Douglas, intrépide, n'hésita pas à empoigner cette ortie. Oui, dit-il dans un discours prononcé à Springfield, Illinois, en juin 1857, l'arrêt Dred Scott avait bel et bien force de loi et tous les bons citoyens devaient s'y plier. Le droit qu'avait un maître d'emmener ses esclaves dans n'importe quel territoire était inaliénable. MAIS... les citoyens d'un territoire étaient néanmoins en mesure de contrôler le phénomène. Comment ? « [Le droit de posséder des esclaves] reste nécessairement un droit stérile et sans valeur, assurait Douglas, s'il n'est pas soutenu, protégé et mis en vigueur par des règlements de police et une législation locale appropriés », lesquels dépendaient de « la volonté et des souhaits des habitants du territoire[2] ».

Ce discours annonçait la célèbre doctrine de Freeport, exposée par Douglas une bonne année plus tard, lors de ses débats avec Lincoln. C'était une ingénieuse tentative pour permettre à la fois aux démocrates du Nord et à ceux du Sud d'avoir le beurre et l'argent du beurre. Peut-être aurait-elle pu réussir, si l'affaire de Lecompton n'avait pas précipité la désunion des démocrates. Lorsque cela arriva, les démocrates du Sud insistèrent pour s'octroyer un supplément de beurre. Ils convenaient, avec Douglas, que l'arrêt Dred Scott ne pouvait s'appliquer tout seul. « Le sénateur de l'Illinois a raison, reconnut le sénateur du Mississippi, Albert G. Brown. En refusant d'agir ou en se livrant à des agissements hostiles [...], la législature territoriale peut exclure l'esclavage de fait. » Mais cela reviendrait alors à dénier aux sudistes « le droit de voir nos biens serviles protégés dans les territoires ». « Or la Constitution, telle qu'elle a été interprétée par la Cour suprême, poursuivait-il, nous accorde ce droit. Donc nous le réclamons et nous avons bien l'intention d'en jouir. » Le Congrès devait donc entériner un code fédéral de l'esclavage

1. *New York Tribune*, 7 mars 1857 ; *Chicago Tribune*, 12 et 19 mars 1857.
2. Fehrenbacher, *Dred Scott Case*, p. 455-456.

pour les territoires, déclara Brown, et faire appel, s'il le fallait, à l'armée des États-Unis pour le faire respecter. Si des pirates s'emparaient de navires appartenant à des citoyens du Massachusetts, les sénateurs de cet État exigeraient la protection de la marine. « Ai-je donc, monsieur, moins qu'eux le droit de réclamer la protection de mes biens serviles dans les territoires ? [Si vous autres, nordistes], nous déniez les droits que nous garantit la Constitution [...], concluait Brown, eh bien, monsieur [...], l'Union est un despote [et] je suis, quant à moi, tout disposé à me retirer d'une telle entreprise[1]. »

Ainsi, au lieu d'estropier le parti républicain, comme l'avait espéré Taney, l'arrêt Dred Scott le consolida au contraire, en élargissant le fossé entre démocrates du Nord et du Sud. Les républicains s'empressèrent d'exploiter leur avantage, en peignant l'arrêt sous les couleurs d'un complot ourdi par le pouvoir esclavagiste. Seward et Lincoln furent deux des principaux avocats de cette théorie. Faisant mention d'« apartés » entre Taney et Buchanan durant la cérémonie d'entrée en fonctions du Président, et d'autres preuves non spécifiées, Seward dénonça la complicité qui existait entre le nouveau Président du pays et celui de la Cour suprême. Le lendemain de la cérémonie et la veille du jour où ils avaient annoncé leur décision, déclara Seward, « les juges, sans même échanger les robes de soie de la cérémonie contre leurs habits de courtisans, s'en furent rendre hommage au Président, dans le palais où siège le pouvoir exécutif. Nul doute que celui-ci ne les ait accueillis aussi gracieusement que Charles Ier a dû saluer les juges qui avaient, sur ses instances, dénaturé les statuts de la liberté anglaise ». Les accusations de Seward firent scandale. Certains historiens ont fait écho à l'opinion démocrate selon laquelle les propos tenus par le New-Yorkais étaient « venimeux » et « diffamatoires[2] ». En réalité, le coup de Seward était passé désagréablement près de la cible : on aurait presque pu croire qu'il avait lu la lettre de Buchanan à Grier, pressant le juge de Pennsylvanie d'adhérer à la majorité sudiste.

Les insinuations de Seward eurent le don d'exaspérer Taney. Ce dernier devait déclarer plus tard que si le New-Yorkais avait accédé à la présidence du pays en 1860, il aurait refusé de lui faire prêter serment. Par une ironie du sort, Taney devait justement accomplir ce devoir vis-à-vis d'un homme qui avait porté une accusation analogue. Dans un discours prononcé après avoir été nommé candidat au Sénat pour l'Illinois, en 1858, Abraham Lincoln examina le processus selon lequel les démocrates avaient abrogé le Compromis du Missouri en 1854, avant de le déclarer anticonstitutionnel trois ans plus tard. On ne pouvait pas *savoir* à coup

1. *CG*, 35e Cong., 2e Sess., p. 1242-1243.
2. Warren, *Supreme Court*, t. II, p. 326. La citation de Seward est extraite de *CG*, 35e Cong., 1re Sess., p. 941.

sûr que tout cela entrait dans un vaste complot pour étendre l'esclavage, admettait Lincoln. « Mais, poursuivait-il, quand nous voyons tout un lot de planches [...] dont nous savons pertinemment qu'elles ont été équarries à des moments et dans des lieux différents par divers ouvriers — disons Stephen, Franklin, Roger et James, par exemple — que nous voyons ces planches assemblées et que nous nous apercevons qu'elles constituent très exactement la charpente d'une maison [...], il nous paraît impossible de ne pas croire que Stephen, Franklin, Roger et James [...] ont travaillé suivant un *plan* commun[1]. »

Dans ce même discours figurait une métaphore beaucoup plus connue : « "Une maison divisée contre elle-même ne saurait rester debout", déclara Lincoln, citant le Christ. Je suis convaincu que le présent gouvernement ne saurait durer, éternellement demi-*esclavagiste* et demi-*libre*. » Les adversaires de l'esclavage espéraient bien empêcher l'institution de s'étendre et « la placer là où l'esprit du public [pourrait] reposer tranquille dans la certitude qu'elle [était] enfin en voie d'extinction ». Toutefois, les défenseurs de l'esclavage — y compris les menuisiers conspirateurs — s'efforçaient de « la faire avancer, jusqu'à ce qu'elle [devînt] légale dans *tous* les États [...], ceux du *Nord* aussi bien que ceux du *Sud* ». Comment pourraient-ils parvenir à leurs fins ? « Tout simplement [par la grâce] du prochain arrêt Dred Scott, expliquait Lincoln. Il suffit que la Cour suprême décide que, selon les termes de la Constitution, aucun État ne saurait l'interdire, précisément comme elle vient tout juste de décider que [...] ni le Congrès, ni la législature territoriale n'en ont le droit. » L'article IV de la Constitution affirmait que la Constitution et les lois des États-Unis « [seraient] la loi suprême du pays [...] en dépit de toute stipulation contraire contenue dans la Constitution et les lois d'un État quelconque ». Donc, si la Constitution américaine protégeait « le droit de posséder un esclave », notait Lincoln, « rien dans la Constitution ou les lois d'un État quelconque ne [pouvait] détruire le droit de posséder un esclave ». Lincoln estimait, pour sa part, que « le droit de posséder un esclave n'[était] *pas* distinctement et expressément affirmé dans la Constitution du pays ». Mais les démocrates, y compris Douglas, étaient persuadés que si. « [Si on les laisse faire], déclara Lincoln aux républicains de l'Illinois en juin 1858, nous irons *nous coucher*, rêvant agréablement que la population du *Missouri* est sur le point de rendre son État *libre* ; au lieu de quoi nous *nous réveillerons* pour constater que la Cour *suprême* a fait de l'*Illinois* un État *esclavagiste*[2]. »

Lincoln et les républicains croyaient-ils vraiment que la décision Dred Scott faisait partie d'un complot visant à étendre l'esclavage aux États

1. *CWL*, t. II, p. 465-466. Le lecteur averti reconnaîtra ces quatre menuisiers : Stephen Douglas, Franklin Pierce, Roger Taney et James Buchanan.
2. *Ibid.*, p. 461-462, p. 467, t. III, p. 27, p. 230-231.

libres ? Ou bien cherchaient-ils à évoquer un croque-mitaine pour faire peur aux électeurs nordistes ? Stephen Douglas penchait pour la seconde hypothèse. « Un simple écolier sait bien » que jamais la Cour suprême ne prendrait « une décision aussi ridicule », déclara-t-il. « C'est une insulte à l'intelligence et une grossière calomnie contre la Cour. » Bon nombre d'historiens ont fait chorus[1]. Pourtant, l'accusation des républicains était-elle si absurde ? En novembre 1857, le *Washington Union*, organe de l'Administration Buchanan, publia un article affirmant que l'abolition de l'esclavage dans les États du Nord avait été une atteinte anticonstitutionnelle à la propriété. Dans leur correspondance privée et dans d'autres contextes indépendants de la propagande, les républicains exprimaient souvent une sincère inquiétude face aux implications de la décision Dred Scott. « La Constitution des États-Unis est la loi suprême dans tous les États, fit remarquer le sénateur du Wisconsin, James Doolittle, et si elle reconnaît le droit de posséder des esclaves, comme on possède des chevaux, aucune Constitution, aucune loi d'aucun État ne sauraient abolir ce droit. » Notant que Scott avait mené une vie d'esclave en Illinois pendant deux ans, la législature de l'État de New York s'éleva contre la doctrine qui affirmait : « Un maître peut emmener son esclave dans un État libre sans pour autant dissoudre leurs liens de maître à esclave. [... Cela] introduira en deçà de nos frontières, contre notre volonté, l'esclavage, avec toutes ses influences pernicieuses, démoralisantes et funestes[2]. »

La préoccupation de cette législature n'était pas abstraite. Une affaire concernant le droit d'un propriétaire d'esclaves à le rester durant la traversée d'un État libre devait être jugée devant les tribunaux new-yorkais. L'affaire Lemmon contre le ministère public avait commencé en 1852, lorsqu'un juge new-yorkais avait confirmé la liberté de huit esclaves qui avaient quitté leur maître, originaire de Virginie, alors qu'ils se trouvaient à New York, en route pour le Texas. La plupart des États du Nord avaient auparavant accordé aux propriétaires le droit de transit ou de séjour temporaire avec leurs esclaves, mais dans les années 1850, tous, sauf le New Jersey et l'Illinois, avaient mis en vigueur des lois offrant la liberté à tout esclave amené par son maître à l'intérieur de leurs frontières. L'arrêt Dred Scott infirmait le principe même de ces lois. Par conséquent, la Virginie décida de soumettre l'affaire Lemmon à la cour suprême de New York (laquelle confirma en 1860 la loi en vigueur dans l'État) et aurait très certainement porté les débats devant la Cour suprême de Taney, si la sécession n'avait pas eu lieu. Peut-être l'affaire

1. Douglas in *CWL*, t. III, p. 53, p. 267-268. En ce qui concerne les commentaires des historiens, voir surtout Nevins, *Emergence*, t. I, p. 362, et James G. Randall, *Lincoln the President*, 4 vol. (New York, 1945-55), t. I, p. 116.

2. *Washington Union*, 17 nov. 1857 ; *CG*, 35e Cong., 1re Sess., p. 385 ; Nevins, *Emergence*, t. I, p. 86 ; *New York Assembly Documents*, 80e Session (1857), n° 201.

Lemmon serait-elle devenue ce « prochain arrêt Dred Scott » que redoutait Lincoln. Les recherches récentes justifient les inquiétudes de ce dernier, quand il subodorait que l'aréopage dirigé par Taney aurait sanctionné « une forme quelconque d'esclavage dans le Nord[1] ». Il n'y avait pas jusqu'au droit de transit et de séjour provisoire qui ne fût, du point de vue des antiesclavagistes, un pied menaçant coincé dans l'entrebâillement de la porte. « Si un homme est autorisé à posséder un esclave dans un État libre pour une journée, demanda un journal républicain, pourquoi ne le serait-il pas pour un mois, ou pour un an ? Pourquoi son "transit" ne serait-il pas indéfiniment prolongé, pourquoi sa "visite" ne deviendrait-elle pas, dans la pratique, permanente[2] ? »

II

Ainsi dans le contexte de l'affaire Dred Scott, la mise en garde de Lincoln, « avertissant que l'esclavage risquait de devenir légal partout, était [...] loin d'être absurde ». Ses efforts pour impliquer Douglas dans ce complot esclavagiste (« Stephen, Franklin, Roger et James ») s'inscrivaient dans le cadre de la campagne qu'il mena pour être élu au Sénat en 1858[3]. Au moment du débat sur la Constitution de Lecompton, Douglas avait déclaré que peu lui importait que l'esclavage fût accepté ou rejeté au Kansas — ce qui comptait, c'était que les habitants de l'endroit pussent voter en toute équité. Cette politique du « peu importe », fit valoir Lincoln, avait été cause de bien des maux, car elle permettait aux défenseurs de l'esclavage de faire avancer leur programme d'expansion sans véritable opposition. La seule façon de les arrêter était d'élire des républicains « qui [avaient] le cœur à ce qu'ils [faisaient] — à qui le résultat du vote [*importait*] », des hommes qui « [considéraient] l'esclavage comme un mal moral, social et politique », et qui « [s'opposeraient...] à l'idée démocrate moderne selon laquelle l'esclavage [valait] la liberté et [devait] avoit la place de s'étendre sur tout le continent[4] ».

Tel était le message que Lincoln diffusa auprès des électeurs de l'Illinois, par le truchement de dizaines de discours, tout au long de l'été de 1858.

---

1. Paul Finkelman, *An Imperfect Union : Slavery, Federalism and Comity* (Chapel Hill, 1981), p. 323. Cette excellente étude fournit une analyse très complète de l'affaire Lemmon et de son contexte. Voir aussi Fehrenbacher, *Dred Scott*, p. 444-445.

2. *Springfield Republican*, 12 oct. 1857, cité par Fehrenbacher, *Dred Scott*, p. 314.

3. Citation empruntée à Don E. Fehrenbacher, *Prelude to Greatness : Lincoln in the 1850s* (Stanford, 1962), p. 123. Techniquement parlant, ni Lincoln ni Douglas n'étaient « candidats » dans cette élection, car c'était la législature de l'État qui choisissait les sénateurs et l'élection de 1858, dans l'Illinois, devait permettre de désigner les membres de cette assemblée. Cela dit, étant donné l'éminence de Douglas au plan national et l'investiture conférée à Lincoln en tant qu'aspirant-sénateur par le parti républicain, la campagne électorale tourna principalement autour de la rivalité des deux hommes pour accéder au Sénat.

4. *CWL*, t. II, p. 468, t. III, p. 92.

Douglas sillonna le même territoire, accusant son rival d'être un républicain noir dont les doctrines abolitionnistes détruiraient l'Union et noieraient l'Illinois sous un flot d'innombrables Noirs dégénérés, avec leurs grosses lèvres et leurs petites têtes. « [Lincoln], déclara Douglas à Springfield en juillet, croit que le Tout-Puissant a créé le Nègre égal à l'homme blanc. Il croit que le Nègre est son frère. Moi, je ne crois pas être apparenté en aucune façon au Nègre. [...] Notre gouvernement [...] a été édifié par des Blancs, à l'avantage de Blancs et de leur postérité, pour être confié à des Blancs et régi par eux[1]. »

Désireux d'affronter Douglas face à face, Lincoln proposa une série de débats. Douglas accepta sept affrontements dans diverses parties de l'État. Ces débats sont restés, à juste titre, les plus célèbres de toute l'histoire des États-Unis. Ils mettaient aux prises deux puissants raisonneurs, deux orateurs percutants, dont l'un était une personnalité nationale et l'autre était encore peu connu en dehors de sa région. Vers les sept villes de la prairie convergèrent par milliers fermiers, ouvriers, employés, avocats et autres citoyens appartenant à toutes les classes de la société, pour se masser en plein air, assis ou debout, sous le soleil ou la pluie, dans la chaleur ou le froid, étouffés par la poussière ou crottés par la boue. Ces foules participaient aux débats en lançant des questions, des commentaires acérés, des hourras ou des huées. L'enjeu était plus important qu'une simple élection au Sénat, voire que l'élection présidentielle qui se profilait à l'horizon de 1860, car le thème de cette joute oratoire n'était ni plus ni moins que l'avenir de l'esclavage et de l'Union. Les tarifs douaniers, les banques, les améliorations intérieures, la corruption et les autres habituels chevaux de bataille de la politique américaine n'eurent même pas droit à un seul mot : d'un bout à l'autre de ces débats il ne fut question que d'esclavage[2].

Dans la grande tradition polémique, Douglas et Lincoln commençaient chacun de leurs discours par des attaques tranchantes, destinées à obliger l'adversaire à passer le temps qui lui était imparti à défendre des positions vulnérables. Un journaliste républicain définit cette stratégie dans une mise en garde écrite à l'un des proches de Lincoln : « Quand vous verrez Abe à Freeport, pour l'amour du ciel dites-lui bien : "Foncez, mon

---

1. Paul M. Angle (éd.), *Created Equal? The Complete Lincoln-Douglas Debates of 1858* (Chicago, 1958), p. 62, p. 60.

2. En chacune des sept occasions, l'orateur qui ouvrit le feu parla pendant une heure, son adversaire répondit pendant une heure et demie, puis le premier à parler eut une nouvelle demi-heure pour conclure. Chacun prenait la parole le premier en alternance, Douglas ouvrant et concluant quatre de ces débats contre trois à Lincoln. En raison de leur importance, ces véritables duels furent suivis de très près par la presse. Des sténographes (que l'on appelait à l'époque « phonographes ») envoyés par un journal républicain et un démocrate notaient absolument tout ce qui se disait, y compris les réactions de l'auditoire. La première publication intégrale des débats sous forme de livre date de 1860. Il en existe aujourd'hui des éditions modernes annotées : *CWL*, t. III, p. 1-325 ; Angle (éd.), *Created Equal?* ; et Robert W. Johannsen (éd.), *The Lincoln-Douglas Debates of 1858* (New York, 1965).

garçon ! Foncez !" [...] Nous ne devons pas passer notre temps à parer. C'est à nous de décocher les coups d'estoc les plus meurtriers. Nous voulons voir couler le sang à chaque fin de phrase[1]. » Sa pointe la plus féroce, Lincoln la poussa en accusant Douglas de s'être écarté de la position des pères fondateurs, alors que les républicains eux s'y cantonnaient. « [Comme les pères fondateurs, les républicains], dit-il, insistent pour que [l'esclavage] soit, dans la mesure du possible, traité comme un mal ; et l'une des méthodes pour le traiter comme tel est de s'assurer qu'il *ne prendra pas davantage d'ampleur*. » Lincoln répéta que le pays ne pouvait demeurer éternellement mi-esclavagiste, mi-libre ; il n'avait survécu ainsi que parce que jusqu'en 1854 la plupart des Américains avaient partagé la conviction des pères fondateurs et pensé qu'en restreignant la croissance de l'esclavage, on l'acheminerait vers une éventuelle extinction. Or Douglas non seulement « *ne [prévoyait] pas la fin de l'institution de l'esclavage* », mais s'attendait au contraire à la voir « *perpétuée et nationalisée* ». Ce faisant, il « [éliminait] la lumière de la raison et l'amour de la liberté parmi notre peuple américain[2] ».

D'une certaine façon, la célèbre question posée par Lincoln à Freeport sortait de la stratégie qui consistait à lier Douglas au pouvoir esclavagiste. Y avait-il la moindre façon légale pour les habitants d'un territoire d'en exclure l'esclavage s'ils le souhaitaient ? demanda Lincoln à Freeport. S'il posait cette question, c'était bien sûr pour mettre le doigt sur la contradiction entre l'arrêt Dred Scott et la souveraineté populaire. Depuis, la tradition en a fait la pierre qui abattit Goliath. En effet, si Douglas répondait « Non », il s'aliénait les électeurs de l'Illinois et risquait fort de ne pas être réélu au Sénat ; s'il répondait « Oui », il s'attirait les foudres du Sud et perdait son soutien pour la présidentielle de 1860. Le seul défaut de cette thèse, c'est que Douglas avait déjà abordé ce dilemme à plusieurs reprises. D'ailleurs Lincoln savait comment il répondrait à sa question : « Il fera immédiatement valoir que l'esclavage ne saurait effectivement exister dans les territoires, à moins que les gens ne le désirent et ne lui accordent donc une législation territoriale protectrice. Et si ces mots offensent les sudistes, eh bien, qu'ils soient offensés, car, quoi qu'il advienne, il a bien l'intention de conserver toutes ses chances dans l'Illinois. [...] Il se soucie du Sud comme d'une guigne — il sait bien qu'il y est déjà mort » en raison de son opposition à la Constitution de Lecompton[3]. Lincoln n'en posa pas moins la question ; Douglas y répondit comme prévu. Sa réponse devint rétrospectivement célèbre sous le nom de doctrine de Freeport. Elle joua indéniablement un rôle, en

---

1. Lettre de Charles H. Ray à Elihu B. Washburne, 23 août 1858, citée par Fehrenbacher, *Prelude to Greatness*, p. 123.
2. *CWL*, t. III, p. 313, p. 18, p. 29.
3. Lettre de Lincoln à Henry Asbury, 31 juillet 1858, in *CWL*, t. II, p. 530.

ce qu'elle souffla au Sud l'idée de réclamer un code territorial de l'esclavage — sujet qui devait semer la dissension dans les rangs démocrates en 1860 ; mais de toute façon, la crise était inévitable. Lors des débats ultérieurs, Lincoln n'insista pas sur ce point, car sa question avait tendance à mettre en relief les différends entre Douglas et le Sud, ce qui nuisait à sa tentative de faire plutôt ressortir ce qui les rapprochait[1].

La contre-attaque de Douglas porta sur la métaphore de la maison divisée. Pourquoi, demanda le sénateur, le pays ne pouvait-il pas continuer à « exister divisé en États libres et esclavagistes » ? Quels que fussent leurs sentiments personnels envers l'esclavage, les pères fondateurs avaient « laissé chaque État parfaitement libre d'agir à sa guise ». Si la nation « ne pouvait durer ainsi divisée, cela voulait dire que [Lincoln] voulait absolument que les États fussent tous libres ou tous esclavagistes, ce qui entraînerait inévitablement la dissolution de l'Union ». Évoquer l'éventuelle extinction de l'esclavage « [était] révolutionnaire et [menaçait] de détruire l'existence du présent gouvernement ». A supposer que ces propos eussent un sens, ils signifiaient « la guerre entre le Nord et le Sud, une guerre livrée avec une vindicte impitoyable, jusqu'à ce que l'une ou l'autre section [fût] finalement acculée à sa perte et [tombât] victime de la rapacité de l'autre ». « [Non], déclara Douglas, je me refuse à mettre en danger la perpétuité de notre Union. Je ne voudrais pas détruire les grands droits inaliénables de la race blanche pour tous les Nègres de la création[2]. »

En incluant les Noirs parmi les hommes « nés égaux », Lincoln commettait une monstrueuse hérésie, affirma Douglas. « Les signataires de la Déclaration [d'indépendance] ne faisaient aucune référence au Nègre [...] ou à toute autre race inférieure et dégénérée, lorsqu'ils parlaient de l'égalité des hommes. » Thomas Jefferson avait-il pu « vouloir dire dans cette déclaration que ses esclaves nègres, qu'il possédait et traitait comme de simples biens, avaient été créés égaux à lui-même par la loi divine et qu'il violait la loi de Dieu tous les jours de sa vie en les maintenant en esclavage (— Non, non !)[3] » ?

Douglas trouva sa vitesse de croisière dans son exploitation de la question raciale. Il y voyait une garantie de victoire dans le sud et le centre de l'Illinois. « [Le Nègre] devra toujours occuper une position inférieure, hurla-t-il au milieu des acclamations de ses partisans. Êtes-vous favorables à l'idée d'accorder au Nègre les droits et privilèges de la citoyenneté ? (— Non, non !) Désirez-vous effacer de la Constitution de notre État la clause qui maintient les Nègres, esclaves et hommes libres

---

1. Pour une bonne analyse de la question de Freeport, voir Fehrenbacher, *Prelude to Greatness*, p. 121-142.
2. *CWL*, t. III, p. 8, p. 35, p. 111, p. 322.
3. *Ibid.*, p. 113, p. 216.

confondus, hors de nos frontières [...] si bien que lorsque le Missouri abolira l'esclavage, il pourra nous expédier cent mille esclaves émancipés qui deviendront aussitôt des citoyens et des électeurs placés sur le même pied que vous ? (— Jamais, non !) [...] Si vous souhaitez leur permettre d'entrer dans notre État et de s'installer avec les Blancs, si vous souhaitez les voir voter [...], alors, soutenez M. Lincoln et le parti des républicains noirs, qui sont pour la citoyenneté du Nègre. (— Jamais, jamais !)[1]. »

Comment Douglas savait-il que son adversaire était favorable à toutes ces choses ? Des orateurs noirs faisaient campagne pour lui dans les circonscriptions yankees du nord de l'Illinois, montrant bien « quel intérêt nos frères de couleur [éprouvent] pour le succès de leur frère Abe. (*Nouveaux éclats de rire.*)[2] ». Ainsi, à Freeport, Douglas avait vu de ses propres yeux une belle voiture approcher d'une réunion organisée par Lincoln. « Sur le siège à côté du cocher, avait pris place une ravissante jeune personne, tandis que sa mère et Fred[erick] Douglass étaient assis à l'intérieur et que le propriétaire du véhicule menait l'attelage. [...] Si vous autres, républicains noirs, estimez que le Nègre doit être sur un pied d'égalité avec vos femmes et vos filles, tandis que vous jouez les cochers, vous en avez parfaitement le droit. [...] Ceux d'entre vous qui croient que le Nègre est leur égal [...] voteront, bien entendu, pour M. Lincoln. (— A bas le Nègre ! Non, non ! etc.)[3]. »

Cette insistance de Douglas exaspérait Lincoln. « L'égalité du Nègre ! Balivernes ! nota-t-il dans ses écrits privés. Pendant combien de temps encore y aura-t-il des scélérats pour colporter un si piètre exemple de démagogie et des imbéciles pour l'avaler ? » Mais, quoi qu'il en eût, Lincoln ne pouvait indéfiniment éviter cette question. Alors qu'il sortait de son hôtel pour se rendre au quatrième débat, à Charleston, dans le sud de l'État, un homme lui demanda s'il était « vraiment favorable à l'établissement d'une parfaite égalité entre les Noirs et les Blancs ». Mis sur la défensive, Lincoln fit une réponse qui trahit sa position : « Tout ce qui semble me faire adhérer à son idée d'une parfaite égalité sociale et politique, lâcha-t-il, énervé par les sous-entendus de Douglas, n'est qu'un de ces agencements spécieux et extravagants de paroles, grâce auxquels un homme finit par prouver qu'un marron d'Inde est une dinde marron. » Lincoln reconnaissait volontiers qu'à ses yeux les Noirs étaient « habilités à jouir de tous les droits naturels énumérés dans la Déclaration

1. *CWL*, t. III, p. 9.
2. Abe est un diminutif d'Abraham. (NdE.)
3. *CWL*, t. III, p. 171, p. 55-56. Douglas parvint à regagner la confiance de quelques sudistes grâce à ses envolées racistes. Après avoir lu ses discours, un ami d'Alexander Stephens écrivit que « Douglas, en dépit de sa déplorable conduite passée [...] *pense juste sur les Nègres*. [...] Je le préfère [...] au fanatique dément que vous savez [Lincoln], lequel proclame ouvertement l'égalité des races blanche et noire ». Lettre de J. Henly Smith à Alexander Stephens, 3 août 1858, citée par Fehrenbacher, *Dred Scott Case*, p. 497.

d'indépendance, le droit de vie, de liberté et la poursuite du bonheur. [... Mais], ajoutait-il, j'avoue ne pas saisir pourquoi le fait que je ne veuille pas d'une femme noire pour esclave signifierait que je dois forcément la prendre pour épouse. (*Acclamations et rires.*) » De façon à ce que son marron d'Inde ne fût plus pris désormais pour une dinde marron, Lincoln précisa clairement sa position : « Je ne suis pas et n'ai jamais été favorable à l'établissement, sous quelque forme que ce soit, de l'égalité sociale et politique des races blanche et noire (*applaudissements*) — je ne suis pas et n'ai jamais été partisan de faire des Noirs des électeurs ou des jurés, ni de leur donner accès à la fonction publique, ni d'autoriser les mariages mixtes ; et j'ajouterai, par-dessus le marché, qu'il y a une différence physique entre les deux races qui, à ce que je crois, les empêchera toujours de vivre ensemble sur un pied d'égalité sociale et politique[1]. »

Lincoln voulait bien faire cette concession aux préjugés raciaux de la majeure partie de l'électorat de l'Illinois, mais il n'irait pas plus loin. « Laissons donc là toutes ces chicaneries quant à l'infériorité de tel ou tel homme — de telle ou telle autre race, dit-il à Chicago. [Songeons plutôt à] être unis comme un seul peuple à travers tout notre pays, jusqu'à ce que nous puissions encore une fois nous dresser pour proclamer que tous les hommes sont nés égaux. » Que le Noir fût ou non l'égal du Blanc sur le plan des dons mentaux ou moraux, « pour le droit de manger, sans avoir besoin de l'autorisation de quiconque, le pain qu'il a gagné à la sueur de son front, *il est mon égal et l'égal du juge Douglas et l'égal de n'importe quel homme vivant*. (*Tonnerre d'applaudissements.*) ». Quant aux droits politiques, aux mariages mixtes et ainsi de suite, c'était à la législature de l'État d'en décider. « Et comme le juge Douglas semble vivre dans la constante terreur de voir un danger de cet ordre fondre sur nous très rapidement, ajoutait Lincoln, il me semble que le meilleur moyen de l'éviter est que le juge reste dans notre État et rejoigne les rangs de la législature, où il pourra lutter efficacement contre ces mesures. (*Éclats de rire et applaudissements.*)[2]. »

En dépit des traits d'esprit de Lincoln, cependant, Douglas marqua des points sur cette question. Le Petit Géant parvint aussi à acculer son adversaire dans les cordes, sur le chapitre de « l'éventuelle extinction » de l'esclavage. Plus d'une fois, Lincoln avait assuré : « Je ne cherche nullement à m'ingérer directement ou indirectement dans l'institution de l'esclavage dans les États où elle existe. » « Ma foi, s'il n'est pas en faveur d'une ingérence quelconque, demanda Douglas, comment entend-il diriger l'esclavage vers une éventuelle extinction ? (— Allez, réglez-lui son compte !) » C'était derrière cette rhétorique fumeuse, accusa

1. *CWL*, t. III, p. 399, p. 16, p. 145-146.
2. *Ibid.*, t. II, p. 501, t. III, p. 16, p. 146.

Douglas, que les républicains noirs essayaient de dissimuler leur volonté d'attaquer l'esclavage et de briser l'Union. Lincoln rétorqua que, lorsqu'il parlait d'une *éventuelle* extinction, il disait précisément ce qu'il voulait dire. « Je ne veux pas dire [...] qu'elle surviendra dans un jour, ni dans un an, ni même dans deux. Je ne vais pas m'imaginer que, de la façon la plus paisible, l'éventuelle extinction surviendra avant au moins cent bonnes années ; mais quant au fait qu'elle surviendra de la meilleure manière pour les deux races à la date fixée par le Seigneur, j'en suis persuadé. (*Applaudissements.*) » De même que les abolitionnistes, Lincoln refusait de se laisser embarquer dans la discussion d'un « plan » pour mettre fin à l'esclavage. Il espérait que les sudistes en arriveraient de nouveau à considérer la servitude comme un fléau, comme l'avaient fait Washington, Jefferson et tous les autres pères fondateurs. Et de même qu'ils avaient limité l'expansion de ce mal, voyant là le premier pas nécessaire pour y mettre éventuellement fin, « [Lincoln ne doutait] pas qu'il finirait par s'éteindre à tout jamais, si seulement [on réadoptait] la politique des pères fondateurs[1] ».

De toute façon, les questions de « parfaite égalité sociale et politique [...] vers lesquelles le juge Douglas [avait] cherché à aiguiller de force la controverse [... étaient] de fausses questions », affirma Lincoln au cours de l'ultime débat. Le véritable problème, c'était l'éthique et l'avenir de l'esclavage. « Voilà la question qui fera encore rage dans notre pays, alors que nos deux pauvres langues se seront tues à jamais. C'est la lutte éternelle entre les deux grands principes — le bien et le mal — qui sévit dans le monde entier [...] depuis la nuit des temps. [...] L'un est le droit commun de l'humanité, l'autre le droit divin des rois. [...] Quelle que soit la forme sous laquelle il se présente, qu'il vienne d'un monarque cherchant à opprimer les hommes de sa propre nation et à vivre du fruit de leur labeur, ou d'une race d'hommes, qui s'en sert comme prétexte pour en asservir une autre, c'est toujours le même principe tyrannique[2]. »

Selon le jugement de l'Histoire — ou du moins de la plupart des historiens — ce fut Lincoln qui gagna le « match ». Le verdict rendu par les électeurs de l'Illinois en 1858 est plus difficile à discerner. Les candidats républicains et démocrates à la législature recueillirent à peu près le même nombre de voix sur l'ensemble de l'État — cent vingt-cinq mille pour chaque parti[3]. Les démocrates s'imposèrent dans tous les comtés du Sud sauf trois, alors que les républicains en faisaient autant dans tous les comtés du Nord sauf six. Du fait qu'il n'y avait pas eu

---

1. *CWL*, t. II, p. 16, p. 165, p. 323, p. 181, p. 117.
2. *Ibid.*, t. III, p. 312, p. 315.
3. Les candidats républicains réunirent environ cent vingt-cinq mille suffrages, les démocrates pro-Douglas cent vingt et un mille, et les démocrates pro-Buchanan anti-Douglas cinq mille. *Tribune Almanac*, 1859, p. 60-61.

de nouvelle répartition des sièges, pour tenir compte du taux de croissance plus rapide des comtés du Nord dans les années 1850, et du fait aussi que huit des treize sénateurs qui restaient en place et n'avaient donc pas à se faire réélire étaient des démocrates, leur parti bénéficia à l'assemblée suivante d'une majorité de cinquante-quatre voix contre quarante-six et Douglas fut élu. C'était un triomphe important pour le Petit Géant. Il avait confirmé son rang de chef de file du parti démocrate dans le Nord et semblait le mieux placé pour obtenir l'investiture à la prochaine élection présidentielle. Pour Lincoln, le scrutin se solda par une glorieuse défaite. Il avait affronté le célèbre Douglas et fait pour le moins jeu égal avec lui, il avait clarifié de façon plus aiguë que jamais les questions qui opposaient républicains et démocrates dans le Nord et il faisait désormais figure de porte-parole républicain doté d'une stature nationale[1].

Les démocrates l'emportèrent aussi dans cinq des neuf circonscriptions fédérales de l'Illinois, ce qui faisait de l'État l'un des rares où le parti réussit un bon score en 1858. Ailleurs, ils connurent une débâcle presque aussi totale qu'en 1854. A la nouvelle Chambre des représentants, le nombre de démocrates tomba de cinquante-trois à trente-deux. Dans les quatre États du Nord où Buchanan s'était imposé en 1856 (la Pennsylvanie, l'Indiana, l'Illinois et le New Jersey), l'équilibre partisan bascula en 1858, passant de vingt-neuf démocrates et vingt et un républicains à seize démocrates et trente-quatre républicains. Le pourcentage de suffrages recueillis par ces derniers dans ces quatre États fit un sérieux bond : de trente-cinq pour cent en 1856 (à l'époque, le parti américain était encore en lice), il passa à cinquante-deux pour cent deux ans plus tard. Le soir de l'élection, Buchanan avait convié quelques amis à un élégant dîner à la Maison-Blanche. « [A mesure que les télégrammes arrivaient, apportant les résultats du scrutin en Pennsylvanie], nota le Président le lendemain, nous nous sommes fort divertis, riant, entre autres choses, de notre écrasante défaite. Elle est si lourde qu'elle en est presque ridicule[2]. »

La Constitution de Lecompton et l'affaire Dred Scott expliquaient une bonne partie des progrès accomplis par les républicains. Une fois de plus, les victoires du « pouvoir esclavagiste » avaient provoqué un retour de bâton qui avait donné des forces à ses plus virulents ennemis dans le Nord. D'autres facteurs œuvraient aussi en faveur des républicains. La disparition du parti américain dans le Nord poussa la plupart des nativistes restants dans les rangs républicains, car ils continuaient à voir dans les démocrates les champions du romanisme. Dans les régions industrielles, la politique douanière des démocrates et la crise économique

1. La meilleure analyse de cette élection est celle de Fehrenbacher, *Prelude to Greatness*, p. 114-120.

2. *Tribune Almanac*, 1860, p. 18 ; Fehrenbacher, *Dred Scott Case*, p. 563-564 ; lettre de Buchanan à Harriet Lane, 15 oct. 1858, citée par Nevins, *Emergence*, t. I, p. 400.

qui suivit la « panique » de 1857 intensifièrent la désaffection électorale. Les républicains bénéficièrent aussi de l'opposition inébranlable des sudistes à la législation sur les parcelles de terre accordées par l'État (*homestead*) et à l'aide fédérale pour la construction d'un chemin de fer transcontinental.

III

En 1857-1858, la croissance et la prospérité qui duraient depuis une douzaine d'années s'arrêtèrent net[1]. La « panique » de 1857 avait des racines à la fois à l'étranger et sur place. La guerre de Crimée (1854-1856) avait privé le marché européen des céréales russes. Les exportations américaines bondirent pour faire face à la demande, phénomène qui intensifia la spéculation foncière dans l'Ouest. La hausse de tous les indices économiques, ininterrompue pendant dix ans, avait aussi provoqué la montée en flèche du prix des actions et des obligations. De 1848 à 1856, le nombre de banques s'accrut de cinquante pour cent et leurs billets, prêts et dépôts doublèrent. Le kilométrage et le capital du réseau ferroviaire triplèrent entre 1850 et 1857. Les fabriques de textiles, fonderies et usines fonctionnaient à plein rendement pour faire face à une demande apparemment insatiable. L'or de Californie continuait à injecter chaque mois des millions de dollars dans l'économie du pays. En 1856, cependant, les pessimistes commencèrent à discerner certaines fissures dans la structure économique. Une grande partie du capital investi dans les voies ferrées, les compagnies d'assurances et les banques d'Amérique venait d'Europe et tout particulièrement de Grande-Bretagne. La guerre de Crimée, à laquelle s'ajoutaient des entreprises coloniales simultanées en Extrême-Orient, vida les banques britanniques et françaises de leurs espèces. Cela fit tout d'abord doubler, puis tripler les taux d'intérêt en Grande-Bretagne et en France, incitant les investisseurs européens à vendre les valeurs américaines qui leur rapportaient moins pour réinvestir chez eux. La chute du prix de certaines actions et obligations américaines, qui en résulta en 1856-1857, réduisit par contrecoup les actifs des banques américaines qui détenaient les valeurs en question. Pendant ce temps, les banques britanniques augmentaient la proportion de leurs réserves par rapport à leur passif, aussitôt imitées par certaines banques américaines. Et une accumulation de stocks invendus obligea des fabriques américaines de textiles à fermer momentanément leurs portes[2].

1. Il y avait eu une panique à Wall Street et une brève récession durant l'hiver de 1854-1855.
2. Cette analyse du contexte de la « panique » de 1857 est fondée sur George W. Van Vleck, *The Panic of 1857 : An Analytical Study* (New York, 1943) ; Nevins, *Emergence*, t. I, p. 176-197 ; et Peter Temim, « The Panic of 1857 », *Intermountain Economic Review*, n° 6 (Printemps 1975), p. 1-12.

Quand vint l'été de 1857, le mélange de spéculation enfiévrée dans certains secteurs de l'économie et de ralentissement inquiétant dans d'autres créa un climat de nervosité apeurée. « Comment tout cela pourra-t-il finir, sinon par un nouvel effondrement pareil à celui de 1837 ? demandait le spécialiste financier du *New York Herald*. Des symptômes prémonitoires, semblables à ceux qui dominaient la situation en 1835-1836, prévalent aussi en 1857, mais décuplés [...] ; des bouts de papier de toutes espèces, un sauve-qui-peut général pour se procurer des terres dans l'Ouest et des sites immobiliers dans les grandes et moins grandes villes, des millions de dollars, gagnés ou empruntés, dépensés pour bâtir de belles maisons et acheter des mobiliers somptueux. [...] Comment douter un instant qu'un orage menace à l'horizon commercial[1] ? »

Dans un tel climat, toute secousse financière risquait fort de dégénérer en véritable séisme par le mécanisme de la prophétie qui réalise elle-même ce qu'elle annonce. Le 24 août, la secousse eut lieu : la branche new-yorkaise d'une banque d'investissement de l'Ohio suspendit ses paiements parce que son caissier avait détourné les fonds. La crise de confiance que déclencha cet événement se répercuta à travers toute l'économie. Dans la majeure partie du pays, les marchés financiers étaient désormais reliés par le télégraphe ; la nouveauté des communications instantanées conférait à ces marchés une nervosité qui faisait qu'une simple rumeur dans une région donnée se transformait en crise un peu plus loin. Les déposants se ruèrent aux guichets des banques qui durent faire rentrer leurs prêts pour obtenir des espèces. Aussitôt des spéculateurs et hommes d'affaires qui s'étaient engagés au-delà de leurs moyens coulèrent à pic. Une vague de ventes paniques s'abattit sur Wall Street. Au mois de septembre, alors que les remous engendrés par ces faillites se propageaient à travers le pays, un navire en provenance de Californie, transportant deux milliards de dollars en or, sombra corps et bien lors d'une tempête. Dès la mi-octobre, en dehors d'une petite poignée, toutes les banques américaines avaient suspendu leurs paiements en numéraire. Des usines fermèrent leurs portes ; les entreprises capotaient les unes après les autres ; les compagnies de chemins de fer faisaient faillite ; la construction s'interrompit ; les prix des récoltes chutèrent ; la structure complexe de la spéculation foncière s'écroula comme un château de cartes ; l'immigration tomba en 1858 à son niveau le plus bas depuis treize ans ; les importations diminuèrent ; et le Trésor fédéral (dont les revenus provenaient principalement des tarifs douaniers et des ventes de terres) fut déficitaire pour la première fois depuis dix ans. A l'entrée de l'hiver 1857-1858, des centaines de milliers d'hommes et de femmes perdirent leur emploi, d'autres durent accepter des réductions d'horaires ou de salaires.

1. *New York Herald*, 27 juin, 18 juillet 1857, cité par Van Vleck, *Panic of 1857*, p. 60, p. 63.

Se rappelant que certaines des révolutions européennes de 1848 (qui avaient été précédées d'une crise financière) avaient tourné à la guerre de classes, les Américains se demandaient s'ils n'allaient pas connaître la même mésaventure. Dans plusieurs villes, les ouvriers au chômage manifestèrent par des défilés ponctués de banderoles réclamant du travail ou du pain. A New York, une foule nombreuse mit à sac les magasins des marchands de farine. Le 10 novembre, des émeutiers s'assemblèrent dans Wall Street et menacèrent de faire irruption dans les locaux des douanes américaines et de l'annexe du Trésor public, dont les coffres contenaient vingt millions de dollars. Des soldats et fusiliers marins les dispersèrent, mais l'agitation persista tout au long de l'hiver, incitant plus d'un citoyen inquiet à redouter qu'un « cauchemar ne [menaçât] notre société[1] ».

Toutes ces manifestations, cependant, bien qu'elles fussent souvent agressives en paroles, n'engendrèrent que peu de violence. Il n'y eut pas de morts et guère de blessés — contrairement aux émeutes des Know-Nothings quelques années auparavant et à la guérilla qui se poursuivait au Kansas. Dans les villes du Nord, les caisses de secours et les travaux publics contribuèrent à soulager les misères les plus criantes durant l'hiver. L'une des conséquences les plus frappantes de la crise fut un renouveau religieux qui réunit des gens appartenant à toutes les professions dans des assemblées de prières où ils s'abîmaient dans la contemplation du châtiment infligé par Dieu pour les péchés de convoitise et de prodigalité qui avaient provoqué la crise[2].

Peut-être le Seigneur les prit-il en pitié. Toujours est-il que la récession économique de 1857-1858 se révéla moins forte et plus courte qu'on ne s'y attendait. L'or de Californie afflua vers l'Est en grandes quantités durant l'automne et l'hiver. Les banques new-yorkaises reprirent les paiements en numéraire dès le mois de décembre 1857 et celles du reste du pays les imitèrent au cours des mois suivants. La Bourse rebondit au printemps de 1858. Les usines rouvrirent leurs portes, la construction de voies ferrées retrouva son rythme accéléré et le chômage diminua. Au début de 1859, le rétablissement était presque complet. Les syndicats, qui avaient quasiment disparu sous l'effet de la crise, ressuscitèrent en 1859 et déclenchèrent une série de grèves, afin de récupérer les salaires d'avant la récession. En février 1860, les ouvriers de la chaussure à Lynn, Massachusetts, commencèrent ce qui devait devenir la grève la plus étendue de toute l'histoire américaine, puisqu'elle finit par toucher vingt mille ouvriers de la chaussure dans l'ensemble la Nouvelle-Angleterre.

---

1. Cité par James L. Huston, « A Political Response to Industrialism : The Republican Embrace of Protectionist Labor Doctrine », *JAH*, n° 70 (1983), p. 49.

2. Timothy L. Smith, *Revivalism and Social Reform : American Protestantism on the Eve of the Civil War* (New York, 1957), chap. 4.

Les effets politiques de la crise égalèrent peut-être ses conséquences économiques. Il fallut un certain temps, cependant, pour que les divers courants et contre-courants politiques formassent un schéma favorable aux républicains. La tendance initiale à imputer aux banques la responsabilité de cette panique parut fournir aux démocrates une occasion de tirer parti de leur opposition traditionnelle à ces établissements. Ils récoltèrent, en effet, quelques bénéfices politiques dans le vieux Nord-Ouest, mais ailleurs la question avait perdu une bonne partie de son ancienne importance partisane, car les démocrates étaient devenus presque aussi favorables aux banques que leurs adversaires. Les républicains d'origine whig rejetaient la faute sur l'absence d'une banque nationale chargée de surveiller les pratiques irresponsables des banques des divers États. Plusieurs républicains réclamèrent l'exhumation de la Seconde Banque des États-Unis, ou d'un établissement analogue, hors de la tombe où l'avait ensevelie Andrew Jackson vingt ans auparavant. La politique douanière des démocrates leur valut aussi les foudres des républicains tendance whig.

Même si aucun historien moderne ne songe à attribuer la crise de 1857-58 aux tarifs douaniers très bas, Horace Greeley et ses amis protectionnistes n'hésitèrent pas à le faire. Le tarif Walker, mis en vigueur par les démocrates en 1846, était resté en place jusqu'en 1857. Il avait été timidement protectionniste, avec des droits d'environ vingt pour cent en moyenne, ce qui en faisait les plus bas depuis 1824. En mars 1857, un nouveau tarif proposé par les démocrates et dûment ratifié abaissa encore les droits et allongea la liste des produits qui ne leur étaient pas soumis. La crise éclata quelques mois plus tard. Greeley y vit, nul ne s'en étonnera, une relation de cause à effet. « Aucune vérité mathématique, lança le *New York Tribune*, n'est plus facile à démontrer : la ruine qui nous entoure est due fondamentalement à la destruction du tarif protecteur[1]. »

Les républicains firent donc de la révision du tarif douanier une de leurs priorités, surtout en Pennsylvanie où l'industrie du fer tardait à se rétablir. L'argument selon lequel les droits de douanes plus faibles en 1857 avaient permis à l'industrie britannique de vendre son fer moins cher que les Américains, avait beaucoup de poids, tant parmi les ouvriers que parmi les maîtres de forges. D'ailleurs, ce fut auprès des ouvriers, qui représentaient somme toute beaucoup plus de voix que la direction des entreprises, que les républicains lancèrent leurs appels les plus pressants en faveur d'un relèvement des tarifs. « Nous exigeons que les ouvriers américains soient protégés contre la main-d'œuvre miséreuse d'Europe », déclaraient-ils. Des tarifs plus élevés « procureraient des

1. *New York Tribune*, 22 oct. 1857, cité par Philip S. Foner, *Business and Slavery: The New York Merchants and the Irrepressible Conflict* (Chapel Hill, 1941), p. 142n.

emplois aux milliers d'ouvriers, artisans, travailleurs, qui depuis des mois languissent dans une oisiveté forcée ». Ces arguments parurent produire leur effet, car aux élections de 1858, les républicains gagnèrent de très nombreuses voix dans les circonscriptions industrielles de Pennsylvanie[1].

La question des tarifs douaniers illustre bien à quel point les retombées politiques de la crise exacerbèrent les tensions entre le Nord et le Sud. Lors de chacune des trois sessions du Congrès qui eurent lieu entre la « panique » et les élections de 1860, une coalition de républicains et de démocrates protectionnistes s'efforça d'ajuster les droits de 1857 légèrement vers le haut. Chaque fois, une phalange soudée de sudistes s'unit à la moitié ou plus des démocrates du Nord pour les en empêcher. Avec leur économie fondée sur l'exportation de matières premières et l'importation de produits manufacturés, les sudistes n'avaient aucun intérêt à faire monter le prix de ce qu'ils achetaient pour financer les profits et les salaires du Nord. Ce fut pourquoi le Congrès resta, pour reprendre la formule d'un républicain amer, « honteusement prostitué, dans son abjecte soumission au pouvoir esclavagiste ». Un Pennsylvanien discernait même un lien logique entre le soutien du Sud à la Constitution de Lecompton et son opposition à l'ajustement des tarifs douaniers : « Les droits du peuple foulés aux pieds au Kansas ; la libre industrie détruite dans les États[2]. »

Les alignements régionaux étaient encore plus évidents en ce qui concernait les trois mesures portant sur les concessions foncières dans les années 1850 : une loi sur les parcelles accordées par l'État (*homestead*), une autre sur la continuation d'un chemin de fer jusqu'au Pacifique et enfin une troisième sur les subventions aux États pour l'établissement de collèges agricoles et techniques. L'idée d'utiliser à de telles fins le vaste patrimoine foncier du gouvernement fédéral était dans l'air depuis une bonne dizaine d'années. La crise de 1857-58 lui donna un surcroît d'élan. L'attribution de parcelles de terre gratuites permettrait aux fermiers ruinés par la « panique » de repartir du bon pied. Selon les théories de George Henry Evans, réformateur du travail, ces parcelles fourniraient aussi aux travailleurs au chômage la possibilité de recommencer à zéro en tant que propriétaires indépendants et permettraient en outre de hausser les salaires des autres ouvriers. Avec la construction d'un chemin de fer transcontinental, on pourrait exploiter les richesses de l'Ouest, tisser des liens entre les différentes régions, créer des emplois et accroître la prospérité du pays tout entier. Quant aux

1. *Lebanon* (Pa.) *Courier*, cité par Huston, « A Political Response to Industrialism », p. 53 ; *New York Tribune*, cité par Van Vleck, *Panic of 1857*, p. 104 ; *Tribune Almanac*, 1859, p. 52-53.

2. Foner, *Business and Slavery*, p. 141 ; Huston, « A Political Response to Industrialism », p. 53.

collèges agricoles et techniques, ils mettraient l'éducation supérieure à la portée des fermiers et des ouvriers spécialisés. Ces trois mesures reflétaient donc l'idéologie whig, celle des intérêts harmonisés du capital et de la main-d'œuvre qui bénéficieraient mutuellement de la croissance économique et des progrès de l'instruction. Assorties de tarifs propres à protéger les travailleurs et entrepreneurs d'Amérique, ces mesures foncières devenaient la version républicaine moderne de la doctrine de la libre entreprise prônée par le vénérable Système américain de Henry Clay[1]. Les républicains pouvaient escompter davantage de soutien démocrate pour les projets de lois foncières que pour le relèvement des tarifs, tout spécialement de la part des démocrates de Douglas dans le vieux Nord-Ouest.

La plupart des sudistes, en revanche, étaient hostiles à ces mesures. La loi sur les parcelles gratuites remplirait l'Ouest de colons yankees antiesclavagistes. « Mieux vaudrait pour nous, tonna un Mississippien, que ces territoires restent à l'abandon, un sinistre désert livré aux seuls chasseurs peaux-rouges, plutôt que d'être ainsi peuplés[2]. » Les sudistes n'avaient aucune envie non plus de voir les terres publiques utilisées pour y bâtir des écoles dont la plupart des élèves seraient des yankees. Et que leur importait la construction d'un chemin de fer vers le Pacifique dont le terminus oriental serait St. Louis ou Chicago ? Ce furent donc avant tout les votes des sénateurs du Sud qui, en 1858, obligèrent à différer l'examen des trois projets de loi. Lors de la nouvelle session du Congrès, une série d'amendements apportés au projet de loi sur le chemin de fer le réduisit à une disposition vide de sens concernant les adjudications préliminaires. En février 1859, les républicains et deux tiers des démocrates du Nord parvinrent à ratifier à la Chambre une loi sur les parcelles de terre. Au Sénat, le vice-président Breckinridge, du Kentucky, fournit la voix qui rompit l'égalité entre démocrates et républicains pour le faire capoter. Toutefois, un nombre suffisant de démocrates fit corps avec les républicains, tant au Sénat qu'à la Chambre, pour permettre le passage de la loi sur les subventions foncières pour les collèges. Buchanan s'acquitta de sa dette envers les démocrates en y opposant son veto.

Durant la première session du 36e Congrès (1859-1860), élu en 1858 et comportant davantage de républicains que son prédécesseur, on suivit un chemin quelque peu différent pour en arriver au même résultat. Une

1. En tant que fondateur du parti whig dans les années 1830, Henry Clay, du Kentucky, avait prôné une politique nationale imposant des tarifs douaniers conçus pour protéger l'industrie américaine ; des chemins de fer, canaux et routes subventionnés afin de créer un réseau national pour les transports ; et enfin une banque nationale fournissant les crédits nécessaires à une croissance économique organisée. Il baptisa cet ensemble de mesures « le système américain », destiné à favoriser la prospérité et la croissance économiques du pays.

2. *Columbus* (Miss.) *Democrat*, cité par Avery O. Craven, *An Historian and the Civil War* (Chicago, 1964), p. 38.

fois de plus, le désaccord autour d'un tracé passant par le Nord ou par le Sud sonna le glas du projet de loi sur le chemin de fer transcontinental. Le Sud s'obstina également à bloquer la loi sur les subventions foncières pour les collèges, que l'on s'efforçait de ratifier en passant outre au veto de Buchanan. Toutefois, une loi sur les parcelles de terre arriva jusqu'au bureau présidentiel. La Chambre l'avait sanctionnée par cent quinze oui (dont cent quatorze émanant de membres du Nord) contre soixante-cinq non (dont soixante-quatre dus aux représentants du Sud). Après force manœuvres, le Sénat ratifia une version modifiée de ce projet de loi. Une commission élabora un compromis, mais, comme prévu, Buchanan fit jouer son droit de veto et l'opposition sudiste au Sénat fit échec à une tentative de l'outrepasser [1].

L'impasse dans laquelle les sudistes avaient enfermé les tarifs, les parcelles de terre, le chemin de fer du Pacifique et les subventions foncières pour les collèges fournit au républicains plusieurs arguments susceptibles de leur gagner des voix en 1860. Pendant qu'ils s'efforçaient de faire passer leur projet de loi sur les parcelles gratuites, en 1859, les républicains se retrouvèrent aux prises avec les démocrates sur une autre mesure qui devait compter lors de la campagne de 1860 : l'annexion de Cuba. La « destinée manifeste » était une cause qui parvenait toujours à unir la plupart des démocrates, par-dessus les dissensions régionales. Quelle que fût leur opinion sur l'esclavage au Kansas, ils étaient tous bien d'accord pour vouloir annexer Cuba et ses quatre cent mille esclaves. Aussi bien Douglas que Buchanan se répandaient en dithyrambes sur l'île ; tout semblait donc indiquer un rapprochement des factions en guerre du parti démocrate, Cuba faisant office de colle pour maintenir ensemble les morceaux. Dans son message annuel au Congrès, en décembre 1858, le président Buchanan réclama la réouverture des négociations avec l'Espagne afin d'acheter Cuba. John Slidell, sénateur de Louisiane, soumit un projet de loi budgétaire libérant la somme de trente millions de dollars pour un paiement comptant et la commission des Affaires étrangères l'approuva en février 1859. Durant les deux semaines suivantes, ce projet de loi fut au cœur des débats au Sénat. Les républicains entonnèrent leurs rengaines habituelles sur le complot esclavagiste, à quoi les sudistes répliquèrent sur le même ton, tandis que les démocrates du Nord se faisaient tout petits. La stratégie des républicains était de faire traîner les choses jusqu'à l'ajournement fixé au 4 mars 1859. En même temps, ils espéraient bien soumettre à un nouveau scrutin le projet de loi sur les parcelles de terre, déjà ratifié par la Chambre. Les démocrates refusèrent d'en entendre parler, à moins que les républicains

1. Ce compte rendu des tribulations de ces trois mesures, lors des 35e et 36e Congrès, s'inspire principalement de Roy F. Nichols, *The Disruption of American Democracy* (New York, 1948), p. 192, p. 231-233 ; et de Nevins, *Emergence*, t. I, p. 444-455, t. II, p. 188-195.

n'acceptassent un vote sur le projet de loi budgétaire. La question qui se posait était la suivante, déclara l'irrévérencieux Ben Wade, de l'Ohio : « Allons-nous donner des Nègres à ceux qui sont sans Nègres ou des terres à ceux qui sont sans terres[1] ? » En définitive, le Sénat ne fit ni l'un ni l'autre, si bien que chaque parti s'apprêta à soumettre la question aux électeurs en 1860.

Entre-temps, de nouveaux heurts opposant Douglas aux démocrates du Sud, au sujet d'un code fédéral de l'esclavage dans les territoires, avaient rouvert les vieilles blessures infligées au parti démocrate par l'affaire de Lecompton. Le comité du parti démocrate au Sénat fit le premier parler la poudre, en destituant Douglas de la présidence de la commission sur les Territoires. Puis, le 23 février 1859, des sénateurs du Sud s'en prirent à leur collègue de l'Illinois dans des termes qu'ils réservaient généralement aux républicains noirs. Le péché commis par le Petit Géant était d'avoir affirmé qu'il ne voterait jamais pour un code de l'esclavage destiné à imposer l'institution dans un territoire, contre la volonté de la majorité de ses habitants. La doctrine de la souveraineté populaire, déclara Jefferson Davis, qui prit la tête de l'assaut contre Douglas, « regorgeait d'hérésies ». Tout refus d'y passer outre rendrait le Congrès « indigne de la confiance mise en ses membres par les citoyens des États ». « Nous ne sommes pas disposés [...] à nous laisser duper », poursuivit le Mississippien, par des hommes qui « cherchent à édifier leur réputation politique en flattant les partis pris de la majorité pour priver de ses biens une minorité. » Pour les hommes de cet acabit, expliqua Davis en regardant Douglas droit dans les yeux, le Sud n'a que « mépris et indignation[2] ».

Ce débat permit de mesurer combien le ton des discours tenus vers la fin des années 1850 s'était échauffé. L'agressivité du Sud était renforcée par la confiance en soi née de la « panique » de 1857. La crise, en effet, l'avait à peine effleurée. Les prix du coton et du tabac ne chutèrent que très brièvement, avant de remonter aux niveaux élevés d'avant la « panique ». L'économie d'exportation de la région semblait immunisée contre les récessions frappant le reste du pays, ce qui ne fut pas sans multiplier, au sud du Potomac, à la fois les rodomontades et les expressions de fausse sollicitude envers les souffrances des esclaves salariés réduits au chômage dans le Nord. « Comment douter, au vu des récents événements, que le coton règne en maître suprême ? » demanda James Hammond de Caroline du Sud, dans son célèbre discours sur le Roi Coton, prononcé devant le Sénat le 4 mars 1858. « Quand l'abus du crédit a détruit le crédit et annihilé la confiance ; quand des milliers de maisons de commerce parmi les plus solides du monde se sont écroulées [...], quand

1. *CG*, 35ᵉ Cong., 2ᵉ Sess., p. 1354.
2. *Ibid.*, p. 1247, p. 1248, p. 1255, p. 1257.

vous vous êtes retrouvés dans une impasse et que les révolutions menaçaient, qu'est-ce donc qui vous a relevés ? [...] Nous avons déversé sur vous un million six cent mille balles de coton au moment même où vous en aviez besoin pour vous préserver de la destruction. [...] Nous l'avons vendu pour soixante-cinq millions de dollars et nous vous avons sauvés. » L'esclavage démontrait la supériorité de la civilisation sudiste, continua Hammond. « Dans tous les systèmes sociaux, il faut bien une classe pour accomplir les devoirs subalternes, pour se charger des besognes les plus basses. [...] Elle constitue la lie même de la société. [...] Cette classe, il vous la faut, sans quoi vous n'aurez pas l'autre classe, celle qui prend la tête du progrès, de la civilisation et du raffinement. [...] Or, toute votre classe mercenaire de travailleurs manuels et d'"ouvriers", comme vous les appelez, est composée essentiellement d'esclaves. La différence entre vous et nous, c'est que nos esclaves sont engagés pour la vie et bien rémunérés [...], alors que les vôtres sont employés à la journée, laissés à l'abandon et chichement payés[1]. »

Ce thème de la lie de l'humanité prenait de plus en plus d'importance dans la propagande sudiste. Son expression la plus extrême se trouvait dans les écrits de George Fitzhugh. Descendant impécunieux d'une des grandes familles de Virginie, Fitzhugh décrivit d'une plume prolifique « l'échec de la société libre ». En 1854 et 1857, il regroupa ses essais sous forme de deux volumes intitulés *Sociology for the South* (Une sociologie pour le Sud) et *Cannibals All !* (Tous cannibales !). Ce dernier ouvrage fut publié quelques semaines à peine avant la « panique » de 1857, qu'il semblait presque prédire. Le libre travail, dans le cadre capitaliste, était une guerre de chacun contre tous, écrivait Fitzhugh, une espèce de cannibalisme social. « L'esclavage est la condition naturelle et normale de la société, soutenait-il. C'est la situation du Nord qui est anormale et représente une anomalie. » Accorder « aux hommes des droits égaux revient ni plus ni moins à permettre aux forts d'opprimer les faibles », parce que « le capital exerce une contrainte plus parfaite sur les travailleurs libres que les maîtres humains sur leurs esclaves ; en effet, les travailleurs libres doivent à tous moments travailler ou mourir de faim, alors que les esclaves vivent aux frais de leur maître, qu'ils travaillent ou non. [... Donc,] nous autres, propriétaires d'esclaves, déclarons que vous devez revenir à l'esclavage domestique, la forme la plus ancienne, la meilleure, la plus commune de socialisme » et qui est en outre « la condition naturelle et normale des travailleurs, qu'ils soient blancs ou noirs[2] ».

1. *Selections from the Letters and Speeches of the Hon. James H. Hammond of South Carolina* (New York, 1866), p. 317-319.

2. Fitzhugh, *Cannibals All ! or Slaves Without Masters*, éd. C. Vann Woodward (Cambridge, Mass., 1960), p. 40, p. 32, p. 31 ; Fitzhugh, *Sociology for the South*, in Eric L. McKitrick (éd.), *Slavery Defended : The View of the Old South* (Englewood Cliffs, N.J., 1963),p. 38 ; article de Fitzhugh pour le *Richmond Enquirer*, et extrait de *Sociology for the South*, in Harvey Wish (éd.), *Ante-Bellum : Writings of George Fitzhugh and Hinton Rowan Helper on Slavery* (New York, 1960), p. 9, p. 85.

Les idées de Fitzhugh se situaient un peu à l'écart du courant principal de la rhétorique esclavagiste, laquelle établissait une nette distinction entre les Blancs libres et les esclaves noirs, accordant aux premiers une infinie supériorité pour la seule raison qu'ils étaient blancs. Toutefois, pour excentriques qu'ils fussent, les arguments de Fitzhugh n'avaient rien d'unique. Certains avocats de l'esclavage séparaient aussi le bon grain des petits fermiers sudistes, de l'ivraie des ouvriers ou agriculteurs nordistes. Les premiers étaient supérieurs parce qu'ils vivaient dans une société esclavagiste. Peut-être, après tout, les yankees n'étaient-ils bons qu'à faire des esclaves. Pour expliquer cette théorie, les sudistes inventèrent une généalogie qui faisait des yankees les descendants des Anglo-Saxons du Moyen Age et des sudistes ceux de leurs conquérants normands. Ces deux sangs différents avaient coulé dans les veines des Puritains qui avaient peuplé la Nouvelle-Angleterre et des Cavaliers qui avaient colonisé la Virginie. « Le peuple du Sud, concluait un article du *Southern Literary Messenger*, est issu de cette race [...] connue sous le nom de Cavaliers [...], descendante directe des barons normands de Guillaume le Conquérant, race qui s'est distinguée depuis les débuts de son histoire par son caractère guerrier et impavide, race qui depuis a toujours été renommée pour sa bravoure, son esprit chevaleresque, son honneur, sa douceur et son intelligence[1]. » Par conséquent, si l'on en arrivait jamais à la lutte armée, un sudiste d'origine normande pourrait très certainement triompher d'une dizaine de ces vils yankees d'origine saxonne.

Que la supériorité du Sud résultât ou non de « la différence de race entre le peuple du Nord et celui du Sud », comme le prétendait le *Southern Literary Messenger*, les vertus d'une société fondée sur le libre travail, dont on se gargarisait, n'étaient que de la poudre aux yeux. « Le grand fléau de cette société *libre* du Nord, soutenait un journal de Caroline du Sud, c'est qu'elle est écrasée sous le fardeau d'une *classe servile d'ouvriers et de travailleurs*, inaptes à s'autogouverner, mais néanmoins parés de tous les attributs et pouvoirs des citoyens. » Un organe de Géorgie exprimait son dégoût avec encore plus d'emphase : « Société libre ! Ce seul nom nous donne la nausée. De quoi s'agit-il sinon d'un conglomérat d'ouvriers crasseux, de travailleurs répugnants, de médiocres petits fermiers et de théoriciens toqués. [...] La classe que l'on trouve en majorité [dans le Nord] est composée d'ouvriers se donnant un mal de chien pour avoir l'air distingué et de petits fermiers qui accomplissent eux-mêmes toutes leurs basses besognes, ni les uns ni les autres n'étant pourtant dignes de fréquenter le serviteur personnel d'un gentleman du Sud[2]. »

1. *Southern Literary Messenger*, n° 30 (Juin 1860), p. 401-409.
2. L'organe de Caroline du Sud est cité par Nevins, *Ordeal*, t. II, p. 498 ; *Muscogee Herald*, cité par le *New York Tribune*, 10 sept. 1856.

Les journaux du Nord remarquaient et reproduisaient tous ces articles. Les yankees ne semblaient guère apprécier la sociologie sudiste. Parfois, la réaction était plutôt bon enfant, comme le montra une banderole brandie lors d'un des débats entre Douglas et Lincoln : « MÉDIOCRES PETITS FERMIERS, LIE DE LA SOCIÉTÉ, OUVRIERS CRASSEUX, TOUS AVEC A. LINCOLN. » Parfois, elle était plus coléreuse, voire impossible à imprimer. Il ne fait aucun doute que les soldats qui traversèrent la Géorgie et la Caroline du Sud à la suite de Sherman, quelques années plus tard, savaient pertinemment qu'ils avaient été traités d'ouvriers crasseux et de fermiers serviles.

De toute façon, les nordistes ne furent pas en reste dans cette guerre de quolibets et d'insultes. Dans un célèbre discours prononcé durant la campagne de 1858, William H. Seward se gaussa de la doctrine sudiste selon laquelle « dans toute société, le travail, quel que soit celui qui l'accomplit, est nécessairement non intellectuel, abject et vil ». C'était à cette idée que l'on devait l'arriération du Sud, expliquait Seward, l'analphabétisme de ses masses, l'état de dépendance coloniale de son économie. Par contraste, « le système du libre travail instruit également tous les citoyens et, en ouvrant tous les domaines de l'emploi industriel à [...] toutes les classes de la société [...], porte au summum de leur activité toutes les énergies physiques, morales et sociales de l'État tout entier ». Une collision entre les deux systèmes était imminente, « un conflit irrépressible entre des forces opposées et durables, ce qui [signifiait] que les États-Unis [devaient] devenir et [deviendraient...] soit une nation entièrement esclavagiste, soit une nation entièrement libre[1] ».

Les sudistes prétendaient que le travail libre était sujet à l'agitation et aux grèves. Bien sûr que oui, déclara Abraham Lincoln, durant une tournée électorale en Nouvelle-Angleterre, en mars 1860, laquelle coïncida justement avec la grève des ouvriers de la chaussure. « *Je suis heureux de constater que, selon le système qui prévaut en Nouvelle-Angleterre, les ouvriers* peuvent *se mettre en grève* quand ils le désirent. (*Acclamations.*) [...] Il me *plaît*, à moi, ce système qui permet à un homme de cesser de travailler quand il le décide, et je voudrais bien qu'il soit en vigueur partout. (*Bruyants applaudissements.*) » La gloire du travail libre, poursuivit Lincoln, résidait dans la concurrence ouverte pour s'élever socialement, une concurrence grâce à laquelle la plupart des Américains se trouvaient à la fin de leur vie dans une situation meilleure qu'au début. « Je veux que chacun ait l'occasion — et je crois que le Noir y a droit, lui aussi — de *pouvoir* améliorer sa condition. » C'était cela que signifiaient « le conflit irrépressible » et « la maison divisée », conclut Lincoln, car si le Sud imposait sa façon de penser, « notre main-d'œuvre

1. George E. Baker (éd.), *The Works of William H. Seward*, 5 vol. (New York, 1853-84), t. IV, p. 289-292.

libre ayant le *droit* de grève sera remplacée par une main-d'œuvre servile qui ne l'aura pas[1] » !

Toutefois, le réquisitoire le plus sévère lancé contre le Sud jaillit de la plume d'un sudiste blanc, Hinton Rowan Helper. S'étant de son propre chef bombardé porte-parole des Blancs qui ne possédaient pas d'esclaves, Helper était à sa façon presque aussi excentrique que George Fitzhugh. Issu d'une famille de petits fermiers de Caroline du Nord, il était parti pour la Californie au moment de la ruée vers l'or, pour y faire fortune, mais il en était revenu en deuil de ses illusions. A force de remâcher de sombres pensées sur la situation qu'il pouvait observer dans les régions reculées de l'État de Caroline du Nord, il décida que « l'esclavage [était] à la racine de toute la honte, la pauvreté, l'ignorance, la tyrannie et l'imbécillité du Sud ». Faisant écho à l'argument des défenseurs de la liberté du sol, il soutint que l'esclavage rabaissait tout labeur au rang de travail forcé. Les planteurs méprisaient tous ceux qui ne possédaient pas d'esclaves et refusaient de se laisser imposer pour mettre sur pied un système scolaire digne de ce nom. « L'esclavage est hostile à l'instruction générale, nota-t-il en 1857, dans son livre intitulé *The Impending Crisis* (*La Crise imminente*). Sa survie même tient à l'ignorance et à la placidité des masses. » Les données réunies par le recensement de 1850 — qui, quelques années auparavant, avaient alarmé jusqu'à l'élite sudiste — fournirent à Helper des renseignements qui, utilisés judicieusement et sélectivement, lui permettaient de « prouver » la productivité supérieure d'une économie de travail libre. A elle seule, assurait-il, la récolte de foin dans le Nord valait davantage que ce Roi Coton tant vanté et tous les autres produits de base du Sud réunis. Helper pressait vivement les sudistes qui ne possédaient pas d'esclaves de regrouper leurs voix — soit les trois quarts de tout l'électorat du Sud — pour renverser « tout ce système de despotisme oligarchique » par la faute duquel leur région « stagnait dans le cloaque de l'ignorance et de l'avilissement. [...] L'heure est venue pour eux d'affirmer leurs droits et leurs libertés [... et] de frapper pour la délivrance du Sud[2] ».

Si Helper avait publié son livre en Caroline du Nord, ou à Baltimore, où il vivait à l'époque où il l'acheva, *The Impending Crisis* aurait peut-être langui dans l'obscurité. D'interminables statistiques émoussaient le tranchant de ses critiques. Seulement, aucun éditeur du Sud ne voulut le prendre, même avec des pincettes, si bien que Helper s'en fut porter son manuscrit à New York, où il fut publié durant l'été de 1857. Le *New York Tribune* comprit à quel point il pouvait servir la cause républicaine et lui consacra un article sur huit colonnes. Aussitôt, les

1. *CWL*, t. IV, p. 24, p. 8.
2. Propos extraits de Helper, *Impending Crisis of the South*, texte repris par Wish (éd.), *Ante-Bellum*, p. 201, p. 253, p. 187, p. 181, p. 202.

lecteurs, tant au Nord qu'au Sud, dressèrent l'oreille. Helper avait sans doute exagéré la désaffection des sudistes qui ne possédaient pas d'esclaves, à l'égard de leur système social. En dehors des hautes terres de la région appalachienne, beaucoup d'entre eux étaient liés à la classe dirigeante par le sang, par l'aspiration au rang de propriétaire d'esclaves, voire par une antipathie mutuelle envers les yankees et autres étrangers. Système de castes autant que mode de travail, l'esclavage élevait tous les Blancs au rang de caste dirigeante et réduisait de ce fait les risques de lutte des classes. Pour pauvres et analphabètes que fussent certains Blancs, ils n'en étaient pas moins blancs. Si la peur de « l'égalité des Nègres » poussait la majeure partie de la classe ouvrière du Nord à abhorrer les républicains, même là où les Noirs ne constituaient guère que deux ou trois pour cent de la population, cette même peur agissait beaucoup plus fortement encore dans le Sud, où la proportion de Noirs était dix fois plus grande. Mais, tandis que Helper exagérait peut-être l'aliénation des petits fermiers du Sud, il en allait de même de beaucoup de propriétaires d'esclaves qui redoutaient en secret de voir les autres Blancs, dans des zones telles que les régions isolées de la Caroline, d'où venait justement Helper, se retourner contre leur régime. Aussi, plusieurs États du Sud interdirent *The Impending Crisis* et ne réussirent, bien entendu, qu'à attirer davantage l'attention sur ce livre. Un comité républicain réunit des fonds pour financer, en 1859, une édition abrégée destinée à être disséminée à travers tout le pays, en guise de propagande pour la campagne présidentielle. Les responsables de cette version veillèrent à susciter une réaction sudiste virulente, en ajoutant des sous-titres tels que « Les masses stupides du Sud » et « La révolution — pacifique si possible, violente s'il le faut[1] ». Soixante-huit membres républicains du Congrès signèrent une circulaire vantant les mérites de l'ouvrage.

L'un d'entre eux était John Sherman, de l'Ohio, un ancien whig modéré, qui avoua plus tard avoir apposé sa signature sans avoir lu le texte. Or, lorsque le 36e Congrès se réunit en décembre 1859, cette signature causa un nouvel esclandre au moment de l'élection du président de la Chambre (le *Speaker*). Bien que les républicains fussent plus nombreux que les démocrates (cent treize contre cent un), c'étaient les membres du parti américain des États septentrionaux du Sud qui détenaient l'équilibre du pouvoir. Les républicains choisirent Sherman comme candidat à la présidence de l'assemblée, car il semblait suffisamment posé pour recueillir les voix de quelques-uns de ces anciens whigs. Malheureusement, quand on découvrit qu'il avait accordé son soutien au livre de Helper, il y eut une explosion de colère qui dissuada tous les représentants d'États esclavagistes de voter pour lui. Deux mois

1. Potter, *Impending Crisis*, p. 387.

et quarante-quatre tours de scrutin durant, la Chambre resta dans une impasse, au bord de la violence. Les sudistes traitaient Helper, son livre et quiconque avait quoi que ce fût à voir avec l'un ou l'autre, de « traître, renégat, apostat [...], infâme [...], abominable [...], menteur [...], incendiaire, insurgé[1] ». La plupart des membres du Congrès arrivaient armés aux séances ; l'unique exception semblait être un ancien pasteur de la Nouvelle-Angleterre, qui finit cependant par céder au mouvement général et acheta un pistolet pour se défendre le cas échéant. Dans les gradins réservés au public, les partisans étaient eux aussi armés. Un sudiste signala que bon nombre de députés des États esclavagistes escomptaient et espéraient une fusillade dans l'enceinte parlementaire : « [Ils] sont disposés à faire parler la poudre et à régler la question séance tenante. [...] Je ne puis m'empêcher de souhaiter que l'Union soit enfin dissoute et que nous ayons notre Confédération sudiste. » Le 10 décembre 1859, le gouverneur de Caroline du Sud écrivit à l'un des représentants au Congrès de son État : « Si [...], après consultation, vous décidez de régler les choses par la force dans la capitale, écrivez-moi ou télégraphiez-moi et vous aurez un régiment à Washington ou à proximité dans les plus brefs délais[2]. »

A travers toute cette agitation, les républicains soutinrent la candidature de Sherman à qui il manquait régulièrement quelques voix pour obtenir une majorité. Les démocrates et les américains essayèrent, pour leur part, diverses combinaisons : un démocrate tendance Douglas aurait pu être élu avec le soutien des américains, si les démocrates du Sud profond n'avaient pas refusé de l'appuyer. Les sudistes repoussèrent aussi le précédent qui consistait à suspendre le règlement pour accepter un président élu à la majorité relative. Ayant organisé le Sénat à leur guise, avec seize de ses vingt-deux commissions présidées par des sudistes, ils étaient tout disposés à laisser la confusion régner à la Chambre jusqu'à ce qu'ils eussent gain de cause. « Nous préférons que les rouages du gouvernement s'immobilisent, [et que l'Union] se révèle être un échec et prenne fin, s'écrivaient les sudistes dans leur correspondance privée, plutôt que de voir quiconque empiéter sur nos principes et notre honneur[3]. » Pour ne pas en arriver là, Sherman finit par se retirer et les républicains désignèrent à sa place le terne William Pennington, du New Jersey, qui, en raison du soutien qu'il avait apporté dix ans

1. Potter, *Impending Crisis*, p. 387 ; Avery O. Craven, *The Growth of Southern Nationalism, 1848-1861* (Baton Rouge, 1953), p. 251 ; Edward Channing, *A History of the United States*, 6 vol. (New York, 1905-25), t. VI, p. 208n.

2. Citations empruntées à Nevins, *Emergence*, t. II, p. 121-122.

3. Lettre d'E.W. Marshall à William Porcher Miles, 20 janvier 1860, citée par Steven A. Channing, *Crisis of Fear : Secession in South Carolina* (New York, 1970), p. 109 ; lettre d'Edward Bullock à Clement C. Clay, 30 déc. 1859, citée par J. Mills Thornton III, *Politics and Power in a Slave Society : Alabama, 1800-1860* (Baton Rouge, 1978), p. 390.

auparavant à la loi sur les esclaves fugitifs, recueillit suffisamment de voix parmi les représentants des États limitrophes pour être élu.

Rien n'avait souligné de façon aussi dramatique l'usure des liens de l'Union que cette lutte à la Chambre. On comprendra mieux l'excessive irascibilité des sudistes si l'on se rappelle que l'affrontement commença trois jours tout juste après que John Brown eut été pendu en Virginie, pour avoir tenté de fomenter une révolte d'esclaves. Le raid de Brown sur Harper's Ferry augurait bien mal des douze mois fatidiques à venir, dont le point culminant devait être l'élection présidentielle de 1860.

Chapitre VII

LA RÉVOLUTION DE 1860

I

Tout comme Dred Scott, John Brown vécut dans l'anonymat le plus complet jusqu'à cinquante ans passés. A la différence de Scott, en revanche, ce ne fut pas par la loi, mais hors la loi qu'il connut la célébrité. Après 1856, cependant, à l'exception d'une brève réapparition dans les guerres du Kansas, il y eut dans sa vie, pendant trois ans, beaucoup plus de mystère que de notoriété. Il fit plusieurs voyages dans l'Est, pour réunir des fonds nécessaires à la lutte pour la liberté au Kansas, et ce fut durant ces allées et venues qu'il conçut l'idée d'aller combattre l'esclavage au cœur même de son territoire. A l'instar des guerriers de l'Ancien Testament, qu'il admirait et auxquels il ressemblait, il brûlait du désir de porter la guerre jusque dans Babylone. Il se plongea dans des livres sur les techniques de guérilla et les révoltes d'esclaves. Fasciné par la facilité avec laquelle des petites troupes bien armées pouvaient tenir en échec des forces beaucoup plus nombreuses en terrain montagneux, Brown eut l'idée d'un raid dans les contreforts des Appalaches, en Virginie. De là, il se dirigerait vers le sud, en suivant les montagnes, et les esclaves viendraient se regrouper sous sa bannière. En mai 1858, Brown, accompagné de onze autres Blancs, se rendit à Chatham, au Canada, dans une communauté d'anciens esclaves. Ils y rencontrèrent en secret trente-quatre Noirs, afin d'adopter une « constitution provisoire » pour la république des esclaves libérés que l'on établirait dans les montagnes. Les délégués élurent Brown commandant en chef de l'armée de cette nouvelle nation[1].

Jamais John Brown n'avait partagé la volonté de non-violence commune à la plupart des abolitionnistes. Se laisser martyriser dans la résignation, comme Jésus et l'oncle Tom, ce n'était pas son genre. Son Dieu, c'était le Jéhovah qui avait noyé les mercenaires du Pharaon dans la mer Rouge ; son Jésus, l'homme en colère qui avait chassé les marchands du temple. « Sans effusion de sang, il n'y a pas de pardon », proclamait son passage préféré du Nouveau Testament (Hébreux, 9 : 22). La servitude, déclarait le préambule de la Constitution de Chatham, était « une guerre suprêmement barbare, injustifiée et injustifiable », livrée par les maîtres contre leurs esclaves. On ne pourrait triompher de ces « voleurs et assassins » que par une révolution. « Blablablabla ! s'écria Brown exaspéré, à l'issue d'une réunion de la Société antiesclavagiste de la Nouvelle-Angleterre. Ce ne sont pas des paroles qui vont libérer les esclaves. Ce qu'il faut c'est agir — agir[2] ! »

Au cours des années 1850, les événements avaient convaincu certains abolitionnistes que Brown avait raison. C'était la violence qui avait arraché tout le sud-ouest du pays au Mexique ; les menaces de violence, proférées par les sudistes au Congrès, qui avaient ouvert la majeure partie de ce territoire à l'esclavage. C'était toujours par la violence que des flibustiers armés avaient tenté de donner Cuba et l'Amérique centrale au clan esclavagiste. Et sans aller chercher aussi loin, la loi sur les esclaves fugitifs servait plus que tout autre phénomène à discréditer la non-violence. Avant 1850, Frederick Douglass avait été pacifiste. « Si l'on me demandait si, pour être émancipé, je serais prêt à faire couler une seule goutte de sang, je répondrais non, assurait-il dans les années 1840. Pour l'esclave, le seul espoir vraiment fondé d'être affranchi, c'est l'opération d'une force morale. » Mais un mois après l'application de la loi sur les esclaves fugitifs, il avait changé de discours et prônait la « résistance par la force ». « Les propriétaires d'esclaves [...], ces tyrans et despotes, n'ont pas le droit de vivre, tonnait désormais Douglass. La seule façon de s'assurer que la loi sur les esclaves fugitifs restera lettre morte, c'est de tuer une bonne demi-douzaine de chasseurs d'esclaves[3]. » « Qui veut être libre doit frapper lui-même », se plaisait-il aussi à répéter. De même que Frantz Fanon et d'autres philosophes de la révolution anticolonialiste, un siècle plus tard, Douglass en vint à croire que c'était seulement par la violence que les opprimés pourraient acquérir le respect d'eux-mêmes et celui de leurs oppresseurs.

1. Stephen B. Oates, *To Purge This Land with Blood : A Biography of John Brown* (New York, 1970), p. 243-247.
2. *Ibid.*, p. 234, p. 271-272.
3. Carleton Mabee, *Black Freedom : The Nonviolent Abolitionists from 1830 through the Civil War* (New York, 1970), p. 291-295.

De nombreux Free Soilers au Kansas en arrivèrent aussi à la conclusion que le pouvoir esclavagiste ayant vécu par l'épée, devait périr par l'épée. En 1855, Charles Stearns, adepte de Garrison, quitta la Nouvelle-Angleterre, où il était né, pour Lawrence, au Kansas, où il ouvrit un commerce. Cet homme, qui avait jadis passé un mois en prison pour avoir refusé de servir dans la milice, demeura fidèle à ses principes pacifistes durant les premiers temps de sa résidence dans le territoire, mais il finit par succomber ; comme il l'expliqua dans une lettre à son ancien mentor, Garrison : « Le meurtre de sang-froid, hier au soir, d'un de nos meilleurs citoyens m'a décidé. Je suis peiné de devoir nier les principes de Jésus-Christ après les avoir si longtemps défendus, mais ce n'est pas pour moi-même que je vais me battre. C'est pour mon Dieu et les esclaves. » Gerrit Smith, riche propriétaire terrien et philanthrope du nord de l'État de New York, se convertit lui aussi. Vice-président de l'American Peace Society, Smith déclara en 1856 : « Jusqu'à présent, je me suis opposé à l'abolition dans le sang de l'esclavage » ; mais en voyant le pouvoir esclavagiste « commencer à expédier ses bandes victorieuses au [Kansas...], moi-même et dix milliers d'autres amoureux de la paix sommes non seulement prêts à les repousser par la violence, mais à les poursuivre jusqu'à la mort[1] ».

Smith devint membre des « Six Secrets », un groupe clandestin qui finança le plan ourdi par John Brown pour envahir le Sud. A l'instar de Smith, les cinq autres membres étaient des hommes riches et considérés : Thomas Wentworth Higginson, pasteur transcendantaliste et écrivain ; Theodore Parker, la principale lumière de l'Église unitarienne ; Samuel Gridley Howe, médecin de réputation internationale pour ses travaux auprès des aveugles et des sourds ; George L. Stearns, prospère fabricant, et Franklin B. Sanborn, jeune enseignant et protégé d'Emerson. La cause qui unissait ces six hommes était leur soutien aux activistes militant pour un État libre au Kansas. Presque tous avaient aussi pris part à la résistance à la loi sur les esclaves fugitifs. Parker dirigeait le comité de surveillance de Boston, alors que Higginson avait pris la tête de l'assaut manqué pour libérer Anthony Burns en 1854. Plusieurs de ces hommes avaient regardé, pleins de rage impuissante, la police, la milice et les fusiliers marins escorter Burns jusqu'au navire qui devait le remporter vers l'esclavage.

Ce tableau s'était inscrit dans leur mémoire en traits de feu que leurs démarches en faveur du Kansas ne faisaient qu'attiser. Elles les mirent aussi en contact avec John Brown, au moment où ils étaient mûrs pour écouter son évangile de violence. Comme Frederick Douglass, ils en étaient venus à croire que les esclaves ne pourraient accéder au stade d'hommes libres qu'en frappant par eux-mêmes. L'esclavage « est destiné

1. Carleton Mabee, *Black Freedom*, p. 319, p. 318.

à finir dans le sang, car il a commencé ainsi, écrivit Higginson en 1858. L'Histoire ne nous fournit aucun exemple d'un peuple opprimé qui ait été libéré par d'autres que lui-même ». Inconscients peut-être de ce que la chose pouvait avoir d'ironique, les six conspirateurs (tous blancs) considéraient Brown (blanc lui aussi) comme le chef idéal pour guider les Noirs dans leur lutte pour la liberté. Ce vieux guerrier rébarbatif, au visage en lame de couteau, faisait à ces descendants de Puritains l'effet d'un « Covenantaire[1] plein de noblesse et d'altruisme, attardé dans notre siècle », un de ces « côtes de fer de Cromwell, resurgi en plein XIXe siècle avec une mission spéciale[2] ».

En 1858, Brown révéla aux Six Secrets son projet d'envahir le sud des Appalaches. Partagés entre l'enthousiasme et le scepticisme, ils acceptèrent néanmoins de l'épauler. Stearns détourna des fonds destinés au Kansas pour l'achat de fusils et de piques, afin d'armer les esclaves que Brown s'attendait à voir se masser derrière son étendard. Sous un nom d'emprunt, Brown loua une ferme dans le Maryland, juste en face de Harper's Ferry, en Virginie, dont elle n'était séparée que par le Potomac. Il avait l'intention de s'emparer de la fabrique d'armes et de l'arsenal qui se trouvaient dans la petite ville virginienne et d'en distribuer le contenu aux esclaves, à mesure qu'ils se joindraient à lui. Les troupes de choc réunies par Brown pour cette entreprise regroupaient cinq Noirs et dix-sept Blancs, dont trois de ses fils, une « armée » pitoyablement maigre pour envahir une région esclavagiste et attaquer des locaux fédéraux.

Brown s'efforça d'attirer davantage de recrues noires. Il insista tout particulièrement auprès de son vieil ami Frederick Douglass, le pressant de se joindre à lui en tant qu'officier de liaison avec les esclaves. Brown rencontra Douglass dans le plus grand secret, en août 1859, au fond d'une vieille carrière près de Chambersburg, en Pennsylvanie. « Venez avec moi, Douglass, supplia-t-il. J'ai besoin de vous pour une mission spéciale. Quand je frapperai, les abeilles formeront leur essaim et il faudra que vous m'aidiez à les diriger vers la ruche. » Douglass refusa. Il était convaincu que Brown se lançait dans une aventure suicidaire, « une attaque contre le gouvernement fédéral » qui « rangera le pays entier contre nous ». Harper's Ferry était en outre « la souricière idéale », assura Douglass. Situé sur une péninsule, au confluent du Potomac et de la Shenandoah, environné de hauteurs impressionnantes, l'endroit était indéfendable en cas de contre-attaque. « Jamais vous n'en sortirez vivants », avertit le leader noir. Le vieux guerrier ne put cacher sa déception. D'autres Noirs sur lesquels Brown avait également compté

1. Le mot « covenantaire » se réfère aux Puritains d'Oliver Cromwell, durant la guerre civile qui déchira l'Angleterre dans les années 1640.
2. *Liberator*, 28 mai 1858 ; Oates, *To Purge This Land*, p. 237.

lui firent faux bond. L'un d'entre eux lui envoya de Cleveland une lettre d'excuses : « Je me dégoûte moi-même et toute la clique noire me dégoûte aussi, *que le diable les emporte*[1] ! »

L'été ayant laissé la place à l'automne et les nouvelles recrues se faisant attendre, Brown décida d'agir avec le peu de troupes dont il disposait. Une espèce de fatalisme s'empara de lui. Il rédigea une « Justification de l'invasion », écrite au passé, comme si elle avait déjà échoué. Lorsqu'il se mit enfin en route, à la mi-octobre, il le fit sans en avertir préalablement les esclaves qu'il espérait rallier à sa cause, sans rations, sans avoir repéré par quelle route sa troupe et lui pourraient évacuer Harper's Ferry, sans la moindre idée apparente de ce qu'il conviendrait de faire une fois qu'ils auraient capturé la fabrique d'armes. On aurait presque dit qu'il savait que l'échec et le martyre qui s'ensuivrait serviraient beaucoup mieux sa cause que n'aurait pu le faire un quelconque « succès ». En tout cas, ce fut ainsi que les choses se passèrent.

Laissant trois hommes pour garder sa base, Brown, à la tête des dix-huit autres, entra dans Harper's Ferry après la tombée de la nuit, le 16 octobre. Très vite, ils s'emparèrent des divers bâtiments de la fabrique d'armes, lesquels n'étaient surveillés que par un seul homme. Brown expédia une patrouille dans les environs, afin de communiquer la nouvelle aux esclaves et de ramener quelques otages, dont un arrière-petit-neveu de George Washington. Une fois que ce fut fait, Brown s'assit et attendit — sans doute attendait-il de voir essaimer les fameuses abeilles noires, mais les seuls esclaves qui vinrent se joindre à lui furent ceux, peu nombreux, que ramena la patrouille. Ironie du sort, la première victime de cette aventure fut un Noir libre, vaguemestre de la gare de Harper's Ferry, abattu par une sentinelle de Brown dans la pénombre, lorsqu'il s'avança sur le pont à la recherche du veilleur de nuit. Brown fit arrêter le train de minuit, en route vers l'Est, et le retint plusieurs heures, avant de le laisser — inexplicablement — continuer sa route... et donner l'alarme.

Dès le milieu de la matinée, le 17 octobre, des habitants embusqués de Harper's Ferry avaient commencé à tirer sur les hommes de Brown, tandis que les milices de Virginie et du Maryland convergeaient vers la ville. Dans le courant de l'après-midi, huit des envahisseurs (dont deux fils Brown) et trois habitants de la ville furent tués, tandis que sept membres du commando prenaient la fuite (deux d'entre eux furent ultérieurement capturés). Brown se réfugia, avec les survivants de sa bande et les prisonniers, dans la caserne des pompiers, dont les murs étaient particulièrement épais, et entreprit de résister. Une compagnie

1. *Life and Times of Frederick Douglass, Written by Himself* (Ed. Collier Books, New York, 1962), p. 317-320 ; Benjamin Quarles, *Allies for Freedom : Blacks and John Brown* (New York, 1974), p. 80.

de fusiliers marins des États-Unis arriva durant la nuit, avec à sa tête deux officiers, le colonel Robert E. Lee et le lieutenant J.E.B. Stuart. Après que la milice eut décliné l'honneur de prendre la caserne d'assaut, Lee envoya ses hommes. Ils procédèrent à coups de béliers et de baïonnettes, pour ne pas risquer de blesser les otages par des coups de feu. En ne perdant qu'un seul homme, les fusiliers marins parvinrent à tuer deux membres du raid et à capturer les autres, y compris Brown, blessé par l'épée de parade d'un officier. En moins de trente-six heures, cette étrange tentative pour libérer les esclaves avait pris fin.

Ses répercussions, en revanche, durèrent des années. En Virginie, où des foules avides de sang réclamaient la tête de Brown, les passions se déchaînèrent. Pour prévenir un lynchage, l'État de Virginie s'empressa d'inculper Brown de haute trahison, meurtre et incitation à l'insurrection, de le juger et de le reconnaître coupable. Le juge le condamna à être pendu un mois plus tard, le 2 décembre. Les six complices de Brown capturés en même temps que lui passèrent aussi très vite en jugement ; quatre d'entre eux (dont deux Noirs) furent pendus le 16 décembre et les deux autres le 16 mars 1860. Quant aux commanditaires nordistes de l'affaire, ils suscitèrent un vif intérêt. Brown, en effet, avait laissé derrière lui, dans sa ferme du Maryland, un sac de voyage bourré de documents et de lettres, dont certains révélaient ses rapports avec les Six Secrets. Parker se trouvait alors en Europe, où il se mourait de tuberculose, et Higginson resta fidèle au poste dans le Massachusetts, refusant de fournir la moindre excuse pour le rôle qu'il avait joué et mettant quiconque au défi de venir l'arrêter. Les quatre autres, en revanche, battirent abjectement en retraite. Stearns, Howe et Sanborn s'enfuirent au Canada, tandis que Gerrit Smith, victime d'une dépression nerveuse, devait être enfermé pendant plusieurs semaines à l'asile d'aliénés d'Utica.

Les exilés regagnèrent le pays après que Brown eut été pendu, mais lorsque le Sénat créa une commission d'enquête sous la présidence de James Mason, de Virginie, Sanborn repartit vers le Nord pour ne pas avoir à témoigner. Du Canada, il supplia Higginson : « Au cas où vous seriez convoqué [...], ne dites pas ce que vous savez aux ennemis de notre cause. » Higginson ne cacha pas le mépris que lui inspirait ce comportement : « Sanborn, que faites-vous donc de l'*honneur* entre complices ? [...] Votre pur sens moral saurait-il [...] justifier notre silence pour nous éviter de partager la réprobation de la société, alors que l'homme si noble que nous avons incité à se mettre en danger, est le bouc émissaire de cette affaire — et qu'il est promis au gibet[1] ? »

---

1. Tilden G. Edelstein, *Strange Enthusiasm : A Life of Thomas Wentworth Higginson* (New Haven, 1968), p. 232, p. 226.

Sanborn refusa de répondre à la convocation de la commission Mason et résista à une tentative d'arrestation de la part de l'huissier d'armes du Sénat. Le président de la cour suprême du Massachusetts, Lemuel Shaw, annula le mandat d'arrêt pour vice de forme. Howe et Stearns, en revanche, se rendirent à Washington pour affronter la commission, laquelle, on ne sait trop pourquoi, ne convoqua pas Higginson — sans doute parce que, en février 1860, la volonté de découvrir un complot nordiste, qui avait un peu plus tôt animé Mason, avait faibli et qu'il ne voulait pas fournir à Higginson une tribune nationale où proclamer ses convictions. Pour cette même raison, peut-être, Howe et Stearns constatèrent que les questions posées par la commission étaient « si malhabilement formulées qu'ils purent, sans mentir littéralement » nier avoir été préalablement informés par Brown de son projet d'attaquer Harper's Ferry. Mais un historien qui lit leurs dépositions restera convaincu qu'ils mentirent à plusieurs reprises. Quoi qu'il en fût, la commission Mason ne découvrit pas de complicité et personne, en dehors des hommes qui se trouvaient effectivement avec Brown sur les lieux du crime, ne fut inculpé[1].

Dans le Sud, la réaction au raid de Brown fit remonter à la surface un paradoxe qui se situait presque au cœur de l'esclavage. En effet, de nombreux Blancs du Sud vivaient dans la terreur que leurs esclaves se révoltassent, tout en soutenant qu'ils étaient bien traités et heureux de leur servitude. La nouvelle des événements de Harper's Ferry fit déferler sur tout le Sud une première vague de peur et de rage, surtout lorsque les journaux rapportèrent que parmi les papiers découverts dans le sac de Brown, il y avait des cartes de sept États méridionaux, indiquant ses futures cibles. Pendant plusieurs semaines les rumeurs les plus folles circulèrent, annonçant des soulèvements de Noirs et l'arrivée d'abolitionnistes armés venus du Nord pour les aider. Dès que Brown eut été exécuté, cependant, de nombreux sudistes poussèrent un soupir de soulagement. Non seulement les rumeurs s'étaient révélées fausses, mais on s'était aussi progressivement rendu compte que pas un seul esclave n'avait volontairement rejoint Brown. En définitive, le Sud avait raison de croire, comme il le proclamait bien haut, à la tranquillité de ses esclaves ! Seuls les yankees fanatisés essayaient de fomenter des troubles.

Ces yankees fanatisés allaient du reste bientôt pousser l'opinion sudiste dans une troisième phase de furie aveugle, mais il fallut d'abord attendre que la réaction antiesclavagiste à l'affaire de Harper's Ferry eût elle-même traversé deux phases distinctes. La première réaction dans le Nord

1. C. Vann Woodward, « John Brown's Private War », in Woodward, *The Burden of Southern History* (Baton Rouge, 1960), p. 51-52 ; Jeffrey S. Rossbach, *Ambivalent Conspirators : John Brown, the Secret Six, and a Theory of Slave Violence* (Philadelphia, 1982), p. 236-266.

fut une sorte de réprobation mêlée de perplexité. Le *Worcester Spy*, journal antiesclavagiste publié dans la ville où résidait Higginson, déclara que le raid était « l'une des entreprises les plus imprudentes et les plus folles qu'on [eût] jamais vues ». William Lloyd Garrison estimait, pour sa part, que l'aventure tentée par Brown « quoique désintéressée et partant de bonnes intentions » paraissait « malavisée, délirante et, selon toute apparence, insensée[1] ». Toutefois, cette façon de voir les choses laissa assez vite la place à la conviction que Brown était le martyr d'une noble cause. Ce revirement fut en grande partie le résultat de sa conduite pendant et après son procès. Dans sa déposition, ses lettres, ses entrevues, et surtout dans le dernier discours qu'il adressa à ses juges, il fit preuve d'une dignité et d'une force d'âme qui impressionnèrent jusqu'au gouverneur de Virginie, Henry Wise, et au mangeur de feu qu'était Edmund Ruffin. Tout au long des débats, Brown soutint que son objectif n'avait pas été d'inciter les Noirs à l'insurrection, mais uniquement de les libérer et de les armer pour qu'ils pussent se défendre, ce qui sentait à tout le moins l'argutie sinon la mauvaise foi. D'ailleurs, aux yeux des sudistes, cette distinction ne changeait rien à l'affaire. Mais dans son ultime intervention, Brown s'éleva à une éloquence incomparable, dont les échos se sont répercutés à travers les âges :

> Je nie tout, sinon ce que j'ai admis depuis le début : mon intention de libérer des esclaves. [...] Si j'étais intervenu de la façon que je reconnais [...] pour le compte des riches, des puissants, des intelligents, des prétendus grands de ce monde [...], chaque homme présent dans l'enceinte de ce tribunal y verrait un acte plus digne de récompense que de châtiment.
>
> La Cour reconnaît aussi, du moins je le suppose, la validité de la loi divine. J'ai vu baiser un livre que j'imagine être la Bible, ou tout au moins le Nouveau Testament, lequel m'enseigne que tout ce que je voudrais voir mon prochain me faire, je dois, moi, le lui faire. Il m'apprend, en outre, à ne pas oublier ceux qui gémissent dans les chaînes, car j'y gémis avec eux. J'ai voulu agir conformément à ces leçons. [...] Maintenant, si l'on juge nécessaire que je perde la vie pour servir la cause de la justice et que je mêle encore un peu plus mon sang à celui de mes enfants et des millions d'hommes dont les droits, dans notre pays esclavagiste, sont bafoués par des lois mauvaises, cruelles et injustes, eh bien, qu'il en soit ainsi[2].

Ces paroles émurent Theodore Parker au point qu'il déclara que Brown était « non seulement un martyr [...] mais aussi un SAINT ». Elles incitèrent Ralph Waldo Emerson à prédire que le vieux guerrier allait rendre « la potence aussi glorieuse que la croix[3] ». Brown comprenait au

---

1. *Worcester Spy*, 20, 27 octobre 1859, cités par Edelstein, *Strange Enthusiasm*, p. 222 ; *Liberator*, 21 octobre 1859.

2. Basé sur le compte rendu du discours de Brown dans le *New York Herald*, 3 novembre 1859, reproduit par Oswald Garrison Villard, *John Brown, 1800-1859 : A Biography Fifty Years After* (Boston, 1910), p. 498-499.

3. Woodward, « John Brown's Private War », p. 54.

demeurant parfaitement son rôle de martyr et le cultivait. « J'ai pris, comme on dit, une *raclée*, écrivit-il à sa femme, mais je suis sûr qu'il me suffira de pendre quelques instants par le cou pour récupérer tout le capital perdu avec ce désastre ; et je suis fermement décidé à exploiter cette défaite au maximum. » Comme le Christ, auquel il se comparait sans fausse honte, Brown obtiendrait par sa mort le salut des pauvres qu'il n'avait pas su sauver de son vivant. Aussi traita-t-il par le mépris tous les projets pour le soustraire à la corde du bourreau par une quelconque opération de sauvetage ou en plaidant la folie. « Je vaudrai incomparablement plus pendu, expliqua-t-il à son frère, que dans tout autre état[1]. »

Le jour de l'exécution, des manifestations extraordinaires eurent lieu dans de nombreuses communautés du Nord. Les cloches sonnèrent le glas, des canons tirèrent des salves toutes les minutes, des ministres du Culte prêchèrent des sermons de commémoration, des milliers de gens s'inclinèrent pour rendre un hommage silencieux au martyr de la liberté. « Je n'ai jamais rien vu de pareil », écrivit depuis Harvard Charles Eliot Norton. A plus de mille six cents kilomètres de là, dans la ville de Lawrence, au Kansas, le rédacteur en chef du *Republican* nota que « jamais la mort d'un homme n'avait fait à ce point sensation en Amérique. Un sentiment d'indignation profonde et désolée semble s'être emparé des masses[2] ». Un pasteur de Roxbury, dans le Massachusetts, déclara que Brown avait fait des mots « haute trahison », deux mots « sacrés de la langue américaine » ; le jeune William Dean Howells assura que « Brown [était] devenu une idée, mille fois plus pure, meilleure, plus noble que l'idée républicaine » ; Henry David Thoreau, enfin, le dépeignit comme « un héros crucifié[3] ».

Comment expliquer cette quasi-canonisation de John Brown ? Certains yankees disaient admirer Brown parce qu'il avait osé s'attaquer à ce pouvoir esclavagiste qui avait pris l'habitude de rudoyer impunément le Nord. « Aujourd'hui sera un grand jour dans notre histoire, nota Henry Wadsworth Longfellow dans son journal intime le jour de l'exécution de Brown, la date d'une nouvelle révolution — tout aussi nécessaire que l'ancienne. » En pendant Brown, les Virginiens « sèment le vent qui récoltera la tempête, laquelle viendra vite ». C'était là l'esprit qui, deux ans plus tard, devait faire du chant *John Brown's Body* la marche préférée des troupes de l'Union. Mais les répercussions de l'affaire étaient plus profondes. Et peut-être les mots de La Fayette, cités à l'occasion d'une réunion commémorative à Boston, touchaient-ils au cœur de la question :

---

1. Robert Penn Warren, *John Brown, The Making of a Martyr* (New York, 1929), p. 428-429 ; Oates, *To Purge This Land*, p. 335.
2. Nevins, *Emergence*, t. II, p. 99 ; Oates, *To Purge This Land*, p. 356.
3. Woodward, « John Brown's Private War », p. 58 ; Nevins, *Emergence*, t. II, p. 99 ; Oates, *To Purge This Land*, p. 354.

« Jamais je n'aurais tiré l'épée pour la cause américaine, si j'avais pu concevoir que j'aidais ainsi à fonder une nation d'esclaves[1]. » John Brown, quant à lui, avait tiré son épée pour tenter d'extirper cette tumeur honteuse qui défigurait la promesse de l'Amérique. Peu importait que sa méthode fût malencontreuse et vouée à l'échec. « L'histoire, oubliant ses erreurs de jugement pour ne contempler que sa trajectoire dépourvue de toute hésitation [...] et la noblesse de ses objectifs, retiendra son nom parmi ceux de ses martyrs et de ses héros », proclama William Cullen Bryant. La plupart des panégyristes de Brown établirent d'ailleurs cette même distinction entre ses « erreurs de jugement » et « la noblesse de ses objectifs ». Même si l'aventure de « Harper's Ferry était démente, affirmait *The Independent*, un hebdomadaire religieux, le mobile qui animait toute l'entreprise était sublime ». C'était « l'œuvre d'un fou », reconnaissait Horace Greeley, ce qui ne l'empêchait pas de louer la « grandeur » et la « noblesse » de Brown et de ses hommes[2].

Or, ce genre de distinguo entre l'acte et son mobile échappait totalement aux Blancs du Sud. Ce qu'ils voyaient, eux, c'était tout bonnement que des millions de yankees semblaient approuver un assassin qui avait essayé de déchaîner contre eux leurs propres esclaves. Aussi cette vision déclencha-t-elle un paroxysme de colère bien plus violent que ne l'avait été la réaction originale au raid lui-même. Le Nord « a sanctionné et applaudi le vol, le meurtre, la trahison », proclamait la *De Bow's Review*. Le Sud pouvait-il se permettre plus longtemps « de vivre sous un gouvernement dont la majorité des sujets ou citoyens considèrent John Brown comme un martyr et un héros chrétien » ? demandait un journal de Baltimore[3]. Non ! répondait-on des quatre coins du Sud. « L'invasion de Harper's Ferry a fait progresser la cause de la désunion plus que tout autre événement depuis la formation du gouvernement », s'accordaient à dire deux journaux rivaux de Richmond. « [Elle a] accompli une révolution presque complète dans les sentiments [...] des conservateurs les plus âgés et les plus raisonnables. [...] Des milliers d'hommes [...] qui, il y a encore un mois, se gaussaient à l'idée de la dissolution de l'Union [...] professent à présent l'opinion que ses jours sont comptés ». Un Carolinien du Nord confirmait cette observation. « J'ai toujours été un fervent partisan de l'Union, écrivit-il dans une lettre privée en décembre 1859, mais je dois bien avouer que la bénédiction donnée à la scandaleuse entreprise de Harper's Ferry [...] a ébranlé ma fidélité et [...] je suis disposé à risquer tous les maux qui pourraient résulter

1. Warren, *John Brown*, p. 437 ; Villard, *John Brown*, p. 560.
2. Nevins, *Emergence*, t. II, p. 99 ; Woodward, « John Brown's Private War », p. 48-49.
3. Oates, *To Purge This Land*, p. 323 ; Villard, *John Brown*, p. 568.

de la désunion, plutôt que de me soumettre plus longtemps à l'insolence du Nord[1]. »

Pour tenter de convaincre le Sud que la sympathie envers Brown était confinée à une bruyante minorité, les conservateurs du Nord organisèrent d'importants meetings anti-Brown. Ils y condamnèrent « le récent scandale de Harper's Ferry » dans lequel ils voyaient un crime « non seulement contre l'État de Virginie, mais contre l'Union tout entière. [... Nous sommes] prêts à aller aussi loin que nos compatriotes du Sud pour réprimer toutes les tentatives que pourraient faire des fanatiques originaires du Nord dans le but de bafouer les droits du Sud[2] ». Les démocrates virent là une occasion de renouer les liens avec le Sud et de discréditer les républicains en les associant à Brown. Harper's Ferry, déclara Stephen Douglas, était « le résultat naturel, logique, inévitable des doctrines et des enseignements du parti républicain ». Les démocrates décochèrent leurs attaques les plus féroces contre Seward, qu'ils s'attendaient à voir choisi comme candidat à la présidence. Seward, assuraient-ils, était « le principal agitateur, responsable de cette insurrection ». C'était son discours « sanguinaire et brutal », annonçant un conflit irrépressible, qui avait inspiré l'acte non moins sanguinaire et brutal de Brown[3].

Redoutant de funestes conséquences politiques, les dirigeants républicains s'empressèrent de désavouer Brown. Seward accusa le vieux guerrier de « sédition et de trahison » et décréta que son exécution était « nécessaire et juste ». « [Même si Brown] pensait, comme nous, que l'esclavage est mauvais, renchérit Lincoln, cela ne saurait excuser la violence, les effusions de sang et la trahison. » Le gouverneur de l'Iowa, Samuel Kirkwood, condamna « l'acte de guerre » de Brown, qui lui semblait un « crime plus grave » encore que celui « dont s'étaient rendus coupables les flibustiers qui avaient envahi Cuba et le Nicaragua », même si, « dans l'esprit de beaucoup de gens », le raid de Brown était « purgé dans une certaine mesure de culpabilité [parce que] le coup avait été frappé pour la liberté et non pour l'esclavage[4] ».

Cette comparaison entre Brown et les flibustiers ne plut guère dans le Sud où l'on discernait d'ailleurs des flèches cachées dans les propos de Lincoln et de Kirkwood (« il pensait comme nous que l'esclavage était mauvais », « coup [...] frappé pour la liberté »). Aux yeux des sudistes,

---

1. *Richmond Enquirer* et *Richmond Whig*, cités par Henry T. Shanks, *The Secession Movement in Virginia, 1847-1861* (Richmond, 1934), p. 90 ; lettre de William A. Walsh à L. O'B. Branch, 8 décembre 1859, citée par Avery O. Craven, *The Growth of Southern Nationalism, 1848-1861* (Baton Rouge, 1953), p. 311.

2. Villard, *John Brown*, p. 563 ; Philip S. Foner, *Business and Slavery : The New York Merchants and the Irrepressible Conflict* (Chapel Hill, 1941), p. 161-162.

3. Oates, *To Purge This Land*, p. 310 ; Villard, *John Brown*, p. 472 ; Nevins, *Emergence*, t. II, p. 104.

4. Seward et Kirkwood, cités par Villard, *John Brown*, p. 564-568 ; *CWL*, t. III, p. 502.

la nuance qui séparait les convictions morales de Lincoln du massacre perpétré par Brown passait inaperçue. « Nous tenons tout homme qui ne déclare pas hardiment qu'il considère l'esclavage des Africains comme un bienfait social, moral et politique, pour l'ennemi des institutions du Sud », écrivait un journal d'Atlanta. Quant aux déclarations de soutien des conservateurs du Nord, c'étaient autant de « gaz et de vapeurs ». « Pourquoi ces conservateurs du Nord n'ont-ils pas foudroyé du regard le parti des républicains noirs ? demandait la *De Bow's Review*. Ils n'ont pas voulu l'écraser et à présent il domine presque toute leur section. » En plein Sénat, Robert Toombs avertit que le Sud « ne [permettrait] jamais au gouvernement fédéral de passer aux mains traîtresses des républicains noirs ». « Défendez-vous ! fulminait-il à l'adresse de ses concitoyens du Sud. L'ennemi est à votre porte, ne l'attendez pas au coin de l'âtre, allez l'accueillir sur votre seuil et chassez-le du temple de la liberté, ou bien renversez-en les piliers et entraînez tout le monde dans une ruine commune[1]. »

A l'aube de 1860, l'année de l'élection présidentielle, le fantôme de John Brown hantait encore le Sud. Plusieurs historiens ont comparé le climat d'alors à la « Grande Peur » qui s'était emparée des campagnes de France durant l'été de 1789, lorsque les paysans avaient cru que « les brigands du roi » allaient venir les massacrer[2]. Dans un état d'extrême tension nerveuse, de nombreux propriétaires d'esclaves et petits fermiers étaient prêts à partir en guerre pour défendre leurs foyers contre ces brigands de républicains noirs. Des milliers d'entre eux s'engagèrent dans des compagnies militaires ; les législatures de plusieurs États affectèrent des fonds à l'achat d'armes. Chaque fois qu'une grange ou une égreneuse de coton brûlait, on entendait jaillir de nouvelles rumeurs d'esclaves révoltés et d'envahisseurs abolitionnistes. Tout yankee résidant dans le Sud devint *persona non grata*. Certains eurent droit à une couche de goudron et de plumes avant de quitter la ville à cheval sur un rail. Quelques-uns furent même lynchés. Les citoyens de Boggy Swamp, en Caroline du Sud, chassèrent de chez eux deux précepteurs nordistes. « On ne sait rien de défini quant à leurs sentiments abolitionnistes ou révolutionnaires, nota un journal local, mais étant originaires du Nord, et, de ce fait, nécessairement imprégnés de doctrines hostiles à nos institutions, leur présence dans notre région a été jugée odieuse. » Le directeur d'une université d'Alabama, né dans le Nord, ne dut son salut

1. *Atlanta Confederacy*, cité par Nevins, *Emergence*, t. II, p. 108n. ; *De Bow's Review*, n° 29 (Juillet 1860), reproduit par Paul F. Paskoff et Daniel J. Wilson (éd.), *The Cause of the South : Selections from De Bow's Review, 1846-1867* (Baton Rouge, 1982), p. 219-220 ; *CG*, 36ᵉ Cong., 1ʳᵉ Sess., Appendice, p. 93.

2. Ollinger Crenshaw, *The Slave States in the Presidential Election of 1860* (Baltimore, 1945), chap. 5 ; Woodward, « John Brown's Private War », p. 67-68 ; Oates, *To Purge This Land*, p. 322-323.

qu'à une fuite précipitée. Dans le Kentucky, à Berea, une foule d'émeutiers chassa de l'État trente-neuf personnes travaillant pour une église et une école antiesclavagistes. Trente-deux représentants de firmes new-yorkaises et bostoniennes dans le Sud rapportèrent, à leur arrivée à Washington, que « l'indignation contre les nordistes [était] si violente qu'ils [avaient] été obligés de rentrer et de renoncer aux affaires[1] ». Ce fut dans cette atmosphère de peur et d'hostilité que les démocrates se préparèrent à ouvrir leur convention nationale à Charleston, en avril 1860.

II

La plupart des démocrates du Sud se rendirent à Charleston avec une seule idée en tête : liquider Douglas. Ils furent soutenus dans cette entreprise par une poignée de démocrates du Nord appartenant aux milieux gouvernementaux. Le souvenir de Lecompton et de la doctrine de Freeport fit avorter toutes les tentatives de conciliation. « [Ce] démagogue de l'Illinois, expliqua un rédacteur en chef de l'Alabama, mérite de périr pendu au gibet de la condamnation démocrate et que son immonde carcasse soit jetée aux portes de la capitale fédérale[2]. » Certains démocrates du Sud profond auraient même préféré à Douglas un Président républicain, en sorte que l'alternative proposée au Sud apparut clairement dans toute sa rigueur : soumission ou sécession. Et pour être sûrs du résultat, ils entreprirent de scinder en deux le parti démocrate.

La convention démocrate de l'Alabama fit les premiers pas dans ce sens dès le mois de janvier 1860, en donnant pour mot d'ordre à ses délégués de quitter immédiatement la convention nationale, si le parti refusait d'adopter un programme électoral promettant un code fédéral de l'esclavage dans les territoires. D'autres organisations démocrates du Sud profond lui emboîtèrent le pas. En février, Jefferson Davis présenta au Sénat la substance des exigences sudistes, avec plusieurs résolutions affirmant que ni le Congrès ni une législature territoriale n'étaient habilités à « empiéter sur le droit constitutionnel d'emmener les biens serviles dans les territoires communs, droit dont [jouissai]t tout citoyen des États-Unis ». « Le gouvernement fédéral, poursuivait-il, a le devoir de fournir sur ces territoires la protection nécessaire à ces biens comme à tous les autres[3]. » Le comité démocrate au Sénat, dominé par les sudistes, ratifia ces résolutions, jetant ainsi le gant à Douglas pour l'assemblée de Charleston.

---

1. Woodward, « John Brown's Private War », p. 62-66 ; Nevins, *Emergence*, t. II, p. 108n.
2. *Opelika Weekly Southern Era*, 18 avril 1860, cité par Donald E. Reynolds, *Editors Make War : Southern Newspapers in the Secession Crisis* (Nashville, 1970), p. 35.
3. *CG*, 36ᵉ Cong., 1ʳᵉ Sess., p. 658.

Dans l'atmosphère enfiévrée de 1860, Charleston était le pire endroit pour tenir une convention[1]. Les délégués fidèles à Douglas avaient l'impression d'être en terre étrangère et hostile. Tous les soirs, des orateurs de la race des mangeurs de feu y allaient de leurs diatribes en plein air. A l'intérieur de la salle où siégeait la convention, les nordistes avaient une majorité des trois cinquièmes, parce que les délégués étaient répartis de la même façon que les mandats de grands électeurs, plutôt que conformément à la force du parti dans chaque région. Les partisans de Douglas étaient aussi fermement décidés à bloquer le code de l'esclavage que les sudistes pouvaient l'être à l'imposer. Il y avait donc, à l'intérieur même du parti, un « conflit irrépressible », comme ne manqua pas de le noter un brillant jeune journaliste de Cincinnati, Murat Halstead, dont les articles fournissent le meilleur compte rendu des débats. « Le Sud se refuse à céder un iota de terrain [...]. Les démocrates du Nord [...] répugnent à se laisser assassiner ou à se suicider[2]. »

La crise se noua avec le rapport de la commission chargée du programme électoral, dans laquelle chaque État disposait d'une voix. La Californie et l'Oregon se joignirent aux États esclavagistes pour donner à l'article préconisant le code, modelé sur les résolutions de Jefferson Davis, une majorité de dix-sept voix contre seize. Le texte prôné par la minorité réaffirmait le programme de 1856, soutenant la souveraineté populaire, et ajoutait une promesse d'obéir à la décision de la Cour suprême concernant les pouvoirs de la législature territoriale. Pour les sudistes, c'était insuffisant. Ils acceptaient l'axiome de la doctrine de Freeport, selon lequel un arrêt de la Cour ne pouvait s'appliquer tout seul. Les biens serviles devaient bénéficier d'une protection fédérale, déclara le président de la commission, un Carolinien du Nord, de façon à ce que, quand les États-Unis acquerraient Cuba, le Mexique et l'Amérique centrale, un propriétaire d'esclaves fût en mesure d'y emmener ses possessions en toute sécurité. L'orateur le plus remarqué en faveur des droits du Sud fut William Lowndes Yancey, qui prononça un vibrant discours en faveur du texte de la majorité. La salle entière croula sous les acclamations lorsqu'il entama sa péroraison : « Nous sommes en position de vous demander de céder, lança-t-il aux délégués du Nord. Auquel de vos droits, messieurs les nordistes, nous autres gens du Sud avons-nous jamais porté atteinte ? [...] Ce sont nos institutions qui sont en jeu ; ce sont nos biens qui risquent d'être détruits ; c'est notre honneur que l'on veut souiller[3]. »

1. Charleston avait été sélectionnée par un comité spécial, présidé par un New-Yorkais, dans l'espoir que ce choix contribuerait à rétablir l'harmonie dans les rangs démocrates !

2. William B. Hesseltine (éd.), *Three Against Lincoln : Murat Halstead Reports the Caucuses of 1860* (Baton Rouge, 1960), p. 35, p. 44.

3. *Speech of William L. Yancey of Alabama, Delivered in the National Democratic Convention* (Charleston, 1860).

Après ce torrent d'éloquence, les réponses des délégués nordistes parurent bien mièvres, voire presque funèbres. « Nous ne pouvons renoncer à [la souveraineté populaire] sans nous déshonorer personnellement, fit valoir un démocrate de l'Ohio partisan de Douglas, *jamais, jamais, jamais,* je le jure devant Dieu. » Et ils tinrent parole. Au bout de deux jours d'âpres disputes parlementaires, les hommes de Douglas imposèrent leur programme par cent soixante-cinq voix contre cent trente-huit (cent cinquante-quatre contre trente dans les États libres, onze contre cent huit dans les États esclavagistes). Aussitôt, cinquante délégués du Sud profond quittèrent la salle. Tout ce qui suivit ne pouvait que sembler terne. Douglas se trouva dans l'impossibilité de réunir la majorité des deux tiers nécessaire pour obtenir l'investiture et la convention ne parvint pas à s'entendre sur un seul autre nom, en dépit de cinquante-sept rudes tours de scrutin. Épuisés, le cœur meurtri, les délégués levèrent la séance après avoir décidé de se réunir six semaines plus tard, dans le cadre plus hospitalier de Baltimore. Yancey leur adressa un retentissant adieu. Sur la place du palais de justice de Charleston, éclairée par la lune, il pressa une foule immense de pousser trois hourras assourdissants « pour une république sudiste indépendante », concluant par ces mots : « Peut-être la plume de l'historien est-elle dès à présent taillée pour écrire la chronique d'une nouvelle révolution[1]. »

Tout effort pour ressouder le parti semblait sans espoir. Les délégués du Nord-Ouest rentrèrent chez eux furieux contre leurs confrères du Sud. « Jamais je n'ai entendu des abolitionnistes parler des gens du Sud avec autant de hargne et de rancœur que les hommes de Douglas, nota un reporter. Ils disent qu'ils se f... complètement de savoir ce qu'il adviendra du Sud [...]. "Il peut bien tomber de la convention directement en enfer", pour ce qu'ils s'en soucient. » Cependant, la plupart des dissidents de Charleston avaient l'intention de solliciter leur réadmission à Baltimore. Leur stratégie, écrivit Alexander Stephens, qui s'était acheminée vers la modération au cours de l'année écoulée et qui soutenait à présent Douglas, était de « régner ou ruiner[2] ». S'ils étaient autorisés à rentrer au bercail, les dissidents avaient l'intention d'insister une nouvelle fois sur un programme défendant le code de l'esclavage et, en cas d'échec, de reprendre la porte, cette fois avec la promesse d'être suivis par la plupart des délégués des États septentrionaux du Sud. S'ils n'étaient pas réintégrés, en effet, les délégués des États situés plus au nord déserteraient à leur tour et aideraient leurs compatriotes des États cotonniers à fonder un nouveau parti.

---

1. Nevins, *Emergence*, t. II, p. 215 ; Robert W. Johannsen, *Stephen A. Douglas* (New York, 1973), p. 754 ; Hesseltine (éd.), *Three Against Lincoln*, p. 86.
2. Hesseltine (éd.), *Three Against Lincoln*, p. 101 ; Stephens cité par George Fort Milton, *The Eve of Conflict : Stephen A. Douglas and the Needless War* (Boston, 1934), p. 468.

Toutefois, les partisans que Douglas avait dans le Sud profond mirent sur pied des délégations rivales pour Baltimore. Le sort du parti démocrate se joua donc sur le droit de siéger à la nouvelle convention. Revenant sur leur désir de voir l'enfer engloutir les dissidents sudistes, la plupart des délégués du Nord envisagèrent de se rabattre sur un compromis en faisant siéger par moitié anciens dissidents anti-Douglas et nouveaux aspirants pro-Douglas, mais les premiers étaient partisans du tout ou rien. Ils reprirent donc la porte avec armes et bagages, imités par la plupart des délégués des États septentrionaux et par une poignée de nordistes esclavagistes — soit plus d'un tiers du nombre total de délégués — et s'empressèrent d'organiser leur propre convention où ils désignèrent John C. Breckinridge (le vice-président en exercice) comme candidat de leur parti à la présidence des États-Unis, avec un programme défendant un code de l'esclavage. Les loyalistes découragés investirent Douglas et rentrèrent chez eux, le cœur débordant d'une amertume renouvelée à l'encontre des rebelles qui avaient pour ainsi dire assuré l'élection d'un président républicain noir [1].

Les républicains favorisèrent d'ailleurs ce mouvement, en agissant fort adroitement lors de leur propre convention nationale à Chicago. Pour eux, le problème fondamental était la nécessité de triompher dans presque tous les États libres, s'ils voulaient l'emporter. Or, comme ils s'attendaient à perdre la Californie, l'Oregon et peut-être aussi le New Jersey, ils devaient donc, pour obtenir une majorité électorale, reprendre, parmi les États perdus en 1856, la Pennsylvanie et soit l'Indiana, soit l'Illinois. L'impopularité de William H. Seward dans ces États méridionaux du Nord formait à l'horizon de sa candidature un nuage de plus en plus menaçant. Pour recueillir les mandats de ces États-là, en effet, un républicain devrait s'attirer le soutien d'un grand nombre de ceux qui avaient voté pour Fillmore en 1856. Or, l'hostilité de Seward envers le nativisme, connue de longue date, détruirait tout espoir d'y parvenir. Plus important encore, ses discours sur la « loi d'En-haut » et le conflit irrépressible lui avaient valu une réputation de radical, qui effrayait les anciens whigs conservateurs. Il avait eu beau répudier John Brown et ses idéaux, un peu de la boue de Harper's Ferry n'en collait pas moins à sa personne. En outre, au fil des années de guerre intestine dans le parti whig à New York, il s'était fait de nombreux ennemis, dont le moindre n'était pas Horace Greeley. Autre désavantage, le choix de Seward risquait d'empêcher les républicains d'exploiter la question de la corruption que divers scandales dans l'Administration Buchanan leur avaient offerte sur un plateau. En effet, de récents octrois de concessions

---

1. Nevins, *Emergence*, t. II, p. 262-272 ; Roy F. Nichols, *The Disruption of American Democracy* (New York, 1948), p. 309-320 ; Milton, *Eve of Conflict*, p. 450-479 ; Johannsen, *Douglas*, p. 759-773 ; Hesseltine (éd.), *Three Against Lincoln*, p. 178-278.

par la législature de New York dégageaient des relents nauséabonds qui menaient tout droit au principal conseiller politique de Seward, Thurlow Weed, et entachaient la réputation de son candidat. Et la claque de partisans bruyants et éméchés que la délégation de Seward amena à Chicago ne fit rien pour améliorer l'image de marque du New-Yorkais[1].

Arrivant à la convention avec une grande avance sur ses rivaux, fondée sur sa force dans les États les plus au nord, Seward espérait bien être nommé dès le premier tour. Les républicains, cependant, étaient sûrs de s'imposer dans ces États, quel que fût leur candidat. Les pragmatistes d'un peu partout et les politiciens des États incertains s'unirent donc au sein d'un mouvement pour arrêter Seward. D'autant que ce n'étaient pas les candidats qui manquaient. Il y avait en effet deux « enfants chéris[2] » du Vermont et du New Jersey et surtout quatre hommes jouissant d'un solide soutien dans leur État ou leur région, dont les aspirations allaient bien au-delà de la position d'enfant chéri : Salmon P. Chase de l'Ohio, Simon Cameron de Pennsylvanie, Edward Bates du Missouri et Abraham Lincoln de l'Illinois. Chase, toutefois, partageait avec Seward le handicap d'une réputation de radical et il était loin de faire l'unanimité, fût-ce dans son propre État. Cameron était un bénéficiaire notoire du « système des dépouilles[3] », ayant été tour à tour démocrate et Know-Nothing, sans compter un flirt avec le parti whig, autant d'antécédents qui n'étaient pas pour favoriser sa candidature auprès des délégués soucieux de voir le parti présenter une façade irréprochable. Pendant un certain temps, ce fut Bates qui apparut comme le rival le plus sérieux de Seward, car il était appuyé par Greeley et l'influente famille Blair[4], qui espéraient même le voir emporter l'adhésion de quelques États limitrophes et de certains États méridionaux du Nord. Cependant, à soixante-sept ans, le terne Missourien avait derrière lui un passé de propriétaire d'esclaves, de Know-Nothing et de partisan de Fillmore aux élections de 1856, qui lui aliénait de trop

1. Mark W. Summers, « "A Band of Brigands" : Albany Lawmakers and Republican National Politics, 1860 », *CWH*, n° 30 (1984), p. 101-119.

2. On appelle « enfants chéris » les dirigeants politiques d'un État qui n'ont aucune véritable chance d'être désignés comme candidat pour l'élection présidentielle, mais que leur État nommait délégués par déférence ou pour donner à l'État certains atouts à faire valoir dans les manœuvres menant à l'investiture du candidat.

3. Ce système caractéristique de la politique américaine permet au parti vainqueur d'une élection présidentielle de disposer de milliers de postes fédéraux à pourvoir ; les responsables distribuent, bien sûr, ces « dépouilles de la victoire » aux dirigeants locaux ou régionaux du parti. La corruption et le favoritisme sont rarement absents de cette distribution et les politiciens bénéficiant du système des dépouilles sont souvent soupçonnés de corruption.

4. La famille Blair était principalement représentée par Francis Preston Blair et ses deux fils, Francis Preston Jr. et Montgomery. Anciens démocrates, ayant joué un rôle important dans ce parti dans les années 1830 et 1840, les Blair étaient devenus républicains en 1856 et s'étaient efforcés d'organiser ce parti dans les États esclavagistes limitrophes du Maryland et du Missouri. Ils n'y parvinrent pas avant 1860, mais ils jouissaient néanmoins d'une influence considérable dans le parti au niveau national.

nombreux électeurs dont le soutien était essentiel — notamment les protestants allemands. L'idée qu'un républicain avait la moindre chance de s'imposer dans un État limitrophe était une chimère et Bates n'eut finalement que le soutien de délégués d'États marginaux, où les chances des républicains étaient mauvaises, voire carrément nulles : le Missouri, le Maryland, le Delaware et l'Oregon.

Restait donc Lincoln. Quand résonna le premier coup de marteau du président ouvrant la séance inaugurale du 16 mai, Lincoln était passé de sa position de complet outsider, inconnu de tous, à celle de principal concurrent de Seward. Les dirigeants du parti s'étaient peu à peu aperçus que l'homme de l'Illinois possédait la plupart des forces et bien peu des faiblesses du candidat idéal. C'était un ancien whig antiesclavagiste, dans un parti où cette tendance était largement majoritaire, mais, en dépit de son discours sur « la maison divisée », il avait une réputation de modéré. Nombreux étaient les anciens démocrates du parti qui ne pouvaient sentir Seward, mais ils avaient gardé un souvenir favorable du geste de Lincoln, se désistant en 1855 pour permettre l'élection au Sénat du démocrate antiesclavagiste Lyman Trumbull. Lincoln s'était opposé aux Know-Nothings, ce qui plairait à l'électorat allemand, mais sans se laisser aller aux excès susceptibles de détourner de lui d'anciens membres du parti américain, qui refusaient de soutenir Seward. Déjà affublé de l'affectueux sobriquet d' « Honnête Abe », Lincoln était auréolé d'une réputation d'intégrité qui contrastait favorablement avec l'image assez peu reluisante de l'appareil politique new-yorkais, mené par Thurlow Weed. D'origine modeste, Lincoln incarnait à merveille l'idéologie de la libre entreprise, de l'égalité des chances et de la mobilité sociale. N'était-il pas né dans une cahute en rondins ? Visité par un véritable trait de génie, un des conseillers politiques de Lincoln exhiba à la convention de l'État d'Illinois une paire de pieux de clôture en bois, patinés par les ans, que Lincoln était censé avoir taillés à la hache trente ans auparavant. A dater de ce jour, Lincoln le tailleur de pieux devint le vivant symbole de la « frontière », de la vie à la ferme, de la réussite, du travail acharné, de l'ascension à la force du poignet et d'autres composantes du rêve américain tel qu'il s'incarnait dans l'image que le parti républicain donnait de lui-même. Lincoln enfin venait d'un État et d'une région cruciaux pour les républicains, surtout si Douglas devenait, comme on s'y attendait, le candidat des démocrates du Nord. A l'exception de William Henry Harrison, qui mourut un mois après être entré en fonctions, jamais un habitant du vieux Nord-Ouest n'avait accédé à la présidence du pays. Cette région, qui connaissait pourtant la croissance la plus rapide des États-Unis, estimait que son heure était venue. La décision de réunir la convention nationale à Chicago renforça considérablement la candidature de Lincoln. D'immenses foules débordant d'enthousiasme, composées en majeure partie d'habitants de l'Illinois, envahirent la vaste salle édifiée tout exprès pour accueillir la convention républicaine et baptisée le « wigwam ». De faux billets permirent à des milliers de partisans de Lincoln, dotés de poumons à toute épreuve, de s'entasser sur les gradins réservés au public.

Cela dit, Lincoln n'était quand même pas un facteur inconnu dans la politique nationale avant 1860. Sa joute oratoire contre Douglas, en 1858, avait suscité un vif intérêt et la publication de ces débats au début de 1860 rehaussa sa notoriété. En 1859, Lincoln avait prononcé des allocutions politiques dans une demi-douzaine d'États du Midwest. En février 1860, il s'adressa à un vaste auditoire, au Cooper Institute de New York, d'où il passa en Nouvelle-Angleterre pour y prononcer pas moins de onze discours. Cette première apparition dans le Nord-Est fut un triomphe qui permit à ses partisans restés en Illinois de se féliciter bruyamment : « Jamais avant lui, assuraient-ils, un homme ne s'était élevé aussi rapidement jusqu'aux premiers rangs de la vie politique de notre pays[1]. » Ce fut en partie grâce aux talents d'orateur qu'il manifesta en cette occasion que Lincoln s'attira le soutien de délégués originaires de la Nouvelle-Angleterre, puisqu'il obtint à Chicago au premier tour dix-neuf des voix de ce bastion du sewardisme.

Et pourtant, avant sa nomination, Lincoln était encore un personnage si obscur dans certains milieux que plusieurs « experts » de la vie politique ne l'avaient même pas inscrit sur leur liste des candidats en puissance, où figuraient pourtant sept ou douze, voire parfois jusqu'à vingt et un noms. Plusieurs journaux estropiaient encore son prénom en écrivant Abram, mais cela ne dura guère. Le tournant survint lorsque l'Indiana décida de se joindre à l'Illinois pour donner à Lincoln, au premier tour, un solide soutien de la part de deux des plus importants États méridionaux du Nord. Cela permit à l'équipe de Lincoln, un groupe peu connu mais fort brillant d'hommes de l'Illinois, d'arracher à la Pennsylvanie la promesse que, après un geste envers Cameron au premier tour, elle donnerait au second la plupart de ses voix à Lincoln. Tout au long de la fiévreuse nuit du 17 au 18 mai, les manœuvriers de l'Illinois se démenèrent pour réunir au deuxième tour d'autres voix en faveur de leur poulain. En dépit de l'injonction de ce dernier qui stipula, depuis Springfield, qu'il ne fallait pas « *conclure de marchés qui ne [lui laisseraient] pas les coudées franches* », ses lieutenants à Chicago promirent fort probablement des postes ministériels et quelques autres sinécures aux délégués de l'Indiana, à Cameron le Pennsylvanien, et peut-être même aux Blair du Maryland et du Missouri. Quant à savoir si ces promesses servirent vraiment à gagner des voix, cela se discute ; car enfin, Weed avait tout loisir d'en faire autant pour le compte de

1. William E. Baringer, *Lincoln's Rise to Power* (Boston, 1937), p. 41 pour les citations, et chap. 1-4 pour le parcours suivi par Lincoln pour devenir le principal rival de Seward.

Seward. La conviction que Lincoln était en mesure d'enlever l'adhésion des États méridionaux du Nord, alors que Seward en était incapable, fut l'arme la plus puissante du candidat de l'Illinois. En outre, les délégués des autres États se laissèrent influencer par l'attitude de l'Indiana et de la Pennsylvanie, parce qu'ils savaient pertinemment que le parti devait s'y imposer pour vaincre [1].

Le premier tour révéla la faiblesse de Seward et la surprenante force de Lincoln. Il fallait deux cent trente-trois voix pour obtenir la candidature ; or, il en manquait soixante à Seward, qui en totalisait cent soixante-treize et demi, alors que Lincoln en réunissait déjà cent deux. Dès le deuxième tour, on put voir d'où soufflait le vent, puisque Seward n'obtint même pas douze voix supplémentaires, alors que le Vermont, la Pennsylvanie et plusieurs voix éparpillées entre divers États, dont l'Ohio, se reportaient sur Lincoln, le mettant presque à la hauteur de son rival, avec cent quatre-vingt-un suffrages. Durant ces deux tours, le « wigwam » fut électrisé par une frénésie sans précédent dans les annales de la politique américaine. Dix mille spectateurs, la plupart favorables à Lincoln, se bousculaient sur les gradins et faisaient un tel tapage qu'un reporter épuisa pour le décrire toute sa réserve de comparaisons : « Imaginez-vous tous les porcs jamais abattus à Cincinnati poussant tous ensemble leurs derniers cris, en même temps qu'une vingtaine de sirènes à vapeur. [...] Un troupeau de buffles ou de lions n'auraient pu pousser des rugissements aussi effrayants. » Cette foule communiqua aux délégués un élan palpable, renforçant l'augmentation spectaculaire du total de voix remportées par Lincoln au deuxième tour, au point de donner une impression de progression irrésistible. Lorsque démarra le troisième tour de scrutin, les nerfs étaient tendus à craquer. Six nouveaux suffrages de la Nouvelle-Angleterre se reportèrent sur Lincoln, ainsi que huit du New Jersey, neuf du Maryland et quatre voix de son Kentucky natal. Quand on comprit que quinze des voix de Chase en Ohio allaient garnir l'escarcelle de Lincoln, il y eut une ovation à soulever le toit. Des dizaines

1. En ce qui concerne l'injonction de Lincoln, voir *CWL*, t. IV, p. 50. Cela fait des lustres que les historiens discutent pour savoir si les lieutenants de Lincoln avaient ou non promis des ministères à Cameron et à d'autres. Les preuves que de tels engagements existaient sont pour la plupart indirectes. La thèse de l'importance cruciale de telles promesses a été défendue par Baringer, *Lincoln's Rise*, p. 214, p. 266-267, p. 277, p. 334 ; la thèse contraire, niant l'existence d'accords officiels, est celle de Willard L. King, *Lincoln's Manager : David Davis* (Cambridge, Mass., 1960), p. 137-138, p. 141, p. 162-164. Pour une version affirmant que des promesses furent faites, mais qu'elles ne furent qu'un des facteurs assurant à Lincoln les voix de l'Indiana et de la Pennsylvanie, voir Nevins, *Emergence*, t. II, p. 256-257. Pour une vision équilibrée, précisant que même si des promesses furent faites, elles avaient moins d'importance que la conviction que Seward ne pouvait s'imposer dans les États méridionaux du Nord, voir Don E. Fehrenbacher, *Prelude to Greatness : Lincoln in the 1850's* (Stanford, 1962), p. 159. Qu'il y ait eu ou non des promesses fermes, l'existence d'un « arrangement » selon lequel Cameron et Caleb Smith, de l'Indiana, feraient partie du cabinet ne paraît faire aucun doute — et ce fut ce qui arriva.

de crayons avaient trouvé le total bien avant que le préposé ne l'eût annoncé : deux cent trente et une voix et demie pour Lincoln. Au milieu d'un brusque silence, le président de la délégation de l'Ohio bondit sur son siège et annonça que quatre nouveaux suffrages se reportaient sur le délégué de l'Illinois. Aussitôt « il y eut comme une de ces violentes bourrasques qui précèdent une tempête, et au souffle suivant, l'orage éclata [...], des milliers de gosiers poussant leurs acclamations avec une énergie démente[1] ».

Aucun des quarante mille témoins présents à l'intérieur ou aux abords du « wigwam » à cet instant ne devait jamais l'oublier. Tout le monde, à l'exception des partisans les plus acharnés de Seward, était convaincu d'avoir choisi le candidat le plus fort. Peu d'entre eux, cependant, devaient se douter qu'ils avaient aussi choisi l'homme le mieux fait pour la terrible tâche qui l'attendait. Pour équilibrer sa liste, la convention désigna comme candidat à la vice-présidence Hannibal Hamlin, du Maine, ancien démocrate et partisan de la première heure de Lincoln en Nouvelle-Angleterre, mais qui était aussi un ami de Seward. Le programme républicain était l'un des plus convaincants que l'on eût jamais vus dans toute l'histoire américaine. Sans céder un pouce de terrain sur le plan des convictions antiesclavagistes exprimées dans le programme de 1856, il en adoucissait légèrement les termes et qualifiait le raid de John Brown de « plus grave des crimes ». Acceptant de grand cœur les questions que lui tendait l'opposition, le programme républicain s'engageait à soutenir une loi sur les parcelles gratuites, l'amélioration des fleuves et des ports et l'aide fédérale pour la construction d'un chemin de fer transcontinental. A l'intention de la Pennsylvanie et des éléments de tendance whig du parti en général, il comportait un article sur les tarifs douaniers prévoyant un « ajustement » des droits « afin d'encourager le développement des intérêts industriels du pays tout entier » et d'« assurer aux travailleurs des salaires généreux ». Un autre article écartait le parti républicain du nativisme en déclarant son opposition à « tout changement dans nos lois sur la naturalisation ou dans les lois des États par lequel les droits des citoyens [...] originaires de pays étrangers seraient tronqués ou amoindris ». En conclusion, le programme adressait une mise en garde aux désunionistes du Sud, s'élevant contre la « trahison envisagée qu'un peuple indigné a le devoir impérieux de blâmer avec rigueur et de réduire à tout jamais au silence[2] ».

1. Hesseltine (éd.), *Three Against Lincoln*, p. 158, p. 165, p. 171.
2. Ce programme a été reproduit par Arthur M. Schlesinger Jr. (éd.), *History of American Presidential Elections*, 4 vol. (New York, 1971), t. II, p. 1124-1127.

III

L'effervescence et l'optimisme de Chicago se prolongèrent durant la campagne présidentielle. Ce jeune parti laissait transparaître toute l'impétuosité de la jeunesse. Des citoyens qui faisaient leurs débuts d'électeurs se rallièrent en masse à l'étendard républicain. Des milliers d'entre eux s'enrôlèrent dans des clubs « Wide-Awake » (associations de vigilance) et défilèrent dans d'immenses cortèges aux flambeaux, ces derniers étant brandis au bout des inévitables pieux de clôture qui devinrent le symbole de la campagne. Des recueils de chants politiques jaillissaient des presses et les fidèles du parti entonnaient à tout propos leur chanson fétiche : « *Ain't you glad you joined the Republicans ?* » (*N'êtes-vous pas heureux d'appartenir au parti républicain ?*)

L'un des avantages que possédaient les républicains sur leurs adversaires était l'unité du parti. Les sewardistes, quoique déçus, suivirent l'exemple de leur chef et militèrent avec enthousiasme en faveur de Lincoln. Il n'y eut guère sur la gauche qu'une poignée d'abolitionnistes et sur la droite un nombre nettement plus important de whigs-américains pour montrer quelques signes de désaffection. Ces derniers étaient d'ailleurs l'obstacle le plus susceptible d'empêcher les républicains de remporter une victoire écrasante dans le Nord. Tel le phénix de la légende, le parti whig n'en finissait pas de renaître de ses cendres. En 1860, il connut un nouvel avatar sous la forme d'un parti de l'Union constitutionnelle, qui avait tenu sa propre convention une semaine avant les républicains. Ces conservateurs décidèrent que le meilleur moyen d'éviter la calamité que serait un éclatement de la fédération américaine était de ne prendre aucune espèce de position sur les questions qui divisaient le Nord et le Sud. En guise de programme électoral, par conséquent, ils adoptèrent une pieuse résolution, s'engageant à « ne reconnaître aucun principe politique autre que *la Constitution* [...], *l'Union* [...] *et l'application des Lois* ». La convention choisit comme candidat à la présidence un riche propriétaire d'esclaves du Tennessee, John Bell, et, pour le poste de vice-président, le vénérable Edward Everett, un Cotton Whig du Massachusetts. Parmi les délégués, les moins de soixante ans se comptaient presque sur les doigts de la main ; ce « Parti des vieux messieurs » fut très vite en butte aux taquineries bon enfant des républicains qui assuraient que la liste Bell-Everett était « digne d'être imprimée sur papier satiné à bordure d'argent, puis déposée dans une boîte de musc et soigneusement oubliée ». Pendant ce temps, les démocrates du Sud accusaient les unionistes constitutionnels d' « insulter l'intelligence du peuple américain » en s'efforçant d'organiser un « parti qui [avait] l'intention d'ignorer la question de l'esclavage. Cette question, il [fallait] au contraire l'affronter et la régler[1] ».

Les unionistes constitutionnels ne s'attendaient certes pas à gagner les élections. Ce qu'ils pouvaient espérer de mieux, c'était de s'imposer dans plusieurs États septentrionaux du Sud et d'affaiblir suffisamment Lincoln dans les États méridionaux du Nord pour le priver d'une majorité électorale. Cela laisserait l'élection du Président à la discrétion de la Chambre[2], où chaque État avait une voix, mais où aucun parti ne contrôlait une majorité d'États. Les démocrates pourraient alors s'entendre avec les unionistes whigs-américains pour élire Breckinridge, un homme du Kentucky que l'on pourrait peut-être détacher de ses partisans du Sud profond. Ou bien les unionistes constitutionnels auraient peut-être assez de poids pour faire élire Bell. Ou encore, si la Chambre ne parvenait pas à désigner un Président avant le 4 mars 1861, le vice-président élu par le Sénat démocrate deviendrait président « agissant ». Or ce digne personnage serait soit le colistier de Breckinridge, Joseph Lane, de l'Oregon, un esclavagiste né en Caroline du Nord, soit le propre candidat des unionistes, Edward Everett[3].

Mais cette stratégie de sabotage se retourna contre eux. Dans plusieurs États du Sud, les unionistes constitutionnels se sentirent tenus de se montrer tout aussi fidèles aux droits du Sud que les démocrates, en embrassant la cause d'un code fédéral de l'esclavage dans les territoires, ce qui incita de nombreux ex-whigs conservateurs du Nord à voter pour Lincoln qui leur apparaissait désormais comme le moindre de deux maux. « Je voterai pour la liste républicaine mardi prochain, écrivit un New-Yorkais qui avait eu initialement l'intention de voter pour Bell. Sinon, c'est la soumission éternelle au Sud. [...] Je veux pouvoir me rappeler que j'ai bien voté dans une crise aussi grave. C'est maintenant que le Nord doit affirmer ses droits et affronter les conséquences[4]. » La liste Bell-Everett

---

1. *Springfield Republican*, cité par Dale Baum, *The Civil War Party System : The Case of Massachusetts, 1848-1876* (Chapel Hill, 1984), p. 50 ; *[Lexington] Kentucky Statesman*, 8 mai 1860, cité par Dwight Lowell Dumond (éd.), *Southern Editorials on Secession* (New York, 1931), p. 76.

2. Il est ici question de l'article I et du douzième amendement de la Constitution des États-Unis, lesquels prévoient que si aucun des candidats à la présidence ne recueille une majorité des voix de grands électeurs, la Chambre des représentants est habilitée à choisir le Président parmi les trois candidats possédant le plus grand nombre de voix de grands électeurs.

3. Crenshaw, *Slave States in the Presidential Election of 1860*, p. 59-73 ; Thomas B. Alexander, « The Civil War as Institutional Fulfillment », *JSH*, n° 47 (1981), p. 11-13, p. 16, p. 20.

4. *The Diary of George Templeton Strong : The Civil War, 1860-1865*, éd. d'Allan Nevins et Milton Halsey Thomas (New York, 1952), p. 56-57. Pour une analyse de la tentative des unionistes constitutionnels cherchant à faire assaut de « sudité » avec les démocrates de Breckinridge, voir John V. Mering, « The Slave States Constitutional Unionists and the Politics of Consensus », *JSH*, n° 43 (1977), p. 395-410.

recueillit moins de trois pour cent des suffrages dans le Nord et ne détourna aucun État de la colonne attribuée à Lincoln.

L'élection de 1860 est un cas unique dans les annales de la politique américaine, car la campagne électorale se réduisit à deux duels bien distincts : Lincoln contre Douglas dans le Nord et Breckinridge contre Bell dans le Sud. Les républicains n'avaient même pas de liste dans dix États du Sud où leurs orateurs n'auraient pu récolter qu'un habit de goudron et de plumes — sinon pire — s'ils avaient osé s'y risquer. Dans les cinq États esclavagistes restants — tous situés dans le haut du Sud — Lincoln ne reçut que quatre pour cent des suffrages exprimés, la plupart provenant d'Allemands antiesclavagistes de St. Louis et des environs. Breckinridge ne fit guère mieux dans le Nord où il recueillit cinq pour cent des suffrages, juste assez pour priver Douglas de la Californie et de l'Oregon. Ce fut Lincoln qui s'octroya les mandats de ces deux États à la majorité relative, ainsi que ceux de tous les autres États libres, à l'exception du New Jersey, à la majorité des suffrages exprimés.

Cela ne se fit pas sans de rudes efforts. Quoique désavoué par le Sud et par l'Administration Buchanan, Douglas restait un adversaire redoutable. Au début de la campagne, il paraissait avoir une chance de s'imposer dans huit États du Nord et dans un ou deux États limitrophes, en recueillant environ cent quarante des trois cent trois votes des grands électeurs. Pour l'en empêcher, les républicains organisèrent une campagne d'une énergie et d'une qualité oratoire sans précédent. Lincoln garda, pour sa part, le silence traditionnellement observé par les candidats à la présidence[1], mais toutes les autres personnalités du parti, grandes et petites, prirent les tribunes d'assaut et prononcèrent, selon les estimations, cinquante mille discours. Les républicains firent, sous l'égide de Carl Schurz, un effort tout spécial pour entamer la majorité démocrate parmi les Américains d'origine allemande. Ils connurent un certain succès auprès des protestants — peut-être même un succès assez grand pour faire la différence dans deux États où la partie était des plus serrées, l'Illinois et l'Indiana — mais le souvenir tenace de leur flirt avec le nativisme et la tempérance maintint la majeure partie de l'électorat catholique du côté des démocrates[2].

1. Allusion à la coutume du XIXe siècle qui voulait qu'un candidat préservât un silence plein de réticence au lieu de faire des discours et d'accorder des entrevues pour son propre compte.

2. On trouvera des interprétations conflictuelles concernant le comportement, jamais éclairci, de l'électorat allemand en 1860, dans les essais réunis par Frederick C. Luebke (éd.), *Ethnic Voters and the Election of Lincoln* (Lincoln, Neb., 1971). Les estimations les plus récentes sur les suffrages allemands figurent chez William E. Gienapp, « Who Voted for Lincoln ? », John L. Thomas (éd.), *Abraham Lincoln and the American Political Tradition* (Amherst, 1986), p. 50-97 ; Gienapp a découvert que la proportion d'Américains d'origine allemande ayant voté pour Lincoln en 1860 était inférieure à cinquante pour cent, mais qu'elle avait néanmoins augmenté de façon spectaculaire depuis 1856 et qu'elle avait peut-être fourni aux républicains la marge nécessaire à la victoire, non seulement dans l'Illinois et l'Indiana, mais aussi en Pennsylvanie.

Rompant hardiment avec la tradition, Douglas fit campagne pour lui-même. Mal portant, enroué, il n'en sillonna pas moins tout le pays (à l'exception de la côte ouest) entre juillet et novembre, à l'occasion d'une tournée épuisante qui contribua beaucoup, indéniablement, à hâter sa mort prématurée l'année suivante. Ce fut une tentative courageuse, mais vaine. Douglas répéta à qui voulait l'entendre, dans le Nord comme dans le Sud, qu'il était l'unique candidat *national*, le seul dirigeant capable de sauver le pays de la désunion, mais dans la réalité, les démocrates de Douglas formaient un parti à peine plus national que les républicains. La plupart des démocrates du Sud peignaient Douglas sous un jour presque aussi noir que Lincoln et de surcroît le considéraient comme un traître. Douglas n'obtint d'ailleurs que douze pour cent des suffrages exprimés dans le Sud.

Toutefois, si l'accusation de sectionnalisme traditionnellement portée par les démocrates contre les républicains manquait pour une fois de crédibilité, la vieille recette qui consistait à monter en épingle leur égalitarisme racial restait toujours aussi efficace. Les républicains étaient même encore plus vulnérables, sur ce chapitre, car ils avaient soumis un amendement à la Constitution de l'État de New York, afin d'accorder le droit de vote aux Noirs [1]. Si vous voulez voter « au coude à coude avec un Négro grand et gros », scandaient les orateurs démocrates (refrain repris en chœur par leur presse), si vous voulez soutenir « un parti qui dit qu'*un Nègre vaut mieux qu'un Irlandais* », si vous êtes « prêt à partager votre patrimoine avec le Nègre [...], votez donc pour le candidat républicain [2] ». Dans une parade new-yorkaise, on put même voir, sur un char démocrate, des effigies grandeur nature de Horace Greeley et « d'une belle garce de Négresse qu'il caressait avec toute l'affection d'un vrai républicain ». Une banderole proclamait que « l'amour libre et les Nègres libres éliront très certainement ce vieil Abe ». « [Si Lincoln est élu], prédisait le *New York Herald*, le plus grand journal démocrate du pays, des centaines de milliers [d'esclaves fugitifs] émigreront dans le Nord vers leurs amis — les républicains — et ces derniers les mettront en concurrence avec les Blancs. [...] L'amalgame des Africains et des ravissantes filles des races anglo-saxonne, celte et teutonne sera bientôt leur lot pendant l'âge d'or du règne républicain [3]. »

1. Dans l'État de New York, les Noirs n'avaient le droit de voter que s'ils pouvaient prouver qu'ils possédaient pour deux cent cinquante dollars de biens, restriction qui ne s'appliquait pas aux Blancs. L'amendement en question aurait supprimé cette clause frappant les électeurs noirs.

2. *Albany Argus*, 7 sept. 1860, *Ovid Bee*, 7 nov. 1860, cités par Phyllis F. Field, *The Politics of Race in New York : The Struggle for Black Suffrage in the Civil War Era* (Ithaca, 1982), p. 116, p. 118 ; *New York Herald*, 5 nov. 1860 ; Albon Man Jr., « Labor Competition and the New York Draft Riots of 1863 », *Journal of Negro History*, n° 36 (1951), p. 379.

3. *New York Herald*, 24 oct., 5 nov. 1860, cités par Field, *Politics of Race*, p. 117, et Man, « Labor Competition and the New York Draft Riots », p. 378-379.

Cette attaque découragea plus d'un républicain. Bien que la plupart des organes du parti à New York soutinssent l'amendement en faveur de l'égalité du suffrage, peu d'orateurs le mentionnèrent et le parti ne se démena guère pour le défendre. Près d'un tiers des électeurs républicains se joignirent à la quasi-totalité des démocrates pour le repousser, infligeant à cette mesure une défaite retentissante, alors même que Lincoln avait été le candidat choisi par New York[1]. Et dans le bas du Nord en général, les républicains n'insistèrent pas sur l'aspect moral de l'esclavage, préférant faire la part belle à d'autres questions d'intérêt régional. En Pennsylvanie et dans le New Jersey, ils parlèrent des tarifs douaniers ; de l'Ohio à la Californie, ils se présentèrent sous les traits du parti qui défendait le *homestead* (l'attribution des parcelles de terre), les améliorations intérieures et le chemin de fer vers le Pacifique. Ce qui priva les démocrates de bonnes occasions d'exploiter la question raciale. « Dans leurs discours, les républicains ne soufflent pas mot du problème des Nègres, se plaignit un démocrate de Pennsylvanie, il n'est question que de tarifs douaniers. » Inutile de dire que la position des républicains sur ces points constituait une attaque de flanc contre le pouvoir esclavagiste. Après que Buchanan eut opposé son veto au projet de loi sur les parcelles de terre, il se trouva même un journal démocrate de l'Iowa pour traiter le Président de « vieux pécheur » et ses complices nordistes de « proxénètes et mercenaires » des « propagandistes de l'esclavage[2] ».

L'Administration Buchanan offrit en outre un autre thème de choix aux républicains : la corruption. Les Américains avaient toujours considéré les malversations et abus de pouvoir commis par des fonctionnaires publics comme l'un des plus graves dangers menaçant la liberté républicaine. Or, non seulement Buchanan était, aux yeux des républicains, l'outil complaisant du pouvoir esclavagiste, mais en outre son administration tout entière était, pour reprendre les mots de l'historien Michael Holt, « indéniablement la plus corrompue qu'il y ait eu avant la guerre civile et l'une des plus corrompues de toute l'histoire des États-Unis[3] ». La révélation de toutes ses fraudes remplissait un énorme tome compilé par une commission d'enquête de la Chambre. Le rapport de la commission sortit des presses en juin 1860, juste à temps pour que les républicains s'en servissent comme matériel de campagne, en en distribuant une édition abrégée.

Ce rapport couronnait toute une série d'enquêtes préalables, révélant un lamentable passé de pots-de-vin et de prévarications dans les contrats

---

1. Il y eut trente-sept pour cent de voix en faveur de l'amendement, alors que Lincoln avait recueilli cinquante-quatre pour cent des suffrages à New York.

2. Lettre de — Helfenstein à Stephen A. Douglas, 31 juillet 1860, citée par Reinhard H. Luthin, *The First Lincoln Campaign* (Cambridge, Mass., 1944), p. 208 ; *Dubuque Herald*, cité in *ibid.*, p. 179.

3. Michael F. Holt, *The Political Crisis of the 1850s* (New York, 1978), p. 214.

gouvernementaux, dans la fonction publique et jusque dans les rangs du Congrès. Les ministères de la Guerre et de la Marine avaient, sans le moindre appel d'offres, octroyé des contrats aux firmes qui contribuaient à financer le parti démocrate. A New York et Chicago, pendant des années, sous l'Administration Buchanan comme sous celle de Pierce avant elle, les receveurs des postes avaient détourné les deniers publics vers les coffres de leur parti. Les démocrates avaient utilisé une fraction de cet argent pour les élections au Congrès de 1858. Ils avaient aussi soudoyé des juges pour qu'ils accordassent une naturalisation prématurée à des immigrants que l'on avait alors envoyé voter dans les États clefs qu'étaient la Pennsylvanie et l'Indiana en 1856 ; et ils avaient « colonisé » les ouvriers irlandais occupés à construire les chemins de fer en Indiana pour mieux pousser cet État dans la corbeille de Buchanan. En 1860, le receveur des postes de New York s'enfuit à l'étranger, lorsque des commissaires aux comptes découvrirent dans ses caisses un trou de cent cinquante-cinq mille dollars. En cherchant bien, la commission de la Chambre découvrit même la preuve que l'Administration avait payé des membres du Congrès pour qu'ils votassent en faveur de l'admission du Kansas doté de la Constitution de Lecompton. Les contrats signés par le gouvernement pour l'impression de tous les documents administratifs, qui avaient toujours été une source de « parrainage » fort lucrative, se révélèrent plus scandaleux que jamais sous Buchanan. Des pots-de-vin très largement supérieurs aux frais d'impression avaient trouvé le chemin du trésor de guerre démocrate.

John Floyd, ministre de la Guerre, offrait la cible la plus tentante aux adeptes de la prévarication. Il avait vendu, à un consortium à la tête duquel se trouvaient de bons amis à lui, des biens gouvernementaux pour une somme de très loin inférieure à leur valeur réelle. Il avait aussi signé des factures « gonflées », présentées au ministère de la Guerre par un fournisseur qui connaissait des difficultés financières, lequel utilisa alors ces factures comme garanties pour obtenir des prêts bancaires et des obligations négociables d'un fonds fiduciaire indien du ministère de l'Intérieur. Quoique en partie révélée avant les élections, la complicité de Floyd dans cette affaire ne fut pleinement connue qu'au mois de décembre 1860, date à laquelle Buchanan l'autorisa à démissionner sans prendre aucune sanction à son encontre. Floyd, originaire de Virginie, se déclara alors en faveur de la sécession et rentra chez lui, où les compatriotes qui partageaient ses opinions le fêtèrent et firent l'éloge de l'une de ses dernières décisions ministérielles — un ordre (ultérieurement révoqué) de transférer cent vingt-cinq canons de Pittsburgh à des arsenaux du Mississippi et du Texas[1].

1. Michael F. Holt, « James Buchanan, 1857-1861 », in C. Vann Woodward (éd.), *Responses of the Presidents to Charges of Misconduct* (New York, 1974), p. 86-96 ;

Les républicains tirèrent un parti énorme de ces scandales. Certes, Buchanan ne sollicitait pas de second mandat et la plupart des démocrates du Nord avaient déjà désavoué son Administration, mais l'on avait aussi surpris certains démocrates de Douglas la main dans la caisse et le parti tout entier portait la souillure de la corruption. « [Le] pillage du Trésor public, tonnait le programme républicain, montre bien qu'un changement complet d'administration s'impose impérativement. » Les républicains en campagne combinèrent cette croisade pour « éjecter les gredins », à des attaques contre le pouvoir esclavagiste. Les révélations de malversations, déclara Charles Francis Adams, avaient permis de montrer comment « les intérêts esclavagistes en [étaient] venus à tenter de soudoyer la population des États libres avec son propre argent, à seule fin de se maintenir aux commandes du gouvernement ». « [Il existe] non pas un seul, mais deux conflits irrépressibles, expliquait Horace Greeley, le premier entre [...] le travail libre [...] et l'agressive et avide propagande de l'esclavage [... le second] entre une administration honnête d'une part, et de l'autre une corruption universelle du pouvoir exécutif, un pouvoir législatif soudoyé et de louches tripotages de spéculateurs boursiers ; et nous nous rendons compte que l'honnête Abe Lincoln est l'homme qui saura nous guider dans l'un et dans l'autre[1]. » L'avenir devait révéler que bon nombre de républicains n'étaient pas non plus des modèles de vertu, mais en 1860, le parti pouvait encore brandir la bannière immaculée de la liberté contre les vieux démocrates esclavagistes, fourbus et corrompus.

Cependant, une partie du message républicain sonnait désagréablement aux oreilles de certains électeurs. Lorsque les orateurs du parti évoquaient l'esclavage, surtout dans les États septentrionaux du Nord, ils prenaient souvent soin de préciser qu'eux-mêmes représentaient « le parti de l'homme blanc ». En excluant l'esclavage des territoires, soulignaient-ils, on en excluait la concurrence des Noirs avec les colons blancs. Cette rhétorique incita plusieurs abolitionnistes à proclamer que les républicains ne valaient pas mieux que les démocrates de Douglas. William Lloyd Garrison était convaincu que « le parti républicain ne [comptait] rien faire, ne [pouvait] rien faire pour abolir l'esclavage dans les États où il [existait] ». Wendell Phillips alla même jusqu'à traiter Lincoln de « chien esclavagiste de l'Illinois », parce qu'il avait refusé de préconiser l'abrogation de la loi sur les esclaves fugitifs[2].

David E. Meerse, « Buchanan, Corruption and the Election of 1860 ». *CWH*, n° 12 (1966), p. 116-131 ; Nichols, *Disruption of American Democracy*, p. 284-287, p. 328-331 ; Nevins, *Emergence*, t. II, p. 196-200, p. 372-75.

1. Merse, « Buchanan, Corruption in the Election of 1860 », p. 124, p. 125.

2. On trouvera ces citations et d'autres de la même encre chez James M. McPherson, *The Struggle for Equality : Abolitionists and the Negro in the Civil War and Reconstruction* (Princeton, 1964), p. 11-18 ; et chez McPherson, *The Negro's Civil War* (New York, 1965), p. 3-10.

Toutefois, certains républicains satisfaisaient presque aux critères des abolitionnistes. Dans les États les plus au nord, la vieille ferveur évangélique contre la servitude imprégnait leurs harangues. Après la convention républicaine, Seward redécouvrit « le conflit irrépressible ». Il n'y eut pas jusqu'au Missouri où il ne proclamât hardiment que la liberté « ne saurait manquer de s'imposer ». « Comme elle l'a déjà fait dans dix-huit États de notre Union, poursuivit-il, elle passera forcément dans les quinze qui restent [...] pour la bonne et simple raison qu'elle se répand dans le monde entier[1]. »

John Andrew, du Massachusetts, et Austin Blair, du Michigan, candidats au poste de gouverneurs, Charles Sumner, Salmon P. Chase et Benjamin Wade, sénateurs, George W. Julian et Thaddeus Stevens, représentants, presque tout le parti républicain du Vermont et une quantité d'autres dirigeants du parti avaient toutes les caractéristiques d'authentiques abolitionnistes sauf le nom. Beaucoup d'entre eux étaient effectivement en faveur d'une abrogation de la loi sur les esclaves fugitifs, ainsi que de l'abolition de l'esclavage dans le district de Columbia et l'interdiction du commerce d'esclaves entre les États.

Convaincus que ces hommes incarnaient l'esprit de progrès et la force future du parti républicain, de nombreux abolitionnistes soutinrent le parti en 1860. « L'élection de Lincoln indiquera un mouvement dans la bonne direction », écrivit l'un d'eux, tandis que Frederick Douglass reconnaissait : « [Une victoire républicaine] devrait être et sera saluée comme un triomphe antiesclavagiste[2]. » C'était bien aussi l'avis des sudistes. Les démocrates au sud du Potomac tenaient Lincoln pour « un véritable bandit frontalier, un Free Soiler, impitoyable et obstiné [...], un vulgaire populocrate qui hait le Sud [...], un illettré imbu de préjugés [...] qui n'obéit qu'à sa seule haine invétérée de l'esclavage et à sa prédilection avouée pour l'égalité des Noirs ». A mesure que les élections approchaient et qu'il devenait de plus en plus probable qu'un Nord solidement uni permettrait à Lincoln d'accéder à la présidence, on vit un mélange explosif d'hystérie, d'accablement et d'ivresse envahir le Sud. Les Blancs redoutaient de voir arriver de nouveaux John Brown, encouragés par les républicains noirs triomphants; les unionistes désespéraient de l'avenir; les sécessionnistes se délectaient d'avance à l'idée de l'indépendance du Sud. Les conditions météorologiques elles-mêmes, en cet été de 1860, se mirent à l'unisson du climat politique : une grave sécheresse et une canicule prolongée flétrirent les récoltes du Sud et mirent les nerfs à très rude épreuve[3].

---

1. Emerson D. Fite, *The Presidential Campaign of 1860* (New York, 1911), p. 192.
2. McPherson, *Struggle for Equality*, p. 16 ; McPherson, *Negro's Civil War*, p. 8.
3. *Charleston Mercury*, 15 oct. 1860, et *Richmond Enquirer*, 21 mai 1860, cités par Craven, *Growth of Southern Nationalism*, p. 346. William L. Barney, *The Secessionist Impulse : Alabama and Mississippi in 1860* (Princeton, 1974), p. 153-163, comporte une analyse très clairvoyante de l'impact de la sécheresse sur le comportement politique du Sud.

Des récits de révoltes d'esclaves faisant suite à des visites de mystérieux yankees, des rumeurs d'incendies, de viols, d'empoisonnements perpétrés par les esclaves envahirent la presse sudiste, mais ces horreurs, comme par hasard, ne semblaient jamais survenir dans le proche voisinage du journal qui les signalait. A vrai dire, beaucoup d'entre elles avaient pour cadre le lointain Texas. Et, curieusement, seuls les journaux soutenant la candidature de Breckinridge se faisaient l'écho de ces événements. Les organes favorables à Bell et à Douglas poussèrent même l'effronterie jusqu'à accuser les démocrates partisans de Breckinridge d'inventer « des mensonges et des fables à sensation » afin de « soulever les passions de la population et de la pousser vers le mouvement sudiste de désunion[1] ».

Cette accusation, cependant, ne devait pas être fondée, puisqu'un personnage aussi éminent que R.S. Holt, riche planteur du Mississippi et frère du ministre des Postes, n'hésita pas à déclarer : « Nous avons constamment l'avant-goût de ce que signifie la fraternité nordiste, avec des incendies presque quotidiens et la découverte de poison, de couteaux et de pistolets distribués à nos esclaves par des émissaires envoyés dans ce seul but. [...] On ne saurait trouver, dans tous les États de plantations, dix kilomètres carrés où les pieds d'un ou plusieurs de ces scélérats n'aient laissé leurs empreintes. [...] Heureusement, ajoutait Holt, des miracles et la providence [avaient empêché leurs] projets infernaux [d'aboutir]. » Toutefois Lawrence M. Keitt, député de Caroline du Sud, n'était lui guère disposé à s'en remettre à la providence. « Je vois du poison dans les puits du Texas et les demeures de l'Alabama promises au feu, écrivit-il. Comment pourrions-nous le tolérer ? [...] *C'est une raison suffisante pour risquer la désunion*[2]. »

Ce fut en vain qu'un conservateur du Sud fit alors remarquer que la plupart de ces récits d'atrocités « se révélaient, quand on les examinait d'un peu près, être tout à fait faux et, *tous autant qu'ils [étaient]*, grossièrement exagérés[3] ». « Les esprits des gens sont surexcités jusqu'à un point qu'on n'a probablement jamais connu dans l'histoire de notre pays », observa un Mississippien à la veille des élections. Un des collaborateurs d'un hebdomadaire méthodiste du Texas était certain que « ce que les abolitionnistes [avaient] en tête, c'[étaient...] le poison [et] le feu », afin de noyer le Sud sous un « déluge de sang et de flammes [...] et de forcer ses ravissantes filles à se soumettre en tant qu'épouses à l'étreinte des Nègres ». Pour irrationnelles que fussent ces craintes, la réaction n'en fut pas moins réelle : surveillance et justice sommaire,

1. Crenshaw, *Slave States in the Presidential Election of 1860*, p. 97 et p. 97n.
2. Lettre de R.S. Holt à Joseph Holt, 9 nov. 1860, lettres de Lawrence Keitt à James Hammond, 10 sept., 23 oct. 1860, in Crenshaw, *Slave States in the Presidential Election of 1860*, p. 105-106, p. 108.
3. William L. Barney, *The Road to Secession A New Perspective on the Old South* (New York, 1972), p. 149.

à côté desquelles la panique engendrée par l'affaire Brown l'hiver précédent faisait figure de gentil amusement de boy-scout. « Mieux vaut pendre quatre-vingt-dix-neuf (suspects) innocents, que de laisser échapper un seul coupable, écrivit un Texan, car ce coupable met en danger la paix de la société[1]. »

Cette hystérie collective incita même les unionistes du Sud à avertir les yankees qu'une victoire républicaine sonnerait immanquablement l'heure de la désunion. « L'élection de Lincoln est une cause suffisante pour justifier la Sécession » : tel était le titre d'un discours électoral prononcé par un partisan de Bell en Alabama. « Notre gouvernement et le républicanisme noir ne sauraient cohabiter, soulignait Benjamin H. Hill, un modéré de Géorgie. [...] Jamais on n'a vu à ce jour, dans l'histoire du monde, quatre milliards de biens se demander s'ils devaient se soumettre à l'autorité d'un ennemi. » Pour ne pas être en reste de patriotisme sudiste, le principal journal de Géorgie favorable à Douglas crut bon de fulminer : « Peu nous importe les conséquences — que le Potomac s'empourpre de sang humain ou que Pennsylvania Avenue soit pavée de cadavres mutilés sur vingt mètres de profondeur. [...] Jamais le Sud ne se soumettra à une dégradation et une humiliation telles que l'entrée en fonction d'Abraham Lincoln[2]. »

La fièvre gagna les États limitrophes. Un rédacteur en chef unioniste de Louisville avoua avoir reçu des centaines de lettres « nous informant toutes d'une volonté ferme et largement répandue de rompre avec l'Union », si jamais Lincoln était élu. « Nous reconnaissons volontiers que les conspirateurs sont fous, mais pour le moment cette folie domine », concluait-il. John J. Crittenden, le doyen de l'unionisme dans le Kentucky, héritier de la tradition de nationalisme naguère défendue par Henry Clay, prononça juste avant le scrutin un discours dans lequel il s'élevait contre le « profond fanatisme » des républicains. « [Ils] croient qu'il est de leur devoir de détruire [...] l'homme blanc pour que le Noir soit libre. [... Le Sud] en est venu à la conclusion que si par hasard Lincoln était élu [...], il ne saurait se soumettre aux conséquences et donc, pour échapper à son sort, il ferait sécession de l'Union[3]. »

Les républicains refusèrent de prendre ces mises en garde au sérieux. Ils les avaient déjà entendues, et des douzaines de fois, sinon plus. En 1856, les démocrates avaient brandi la menace de désunion pour inciter les nordistes affolés à voter pour eux. Les républicains croyaient

1. *Natchez Free Trader*, 2 nov. 1860, et *Texas Christian Advocate*, cités par Crenshaw, *Slave States in the Presidential Election of 1860*, p. 111, p. 95-96 ; le Texan est cité par Reynolds, *Editors Make War*, p. 103-104.

2. John V. Mering, « The Constitutional Union Campaign of 1860 : An Example of the Paranoid Style », *Mid-America*, n° 60 (1978), p. 101 ; Dwight L. Dumond, *The Secessio Movement, 1860-1861* (New York, 1931), p. 106, p. 104.

3. *Louisville Daily Journal*, 13 août 1860, in Dumond (éd.), *Southern Editoriais on Secession*, p. 159 ; Mering, « The Constitutional Union Campaign of 1860 », p. 99.

sincèrement qu'ils recommençaient de plus belle. « [C'est] la bonne vieille méthode qui consiste à effrayer et malmener le Nord pour qu'il se soumette aux exigences du Sud », déclara le maire républicain de Chicago. Dans un discours prononcé à Saint Paul, Seward tourna en ridicule ce nouvel effort sudiste « pour terrifier ou alarmer » les nordistes. « Qui a peur ? (*Rires et cris dispersés* : — Personne !) Personne n'a peur ; personne ne se laissera avoir. » Lincoln lui-même ne s'attendait pas à « une bien redoutable tentative de briser l'Union. Les habitants du Sud [avaient] trop de bon sens, pensait-il, pour chercher à causer la ruine du gouvernement[1]. »

Le recul historique permet de constater que les sudistes ne parlaient pas en l'air. Deux historiens perspicaces ont soutenu que les républicains avaient commis une « erreur fatale[2] », en refusant de prendre leurs avertissements au sérieux. Mais, à vrai dire, on ne voit pas très bien ce qu'ils auraient pu faire pour calmer les angoisses du Sud, sinon dissoudre leur parti et proclamer que l'esclavage était un bienfait sans mélange. Une commission de la législature de Virginie n'avait-elle pas déclaré : « L'existence même d'un tel parti est une offense envers le Sud tout entier. » Un journaliste de la Nouvelle-Orléans considérait chaque voix nordiste accordée à Lincoln comme « *une insulte et un outrage délibérés, assénés de sang-froid* » à l'honneur du Sud. Ce n'était pas tant ce que les républicains risquaient de faire que ce qu'ils incarnaient qui excitait le courroux des sudistes. « Plus que n'importe quel autre "acte manifeste", déclara un député de Caroline du Nord, la simple élection de leur candidat exige impérativement la résistance de notre part[3]. »

Lincoln repoussa les supplications des conservateurs, le pressant de faire une déclaration pour amadouer le Sud. « Que pourrais-je bien dire qui soit susceptible d'apaiser leurs alarmes ? demanda-t-il en octobre. Dois-je dire qu'il n'y aura nulle ingérence du gouvernement envers l'esclavage ou les esclaves à l'intérieur des États ? Je l'ai dit si souvent déjà qu'une nouvelle répétition frôlerait le grotesque et présenterait même une apparence de faiblesse. » Lincoln, au demeurant, aurait été tout disposé à réitérer de telles assurances, « si cela ne risquait pas d'encourager certains hommes, aussi outrecuidants que scélérats [...], toujours à l'affût de quelque nouveauté sur laquelle greffer un surcroît de faussetés ». « Des hommes, ajoutait-il, qui aimeraient me faire peur ou, pour le moins, m'imputer un naturel timoré et poltron. Ils s'empareraient de toute lettre

1. *New York Herald*, 1er août, 18 oct. 1860 ; *CWL*, t. IV, p. 95.
2. Nevins, *Emergence*, t. II, p. 305 ; Potter, *Impending Crisis*, p. 433.
3. *New Orleans Crescent*, 9 nov. 1860, cité par Craven, *Growth of Southern Nationalism*, p. 358 ; le comité de l'assemblée législative de Virginie cité par Villard, *John Brown*, p. 567 ; *CG*, 36e Cong., 1re Sess., p. 455.

que je pourrais écrire, ou presque, en proclamant qu'il s'agit d'une "*sacrée reculade ?*"[1]. »

Douglas, pour sa part, disait ce qu'il pensait. Lors de sa première incursion dans le Sud, il déclara à des auditoires de Caroline du Nord qu'il « pendrait haut et court quiconque tenterait [...] de rompre l'Union en résistant à ses lois ». Au mois d'octobre, faisant campagne dans l'Iowa, il apprit que les républicains avaient remporté triomphalement des élections à la législature en Pennsylvanie, dans l'Ohio et en Indiana[2] et il déclara aussitôt à son secrétaire privé : « M. Lincoln est notre prochain Président. Il faut essayer de sauver l'Union. Je pars dans le Sud. » Et il partit, en effet, dans le Tennessee, en Géorgie et en Alabama, non sans risques pour sa santé faiblissante et même pour sa vie. Courageusement, Douglas répéta ses mises en garde contre la sécession. Le Nord tout entier se soulèverait pour l'empêcher, assura-t-il sans mâcher ses mots. « Je soutiens que l'élection de quelque homme que ce soit par le peuple américain, conformément à la Constitution, ne saurait justifier la destruction de notre gouvernement. » Les sudistes l'écoutèrent, mais sans l'entendre[3].

Le seul lambeau d'espoir qui restât aux démocrates était une « fusion » des trois partis d'opposition dans les États clefs du Nord, afin de priver Lincoln des voix de leurs grands électeurs et de confier à la Chambre le soin d'élire le Président. Malheureusement, le contentieux qui existait entre Douglas et Buchanan gênait la coopération, tandis que les antécédents Know-Nothings des unionistes constitutionnels engendraient la méfiance parmi les démocrates nés en terre étrangère. Après bien des réunions, dans des pièces enfumées, des modalités de fusion parmi les trois partis se dessinèrent à New York et Rhode Island. Trois des sept grands électeurs du New Jersey se présentèrent sur une liste de fusion ; en Pennsylvanie, les grands électeurs des factions Breckinridge et Douglas parvinrent à s'unir, mais un groupe rebelle de démocrates partisans de Douglas refusa de soutenir leur liste. Tous ces efforts furent vains. Malgré cette opposition, Lincoln recueillit la majorité à New York, en Pennsylvanie et à Rhode Island ; les trois grands électeurs du New Jersey partisans de la fusion donnèrent à Douglas ses seules voix de grands électeurs dans le Nord. Il obtint aussi le mandat du Missouri, alors que Bell s'assurait ceux de la Virginie, du Kentucky et de son Tennessee natal. Breckinridge s'imposa dans le reste du Sud, remportant quarante-cinq

1. Lettre de Lincoln à George T. M. Davis, 17 octobre 1860 ; lettre de Lincoln à George D. Prentice, 19 oct. 1860, in *CWL*, t. IV, p. 132-133, p. 135.

2. Dans plusieurs États, les élections locales avaient lieu à une autre date que l'élection présidentielle qui, alors comme aujourd'hui, se tenait le mardi suivant le premier lundi du mois de novembre.

3. Johannsen, *Douglas*, 788-803.

pour cent des suffrages exprimés dans cette section du pays, contre trente-neuf pour cent à Bell[1]. Lincoln ne recueillit que quarante pour cent des suffrages exprimés au plan national (cinquante-quatre pour cent dans le Nord), mais ses cent quatre-vingts voix de grands électeurs lui donnaient une confortable avance par rapport au minimum nécessaire de cent cinquante-deux voix. L'opposition se fût-elle regroupée contre lui dans tous les États libres, il n'aurait perdu que le New Jersey, la Californie et l'Oregon, s'assurant quand même la présidence avec cent soixante-neuf voix de grands électeurs[2].

Pour les sudistes, la caractéristique la plus menaçante de cette élection était l'ampleur de la victoire républicaine au nord du 41e parallèle. Dans ces régions, Lincoln récolta plus de soixante pour cent des suffrages, perdant à peine deux douzaines de comtés. Les trois quarts des représentants et sénateurs républicains au Congrès suivant représenteraient cette portion « yankee » et antiesclavagiste des États libres. « [Ces faits sont] lourds d'une funeste signification », assura le *New Orleans Crescent*. « L'on peut désormais oublier les futiles bavardages électoraux sur le conservatisme du Nord, renchérissait le *Richmond Examiner*. Un parti fondé sur un unique sentiment [...], à savoir la haine de l'esclavage des Africains, est aujourd'hui le pouvoir qui contrôle notre pays. » Et le *New Orleans Delta* de conclure que personne ne pouvait plus « se leurrer de l'illusion [...] que le parti des républicains noirs [était un parti] modéré. C'[était] en fait essentiellement un parti révolutionnaire[3] ».

Que le parti fût ou non révolutionnaire, les antiesclavagistes s'accordaient à dire qu'une révolution avait eu lieu. « Nous vivons des temps révolutionnaires, écrivit un Free Soiler de l'Illinois, et moi, je dis : Dieu bénisse la révolution. » Charles Francis Adams, dont les père et grand-père avaient tous deux été privés d'un second mandat présidentiel par les propriétaires d'esclaves, nota dans son journal intime, au

1. En Caroline du Sud, les grands électeurs étaient encore choisis par la législature. Les suffrages exprimés auraient assuré à Breckinridge une majorité écrasante.

2. Rappelons que, d'après la Constitution, le Président et le vice-président sont élus au suffrage indirect par un collège de grands électeurs « nommés par les États selon un mode déterminé par leur législature, en nombre égal au total des sénateurs et du ou des représentant(s) dont cet État dispose au Congrès ». Ce système favorise les États peu peuplés (puisqu'ils ont deux sénateurs comme les États très peuplés) et ceux où la marge de victoire est très étroite par rapport aux États où le vainqueur a une forte majorité. Il est donc fréquent que le vainqueur emporte une majorité de grands électeurs supérieure à celle qu'il obtient chez les simples électeurs, comme ce fut le cas en 1860 et le sera également en 1892, 1912, 1948, 1960 et 1968. (NdE.)

3. *New Orleans Daily Crescent*, 13 nov. 1860, et *Richmond Semi-Weekly Examiner*, 9 nov. 1860, cités par Dumond (éd.), *Southern Editorials on Secession* p. 237, p. 223 ; *New Orleans Daily Delta*, 3 nov. 1860, cité par Peyton McCrary, *Abraham Lincoln and Reconstruction : The Louisiana Experiment* (Princeton, 1978), p. 52.

lendemain de la victoire de Lincoln : « La grande révolution est survenue [...]. Une fois pour toutes, le pays a rejeté le joug des propriétaires d'esclaves[1]. »

Chapitre VIII

LA CONTRE-RÉVOLUTION DE 1861

I

En 1776, le 2e Congrès continental avait délibéré quatorze mois, avant de déclarer l'indépendance des États-Unis. La rédaction de la Constitution américaine et la mise en route du gouvernement demandèrent près de deux ans. Par contraste, trois petits mois après l'élection de Lincoln, les États confédérés d'Amérique s'étaient organisés, avaient rédigé une Constitution et avaient ouvert boutique à Montgomery, en Alabama.

Si le Sud réagit avec une telle promptitude, ce fut — ce qui pourrait paraître paradoxal — parce que la sécession se fit État par État au lieu d'être le fruit d'une action collective. Ayant encore présente à l'esprit la leçon de 1850 — à l'époque, on se le rappelle, la convention de Nashville s'était transformée en un forum de la prudence et des atermoiements — les mangeurs de feu étaient bien décidés à éviter cette fois-ci une convention des États[2], tant que la sécession de plusieurs d'entre eux ne pourrait être présentée comme un fait accompli. Ainsi, le terrain ayant été depuis longtemps labouré et planté, la moisson de la désunion intervint très vite après l'orage de l'élection présidentielle.

Comme on pouvait s'y attendre, la Caroline du Sud fut la première à réagir. « Il n'y a rien, dans toutes les obscures cavernes de la passion humaine, d'aussi cruel et assassin que la haine que les Caroliniens du Sud professent envers les yankees », écrivit depuis Charleston le correspondant du *Times* de Londres. L'inimitié des Grecs à l'égard des

---

1. Lettre de Horace White à Lyman Trumbull, 30 déc. 1860, citée par William E. Baringer, *A House Dividing : Lincoln as President Elect* (Springfield, Ill., 1945), p. 236 ; Adams, cité par Eric Foner, *Free Soil, Free Labor, Free Men : The Ideology of the Republican Party before the Civil War* (New York, 1970), p. 223.

2. Dans le système politique américain, la démocratie représentative s'exerçait sous sa forme la plus directe par une convention d'État, dont les délégués étaient choisis par les électeurs pour étudier une question spécifique. C'étaient des conventions de ce type qui avaient ratifié la Constitution du pays en 1788 ; en 1860 et 1861, les législatures de certains États réunirent des conventions pour statuer sur le problème crucial de leur retrait de l'Union.

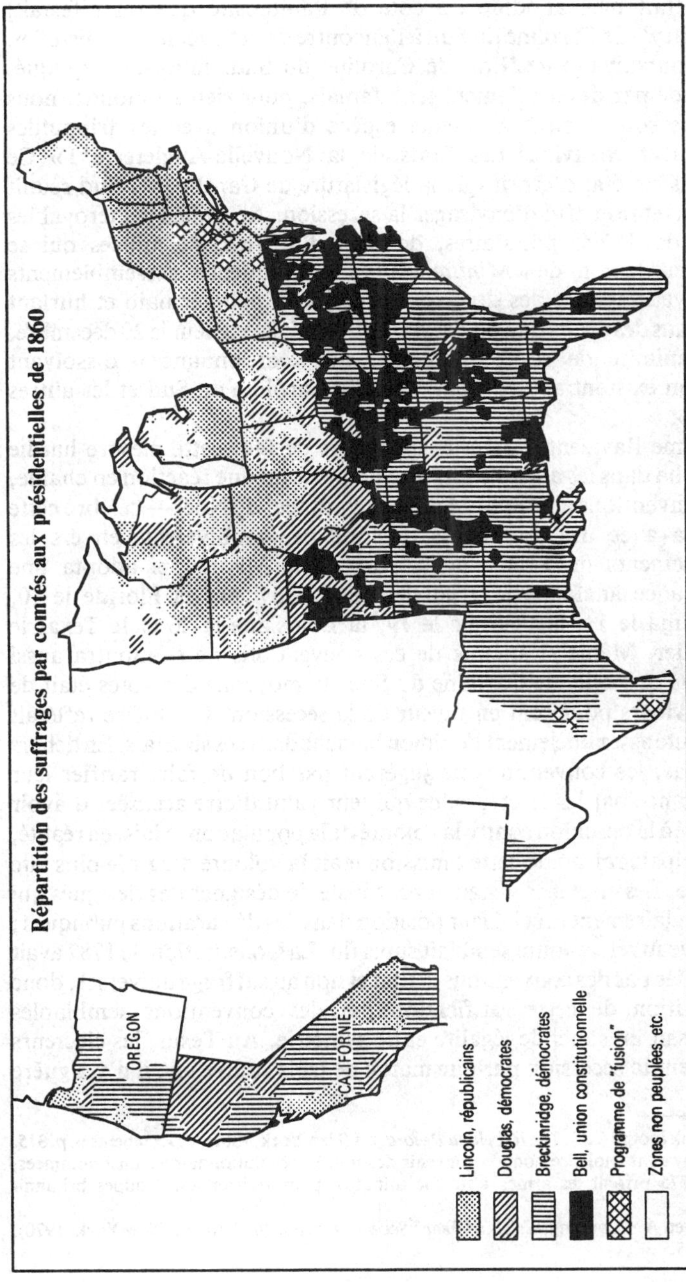

LES ÉLECTIONS DE 1860

Turcs était bien anodine « à côté de l'animosité que [manifestait] la "gentry" de Caroline du Sud à l'encontre de la "racaille nordiste" ». Et il poursuivait : « L'État de Caroline du Sud, m'a-t-on expliqué, fut fondé par des gentlemen. [...] Jamais, pour rien au monde, nous ne nous soumettrons à aucune espèce d'union avec les fripouilles brutales et chauvines des États de la Nouvelle-Angleterre[1] ! » Ce fut dans cet état d'esprit que la législature de Caroline du Sud réunit une convention afin d'envisager la sécession. Au milieu d'incroyables scènes de défilés populaires, de feux d'artifice, de milices qui se donnaient le nom de « *Minute Men*[2] » et d'immenses rassemblements de citoyens agitant des drapeaux ornés d'un palmier nain et hurlant les slogans des droits du Sud, la convention mit en vigueur le 20 décembre, à l'unanimité de ses participants, une « ordonnance » dissolvant « l'union existant actuellement entre la Caroline du Sud et les autres États[3] ».

Comme l'avaient espéré les mangeurs de feu, cette mesure hardie déclencha dans les autres États du Sud profond une réaction en chaîne, avec conventions à l'appui. Après les vacances de Noël — célébré cette année-là avec des sentiments quelque peu ambivalents envers les enseignements du Prince de la paix — le Mississippi adopta une ordonnance analogue le 9 janvier 1861, suivi par la Floride le 10, l'Alabama le 11, la Géorgie le 19, la Louisiane le 26 et le Texas le 1er février. Même si aucune de ces conventions ne se montra aussi unanime que celle de Caroline du Sud, la moyenne des votes était de quatre-vingts pour cent en faveur de la sécession. Ce chiffre reflétait sans doute assez fidèlement l'opinion blanche dans ces six États. En dehors du Texas, les conventions ne jugèrent pas bon de faire ratifier leur ordonnance par les électeurs, ce qui leur valut d'être accusées d'avoir conspiré à la désunion contre la volonté de la population. Mais, en réalité, la principale raison de cette omission était la volonté d'agir le plus vite possible. Les électeurs venaient tout juste de désigner des délégués qui avaient clairement précisé leur position dans des déclarations publiques ; un nouveau référendum semblait superflu. La Constitution de 1787 avait été ratifiée par des conventions d'État et non au suffrage universel ; donc l'annulation de cette ratification par des conventions semblables satisfaisait un souci de légalité et de symétrie. Au Texas, les électeurs ratifièrent la sécession par une marge de trois contre un ; il n'y a guère

1. Frank Moore (éd.), *The Rebellion Record*, t. I (New York, 1861), « Documents », p. 315.
2. Ils avaient choisi ce nom en souvenir des milices révolutionnaires, ainsi nommées, qui en 1775 prirent les armes « en une minute » pour résister aux troupes britanniques.
3. Steven A. Channing, *Crisis of Fear : Secession in South Carolina* (New York, 1970), p. 282-285.

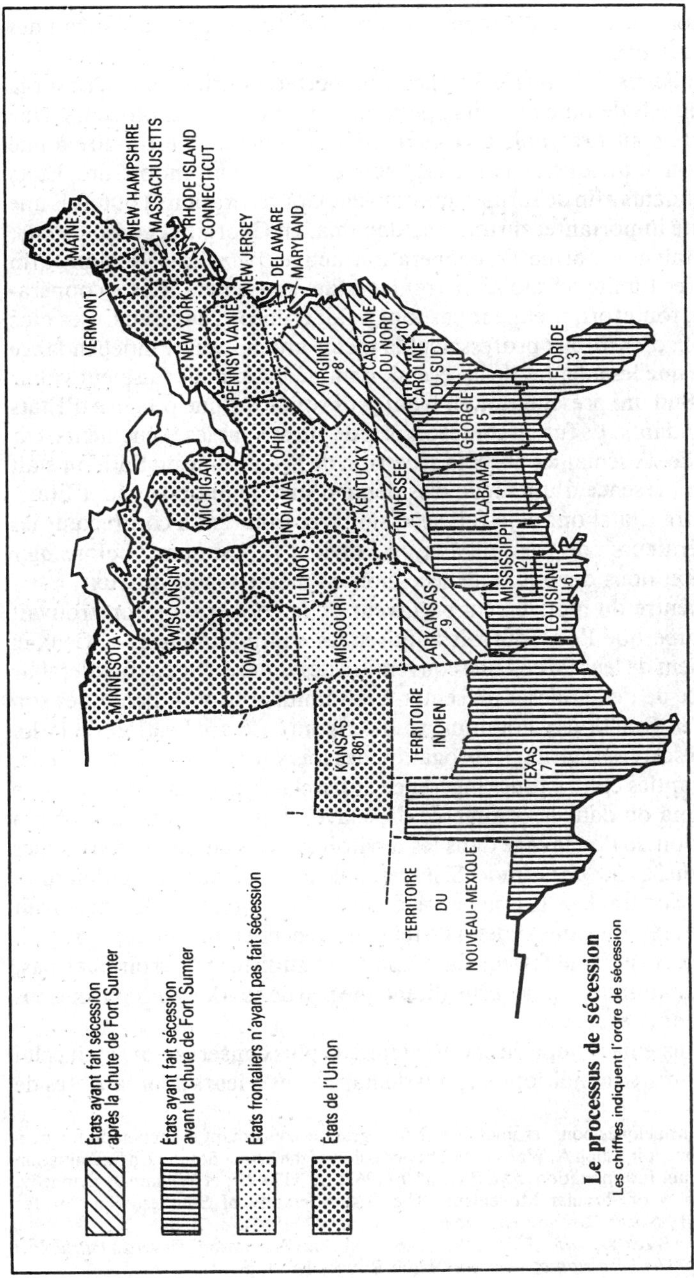

LA SÉCESSION DU SUD

de raisons de croire que le résultat aurait été différent dans aucun des six autres États[1].

Les dissensions dans le Sud profond portèrent principalement sur la tactique et le déroulement des opérations, mais pas sur les objectifs. Une majorité était favorable à la tactique des dominos, c'est-à-dire à une sécession individuelle par État, suivie d'une convention des États indépendants afin de former une nouvelle Confédération. Toutefois une minorité importante, surtout en Alabama, en Géorgie et en Louisiane, souhaitait une forme de coopération active *avant* la sécession, afin d'assurer l'unité au moins parmi les États cotonniers. Ces « coopérateurs », toutefois, n'étaient pas tout à fait d'accord entre eux. Les plus radicaux d'entre eux professaient la même ardeur pour l'indépendance sudiste que les adeptes de la sécession immédiate, mais faisaient valoir qu'un Sud uni présenterait un front plus solide qu'une poignée d'États indépendants. Ils furent toutefois pris de vitesse par les événements, car moins de six semaines après la sécession de la Caroline du Sud, on était déjà en présence d'une ligue dissidente d'une demi-douzaine d'États. « [Quatre États] ont déjà fait sécession, reconnurent à contrecœur les "coopérateurs" de Géorgie à la mi-janvier ; [...] si nous voulons *agir* avec eux, nous devons faire sécession en même temps qu'eux[2]. »

Au centre du mouvement en faveur de la coopération, on trouvait un groupe que l'on pourrait baptiser les « ultimatumistes ». Ceux-ci appelaient de leurs vœux une convention des États du Sud, afin d'établir une liste de demandes à présenter à l'Administration Lincoln dès son entrée en fonctions : notamment une rigoureuse application de la loi sur les esclaves fugitifs, l'abrogation des lois sur la liberté individuelle, des garanties contre toute ingérence antiesclavagiste dans le district de Columbia ou dans le commerce d'esclaves entre les États, et enfin la protection de l'esclavage dans les territoires, tout au moins ceux situés au sud du 36° 30' de latitude. Si les républicains refusaient cet ultimatum, alors le Sud uni leur tirerait sa révérence. Étant donné qu'on ne voyait guère les républicains céder à de telles exigences et que, de toute façon, à supposer qu'ils le fissent, la plupart des sudistes n'y croiraient pas, les « ultimatumistes » ne recueillirent que peu de soutien aux conventions sécessionnistes.

Le troisième groupe de coopérateurs, le plus conservateur, était celui des unionistes conditionnels, qui demandaient à leurs compatriotes de

---

1. Pour quelques bons résumés de l'historiographie concernant le soutien populaire à la sécession, voir Ralph A. Wooster, « The Secession of the Lower South : An Examination of Changing Interpretations », *CWH*, n° 7 (1961), p. 117-127 ; et William J. Donnelly, « Conspiracy or Popular Movement : The Historiography of Southern Support for Secession », *North Carolina Historical Review*, n° 42 (1965), p. 70-84.

2. *Rome Weekly Courier*, 7 janv. 1861, cité par Michael P. Johnson, *Toward a Patriarchal Republic : The Secession of Georgia* (Baton Rouge, 1977), p. 111.

donner à Lincoln la possibilité de faire la preuve de sa modération. Ce n'était que si les républicains commettaient un « acte manifeste » contre les droits du Sud que l'on aurait recours à la mesure de rétorsion radicale qu'était la sécession. Pourtant, bien qu'ils comptassent dans leurs rangs des hommes aussi influents qu'Alexander Stephens, les unionistes conditionnels furent eux aussi balayés par la rapidité des événements. « Les hommes prudents et conservateurs du Sud, écrivit Judah P. Benjamin, sénateur de Louisiane, qui se flattait d'appartenir à leurs rangs, [ne furent pas] capables d'endiguer l'impétueux torrent de passion qui emporte tout devant lui. [...] C'est une révolution [...] de la nature la plus intense qui soit [...] et qui, pour le moment, ne saurait pas plus être arrêtée par les efforts des hommes qu'un feu de prairie par l'arrosoir d'un jardinier[1]. »

D'autres sudistes employèrent des comparaisons de la même encre pour décrire le phénomène. « C'est une vraie tourmente. [...] Les gens sont hors d'eux. [...] Autant essayer de contrôler une tornade que de les arrêter[2]. » La sécession était un acte sans équivoque, bien fait pour soulager la tension insupportable qui s'accumulait depuis des années ; elle permettait de se purger de la peur et de l'hostilité si longtemps refoulées. Ce fut un phénomène *joyeux* qui fit littéralement danser les gens dans la rue. Leur féroce gaieté n'était qu'un avant-goût des foules jubilatoires qui devaient envahir les Champs-Élysées, Unter den Linden et Piccadilly Circus en ce monde tout aussi innocent d'août 1914. Non pas que les foules de Charleston ou de Savannah, qui agitaient leurs drapeaux en chantant, voulussent la guerre, ni même la prévissent ; au contraire, elles croyaient que « les yankees étaient des couards qui ne se battraient pas » — ou en tout cas elles le disaient, pour rassurer les plus timorés. « Pour ce qui est de la guerre civile, notait allègrement un journal d'Atlanta en janvier 1861, ici à Atlanta, on n'a pas la moindre crainte de la voir éclater. » Un journaliste de la campagne estimait que les femmes et les enfants, armés de pistolets à bouchon chargés de « billes en bois du Connecticut », suffiraient à faire détaler tous les yankees qui se risqueraient en Géorgie. James Chestnut, sénateur de Caroline du Sud, offrit de boire tout le sang qui coulerait par la faute de la sécession. Durant ce premier hiver, on entendait dire partout dans le Sud qu'un « dé à coudre [suffirait] à contenir tout le sang versé[3] ».

Les coopérateurs n'en étaient pas si sûrs. « La guerre me paraît quasi certaine », écrivit Alexander Stephens, qui nota aussi d'une plume

1. Lettre de Benjamin à Samuel L.M. Barlow, 9 déc. 1860, Barlow Papers, bibliothèque Henry E. Huntington.
2. Channing, *Crisis of Fear*, p. 251 ; Nevins, *Emergence*, t. II, p. 321.
3. Donald E. Reynolds, *Editors Make War : Southern Newspapers in the Secession Crisis* (Nashville, 1970), p. 174 ; E. Merton Coulter, *The Confederate States of America, 1861-1865* (Baton Rouge, 1950), p. 15.

prémonitoire : « Les révolutions sont beaucoup plus faciles à déclencher qu'à contrôler et [souvent] ceux qui les mettent en route [...] en sont eux-mêmes victimes[1]. » Mais le clairvoyant avertissement de Stephens fut emporté par la bourrasque et, lorsque son État quitta l'Union, il rallia à son tour les rangs de la révolution. Avant d'en arriver là, cependant, les coopérateurs avaient fait preuve d'une résistance considérable dans tous les États, hormis la Caroline du Sud et le Texas. Lorsqu'on élut, dans les cinq États en question, des délégués aux diverses conventions, les candidats défendant une forme quelconque de coopération recueillirent au moins quarante pour cent des suffrages. En outre, beaucoup d'électeurs inscrits ne se présentèrent pas aux urnes en cette occasion, donnant à penser que l'électorat « coopérateur » potentiel était encore plus vaste. En Alabama et en Géorgie, trente-neuf et trente pour cent des délégués votèrent respectivement contre la résolution finale de faire sécession, en dépit des pressions très fortes exercées sur eux pour les amener à suivre la majorité.

Cela incita de nombreux nordistes et quelques historiens à exagérer la force de l'unionisme dans le Sud profond. En juillet 1861 encore, Lincoln se demandait « s'il y [avait] vraiment, aujourd'hui, dans n'importe lequel de ces États, sauf peut-être la Caroline du Sud, une majorité d'électeurs, légalement habilités à voter, favorables à la désunion ». Un siècle plus tard, plusieurs historiens ont fait écho à cette foi en une majorité silencieuse d'unionistes du Sud. « On ne saurait honnêtement dire qu'une majorité de la population blanche du Sud choisit délibérément de dissoudre l'Union en 1861 », écrivit l'un d'eux. « La sécession n'était pas fondamentalement désirée, fût-ce par une majorité, dans le Sud profond, renchérit un de ses confrères, et les sécessionnistes l'emportèrent moins en raison de la popularité intrinsèque de leur programme qu'en raison de l'extrême habileté avec laquelle ils surent utiliser un sentiment de crise et d'urgence[2]. »

Certes, ce sentiment de crise existait, mais la croyance en une majorité unioniste réprimée repose sur une méprise quant à la nature même de l'unionisme du Sud. Comme l'expliqua un unioniste du Mississippi après l'élection de Lincoln, il n'était plus désormais « partisan de l'Union au sens où le Nord [représentait] l'Union ». Son unionisme était « conditionnel » et le Nord avait violé la condition en élisant Lincoln. Les coopérateurs d'Alabama qui votèrent contre la sécession veillèrent

---

1. Lettre de Stephens à ***, 25 novembre 1860, citée par Ulrich B. Phillips (éd.), *The Correspondence of Robert Toombs, Alexander H. Stephens and Howell Cobb*, in *Annual Report* de l'American Historical Association, 1911, vol.II (Washington, 1913), p. 504-505.

2. *CWL*, t. IV, p. 437 ; Charles Grier Sellers, « The Travail of Slavery », in Sellers (éd.), *The Southerner as American* (Chapel Hill, 1960), p. 70 ; David M. Potter, *Lincoln and His Party in the Secession Crisis* (New Haven, 1942, réédité en 1962 avec une nouvelle préface), p. 208.

à faire savoir que les gens du dehors ne devaient pas « se méprendre » sur ce geste. « Nous méprisons les républicains noirs, déclarèrent-ils. L'État d'Alabama ne peut et ne veut pas se soumettre à l'Administration de Lincoln. [...] Nous avons l'intention de résister [...] mais notre résistance est fondée sur [...] l'unité d'action avec les autres États esclavagistes. » Ou, pour reprendre la formule d'un « coopérateur » du Mississippi : « La coopération avant la sécession était le premier objet de mon désir. Faute de cette grive, je suis disposé à me contenter du merle qu'est la coopération après la sécession[1]. » Telle était la position de la plupart des délégués qui s'opposèrent initialement à une sécession immédiate. C'était, on le voit, une fondation bien fragile pour édifier dessus la foi en l'unionisme du Sud.

La sécession était-elle constitutionnelle, ou bien était-ce un acte révolutionnaire ? Sur ce point, la Constitution reste muette. Toutefois, la plupart des sécessionnistes croyaient à la légalité de leur décision. La souveraineté des États, soutenaient-ils, avait précédé la souveraineté nationale. Une fois qu'ils eurent ratifié la Constitution, les États déléguèrent certaines des fonctions de la souveraineté à un gouvernement fédéral, mais ils n'en cédèrent pas pour autant ses attributs fondamentaux. Donc, ayant ratifié la Constitution par le moyen d'une convention, un État pouvait réaffirmer sa complète souveraineté de la même façon. Cette théorie posait, cependant, un léger problème aux États qui avaient adhéré à l'Union après 1789 (soit cinq sur sept). Mais eux aussi, même s'ils avaient davantage l'apparence de créatures que de créateurs de l'Union, étaient en mesure d'affirmer la souveraineté antérieure de leur État, car chacun avait rédigé une Constitution d'État (ou, dans le cas du Texas, une Constitution nationale) *avant* de présenter au Congrès une pétition réclamant l'admission au sein de l'Union.

Les sudistes qui trouvaient ce raisonnement un peu difficile à admettre (des unionistes constitutionnels pour la plupart) pouvaient toujours se rabattre sur le droit de révolution[2]. Alfred Iverson, sénateur de Géorgie, reconnut que, même si aucun État n'avait le droit constitutionnel de faire sécession, « chaque État [possédait] le droit de révolution ». « La sécession d'un État, ajoutait-il, est un acte de révolution. » Le maire de Vicksburg décrivait la sécession comme « une puissante révolution politique qui [aurait] pour résultat de placer les États confédérés parmi

1. Percy Lee Rainwater, *Mississippi : Storm Center of Secession, 1856-1861* (Baton Rouge, 1938), p. 173 ; J. Mills Thornton III, *Politics and Power in a Slave Society : Alabama, 1800-1860* (Baton Rouge, 1978), p. 416-417 ; Dwight L. Dumond, *The Secession Movement, 1860-1861* (New York, 1931), p. 200-202.

2. La notion du « droit de révolution » a derrière elle une longue histoire aux États-Unis, remontant au moins à la « glorieuse révolution » de 1688 qui chassa Jacques II du trône d'Angleterre. Toutefois, pour les Américains la principale référence de ce droit était bien entendu la Déclaration d'indépendance qui affirmait le droit d'un peuple à « modifier ou abolir » leur gouvernement s'il menaçait la vie, la liberté et la poursuite du bonheur.

les nations indépendantes de la planète[1] ». Un officier de l'armée confédérée déclara : « [Je n'ai] jamais cru que la Constitution reconnaissait le droit de sécession. J'ai pris les armes, monsieur, sur des bases plus vastes — le droit de révolution. On avait des torts envers nous. On était sur le point de nous retirer nos biens et nos libertés. C'était un devoir sacré que de se rebeller[2]. »

Parés de cocardes bleues (le symbole de la sécession), certains de ces révolutionnaires enthousiastes entonnaient même une « Marseillaise sudiste » dans les rues de Charleston et de la Nouvelle-Orléans[3]. Henry Wise, ex-gouverneur de Virginie, qui voulait à toute force former des comités de salut public, savourait voluptueusement sa réputation de « Danton de la Sécession en Virginie ». Emporté par un excès de zèle robespierriste, un Géorgien partisan de la désunion avertit les coopérateurs : « Nous choisirons la révolution et, si vous [...] nous faites obstacle [...], nous vous marquerons au fer de la traîtrise et nous vous couperons la tête[4] ! »

C'était, cependant, la révolution américaine et non la française qui restait le modèle de prédilection des sécessionnistes. La liberté, certes ils en voulaient bien, mais l'égalité et la fraternité, ils n'en avaient cure. « Les hommes de 1776 [... n'étaient-ils pas] des sécessionnistes ? » demanda un Alabamien. « [Si nous restons membres de l'Union], déclara un propriétaire d'esclaves de Floride, nous serons privés du droit pour lequel nos pères ont lutté dans les batailles de la guerre d'Indépendance. » « [Obéissant] aux nobles et solennels mobiles que sont la défense et la protection des droits [...] que nos pères nous ont légués, lança Jefferson Davis, [refaisons] les mêmes sacrifices qu'eux à la cause sacrée de la liberté constitutionnelle[5]. »

Quels étaient donc ces droits et ces libertés pour lesquels se battaient les confédérés ? Le droit de posséder des esclaves ; la liberté de les emmener dans les territoires ; la liberté de vivre hors d'atteinte du pouvoir de

1. *CG*, 36e Cong., 2e Sess., p. 10-11 ; Peter F. Walker, *Vicksburg : A People at War* (Chapel Hill, 1960), p. 43.
2. George Ward Nichols, *The Story of the Great March* (New York, 1865), p. 302.
3. Voici un échantillon des paroles :

> « Fils du Sud, éveillez-vous à la gloire !
> Écoutez ! Voici l'ordre de vous soulever.
> Vos enfants, épouses et aïeux chenus,
> Voyez leurs larmes, entendez leurs cris.
> [...]
> Aux armes ! Aux armes, tous les braves,
> Dégainez le glaive de la vengeance ! »
> (Reynolds, *Editors Make War*, 1814).

4. Emory M. Thomas, *The Confederacy as a Revolutionary Experience* (Englewood Cliffs, N.J., 1971), p. 31 ; Johnson, *Patriarchal Republic*, p. 39.
5. Les habitants d'Alabama et de Floride ont été cités par James Oakes, *The Ruling race : A History of American Slaveholders* (New York, 1982), p. 240, p. 239 ; Rowland, *Davis*, t. V, p. 43, p. 202.

coercition d'un gouvernement centralisé. L'autorité des républicains noirs à Washington menaçait les libertés républicaines telles que le Sud les entendait. L'idéologie pour laquelle les pères fondateurs s'étaient battus en 1776 établissait le principe d'une lutte éternelle entre la liberté et le pouvoir. Du fait que l'Union, après le 4 mars 1861, ne serait plus contrôlée par les sudistes, le Sud ne pouvait protéger ses libertés des assauts d'un pouvoir hostile qu'en la quittant. « Le 4 mars 1861, proclama un sécessionniste de Géorgie, nous serons soit *des esclaves au sein de l'Union, soit des hommes libres en dehors d'elle.* » La question qui se posait, convenaient Jefferson Davis et un autre Mississippien, était : « Voulez-vous être esclaves ou indépendants ? [...] Consentirez-vous à vous laisser spolier de vos biens [ou bien êtes-vous prêts] à lutter courageusement pour la liberté, la propriété, l'honneur et la vie] [1] ? » La soumission aux républicains noirs signifierait « la perte de la liberté, des biens, des foyers, du pays — de tout ce qui fait que la vie vaut la peine d'être vécue », assurait un Carolinien du Sud. « Je me suis engagé pour la glorieuse cause de la liberté et de la justice, écrivit un soldat confédéré, je me bats pour les droits de l'homme — je me bats pour tout ce qui nous est précieux, à nous autres, gens du Sud[2]. »

Seulement, dans cette croisade menée par les planteurs pour la liberté de posséder des esclaves, quel était l'enjeu pour les Blancs qui justement n'en avaient pas ? Cette question inquiétait beaucoup certains sécessionnistes. Et si Hinton Rowan Helper avait raison ? ne pouvaient-ils s'empêcher de penser. Et si les Blancs qui ne possédaient pas d'esclaves étaient des républicains noirs en puissance ? « Le grand levier grâce auquel les abolitionnistes espèrent extirper l'esclavage des États est l'aide des citoyens du Sud qui ne sont pas propriétaires d'esclaves », se désolait un rédacteur en chef du Kentucky. Comment comptaient-ils utiliser ce levier ? En se servant de la pratique du « patronage[3] » pour créer parmi ceux qui n'avaient pas d'esclaves tout un encadrement de fonctionnaires républicains — d'abord dans les États limitrophes et dans le haut Sud, où l'esclavage était le plus vulnérable, puis ensuite au cœur même du royaume cotonnier. Joseph E. Brown, gouverneur de Géorgie, redoutait que certains Blancs ne fussent prêts à se laisser « soudoyer par les attraits des fonctions officielles et ne [devinssent] traîtres à leur propre section ».

1. Johnson, *Patriarchal Republic*, p. 36 ; Moore (éd.), *Rebellion Record*, t. VI, « Documents » p. 299 ; William L. Barney, *The Secessionist Impulse : Alabama and Mississippi in 1860* (Princeton, 1974), p. 192.

2. *Charleston Mercury*, 11 oct. 1860, cité par Dwight L. Dumond (éd.), *Southern Editorials on Secession* (New York, 1931), p. 181 ; Michael Barton, « Did the Confederacy Change Southern Soldiers ? », in Harry P. Owens et James J. Cooke (éd.), *The Old South in the Crucible of War* (Jackson, 1983), p. 71.

3. Il s'agit ici de l'habitude de confier les fonctions officielles (direction des postes, perception des impôts, etc.) à des hommes que l'on s'attendait à voir rester des membres loyaux du parti au pouvoir.

« [Lorsque les républicains auront organisé leur] parti abolitionniste [...] d'hommes du Sud, expliquait en écho le *Charleston Mercury*, le combat autour de l'esclavage n'opposera plus le Nord et le Sud. Il se déroulera dans le Sud et mettra aux prises les habitants du Sud[1]. »

L'élection des délégués aux conventions sécessionnistes sembla confirmer cette crainte. En effet, de nombreuses circonscriptions dans le haut Sud, où il n'y avait que peu d'esclaves, envoyèrent des délégués partisans de la coopération. Dans les conventions, les délégués qui auraient préféré tergiverser ou coopérer possédaient, dans l'ensemble, moins de biens et d'esclaves que les adeptes de la sécession immédiate. Il ne faudrait pas, toutefois, pousser trop loin les implications de ces données. Beaucoup de comtés démocrates, où la proportion d'esclaves était faible, votèrent pour la sécession immédiate, alors qu'un nombre important de comtés whigs, où elle était élevée, se rallièrent à la coopération. Il ne faut pas oublier non plus que coopération ne signifiait pas nécessairement unionisme. Néanmoins, la corrélation partielle entre la volonté de coopérer et la possession d'un faible nombre d'esclaves causa quelque souci aux sécessionnistes[2].

Ils montèrent donc une campagne pour convaincre ceux qui ne possédaient pas d'esclaves qu'eux aussi avaient intérêt à la désunion. Leur intérêt, c'était la suprématie blanche. Dans cette optique, le programme abolitionniste des républicains noirs était le premier pas vers l'égalité et l'amalgame des races. Brown, le gouverneur de Géorgie, porta ce message dans les hautes terres du nord de son État, où il était né et où les électeurs l'idolâtraient. « [L'esclavage] est le meilleur gouvernement pour le pauvre, déclara Brown. Parmi nous, le pauvre travailleur blanc [...] n'appartient pas à la classe subalterne. Le Nègre n'est à aucun point de vue son égal. [...] Il appartient à la seule vraie aristocratie, la race des *hommes blancs*. » Ainsi, les petits fermiers « ne [consentiraient] jamais à se soumettre à cette loi de l'abolition », car ils « [savaient] que dans le cas où l'esclavage serait aboli, ils en souffriraient davantage que les riches qui seraient en mesure de se protéger ». « Quand il deviendra nécessaire de défendre nos droits contre une domination aussi immonde, concluait-il, je ferai appel aux jeunes gens des montagnes en même temps

1. *Kentucky Statesman*, 5 oct. 1860, cité par Dumond, *The Secession Movement*, p. 117n. ; Allen D. Candler (éd.), *The Confederate Records of the State of Georgia*, 5 vol. (Atlanta, 1909-11), t. I, p. 47 ; *Charleston Mercury*, 11 oct. 1860, cité par Dumond (éd.), *Southern Editorials*, p. 179.

2. Seymour Martin Lipset, « The Emergence of the One-Party South — The Election of 1860 », in Lipset, *Political Man : The Social Bases of Politics* (Anchors Books, New York, 1963), p. 372-384 ; Potter, *Impending Crisis*, p. 503-504 ; Johnson, *Patriarchal Republic*, p. 63-78 ; Peyton McCrary, Clark Miller et Dale Baum, « Class and Party in the Secession Crisis : Voting Behavior in the Deep South », *Journal of Interdisciplinary History*, n° 8 (1978), p. 429-457 ; et Ralph Wooster, *The Secession Conventions of the South* (Princeton, 1962), *passim*, spéc. p. 259-266.

qu'aux habitants des basses terres et ils descendront comme une avalanche pour se masser autour du drapeau de la Géorgie[1]. »

Une bonne part de la rhétorique sécessionniste consistait en variations sur ce thème. « [L'élection de Lincoln], déclarait un journal d'Alabama, montre que le Nord [a l'intention] de libérer les Noirs et d'opérer de force un amalgame entre eux et les enfants des pauvres gens du Sud. » « Aimez-vous votre mère, votre femme, votre sœur, votre fille ? » demandait un sécessionniste géorgien à des compatriotes qui ne possédaient pas d'esclaves. Eh bien, si la Géorgie restait dans une Union « gouvernée par Lincoln et sa bande [...], dans dix ans ou moins [leurs] enfants [seraient] les *esclaves* de Nègres[2] ». « Si vous êtes assez mous pour vous soumettre, lançait James Furman, pasteur baptiste de Caroline du Sud, les prédicateurs abolitionnistes seront tout prêts à consommer le mariage de vos filles avec des maris noirs. » « Non ! Non ! clamait l'Alabama en réponse. Nous résigner à obliger nos femmes et nos filles à choisir entre la mort et la satisfaction de l'ignoble concupiscence du Nègre ! [...] Plutôt mourir dix mille fois que de céder au républicanisme noir[3]. »

Ce fut donc, on le suppose, pour défendre leurs femmes et leurs filles que les petits fermiers blancs rejoignirent les planteurs pour « se rallier à l'étendard de la Liberté et de l'Égalité pour l'homme blanc » contre « nos ennemis abolitionnistes qui [s'étaient] juré de rabaisser les Blancs libres du Sud jusqu'à l'égalité avec les Nègres ». « La liberté démocratique n'existe que parce que nous avons des esclaves noirs [dont la présence] promeut l'égalité entre les hommes libres, pouvaient convenir la plupart des Blancs du Sud. [... Donc], la liberté n'est pas possible sans l'esclavage[4]. »

Cette définition orwellienne de la liberté déchaîna les railleries au nord du Potomac. Oser se comparer aux pères fondateurs était, de la part des partisans de la désunion, « une diffamation de la personnalité tout entière et de la conduite des hommes de 76 », assura le *New York Evening Post* de William Cullen Bryant. Les pères fondateurs s'étaient battus « pour établir les droits de l'homme [...] et les principes de la liberté universelle ». Le Sud se rebellait « dans l'intérêt non pas de l'humanité en général, mais d'un despotisme particulier. [...] Leur devise n'[était] pas liberté, mais esclavage ». La Déclaration d'indépendance de Thomas

1. Johnson, *Patriarchal Republic*, p. 48 ; Steven Hahn, *The Roots of Southern Populism : Yeoman Farmers and the Transformation of the Georgia Upcountry, 1850-1890* (New York, 1983), p. 86-87.

2. Reynolds, *Editors Make War*, p. 125-126 ; Johnson, *Patriarchal Republic*, p. 47-48.

3. Channing, *Crisis of Fear*, p. 287 ; Barney, *Secessionist Impulse*, p. 228.

4. *LINCOLN ELECTED !* Pamphlet du comté de Bell, au Texas, 8 nov. 1860, McLellan Lincoln Collection, Bibliothèque John Hay, Brown University ; Thornton, *Politics and Power in a Slave Society*, p. 321, p. 206-207 ; *Richmond Enquirer*, 15 avril 1856, cité par Oakes, *The Ruling Race*, p. 141.

Jefferson avait défendu « nos droits naturels contre des institutions établies », ajoutait le *New York Tribune*, alors que « la caricature que nous en [traçait] M. Jeff. Davis n'[était] faite que dans l'intérêt d'une institution injuste, dépassée, pourrissante, contre les empiètements redoutés des droits naturels de l'homme ». Bref, ce n'était pas une révolution en faveur de la liberté, mais une contre-révolution « qui [faisait] reculer les roues du progrès [...] pour tout rejeter en arrière dans les ténèbres les plus épaisses [...] du despotisme et de l'oppression[1] ».

Sans donner leur assentiment à la forme de cette analyse, bon nombre de partisans de la désunion en ratifièrent de fait le fond. S'ils avaient eu l'intention d'inclure le Noir dans leur « tous les hommes », déclara Alexander Stephens, une fois qu'il fût devenu vice-président de la Confédération, les signataires de la Déclaration d'indépendance avaient eu tort. « Notre nouveau gouvernement est fondé justement sur l'idée contraire ; ses fondations sont bâties, sa pierre angulaire repose sur une grande vérité, c'est que le Nègre n'est pas l'égal de l'homme blanc ; que l'esclavage [...] est sa condition naturelle et normale. Notre nouveau gouvernement est le premier de l'histoire du monde qui soit fondé sur cette grande vérité physique, philosophique et morale. » C'étaient les républicains noirs qui étaient les véritables révolutionnaires. Ils souscrivaient à des « croyances aussi radicales et révolutionnaires » que celles des abolitionnistes, déclara un journal de la Nouvelle-Orléans. Ces « dogmes révolutionnaires », s'écriaient en écho de nombreux sudistes, étaient « animés et hérissés de terribles intentions et aussi prêts à imposer de sanglantes et tyranniques réalités qu'avaient jamais pu l'être les idées de la Révolution française[2] ». C'était par conséquent « un abus de langage » que d'appeler la sécession une révolution, déclara Jefferson Davis. Le Sud avait quitté l'Union « pour [se] préserver d'une révolution » qui menaçait de priver « les biens serviles de toute sécurité, au point de leur faire perdre comparativement toute valeur ». En 1861, le secrétaire d'État de la Confédération fit savoir aux gouvernements étrangers que les États du Sud avaient formé une nouvelle nation « pour préserver leurs anciennes institutions » d'une « révolution [qui] menaçait de détruire leur système social[3] ».

C'est bien là le langage de la contre-révolution. Sous un rapport, cependant, la Confédération s'écarta du modèle classique du genre. La plupart des contre-révolutions s'efforcent en effet de rétablir l'ancien régime. Les contre-révolutionnaires de 1861 agirent, en revanche, avant

1. *New York Evening Post*, 18 fév. 1861 ; *New York Tribune*, 27 mars 1861, 21 mai 1862.

2. *Augusta Daily Constitutionalist*, 30 mars 1861 ; *New Orleans Bee*, 25 juin 1860, cité par Reynolds, *Editors Make War*, p. 23 ; Thornton, *Politics and Power in a Slave Society*, p. 416 ; *Columbia Daily South Carolinian*, 3 août 1860, cité par Dumond (éd.), *Southern Editors*, p. 154.

3. Rowland, *Davis*, t. V, p. 50, p. 72, t. IV, p. 357 ; *O.R. Navy*, sér.2, vol.3, p. 257-258.

même que les révolutionnaires n'eussent fait quoi que ce fût — il s'en fallait même de plusieurs mois avant que Lincoln n'entrât en fonctions. Sur ce plan, la sécession correspondait au schéma de la « contre-révolution préventive », décrit par l'historien Arno Mayer. Plutôt que d'essayer de restaurer un ancien régime, une contre-révolution préventive frappe la première afin de protéger le statu quo avant que la menace révolutionnaire n'ait pu se matérialiser. « Évoquant les dangers qu'il y aurait à laisser aux révolutionnaires le temps de préparer leurs forces et de projeter une attaque à *leur* convenance, écrit Mayer, les chefs de la contre-révolution préconisent de porter un coup préventif. » Pour mobiliser le soutien nécessaire, ils « exagèrent intentionnellement l'ampleur et l'imminence de la menace révolutionnaire[1] ».

Ces mots écrits à propos de l'Europe du XXe siècle pourraient fort bien s'appliquer aux partisans de la sécession immédiate en 1860. Ils exagéraient la menace républicaine et incitaient à une action prématurée, afin de prévenir les dangers qu'ils évoquaient. Le Sud ne pouvait se permettre d'attendre quelque « acte manifeste » de Lincoln contre ses droits, répétaient-ils avec insistance. « Si je découvre sur mon chemin un serpent à sonnette lové sur lui-même, demandait un journaliste d'Alabama, vais-je attendre un "acte manifeste" de sa part ou bien vais-je l'occire sans tarder ? » Lorsque les unionistes conditionnels disaient « qu'il [faudrait] compter plusieurs années avant que Lincoln ne [pût] contrôler l'épée et la bourse par l'intermédiaire du Congrès », observait un habitant du Mississippi, cela ne faisait que « fournir un argument supplémentaire pour une action immédiate ». Et il concluait : « Ressaisissons-nous [...] avant que l'ennemi ne puisse accomplir sa promesse de nous terrasser. [...] Tout retard est dangereux. C'est maintenant qu'il faut frapper[2]. »

II

On a rarement vu, dans les annales, une contre-révolution déclencher aussi rapidement la révolution qu'elle cherchait à prévenir. Cela, parce que la plupart des nordistes se refusaient à accepter la désunion. Sur ce point, même si c'était à peu près le seul, le Président sortant et le Président élu étaient bien d'accord.

Dans son ultime message au Congrès, le 3 décembre 1860, James Buchanan surprit quelques-uns de ses alliés sudistes en leur déniant fermement le droit de sécession. L'Union n'était pas « simplement une

1. *The Dynamics of Counterrevolution in Europe, 1870-1956 : An Analytic Framework* (New York, 1971), p. 86.

2. *Wetumpka Enquirer*, ? nov. 1860, cité par Reynolds, *Editors Make War*, p. 142 ; *Jackson Mississippian*, 14 nov. 1860, cité par Rainwater, *Mississippi, Storm Center of Secession*, p. 163.

association volontaire d'États, susceptible d'être dissoute à volonté par n'importe laquelle des parties prenantes », déclara Buchanan. C'était « nous, le Peuple » qui avions adopté, pour former « une Union *plus* parfaite » que celle existant selon les articles de la Confédération, une Constitution qui stipulait : « L'Union sera perpétuelle. » Les hommes qui avaient conçu le gouvernement national « n'eurent jamais l'intention de planter en son sein les graines de sa propre destruction et ils ne furent pas non plus coupables de lui avoir absurdement fourni le moyen de se dissoudre lui-même ». La souveraineté des États n'était *nullement* supérieure à la souveraineté nationale, soutint le Président. La Constitution accordait exclusivement au gouvernement fédéral les attributs suprêmes de la souveraineté : la défense nationale, la politique étrangère, la réglementation du commerce extérieur et entre les États, le droit de battre monnaie. « La présente Constitution, stipulait le texte, et les lois des États-Unis [...] seront la loi suprême du pays [...] en dépit de tout ce que pourraient affirmer la Constitution ou les lois d'un État quelconque. » Si la sécession était légitime, avertissait Buchanan, l'Union devenait « une corde de sable ». « Nos trente-trois États risquent fort de se disperser en autant de petites républiques hostiles et querelleuses, poursuivait-il. [...] Une aussi épouvantable catastrophe annihilerait les espoirs des amis de la liberté à travers le monde. [...] Non seulement l'exemple que nous donnons depuis plus de quatre-vingts ans serait perdu, mais on le brandirait comme la preuve concluante que l'homme est incapable de se gouverner lui-même[1]. »

Des milliers d'éditoriaux et de discours nordistes reprirent ces thèmes. On redoutait particulièrement un effet de dominos. « Une rébellion réussie à l'heure actuelle par quelques États sera suivie d'une nouvelle rébellion ou sécession d'ici quelques années », prédisait un éditorial parmi cent autres de la même veine. Ce n'était pas simplement se montrer alarmiste. Certains Américains envisageaient déjà la possible division de leur pays en trois ou quatre « confédérations », avec en prime une république indépendante le long de la côte du Pacifique. Plusieurs négociants et démocrates new-yorkais, liés au Sud par leurs affaires, parlaient de s'ériger en ville libre. En décembre 1860, un éminent avocat de New York fit secrètement savoir au président des chemins de fer, George B. McClellan : « Une fois que la sécession aura été officiellement inaugurée dans le Sud, nous avons l'intention d'en faire autant par ici et de nous affranchir des fanatiques de la Nouvelle-Angleterre et du Nord en général, y compris la majeure partie de notre propre État. » En janvier 1861, le maire de la ville, Fernando Wood, amena l'affaire au grand jour par un message aux conseillers municipaux, préconisant la sécession de la

1. James D. Richardson (comp.), *Compilation of the Messages and Papers of the Presidents, 1789-1897*, 10 vol. (Washington, 1897), t. V, p. 628-637.

ville de New York. Le projet tourna court, mais il sema les graines d'un mouvement de sympathie envers les sécessionnistes, qui portèrent leurs fruits deux ans plus tard[1].

« La doctrine de la sécession est anarchique, assura un journal de Cincinnati. Si une minorité quelconque a le droit de détruire le gouvernement à sa guise, parce qu'elle n'a pas eu ce qu'elle voulait, c'est la fin de tout gouvernement. » Lincoln, lui aussi, considérait la sécession comme « l'essence de l'anarchie ». La souveraineté des États n'était qu'un vulgaire « sophisme ». « L'Union est plus ancienne que n'importe quel État, affirma-t-il, et c'est elle, à vrai dire, qui en a fait des États. » La Déclaration d'indépendance avait transformé les « colonies unies » en États-Unis ; sans cette Union, il n'y aurait donc jamais eu d'« États libres et indépendants ». « N'ayant jamais été des États, ni par la substance, ni par le nom, *en dehors* de l'Union, s'étonnait Lincoln, où ont-ils donc été pêcher cette toute-puissance magique des "droits des États", grâce auxquels ils affirment avoir le pouvoir de détruire légalement l'Union même ? » La perpétuité était « la loi fondamentale de tous les gouvernements nationaux ». « [Nul gouvernement] n'a jamais inclus dans sa loi organique une clause prévoyant sa propre fin, faisait valoir le nouveau Président. [...] Aucun État ne peut, par sa seule décision, quitter légalement l'Union. [...] Il ne peut le faire qu'en transgressant la loi et par la révolution[2]. »

Quant au droit de révolution, en revanche, ni Lincoln ni un seul nordiste ne le niaient. Les yankees ne partageaient-ils pas avec les sudistes l'héritage de 1776 ? Il n'existait pas, cependant, de « droit de révolution *à volonté* », déclarait un journal de Philadelphie. La révolution n'était « un droit moral » que « lorsqu'elle [était] exercée en faveur d'une cause moralement justifiable », écrivit Lincoln, mais « lorsqu'elle [était] exercée indépendamment d'une telle cause, la révolution n'[était] plus un droit, mais simplement l'application abusive d'un pouvoir physique ». Or, la cause du Sud n'était pas juste. L'événement qui avait précipité la sécession était l'élection d'un Président par une majorité constitutionnelle. « [L']idée centrale [des partisans de l'Union], ajoutait Lincoln, est la nécessité de prouver que le gouvernement populaire n'est pas une absurdité. Nous devons régler cette question maintenant ; il faut décider si, sous un libre gouvernement, la minorité a le droit de détruire ce gouvernement à chaque fois que l'envie lui en prend[3]. »

1. *Providence Daily Post*, 19 nov. 1860, cité par Howard C. Perkins (éd.), *Northern Editorials on Secession* (New York, 1942), p. 183 ; lettre de Samuel L. M. Barlow à McClellan, 6 déc. 1860, Barlow Papers, bibliothèque Henry E. Huntington ; William C. Wright, *The Secession Movement in the Middle Atlantic States* (Rutherford, N.J., 1973), p. 176-179.

2. *Cincinnati Daily Commercial*, 6 mai 1861, cité par Perkins (éd.), *Northern Editorials*, p. 828 ; *CWL*, t. IV, p. 264-265, p. 268, p. 433-437.

3. *Philadelphia Ledger*, 28 déc. 1860, cité par Kenneth M.Stampp, *And the War Came : The North and the Secession Crisis, 1860-61* (Baton Rouge, 1950), p. 34 ; *CWL*, t. IV, p. 434n. ; Dennett, *Lincoln/Hay*, p. 19.

Mais cette question, comment la régler ? Le problème était compliqué par une particularité du système constitutionnel américain, dite syndrome du « canard boîteux » (*lame-duck*[1]). Durant les quatre mois d'intervalle entre l'élection de Lincoln et son entrée en fonctions, c'était Buchanan qui détenait le pouvoir exécutif, mais sans se sentir grandement responsable de la crise, alors que Lincoln qui sentait, lui, le poids des responsabilités, n'avait guère de pouvoir. Le Congrès élu en 1860, en même temps que le nouveau Président, ne se réunirait en session régulière que treize mois plus tard, tandis que celui qui se réunit effectivement en décembre 1860 souffrait d'une érosion de son autorité, du fait que les représentants du Sud profond donnaient leur démission à mesure que leurs États respectifs faisaient sécession. La ferme véhémence avec laquelle Buchanan avait récusé la légalité de la désunion aboutit à un piètre aveu de son impuissance à prendre la moindre sanction. La Constitution, expliqua le Président sortant, si elle ne donnait à aucun État le droit de se retirer de l'Union, ne conférait pas non plus au gouvernement national le moindre pouvoir « d'obliger un État à se soumettre, lorsqu'il [tentait] de se retirer[2] ».

Les républicains tournèrent ce raisonnement en ridicule. « [Buchanan a démontré qu'] aucun État n'a le droit de faire sécession, à moins qu'il n'en ait envie, railla Seward, [et qu']il est du devoir du Président de faire appliquer les lois, à moins que quelqu'un ne s'y oppose[3]. » Cela dit, les républicains ne paraissaient pas détenir pour autant une solution de rechange. Plusieurs choix s'offraient : contraindre, transiger ou bien permettre « aux frères égarés de partir en paix ». Bien que divers dirigeants républicains eussent, à un moment ou à un autre, approuvé chacune de ces options, aucune ne réunit une majorité avant le mois d'avril 1861. Au lieu de cela, on vit apparaître une quatrième possibilité assez vague — décrite tantôt comme une « magistrale inactivité », tantôt comme une « politique fabienne » — qui consistait à attendre et voir venir, à ne faire aucune concession d'importance, mais en même temps à éviter d'inutiles provocations, dans l'espoir que la fièvre désunioniste suivrait son cours

1. Sous la Constitution américaine d'avant 1933, un Président élu en novembre n'entrait en fonction que le 4 mars suivant. Les représentants élus lors des élections législatives qui avaient lieu tous les deux ans (également en novembre, le plus souvent) ne commençaient à siéger qu'au mois de décembre de l'année suivante. De ce fait, le Président et les représentants sortants qui n'avaient pas été réélus devenaient pendant cette période intérimaire des « canards boiteux », c'est-à-dire qu'ils étaient en place, mais ne pouvaient effectivement exercer leur pouvoir, car leurs adversaires ou successeurs avaient remporté l'élection la plus récente. En 1933, le vingtième amendement de la Constitution ramena cette période intérimaire à deux mois en stipulant qu'un Président nouvellement élu entrerait en fonction au plus tard le 20 janvier de l'année suivant son élection et que le nouveau Congrès commencerait à siéger le 3 janvier.

2. Richardson, *Messages and Papers*, t. V, p. 634-636.

3. Stampp, *And the War Came*, p. 56.

et que les unionistes du Sud, que l'on présumait fort nombreux, parviendraient à ramener leurs compatriotes dans le droit chemin.

Lorsque le Congrès se réunit, au mois de décembre, plusieurs républicains, particulièrement les habitants du vieux Nord-Ouest, « jurèrent par tout ce qu'il y avait dans les cieux et sur terre qu'ils transformeraient les États rebelles en désert ». « Sans une bonne petite saignée, écrivit Zachariah Chandler, sénateur radical et quelque peu fruste du Michigan, notre Union [...] ne vaudra pas tripette. » Peut-être la crainte de perdre leur accès à la vallée inférieure du Mississippi expliquait-elle l'attitude belliqueuse de nombreux habitants de la prairie. Les gens du Nord-Ouest, assura le *Chicago Tribune*, n'accepteraient jamais de négocier pour obtenir de naviguer librement sur le fleuve. « C'est pour eux *un droit* et ils le maintiendront, quitte à effacer la Louisiane de la carte s'il le faut[1]. »

Et puis, comment percevrait-on les droits de douane dans les ports du Sud ? A qui appartenaient les postes de douane, d'ailleurs — aux Américains ou au confédérés ? Lors de la crise de la « nullification », en 1832, Andrew Jackson avait fait serment de recourir à la force pour percevoir les droits de douane en Caroline du Sud et de pendre les chefs de la rébellion. « Plût au ciel que Jackson revienne, ne serait-ce qu'une heure ! » s'exclamaient bien des républicains yankees, pris d'un brusque accès d'affection rétrospective pour ce démocrate du Tennessee. Si l'on en juge par les lettres que recevaient les membres républicains du Congrès, leurs électeurs étaient tout disposés à « contraindre » les rebelles. « Nous avons élu Lincoln, écrivait un citoyen de l'Illinois, et nous sommes tout aussi prêts, s'il le faut, à nous battre pour lui. [...] On peut être sûr que [le comté de] Little Boone enverra cinq cents "*Wide Awakes*" [membres des associations de vigilance], bien armés et bien équipés. » « [Lincoln] doit *faire appliquer les lois des États-Unis contre toute rébellion*, renchérissait un natif de l'Ohio, quelles que soient les conséquences[2]. »

Lincoln semblait partager cet avis. En décembre 1860, il confia à son secrétaire particulier que l'existence même d'un gouvernement « [sous-entendait] le pouvoir légal, le droit et le devoir [...] qu'[avait] un Président d'exécuter les lois et de maintenir le gouvernement existant ». Lincoln fit discrètement savoir au général en chef, Winfield Scott, qu'il devait

---

1. Henry Adams, « The Great Secession Winter of 1860-61 », in Adams, *The Great Secession Winter of 1860-61 and Other Essays*, éd. George Hochfield (New York, 1958), p. 4 ; lettre de Chandler à Austin Blair, 11 février 1861, citée par Nevins, *Emergence*, t. II, p. 411-412 ; *Chicago Tribune*, 25 février 1861, cité par Perkins (éd.), *Northern Editorials*, p. 558.

2. *Springfield (Mass.) Republican*, 17 déc. 1860 ; lettre d'A.W. Metcalf à Lyman Trumbull, 12 déc. 1860, citée par William E. Baringer, *A House Dividing : Lincoln as President Elect* (Springfield, Ill, 1945), p. 237 ; lettre de J.W. Whiting à Trumbull, 19 nov. 1860, lettre d'E.D. Mansfield à Salmon P. Chase, 26 nov. 1860, citées par Stampp, *And the War Came*, p. 27.

se tenir prêt à faire percevoir les droits de douane et à défendre les forts fédéraux dans les États sécessionnistes, ou bien à les récupérer, si les uns ou les autres avaient été perçus ou pris avant son entrée en fonction. A Springfield, l'*Illinois State Journal*, à cette époque porte-parole quasi officiel du nouveau Président, avertit : « La désunion soutenue par la force armée, c'est la trahison, et la trahison doit être réprimée, quels que soient les risques, et le sera. [...] Les lois des États-Unis doivent être appliquées — le Président n'a aucun pouvoir discrétionnaire à ce sujet, la Constitution lui dicte avec emphase son devoir[1]. »

Les républicains préféraient établir une distinction entre la « contrainte » — qui sonnait avec une certaine brutalité — et l'application des lois. « Ce n'est pas faire la guerre aux États que d'appliquer les lois », soutenait le *Boston Advertiser*. Pour les sudistes, cependant, le distinguo n'était rien moins que convaincant, car « faire appliquer les lois » dans un pays étranger — la Confédération — c'était lui faire la guerre. « Eh quoi, monsieur, s'indignait Louis Wigfall du Texas, si le Président des États-Unis décidait d'envoyer une flotte à Liverpool pour tenter [...] d'y percevoir des droits [...], quelqu'un irait-il prétendre que le gouvernement britannique serait responsable des effusions de sang qui pourraient s'ensuivre[2] ? »

De toute façon, avant le 4 mars, la question tout entière restait hypothétique car Buchanan, pour sa part, n'envisageait aucune « contrainte ». Et l'eût-il fait, les ressources dont il disposait étaient lamentablement insuffisantes. La majeure partie de la minuscule armée fédérale de seize mille hommes était dispersée le long de plus de trois mille kilomètres de frontière, tandis que presque tous les navires de la marine nationale, qui n'étaient pas en cale sèche pour des réparations, patrouillaient dans des eaux éloignées. Durant cet hiver de 1860-61, les forces armées les plus puissantes étaient en fait les milices des États sécessionnistes. En outre, les unionistes du haut Sud, qui avaient réussi à museler les mangeurs de feu de leurs États respectifs, inquiétèrent les républicains en les avertissant que toute mesure ressemblant de près ou de loin à de la contrainte ferait pencher la balance vers la sécession. Par conséquent, pendant un temps, l'opinion républicaine dériva à l'aveuglette, tandis que d'autres groupes s'efforçaient de mettre sur pied un compromis.

Le message de Buchanan au Congrès mit ces tentatives à l'ordre du jour. Le Président sortant commença par reprocher au Nord en général et aux républicains en particulier d'« avoir agité de façon incessante et

1. John G. Nicolay et John Hay, *Abraham Lincoln : A History*, 10 vol. (New York, 1890), t. III, p. 248 ; lettre de Lincoln à Francis P. Blair, 21 déc. 1860, lettre de Lincoln à Elihu B. Washburne, 22 déc. 1860, citées in *CWL*, t. IV, p. 157, p. 159 ; *Illinois State Journal*, 14 nov., 20 déc. 1860, cité par Nevins, *Emergence*, t. II, p. 356-357.

2. Les deux citations sont empruntées à Stampp, *And the War Came*, p. 39, p. 44.

violente la question de l'esclavage », agitation dont on voyait à présent « le résultat naturel » avec la désunion. « [Par la faute des républicains], déclarait Buchanan, plus d'une mère de famille, à travers le Sud, va se coucher le soir terrifiée à l'idée de ce qui pourrait arriver à elle-même et à ses enfants durant la nuit. » Buchanan ne demandait tout de même pas au parti républicain de se dissoudre, mais il n'hésitait pas à sommer les nordistes de cesser de critiquer l'esclavage, d'abroger leurs lois « anticonstitutionnelles et odieuses » sur la liberté individuelle, de se conformer à la loi sur les esclaves fugitifs et de se joindre au Sud pour adopter un amendement constitutionnel protégeant l'esclavage dans tous les territoires. A moins que les yankees ne se montrassent disposés à faire tout cela, concluait le Président, le Sud serait somme toute « justifié dans sa résistance révolutionnaire au gouvernement ». Et, comme ultime preuve de la bonne volonté du Nord, Buchanan leur demandait de soutenir les efforts qu'il faisait depuis déjà longtemps pour acheter Cuba, car cela contribuerait encore à apaiser les craintes des sudistes en faisant entrer dans l'Union un vaste État esclavagiste[1].

On imagine sans peine les diverses réactions républicaines à ces propositions. Les commentaires les plus mesurés parlaient de « vieil hypocrite pharisien [...] tout imprégné de l'esprit d'une "esclavocratie" enragée [...], lamentable radotage [...], soumission rampante aux quatre volontés des seigneurs du coton [...], grossière déformation des faits [...], mensonges éhontés ». Alors que les électeurs venaient, lors de l'élection présidentielle, de repousser le programme défendu par Breckinridge par rien moins que quatre millions de voix contre six cent soixante-dix mille, Buchanan « [proposait] une capitulation inconditionnelle [...] des six septièmes de la population devant le septième restant [...] en *faisant entrer le programme Breckinridge dans la Constitution*[2] » !

Même si les compromis soumis au Congrès allaient rarement aussi loin que celui de Buchanan, ils partageaient tous la même particularité : c'étaient aux républicains de faire toutes les concessions. Ces derniers refusèrent bien sûr de céder à ce qu'ils considéraient comme un chantage. D'ailleurs, la crainte de voir les démocrates et les unionistes constitutionnels concocter quelque « honteuse reddition » et la baptiser du nom de compromis incita certains républicains à opter pour la solution qui consistait à laisser les États cotonniers « partir en paix ». Considérant depuis longtemps l'Union comme « un pacte avec la mort », les abolitionnistes de Garrison étaient enchantés de voir les propriétaires d'esclaves rompre ce pacte. Même ceux qui n'étaient pourtant pas des adeptes de Garrison convenaient (pour reprendre la formule de Frederick

1. Richardson, *Messages and Papers*, t. V, p. 626-627, p. 630, p. 638, p. 642.
2. Les divers éditoriaux républicains figurent chez Perkins (éd.), *Northern Editorials*, p. 154, p. 127, p. 137, p. 152, p. 146, p. 138, p. 147.

Douglass) : « Si l'on ne peut maintenir l'Union que par de nouvelles concessions aux propriétaires d'esclaves [et] un nouvel épanchement de sang noir, alors [...] que périsse l'Union ! » Bon nombre de républicains radicaux commencèrent par adopter cette attitude. « [Si la Caroline du Sud veut se retirer], déclarait le *Chicago Tribune* en octobre 1860, grand bien lui fasse et, telle une branche élaguée d'un tronc sain, qu'elle pourrisse là où elle est tombée. » Le *New York Tribune* de Horace Greeley prôna activement la politique du « partez-en-paix ». « Si les États cotonniers parviennent à se persuader qu'ils auront un meilleur sort en dehors de l'Union qu'au-dedans, nous tenons à les voir partir, écrivit Greeley lui-même dans un célèbre éditorial, trois jours après l'élection de Lincoln. Nous espérons bien ne jamais vivre dans une république dont une section serait fichée à l'autre par la pointe des baïonnettes[1]. »

C'était un authentique désir d'éviter la guerre qui expliquait en partie cette attitude, mais d'autres mobiles comptaient sans doute davantage, car tous les républicains en question devaient par la suite approuver sans réserves la lutte armée, pour sauvegarder l'Union. En fait, les éditoriaux du style « partez-en-paix », qu'affectionnait Greeley, représentaient un double bluff, à l'intention à la fois du Nord et du Sud. Comme la plupart des républicains, Greeley fut d'abord convaincu que les États du Sud n'avaient pas vraiment l'intention de faire sécession : « Ils veulent tout simplement obliger les États libres à leur céder. » Même après le départ de la Caroline du Sud, Greeley écrivit à Lincoln : « Je ne crains rien [...] sinon une nouvelle et honteuse reculade des États libres. [...] Un autre abject compromis, par lequel tout sera concédé et rien ne sera assuré, serait pour nous une telle disgrâce, une telle humiliation que nous ne pourrions plus jamais relever la tête[2]. » Par conséquent, conseiller au Nord de laisser partir les désunionistes devenait un moyen d'éviter les compromis. Envers le Sud, cependant, Greeley s'attendait à ce que sa stratégie fonctionnât comme celle des parents qui finissent par dire à leur insupportable adolescent de fils, lorsqu'il menace pour la millième fois de partir de chez eux : « Voilà la porte — dehors ! » En évitant toute allusion à une quelconque forme de contrainte, peut-être permettrait-elle aussi aux passions de s'apaiser et donnerait-elle aux unionistes un répit bienvenu pour mobiliser leur présumée majorité silencieuse au sud du Potomac[3].

---

1. *Douglass' Monthly*, janvier 1861 ; *Chicago Tribune*, 11 octobre 1860, cité par Stampp, *And the War Came*, p. 22 ; *New York Tribune*, 9 nov. 1860.

2. *New York Tribune*, 20 nov. 1860 ; lettre de Greeley à Lincoln, 22 déc. 1860, Abraham Lincoln Papers, bibliothèque du Congrès.

3. Cette analyse des mobiles de Greeley a été très influencée par les écrits fort perspicaces de David M. Potter sur ce sujet, notamment « Horace Greeley and Peaceable Secession » et « Postcript » in Potter, *The South and the Sectional Conflict* (Baton Rouge, 1968), p. 219-242, et aussi Potter, *Lincoln and his Party*, p. 51-57. Pour une interprétation légèrement différente, voir Bernard A. Weisberger, « Horace Greeley : Reformer as Republican », *CWH*, n° 23 (1977), p. 5-25.

La tactique du « partez-en-paix » s'estompa à mesure qu'il devint évident que le compromis tant redouté n'aurait pas lieu. Pour mieux passer au crible toutes les propositions de ce genre présentées au Congrès, chacune des deux Chambres établit une commission spéciale. A la « commission des Treize » instituée par le Sénat, siégeaient plusieurs personnages importants : William H. Seward, Benjamin Wade, Stephen Douglas, Robert Toombs, Jefferson Davis et John J. Crittenden. Ce dernier échafauda un plan qu'il proposa sous forme d'une série d'amendements à la Constitution. Sous leur forme définitive, ces amendements auraient garanti l'esclavage dans les États de toute ingérence future du gouvernement national, interdit « l'institution particulière » dans les territoires au nord du 36° 30' de latitude, la protégeant en revanche au sud de cette même limite dans tous les territoires « nous appartenant aujourd'hui, *ou acquis ultérieurement* » (les italiques sont ajoutés) ; ils auraient interdit au Congrès d'abolir l'esclavage dans toute propriété fédérale située dans les États esclavagistes (forts, arsenaux, bases navales, etc.) ; interdit aussi son abolition dans le district de Columbia, sans le consentement de la population *et* à moins qu'il n'eût été préalablement aboli tant par la Virginie que par le Maryland ; ils auraient dénié au Congrès tout droit de s'ingérer dans le commerce d'esclaves entre États ; et enfin dédommagé les propriétaires que l'on aurait empêché de récupérer leurs esclaves fugitifs dans les États du Nord. Ces amendements devaient être validés à tout jamais et aucun futur amendement ne pourrait les annuler[1].

En dépit de la nature unilatérale de ce « compromis », certains hommes d'affaires républicains, qui redoutaient de voir une panique boursière due à la sécession dégénérer en une nouvelle crise, pressèrent leurs dirigeants d'accepter. Thurlow Weed — et, partant, Seward — manifestèrent au mois de décembre une certaine disposition à céder, mais de Springfield leur arriva la consigne de rester ferme. « N'écoutez aucune proposition de compromis concernant l'*extension* de l'esclavage, écrivit Lincoln à plusieurs sénateurs et représentants clefs. L'épreuve de force est encore à venir et mieux vaut maintenant qu'à tout autre moment ultérieur. » « [Le compromis de Crittenden], expliquait le nouveau Président à Weed et Seward, nous ferait perdre tout ce que nous avons gagné par cette élection. [...] La flibusterie pour les pays situés au sud du nôtre et leur transformation en États esclavagistes s'ensuivraient [...] pour nous remettre sur la voie d'un empire de l'esclavage. » « [La notion même d'un compromis territorial], remarquait Lincoln, revient à reconnaître que l'esclavage a les même droits que la liberté et renonce

1. *CG*, 36ᵉ Cong., 2ᵉ Sess., p. 114. La Constitution comportait un précédent pour ces amendements « non amendables » : l'article V prévoit qu'« aucun État ne pourra être privé, sans son consentement, de l'égalité de suffrage au Sénat ».

à tout ce pour quoi nous avons lutté. [...] Nous venons tout juste de remporter une élection sur des principes clairement exposés à la population. A présent, on nous dit par avance que le gouvernement volera en éclats à moins que nous ne nous rendions à ceux que nous avons vaincus. [...] Si nous capitulons, c'en est fini de nous. Ils répéteront l'expérience *ad libitum*. Avant un an, nous serons obligé de prendre Cuba, car ce ne sera qu'à cette condition qu'ils accepteront de rester dans l'Union[1]. »

Se conformant aux instructions de Lincoln, les cinq républicains de la commission des Treize votèrent donc contre le compromis de Crittenden. Arguant du fait qu'aucun compromis n'aurait de valeur si les républicains s'y opposaient, Toombs et Davis votèrent non, à leur tour, et le projet fut repoussé par sept voix contre six. Crittenden présenta alors sa proposition à la tribune même du Sénat où, le 16 janvier, elle fut également repoussée par vingt-cinq voix contre vingt-trois, tous les non ayant été le fait de républicains. Quatorze sénateurs d'États qui venaient de faire sécession, ou s'apprêtaient à le faire, s'abstinrent. Le compromis de Crittenden refit plusieurs fois surface par la suite, mais l'opposition des républicains et l'indifférence du Sud profond à son égard le vouèrent à chaque fois à l'échec[2].

Cela signifiait-il que les républicains avaient détruit l'ultime espoir d'éviter la désunion, et peut-être le meilleur ? Probablement pas. Ni la solution de Crittenden ni aucune autre n'auraient pu empêcher la sécession du Sud profond. Nul compromis en effet ne pouvait effacer l'événement qui avait provoqué la désunion : l'élection de Lincoln par un Nord uni. « Nous crachons sur tous les projets de compromis », écrivit un sécessionniste. « Aucune puissance humaine ne peut sauver l'Union, tous les États cotonniers s'en iront », assura Jefferson Davis, tandis que Judah Benjamin convenait qu'un « arrangement est totalement hors du pouvoir de quiconque[3] ». Le 13 décembre, avant que l'on n'eût étudié le moindre compromis — avant même, d'ailleurs, que le moindre État n'eût fait sécession — plus des deux tiers des sénateurs et représentants de sept États du Sud signèrent un « Avis » à leurs électeurs : « La discussion est close. Tout espoir de soutien au sein de l'Union, par l'entremise de commissions, de législation du Congrès ou d'amendements à la Constitution, s'est éteint. [...] L'honneur, la sécurité et l'indépendance de la population du Sud résident désormais dans une Confédération

1. Lettres de Lincoln à Lyman Trumbull, 10 déc. 1860 ; à William Kellogg, 11 déc. ; à Elihu Washburne, 13 déc. ; à Thurlow Weed, 17 déc. ; à William H. Seward, 1er février 1861 ; à John D. DeFrees, 18 déc. 1860 ; à James T. Hale, 11 janvier 1861, citées dans *CWL*, t. IV, p. 149-151, p. 154, p. 183, p. 155, p. 172.

2. Nevins, *Emergence*, t. II, p. 390-398 ; *CG*, 36e Cong., 2e Sess., p. 409.

3. Reynolds, *Editors Make War*, p. 169 ; Davis cité par Samuel C. Buttersworth dans une lettre à Samuel L.M. Barlow, 3 déc. 1860 ; lettre de Benjamin à Barlow, 9 déc. 1860, Barlow Papers, bibliothèque Henry E. Huntington.

sudiste[1]. » Les délégués des sept États qui se réunirent à Montgomery le 4 février 1861, afin d'organiser la nouvelle nation, ne prêtèrent aucune attention aux tentatives de compromis qui avaient vu le jour à Washington.

Toutefois, le fait que sept États esclavagistes seulement fussent représentés à Montgomery avait son importance. Dès février 1861, en effet, le principal objectif des manœuvres de compromis fut de dissuader les huit autres de les suivre. Les législatures de cinq d'entre eux avaient prévu de réunir légalement des conventions[2]. A partir de là, cependant, toute ressemblance avec les événements survenus au-dessous du 35e parallèle cessa. Les électeurs de Virginie, de l'Arkansas et du Missouri élurent à leurs conventions une majorité d'unionistes. Ceux de Caroline du Nord et du Tennessee, ayant le choix de voter pour ou contre une convention, votèrent contre. Certes, les États confédérés expédièrent aux conventions des États septentrionaux des commissaires chargés d'inciter les délégués à se joindre aux États frères, mais les conventions du Missouri et d'Arkansas votèrent contre la sécession en mars (l'Arkansas par une faible majorité) et la Virginie en fit autant à une majorité de deux contre un le 4 avril. Ce résultat tenait principalement à la moindre importance de l'esclavage dans ces États. Dans les États confédérés, les esclaves constituaient quarante-sept pour cent de la population, alors que dans le haut Sud ce chiffre tombait à vingt-quatre pour cent ; trente-sept pour cent des familles des États confédérés possédaient des esclaves, contre vingt pour cent seulement dans les États situés plus haut[3].

Cet échec de la sécession dans le haut Sud semblait justifier la foi républicaine dans l'unionisme fondamental de la région, mais en réalité ce sentiment dépendait étroitement d'une condition bien précise : les nordistes devaient renoncer à toute velléité de « contraindre » les États confédérés. La législature du Tennessee décida que ses citoyens « [résisteraient] comme un seul homme à [toute] incursion sur le sol du Sud, quels que [fussent] les risques et jusqu'à la dernière extrémité ». Pour donner plus de poids à une injonction analogue de sa législature, la convention de Virginie, après avoir commencé par rejeter la sécession, resta réunie en session afin d'observer la façon dont évoluerait la situation. Les républicains modérés tinrent compte de ces avertissements et avancèrent sur la pointe des pieds durant les trois premiers mois de 1861. Ce fut un temps de « magistrale inactivité », de concessions limitées, destinées à consolider la fameuse majorité silencieuse des unionistes du

---

1. Edward McPherson, *The Political History of the United States of America during the Great Rebellion*, 2e éd. (Washington, 1865), p. 37.
2. Les assemblées du Kentucky et du Delaware refusèrent de prévoir des conventions et le gouverneur du Maryland ne réunit pas en session la législature de son État.
3. Pourcentages calculés d'après le recensement de 1860.

Sud profond, afin de l'inciter à entamer une « reconstruction volontaire » de ses États. Seward, notamment, avait abandonné la thèse du conflit irrépressible pour devenir l'âme d'un mouvement de conciliation. « Chacune de nos pensées, écrivit-il à Lincoln le 27 janvier, devrait être conciliatrice, accommodante, patiente et ouvrir ainsi la voie, dans les États sécessionnistes, à la montée d'un parti de l'Union qui les ramènera dans l'Union. » Quoique moins optimiste, Lincoln approuvait cette optique, du moment qu'elle ne cherchait à promouvoir « aucun compromis *destiné à faciliter* ou *autoriser* l'extension » de l'esclavage[1].

Les républicains membres de la commission spéciale de la Chambre, dite commission des Trente-Trois (un pour chaque État[2]), avaient les premiers démontré les possibilités de cette « politique fabienne ». Charles Francis Adams présenta une proposition visant à admettre le Nouveau-Mexique (qui à l'époque comprenait ce qui est aujourd'hui l'Arizona) en tant qu'État. L'objectif de cette manœuvre était très habile : diviser le Sud et en cimenter la partie septentrionale à l'Union par d'apparentes concessions sur la question territoriale. Le Nouveau-Mexique était nanti d'un code de l'esclavage et on y trouvait quelques esclaves, mais tout le monde savait bien que l'institution n'y prendrait jamais racine ; comme le nota Crittenden, la conséquence ultime de l'admission du Nouveau-Mexique serait de donner au Nord un nouvel État libre. Les membres de la commission originaires du Sud profond traitèrent cette offre par le mépris, tandis que plusieurs de leurs collègues du haut Sud l'approuvaient, réalisant ainsi les intentions d'Adams. Ce dernier persuada neuf des quinze républicains de la commission de ratifier cette mesure, qui violait, en apparence, le programme de leur parti, si bien qu'elle obtint le 29 décembre l'approbation d'une majorité des Trente-Trois. Cependant, lorsqu'elle fut finalement présentée à la Chambre, deux mois plus tard, elle fut repoussée par une majorité républicaine de trois contre un. Néanmoins, durant ces deux mois, le projet avait joué son rôle en maintenant les États septentrionaux du Sud au sein de l'Union[3].

Deux autres recommandations de la commission des Trente-Trois favorisèrent l'entreprise. Toutes deux reçurent la caution active de Seward et passive de Lincoln. La première réclamait une fidèle obéissance à la loi sur les esclaves fugitifs et l'abrogation des lois sur la liberté individuelle, qui se trouvaient en conflit avec elle. Elle reçut l'approbation de la Chambre le 27 février, avec le soutien de la moitié environ des

---

1. Mary E. R. Campbell, *The Attitude of Tennesseeans toward the Union* (New York, 1961), p. 161-162 ; lettre de Seward à Lincoln, 27 janvier 1861 ; lettre de Lincoln à Seward, 1er février 1861, *CWL*, t. IV, p. 183.

2. Les membres de deux des sept États sécessionnistes refusèrent d'assister à la moindre séance de la commission et ceux de quatre autres États en boycottèrent plusieurs.

3. Potter, *Lincoln and His Party*, p. 290-302.

républicains. Le lendemain, la Chambre adopta également la proposition d'un treizième amendement à la Constitution, garantissant l'esclavage dans les États contre toute future ingérence du gouvernement fédéral. Cette couleuvre-là fut trop dure à avaler pour les trois cinquièmes des républicains, mais les deux cinquièmes restants, qui votèrent oui aussi bien au Sénat qu'à la Chambre, donnèrent de justesse à l'amendement la majorité des deux tiers requise pour qu'elle fût adressée aux États à des fins de ratification. Cependant, avant que les démarches n'eussent abouti, d'autres événements intervinrent, qui débouchèrent, quatre ans plus tard, sur un nouveau treizième amendement abolissant l'esclavage.

La politique de conciliation de Seward porta aussi ses fruits sous la forme d'une « convention de la paix » qui s'assembla à Washington le 4 février, le jour même où la convention constitutionnelle des confédérés se réunissait à Montgomery. Convoquée par la législature de Virginie, la convention de la paix accentua la scission entre les deux parties du Sud. Les États sécessionnistes et l'Arkansas refusèrent d'y envoyer des délégués. Cinq États du Nord s'abstinrent aussi d'y participer — la Californie et l'Oregon pour des raisons de distance ; le Michigan, le Wisconsin et le Minnesota parce que leurs dirigeants républicains se méfiaient de l'entreprise. Nombreux, d'ailleurs, étaient les républicains d'autres États qui partageaient ce sentiment, mais Seward les persuada de soutenir son projet pour montrer leur bonne volonté. Prenant pour point de départ le compromis de Crittenden, cette « convention de vieux messieurs » n'accomplit pas grand-chose et se solda par une perte de temps. Beaucoup de ses délégués appartenaient à un passé incarné par le président de l'assemblée, l'ex-président des États-Unis, John Tyler, de Virginie, âgé de soixante et onze ans. Les débats furent aussi confus qu'acrimonieux et la participation républicaine y fut de pure forme, pour ne pas dire hostile. Au bout de trois semaines d'efforts, la convention accoucha du compromis de Crittenden dans une version modifiée qui devait le rendre légèrement plus acceptable par le Nord. L'extension de la ligne suivant le 36° 30' de latitude ne s'appliquerait qu'au « territoire actuel » et il faudrait un vote majoritaire des sénateurs de tous les États, libres et esclavagistes, pour ajouter un nouveau territoire au domaine national[1]. Lorsque cette recommandation fut soumise au Congrès, elle fut repoussée sans ménagements, principalement par les républicains.

1. A l'issue du scrutin le plus important de la convention, la clause territoriale l'emporta par neuf voix à huit :

États libres : cinq oui, six non, trois abstentions.

États esclavagistes : quatre oui, deux non, une abstention.

On trouvera des comptes rendus détaillés de la convention chez Robert G. Gunderson, *Old Gentlemen's Convention : The Washington Peace Conference of 1861* (Madison, 1961), et Jesse L. Keene, *The Peace Convention of 1861* (Tuscaloosa, 1961).

A près de mille kilomètres de là, la convention confédérée apparaissait par contraste comme un modèle d'efficacité. En six jours, les délégués réunis à Montgomery rédigèrent une Constitution temporaire, se constituèrent en Congrès provisoire, élurent un Président et un vice-président intérimaires et passèrent ensuite un mois plus tranquille à forger une Constitution permanente et à mettre en marche l'appareil administratif. L'élection des membres d'un Congrès bicaméral, ainsi que celles d'un Président et d'un vice-président destinés à remplir l'unique mandat de six ans prescrit par la Constitution, devaient avoir lieu en novembre 1861.

Bien que Barnwell Rhett et quelques autres mangeurs de feu fussent venus à Montgomery en qualité de délégués, ils firent le moins de remous possible au sein d'une convention qui s'efforça de donner d'elle-même une image modérée, pour l'édification des États septentrionaux du Sud. Comme l'exigeaient les revendications de la Confédération, qui prétendait représenter les vrais principes de la Constitution américaine, foulés aux pieds par le Nord, la majeure partie de la constitution provisoire fut recopiée mot à mot sur ce vénérable document. Il en alla de même pour la Constitution permanente, adoptée un mois plus tard, encore que certains points sur lesquels elle s'écartait de l'original ne fussent pas dénués d'intérêt. Le préambule, par exemple, omettait la clause ayant trait au bien-être général, ainsi que l'expression « une Union plus parfaite », mais ajoutait en revanche une précision après « Nous, le Peuple » : « chaque État agissant selon son caractère souverain et indépendant ». Au lieu des faux-fuyants que l'on trouve dans la Constitution américaine à propos de l'esclavage (« les personnes tenues au service ou travail obligatoire »), la version confédérée appelait un chat un chat et un esclave un esclave. Elle garantissait la protection de la servitude dans tout nouveau territoire que pourrait acquérir la Confédération, mais interdisait en revanche l'importation d'esclaves de l'étranger, afin d'éviter de s'aliéner la Grande-Bretagne et surtout les États septentrionaux du Sud, dont l'économie bénéficiait beaucoup du monopole de l'exportation des esclaves vers le Sud profond. La Constitution autorisait un tarif douanier en tant que source de revenus, mais pas pour protéger les industries locales ; on ne savait trop ce que signifiait cette distinction, toutefois, car la clause ne fournissait aucune définition. Une autre clause interdisait l'aide gouvernementale à des améliorations intérieures. La Constitution favorisait par ailleurs les droits des États, en habilitant les législatures à poursuivre légalement les fonctionnaires de la Confédération dont les fonctions s'exerçaient entièrement à l'intérieur des limites d'un État. Après avoir affaibli l'exécutif en n'autorisant qu'un seul mandat présidentiel de six ans, la Constitution renforçait aussitôt cette branche en donnant au Président un veto ponctuel sur les projets de loi budgétaires et en accordant aux membres du cabinet un siège potentiel au Congrès, mais sans droit de vote (mesure qui ne fut jamais appliquée[1]).

A Montgomery, l'attention fut principalement braquée sur le choix du Président provisoire. Ce n'étaient pas les aspirants qui manquaient, mais le choix se porta en définitive sur un ancien élève de West Point, qui aurait préféré devenir commandant en chef de l'armée confédérée. Rhett et Yancey, les deux personnalités les plus éminentes parmi les sécessionnistes de la première heure, pouvaient faire valoir de solides prétentions à la présidence, mais les unionistes constitutionnels, regroupés au nord du 35e parallèle et surtout en Virginie, ne les considéraient pas moins responsables de la tragique scission qui les obligeait à prendre parti que les plus noirs des républicains. Or, comme la nouvelle Confédération — qui ne comptait que dix pour cent à peine de la population blanche du pays et cinq pour cent de sa capacité industrielle — avait désespérément besoin de l'allégeance du haut Sud, Yancey et Rhett étaient éliminés d'office. Toombs, Stephens et Howell Cobb, tous originaires de Géorgie, prêtaient moins le flanc à la controverse, mais la délégation géorgienne ne parvint pas à s'entendre sur un de ces trois noms. En outre Stephens, en se cramponnant à son unionisme conditionnel jusqu'à la toute dernière minute, s'était rendu suspect aux sécessionnistes purs et durs, alors que Toombs, un ancien whig, souffrait d'un handicap analogue parmi les démocrates de toujours, qui prédominaient à Montgomery ; sans compter ses libations excessives — on le vit ivre mort dans une soirée deux jours avant le scrutin présidentiel — qui ne firent rien pour accroître ses chances. Lorsque le bruit arriva de Richmond que les deux sénateurs sécessionnistes de Virginie, Mason et Hunter, étaient favorables à Jefferson Davis, la balance pencha aussitôt en sa faveur. Austère, capable, dirigeant expérimenté, puisque sénateur et ancien ministre de la Guerre, démocrate et sécessionniste, mais sans être mangeur de feu, Davis était le candidat idéal. Bien qu'il n'eût pas brigué la présidence et n'en eût pas réellement envie, les délégués l'élurent à l'unanimité, le 9 février. Son sens du devoir — et du destin — le poussa à accepter. Pour consoler la Géorgie et renforcer l'image modérée que l'on voulait donner de la Confédération, Alexander Stephens, ancien whig et plus récemment démocrate partisan de Douglas, fut nommé vice-président. Enfin, soucieux d'assurer l'équilibre géographique, Davis répartit les six postes ministériels entre tous les États de la Confédération à l'exception du sien, le Mississippi ; le portefeuille le plus important — celui de secrétaire d'État — fut confié à Toombs que son échec avait rendu morose[2].

---

1. Cette Constitution est commodément reproduite chez Emory M. Thomas, *The Confederate Nation, 1861-1865* (New York, 1879), p. 307-322.

2. *Ibid.*, p. 37-66 ; E. Merton Coulter, *The Confederate States of America* (Baton Rouge, 1950), p. 19-32.

« Nous avons su trouver l'homme qu'il fallait au bon moment ! » s'écria William L. Yancey, débordant de bonhomie, en présentant Jefferson Davis à la foule qui l'acclamait le 16 février. Ce fut en cette occasion que le chant *Dixie* entama sa carrière en tant qu'hymne officieux des confédérés. Inspiré peut-être par cette musique, Davis fit un discours bref, mais belliqueux. « Le temps des compromis est désormais révolu, déclara-t-il. Le Sud est bien décidé à rester sur ses positions et à faire sentir à quiconque se mettra en travers de sa route l'odeur de la poudre et le contact de l'acier sudistes. » Le langage qu'il tint lors de son entrée en fonction, deux jours plus tard, fut plus pacifique. Il certifia à qui voulait l'entendre que la Confédération ne demandait qu'à vivre en paix et adressa une chaleureuse invitation à tous les États qui « pourraient chercher à unir leurs fortunes aux nôtres [1] ». Après quoi il se consacra aux lourdes responsabilités inhérentes à l'organisation d'une nation nouvelle et à l'élargissement de ses frontières.

La principale préoccupation d'Abraham Lincoln était justement d'empêcher cet élargissement et l'énergie qu'il dépensa lui aussi pour composer son cabinet le fut en partie dans ce but. Lincoln eut, en effet, le plus grand mal à le former. Le tout jeune parti républicain n'était encore qu'une coalition plutôt lâche de partis plus anciens : yankees de l'Est et habitants de la Frontière, radicaux et conservateurs, idéologues et pragmatistes, magnats du haut et du bas du Nord et même des États limitrophes, tels que les Blair du Maryland, autant de fortes personnalités dont plusieurs continuaient à se croire plus qualifiées que celui qui les avait vaincues pour gouverner le pays. Or, Lincoln devait satisfaire tous ces intérêts divergents avec les sept postes à pourvoir dans son cabinet, tout en indiquant la tendance générale de sa politique envers le Sud[2].

Avec un aplomb sans égal dans l'histoire politique des États-Unis, le nouveau Président nomma ministres ses quatre principaux rivaux. Il n'hésita pas un instant à confier le secrétariat d'État à Seward et la Justice à Bates. Cameron posait un problème plus épineux, car le Pennsylvanien pensait avoir reçu une promesse de l'entourage de Lincoln. Sa mise à l'écart aurait été, de toute façon, fort mal prise, mais il y eut un véritable tollé lorsqu'une indiscrétion fit savoir que Lincoln lui avait offert le Trésor. En effet, de nombreux républicains estimaient que le « Chef Winnebago » — surnom moqueur datant de l'époque déjà lointaine où Cameron avait prétendument escroqué une tribu indienne à l'occasion d'un contrat d'approvisionnement — était « un homme

1. Bruce Catton, *The Coming Fury* (Garden City, N.Y., 1961), p. 214-215 ; Rowland, *Davis*, t. V, p. 47-53.

2. Ce paragraphe et le suivant, concernant les objectifs et problèmes de Lincoln lorsqu'il s'agit de réunir un cabinet, s'inspirent de James G. Randall, *Lincoln the President*, 4 vol. (New York, 1946-55), t. I, p. 256-272 ; Nevins, *Emergence*, t. II, p. 436-455 ; Nicolay et Hay, *Lincoln*, t. III, p. 347-372 ; et enfin Baringer, *A House Dividing*, *passim*.

dépourvu d'honneur et d'intégrité ». Déconcerté, Lincoln retira son offre ; aussitôt, les amis de Cameron se mobilisèrent pour mener en sa faveur une campagne qui ne fit que distraire l'attention du parti, alors que l'entrée en fonctions du nouveau Président approchait. Ce dernier finit par régler l'affaire — mais sans parvenir à faire taire la controverse — en donnant à Cameron le portefeuille de la Guerre. Le Trésor fut confié à Chase qui était devenu le chef des républicains « irréductibles », opposés à toute espèce de concession envers le Sud. La nomination de Chase déplut si fort à Seward qu'il déclina le poste de secrétaire d'État — une manœuvre visiblement destinée à obliger Lincoln à se débarrasser de Chase. Pour la première fois, Seward mettait à l'épreuve son ambition de devenir « chef » officieux du gouvernement. « Je ne peux pas me permettre de laisser Seward ramasser la première levée », expliqua Lincoln à son secrétaire particulier. Le nouveau Président persuada donc Seward de revenir sur sa décision et de rester membre du cabinet aux côtés de Chase, mais il fallut plus tard un second affrontement pour convaincre Seward du fait que Lincoln entendait bien être son propre « chef de gouvernement[1] ».

Réglant sa dette envers l'Indiana, qui lui avait très tôt accordé son soutien, Lincoln nomma Caleb Smith ministre de l'Intérieur. Gideon Welles, yankee du Connecticut, homme tatillon, portant perruque, reçut le ministère de la Marine. Lincoln voulait en outre donner un portefeuille à un non-républicain du haut Sud, afin de montrer une bonne volonté qui lui permettrait peut-être de garder la région dans l'Union. Il l'offrit donc à John Gilmer, représentant de la Caroline du Nord. Pour ce dernier, toutefois, il était trop risqué d'entrer dans un gouvernement de républicains noirs et il préféra se dérober, sous prétexte que, en refusant tout compromis sur l'esclavage dans les territoires, Lincoln lui avait interdit d'accepter. Le Président paracheva alors son cabinet en choisissant comme ministre des Postes Montgomery Blair. Ce dernier, quoique résident du Maryland, était républicain et « irréductible » de surcroît[2].

Plus important encore que la composition du cabinet, pour indiquer la future politique de Lincoln, devait être son discours d'entrée en fonctions. Sachant que le sort des États septentrionaux du Sud et des espoirs de reconstruction volontaire du Sud profond allait peut-être dépendre de ce qu'il trouverait à dire le 4 mars, Lincoln consacra énormément de soin à polir chacune des phrases de sa harangue. Il en effectua de nombreuses moutures, après consultation avec divers dirigeants républicains, particulièrement Seward. La rédaction

---

1. Les citations sont empruntées à Nevins, *Emergence*, t. II, p. 441 ; et à Nicolay et Hay, *Lincoln*, t. III, p. 371.
2. Daniel W. Crofts, « A Reluctant Unionist : John A. Gilmer and Lincoln's Cabinet », *CWH*, n° 24 (1978), p. 225-249.

commença à Springfield deux mois avant la cérémonie d'entrée en fonctions et se poursuivit tout au long des douze jours qu'il fallut à Lincoln pour rallier Washington en train par le chemin des écoliers, au cours desquels il s'adressa des douzaines de fois aux foules massées le long des rails et à ceux qui assistaient aux réceptions officielles. Le Président se sentait tenu de saluer les multitudes qui bordaient ainsi son parcours pour apercevoir leur nouveau chef d'État. Il faisait ainsi, en quelque sorte, sa campagne électorale a posteriori, au point même de descendre du train, dans le haut de l'État de New York, pour embrasser la fillette de onze ans qui lui avait suggéré de laisser pousser la barbe qui étoffait désormais son maigre visage.

Sous deux rapports, cette tournée fut peut-être une erreur. Redoutant d'envenimer la crise par quelque remarque inconsidérée ou autre *lapsus linguae*, Lincoln, à force de ne vouloir rien dire qui prêtât à controverse, se cantonna souvent dans les platitudes et les banalités. Cela fit une fâcheuse impression à ceux qui étaient disposés à considérer le nouveau Président, déjà desservi par un physique ingrat, comme un vulgaire avocaillon de la prairie. Par ailleurs, le courrier de Lincoln et la presse nationale étaient depuis des semaines remplis de menaces et de rumeurs d'assassinat. Un voyage aussi public, dont tous les arrêts étaient annoncés à l'avance, augmentait énormément les risques de violence. Deux jours avant la date prévue pour son passage à Baltimore, ville où pullulaient les sympathisants de la sécession et renommée en outre pour ses émeutes politiques, les instances du parti républicain eurent vent d'un complot pour assassiner Lincoln au moment où il changerait de train. Les mises en garde émanaient même de deux sources distinctes — d'une part des hommes de l'agence de détectives Pinkerton, employés par les Chemins de fer, de l'autre d'un agent du ministère de la Guerre — lesquelles avaient toutes deux noyauté les gangs politiques de Baltimore. Lincoln consentit, à contrecœur, à modifier son programme et à traverser secrètement la ville en pleine nuit. Il est fort probable qu'il existait un complot contre lui ; le danger était réel, mais Lincoln devait regretter par la suite cette décision d'entrer à Washington en catimini, « comme un voleur au milieu de la nuit ». Cet épisode embarrassa d'ailleurs bon nombre de ses partisans et permit aux dessinateurs humoristiques de l'opposition de laisser libre cours à leur verve satirique. L'affaire donna un mauvais départ à l'Administration Lincoln, à un moment où elle avait justement besoin de produire une impression de fermeté et d'autorité[1].

Lincoln mit la dernière main à son discours durant les premiers jours passés à Washington. Pendant qu'il était occupé à le composer, non seulement sept États avaient fait sécession, mais ils s'étaient en outre

1. Randall, *Lincoln the President*, t. I, p. 288-291 ; Norma B. Cuthbert (éd.), *Lincoln and the Baltimore Plot* (San Marino, Cal., 1949).

emparés de propriétés fédérales à l'intérieur de leurs frontières : bureaux de douane, arsenaux, forts et hôtels des monnaies. La première mouture du discours de Lincoln présentait donc un thème et deux variations. Le thème, c'était la volonté du nouveau Président de préserver l'Union intacte. Les variations offraient en contrepoint une épée et un rameau d'olivier. L'épée était son intention de se servir de « tous les pouvoirs dont [il disposait] » pour « récupérer les propriétés et lieux publics qui sont tombés ; les tenir, occuper et posséder, ainsi que tous les autres biens et lieux appartenant au gouvernement ; et percevoir les droits de douane sur les importations ». Le rameau d'olivier, c'était une réitération de sa promesse maintes fois proférée de ne pas « [s]'ingérer dans l'institution de l'esclavage là où elle [existait] » et de faire appliquer les mesures constitutionnelles en faveur du retour des esclaves fugitifs. « Le gouvernement ne vous attaquera pas, promettait-il en outre au Sud, à moins que vous ne frappiez les premiers[1]. »

Seward et le confident de Lincoln en Illinois, Orville Browning, estimèrent que l'épée se montrait trop dans ce brouillon. Le haut Sud, sans parler du gouvernement confédéré, ne pouvait manquer de considérer toute tentative de « récupérer » les forts et les autres biens fédéraux comme une forme de « coercition ». D'ailleurs, il n'y avait pas jusqu'à la promesse de ne pas attaquer à moins d'être d'abord agressé, qui ne contînt une menace voilée. Seward persuada donc Lincoln de supprimer la phrase « à moins que vous ne frappiez les premiers » et d'adoucir diverses autres expressions. Il rédigea aussi une péroraison axée sur le patriotisme historique des gens du Sud. Le nouveau Président ajouta un passage assurant aux sudistes que, à chaque fois que « dans une localité intérieure » l'hostilité envers les États-Unis serait « si grande et si universelle qu'elle en empêcherait les citoyens compétents, résidant en ce lieu, d'occuper les fonctions fédérales », il suspendrait « momentanément » les activités gouvernementales. Plus important encore peut-être, Browning parvint à convaincre Lincoln de renoncer à sa menace de *récupérer* les biens fédéraux, en sorte que la version définitive du discours ne promettait que de « tenir, occuper et posséder » les biens en question et de « percevoir droits et impôts[2] ».

Ces expressions étaient ambiguës. Comment les droits seraient-ils perçus ? Par des navires de la Marine mouillant au large des côtes ? S'agirait-il d'une contrainte ? Comment le gouvernement pourrait-il « tenir, occuper et posséder » des biens qui se trouvaient sous le contrôle des forces confédérées ? Les seules propriétés qui fussent encore aux mains de l'Union étaient deux obscurs forts dans les keys[3] de Floride,

1. *CWL*, t. IV, p. 254, p. 250-252, p. 261.
2. La version finale du discours figure in *ibid.*, p. 249-271.
3. Archipel du sud-est des États-Unis dont les îlots bas et sableux prolongent vers l'ouest la péninsule de la Floride. (NdE.)

ainsi que le fort Pickens, sur un îlot à l'entrée de la baie de Pensacola, et le fort Sumter sur un autre îlot situé dans le port de Charleston. Ce dernier était devenu dans le berceau même de la sécession un symbole éminent de la souveraineté nationale, un symbole que le gouvernement confédéré ne pouvait tolérer s'il voulait que le monde entier reconnût son indépendance. Lincoln allait-il employer la force pour défendre le fort Sumter ? L'ambiguïté était voulue. Espérant éviter toute provocation, le Président et Seward ne souhaitaient pas révéler si oui ou non le gant de velours cachait une poigne de fer.

La péroraison, en revanche, version révisée et grandement améliorée du projet de Seward, n'avait rien d'ambigu. « C'est à regret que je conclus, devait déclarer Lincoln. Nous ne sommes pas ennemis, mais amis. Nous ne devons pas être ennemis. Bien qu'elles aient tendu à l'extrême les liens d'affection qui nous unissent, les passions ne doivent pas les briser. Les accords mystiques du souvenir, s'étendant de tous les champs de bataille, de toutes les tombes de nos morts pour la patrie, jusqu'à tous les cœurs et les foyers vivants de notre vaste pays, viendront encore grossir le chœur de notre Union, lorsque les auront fait de nouveau vibrer, j'en suis sûr, les meilleurs anges de notre nature. »

Les contemporains trouvèrent dans ce premier discours présidentiel ce qu'ils souhaitaient ou pensaient y trouver. Les républicains étaient, d'une manière générale, satisfaits de sa « fermeté » et de sa « modération ». Les confédérés et leurs sympathisants le traitèrent de « déclaration de guerre ». Les démocrates de Douglas, dans le Nord, et les unionistes conditionnels, dans le Sud, composaient l'électorat dont Lincoln avait le plus besoin et qu'il souhaitait le plus atteindre. Leur verdict était mélangé, mais encourageant. « Je suis avec lui », déclara Douglas. Des citoyens influents du Tennessee louèrent la « retenue et le conservatisme » de ses propos. Et John Gilmer de Caroline du Nord, même s'il avait refusé de faire partie du nouveau gouvernement, approuva le premier acte officiel du Président. « Que pourrait attendre ou désirer de plus un sudiste raisonnable ? » demanda-t-il[1].

Avec son discours inaugural, Lincoln avait espéré apaiser les passions et gagner du temps : le temps d'organiser son gouvernement, de prouver le caractère pacifique de ses intentions, de permettre aux graines de la reconstruction volontaire de germer. Mais lorsque le nouveau Président gagna son bureau pour la toute première fois, le lendemain de son entrée en fonctions, il subit une cruelle déconvenue, car sur sa table de travail l'attendait une dépêche du commandant Robert Anderson, qui était à la tête de la garnison de l'Union au fort Sumter. Or, celui-ci signalait

1. Douglas, cité dans le *Providence Daily Post*, 8 mars 1861, cité par Perkins (éd.), *Northern Editorials*, p. 645 ; les citoyens du Tennessee, cités par Reynolds, *Editors Make War*, p. 192 ; Gilmer, cité par Randall, *Lincoln the President*, t. I, p. 308-309.

que ses provisions ne dureraient pas plus de quelques semaines. Lincoln n'avait donc plus guère de temps devant lui.

III

Le fort Sumter se dressait sur un îlot de granit façonné par l'homme, à plus de six kilomètres du centre de Charleston, à l'entrée de la baie. Avec ses murs de briques de douze mètres de haut et de vingt à trente centimètres d'épaisseur, conçus pour armer cent quarante-six canons, ce bâtiment assez neuf devait permettre, lorsqu'il serait habité par les six cent cinquante hommes qui pouvaient y tenir, d'empêcher quiconque d'entrer ou de sortir du port. Au début de décembre 1860, cependant, ne logeaient au fort Sumter que les ouvriers chargés d'en achever la construction intérieure. La plupart des quatre-vingts et quelques soldats de la garnison de l'armée américaine à Charleston occupaient pour lors le fort Moultrie, un bâtiment hors d'usage à un kilomètre et demi du fort Sumter, de l'autre côté de la baie, sur un îlot aisément accessible depuis le littoral et assez facile à envahir par l'arrière. Les Caroliniens avaient cru qu'ils n'auraient qu'à demander pour obtenir les deux forts, ainsi que tous les autres biens fédéraux à Charleston. Avant même de faire sécession, les fonctionnaires de Caroline du Sud avaient commencé à solliciter l'Administration Buchanan à ce sujet. Une fois l'indépendance déclarée, la république de Caroline du Sud expédia des commissaires à Washington pour négocier la remise entre ses mains des forts et de l'arsenal. Leur demande était appuyée par des centaines de miliciens de Charleston qui s'étaient juré d'éjecter les yankees *manu militari* s'ils ne partaient pas de leur propre gré.

La garnison du fort Moultrie, cependant, n'était pas commandée par un yankee. Le commandant Robert Anderson était du Kentucky, ancien propriétaire d'esclaves et sympathisant des droits du Sud, mais il restait loyal au drapeau qu'il servait depuis trente-cinq ans. Cet homme, hanté par une vision tragique, souhaitait par-dessus tout éviter une guerre qui diviserait non seulement son pays et son État, mais jusqu'à sa propre famille ; il savait toutefois pertinemment que si guerre il y avait, elle commencerait fort probablement à l'endroit même qu'il était chargé de défendre. Les cervelles brûlées de Caroline piaffaient d'impatience ; si on l'attaquait, l'honneur et les ordres qu'il avait reçus l'obligeraient à résister. Une fois qu'on aurait tiré sur le drapeau, versé du sang, plus rien ne pourrait arrêter l'élan de la guerre.

Tout comme Anderson, le président Buchanan désirait ardemment prévenir cette calamité — du moins jusqu'à son départ de la Maison-Blanche, le 4 mars. Un moyen d'éviter les heurts était, bien sûr, de rappeler la garnison. Quoique pressé de le faire par les trois membres sudistes de son cabinet, Buchanan refusa d'aller aussi loin. Il promit toutefois à des parlementaires de Caroline du Sud, le 10 décembre, de ne pas envoyer les renforts réclamés par Anderson. En échange, la Caroline du Sud s'engageait à ne pas attaquer Anderson tant que les négociations pour le transfert des forts étaient en cours. Les Caroliniens crurent aussi comprendre que Buchanan avait accepté de ne pas modifier le statu quo militaire à Charleston même[1].

Pendant que Buchanan vacillait, Anderson agit. Profitant d'un ordre ambigu du ministère de la Guerre, il choisit de comprendre qu'il avait tout loisir de transférer son commandement du fort Moultrie, trop vulnérable, au fort Sumter, beaucoup plus puissant, si la nécessité de faire échec à une attaque se faisait sentir ; il s'y employa donc, aussi subrepticement qu'adroitement, le soir du 26 décembre, à la nuit tombée. Ayant agi ainsi pour préserver la paix, Anderson s'aperçut à son réveil, le lendemain, qu'il était devenu pour les nordistes un héros qui avait fait un pied de nez aux arrogants Caroliniens et un scélérat aux yeux des sudistes furibonds qui décrétèrent que l'occupation du fort Sumter était une violation de la promesse de Buchanan. « Vous êtes aujourd'hui l'homme le plus populaire du pays », écrivit à Anderson un habitant de Chicago. Leverett Saltonstall, de Boston, fit l'éloge d'Anderson qui était selon lui « *le seul homme digne de ce nom* » de la nation. « Tant que vous tiendrez le fort Sumter, ajoutait-il, je ne désespérerai point de notre noble, de notre glorieuse Union. » Le *Charleston Mercury*, en revanche, proclamait que le « grossier abus de confiance » d'Anderson avait déclenché la guerre civile, tandis que Jefferson Davis se précipitait à la Maison-Blanche pour y morigéner le Président « déshonoré[2] ».

Buchanan, harcelé, faillit succomber à l'insistance des sudistes le pressant d'ordonner à la garnison de regagner Moultrie, mais il savait que, dans ce cas, lui-même et son parti devraient renoncer au peu de respect qu'ils commandaient encore dans le Nord. « La conduite d'Anderson est universellement approuvée et s'il est rappelé ou si le fort Sumter est livré [aux Caroliniens...], l'opinion du Nord sera unanimement favorable à la pendaison de Buchanan, signalait un éminent démocrate new-yorkais. [...] Je ne plaisante pas — jamais je n'ai vu *la population entière* plus unanime sur quelque question que ce soit. Si l'on désavoue Anderson ou que l'on renonce à Sumter, nous sommes finis[3]. » Un remaniement ministériel contribua d'ailleurs à donner un peu de nerf à Buchanan.

---

1. Nevins, *Emergence*, t. II, p. 347-350, p. 357-358 ; Catton, *Coming Fury*, p. 145-146 ; Ellbert B. Smith, *The Presidency of James Buchanan* (Lawrence, Kansas, 1975), p. 169-170.
2. Les réactions des nordistes et le *Charleston Mercury* ont été cités par William A. Swanberg, *First Blood : The Story of Fort Sumter* (New York, 1957), p. 136, p. 108 ; Davis cité par Smith, *Buchanan*, p. 179.
3. Lettre de Samuel L.M. Barlow à William M. Browne, 29 déc. 1860, Barlow Papers. Voir aussi Stampp, *And the War Came*, p. 70-79.

Les ministres sudistes et un yankee hésitant démissionnèrent en décembre et au début de janvier. Les remplacèrent des unionistes convaincus, notamment le ministre de la Guerre, Joseph Holt (du Kentucky), celui de la Justice, Edwin M. Stanton, et le secrétaire d'État, Jeremiah Black. Stanton et Black rédigèrent pour Buchanan une réponse aux commissaires de Caroline du Sud, refusant de leur remettre le fort Sumter. Tout émoustillé par cette expérience inhabituelle pour lui qu'était la fermeté, Buchanan alla même plus loin : il approuva la proposition de son général en chef, Scott, d'envoyer des renforts à Anderson.

Préférant néanmoins s'efforcer de réduire au minimum la publicité et la provocation, Scott expédia renforts (deux cents hommes) et approvisionnement sur un navire marchand sans armes, le *Star of the West*. Malheureusement, l'entreprise fut un incroyable gâchis. Des fuites trouvèrent le chemin des journaux, alors que le ministère de la Guerre omettait, en revanche, de prévenir Anderson, si bien que la garnison du fort Sumter fut à peu près le seul parti intéressé à ne pas être averti de l'arrivée du *Star of the West* à l'entrée du port de Charleston le 9 janvier. L'artillerie de Caroline du Sud ouvrit le feu et fit mouche une fois avant que le commandant du navire, qui n'était malgré tout qu'un civil, ne préférât la prudence au courage et ne fît demi-tour pour reprendre le chemin de la haute mer. Ces coups de feu auraient pu être les premiers de la guerre civile, mais il n'en fut rien — pour la bonne raison qu'Anderson ne répliqua point. N'ayant reçu ni informations, ni ordres, il ne voulait pas prendre sur lui de commencer une guerre, si bien que les canons du fort restèrent cois[1].

Le courroux fut tel, aussi bien dans le Nord que dans le Sud, qu'on frôla l'explosion, mais elle fut évitée de justesse. En dépit des accusations mutuelles d'agression, aucun des deux camps ne voulait vraiment la guerre. Les sécessionnistes des autres États enjoignirent discrètement aux Caroliniens de se calmer, s'ils ne voulaient pas déclencher un conflit avant que la nouvelle Confédération ne fût organisée et prête à faire face. Une trêve tacite s'imposa, en vertu de laquelle les Caroliniens laisseraient la garnison du fort Sumter tranquille, tant que le gouvernement ne ferait pas de nouvelle tentative pour la renforcer. Un arrangement analogue (et explicite) fut conclu pour le fort Pickens — où, par contraste avec ce qui se passait à Sumter, la marine aurait pu faire débarquer des renforts à tout moment, en restant largement hors de portée des canons sudistes.

Le fort Pickens, cependant, se trouvait à la périphérie des événements. Les projecteurs de l'Histoire étaient braqués sur Charleston et le fort Sumter. Anderson et ses hommes devinrent, aux yeux des nordistes, les

1. Les meilleurs comptes rendus de cet incident se trouvent chez Catton, *Coming Fury*, p. 176-181, et chez Swanberg, *First Blood*, p. 144-149.

défenseurs de modernes Thermopyles. James Buchanan et Francis Pickens, gouverneur de la Caroline du Sud, remirent bientôt le sort de ces braves entre les mains d'Abraham Lincoln et de Jefferson Davis. Le président de la Confédération dépêcha un second trio de commissaires à Washington, pour rouvrir les négociations concernant le transfert des forts Sumter et Pickens à son gouvernement. Il envoya aussi le général Pierre G. T. Beauregard, de Louisiane, fraîchement promu à ce grade, prendre le commandement des milliers de miliciens et des quelques douzaines de canons et mortiers qui entouraient le port de Charleston, pointés vers les soldats esseulés chargés de garder le fort Sumter.

Telle était la situation, lorsque Lincoln apprit le 5 mars que la garnison serait bientôt à court de vivres et de munitions. Le nouveau Président avait des choix bien difficiles à faire. Soit il rassemblait tant bien que mal tous les navires de guerre et soldats dont il disposait et leur ordonnait d'entrer dans la baie par la force des armes, apportant avec eux provisions et renforts, mais cela l'obligeait à endosser le fardeau de la déclaration de guerre. A coup sûr, cette décision diviserait le Nord et unirait le Sud, y compris la plupart des États qui n'avaient pas encore fait sécession. Soit il prolongeait la paix et parvenait peut-être à garder le haut Sud au sein de l'Union, en retirant la garnison et en cédant le fort. Mais là aussi, il ne pouvait que diviser le Nord, démoraliser bon nombre de républicains, porter peut-être un coup fatal à sa propre Administration, admettre implicitement l'indépendance de la Confédération et surtout donner ainsi un signal aux nations étrangères dont la Confédération recherchait avidement la reconnaissance diplomatique. Soit encore il pouvait tenter de gagner du temps, en espérant trouver une solution qui lui permettrait de préserver ce symbole vital de la souveraineté sans provoquer la guerre qui risquait de diviser ses alliés et d'unir ses ennemis. Lincoln disposait de six semaines tout au plus pour résoudre ce problème, car au-delà de cette date les hommes d'Anderson seraient chassés de leur place forte par la faim. Plus d'une fois, au cours de ces six semaines, les pressions auxquelles il était soumis condamnèrent le Président encore inexpérimenté à des nuits d'insomnie, aggravées par d'atroces migraines [1].

Le dilemme de Lincoln était encore exacerbé par des avis contradictoires et des menées opposées au sein de son propre gouvernement. Le général Scott déclara qu'on ne pouvait plus désormais envoyer de renforts sans le concours d'une flotte importante et de vingt-cinq mille soldats. Or le

---

1. Ces paragraphes et les suivants, qui se rapportent à Lincoln et au fort Sumter — l'une des questions de l'histoire américaine sur lesquelles on a le plus glosé — sont fondés sur toute une variété de sources, notamment Catton, *Coming Fury*, p. 271-325 ; Swanberg, *First Blood*, p. 219-332 ; Richard N. Current, *Lincoln and the First Shot* (Philadelphie, 1963) ; Kenneth M. Stampp, « Lincoln and the Strategy of Defense in 1861 », *JSH*, n° 11 (1945), p. 297-323 ; Nevins, *War*, t. I, p. 30-74 ; Potter, *Impending Crisis*, p. 570-583 ; Randall, *Lincoln the President*, t. I, p. 311-350 ; et Nicolay et Hay, *Lincoln*, t. III, p. 375-449, t. IV, p. 1-63.

gouvernement n'avait ni les navires ni les hommes nécessaires. Scott conseillait donc de se retirer du fort, entraînant dans sa volonté de retraite les ministres de la Guerre et de la Marine. Seward aussi faisait chorus. Lui était prêt à renoncer au fort Sumter pour des raisons politiques tout autant que militaires. Un tel geste de paix et de bonne volonté, assura-t-il à Lincoln, ne pouvait que rassurer le haut Sud et raffermir les unionistes des États confédérés. Seward jouait, à vrai dire, un jeu compliqué et tortueux. Toujours hanté par l'envie de devenir « chef » officieux de la nouvelle Administration, il entra secrètement en contact avec les commissaires confédérés, par le truchement d'un intermédiaire. De sa propre autorité et à l'insu de Lincoln, il fit savoir aux commissaires que le fort Sumter serait livré aux sudistes. Il laissa aussi filtrer la nouvelle auprès de la presse. Moins d'une semaine après l'entrée en fonctions de Lincoln, les journaux nordistes assuraient « de source sûre » que les hommes d'Anderson allaient être rappelés.

Or, cette décision, Lincoln ne l'avait absolument pas prise — même s'il avait été tout près de le faire, cédant aux conseils presque unanimes de ceux qui étaient payés pour lui donner leur avis. Mais alors, que serait-il advenu de la promesse de « tenir, occuper et posséder » les biens fédéraux, proférée dans son fameux discours ? Il pouvait, en tout cas, envoyer des renforts au fort Pickens et le 12 mars, le général Scott donna des ordres dans ce sens [1]. Cependant, lorsque Lincoln consulta son cabinet, le 15 mars, pour fixer le sort du fort Sumter, cinq ministres sur sept recommandèrent l'évacuation. Un sixième — Chase — conseilla de réapprovisionner la garnison, mais uniquement si cela pouvait se faire sans risquer de déclencher une guerre. Seul Montgomery Blair voulait que l'on tînt le fort à n'importe quel prix. Personnellement, il croyait qu'au lieu d'encourager les unionistes du Sud, une capitulation les démoraliserait. « [Seules] des mesures qui inspireront du respect pour la force du gouvernement et la fermeté de ceux qui l'administrent [peuvent permettre de faire face], assura Blair. Renoncer au fort, c'était renoncer à l'Union [2]. »

Lincoln était assez enclin à le croire. D'ailleurs Blair fournit au Président davantage que des conseils. Il présenta à Lincoln son beau-frère, Gustavus V. Fox, un homme d'affaires et ancien lieutenant de marine du Massachusetts, âgé de trente-neuf ans. Fox fut le premier

1. Comme tant d'autres choses, lors de cette crise des forts de Caroline du Sud, la première tentative pour renforcer la garnison du fort Pickens tourna mal. Le capitaine de la marine américaine stationné à Pickens refusa d'exécuter l'ordre envoyé à l'officier de l'armée de terre qui commandait les troupes à bord, parce que cet ordre n'était pas signé par le ministre de la Marine. Il fit valoir ses ordres précédents interdisant tout renfort tant que les confédérés s'abstenaient d'attaquer Pickens. Lorsque Lincoln apprit cet imbroglio, le 6 avril, peut-être sa décision d'approvisionner finalement le fort Sumter en fut-elle influencée.

2. On trouvera des extraits des opinions soumises par écrit par les sept ministres dans *CWL*, t. IV, p. 285.

d'une cohorte d'hommes qui devaient se faire une place au premier plan au cours des quatre années suivantes : des hommes audacieux, capables, jamais à court d'idées pour accomplir des prouesses déclarées impossibles par le vieil establishment militaire rouillé. Fox proposa d'expédier jusqu'au cordon littoral qui se trouvait juste devant le port de Charleston un transport de troupes escorté par des navires de guerre. Les hommes et les provisions pourraient alors être embarqués à bord de remorqueurs ou de petites embarcations qui franchiraient le cordon à la nuit tombée pour tenter de rallier le fort au plus vite. Les navires de guerre et la garnison de Sumter se tiendraient prêts à réprimer les éventuelles interventions de l'artillerie confédérée.

Le projet avait une toute petite chance de réussir. Lincoln accepta d'y réfléchir, car il entendait à présent l'opinion de l'électorat qui l'avait élu. De nombreux républicains étaient scandalisés de lire dans la presse qu'on allait céder le fort Sumter. « AVONS-NOUS UN GOUVERNEMENT ? » demandaient des gros titres. « L'oiseau qui symbolise notre pays est un poulet cacochyme, paré des plumes de l'aigle », lançait un avocat new-yorkais désabusé. « Il faut envoyer des renforts au fort Sumter coûte que coûte ! » s'exclamait une lettre typique d'un citoyen du Nord. « Si le fort Sumter est évacué, la nouvelle Administration est déconsidérée à jamais[1] », assurait un autre. Les démocrates eux-mêmes réclamaient des renforts pour « la vaillante petite troupe qui [défendait] l'honneur et le drapeau de son pays au milieu d'un ennemi hostile et plein de traîtrise ». Sous l'effet de l'incertitude prolongée, les nerfs étaient tendus à craquer. « Le gouvernement *doit avoir une politique d'intervention* », déclarait le *New York Times*. « Tout ou presque vaudrait mieux qu'un surcroît d'attente, se lamentaient d'autres journaux du Nord. La population veut que l'on prenne une *décision* quelconque [qui] servira de point de ralliement à la loyauté généreuse, mais découragée des cœurs américains[2]. »

Ces témoignages de l'opinion nordiste consolidèrent la résolution du Président, mais entre-temps, Seward continuait à raconter aux commissaires confédérés que le fort Sumter serait bientôt rendu à leur gouvernement. Lincoln envoya trois émissaires à Charleston pour évaluer la situation, dont l'un, qui n'était autre que son vieil ami Ward H. Lamon, confia, semble-t-il, aux Caroliniens et à Anderson lui-même que l'évacuation était imminente. Au sein de l'Administration, tout le monde s'attendait à une collision prochaine entre faucons et colombes. L'affrontement eut lieu le 28 mars. Ce jour-là, Lincoln apprit que le général Scott voulait évacuer non seulement le fort Sumter, mais aussi

---

1. Perkins (éd.), *Northern Editorials*, p. 652 ; Strong, *Diary*, p. 109 ; Current, *Lincoln and the First Shot*, p. 118 ; Stampp, *And the War Came*, p. 266.
2. *New York Times*, 3 avril 1861 ; *New York Morning Express*, 5 avril 1861, cités par Stampp, *And the War Came*, p. 268.

le fort Pickens. Les arguments qu'il avançait étaient beaucoup plus politiques que militaires : « L'évacuation des deux forts, écrivait le général, apaiserait immédiatement les huit États esclavagistes restants et leur donnerait confiance, assurant de ce fait à tout jamais leur cordiale adhésion à notre Union. » Le soir même, après un dîner d'apparat, Lincoln convoqua d'urgence son cabinet. Une « stupéfaction perplexe » se lisait sur la plupart des visages, tandis que le Président, visiblement irrité, leur communiquait la teneur du mémorandum de Scott. Le général (un Virginien, il ne fallait pas l'oublier) conseillait une capitulation sans condition devant la Confédération. Qu'elle fût ou non due à l'influence de Seward (comme le subodorait la majeure partie des membres du cabinet), la recommandation de Scott, qui obéissait manifestement à des mobiles politiques, faisait planer un doute sur son avis initial, qui était que tout renforcement de la garnison du fort Sumter était impossible. Le cabinet revint sur le vote qu'il avait émis deux semaines plus tôt. A présent quatre des six ministres (Caleb Smith continuait à soutenir Seward et Cameron était absent) se déclaraient favorables à un réapprovisionnement de Sumter. Et ils soutenaient tous l'idée d'envoyer aussi des renforts au fort Pickens. Lincoln donna l'ordre de mettre sur pied une expédition secrète pour mener à bien cette dernière mission. Et, geste plus lourd de conséquences, il donna en outre des instructions à Fox, afin que ce dernier rassemblât les navires et les hommes nécessaires à la tentative de porter secours au fort Sumter[1].

Seward se trouvait soudain acculé. Ses messages rassurants aux commissaires sudistes, sa politique de paix prônant la reconstruction volontaire, son ambition de devenir le vrai chef de l'Administration — tout semblait sur le point de s'effondrer. Afin de raffermir sa position, il paya d'audace — et sans lésiner. Il intervint dans le renforcement du fort Pickens et réussit à priver l'expédition vers le fort Sumter du navire de guerre le plus puissant de la marine américaine, deux mesures qui devaient avoir de funestes conséquences. Puis, le 1er avril, il fit parvenir à Lincoln une invraisemblable proposition. De façon embrouillée, le secrétaire d'État suggérait que, en abandonnant Sumter et en tenant Pickens, on déplacerait le débat de la question de l'esclavage à celle de l'Union. En outre, Seward se proposait de « réclamer des explications » à l'Espagne et à la France pour être intervenues à Saint-Domingue et au Mexique et de leur déclarer la guerre si ces explications ne le satisfaisaient point. Il y avait de fortes chances pour que le pays décidât alors de s'unir contre un ennemi étranger. « Quelle que soit la politique adoptée, faisait remarquer Seward, il faudra que quelqu'un s'occupe

1. Nicolay et Hay, *Lincoln*, t. III, p. 394-395, p. 429-434 ; Current, *Lincoln and the First Shot*, p. 75-81. Certaines rumeurs annonçant que le premier ordre de Lincoln, concernant le renforcement du fort Pickens, n'avait pas été exécuté, étaient déjà parvenues jusqu'à Washington.

en permanence de la poursuivre et de la diriger. » Il n'était pas difficile de deviner à qui il songeait.

On imagine sans peine la surprise que dut éprouver Lincoln en parcourant ces lignes. Ne voulant pas humilier Seward, ni se priver de ses services, cependant, le Président n'en parla à personne et écrivit une réponse courtoise, mais ferme le jour même. Il s'était engagé, rappelait-il à son secrétaire d'État, à tenir, occuper et posséder les biens fédéraux et il ne voyait vraiment pas en quoi la possession du fort Sumter ressortait davantage de l'esclavage et moins de l'Union que celle du fort Pickens. Passant sous silence l'idée d'adresser un ultimatum à l'Espagne ou à la France, Lincoln précisa à Seward : « C'est à *moi* d'agir[1] », quelle que fût la politique adoptée. Seward, honteux et confus, n'en parla plus et resta l'un des conseillers les plus loyaux de Lincoln au cours des quatre années suivantes.

Le secrétaire d'État se rendait bien compte qu'il allait s'entendre accuser de tromperie par les sudistes, lorsque ceux-ci s'apercevraient que la nouvelle de l'évacuation du fort Sumter était fausse. Il fit un ultime effort pour redresser la situation. En cas d'affrontement armé, la convention de Virginie, toujours réunie en session extraordinaire, voterait certainement en faveur de la sécession. Seward persuada Lincoln de rencontrer à Washington, le 4 avril, un unioniste de Virginie. Son but était de voir si l'on ne pouvait pas conclure un marché : l'évacuation du fort en échange d'un ajournement de la convention, sans sécession. Juste avant son entrée en fonction, Lincoln avait manifesté un certain intérêt pour cette idée. Les historiens se demandent encore s'il proposa explicitement un tel marché à John Baldwin, durant leur entretien privé du 4 avril[2]. De toute façon, la rencontre ne donna rien et Lincoln en conserva un souvenir amer de l'unionisme virginien. Le jour même, il donna son aval à l'expédition vers le fort Sumter[3].

La nature de cette entreprise avait changé, de façon subtile mais importante, depuis que Fox en avait soumis le projet. Au lieu d'essayer de se frayer par la force un chemin dans le port, le corps expéditionnaire tenterait d'abord simplement de faire parvenir des vivres à Anderson. Les navires de guerre et les soldats se tiendraient à proximité, prêts à agir, mais si les batteries confédérées ne tiraient pas sur les bateaux chargés de l'approvisionnement, ils ne feraient pas non plus parler la poudre et les renforts resteraient à bord des navires. Si au contraire les confédérés ouvraient le feu sur des embarcations sans armes qui apportaient « de quoi nourrir ceux qui mouraient de faim », c'était le Sud qui serait

---

1. Voir *CWL*, t. IV, p. 316-318, pour le mémorandum de Seward et la réponse de Lincoln.
2. Les historiens ont analysé de façons diverses les maigres données dont ils disposent à ce sujet ; pour un résumé de ces données, avec le titre des ouvrages pertinents, voir William C. Harris, « The Southern Unionist Critique of the Civil War », *CWH*, n° 31 (1985), p. 50-51.
3. Current, *Lincoln and the First Shot*, p. 96.

indéniablement coupable d'agression. Et sur lui retomberait alors la faute d'avoir déclenché les hostilités. Un tel événement souderait le Nord et ferait même peut-être persister la division du Sud. Et si les sudistes laissaient passer les provisions, cela permettrait de maintenir la paix et le statu quo à Charleston, si bien que le gouvernement de l'Union aurait remporté une grande victoire symbolique. La façon dont Lincoln repensa ainsi toute l'expédition fut un véritable trait de génie. Cela revenait ni plus ni moins à dire à Jefferson Davis : « Pile, je gagne, face, vous perdez. » C'était le premier signe de la maestria qui devait marquer tout le mandat de Lincoln[1].

Le 6 avril, Lincoln expédia à Charleston un messager spécial, afin d'informer de sa décision le gouverneur Pickens : « [Une] tentative pour fournir au fort Sumter uniquement des provisions de bouche va être faite ; et si elle ne rencontre aucune résistance, rien ne sera fait pour expédier des renforts en hommes, armes ou munitions sans vous en aviser préalablement, [sauf] en cas d'attaque contre le fort[2]. » C'était à Jefferson Davis de jouer. Le président de la Confédération était lui aussi soumis à de fortes pressions qui lui enjoignaient de « faire quelque chose ». Le rêve que nourrissait Seward d'assister à une reconstruction volontaire de l'Union était le cauchemar de Davis. « Le courage et jusqu'au patriotisme de nos concitoyens se dissipent lentement par la faute de

1. Les contemporains et les historiens ont longtemps disserté sur les mobiles et les objectifs de Lincoln concernant ce projet de réapprovisionner le fort Sumter. Trois grandes interprétations se sont dégagées : 1) Lincoln savait que seule la guerre pouvait sauver son Administration et son parti, si bien qu'il manipula la Confédération afin de l'obliger à porter le premier coup, car cela lui permettait de partir en guerre avec un avantage politique maximal. Les deux principaux tenants de cette thèse, tous deux historiens sudistes, furent Charles W. Ralsdell, « Lincoln and Fort Sumter », *JSH*, n° 3 (1937), p. 259-288 ; et J.S. Tilley, *Lincoln Takes Command* (Chapel Hill, 1941). 2) Lincoln voulait préserver le statu quo pour donner un nouveau départ à la politique de la reconstruction volontaire, mais il redoutait de discréditer le gouvernement et d'affermir la Confédération aux yeux du monde extérieur en renonçant au fort Sumter. Espérant donc préserver la paix, mais prêt à risquer la guerre, il conçut ce projet de réapprovisionnement de façon à donner aux confédérés le choix entre la paix ou la guerre. Cette théorie a été exposée principalement par James G. Randall, *Lincoln, the Liberal Statesman* (New York, 1947), p. 88-117, et par David M. Potter, « Why the Republicans Rejected Both Compromise and Secession », in George Harmon Knoles (éd.), *The Crisis of the Union, 1860-1861* (Baton Rouge, 1965), p. 90-106. 3) Lincoln aurait été heureux de préserver la paix, mais s'attendait probablement à ce que les confédérés déclenchassent les hostilités ; de toute façon, il était gagnant. De nombreux historiens ont soutenu cette interprétation ; on l'associe avant tout aux plumes de Kenneth M. Stampp, « Lincoln and the Strategy of Defense in the Crisis of 1861 », et de Current, *Lincoln and the First Shot*, p. 182-208. Les différences entre les interprétations 2 et 3 sont assez subtiles et dépendent des tentatives de ce qu'on lit ou croit lire dans l'esprit de Lincoln, afin de deviner ce qu'il voulait ou attendait des confédérés. Bien qu'il n'ait jamais dit explicitement à quelle réaction il s'attendait de leur part, il est certain que Lincoln ne se faisait plus guère d'illusions sur les perspectives de reconstruction volontaire et qu'il avait d'excellentes raisons de croire que les confédérés ouvriraient le feu sur une embarcation chargée d'une mission de réapprovisionnement pacifique. C'est donc l'interprétation 3 qui semble la plus plausible.

2. *CWL*, t. IV, p. 323.

cette politique attentiste, déplora un journal de Mobile. Si l'on ne tente pas bientôt quelque chose [...], le pays tout entier se dégoûtera si bien de ce faux-semblant d'indépendance sudiste que, dès qu'ils auront l'occasion de participer à une élection, les gens renverseront le mouvement. » D'autres Alabamiens trouvaient aussi que la guerre était le meilleur moyen « d'éviter la calamité d'une reconstruction ». « La Caroline du Sud est à même de nous l'éviter, ajoutaient-ils, en prenant le fort Sumter à n'importe quel prix. [...] Monsieur, à moins que vous n'humectiez de quelques gouttes de sang le visage des habitants de l'Alabama, ils seront de retour dans le giron de la vieille Union dans moins de dix jours[1] ! »

Même si les sept États du Sud profond continuaient à se serrer les coudes, l'avenir de la Confédération était précaire sans les États du haut Sud. Après s'être entretenu avec des sécessionnistes de Virginie, Louis Wigfall, mangeur de feu notoire, préconisa une rapide attaque contre le fort Sumter, afin d'attirer tout ce troupeau dans le bercail confédéré. Edmund Ruffin et Roger Pryor, qui avaient le sang aussi chaud l'un que l'autre, excédés par les vestiges d'unionisme qu'ils discernaient dans leur État natal, la Virginie, firent écho à ces exhortations. « Les effusions de sang, nota Ruffin, serviront à faire changer d'avis bien des électeurs dans les États qui hésitent, à les pousser des rangs des soumis et des temporisateurs dans ceux des zélés partisans de la sécession immédiate. » « [Si vous voulez que nous puissions vous rejoindre], lança Pryor aux habitants de Charleston, *frappez le premier coup* ! » Le *Charleston Mercury* ne demandait pas mieux. « Les États limitrophes du Sud ne se rallieront jamais à notre cause tant que nous n'aurons pas montré que nous pouvons nous libérer, tant que nous n'aurons pas prouvé qu'une garnison de soixante-dix hommes ne saurait tenir le portail de notre commerce, déclara cet organe. Préparons-nous à la guerre. [...] Le sort de la Confédération sudiste est suspendu aux drisses du pavillon du fort Sumter[2]. »

Par conséquent, au défi d'Abraham Lincoln : « Voulez-vous la paix ou la guerre ? », Jefferson Davis répondit : « La guerre. » Le 9 avril, lors d'une réunion fatidique, le cabinet de la Confédération ratifia l'ordre de Davis à Beauregard : réduisez le fort *avant* l'arrivée de la flotte de secours, si vous le pouvez. Anderson repoussa la demande rituelle de capitulation que lui adressa le général confédéré, mais remarqua au

---

1. Le journal de Mobile a été cité par Current, *Lincoln and the First Shot*, p. 134 ; lettre de J.L. Pugh à William Porcher Miles, 24 janvier 1861, citée par Richard N. Current, « The Confederates and the First Shot », *CWH*, n° 7 (1961), p. 365 ; J.G. Gilchrist, cité par Nevins, *War*, t. I, p. 68.

2. Current, *Lincoln and the First Shot*, p. 151, p. 139 ; William K. Scarborough (éd.), *The Diary of Edmund Ruffin*, vol. 1 : *Toward Independence, October 1856-April 1861* (Baton Rouge, 1972), p. 542 ; *Charleston Mercury*, 24 janvier 1861.

passage qu'il serait dans peu de jours chassé de son refuge par la faim, si les secours n'arrivaient pas. Les confédérés savaient parfaitement que ceux-ci étaient en route, si bien que le 12 avril, à 4 h 30 du matin, ils ouvrirent le feu. La flotte de Fox, dispersée par une tempête et empêchée par une mer démontée de lancer sa flottille d'embarcations d'approvisionnement, se trouva dans l'incapacité d'intervenir[1]. Au bout de trente-sept heures de bombardement, au cours desquelles quatre mille coups de mitraille et obus détruisirent une partie du fort et mirent le feu à l'intérieur, la garnison épuisée d'Anderson se rendit. N'ayant pu, faute d'effectifs, mettre en action que quelques-uns des quatre-vingts canons du fort, ils avaient répliqué par un millier de salves, qui n'avaient guère produit d'effet. Le 14 avril, la bannière étoilée fut amenée et le drapeau de la Confédération flotta sur le fort Sumter.

La nouvelle galvanisa le Nord. Le 15 avril, Lincoln promulgua une proclamation appelant soixante-quinze mille miliciens sous les drapeaux pour un service militaire de quatre-vingt-dix jours, afin de mater une insurrection « trop puissante pour être réprimée par la voie ordinaire des procédures judiciaires ». La réaction des États libres fut irrésistible. Dans chaque ville, chaque village, des assemblées acclamèrent la bannière étoilée et jurèrent de se venger des traîtres. « La bruyère est en feu, écrivit un professeur de Harvard, né sous la présidence de George Washington. Jamais je n'avais connu une telle effervescence populaire. [...] La population tout entière, hommes, femmes et enfants, semble être descendue dans la rue, armée de faveurs et de drapeaux aux couleurs de l'Union. » De l'Ohio et de l'Ouest parvint « un grand cri d'aigle » à la gloire du drapeau. « Les gens sont devenus fous à lier[2] ! » A New York, naguère pépinière de sentiments prosudistes, deux cent cinquante mille personnes assistèrent à un meeting unioniste. « Le changement qui s'est opéré ici dans l'opinion publique est étonnant — presque miraculeux », nota un négociant new-yorkais le 18 avril. « J'observe, plein de crainte respectueuse, le mouvement national ici à New York et à travers tous les États libres, renchérit un avocat. Après nos récentes discordes, il semble surnaturel. » « L'"avant-Sumter" [paraît appartenir à un autre siècle], écrivit une New-Yorkaise. On a l'impression de n'avoir

1. Fox fut en outre très gêné par l'absence de l'*U.S.S. Powhatan*, le plus puissant navire de guerre de la marine américaine. Un tragi-comique méli-mélo d'ordres, dont la responsabilité incombait à la fois à Seward et à Lincoln, avait inclus ce navire dans l'expédition vers le fort Pickens.

2. *CWL*, t. IV, p. 331-332 ; *Life, Letters and Journals of George Ticknor*, 2 vol. (Boston, 1876), t. II, p. 433-434 ; lettre de Jane Stuart Woolsey à un ami, 10 mai 1861, citée par Henry Steele Commager (éd.), *The Blue and the Gray*, 2 vol. (éd. corr. et abr., New York, 1973), t. I, p. 48 ; Jacob D. Cox, « War Preparations in the North », in *Battles and Leaders*, t. I, p. 86.

jamais vécu avant aujourd'hui, de n'avoir jamais eu de pays avant aujourd'hui[1]. »

Les démocrates prêtèrent la voix au « cri d'aigle » de la furie patriotique. Pour marquer l'unité nationale, Stephen Douglas rendit à la Maison-Blanche une visite qui fit grand bruit, puis rentra chez lui à Chicago, où il déclara à une foule immense : « La question n'a que deux faces. Chacun ne peut être que pour les États-Unis ou contre eux. Dans cette guerre, il ne peut y avoir de neutres, *rien que des patriotes — ou des traîtres*. » Un mois plus tard, il était mort — victime, fort probablement, d'une cirrhose du foie — mais pendant une année ou plus sa ferveur guerrière lui survécut parmi la plupart des démocrates. « Que nos ennemis périssent par l'épée ! » Tel était le thème des éditoriaux démocrates au printemps de 1861. « Toute sentimentalité effarouchée doit disparaître ; il faut exercer une vengeance sanglante contre les méprisables traîtres qui l'ont provoquée par leur scélérate impertinence et leurs agissements rebelles[2]. »

Des gouverneurs du Nord sollicitèrent du ministère de la Guerre qu'il augmentât le contingent réclamé à leur État. Lincoln avait réclamé à l'Indiana six régiments, le gouverneur en offrait douze. Ayant mobilisé les treize régiments requis, le gouverneur de l'Ohio télégraphia à Washington : « A moins de réprimer sérieusement l'ardeur de nos citoyens, je ne saurais vraiment en mobiliser moins de vingt. » John Andrews, gouverneur du Massachusetts, expédia un télégramme laconique deux jours après avoir reçu le message de Lincoln lui réclamant des troupes : « Deux régiments en route cet après-midi — un pour Washington, l'autre pour le fort Monroe ; troisième expédié demain, quatrième avant fin semaine[3]. » On commença à se demander si un dé à coudre suffirait pour recueillir le sang versé.

---

1. Philip S. Foner, *Business and Slavery : The New York Merchants and the Irrepressible Conflict* (Chapel Hill, 1941), p. 207 ; Strong, *Diary*, p. 136 ; Commager (éd.), *Blue and Gray*, t. I, p. 47.

2. Robert W. Johannsen, *Stephen A. Douglas* (New York, 1973), p. 868 ; *Wisconsin Daily Patriot*, 24 avril 1861, *Columbus Daily Capital City Fact*, 13 avril 1861, cités par Perkins (éd.), *Northern Editorials*, p. 750, p. 727.

3. Robert E. Sterling, « Civil War Draft Resistance in the Middle West », thèse de doctorat, Northern Illinois University, 1974, p. 15-16 ; *O.R.*, sér. III, vol. 1, p. 79.

Chapitre IX

ENTRE L'ÉCORCE ET L'ARBRE : LE DILEMME DU HAUT SUD

I

Quand la guerre éclata au Fort Sumter, la nécessité de prendre parti plongea le haut Sud dans une véritable crise. De son choix dépendait fort probablement le sort de la Confédération. Les huit États qui le constituaient détenaient en effet la majeure partie des ressources nécessaires au Sud pour livrer cette guerre : plus de la moitié de la population totale, les deux tiers de la population blanche, les trois quarts de la capacité industrielle, la moitié des chevaux et des mules, les trois cinquièmes du bétail, des animaux de basse-cour et des cultures vivrières. En outre, plusieurs grands chefs militaires en puissance étaient originaires de ces États : Robert E. Lee, Thomas J. Jackson, Joseph E. Johnston, James E. B. Stuart et Ambrose Powell Hill, tous de Virginie ; Daniel H. Hill, de Caroline du Nord ; Albert Sidney Johnston et John Bell Hood, du Kentucky ; Nathan Bedford Forest, du Tennessee.

Or, la réponse du haut Sud à la requête de Lincoln réclamant, le 15 avril, des régiments de miliciens, semblait prometteuse pour l'avenir de la Confédération. « [Le Kentucky] ne fournira pas d'hommes dans le but atroce de soumettre ses États frères des autres régions du Sud », télégraphia le gouverneur à Washington. « [Le Tennessee] n'enverra pas un seul homme à des fins de coercition, proclama le gouverneur de cet État, mais il en enverra s'il le faut quinze mille pour défendre nos droits et ceux de nos frères du Sud. » Quant au gouverneur sécessionniste du Missouri, il jeta le gant aux pieds du Président : « Votre réquisition est illégale, anticonstitutionnelle, révolutionnaire, inhumaine. [...] L'État du Missouri ne vous fournira pas un seul homme pour mener à bien une croisade aussi impie. » Les gouverneurs de Virginie, de Caroline du Nord et d'Arkansas envoyèrent des réponses de la même encre, tandis que ceux du Maryland et du Delaware gardaient un silence qui ne présageait rien de bon[1].

Ces allusions à « nos droits » et nos « frères du Sud » laissent entrevoir les motifs qui entraînèrent quatre de ces huit États dans la Confédération et provoquèrent dans trois autres l'apparition de vastes minorités

1. *O.R.*, sér. III, vol. I, p. 70, p. 72, p. 76, p. 81, p. 83.

sécessionnistes. « Force nous est de nous identifier au Nord ou au Sud », écrivit un Virginien, tandis que deux anciens unionistes de Caroline du Nord exprimaient le point de vue de la plupart de leurs semblables : « La scission devra se faire le long de la ligne de l'esclavage. Le Sud doit se ranger dans le camp du Sud. [...] C'est la voix du sang qui parle[1]. » Des journaux du Tennessee et de l'Arkansas assuraient : « L'identité des objectifs et la communauté des intérêts existant dans tous les États esclavagistes doit les unir et les unira. » Mis en devoir de choisir entre « l'asservissement » et la défense de « l'honneur [...], la liberté [...], les droits », la décision du Sud était « aussi certaine que les lois de la pesanteur[2] ».

Aux yeux des unionistes du Sud, ce conflit tragique était principalement imputable à Lincoln. Ce que le Président, dans sa proclamation du 15 avril appelant la milice sous les drapeaux, avait décrit comme une mesure nécessaire pour « maintenir l'honneur, l'intégrité et l'existence de notre Union nationale », se muait au sud du Potomac en une coercition anticonstitutionnelle exercée contre des États souverains. « En Caroline du Nord, le sentiment unioniste était en plein ascendant et se consolidait, jusqu'au moment où Lincoln nous a fait mordre la poussière, écrivit d'une plume amère un unioniste. Il n'aurait pu adopter de politique plus efficace pour détruire l'Union. [...] Je n'ai pas d'autre choix que de me battre pour ou contre ma section. [...] Lincoln a fait de nous une unité qui résistera jusqu'à ce qu'elle repousse les envahisseurs ou qu'elle meure. » John Bell, candidat du parti de l'Union constitutionnelle aux présidentielles de 1860, sur qui de nombreux modérés du haut Sud modelaient leur conduite, annonça à Nashville, le 23 avril, qu'il soutenait un « Sud uni » dans « la guerre inutile, agressive, cruelle, injuste et gratuite qu'[imposait] de force » Lincoln en mobilisant la milice[3].

Toutes ces explications du revirement vers la sécession étaient sans nul doute sincères, mais les critiques adressées à Lincoln ne manquaient pas d'un certain opportunisme. Prétendre que c'était la mobilisation de troupes par le Président qui avait provoqué dans les États septentrionaux du Sud la décision de faire sécession était trompeur. En

---

1. *Staunton Vindicator*, 22 mars 1861, cité par Donald E. Reynolds, *Editors Make War : Southern Newspapers in the Secession Crisis* (Nashville, 1970), p. 196 ; *Wilmington Journal*, 4 mars 1861, cité par W. Buck Yearns et John G. Barrett (éd.), *North Carolina Civil War Documentary* (Chapel Hill, 1980), p. 21 ; *Raleigh Register*, 10 mai 1861.

2. *Nashville Patriot*, 24 avril 1861, *Nashville Republican Banner*, 9 mai 1861, cités par Dwight L. Dumond (éd.), *Southern Editorials on Secession* (Washington, 1931), p. 511, p. 514 ; *Fort Smith Daily Times and Herald*, 5 avril 1861, cité par Reynolds, *Editors Make War*, p. 195-196.

3. James G. de R. Hamilton (éd.), *The Correspondence of Jonathan Worth*, 2 vol. (Raleigh, 1909), t. I, p. 143, p. 150-151 ; J. Milton Henry, « Revolution in Tennessee, February 1861 to June 1861 », *Tennessee Historical Quarterly*, n° 18 (1959), p. 115 ; Mary E. R. Campbell, *The Attitude of Tennesseeans toward the Union, 1847-1861* (New York, 1961), p. 194.

effet, à mesure que le télégraphe transmettait la nouvelle de l'assaut contre le fort Sumter le 12 avril et de sa capitulation le lendemain, d'immenses foules se déversèrent dans les rues de Richmond, Raleigh, Nashville et autres grandes villes du haut Sud pour fêter cette victoire sur les yankees. Brandissant des drapeaux confédérés et acclamant la cause glorieuse de l'indépendance sudiste, elles voulaient que leur propre État adhérât à cette cause. Or, des vingtaines de manifestations de ce genre eurent lieu entre le 12 et le 14 avril, c'est-à-dire *avant* que Lincoln n'eût réclamé des hommes pour son armée. Bon nombre d'unionistes conditionnels furent emportés par cette puissante marée de nationalisme méridional ; d'autres furent réduits au silence.

La nouvelle de la chute du fort Sumter atteignit Richmond le soir du 13 avril. Un cortège de citoyens radieux marcha sur le capitole de l'État où une batterie d'artillerie tira une salve de cent coups de canon « en l'honneur de la victoire ». La foule amena la bannière étoilée qui flottait sur le bâtiment pour hisser à sa place le pavillon confédéré. Tout le monde « paraissait d'une allégresse proprement frénétique, écrivit un des participants ; je n'ai jamais de ma vie été témoin de tels débordements. Tout le monde est favorable à la sécession ». Les citoyens de Wilmington, en Caroline du Nord, accueillirent la nouvelle de la chute du fort Sumter par « la plus folle agitation », firent flotter des drapeaux confédérés sur tous les édifices publics et tirèrent des salves. A Goldsboro, toujours en Caroline du Nord, le correspondant du *Times*, de Londres, regarda « une foule surexcitée [...], visages empourprés, yeux hagards, bouches hurlantes, pousser des hourras en l'honneur de "Jeff Davis" et de "la Confédération sudiste", au point que leurs cris couvraient les fanfares discordantes qui s'époumonaient à jouer *Dixie's Land* ». De tels éclats n'étaient pas simplement une réaction de défense face à l'agression nordiste. Ils avaient plutôt les allures d'une fête, de joyeuses retrouvailles entre frères du Sud qui venaient de remporter un triomphe contre les républicains noirs du pays yankee[1].

La convention de Virginie ne tarda pas à adopter une ordonnance de sécession, mais elle fut quand même prise de vitesse par une assemblée *ad hoc* réunie dans une autre salle de Richmond, laquelle s'était intitulée la « Convention spontanée pour les droits du Sud ». Dans les rues et dans les deux salles de réunion, les passions étaient à leur paroxysme. Des foules menaçaient de faire violence aux délégués unionistes venus de la région située à l'ouest des Alleghenies. Le 17 avril, l'ex-gouverneur Henry Wise électrisa la convention officielle par un discours enflammé. Il annonça que la milice de Virginie était *en ce moment même* occupée

1. Lettre de J.H. Baughman de Richmond, 14 avril 1861, citée par Henry T. Shanks, *The Secession Movement in Virginia, 1847-1861* (Richmond, 1934), p. 268n. ; J. Carlyle Sitterson, *The Secession Movement in North Carolina* (Chapel Hill, 1939), p. 239 ; William Howard Russell, *My Diary North and South*, éd. Fletcher Pratt (New York, 1954), p. 52.

à s'emparer de la fabrique d'armes fédérale de Harper's Ferry et s'apprêtait à prendre l'arsenal maritime de Gosport, près de Norfolk. En de telles circonstances, aucun vrai Virginien ne pouvait hésiter ; la convention vota en faveur d'une ordonnance de sécession par quatre-vingt-huit voix contre cinquante-cinq [1].

Même si la nouvelle était un peu prématurée, Wise savait de quoi il parlait : c'était lui-même qui avait conçu l'expédition contre Harper's Ferry. Sécessionniste pur et dur, avec de longs cheveux blancs et un visage sillonné de rides qui le faisaient paraître plus âgé que ses cinquante-quatre ans, Wise avait été gouverneur à l'époque où Brown était venu attaquer Harper's Ferry. Peut-être fut-ce le souvenir de cette affaire qui lui donna à penser de quelle importance était la fabrique d'armes qui s'y trouvait et qui était l'une des deux seules que possédât le gouvernement des États-Unis (l'autre se trouvant à Springfield, dans le Massachusetts). Sans même consulter le gouverneur en exercice, John Letcher, qu'il trouvait tiède envers la sécession, Wise eut le 16 avril une entrevue avec des officiers de la milice, afin de faire partir les régiments pour Harper's Ferry et Norfolk. Letcher n'eut plus qu'à approuver ces mesures a posteriori. Le 18 avril, le lendemain du jour où l'on avait voté la sécession, plusieurs compagnies de milice investirent la fabrique de Harper's Ferry, défendue par quarante-sept soldats réguliers de l'armée américaine. Afin d'éviter que les précieuses machines ne tombassent aux mains de l'ennemi, ces derniers mirent le feu et s'enfuirent. Les Virginiens s'emparèrent des lieux et réussirent à sauver des flammes la majeure partie du matériel qu'ils expédièrent jusqu'à Richmond, où il commença à fournir des fusils pour la Confédération.

L'arsenal de Gosport, la première base navale du pays et le plus grand chantier naval de tout le Sud pour la construction et les réparations, était une proie encore plus alléchante. Sur les douze cents canons et les dix navires qui s'y trouvaient en avril 1861, de nombreuses armes et quatre embarcations étaient modernes et en état de marche, notamment le *Merrimack*, puissante frégate à vapeur, armée de quarante canons. La plupart des travailleurs civils et des officiers de marines étaient des sudistes ; une majorité des officiers devait d'ailleurs bientôt démissionner pour rejoindre les forces confédérées. L'homme qui commandait les huit cents marins et fusiliers marins stationnés dans cette base était le commodore Charles McCauley, un ancien combattant de soixante-huit ans, porté sur la boisson, qui sillonnait déjà les mers quand Abraham Lincoln et Jefferson Davis n'étaient pas encore nés. Lorsqu'on lui rapporta que plusieurs milliers de miliciens de Virginie marchaient sur l'arsenal, il fut fâcheusement dépassé par les événements. Il refusa de

1. Plusieurs délégués qui votèrent non ou qui n'étaient pas là se rangèrent ensuite parmi les oui, si bien que le résultat final fut de cent trois voix contre quarante-six.

laisser le *Merrimack* et trois autres navires appareiller le 18 avril, alors qu'il en était encore temps. Le lendemain, juste avant l'arrivée de renforts en provenance de Washington, à bord de deux navires de guerre, McCauley ordonna de mettre le feu à tout le matériel sur terre, d'enclouer les canons et de saborder les navires. Il n'y eut pas jusqu'à ces actes parfaitement superflus qui ne fussent exécutés en dépit du bon sens ; la cale sèche, le magasin et plusieurs autres bâtiments refusèrent de brûler ; la majeure partie des canons put être récupérée et la coque du *Merrimack* resta intacte, si bien qu'il ne fut pas trop difficile de le renflouer pour le convertir en un cuirassé bientôt célèbre, le *CSS Virginia*.

Ces événements eurent lieu avant même que la Virginie n'eût officiellement fait sécession, car l'ordonnance ne devait prendre effet qu'une fois ratifiée par référendum, le 23 mai. Toutefois, étant donné l'humeur de la population, le résultat était acquis d'avance. En tout état de cause, la Virginie rejoignit les rangs de la Confédération le 17 avril. Une semaine plus tard, le gouverneur Letcher et la convention conclurent une alliance avec la Confédération, autorisant les troupes sudistes à pénétrer à l'intérieur de l'État et plaçant les régiments de Virginie sous le contrôle des commandants confédérés. Le 27 avril, la convention invita le gouvernement confédéré à faire de Richmond sa capitale permanente. Le Congrès sudiste, fatigué des installations insuffisantes et surpeuplées de Montgomery et fort désireux de consolider l'allégeance de cet État clef, accepta cette invitation le 21 mai. Lorsque les Virginiens se présentèrent aux urnes deux jours plus tard, ils n'eurent qu'à ratifier un *fait accompli*[1], ce qu'ils firent par cent vingt-huit mille huit cent quatre-vingt-quatre voix contre trente-deux mille cent trente-quatre.

La Virginie apportait à la Confédération des ressources cruciales. C'était l'État le plus peuplé du Sud. Sa capacité industrielle était presque aussi importante que celles des sept États sécessionnistes d'origine réunis. La fonderie de Tredegar, à Richmond, était la seule usine du Sud capable de fabriquer du matériel lourd. L'héritage spirituel qu'elle tenait de la génération des Washington, Jefferson et autres Madison lui conférait en outre un immense prestige qui devait, espérait-on, attirer vers la Confédération le reste des États du haut Sud. En définitive, le plus grand atout peut-être que la Virginie donna à la cause de l'indépendance sudiste fut Robert E. Lee.

En 1861, Lee avait cinquante-quatre ans ; c'était le fils d'un héros de la guerre d'Indépendance, issu d'une des premières familles de Virginie, un gentleman dans tous les sens du terme, sans défaut apparent, à moins qu'on ne considérât comme tel une réserve qui ne permettait que rarement aux émotions de percer à travers une carapace extérieure de dignité. Depuis qu'il était sorti deuxième de sa promotion à West Point, en 1829,

---

1. En français dans le texte.

il avait fait toute sa carrière dans l'armée américaine. Ses remarquables états de service durant la guerre du Mexique, l'expérience acquise en tant qu'officier du génie, officier de cavalerie et directeur de West Point lui avaient valu ses galons de colonel le 16 mars 1861. Le général en chef Winfield Scott le tenait pour le meilleur officier de son armée. En avril, il pressa Lincoln d'offrir à Lee le commandement de l'armée de l'Union tout juste mobilisée. Virginien, lui aussi, Scott espérait bien que Lee resterait, tout comme lui-même, loyal au drapeau qu'il avait servi toute sa vie. Lee avait clairement exprimé son antipathie pour l'esclavage, dont il avait dit en 1856 que c'était un « fléau moral et politique ». Jusqu'au jour où la Virginie quitta l'Union, il s'était aussi élevé contre la sécession. « Les auteurs de notre Constitution n'auraient jamais consacré à cette tâche tant d'efforts, de sagesse, de patience, écrivait-il en janvier 1861, si elle était destinée à être bafouée à sa guise par chacun des membres de [l'Union...]. Il est futile de parler de sécession[1]. »

Mais dès que la Virginie eut pris sa décision, tout changea. « Je dois prendre parti pour ou contre ma section », déclara Lee à un ami nordiste. Son choix lui était dicté d'avance par sa naissance et par son sang : « Je ne saurais lever la main contre mon sol natal, mon foyer, mes enfants. » Le jour même où il apprit la sécession de la Virginie, le 18 avril, Lee reçut l'offre de prendre le commandement de l'armée de l'Union. Il expliqua à regret à son ami, le général Scott, qu'il devait non seulement décliner cette offre, mais en outre quitter l'armée. « Si ce n'est pour la défense de l'État où je suis né, dit Lee, je ne désire plus jamais tirer l'épée. » Et Scott, désolé, de répondre : « Vous venez de commettre la plus lourde erreur de votre vie, mais je craignais fort qu'il n'en fût ainsi. » Cinq jours plus tard, Lee acceptait le poste de commandant en chef des forces militaires de Virginie ; trois semaines après, il devenait général de l'armée confédérée. La plupart des officiers originaires du haut Sud prirent eux aussi la décision de lier leur sort à celui de leur État, les uns sans hésiter, les autres animés par le même sombre pressentiment qu'avait exprimé Lee le 5 mai : « Je prévois que notre pays va devoir traverser une terrible épreuve, une expiation nécessaire peut-être de nos péchés nationaux[2]. »

Tel Scott, cependant, des dizaines d'autres officiers sudistes restèrent loyaux à leur nation plutôt qu'à leur section. Certains jouèrent un rôle clef dans le triomphe final de la première sur la seconde : le Virginien George H. Thomas, qui sauva l'armée unioniste du Cumberland à la bataille de la Chickamauga et détruisit l'armée confédérée du Tennessee à Nashville ; le Tennesséen, David G. Farragut, qui prit la Nouvelle-

1. James Ford Rhodes, *History of the United States from the Compromise of 1850...*, 7 vol. (New York, 1893-1906), t. III, p. 299 ; Nevins, *War*, t. I, p. 109.

2. Nevins, *War*, t. I, p. 107 ; Douglas Southall Freeman, *R.E. Lee : A Biography*, 4 vol. (New York, 1934-35), t. I, p. 437, p. 441.

Orléans et envoya au diable mines et torpilles dans la baie de Mobile ; le Carolinien du Nord, John Gibbon, qui devint l'un des meilleurs généraux de division de l'Armée du Potomac, alors que trois de ses frères se battaient pour le Sud. Parallèlement, quelques officiers nés dans le Nord, mais mariés à des sudistes embrassèrent la cause des États méridionaux et s'élevèrent fort haut dans l'armée confédérée : ainsi Samuel Cooper, du New Jersey, marié à une Virginienne, qui devint colonel d'état-major ; le Pennsylvanien John Pemberton, lui aussi époux d'une Virginienne, qui fut nommé commandant de l'Armée du Mississippi et se rendit avec elle au général Grant à Vicksburg ; enfin Josiah Gorgas, également de Pennsylvanie, qui épousa la fille du gouverneur de l'Alabama et devint chef du matériel de la Confédération, accomplissant des prodiges d'improvisation et d'industrialisation accélérée pour que les armées du Sud fussent constamment approvisionnées en armes et en munitions.

II

L'exemple de la Virginie — et de Robert E. Lee — exerça une puissante influence sur les autres États du haut Sud. L'Arkansas succomba à son tour. Sa convention s'était ajournée en mars, sans agir, mais prête à répondre à une nouvelle convocation en cas d'urgence. La demande de troupes que Lincoln adressa au gouverneur fut bien sûr considérée comme une urgence et la convention se réunit le 6 mai. Dès avant l'arrivée des délégués à Little Rock, cependant, le gouverneur sécessionniste, Henry Rector, aligna son État sur la Confédération en s'emparant des arsenaux fédéraux au fort Smith et à Little Rock et en autorisant les forces confédérées à installer leur artillerie à Helena, pour contrôler le Mississippi. La convention reprit ses assises dans une atmosphère chargée d'émotion ; les gradins réservés au public croulaient sous les spectateurs agitant des drapeaux confédérés. Au bout de quelques minutes, à peine, une ordonnance de sécession fut présentée à l'assemblée. Une proposition de la soumettre à un référendum — ce qui aurait permis d'évaluer la force des unionistes à la convention — fut repoussée par cinquante-cinq voix contre quinze. La plupart des quinze délégués minoritaires venaient du plateau de l'Ozark, dans le nord-ouest de l'État, où il n'y avait guère d'esclaves. Une fois cette motion repoussée, la convention vota en faveur de l'ordonnance de sécession par soixante-cinq voix contre cinq[1].

La Caroline du Nord et le Tennessee quittèrent aussi l'Union au mois de mai. Avant même de réunir la législature en session extraordinaire,

1. Quatre délégués unionistes changèrent ultérieurement d'avis, portant le score final à soixante-neuf contre un.

le gouverneur de Caroline du Nord ordonna à la milice de s'emparer des trois forts fédéraux qui dominaient la côte, ainsi que de l'arsenal de Fayetteville. L'assemblée siégea le 1er mai et autorisa une élection le 13 mai, pour désigner les délégués à une convention qui se réunirait le 20. Au cours de ces trois semaines, toutes les régions de l'État, y compris les comtés montagnards jusque-là unionistes, parurent favorables à la sécession. « Cette frénésie, cette épidémie morale, balayèrent le pays comme une tempête devant laquelle la population entière semblait succomber », nota un des participants[1]. Après qu'un premier vote sur une question de procédure eut indiqué que les modérés étaient en minorité, les délégués ratifièrent à l'unanimité, le 20 mai, une ordonnance de sécession. Pendant ce temps, la législature du Tennessee court-circuitait le processus de la convention en adoptant une « Déclaration d'indépendance » que devait confirmer un référendum fixé au 8 juin. L'État suivit en outre l'exemple de la Virginie en concluant une alliance militaire avec la Confédération et en autorisant les troupes confédérées à pénétrer sur son territoire plusieurs semaines avant le référendum. Le jour du scrutin, on dénombra cent quatre mille neuf cent treize voix favorables à la sécession et quarante-sept mille deux cent trente-huit contre. Il est, toutefois, intéressant de noter que les électeurs des montagnes situées dans l'est du Tennessee votèrent à soixante-dix pour cent contre la sécession.

Bien que les discours tenus et les éditoriaux publiés dans le haut Sud fussent tout hérissés d'allusions aux droits, à la liberté, à la souveraineté des États, à l'honneur, à la résistance à toute contrainte et à l'union avec les frères du Sud, ces envolées d'éloquence ne parvenaient pas à masquer la question fondamentale de l'esclavage. Le tableau que voici montre bien la corrélation existant entre la possession d'esclaves et le soutien à la sécession dans les conventions de Virginie et du Tennessee[2].

	Nombre moyen d'esclaves appartenant aux délégués		*Délégués des comtés avec moins de 25 % d'esclaves*		*Délégués des comtés avec plus de 25 % d'esclaves*	
	Vir.	*Tenn.*	*Vir.*	*Tenn.*	*Vir.*	*Tenn.*
Pour la sécession	11,5	6,5	34	30	53	23
Contre la sécession	4	2	39	20	13	2

1. Sitterson, *Secession Movement in North Carolina*, p. 241.
2. Les données utilisées pour ce tableau ont été compilées d'après l'ouvrage de Ralph A. Wooster, *The Secession Conventions of the South* (Princeton, 1962), p. 151, p. 153, p. 183, p. 185.

Les suffrages exprimés lors des référendums sur la sécession illustraient cette réalité de façon encore plus parlante. Les électeurs de trente-cinq comtés de Virginie ayant une population servile de deux et demi pour cent seulement s'opposèrent à la sécession à trois contre un, alors que dans le reste de l'État, où les esclaves constituaient trente-six pour cent de la population, les électeurs soutinrent la sécession à plus de dix contre un. Les trente comtés de l'est du Tennessee, qui rejetèrent la sécession à plus de deux contre un comptaient seulement huit pour cent d'esclaves, alors qu'ailleurs, avec une population servile se montant à trente pour cent, on vota à sept contre un en faveur de la sécession. On a pu établir des corrélations similaires, quoique moins frappantes, dans l'Arkansas et en Caroline du Nord, où les délégués modérés avaient en moyenne deux fois moins d'esclaves que les enragés de la sécession[1].

Le *Nashville Patriot* du 24 avril 1861 n'avait conscience d'aucune ironie lorsqu'il expliquait que la « communauté d'intérêts existant dans tous les États esclavagistes » était la raison pour laquelle ces États devaient s'unir pour défendre « la justice et la liberté[2] ». Comme le Sud profond, le haut Sud partit en guerre pour défendre la liberté — pour les Blancs — de posséder des esclaves et de les emmener à leur guise dans les territoires, de peur de voir les Blancs asservis à leur tour par les républicains noirs qui menaçaient de les priver de cette liberté.

III

Dans les quatre États limitrophes, la proportion d'esclaves et de propriétaires d'esclaves était deux fois moindre que dans les onze États qui avaient fait désormais sécession. Toutefois, le triomphe de l'unionisme dans ces États ne fut pas aisé et l'issue de la crise (sauf dans le Delaware) n'était nullement assurée. Le Maryland, le Kentucky et le Missouri comptaient tous des minorités sécessionnistes importantes et résolues. Le plus léger dérapage dans la façon dont les événements s'enchaînèrent aurait pu permettre à cette faction de s'imposer dans n'importe lequel de ces trois États. L'enjeu du conflit était de taille. A eux trois, ces États auraient apporté à la Confédération un surcroît de quarante-cinq pour cent de population blanche et de puissance militaire, une augmentation de quatre-vingts pour cent de capacité industrielle et près de quarante pour cent en plus de chevaux et de mules. Sur presque huit cents kilomètres, le fleuve Ohio longe la frontière septentrionale du Kentucky, constituant une barrière défensive ou une voie d'invasion, selon qu'un camp ou l'autre serait à même de le contrôler et de le fortifier.

1. Ralph A. Wooster, *The Secession Conventions of the South*, p. 200, p. 265.
2. Dummond (éd.), *Southern Editorials on Secession*, p. 510-511.

Deux des affluents navigables de l'Ohio, le Cumberland et le Tennessee, pénètrent à travers le Kentucky jusqu'au cœur même du Tennessee et au nord de l'Alabama. Rien d'étonnant si Lincoln avait, dit-on, déclaré qu'il espérait bien sûr avoir Dieu avec lui, mais que ce qu'il lui fallait à tout prix, c'était le Kentucky.

Le contrôle du Maryland était encore plus crucial dans l'immédiat, car cet État bordait Washington sur trois côtés (le quatrième jouxtant la Virginie) et son allégeance avait donc de fortes chances de déterminer le sort de la capitale dès le début des hostilités. Tout comme le Sud profond, le Maryland avait voté en majorité pour Breckinridge lors des présidentielles. Les démocrates partisans des droits du Sud contrôlaient la législature ; seule l'obstination du gouverneur unioniste, Thomas Hicks, qui avait refusé de réunir l'assemblée en session avait empêché celle-ci d'agir. Les comtés producteurs de tabac du sud de l'État, et la côte est de la baie de Chesapeake, étaient sécessionnistes. Les comtés producteurs de grains dans le nord et l'ouest du Maryland, où l'on ne comptait guère d'esclaves, étaient tout acquis à la cause de l'Union. En revanche, la loyauté de Baltimore, où vivait un tiers de la population de l'État, était sujette à caution. L'unionisme du maire était des plus tièdes et le chef de la police était un sympathisant de la Confédération. Des drapeaux sudistes apparurent aux fenêtres de bien des maisons et des bâtiments, durant les jours tendus qui suivirent la prise du fort Sumter. Le rôle traditionnel que jouaient les émeutiers dans la vie politique de la ville créait une situation explosive. Il ne fallait guère qu'une étincelle pour enflammer les sécessionnistes de l'endroit et cette étincelle jaillit justement dans les rues de Baltimore le 19 avril.

Ce jour-là, le 6e régiment du Massachusetts — la première unité pleinement équipée à répondre à l'appel de Lincoln — pénétra à Baltimore en route pour Washington. La voie ferrée ne traversant pas la ville, les hommes durent descendre du train à la gare qui desservait l'est de la ville et gagner à pied celle de l'ouest pour rallier la capitale. Une bande d'émeutiers vint se mettre sur leur passage et se fit de plus en plus violente. Des excités attaquèrent les compagnies de l'arrière à coups de briques, de pavés et de pistolets. Cédant à la colère et à la peur, quelques soldats ouvrirent le feu à leur tour. Aussitôt, ce fut le déchaînement. Lorsque le régiment du Massachusetts eut enfin réussi à se frayer un chemin en force jusqu'à la gare et à monter dans le train de Washington, quatre de ses hommes et douze habitants de Baltimore gisaient morts et on comptait plusieurs dizaines de blessés. Ce furent les premières des quelque sept cent mille victimes que devait faire la guerre au cours des quatre années suivantes.

Le Maryland fut secoué par une brusque flambée de passions. Si ces actes n'étaient pas de la coercition de la pire espèce, qu'était-ce donc ? Pis encore, les soldats qui avaient tué des citoyens de Baltimore venaient justement du plus noir des États républicains. Afin d'empêcher d'autres régiments du Nord de traverser leur ville, le maire et le chef de la police ordonnèrent, avec l'approbation réticente du gouverneur, la destruction des ponts de chemin de fer qu'empruntaient les voies en provenance de Philadelphie et de Harrisburg. Et pour faire bonne mesure, les sécessionnistes abattirent les poteaux télégraphiques qui traversaient leur État. La capitale était désormais coupée du Nord. Pendant plusieurs jours, des rumeurs furent les seules informations qui y parvinrent et elles prirent des proportions inquiétantes. On racontait que des régiments de Virginie et des sécessionnistes du Maryland convergeaient vers Washington. Une mentalité de siège s'empara de la ville. Des groupes de citoyens et d'employés du gouvernement se constituèrent en compagnies de volontaires. Sur les ordres du général Scott, ces unités entassèrent des sacs de sable et des barricades devant les édifices publics et préparèrent l'imposant bâtiment du Trésor pour une résistance à toute épreuve.

Quelques nouvelles filtrèrent, décrivant un Nord soulevé par la rage et annonçant l'arrivée de nouveaux régiments bien décidés à se frayer coûte que coûte un passage à travers le Maryland. Cependant, la nouvelle d'une attaque imminente des Virginiens paraissait plus réelle que les espoirs de salut venant du Nord. Lincoln, songeur et triste, regardait par les fenêtres de la Maison-Blanche exposées au nord en murmurant : « Pourquoi n'arrivent-ils pas ? » Le 24 avril, il rendit visite aux officiers et aux blessés du 6e régiment du Massachusetts. « Je vais finir par croire qu'il n'y a pas de Nord, dit-il aux soldats d'un ton maussade. Le 7e régiment [de New York] est un mythe. Rhode Island ne figure plus sur nos cartes géographiques. C'est *vous* qui êtes la seule réalité du Nord[1]. »

Dès le lendemain, cependant, un train transportant ce fameux 7e Régiment, un corps d'élite, arriva à Washington, suivi d'autres trains amenant d'autres régiments des États septentrionaux. Ils avaient fait, sous le commandement de Benjamin F. Butler qui obtint ainsi l'un des rares succès militaires de sa douteuse carrière, tout un circuit, via Annapolis. Habile avocat et politicien sagace, à qui sa silhouette ventrue, son crâne dégarni, sa moustache tombante et son œil gauche louchon donnaient un air sournois qui collait bien à sa personnalité, Butler était un démocrate du Massachusetts qui n'allait pas tarder à devenir républicain. Sur les instances de Lincoln, il avait arraché au gouverneur Andrew un brevet de général de brigade de la milice que celui-ci avait mobilisée. Le 6e régiment du Massachusetts avait été le premier de sa brigade à partir pour Washington. Lorsque Butler, qui suivait avec le 8e régiment, apprit ce qui s'était passé à Baltimore et sut que les ponts avaient été brûlés, il fit descendre ses hommes à la baie de Chesapeake,

1. Dennett, *Lincoln/Hay*, p. 11.

réquisitionna un bateau à vapeur et les débarqua à Annapolis. Le 8e régiment du Massachusetts comptait dans ses rangs plusieurs cheminots et mécaniciens. Découvrant que les sécessionnistes avaient arraché les rails et détruit le matériel roulant de la ligne qui reliait Annapolis à Washington, Butler demanda des volontaires pour réparer une vieille locomotive rouillée trouvée dans les entrepôts de la ville. Un simple soldat s'avança : « Cette loco a été fabriquée dans nos ateliers ; je pense que je peux la remettre en état et la faire marcher [1]. » Donnant le ton aux futurs exploits ferroviaires, qui contribuèrent à la victoire finale du Nord, les troupes de Butler et le 7e régiment de New York rouvrirent la voie grâce à laquelle des milliers de soldats nordistes purent déferler vers la capitale fédérale.

Bien que l'atmosphère à Baltimore restât très tendue, la concentration de soldats de l'Union le long des voies ferrées du Maryland et la déclaration de la loi martiale à l'intérieur de la ville le 13 mai refroidirent nettement les activités sécessionnistes. Néanmoins, Hicks, le gouverneur, succombant aux pressions, réunit la législature en session. Lincoln songea un instant à envoyer des troupes arrêter les députés désunionistes, mais il se ravisa. A sa grande surprise, il apparut que la législature vitupérait beaucoup, mais n'agissait guère. La Chambre basse s'éleva contre la lutte armée « engagée par le gouvernement fédéral contre les États confédérés » et proclama que le Maryland était animé par « la ferme résolution de ne prendre aucune part directe ou indirecte à la poursuite de ce conflit ». Mais, en même temps, la législature refusa de considérer la moindre ordonnance de sécession ou de convoquer une convention à cet effet. En définitive, ses membres acceptèrent la recommandation du gouverneur qui préconisait « une position neutre entre nos frères du Nord et ceux du Sud [2] ».

Comme moyen de se soustraire à un choix cornélien, la « neutralité » fut une attitude très prisée dans les États limitrophes durant les semaines qui suivirent la prise du fort Sumter. Cependant, compte tenu de la position stratégique du Maryland et des milliers de soldats nordistes stationnés dans l'État ou qui le traversaient constamment, la neutralité devint très vite un rêve impossible. L'unionisme ne tarda pas à s'y réaffirmer. La santé économique de l'État reposait sur ses liaisons ferroviaires et fluviales avec le Nord. Robert Garrett, président du Chemin de fer de Baltimore et de l'Ohio, était un unioniste convaincu et il mit les installations ferroviaires à la disposition du Nord pour transporter les troupes et le ravitaillement en provenance de l'Ouest. Lors d'une

1. Nevins, *War*, t. I, p. 85.
2. Lettre de Lincoln à Winfield Scott, 25 avril 1861, citée in *CWL*, t. IV, p. 344 ; Dean Sprague, *Freedom under Lincoln* (Boston, 1965), p. 31-32 ; Rhodes, *History of the U.S.*, t. III, p. 275-276.

élection spéciale au Congrès[1], le 13 juin, les candidats unionistes enlevèrent les six sièges à pourvoir. A cette date, l'État avait aussi fourni quatre régiments à l'armée de l'Union. Les habitants du Maryland qui souhaitaient se battre dans les rangs sudistes durent gagner la Virginie, afin d'y organiser des régiments en sol confédéré.

Les fonctionnaires unionistes n'en continuèrent pas moins à s'inquiéter des activités clandestines de leurs adversaires à Baltimore. Des officiers de l'armée allèrent même un peu trop loin et prirent sur eux d'arrêter un certain nombre de sécessionnistes présumés qui furent incarcérés au fort McHenry. L'un des hommes interpellés était un petit-fils de Francis Scott Key, qui avait écrit l'hymne américain *The Star Spangled Banner* (*La Bannière étoilée*), alors que le fort se trouvait sous le feu des Britanniques un demi-siècle plus tôt. Il y avait aussi John Merryman, riche propriétaire terrien et lieutenant d'une unité de cavalerie sécessionniste qui avait brûlé des ponts et abattu des poteaux télégraphiques durant les troubles du mois d'avril. L'avocat de Merryman réclama une ordonnance d'*habeas corpus*[2] au tribunal fédéral itinérant à Baltimore. Le président de cette cour n'était autre que Roger B. Taney[3], qui le 26 mai ordonna à l'officier qui commandait le fort McHenry de présenter Merryman devant la cour afin de préciser la raison de son arrestation. L'officier refusa, se retranchant derrière la décision de Lincoln qui avait suspendu, le 27 avril, le décret d'*habeas corpus* dans certaines parties du Maryland.

Cet affrontement devint la première de plusieurs causes célèbres concernant les libertés individuelles durant la guerre de Sécession. L'article I, section 9 de la Constitution américaine stipule que le privilège du droit d'*habeas corpus* « ne sera pas suspendu, sinon dans les cas de rébellion ou d'invasion, où la sécurité publique peut l'exiger ». Selon un arrêt rendu par le tribunal itinérant le 28 mai, Taney déniait au Président des États-Unis le droit de suspendre ce droit. La clause autorisant cette suspension, fit-il valoir, figure dans l'article de la Constitution qui spécifie les pouvoirs du Congrès ; par conséquent, seul

---

1. La plupart des États organisaient leurs élections au Congrès à l'automne des années paires, comme ils le font aujourd'hui. Cependant, du fait qu'un député ainsi élu ne commencerait à siéger que treize mois plus tard, certains États, dont le Maryland et le Kentucky, préféraient organiser leurs élections l'année impaire qui était celle où le Congrès en question devait se réunir. Lincoln ayant convoqué le 37e Congrès en session extraordinaire dès le 4 juillet 1861, le Maryland et le Kentucky durent prévoir des élections spéciales au mois de juin, circonstance fortuite qui donna aux unionistes de ces deux États l'occasion de faire la preuve qu'ils étaient majoritaires et de renforcer leur contrôle.

2. Rappelons qu'en vertu de la loi anglaise de 1679, l'*Habeas Corpus Act*, tout prévenu doit comparaître devant le juge ou devant la cour afin qu'il soit statué sur la validité de son arrestation. (NdE.)

3. Selon l'organisation du système des cours fédérales en vigueur à l'époque, le juge de la Cour suprême des États-Unis originaire de chacune des neuf régions administratives devenait d'office président de la cour itinérante.

le Congrès est habilité à exercer ce pouvoir. En outre, poursuivait Taney, la Constitution n'autorise pas l'arrestation de civils par des officiers de l'armée sans la sanction d'un tribunal civil et elle ne permet pas non plus qu'un citoyen soit détenu en prison indéfiniment sans passer en jugement[1].

La presse républicaine se déchaîna contre l'opinion de Taney qui n'était, selon elle, qu'un nouvel exemple de sophisme esclavagiste. Lincoln refusa de s'y soumettre. Plusieurs éminents avocats, spécialistes de la Constitution, s'empressèrent de faire imprimer des textes soutenant la légalité de la position présidentielle. L'emplacement de la clause d'*habeas corpus* dans le texte de la Constitution n'avait aucune importance, assuraient-ils ; la suspension était une mesure d'urgence pour lutter contre la rébellion ; or, en cas d'urgence, surtout durant les périodes où le Congrès ne siégeait pas, le Président était la seule personne capable d'agir assez vite. Le but recherché en suspendant cette clause, expliquaient ces spécialistes, était de permettre aux officiers de l'armée d'arrêter les traîtres et de les détenir sans jugement, lorsque les autorités et tribunaux civils étaient virtuellement favorables à la trahison, comme c'était le cas à Baltimore[2].

Dans son message à la session extraordinaire du Congrès, le 4 juillet 1861, Lincoln prit note de l'affaire Merryman. Son premier devoir, déclara-t-il, était de réprimer la rébellion, en sorte que les lois des États-Unis pussent être appliquées dans le Sud. Or, la suspension de la clause d'*habeas corpus* était une arme vitale contre la rébellion. « Faut-il donc que toutes les lois sauf *une* cessent d'être appliquées, demanda le Président, et que le gouvernement lui-même vole en éclats, de peur que cette seule loi soit violée[3] ? » Quels que fussent les mérites respectifs des positions de Taney et de Lincoln, il n'en reste pas moins que le premier n'avait pas de troupes à sa disposition et ne pouvait donc imposer son opinion, alors que le second le pouvait et ne s'en priva pas. Merryman fut libéré après sept semaines de détention et inculpé devant le tribunal fédéral itinérant, mais son affaire ne passa jamais en jugement car le gouvernement savait bien qu'aucun jury du Maryland ne le reconnaîtrait coupable.

Tandis que les avocats continuaient à disputer, l'armée arrêta le chef de la police de Baltimore, quatre commissaires et plusieurs citoyens éminents, coupables d'avoir pris part aux émeutes du 19 avril et d'avoir ultérieurement poursuivi leurs activités subversives. Mais ce n'était pas

---

1. *Ex Parte Merryman*, 17 *Fed. Cas.*, p. 144.
2. « Opinion of Attorney General Bates, July 5, 1861 », in *O.R.*, sér. II, vol. 2, p. 20-30 ; Reverdy Johnson, *Power of the President to Suspend the Habeas Corpus Writ* (New York, 1861) ; Horace Binney, *The Privilege of the Writ of Habeas Corpus under the Constitution* (Philadelphie, 1862).
3. *CWL*, t. IV, p. 430.

fini. Après la victoire des confédérés à Manassas, le 21 juillet, les sécessionnistes du Maryland retrouvèrent un peu d'audace. Une session extraordinaire de la législature, au mois d'août, retentit de discours ronflants attaquant la « grossière usurpation, les actes injustes et tyranniques du Président des États-Unis[1] ». Lorsqu'une nouvelle session extraordinaire fut annoncée pour le 17 septembre, on signala au gouvernement alarmé un complot incluant simultanément une invasion du Maryland par les confédérés, une insurrection à Baltimore et la mise en vigueur d'une ordonnance de sécession par la législature de l'État. Lincoln décida de prendre des mesures draconiennes. Des troupes de l'Union vinrent cerner Frederick (où la législature s'était réunie) et arrêtèrent trente et un parlementaires sécessionnistes, ainsi que de nombreux autres complices présumés de cette conspiration, notamment George Brown, le maire de Baltimore. Tous furent incarcérés pendant au moins deux mois, jusqu'à ce qu'une nouvelle législature eût été élue en novembre.

Comme on pouvait s'y attendre, le scrutin donna une victoire écrasante du parti unioniste. Après les élections, les détenus considérés comme les moins dangereux furent remis en liberté, non sans avoir prêté un serment d'allégeance aux États-Unis. La plupart des autres furent relaxés dans des conditions analogues en février 1862. Quelques têtes brûlées restèrent en prison jusqu'à la libération de tous les prisonniers politiques du Maryland, en décembre 1862. Bien que Lincoln eût parlé de « preuves tangibles et indiscutables » de leur « complicité substantielle et indéniable avec ceux qui [faisaient] de la rébellion armée », pour justifier la détention prolongée de ces hommes, jamais le gouvernement ne révéla quelles étaient ces preuves, ni ne poursuivit les prévenus devant les tribunaux. Certains d'entre eux, y compris fort probablement Brown, n'avaient guère à se reprocher que leurs sympathies envers la cause sudiste ou leur unionisme chancelant. Ils furent victimes de l'obsession de sécurité qui sévit en cas de guerre, surtout lorsqu'il s'agit d'une guerre civile[2].

A plus de mille cinq cents kilomètres à l'ouest du Maryland, des événements tout aussi dramatiques et plus violents encore marquèrent la lutte engagée pour maintenir le Missouri au sein de l'Union. Des personnalités énergiques polarisèrent ce combat plus radicalement que ne le nécessitait la situation. A un extrême, on trouvait Claiborne Fox Jackson, le gouverneur de l'État, démocrate esclavagiste et ancien chef de bandits frontaliers. A l'autre, Francis P. Blair Jr., membre du Congrès, qui comptait parmi ses parents à Washington un frère, ministre

1. Jean H. Baker, *The Politics of Continuity; Maryland Political Parties from 1858 to 1870* (Baltimore, 1973), p. 58.

2. *CWL*, t. IV, p. 523 ; Sprague, *Freedom under Lincoln*, chap. 16-18 ; Charles B. Clark, « Suppression and Control of Maryland, 1861-1865 », *Maryland Magazine of History*, n° 54 (1959), p. 241-271.

des Postes, et un père, conseiller de Lincoln. Blair avait usé de son influence pour faire donner le commandement des soldats stationnés à l'arsenal fédéral de St. Louis — le plus vaste arsenal des États esclavagistes, avec son stock de soixante mille fusils et autres armes — au capitaine Nathaniel Lyon, yankee du Connecticut, avec derrière lui vingt ans de carrière militaire. Lyon était un Free Soiler dont les yeux d'un bleu intense, la barbe rousse, la voix autoritaire traduisaient mieux que sa petite stature tout le zèle et le courage qui faisaient de lui un meneur d'hommes hors du commun. Il avait servi au Kansas à l'époque où Claiborne Fox Jackson avait pris la tête de raids esclavagistes en provenance du Missouri. En 1861, le lion et le renard (en anglais *fox*) se retrouvèrent une nouvelle fois aux prises, dans le cadre d'un affrontement dont les proportions dépassaient de très loin celles d'une fable d'Ésope ou de La Fontaine.

Dans son premier discours de gouverneur, le 5 janvier 1861, Jackson avait déclaré aux Missouriens : « Une origine, des occupations, des goûts, des mœurs et des coutumes communs [...] unissent au sein d'une grande fraternité les États du Sud. [... Le Missouri devrait] déclarer en temps utile sa détermination à se tenir aux côtés des États esclavagistes, ses frères[1]. » Le vice-gouverneur, président de la Chambre, ainsi qu'une majorité du parti démocrate, le mieux représenté à la législature, lui emboîtèrent le pas. L'unionisme de la convention élue pour étudier la possibilité de sécession les avait frustrés dans leurs espérances. Dans le sillage de la prise du fort Sumter par les confédérés, cependant, Jackson agit au plus vite pour entraîner le Missouri dans la Confédération. Il s'assura le contrôle de la police de St. Louis et mobilisa des unités sécessionnistes de la milice de l'État qui s'emparèrent du petit arsenal de Liberty, près de Kansas City. Le 17 avril, le jour même où le gouverneur repoussait avec mépris la requête de Lincoln lui demandant des troupes, il écrivit à Jefferson Davis pour réclamer de l'artillerie qui devait l'aider à prendre l'arsenal de St. Louis. Le 8 mai, plusieurs énormes caisses où l'on pouvait lire le mot « marbre », mais qui contenaient en fait quatre canons et des munitions, arrivèrent à St. Louis en provenance de Baton Rouge — où tout ce matériel avait été saisi un peu plus tôt dans l'arsenal fédéral de la ville. L'artillerie ne tarda pas à faire son apparition dans un bois à la périphérie de St. Louis, qu'on appelait « le camp Jackson » et où la milice sudiste était en manœuvres.

Blair et Lyon avaient une réplique toute prête à chacun des gestes de Jackson. Lyon mobilisa pour le service fédéral plusieurs régiments organisés par la population germano-américaine, laquelle constituait le noyau dur de l'unionisme à St. Louis. Pour réduire le danger de

1. William E. Parrish, *Turbulent Partnership: Missouri and the Union, 1861-1865* (Columbia, Missouri, 1963), p. 6-7.

voir les sécessionnistes s'emparer des surplus d'armes de l'arsenal, Lyon et Blair décidèrent de transférer en secret vingt et un mille fusils de l'autre côté du fleuve, jusqu'en Illinois. Il y eut des fuites, cependant, et une foule surexcitée vint se masser à l'embarcadère le soir du 25 avril. Lyon berna les manifestants en faisant transporter quelques caisses de vétustes fusils à pierre vers un vapeur amarré le long du quai, sur lequel un capitaine de la milice faisait semblant de les attendre. La foule s'empara des caisses et les emporta triomphalement. A minuit, les vingt et un mille fusils modernes franchirent le Mississippi sur un autre bateau à vapeur.

Lyon ne se contenta pas de rester sur la défensive et de laisser les passions se refroidir, comme le conseillaient les unionistes conditionnels. Il décida de capturer les sept mille miliciens qui se trouvaient au camp Jackson, avec leur artillerie. Le 9 mai, il fit une reconnaissance personnelle et traversa le camp en voiture, en se faisant passer pour la belle-mère de Frank Blair, emmitouflé dans une robe et un grand châle. Le lendemain, il investit le camp avec quatre régiments de volontaires germano-américains et deux compagnies de soldats réguliers. La milice se rendit sans tirer un coup de feu. Ceux-ci éclatèrent plus tard. Tandis que Lyon faisait traverser la ville aux prisonniers, une foule bruyante se massa de part et d'autre de la rue et prit vite des proportions alarmantes. Hurlant « A bas les Allemands ! » et « Hourra pour Jeff Davis ! », elle se mit à lancer des morceaux de brique et des pierres aux soldats allemands. Soudain, il y eut un coup de feu : un officier tomba et les soldats se mirent à répliquer. Avant qu'on ne pût les contrôler, vingt-huit civils et deux soldats gisaient morts ou mourants, parmi des dizaines de blessés. Cette nuit-là, des émeutiers parcoururent les rues de la ville, assassinant plusieurs Germano-Américains isolés. Le lendemain, de nouveaux heurts firent six morts, deux soldats et quatre civils.

La panique régnait à St. Louis, tandis que la colère grondait à Jefferson City, capitale de l'État, où la législature s'empressa de ratifier les projets de loi présentés par le gouverneur Jackson, afin de mettre le Missouri sur le pied de guerre. Les événements survenus à St. Louis poussèrent de nombreux unionistes conditionnels dans les rangs des sécessionnistes. Le renégat le plus éminent ne fut autre que Sterling Price, général de la guerre du Mexique et ancien gouverneur, que Jackson nomma commandant de la milice favorable à la Confédération. Le Missouri semblait se diriger à grands pas vers une guerre civile à l'intérieur de ses propres limites. Les modérés tentèrent un dernier effort pour éviter l'affrontement, en organisant le 11 juin une conférence au sommet entre Jackson et Price d'un côté, Blair et Lyon (désormais promu général de brigade) de l'autre. Les premiers proposèrent de dissoudre leurs régiments et d'empêcher les troupes confédérées de pénétrer dans l'État, si leurs interlocuteurs s'engageaient à en faire autant pour les régiments de l'Union. Après quatre heures de discussions, Lyon se leva, courroucé, et s'exclama : « Plutôt que de concéder, ne fût-ce qu'un instant, à l'État du Missouri le droit de dicter ses termes à mon gouvernement sur quelque sujet que ce soit [...], j'aimerais mieux vous voir [...], vous et tous les hommes, femmes et enfants de cet État morts et enterrés. *C'est la guerre*[1]. »

Et Lyon tint parole. Quatre jours après cette entrevue, il occupait Jefferson City. La milice de Price et la législature évacuèrent la capitale sans résister. Elles se retirèrent à une petite centaine de kilomètres en amont du Missouri, jusqu'à Boonville, où Lyon les poursuivit sans répit et d'où il les chassa le 17 juin, après une escarmouche qui ne fit guère de victimes. Dès le début de juillet, les forces vaincues de Price avaient battu en retraite jusqu'à l'extrême sud-ouest de l'État, les unionistes sur leurs talons. Lyon devint le premier héros nordiste de la guerre. Avec fort peu d'aide extérieure, il avait organisé, équipé et entraîné une armée, remporté les premières victoires importantes pour le compte de l'Union et contrôlait la majeure partie du Missouri.

Mais il avait, ce faisant, créé une situation véritablement explosive. Certes, des bandes de francs-tireurs auraient de toute façon envahi le Missouri, mais en polarisant ainsi les esprits, Lyon et Blair contribuèrent à transformer de vastes zones de l'État en une espèce de *no man's land* ravagé par les raids meurtriers, les incendies, les embuscades et les meurtres. Les chefs confédérés de la guérilla, William Quantrill, « Bloody Bill » Anderson et George Todd devinrent des francs-tireurs célèbres, et leurs hommes de main, Jesse et Frank James, Cole et Jim Younger, le seraient plus encore — et tristement — après la guerre. Les forces contre-insurrectionnistes de l'Union, que l'on appelait les « *Jayhawkers* », tout spécialement les hommes du Kansas, sous la conduite de James Lane, Charles Jennison et James Montgomery, n'avaient rien à envier aux francs-tireurs rebelles sous le rapport de la maraude et du pillage. Plus que tout autre État, le Missouri dut endurer les horreurs d'une lutte intestine et les haines qui en découlèrent et qui persistèrent plusieurs dizaines d'années après Appomattox.

A aucun moment, cependant, la lutte armée ne parvint à desserrer l'emprise des unionistes sur la majeure partie de l'État. Ce contrôle s'exerça d'une façon unique. Le gouverneur et la plupart des membres de la législature avaient décampé. La seule institution unioniste possédant un semblant de souveraineté était la convention qui s'était ajournée en mars, après avoir repoussé la sécession. Par conséquent, le 22 juillet, un nombre suffisant de délégués revint siéger, se constitua en gouvernement provisoire du Missouri, déclara la vacance de tous les postes de la fonction publique et la non-existence de la législature, ce

1. Thomas L. Snead, *The Fight for Missouri from the Election of Lincoln to the Death of Lyon* (New York, 1886), p. 199-200.

qui lui permit d'élire un nouveau gouverneur et des fonctionnaires. Connue sous le nom de « Longue Convention » (pour renforcer l'analogie avec le Long Parlement de la guerre civile anglaise), cette convention gouverna le Missouri jusqu'au mois de janvier 1865, date à laquelle un gouvernement élu sous une nouvelle Constitution d'État libre la remplaça.

Pendant ce temps, Claiborne Jackson réunit en session la législature prosudiste à Neosho, près de la frontière de l'Arkansas. Les députés qui se présentèrent n'atteignaient pas le quorum nécessaire, mais ils n'en ratifièrent pas moins, le 3 novembre 1861, une ordonnance de sécession. Le 28 novembre, le Congrès de Richmond admit le Missouri en tant que douzième État confédéré. Le Missouri envoya des sénateurs et des représentants à Richmond, mais son gouvernement confédéré fut chassé du territoire de l'État peu après avoir fait sécession et ne fut pendant tout le reste de la guerre qu'un gouvernement en exil.

Près des trois quarts des Blancs du Missouri et les deux tiers de ceux du Maryland, qui combattirent durant la guerre de Sécession, le firent dans les rangs de l'Union. Ceux du Kentucky, en revanche, étaient plus également répartis entre le Nord et le Sud ; les deux cinquièmes au moins des combattants blancs de cet État portèrent l'uniforme gris. Le Kentucky était le lieu de naissance aussi bien d'Abraham Lincoln que de Jefferson Davis. Héritier du nationalisme de Henry Clay, cet État était néanmoins attiré vers le Sud par des liens d'affinité et de culture. Il jouxtait trois États esclavagistes et trois États libres. C'était précisément parce que le Kentucky était aussi également divisé dans ses sentiments et sa géographie que sa population répugnait à prendre parti. Un mois après que Lincoln eut réclamé des troupes, la législature annonça : « Notre État et les citoyens qui y vivent ne prendront aucune part à la guerre civile qui se livre actuellement, [mais] occuperont une position de stricte neutralité[1]. »

Les habitants du Kentucky s'enorgueillissaient de leur rôle traditionnel de médiateurs entre le Nord et le Sud. A trois reprises, Henry Clay avait proposé des compromis historiques aux deux sections : en 1820, 1833 et 1850. En 1861, le successeur de Clay, John J. Crittenden, avait tenté d'en faire adopter un quatrième. En mai 1861 encore, les unionistes du Kentucky croyaient que le compromis de Crittenden offrait le meilleur espoir de sauver l'Union. Beriah Magoffin, gouverneur de l'État, invita les gouverneurs des trois États du Midwest situés au nord du Kentucky à une conférence, afin de s'offrir en médiateurs aux parties en présence. Dans ce même but, il envoya des émissaires dans le Tennessee et le Missouri. Si les six États concernés formaient un front uni, estimait Magoffin, ils devaient pouvoir obliger le Nord et le Sud à faire la paix. Malheureusement, les gouverneurs républicains de la prairie, occupés

1. Lowell Harrison, *The Civil War and Kentucky* (Lexington, 1975), p. 9.

à mobiliser leurs États pour la guerre, déclinèrent de prendre la moindre part à ce projet, tandis que le Tennessee s'enrôlait peu après sous la bannière confédérée. Une conférence des États limitrophes, qui se tint à Frankfort le 8 juin, n'attira donc que des délégués du Kentucky et du Missouri. Ils ajournèrent leurs inutiles débats, après avoir pris des résolutions qui passèrent complètement inaperçues.

Théoriquement, la neutralité n'était guère différente de la sécession. « La neutralité ! s'exclama un unioniste du Kentucky en mai 1861. Mais enfin, monsieur, c'est une véritable déclaration de souveraineté ; or, c'est justement le principe qui a poussé la Caroline du Sud et les autres États à faire sécession. » Lincoln en convenait — théoriquement ; mais comme d'autres unionistes pragmatiques, il se rendait compte que la neutralité était encore ce que l'on pouvait attendre de mieux pour le moment. Autrement, c'était la sécession pure et simple. Pendant plusieurs semaines, après la reddition du fort Sumter, les démocrates partisans de Breckinridge firent résonner l'État entier de leurs clameurs prônant les droits du Sud, la solidarité avec les États frères et le reste à l'avenant. Des milliers de citoyens du Kentucky commencèrent à gagner subrepticement le Tennessee pour s'enrôler dans l'armée confédérée. Bien que le gouverneur Magoffin eût officiellement refusé de fournir des troupes à Jefferson Davis, comme il l'avait refusé à Lincoln, ses sympathies le portaient vers le Sud et il autorisa en secret des agents recruteurs confédérés à pénétrer au Kentucky. Il y eut même quelques unionistes pour déclarer que si les troupes du Nord tentaient d'exercer la moindre contrainte sur le Sud, « le Kentucky dégainerait promptement son épée pour défendre la cause qu'il aurait alors fait sienne ». Sensible à l'équilibre précaire de l'opinion dans son État natal, Lincoln assura à Garrett Davis, unioniste du Kentucky, le 26 avril, que « bien qu'il eût à tout moment le droit incontestable de faire entrer à sa guise les troupes des États-Unis dans n'importe quel État », il n'avait pas présentement l'intention de s'en prévaloir vis-à-vis du Kentucky. Si l'État « ne se livrait à aucune manifestation de force contre les États-Unis, il ne le maltraiterait pas[1] ».

Lincoln tint cette promesse au point de fermer les yeux sur le vaste commerce qui s'y faisait au profit de la Confédération. Chevaux, mules, vivres, cuir, sel et autres provisions militaires, y compris des munitions, pénétraient au Tennessee *via* le Kentucky. De nombreux yankees s'insurgèrent contre ce trafic (alors que d'autres comptaient en silence les sommes qu'il leur rapportait). Les gouverneurs des États du Midwest et les militaires ne tardèrent pas à arrêter la plupart des cargaisons fluviales en disposant des vapeurs armés et de l'artillerie tout le long de l'Ohio.

---

1. E. Merton Coulter, *The Civil War and Readjustment in Kentucky* (Chapel Hill, 1926), p. 92, p. 44 ; *CG*, 37e Cong., 2e Sess., Appendice, p. 82-83.

Mais les chemins de fer de Louisville et de Nashville continuèrent à transporter des chargements en provenance du Kentucky jusqu'aux centres d'approvisionnement confédérés dans le Tennessee. Bien que Lincoln eût décrété un blocus des ports confédérés, il hésitait à imposer un blocus terrestre au Kentucky, de peur de violer ainsi sa « neutralité ». Ce ne fut que le 16 août, une fois que des élections locales eurent permis de constater que les unionistes contrôlaient fermement la situation, que le Président émit une proclamation interdisant tout commerce avec la Confédération. Cette mesure n'y mit d'ailleurs pas entièrement fin, mais elle eut au moins le mérite de le rendre illégal et de le pousser dans la clandestinité[1].

La patience de Lincoln envers le Kentucky fut récompensée. Les unionistes osèrent se manifester avec plus de vigueur et ceux qui étaient partisans de ménager la chèvre de l'Union et le chou de la Confédération finirent par opter pour la chèvre. L'héritage de Henry Clay commença enfin à se faire sentir. Des régiments de miliciens unionistes se constituèrent pour faire pendant à ceux des miliciens de la « garde d'État », l'unité prosudiste organisée par le gouverneur Magoffin. Pour les armer, des agents de l'Union firent clandestinement traverser le fleuve à cinq mille fusils en provenance de Cincinnati. Robert Anderson, du Kentucky, qui s'était illustré au fort Sumter, établit, sur la rive du fleuve situé dans l'État de l'Ohio, des camps de recrutement pour les volontaires du Kentucky désireux de servir dans les rangs de l'Union, afin de rivaliser avec les camps confédérés installés juste de l'autre côté de la frontière du Tennessee. Lors d'une élection spéciale[2], le 20 juin, les unionistes remportèrent plus de soixante-dix pour cent des voix et s'arrogèrent cinq des six sièges du Kentucky au Congrès. Ce scrutin, toutefois, ne reflétait pas exactement le sentiment favorable aux confédérés, car de nombreux partisans des droits du Sud refusèrent de participer à une élection organisée sous les auspices d'un gouvernement qu'ils rejetaient. Néanmoins, les élections à la législature de l'État, au mois d'août, se soldèrent par une victoire encore plus concluante des unionistes : la nouvelle législature aurait une majorité unioniste de soixante-seize sièges contre vingt-quatre à la Chambre et de vingt-sept contre onze au Sénat.

Ces élections marquèrent le commencement de la fin de la neutralité au Kentucky. Très vite, les activités militaires aux confins de l'État obligèrent la nouvelle législature à prendre parti. Plusieurs régiments nordistes étaient stationnés à Cairo, dans l'Illinois, au confluent de l'Ohio et du Mississippi. Une force confédérée de la même importance occupait le nord-ouest du Tennessee, à moins de quatre-vingts kilomètres. Entre

1. Coulter, *Civil War and Readjustment in Kentucky*, p. 73 ; *CWL*, t. IV, p. 486-487. La proclamation de Lincoln ne faisait qu'appliquer la loi passée le 13 juillet 1861, interdisant tout commerce avec les États confédérés.

2. Voir note 1, p. 313.

ces deux forces, l'endroit clef permettant de s'assurer le contrôle du Mississippi était l'escarpement en haut duquel se situait le terminus ferroviaire de Columbus, dans le Kentucky. Les deux commandants rivaux couvaient cette ville d'un même regard de convoitise et chacun redoutait — à juste titre — que l'autre n'eût l'intention de s'emparer de ces hauteurs et de les fortifier.

Côté confédéré, le commandant était Leonidas Polk, un homme de haute taille, d'allure martiale, membre d'une famille distinguée du Sud, sorti jadis parmi les premiers de West Point ; il avait quitté l'armée en 1827 pour entrer en religion et s'élever jusqu'au rang d'évêque dans l'Église épiscopale. Lorsque la guerre éclata en 1861, il troqua ses habits ecclésiastiques contre un uniforme de général. Officier jouissant d'une flatteuse réputation, Polk ne fut jamais à la hauteur de ce qu'il promettait de devenir dans sa jeunesse et ne survécut pas à la guerre. Son adversaire, du côté de l'Union, était Ulysses S. Grant, un homme d'allure aussi peu martiale que possible, issu d'une famille sans distinction, sorti de West Point plutôt dans les derniers ; il avait dû démissionner de l'armée en 1854 pour cause d'ivrognerie et avait essuyé plusieurs échecs dans la vie civile, avant de se porter volontaire au service de l'Union en 1861. « J'ose me croire assez compétent pour commander un régiment », avait-il confié d'une plume timide au colonel d'état-major, dans une lettre datée du 24 mai 1861 — qui resta sans réponse[1]. Le brevet de colonel de Grant et sa promotion au grade de général de brigade lui parvinrent par l'entremise du membre du Congrès de sa circonscription et du gouverneur de l'Illinois, qui râclaient les fonds de tiroir pour tâcher de trouver des officiers capables d'encadrer la masse bien peu maniable des volontaires de l'Illinois. Sans réputation ni guère d'avenir, Grant devait s'élever jusqu'au rang de général de corps d'armée et commandant suprême des armées de l'Union, avant de devenir Président des États-Unis.

Polk agit le premier pour s'emparer de Columbus. Le 3 septembre, des troupes placées sous son commandement pénétrèrent dans le Kentucky et occupèrent la ville. Grant riposta en occupant Paducah et Smithland, aux embouchures respectives du Tennessee et du Cumberland, deux fleuves d'une importance décisive sur le plan stratégique. Les deux camps avaient donc envahi le Kentucky, mais en agissant les premiers, les confédérés endossèrent le mauvais rôle d'agresseurs. Cela suffit à rendre belliqueux l'unionisme jusqu'alors assez tiède de la législature. Le 18 septembre, le drapeau américain monta au mât du capitole et les parlementaires résolurent à une majorité de trois contre un que, le Kentucky ayant été « envahi par les forces des soi-disant États confédérés [...], les envahisseurs [devraient] être chassés[2] ». Magoffin et

1. *Personal Memoirs of U. S. Grant*, 2 vol. (New York, 1885), t. I, p. 239.
2. Edward Conrad Smith, *The Borderland in the Civil War* (New York, 1927), p. 301.

Breckinridge, qui était sénateur de l'État, démissionnèrent pour se rallier à la Confédération. D'autres habitants du Kentucky suivirent leur exemple. Le 18 novembre, une convention réunissant deux cents délégués ratifia une ordonnance de sécession et forma un gouvernement provisoire que le Congrès de Richmond admit en son sein le 10 décembre, en tant que treizième État confédéré. A la fin de l'année, trente-cinq mille soldats confédérés occupaient le sud-ouest du Kentucky, face à plus de cinquante mille fédéraux qui contrôlaient les trois autres quarts de l'État.

La guerre était enfin arrivée jusque dans le Kentucky. Et dans cet État, plus que dans tout autre, ce fut au sens littéral du terme une guerre fratricide. Quatre des petits-fils de Henry Clay se battirent pour la Confédération et trois pour l'Union. L'un des fils du sénateur John J. Crittenden devint général dans l'armée fédérale, l'autre dans l'armée confédérée. La femme du Président des États-Unis, native du Kentucky, comptait quatre frères et trois beaux-frères dans le camp sudiste — dont un capitaine qui serait tué à Baton Rouge, et un général qui tomberait à la Chickamauga. Des régiments du Kentucky allaient s'affronter sur plusieurs champs de bataille ; à Atlanta, un Breckinridge du Kentucky, qui se battait pour les yankees, capturerait son frère, officier de l'armée rebelle.

IV

L'unionisme du quatrième État limitrophe, le minuscule Delaware, ne fit jamais de doute. En dernière analyse, le Delaware était un État libre. La population comptait moins de deux pour cent d'esclaves et plus de quatre-vingt-dix pour cent des Noirs étaient libres. En janvier 1861, la législature avait exprimé sa « désapprobation inconditionnelle » à l'égard de la sécession et la question resta définitivement close. Les rares propriétaires d'esclaves et sympathisants du Sud vivaient presque tous dans les comtés méridionaux, aux confins de la côte est du Maryland[1].

Chacun des quatre États septentrionaux du Sud qui firent sécession comportait une vaste zone dont les habitants n'étaient guère plus dévoués à la cause de l'esclavage et de la Confédération que ceux du Delaware : l'ouest de la Virginie et de la Caroline du Nord, l'est du Tennessee et le nord de l'Arkansas. Deux de ces régions étaient même si distinctes, sur le plan économique et social, du reste des États auxquels elles appartenaient, que des mouvements d'indépendance y virent le jour durant la guerre. La Virginie occidentale parvint à quitter la Confédération pour rejoindre l'Union, mais une tentative analogue de

1. Harold Hancock, « Civil War Comes to Delaware », *CWH*, n° 2 (1956), p. 29-56.

la part du Tennessee oriental se solda par un échec, laissant derrière elle un héritage d'amertume, qui persista bien après la guerre.

Les trente-cinq comtés de Virginie situés à l'ouest de la vallée de la Shenandoah et au nord du fleuve Kanawha contenaient en 1860 un quart de la population blanche de l'État. Les esclaves et leurs propriétaires étaient rares dans ces vallées étroites environnées de montagnes escarpées. La culture et l'économie de la région étaient orientées vers l'Ohio et la Pennsylvanie tout proches, plutôt que vers les lointaines basses terres de Virginie. Wheeling, la plus grande ville, n'était qu'à quatre-vingt-dix kilomètres de Pittsburgh, à peine, alors que plus de cinq cents kilomètres la séparaient de Richmond. Pendant des décennies, les frustes montagnards, insuffisamment représentés au sein d'une législature dominée par les propriétaires d'esclaves, avaient nourri des griefs contre les « aristocrates du bord de mer » qui gouvernaient l'État. Les esclaves étaient taxés sur moins du tiers de leur valeur marchande, alors que tous les autres biens l'étaient à leur juste valeur. Lorsqu'il s'agissait de répartir les améliorations intérieures de l'État, les comtés de l'Est s'arrogeaient toujours la part du lion, laissant le Nord-Ouest réclamer vainement des routes et des voies ferrées. « La Virginie occidentale, déclara un journal de Clarksburg durant l'hiver de la sécession (1860-61), a été plus maltraitée par [...] ses frères de l'Est que tous les États cotonniers mis ensemble ont pu l'être par le Nord[1]. »

Les événements de 1861 firent donc éclater les sentiments trop longtemps contenus des habitants du Nord-Ouest en faveur d'un État indépendant. Sur leurs trente et un délégués, cinq seulement votèrent pour l'ordonnance de sécession le 17 avril et les électeurs de la région repoussèrent la ratification à trois contre un. De grands rassemblements d'unionistes, organisés dans tout le Nord-Ouest, débouchèrent sur une convention à Wheeling, le 11 juin. La principale question que se posait cette assemblée était de savoir si les mesures instituant un État séparé devaient être prises immédiatement ou de façon progressive. L'obstacle qui s'opposait à une action immédiate était l'article IV, section 3, de la Constitution américaine, exigeant le consentement de la législature pour la formation d'un nouvel État prélevé sur le territoire d'un État déjà existant. Or jamais, c'était certain, la législature confédérée de Virginie n'accepterait la séparation, si bien que la convention de Wheeling décida de former son propre « gouvernement restauré » de Virginie. Décrétant que l'assemblée de Richmond était illégale, elle estima que toutes les fonctions publiques étaient de ce fait vacantes et le 20 juin nomma de nouveaux fonctionnaires, ayant à leur tête Francis Pierpoint, gouverneur de l'État. Lincoln reconnut l'Administration Pierpoint en tant que gouvernement légitime de l'État de Virginie. Un parlement croupion,

1. Smith, *Borderland in the Civil War*, p. 105.

qui représentait théoriquement l'État entier, mais dans la pratique seulement les comtés du Nord-Ouest, élut alors deux sénateurs au Congrès des États-Unis, lesquels furent admis à siéger au Sénat le 13 juillet 1861. Trois représentants de Virginie occidentale allèrent de leur côté siéger à la Chambre.

Lorsque la convention de Wheeling se réunit de nouveau, au mois d'août 1861, elle fut le théâtre d'un débat prolongé entre séparatistes et conservateurs. Ces derniers avaient du mal à admettre l'idée qu'une assemblée qui ne représentait somme toute qu'un cinquième des comtés de Virginie pût agir au nom de l'État tout entier. Cependant, pour finir, la convention adopta le 20 août une « ordonnance de démembrement », sous réserve de ratification par référendum le 24 octobre suivant, les électeurs devant élire par la même occasion des délégués à une convention chargée d'élaborer la Constitution du nouvel État du « Kanawha ». Le tout se déroulait sur fond d'opérations militaires, au cours desquelles une armée de l'Union envahit la Virginie occidentale et défit une armée confédérée moins nombreuse. Cette victoire fut cruciale pour le succès du mouvement en faveur d'un nouvel État ; en effet, il est certain que, sans la présence de ces soldats nordistes victorieux, l'État de Virginie occidentale n'aurait jamais vu le jour.

Les forces de l'Union entrèrent en Virginie occidentale pour des raisons non seulement politiques, mais stratégiques. Le chemin de fer de Baltimore et de l'Ohio, appelé le B. et O., ainsi que le fleuve Ohio, traversaient tous deux cette région et en longeaient la frontière sur plus de trois cents kilomètres. Ce chemin de fer qui constituait la liaison ferroviaire la plus directe entre Washington et les États du Midwest, devait jouer un rôle logistique important dans la guerre de Sécession. En mai 1861, les confédérés installés à Harper's Ferry avaient déjà coupé la voie, tandis que des miliciens rebelles dans le nord-ouest de la Virginie l'occupaient à Grafton et avaient brûlé les ponts situés à l'ouest de cette ville. Les unionistes de Virginie occidentale supplièrent Washington de leur envoyer de l'aide ; préoccupé par la défense de la capitale, le général Scott n'avait guère de troupes à leur offrir. En revanche, depuis l'autre rive du fleuve, le gouverneur de l'Ohio, William Dennison, se porta à leur secours. Comme beaucoup d'autres États, l'Ohio avait mobilisé en réponse à la proclamation de Lincoln, le 15 avril, plus de régiments qu'il n'en fallait. Dennison avait en outre la grande chance de bénéficier de l'assistance de George B. McClellan, William S. Rosecrans et Jacob D. Cox, tous destinés à figurer parmi les principaux commandants de l'Union durant la guerre civile. McClellan et Rosecrans étaient sortis parmi les premiers de West Point et avaient fait ensuite de belles carrières militaires, avant de retourner à la vie civile et de se lancer avec succès dans les affaires et l'ingénierie. Cox, diplômé d'Oberlin[1], était une des gloires du barreau américain, un des fondateurs du parti républicain dans l'Ohio et avait rang de général de brigade dans la milice de cet État. Ces trois hommes organisèrent les régiments recrutés par Dennison et par son voisin, Oliver P. Morton, le non moins énergique gouverneur de l'Indiana. Prenant le commandement de ces troupes, McClellan expédia, le 26 mai, une avant-garde sur la rive orientale de l'Ohio, où elle devait effectuer la jonction avec deux régiments unionistes de Virginie.

L'objectif était initialement Grafton, important nœud ferroviaire de la ligne de Baltimore et de l'Ohio, à près de cent kilomètres au sud de Wheeling. Face à des troupes nettement supérieures par le nombre, le colonel qui commandait le détachement confédéré à Grafton dut se retirer avec ses hommes jusqu'à Philippi, à vingt-cinq kilomètres plus au sud. Trois mille soldats de l'Union, qui ne servaient que depuis cinq semaines, les poursuivirent à marches forcées, de nuit, sous la pluie, sur des routes épouvantables, à une allure qui aurait pu faire honneur à des soldats chevronnés. En dépit de l'échec d'une attaque en tenailles contre les mille cinq cents confédérés de Philippi, le 3 juin, ces derniers furent contraints de se replier à quarante kilomètres plus au sud, à Beverly, évacuant les lieux avec tant de hâte que la presse nordiste baptisa moqueusement l'affaire « Courses à Philippi ».

Le 21 juin, McClellan arriva à Grafton pour y prendre en personne le commandement de la campagne. Agé de trente-quatre ans, plein de charme, cultivé, extrêmement capable, mais imbu à l'excès de ses mérites, McClellan laissa entrevoir en Virginie occidentale un début de complexe napoléonien, qui se manifestait plus dans le style de ses dépêches et proclamations que dans la façon dont il faisait manœuvrer ses troupes sur le champ de bataille. « Soldats ! harangua-t-il ses troupes à Grafton, ayant entendu dire qu'il y avait du danger ici même, je suis venu me placer à votre tête pour le partager avec vous. A présent, je ne crains plus qu'une chose : que vous ne trouviez pas d'ennemis dignes de vos armes[2]. »

Robert E. Lee espérait de son côté que les hommes de McClellan se heurteraient à des ennemis dignes d'eux. Mais Lee, immobilisé à Richmond où il remplissait en quelque sorte les fonctions de commandant en chef des forces armées de Virginie, n'avait que bien peu d'hommes et encore moins d'armes à envoyer jusqu'à la lointaine Virginie occidentale. Il parvint tant bien que mal à rassembler en renfort quelques milliers de soldats qu'il dirigea vers Beverly sous le commandement de Robert S. Garnett. Avec ses quatre mille cinq cents hommes « dans un

---

1. Rappelons qu'Oberlin fut la première université américaine à accepter des étudiants des deux sexes et des étudiants de couleur.

2. *O.R.*, sér. I, vol. 2, p. 197.

état tout à fait déplorable en matière d'armes, d'uniformes, d'équipement et de discipline », Garnett fortifia les cols par lesquels passaient les grands axes routiers menant de la vallée de la Shenandoah à Wheeling et Parkersburg[1].

A la fin du mois de juin, McClellan avait sous ses ordres, en Virginie trans-alleghenienne, vingt mille hommes. Cinq ou six mille d'entre eux gardaient le B et O, désormais rouvert jusqu'à Washington. McClellan envoya deux mille cinq cents hommes, sous Jacob Cox, remonter le Kanawha jusqu'à Charleston. Avec les douze mille restants, il avait l'intention d'encercler et de prendre au piège la petite armée de Garnett. Laissant quatre mille hommes lancer une fausse attaque contre Laurel Mountain, McClellan emmena avec lui trois brigades pour déclencher l'assaut principal à Rich Mountain, à une douzaine de kilomètres vers le sud. Plutôt que de charger droit sur les tranchées confédérées, McClellan accepta le plan de Rosecrans qui proposait de prendre la tête d'une des brigades pour mener une attaque de flanc, tandis que McClellan et les deux autres se tiendraient prêts à exploiter le moindre avantage. Guidés par un autochtone unioniste le long d'un étroit sentier de montagne, les régiments d'Ohio et d'Indiana, commandés par Rosecrans, se rabattirent sur le flanc des rebelles le 11 juillet et firent cent soixante-dix morts, blessés et prisonniers parmi les treize cents soldats confédérés, contre une soixantaine de victimes dans leurs propres rangs. Se méprenant sur les rumeurs de la bataille, qui lui parvenaient à travers des bois et des fourrés de lauriers, McClellan crut que Rosecrans était en mauvaise posture et ne lança donc pas l'attaque de soutien, ce qui permit à la majeure partie des rebelles de se sauver. Jacob Cox, qui écrivit plus tard l'histoire de cette campagne, nota qu'en Virginie occidentale McClellan « manifesta les caractéristiques qui devinrent notoires par la suite. On y trouvait déjà sa propension à surestimer l'ennemi, sa tendance à interpréter de façon pessimiste les bruits et les mouvements du front, son hésitation à lancer ses forces au grand complet alors même qu'il savait son subordonné déjà engagé[2] ».

En dépit de la pusillanimité de MacClellan, l'attaque de Rosecrans précipita les confédérés dans une retraite désordonnée. Cinq cents d'entre eux finirent par être capturés, tandis que la force principale de Garnett, soit trois mille hommes stationnés à Laurel Mountain, se retrouvant soudain avec les fédéraux sur ses talons, s'éparpillait vers le nord et l'est sur de mauvaises routes. Les brigades de l'Union continuèrent leur poursuite et le 13 juillet elles attaquèrent l'arrière-garde de Garnett à Corrick's Ford, où ce dernier perdit la vie — il fut le premier général de la guerre de Sécession tué au champ d'honneur. Même si la majeure

1. *O.R.*, sér. I, vol. 2, p. 236.
2. Cox, « McClellan in West Virginia », *Battles and Leaders*, t. I, p. 137.

partie des rebelles échappa à ses poursuivants, cette campagne permit de vider la Virginie occidentale de toute force sudiste organisée. Les journaux nordistes saluèrent l'événement comme un exploit stupéfiant. McClellan n'hésita pas à s'en arroger tout le mérite. Le 16 juillet, il lança une nouvelle proclamation qui fit fort bon effet dans la presse où l'on commençait à parler de ce « jeune Napoléon » : « Soldats de l'armée de l'Ouest ! [...] Vous avez annihilé deux armées. [...] Vous avez pris cinq canons, douze drapeaux, quinze cents armements, un millier d'hommes. [...] Soldats ! J'ai confiance en vous et j'ose penser que vous avez appris à avoir confiance en moi[1]. »

Les victoires de McClellan permirent à la convention de Wheeling, qui siégeait à nouveau, de ratifier au mois d'août son ordonnance de séparation. Avant que le référendum du 24 octobre n'eût eu lieu, cependant, les confédérés firent une tentative résolue pour reprendre la Virginie occidentale. Dès le mois d'août, ils avaient réussi à faire passer vingt mille soldats en zone transalleghenienne, ce qui leur permit pour la seule et unique fois de toute la guerre de jouir d'une supériorité numérique. Mais la plupart de ces hommes n'avaient reçu aucune formation, bon nombre d'entre eux étaient armés de fusils peu fiables ou de fusils à canon lisse, quand ce n'était pas de simples fusils de chasse, et un tiers d'entre eux étaient malades — la plupart avaient la rougeole et les oreillons, deux maladies infantiles qui firent des ravages parmi ces jeunes paysans qui n'y avaient encore jamais été exposés. Malades ou bien portants, cinq mille soldats confédérés servaient sous deux commandements indépendants ayant à leur tête John B. Floyd et Henry A. Wise, tous deux d'anciens gouverneurs de Virginie et des sécessionnistes convaincus, désormais avides de gloire militaire. En juillet, les hommes de l'Ohio, sous Jacob Cox, avaient obligé la brigade de Wise à remonter le Kanawha jusqu'à White Sulphur Springs, à cent soixante kilomètres à l'est de Charleston. Les brigades de Floyd vinrent renforcer celle de Wise, mais les deux hommes se haïssaient cordialement et passèrent davantage de temps à se quereller qu'à préparer une contre-attaque aux dépens de Cox[2].

Entre-temps, le gouvernement de Richmond envoya Robert E. Lee prendre le commandement suprême des forces confédérées en Virginie occidentale. Lee se rendit en personne à Huntersville, où dix mille soldats confédérés trempés, malades, affamés, se heurtèrent à trois mille hommes de l'Union solidement retranchés sur les hautes terres de Cheat Mountain, à quelques kilomètres au sud du col de Rich Mountain, d'où Rosecrans avait délogé les rebelles en juillet. Les sudistes espéraient de grandes

1. *O.R.*, sér. I, vol. 2, p. 236.
2. Lettre de John B. Floyd à Jefferson Davis, 16 août 1861, Civil War Collection, bibliothèque Henry E. Huntington.

choses de Lee, mais pour une fois il les déçut. Son plan très compliqué, prévoyant la convergence de cinq colonnes séparées contre deux positions de l'Union, fut contrarié par le terrain difficile, l'inexpérience de ses officiers, la fatigue et la faiblesse physique de ses hommes — et surtout par les conditions atmosphériques. Lorsque les troupes de Lee tentèrent leur sortie, le 10 septembre, cela faisait quarante-cinq jours qu'il pleuvait presque sans discontinuer. La boue ralentit considérablement leurs mouvements. Des escarmouches, qui firent dans chaque camp moins d'une centaine de victimes, ayant éliminé toute possibilité d'attaque surprise, Lee préféra renoncer et annula son opération le 15 septembre. Les fédéraux gardèrent le contrôle des cols des Alleghenies et des difficultés d'approvisionnement empêchèrent toute nouvelle opération des confédérés dans cette zone. Avec ce sens comique de l'exagération qui caractérise la gent militaire, les soldats racontaient des histoires de mules mourant d'épuisement à tirer les chariots sur des routes boueuses et s'enfonçant dans les fondrières jusqu'à ce qu'on ne vît plus dépasser que le bout de leurs oreilles. Vers cette époque, Lee décida de se laisser pousser la barbe ; elle poussa grise.

Lee emmena la majeure partie de ses troupes vers le sud, dans la vallée du Kanawha, afin de fournir des renforts à Floyd et Wise, dont l'avance avait été stoppée par Rosecrans à Carnifex Ferry, le 10 septembre. Jefferson Davis finit par trancher la querelle entre ses deux généraux politiciens en rappelant Wise à Richmond. Lorsque Lee arriva dans la région de Kanawha, ses troupes étaient plus nombreuses que celles des fédéraux, mais une fois encore la pluie, la maladie, l'état du terrain — sans oublier le commandement efficace de Rosecrans — vinrent déjouer la tentative confédérée de prendre l'ennemi au piège. Le 6 octobre, Rosecrans fit reculer ses troupes jusqu'à une position plus facile à défendre. Ne voyant aucun espoir de l'attaquer avec succès, Lee regagna Richmond à la fin du mois. Il repartit très vite pour la Caroline du Sud, afin d'y consolider les défenses côtières, laissant derrière lui une réputation quelque peu ternie. Au mois d'août, les journaux de Richmond avaient prédit qu'il repousserait les yankees jusqu'en Ohio ; en octobre, ils se moquaient de « grand-maman Lee » et de « Lee l'évacuateur ». Le *Richmond Examiner* souligna sans ménagement que Lee avait « eu le dessous dans le triple domaine de la présence d'esprit, de la manœuvre et du commandement[1] ».

Pendant la première moitié de novembre, Rosecrans reprit l'offensive. Avec force manœuvres, mais peu de combats, il obligea Floyd à se retirer entièrement de ce qui est aujourd'hui la Virginie occidentale. La vallée du Kanawha resta elle aussi, à dater de là, sous le contrôle militaire de

1. Cité par William M. Lamers, *The Edge of Glory : A Biography of General William S. Rosecrans* (New York, 1961), p. 42.

l'Union — si l'on excepte les raids périodiques des rebelles et la guérilla constante. Pourtant, lors du référendum du 23 mai, les habitants de la vallée avaient voté en majorité pour la sécession ; et l'attachement à la Confédération y persista après que la région eut été incluse dans l'État de Virginie occidentale. Tout comme le Missouri et d'autres parties du Sud limitrophe, le nouvel État fut ravagé par une féroce guerre dans la guerre : voisin contre voisin, franc-tireur contre franc-tireur. Les guérilleros rebelles immobilisèrent des milliers de soldats de l'Union dont les efforts dans le domaine de la contre-insurrection ne connurent guère plus de succès que ceux qui devaient marquer des conflits plus récents. Pour reprendre la formule exaspérée d'un commandant d'infanterie de l'Union, Robert H. Milroy, en octobre 1862 : « Nous avons à présent plus de quarante mille hommes au service des États-Unis en Virginie occidentale [... mais] nos grandes armées ne servent à rien ici. Il leur est aussi impossible d'attraper les insurgés dans leurs montagnes qu'il l'est à une vache d'attraper ses puces. Nous devons mettre sur pied un système de guérilleros de l'Union pour mater ceux de la rébellion[1]. » Aussitôt dit, aussitôt fait ; Milroy livra un combat antiguérilla si impitoyable que les confédérés mirent sa tête à prix.

Les militaires de l'Union exerçaient sur la Virginie occidentale un contrôle suffisamment ferme pour que le référendum sur la séparation d'avec la Virginie pût dérouler comme prévu, le 24 octobre 1861. Les électeurs ratifièrent cette mesure à une majorité écrasante, mais les abstentions furent très nombreuses. Dans plus de douze comtés, les sécessionnistes boycottèrent le scrutin. Néanmoins, la convention constitutionnelle, réunie en janvier 1862, fixa des limites qui englobaient cinquante comtés et « la législature restaurée de Virginie » confirma la création du nouvel État de Virginie occidentale, le 23 mai 1862. Quatre pour cent, environ, de la population de ce nouvel État étaient des esclaves. Comprenant qu'un Congrès républicain ne risquait guère de reconnaître un État esclavagiste, la convention fut à deux doigts, ou plutôt à une voix, d'adopter une loi d'émancipation progressive. Dans un projet de loi ratifié par le Sénat en juillet 1862 et par la Chambre en décembre, le Congrès américain fit en effet de l'émancipation des esclaves l'une des conditions de l'accession de la Virginie occidentale au rang d'État. Les Virginiens occidentaux acceptèrent cette clause et le nouvel État entra dans l'Union le 20 juin 1863, nanti d'une Constitution qui affranchissait d'emblée tous les esclaves nés après le 4 juillet 1863 et tous les autres le jour de leur vingt-cinquième anniversaire.

---

1. Lettre de Milroy à Francis Pierpont, 27 octobre 1862, citée par Richard O. Curry, *A House Divided : A Study of Statehood Politics and the Copperhead Movement in West Virginia* (Pittsburgh, 1964), p. 75.

En 1861, les républicains virent dans les événements survenus en Virginie occidentale un modèle pour la reconstruction de gouvernements unionistes dans d'autres parties septentrionales du Sud. L'est du Tennessee semblait être le lieu le plus prometteur pour ce genre de tentative. Les unionistes y tinrent en 1861 deux conventions, à Knoxville les 30 et 31 mai et à Greenville du 17 au 20 juin. D'anciens whigs et des démocrates collaborèrent, non sans méfiance, à cet effort contre l'ennemi commun. Ils avaient pour chefs Andrew Johnson, démocrate de toujours, et William G. Brownlow, ancien pasteur méthodiste devenu rédacteur en chef militant du *Knoxville Whig*, dont les grossières insultes à l'endroit des sécessionnistes démentaient son surnom de « révérend » Brownlow. Johnson fut le seul sénateur d'un État sécessionniste à demeurer fidèle à l'Union. Brownlow resta aux commandes de son journal, fit flotter le drapeau américain sur sa maison et jura de « combattre les chefs de la sécession jusqu'à ce que l'enfer soit congelé et de continuer à leur faire la guerre sur la glace, s'il le fallait ». Tous deux d'origine plébéienne, Johnson et Brownlow exprimaient le ressentiment de tous ceux qui ne possédaient pas d'esclaves contre les propriétaires sécessionnistes. « Ce sont, déclara Johnson, de pauvres gens tout fiers de leurs richesses, qui n'arrivent pas à la cheville de celui qui gagne son pain à la sueur de son front. » Quant à Brownlow, il assurait que les fermiers de l'est du Tennessee « ne [pourraient] jamais vivre dans la Confédération sudiste, où l'on [ferait] d'eux les bûcherons et les porteurs d'eau d'une bande d'aristocrates et de tyrans arrogants[1] ».

Seulement, les unionistes du Tennessee oriental ne pouvaient pas faire grand-chose sans l'aide militaire du Nord. Lincoln pressait constamment ses généraux d'intervenir sur ce théâtre, mais la distance, des difficultés logistiques et le Kentucky leur barraient la route. Or tant que Lincoln flattait l'unionisme du Kentucky en respectant sa neutralité, pas un seul soldat nordiste ne pouvait le traverser pour gagner l'est du Tennessee. Et même après que les troupes de l'Union furent entrées au Kentucky, en septembre 1861, le terrain inhospitalier et le manque de moyens de transport pour franchir les monts du Cumberland rendirent les opérations militaires fort problématiques, surtout l'hiver. Alors que deux voies ferrées, un fleuve navigable et une route à péage macadamisée permettaient aux troupes et au provisions d'être acheminées sans encombres de l'Ohio vers les principaux théâtres des opérations de Virginie occidentale, rien de tel n'existait pour traverser les deux cent cinquante kilomètres de montagnes qui séparaient les bases de l'Union, dans l'est du Kentucky, de Knoxville.

---

1. Brownlow cité par Foote, *Civil War*, t. I, p. 51 ; Johnson, cité par Eric L. McKittrick, *Andrew Johnson and Reconstruction* (Chicago, 1960), p. 87 ; Brownlow dans le *Knoxville Whig*, 13 janvier 1861, cité par James W. Patton, *Unionism and Reconstruction in Tennessee, 1860-1869* (Chapel Hill, 1934), p. 57.

En novembre, cependant, le bruit d'une invasion nordiste vint aux oreilles des partisans de l'Union dans l'est du Tennessee. Munis d'armes que leur avaient procurées en fraude les agents nordistes, ils passèrent à l'action, mirent le feu à cinq ponts de chemin de fer et tendirent des embuscades aux avant-postes confédérés. Mais les yankees n'arrivèrent jamais, pour la bonne raison que William Tecumseh Sherman, le rouquin impétueux qui commandait les forces de l'Union dans le Kentucky, n'avait pas encore acquis à l'époque le sang-froid qu'il devait manifester à un stade ultérieur des hostilités. Redoutant un rassemblement de troupes sudistes dans le centre du Kentucky, il annula l'invasion de l'est du Tennessee que devait effectuer une petite armée placée sous les ordres du général George H. Thomas, lequel n'était pourtant plus qu'à une bonne soixantaine de kilomètres de la frontière entre les deux États. Sa grossière exagération du nombre des soldats confédérés et les commentaires acrimonieux qu'il adressa aux reporters incitèrent les journaux hostiles à Sherman à le traiter de fou. Le gouvernement le releva de son commandement et le transféra dans le Missouri où on ne lui confia que d'obscures fonctions. A l'instar de celle de Robert E. Lee, la carrière de Sherman fut presque brisée par l'échec après à peine sept mois de guerre.

Le successeur de Sherman, Don Carlos Buell, cédant à contrecœur aux pressions du gouvernement, ordonna à Thomas de reprendre sa marche. Virginien loyal à l'Union, d'une imposante corpulence que soulignaient des gestes méthodiques et mesurés, Thomas entraîna ses quatre mille hommes sur des routes de montagnes quasi inexistantes, sous la pluie et la neige fondue. Le 19 janvier 1862, une armée confédérée égale par le nombre attaqua celle de Thomas à Logan's Cross, près de Mill Springs, dans le Kentucky, mais elle fut repoussée, puis mise en déroute par une contre-attaque. En dépit de cette victoire, le rude hiver montagnard empêcha Thomas d'aller plus loin. Le printemps venu, la progression des armées de l'Union dans l'ouest et le centre du Tennessee concentra tous les efforts vers cette zone. Par une cruelle ironie du sort, tandis que les troupes nordistes « libéraient » la partie confédérée du Tennessee, elles laissèrent la région unioniste se débrouiller toute seule — à la plus grande contrariété de Lincoln.

Privés de l'aide du Nord, les unionistes du Tennessee oriental durent payer cher leur loyauté. Après l'incendie des ponts en novembre, les soldats confédérés entamèrent une dure répression. Ils proclamèrent la loi martiale, cinq insurgés furent exécutés, Brownlow fut arrêté, son imprimerie transformée en magasin d'armes, et des centaines d'unionistes se retrouvèrent derrière les barreaux ; la répression de la dissidence fut donc beaucoup plus dure que celle que les forces nordistes exercèrent dans le Maryland. Brownlow, qui avait le génie de se mettre en vedette, se transforma incontinent en martyr et embarrassa beaucoup les confédérés qui finirent par le libérer et le raccompagner jusqu'aux lignes de l'Union en mars 1862.

De nombreux autres habitants de l'est du Tennessee s'enfuirent, seuls ou en groupes, vers les rangs de l'armée fédérale. Bien qu'il fallût attendre le mois de septembre 1863, c'est-à-dire la seconde moitié de la guerre, pour voir les troupes de l'Union occuper l'est de leur État, trente mille Blancs du Tennessee combattirent pour le Nord — soit le plus fort contingent fourni par un État confédéré.

V

Les réactions des huit États du haut Sud en 1861 eurent des conséquences importantes, mais ambiguës, sur l'issue de la guerre. On peut les mesurer en imaginant celles, possibles, des événements qui *n*'eurent *pas* lieu. Si les huit États (c'est-à-dire tous sauf le Delaware) avaient fait sécession, le Sud aurait fort bien pu conquérir son indépendance, alors que s'ils étaient tous restés dans l'Union, la Confédération n'aurait certainement pas survécu aussi longtemps. Dans la réalité, le nombre de soldats provenant de ces États favorisait le Sud. Les quelque quatre cent vingt-cinq mille hommes (selon les estimations) qu'ils fournirent aux armées sudistes représentèrent la moitié du nombre total des combattants confédérés. Ces mêmes États fournirent aux armées de l'Union quelque deux cent trente-cinq mille soldats blancs et, par la suite, quatre-vingt-cinq mille Noirs — qui à eux tous ne représentèrent que quinze pour cent de tous les hommes qui se battirent pour l'Union [1].

1. Les données concernant le nombre d'hommes mobilisés durant la guerre de Sécession ne peuvent être que des estimations. Très peu de documents fiables ayant trait aux enrôlements dans l'armée confédérée ont survécu à la destruction et à la perte des archives sudistes à la fin du conflit. Les estimations du nombre d'hommes qui se battirent pour la Confédération sont donc fondées sur des indices fragmentaires. Elles s'étagent entre un minimum de six cent mille hommes et un maximum d'un million quatre cent mille hommes. L'étude la plus poussée dans ce domaine figure chez Thomas L. Livermore, *Numbers and Losses in the Civil War in America, 1861-1865* (Boston, 1901), p. 1-63. A l'issue de calculs d'une extraordinaire complexité, Livermore a estimé le nombre de soldats confédérés à un peu plus de un million ; cela dit l'auteur, étant un ancien combattant de l'armée de l'Union, avait donc tendance à exagérer le nombre des ennemis affrontés, et certains des a priori sur lesquels il appuie ses calculs sont assez douteux. Peut-être l'étude la plus équilibrée est-elle celle d'Edward Channing, *A History of the United States*, vol. 6, *The War for Southern Independence* (New York, 1925), p. 430-444. Channing pour sa part a estimé à huit cent mille le nombre des combattants confédérés. Autre spécialiste fort respecté de la guerre de Sécession, E. B. Long a proposé le chiffre de sept cent cinquante mille (Long, *The Civil War Day by Day: An Almanac*, Garden City, N.Y., 1971, p. 705). Peut-être la preuve la plus sûre à ce sujet est-elle en définitive le nombre d'anciens combattants des armées de l'Union et de la Confédération ayant survécu à la guerre et figurant dans le recensement de 1890. A cette date, le nombre d'anciens combattants confédérés s'élevait à quarante-deux pour cent du nombre d'anciens combattants fédéraux. Si l'on applique ce pourcentage au chiffre généralement accepté de deux millions cent mille soldats et marins mobilisés

Néanmoins, le seul fait que le Nord fût capable d'attirer un si grand nombre de combattants originaires d'États esclavagistes donna une forte impulsion à l'effort de guerre nordiste. En outre, on ne saurait exagérer l'importance stratégique des fleuves, voies ferrées et montagnes des États limitrophes (y compris la Virginie occidentale). En revanche, la guérilla et les problèmes que soulevait l'administration de vastes régions dont la loyauté était douteuse contraignirent l'Union à y immobiliser un nombre considérable de soldats.

La double allégeance des États septentrionaux du Sud compliqua les efforts faits par les deux camps pour définir leurs objectifs de guerre et trouver la stratégie adéquate pour les atteindre. En effet, tandis que les gouvernements de l'Union et de la Confédération se disputaient le haut Sud, ils mobilisaient aussi leurs forces armées et décidaient de la meilleure façon de les utiliser.

Chapitre X

DES AMATEURS S'EN VONT EN GUERRE

I

Durant les mois qui suivirent la chute du fort Sumter, une fièvre guerrière balaya toute réflexion pondérée sur le but des combats. Dans les deux camps, la plupart des gens partaient du principe que leur cause était juste. Les yankees croyaient livrer bataille pour le drapeau et la patrie. « A présent, il faut nous battre, non pas parce que nous voulons soumettre le Sud [...], mais parce qu'il le *faut*, déclara un journal

---

dans les armées de l'Union, on arrive au total de huit cent quatre-vingt-deux mille soldats et marins confédérés. Étant donné qu'il y eut davantage de sudistes tués durant le conflit, on peut penser que le véritable chiffre fut même plus élevé. De toute façon, on peut estimer de façon quasi certaine que huit cent cinquante mille à neuf cent mille hommes se battirent sous l'uniforme gris des confédérés. La proportion de soldats originaires des États septentrionaux du Sud a été calculée d'après toute une variété de sources directes et secondaires pour les États en question et d'après des extrapolations du nombre de Blancs en âge de servir sous les drapeaux dénombrés dans ces États par le recensement de 1860.

Les données concernant le nombre de soldats de l'Union, citées dans le présent paragraphe et ailleurs dans ce livre, sont fondées sur les registres très complets tenus pour chaque État par le ministère de la Guerre. Néanmoins, les chiffres s'appliquant aux soldats blancs sont aussi, nécessairement des estimations. Le ministère, en effet, notait les *enrôlements* et il convient de réduire quelque peu ce chiffre pour éviter de compter deux fois (voire trois) les hommes qui se rengagèrent. Cet ajustement, en revanche, n'est pas nécessaire pour les soldats noirs qui n'eurent pas le droit de s'enrôler avant la fin de l'année 1862, si bien qu'ils n'avaient pas encore fini leurs trois années de service à la fin de la guerre.

républicain d'Indianapolis. La nation a été défiée, le gouvernement national attaqué. Si cela peut se faire en toute impunité [...], nous ne sommes pas une nation et notre gouvernement est une imposture. » Le *Chicago Journal* proclamait pour sa part que le Sud avait « bafoué la Constitution, mis toutes nos lois au défi et foulé aux pieds le drapeau qui a toujours été le symbole glorieux et consacré de la liberté américaine ». Et, en matière de patriotisme, les journalistes démocrates du Nord ne le cédaient en rien à leurs rivaux républicains. « Nous sommes nés, nous avons grandi sous la bannière étoilée », écrivit un démocrate de Pittsburgh. Les rebelles, certes, avaient peut-être de justes griefs contre les républicains. « [Mais], ajoutait-il, quand le Sud devient l'ennemi du système de gouvernement américain [...] et tire sur le drapeau [...], nous défendrons celui-ci de toute notre influence, qu'il soit brandi par un républicain ou par un démocrate[1]. »

Les spécialistes qui ont étudié des milliers de lettres et de journaux intimes écrits par les soldats de l'Union ont découvert qu'ils exprimaient des motifs analogues : la formule « lutter pour préserver le meilleur gouvernement au monde » revenait souvent. « [C'est] une grande lutte pour l'Union, la Constitution et la loi, écrivait un soldat du New Jersey. Nos splendides institutions risquent fort d'être détruites. [...] Nous serons responsables devant Dieu si nous ne faisons pas notre devoir pour aider à transmettre ce bienfait qu'est la liberté civile et religieuse aux générations qui nous succéderont. » « [C'est] un devoir, écrivait une recrue du Midwest pour expliquer son enrôlement, et je dois à mon pays et à mes enfants de faire ce que je peux pour préserver le présent gouvernement, car je tremble à la seule pensée de ce qui les attend s'il est renversé. » Les Américains de 1861 se sentaient responsables envers leurs ancêtres, ainsi qu'envers Dieu et la postérité. « Je sais [...] combien grande est la dette que nous avons envers ceux qui nous ont précédés dans le sang et les souffrances de la Révolution, écrivit un simple soldat de la Nouvelle-Angleterre à sa femme, à la veille de la toute première bataille, celle du Bull Run (Manassas). Je donnerai volontiers — bien volontiers — toutes les joies que j'ai en ce monde pour aider à maintenir le présent gouvernement et pour m'acquitter de cette dette[2]. »

---

1. *Indianapolis Daily Journal*, 27 avril 1861 ; *Chicago Daily Journal*, 17 avril 1861 ; *Pittsburgh Post*, 15 avril 1861, tous cités par Howard C. Perkins (éd.), *Northern Editorials on Secession*, 2 vol. (New York, 1942), p. 814, p. 808, p. 739.

2. Wiley, *Billy Yank*, p. 40 ; les soldats du New Jersey et du Midwest cités par Randall Clair Jimerson, « A People Divided : The Civil War Interpreted by Participants », thèse de doctorat, University of Michigan, 1977, p. 38-39 ; le soldat de la Nouvelle-Angleterre cité par William C. Davis, *Battle at Bull Run* (Garden City, 1977), p. 91-92. Deux autres études comportent de nombreuses citations de lettres analogues écrites par des soldats : Reid Mitchell, « The Civil War Soldier : Ideology and Experience », thèse de doctorat, University of California at Berkeley, 1985 ; et Earl J. Hess, « Liberty and Self-Control : Republican Values in the Civil War North », thèse de doctorat, Purdue University, 1986.

L'une des qualités qui fit la grandeur de Lincoln en tant que Président fut la faculté qu'il avait de formuler ces objectifs de guerre dans une prose pleine de vigueur. « Notre gouvernement populaire a souvent été traité d'expérience, déclara-t-il au Congrès le 4 juillet 1861. Deux points ont déjà été réglés par notre peuple : il a prouvé qu'on pouvait avec succès *établir* ce gouvernement et l'*administrer*. Un dernier point reste à démontrer : peut-on aussi le maintenir avec succès contre une redoutable tentative interne pour le renverser ? [...] Ce problème englobe davantage que le sort de nos États-Unis. C'est à toute la famille humaine que se pose la question de savoir si une république constitutionnelle ou une démocratie [...] peut ou non maintenir son intégrité territoriale contre ses ennemis de l'intérieur[1]. »

Le drapeau, l'Union, la Constitution et la démocratie : autant de symboles ou d'abstractions, mais assez puissants néanmoins pour susciter la volonté d'aller se battre et de mourir pour les sauvegarder. Les sudistes eux aussi luttaient pour des abstractions : la souveraineté des États, le droit de faire sécession, la Constitution telle qu'ils l'interprétaient *eux*, l'idée d'une « nation » sudiste, différente de la nation américaine dont les valeurs avaient été corrompues par les yankees. « Dieu soit loué ! s'exclamait L.Q.C. Lamar, du Mississippi, en juin 1861. Nous avons enfin un pays pour lequel nous pouvons vivre, prier, nous battre et, si besoin est, mourir. » « La soumission au joug du despotisme », renchérissaient des nouvelles recrues de Caroline du Nord et de Géorgie, signifierait « l'asservissement et la destruction ». Un autre Carolinien du Nord était « tout prêt à donner [sa] vie pour défendre [son] foyer et [sa] race ». « J'aimerais mieux être mort, ajoutait-il, que de voir les yankees gouverner notre pays. » Son souhait devait être exaucé — à Gettysburg[2].

Même s'ils devaient s'offusquer par la suite du nom que les nordistes donnèrent officiellement au conflit — « la guerre de la Rébellion » — durant l'événement lui-même, beaucoup de sudistes arborèrent fièrement l'épithète de rebelle. Un poète de la Nouvelle-Orléans écrivit même ces mots, un mois après l'affaire du fort Sumter :

> Oui, nommez-les rebelles ! C'est le nom
> que portèrent leurs patriotes de pères,
> et ils le sanctifieront par des exploits
> aussi beaux que ceux d'avant.

Jefferson Davis répéta maintes fois que le Sud se battait pour ce même « droit sacré de s'autogouverner » qui avait inspiré les pères fondateurs. Dans son premier message au Congrès confédéré, après la chute du

1. *CWL*, t. IV, p. 439, p. 426.
2. Lamar, cité par E. Merton Coulter, *The Confederate States of America, 1861-1865* (Baton Rouge, 1950), 57 ; les soldats cités par Jimerson, « A People Divided », 20, 23.

fort Sumter, il proclama : « [La Confédération n'entend] chercher nulle conquête, nul agrandissement, nulle concession d'aucune sorte de la part des États avec lesquels nous étions hier encore unis ; tout ce que nous demandons, c'est qu'on nous laisse tranquilles[1]. »

Les deux camps croyaient donc se battre pour sauvegarder l'héritage que leur avaient légué les pères de la nation : la liberté républicaine. Toutefois, la dernière phrase de Davis (« tout ce que nous demandons, c'est qu'on nous laisse tranquilles ») contenait en germe l'objectif de guerre le plus immédiat, le plus tangible des confédérés : la défense contre l'invasion. Considérant les soldats de l'Union comme des vandales qui ne songeaient qu'à piller le Sud et à libérer les esclaves, de nombreux sudistes croyaient littéralement qu'il leur fallait défendre leur toit, leur foyer, leurs épouses et leurs sœurs. « Nos hommes *doivent* l'emporter sur le champ de bataille ou perdre leurs biens, leur pays, leur liberté, tout ce qu'ils ont, nota un sudiste dans son journal intime. L'ennemi, en revanche, s'il concède la victoire, n'aura plus qu'à se retirer dans son propre pays et jouir de tout ce qu'il possédait avant la guerre. » Un jeune immigrant anglais, établi en Arkansas, s'enrôla dans l'armée après avoir été transporté d'enthousiasme lors d'une séance de recrutement. Il écrivit par la suite que ses amis sudistes « disaient qu'ils préféraient une tombe sanglante plutôt que de survivre et de voir leurs orgueilleux ennemis violer leurs autels et leurs foyers ». Les femmes du Sud exercèrent d'ailleurs sur les hommes une irrésistible pression pour les inciter à s'engager. « Si chaque homme ne se ruait pas au combat, elles firent serment qu'elles-mêmes voleraient au-devant des vandales yankees. Dans une contrée où les femmes sont idolâtrées par les hommes, de tels propos ont fait de ces derniers des fous de guerre[2]. » Un Virginien était avide « de se trouver au premier rang de la première brigade qui [marcherait] contre l'envahisseur qui [souillait] aujourd'hui le sol sacré de [son] État natal bien-aimé de son pied scélérat ». Un soldat confédéré, capturé au début de la guerre, exprima la chose plus simplement. Son uniforme dépenaillé, manifestement fait à la maison, et son parler plus rustique encore, disaient assez qu'il ne s'agissait pas d'un membre de la classe des planteurs. Lorsque les nordistes lui demandèrent pourquoi un homme comme lui, qui ne possédait pas d'esclaves, se battait pour défendre l'esclavage, il répondit : « Je me bats parce que vous êtes descendus jusqu'ici[3]. »

---

1. « All we ask is to be let alone. » Coulter, *Confederate States*, p. 60 ; Rowland, *Davis*, t. V, p. 84.
2. Jones, *War Clerk's Diary* (Miers), p. 181 ; *The Autobiography of Sir Henry M. Stanley*, éd. Dorothy Stanley (Boston et Londres, 1909), p. 165.
3. Lettre de Thomas B. Webber à sa mère, 15 juin 1861, Civil War Times Illustrated Collection, United States Military History Institute (Institut d'Histoire militaire des États-Unis), Carlisle, Pennsylvanie ; Foote, *Civil War*, t. I, p. 65.

Pour ce soldat, et pour bien d'autres gens du Sud, la guerre n'avait rien à voir avec l'esclavage. Pourtant, sans l'esclavage, il n'y aurait pas eu de républicains noirs pour menacer le mode de vie du Sud, ni de civilisation spécifiquement sudiste à défendre contre l'invasion yankee. Ce paradoxe tourmentait les sudistes qui s'efforçaient de définir leurs buts de guerre et l'esclavage handicapait tout particulièrement la politique étrangère de la Confédération. Les premiers commissaires sudistes envoyés en Grande-Bretagne firent savoir, en mai 1861 : « L'opinion publique est ici entièrement opposée au gouvernement des États confédérés d'Amérique sur le chapitre de l'esclavage. [...] La sincérité et l'universalité de ce sentiment gênent fort le gouvernement lorsqu'il s'agit de reconnaître le nôtre[1]. » Quand ils tentaient d'expliquer leurs objectifs, par conséquent, les confédérés ne mentionnaient que rarement l'esclavage et toujours de façon oblique, en faisant référence aux violations des droits sudistes perpétrées par les nordistes. Ils préféraient en général tracer le portrait d'un Sud luttant pour la liberté et l'indépendance — refusant allègrement de se souvenir de la question piquante qu'avait posée Samuel Johnson à propos d'une génération antérieure de rebelles américains : « Comment se fait-il que ce soit parmi les meneurs de Nègres que l'on entende pousser les *glapissements* les plus bruyants en faveur de la liberté ? »

Pour des raisons qui leur étaient propres, la plupart des nordistes étaient au départ eux aussi de l'avis que la guerre n'avait rien à voir avec l'esclavage. Dans son message au Congrès réuni en session spéciale, le 4 juillet 1861, Lincoln réaffirma qu'il n'avait « aucune intention, directe ou indirecte, de toucher à l'esclavage dans les États où il [existait] ». La Constitution protégeait la servitude dans ces États ; l'Administration Lincoln faisait la guerre en partant du principe que la sécession était anticonstitutionnelle et que les États du Sud vivaient donc toujours sous la Constitution américaine. Le Congrès partageait ce point de vue. Les 22 et 25 juillet, la Chambre et le Sénat ratifièrent des résolutions identiques, présentées par John J. Crittenden, du Kentucky, et Andrew Johnson, du Tennessee, stipulant que les États-Unis se battaient sans la moindre intention « de renverser ou d'altérer les droits ou les institutions établies des États [sécessionnistes] », mais simplement dans le but « de défendre et de maintenir la suprématie de la Constitution et de préserver l'Union sans porter atteinte à la dignité, à l'égalité et aux droits des divers États qui la composent[2] ».

Les républicains devaient assez vite changer d'avis là-dessus, mais en juillet 1861, les radicaux eux-mêmes, ceux qui espéraient bien voir la

1. Lettre de William L. Yancey et A. Dudley Mann à Robert Toombs, 21 mai 1861, citée par James Richardson (compil.), *A Compilation of the Messages and Papers of the Confederacy*, 2 vol. (Nashville, 1906), t. II, p. 37.

2. *CWL*, t. IV, p. 263, p. 438-39 ; *CG*, 37e Cong., 1re Sess., p. 222-223, p. 258-262.

guerre détruire effectivement l'esclavage, votèrent pour les résolutions Crittenden-Johnson (à l'exception de trois d'entre eux qui votèrent non et de deux douzaines qui préférèrent s'abstenir). Au début, la plupart des abolitionnistes évitèrent aussi de critiquer ouvertement le parti pris de neutralité adopté par le gouvernement à l'égard de l'esclavage. Partant du principe que « la lutte à mort avec l'oligarchie esclavagiste du Sud » sonnerait forcément le glas de la servitude, William Lloyd Garrison conseilla à ses adeptes, en avril 1861, de « "se tenir tranquilles et d'attendre le salut de Dieu", plutôt que de tenter d'ajouter à l'agitation générale[1] ».

Un souci d'unité sous-tendait cette décision de ne pas faire de remous autour de l'esclavage. En 1860, Lincoln avait réuni moins de la moitié des suffrages exprimés dans les États de l'Union (États limitrophes compris). L'année suivante, certains de ceux qui avaient voté pour lui, sans compter tous ceux qui avaient voté pour ses adversaires, auraient refusé de le suivre dans une guerre antiesclavagiste. De la même manière, avouer explicitement que la défense de l'esclavage était l'un des principaux objectifs de guerre des confédérés aurait sans doute eu pour effet de diviser le Sud plutôt que de l'unifier. Par conséquent, les deux camps préférèrent pousser momentanément l'esclavage sous le tapis et concentrer leur énergie sur la mobilisation de soldats-citoyens pleins d'enthousiasme et la mise au point de stratégies pour les utiliser.

II

Les États-Unis ont l'habitude de préparer la guerre une fois qu'ils y sont entrés. Jamais ce ne fut aussi vrai que pour la guerre de Sécession. Aucun autre conflit ne trouva le pays moins prêt que celui-ci, qui devait être le plus important de son histoire. Au début de 1861, la majeure partie de la minuscule armée nationale — seize mille hommes seulement — était éparpillée parmi les soixante-dix-neuf postes frontières avancés à l'ouest du Mississippi. Près d'un tiers de ses officiers étaient en train de démissionner pour rejoindre les rangs des sudistes. Le ministère de la Guerre sommeillait dans sa vétuste routine bureaucratique. La plupart de ses employés, ainsi que les quatre derniers ministres en exercice, étaient originaires du Sud. Sur les neuf directeurs des divers services de l'armée, huit étaient en fonction depuis la guerre de 1812. Le général en chef, Winfield Scott, âgé de soixante-quatorze ans, souffrait d'hydropisie et de vertiges et il lui arrivait de s'assoupir au beau milieu des réunions. Bon nombre de jeunes officiers fort capables, exaspérés par la morne

1. Lettre de Garrison à Oliver Johnson, 19 avril 1861, William Lloyd Garrison Papers, bibliothèque publique de Boston.

routine et le manque de débouchés, avaient quitté l'armée pour faire carrière dans le civil. La réputation de Cameron, ministre de la Guerre (« le chef Winnebago[1] »), augurait bien mal de sa faculté d'administrer avec efficacité et honnêteté les énormes contrats qui se profilaient à l'horizon.

L'armée ne possédait rien qui ressemblât de près ou de loin à un état-major, aucun plan stratégique, pas l'ombre d'un programme de mobilisation. Malgré l'existence d'un Bureau des ingénieurs topographes, il n'existait guère de cartes détaillées et exactes du Sud. Lorsque le général Henry W. Halleck, qui commandait le département de l'Ouest au début de 1861, eut besoin de cartes, il en fut réduit à les faire acheter dans une librairie de St. Louis. Deux officiers seulement avaient déjà commandé ne fût-ce qu'une brigade sous le feu et ils étaient tous deux septuagénaires. La majeure partie des armes stockées dans les arsenaux fédéraux (y compris les cent cinquante-neuf mille fusils saisis dans les États confédérés) étaient de vieux fusils à canon lisse et beaucoup étaient même d'antiques fusils à pierre.

La Marine n'était pas mieux lotie. Sur les quarante-deux navires en service lorsque Lincoln accéda à la présidence, la plupart étaient occupés à patrouiller à des milliers de kilomètres des États-Unis ; moins d'une douzaine de navires de guerre étaient immédiatement disponibles le long des côtes américaines. Cependant, tout n'était pas aussi sombre. Même si trois cent soixante-treize officiers de marine, sur les mille cinq cent cinquante-quatre en exercice, et quelques-uns des sept mille six cents marins rallièrent les rangs sudistes, l'importante marine marchande, qui allait servir de réservoir d'officiers et d'hommes à une marine nationale en pleine expansion, était presque entièrement acquise à la cause de l'Union. Presque tous les chantiers navals du pays se trouvaient dans le Nord et le ministère de la Marine, à la différence de celui de la Guerre, bénéficiait d'un encadrement exceptionnel. Gideon Welles, que Lincoln baptisa le roi Neptune, à cause de sa longue barbe grise et de son visage austère, fut un excellent administrateur, mais l'élément véritablement dynamique du ministère fut le ministre adjoint, Gustavus V. Fox, l'organisateur de l'expédition vers le fort Sumter. Quelques semaines après que le Président eut proclamé le blocus des ports confédérés, le 19 avril, la marine de l'Union avait acheté ou affrété des dizaines de navires marchands, les avait armés et leur avait confié des missions de blocus. Dès la fin de 1861, plus de deux cent soixante navires de guerre étaient en service et une centaine d'autres (dont trois cuirassés expérimentaux) en construction.

Et les perspectives navales du Nord étaient encore plus prometteuses, si on les comparait à celles du Sud. La Confédération, en effet, naquit

1. Voir p. 284.

dépourvue de flotte et bien mal équipée pour en construire une. Le Sud ne comptait pas un seul chantier adéquat, à l'exception de celui de Norfolk, capturé par ses troupes, et pas un seul atelier en mesure de fabriquer des machines suffisamment puissantes pour équiper un navire de guerre digne de ce nom. Cependant, en l'absence de ressources matérielles, la marine confédérée était riche en hommes remarquables, notamment son ministre, Stephen R. Mallory et les commandants Raphael Semmes et James D. Bulloch.

Ancien sénateur de Floride, Mallory avait acquis une grande expérience en tant que président de la commission sur les Affaires navales. Bien que la haute société de Richmond lui battît froid, en raison de son penchant pour les femmes de petite vertu, Mallory se montra à la hauteur de sa tâche, qui était de créer une flotte en partant de zéro. Il acheta des remorqueurs, des vedettes de douane et des vapeurs destinés à la navigation fluviale, qu'il fit transformer en canonnières pour patrouiller les ports. Parfaitement conscient du fait qu'il ne pourrait jamais rivaliser avec la marine de l'Union sur son propre terrain, il décida de concentrer ses efforts sur quelques tâches spécialisées lui permettant de tirer le maximum des ressources limitées dont il disposait. Il autorisa donc la mise au point de « torpilles » (en fait : des mines) que l'on placerait à l'entrée des ports et à l'embouchure des fleuves ; à la fin de la guerre, ces « machines infernales » avaient envoyé par le fond ou gravement endommagé quarante-trois navires de guerre de l'Union. Il encouragea la construction de « torpilleurs », petits vaisseaux à demi submergés, en forme de cigare, porteurs d'une mine de contact fixée à un espar d'avant, qui s'attaquaient aux embarcations assurant le blocus. De là à concevoir un torpilleur entièrement submersible, il n'y avait qu'un pas ; et la Confédération devait ultérieurement mettre en service le premier sous-marin de combat au monde, le *CSS Hunley*, qui sombra par trois fois lors des essais, causant, chaque fois, la mort de tout l'équipage (ainsi que celle de son inventeur Horace Hunley), avant de couler un navire du blocus au large de Charleston, en 1864, et de sombrer lui-même, corps et biens, pour la quatrième et dernière fois.

Mallory avait entendu parler des expériences que Britanniques et Français faisaient avec des cuirassés. Il était convaincu que la meilleure chance pour sa flotte de percer le blocus était de construire et d'acheter plusieurs de ces vaisseaux révolutionnaires, de les équiper d'éperons d'acier et de les envoyer couler les navires en bois qui maintenaient le blocus. En juin 1861, Mallory autorisa donc la remise en état de l'*USS Merrimack*, à demi détruit, pour en faire, sous le nom de *CSS Virginia*, le premier cuirassé de la marine confédérée. En dépit de la lenteur avec laquelle progressaient les travaux, à cause de pénuries de toutes sortes, le Sud mit beaucoup d'espoir dans cette arme secrète (laquelle ne le resta pas longtemps, car les agents de renseignement de l'Union n'avaient eu aucun mal à neutraliser le système de sécurité fort lâche des sudistes). La Confédération entreprit de convertir d'autres vaisseaux en cuirassés, mais elle escomptait que les principaux fournisseurs de ces navires et d'autres bâtiments de fort tonnage seraient les chantiers navals britanniques. Pour mener à bien la délicate mission qui consistait à persuader ces derniers d'approvisionner son camp, Mallory choisit le Géorgien James D. Bulloch.

Avec derrière lui quatorze ans d'expérience dans la marine américaine et huit dans la marine marchande, Bulloch était un des sudistes les plus compétents en matière de navires. Il possédait en outre le tact, la courtoisie et le sens des affaires indispensables pour parvenir à faire construire des bateaux de guerre dans un pays où les lois sur la neutralité lui garantissaient des obstacles à foison. Arrivé à Liverpool en juin 1861, Bulloch réussit très vite à signer des contrats pour la livraison de deux croiseurs mixtes, à voile et à vapeur, qui devinrent en fait célèbres comme navires de course[1], le *Florida* et l'*Alabama*. A l'automne de 1861, il acheta un vapeur ultrarapide, y fit charger onze mille fusils de la fabrique d'Enfield, quatre cents barils de poudre, plusieurs canons et de grandes quantités de munitions, puis il en prit lui-même le commandement et parvint à gagner Savannah sans encombre, malgré le blocus. Le vapeur fut alors transformé en cuirassé à éperon, le *CSS Atlanta*. Bulloch repartit pour l'Angleterre où il poursuivit ses efforts clandestins pour faire construire et acheter des navires de guerre. Enthousiasmé par son savoir-faire, un historien n'hésita pas à affirmer que la contribution de Bulloch à l'effort de guerre confédéré ne le cédait qu'à celle du seul Robert E. Lee[2].

Les navires de course ou corsaires fabriqués en Angleterre représentaient un élément important de la stratégie navale du Sud. Dans toute guerre, la marine marchande de l'ennemi devient une proie légitime. Les confédérés envoyèrent donc des corsaires armés sillonner les océans à la poursuite des vaisseaux nordistes. Au début, on confia ce genre d'activité à des navires privés. Ancienne forme de piraterie du temps de guerre, ce type de course avait été pratiqué avec beaucoup de succès par les Américains durant la guerre d'Indépendance et celle de 1812. En 1861, Jefferson Davis proposa de s'en servir contre les yankees. Le 17 avril, il offrit des lettres de marque à tout propriétaire de bateau désireux de se transformer en corsaire. Bientôt une vingtaine de bâtiments de ce type croisaient le long de la côte Atlantique et, dès juillet, ils avaient fait deux douzaines de prises.

La panique s'empara des marchands du Nord, dont les doléances obligèrent la marine de l'Union à retirer des navires du blocus pour faire

1. Ces navires de course étaient appelés « *raiders* » en anglais. (NdE.)

2. Philip Van Doren Stern, *When the Guns Roared: World Aspects of the American Civil War* (Garden City, N.Y., 1965), p. 249-250.

la chasse aux « pirates ». Ils connurent un certain succès, mais du même coup provoquèrent une crise touchant la définition juridique du conflit. En effet, Lincoln, refusant de reconnaître la légitimité du gouvernement confédéré, lança le 19 avril 1861 une proclamation qui menaçait en cas de capture de traiter les équipages de ces vaisseaux corsaires comme des pirates. Vers le milieu de l'été, un certain nombre de marins du Sud languissaient dans les geôles du Nord, attendant d'être jugés. Jefferson Davis fit savoir que, pour chaque corsaire pendu pour piraterie, il donnerait l'ordre d'exécuter un prisonnier de guerre nordiste. L'affrontement eut lieu durant l'automne, lorsque les tribunaux de Philadelphie reconnurent coupables plusieurs officiers de navires armés en course. Davis fit procéder à un tirage au sort parmi ses prisonniers de guerre et on annonça aux hommes ainsi désignés — dont un petit-fils de Paul Revere[1] — qu'il leur fallait se préparer à être pendus par mesure de représailles. Mais le gouvernement Lincoln, en revenant sur sa décision, épargna au pays le bain de sang qu'eût entraîné l'application de la loi du talion. Il faut bien dire que, juridiquement, sa position était intenable, car, dans la proclamation même par laquelle il accusait les corsaires de piraterie, Lincoln imposait un blocus contre la Confédération, ce qui revenait à admettre de façon implicite que le conflit était une guerre authentique plutôt qu'une simple insurrection intérieure. La décision de considérer les équipages des corsaires comme des prisonniers de guerre, prise par le gouvernement de l'Union le 3 février 1862, fut plus tard un autre pas dans la même direction.

A cette date, les corsaires privés avaient de toute façon disparu. Ils n'avaient connu qu'un succès éphémère, car le blocus imposé par l'Union les empêchait le plus souvent de ramener leurs prises dans les ports du Sud et ceux des nations neutres leur étaient fermés. Dès lors, la Confédération recourut aux navires de guerre, manœuvrés par du personnel de la marine et destinés à couler les bateaux ennemis plutôt qu'à les capturer. La transition entre ces deux types de guerre navale commença en juin 1861, lorsqu'un aviso à vapeur armé de cinq canons, le *CSS Sumter*, échappa au blocus qui barrait l'embouchure du Mississippi et gagna l'océan Atlantique. Il avait pour capitaine Raphael Semmes, de l'Alabama, un ancien officier de carrière de la marine américaine, âgé de trente ans, qui entama dès lors une fructueuse carrière de fléau de la marine qu'il venait de quitter et de terreur de la marine marchande nordiste. Au cours des six mois qui suivirent, le *Sumter* captura ou incendia dix-huit vaisseaux, avant que les navires de guerre de l'Union ne parvinssent enfin à le bloquer dans le port de Gibraltar, en janvier

1. Orfèvre de Boston, il devint un héros de la révolution américaine grâce à une chevauchée nocturne entreprise afin d'avertir les miliciens de Lexington et de Concord de l'approche des troupes britanniques le 19 avril 1775.

1862. Semmes vendit alors son navire aux Britanniques et traversa l'Europe pour gagner l'Angleterre où il prit le commandement du *CSS Alabama* et repartit vers des exploits plus spectaculaires encore.

Cependant, en dépit de tant d'ingéniosité et d'innovations, jamais la marine confédérée ne put ébranler la suprématie de l'Union en haute mer, ni même le long des côtes et des fleuves du Sud. Les principaux espoirs de la Confédération résidaient dans son armée. Fiers de leur vaillance guerrière, les gens du Sud avaient toute confiance en leur faculté de battre les yankees à plate couture dans un combat loyal — voire déloyal. L'idée qu'un seul sudiste valait dix nordistes — ou en tout cas facilement trois — était fort répandue en 1861. « Il n'y aura qu'à expédier trois ou quatre obus chez ces froussards de yankees et ils s'éparpilleront comme des moutons », déclarait un Carolinien du Nord en mai 1861. Pour les confédérés, l'Union était une nation de boutiquiers. Peu importait que les ressources industrielles du Nord fussent infiniment supérieures, « ce n'était pas les progrès des *armes*, mais ceux des *hommes* qui assureraient la victoire, affirma le Virginien Henry Wise. Que des hommes courageux avancent armés de simples fusils à pierre et de baïonnettes à l'ancienne sur les freluquets des villes du Nord [...] et les yankees, il en répondrait sur sa vie, rompraient leurs rangs et s'enfuiraient[1] ».

S'attendant à une guerre courte et glorieuse, les jeunes sudistes se précipitèrent sous les drapeaux avant que la belle aventure n'eût pris fin. Bien que la Confédération eût été obligée de créer de toutes pièces un ministère de la Guerre et une armée, le Sud commença à mobiliser plus tôt que le Nord. A mesure que chaque État faisait sécession, il prenait des mesures pour consolider et agrandir les compagnies de la milice, afin d'en faire des régiments de l'armée d'active. Théoriquement, la milice formait une réserve toute prête de soldats-citoyens bien entraînés, mais jamais la réalité n'avait été à la hauteur de la théorie et au cours des récentes décennies, les milices de la plupart des États s'étaient tristement dégradées. Dans les années 1850, l'ancienne conception du service obligatoire dans la milice avait cédé la place au concept du volontariat. Des compagnies militaires de volontaires, aux noms pittoresques — les Gris de Tallapoosa, les Verts de Jasper, les Fusiliers de Floyd, les Chats sauvages de Lexington, la Garde de Palmetto, les Zouaves du Feu — surgirent dans les bourgades et les villes de tout le pays. Dans les États où subsistait une milice, ces compagnies y étaient incorporées et devenaient, en réalité, la milice proprement dite. L'entraînement, la discipline et l'équipement de ces unités variaient énormément. Bien des hommes passaient plus de temps à boire qu'à faire leurs classes et même

1. Le Carolinien du Nord cité par Nevins, *War*, t. I, p. 96 ; Wise cité par Jones, *War Clerk's Diary* (Miers), p. 3.

les compagnies qui imposaient un semblant de manœuvres ressemblaient souvent davantage à des fanfares municipales qu'à des unités de combat. Ce furent néanmoins ces compagnies de volontaires qui répondirent les premières à l'appel sous les drapeaux, tant dans le Sud que dans le Nord.

Dès le début du printemps 1861, la Caroline du Sud comptait cinq mille hommes mobilisés, dont la plupart assiégeaient le fort Sumter. D'autres États du Sud n'étaient pas loin derrière. En février, le Congrès confédéré avait créé un ministère de la Guerre à la tête duquel le président Davis avait nommé Leroy P. Walker, de l'Alabama. Bien qu'il fût, à l'instar de son homologue de l'Union, Simon Cameron, un pur politicien, Walker jouissait d'une réputation plus flatteuse d'homme intègre et efficace. Et, ce qui était peut-être plus important, Jefferson Davis lui-même était un ancien élève de West Point ; il avait combattu durant la guerre du Mexique et présidé aux destinées du ministère de la Guerre dans le gouvernement américain. Encore que la supervision tatillonne qu'il exerçait sur les affaires militaires de la Confédération n'allât pas sans provoquer de conflits avec certains officiers, les compétences militaires du Président sudiste contribuèrent à accélérer la mobilisation des troupes sudistes en 1861.

Le 6 mars, le Congrès confédéré autorisa la création d'une armée de cent mille volontaires enrôlés pour douze mois. La plupart des régiments de la milice déjà organisés prêtèrent serment à l'armée confédérée, tandis que des unités nouvellement formées se dépêchaient de s'armer et de s'équiper. Au début, ce furent les États, les localités, voire des personnes privées qui équipèrent ces régiments, plutôt que le gouvernement confédéré. Bien que le Sud eût choisi comme couleur de son uniforme officiel le gris, habituellement porté par les élèves officiers, chaque régiment revêtit au départ son propre uniforme, si bien que les armées confédérées arboraient une variété déconcertante de tenues qui défiaient l'idée même d'« uniforme ». La cavalerie et les batteries d'artilleurs fournissaient en outre leurs propres chevaux. Certains volontaires apportèrent leurs armes, lesquelles allaient du couteau de combat et du colt au fusil de chasse. De nombreux jeunes gens appartenant à des familles de planteurs arrivèrent accompagnés d'esclaves qui devaient s'occuper de leur linge et de leur table. Selon la vénérable tradition milicienne, les compagnies de volontaires élisaient leurs propres officiers (capitaines et lieutenants). Officiellement, c'étaient les gouverneurs des États qui nommaient les officiers des régiments (colonel, lieutenant-colonel et commandant), mais dans de nombreuses unités ceux-ci étaient élus soit par tous les hommes du régiment, soit par les officiers de toutes les compagnies. Dans la pratique, l'élection des officiers était bien souvent une ratification de pure forme du rôle qu'un planteur, un avocat ou autre personnage éminent avait joué dans le recrutement d'une compagnie ou d'un régiment. Il arrivait aussi parfois qu'un homme fortuné payât les uniformes et l'équipement d'une unité qu'il avait recrutée. Wade Hampton, de Caroline du Sud, qui passait pour le planteur le plus riche du Sud, enrôla ainsi une « légion » (une unité de la taille d'un régiment combinant infanterie, cavalerie et artillerie) qu'il arma et équipa à ses frais — et dont, comme par hasard, il devint colonel.

Le temps que Lincoln appelât ses soixante-quinze mille hommes sous les drapeaux, après la chute du fort Sumter, la mobilisation de bric et de broc entreprise par le Sud avait déjà permis d'enrôler soixante mille soldats. Ceux-ci, toutefois, commençaient déjà à connaître les problèmes de logistique et d'approvisionnement, qui devaient contrarier jusqu'au bout l'effort de guerre de la Confédération. Même après la sécession des quatre États du haut Sud, celle-ci ne possédait qu'un neuvième de la capacité industrielle de l'Union. Les États du Nord avaient fabriqué, en 1860, quatre-vingt-dix-sept pour cent des armes à feu du pays, quatre-vingt-quatorze pour cent de ses textiles, quatre-vingt-treize pour cent de sa fonte brute et plus de quatre-vingt-dix pour cent de ses bottes et souliers. L'Union disposait d'une densité ferroviaire au kilomètre carré plus de deux fois supérieure à celle du Sud et d'un kilométrage de canaux et de routes macadamisées infiniment plus élevé. Le Sud pouvait produire de quoi se nourrir, mais le réseau de transports, suffisant au début de la guerre pour distribuer ces vivres, commença très vite à se détériorer parce que personne n'était capable d'en assurer l'entretien. Presque tous les rails étaient venus du Nord ou de Grande-Bretagne ; sur les quatre cent soixante-dix locomotives fabriquées aux États-Unis en 1860, dix-neuf seulement l'avaient été dans le Sud.

Les services techniques de l'armée confédérée s'échinèrent héroïquement pour tenter de surmonter ces carences, mais, à l'exception du service du Matériel, leurs efforts paraissaient toujours trop faibles et trop tardifs. Tout au long de la guerre, le Sud connut une industrialisation forcée, mais celle-ci, telle une plante de serre, avait des racines peu profondes et un faible rendement. Jamais le directeur de l'Intendance[1], Abraham Myers, ne put fournir à l'armée suffisamment de tentes, d'uniformes, de couvertures, de souliers ou même de chevaux et de fourgons. Johnny Reb (Johnny le rebelle, l'archétype du simple soldat sudiste, dont Billy Yank était l'homologue nordiste) en fut donc souvent réduit à dormir à la belle étoile, sous une couverture prise à l'ennemi, à porter un uniforme en haillons, fait à la maison, et à marcher ou à se battre pieds nus, à moins de pouvoir récupérer les chaussures d'un yankee mort ou prisonnier.

---

1. Dans l'armée américaine (et le système fut adopté tant par l'Union que par la Confédération), le directeur de l'Intendance était chargé de fournir les uniformes, les souliers, les moyens de transports, les bêtes de somme, les fourgons de ravitaillement et tout le matériel autre que les munitions et les médicaments, alors que l'intendant général devait fournir aux armées les vivres dont elles avaient besoin.

Fidèles à l'habitude immémoriale de toutes les armées, les soldats confédérés grognaient à ce sujet. Ils se plaignaient encore bien davantage de la nourriture — ou plus exactement du manque de nourriture — qu'ils imputaient à l'intendant général de l'armée, Lucius B. Northrop. Les civils eux aussi vouaient Northrop aux gémonies, le rendant responsable de la disette qui sévissait au front, des prix qui montaient en flèche et des transports cauchemardesques, par la faute desquels les denrées restaient à pourrir dans les entrepôts, alors que l'armée mourait de faim. Peut-être à cause de sa façon d'être, quinteuse et têtue, Northrop devint « l'homme le plus injurié et le plus vilipendé de la Confédération[1] ». Ce qui n'empêcha pas Jefferson Davis de le maintenir à son poste presque jusqu'à la fin de la guerre, pour des raisons, murmurait-on, de copinage remontant à leur amitié d'élèves officiers de West Point. Lorsque le conflit commença à mal tourner pour le Sud, l'impopularité de Northrop ternit la réputation de Davis.

Le service du Matériel était l'unique cause de satisfaction dans l'organisation du ravitaillement sudiste. Lorsque Josiah Gorgas accepta de le diriger, en avril 1861, il se trouva confronté à une tâche plus désespérée encore, selon toute apparence, que celles de Myers ou de Northrop. Le Sud était déjà riche en cultures vivrières et la capacité de produire des fourgons, des harnais, des souliers et des vêtements pouvait sembler plus facile à développer que les bases industrielles nécessaires à la fabrication de la poudre à canon, des canons et des fusils. En dehors de celle de Tredegar, pas une seule fonderie du Sud n'était à même de produire du matériel lourd. Il n'y avait pas non plus de fabrique de fusils, hormis les deux petites qui existaient à Richmond et à Fayetteville, en Caroline du Nord, à quoi s'ajoutaient les machines prises dans l'arsenal fédéral de Harper's Ferry et transférées à Richmond. C'étaient les usines du Pont, dans le Delaware, qui produisaient presque toute la poudre à canon du pays ; le Sud n'en fabriquait presque pas et cet article, lourd et volumineux, serait bien difficile à passer en fraude, à travers le blocus qui se resserrait autour des ports méridionaux. Le principal ingrédient de la poudre, le salpêtre (nitrate de potassium ou « nitre ») était lui aussi importé.

Heureusement pour le Sud, Gorgas se révéla un génie de l'organisation et de l'improvisation. Il transforma littéralement ou presque les socs de charrue en épées[2]. Il expédia Caleb Huse en Europe pour y acheter toutes les armes et munitions disponibles. Huse remplit sa mission avec autant de compétence que James Bulloch en avait déployée pour faire

---

1. Woodward, *Chestnut's Civil War*, p. 124.
2. Voir Frank E. Vandiver, *Ploughshares into Swords : Josiah Gorgas and Confederate Ordnance* (Austin, Texas, 1952). On trouvera une excellente étude sur la principale fabrique de matériel de la Confédération, la fonderie de Tredegar, chez Charles B. Dew, *Ironmaker to the Confederacy : Joseph R. Anderson and the Tredegar Iron Works* (New Haven, 1966).

construire des navires de guerre confédérés en Angleterre. Les armes et autre matériel qu'il parvint à expédier, malgré le blocus, furent décisifs pour la survie de la Confédération pendant la première année de la guerre. Entre-temps, Gorgas commençait à mettre sur pied des arsenaux et des fonderies dans plusieurs États, pour la production d'armes légères et d'artillerie. Il créa un Bureau des mines et du nitre, dirigé par Isaac M. St. John et chargé de localiser des grottes calcaires contenant du salpêtre, dans le sud des Appalaches, et il lança un appel aux femmes du Sud, leur demandant de garder le contenu des pots de chambre, afin qu'on pût le lessiver pour en extraire du nitre. Le service du matériel fit en outre construire une énorme fabrique de poudre à Augusta, en Géorgie, qui, sous la direction de George W. Rains, commença à produire dès 1862. Les officiers du matériel sillonnaient le Sud, achetant ou réquisitionnant les alambics dont le cuivre servirait à faire des amorces pour les fusils ; ils firent fondre les cloches des églises et des plantations pour fabriquer des canons ; ils écumèrent les champs de bataille pour y récupérer le plomb dont on ferait de nouvelles balles et les armes endommagées que l'on réparerait.

Gorgas, St. John et Rains furent trois héros oubliés de l'effort de guerre confédéré[1]. Le Sud souffrit de pénuries dans tous les autres domaines, mais, après l'été de 1862, jamais il n'eut à se plaindre sérieusement d'un manque de matériel — même si la qualité de l'artillerie et des obus posa toujours des problèmes. Gorgas pouvait à juste titre noter fièrement dans son journal, le jour du troisième anniversaire de sa nomination : « Là où, voici trois ans, nous ne fabriquions pas un fusil, un pistolet ni un sabre, pas une balle ni un obus (sauf à la fonderie de Tredegar) — ni une livre de poudre —, nous fabriquons désormais tous ces articles en quantités suffisantes pour satisfaire à la demande de nos grandes armées[2]. »

En 1861, cependant, toutes ces réussites appartenaient encore à l'avenir. Les pénuries et le chaos administratif semblaient être les deux principales caractéristiques du service du Matériel, comme de tous les autres services de l'armée confédérée. Dans un rapport typique de ceux de l'époque, un officier d'état-major stationné dans la vallée de la Shenandoah notait, le 19 mai, que les hommes n'étaient « ni pourvus, ni équipés, ni fournis en munitions et en provisions ». Et il ajoutait : « La confusion et l'ignorance totales qui règnent dans les réunions des autorités [...] n'ont

1. Oubliés parce que, alors que bien d'autres s'assuraient gloire et promotions au champ d'honneur, ces officiers — sans qui on n'aurait pu livrer les batailles — stagnaient dans les rangs inférieurs de la hiérarchie. Gorgas ne fut promu au rang de général de brigade que le 10 novembre 1864, St. John, le 16 février 1865 ; quant à Rains il finit la guerre avec le grade de colonel.

2. Frank E. Vandiver (éd.), *The Civil War Diary of General Josiah Gorgas* (University, Ala., 1947), p. 91.

pas d'équivalents. » En dépit de cette incapacité à équiper les hommes déjà enrôlés, le Congrès confédéré autorisa, en mai 1861, la mobilisation d'environ quatre cent mille volontaires de plus, pour une période de trois ans. Les recrues se présentèrent en si grand nombre que le ministère de la Guerre dut, de son propre aveu, en renvoyer deux cent mille faute d'armes et d'équipement. L'une des raisons de cette carence était le fait que les gouverneurs des États gardaient jalousement par-devers eux les fusils saisis dans les arsenaux fédéraux, lorsque les États avaient fait sécession. Plusieurs gouverneurs voulurent à toute force s'en servir pour armer des régiments qui restaient sur place (au lieu d'être dirigés vers les fronts principaux, en Virginie et au Tennessee), afin de défendre les frontières de leurs États et de se protéger contre d'hypothétiques révoltes d'esclaves. La défense des droits des États, qui très tôt se manifesta de la sorte, n'allait pas cesser de freiner la centralisation de l'effort de guerre. Il était injuste d'en rejeter la faute sur le gouvernement de Richmond, mais les soldats de première ligne avaient besoin de s'en prendre à quelqu'un et Walker, le ministre de la Guerre, devint tout naturellement leur bouc émissaire. « L'opinion qui prévaut dans toute l'armée, écrivit l'aide de camp du général Beauregard à Manassas, le 22 juin, est qu'il y a au ministère de la Guerre autant de profonde imbécillité que de honteuse négligence[1]. » Malgré la victoire remportée par l'armée de Beauregard à la bataille de Manassas, un mois plus tard, les attaques contre Walker allèrent croissant. Bon nombre de sudistes étaient convaincus que seul le manque de matériel et de transport, dont le ministère était entièrement responsable, avait empêché les confédérés de poursuivre sur leur lancée victorieuse pour s'emparer de Washington. Harcelé par les critiques et le surmenage, Walker démissionna en septembre et fut remplacé par Judah P. Benjamin[2], le deuxième des cinq hommes qui devaient se succéder rapidement au ministère de la Guerre.

III

Walker — comme ses successeurs — fut victime des circonstances beaucoup plus que de sa propre inaptitude, mais on ne pouvait en dire autant, en revanche, de son homologue à Washington. Certes, Simon Cameron fut lui aussi pris de court par la croissance fulgurante d'une

1. Nevins, *War*, t. I, p. 115 ; *O.R.*, sér. IV, vol. 1, p. 497 ; lettre de James C. Chestnut à Mary Boykin Chestnut, 22 juin 1861, citée par Woodward, *Chestnut's Civil War*, p. 90.

2. Seul ministre juif de la guerre de Sécession, dans l'un ou l'autre camp, il parvint à fuir les États-Unis à la fin de la guerre et vécut à Londres. Mort à Paris, il est enterré au cimetière du Père-Lachaise.

armée qui excédait les capacités de l'appareil bureaucratique à l'équiper, mais il méritait néanmoins beaucoup plus que Walker d'être personnellement blâmé.

Le Nord tarda davantage que le Sud à mobiliser ses troupes. L'Union possédait théoriquement trois fois et demie plus d'hommes blancs en âge de servir sous les drapeaux que la Confédération, mais si l'on tient compte des transfuges, des indisponibles (la plupart de ceux qui habitaient les territoires de l'Ouest et les États de la côte Pacifique) et aussi des travailleurs blancs que l'existence de l'esclavage dans le Sud libérait pour servir sous le drapeau confédéré, on peut estimer que la supériorité numérique de l'Union était plus proche de deux et demi contre un. A partir de 1862, l'armée fédérale bénéficia à peu près de cet avantage sur le terrain, mais, en juin 1861, du fait qu'elle avait commencé plus tôt à mettre sur pied une armée, la Confédération était mieux à même de rivaliser avec l'Union qu'elle ne le fut à aucun autre moment de la guerre.

Lincoln avait lancé son appel réclamant soixante-quinze mille miliciens pour un service de quatre-vingt-dix jours, conformément à une loi de 1795, qui prévoyait l'incorporation des milices d'État dans l'armée fédérale. Le gouvernement comprit cependant très vite que la guerre risquait de durer plus de trois mois et de nécessiter la présence de plus de soixante-quinze mille hommes. Le 3 mai, par conséquent, Lincoln réclama quarante-deux mille volontaires pour une période de trois ans, ainsi que dix-huit mille marins, ce qui revenait à augmenter l'armée régulière de quelque vingt-trois mille nouvelles recrues. Le Président prit cette mesure sans l'autorisation du Congrès, se prévalant des pouvoirs constitutionnels dont il disposait en qualité de chef suprême de l'armée et de la marine des États-Unis. Lorsque le Congrès se réunit au mois de juillet, non seulement il ratifia de façon rétroactive les décisions de Lincoln, mais il autorisa en outre la mobilisation d'un nouveau million de volontaires pour trois ans. Entre-temps, quelques États avaient pris sur eux d'enrôler des volontaires pour *deux* ans (soit environ trente mille hommes), initiative sanctionnée à contrecœur par le ministère de la Guerre. Au début de 1862, plus de sept cent mille hommes avaient rejoint les rangs de l'armée fédérale. Environ quatre-vingt-dix mille d'entre eux s'étaient enrôlés dans les régiments mobilisés pour quatre-vingt-dix jours, dont la période de service était désormais expirée, mais bon nombre se rengagèrent dans les régiments appelés pour trois ans, tandis que plusieurs régiments mobilisés pour quatre-vingt-dix jours s'étaient transformés d'eux-mêmes en unités appelées pour trois ans.

Ces différents enrôlements semaient la confusion dans l'esprit des contemporains, comme ils devaient le faire plus tard dans celui des historiens. A vrai dire, le recrutement des troupes de l'Union, comme celui des troupes de la Confédération, s'il fut marqué par l'esprit d'entreprise et l'énergie au niveau des municipalités et des États, tourna à la plus parfaite pagaille au plan national. Les procédures administratives bâclées, mises en vigueur par Cameron, exaspéraient les gouverneurs pleins d'allant et de rigueur. « Deux mille quatre cents hommes au camp, mais moins de la moitié sont armés, écrivit le gouverneur de l'Indiana à Cameron au début de la guerre Morton. Pourquoi y a-t-il un tel retard dans l'envoi des armes ? [...] Aucun officier n'est arrivé pour instruire les troupes. Pas une livre de poudre, pas une seule balle ne nous ont été envoyées, ni la moindre espèce d'équipement. Permettez-moi de demander quelle est la cause de tout cela ? » Quelques mois plus tard, Ulysses S. Grant, qui commandait la base de Cairo, dans l'Illinois, exprima un grief qu'il partageait avec bon nombre de ses collègues : « Les transports sont tout à fait insuffisants. Je n'ai pas d'ambulances. Les vêtements reçus ont été dans leur quasi-totalité de mauvaise qualité et fournis en quantités insuffisantes. Les armes que mes hommes ont entre les mains sont presque toutes d'anciens fusils à pierre remis en état. [...] Le service de l'intendance a fonctionné avec des moyens si réduits que le crédit du gouvernement est aujourd'hui épuisé. » A la fin de juin, Cameron en était à repousser les offres de nouveaux régiments. Comme le reconnut un Lincoln assez penaud, dans son message au Congrès le 4 juillet, « l'une des plus graves sources d'embarras pour le gouvernement est de voir arriver les troupes plus vite qu'il ne peut les équiper[1] ».

Les États, les villes et jusqu'aux simples citoyens entreprirent de remédier aux carences des instances nationales. La plupart des gouverneurs réunirent leurs législatures qui votèrent des budgets pour équiper et approvisionner les régiments aux frais de l'État, jusqu'à ce que l'armée fût en mesure de les incorporer. Les gouverneurs expédièrent en outre des acheteurs en Europe où, au prix d'une concurrence acharnée entre eux et avec les agents confédérés, ils s'arrachèrent le surplus d'armes du Vieux Monde pour équiper les armées du Nouveau. Les États passèrent des contrats avec les fabriques de textiles et de chaussures pour fournir les uniformes nécessaires. Les municipalités recueillirent des fonds pour organiser et pourvoir « leurs » régiments. On vit naître des associations bénévoles, par exemple le Comité de défense de l'Union de New York, qui se chargeaient de recruter des régiments, de les équiper et d'affréter des navires ou des trains pour les transporter jusqu'à Washington. Un groupe de médecins et de femmes du Nord constitua la Commission sanitaire des États-Unis, afin de pallier les insuffisances du vieil équipement du service médical de l'armée.

A l'instar de ceux du Sud, les premiers régiments du Nord arboraient une multiplicité d'uniformes hauts en couleur : bleu pour le Massachusetts et la Pennsylvanie; gris pour le Wisconsin et l'Iowa; gris soutaché

1. *O.R.*, sér. III, vol. 1, p. 89; sér. I, vol. 7, p. 442; *CWL*, t. IV, p. 432.

d'émeraude pour le Vermont ; pantalons noirs et chemises en flanelle écarlate pour le Minnesota ; sans oublier les rutilantes tenues des « zouaves » de New York : culottes bouffantes rouges, tuniques violettes et fez rouges. Lorsqu'elles se trouvèrent réunies à Washington, les forces de l'Union ressemblaient davantage à une parade de cirque qu'à une armée prête à partir en campagne. La diversité des uniformes au Sud comme au Nord et surtout la similitude de certains d'entre eux dans les deux camps causèrent d'ailleurs de tragiques méprises au cours des premières batailles, où l'on vit des régiments prendre leurs alliés pour des ennemis et vice versa. Le gouvernement nordiste y mit bon ordre au plus vite, en distribuant à ses soldats un uniforme standard : le pantalon bleu clair et la vareuse bleu foncé de l'armée régulière.

Dès la fin de 1861, le ministère de la Guerre avait déchargé les États de la responsabilité de nourrir, vêtir et armer les soldats de l'Union. Malheureusement, l'accomplissement de cette tâche n'alla pas sans inefficacité, fructueuses combines et corruption en tous genres. Afin de fournir les centaines de milliers d'uniformes qu'ils s'étaient engagés à produire, les fabricants de textiles comprimèrent les fibres d'articles en laine recyclés pour en faire une nouvelle matière appelée « *shoddy* ». Ce nom ne tarda pas à devenir un adjectif utilisé pour désigner des uniformes qui tombaient en lambeaux au bout de quelques semaines, des souliers qui crevaient, des couvertures qui se désagrégeaient et, d'une manière générale, la déplorable fabrication de tous les articles nécessaires pour équiper une armée d'un demi-million d'hommes et créer ses services d'entretien en l'espace de quelques mois. Les compagnies de chemins de fer écorchaient le gouvernement. Certains entrepreneurs revendaient à l'armée, vingt dollars pièce, des armes en surplus qu'ils avaient achetées peu avant pour trois dollars et demi. Des maquignons malhonnêtes cédaient à l'armée des chevaux boiteux à des prix scandaleux. Ces transactions firent de Simon Cameron, parfois accusé à tort dans d'autres domaines, la cible de critiques parfaitement justifiées. Il signa en effet des contrats fort lucratifs sans faire d'appel d'offres et accorda un nombre anormalement élevé de contrats à des firmes implantées dans son propre État, la Pennsylvanie. Le ministère de la Guerre fit en outre passer une très grande partie du trafic militaire par le Chemin de fer central du Nord et le Chemin de fer de Pennsylvanie, deux sociétés dans lesquelles Cameron et son ministre adjoint, Thomas Scott, avaient des intérêts financiers.

La Chambre établit à ce sujet une commission d'enquête sur les contrats, qui produisit vers le mois de juin 1862 un rapport condamnant la gestion de Cameron. A l'époque, cela faisait déjà longtemps que Lincoln s'était débarrassé de son ministre en l'expédiant à Saint-Pétersbourg comme ambassadeur à la cour de Russie. Le nouveau ministre de la Guerre était Edwin M. Stanton, un avocat de l'Ohio aux yeux perçants, un véritable bourreau de travail, qui avait été brièvement ministre de la Justice dans l'Administration Buchanan. Ancien démocrate, Stanton avait une piètre opinion de Lincoln, mais il modifia radicalement ses convictions politiques et son jugement sur le Président, après avoir repris en main les destinées du ministère de la Guerre, en janvier 1862. Il devint en outre célèbre pour son incorruptible efficacité et pour la brusquerie cavalière avec laquelle il traitait les fournisseurs de guerre — comme d'ailleurs tout un chacun.

Avant que Stanton n'eût fait son entrée au ministère, armé d'un balai neuf, la mobilisation précipitée et brouillonne de soldats incorporés par le fond de culotte avait à peu près pris fin avec l'année 1861. L'appareil logistique de l'armée avait survécu à sa période de mise en route et avait même acquis un semblant d'efficacité. L'économie nordiste était montée en puissance pour faire face à la production de guerre, sur une échelle qui ferait des troupes de l'Union l'armée la mieux nourrie et la plus généreusement approvisionnée que l'on eût jamais vue. Le mérite en revenait, en grande partie, à Montgomery Meigs qui devint directeur de l'Intendance de l'armée en juin 1861. Meigs était sorti de West Point parmi les premiers de sa promotion et s'était forgé depuis des états de service exceptionnels dans le Génie. Il avait supervisé plusieurs énormes projets, notamment la construction du nouveau dôme du capitole et celle de l'aqueduc du Potomac pour approvisionner Washington en eau courante. L'expérience acquise à l'occasion de ses démêlés avec les fournisseurs lui permit d'imposer l'ordre et l'honnêteté en lieu et place du chaos et de la corruption qui avaient marqué les premiers contrats du temps de guerre. Meigs insista toujours pour faire des appels d'offre chaque fois que c'était possible, au lieu de s'en tenir au système des contrats en régie, si prisé par les fabricants désireux d'étoffer leurs bénéfices en gonflant les coûts.

Presque tout ce dont une armée pouvait avoir besoin, à l'exception des armes et des vivres, était fourni par les services de l'Intendance : uniformes, capotes, souliers, havresacs, cantines, ustensiles de cuisine, couvertures, tentes, matériel de campement, casernes, chevaux, mules, fourrage, harnais, fers à cheval et forges portatives, fourgons de ravitaillement, navires ainsi que leur combustible, charbon ou bois, lorsque l'armée pouvait être approvisionnée par voie maritime ou fluviale, et dépôts de vivres pour le stockage et la distribution. Les exigences logistiques de l'armée de l'Union étaient beaucoup plus grandes que celle de l'ennemi, car la majeure partie de la guerre se déroula dans le Sud, où les forces confédérées opéraient près de la source de beaucoup de leurs fournitures. En revanche, les troupes d'invasion nordistes devaient entretenir de longs axes de ravitaillement, avec convois de fourgons, voies ferrées et installations portuaires. Une armée de l'Union opérant en territoire ennemi comptait, en moyenne, un fourgon pour quarante hommes et un cheval ou un mulet (y compris les chevaux de la cavalerie et de l'artillerie) pour deux ou trois hommes. Donc une armée en campagne de cent mille hommes avait besoin de deux mille cinq cents fourgons de ravitaillement et d'au moins trente-cinq mille animaux ; elle consommait six cents tonnes de vivres par jour. Même si dans quelques cas notoires — Grant durant la campagne de Vicksburg, Sherman lors de sa marche à travers la Géorgie et les Caroline — il arriva aux armées de l'Union de rompre complètement avec leurs bases, pour vivre de ce qu'elles trouvaient sur place, ces campagnes furent des exceptions.

Or Meigs satisfit tous ces besoins avec une maestria qui fit de lui l'artisan ignoré de la victoire nordiste. Il supervisa la dépense d'un milliard et demi de dollars, soit près de la moitié du coût direct de l'effort de guerre de l'Union. Il obligea les armées en campagne à renoncer aux vastes et lourdes tentes Sibley et Adams en faveur de tentes-abris portatives, baptisées « tentes à chien » par les soldats yankees — et « tentes à chiots » par leurs descendants. Les services de l'Intendance fournirent aux fabricants de vêtements une série de mesures standard pour les uniformes, ce qui donna naissance à la notion de « tailles » qui fut par la suite appliquée aux tenues masculines dans le civil. La voracité avec laquelle les soldats consommaient les souliers suscita un peu partout l'introduction de nouvelles machines Blake-McKay pour coudre ensemble tiges et semelles. Dans ces domaines et dans bien d'autres, Meigs et ses services laissèrent une empreinte indélébile sur la société américaine.

IV

Dans le Nord comme dans le Sud, les régiments de volontaires gardaient des liens étroits avec leur État d'origine. Les soldats enrôlés élisaient un grand nombre de leurs officiers et les gouverneurs nommaient les autres. Souvent des compagnies et parfois des régiments entiers étaient formés de recrues originaires de la même bourgade, de la même ville ou du même comté. Les compagnies de villes voisines se regroupaient pour former un régiment qui recevait un numéro selon l'ordre chronologique de sa formation : le 15ᵉ régiment d'infanterie du Massachusetts, le 2ᵉ régiment de cavalerie de Pennsylvanie, la 4ᵉ batterie de volontaires de l'artillerie de l'Ohio et ainsi de suite. Les affinités ethniques étaient aussi à l'origine de certaines compagnies ou de certains régiments : ainsi le 69ᵉ régiment de New York était-il l'un des nombreux régiments irlandais de l'Union, alors que le 79ᵉ régiment de New York était composé d'Écossais des hautes terres, dont la tenue de parade comportait un kilt ; de nombreux régiments étaient formés presque entièrement de recrues d'origine allemande[1]. Parfois des frères, des cousins, voire des pères et des fils, appartenaient à la même compagnie ou au même régiment. Les localités ou les groupes ethniques s'identifiaient fortement à « leurs » régiments. Ces liens contribuaient à entretenir le moral, aussi bien au front qu'à l'arrière, mais ils impliquaient aussi qu'une brusque calamité pouvait s'abattre sur une famille, un quartier ou une région, lorsqu'un régiment perdait la moitié ou plus de ses hommes au cours d'une seule bataille, comme cela arriva plus d'une fois.

Les effectifs normaux d'un régiment, aussi bien dans les armées de l'Union que dans celles de la Confédération, étaient d'un millier d'hommes répartis entre dix compagnies. En l'espace de quelques mois, cependant, les décès et les libérations anticipées pour cause de maladie réduisirent considérablement ces chiffres. La visite médicale que subissaient les recrues était souvent superficielle. Une enquête ultérieure sur les procédures d'enrôlement instituées par l'Union en 1861 permit d'estimer que vingt-cinq pour cent des conscrits auraient dû être réformés pour raison de santé. Très vite, beaucoup de ces hommes durent quitter l'armée. Moins d'un an après sa formation, un régiment moyen avait perdu la moitié ou plus de ses effectifs d'origine par suite de maladies, morts au combat et désertion. Au lieu de renflouer les anciens régiments avec les nouvelles recrues, les États préféraient en former de nouveaux, car cela donnait d'autres occasions de patronage par le biais des brevets d'officier et flattait l'orgueil que l'on mettait à fournir le plus grand nombre de régiments possible. Sur les quatre cent vingt et un mille volontaires qui s'engagèrent pour trois ans en 1862, cinquante mille seulement allèrent rejoindre des régiments déjà existants. Les militaires de carrière dénonçaient cette pratique comme une source d'inefficacité et de gaspillage. Les régiments s'en trouvaient constamment affaiblis et les combattants chevronnés ne pouvaient faire contrepoids aux nouvelles recrues non aguerries. En 1862 et 1863, bon nombre de vieux régiments durent partir au combat avec seulement deux ou trois cents hommes, alors que l'inexpérience faisait des ravages inutiles parmi les nouveaux.

Les militaires de carrière déploraient aussi l'habitude qu'avaient les régiments de volontaires d'élire leurs officiers. Si l'on part du principe qu'une armée est une institution apolitique, fondée sur une discipline et un entraînement rigoureux et sur une obéissance aveugle aux ordres, il est certain que l'élection des officiers n'avait guère de sens. Selon la tradition américaine, cependant, les soldats-citoyens restaient des citoyens même lorsqu'ils devenaient soldats. Ils votaient pour élire leurs

---

1. En 1861, les Germano-Américains étaient la plus nombreuse minorité ethnique des États-Unis ; entre sept et huit pour cent de la population blanche était née en Allemagne et, par ailleurs, dix pour cent avaient des ancêtres allemands.

représentants au Congrès et leurs gouverneurs, alors pourquoi n'en auraient-ils pas fait autant pour leurs capitaines et leurs colonels ? Aux premiers temps de la mobilisation anarchique de 1861, les aspirants officiers étaient convaincus que le savoir-faire militaire pouvait s'acquérir très vite, une notion que la rude expérience de la réalité ne tarda pas à dissiper. Bon nombre d'officiers qui obtinrent leurs galons en faisant jouer leurs relations politiques se montrèrent en effet d'une incompétence criante. « On a pu constater que le colonel Roberts ignorait les mouvements les plus simples que doit exécuter une compagnie, se plaignait un simple soldat d'un régiment de Pennsylvanie pendant l'été de 1861. Il y a dans notre régiment un complet manque de système [...] Personne, jamais, ne s'occupe de quoi que ce soit au moment où il le faudrait, personne ne songe à prévoir ce qui se passera demain [...] Nous ne sommes vraiment qu'un troupeau et qui plus est un troupeau incapable d'affronter l'ennemi. » A la bataille du Bull Run, on imputa la déroute de plusieurs régiments de l'Union aux officiers qui cédèrent à la panique et laissèrent leurs hommes se débrouiller tout seuls. « Mieux vaut offenser un millier d'ambitieux candidats aux grades militaires, nota le *Harper's Weekly*, que d'endurer une autre déroute menée par des colonels, commandants et capitaines[1]. »

Le 22 juillet, le lendemain de la défaite du Bull Run, le Congrès de l'Union autorisa la création de conseils militaires, destinés à examiner les dossiers des officiers et à éliminer ceux qui s'avéreraient ne pas être qualifiés. Au cours des mois suivants, des centaines d'officiers furent ainsi révoqués ou démissionnèrent de leur propre chef plutôt que d'affronter le conseil. Cela ne mit pas fin à l'habitude d'élire les officiers, ni à celle de les voir nommés par les gouverneurs pour des raisons purement politiques, mais cela contribua néanmoins à établir un niveau de compétence minimale. A mesure que la guerre se prolongeait, la promotion fondée sur le mérite devint de plus en plus souvent la règle parmi les régiments chevronnés. En 1863, on avait presque entièrement cessé d'élire des officiers dans l'armée de l'Union.

Cette pratique persista plus longtemps dans les rangs des confédérés. D'ailleurs le Sud n'établit des conseils militaires pour évaluer la compétence des officiers qu'au mois d'octobre 1862. Pourtant, les officiers sudistes, tout au moins sur le front de Virginie, remplirent sans doute mieux leur rôle que leurs homologues de l'Union durant les deux premières années de la guerre. Deux facteurs peuvent expliquer ce fait. D'abord, le général en chef de l'Union, Winfield Scott, décida en 1861 de maintenir intacte la petite armée régulière plutôt que d'en disperser les unités à travers l'armée de volontaires. Or, des centaines d'officiers ou de sous-officiers de l'armée régulière auraient pu fournir aux régiments

1. Wiley, *Billy Yank*, p. 26 ; *Harper's Weekly*, n° V (10 août 1861), p. 449.

de volontaires des instructeurs et un encadrement tactique, mais Scott préféra les laisser avec les soldats réguliers, postés parfois très loin le long de la « frontière », alors que les nouvelles recrues souffraient et mouraient sous les ordres d'officiers incompétents en Virginie. Par contraste, le Sud n'avait pas d'armée régulière. Les trois cent treize officiers qui démissionnèrent de l'armée américaine pour rejoindre les confédérés fournirent aux armées sudistes au début de la guerre un encadrement qui se révéla décisif.

En second lieu, les écoles militaires du Sud avaient produits un grand nombre de diplômés qui constituèrent pour la Confédération un noyau d'officiers bien entraînés. En 1860, sur les huit « écoles » militaires de tous les États-Unis, sept se trouvaient dans les États esclavagistes. L'Institut militaire de Virginie à Lexington et la Citadelle à Charleston furent à juste titre fiers du rôle que leurs anciens élèves jouèrent durant la guerre. Un tiers des officiers supérieurs des régiments de Virginie en 1861 avaient fait leurs classes à l'Institut militaire. Sur les mille neuf cent deux anciens élèves de cet établissement, mille sept cent quatre-vingt-un combattirent pour le Sud. Lorsque les régiments confédérés élisaient des officiers, ils choisissaient d'ordinaire des hommes nantis d'un certain bagage militaire. La plupart des officiers nordistes issus du civil durent apprendre leur métier d'officier sur le tas, apprentissage qui coûta cher en défaites et en victimes.

Des critères politiques jouaient pour l'avancement des généraux au même titre que pour celui des officiers moins gradés. Tant dans le Nord que dans le Sud, c'était le Président qui nommait les généraux, sous réserve de ratification par le Congrès. Lincoln et Davis s'aperçurent qu'ils devaient, pour choisir un général, tenir compte des intérêts des partis, des factions, des États, aussi soigneusement que lorsqu'il s'agissait de nommer des attachés de cabinet ou des receveurs des postes. De nombreux généraux convoitaient pour eux-mêmes ou leurs amis une étoile de général de brigade. Lincoln était particulièrement soucieux de cultiver le soutien des démocrates en faveur de la guerre, si bien qu'il accorda le grade de général à de nombreux démocrates — notamment Benjamin F. Butler, Daniel E. Sickles, John A. McClernand et John A. Logan. Afin de renforcer la loyauté de la nombreuse population nordiste née à l'étranger, il récompensa aussi de la même façon les leaders de divers groupes ethniques — Carl Schurz, Franz Sigel, Thomas Meagher et plusieurs autres. Davis, pour sa part, devait satisfaire l'ambition de gloire militaire que nourrissaient certains hommes politiques influents ; d'où la promotion au grade de général, d'hommes comme Robert A. Toombs, de Géorgie, ou John B. Floyd et Henry A. Wise, de Virginie.

Ces nominations avaient certes leur raison d'être sur le plan politique, mais entraînaient parfois des catastrophes militaires. « C'est un meurtre ou peu s'en faut que de donner d'importants commandements à des hommes tels que Banks, Butler, McClernand, Sigel et Lew Wallace, écrivit Henry W. Halleck, officier de carrière sorti de West Point, mais il paraît impossible de l'empêcher[1]. » Le terme « général politique » devint presque synonyme d'incompétence, surtout dans le Nord, mais c'était souvent injuste. Certains hommes nommés pour des raisons politiques se révélèrent des chefs de tout premier ordre — par exemple Frank Blair et John Logan. Anciens élèves de West Point, Ulysses S. Grant et William T. Sherman n'en furent pas moins promus généraux grâce à l'entregent politique d'Elihu Washburne, représentant de l'Illinois, et de John Sherman (le frère de William), sénateur de l'Ohio. Et, en tout état de cause, les officiers de carrière sortis de West Point détenaient la plupart des hauts commandements, aussi bien dans le Nord que dans le Sud — ce qui n'empêcha pas certains d'entre eux de faire encore plus piètre figure que les généraux politiques. Les généraux venus du civil déploraient parfois amèrement le fait que « la clique de West Point » régentât les armées comme s'il se fût agi d'entreprises fermées, contrôlant toutes les promotions et se réservant les meilleurs commandements.

La nomination de généraux politiques ainsi que l'élection des officiers étaient indispensables à la mobilisation d'une société fortement politisée. Bien souvent aussi, l'esprit démocratique caractérisait la discipline (ou l'indiscipline) qui régnait dans les armées de la guerre de Sécession. A la fin de 1864 encore, l'inspecteur général de l'armée de Virginie septentrionale se plaignait de « la difficulté de faire correctement et promptement exécuter les ordres. On ne trouve pas cet esprit de respect et d'obéissance envers les ordres généraux, qui devrait imprégner une organisation militaire. » Ce n'était pas parce qu'un gars qu'ils connaissaient depuis toujours portait désormais des épaulettes que Johnny Reb le confédéré et Billy Yank le fédéral se croyaient tenus d'obéir à ses ordres, à moins qu'ils ne leur parussent raisonnables. « Ya un règleman sévère ici, l'autre jour on nous a lu tout haut à la parade d'inspexion qu'il fallait tous ôter nos chapos quand on va voir le colonel ou le jénéral, écrivit un simple soldat de Géorgie. Tu sais que ça je veux pas le faire. J'aimerais mieux voir un homme pendu avant que de lui tirer mon chapo et ils feraient aussi bien de me fusiller tout de suite. » Vers la même époque, un soldat du Massachusetts notait que « les manœuvres et les saluts aux officiers et les tours de garde [avaient] fait leur temps[2] ».

Bon nombre d'officiers ne faisaient d'ailleurs rien pour inspirer le respect. Certains avaient un penchant pour la boisson et la bamboche,

---

1. *O.R.*, sér. I, vol. 34, 3e partie, p. 332-333.
2. *Ibid.*, vol. 42, 2e partie, p. 1276 ; Steven H. Hahn, *The Roots of Southern Populism : Yeoman Farmers and the Transformation of the Georgia Upcountry, 1850-1890* (New York, 1983), p. 118 ; Wiley, *Billy Yank*, p. 220.

donnant ainsi, bien sûr, un bel exemple à leurs hommes. Durant l'été de 1861, le 75e régiment de New York campa près de Baltimore en route pour Washington. « Ce soir, il n'y a pas deux cents hommes au camp, nota dans son journal, d'une plume navrée, un membre de cette unité. Le capitaine Catlin, le capitaine Hurburt, le lieutenant Cooper et un ou deux autres officiers sont aux arrêts. Cent hommes sont saoûls et cent autres dans des lieux mal famés [...]. Le colonel Alford est à présent constamment ivre-mort. » En 1862, un soldat de Caroline du Nord écrivait de son capitaine : « Il m'a [...] collé en salle de garde une fois et puis il s'est de nouveau enivré dans le train de Wilmington à Goldsboro et nous, on l'a mis dans les gogues. Comme ça on est quittes[1]. »

Ces officiers, cependant, étaient une minorité et, au fil du temps, nombre d'entre eux furent éliminés de l'armée, soit par démission, soit par les conseils militaires. Les meilleurs officiers issus du civil prenaient leur nouveau métier très au sérieux. Beaucoup veillaient fort avant dans la nuit pour étudier leurs manuels de manœuvres ou de tactiques. Ils évitaient de donner des ordres mesquins ou déraisonnables et se faisaient obéir par la force de leur personnalité et de leur intellect plutôt que par des menaces. Ils dirigeaient par l'exemple et non par la contrainte. Et au combat, ils ne commandaient pas de l'arrière, mais se portaient à la tête de leurs hommes. Dans l'une et l'autre armée, la proportion d'officiers tués au combat fut d'environ quinze pour cent plus élevée que celle des simples soldats. Ce fut parmi les généraux que l'on compta le plus grand nombre de victimes ; ils couraient deux fois plus de risques que leurs soldats de tomber au champ d'honneur.

Ce furent sur les champs de bataille et non dans les camps d'entraînement que les régiments de la guerre de Sécession apprirent à se battre. Au départ, reflétant l'absence de professionnalisme, la formation des recrues était très rudimentaire. Le manuel d'armes (mais sans exercices de tir ou presque), les manœuvres de base par compagnie et régiment et parfois par brigade, ainsi que les règles du combat en tirailleurs en constituaient l'essentiel. Il était bien rare que les soldats prissent part à des manœuvres de division ou à des simulacres de combats. D'ailleurs, les brigades ne furent pas formées en divisions avant juillet 1861, ou même plus tard, et les divisions ne furent regroupées en corps d'armée que vers le printemps et l'été de 1862[2]. Des régiments partaient

1. Bruce Catton, *Mr. Lincoln's Army* (Garden City, N.Y., 1956), p. 64-65 ; Wiley, *Johnny Reb*, p. 242.

2. L'armée de l'Union et celle de la Confédération étaient organisées de la même façon. Quatre régiments d'infanterie (plus avant dans la guerre, il y en eut parfois cinq ou six) formaient une brigade, commandée par un général de brigade. Trois (ou parfois quatre brigades) composaient une division, sous les ordres d'un général de brigade ou de division. Deux divisions ou plus (trois d'ordinaire) constituaient un corps d'armée, commandé par un général de division dans l'armée de l'Union et par un général de division ou de corps d'armée dans celle de la Confédération. Une petite armée ne comportait parfois qu'un

parfois au combat trois semaines seulement après avoir été créés, avec les résultats que l'on pouvait attendre. Le général Helmut von Moltke, chef de l'état-major prussien, a nié avoir dit que les armées américaines de 1861 n'étaient rien d'autre que des cohues armées occupées à se pourchasser aux quatre coins du pays — mais qu'il l'ait dit ou non, lui-même et bien d'autres militaires de carrière européens avaient de bonnes raisons de le croire. En 1862 ou 1863, cependant, la dure école de l'expérience avait fait des combattants rebelles et yankees des soldats coriaces et aguerris, dont les facultés d'endurance et les dispositions à supporter les pires souffrances étonnèrent plus d'un Européen pour qui les Américains n'étaient qu'esbrouffe, sans rien derrière. Un observateur britannique, qui se rendit sur le champ de bataille de l'Antietam dix jours après le combat, écrivit que « sur environ trois ou quatre hectares de bois, on ne [trouvait] pas un seul arbre qui ne [fût] criblé de balles et d'éclats d'obus. Il [était] impossible de comprendre comment quiconque [avait] pu survivre à un feu tel qu'[avait] dû être celui-là[1]. »

V

L'amateurisme et la confusion caractérisèrent l'élaboration de la stratégie tout autant que la mobilisation des armées. La plupart des officiers n'avaient guère étudié la théorie. Le programme enseigné à West Point défavorisait les études stratégiques au profit du génie, des mathématiques, des fortifications, de l'administration militaire et d'un peu de tactique. A leur sortie de l'académie militaire, l'affectation de la plupart des officiers à une vie de garnison ou à la lutte contre les Indiens aux abords de la Frontière ne les encourageait guère à étudier la stratégie.

---

seul corps, mais les armées principales en comptaient deux ou plus. Théoriquement, les effectifs complet d'un régiment étaient de mille hommes, ceux d'une brigade de quatre mille, d'une division de douze mille et d'un corps d'armée de vingt-quatre mille ou plus. Dans la pratique, ils dépassèrent rarement le tiers ou la moitié des chiffres cités ci-dessus pour l'armée de l'Union. Les divisions et les corps d'armée des confédérés avaient tendance à être plus fournis que leurs homologues fédéraux, parce qu'une division sudiste comptait souvent douze compagnies (appelées « pelotons » dans la cavalerie) au lieu de dix. Les régiments, brigades ou divisions de cavalerie étaient rattachés aux divisions, corps d'armée ou armées selon les besoins tactiques. En 1863, les divisions de cavalerie confédérées opéraient parfois en tant que corps semi-indépendants et en 1864 la cavalerie de l'Union en fit autant, portant ces opérations indépendantes à un niveau de développement encore plus élevé. Les batteries d'artillerie de campagne (une batterie étant constituée de cinq ou six canons) étaient rattachées aux brigades, divisions ou corps d'armée selon ce qu'exigeait la situation. Environ quatre-vingts pour cent des combattants de l'armée de l'Union appartenaient à l'infanterie, quatorze pour cent à la cavalerie et six pour cent à l'artillerie. Chez les confédérés la proportion d'artilleurs était à peu près identique, mais la cavalerie était un peu plus fournie (près de vingt pour cent).

1. Cité par Jay Luvaas, *The Military Legacy of the Civil War : The European Inheritance* (Chicago, 1959), p. 18-19.

Rares, pour ne pas dire inexistants, étaient les généraux de la guerre de Sécession qui avaient lu Karl von Clausewitz, le plus éminent exégète de l'art de la guerre au XIXe siècle. Un certain nombre d'officiers connaissaient les écrits d'Antoine Henry Jomini, un Suisse qui avait fait partie de l'état-major de Napoléon et qui était devenu l'interprète le plus écouté des campagnes de l'Empereur. Tous les diplômés de West Point avaient absorbé ses principes en suivant les cours de Dennis Hart Mahan, qui enseigna pendant près d'un demi-siècle à l'académie militaire. L'ouvrage de Henry W. Halleck, *Elements of Military Art and Science* (1846), qui était en grande partie une traduction de Jomini, était le manuel en usage à West Point. Mais il ne faudrait pas non plus exagérer l'influence du stratège suisse sur la conduite de la guerre de Sécession, comme l'ont fait certains historiens [1]. De nombreux « principes » jominiens n'étaient que des idées pleines de bon sens, qui n'avaient rien d'original : concentrez la masse de vos forces contre des fractions de celles de l'ennemi ; menacez les communications de l'ennemi tout en protégeant les vôtres ; attaquez le point faible de l'ennemi avec toutes vos forces ; et ainsi de suite. Il n'y a guerre de raisons de penser que les écrits de Jomini influèrent de façon directe ou tangible sur les stratégies de la guerre civile américaine ; le stratège qui connut le plus grand succès durant cette guerre, à savoir Grant, devait avouer par la suite qu'il n'avait jamais lu Jomini.

A vrai dire, l'expérience acquise par des méthodes empiriques joua un rôle plus important que la théorie. En 1861, les leçons de la guerre du Mexique dominaient la pensée de la plupart des officiers ; mais cette victoire aisée contre un adversaire faible, remportée à l'époque du fusil à canon lisse, fut une source d'enseignements trompeurs pour certains commandants, qui, au cours du nouveau conflit, se trouvèrent en face d'un ennemi résolu, armé presque toujours (après 1861) de fusils rayés. L'expérience nécessaire pour livrer la guerre de Sécession dut être acquise sur le terrain. A mesure que les généraux et les dirigeants civils tiraient de leurs erreurs les leçons qui s'imposaient, que l'on passait d'une guerre limitée à une guerre totale et que les demandes des politiques et le moral des civils fluctuaient, la stratégie militaire se développa et s'adapta. La guerre de Sécession fut avant tout une guerre *politique*, une guerre entre deux peuples plutôt qu'entre deux armées de soldats professionnels. Par conséquent, l'action du pouvoir politique et l'opinion publique influèrent énormément sur la stratégie.

En 1861, de nombreux Américains avaient de la guerre une vision romantique, fascinante. « Je m'absente pour une cause glorieuse, écrivit un soldat sudiste à sa famille en juin 1861, et je me fais gloire de défendre

1. Pour une critique perspicace de « l'école jominienne », voir Grady McWhiney et Perry D. Jamieson, *Attack and Die: Civil War Military Tactics and the Southern Heritage* (University, Alabama, 1982), p. 146-153.

cette cause. » Bon nombre de recrues confédérées auraient fait écho au Mississippien qui disait s'être engagé « pour [se] battre contre les Yankies — pour rigoler et [se] donner du bon temps ». Un civil, qui accompagna le gouvernement sudiste de Montgomery à Richmond, en mai 1861, nota que les trains « étaient bondés de soldats qui jubilaient, comme s'ils allaient à la fête plutôt qu'au combat[1] ». « Moi-même et tous les autres gars, nous sommes d'excellente humeur [...] gais comme des pinsons », écrivit aux siens un volontaire de New York, peu après s'être enrôlé. Les régiments en partance pour le front défilaient devant des foules qui les acclamaient en agitant des drapeaux, au son de fanfares jouant des airs martiaux, tandis que des visions de gloire dansaient dans les têtes. « La guerre nous rend tous tendrement sentimentaux », écrivit la Sudiste Mary Boykin Chestnut, dans son journal intime, en juin 1861. Pour le moment, tout n'était « que parades, fifres et superbes plumets[2] ».

Des deux côtés, nombreux étaient ceux qui croyaient que la guerre serait courte — à peine une ou deux batailles et les poltrons yankees (ou les voyous rebelles, au choix) tourneraient les talons. Un soldat de l'Alabama écrivit en 1861 que l'année suivante apporterait la paix « parce qu'on [aurait] tué le dernier yankey avant cette date, s'il y en [avait] encore qui [avaient] envie de se battre ». Et il ajoutait : « Je suis persuadé que la brigade de J.D. Walker peut rosser vingt-cinq mille yankees. Je suis sûr qu'à moi seul, j'en prends facilement vingt-cinq. » Et les nordistes étaient tout aussi confiants ; comme se le rappelait, mélancoliquement, Hosea Biglow, le philosophe yankee fictif de James Russell Lowell :

> Au printemps, juste après la honte de Sumter,
> Quand au bout de chaque mât s'agitait une oriflamme
> Et que tout le monde, arraché à ses hésitations,
> S'était massé autour du drapeau avec un seul cri,
> J'avais espéré voir tout réglé avant l'automne,
> Les rebelles battus, Jeff Davis pendu, et tout[3].

Au vu de cette belle confiance dans un succès rapide, il paraissait superflu de se préoccuper de stratégie. Certes, dans les deux camps, les dirigeants conscients de leurs responsabilités ne partageaient pas cette foi en la brièveté du conflit, mais eux-mêmes, cependant, ne s'imaginaient pas à quelle espèce de guerre ils auraient affaire : une guerre totale, nécessitant la mobilisation complète des hommes et des ressources, lesquels seraient détruits dans des proportions massives, et ne se terminant que par une capitulation inconditionnelle. Au printemps de 1861, la plupart des dirigeants du Nord n'envisageaient qu'une guerre limitée.

---

1. Davis, *Battle at Bull Run*, p. 57 ; Wiley, *Johnny Reb*, p. 27 ; Hudson Strode, *Jefferson Davis : Confederate President* (New York, 1959), p. 89.
2. Wiley, *Billy Yank*, p. 27 ; Woodward, *Chestnut's Civil War*, p. 69.
3. L'Alabamien cité par McWhiney et Jamieson, *Attack and Die*, p. 170 ; Biglow par Nevins, *War*, t. I, p. 75.

Leur but n'était pas de conquérir le Sud, mais de réprimer l'insurrection et de regagner la loyauté latente de la population sudiste. La foi en l'unionisme du Sud devait en effet avoir la vie dure.

Une guerre limitée impliquait des moyens non moins limités. Ce fut donc le type de stratégie que conçut le général en chef, Winfield Scott. En tant qu'unioniste de Virginie, Scott ne voyait pas d'un bon œil une guerre de conquête, qui, même victorieuse, se solderait par « quinze provinces dévastées [les États esclavagistes] que rien ne pourrait remettre en harmonie avec leurs conquérants, mais qu'il faudrait surveiller pendant des générations au moyen d'importantes garnisons coûtant quatre fois plus que ne rapporteraient les droits ou impôts que l'on parviendrait à extorquer ». Donc, au lieu d'envahir le Sud, Scott proposait de « l'envelopper », grâce à un blocus maritime et à une flotte de canonnières soutenues par des soldats tout le long du Mississippi. Ainsi coupés du reste du monde, les rebelles suffoqueraient et le gouvernement « pourrait les réduire à leur merci, en faisant couler moins de sang qu'avec n'importe quel autre plan[1] ».

La méthode de Scott prendrait beaucoup de temps — le temps d'acheter suffisamment de bateaux pour mettre en œuvre un blocus efficace, le temps de construire les canonnières et de former les hommes pour l'expédition qui descendrait le Mississippi. Scott avait d'ailleurs conscience de la principale faille de son plan : « L'impatience de nos amis patriotes et loyaux de l'Union. Ils vont réclamer à cors et à cris une action instantanée et vigoureuse, sans s'inquiéter, j'en ai peur, des conséquences[2]. » Il ne croyait pas si bien dire. L'opinion publique nordiste réclamait une invasion destinée à « écraser » l'armée rebelle qui protégeait Manassas, un nœud ferroviaire du nord de la Virginie, reliant les grandes lignes à la vallée de la Shenandoah et au Sud profond. La presse traita par le mépris le plan de Scott, qu'elle baptisa le « plan Anaconda ». Le gouvernement confédéré ayant accepté l'offre de la Virginie et fait de Richmond sa capitale, le Congrès sudiste prévit d'y faire débuter sa prochaine session le 20 juillet. Aussitôt, le *New York Tribune* de Horace Greeley, de sortir un gros titre vengeur :

TOUS A RICHMOND ! TOUS A RICHMOND !

Il ne faut pas laisser
le Congrès rebelle s'y réunir
le 20 juillet

A CETTE DATE L'ENDROIT DEVRA ÊTRE AUX MAINS
DE L'ARMÉE NATIONALE

---

1. Charles Winslow Elliott, *Winfield Scott : The Soldier and the Man* (New York, 1937), p. 698 ; *O.R.*, sér. I, vol. 51, 1re partie, p. 369-370.
2. *O.R.*, sér. I, vol. 51, 1re partie, p. 387.

D'autres journaux reprirent ce cri de « Tous à Richmond ! ». Certains laissèrent entendre que le plan Anaconda prôné par Scott traduisait une répugnance perfide à envahir l'État où il était né. Bien des nordistes ne pouvaient comprendre pourquoi un général qui, avec moins de onze mille hommes, avait envahi un pays de huit millions d'habitants, parcouru près de trois cents kilomètres à pied, vaincu des armées ennemies plus nombreuses et pris leur capitale, redoutait d'envahir la Virginie et d'affronter l'ennemi à quarante kilomètres de la capitale américaine. Les stupéfiantes réussites d'une stratégie offensive au Mexique poussaient alors à l'offensive aussi bien les chefs militaires de l'Union que ceux de la Confédération. Les succès de Lyon dans le Missouri et de McClellan en Virginie occidentale semblèrent confirmer que l'on avait intérêt à frapper le premier, et à frapper vite.

Scott, pourtant, n'était pas convaincu. Il trouvait les régiments mobilisés pour quatre-vingt-dix jours inexpérimentés et inutilisables ; quant à ceux qui s'étaient engagés pour trois ans, ils auraient besoin de plusieurs mois d'entraînement avant de pouvoir se mettre en campagne. En cela, le général en chef n'était pas du tout au diapason des impératifs politiques de 1861. Si forte était la pression exercée par l'opinion publique qu'il était quasi-impossible au gouvernement de retarder l'action militaire sur le front principal de Virginie. Le blocus recommandé par Scott devant les ports du Sud avait commencé et la descente du Mississippi fut intégrée à la stratégie de l'Union en 1862. Toutefois, les événements devaient démontrer que le Nord ne pouvait gagner la guerre qu'en annihilant les armées du Sud sur le champ de bataille. Sous ce rapport, les appels populaires à l' « écrasement » des rebelles étaient fondés sur un instinct très sûr, quoique trop optimiste. Lincoln estimait qu'une attaque contre l'ennemi à Manassas valait la peine d'être tentée. Elle s'inscrivait tout à fait dans sa conception d'une guerre à objectifs limités. En cas de succès, elle avait de bonnes chances de discréditer les sécessionnistes ; elle pouvait entraîner la prise de Richmond ; mais elle ne détruirait pas le système social et économique du Sud ; elle ne brûlerait pas ses terres.

Au mois de juillet 1861, environ trente-cinq mille soldats de l'Union s'étaient rassemblés dans la région de Washington. Ils avaient à leur tête le général Irvin McDowell, un ancien officier de l'état-major de Scott, qui n'avait aucune expérience du commandement sur le terrain. Cet homme, qui ne buvait jamais une goutte d'alcool, mais compensait en consommant des monceaux de nourriture, ne manquait ni d'intelligence, ni d'énergie — mais, il s'avéra être un de ces généraux malchanceux pour qui tout va toujours de travers. En réponse à une directive de Lincoln, McDowell échafauda un plan prévoyant une attaque de flanc contre les vingt mille confédérés qui défendaient le nœud ferroviaire de Manassas. Une partie essentielle du plan exigeait que les quinze mille fédéraux stationnés près de Harper's Ferry, sous le commandement de

Robert Patterson, un ancien combattant presque septuagénaire de la guerre de 1812, empêchassent les onze mille confédérés qui leur faisaient face d'aller renforcer Manassas.

Le plan de McDowell était excellent — pour des troupes aguerries, menées par des officiers chevronnés. Or, McDowell n'avait à sa disposition ni les unes, ni les autres. Le 29 juin, assistant à une conférence stratégique, à la Maison Blanche, il demanda instamment que l'on différât l'offensive, jusqu'à ce qu'il eût pu former convenablement les hommes engagés pour trois ans. Scott plaida une nouvelle fois la cause de son plan Anaconda, mais le directeur de l'Intendance, Meigs, lorsqu'on sollicita son opinion, s'y opposa : « Je ne pensais pas que nous pourrions jamais mettre fin à la guerre sans battre les rebelles sur le terrain, devait-il expliquer plus tard. [...] Or mieux valait les rosser ici même que de nous avancer loin à l'intérieur d'un pays insalubre pour leur livrer bataille [comme l'exigeait l'expédition sur le Mississippi prévue par Scott...] Engager le combat en Virginie était, dans l'état actuel des choses, moins coûteux et préférable[1]. » Lincoln était de cet avis. Quant à l'inexpérience des troupes de McDowell, on aurait dit que le Président avait lu dans l'esprit d'un officier rebelle de Virginie, lequel signalait que ses hommes manquaient à tel point de « discipline et d'instruction » qu'il serait « difficile de les utiliser sur le terrain ». « Je ne donnerais pas une seule compagnie de soldats réguliers contre tout mon régiment », concluait-il. Lincoln ordonna donc à McDowell de lancer son offensive. « Vous êtes un peu novices, c'est vrai, lui dit-il, mais eux aussi ; vous l'êtes autant les uns que les autres[2]. »

A Manassas, le commandant sudiste était Pierre G. T. Beauregard, le fringant et volubile conquérant du fort Sumter, tout à fait napoléonien dans ses manières et ses aspirations. A la tête des rebelles dans la vallée de la Shenandoah, se trouvait Joseph E. Johnston, un petit homme toujours impeccable dans sa mise, ambitieux, mais prudent, doté d'un regard perçant et d'un sens exagéré de sa propre dignité. Aussi contrastés dans leurs personnalités que l'offensive et la défensive qu'ils prônaient respectivement, Beauregard et Johnston représentaient les deux pôles de la pensée stratégique sudiste. L'objectif de guerre fondamental de la Confédération, à l'instar de celui des États-Unis lors de la guerre d'Indépendance, était de défendre une nouvelle nation contre la conquête. Les confédérés allaient donc puiser leur inspiration chez les héros de 1776, qui avaient triomphé alors qu'ils étaient dans une situation beaucoup moins prometteuse que la leur. En effet, le Sud, en 1861,

1. Russell F. Weigley, *Quartermaster General of the Union Army : A Biography of M.C. Meigs* (New York, 1959), p. 172.

2. Douglas Southall Freeman, *Lee's Lieutenants : A Study in Command*, 3 vol. (New York, 1943-1944), t. I, p. 13 ; T. Harry Williams, *Lincoln and His Generals* (New York, 1952), p. 21.

pouvait fort bien « gagner » la guerre simplement en ne la perdant pas, alors que le Nord, lui, ne pouvait gagner qu'en étant victorieux. L'étendue du territoire confédéré — soit un million deux cent mille kilomètres carrés, la taille de la Russie à l'ouest de Moscou, deux fois la superficie des treize États originaux de l'Union — rendrait la tâche de Lincoln aussi ardue que celle de Napoléon en 1812 ou celle de George III en 1776. Ce que le spécialiste militaire du *Times* de Londres, analysant la situation au début de la guerre, ne manquait pas de souligner :

> C'est une chose que de chasser les rebelles de la rive méridionale du Potomac, voire d'occuper Richmond, mais c'en est une tout autre que de réduire et d'assujétir de façon permanente un pan de pays presque aussi vaste que la Russie en Europe [...] Nulle guerre d'indépendance ne s'est jamais terminée au détriment des rebelles, sauf lorsque le déséquilibre numérique était bien plus grand qu'il ne l'est ici [...] De même que l'Angleterre fut obligée, durant la révolution américaine, de renoncer à conquérir les colonies, le Nord sera contraint de renoncer à conquérir le Sud[1].

Jefferson Davis était bien de cet avis : au début de la guerre, il semblait avoir envisagé une stratégie dans le genre de celle que George Washington avait adoptée pendant la guerre d'Indépendance. Washington avait troqué l'espace contre le temps ; face à un ennemi plus fort que lui, il battait en retraite lorsqu'il le fallait ; puis il contre-attaquait contre des avant-postes ou des détachements britanniques isolés, chaque fois qu'une telle attaque semblait prometteuse ; et par-dessus tout, il s'efforçait d'éviter de grandes batailles où il aurait risqué l'annihilation de son armée et la défaite de sa cause. On a appelé cela la guerre d'usure : une stratégie qui consiste à gagner en ne perdant pas, à user très précisément un adversaire mieux équipé et à le contraindre à abandonner en prolongeant la guerre et en la rendant trop coûteuse[2].

Deux facteurs, toutefois, empêchèrent Davis d'exécuter cette stratégie, sinon de façon limitée et sporadique. L'un et l'autre découlaient des réalités tant politiques que militaires. Le premier était l'insistance avec laquelle les gouverneurs, les membres du Congrès et le public réclamaient des troupes pour défendre chaque parcelle de terre confédérée contre l'invasion des « hordes abolitionnistes de Lincoln ». Ainsi, en 1861, des petites armées furent dispersées tout autour du périmètre de la Confédération, le long de la frontière Arkansas-Missouri, en divers points le long du golfe du Mexique et de la côte Atlantique, le long de la frontière Tennessee-Kentucky, dans la vallée de la Shenandoah et en Virginie occidentale, en plus de Manassas. Les historiens ont critiqué ce « cordon défensif » qui dispersait les forces sudistes sur une si faible profondeur

---

1. *Times* de Londres, 18 juillet 1861, 29 août 1862.
2. Voir tout spécialement Russell F. Weigley, *The American Way of War: A History of United States Military Strategy and Policy* (Bloomington, 1973), p. 3-17, p. 96.

que les soldats de l'Union ne pouvaient manquer de réussir une percée, ce qu'ils firent en plusieurs endroits en 1862[1].

Le second facteur qui faisait obstacle à une stratégie d'usure à la Washington était le tempérament même de la population sudiste. Sûrs de vaincre les yankees, aussi nombreux fussent-ils, beaucoup de sudistes méprisaient ceux qui voulaient « rester assis à attendre » de voir les fédéraux passer à l'attaque. « L'idée d'attendre les coups au lieu de les donner est radicalement étrangère au génie de notre peuple, déclarait le *Richmond Examiner*. Une politique agressive est la seule véritable défense. Une colonne qui poussera vers l'avant en Ohio ou en Pennsylvanie a plus de valeur pour nous, en tant que mesure défensive, que toute une rangée de batteries déployée le long de la côte, de Norfolk au Rio Grande[2]. » La presse sudiste réclamait à cor et à cri que l'on marchât sur Washington, avec la même véhémence que la presse nordiste lorsqu'elle titrait : « Tous à Richmond ! » Beauregard conçut plusieurs plans fort audacieux d'offensive contre McDowell, mais la question ne se posa plus lorsqu'il apprit que c'était justement McDowell qui avait lancé une offensive contre lui.

La synthèse opérée par les confédérés de ces divers impératifs stratégiques et politiques fut ce que Davis appela une stratégie « offensive-défensive », laquelle consistait à défendre le territoire confédéré, en utilisant les voies de communication intérieures (concept jominien, mais qui relevait du simple bon sens) pour concentrer les forces dispersées contre une armée d'envahisseurs et, si les circonstances le permettaient, pour passer à l'offensive, au point d'envahir à leur tour le Nord. Jamais cette stratégie ne fut définie de façon systématique et globale. Elle se dessina plutôt d'elle-même, après une série d'importantes campagnes sur les théâtres de Virginie-Maryland et de Tennessee-Kentucky durant l'année 1862, et connut son point culminant à la bataille de Gettysburg, en 1863. Elle fit son apparition, sous une forme embryonnaire, à l'issue de la première bataille de Manassas (ou du Bull Run) en juillet 1861, une petite bataille comparée aux combats ultérieurs de la guerre de Sécession, mais qui devait néanmoins avoir d'importantes conséquences psychologiques tant dans le Nord que dans le Sud.

---

1. T. Harry Williams, « The Military Leadership of North and South », et David M. Potter, « Jefferson Davis and the Political Factors in Confederate Defeat », in David Donald (éd.), *Why the North Won the Civil War* (New York, 1960), p. 45-46, p. 108-110.
2. *Richmond Examiner*, 27 sept. 1861.

Chapitre XI

ADIEU A LA GUERRE DE QUATRE-VINGT-DIX JOURS

I

Le général McDowell avait de bonnes raisons de rechigner à emmener des soldats aussi inexpérimentés que les siens « tous à Richmond ! » en juillet 1861. Des circonstances indépendantes de sa volonté contrarièrent sa campagne dès le début. Le départ de ses trente mille hommes, qui devait avoir lieu le 8 juillet, fut différé par un manque de fourgons de ravitaillement et par la nécessité d'organiser les régiments retardataires en brigades et divisions. Lorsque l'armée se mit enfin en route, le 16 juillet, la période de quatre-vingt-dix jours pour laquelle de nombreux hommes s'étaient engagés arrivait à expiration. Un régiment d'infanterie et une batterie d'artillerie rentrèrent même chez eux à la veille de la bataille. L'enrôlement plus long chez les confédérés leur donnait un avantage psychologique, car les soldats à la veille de la démobilisation semblaient faire preuve d'une moindre combativité.

Dans la vallée de la Shenandoah, le général Robert Patterson redoutait lui aussi que toutes les recrues de « quatre-vingt-dix jours » que comptait son armée de quinze mille hommes n'opposassent qu'une piètre résistance aux onze mille confédérés de Joseph E. Johnston. Ce fut une des raisons pour lesquelles Patterson ne parvint pas à fixer Johnston dans la vallée, tandis que McDowell attaquerait Beauregard à Manassas. Patterson était en outre désorienté par les ordres reçus de Washington, qui ne spécifiaient pas clairement s'il devait attaquer Johnston ou se contenter de le tenir en échec. Se croyant, à tort, inférieur à l'ennemi sur le plan numérique, il opta pour la seconde solution, plus prudente. Malheureusement, il manœuvra avec tant de zèle qu'il finit par passer complètement à côté de la bataille. Les 18 et 19 juillet, l'armée de Johnston lui faussa compagnie, marcha de Winchester jusqu'à la voie ferrée à Piedmont, d'où elle rallia Manassas par le train. Grâce à ces renforts, l'armée confédérée à Manassas put se battre à égalité de forces avec l'armée d'invasion de McDowell.

Beauregard avait été averti de cette avance par son réseau d'espionnage à Washington, à la tête duquel se trouvait Rose O'Neal Greenhow, qui était l'amie de plusieurs politiciens nordistes, en même temps qu'une espionne confédérée. Dans la meilleure tradition romanesque, des messages codés portés par des « belles » du Sud, montées sur de rapides coursiers, dévoilèrent les plans de l'Union. Toutefois, même avec ces

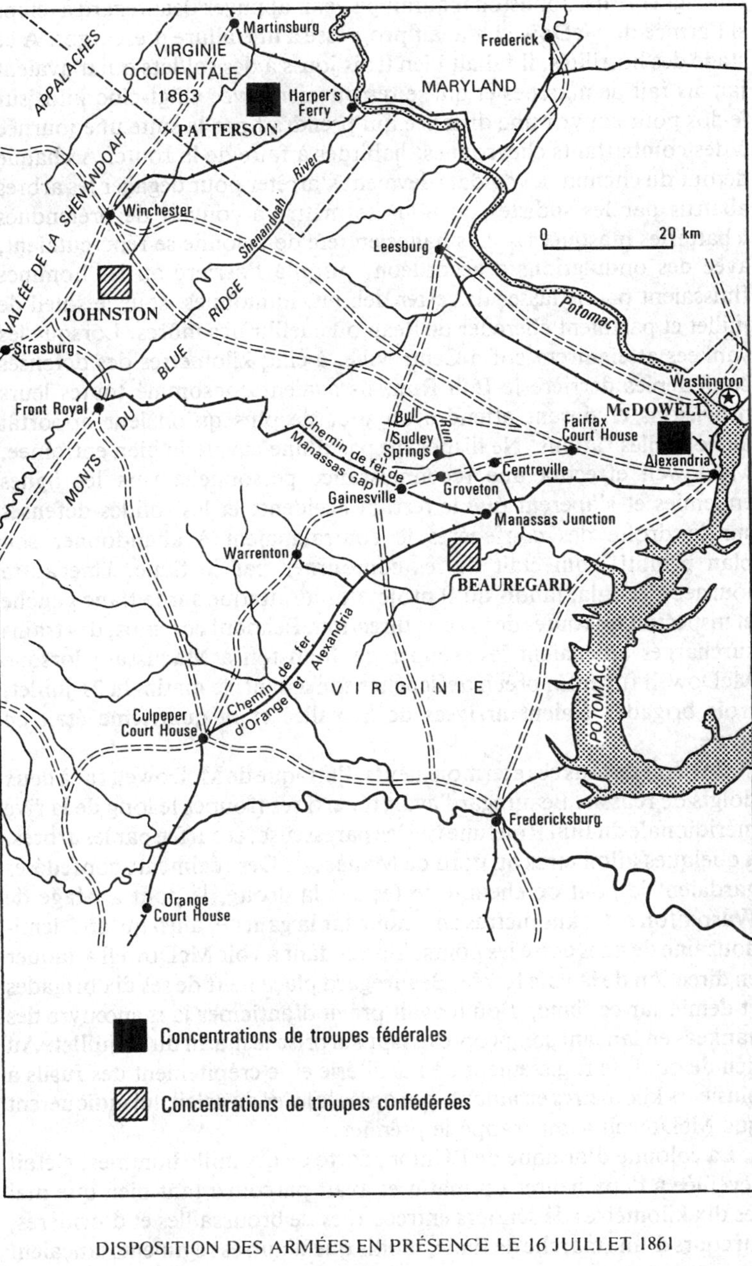

DISPOSITION DES ARMÉES EN PRÉSENCE LE 16 JUILLET 1861

renseignements, Johnston n'aurait pu venir appuyer Beauregard à temps si l'armée de McDowell n'avait progressé à une allure d'escargot. A ce stade des hostilités, il fallait bien trois jours à des soldats qui n'avaient jamais fait de marches et qui se retrouvaient avec vingt-cinq kilos sur le dos pour couvrir une distance qui prendrait par la suite une journée à des combattants chevronnés, habitués à faire de la route. A chaque détour du chemin, les soldats devaient s'arrêter pour dégager les arbres abattus par les sudistes ou pour se mettre à couvert de prétendues « batteries masquées ». Les haltes en tête de colonne se répercutaient, avec des ondulations d'accordéon, jusqu'à l'arrière où les hommes finissaient par se lasser de rester debout, immobiles, sous le soleil de juillet et partaient chercher de l'eau ou cueillir des mûres. Lorsque les yankees atteignirent enfin Centreville, à cinq kilomètres des défenses confédérées derrière le Bull Run, ils avaient consommé toutes leurs provisions et durent attendre un jour de plus qu'on leur apportât de nouvelles rations. Ne disposant pas d'une cavalerie bien entraînée, McDowell effectua une reconnaissance personnelle vers les lignes ennemies et s'aperçut que le terrain accidenté et les solides défenses sur la droite des confédérés le contraignaient à abandonner son plan primitif, qui était de les contourner par le flanc. Une autre journée s'écoula, tandis qu'il projetait une attaque sur le flanc gauche et inspectait les routes dans cette direction. Pendant ce temps, des trains surchargés amenaient les troupes de Johnston à Manassas ; lorsque McDowell fut enfin prêt à déclencher son assaut, le matin du 21 juillet, trois brigades étaient arrivées de la vallée et la quatrième était en route.

En dépit de tous ces atermoiements, l'attaque de McDowell fut à deux doigts de réussir. Beauregard avait réparti ses troupes le long de la rive méridionale du Bull Run, une rivière paresseuse, étouffée par les arbres, à quelques kilomètres au nord de Manassas. Des régiments confédérés gardaient le pont de chemin de fer sur la droite, le pont à péage de Warrenton à dix kilomètres en amont sur la gauche, ainsi qu'une demi-douzaine de gués entre les ponts. S'attendant à voir McDowell attaquer en direction de la voie ferrée, Beauregard plaça neuf de ses dix brigades et demie sur ce flanc, d'où il avait prévu d'anticiper la manœuvre des yankees en lançant son propre assaut surprise le matin du 21 juillet. Au lieu de quoi, le rugissement de l'artillerie et le crépitement des fusils à plusieurs kilomètres en amont, peu après le lever du soleil, lui indiquèrent que McDowell avait frappé le premier.

La colonne d'attaque de l'Union, forte de dix mille hommes, s'était réveillée à deux heures du matin et avait parcouru tant bien que mal les dix kilomètres de sentiers entrecoupés de broussailles et d'ornières, au cours d'une marche de flanc, tandis que d'autres régiments lançaient

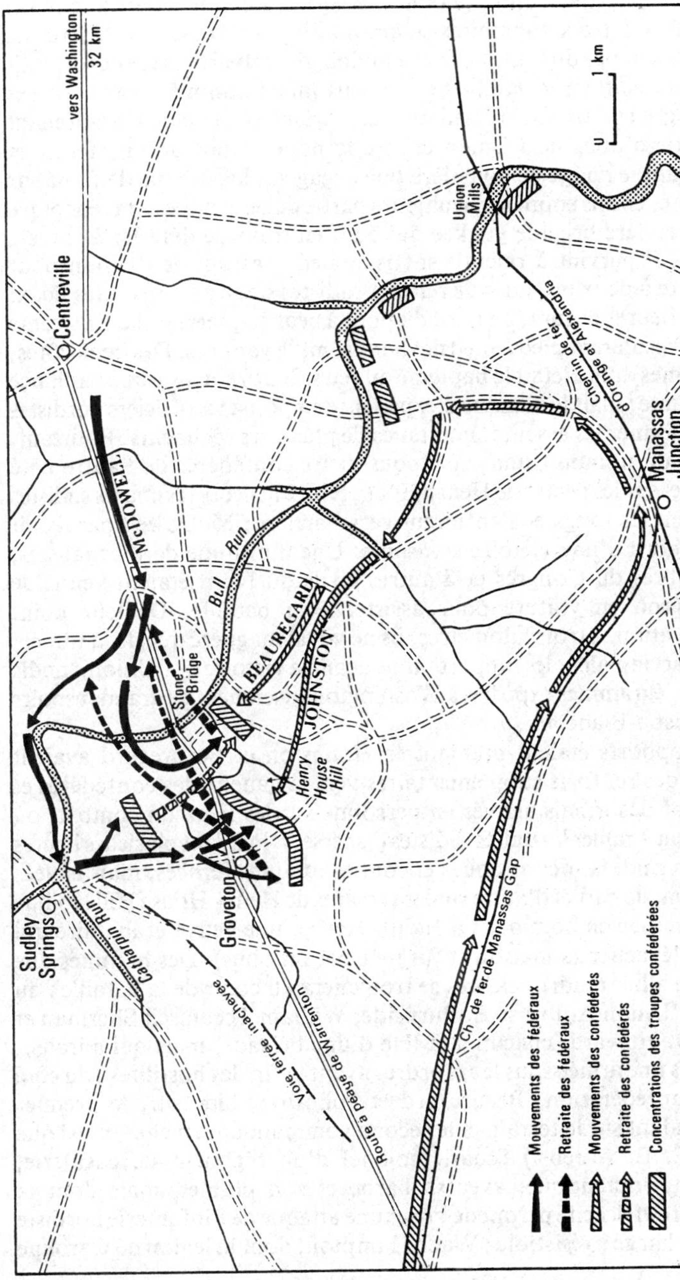

LA BATAILLE DU BULL RUN (MANASSAS), 21 JUILLET 1861

une fausse attaque contre le pont à péage. La colonne de flanc passa le Bull Run à trois kilomètres en amont du pont, où les confédérés ne l'attendaient pas du tout. Le commandant des rebelles à cet endroit était le colonel Nathan « Gambettes » Evans (ainsi nommé à cause de ses jambes grêles), un Carolinien du Sud coriace et buveur. Comprenant que le tir d'obus de l'Union contre le pont n'était qu'une feinte et apercevant le nuage de poussière que dégageait la colonne de flanc sur sa gauche, Evans emmena la majeure partie de ses troupes à la rencontre de la première brigade yankee qui était en train de déferler à travers champs. Il parvint à ralentir suffisamment l'assaut de l'Union pour permettre à deux brigades de renfort sudistes de se porter sur les lieux.

Deux heures durant, au nord du pont à péage, quatre mille cinq cents rebelles reculèrent pied à pied devant dix mille yankees. Des deux côtés, les hommes dont c'était le baptême du feu se battirent avec une vaillance surprenante ; mais le manque d'expérience empêcha les officiers nordistes de coordonner les assauts simultanés de plusieurs régiments. Pourtant, le poids du nombre finit par repousser les confédérés de l'autre côté du pont et sur les pentes de Henry House Hill. Plusieurs régiments sudistes rompirent les rangs et s'enfuirent vers l'arrière ; McDowell paraissait être au bord d'une victoire écrasante. Une multitude de journalistes, de membres du Congrès et d'autres civils du Nord étaient venus de Washington en voiture pour assister à la bataille. De leur point d'observation, à trois kilomètres, ils ne voyaient guère que de la fumée, mais ils acclamaient les rapports annonçant la victoire de l'Union, tandis que les télégrammes expédiés à Washington suscitaient de grands espoirs à la Maison-Blanche.

Ces rapports étaient prématurés. Johnston et Beauregard avaient expédié des renforts supplémentaires vers la gauche des confédérés et ils étaient désormais arrivés en personne sur les lieux du combat, où ils aidèrent à rallier les unités sudistes dispersées. Pendant plusieurs heures cet après-midi là, des attaques et contre-attaques féroces, mais isolées déferlèrent de part et d'autre sur les versants de Henry House Hill (colline ainsi nommée en hommage à Judith Henry, une veuve grabataire qui refusa d'évacuer sa maison et fut tuée par un obus). Des hommes que la guerre allait rendre célèbres se trouvaient au cœur de la bataille : du côté de l'Union Ambrose E. Burnside, William Tecumseh Sherman et Oliver O. Howard, chacun à la tête d'une brigade, mais qui auraient tous trois une armée sous leurs ordres avant la fin des hostilités ; du côté de la Confédération, Beauregard et Johnston, bien sûr, le premier commandant sur le terrain et le second commandant en chef, ainsi que James E. B. (« Jeb ») Stuart, colonel d'un régiment de cavalerie, sémillant, romantique, avec sa barbe et son plumet, mais dont la meurtrière efficacité permit de briser une attaque de l'infanterie nordiste par une charge irrésistible ; Wade Hampton, dont la légion de Caroline du Sud fut affreusement décimée ; et Thomas J. Jackson, ancien professeur de l'Institut militaire de Virginie, qui commandait désormais une brigade de Virginiens de la vallée de la Shenandoah. Sans humour, très réservé, excentrique, féru de discipline, ne tolérant aucune faiblesse humaine, ce presbytérien dévôt qui mettait les victoires confédérées à l'actif du Seigneur et voyait dans les yankees les suppôts du diable, devait devenir l'un des meilleurs généraux de la guerre et une véritable légende de son vivant.

La légende, d'ailleurs, commença sur ces lieux mêmes, à Henry House Hill. Alors que les régiments confédérés qui avaient combattu ce matin-là battaient en retraite de l'autre côté de la colline, sur le coup de midi, Jackson disposa ses troupes fraîches en ligne juste derrière la crête. Le général Barnard Bee, de Caroline du Sud, qui s'efforçait de rameuter sa brigade dispersée, montra les hommes de Jackson et hurla quelque chose comme : « Regardez donc Jackson qui se tient là comme un mur de pierre [en anglais *stone wall*] ! Ralliez-vous derrière les Virginiens ! » Cependant, un observateur interpréta tout à fait différemment la remarque de Bee ; selon lui, ce fut avec colère que le général de Caroline du Sud montra les hommes de Jackson immobiles derrière la crête et qu'il lança : « Regardez donc Jackson qui se tient là comme un fichu mur de pierre ! » Quoi qu'eût pu dire Bee — lequel ne devait jamais être à même de trancher parmi ces différentes interprétations, car une balle le tua peu après —, la brigade de Jackson arrêta l'assaut de l'Union, en subissant des pertes plus lourdes qu'aucune autre brigade sudiste au cours de cette bataille. A dater de ce jour, Jackson fut connu sous le sobriquet de « Stonewall » et les hommes qui, sous son commandement, avaient tenu bon à Manassas devinrent la Brigade Stonewall[1].

Beaucoup de confusions dues aux uniformes se produisirent au cours du combat. Plus d'une fois, des régiments cessèrent le feu de peur de tirer sur des amis ou tirèrent au contraire sur eux par erreur. Le même problème se posa au sujet des drapeaux nationaux que portait chaque régiment. Dans la brume et les fumées du combat, la bannière confédérée, dite *stars and bars* — une barre rouge horizontale entre deux blanches et onze étoiles sur fond d'azur dans le coin — pouvait aisément être confondue avec la bannière étoilée de l'Union (les fameuses *stars and stripes*). Par la suite, Beauregard conçut un autre drapeau de combat, avec les étoiles blanches disposées sur une croix de Saint-André bleue sur champ rouge, lequel devint la bannière habituelle de la Confédération[2].

---

1. On trouvera une étude de la controverse qui entoure les paroles exactes de Bee chez Douglas Southall Freeman, *Lee's Lieutenants : A Study in Command*, 3 vol. (New York, 1943-1944) t. I, p. 733-734.

2. Avec l'admission du Missouri et du Kentucky vers la fin de 1861, le drapeau confédéré porta bientôt treize étoiles — coïncidence qui n'était pas sans évoquer des souvenirs de la guerre d'Indépendance.

Un quiproquo dû aux uniformes affecta l'issue de la bataille. Au plus fort de la lutte qui avait pour enjeu Henry House Hill, deux batteries d'artillerie de l'Union faisaient d'énormes trous dans la ligne confédérée. Tout à coup, un régiment vêtu de bleu sortit des bois à soixante-dix mètres à droite de deux des canons. Croyant qu'il s'agissait peut-être des renforts d'infanterie qu'elles avaient demandés, les batteries suspendirent le feu pendant quelques minutes qui leur furent fatales, car elles laissèrent au régiment, qui s'avéra être le 33e régiment de Virginie de la brigade de Jackson, le temps de braquer ses fusils et de tirer. Les canons furent mis hors de combat et l'attaque de l'Union perdit dès lors sa cohésion dans ce secteur du champ de bataille.

A vrai dire, dès le milieu de l'après-midi,, à mesure que les régiments poursuivaient la bataille de façon isolée, l'armée nordiste avait partout perdu le peu de cohésion qu'elle avait montré au départ ; les fuyards commencèrent à disparaître vers l'arrière et McDowell ne parvint pas à mêler ses deux brigades de réserve à l'action. Johnston et Beauregard, par contraste, avait fait monter à l'attaque toutes les unités dont ils disposaient, y compris la dernière brigade arrivée de la vallée de la Shenandoah qui, à peine descendue du train, s'avança sur le champ de bataille aux alentours de seize heures. A ce moment-là, les rebelles disposaient d'autant d'hommes que les fédéraux dans la zone des combats (il y en eut en tout quelque dix-huit mille de chaque côté) et ils bénéficiaient surtout d'une supériorité décisive en troupes fraîches. Cela faisait au moins quatorze heures, en effet, que la plupart des régiments de l'Union marchaient ou combattaient, sans avoir presque mangé ni bu, par une chaleur caniculaire. Voyant paraître devant eux des renforts confédérés, certains soldats nordistes s'indignèrent : « Et *nos* réserves, à nous, où sont-elles ? » Au même instant, sentant qu'il avait l'avantage, Beauregard ordonna une contre-attaque tout le long de la ligne. Tandis que les unités sudistes se ruaient vers l'avant, un hurlement étrange, presque surnaturel déchira l'air. Cette plainte démoniaque, très vite baptisée « le cri des rebelles », frappa d'épouvante (alors et plus tard) les soldats ennemis. « Il n'existe rien de pareil de ce côté-ci des régions infernales, devait se rappeler un ancien combattant nordiste après la guerre. Impossible de décrire le frisson si particulier qui vous vrillait la colonne vertébrale dans de telles circonstances. Il faut l'avoir éprouvé[1]. »

Surpris par cette contre-attaque hurlante, les soldats yankees découragés et épuisés, dont la période de service touchait à sa fin, décidèrent brusquement qu'ils s'étaient assez battus. Ils commencèrent à reculer, d'abord lentement et non sans présenter sporadiquement une

1. Bruce Catton, *Glory Road : The Bloody Route from Fredericksburg to Gettysburg* (Garden City, N.Y., 1952), p. 57.

certaine résistance, puis avec une frayeur croissante à mesure que les officiers perdaient le contrôle ; des hommes furent séparés de leur compagnie et les derniers restes de discipline furent emportés. La retraite se transforma en débandade, tandis que chacun se débarrassait de son fusil, de son paquetage et de tout ce qui risquait de le retarder dans sa course folle pour retraverser le Bull Run. Certaines unités de la brigade de Sherman et plusieurs compagnies de soldats réguliers parvinrent toutefois à préserver la discipline et à former une arrière-garde qui ralentit la poursuite non moins désordonnée des rebelles[1].

Les fuyards se mêlaient aux civils pris de panique. Quelques membres du Congrès s'efforcèrent vainement d'arrêter des soldats hagards qui se trouvaient désormais à plusieurs kilomètres du champ de bataille, mais ceux-ci n'avaient pas l'intention de s'arrêter avant de s'être retirés de l'autre côté du Potomac. « Plus ils s'éloignaient, plus ils avaient peur », déclara un membre du Congrès.

> Nous les avons interpellés, nous avons tenté de leur dire qu'il n'y avait pas de danger, nous leur avons crié de s'arrêter, nous les avons suppliés de rester là. Nous les avons traités de lâches, insultés dans les termes les plus injurieux, nous avons sorti nos gros revolvers et menacé de leur tirer dessus, mais tout cela en vain ; une panique cruelle, irraisonnée, démente, désespérée s'était emparée d'eux et communiquée à tout le monde autour d'eux, devant comme derrière. La chaleur était accablante, bien qu'il fût à présent près de six heures du soir ; les hommes étaient épuisés — la bouche grande ouverte, les lèvres craquelées et noircies par la poudre des cartouches qu'ils avaient déchirées à coups de dents dans la bataille, les yeux fixes, égarés ; jamais nul n'a vu un pareil assemblage d'effroyables malheureux[2].

De l'autre côté du Bull Run, en revanche, les rebelles ivres de joie célébraient leur triomphe et faisaient des centaines de prisonniers. Jefferson Davis était arrivé en personne à l'heure de la victoire. Soldat dans l'âme, il n'avait pu rester tranquillement assis à Richmond pendant que la bataille faisait rage à quelque cent trente kilomètres de là. Il affréta un train spécial, trouva un cheval à Manassas et, au milieu de l'après-midi, se dirigea en compagnie d'un aide de camp vers les lieux du combat, à travers un flot grossissant de blessés et de fuyards qui leur criaient : « Arrière ! Repartez, nous sommes fichus ! » Tout en sachant que les zones reculées d'un champ de bataille sont toujours le cadre de scènes de désordres et de défaite, quoi qu'il puisse se passer sur le front, le

1. La brigade de Sherman enregistra plus de pertes (notamment le colonel James Cameron, frère du ministre de la Guerre) et se battit sans doute mieux que n'importe quelle autre brigade nordiste. Sherman en fut récompensé par une promotion au commandement des forces de l'Union au Kentucky, où il subit une réaction nerveuse qui entraîna sa disgrâce, comme on l'a vu au chapitre IX, ci-dessus.

2. Albert Riddle, cité par Samuel S. Cox, *Three Decades of Federal Legislation, 1855-1885* (Providence, 1885), p. 158.

président confédéré poursuivit sa marche le cœur serré. Était-ce donc là le sort qui attendait sa confédération ? A mesure qu'il approchait du quartier général de Johnston, cependant, la rumeur de la bataille s'éloignait vers le nord dans un grondement. Bientôt Johnston s'approcha pour lui annoncer le triomphe sudiste. Grisé par cette nouvelle, Davis le pressa de poursuivre vigoureusement l'ennemi vaincu. Bien que quelques unités confédérées eussent parcouru deux ou trois kilomètres au-delà du Bull Run, Johnston et Beauregard estimaient que toute poursuite d'envergure était impossible. Pour reprendre les mots de Johnston : « Notre armée était plus désorganisée par la victoire que celle des États-Unis par la défaite[1]. »

Lorsque la victoire confédérée apparut dans toute son ampleur, au cours des semaines suivantes, les journaux sudistes commencèrent à chercher des boucs émissaires pour expliquer pourquoi les troupes confédérées avaient été incapables de l' « exploiter et de prendre Washington ». Une violente controverse éclata entre les partisans respectifs des trois acteurs principaux de la journée — Davis, Johnston et Beauregard — qui imputaient à l'un ou à l'autre la responsabilité de cet échec. Les mémoires que ces trois hommes publièrent après la guerre ne firent que prolonger la controverse, mais la perspective de « prendre » Washington en juillet 1861 était tout à fait illusoire, comme tous trois l'avaient reconnu sur le moment. Au soir du 21 juillet, McDowell forma à Centreville une ligne de défense avec des troupes de réserve intactes. Tôt le lendemain matin, une pluie violente commença à transformer les routes en véritable bourbier. Or, les services logistiques de la Confédération n'étaient pas à même d'appuyer une avance prolongée, même par beau temps. Les dépôts militaires de Manassas étaient à sec, les vivres manquaient. En dépit du climat de panique qui régnait à Washington, les rebelles ne vinrent pas — ils en étaient bien incapables.

En juillet 1861, la controverse évoquée ci-dessus était encore à venir. Dans le Sud, une explosion de joie salua cette victoire qui semblait prouver qu'un enfant du Sud était effectivement capable à lui seul de rosser Dieu sait combien de yankees. Il n'était que trop facile d'oublier que les forces engagées avaient été égales en nombre, que les troupes confédérées étaient restées sur la défensive pendant presque tout le combat (ce qui est toujours plus facile que d'attaquer, surtout pour des soldats inexpérimentés) et que les yankees avaient bien failli l'emporter. En tout cas, la bataille de Manassas (ou du Bull Run, comme on l'appelait dans le Nord[2]) fut

1. Johnston, « Responsabilities of the First Bull Run », *Battles and Leaders*, t. I, p. 252.
2. L'Union et la Confédération donnèrent des noms différents à plusieurs batailles de la guerre de Sécession :

l'une des victoires tactiques les plus décisives du conflit. Même si nombre de sudistes en vinrent à penser qu'elle n'avait eu que des résultats stratégiques sans lendemain, la bataille n'en différa pas moins de huit mois tout autre tentative de l'Union pour envahir le cœur de la Virginie. En outre, par rapport aux hécatombes qui allaient suivre, elle ne coûta pas trop cher en hommes : environ quatre cents morts et seize cents blessés (dont quelque deux cent vingt-cinq devaient succomber à leurs blessures) dans les rangs confédérés, tandis que l'Union comptait environ six cent vingt-cinq morts ou mortellement blessés, neuf cent cinquante blessés et plus de mille deux cents prisonniers[1].

Peut-être les conséquences les plus profondes de ce combat furent-elles psychologiques, mais elles ne laissaient pas d'être paradoxales. En effet, les réjouissances jubilatoires du Sud engendrèrent une sorte de présomption oublieuse de l'injonction biblique : l'orgueil court à la chute. Manassas, écrivit le dirigeant politique Thomas R.R. Cobb, de Géorgie, a été « *l'une des batailles décisives de l'histoire du monde* [...] Elle a assuré notre indépendance. » Edmund Ruffin voyait, pour sa part, dans « cette bataille acharnée la fin virtuelle de la guerre » ; la prochaine étape de Beauregard devait être « une ruée sur Philadelphie, afin de la réduire en cendres[...] en réparation des outrages que nous ont infligés les nordistes[2] ». Le *Mobile Register* prédisait que l'armée de l'Union « ne

---

Union	*Confédération*	*Date*
Bull Run	Manassas	21 juillet 1861
Logan's Cross Roads	Mill Springs	19 janvier 1862
Pittsburg Landing	Shiloh	6-7 avril 1862
2e Bull Run	2e Manassas	29-30 août 1862
Antietam	Sharpsburg	17 septembre 1862
Chaplin Hills	Perryville	8 octobre 1862
Stone's River	Murfreesboro	30 déc. 1862-2 janv. 1863
Opequon Creek	Winchester	19 septembre 1864

Dans tous les cas sauf un (Shiloh), les confédérés donnèrent à la bataille le nom de la ville qui leur servit de base, alors que l'Union choisit le point de repère géographique le plus proche du champ de bataille ou de ses propres lignes, généralement une rivière ou un fleuve. En ce qui concerne Shiloh (Pittsburg Landing), le Sud baptisa la bataille du nom d'une petite église proche du lieu de ses premières attaques ; le Nord de celui de l'embarcadère fluvial qu'il tenta de défendre. Dans les cas de Shiloh, Perryville et Winchester, le Nord finit par accepter le nom donné à la bataille par les confédérés et ce sont ces noms que j'ai utilisés. Pour chacune des autres batailles, ni l'un ni l'autre nom n'ayant de supériorité intrinsèque, j'ai utilisé indifféremment les deux.

1. Par la faute de rapports incomplets ou erronés, on ne peut pas dénombrer avec exactitude les victimes de la guerre de Sécession. Les chiffres cités ici représentent les estimations les plus probables en se fiant aux documents existants. Certains des prisonniers nordistes étaient blessés. Dans les batailles de cette guerre, on peut estimer qu'environ quinze pour cent des blessés moururent ensuite de leurs blessures.

2. E. Merton Coulter, *The Confederate States of America 1861-1865* (Baton Rouge, 1950), p. 345 ; *The Diary of Edmund Ruffin*, vol. II, *The Years of Hope, April 1861-June 1863*, éd. de William K. Scarborough (Baton Rouge, 1976), p. 96, p. 98.

s'avancerait plus jamais à plus d'un boulet de canon de Washington » et le *Richmond Whig* allait encore plus loin : « L'effondrement de la race yankee, son inaptitude à gouverner obligent le Sud à exercer la domination. Nous voici contraints de prendre le sceptre du pouvoir. Il faut nous adapter à notre nouvelle destinée[1]. »

Tout de suite après la bataille, sous le coup de la honte et du désespoir, de nombreux nordistes étaient prêts à faire leurs ces jugements. « Ce jour portera désormais le nom de LUNDI NOIR, s'exclama un New-Yorkais en apprenant la nouvelle. Nous sommes totalement et honteusement mis en déroute, battus, rossés. » Horace Greeley, dont le *New York Tribune* avait tant fait pour aiguillonner le gouvernement et le pousser à agir prématurément, endura une semaine entière de nuits blanches, harcelé par les reproches qu'il se faisait à lui-même, avant d'adresser à Lincoln une lettre désabusée : « Sur chaque front on voit peser un sombre et brûlant désespoir [...] S'il vaut mieux pour notre pays et pour l'humanité que nous fassions la paix avec les rebelles, et à leurs conditions, ne reculez pas devant cette épreuve[2]. »

Pourtant, le retentissement profond et durable que la bataille du Bull Run eut dans le Nord ne se traduisit pas par du défaitisme, mais par un regain de détermination. Le correspondant du *Times* de Londres avait d'ailleurs prédit ce résultat au lendemain du combat : « Ce coup d'épingle dans le grand ballon nordiste va laisser échapper une quantité de gaz toxique et va amener la population à comprendre la nature du conflit dans lequel elle s'est engagée. » Dans un sermon sur un texte tiré des Proverbes — « l'adversité ne tue que là où il y a une faiblesse à tuer » —, l'un des plus éminents pasteurs du Nord exprima cet état d'esprit d'inflexible résolution. Un simple soldat y fit écho : « Je veux voir cette affaire menée à son terme ou bien périr dans cette tentative. » Alors même que Greeley écrivait à Lincoln sa lettre désespérée, un éditorial du *Tribune*, dû à une autre plume, affirmait au contraire : « Les Américains n'ont pas l'habitude de stagner dans le découragement après une défaite [...] Les revers, même s'ils commencent par étourdir, stimulent et excitent à des efforts inhabituels[...] Alors mettons-nous à l'œuvre, et de tout notre cœur[3]. »

Lincoln était plus en accord avec cet éditorial qu'avec la missive de Greeley. Quoique secoués par la nouvelle du Bull Run, ni le Président,

1. *Mobile Register*, cité par J. Cutler Andrews, *The South Reports the Civil War* (Princeton, 1970), p. 92 ; *Richmond Whig*, cité par Nevins, *War*, t. I, p. 221.

2. Strong, *Diary*, p. 169 ; lettre de Greeley à Lincoln, 29 juillet 1861, Lincoln Papers, bibliothèque du Congrès.

3. William Howard Russell, *My Diary North and South*, éd. de Fletcher Pratt (New York, 1954), p. 234 ; sermon de Horace Bushnell, cité par Bruce Catton, *The Coming Fury* (New York, 1961), p. 468 ; le soldat cité par William C. Davis, *Battle at Bull Run* (Garden City, N.Y., 1977), p. 255 ; *New York Tribune*, 30 juillet 1861.

ni le général Scott ne cédèrent à la panique. Ils passèrent la nuit à travailler pour rétablir un semblant d'ordre dans le chaos de la défaite. « Le feu est désormais aux poudres, écrivit le secrétaire particulier de Lincoln, et il va falloir en rabattre jusqu'à ce que nous nous soyons, Dieu sait comment, rachetés. Le gouvernement a l'intention de poursuivre les préparatifs de guerre en redoublant de vigueur. » Le lendemain de la défaite du Bull Run, Lincoln signait un projet de loi prévoyant l'enrôlement de cinq cent mille hommes pour trois ans. Trois jours plus tard, il signait un second projet autorisant l'enrôlement de cinq cent mille autres[1]. Au cours des semaines suivantes, les volontaires se bousculèrent aux portes des bureaux de recrutement ; de tous les gouverneurs du Nord affluèrent de nouvelles offres de régiments et bientôt les régiments eux-mêmes se pressèrent dans les camps d'entraînement autour de Washington, où ils trouvèrent pour les commander un général plein de dynamisme et de magnétisme : George B. McClellan.

A deux heures du matin, le lendemain de la bataille du Bull Run, un télégramme avait prié McClellan, de venir prendre le commandement de sa nouvelle armée de volontaires engagés pour trois ans, qui serait bientôt baptisée l'armée du Potomac. Lorsque le général arriva dans la capitale, le 26 juillet, il n'y trouva, dit-il, « aucune armée à commander — mais un simple assemblage de régiments tapis sur les rives du Potomac, les uns tout à fait novices, les autres découragés par la récente défaite[2] ». Aussi intéressés que soient ces propos, on ne peut nier que McClellan accomplit bel et bien tout ce qu'on attendait de lui durant les deux premiers mois de son commandement. La police militaire ramassa les traînards et fit la chasse aux officiers dans les bars de Washington, tandis que les commissions d'examen éliminaient les officiers incompétents. McClellan était un organisateur et un administrateur de tout premier ordre. Dans le domaine de la formation, c'était en outre un véritable professionnel. Il transforma les recrues en soldats. Il instilla dans le cœur de chacun de ses hommes la discipline et la fierté et ceux-ci l'en remercièrent en lui vouant une admiration qu'ils n'éprouvaient envers aucun autre général. McClellan fit de l'armée du Potomac une machine de guerre à nulle autre pareille — telle fut son importante contribution à la victoire finale de l'Union — mais il s'avéra incapable, en revanche, de faire donner à cette machine son rendement maximum au plus fort de la bataille.

Après Manassas, tous les sudistes ne partageaient pas la conviction que la Confédération était invincible. « [La victoire] nous berce de ses flatteuses illusions, s'inquiétait Mary Boykin Chestnut, [alors qu'elle]

---

1. Lettre de John Nicolay à sa femme, 23 juillet 1861, citée par Catton, *Coming Fury*, p. 469. Les deux lois sur l'enrôlement ont été reproduites in *O.R.*, sér. III, vol. 1, p. 380-383.
2. Cité par Kenneth P. Williams, *Lincoln Finds a General*, 5 vol. (New York, 1949-1959), t. I, p. 113.

va réveiller jusqu'à la dernière once de virilité [nordiste]. » Un fonctionnaire du ministère confédéré de la Guerre, qui tenait un journal, nota d'une plume rageuse, un mois après la bataille : « Nous nous reposons sur nos lauriers, pendant que l'ennemi manœuvre et équipe cinq cent ou six cent mille hommes. » Avec le recul du temps, des participants des deux camps convinrent, après la guerre, que ce triomphe unilatéral du Sud, lors de la première grande bataille du conflit, « se révéla être le plus grand malheur qui pouvait frapper la Confédération ». Cette interprétation fait désormais autorité dans l'historiographie de la guerre de Sécession[1].

Elle contient une grande part de vérité, mais peut-être pas toute la vérité. La confiance qu'acquirent les vainqueurs de Manassas leur insuffla un esprit de corps que d'autres victoires vinrent renforcer au cours des deux années suivantes, alors qu'au Nord, la défaite communiquait aux officiers opérant en Virginie un sentiment plus ou moins conscient d'infériorité, qui ne cessa de les ronger. Ainsi, la bataille de Manassas et, plus encore, le souvenir collectif qu'en gardèrent sudistes et nordistes constituèrent un facteur psychologique important dans la guerre sur le front de l'Est. On comprend mieux de ce fait pourquoi McClellan, après avoir créé une armée puissante, sembla toujours répugner à l'engager dans une bataille décisive : au fond de lui-même, il ne cessait de craindre que l'ennemi fût le plus fort. Et les confédérés, armés d'un moral de vainqueurs, jouissaient d'un avantage qui fit beaucoup pour compenser l'infériorité matérielle dont ils souffraient en Virginie[2]. D'où le paradoxe de la bataille du Bull Run : la confiance qu'elle donna au Sud lui nuisit autant qu'elle l'aida ; l'humiliation et le surcroît de détermination qu'elle provoqua eurent au Nord les mêmes effets ambivalents.

II

Deux jours après la défaite du Bull Run, Lincoln rédigea un mémorandum sur la future stratégie de l'Union. Il fallait poursuivre au maximum les efforts pour rendre le blocus efficace ; s'assurer sur le Maryland une emprise « douce [!], mais ferme et sûre » ; renforcer les troupes de l'Union en Virginie, les entraîner à fond et les préparer à une nouvelle invasion ; remplacer Patterson, incapable, par un nouveau commandant de l'armée de Harper's Ferry (Nathaniel P. Banks) ; enfin,

1. Woodward, *Chestnut's Civil War*, p. 111 ; Jones, *War Clerk's Diary* (Miers), p. 43 ; Edward E. Pollard, *The Lost Cause : A New Southern History of the War of Confederacy* (New York, 1866), p. 152.

2. On trouvera une habile exposition de cette thèse chez Michael C.C. Adams, *Our Masters the Rebels : A Speculation on Union Military Failure in the East, 1861-1865* (Cambridge, Mass., 1978).

ordonner aux armées de l'Union sur les fronts de l'Ouest de prendre l'offensive, « en s'intéressant tout spécialement au Missouri[1] ».

Lincoln attendait de grandes choses du commandant du Département de l'Ouest (principalement le Missouri) qu'il venait de nommer : John C. Frémont. Celui qu'on appelait le « Pionnier de l'Ouest » devait à ses onze années d'expérience dans les services topographiques de l'armée une réputation sans égale parmi les généraux politiques. Toutefois, les redoutables difficultés inhérentes à un commandement dans le Missouri — une population divisée, la guérilla, des intrigues politiques, de louches combines autour des contrats de guerre, des menaces d'invasions confédérées en provenance de l'Arkansas et du Tennessee — firent très vite ressortir les faiblesses de son caractère. Frémont avait plus de façade que de fonds. Sa crédulité et son ambition de constituer au plus vite une grande armée et une flotte puissante pour se lancer dans une grandiose descente du Mississippi en firent une proie rêvée pour les entrepreneurs, dont les bénéfices exagérés fournirent une nouvelle moisson de scandales. Frémont aurait néanmoins pu survivre à toutes ces bévues s'il avait remporté des victoires, au lieu de quoi, peu après son arrivée à Saint Louis, le 25 juillet, les forces de l'Union au Missouri subirent des revers qui furent perçus comme les suites du tremblement de terre du Bull Run.

La nomination de Frémont fit passer Nathaniel Lyon sous son commandement. Après avoir pourchassé la milice de Sterling Price jusqu'à l'extrême sud-ouest de l'État, la petite armée de Lyon, forte de cinq mille cinq cents hommes, occupa Springfield à plus de trois cents kilomètres de Saint Louis, tout au bout d'un axe précaire de ravitaillement. Lyon avait en face de lui une force sudiste hétéroclite, composée des huit mille Missouriens de Price et de cinq mille autres troupes confédérées, sous le commandement du général Ben McCulloch, un de ces rudes habitants de la Frontière qui avait gagné ses galons comme chasseur d'Indiens, officier de la guerre du Mexique et chasseur à cheval au Texas. Price brûlait du désir de reprendre le Missouri aux yankees et aux troupes « allemandes » que commandait Lyon. McCulloch n'avait guère confiance dans les Missouriens de son subordonné, dont deux ou trois mille n'avaient même pas d'armes, tandis que le reste brandissait un mélange inqualifiable de fusils de chasse, de carabines et de vieux mousquets. Malgré toute sa répugnance, cependant, McCulloch finit par céder aux instances de Price et par tenter une offensive.

Entre-temps, Lyon apprit que Frémont ne pourrait pas lui envoyer de renforts. Toutes les troupes de l'Union semblaient requises ailleurs, pour combattre la guérilla et contrecarrer une incursion rebelle dans le sud-est de l'État, laquelle menaçait la base de Cairo, dans l'Illinois. Face à une concentration de troupes plus de deux fois supérieure en

1. *CWL*, t. IV, p. 457-458.

nombre, avec sous ses ordres une armée composée pour moitié de recrues de « quatre-vingt-dix jours » dont l'enrôlement arrivait à expiration, Lyon ne paraissait pas avoir d'autre choix que de battre en retraite, mais ce fougueux général, à la chevelure de feu, ne pouvait supporter l'idée de céder le sud-ouest du Missouri sans se battre. Il décida donc de prendre McCulloch et Price de vitesse et d'attaquer le premier.

Au mépris de toutes les maximes des manuels militaires (attitude qui fut aussi celle de Robert E. Lee par la suite et qui lui permit de remporter ses plus grandes victoires), Lyon divisa sa petite armée face à un ennemi plus nombreux et envoya une colonne de flanc de douze cents hommes, sous les ordres de Franz Sigel, contourner par une marche nocturne le sud du camp confédéré le long de la rivière de Wilson's Creek, à seize kilomètres au sud de Springfield. Pendant que Sigel allait ainsi surprendre l'ennemi par l'arrière, Lyon devait l'attaquer de front avec le gros de ses troupes. Les fédéraux accomplirent avec succès cette manœuvre difficile et parvinrent à surprendre l'ennemi avec une attaque en tenailles lancée à l'aube du 10 août. Mais McCulloch et Price gardèrent la tête froide et rallièrent leurs hommes pour un combat dans les règles, avec mouvements de va-et-vient et tir rapproché, le long des rives de Wilson's Creek et sur les pentes d'une colline voisine.

Deux tournants permirent finalement aux rebelles de s'imposer. D'abord, après avoir initialement repoussé les confédérés sur le flanc sud, l'attaque de Sigel fut arrêtée net à la suite d'une nouvelle confusion d'uniformes. Un régiment de Louisiane vêtu d'uniformes gris très semblables à ceux des miliciens du 1er régiment de l'Iowa, placé sous les ordres de Lyon, s'approcha assez près de l'avant-garde de Sigel pour tirer une salve meurtrière, avant que les soldats de l'Union ne comprissent qu'il s'agissait d'ennemis. L'attaque de Sigel se désagrégea ; un barrage d'artillerie et une contre-attaque d'infanterie des sudistes ne tardèrent pas à disperser à tous vents sa brigade découragée. Les soldats de Louisiane et de l'Arkansas, qui occupaient ce secteur du champ de bataille, se joignirent alors aux Missouriens engagés contre la force principale de Lyon, si bien que les rebelles luttaient désormais à trois contre un. Enfoncé au plus fort de la bataille, Lyon reçut deux blessures légères et eut un cheval tué sous lui, avant qu'une balle ennemie ne trouvât enfin le chemin de son cœur. Cette perte démoralisa les unionistes qui en outre étaient presque à court de munitions. Lentement, ils reculèrent, laissant le champ de bataille à l'ennemi, et se retirèrent jusqu'à Springfield, sans être poursuivis par les sudistes, tout aussi mal en point.

Cette sanglante bataille fit dans chaque camp environ treize cents morts et blessés, une proportion de pertes considérablement plus élevée que celle enregistrée à Manassas. Bien que la victoire tactique des confédérés à Wilson's Creek fût beaucoup moins décisive et qu'elle touchât peu l'opinion publique hors du Missouri, ses conséquences stratégiques semblèrent d'abord plus importantes. Les forces de l'Union durent battre en retraite jusqu'à Rolla, à cent soixante kilomètres au nord de Springfield. Price, fort de la confiance et du prestige qu'il en retirait, poursuivit son avance vers le nord, en direction du Missouri (le fleuve), ramassant en route de nouvelles recrues. Ce fut avec dix-huit mille soldats qu'il vint encercler les trois mille cinq cents fédéraux en garnison à Lexington, la plus grande ville entre Saint Louis et Kansas City. Frémont eut le plus grand mal à réunir quelques renforts qui se portèrent au secours de la garnison nordiste, mais ils ne parvinrent pas à percer le cordon circulaire de Price et après une résistance de trois jours, Lexington capitula le 20 août.

La réputation de Price monta en flèche, tandis que celle de Frémont était en chute libre. En deux mois de commandement, il avait selon toute apparence perdu la moitié du Missouri. Les francs-tireurs sudistes intensifièrent leurs activités. La famille Blair, naguère protectrice du « Pionnier de l'Ouest », se retourna contre lui et commença à intriguer pour l'évincer. Et une décision hardie prise par Frémont pour renverser le cours de sa fortune tourna mal et acheva de régler son sort.

Le 30 août, en effet, Frémont émit une surprenante proclamation. En tant que général en chef, il s'arrogeait « les pouvoirs administratifs de l'État », instaurait la loi martiale, annonçait que tout franc-tireur capturé derrière les lignes de l'Union serait condamné à mort, et enfin confisquait les biens et émancipait les esclaves de tous les activistes confédérés du Missouri[1]. Deux motifs l'avaient, semblait-il, poussé à cet acte inconsidéré : d'abord, il ressentait le besoin d'imposer des mesures draconiennes pour réprimer les francs-tireurs et intimider les sympathisants des rebelles ; ensuite, il voulait s'attirer les faveurs des républicains antiesclavagistes. Frémont atteignit d'ailleurs ce second objectif, mais en s'aliénant les bonnes grâces de Lincoln qui était au beau milieu de manœuvres fort délicates pour persuader le Kentucky de rester fidèle à l'Union. Le Président adressa à Frémont une lettre privée, lui ordonnant de ne pas fusiller de francs-tireurs « sans [son] approbation préalable », car s'il devait exécuter ses prisonniers à tort et à travers, « les confédérés en [viendraient] très certainement à fusiller les meilleurs de nos hommes actuellement entre leurs mains, par mesure de représailles ; et ainsi de suite, œil pour œil, dent pour dent indéfiniment[2] ». Pour finir, Lincoln avertissait son général qu'en affranchissant les esclaves des rebelles il risquait « d'alarmer nos amis

1. *O.R.*, sér. I, vol. 3, p. 466-467.

2. Alors même que Lincoln écrivait ces mots, le chef des francs-tireurs rebelles dans le sud-est du Missouri, M. Jeff Thompson, émit à son tour une proclamation par laquelle il promettait que pour chaque homme à lui exécuté selon l'édit de Frémont, il ferait « pendre et écarteler un sbire dudit Abraham Lincoln », Jay Monaghan, *Civil War on the Western Border 1854-1865* (Boston, 1955), p. 185.

unionistes du Sud et de nous les rendre hostiles — et peut-être même d'anéantir nos perspectives plutôt prometteuses dans le Kentucky ». Le Président demandait donc à Frémont (il n'ordonnait pas) de bien vouloir modifier sa proclamation pour la rendre conforme à une loi votée par le Congrès le 6 août, laquelle se bornait à confisquer les biens (esclaves compris) directement utilisés pour l'effort de guerre de la Confédération[1].

Un homme plus sagace aurait considéré la requête de Lincoln comme un ordre, mais avec une espèce d'arrogance proconsulaire qui n'avait rien pour plaire au Président, Frémont refusa de changer un mot à sa proclamation et il envoya en outre sa fougueuse épouse (fille du légendaire Thomas Hart Benton) à Washington, afin de persuader Lincoln de son erreur. Jessie Frémont blessa son interlocuteur par des allusions à la sagesse et au prestige supérieurs de son mari et nuisit considérablement à la cause de ce dernier. Au moment même où se déroulait cet entretien, des lettres émanant des unionistes des États limitrophes arrivaient à la Maison-Blanche, exprimant leur alarme et leur mécontentement. « Nous pourrions supporter plusieurs défaites comme celles du Bull Run plus facilement que cette proclamation, à supposer qu'elle soit approuvée par l'Administration, écrivait le Kentuckien Joshua Speed, le plus vieil ami de Lincoln et le meilleur. Ne souffrez pas que nous soyons contraints de renoncer à notre loyalisme actif par le geste imbécile d'un freluquet galonné. » Le lendemain de la visite de Jessie Frémont, Lincoln signifia officiellement au général qu'il devait modifier son édit d'émancipation[2].

Après cette affaire, les jours de Frémont à la tête de l'armée du Missouri étaient comptés. Sachant que seule une victoire pouvait le sauver, il rassembla une armée de trente-huit mille hommes et partit détruire la milice de Price. Depuis qu'il avait pris Lexington, ce dernier avait appris à faire la différence entre une invasion et un raid. Il n'avait pas le nombre d'hommes, ni la capacité logistique nécessaires pour transformer son raid en occupation réussie du territoire capturé. Plus de la moitié de ses troupes s'éparpillèrent dans la nature pour aller récolter les moissons ou se livrer à des opérations de guérilla pour leur propre compte. Price repartit donc vers le sud-ouest de l'État et, avant que les fédéraux n'eussent pu le rattraper, Lincoln releva Frémont de son commandement. Les forces de l'Union devaient finir par défaire et disperser l'armée de Price, mais à l'époque, Frémont était déjà bien loin, en Virginie occidentale, où il s'apprêtait à partir vers un nouvel échec.

---

1. *CWL*, t. IV, p. 506.
2. Lettre de Speed à Lincoln, 7 sept. 1961, Lincoln Papers, bibliothèque du Congrès ; *CWL*, t. IV, p. 517-518.

III

En révoquant l'ordre d'émancipation promulgué par Frémont et en relevant ce dernier de son commandement, Lincoln déchaîna une controverse sur l'esclavage. Aux mois de juillet et d'août 1861, dans les semaines qui suivirent la ratification par le Congrès des résolutions Crittenden-Johnson, désavouant les objectifs de guerre antiesclavagistes, de nombreux républicains commencèrent à changer d'avis. Les abolitionnistes qui, un peu plus tôt, s'étaient tus élevèrent de nouveau la voix. Un des principaux catalyseurs du changement fut la défaite du Bull Run. « Le résultat de la bataille a été un coup terrible, écrivit un abolitionniste, [mais] je pense que ce sera peut-être le moyen de faire comprendre à notre stupide pays l'ampleur et la difficulté de la tâche qu'il doit accomplir. » Une rébellion soutenue *par* l'esclavage pour *défendre* l'esclavage ne pourrait être réprimée que par des mesures prises *contre* l'esclavage. Comme le disait Frederick Douglass : « Se battre contre les propriétaires d'esclaves sans se battre contre l'esclavage, c'est faire les choses à moitié et cela paralyse les mains qui s'y emploient [...]. C'est avec l'eau qu'on lutte contre le feu [...]. A la guerre qui vise à détruire la liberté, il faut opposer celle qui vise à détruire l'esclavage[1]. »

Conscients du fait que le racisme ou le respect de la Constitution empêcheraient de nombreux nordistes d'accepter les arguments moraux en faveur de l'émancipation des Noirs parmi les buts de guerre, les porte-parole du mouvement antiesclavagiste avancèrent l'argument de la « nécessité militaire ». Les sudistes se vantaient du fait que l'esclavage était « un puissant secours pour la Confédération » parce qu'il lui permettait de « mettre en campagne une force beaucoup plus grande que celle du Nord, proportionnellement à sa population ». Eh bien, justement ! s'écriaient les partisans de l'affranchissement. Les esclaves constituaient plus de la moitié de la main-d'œuvre du Sud. Ils faisaient pousser les récoltes, construisaient les fortifications et transportaient les provisions de l'armée rebelle. Ils travaillaient dans les mines et les fabriques de munitions. La main d'œuvre servile était d'une telle importance pour l'effort de guerre sudiste que le gouvernement confédéré avait fait appel au service obligatoire des esclaves avant même de commencer à enrôler les Blancs dans l'armée. « Le nerf même de cette rébellion est le Noir sous forme d'esclave, déclara Douglass. Que l'on immobilise la houe que tiennent ces mains de couleur et c'est un coup porté contre la rébellion, là où réside précisément son élan vital[2]. »

1. Lettre de Moncure D. Conway à Ellen Conway, 23 juillet 1861, Moncure D. Conway Papers, bibliothèque de la Columbia University ; *Douglass' Monthly*, sept., mai 1861.
2. *Montgomery Advertiser*, 6 novembre 1861 ; *Douglass' Monthly*, juillet 1861.

Oui, mais comment y parvenir sans violer la Constitution américaine, qui protégeait l'esclavage[1] ? En faisant sécession, les rebelles avaient perdu leurs droits constitutionnels, répondaient les abolitionnistes. Coupables de trahison, ils étaient passibles de la confiscation de tous leurs biens. En outre, même si théoriquement le Sud participait à une insurrection intérieure, dans la pratique il livrait une guerre. Le gouvernement Lincoln l'avait déjà reconnu en proclamant un blocus et en traitant les rebelles capturés comme des prisonniers de guerre. Ayant ainsi concédé à la Confédération le statut de belligérant, l'Union avait tout à fait le droit de confisquer les biens de l'ennemi, car c'était un acte de guerre légitime[2].

Benjamin Butler fut la première personnalité de premier plan à agir conformément à ces arguments. Au mois de mai, trois esclaves employés à construire des fortifications sudistes s'étaient échappés et avaient gagné les lignes de Butler établies à la forteresse Monroe, en Virginie. Leur propriétaire — un colonel confédéré — se présenta le lendemain en agitant un drapeau blanc et demanda qu'ils lui fussent rendus, en invoquant la loi sur les esclaves fugitifs. Butler lui rétorqua que puisque la Virginie prétendait ne plus faire partie de l'Union, cette loi ne s'appliquait pas à ses ressortissants. Il baptisa les trois évadés « contrebande de guerre » et les mit au travail dans son propre camp. La presse nordiste s'empara de l'expression « contrebande de guerre » et dorénavant tous les esclaves qui parvinrent à gagner les lignes de l'Union furent qualifiés de « contrebande ».

Le gouvernement ratifia, non sans hésitation, la politique de Butler. Au mois de juillet, près d'un millier de « contrebandes » avaient rejoint les forces de l'Union à la forteresse Monroe. Leur situation juridique était ambiguë. Butler décida de la clarifier en adressant des questions explicites au ministère de la Guerre. Dans une lettre datée du 30 juillet, il demanda au ministre, qui à l'époque était encore Cameron : « Ces hommes, femmes et enfants sont-ils des esclaves ? Sont-ils libres ? [...] Quel a été l'effet de la rébellion et de l'état de guerre sur [leur] situation ? [...] S'ils ne sont que des biens, ne deviennent-ils pas la propriété de leurs sauveurs ? Mais nous, leurs sauveurs, nous n'avons pas besoin de tels biens et nous n'en voulons pas [...]. Ne convient-il donc pas de considérer que tout rapport de propriété est caduc[3] ? »

---

1. Rappelons que l'article IV, section II de la Constitution américaine prévoit que « nulle personne tenue à un service ou à un travail dans un État en vertu des lois de cet État et s'échappant dans un autre ne pourra invoquer les lois ou règlements de l'État dans lequel elle s'est réfugiée, pour se soustraire à ce service ou à ce travail, mais elle sera livrée, sur sa demande à la partie à laquelle ce service ou ce travail peuvent être dus. » (NdE.)

2. On trouvera une discussion très lucide de ces questions chez James G. Randall, *Constitutional Problems under Lincoln*, éd. révisée (Urbana, 1951), Chap. 12-16.

3. Jessie A. Marshall (éd.), *Private and Official Correspondance of General Benjamin F. Butler during the Period of the Civil War*, 5 vol. (Norwood, Mass., 1917), t. I, p. 185-187.

Questions bien délicates, que posait là le général, et explosives de surcroît. Au même moment, le Congrès tentait d'y répondre au cours d'un débat sur un projet de loi visant à confisquer les biens utilisés au service de la rébellion. John J. Crittenden, du Kentucky, faisait valoir que le Congrès n'avait pas davantage le droit de légiférer contre l'esclavage en temps de guerre qu'en temps de paix. Certes, répondaient les républicains, mais le Congrès, en revanche, a le droit de punir la trahison en confisquant les biens des traîtres, châtiment qui frappait l'individu et non l'institution. De cette façon indécise et limitée, les républicains mirent en vigueur une loi de confiscation le 6 août. Butler tenait donc sa réponse, si l'on pouvait dire. Les « contrebandes » n'étaient plus des esclaves si — et dans ce cas seulement — ils avaient été directement employés par les services armés de la Confédération. Oui, mais alors étaient-ils libres ? La loi restait muette sur ce point. On était donc bien loin de la vibrante ratification de l'émancipation que les abolitionnistes commençaient à réclamer, mais pourtant cette proposition allait encore trop loin pour les démocrates du Congrès et les élus des États limitrophes. Tous sauf trois votèrent contre le projet de loi, alors que tous les républicains, à six voix près, votaient pour. Ce fut la première brèche dans le soutien bipartisan en faveur des mesures de guerre de l'Union. Elle indiquait clairement que si le conflit se transformait en guerre antiesclavagiste, celle-ci deviendrait par là même la guerre des républicains.

En 1861, une telle persepctive n'était pas sans inquiéter Lincoln. C'était pourquoi il avait révoqué l'édit de Frémont, lequel allait bien au-delà de la loi de confiscation, puisqu'il s'appliquait à *tous* les esclaves appartenant à des rebelles et qu'il déclarait que ces esclaves étaient *libres*[1]. Le geste du Président déplut à la plupart des républicains. « On dit que nous devons consulter les États limitrophes, remarqua un républicain influent du Connecticut. Permettez-moi de dire *au diable* les États limitrophes [...] Un millier de Lincoln ne sauraient empêcher les gens de se battre contre l'esclavage. » Il n'y eut pas jusqu'à Orville Browning, sénateur conservateur de l'Illinois et ami intime du Président qui ne critiquât la révocation de l'édit de Frémont. Piqué au vif par cette réaction, Lincoln préféra répondre à son ami par une lettre privée. L'acte

Une autre partie pertinente de la correspondance entre Butler et le ministère de la Guerre a été fort commodément reproduite chez Ira Berlin et al. (éd.), *The Destruction of Slavery*, vol. I de *Freedom : A Documentary History of Emancipation 1861-1867* (Cambridge, 1985), p. 70-75.

1. Il convient de noter que la politique des « contrebandes », mise en vigueur par Butler, allait elle aussi au-delà de la loi de confiscation. Butler, en effet, gardait également les femmes et enfants des « contrebandes », lesquels n'avaient pas travaillé directement pour les forces armées de la Confédération. D'ailleurs, bon nombre d'esclaves hommes qui avaient réussi à gagner les lignes de l'Union ne répondaient pas exactement aux termes de la loi.

de Frémont, déclara-t-il, ne se situait pas « dans les limites de la loi ou de la nécessité *militaires* ». Il aurait pu confisquer les biens ennemis, y compris les esclaves, comme l'avait fait Butler, « mais ce n'[était] pas à lui de fixer leur condition future permanente [en les déclarant libres] ». « Cela, précisait Lincoln, doit être réglé conformément aux lois faites par les législateurs et non pas au moyen de proclamations militaires. » Browning avait soutenu la politique de Frémont comme étant « le seul moyen de sauver le gouvernement ». Au contraire, répondait Lincoln, « c'[était] en soi la capitulation du gouvernement ». En apprenant la teneur de l'édit de Frémont, rapporta le Président, une compagnie de soldats de l'Union originaires du Kentucky « avait jeté ses armes et s'était dissoute ». « [Si l'ordre n'avait pas été modifié], assurait Lincoln, les armes que nous avons nous-mêmes fournies au Kentucky auraient été tournées contre nous. Pour moi, perdre le Kentucky revient presque à perdre la partie tout entière. Une fois cet État passé à la rébellion, il nous est impossible de tenir le Missouri, ni même, à mon avis, le Maryland. Et si nous avons tous ceux-là contre nous, la tâche à laquelle nous devons nous mesurer devient trop lourde pour nous. Autant consentir tout de suite à la séparation, y compris la reddition de notre Capitole [... De toute façon], saurait-on prétendre qu'il s'agit encore d'[un] gouvernement selon la Constitution et les lois, si un général, ou même un Président, est habilité à instituer des règlements permanents sur la propriété par simple proclamation[1] ? »

On aimerait bien savoir si Lincoln se rappela ces mots lorsqu'il tenta bel et bien, un an plus tard, d'édicter un règlement permanent sur la propriété avec sa Proclamation d'émancipation qui déclarait les esclaves « libres à jamais ». Mais en cette seule année avaient été resserrés les changements d'une vie entière. La question de l'esclavage refusa obstinément de disparaître, car c'étaient les esclaves eux-mêmes qui ne voulaient pas la laisser s'effacer. Tout seuls ou deux par deux, par douzaines, par vingtaines, ils continuèrent à se transformer en « contrebandes », en gagnant les lignes de l'Union, et il fut quasi impossible à leurs propriétaires de venir les en déloger, fût-ce dans les États limitrophes unionistes. De nombreux régiments nordistes recueillirent des fugitifs et refusèrent de les rendre en dépit des ordres qu'ils recevaient à cet effet[2].

---

1. Lettre de Joseph R. Hawley à Gideon Welles, 17 sept. 1861, citée par James G. Randall, *Lincoln the President*, 4 vol. (New York, 1946-1954), t. II, p. 21 ; lettre de Lincoln à Browning, 22 sept. 1861, *CWL*, t. IV, p. 531-532.

2. Pour un foisonnement de détails sur ces évasions ininterrompues de « contrebandes » vers le camp de l'Union et sur les rapports entre l'armée et les propriétaires d'esclaves qui tentèrent de récupérer leurs biens, voir Berlin et al. (éd.), *The Destruction of Slavery*, ainsi que Barbara J. Fields, *Slavery and Freedom on the Middle Ground : Maryland during the Nineteenth Century* (New Haven, 1985).

Les républicains radicaux approuvaient publiquement de tels actes. Et dès le mois d'octobre 1861, certains d'entre eux prônaient non seulement l'émancipation des « contrebandes », mais aussi leur mobilisation armée au sein des troupes de l'Union. Cameron, le ministre de la Guerre, donna son adhésion à cette mesure dans son rapport annuel : « Quiconque fait la guerre au gouvernement peut être justement privé de tous ses droits à la propriété [...]. Le gouvernement a le droit tout aussi évident d'armer les esclaves, lorsque cela peut devenir nécessaire, qu'il a celui d'utiliser de la poudre à canon prise à l'ennemi[1]. » Cameron communiqua ce rapport à la presse le 1er décembre, sans l'accord préalable du Président. Lorsque Lincoln, stupéfait, lut ces mots, il ordonna à son ministre de revoir son rapport et d'en éliminer ce paragraphe, mais certains journaux l'avaient déjà reproduit. Tout comme celui de Frémont, l'acte impulsif de Cameron contribua à élargir le fossé entre Lincoln et l'aile radicale de son parti. Bientôt Cameron, à l'instar de Frémont, fut limogé. Le général aussi bien que le ministre furent mis à pied parce qu'ils étaient non pas abolitionnistes, mais incapables ; rares, cependant, étaient les radicaux qui acceptaient de croire que la question de l'esclavage était étrangère à leur départ.

Dans son message annuel, le 3 décembre 1861, Lincoln déclara : « Parce que je le redoutais, j'ai veillé à ce que [la guerre] ne dégénérât pas en une lutte révolutionnaire violente et impitoyable. » Mais les abolitionnistes, eux, et certains républicains la considéraient déjà comme un conflit révolutionnaire entre deux systèmes sociaux. « Nous sommes les révolutionnaires ! » écrivait en 1861 Moncure Conway, qui était né en Virginie, mais avait été élevé en Nouvelle-Angleterre. « [Même si les confédérés] se justifient en arguant du droit de révolution, poursuivait-il, [leur cause] n'est pas une révolution, mais une rébellion contre la plus noble des révolutions. » Le Nord, écrivait un autre abolitionniste, doit proclamer que la liberté est un de ses buts de guerre et accomplir ainsi « la seconde glorieuse révolution américaine[2] ». Thaddeus Stevens, chef des républicains radicaux à la Chambre, personnage austère et cromwellien, réclamait précisément le genre de lutte violente et impitoyable que Lincoln espérait bien éviter : « Libérons tous les esclaves — tuons tous les traîtres — brûlons toutes les demeures rebelles, si cela s'avère nécessaire pour préserver notre temple de la liberté. » « [Nous devons] traiter cette [guerre] comme une révolution radicale, déclara Stevens, et remodeler nos institutions. » Ses collègues n'étaient pas disposés à le suivre aussi loin, mais en décembre 1861, ils s'étaient déjà

1. John G. Nicolay et John Hay, *Abraham Lincoln : A History*, 10 vol. (New York, 1890), t. V, p. 125-126.

2. *CWL*, t. V, p. 48-49 ; Moncure Conway, *The Rejected Stone : or, Insurrection vs. Resurrection in America* (Boston, 1861), p. 75-80, p. 110 ; *Principia*, 4 mai 1861.

avancés bien au-delà de la position qu'ils occupaient quelques mois auparavant. Le 4 décembre, par un vote unanime des républicains, la Chambre refusa de réaffirmer la résolution de Crittenden désavouant tout but de guerre antiesclavagiste[1].

IV

La question de l'esclavage joua aussi un rôle dans le désenchantement qui se manifestait de plus en plus parmi les républicains à l'égard de McClellan, moindre cependant que les défauts de celui-ci en tant qu'homme et que général.

« Pour moi, McClellan reste un des mystères de la guerre », devait déclarer Ulysses S. Grant une douzaine d'années après le conflit. Les historiens s'efforcent encore de percer ce mystère[2]. La vie semblait pourtant avoir préparé McClellan à de grandes choses. Sa naissance dans une famille aisée de Philadelphie et son éducation dans les meilleures écoles privées lui avaient permis d'être admis à West Point par dispense spéciale, deux ans avant d'avoir atteint l'âge minimal requis. Après être sorti deuxième de sa promotion, il se fit un nom à l'âge de vingt ans grâce à ses succès d'officier du Génie durant la guerre du Mexique. Après avoir été envoyé comme observateur en Crimée, par l'armée américaine, en 1857, à l'âge de trente ans, il abandonna la carrière militaire pour devenir ingénieur en chef et vice-président d'une compagnie de chemin de fer, puis président d'une autre compagnie deux ans plus tard. En mai 1861, à l'âge de trente-quatre ans, il devenait le général le plus haut gradé de l'armée américaine, à l'exception de Scott, et en juillet il prenait le commandement de la principale armée en campagne. Pour reprendre les mots du correspondant du *Times* à Washington, McClellan arriva dans la capitale sous les traits de « l'homme à cheval » qui devait sauver l'Union ; la presse en fit son héros ; un contemporain pourtant pondéré nota : « Il y a chez lui un indéfinissable *air de réussite*, un je-ne-sais-quoi qui évoque "l'homme providentiel"[3]. »

Mais peut-être la carrière de McClellan avait-elle justement été trop réussie. Jamais il n'avait connu, comme Grant, le désespoir de la défaite, l'humiliation de l'échec. Jamais il n'avait eu à apprendre les leçons de

1. Stevens cité par T. Harry Williams, *Lincoln and the Radicals* (Madison, 1941), p. 12, et par Margaret Shortreed, « The Anti-Slavery Radicals, 1840-1868 », *Past and Present*, n° 16 (1959) ; le geste de la Chambre rapporté dans *CG*, 37ᵉ Congr., 2ᵉ sess., p. 15.

2. Citation empruntée à Warren W. Hassler Jr., *General George B. McClellan : Shield of the Union* (Baton Rouge, 1957), p.xv. Pour un bon résumé des écrits sur McClellan, voir Joseph L. Harsh, « On the McClellan Go-Round », in John T. Hubbell (éd.), *Battles Lost and Won : Essays from Civil War History* (Westport, Conn., 1975), p. 55-72.

3. Russell, *My Diary North and South*, p. 240 ; Nevins, *War*, t. I, p. 269.

l'adversité et de l'humilité. L'adulation dont il fut l'objet durant ses premières semaines à Washington lui monta à la tête. Les lettres qu'il adressa alors à sa femme révélaient les premiers signes d'un complexe messianique. « Je me trouve ici dans une étrange position : le Président, le Cabinet, le général Scott et tous les autres s'inclinent devant moi, écrivit-il le lendemain de son arrivée. Par quelque curieux tour de magie, on dirait que je suis devenu le seul pouvoir qui compte dans le pays. » Trois jours plus tard, il se rendait au Capitole : « [J'y fus], remarqua-t-il, tout à fait confondu par les félicitations que j'y reçus et le respect avec lequel on me traita. » Le Congrès paraissait disposé « à [lui] céder en tout ». La semaine suivante, le général rapportait qu'il avait eu « lettre sur lettre, conversation sur conversation, [le] suppliant de sauver la nation — faisant allusion à la présidence, à une dictature, etc. ». McClellan assurait ne briguer aucunement de telles fonctions, mais il se délectait néanmoins des acclamations de ses soldats, chaque fois qu'il passait à cheval devant leurs rangs — d'autant qu'elles renforçaient l'image napoléonienne qu'il avait de lui-même. « Tu ne peux pas savoir à quel point le visage des hommes s'éclaire à présent quand je vais parmi eux. Je vois briller tous les yeux [...]. Jamais tu n'as dû entendre des cris pareils [...]. Je crois qu'ils m'aiment [...]. Dieu a placé une noble tâche entre mes mains [...]. J'y étais appelé ; toute ma vie écoulée semble avoir été sans le savoir dirigée vers ce but grandiose[1]. »

La première victime de la gloriole de McClellan fut le général en chef, Winfield Scott. Cet homme, qui avait plus de deux fois son âge, était le plus grand soldat américain encore en vie, le héros de deux guerres, jouissant d'une gloire militaire qui ne le cédait qu'à celle du seul George Washington. Toutefois, la renommée de Scott était liée aux guerres du passé. McClellan aspirait à devenir le héros de celle-ci. Très vite, une rivalité avec celui qu'il appelait en privé « le vieux général » se fit jour. A vrai dire, les entreprises militaires postérieures au Bull Run ne pouvaient avoir qu'un seul chef. McClellan s'attela à sa tâche avec une indomptable énergie. Ses dix-huit heures de travail quotidien ne tardèrent pas à donner des résultats rapides et évidents. McClellan communiquait directement avec le Président, court-circuitant Scott. Ce dernier, à qui son âge et ses infirmités interdisaient plus de quelques heures de paperasseries par jour, fut vexé d'être ainsi tenu à l'écart. McClellan se plaignit que Scott contrecarrait ses plans pour agrandir l'armée et la préparer à une prochaine offensive. « Je fait tout mon possible pour augmenter notre

---

1. Lettres de McClellan à Ellen Marcy McClellan, 27,30 juillet, 9 août, 31 oct. 1861, McClellan Papers, bibliothèque du Congrès. Ces lettres à sa femme consistent en extraits des originaux, que le général recopia de sa propre main après la guerre. Il n'y a aucun moyen de savoir s'il fit d'importantes coupures, car les originaux n'existent plus. Les extraits se trouvent dans la série C, dossier 7 des McClellan Papers. Des versions abrégées de certaines de ces lettres figurent chez W.C. Prime (éd.), *McClellan's Own Story* (New York, 1887).

force armée, écrivit-il à sa femme au début d'août, mais ce fichu vieux général me met sans arrêt des bâtons dans les roues. C'est un vrai cauchemar. Il ne comprend rien, n'apprécie rien [...]. Je ne sais pas s'il est *gâteux* ou *traître* [...]. S'il n'est pas *possible* de l'écarter de ma route, je [...] démissionnerai et laisserai le gouver[nement] se débrouiller tout seul [...]. La population fait appel à moi pour sauver le pays — je *dois* le sauver et ne puis respecter tout ce qui me barre le chemin [1]. » Lincoln s'efforçait de jouer les médiateurs entre ses deux généraux, mais il ne parvint qu'à différer l'inévitable. Finalement, le Président succomba aux pressions des sénateurs républicains et accepta le départ à la retraite de Scott, le 1er novembre, « pour raisons de santé ». McClellan lui succéda en tant que général en chef. Lincoln le mit en garde, soulignant que son double rôle de général en chef et de commandant de l'armée du Potomac « [lui] imposerait un énorme travail ». « Je veillerai à tout ! » répondit McClellan [2].

Si les sénateurs contribuèrent activement à pousser Scott à la retraite, ce fut parce que McClellan sut les convaincre que le « vieux général » était le grand responsable de l'inactivité de l'armée. A son arrivée à Washington, McClellan avait déclaré son intention de « faire les choses *en grand* et d'écraser les rebelles en une seule campagne [3] ». Cela sonnait agréablement aux oreilles des républicains, mais très vite McClellan commença à exprimer la crainte de voir Beauregard avancer à la tête d'une immense armée pour l'écraser *lui*. Un curieux manque de confiance perça peu à peu dans ses paroles et dans ses actes, alors même qu'il continuait à se voir sous les traits de l'instrument choisi par Dieu pour sauver la République. On vit apparaître les premiers signes d'une tendance chronique à surestimer la force de l'ennemi et à en tirer argument pour rester sur la défensive. En octobre, McClellan avait sous ses ordres cent vingt mille hommes, alors que Beauregard et Johnston n'en avaient que quarante-cinq mille à Manassas et dans les environs. Le général nordiste, cependant, affirmait à qui voulait l'entendre que les rebelles comptaient cent cinquante mille soldats et s'apprêtaient à l'attaquer [4].

1. Lettres de McClellan à Ellen Marcy McClellan, 8,9 août 1861, McClellan Papers.
2. Dennett, *Lincoln/Hay*, p. 33.
3. Lettre de McClellan à Ellen Marcy McClellan, 2 août 1861, McClellan Papers.
4. Le chef des services secrets de McClellan, Allan Pinkerton, a longtemps été accusé d'avoir exagéré le nombre des soldats ennemis, sur lesquels le général fondait ses calculs. Pinkerton mérite, certes, d'être blâmé, mais peut-être pas entièrement. Ses activités englobaient deux sphères : l'espionnage derrière les lignes ennemies et le contre-espionnage derrière celles de l'Union. En tant que fondateur de la célèbre agence de détectives Pinkerton, il employait bien sûr de nombreux agents ayant naguère reçu une formation de détectives. Ces hommes firent de l'excellent travail lorsqu'il s'agissait de démasquer et d'arrêter les agents confédérés, car ils y étaient préparés par leur ancienne profession, mais en tant qu'espions, ils étaient moins à leur affaire. Ils avaient tendance à accepter trop facilement les rumeurs et ragots qui couraient sur les unités et mouvements des rebelles et qu'ils entendaient à Richmond ou ailleurs. Mais, de toute façon, même lorsqu'ils fournissaient

Les confédérés avaient poussé leurs avant-postes à portée de vue de Washington. Ils avaient aussi établi des batteries le long du cours inférieur du Potomac, afin d'interdire toute circulation fluviale vers la capitale. Vers la fin de septembre, ils se retirèrent d'une position exposée sur Munson's Hill, à quelques kilomètres au sud-ouest de Washington. Lorsque les fédéraux s'en emparèrent, au lieu de la pièce d'artillerie de gros calibre qu'ils s'attendaient à trouver, ils découvrirent une simple bûche taillée et peinte de façon à imiter le fût d'un canon. Ce « canon factice » fut une source d'embarras pour McClellan et l'on commença à contester ses raports sur la supériorité numérique de l'ennemi. Les habitants du Nord se lassaient de la passivité de leurs troupes face aux insolences des rebelles. L'incident du canon factice contribua à dissiper la réserve de confiance et d'adulation dont McClellan avait joui jusqu'alors. A mesure que les superbes journées d'octobre s'égrenaient sans que l'armée du Potomac tentât la moindre avance, certains républicains se mirent à douter de la compétence de son chef, voire de son loyalisme. Le bulletin télégraphique quotidien : « Rien ne bouge le long du Potomac », qui juste après la défaite du Bull Run avait rassuré les nordistes, devint bientôt une flèche moqueuse décochée contre le général en chef. « "Le jeune Napoléon" est en train de dégringoler aussi vite qu'il était monté », écrivit un républicain de l'Indiana après avoir pris le pouls de l'opinion publique. « [Si l'armée de McClellan prend ses quartiers d'hiver sans livrer une seule bataille], déclara Lyman Trumbull en novembre, je redoute énormément que le résultat de tout ceci ne soit la reconnaissance de la Confédération par les gouvernements étrangers [et] la démoralisation de notre population [...]. L'action, c'est d'action que nous avons besoin et c'est elle qu'il nous faut[1]. »

Le 21 octobre, enfin, les choses bougèrent un peu le long du Potomac, mais ce n'était pas le genre d'action qu'espérait le Nord. Les rebelles tenaient la ville de Leesburg, en Virginie, à soixante-cinq kilomètres en amont de Washington. Espérant les déloger, McClellan ordonna au général Charles P. Stone de faire une « légère démonstration », depuis la rive du fleuve située dans le Maryland, tandis que d'autres régiments de l'Union remonteraient à pied la rive virginienne pour aller menacer

des renseignements exacts, leurs chiffres concernant les soldats confédérés portaient en général sur *toutes* les troupes rassemblées sur le théâtre des opérations (par exemple, la Virginie entière à l'est des Blue Ridge Mountains). Le temps que ces chiffres parvinssent jusqu'à McClellan et qu'il les digérât, ils s'étaient changés en chiffres concernant *la seule armée de Johnston*. On ne sait pas clairement qui du général ou de Pinkerton fut à l'origine de cette erreur, mais toujours est-il que McClellan croyait ce qu'il avait envie de croire — à savoir que l'ennemi jouissait d'un avantage numérique et qu'il ne pouvait donc pas tenter son offensive tant qu'il n'aurait pas repris cet avantage — éventualité qui ne risquait guère de survenir, étant donné la psychologie du personnage. Cette question fait l'objet d'une intéressante analyse chez Edwin C. Fishel, « The Mythology of Civil War Intelligence », in Hubbell (éd.), *Battles Lost and Won*, p. 83-106.

1. Nevins, *War*, t. I, p. 300 ; Williams, *Lincoln and the Radicals*, p. 45.

le flanc des confédérés. Stone confia la mission au colonel Edward Baker, ancien politicien de l'Illinois et vieil ami de Lincoln qui avait baptisé son fils cadet en son honneur. Baker envoya donc la majeure partie de sa brigade de l'autre côté du fleuve, où elle tomba sur une brigade confédérée postée dans les bois, en haut d'un talus d'une trentaine de mètres, appelé Ball's Bluff. N'ayant aucune expérience du combat, Baker et ses hommes prirent des positions aventurées. Après quelques vives escarmouches, au cours desquelles Baker perdit la vie, les sudistes repoussèrent les yankees en désordre jusqu'en bas du talus et dans le fleuve où certains de ceux qui avaient échappé au feu ennemi se noyèrent. Plus de la moitié des mille sept cents hommes de Baker furent tués, blessés ou capturés.

Ce désastre humiliant arracha à Lincoln des larmes amères sur le sort de son ami et incita les républicains furieux à chercher un bouc émissaire. Lorsque le Congrès se réunit en décembre, il établit une Commission interparlementaire sur la conduite de la guerre, afin d'enquêter sur les causes des défaites de Ball's Bluff et du Bull Run. Benjamin Wade présidait cet aréopage, dominé par les républicains radicaux. Dénigrée par ses détracteurs, qui y voyaient un complot « jacobin » pour guillotiner les généraux démocrates, et portée aux nues par ses défenseurs, qui la tenaient pour l'ennemie de l'inefficacité et de la corruption au sein de l'armée, cette commission était en fait à la fois l'un et l'autre[1]. Durant ses premiers mois d'existence, en effet, elle fonctionna un peu, dans sa quête de boucs émissaires, comme une chambre étoilée. Sa première victime fut le général Stone. En raison d'un échange de lettres acrimonieux qu'il avait eu avec le gouverneur Andrew, du Massachusetts, au sujet du renvoi en esclavage de « contrebandes » qui s'étaient réfugiées auprès des régiments du Massachusetts placés sous son commandement, cet officier avait acquis une réputation d'esclavagiste. Plusieurs témoins vinrent déposer devant la Commission, décrivant de façon fort vague de prétendus contacts entre le général et des officiers confédérés. Bien que ces témoignages permissent de l'inculper de trahison, Stone, que la Commission soupçonnait d'avoir envoyé ses hommes dans une embuscade, ne fut pas confronté à ses accusateurs, ni même autorisé à lire leurs dépositions. Ayant d'abord fait de son mieux pour défendre son subordonné, McClellan ne tarda pas à comprendre que ce dernier

---

1. On trouvera les attaques contre la commission tout spécialement chez William W. Pierson Jr., « The Committee on the Conduct of the Civil War », *AHR*, n° 23 (1918), p. 550-576 ; T. Harry Williams, « The Committee on the Conduct of the War », *Journal of the American Military History Institute*, n° 3 (1939), p. 139-156. Une défense de la commission figure chez Hans L. Trefousse, « The Joint Committee on the Conduct of the War : A Reassessment », *CWH*, n° 10 (1964), p. 5-19 ; et Howard C. Westwood, « The Joint Committee on the Conduct of the War — A Look at the Record », *Lincoln Herald*, n° 80 (1978), p. 3-15.

n'était à tout prendre qu'un ersatz et que la véritable cible de la commission, c'était lui-même. Lorsque de nouvelles preuves, tout aussi douteuses, des prétendues accointances de Stone avec l'ennemi furent présentées à McClellan, celui-ci les transmit aussitôt au ministre de la Guerre, Stanton, lequel ordonna l'arrestation de Stone. Pendant six longs mois, le malchanceux général — fort probablement innocent — fut emprisonné au fort Lafayette, mais il ne fut jamais officiellement inculpé. On finit par le relaxer et par lui redonner quelques commandements de second ordre, mais sa carrière était brisée[1].

Que McClellan eût ou non jeté Stone en pâture aux loups pour sauver sa propre peau[2], il était de toute évidence en très mauvaise posture sur le plan politique dès la fin de 1861. McClellan était un démocrate. Certains de ses plus proches camarades au sein de l'armée avant la guerre avaient été des sudistes, notamment Joseph Johnston dont il avait paru répugner à attaquer l'armée à Manassas. Bien qu'il n'eût guère d'admiration pour l'esclavage, il aimait encore moins les abolitionnistes. Il était politiquement lié aux démocrates de New York qui avaient commencé à mentionner son nom lorsqu'on évoquait le prochain candidat du parti aux présidentielles. Ce fut à un de ces démocrates qu'il écrivit en novembre : « Aidez-moi à esquiver le Nègre — nous ne voulons rien avoir à faire avec lui. Moi, je me bats pour préserver l'intégrité de l'Union [...]. Pour atteindre cet objectif, nous ne pouvons pas nous permettre d'y mêler le problème noir[3]. »

A l'époque, Lincoln aurait encore approuvé les objectifs de guerre définis par son général en chef. Le Président faisait aussi de son mieux pour le défendre contre les critiques de plus en plus violentes que suscitait l'inactivité de l'armée. « J'ai l'intention d'être prudent et de faire du mieux possible, confia McClellan à Lincoln durant une de leurs premières discussions. Tout ce que je vous demande, c'est de ne pas les laisser me bousculer. » Et Lincoln répondit : « Ce sera à vous de décider sur ce point. » Le Président emprunta des ouvrages de science militaire à la bibliothèque du Congrès et veilla jusqu'à des heures indues pour tenter de maîtriser les rudiments de la stratégie. Conscient de n'être qu'un amateur dans ce domaine, il était tout disposé à en déférer au professionnel qu'était McClellan. En même temps, en tant que professionnel de la politique confronté sans cesse à ses réalités, le Président s'efforçait d'instruire là-dessus le général, l'avertissant en

1. Commission sur la conduite de la guerre, *Reports, 1863* (Washington, 1863), vol. II ; R.B. Irwin, « Ball's Bluff and the Arrest of General Stone », *Battles and Leaders*, t. II, p. 123-124 ; Williams, *Lincoln and the Radicals*, p. 94-104.

2. Stone lui-même en vint à le croire et T. Harry Williams laisse clairement transparaître cette interprétation dans *Lincoln and the Radicals*, p. 101, p. 104.

3. Lettre de McClellan à Samuel L.M Barlow, 8 novembre 1861, S.L.M. Barlow Papers, bibliothèque Henry E. Huntington.

particulier du danger qu'il y avait à ne pas tenir compte des pressions politiques dans une guerre populaire. A l'occasion d'un de leurs fréquents entretiens, Lincoln tenta de faire comprendre au général que les revendications des dirigeants républicains qui réclamaient un peu d'action étaient « une réalité et qu'il fallait la prendre en considération[1] ».

Or non seulement McClellan refusait d'admettre de telles réalités, mais dans le privé il exprimait aussi son mépris pour tous les politiciens républicains — à commencer par Lincoln. « Je ne saurais te dire à quel point je suis dégoûté par tous ces misérables politiciens — c'est l'engeance la plus méprisable qui soit, écrivit-il à sa femme. [...] Je suis de jour en jour plus écœuré par ce gouvernement imbécile. [Le cabinet comporte] certaines des plus grandes oies que j'aie jamais vues [...], Seward est le plus abject de tous — un petit freluquet qui se mêle de tout, qui fait du zèle et qui n'y connaît rien [...]. Welles est une vieille femme bavarde [...], Bates un vieil abruti [...]. Le Président n'est rien de plus qu'un pauvre babouin plein de bonnes intentions [...], "le gorille originel" [...]. Il est on ne peut plus révoltant [de] voir la faiblesse et l'incapacité des pauvres êtres qui président aux destinées de notre grand pays[2]. »

Un soir de novembre, Lincoln et Seward allèrent voir McClellan chez lui. Il était à un mariage ; lorsqu'il rentra une heure plus tard et apprit qu'il avait des visiteurs, il fit comme si de rien n'était et monta dans ses appartements privés. Une demi-heure plus tard, un serviteur vint annoncer au président des États-Unis et au secrétaire d'État que le général était allé se coucher. Le secrétaire particulier de Lincoln en fut outré, mais ce dernier se contenta, paraît-il, de dire : « Je veux bien tenir le cheval de McClellan, pourvu qu'il nous apporte le succès[3]. »

Malheureusement, c'était bien là que le bât blessait. Les succès militaires n'étaient remportés qu'à condition de prendre des risques et McClellan semblait reculer devant une telle perspective. Il n'avait pas ce courage mental et moral qui distingue les grands généraux, cette volonté d'*agir*, d'affronter le terrible instant de vérité sur le champ de bataille. N'ayant connu dans sa carrière que des succès, il avait peur de risquer un échec. Il souffrait aussi de ce qu'on pourrait appeler « le syndrome du Bull Run » — une paralysie qui lui interdisait tout mouvement contre les confédérés, tant que son armée ne serait pas fin prête. Les préparatifs étaient un domaine où il excellait, mais ils n'étaient jamais tout à fait terminés. L'armée était en permanence *presque* prête à se mettre en campagne — mais l'ennemi était toujours plus nombreux et mieux préparé.

---

1. Foote, *The Civil War*, t. I, p. 142 ; Williams, *Lincoln and the Radicals*, p. 45.
2. Lettres de McClellan à Ellen Marcy McClellan, 2, 7, 10 octobre, 2, 17 novembre 1861, McClellan Papers.
3. Dennett, *Lincoln/Hay*, p. 34-35 ; Foote, *The Civil War*, t. I, p. 143.

Pour dissimuler ses craintes, McClellan tenta de rejeter le blâme sur d'autres personnes : « Je suis ici dans une situation épouvantable, avait-il écrit au mois d'août. L'ennemi possède trois à quatre fois plus d'hommes que moi [en fait, c'était lui qui en avait deux fois plus] — le Président est un crétin, le vieux général est retombé en enfance ; ils ne peuvent pas ou ne veulent pas voir les choses telles qu'elles sont. » En novembre, alors que McClellan avait des effectifs trois fois plus nombreux et une artillerie plus de trois fois plus fournie que les confédérés qui lui faisaient face, cela ne l'empêchait pas de se plaindre : « Il m'est impossible d'avancer avec si peu de moyens [...]. J'ai tout essayé pour faire de cette armée ce qu'elle devrait être [...]. Je suis contrecarré et trompé à chaque instant par ces incapables [...]. On dirait bien, à présent, que nous allons être condamnés à un hiver d'inactivité. S'il en est ainsi, ce ne sera pas de ma faute ; j'aurai du moins cette consolation à offrir à ma conscience, même si le monde en général ne le sait jamais[1]. »

V

Jefferson Davis lui aussi connaissait des difficultés avec l'amour-propre de ses généraux. Le 31 août, le président confédéré avait promu cinq hommes au rang de général d'armée[2]. Joseph E. Johnston et Pierre G.T. Beauregard étaient respectivement quatrième et cinquième de cette liste, derrière le chef d'état-major général Samuel Cooper, Albert Sidney Johnston et Robert E. Lee. Lorsque Joseph Johnston apprit cela, il laissa exploser son indignation. Non seulement ce classement hiérarchique était illégal, fit-il savoir à Davis dans une lettre où il ne mâchait pas ses mots, mais c'était aussi une insulte faite à son honneur. Il avait été le supérieur de tous ces hommes dans l'armée des États-Unis et, selon les termes de la loi qui avait créé le grade de général d'armée dans l'armée confédérée, il était toujours le plus haut gradé. En outre, Cooper était un général rond-de-cuir (et un yankee par-dessus le marché, puisqu'il était né et avait grandi dans le New Jersey) ; Albert Sydney Johnston venait tout juste d'arriver en territoire confédéré de Californie, après un voyage prolongé, et n'avait pas encore entendu parler la poudre ; Lee n'avait remporté aucune victoire et était même, à cet instant précis, en train de patauger lamentablement en Virginie occidentale ; alors que lui, Joe Johnston avait gagné la bataille de Manassas. Johnston déclarait donc sans ambages à Davis qu'il était coupable d'avoir « violé [ses] droits en tant qu'officier, terni [sa] bonne réputation de soldat et d'homme »

1. Lettres de McClellan à Ellen Marcy McClellan, 16 août, 2 novembre 1861, McClellan Papers.

2. A cette date, pas un seul général de l'Union n'avait un grade plus élevé que celui de général de division, soit deux grades en-dessous de général d'armée.

et « dégradé un fidèle qui avait servi avec diligence depuis le début de la guerre [...] et rempli un rôle prédominant dans l'un des grands événements du conflit, au profit de personnes dont [aucune n'avait] encore frappé un seul coup pour la Confédération[1] ».

Scandalisé par le ton de cette missive, Davis adressa à Johnston une réponse glaciale : « Monsieur, je viens de recevoir et de lire votre lettre du 12 courant. Son langage est, comme vous le dites, inhabituel ; les arguments et affirmations qu'elle contient sont tout à fait entachés de parti pris et les insinuations aussi peu fondées qu'elles sont mal venues[2]. » Ce ne fut que bien plus tard que Davis expliqua qu'il avait classé Johnston derrière Lee et son homonyme, Albert Sidney Johnston, parce que ces deux hommes avaient détenu, dans l'armée américaine, des commandements, alors que Joseph Johnston avait été promu général pour être affecté à l'état-major — logique sujette à caution et qui, de toute façon, ne s'appliquait pas à Cooper, puisque ce dernier était lui aussi officier d'état-major dans l'ancienne armée.

Le principal résultat de cette mesquine querelle fut de semer, entre Davis et Johnston, les graines d'un antagonisme qui devait porter des fruits amers pour la Confédération. Elle fit apparaître aussi une importante différence entre Davis et Lincoln, dans leur rôle de dirigeant de guerre. Davis, homme fier, chatouilleux sur l'honneur, était incapable d'oublier un affront ou de pardonner à celui qui l'avait commis. Ce n'était pas lui qui se serait déclaré prêt à tenir le cheval d'un général arrogant, pourvu que ce dernier remportât des victoires.

Davis eut aussi des mots avec Beauregard. Le rapport du désinvolte général de la Louisiane sur la bataille de Manassas fut rendu public au mois d'octobre. Or, ce document laissait entendre que Davis avait retardé l'envoi des renforts de Johnston auprès de Beauregard, au point qu'on avait frôlé le désastre. Il soulignait aussi que le Président avait rejeté *avant* la bataille le grandiose plan d'offensive soumis par Beauregard, d'une manière telle que la presse en vint à confondre ce problème avec la controverse qui faisait justement rage pour savoir à qui incombait la responsabilité de n'avoir pas su exploiter la victoire en prenant Washington dans la foulée. Tout au long du rapport, la prose fleurie de Beauregard avait tendance à grossir son propre rôle. Davis, piqué au vif, reprocha au général d'avoir écrit un compte rendu qui « ressemblait furieusement à une tentative de vous faire valoir à mes dépens[3] ». Une des façons de se tirer d'affaire avec Beauregard — lequel commençait à supporter de moins en moins bien son rôle de vice-commandant sous les ordres de Johnston en Virginie — était de l'envoyer le plus loin possible

1. Lettre de Johnston à Davis, 12 sept. 1861, *O.R.*, sér. IV, vol. 1, p. 605-608.
2. Lettre de Davis à Johnston, 14 sept. 1861, *ibid.*, p. 611.
3. *O.R.*, sér. I, vol. 2, p. 484-504 ; lettre de Davis à Beauregard, 30 oct. 1861, citée par Rowland, *Davis*, t. V, p. 156-157.

de Richmond. En janvier 1862, Davis le transféra sur le théâtre du Tennessee-Kentucky, où il pourrait s'efforcer de seconder l'autre Johnston — Albert Sidney — chargé de faire face à l'accroissement des effectifs de l'Union au Kentucky.

En dépit de ses démêlés avec ses généraux, Davis put voir arriver la nouvelle année avec davantage de confiance que Lincoln. Depuis la mi-juillet, la Confédération avait remporté la plupart des principales batailles sur terre : Manassas, Wilson's Creek, Lexington (Missouri) et Ball's Bluff. Bien que la marine de l'Union eût connu quelques beaux succès, ceux-ci n'avaient pas encore donné de résultats concrets. L'un de ses apparents triomphes — la capture des commissaires sudistes James Mason et John Slidell à bord du *Trent*, navire britannique — avait même obligé les yankees à reculer devant les menaces du gouvernement anglais. Les banques du Nord avaient suspendu leurs paiements en espèces et le gouvernement devait affronter une crise financière[1]. Dans le Nord, le moral était plus bas qu'il ne l'avait jamais été depuis le lendemain de la défaite du Bull Run. Le correspondant du *Times* à Washington signalait à ses lecteurs de Londres que tous les diplomates étrangers, sauf un, étaient d'accord pour dire que « l'Union [était] brisée à tout jamais et l'indépendance du Sud à peu près acquise[2] ». L'armée du Potomac prit ses quartiers d'hiver sans autre exploit à son actif que d'avoir délogé quelques avant-postes ennemis à portée de vue du fleuve ; pis encore, McClellan tomba malade de la typhoïde à la mi-décembre, laissant l'armée décapitée pendant près d'un mois. Lincoln avait envoyé deux généraux prometteurs, Henry W. Halleck et Don Carlos Buell, prendre le commandement des opérations dans le Missouri et le Kentucky, mais en janvier l'un et l'autre signalèrent qu'il serait impossible de tenter rapidement la moindre offensive. « Tout ceci est extrêmement décourageant, nota le Président sur une copie de la lettre que lui avait adressée Halleck. Comme partout ailleurs, on ne peut rien faire. » Le jour où il écrivit ces mots, le 10 janvier, Lincoln passa voir Meigs, le directeur de l'Intendance, dans son bureau. « Général, que dois-je faire ? demanda-t-il d'un ton morne. La population est impatiente, Chase n'a pas d'argent [...], le général de l'armée a la typhoïde. Tout va de mal en pis. Que puis-je faire[3] ? »

Toutefois, janvier 1862 s'avéra être, pour la cause de l'Union, l'heure la plus noire qui précède l'aube. Certes, il y aurait encore des nuits bien sombres, mais les quatre mois qui suivirent ce mois de janvier devaient être l'une des périodes les plus fastes de la guerre pour le Nord.

1. Les affaires navales, la crise du *Trent* et l'évolution de la situation financière seront évoquées dans les chapitres à venir.
2. Russell, *My Diary North and South*, p. 259.
3. *CWL*, t. V, p. 95 ; « General M.C. Meigs on the Conduct of the Civil War », *AHR*, n° 26 (1921), p. 292.

Chapitre XII

BLOCUS ET TÊTE DE PONT : LA GUERRE MARITIME, 1861-1862

I

Ce fut à sa marine que le Nord dut certains de ses succès militaires les plus importants en 1861. La principale tâche qui lui incombait était d'assurer le blocus, ce qui n'était pas facile. Long de cinq mille six cents kilomètres, le littoral sudiste, abritait dix grands ports de mer et quelque cent quatre-vingts autres passes, baies et embouchures de fleuve, dont les eaux étaient navigables par des bateaux de petite taille. En juin 1861, trois douzaines de navires employés au blocus patrouillaient le long de ce littoral. De nouvelles embarcations étaient armées ou affrétées chaque semaine — soit d'anciens bricks à voile, soit des ferrys à aubes reconvertis — et venaient se joindre aux frégates modernes à vapeur et aux avisos, afin de croiser de façon incessante et monotone au large des ports du Sud[1].

Au début, cette flotte était trop peu nombreuse pour arraisonner plus d'un navire marchand sur douze, parmi tous ceux qui tentaient de forcer le blocus. Puis, à mesure qu'elle gagna en force et en efficacité, une autre difficulté se fit jour. La marine nationale n'avait dans le Sud que deux bases : Hampton Roads, à l'embouchure de la James River, en face de la ville de Norfolk que tenaient les confédérés ; et Key West, en Floride. Certains navires passaient presque autant de temps à faire les allées et venues jusqu'à ces bases, pour se ravitailler et procéder à des réparations, qu'à assurer le blocus. Pour remédier à cet inconvénient, la marine décida de s'emparer d'autres ports du Sud (qui lui serviraient de bases). Tandis que les plans de la première opération de ce genre étaient mis en œuvre, la marine remporta sa première victoire de la guerre dans la passe de Hatteras, en Caroline du Nord.

Le long du littoral de cet État, sur plus de trois cents kilomètres, on trouve un véritable cordon d'îles que pénètrent une demi-douzaine de passes, dont celle de Hatteras est la seule où de gros vaisseaux puissent

1. Une frégate était un trois-mâts de guerre armé de trente à cinquante canons ; un sloop, généralement un trois-mâts lui aussi, n'était armé que de dix à vingt-quatre canons. Utilisant son hélice actionnée par la vapeur pour manœuvrer et se battre, un navire de guerre à vapeur pouvait très bien hisser les voiles pour parcourir des distances importantes.

s'aventurer. En franchissant ce cordon, on accède aux lagunes d'Albemarle et de Pamlico, sortes de mers intérieures reliées à l'arrière-pays par des voies ferrées et des canaux. Or, ce réseau de transports était pour Richmond une véritable porte de derrière ouvrant sur l'Atlantique, la porte de devant étant soigneusement verrouillée par l'Union qui contrôlait Hampton Roads. Pendant les premiers mois de la guerre, de nombreux forceurs de blocus passèrent par le détroit de Hatteras. Les lagunes de Caroline du Nord étaient aussi le refuge des corsaires privés qui sortaient à toutes voiles pour capturer des navires marchands sans méfiance. Et ceux dont les corsaires ne parvenaient pas à s'emparer, succombaient parfois aux orages fréquents au large du cap Hatteras, car les rebelles avaient démoli le phare et arraché toutes les balises de navigation le long de cette côte traîtresse.

Nulle marine digne de ce nom ne pouvait tolérer un tel « nid de pirates ». Le commodore Silas Stringham, chef de l'escadre du blocus Atlantique, rassembla donc une flottille de sept navires, armés en tout de cent quarante et un canons, pour l'anéantir. Deux transports de troupes, portant neuf cents soldats et fusiliers marins sous les ordres de Benjamin Butler, se joignirent à cette force expéditionnaire. Ces hommes devaient attaquer par l'arrière les deux forts qui gardaient la passe de Hatteras, une fois que les navires les auraient bombardés depuis la mer. En effet, selon la doctrine en vigueur dans la marine, des navires étaient incapables de détruire à eux seuls des forts bien armés. La chose aurait peut-être été vraie si ces deux forts à demi terminés avaient effectivement été bien armés, mais, en l'occurrence, le canon à fût rayé de la flottille les contraignit à la soumission les 28 et 29 août, en croisant juste hors de portée de leurs dix-neuf canons à fût lisse. Le 29 août, les six cent soixante-dix hommes en garnison dans les deux forts se rendirent, sans que les troupes de Butler eussent tiré le moindre coup de feu. Lorsque la nouvelle de cette victoire atteignit le Nord, elle apaisa un peu la cuisante blessure infligée par les défaites du Bull Run et de la Wilson's Creek. En Caroline du Nord, la panique régnait le long du littoral où les habitants s'attendaient à voir des hordes yankees s'abattre sur toutes leurs villes côtières. Mais les « cols-bleus » n'étaient pas prêts à exploiter leur victoire — pas encore.

La victoire suivante fut remportée presque sans effort. Au large de la côte du Mississippi, à mi-chemin entre La Nouvelle-Orléans et Mobile, se trouve l'île de Ship. En septembre 1861, après un bombardement de pure forme de la part de l'*USS Massachusetts*, les confédérés eurent l'obligeance d'abandonner ses fortifications à demi bâties. Aussitôt, les fédéraux occupèrent l'endroit et y construisirent une base pour l'escadre affectée au blocus du golfe et à la campagne prévue contre La Nouvelle-Orléans.

Pendant ce temps, une flotte redoutable descendait le long de la côte Atlantique en direction de Port Royal, en Caroline du Sud. Cette force expéditionnaire consistait en dix-sept navires de guerre, vingt-cinq charbonniers et trente-trois transports de troupes sur lesquels avaient pris place douze mille fantassins, six cents fusiliers marins et leurs provisions. Le 1er novembre, un violent coup de chien au large du cap Hatteras dispersa la flotte et fit sombrer plusieurs bâtiments de transport, à bord desquels se trouvaient une grande partie des munitions de l'armée et la plupart de ses canots de débarquement. Cette mésaventure obligea à renoncer au plan initial, qui était de débarquer les troupes et d'attaquer les deux forts gardant l'entrée de la baie de Port Royal. Une fois de plus, la marine devrait agir seule.

Ce n'était pas une perspective bien réjouissante pour l'officier général, Samuel du Pont, neveu du fondateur de la fabrique de poudre du même nom et vieux loup de mer ayant quarante-six années de service derrière lui. La tradition voulait qu'un canon à terre en valût quatre en mer, ce qui semblait donner un léger avantage aux quarante-trois canons qui armaient les deux forts sur les cent cinquante-sept des attaquants, mais du Pont allait faire mentir la tradition. Adoptant une tactique que lui permettait la puissance de la vapeur, il ordonna à ses navires de passer à tour de rôle devant les forts, en décrivant une ellipse, ce qui leur permettait de tirer des bordées meurtrières, tout en offrant en retour une cible mobile. Le 7 novembre, la flotte de l'Union exécuta cette manœuvre avec une précision assassine et parvint à réduire les deux forts au bout de quatre heures seulement de bombardement. Les défenseurs confédérés et les civils blancs fuirent les îles de la zone côtière, reliées par des voies navigables qui rayonnaient à partir de la baie de Port Royal. Les forces de l'Union occupèrent cette région de riches plantations de coton à fibres longues. Quelque dix mille « contrebandes », abandonnées sur place par leurs propriétaires, bénéficièrent rapidement d'une expérience abolitionniste qui comportait l'éducation des esclaves affranchis et la culture du coton par une main-d'œuvre libre.

Au prix de trente et une victimes seulement, la marine de l'Union s'était assuré la possession du meilleur port naturel du sud de la côte Atlantique. Et, qui plus est, elle avait acquis une réputation d'invincibilité qui fit chuter le moral tout le long du périmètre maritime du Sud. Au lendemain de la capture de Port Royal, Robert E. Lee arriva à Savannah, où il devait prendre ses nouvelles fonctions de commandant des défenses côtières de l'Atlantique Sud. Il considérait cette mission comme « une autre expédition sans espoir — pire encore qu'en Virginie occidentale ». Lee se rendait bien compte que la suprématie navale donnait aux yankees la possibilité de frapper quand et où ils voulaient. « Il y a tant de lieux attaquer et si peu de moyens de les affronter sur l'eau, soupirait-il, que nous n'avons guère de repos[1]. » Lee n'avait guère d'autre choix que de concentrer les défenses confédérées sur les points stratégiques, cédant la majeure partie du littoral à l'ennemi. Au cours des mois suivants, les « cols-bleus » s'emparèrent de plusieurs autres havres et ports, descendant jusqu'à Saint Augustine en Floride. En avril 1862, une artillerie de siège installée sur une île à l'embouchure de la Savannah River abattit le fort Pulaski, permettant aux fédéraux de contrôler l'entrée de Savannah.

Une autre expédition amphibie de la marine et de l'armée — au cours de laquelle cette dernière, une fois n'est pas coutume, livra la majeure partie des combats — permit d'isoler tous les ports de Caroline du Nord à l'exception de Wilmington. Elle lança aussi la carrière mouvementée d'Ambrose E. Burnside, un ressortissant de Rhode Island, bel homme au teint vermeil, plein de charme, dont les favoris impressionnants allaient enrichir la langue, puisqu'on créa pour les désigner un anagramme de son nom (*sideburns*), qui lui survécut. Après avoir commandé une brigade à la bataille du Bull Run, Burnside était rentré chez lui pour y mettre sur pied une division de soldats habitués à opérer sur l'eau et à se servir de bateaux. De tels éléments seraient fort utiles, car l'objectif était d'exploiter la prise de la passe de Hatteras, en s'assurant le contrôle des lagunes de Caroline du Nord. Le plus rude ennemi des yankees, dans cette entreprise, devait être non pas les rebelles, mais le mauvais temps. La flotille de Burnside, composée d'avisos de fortune, de chalands à charbon et de vapeurs servant habituellement au transport de passagers et chargés en cette occasion douze mille soldats, fut dispersée le 13 janvier par une tempête au large de Hatteras, au cours de laquelle trois bâtiments firent naufrage. Suivirent alors deux semaines de vents extrêmement violents qui obligèrent la force expéditionnaire à rester piteusement ancrée à l'intérieur de la passe. Lorsque le temps se calma enfin, les soldats hébétés par le mal de mer se réjouirent à la perspective de combattre ; de deux maux, ce dernier leur paraissait nettement le moindre.

Leur première cible fut l'île de Roanoke, bout de terre marécageuse long de seize kilomètres et large de trois, riche en légendes — c'était l'endroit même où le souvenir de Virginia Dare et l'insondable mot « Croatoan » marquaient le sort mystérieux de la première colonie anglaise en Amérique du Nord[2]. Contrôlant le passage entre les lagunes

1. Lettre de Lee à Mildred Lee (sa fille), 15 novembre 1861, citée par Robert E. Lee Jr., *Recollections and Letters of Robert E. Lee* (New York, 1904), p. 55 ; James M. Merrill, *The Rebel Shore : The Story of Union Sea Power in the Civil War* (Boston, 1957), p. 44.

2. Sir Walter Raleigh finança le premier peuplement anglais en Amérique du Nord sur l'île de Roanoke ; ce fut là que naquit, en 1587, le premier enfant né de parents anglais en Amérique, la petite Virginia Dare. Lorsqu'un navire arriva d'Angleterre chargé de provisions pour ravitailler la colonie en 1590, toute trace du peuplement avait disparu et l'on ne retrouva que le seul mot « Croatoan » gravé sur un chambranle de porte. Jamais on ne sut ce qu'il était advenu des colons.

de Pamlico et d'Albemarle, l'île de Roanoke était, si l'on peut dire, la clef de la porte de derrière de Richmond. A la tête des trois mille soldats confédérés, des quatre batteries regroupant trente-deux canons et des sept avisos à un seul canon qui défendaient l'île, on trouvait Henry A. Wise, le général politique, transféré là pour mettre fin à la vendetta qui l'avait opposé à son compatriote virginien John Floyd, en Virginie occidentale. Wise était désormais assez aguerri pour se rendre compte de l'insuffisance de sa « flotte-moustique » d'avisos, de ses batteries mal situées et de ses troupes à court d'entraînement et inférieures en nombre. Il supplia Richmond de lui envoyer des renforts d'hommes et de canons, mais le gouvernement sudiste paraissait étrangement indifférent.

Cette passivité coûta cher à la Confédération, car les yankees arrivaient en force. Les 7 et 8 février, les seize avisos de Burnside, armés de soixante-quatre canons, repoussèrent la flotte-moustique et neutralisèrent les batteries des confédérés sur terre, tandis que des vapeurs remorquaient des canots de débarquement à travers le ressac et que les sept mille cinq cents soldats gagnaient sans encombre la terre ferme de l'île de Roanoke. Arrivés là, ils plongèrent dans les marécages « impénétrables », où ils enfonçaient jusqu'aux genoux, et se forcèrent un passage à travers les défenses rebelles, n'ayant à déplorer au total que deux cent soixante-quatre victimes. Pour ce prix modique, ils capturèrent les deux mille six cent soixante-quinze défenseurs de l'île. Le général Wise parvint à s'échapper, mais son fils, capitaine d'infanterie, fut tué au combat. Le lendemain, les canons de l'Union anéantirent la flotte-moustique et s'emparèrent d'Elizabeth City, sur le continent même. Au cours des semaines suivantes, les yankees se rendirent maîtres de tous les ports de Caroline du Nord dans les lagunes, y compris New Berne et Beaufort, avec leurs liaisons ferroviaires vers l'intérieur, et le superbe port de Beaufort fournit une nouvelle base à la flotte chargée d'assurer le blocus.

C'était là une guerre amphibie menée avec panache. Elle valut à Burnside une promotion au grade de général de division. Elle contribua aussi à remonter le moral des nordistes et à doucher les espérances sudistes. Le Congrès confédéré établit une commission chargée d'enquêter sur le désastre de l'île de Roanoke. Le tollé général obligea Judah Benjamin à démissionner de son poste de ministre de la Guerre (mais Davis, qui avait pour lui beaucoup de sympathie, le nomma secrétaire d'État). En avril 1862, tous les ports un peu importants de la côte Atlantique, à l'exception de Charleston (Caroline du Sud) et de Wilmington (Caroline du Nord) étaient aux mains de l'Union ou fermés aux forceurs de blocus. Pour cette raison, et aussi à cause du nombre croissant de navires de guerre fédéraux, le blocus se durcit énormément durant la première moitié de 1862. En outre, les espoirs sudistes de rompre cette étreinte grâce à leur arme (pas si) secrète — le cuirassé *CSS Virginia* — avaient été ruinés par l'*USS Monitor*.

N'ayant à surmonter aucune tradition et peu de ces préjugés qui sévissent dans les vieilles marines, les rebelles étaient en effet entrés les premiers dans l'ère nouvelle des navires cuirassés. En juillet 1861, ils entreprirent de greffer une casemate blindée sur la coque renflouée de la frégate *Merrimack*. Le travail débuta au mois de juillet. Le rendement de la fonderie de Tredegar fut poussé à l'extrême limite pour fournir les deux couches de plaques de fer de cinq centimètres d'épaisseur, nécessaires pour protéger ce squelette de près de soixante mètres de long, s'élevant à huit mètres au-dessus de la ligne de flottaison, ainsi que les plaques de deux centimètres et demi d'épaisseur couvrant la coque de quatre-vingt-cinq mètres sur un mètre de profondeur au-dessous de l'eau. La superstructure était inclinée selon un angle de trente-six degrés, pour augmenter la protection en faisant ricocher les projectiles ennemis. Par son aspect étrange, l'embarcation, rebaptisée le *Virginia*, n'était pas sans rappeler aux observateurs une grange flottante, dont seul le toit eût dépassé hors de l'eau. Le *Virginia* était armé de dix canons, quatre de chaque côté, plus deux canons pivotants de cent soixante-dix millimètres, un à l'avant, l'autre à l'arrière. Un éperon de fer était fixé à sa proue pour défoncer les coques des navires en bois. Les principaux défauts de ce vaisseau, autrement redoutable, étaient ses machines capricieuses et son fort tirant d'eau. Incapables de construire de nouveaux moteurs possédant la puissance nécessaire, les rebelles remirent en état les deux anciennes machines du *Merrimack*, condamnées par la marine d'avant-guerre et destinées à être remplacées. Le poids de la cuirasse qui protégeait le *Virginia* lui donnait un tirant d'eau de sept bons mètres, qui lui interdisait évidemment toute opération en eau peu profonde, cependant que sa mauvaise navigabilité l'empêchait de s'aventurer en haute mer. Ses moteurs trop faibles et sa ligne disgracieuse limitaient en outre sa vitesse à quatre ou cinq nœuds et le rendaient si peu manœuvrable qu'il lui fallait une demi-heure pour virer de cent quatre-vingts degrés. Certains de ces problèmes ne devinrent apparents qu'une fois le navire mis à l'eau ; en attendant, il faisait l'espoir du Sud et la terreur du Nord.

Cette terreur fut le facteur qui, plus que tout autre, permit de vaincre l'inertie nordiste dans le domaine des cuirassés. Disposant d'une marine traditionnelle supérieure à tout ce que les confédérés auraient pu construire et soucieux avant tout de renforcer la flotte assurant le blocus, le ministre de la Marine, Welles, n'avait au départ nulle envie de se lancer dans de nouvelles expériences, mais les rumeurs qui filtraient sur les activités des rebelles, incitèrent le Congrès à lui forcer la main avec une loi votée le 3 août 1861, ordonnant la construction de trois prototypes de cuirassés. Welles créa un conseil naval pour évaluer les douzaines de propositions soumises par les constructeurs. Le conseil en retint deux qui prirent bientôt la forme du *Galena* et du *New Ironsides*, deux vaisseaux de conception classique, recouverts d'une carapace blindée.

John Ericsson, l'irascible génie de la construction navale, père de l'hélice et de plusieurs autres innovations techniques, ne fournit aucun projet. Empli d'amertume par ses précédents démêlés avec la marine nationale, il préféra bouder dans son bureau new-yorkais, jusqu'au jour où un constructeur parvint à le persuader de soumettre au ministère ses conceptions révolutionnaires. La proposition d'Ericsson comportait plusieurs innovations. Une coque en bois, gainée de plaques de fer, serait surmontée d'un pont plat long de près de soixante mètres, avec des flancs perpendiculaires descendant au-dessous de la ligne de flottaison, protégés par un blindage de près de douze centimètres d'épaisseur. L'hélice, l'ancre et la machinerie seraient, elles aussi, protégées par cette carapace conçue pour flotter avec moins de soixante centimètres de franc-bord, ce qui donnait au bâtiment l'apparence d'un radeau — et surtout avait l'avantage de ne présenter qu'une cible réduite au feu ennemi. Fixée sur le pont, se trouvait l'innovation la plus importante d'Ericsson : une tourelle tournante encastrée dans un blindage de vingt centimètres et équipée de deux canons de deux cent soixante-quinze millimètres. Cette tourelle, ainsi que le faible tirant d'eau (environ trois mètres et demi), la légèreté de déplacement (douze cents tonnes, soit un quart de celui du *Virginia*) et la vitesse de huit nœuds, permettraient au navire d'Ericsson d'être à la fois maniable et d'une grande souplesse d'utilisation. Il serait littéralement à même de danser tout autour d'un ennemi plus lourd et de tirer dans n'importe quelle direction.

Lincoln et Welles furent impressionnés par le projet d'Ericsson, mais flotterait-il ? Ou, pour être plus précis, pourrait-il se maintenir à flot par grosse mer ? Certains membres du conseil naval étaient sceptiques. Ils n'avaient jamais rien vu de semblable à cette espèce de cloche à fromage montée sur un radeau. Ericsson se présenta devant le conseil et triompha de leurs doutes avec une éblouissante démonstration. Un contrat fut signé, mais face aux railleries des officiers supérieurs de la marine, Welles préféra limiter les risques : le navire devait s'avérer un « succès total » (sans autre précision) ou bien ses constructeurs seraient tenus de rembourser jusqu'au dernier sou des deux cent soixante-quinze mille dollars que le gouvernement avait accepté de verser. Ericsson ne s'en inquiéta pas ; il avait confiance en son invention. Il sous-traita le travail auprès de plusieurs firmes, pour gagner du temps, et supervisa en personne le moindre détail. S'étant aventurée dans le domaine des cuirassés trois mois après le Sud, l'industrie yankee lança le cuirassé d'Ericsson le 30 janvier 1862, soit quinze jours avant la mise à l'eau du *Virginia*. Les sceptiques présents aux deux lancements prédirent que ces embarcations démentes ne flotteraient jamais, mais poussèrent des hourras en constatant qu'ils s'étaient trompés. Il fallut encore plusieurs semaines, cependant, pour mettre la dernière main à l'armement de chacun des deux vaisseaux. Ericsson baptisa son enfant le *Monitor* (celui qui admoneste et corrige les mauvais sujets). Le temps manquait pour procéder aux essais qui devaient décider si, oui ou non, les termes du contrat avaient été respectés ; la première épreuve à laquelle serait soumis le *Monitor* allait être un vrai combat.

Le 8 mars, le *Virginia* quitta Norfolk pour ce que son équipage croyait être un voyage d'essai, mais là aussi, on passa sans préambule aux choses sérieuses. Cinq navires de l'Union, armés au total de deux cent dix-neuf canons, gardaient l'embouchure de la James River à Hampton Roads : le *Minnesota*, le *Roanoke*, le *Saint Lawrence*, le *Congress* et le *Cumberland*. Ces trois derniers étaient des bateaux à voile — orgueil de la marine dans les années 1840, mais déjà rendus obsolètes par la navigation à vapeur. Les deux premiers étaient des frégates à vapeur (le *Roanoke* étant toutefois handicapé par la rupture d'un arbre d'hélice) et ce que la marine faisait de mieux en 1862, mais le combat qui devait avoir lieu ce jour-là allait les mettre eux aussi au rebut. Depuis des semaines, le bruit courait que le *Merrimack* (comme les fédéraux continuaient à appeler le *Virginia*) allait faire une sortie. Il arriva enfin et se dirigea pour commencer vers le *Cumberland* et ses vingt-quatre canons ; il le toucha au flanc à plusieurs reprises, avant de l'attaquer à coup d'éperon et de crever sa coque, faisant un trou de plus de deux mètres qui l'expédia par le fond. Tout au long de cette attaque, le *Cumberland* et le *Congress* tirèrent de nombreuses bordées contre l'agresseur, lesquelles, pour reprendre l'expression d'un observateur nordiste, « firent mouche et ricochèrent, sans avoir plus d'effet que des petits pois tirés au fusil à bouchon [1] ». Ce n'était pas tout à fait exact ; avant la fin de la bataille, deux des canons du *Virginia* avaient été mis hors d'état de nuire, tous les armements qui se trouvaient sur le pont et une partie de la cheminée avaient disparu, l'éperon avait été arraché dans la collision avec le *Cumberland*, deux membres de l'équipage avaient été tués et plusieurs autres blessés. Toutefois, pas une des quatre-vingt-dix-huit bordées qui le touchèrent ne parvinrent à percer le blindage, ni à infliger des dégâts susceptibles de le désemparer.

Après avoir coulé le *Cumberland*, le *Virginia* s'attaqua au *Congress*, armé de cinquante canons, criblant le navire impuissant de bordées qui y mirent le feu ; le sinistre finit par gagner le magasin de poudre et l'explosion fit sauter le vaisseau entier. En voulant porter secours aux autres bateaux de l'Union, le *Minnesota*, vaisseau-amiral de la flotte qui avait capturé la passe de Hatteras au mois d'août précédent, s'était échoué et ce fut à lui que le *Virginia* s'intéressa en troisième lieu. Toutefois, dans la pénombre du jour tombant, son gros tirant d'eau ne lui permit pas d'approcher suffisamment près de sa proie. Les rebelles décidèrent donc de garder les trois navires restants pour le lendemain et de se reposer sur leurs lauriers.

---

1. William C. Davis, *Duel between the First Ironclads* (Garden City, N.Y., 1975), p. 89.

Et quels lauriers ! En quatre-vingt-six ans d'existence, jamais la marine américaine n'avait autant souffert. En l'espace de quelques heures, le *Virginia* avait envoyé deux fiers navires par le fond, exploit qu'aucun navire ennemi ne devait renouveler avant 1941. Deux cent quarante « cols-bleus », pour le moins, avaient trouvé la mort, y compris le capitaine du *Congress* — plus que la marine ne devait en perdre en un seul autre jour pendant le reste de la guerre. La flotte de l'Union tout entière à Hampton Roads — qui demeurait la principale base pour le blocus — était menacée de destruction. Un vent de panique soufflait dans les télégrammes qui partirent pour Washington ce soir-là. Le cabinet se réunit en conseil extraordinaire le lendemain matin. Welles, le ministre de la Marine, s'efforça de calmer son confrère de la Guerre, Stanton, en lui annonçant que le *Monitor* avait quitté Brooklyn pour Hampton Roads, afin d'aller se mesurer au *Virginia*. Mais arriverait-il à temps ? Et, dans l'affirmative, cette « boîte de conserve posée sur une plaque », avec ses deux pauvres canons, était-elle de taille à affronter le monstre confédéré ?

La réponse était oui, dans les deux cas. Le *Monitor* était arrivé auprès du *Minnesota* le soir même de la bataille ; l'équipage était épuisé d'avoir lutté contre une tempête qui avait bien failli les faire sombrer, mais la perspective d'affronter le *Virginia* fit remonter le taux d'adrénaline. Lorsque le navire confédéré se présenta, le matin du 9 mars, pour achever d'exterminer la flotte fédérale, son équipage aperçut à côté du *Minnesota* une étrange embarcation. « Au début, on a cru que c'était un radeau sur lequel on emportait à terre une des chaudières du *Minnesota* pour la réparer », expliqua un aspirant du *Virginia*. Mais de la chaudière sortit un canon qui se mit à tirer. Un homme du *Monitor* a décrit la réaction du *Virginia* : « On peut lire la surprise dans l'aspect d'un navire, aussi clairement que sur le visage d'un homme, et le *Merrimac* n'en revenait pas. » Les rebelles détournèrent donc leur attention du *Minnesota*, toujours échoué, pour la reporter sur ce curieux engin qui commença à tourner autour du lourd et lent vaisseau sudiste « comme un chien hargneux » et à lui expédier des obus de près de quatre-vingt-dix kilos avec ses canons de deux cent soixante-quinze. Pendant deux heures, les deux cuirassés ne cessèrent de se bombarder. Aucun des deux ne parvint à traverser la carapace de l'autre, même si les coups terribles du *Monitor* fêlèrent en plusieurs endroits le blindage extérieur de son adversaire. A un moment donné, ce dernier toucha le fond. En voyant le *Monitor*, avec son faible tirant d'eau, se rapprocher, bon nombre des marins du *Virginia* crurent que c'en était fini d'eux, mais leur navire parvint à se dégager et à poursuivre le combat, s'efforçant vainement d'éperonner son adversaire. Désormais, les machines asthmatiques du vaisseau sudiste fonctionnaient à grand-peine et l'un de ses lieutenants le trouva « aussi peu maniable que l'arche de Noé ». Ce fut le tour du *Monitor* d'essayer d'éperonner l'arrière de son ennemi pour démolir le gouvernail ou l'hélice, mais il passa juste à côté. Peu après, un obus du *Virginia* toucha le poste de pilotage du *Monitor* dont le capitaine fut blessé. Le navire de l'Union interrompit brièvement la lutte et le *Virginia*, qui était à nouveau en danger de s'échouer, en profita pour repartir à toute vapeur vers Norfolk. Chacun des deux équipages estimait avoir gagné la bataille, mais, en toute équité, ce fut un match nul. De part et d'autre, les hommes épuisés avaient d'eux-mêmes mis fin au combat — par consentement mutuel, aurait-on pu dire[1].

On vit s'achever ce jour-là une révolution dans la guerre sur mer, commencée une génération auparavant avec l'utilisation de la puissance de la vapeur. Les gracieuses frégates et les navires de haut bord, avec leurs mâts immenses et leurs robustes charpentes en chêne appartenaient au passé. Lorsque la nouvelle du duel entre le *Monitor* et le *Virginia* parvint en Angleterre, le *Times* fit ce commentaire : « Alors que nous avions à notre disposition immédiate en cas de guerre cent quarante-neuf navires de tout premier ordre, nous n'en avons désormais plus que deux, à savoir le *Warrior* et son frère l'*Ironclad* [les deux cuirassés expérimentaux de la marine britannique]. Ce serait désormais une pure folie que de se fier, pour le moindre engagement avec ce petit *Monitor*, à un seul vaisseau de la marine anglaise, en dehors de ces deux-là[2]. »

Ce qui intéressa plus immédiatement Washington, ce fut que la flotte de l'Union à Hampton Roads était sauvée. Au cours des deux mois suivants, le *Monitor* et le *Virginia* s'observèrent avec circonspection, mais sans reprendre la lutte. N'ayant pas de cuirassé en réserve, ni l'un ni l'autre camp ne pouvait se permettre de risquer la perte de cette arme indispensable. Lorsque l'armée de McClellan envahit la péninsule virginienne et força les confédérés à se replier sur Richmond, en mai 1862, Norfolk tomba aux mains des fédéraux et le *Virginia* se trouva pris au piège. Comme il n'était pas assez manœuvrable pour s'ouvrir un chemin à coups de canons jusqu'en haute mer et que sa carène était trop profonde pour lui permettre de battre en retraite en remontant la James River, l'équipage du vaillant cuirassé préféra le faire sauter le 11 mai, moins de trois mois après son lancement. Le *Monitor*, lui non plus, ne vécut pas assez longtemps pour fêter son premier anniversaire. Le dernier jour de 1862, il coula au cours d'une tempête au large du cap Hatteras, alors qu'on le remorquait vers le sud pour une mission de blocus.

Malgré toutes leurs imperfections, le *Virginia* et le *Monitor* servirent de prototypes aux nouveaux cuirassés dont la construction fut menée à bien ou commencée par les deux adversaires durant la guerre de

1. Foote, *The Civil War*, t. I, p. 260 ; Davis, *Duel between the First Ironclads*, p. 120-121, p. 127.
2. Cité par John Taylor Wood, « The First Fight of Iron-Clads », *Battles and Leaders*, t. I, p. 692.

Sécession : vingt et un pour la Confédération, cinquante-huit pour l'Union. Beaucoup d'entre eux ne participèrent jamais à la moindre action ; tous étaient conçus pour les combats dans les baies ou sur les fleuves ; pas un ne devint aussi célèbre que leurs deux ancêtres. L'existence de cuirassés rebelles, tapis le long des fleuves du Sud, entretint dans l'esprit des marins de l'Union une inquiétude connue sous le nom de « fièvre de l'éperon », mais elle n'eut guère d'effet sur le cours de la guerre. Les navires de guerre en bois, à voile et à vapeur, restèrent la force principale de la flotte fédérale en eau profonde. Toutefois, durant le dernier tiers du XIXe siècle, les marines du monde entier se convertirent au fer et à l'acier, incorporant à leurs vaisseaux les principales caractéristiques de la « folie » d'Ericsson : profils bas, vitesse et manœuvrabilité, tourelles de tir tournantes et quelques armes de gros calibre plutôt que des bordées de nombreux canons.

II

Les missions de blocus n'offraient guère d'occasions de se couvrir de gloire aux marins de l'Union. L'ennemi le plus dangereux était l'ennui. En tout, durant les quatre années de guerre, cinq cents navires environ prirent part au blocus et l'on peut estimer en moyenne que cent cinquante d'entre eux, peut-être, étaient occupés à patrouiller au même moment. Ces navires capturèrent ou détruisirent quelque mille cinq cents forceurs de blocus. Si l'on estime que, pour chaque bateau capturé, les navires du blocus en repéraient ou en pourchassaient une bonne douzaine, on peut en déduire qu'en moyenne un navire assurant le blocus devait repérer un ennemi toutes les trois ou quatre semaines et participer à une ou deux prises par an. « Jour après jour après jour après jour, nous restons là sans rien faire et le bateau roule, roule, roule » : ainsi un officier décrivait-il sa mission. Pour imaginer en quoi elle consistait, expliquait un autre officier à sa mère, il lui faudrait « monter sur le toit par une journée d'été torride, parler avec une demi-douzaine de dégénérés, descendre à la cave boire de l'eau tiède pleine de rouille, remonter sur le toit et répéter ces opérations à intervalles réguliers jusqu'à ce que [elle fût] épuisée, puis aller [se] coucher après avoir tout bouclé à double tour [1] ».

Seul l'espoir de faire une grosse prise permettait aux marins de rester sains d'esprit et sur le qui-vive. En effet, l'équipage et le gouvernement se partageaient, moitié-moitié, ce que rapportait chaque bateau capturé. La répartition était la suivante : sept pour cent pour le capitaine, des portions variables pour chacun des officiers et seize pour cent divisés

1. Richard S. West Jr., *Mr. Lincoln's Navy* (New York, 1957), p. 60 ; Merrill, *Rebel Shore*, p. 69.

entre les marins. Or, il arrivait parfois que le rêve de tirer le gros lot devînt réalité : en l'espace de neuf jours, à l'automne de 1864, le petit aviso *Aeolus* captura à lui seul deux forceurs de blocus, exploit qui rapporta quarante mille dollars à son capitaine, des parts allant de huit mille à vingt mille dollars aux officiers et trois mille dollars à chaque marin.

Pour les équipages des navires qui forçaient le blocus, les profits potentiels, sans parler de la griserie du danger, étaient encore plus élevés. « Rien de ce dont j'ai fait l'expérience ne saurait s'y comparer, déclara un officier britannique qui servait sur un de ces bateaux. La chasse à courre, la chasse au sanglier, le parcours d'obstacles à cheval, la chasse aux grands fauves, le polo — j'ai tâté de tout — chacun donne des frissons bien particuliers, mais rien qui puisse approcher ce qu'on éprouve au moment où l'on force un blocus[1]. » Ce commentaire, toutefois, ne s'appliquait pas à la première année de guerre, car à cette époque, le blocus ressemblait davantage à une passoire qu'à un cordon étanche ; le petit risque encouru en le franchissant suffisait à faire monter les prix des cargaisons et des assurances, mais il ne procurait guère de sensations fortes. Dès l'été de 1862 cependant, la situation avait radicalement changé. La plupart des ports du Sud étaient fermés ou occupés, si bien que la flotte chargée du blocus pouvait se concentrer sur les quelques ports encore ouverts. L'expérience avait appris aux capitaines nordistes à poster des bateaux plus petits aux abords de la côte, où ils faisaient le guet et envoyaient des fusées pour signaler qu'un navire cherchant à franchir le blocus approchait de l'entrée du port, que ce fût pour y pénétrer ou pour en sortir. Tous les navires de guerre qui captaient ce signal convergeaient alors vers le vaisseau en question. A plusieurs kilomètres de la côte, un second cordon de navires de l'Union patrouillait une zone plus large, donnant la chasse à tous les bâtiments cinglant vers le large qu'avaient repéré les guetteurs ou à tous ceux qui se dirigeaient vers la terre et qu'ils avaient aperçus eux-mêmes.

Ce système fonctionnait assez bien contre les embarcations lentes ou de grande taille, lorsque la visibilité était bonne. Toutefois, celles qui s'efforçaient de percer le blocus dans ces conditions ne tardèrent pas à disparaître des côtes méridionales, remplacées par des vaisseaux profilés, rapides, à faible tirant d'eau, construits (le plus souvent en Grande-Bretagne) précisément pour passer à travers les mailles du filet, peints en gris afin de se fondre au maximum avec l'océan, consommant de l'anthracite sans fumée, possédant un franc-bord très bas, des cheminées télescopiques et des soupapes d'échappement sous-marines pour la vapeur. Confiés a des pilotes qui connaissaient le moindre caillou du littoral, ces navires choisissaient les nuits sans lune ou les nuits de brouillard et de tempête pour tenter de filer, dans un sens ou dans l'autre, le long d'un

1. Robert Carse, *Blockade : The Civil War at Sea* (New York, 1958), p. 41.

chenal dont toutes les balises avaient été supprimées et remplacées par des lumières codées sur la terre ferme qui aidaient les pilotes à se repérer. Dans ces conditions, il arrivait qu'un forceur de blocus passât à deux cents mètres à peine d'un navire de guerre sans être vu. Certains bateaux rebelles poussaient même le vice jusqu'à se procurer des fusées identiques à celles qu'utilisait la marine de l'Union pour ses signaux et les envoyaient dans la mauvaise direction pour mieux tromper les poursuivants.

Nassau, les Bermudes et La Havane devinrent les principales bases des forceurs de blocus, qui transportaient des armes, des munitions, des chaussures, des couvertures militaires, des médicaments, du sel, du thé, de l'alcool, des crinolines et des corsets. Lorsque la marine de l'Union fut assez étoffée, elle établit un troisième cordon de navires patrouillant au large de ces ports (en dépit des protestations britanniques et espagnoles), afin d'intercepter les rebelles à des centaines de kilomètres des côtes du Sud. D'ordinaire, cependant, les forceurs de blocus échappaient à ces patrouilles et parvenaient à gagner Wilmington, Charleston, Mobile ou quelque autre port, où ils chargeaient du coton pour le voyage de retour.

Wilmington et Nassau devinrent, durant la guerre de Sécession, des villes champignons, en proie au tumulte, à la violence, à l'immoralité, croulant sous la richesse et la cupidité[1]. Les possibilités de profit qu'offrait un voyage réussi compensaient largement le risque (à trois contre un en 1864) de se faire prendre. Les propriétaires de navires pouvaient, en effet, récupérer leur investissement initial en un ou deux aller-retours, puis s'assurer ensuite des bénéfices nets à chaque voyage. Le prix du coton sur le marché européen grimpa en flèche pour atteindre des niveaux six fois, huit fois, dix fois plus élevés que ceux d'avant-guerre, permettant aux spéculateurs qui achetaient du coton dans le Sud et parvenaient à le faire sortir, de multiplier leurs profits. En 1864, les capitaines de vaisseaux forçant le blocus recevaient cinq mille dollars ou plus en or pour un aller et retour, les autres officiers entre sept cent cinquante et trois mille cinq cents dollars et les simples marins deux cent cinquante dollars. En prime, les capitaines pouvaient réserver une partie de l'espace disponible à leur propre cargaison (coton au départ du Sud et produits de luxe au retour) qui était vendue aux enchères à l'arrivée. Bon nombre de propriétaires, de capitaines et d'équipages étaient britanniques et l'on trouvait, notamment, plusieurs anciens officiers de la Royal Navy, qui avaient démissionné pour poursuivre cette carrière plus lucrative. Quant aux nombreux sudistes qui eux aussi possédaient et utilisaient des navires

1. Wilmington devint le principal port d'attache des forceurs de blocus, en raison des passes et des hauts-fonds difficiles de la Cape Fear River, gardés par le fort Fisher dont les lourds canons interdisaient à la flotte du blocus de poursuivre la chasse dès qu'un navire avait réussi à se réfugier à portée de tir.

pour forcer le blocus, même s'ils agissaient surtout par patriotisme, l'appât du gain n'était pas totalement absent de leurs préoccupations. Le Nord traitait les équipages sudistes capturés comme des prisonniers de guerre, mais ne pouvait risquer l'incident diplomatique en incarcérant les équipages étrangers, si bien qu'il fallait les relâcher. Au début de 1864, la part croissante donnée, dans les cargaisons introduites en fraude dans le Sud, aux produits de consommation coûteux au détriment du matériel de guerre était devenue si flagrante que le gouvernement confédéré instaura des règlements (le plus souvent bafoués), interdisant les produits de luxe et obligeant tous les navires à réserver au moins la moitié de leur cargaison au gouvernement, à un tarif fixe. En outre, le gouvernement (tout spécialement le Service du matériel de Josiah Gorgas) et plusieurs États du Sud acquirent leurs propres navires pour forcer le blocus.

Dans quelle mesure, ce blocus était-il effectif ? Il y a deux façons de répondre à cette question. On peut d'abord faire remarquer qu'au cours de la guerre, cinq navires sur six, selon les estimations, parvinrent à le forcer (le chiffre de neuf sur dix, valable en 1861, tomba progressivement à un sur deux en 1865). Ils emportèrent un demi-million de balles de coton et apportèrent un million de paires de chaussures, un demi-million de fusils, un millier de tonnes de poudre à canon, plusieurs centaines de canons et ainsi de suite. La valeur en dollars du commerce extérieur de Charleston était plus élevée en 1863 qu'elle ne l'avait été durant la dernière année de paix. Les envoyés confédérés en Grande-Bretagne dressèrent de longues listes de navires ayant forcé le blocus, à seule fin de prouver que c'était un « blocus fictif », qui ne méritait en aucune façon d'être reconnu par la loi internationale. En janvier 1863, Jefferson Davis déclara que le « prétendu blocus » était un « monstrueux faux-semblant ». Un des plus éminents spécialistes de l'histoire de la diplomatie confédérée a entériné ce point de vue. Le blocus, a écrit Frank L. Owsley, était une « absurdité », c'était « à peine un blocus fictif digne de ce nom », ou encore « une bonne farce jouée au monde entier... par ce vieil Abe[1] ».

Pourtant, la plupart des sudistes qui endurèrent cette prétendue fiction fournirent une réponse différente. « Déjà, le blocus commence à empêcher l'arrivée [des munitions] », notait Mary Boykin Chestnut le 16 juillet 1861. « [C'est une] palissade qui nous enserre », devait-elle ajouter en mars 1862. En juillet 1861, un négociant de Charleston mentionnait : « Le blocus est toujours en vigueur et tous les articles de consommation, surtout en ce qui concerne l'épicerie, commencent à être très chers » et quatre mois plus tard, il précisait : « Les affaires sont tout à fait

1. Rowland, *Davis*, t. V, p. 401, p. 403 ; Frank L. Owsley, *King Cotton Diplomacy: Foreign Relations of the Confederate States of America*, 2e éd. rév. (Chicago, 1959), p. 229, p. 230.

lamentables, tout est hors de prix, le sel se vend à 15 et 20 cents le kilo, souliers pratiquement introuvables, pénurie de nouveautés de toutes sortes. » Après la guerre, un officier de marine sudiste reconnut que le blocus « [avait] isolé la Confédération du monde, l'[avait] privée de provisions [et avait] affaibli sa force militaire et navale[1] ».

L'opinion des historiens pencherait plutôt dans ce sens. Certes, cinq sur six des navires qui tentaient de forcer le blocus y parvenaient, mais ce chiffre n'est pas celui qui compte vraiment. Ce qu'il faut se demander, c'est combien de navires transportant quelle quantité de fret *auraient pu* entrer dans les ports du Sud s'il n'y avait pas eu de blocus. Or, si durant les quatre années de guerre, huit mille voyages eurent lieu malgré le blocus[2], il faut se rappeler que plus de vingt mille navires étaient entrés ou sortis des ports méridionaux au cours des quatre années qui précédèrent la guerre. En outre, les forceurs de blocus étaient bâtis pour aller vite, pas pour transporter de grosses cargaisons, et lorsqu'ils étaient poursuivis, il leur arrivait de se débarrasser d'une partie du fret. Le blocus réduisit le commerce maritime du Sud à moins du tiers de la normale. Sans compter, bien sûr, que les besoins de la Confédération pour toutes sortes de denrées étaient beaucoup plus élevés qu'en temps de paix. Quant aux exportations de coton, il ne faut pas tenir compte de l'année 1861, parce que le Sud mit volontairement l'embargo sur son coton, dans l'espoir, nous le verrons, d'influer sur la politique étrangère britannique. Lorsque cet embargo fut levé en 1862, le demi-million de balles que l'on put faire passer à travers les mailles du filet tendu par l'Union au cours des trois années suivantes faisait piètre figure à côté des dix millions de balles exportées durant les trois dernières années de paix. Quant au volume du commerce en dollars enregistré à Charleston en temps de

---

1. Woodward, *Chestnut's Civil War*, p. 101, p. 306 ; Nevins, *War*, t. I, p. 289 ; John T. Scharf, *History of the Confederate States Navy* (New York, 1887), p. v.

2. Ces estimations sont dues à Frank Owsley, *King Cotton Diplomacy*, p. 250-290, et fondées sur les archives du Département d'État de la Confédération et du ministère de la Marine de l'Union. La plupart des navires qui arrivèrent à bon port (et de ceux qui échouèrent) étaient des petites goélettes côtières, ne transportant que peu ou pas de cargaison de valeur militaire. En réalité, la majorité des trajets effectués par ces vaisseaux avaient lieu le long des voies d'eau qui reliaient les ports confédérés et servaient avant tout à répartir le frêt entre les différentes parties du Sud ; on peut, en fait, tout juste dire qu'ils « forçaient » le blocus. De juin à septembre 1861, par exemple, sur les cent soixante-dix-huit navires qui entrèrent ou sortirent des cinq principaux ports du Sud, dix-huit seulement faisaient du commerce avec l'étranger. Les diplomates confédérés faisaient passer tout ce commerce *intra-muros* pour des percées du blocus, afin de persuader la Grande-Bretagne de déclarer qu'il s'agissait d'un « blocus fictif » illégal ; la marine de l'Union de son côté incluait les navires de ce type dans ses statistiques concernant les navires arraisonnés afin d'étoffer la liste de ses prises. En ce qui concerne les forceurs de blocus qui comptaient vraiment — les bateaux à vapeur rapides qui opéraient entre le Sud et les ports étrangers —, il y eut environ mille voyages réussis sur treize cents tentatives. Stephen R. Wise, « Lifeline of the Confederacy : Blockade Running During the American Civil War », thèse de doctorat, University of South Carolina, 1983, p. 44, p. 46, p. 139, p. 516.

guerre, il y avait deux raisons pour qu'il fût supérieur : d'abord, Charleston était l'un des principaux ports utilisés par les forceurs de blocus, parce que les autres leur étaient fermés ; et ensuite, l'inflation éroda à tel point le dollar confédéré qu'en mars 1863 il en fallait dix pour acheter ce qui n'en avait coûté qu'un, deux ans auparavant. D'ailleurs, le blocus fut l'une des causes de l'inflation ruineuse qui vers la fin de la guerre fit tomber le dollar confédéré à un pour cent de sa valeur originale.

Soutenir que ce fut le blocus qui « gagna la guerre » pour le Nord, comme ont l'habitude de le faire les spécialistes de l'histoire navale, c'est aller vraiment trop loin [1], mais il joua un rôle important dans la victoire de l'Union. Bien que le personnel naval ne constituât que cinq pour cent des forces armées de l'Union, son influence sur l'issue du conflit fut indéniablement beaucoup plus grande que ne le laisserait supposer ce chiffre.

III

L'efficacité du blocus devint une question de politique étrangère cruciale durant la première année de guerre. La loi internationale qui régissait les blocus faisait partie de la déclaration de Paris, à laquelle avaient souscrit, en 1856, après la guerre de Crimée, les puissances européennes (mais pas les États-Unis) : « Les blocus, pour être respectés, doivent être effectifs ; c'est-à-dire appliqués par des forces assez puissantes pour interdire effectivement l'accès au littoral bloqué. » Or, les diplomates sudistes soutenaient que la facilité avec laquelle on pouvait franchir le blocus nordiste en 1861 prouvait son inefficacité ; donc aucune nation n'était tenue de le respecter. Telle avait été la position traditionnelle des Américains face aux blocus britanniques, surtout durant les guerres napoléoniennes, tout au long desquelles les États-Unis avaient défié les Britanniques en commerçant indifféremment avec les deux adversaires. A présent la situation était inversée. Un des principaux objectifs de la diplomatie confédérée en 1861 fut de convaincre la Grande-Bretagne qu'elle pouvait déclarer le blocus fictif, préludant ainsi à une intervention

1. Howard P. Nash Jr., *A Naval History of the Civil War* (New York, 1972), p. 300. D'un autre côté, la conclusion d'une récente étude, selon laquelle « le blocus ne fut pas un des facteurs déterminants de l'épuisement économique de la Confédération » et n'eut pas un « effet décisif » sur l'issue de la guerre va peut-être trop loin dans l'autre sens. Tout dépend bien sûr de la façon dont on interprète les mots « déterminants » et « décisif ». L'effet du blocus fut indéniablement important, même s'il ne suffit pas bien sûr à gagner la guerre à lui tout seul. Quant à savoir si les nordistes auraient pu l'emporter sans lui, la question paraît oiseuse. Richard E. Beringer, Herman Hattaway, Archer Jones William N. Still Jr., *Why the South Lost the Civil War* (Athens, Géorgie, 1986), p. 56, p. 53.

de la Royal Navy pour protéger le commerce britannique avec les États du Sud.

Le coton était la principale arme de la politique étrangère sudiste. La Grande-Bretagne importait les trois quarts de son coton du sud des États-Unis et l'industrie textile dominait l'économie britannique. « Qu'arriverait-il si nous ne fournissions plus de coton pendant trois ans ? avait demandé James Hammond, de Caroline du Sud, dans son célèbre discours sur le roi Coton, en 1858. L'Angleterre s'effondrerait et entraînerait tout le monde civilisé dans sa chute, à l'exception du Sud. » Au cours de l'année 1861, le caractère inévitable de l'intervention britannique pour obtenir le coton dont le pays avait besoin devint au Sud un article de foi. « Si tous ces misérables yankees essaient de nous imposer un blocus et de vous interdire notre coton, vous n'aurez qu'à envoyer leurs bateaux par le fond et reconnaître notre souveraineté. A mon avis, c'est ce qui arrivera avant l'automne », déclara au correspondant du *Times* un marchand de Charleston, quelques jours après la reddition du fort Sumter. En juillet 1861, le vice-président Alexander Stephens exprima la conviction que « d'une façon ou d'une autre [le blocus serait] levé ou bien il y [aurait] une révolution en Europe ». Et il ajoutait : « Notre coton est [...] le redoutable levier qui va nous permettre d'accomplir notre destin[1]. »

Pour actionner ce levier, le Sud décida de mettre l'embargo sur les exportations de coton. « Nous avons toutes les cartes en main, exultait le *Charleston Mercury*, et nous avons l'intention de les jouer de façon à assurer la faillite de toutes les filatures de coton de Grande-Bretagne et de France, si notre indépendance n'est pas officiellement reconnue. » Le *Memphis Argus* conseillait aux planteurs : « Gardez chaque balle de coton à la plantation. N'en envoyez pas un fil à La Nouvelle-Orléans, ni à Memphis, tant que l'Angleterre et la France n'auront pas reconnu la Confédération — pas un fil[2]. » Bien que le gouvernement confédéré n'eût jamais officiellement sanctionné l'embargo, la puissance de l'opinion publique était telle qu'il s'imposa pratiquement de lui-même. La majeure partie de la récolte de 1860 avait été exportée avant le début du conflit. En 1861, la saison du fret aurait normalement dû commencer en septembre, mais en dépit du blocus encore extrêmement lâche, il n'y eut presque pas d'envois de coton. Au printemps de 1862, les sudistes ne plantèrent du coton que sur la moitié environ de la superficie habituelle, et consacrèrent les terres ainsi libérées aux cultures vivrières. Cette année-là, la quantité de coton en provenance du Sud américain importée par

1. *Selections from the Letters and Speeches of the Hon. James Hammond of South Carolina* (New York, 1866), p. 316-317 ; William Howard Russell, *My Diary North and South*, éd. Fletcher Pratt (New York, 1954), p. 69 ; Virgil Carrington Jones, *The Civil War at Sea : The Blockaders* (New York, 1960), p. 183.

2. Owsley, *King Cotton Diplomacy*, p. 24-25.

la Grande-Bretagne se montait à environ trois pour cent de celle de 1860.

La diplomatie du roi Coton parut tout d'abord prometteuse. Les fonctionnaires britanniques et français se firent part de leurs inquiétudes mutuelles concernant l'effet probable d'une pénurie de coton. Les magnats du textile, dans le Lancashire et à Lyon, parlaient de fermer des usines. « L'Angleterre doit rompre le blocus ou bien ses millions de citoyens vont mourir de faim », déclara en septembre 1861 un journal qui exprimait l'opinion des ouvriers du textile. Au mois d'octobre, le Premier ministre, le vicomte Palmerston, et le ministre des Affaires étrangères, lord Russell, convinrent que « la question du coton [pouvait] devenir sérieuse d'ici la fin de l'année ». « Nous ne pouvons, précisaient-ils, laisser périr quelques millions de nos concitoyens pour faire plaisir aux États du Nord. » Les diplomates britanniques et français évoquèrent des possibilités d'agir de conserve pour lever le blocus[1].

En définitive, cependant, plusieurs facteurs interdirent une telle solution. D'abord, Russell et Palmerston ne voulaient surtout pas être mêlés à la guerre de Sécession. « Pour l'amour de Dieu, restons en dehors si possible », déclara Russell en mai 1861, tandis que Palmerston citait une maxime : « Qui dans une querelle s'entremet, récolte souvent un bon coup sur le nez. » La Grande-Bretagne n'avait pas besoin des mises en garde belliqueuses de Seward, le secrétaire d'État de l'Union — avertissements que les Anglais considéraient d'ailleurs comme d'insolentes rodomontades — pour savoir qu'une action contre le blocus pourrait entraîner un conflit avec les États-Unis autrement plus dangereux pour les intérêts britanniques que la perte momentanée du coton du Sud. « [Notre] vraie politique, déclara Palmerston à Russell, le 18 octobre, [c'est] de continuer comme nous avons commencé et de rester tout à fait en dehors de l'affrontement[2]. » Napoléon III, pour sa part, aurait volontiers donné dans l'interventionnisme, mais il répugnait à entreprendre quoi que ce fût sans la coopération des Britanniques.

Si la Grande-Bretagne prit ombrage des tentatives d' « intimidation » de Seward, beaucoup d'Anglais s'offusquaient encore plus de voir les confédérés chercher à exercer un chantage économique. Si les sudistes croyaient pouvoir extorquer la collaboration des Britanniques par l'entremise du roi Coton, déclara le *Times*, ils feraient mieux d'y regarder à deux fois. « [Intervenir en faveur du Sud] parce qu'ils nous privent de leur coton, renchérit lord Russell en septembre 1861, serait d'une

1. Brian Jenkins, *Britain and the War for the Union*, 2 vol. (Montréal, 1974-1980), t. I, p. 166, p. 170 ; Owsley, *King Cotton Diplomacy*, p. 73.
2. Norman B. Ferris, *Desperate Diplomacy : William H. Seward's Foreign Policy, 1861* (Knoxville, 1976), p. 39, p. 36 ; Jenkins, *Britain and the War for the Union*, t. I, p. 172.

ignominie passant toute mesure[...] Ce n'est pas un Parlement anglais qui pourrait faire une chose aussi basse[1]. »

Ayant trouvé les Britanniques (et les Français) si chatouilleux sur ce point, les diplomates du Sud étaient dans l'impossibilité d'admettre qu'un embargo sur le coton existait. Or, ils s'enfermaient du même coup dans un paradoxe, car comment prétendre que le blocus était fictif, si l'Europe ne recevait plus de coton ? En réponse à une question posée à ce sujet par le ministre français des Affaires étrangères, en février 1862, le commissaire confédéré à Paris reconnut que « bien qu'une très importante proportion des navires qui avaient tenté de forcer le blocus [...] fût parvenue à passer, les risques de capture étaient assez grands pour dissuader ceux qui n'étaient pas très aventureux de s'y essayer ». Fatal aveu ! Huit jours plus tard, lord Russell faisait connaître la position britannique sur le blocus : « Le fait que divers navires soient parvenus à passer à travers [...] n'empêchera pas en soi le blocus d'être effectif selon la loi internationale » tant qu'il serait imposé par un nombre de vaisseaux « suffisant en réalité à interdire l'accès à [un port] *ou à constituer un danger évident pour les navires désirant y entrer ou en sortir.* » En février, le blocus nordiste répondait incontestablement à ces critères. Une autre influence combattait les arguments avancés par les sudistes pour faire accepter aux Britanniques la notion d'un blocus fictif : c'était la volonté chez ces derniers de ne pas créer un précédent qui risquât de se retourner contre leur propre sécurité au cours d'une guerre future. Comme le dit le conseiller juridique de la couronne britannique : « [La Grande-Bretagne doit résister] à toutes ces notions et interprétations de la loi internationale, qui se piquent de modernisme, car elles sont susceptibles de nous empêcher ultérieurement d'imposer un blocus effectif, ce qui détruirait notre maîtrise navale[2]. »

Les espérances sudistes de voir le blocus levé par une intervention étrangère furent donc frustrées par une double ironie du sort : d'abord, le « succès » de l'embargo sur le coton, qui ne semblait prouver qu'une chose, l'efficacité du blocus ; et ensuite, le fait que les énormes exportations de coton des années 1857-60, au lieu d'établir la puissance du roi Coton, ne servirent qu'à le jeter à bas de son trône. Même en multipliant les heures supplémentaires, les filatures britanniques n'avaient pas encore été capables de transformer toute cette matière première en tissu. Le surplus de coton brut et de tissu manufacturé s'empilait dans les entrepôts du Lancashire. Ainsi l'embargo du Sud, en 1861, s'avéra-t-il une véritable bénédiction pour les fabricants de textiles. Certes, les fabriques pratiquèrent des réductions d'horaire durant l'hiver de 1861-62,

1. Owsley, *King Cotton Diplomacy*, p. 22 ; Jenkins, *Britain and the War for the Union*, t. I, p. 170.
2. Nevins, *War*, t. I, p. 289 ; D.P. Crook, *The North, the South and the Powers, 1861-1865* (New York, 1974), p. 177 (italiques rajoutées), p. 178.

mais la véritable raison n'en était pas le manque de coton, mais une surabondance de tissu sur le marché. En décembre 1861, les inventaires de coton brut, en Grande-Bretagne et en France, indiquaient des quantités plus élevées que pour n'importe quel mois de décembre précédent. La pénurie de coton dont le Sud attendait tant ne commença à se faire sentir que durant l'été 1862. A cette époque, la Confédération avait renoncé à l'embargo et s'efforçait désespérément d'exporter son coton, en dépit du blocus de plus en plus serré, afin de pouvoir payer ses importations. Mais il fallait compter désormais avec l'Égypte et l'Inde qui, stimulées par les prix élevés, avaient intensifié leur propre culture du coton ; ce furent elles qui satisfirent la plupart des besoins européens au cours des trois années suivantes.

La pire période de chômage dans l'industrie textile britannique eut lieu entre l'été 1862 et le printemps 1863, mais ses effets restèrent bien en-dessous de ce qu'avaient espéré les sudistes et redouté les Britanniques. Dès avant la guerre de Sécession, l'industrie textile avait vu fondre la domination qu'elle exerçait sur l'économie britannique. La guerre stimula encore la croissance de la métallurgie, de la construction navale, de l'armement et d'autres industries, ce qui contribua à compenser en grande partie le déclin du textile. La fabrication d'uniformes et de couvertures en laine pour les armées américaines fit dans une certaine mesure contrepoids au ralentissement de la fabrication du coton. Le commerce florissant du matériel de guerre avec le Nord et les possibilités de forcer le blocus vers le Sud convainquirent les négociants britanniques des vertus de la neutralité. Les mauvaises récoltes que connut l'Europe occidentale de 1860 à 1862 accrurent la dépendance britannique vis-à-vis du grain et du maïs américains. Durant les deux premières années de la guerre de Sécession, les États de l'Union fournirent à la Grande-Bretagne près de la moitié de ses importations de grain, au lieu du quart seulement avant la guerre. Les yankees exultaient, proclamant que le roi Maïs était plus puissant que le roi Coton[1]. Et, comme les corsaires confédérés avaient chassé des océans bon nombre de navires marchands de l'Union, la plus grande part de ce commerce accru avec le Nord se faisait à bord de navires anglais — un nouvel avantage bien fait pour dissuader les Britanniques d'intervenir dans cette guerre intestine.

Quand débuta la seconde année du conflit, la Grande-Bretagne était disposée à tolérer les extraordinaires extensions du blocus imposées par le Nord. En avril 1862, les navires de guerre de l'Union commencèrent à arraisonner des navires marchands britanniques naviguant entre l'Angleterre et Nassau ou les Bermudes, sous prétexte que leurs cargaisons étaient destinées, en définitive, à la Confédération. Le premier navire capturé ainsi fut le *Bermuda*, aussitôt confisqué par une cour des prises

1. Crook, *The North, the South, and the Powers*, p. 268-272.

américaine. La marine de l'Union se porta acquéreur et l'affecta au service du blocus. C'était redoubler un outrage qui avait déjà provoqué en Angleterre une réaction cocardière, mais les diplomates américains firent valoir des précédents britanniques pour justifier leur saisie. Durant les guerres napoléoniennes, la Royal Navy avait arraisonné des navires américains qui transportaient des cargaisons à destination d'un port neutre dans l'intention de les réexpédier vers la France. Pour justifier la confiscation des produits de contrebande destinés en dernier ressort à un port ennemi, les tribunaux britanniques avaient établi la doctrine du « voyage continu », même si ledit voyage était interrompu par une escale dans un port neutre. Lorsque cette doctrine se retourna contre l'Angleterre en 1862, Whitehall ne put décemment pas refuser de l'admettre.

En 1863, un tribunal nordiste étendit la doctrine du voyage continu au-delà de tout précédent, avec l'affaire du *Peterhoff*. En février, un bâtiment de l'Union captura le vaisseau britannique *Peterhoff*, dans la mer des Caraïbes où il cinglait vers Matamoros au Mexique, avec une cargaison de fournitures militaires. La marine de l'Union avait d'excellentes raisons de penser que la destination ultime de cette cargaison était un port de la Confédération. En effet, situé en face du Texas, sur l'autre rive du Rio Grande, Matamoros était devenu un véritable entrepôt pour le commerce avec le Sud, où l'on échangeait du coton contre des produits de contrebande. La cour des prises accepta l'extension de la doctrine du voyage continu proposée par la marine fédérale, ce qui permettait de l'appliquer à toute réexpédition de contrebande non seulement hors de ports neutres, mais aussi par-delà les frontières territoriales. Cette fois, une importante section de l'opinion britannique s'éleva contre « l'insolence arrogante et tyrannique » des yankees, mais le Foreign Office se contenta d'enregistrer le précédent. Un demi-siècle plus tard, la Grande-Bretagne le rappela aux Américains pour justifier la saisie de navires transportant vers la Hollande, pays neutre, des produits de contrebande destinés à être acheminés en Allemagne par la voie terrestre[1].

IV

Faute de convaincre les Britanniques d'intervenir contre le blocus, le principal objectif de la politique étrangère confédérée devint de se faire reconnaître en tant que nation. Dans ce but, le Département d'État

---

1. Citation empruntée à Jenkins, *Britain and the War for the Union*, t. II, p. 262. Pour une étude sur les problèmes de droit maritime dont il est question ici, voir Stuart L. Bernath, *Squall Across the Atlantic : American Civil War Prize Cases and Diplomacy* (Berkeley, 1970).

sudiste envoya donc en Europe une commission de trois hommes, ayant à sa tête William L. Yancey. Mangeur de feu notoire et défenseur d'une reprise de la traite des Africains, ce dernier n'était peut-être pas l'homme qu'il fallait pour se concilier les bonnes grâces d'un pays antiesclavagiste comme la Grande-Bretagne. Néanmoins, peu après l'arrivée à Londres des trois confédérés, le gouvernement britannique annonça une décision qui incita à tort les Américains, de part et d'autre du Potomac, à envisager l'instauration imminente de relations diplomatiques entre la Grande-Bretagne et la Confédération.

Lincoln avait proclamé que les rebelles étaient des insurgés. Selon le droit international, cela interdisait à la Confédération de bénéficier du statut de puissance belligérante. Cependant, le blocus décrété par le Nord constituait un acte de guerre affectant les pays neutres. Le 13 mai, par conséquent, la Grande-Bretagne déclara sa neutralité dans une proclamation par la reine Victoria. La chose aurait pu paraître parfaitement anodine, si elle n'avait pas entraîné d'office la reconnaissance de la Confédération en tant que puissance belligérante. D'autres nations européennes suivirent l'exemple anglais. Selon la loi internationale en vigueur, le statut de belligérant donnait aux confédérés le droit de contracter des emprunts et d'acheter des armes dans les pays neutres, ainsi que celui de posséder en haute mer des croiseurs habilités à fouiller et saisir les navires ennemis. Les nordistes protestèrent avec emportement contre cette décision britannique ; Charles Sumner devait l'appeler par la suite « l'acte le plus odieux de l'histoire d'Angleterre, depuis le règne de Charles II ». Toutefois, le tollé nordiste reposait sur de bien faibles bases juridiques, car le blocus équivalait virtuellement à reconnaître la belligérance du Sud. En outre, aux yeux des Européens, la Confédération, avec sa Constitution, son armée, le contrôle effectif qu'elle exerçait sur un territoire d'un million deux cent mille kilomètres carrés et une population de neuf millions d'âmes, était, quoi qu'en eussent les nordistes, un belligérant avéré. Comme le dit d'ailleurs lord Russell : « La question des droits des belligérants n'est pas une affaire de principe, mais de fait [1]. »

L'amertume du Nord venait en partie du contexte et du moment choisis par les Britanniques pour agir ainsi. La proclamation de neutralité faisait en effet suite à deux entrevues « officieuses » entre lord Russell et les envoyés confédérés. Et elle ne précéda que d'un jour l'arrivée à Londres de Charles Francis Adams, le nouvel ambassadeur des États-Unis. Ainsi, en reconnaissant le statut de belligérant du Sud, la Grande-Bretagne paraissait vouloir mettre Adams devant un fait accompli pour le préparer

---

1. Sumner cité par Norman Graebner, « Seward's Diplomacy », manuscrit inédit, p. 6 ; Russell cité par Robert H. Jones, *Disrupted Decades : The Civil War and Reconstruction Years* (New York, 1973), p. 363

à l'étape suivante : l'établissement de relations diplomatiques avec la nation confédérée. Aux yeux de Seward, les rencontres entre Russell et Yancey flanqué de ses deux acolytes étaient « susceptibles d'être interprétées comme une reconnaissance officielle ». Ce fut d'ailleurs ce que s'empressa de faire le Sud ; le *Richmond Whig* considérait la proclamation de neutralité comme « un grand [pas] décisif exactement dans la direction qu'attendait la population des États du Sud[1] ».

Tout au long du printemps, Seward avait été de plus en plus exaspéré par la politique britannique. Lorsqu'il apprit que Russell avait reçu les commissaires rebelles, il laissa exploser sa colère. « Que le diable les emporte, je vais leur mener une vie d'enfer », annonça-t-il à Sumner. Le 21 mai, il expédia à Adams une dépêche fort peu diplomatique, lui ordonnant de rompre les relations si le gouvernement britannique avait encore le moindre contact avec les émissaires du Sud. Et si la Grande-Bretagne reconnaissait officiellement la Confédération, « à partir de cette heure, nous cesserons d'être amis et nous deviendrons une fois de plus, comme nous avons par deux fois été forcés de l'être, les ennemis de la Grande-Bretagne[2] ».

Lincoln s'était efforcé, avec un succès mitigé, d'adoucir le langage de son ministre. Le Président parvint tout du moins à obtenir de Seward qu'il laissât Adams libre de présenter à sa guise et verbalement la substance de cette dépêche, plutôt que de la remettre telle quelle à lord Russell. Ayant lu la prose agressive de son chef hiérarchique, Adams décida que dans le cas présent la prudence ne pourrait qu'être la mère de la sûreté. Le choix de cet homme pour représenter les États-Unis à Londres avait été une heureuse inspiration. Son grand-père et son père l'avaient précédé à la Cour de Saint-James ; Charles avait d'ailleurs passé une grande partie de sa jeunesse aux légations de Saint-Pétersbourg et de Londres. Sa réserve et son contrôle de soi étaient bien faits pour séduire les Anglais, toujours hérissés par le côté hâbleur qui leur semblait être une des caractéristiques nationales des Américains. Adams et lord Russell se jaugèrent dès leur première rencontre et chacun fut satisfait de ce qu'il vit chez l'autre. L'Américain dissimula donc la main de fer de Seward dans un gant de velours. Pour ne pas être en reste de courtoisie, Russell assura à son interlocuteur que la Grande-Bretagne n'avait pour le moment aucune intention d'établir des relations diplomatiques avec la Confédération. Le ministre des Affaires étrangères de Sa Majesté voulut bien admettre qu'il avait par deux fois rencontré les commissaires sudistes, mais précisa « qu'il ne comptait nullement les revoir[3] ».

1. Jenkins, *Britain and the War for the Union*, t. I, p. 104, p. 109.
2. David Donald, *Charles Sumner and the Rights of Man* (New York, 1970), p. 21 ; Jenkins, *Britain and the War for the Union*, t. I, p. 104.
3. Ephraim D. Adams, *Great Britain and the American Civil War*, 2 vol. (New York, 1925), t. I, p. 106.

C'était la pure vérité. Il fallut néanmoins un certain temps pour en convaincre les émissaires confédérés qui continuèrent à expédier à Richmond des rapports optimistes. En septembre 1861, cependant, Yancey commença à se lasser de la situation et présenta sa démission. Au même moment, le gouvernement confédéré décida de remplacer ses commissaires par des ministres plénipotentiaires dans les principales capitales européennes. Il envoya donc James Mason, de Virginie, à Londres et John Slidell, de Louisiane, à Paris.

Ce faisant, le Sud déclencha, sans le vouloir, une suite d'événements qui faillit bien provoquer une rupture des relations américano-britanniques. Le départ de Mason et Slidell, qui devaient quitter Charleston à bord d'un navire décidé à forcer le blocus, n'était pas vraiment un secret. La marine fédérale était contrariée de n'avoir pas réussi à intercepter ce navire avant son arrivée à La Havane où les diplomates passèrent à bord du paquebot britannique, *Trent*. Le capitaine Charles Wilkes se mit alors dans la tête de sauver la réputation de la marine de l'Union. Avec quarante ans de service actif derrière lui, il commandait désormais un aviso armé de treize canons, l'*USS San Jacinto*. C'était un homme emporté, fantasque, qui se prenait volontiers pour un expert en droit maritime. Arguant du fait que l'on avait le droit de saisir les dépêches diplomatiques en tant que contrebande de guerre, Wilkes décida qu'il avait aussi celui de s'emparer de Mason et Slidell qui n'étaient, somme toute, que « l'incarnation de dépêches[1] ». Cette interprétation inédite du droit international ne fit jamais l'objet de savantes discussions, car au lieu de considérer le *Trent* comme une prise de guerre, après l'avoir arraisonné en haute mer le 8 novembre, Wilkes se contenta d'arrêter les deux diplomates sudistes et laissa le bateau repartir.

La population du Nord accueillit avec enthousiasme le geste du capitaine ; « les gens sont contents de voir quelqu'un prendre, John Bull [le taureau britannique] par les cornes », rapporta un journaliste. La Chambre des représentants ratifia une résolution favorable à Wilkes. Toutefois, après le premier élan d'euphorie, vint le temps de la réflexion. Personne ou presque ne s'attendait à voir les Britanniques encaisser ce camouflet sans réagir. Les risques de guerre firent immédiatement plonger les cours de la bourse américaine. Les valeurs du gouvernement ne trouvaient plus d'acheteurs. Les nouvelles arrivant d'Angleterre ne firent que renforcer les craintes d'un regrettable affrontement. Les Britanniques étaient scandalisés que Wilkes eût osé « réquisitionner » ainsi Mason et Slidell. On avait bafoué le pavillon britannique. La presse populaire réclamait la guerre à cors et à cris. « Vous avez peut-être l'intention de vous laisser faire, déclara Palmerston à son cabinet, mais je veux bien

1. Rapport officiel de Wilkes, *Senate Exec. Docs.*, 37e Cong., 2e Sess., t. III, p. 123.

être pendu si j'en fais autant[1] ! » Le cabinet décida par vote d'expédier à Washington un ultimatum exigeant des excuses et la libération des deux diplomates confédérés. Le gouvernement ordonna le départ de troupes à destination du Canada et renforça sa flotte dans l'ouest de l'Atlantique. La guerre paraissait imminente.

Bien que la presse anglophobe aux États-Unis se déclarât favorable à cette perspective, les têtes plus froides comprirent la sagesse du mot attribué à Lincoln : « Une seule guerre à la fois. » En outre, un aspect de l'affaire du *Trent* — dont le grand public ignorait tout et que les historiens ont souvent passé sous silence — risquait d'empêcher l'armée de l'Union de continuer à mener même cette seule guerre. En 1861, en effet, les Indes, alors colonie britannique, étaient la source de salpêtre de l'Union ; or, le salpêtre était le principal ingrédient de la poudre à canon. La guerre avait fait baisser les stocks de salpêtre, qui étaient à présent dangereusement bas. A l'automne de 1861, Seward envoya un membre de la firme du Pont en Angleterre, en mission secrète, pour y acheter toutes les réserves de salpêtre disponibles sur place et celles qui devaient arriver des Indes. L'agent exécuta ces ordres et il était occupé à faire charger deux mille trois cents tonnes du minerai en question à bord de cinq navires, lorsque la nouvelle de la mésaventure du *Trent* atteignit Londres. Aussitôt le gouvernement mit l'embargo sur toutes les cargaisons à destination des États-Unis, tant que la crise ne serait pas résolue. Pas de règlement, pas de salpêtre[2].

Cette question, parmi d'autres, préoccupa énormément Lincoln et Seward durant les semaines extrêmement tendues de décembre 1861. Le problème était de trouver un moyen de désamorcer la crise sans avoir à subir l'humiliation de s'incliner devant l'ultimatum anglais. Seward reconnaissait volontiers que Wilkes avait violé le droit international en ne prenant pas la peine d'amener le *Trent* dans un port pour un jugement devant une cour des prises. Faisant montre d'une humeur modérée dont il n'était pas coutumier, le secrétaire d'État se déclara tout disposé à laisser partir Mason et Slidell, sous prétexte que Wilkes avait agi sans aucune instruction. Des allusions diplomatiques en provenance de Londres avaient laissé entendre que ce compromis, qui permettait de sauver la face, serait acceptable. Au cours d'une réunion cruciale, le jour de Noël, Lincoln et son cabinet en vinrent à la conclusion qu'ils n'avaient pas d'autre solution que de relâcher Mason et Slidell. La majeure partie de la presse en était arrivée à la même conclusion, si bien que cette décision n'entamerait en rien le soutien populaire au gouvernement. Les deux diplomates du Sud reprirent leur voyage

---

1. Norman B. Ferris, *The Trent Affair : A Diplomatic Crisis* (Knoxville, 1977), p. 29 ; Nevins, *War*, t. I, p. 388.
2. Alfred D. Chandler Jr., « Du Pont, Dahlgren, and the Civil War Nitre Shortage », in *Military Analysis of the Civil War* (New York, 1977), p. 201-202.

interrompu vers l'Europe où jamais ils ne furent aussi près d'obtenir une intervention des puissances étrangères qu'ils ne l'avaient été par leur simple capture en novembre 1861. Leur libération fit crever la bulle d'une guerre hypothétique. Le salpêtre de du Pont quitta Londres et ne tarda pas à être transformé en poudre pour l'armée de l'Union.

Dans le sillage de cet arrangement à l'amiable, les relations anglo-américaines devinrent meilleures qu'elles ne l'avaient été avant la crise. « Le premier effet de la remise en liberté de Mason et Slidell a été extraordinaire, écrivit le jeune Henry Adams depuis la légation américaine à Londres où il était le secrétaire particulier de son père. Le courant qui déferlait contre nous avec une si extrême violence il y a six semaines semble désormais couler avec la même furie en notre faveur [1]. » Ce nouveau courant fut fortifié par les victoires nordistes que l'on signalait le long de la côte Atlantique — et plus encore par l'annonce des remarquables succès militaires de l'Union dans l'Ouest.

Chapitre XIII

LA GUERRE FLUVIALE EN 1862

I

Avant février 1862, il n'y avait guère eu de combats sur les fleuves situés au sud de Cairo, en Illinois, mais au cours des quatre mois suivants, ceux-ci devinrent le théâtre de batailles décisives. La valeur stratégique du réseau fluvial qui rayonnait à partir de Cairo avait été évidente dès le départ. Cette ville, la plus méridionale de tous les États libres, devint une importante base militaire et navale. Ce fut de là que des forces expéditionnaires de l'armée et de la marine nordistes lancèrent, en 1862, des invasions remontant les fleuves Tennessee et Cumberland (vers le sud) et descendant le Mississippi.

Le succès de ces offensives s'expliqua en partie par l'harmonieux travail d'équipe des commandants de la marine et de l'armée à Cairo : il s'agissait respectivement de l'officier général commandant l'escadre, Andrew H. Foote, yankee du Connecticut, antiesclavagiste craignant Dieu et ne consommant pas une goutte d'alcool, et du général de brigade Ulysses S. Grant, qui craignait peut-être Dieu lui aussi, mais que l'esclavage laissait indifférent et qui n'était pas réputé pour sa sobriété. Il fut en

1. Worthington C. Ford (éd.), *A Cycle of Adams Letters, 1861-1865*, 2 vol. (Boston, 1920), t. I, p. 99.

tout cas fort heureux pour le Nord que ces deux hommes fussent capables de bien travailler ensemble, car les dispositions institutionnelles prévues pour assurer une coopération entre l'armée et la marine laissait beaucoup à désirer. Partant du principe que les opérations à l'intérieur des terres étaient du ressort de l'armée, même si elles avaient lieu sur l'eau, ce fut le ministère de la Guerre qui fit construire les premières canonnières destinées à évoluer sur les fleuves de l'Ouest. Des officiers de marine commandaient ces vaisseaux, mais c'étaient des officiers de l'armée qui dirigeaient les opérations ; les équipages étaient en outre très mélangés : on y trouvait des mariniers engagés volontaires, des soldats détachés par l'armée, des civils, pilotes et ingénieurs de bateaux à vapeur, et quelques marins recrutés dans la marine proprement dite. Ce ne fut qu'à l'automne de 1862 que le Congrès corrigea ces anomalies en plaçant les escadres fluviales sous le contrôle de la marine. Cela n'empêcha pas cette flotte d'eau douce de remporter ses plus grandes victoires durant les premiers mois, ceux où régnait l'improvisation.

Les canonnières de cette flotte étaient une création de James B. Eads, l'Ericsson de la marine d'eau douce. Ce natif de l'Indiana, qui avait installé son entreprise de construction de bateaux à Saint Louis, s'engagea par contrat, en 1861, à fournir avant la fin de l'année sept canonnières à faible tirant d'eau pour patrouiller le long des fleuves. Une fois terminées, ces embarcations ne ressemblaient à rien de connu. Elles avaient un fond plat, une coque très large et des roues à aubes ; la salle des machines et les quartiers de l'équipage étaient protégés par une casemate à flancs obliques, gainée d'un blindage dont l'épaisseur atteignait plus de six centimètres. Comme cette excroissance, conçue par le constructeur naval Samuel Pook, rappelait aux observateurs une carapace de tortue, on surnomma les bateaux « les tortues de Pook ». Malgré leur aspect cocasse, ces redoutables vaisseaux, armés chacun de treize canons, étaient plus que capables de tenir la dragée haute aux quelques navires à vapeur reconvertis que le Sud pouvait leur opposer.

Pour se défendre contre des invasions par voie fluviale, la Confédération comptait avant tout sur ses forts, lesquels étaient particulièrement imposants sur le Mississippi. A Columbus, dans le Kentucky, à vingt-cinq kilomètres seulement au sud de Cairo, le général Leonidas Polk avait fortifié les hauteurs en y installant cent quarante canons lourds. La Confédération pouvait à juste titre être fière de ce « Gibraltar de l'Ouest », car aucun engin flottant, fût-ce les tortues de Polk, ne paraissait en mesure de franchir un tel barrage. Pour plus de sécurité, cependant, les sudistes consolidèrent plusieurs autres places-fortes le long des deux cent quarante kilomètres qui séparaient Columbus de Memphis. Contrastant étrangement avec tous ces « Gibraltar », les forts protégeant les rives du Tennessee et du Cumberland, juste en-dessous des limites territoriales du Kentucky, étaient fort mal situés et encore inachevés à la fin de 1861. Peut-être parce que les sudistes étaient obnubilés par le Mississippi, alors que le Tennessee et le Cumberland leur paraissaient de moindre importance. Pourtant ces deux fleuves pénétraient l'une des zones principales de la Confédération, spécialisée dans la culture du grain, l'élevage des chevaux et la production de fer. La fonderie de Clarksville sur le Cumberland venait au deuxième rang derrière celle de Tredegar à Richmond, et Nashville, sur le même fleuve, était une importante productrice de poudre à canon et le principal dépôt de vivres des forces confédérées de l'Ouest.

Les forces en question étaient placées sous les ordres d'Albert Sidney Johnston, l'officier supérieur le plus haut en grade de l'armée sudiste. Originaire du Kentucky, il s'était battu aussi bien pour le Texas que pour les États-Unis contre le Mexique et, lorsque la guerre de Sécession avait éclaté, il commandait le Département du Pacifique en Californie. A l'instar de Robert E. Lee, il refusa un poste important dans l'armée de l'Union et traversa le Sud-Ouest pour rejoindre la Confédération, échappant à la fois aux Apaches et aux patrouilles fédérales. Grand, bien bâti, nanti d'un sens aigu de l'humour et d'un air de tranquille autorité, Johnston avait le physique du grand soldat qu'il était réputé être. Jefferson Davis l'avait admiré lorsqu'ils étaient tous deux élèves à la Transylvania University et à West Point, dans les années 1820, et il s'était battu à ses côtés dans les guerres contre Faucon Noir et contre le Mexique. Alors qu'il avait conçu une piètre opinion de l'autre Johnston — Joseph — le président de la Confédération tenait Albert Sidney pour « le plus grand soldat, l'homme le plus capable, tant chez les civils que chez les militaires, chez les confédérés que chez les fédéraux[1] ».

Le Département militaire occidental de Johnston s'étendait des Appalaches aux monts Ozark. Au début de 1862, quelque soixante-dix mille soldats s'y trouvaient sous ses ordres, répartis le long d'une ligne de huit cents kilomètres, avec en face d'eux des nordistes une fois et demi plus nombreux, dont le front d'une longueur identique allait de l'est du Kentucky au sud-ouest du Missouri. Les fédéraux, cependant, étaient handicapés par le fait que l'autorité, le long de ce front, était divisée. En novembre, Henry W. Halleck, avait remplacé Frémont en tant que commandant du Département du Missouri. Son autorité était souveraine jusqu'au Cumberland. Au-delà de ce fleuve, commençait le Département de l'Ohio sous le commandement de Don Carlos Buell qui avait établi son quartier général à Louisville.

Au moment où la guerre avait éclaté, Halleck et Buell se trouvaient, comme Johnston, en Californie et devaient eux aussi à leurs carrières passées des réputations qui incitaient leurs compatriotes à attendre d'eux des grandes choses. Halleck était sorti de West Point parmi les premiers

1. Foote, *Civil War*, t. I, p. 169.

de sa promotion. Il avait écrit *Elements of Military Art and Science* (« Éléments d'art et de science militaires »), qui était pour l'essentiel une paraphrase des ouvrages de Jomini, et traduit la *Vie de Napoléon*, de ce même Jomini, deux œuvres qui lui valurent un renom de théoricien de la stratégie. Le « Vieux Cerveau », comme on l'appelait parfois (mais jamais en sa présence), avait quitté l'armée en 1854 pour devenir homme d'affaires et avocat en Californie, où il avait écrit deux autres ouvrages sur les lois minières et refusé de devenir l'un des juges de la Cour suprême de l'État. Malgré sa calvitie et sa bedaine, son double menton, ses yeux globuleux et son caractère irascible, Halleck inspirait confiance en tant qu'administrateur militaire. Aux premiers mois de son commandement, il fut à la hauteur des espoirs qu'on avait placés en lui ; il remit de l'ordre dans le chaos qu'avait laissé Frémont et organisa de façon fort efficace l'appareil logistique nécessaire pour les quatre-vingt-dix mille soldats et la marine fluviale de son Département. Buell lui aussi se révéla compétent administrateur. A l'instar de McClellan qui avait favorisé son affectation à Louisville, Buell était féru de discipline et savait transformer les nouvelles recrues en vrais soldats ; mais à l'encontre du général en chef, il manquait de charisme et n'était pas très aimé de ses hommes.

A de multiples reprises, Lincoln pressa vivement Halleck et Buell de coopérer dans le cadre d'une grande offensive contre Johnston, tout le long de la ligne du Mississippi aux Appalaches. Le Président était convaincu que le Nord ne pourrait s'imposer qu'en profitant de sa supériorité numérique pour attaquer « différents point *en même temps* », afin d'empêcher l'ennemi de transférer ses troupes des secteurs calmes à ceux qui étaient menacés. Malheureusement, toute action conjuguée était entravée par ce double commandement de Halleck et Buell, aussi désireux l'un que l'autre de s'éclipser mutuellement et redoutant l'un et l'autre de connaître un échec. Buell se déclarait tout disposé à attaquer la force principale des rebelles à Bowling Green, s'il était soutenu par une attaque de diversion lancée par Halleck le long du fleuve Tennessee. Mais Halleck se faisait prier. « Je ne suis pas encore prêt à coopérer [avec Buell], fit-il savoir à Lincoln le 1er janvier 1862. Une hâte excessive gâterait tout[1]. »

Lincoln commençait à subodorer que Halleck, quels que fussent ses mérites d'administrateur et de théoricien, n'était pas un combattant. Il avait, en revanche, sous ses ordres un homme de cette trempe : Ulysses S. Grant, en poste à Cairo. Tandis que Halleck et Buell se querellaient par télégraphe, Grant proposa d'agir. Il insista vivement auprès de Halleck pour que celui-ci l'autorisât à remonter le Tennessee avec ses troupes et les nouvelles canonnières de Foote, afin d'aller prendre le

1. *CWL*, t. V, p. 98 ; *O.R.*, sér. I, vol. 7, p. 526.

fort Henry. Halleck hésita, refusa, puis revint sur sa décision à la fin de janvier et ordonna à Grant de mettre son plan à exécution.

Une fois lâché, Grant frappa vite et fort. C'était pour lui la première véritable occasion de dissiper les doutes que faisait planer sur ses capacités l'alcoolisme qui l'avait obligé à démissionner de l'armée en 1854. Depuis qu'il avait repris du service, en 1861, Grant avait fait un apprentissage du commandement, qui avait accru sa confiance en lui. Il s'était aperçu que son laconisme, sa simplicité, son bon sens lui valaient le respect et l'obéissance de ses hommes. Contrairement à tant d'autres commandants, Grant presque jamais ne réclamait de renforts, ne se plaignait, ne se querellait avec ses collaborateurs ; il se contentait d'aller de l'avant et de remplir la tâche qu'on lui avait confiée, avec les ressources qu'il avait sous la main.

Sa première mission, en tant que colonel du 21ᵉ régiment de l'Illinois, avait été d'attaquer le camp d'un régiment rebelle dans le Missouri. Or, s'il avait fait la preuve de son courage personnel en tant qu'officier subalterne durant la guerre du Mexique, c'était lui à présent qui commandait, qui était *responsable*. « [En voyant mes hommes approcher du camp ennemi], devait-il se rappeler plus tard, je sentais mon cœur remonter de plus en plus haut jusqu'au moment où j'eus l'impression de l'avoir au bord des lèvres. A cet instant précis, j'aurais donné n'importe quoi pour me retrouver en Illinois, mais n'ayant pas assez de courage moral pour prendre une décision, je poursuivis ma route. » Il se trouva finalement que le régiment du Missouri, ayant eu vent de l'arrivée des yankees, avait décampé. Brusquement, Grant comprit que le colonel ennemi avait eu aussi peur que lui. « C'était, ajouta-t-il, un aspect de la question auquel je n'avais jamais songé auparavant, mais je ne devais plus l'oublier [...] La leçon me fut profitable. » Ce fut pourtant une leçon que McClellan et plus d'un autre commandant de l'Union, surtout sur le front de l'Est, ne devaient jamais apprendre.

Quelques mois après cet incident, Grant avait descendu le Mississippi depuis Cairo, à la tête de cinq régiments, afin de créer une diversion pour faciliter une autre opération de l'Union au Missouri, en attaquant un camp confédéré à Belmont, en face du Gibraltar sudiste qu'était Columbus. Le 7 novembre, les troupes de Grant mirent en déroute une force rebelle aussi nombreuse qu'elles, mais furent à leur tour contre-attaquées et encerclées par des renforts arrivés de Columbus. Certains des officiers de Grant, pris de panique, lui conseillèrent de se rendre ; Grant se contenta de faire remarquer qu' « [ils avaient] bien su [se] frayer un chemin jusqu'ici et [qu'ils parviendraient] tout aussi bien à en repartir ». Et ils parvinrent, en effet, à regagner leurs transports — non sans pertes, bien sûr, mais celles qu'ils avaient infligées à l'ennemi étaient plus lourdes. Même si la bataille de Belmont était assez insignifiante, dans le cadre plus vaste du conflit, et ne méritait pas vraiment de figurer parmi les victoires de l'Union, elle permit à Grant de tirer d'autres utiles enseignements de son expérience et de prouver qu'il savait garder son sang-froid en cas de crise. Lincoln ne le savait pas encore, mais il tenait en cet homme le général qu'il cherchait depuis six mois[1].

Grant et Foote se proposaient d'attaquer le fort Henry, parce qu'ils le considéraient comme le point faible de la ligne commandée par Albert Sidney Johnston. Ils avaient raison. Bâti sur une rive en contrebas, dominée par les hauteurs qui l'entouraient et menacée d'inondation à chaque crue du fleuve, le fort n'était pas à l'honneur des ingénieurs du Sud. Préoccupé par la nécessité de défendre Columbus et Bowling Green, sur lesquels il s'attendait à voir porter les principales attaques de l'Union, Johnston négligea de renforcer le fort Henry jusqu'à ce qu'il fût trop tard. Le 5 février, des transports de troupes protégés par quatre des cuirassés de Foote et trois canonnières en bois débarquèrent les quinze mille soldats de Grant à plusieurs kilomètres en aval du fort. Les fantassins devaient attaquer le bastion par derrière, pendant que les canonnières le bombarderaient depuis le fleuve. Cependant, les routes transformées en bourbiers par les fortes pluies ralentirent la marche, tandis que le fleuve en crue submergeait le premier niveau du fort. Lorsque la flottille de l'Union parut en vue de l'édifice, le 6 février, les confédérés n'avaient plus que neuf canons à tourner contre elle, alors que les bateaux pouvaient en faire parler deux fois plus de leur position debout au courant. Comprenant que sa cause était désespérée, le commandant du fort envoya sa garnison de deux mille cinq cents hommes à travers champs jusqu'au fort Donelson, à vingt kilomètres de là sur le Cumberland, et resta sur place avec une compagnie d'artillerie, afin de livrer un combat qui permettrait de retarder l'intervention des canonnières.

Compte tenu de ces conditions, les artilleurs rebelles firent bonne figure. Pendant deux heures, ils tinrent en respect la flotte nordiste, faisant mouche à quelque quatre-vingts reprises et mettant un des cuirassés hors service par un boulet dans la chaudière qui provoqua la mort de vingt hommes ébouillantés. Mais finalement, les défenseurs, dont la moitié avaient été tués ou blessés et la plupart des canons démolis, se rendirent aux équipages des canonnières avant même que les soldats de Grant, avançant péniblement dans la boue, ne fussent arrivés sur les lieux. Les trois canonnières en bois remontèrent le fleuve à toute vapeur pour aller détruire un pont de chemin de fer sur lequel passait une ligne reliant les forces de Johnston à Columbus à celles de Bowling Green. Sur leur lancée, elles parcoururent encore deux cent quarante kilomètres, jusqu'à la ville de Muscle Shoals, en Alabama, coulant ou capturant neuf vaisseaux confédérés sur leur passage, y compris un puissant vapeur que

1. Les citations figurant dans ces deux paragraphes sont extraites de *Personal Memoirs of U.S. Grant*, 2 vol. (New York, 1885), t. I, p. 250, p. 276.

les rebelles étaient occupés à transformer en cuirassé pour lutter à armes égales avec les yankees. Celui-ci fut incorporé à la flotte des envahisseurs, qui fit du Tennessee une de ses grandes voies d'accès jusqu'au cœur du Sud profond.

Grant et Foote ne perdirent pas de temps à fêter cette victoire. « Le fort Henry est à nous, télégraphia Grant à Halleck, le 6 février. Je compte prendre et détruire le fort Donelson le 8[1]. » Toutefois, le mauvais temps retarda le ravitaillement et la marche des troupes à terre, alors que Foote devait faire remettre en état ses canonnières endommagées, avant qu'elles ne pussent reprendre leur descente du Tennessee et leur remontée du Cumberland jusqu'à Donelson. Cette pause laissa à Johnston le temps de réfléchir à sa prochaine manœuvre, mais sa situation n'avait rien d'enviable. L'attaque en deux temps, avec d'abord la capture du fort, puis la destruction du pont de chemin de fer, avait permis à Grant de s'interposer entre les deux principales forces de son adversaire. Les yankees étaient désormais en mesure d'attaquer Columbus par derrière, ou bien de terrasser les cinq mille confédérés du fort Donelson, puis de continuer à remonter le fleuve pour aller prendre Nashville, ou encore de venir prendre en tenailles les vingt-cinq mille soldats de Johnston à Bowling Green, pendant que les cinquante mille hommes de Buell lanceraient un assaut frontal. Les seuls choix offerts au général sudiste semblaient être soit de concentrer tous les hommes dont il disposait (à peu près trente-cinq mille) pour défendre Donelson et peut-être même lancer une contre-attaque afin de reprendre le fort Henry, soit d'abandonner le Kentucky et de regrouper toute son armée pour défendre les usines et dépôts de Nashville.

Les gradés confédérés de Bowling Green, réunis en catastrophe le 7 février, soupesèrent cette déplaisante alternative. Beauregard assistait à cette consultation, arrivant tout juste de Virginie, où Jefferson Davis avait poussé un soupir de soulagement en le voyant disparaître. Toujours aussi exubérant, l'homme de la Louisiane voulait pulvériser Grant et Buell tour à tour. Johnston renâcla. Loin de la croire capable de lutter contre les deux forces ennemies séparément, il redoutait de voir son armée entière écrasée entre le marteau de Grant et l'enclume de Buell. Il préférait donc battre en retraite jusqu'à la ligne Nashville-Memphis, laissant au fort Donelson un squelette de garnison pour retarder Grant et gardant ainsi la masse principale de l'armée intacte pour engager le combat un autre jour, dans des circonstances plus favorables. En termes pratiques, Johnston se proposait d'abandonner la stratégie de la défense dispersée, en faveur d'une concentration de ses troupes, avec une possibilité d'offensive-défensive à la clef. Inexplicablement, cependant, il changea d'avis et décida de livrer une véritable bataille au fort Donelson. Mais,

1. *O.R.*, sér. I, vol. 7, p. 125.

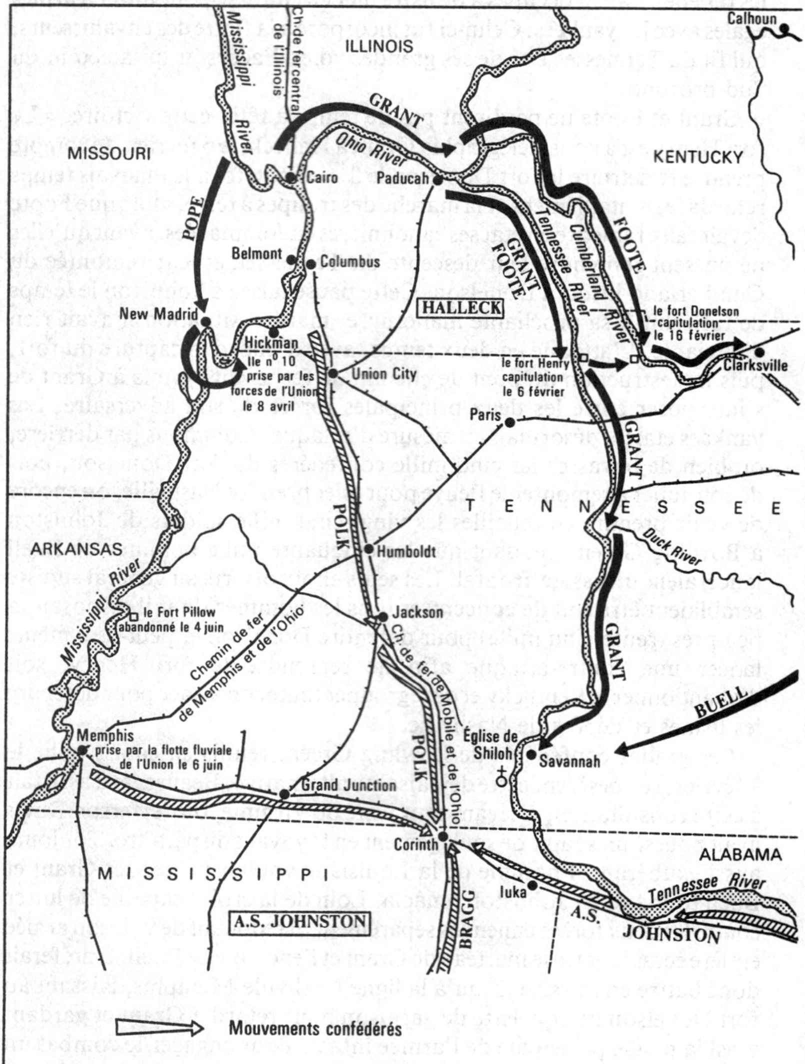

LE THÉÂTRE DES OPÉRATIONS DU

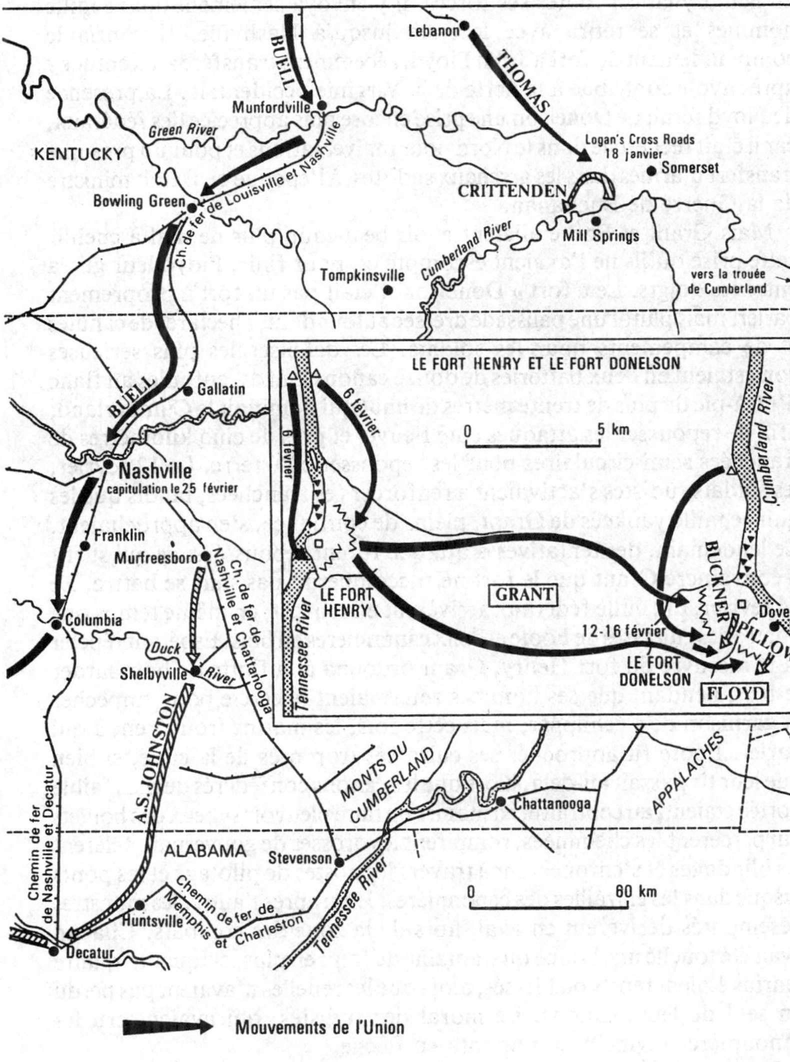

KENTUCKY-TENNESSEE, HIVER-PRINTEMPS 1862

au lieu d'y lancer toutes ses forces, il y envoya seulement douze mille hommes et se retira avec le reste jusqu'à Nashville. Il confia le commandement du fort à John Floyd, récemment transféré au Kentucky après avoir contribué à la perte de la Virginie occidentale. La présence de Floyd ferait de Donelson une prise encore plus appréciée des fédéraux, car il était recherché dans le Nord pour malversations et pour un présumé transfert d'armes dans les arsenaux sudistes, à l'époque où il était ministre de la Guerre de Buchanan.

Mais Grant et Foote allaient avoir beaucoup plus de mal à cueillir cette prise qu'ils ne l'avaient escompté et, pour finir, Floyd leur glissa entre les doigts. Le « fort » Donelson n'était pas un fort à proprement parler, mais plutôt une palissade dressée autour de huit hectares de cahutes et de campements pour les soldats. Les défenses les plus sérieuses consistaient en deux batteries de douze canons lourds, enfouies au flanc d'un à-pic de plus de trente mètres de haut qui dominait le Cumberland, afin de repousser les attaques côté fleuve, et près de cinq kilomètres de tranchées semi-circulaires pour les repousser côté terre. Le 12 février, les soldats sudistes s'activaient à renforcer ces tranchées, tandis que les quinze mille yankees de Grant, pleins de confiance, s'en approchaient. Le lendemain, des tentatives d'attaque furent repoussées, ce qui suffit à convaincre Grant que le fort ne succomberait pas sans se battre. Le 14 février, dix mille fédéraux arrivèrent en renfort, en même temps que quatre des cuirassés de Foote et deux canonnières en bois. Espérant répéter la manœuvre du fort Henry, Grant ordonna à la flotte de bombarder le fort, pendant que ses hommes refermaient le cercle pour empêcher la garnison de s'échapper, mais cette fois, les marins trouvèrent à qui parler. Foote fit approcher ses cuirassés trop près de la cible, si bien que leur tir passait au-delà, alors que les canons confédérés de plus faible portée étaient, au contraire, en mesure de faire pleuvoir sur eux des boulets qui percèrent les cheminées, rompirent les drosses de gouvernail, fêlèrent les blindages et s'enfoncèrent à travers les postes de pilotage et les ponts jusque dans les entrailles des canonnières. L'un après l'autre, les monstres désemparés dérivèrent en aval, hors de la zone des combats. Chacun avait été touché une bonne quarantaine de fois ; en plus, cinquante-quatre marins étaient morts ou blessés, alors que les rebelles n'avaient pas perdu un seul de leurs canons. Le moral des sudistes, qui avaient cru les canonnières invincibles, remonta en flèche.

Ivresse prématurée, cependant, car ils étaient toujours entourés sur trois côtés par des fantassins mieux armés qu'eux et sur le quatrième par une artillerie flottante qui, malgré ses déboires, contrôlait encore le fleuve. Les défenseurs assiégés avaient, semblait-il, trois possibilités : se rendre sans plus tarder ; rester sur place et espérer un miracle ; ou bien se frayer un passage en force pour gagner Nashville. Cette nuit-là, tandis que les soldats de l'Union, qui, trompés par la température particulièrement clémente, avaient abandonné leurs couvertures la nuit d'avant, grelottaient et attrapaient des pneumonies sous la neige plus ou moins fondue qui s'était mise à tomber, les généraux confédérés tinrent un conseil de guerre pour décider ce qu'il convenait de faire. Les deux commandants de division de Floyd, Gideon Pillow, politicien du Tennessee imbu de sa propre importance, et Simon Bolivar Bruckner, un beau ténébreux taciturne, ancien élève de West Point, convinrent que le mieux était de tenter une sortie le lendemain. Ils passèrent la nuit à transférer leurs troupes dans le secteur de Pillow, sur la gauche, les mouvements étant fort opportunément masqués par la neige et les hurlements du vent.

Par un malencontreux hasard, lorsque les rebelles passèrent à l'attaque peu après l'aube, Grant se trouvait sur le fleuve, en aval du fort, en pleine consultation avec Foote. Le vent du nord emportait le bruit de la bataille dans la direction opposée, si bien que le général de l'Union resta dans l'ignorance de ce qui se passait à huit kilomètres au sud de l'endroit où il se trouvait. Comme il ne s'attendait pas au moindre combat ce jour-là, « à moins de le déclencher moi-même », Grant avait ordonné à ses commandants de division de se contenter de tenir leurs positions jusqu'à plus ample informé[1]. Ces instructions reflétaient une des futures constantes du commandement de Grant : il pensait toujours davantage à ce qu'il avait l'intention de faire à l'ennemi qu'à ce que ce dernier risquait de lui faire à lui. Cette optique offensive finit, certes, par gagner la guerre, mais elle devait aussi mettre plus d'une fois les forces de Grant au bord du désastre. En cette occasion, l'ordre de rester sur leurs positions empêcha les deux commandants de division se tenant à gauche et au centre de porter secours à la division du général John A. McClernand, située à leur droite, laquelle se trouva exposée à la pleine furie de l'assaut confédéré. McClernand était un ambitieux Démocrate de l'Illinois, dont la soif de gloire était telle qu'elle avait éveillé la méfiance de Grant. Par cette glaciale matinée du 15 février, McClernand eut enfin l'occasion de faire ses preuves, mais il partait avec un net désavantage. Malgré la belle vaillance dont firent preuve bon nombre de ses régiments, après plusieurs heures de rudes combats, cinq brigades de l'aile droite de l'Union avait dû reculer d'un kilomètre et demi. Démoralisées et à court de munitions, elles n'étaient plus en état d'empêcher les rebelles de se sauver par la brèche ainsi pratiquée.

Des estafettes avaient été immédiatement dépêchées à la recherche de Grant qui revint en hâte sur le champ de bataille. Pendant ce temps, ses adversaires avaient été victimes d'une étrange défaillance. En parcourant ses lignes, le général Pillow avait été consterné par l'épuisement et la désorganisation régnant parmi ses soldats victorieux,

1. Grant, *Memoirs*, t. I, p. 305.

qui avaient subi de lourdes pertes. Il en vint à la conclusion qu'ils ne seraient pas capables de marcher à travers champs, ni de repousser une possible attaque de flanc des renforts de l'Union qui, selon les rapports de ses éclaireurs, étaient en train de se rassembler. Pillow persuada donc Floyd, en dépit des protestations angoissées de Bruckner, d'annuler la tentative de sortie et d'ordonner aux hommes de regagner la sécurité relative des tranchées.

Pendant cette accalmie, due à l'indécision des confédérés, Grant arriva sur les lieux. Tout comme à Belmont, il refusa de céder à l'affolement. « Il faut reprendre notre position sur la droite, déclara-t-il à ses officiers. Certains de nos hommes sont très démoralisés, mais l'ennemi doit l'être encore plus, car il a tenté de se frayer un passage par la force et il a dû battre en retraite : à présent, c'est celui qui attaquera le premier qui l'emportera et l'ennemi va devoir agir promptement s'il veut me prendre de vitesse[1]. » Grant fit demander à Foote d'expédier quelques obus en cloche sur les rebelles pour soutenir le moral de l'infanterie. Tandis que les marins s'exécutaient, les officiers de l'Union remettaient de l'ordre dans leurs brigades, contre-attaquaient et reprenaient le terrain perdu le matin même.

La nuit tomba sur un lugubre tableau. Près d'un millier de yankees et de rebelles avaient été tués et trois mille blessés, beaucoup de ces derniers agonisant et mourant dans le froid qui s'intensifiait. Une atmosphère glaciale s'abattit sur le quartier général sudiste, où l'air était chargé de récriminations mutuelles. Un projet de sortie nocturne de la garnison tourna court, lorsque les éclaireurs signalèrent que des régiments de l'Union campaient aux abords de la seule route praticable. Pillow était néanmoins partisan d'une sortie en force, mais Floyd et Bruckner, convaincus que ce faux héroïsme ne servirait qu'à faire massacrer les trois quarts de leurs hommes, estimaient, pour leur part, qu'il ne restait plus qu'à capituler. Toutefois, en leur qualité de généraux politiques, Floyd et Pillow n'avaient pas l'intention de se rendre en personne. N'ayant pas oublié ses agissements d'avant-guerre, Floyd ne s'attendait pas à la moindre clémence en cas de capture. Il réquisitionna donc deux bateaux à vapeur amarrés tout près de Donelson et, profitant de l'obscurité, descendit le fleuve avec mille cinq cents de ses soldats virginiens. Pas plus que Floyd, Pillow, le raisonneur, n'était désireux de se retrouver prisonnier de guerre. Ayant adopté comme slogan « la liberté ou la mort », il choisit la liberté et fila avec son état-major, traversant le Tennessee dans un bateau à rames. Avant de partir, Floyd avait confié le commandement du fort Donelson à Pillow qui le remit à son tour à

1. Lew Wallace, « The Capture of Fort Donelson », *Battles and Leaders*, t. I, p. 422 ; Grant, *Memoirs*, t. I, p. 307.

Bruckner. Écœuré par cet *opéra bouffe*[1], l'ancien élève de West Point avait quant à lui l'intention de partager le sort de ses hommes.

Avant de se rendre, cependant, il laissa un autre commandant, lui aussi écœuré, s'éclipser avec ses troupes ; il s'agissait de Nathan Bedford Forrest, responsable d'un escadron de cavalerie, qui s'était distingué ce jour-là sur le champ de bataille. Parti de rien, Forrest s'était enrichi dans le commerce des esclaves et les plantations ; il s'était enrôlé en juin 1861, en tant que simple soldat, et s'était élevé au grade de lieutenant-colonel de l'escadron qu'il avait recruté et équipé à ses frais. Autodidacte, sans expérience militaire préalable, il devint l'un des commandants les plus novateurs et les plus exigeants de l'armée sudiste. Il mit au point une tactique d'opérations à cheval et à pied combinées, dont aucun manuel militaire — du moins aucun de ceux qu'il avait lus — ne faisait état, mais qui convenait à merveille au terrain boisé de l'ouest du Tennessee et du nord du Mississippi. Ce colosse intrépide, bâti en force, possédait un instinct de tueur à l'égard des yankees et des Noirs autres qu'esclaves. Avant l'aurore le 16 février, il quitta le fort Donelson à la tête de sept cents soldats, traversa une rivière glacée, trop profonde pour être franchie à gué par des troupes d'infanterie et parvint à disparaître sans avoir rencontré un seul détachement de soldats de l'Union.

Peu après le lever du jour, Bruckner fit parvenir à Grant un message proposant une entrevue pour discuter les termes de la reddition. La réponse fusa, sèchement : « Seule une capitulation inconditionnelle et immédiate sera acceptée. Je me propose de m'installer tout de suite dans vos fortifications ». Bruckner fut irrité par ces paroles « aussi peu généreuses que chevaleresques ». N'avait-il pas, en 1854, prêté à Grant, alors en pleine déconfiture, de l'argent pour rentrer chez lui après sa démission de l'armée ? Il n'avait, cependant, pas d'autre choix que de se rendre avec ses douze ou treize mille hommes[2]. Lorsque la nouvelle fut connue dans le Nord, les cloches des églises sonnèrent à toute volée et les canons tirèrent des salves pour célébrer cette grande victoire. Lincoln nomma Grant général de division, ce qui faisait de lui, derrière Halleck, l'homme le plus haut placé dans la hiérarchie sur le front de l'Ouest. Huit mois auparavant, Grant n'était encore qu'un obscur ex-capitaine, affublé d'une réputation douteuse ; à présent son nom s'étalait en première page de tous les journaux du pays.

---

1. En français dans le texte.
2. *O.R.*, sér. I, vol. 7, p. 161. Il n'existe aucun chiffre officiel quant au nombre de confédérés qui se rendirent au fort Donelson. Sur les dix-sept mille hommes ou plus qui composaient la garnison, cinq cents environ avaient été tués. Un bon millier de blessés, au moins, avaient été évacués avant la capitulation. Quelque deux mille hommes ou plus avaient pu s'enfuir avec Floyd et Forrest ou bien parvinrent à franchir le cordon assez lâche des troupes de l'Union après la reddition.

Les conséquences stratégiques de cette campagne étaient à cette date les plus importantes de la guerre. Près d'un tiers des forces de Johnston sur le théâtre du Tennessee-Kentucky était désormais hors de combat. Une moitié des deux tiers restants se trouvaient à Nashville, l'autre à Columbus, c'est-à-dire séparées par plus de trois cents kilomètres, avec, au milieu, un ennemi victorieux contrôlant les fleuves et les voies ferrées. L'armée de l'Ohio, sous Buell, qui n'avait pas encore livré le moindre combat, avançait sur Nashville par le nord, tandis qu'une armée du Mississippi tout récemment organisée, ayant à sa tête John Pope, menaçait Columbus depuis l'autre rive du Mississippi. Johnston fut contraint d'évacuer Nashville le 23 février et la ville devint la première capitale d'un État confédéré et le premier centre industriel important à tomber. Quelques jours plus tard, la garnison de Columbus dut se retirer à son tour. Tout le Kentucky et la majeure partie du Tennessee passèrent sous l'autorité militaire de l'Union — laquelle n'était plus contestée que par les activités de guérilla et les raids périodiques de la cavalerie rebelle, qui devinrent dès lors endémiques dans la région. D'autres forts confédérés gardaient encore le Mississippi, le long de la frontière occidentale du Tennessee, mais ils semblaient eux aussi condamnés. Excellent baromètre de l'opinion nordiste, le *New York Tribune* monta aussi haut qu'il avait pu tomber bas après la défaite du Bull Run : « La cause de l'Union progresse désormais à grands pas dans chaque secteur du pays. Chacun de nos coups ébranle durement la rébellion. Les insurgés sont pris de panique ou démoralisés. Nul besoin, à présent, d'un prophète capable de lire bien loin dans l'avenir pour prédire la fin du combat[1]. »

En effet, beaucoup de rebelles étaient désormais découragés. La presse sudiste déplorait la « liste scandaleuse [...] honteuse[...] de nos désastres ». Et ceux qui tenaient leur journal n'étaient pas moins effrayés. Mary Boykin Chestnut avouait « [Je souffre] tous les jours de frissons nerveux. Les mauvaises nouvelles me tuent[2]. » Depuis Londres, James Mason faisait savoir : « Les récents revers subis aux forts Henry et Donelson ont eu un malencontreux effet sur les esprits des amis que nous avons ici ». Au milieu de toutes ces sinistres nouvelles, Jefferson Davis prit officiellement ses fonctions de Président pour un mandat de six ans le 22 février. Pour le cortège officiel, Davis et ses valets de pied (des hommes de couleur) arboraient des habits noirs. Lorsqu'une spectatrice questionna le cocher à ce sujet, il répondit sèchement : « Telle est notre coutume à Richmond, Madame, pour les enterrements et autres événements du même genre. » La pluie qui noya la cérémonie d'un bout à l'autre ne

1. *New York Tribune*, 12 février 1862, cité par Kenneth P. Williams, *Lincoln Finds a General*, 5 vol. (1949-1959), t. II, p. 231.

2. Jones, *War Clerk's Diary* (Miers), p. 67 ; E. Merton Coulter, *The Confederate States of America* (Baton Rouge, 1950), p. 353n. ; Woodward, *Chestnut's Civil War*, p. 286.

fit qu'accentuer l'atmosphère funèbre. « Après une série de succès et de victoires, nous avons récemment connu de graves désastres », reconnut Davis dans son discours d'entrée en fonction[1].

A l'instar de leurs homologues nordistes après le Bull Run, cependant, les porte-parole sudistes pressèrent leurs concitoyens de redoubler d'efforts. « [Bien que] le courant nous soit pour le moment contraire, poursuivit Davis dans son discours, il ne fait aucun doute qu'une issue favorable nous attend[...] Peut-être est-ce la providence qui veut que le prix que nous devons payer nous apprenne la valeur de nos libertés. » La perte des forts Henry et Donelson avait été bénéfique, assuraient les journaux de Richmond. « Ce sont les jours d'adversité qui prouvent la valeur des hommes et des nations[...] Nous devons nous remettre à la tâche avec plus de ferveur que nous n'en avons montré jusqu'ici[2]. »

Les sudistes, cependant, allaient devoir essuyer encore plusieurs défaites avant de pouvoir célébrer une autre victoire. La ligne défensive de Johnston à l'est du Mississippi ayant été détruite en février, sa ligne située à l'ouest du fleuve céda le mois suivant. Un nouveau général avait pris le commandement des forces rebelles en Arkansas — il s'agissait d'Earl Van Dorn du Mississippi, un homme minuscule, mais tenace, qui n'avait pas reçu moins de cinq blessures au Mexique et dans les combats contre les Indiens aux abords de la frontière. Van Dorn avait ébloui Johnston avec des visions d'invasion à travers le Missouri, pour capturer Saint Louis et fondre ensuite sur les forces de Grant par le nord. Pour y parvenir, cependant, il lui fallait d'abord vaincre l'armée fédérale de onze mille hommes, qui avait expulsé les soldats de Sterling Price de leur État natal au cours de l'hiver. Van Dorn rassembla donc une armée hétéroclite de seize mille soldats, regroupant les divisions commandées par Price et Ben McCulloch, victorieuses à la Wilson's Creek au mois d'août précédent, auxquelles s'ajoutaient trois régiments d'Indiens des cinq nations civilisées[3]. Ces derniers, Cherokees pour la plupart, combattaient sous les ordres de chefs qui avaient conclu des alliances avec les confédérés dans l'espoir de jouir au sein d'une nation sudiste d'une indépendance plus grande que celle qui était la leur sous le régime des États-Unis — non sans ironie, puisque c'étaient

1. Ephraim D. Adams, *Great Britain and the American Civil War*, 2 vol. (New York, 1925), t. I, p. 272-273 ; Hudson Strode, *Jefferson Davis : Confederate President* (New York, 1959), p. 201, p. 199. Avant le 22 février 1862, Davis et ses collègues du gouvernement confédéré n'étaient que des hauts fonctionnaires « provisoires ». Une élection générale eut lieu en novembre 1861. Davis et son vice-président, Stephens, furent élus sans opposition et entrèrent en fonction le jour de l'anniversaire de Washington, en 1862.

2. Strode, *Davis*, p. 202 ; *Richmond Enquirer*, 18 février 1862 ; *Richmond Examiner*, 19 février 1862.

3. L'expression *Five Civilized Nations* ou *Tribes* désigne les Cherokees, les Chickasaws, les Choctaws, les Creeks et les Seminoles, cinq tribus d'Indiens reconnus par le gouvernement fédéral comme ayant fait les plus gros efforts pour s'adapter aux mœurs des Blancs. (NdE.)

principalement les sudistes qui les avaient chassés de leurs terres ancestrales vingt-cinq ans plus tôt. Quoi qu'il en fût, avec l'aide des Indiens, l'homme qui les avait si longtemps combattus, Van Dorn, avait l'intention de « forger [sa] réputation et servir [son] pays ». Et il concluait : « Il me faut Saint Louis — et alors Hourra[1] ! »

La petite armée de l'Union qui barrait la route à Van Dorn, légèrement au sud de la crête du Pea Ridge, aux confins de l'Arkansas et du Missouri, avait à sa tête Samuel R. Curtis, ancien élève de West Point, insipide mais compétent, qui s'était battu au Mexique et avait ensuite représenté l'Iowa au Congrès à trois reprises. Plutôt que de lancer une attaque frontale contre les troupes retranchées de Curtis, Van Dorn, à la tête de ses hommes, entreprit une longue marche de flanc pour couper les axes de ravitaillement de l'Union et attaquer l'ennemi par l'arrière. Les éclaireurs nordistes sur le qui-vive, parmi lesquels se trouvait « Wild Bill » Hickok, surprirent la manœuvre. Lorsque le 17 mars, par une sinistre matinée et sous un ciel chargé, Van Dorn déclencha son assaut contre ce qu'il prenait pour l'arrière des lignes adverses, il constata que Curtis avait fait faire demi-tour à ses troupes et l'attendait de pied ferme. Sur l'aile gauche de l'Union, un feu d'artillerie dispersa les régiments indiens, tandis que les tirailleurs yankees tuaient McCulloch et son second et capturaient l'officier sudiste le plus haut placé après eux dans ce secteur du champ de bataille, privant l'attaque des rebelles de tout son mordant. Pendant ce temps, l'infanterie de l'Union sur l'aile droite, à près de cinq kilomètres vers l'est, luttant à moins de un contre deux, avait dû, à son corps défendant, céder du terrain au cours de sanglants combats autour d'Elkhorn Tavern, important carrefour routier.

Le lendemain matin, Van Dorn découvrit que lorsqu'on vient prendre l'ennemi à revers, ce dernier vous rend la pareille. Les troupes confédérées étaient à court de munitions, mais les soldats de l'Union se trouvaient désormais entre elles et leurs fourgons. Les deux armées concentrèrent leurs forces aux alentours d'Elkhorn Tavern, où un barrage de l'artillerie fédérale eut raison des batteries sudistes qui n'avaient pas assez d'obus pour déclencher un contre-feu efficace. Sept mille fantassins de l'Union déferlèrent au pas de course pour un assaut dans les règles, emmenés par les divisions de Germano-Américains du Missouri et de l'Illinois, sous les ordres de Franz Sigel. Les rebelles firent demi-tour et prirent leurs jambes à leur cou. Ce fut une débandade peu glorieuse, un Bull Run à l'envers. Bien que les pertes fussent à peu près égales dans les deux camps (treize cents victimes de part et d'autre), la bataille de Pea Ridge fut la victoire la plus écrasante remportée par une armée de l'Union inférieure en nombre durant la guerre de Sécession. Les hommes de Van

1. Robert G. Hartje, *Van Dorn : The Life and Times of a Confederate General* (Nashville, 1967), p. 105.

Dorn s'éparpillèrent dans toutes les directions et il fallut presque deux semaines pour les rassembler. Johnston ordonna alors à son subalterne de franchir le Mississippi avec ses quinze mille hommes pour gagner Corinth, un nœud ferroviaire dans le nord de l'État du même nom. Mais ils n'arrivèrent pas à temps pour prendre part à la bataille qui eut lieu près d'une petite église en rondins du nom de Shiloh.

II

Les critiques contre Sidney Johnston allèrent croissant après les pertes subies au Tennessee, un peu comme si l'on cherchait à se moquer des éloges dont on l'avait précédemment accablé. Les journaux l'accusaient d'incompétence, d'ivrognerie, voire de trahison. Les députés du Tennessee adressèrent à Davis une pétition pour qu'il fût relevé de son commandement, mais le Président n'était pas homme à se laisser intimider par ces « clameurs ineptes ». « S'il est vrai, comme on me le dit, que Sidney Johnston n'est pas un général digne de ce nom, déclara-t-il, il vaut mieux que nous renoncions tout de suite à faire la guerre, car nous n'avons pas de général[1]. » Johnston refusa de répondre à ses détracteurs. « Dans ma profession, le critère du mérite est le succès, écrivit-il dans une lettre privée. La règle est dure, mais elle me paraît juste [...] Ce que veulent les gens c'est une bataille et une victoire[2]. »

En proie à une sourde dépression, Johnston ne paraissait guère avoir d'espoir de remporter la victoire en question. Beauregard vint à la rescousse et aida son collègue à rassembler quarante-deux mille hommes à Corinth, dans le Mississippi — vingt-sept mille appartenaient aux ailes réunies de l'armée de Johnston et quinze mille avaient été envoyés de La Nouvelle-Orléans et de Mobile. A la tête de ces derniers se trouvait Braxton Bragg, un officier pète-sec, prompt à s'emporter, qui remit de l'ordre dans cette armée découragée par la défaite. En quittant la côte du golfe, Bragg avait laissé cette région dangereusement dénudée de toute infanterie et vulnérable à une attaque amphibie, mais les stratèges du Sud estimaient indispensable de défendre Corinth, jonction des principaux axes ferroviaires nord-sud et est-ouest de la Confédération dans la vallée du Mississippi. Beauregard voulait d'ailleurs aller plus

1. James Lee McDonough, *Shiloh — In Hell before Night* (Knoxville, 1977), p. 60 ; Charles P. Roland, *Albert Sidney Johnston : Soldier of Three Republics* (Austin, Texas, 1964), p. 299. La mansuétude de Davis ne s'étendit pas à Floyd et Pillow qui avaient abandonné leur poste au fort Donelson. Tous deux furent suspendus de leurs fonctions et ne se virent plus jamais confier un commandement sur le terrain. Floyd mourut en 1863.

2. Foote, *Civil War*, t. I, p. 234 ; lettre de Johnston à Davis, 18 mars 1862, reproduite par Wallace, « The Capture of Fort Donelson », *Battles and Leaders*, t. I, p. 399 n.

loin ; il espérait avancer vers le nord et balayer les yankees hors du Tennessee. « Nous devons absolument agir, déclara-t-il, ou périr dans cette tentative, sinon tout sera bientôt perdu[1]. » L'homme de la Louisiane communiqua sa vision et son énergie à Johnston. Ensemble, ils préparèrent une offensive pour reprendre le Tennessee.

S'étant (en sa qualité de commandant du Département) arrogé tout le mérite des victoires de Grant et de Foote aux forts Henry et Donelson, Halleck avait été promu commandant de toutes les troupes de l'Union à l'ouest des Appalaches. Il envoya Grant toujours plus loin, à Pittsburg Landing sur le Tennessee, à une bonne trentaine de kilomètres au nord de Corinth, et ordonna à Buell d'aller l'y rejoindre avec trente-cinq mille soldats supplémentaires. Une fois que les deux armées auraient opéré leur fusion, Halleck avait l'intention de prendre le commandement des soixante-quinze mille hommes sur le terrain et de marcher à leur tête sur Corinth. Les rebelles, de leur côté, comptaient attaquer Grant avant que Buell ne l'eût rejoint. Beauregard établit des plans de marche pour quatre corps d'armée différents, empruntant des routes convergentes pour se déployer en formation de bataille le 4 avril. Ces plans étaient plutôt faits pour des vétérans aguerris que pour des soldats novices et des officiers d'état-major inexpérimentés. Peu de ces soldats confédérés avaient déjà parcouru plus de trente kilomètres dans une seule journée et ils étaient encore moins nombreux à avoir essuyé le feu ennemi. Sous ce rapport, les hommes de Johnston ressemblaient aux fédéraux que McDowell avait emmenés dans la bataille du Bull Run neuf mois plus tôt. Leurs expériences au cours des jours suivants furent d'ailleurs l'exacte réplique de celles qu'avaient connues les troupes de McDowell. La marche dégénéra en un cauchemar de confusion et de retards, à mesure que les divisions d'un corps d'armée bloquaient la route où celles d'un autre corps devaient passer, que les unités prenaient de mauvaises directions et se perdaient et que des averses torrentielles embourbaient les fourgons et l'artillerie. Le 4 avril arriva et s'écoula, mais aucun confédéré ou presque n'était arrivé au point indiqué ; la journée du 5 avril touchait déjà à sa fin lorsque l'armée fut enfin déployée en ordre de bataille.

A cette heure, Beauregard était au désespoir et voulait annuler l'attaque. Par la faute de ces deux jours de retard, déclara-t-il, Buell serait sûrement venu renforcer Grant. Beauregard était en outre certain que le bruit fait par ses soldats, qui avaient tiré des coups de fusil pour s'assurer que leur poudre détrempée par la pluie était quand même utilisable, avait annulé toute possibilité de surprise[2]. Toutefois, lors d'un conseil de guerre tenu l'après-midi du 5 avril, Johnston repoussa

---

1. T. Harry Williams, *P.G.T. Beauregard : Napoleon in Gray* (Baton Rouge, 1955), p. 121.
2. Cependant, comme les soldats nordistes en faisaient autant, le bruit des détonations n'aurait pas forcément éveillé les soupçons des officiers de l'Union.

toutes ces objections. Ayant finalement préparé son armée à la bataille, il n'était plus d'humeur à reculer. Les colonels confédérés avaient d'ores et déjà lu à leurs régiments la harangue de leur chef : « [Je m'engage à vous mener à] une victoire décisive contre les mercenaires agrariens que l'on a envoyés vous soumettre et vous dépouiller de vos libertés, de vos biens, de votre honneur [...] Rappelez-vous que le sort de vos mères, de vos femmes, de vos sœurs et de vos enfants dépend de l'issue du combat [...] Avec de telles raisons d'accomplir de vaillants exploits [...] vos généraux vous emmèneront pleins de confiance au combat. » Et tant pis si Buell avait désormais rejoint Grant, s'écria Johnston. « Je me battrais fussent-ils un million. » Il ordonna aux commandants de ses corps d'armée de terminer leurs préparatifs. « Messieurs, nous attaquerons demain à l'aube[1]. »

Les faits sur lesquels Beauregard avait fondé ses conseils de prudence auraient dû être vrais — mais ils ne l'étaient pas. La division de tête de Buell était effectivement arrivée à Savannah, le quartier général de Grant, à une quinzaine de kilomètres en aval de Pittsburg Landing, mais ni Grant, ni Buell n'éprouvaient le moindre sentiment d'urgence, si bien qu'ils n'envoyèrent pas cette division plus loin et ne firent rien pour hâter l'arrivée des autres. Cinq des six divisions de Grant avaient établi leur camp sur le plateau à l'ouest de Pittsburg Landing. La sixième, sous les ordres du général Lew Wallace (le futur auteur de *Ben-Hur*) était stationnée à huit kilomètres plus au nord, pour surveiller les dépôts de ravitaillement de l'armée près d'une autre aire de débarquement fluvial. De toute évidence, Grant avait oublié la leçon du fort Donelson, car une fois de plus il se concentra si intensément sur ses propres plans d'attaque contre les rebelles qu'il ne songea pas un seul instant à ce que ses adversaires pouvaient bien projeter contre lui. L'armée tout entière de Grant était animée par le même esprit offensif. Les soldats partageaient avec leur chef la conviction que la défaite avait à tel point démoralisé les hommes de Johnston que « Corinth [tomberait] beaucoup plus facilement que Donelson quand [ils agiraient]. Tous les comptes rendus s'accordent à dire que le gros de la troupe est accablé de lassitude[2]. »

Grant ne fit pas creuser de tranchées à ses hommes autour de Pittsburg Landing, parce qu'il ne pensait pas avoir à s'y battre et ne voulait pas entamer leur agressivité. Les régiments établirent donc leurs camps sans songer un instant à former une ligne défensive. Les postes de guet et les patrouilles étaient insuffisants pour détecter les mouvements de l'ennemi à plus de quelques centaines de mètres. Les deux divisions les plus proches de Corinth, qui allaient essuyer le plus fort de l'attaque, étaient composées de soldats novices qui ne s'étaient encore jamais battus.

1. *O.R.*, sér. I, vol. 10, 1re partie, p. 396-397 ; McDonough, *Shiloh*, p. 81.
2. Lettre de Grant à Halleck, 21 mars 1862, *O.R.*, sér. I, vol. 10, 2e partie, p. 55.

A la tête d'une de ces divisions se trouvait William Tecumseh Sherman, à qui l'on venait tout récemment de redonner un commandement. A l'instar de Grant, Sherman était trop confiant. Cinq mois plus tôt, la presse l'avait traité de dément parce qu'il avait exagéré la menace rebelle pesant sur le Kentucky. A présent, peut-être pour prouver qu'il avait retrouvé tout son sang-froid, Sherman allait sous-estimer la menace ennemie. Certains de ses colonels en première ligne pensaient bien que le surcroît de bruit et d'activité qui leur parvenait du sud les 4 et 5 avril indiquait d'importants préparatifs, mais Sherman les fit taire en assurant qu'il ne s'agissait de rien d'autre que « de quelques coups de feu tirés par des piquets ». Et il ajouta : « Je ne prévois aucune attaque contre notre position. » A un colonel qui jacassait avec nervosité au sujet de milliers de rebelles aperçus un peu plus loin dans les bois, Sherman, dit-on, rétorqua : « Prenez donc votre fichu régiment et rentrez en Ohio. Beauregard n'est pas assez sot pour quitter sa base d'opérations et venir nous attaquer dans la nôtre[1]. » Pour sa part, Grant vit dans les signes de mouvements confédérés une possible menace contre la division isolée de Wallace en aval et fit dire à ce dernier de rester sur le qui-vive. « [J'ai] bien de la peine à penser qu'une attaque (générale) puisse être lancée contre nous, mais je serai prêt, si cela arrivait[2]. »

Il ne s'attendait pourtant pas du tout aux milliers de rebelles qui jaillirent en hurlant des bois proches de l'église de Shiloh le lendemain matin. Ils tombèrent en premier lieu sur les deux divisions de Sherman et de Benjamin M. Prentiss, un général politique de l'Illinois, ancien combattant de la guerre du Mexique. Contre toute attente, Johnston avait réussi son effet de surprise — mais pas pleinement, comme le prétendirent par la suite certains récits à sensation publiés dans la presse nordiste, décrivant les camps de l'Union envahis alors que les soldats dormaient encore. Bien avant l'aube, une patrouille envoyée par un des commandants de brigade de Prentiss était tombée en plein sur les unités d'avant-garde de la ligne de bataille confédérée. La patrouille recula lentement en livrant une bruyante escarmouche, afin d'alerter la division de Prentiss qui adopta en toute hâte sa formation. Les hommes de Sherman eux aussi bondirent sur leurs pieds au milieu de leur petit déjeuner pour empoigner leurs fusils. Tandis que leur commandant s'avançait à cheval pour voir ce qui se passait, une salve retentit et l'ordonnance de Sherman tomba mort à ses pieds. « Nom de Dieu, on nous attaque ! » hurla le général enfin convaincu. Après la surprise initiale, Sherman se comporta tout au long de la journée avec beaucoup de sang-froid et de courage. Les douze heures qui suivirent allaient être

---

1. *O.R.*, sér. I, vol. 10, 2ᵉ partie, p. 94 ; John K. Duke, *History of the 53rd Ohio Volunteer Infantry* (Portsmouth, Ohio, 1900), p. 41.
2. *O.R.*, sér. I, vol. 10, 1ʳᵉ partie, p. 89.

le tournant de son existence. Ce qu'il apprit ce jour-là à Shiloh — sur la guerre et sur lui-même — contribua à faire de lui un des premiers généraux de l'armée de l'Union. Sur le champ de bataille, Sherman était partout le long de ses lignes, raffermissant ses troupes inexpérimentées et les incitant à repousser les premiers assauts — au prix de pertes effroyables de part et d'autre. Il reçut deux légères blessures et eut trois chevaux tués sous lui. A sa gauche, les hommes de Prentiss résistèrent eux aussi, au début, tandis que de l'arrière arrivaient des renforts appartenant aux trois autres divisions, dont deux s'étaient battues à Donelson.

Grant, qui attendait l'arrivée de Buell au quartier général de l'armée, à quinze kilomètres en aval, entendit les coups de feu au moment où il s'asseyait pour prendre son petit déjeuner. Réquisitionnant une petite embarcation, il partit à toute vapeur pour Pittsburg Landing et arriva sur le champ de bataille aux environs de neuf heures du matin. A cette heure, le combat avait atteint une intensité sans précédent au cours du conflit. Johnston et Beauregard engagèrent l'intégralité de leurs six divisions assez tôt dans la journée ; tous les soldats de Grant qui se trouvaient dans le voisinage gagnèrent eux aussi à marches forcées le front qui s'étendait sur près de dix kilomètres entre le Tennessee (le fleuve) sur la gauche de l'Union et la rivière de l'Owl Creek sur sa droite. Grant expédia une estafette pour demander à la division de Lew Wallace de se porter sur les lieux du combat, mais Wallace se trompa de route et dut ordonner une contre-marche, arrivant trop tard pour participer à la lutte le 6 avril. Pour le meilleur ou pour le pire, les cinq divisions de Grant, qui se trouvaient sur le terrain, durent livrer seules tous les combats du premier jour à Shiloh.

Pour des milliers de ces hommes, le choc éprouvé en « voyant l'éléphant » (c'était leur expression pour indiquer qu'ils avaient reçu le baptême du feu) fut trop violent. Ils s'enfuirent vers l'arrière et se tapirent sous les talus près de l'aire de débarquement. Heureusement pour l'Union, des milliers de jeunes sudistes en firent autant, la terreur au fond des yeux. L'une des principales tâches des commandants, des deux côtés, fut de réorganiser leurs brigades démantelées et de colmater les brèches causées par ces fuites vers l'arrière et par le nombre croissant des victimes. Dans le courant de la journée, Grant se rendit auprès de chacun de ses commandants de division et il établit une ligne de traînards réorganisés et d'artillerie le long de la crête située à l'ouest de Pittsburg Landing, pour offrir une ultime résistance, si jamais les rebelles arrivaient jusque là. Johnston se rendit au front en personne, sur la droite de sa ligne, pour redonner par sa présence du courage aux hommes épuisés. Ce fut là, au milieu de l'après-midi, qu'il fut touché à la jambe par une balle qui sectionna une artère, si bien qu'il mourut, vidé de son sang, presque avant de s'être rendu compte qu'il était touché.

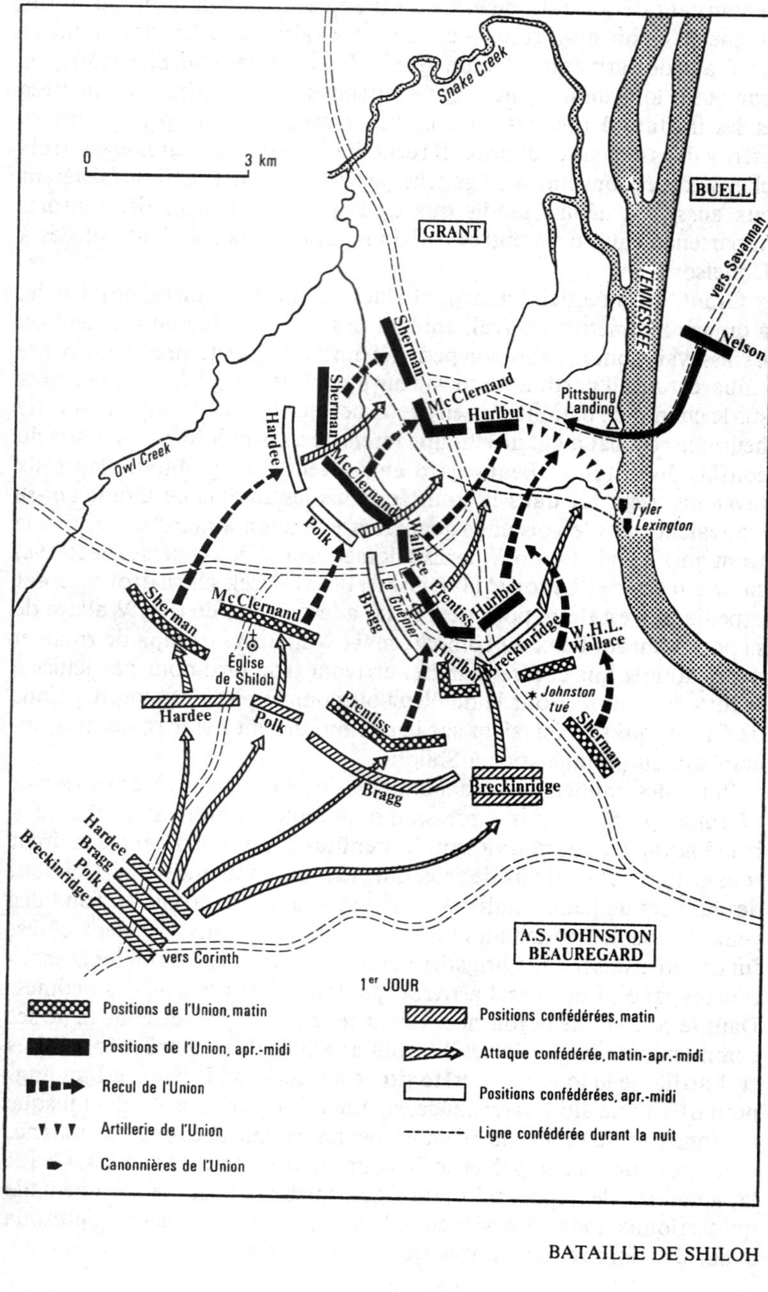

BATAILLE DE SHILOH

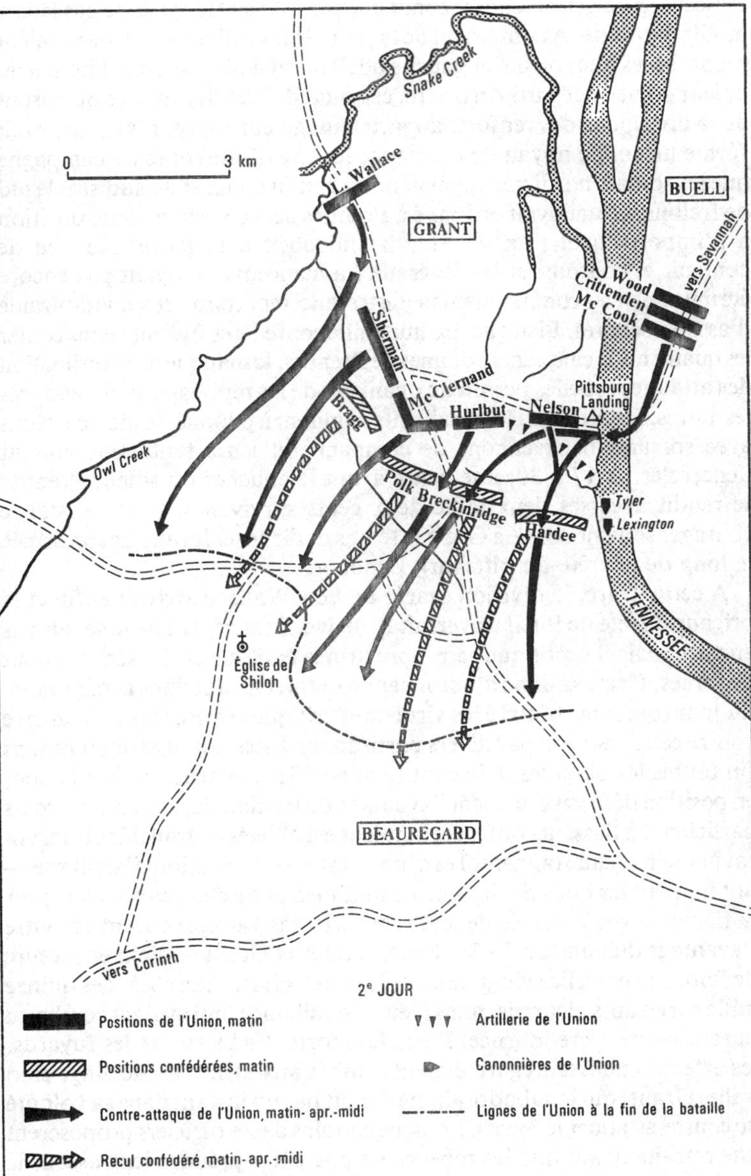

6-7 AVRIL 1862

Beauregard prit aussitôt le commandement et s'efforça de ne pas laisser mollir l'attaque. A ce moment de la journée les vaillants sudistes avaient repoussé les ailes droite et gauche de l'Union à plus de trois kilomètres de leur point de départ. Au centre, cependant, Prentiss, avec ce qui restait de sa division et des renforts appartenant à deux autres divisions, avait formé un solide noyau de résistance le long d'une route de campagne que les soldats nordistes appelaient le chemin creux et les sudistes le nid de frelons. Grant avait ordonné à Prentiss de « conserver cette position à n'importe quel prix[1] ». Prentiss lui obéit à la lettre. Au lieu de contenir et contourner les fédéraux (la manœuvre n'ayant pas encore été inventée), les commandants sudistes lancèrent contre eux une douzaine d'assauts séparés. Bien que dix-huit mille confédérés fussent venus cerner les quatre mille cinq cents hommes de Prentiss, le manque de coordination des attaques rebelles permit aux yankees de les repousser les unes après les autres. Finalement, les assaillants se mirent à pilonner le nid de frelons avec soixante-deux canons de campagne et leurs fantassins vinrent l'encercler. A 17 h 30, une heure avant le coucher du soleil, Prentiss se rendit avec ses deux mille deux cents survivants. Leur résistance courageuse avait donné à Grant le temps de disposer le reste de son armée le long de la crête de Pittsburg Landing.

A cette heure, la division égarée de Lew Wallace arrivait enfin et la brigade de tête de Buell traversait le fleuve. Beauregard ne le savait pas encore, mais il sentit que sa propre armée était désorganisée et à bout de forces. Il refusa donc d'autoriser un dernier assaut dans la pénombre du jour tombant. Malgré les virulentes critiques émises après la guerre contre cette décision par divers partisans sudistes qui disséquèrent sans fin toutes les batailles, elle était raisonnable. Les troupes de l'Union, en position défensive, avaient l'avantage du terrain (de nombreux soldats participant à l'assaut confédéré auraient été obligés de franchir un abrupt ravin plein d'eau stagnante) et d'une vaste concentration d'artillerie — notamment les obus de deux cents millimètres de deux canonnières sur le fleuve. Avec l'arrivée de leurs renforts, les yankees eurent en outre l'avantage du nombre. Le lendemain, Buell et Grant seraient en mesure de faire entrer en lice vingt-cinq mille soldats frais, aux côtés des quinze mille survivants meurtris, mais pleins de vaillance, qui avaient combattu durant la première journée. Entre les morts, les blessés et les fuyards, les effectifs de Beauregard étaient tombés aux alentours de vingt-cinq mille. Grant, qui le subodorait, ne fléchit pas un instant dans sa volonté de contre-attaquer le 7 avril. Lorsque certains de ses officiers proposèrent une retraite avant que les rebelles ne pussent reprendre leur assaut le lendemain matin, le général s'écria : « Une retraite ? Mais vous n'y pensez

---

1. *O.R.*, sér. I, vol. 10, 1re partie, p. 279.

pas ! J'ai l'intention d'attaquer à l'aube et de les battre à plate couture[1]. »

Dans le camp d'en face, Beauregard et ses hommes étaient tout aussi confiants. Beauregard expédia même à Richmond un télégramme criant victoire : « Après sévère bataille de dix heures, grâces soient rendues à Dieu, avons obtenu victoire totale, chassant l'ennemi de toutes ses positions. » Le lendemain, il n'y aurait plus qu'un peu de nettoyage à faire. Si Beauregard avait su que Grant avait reçu autant de renforts, il n'aurait pas été si optimiste, mais le haut commandement rebelle avait été induit en erreur par le rapport d'une unité de cavalerie dans le nord de l'Alabama, signalant que Buell se dirigeait par là. La cavalerie plus proche du champ de bataille aurait pu l'assurer du contraire. Tout au long de la nuit, les éclaireurs de Nathan Bedford Forrest observèrent des bateaux occupés à faire traverser le fleuve aux brigades de Buell. Forrest se mit en quête de Beauregard, mais ne parvenant pas à le trouver, il renonça à le prévenir, écœuré de constater que les autres généraux sudistes n'attachaient pas la moindre importance à ses mises en garde. Demain matin, « nous allons nous faire tailler en pièces », avertit-il[2].

Des deux côtés, les soldats passèrent une nuit épouvantable. La pluie se mit à tomber et ce furent bientôt des torrents d'eau qui s'abattirent sur les quatre-vingt-quinze mille soldats vivants et les deux mille morts éparpillés sur près de vingt kilomètres carrés entre Pittsburg Landing et l'église de Shiloh. Dix mille des survivants étaient blessés et beaucoup d'entre eux gisaient sans protection, souffrant le martyre. Les éclairs et le tonnerre alternaient avec les explosions d'obus que les canonnières expédièrent toute la nuit sur les bivouacs confédérés. Malgré leur épuisement, bien peu de soldats purent fermer l'œil au cours de cette « nuit si longue, si hideuse ». Un officier de l'Union écrivit que ses hommes « allongés dans l'eau et la boue étaient aussi las le matin qu'ils avaient pu l'être la veille au soir[3] ».

Grant passa la nuit sur le champ de bataille avec ses soldats, refusant le confort d'une cabine à bord d'un des vapeurs. A plus de six kilomètres, Beauregard dormit à son aise dans la tente de Sherman, capturée par les confédérés près de l'église de Shiloh, mais le lendemain, son réveil fut brutal. Pour la deuxième fois de suite, la journée commença par une attaque surprise, à cette différence qu'à présent les yankees étaient les assaillants. Tout le long de la ligne, l'armée de l'Ohio, sous les commandement de Buell, et l'armée du Tennessee occidental, sous celui de Grant, avancèrent au pas de charge, ne rencontrant au début guère

1. Bruce Catton, *Grant Moves South* (Boston, 1960), p. 241.
2. *O.R.*, sér. I, vol. 10, 1re partie, p. 384 ; Robert S. Henry, « *First with the Most* » *Forrest* (Indianapolis, 1944), p. 79.
3. McDonough, *Shiloh*, p. 189, p. 188.

de résistance de la part des rebelles désorganisés. Vers le milieu de la matinée, la ligne sudiste se durcit et pendant quelques heures, le conflit fit rage avec le même acharnement que la veille. Un spectacle particulièrement démoralisant pour les soldats de l'Union qui avançaient fut celui des victimes du jour précédent. Certains blessés s'étaient blottis tous ensemble pour essayer de se tenir chaud durant la nuit. « Beaucoup étaient morts sur place et d'autres étaient à l'agonie au moment de notre passage, écrivit un soldat nordiste. Leurs gémissements et leurs cris vous fendaient le cœur [...] Les cadavres sanglants étendus tout autour de nous, dans toutes les attitudes possibles, couverts de toutes les blessures imaginables, étaient horribles à voir[1]. »

Vers le milieu de l'après-midi, l'avance inexorable de l'Union avait repoussé les rebelles jusqu'à leur point de départ de la veille. Non seulement les yankees bénéficiaient-ils de troupes fraîches et de l'avantage du nombre, mais en outre les sudistes avaient brusquement perdu courage en s'apercevant qu'ils n'avaient pas remporté la victoire en définitive. Vers 14h30 le chef d'état major de Beauregard dit à ce dernier : « Vous ne trouvez pas que nos troupes sont exactement dans l'état d'un morceau de sucre entièrement imbibé d'eau, mais qui, sur le point de se dissoudre, conserve encore sa forme originale ? Ne serait-il pas judicieux de partir d'ici avec ce qui nous reste[2] ? » Beauregard en convint et donna l'ordre de battre en retraite. Les habits bleus, trop épuisés et malmenés pour lancer une poursuite efficace sur des routes détrempées qu'une nouvelle averse avait transformées en fondrières, se laissèrent tomber, à bout de forces, dans les camps qu'ils venaient de reprendre. Le lendemain, Sherman emmena bien deux brigades fourbues pourchasser l'ennemi sur la route de Corinth, mais à six kilomètres il se heurta à la cavalerie de Forrest et tourna bride après une brève escarmouche dont le seul résultat notable fut de blesser le commandant sudiste. Pour l'heure, aussi bien les bleus que les gris avaient eu tout leur soûl de combats.

Et comment s'en étonner ? Arrivant à la fin d'une année entière de guerre, Shiloh fut la première bataille livrée sur une échelle qui devait devenir banale au cours des trois années suivantes. Les vingt mille morts et blessés de ce combat (à peu près également répartis parmi les deux camps) atteignaient presque le double des douze mille victimes de Manassas, la Wilson's Creek, Donelson et Pea Ridge *combinées*. C'en était fait de l'innocence romantique avec laquelle les jeunes rebelles et yankees étaient partis à la guerre en 1861. « Jusqu'au moment où j'ai vu ça, je n'avais pas vraiment compris ce qu'étaient "la pompe et l'apparat" de ce qu'on appelle la glorieuse guerre [...], écrivit un simple soldat du

1. McDonough, *Shiloh*, 204.
2. Thomas Jordan, « Notes of a Confederate Staff-Officer at Shiloh », *Battles and Leaders*, t. I, p. 603.

Tennessee après la bataille. Des hommes [...] gisant dans toutes les positions imaginables ; les morts [...] les yeux grands ouverts, les blessés implorant pitoyablement de l'aide [...]. J'avais l'impression [...] d'être comme en transe. » Sherman décrivit les « tas de corps mutilés des soldats morts [...] sans têtes et sans jambes [...]. Le spectacle que présentait ce champ de bataille aurait guéri n'importe qui de la guerre[1] ».

Shiloh désabusa les yankees qui croyaient encore à la possibilité d'un prompt effondrement des confédérés dans l'Ouest. « A mon avis, cette guerre aura pris fin dans moins de six mois », avait écrit un soldat de l'Union après la capitulation du Fort Donelson. Après Shiloh, il nota : « Si ma vie est épargnée, je resterai au service de mon pays jusqu'à ce que cette rébellion ait été matée, même si cela doit prendre dix ans. » Avant la bataille de Shiloh, Grant avait cru qu'il suffirait d'une seule nouvelle victoire de l'Union pour avoir raison de la sécession ; désormais, il « renonçait à toute idée de sauver l'Union sinon par une conquête absolue[2] ». Shiloh précipita le pays dans la guerre totale.

III

Bien que Grant eût, à Pittsburg Landing, arraché la victoire *in extremis*, en frôlant la défaite, ce fut sur ce désastre évité de justesse que s'attarda le plus volontiers l'opinion nordiste tout de suite après la bataille. La presse rapportait que des soldats de l'Union avaient été transpercés par les baïonnettes dans leurs tentes et que l'armée de Grant avait été taillée en pièces avant d'être sauvée par l'arrivée à point nommé de Buell. De héros qu'il était après l'affaire du fort Donelson, Grant était à présent devenu la cible de toutes les critiques, plus honni encore qu'Albert Sidney Johnston dans le Sud, après avoir dû se retirer du Tennessee. Pourquoi l'opinion nordiste était-elle si volage ? Les revers de la première journée à Shiloh et les pertes effroyables l'expliquent en partie. Les récits opportunistes de certains officiers de Buell, qui s'entretenaient plus volontiers avec les journalistes que Grant et ses subordonnés, contribuèrent aussi à retourner l'opinion. De faux bruits circulèrent, assurant que Grant était ivre. Le capitaine déchu de 1854 paraissait voué à être éternellement poursuivi par sa réputation d'alcoolique. Et puis, l'ampleur de la victoire nordiste à Shiloh ne fut pas immédiatement apparente. D'ailleurs, Beauregard s'entêtait à déclarer qu'il s'agissait d'un triomphe sudiste. Seuls « de malencontreux événements », signalait-il, avaient sauvé les yankees d'une complète annihilation ; le retrait des

1. McDonough, *Shiloh*, p. 4-5 ; Mark A. De Wolfe Howe (éd.), *Home Letters of General Sherman* (New York, 1909), p. 222-223.

2. Albert Dillahunty, *Shiloh National Military Park, Tennessee* (National Park Service Historical Handbook Series n° 10, Washington, 1955), p. 1 ; Grant, *Memoirs*, t. I, p. 368.

confédérés jusqu'à Corinth s'intégrait dans un plan stratégique plus vaste[1] !

Quand ils comprirent enfin que leur armée avait essuyé un échec à Shiloh, beaucoup de sudistes se retournèrent contre Beauregard. Ils l'accusaient d'avoir, pour sa part, transformé une victoire presque acquise en défaite, en refusant d'ordonner ce dernier assaut au crépuscule, le premier jour. Vers l'époque où ce glissement s'opéra dans l'opinion sudiste, les habitants de l'Illinois commençaient justement à prendre la défense de Grant. Lorsqu'un éminent républicain de Pennsylvanie alla trouver Lincoln pour lui dire que le général était un incompétent, un sac à vin et un véritable boulet que traînait le gouvernement, le Président l'écouta sans sourciller et répondit : « *Je ne peux pas me passer de cet homme ; il se bat* ». L'un des officiers de l'état-major de Grant fournit à Elihu Washburne, représentant au Congrès de l'Illinois et premier protecteur du général, des renseignements qui incitèrent Washburne à faire l'éloge de Grant dans un discours prononcé devant la Chambre ; cet homme, déclara-t-il, était le général dont les « efforts presque surhumains » à Shiloh avaient permis de « remporter l'une des plus brillantes victoires » de l'histoire américaine[2].

Washburne allait un peu trop loin. Grant avait commis, avant la bataille, des erreurs que son indéniable sang-froid et son indomptable volonté durant les combats n'effaçaient qu'à grand peine. Néanmoins, en fin de compte, les armées de l'Union avaient remporté à Shiloh un succès stratégique d'une extrême importance ; elles étaient parvenues à faire échec à la tentative suprême de la Confédération pour reprendre l'initiative dans la vallée du Mississippi. A dater de Shiloh, le Sud ne connut plus qu'une succession d'échecs dans cette région clef. Le jour même (le 7 avril), où l'armée bien mal en point de Beauregard entamait sa pénible retraite en direction de Corinth, une équipe de soldats et de marins s'assurait un autre triomphe important — presque sans effusion de sang — sur le Mississippi.

Lorsque les confédérés avaient évacué leur Gibraltar, à Columbus, au mois de février, ils y avaient laissé une garnison de sept mille hommes et cinquante-deux gros canons sur l'île numéro dix, à quatre-vingts kilomètres en aval. Cette place-forte bloquait la navigation nordiste aussi complètement que l'avait fait Columbus. Halleck ordonna donc à la flotte fluviale d'Andrew Foote de bombarder les batteries de l'île, tandis que l'armée du Mississippi, nouvellement formée et placée sous les ordres de John Pope, viendrait cerner les rebelles par voie de terre, en passant sur la rive missourienne du fleuve. Les sept cuirassés et les dix bateaux

1. McDonough, *Shiloh*, p. 218.
2. Alexander K. McClure, *Abraham Lincoln and Men of War Times* (Philadelphie, 1892), p. 193-196 ; Catton, *Grant Moves South*, p. 259-260.

à mortier (de gros chalands portant chacun un mortier de trois cent vingt millimètres) bombardèrent les défenses rebelles de loin sans grand résultat. Pendant ce temps, Pope s'assura le contrôle sur la rive côté Missouri, en aval de l'île, et fit amener plusieurs grands bacs, servant de transports de troupes, par un canal de recoupement, creusé par ses soldats secondés par des contrebandes. Ce dispositif immobilisait les confédérés sur trois côtés, ne laissant ouvert qu'un axe de ravitaillement fort précaire, à travers les marécages, sur la rive du fleuve qui se trouvait dans l'État du Tennessee. Pope demanda instamment à Foote d'ordonner à une canonnière de braver les canons de l'île pour venir protéger une troupe chargée de fermer ce quatrième côté en traversant le Mississippi en aval de l'île. Le *Carondelet* accomplit cette manœuvre au cours d'un orage spectaculaire, la nuit du 4 avril, et il fut suivi par une seconde canonnière, deux nuits plus tard, au cours d'un nouvel orage. Avec les deux navires en fer de lance, l'armée de Pope traversa le Mississippi, encercla la garnison et le 7 avril captura sept mille hommes, des canons et toutes sortes d'équipement, qui allaient cruellement manquer à la Confédération. Sans avoir à déplorer plus d'une poignée de victimes, Pope obtint un succès que Halleck trouvait encore plus brillant que celui de Grant au fort Donelson et le Nord acquit un nouveau héros.

Après ce triomphe, Halleck ordonna à Pope de partir rejoindre Grant et Buell à Pittsburg Landing, où lui-même prit en personne le commandement d'un ensemble d'armées regroupant plus de cent mille hommes. La plus belle constellation de talents militaires s'y trouvait réunie, puisqu'on ne dénombrait pas moins de quatre futurs généraux en chef de l'armée des États-Unis : Halleck, Grant, Sherman et Philip Sheridan (alors capitaine) ; et cinq autres commandants d'armées, présents ou futurs : Buell, Pope, Rosecrans, George H. Thomas et James B. McPherson. Halleck était bien en peine d'utiliser au mieux tant de talents divers, particulièrement ceux de Grant. Le Vieux Cerveau continuait à sous-estimer la valeur de son subordonné et il le mit sur une voie de garage, en le nommant au poste sans intérêt de commandant en second des forces combinées. Grant, malheureux, réclama son transfert, mais décida finalement de rester.

Halleck avança à pas comptés vers Corinth, retranchant l'armée entière à chaque escarmouche avec des avant-postes confédérés. Certes, ces précautions lui garantissaient que Beauregard ne pourrait venir l'attaquer à l'improviste, mais elles lui interdisaient aussi d'attaquer son adversaire. Halleck menait sa guerre selon les règles — ou plutôt selon ses propres règles. C'était une guerre du XVIIIe siècle, une guerre jominienne de manœuvres et de sièges contre des « points stratégiques » et non pas une guerre moderne ponctuée de combats tous azimuts visant à détruire ou à malmener sérieusement une armée ennemie. Halleck aurait été enchanté de parvenir à chasser Beauregard de Corinth sans combattre. Grant, en revanche, ne voyait pas « comment la seule occupation de lieux allait mettre fin à la guerre tant qu'il existerait des armées rebelles vastes et efficaces ». Mais Halleck ne voulait rien savoir du genre de guerre que Grant avait en tête[1].

Les chefs sudistes considéraient, eux aussi, Corinth comme un point stratégique vital. « Si nous sommes défaits ici, écrivit Beauregard deux semaines après Shiloh, toute la vallée du Mississippi est perdue et fort probablement notre cause avec elle[2]. » La Confédération parvint à réunir des renforts en provenance de l'est du Tennessee et même d'aussi loin que le sud de la côte atlantique. Van Dorn amena quinze mille hommes de l'Arkansas. Au début du mois de mai, Beauregard avait à Corinth soixante-dix mille hommes sous ses ordres, mais beaucoup n'étaient pas encore remis des blessures reçues à Shiloh et des milliers d'autres tombèrent malades de la typhoïde ou de la dysenterie. Avec des réserves d'eau insuffisantes, contaminées par les détritus de l'armée, Corinth était en passe de se transformer en piège écologique. Parmi les soldats, la maladie fit autant de morts que la bataille de Shiloh. Devant de telles pertes et avec la perspective d'être bientôt assiégé, Beauregard changea d'avis quant à la nécessité de défendre Corinth à tout prix. Tandis que Halleck étendait ses lignes tout autour de la ville et faisait avancer ses canons de siège, le général sudiste décida le 25 mai de se retirer. Il le fit avec beaucoup d'adresse, dans le plus grand secret, ne laissant à Halleck pour dépouilles opimes que quelques traînards et une ville pestilentielle. Depuis sa nouvelle base de Tulepo, dans le Mississippi, à quatre-vingts kilomètres plus au sud, Beauregard n'hésita pas à déclarer que l'évacuation de Corinth était « l'équivalent d'une grande victoire[3] ». Jefferson Davis, cependant, fut choqué et courroucé par la nouvelle. Encore une « victoire » de ce genre et c'en était fini de la Confédération. Beauregard avait beau parler de reprendre l'offensive, Davis en avait plus qu'assez de ses plans napoléoniens suivis d'exécutions lilliputiennes. Lorsque le général s'octroya un congé non autorisé pour des raisons de santé, Davis sauta sur l'occasion et le remplaça par Braxton Bragg.

Avec la prise de Corinth, l'armée de l'Union chevauchait désormais la voie ferrée menant à Memphis. Toutefois, avant que les habits bleus de Halleck n'eussent eu le temps de prendre la ville — la cinquième de la Confédération par la taille —, une flotte fluviale hybride s'en était chargée. La chose n'avait pas été facile. L'île numéro dix étant tombée, la place-forte suivante des rebelles en descendant le Mississippi était le fort Pillow, à quatre-vingts kilomètres au-dessus de Memphis. Outre les quarante canons de la forteresse, les sudistes disposaient d'une nouvelle

1. Grant, *Memoirs*, t. I, p. 381.
2. *O.R.*, sér. I, vol. 10, 2e partie, p. 403.
3. Williams, *Beauregard*, p. 155.

flotte chargée d'assurer la défense du fleuve, composée de huit vapeurs reconvertis en navires armés à éperon. Le 10 mai, cette marine de fortune avait surpris celle de l'Union à Plum Run Bend, en amont du fort Pillow, par une attaque éclair qui avait mis deux cuirassés momentanément hors de service en leur creusant des trous béants dans la carène. Grisé par ce succès, le capitaine de la flotte sudiste assura à Beauregard que les yankees « ne [descendraient] jamais plus bas sur le Mississippi[1] ».

Les nordistes, cependant, ne tardèrent pas à s'équiper d'éperons à leur tour. Avec l'éperon réapparaissait une tactique en vigueur à l'époque des galères, avant que l'ère de la poudre à canon et des grands navires à voiles (qu'il était bien difficile de faire manœuvrer assez souplement pour éperonner l'adversaire) n'eût converti les marines aux bordées de canons. Paradoxalement, l'avènement de la navigation à vapeur remit l'éperon à l'honneur. Un navire de guerre de plusieurs centaines de tonnes, muni d'une proue renforcée, avançant à une vitesse faible mais régulière, était beaucoup plus meurtrier que n'importe quel boulet ou obus existant à l'époque. Le *Virginia* l'avait bien montré à Hampton Roads et la flotte fluviale de la Confédération en administra une seconde preuve à Plum Run Bend. L'avocat le plus enthousiaste de la puissance de l'éperon était en fait un ingénieur civil de Pennsylvanie âgé de cinquante-sept ans, le maigre et frêle Charles Ellet. N'ayant pas réussi à intéresser la marine de l'Union à son idée, Ellet s'en fut trouver Stanton, le ministre de la Guerre, qui l'accueillit à bras ouvert. Stanton nomma Ellet colonel et l'expédia dans l'Ouest pour y développer une flotte munie d'éperons pour les combats fluviaux.

Ellet fit modifier neuf navires selon des calculs qu'il avait faits lui-même pour obtenir une efficacité maximale. Préférant, comme équipages, les mariniers habitués au fleuve au personnel naval, il les enrôla en service spécial. C'était Ellet en personne qui commandait le navire-amiral et il mit son frère Alfred aux commandes du deuxième navire. Sept autres Ellet — frères, neveux et un fils de Charles — faisaient partie de l'entreprise, certains en tant que capitaines. Cette remarquable famille, et sa flottille encore plus étonnante, voulait prouver sa vaillance en attaquant la flotte rebelle au fort Pillow. Beauregard les prit de court en ordonnant l'évacuation du fort lorsque son repli hors de Corinth laissa l'édifice vulnérable aux attaques par voie de terre, mais les confédérés décidèrent de résister à Memphis. Le 6 juin, au lever du jour, la flotte fluviale sudiste se mit en route pour défier cinq cuirassés de l'Union et quatre navires à éperon signés Ellet. Des milliers d'habitants de Memphis garnirent le haut des falaises pour encourager leur camp de la voix.

---

1. *O.R. Navy*, sér. I, vol. 23, p. 57.

Malheureusement pour eux, en moins de deux heures l'équipe locale avait perdu la partie. Les navires de Charles et Alfred Ellet, portés par le courant, foncèrent à une bonne quinzaine de nœuds sur l'avant-garde rebelle. Lorsque l'embarcation de Charles et le premier navire à éperon confédéré entrèrent en collision, le choc fut tel qu'on le ressentit jusqu'en-haut des falaises. L'éperon du navire nordiste fit un énorme trou dans la proue de son adversaire, tandis que le bateau d'Alfred parvenait à se faufiler entre deux navires sudistes qui convergeaient vers lui et ne purent s'éviter. Aussitôt, Ellet fit demi-tour et vint éperonner le seul des deux ennemis qui eût résisté au choc. Pendant ce temps, les canonnières de l'Union étaient entrées en jeu. Trois salves permirent d'achever deux navires confédérés déjà gravement atteints, d'en couler un troisième et d'en capturer trois autres après les avoir désemparés. Un seul vaisseau sudiste parvint à s'enfuir vers l'aval. La flotte rebelle n'existait plus. Dans un silence renfrogné, les habitants de Memphis regardèrent le fils d'Ellet, Charles junior, à la tête d'un détachement de quatre hommes, faire monter la bannière étoilée au mât du bureau de poste. Son vaillant homme de père, le seul blessé grave de la bataille, du côté de l'Union, mourut de ses blessures quinze jours plus tard. Charles junior devint à dix-neuf ans le plus jeune colonel de l'armée et prit ensuite le commandement de la flottille créée par son père. Un an après, il était mort à son tour.

Les yankees occupèrent Memphis dont ils firent une base pour leurs futures opérations, tandis que leur flotte descendait le fleuve sur près de cinq cents kilomètres pour s'attaquer au bastion suivant des confédérés à Vicksburg. Entre-temps, le spectaculaire exploit de la flotte fluviale avait été éclipsé par celui de la marine qui prit La Nouvelle-Orléans et remonta le Mississippi pour planter le drapeau américain en plein cœur de « Dixie ».

La prise de La Nouvelle-Orléans illustra à merveille la sagacité stratégique de Lincoln lorsqu'il avait manifesté le désir d'attaquer simultanément l'ennemi en plusieurs endroits. La pression exercée par les troupes de l'Union au Tennessee avait obligé les chefs sudistes à dégarnir la Louisiane d'une division entière (qui se battit à Shiloh) et de huit canonnières (la flotte détruite à Memphis). Pour défendre la ville, il ne restait plus que trois mille miliciens enrôlés à court terme, quelques batteries fluviales situées juste au-dessous de la ville, là où Andrew Jackson avait vaincu les Anglais en 1815, une flotte d'une douzaine de petites embarcations armées ultra-légères et rapides, dite « flotte-moustique », deux cuirassés inachevés et deux forts contenant cent vingt-six canons, situés de part et d'autre du Mississippi à cent vingt kilomètres au sud de la ville. Les défenseurs comptaient avant tout sur ces deux forteresses qui devaient, pensait-on, mettre en pièces tout navire en bois assez téméraire pour essayer de franchir un tel obstacle en luttant contre un courant de trois nœuds. Mais la marine de l'Union avait déjà démontré qu'un assez grand nombre de navires armés d'une quantité de gros canons et commandés par un marin intrépide pouvaient faire mieux que jeu égal avec des forts en brique. Et elle allait en administrer une nouvelle preuve ; cette fois-ci, le marin était le plus intrépide de tous, l'officier général David Glasgow Farragut, commandant une solide escadre.

Cet homme de soixante ans, devenu mousse dès l'âge de neuf ans, avait donc fait la guerre de 1812 et celle du Mexique. A l'instar de Grant, il possédait une force de caractère peu commune plutôt qu'une grande subtilité intellectuelle. Quoique né au Tennessee et marié à une Virginienne, jamais il ne songea à se détourner du drapeau qu'il servait depuis un demi-siècle. Lorsque des amis sudistes tentèrent de le persuader de déserter, il repoussa leurs prières par ces mots : « Écoutez bien ce que je vous dis, mes gaillards : vous allez en voir de toutes les couleurs avant d'en avoir fini avec cette affaire[1]. » Et il allait se charger, en personne, de réaliser sa prophétie. En février 1862, il prit le commandement d'une force expéditionnaire comprenant huit sloops à vapeur (les frégates avaient un trop fort tirant d'eau pour franchir les barres situées à l'embouchure du Mississippi), un sloop à voiles et quatorze canonnières. Ils étaient accompagnés de dix-neuf goélettes à mortier pour tenter de neutraliser quelque peu les forts par un tir sous de grands angles, avant le passage de la flotte. Pour parer à une éventuelle résistance sur terre, des transports de troupes amenèrent dans le golfe du Mexique quinze mille soldats sous les ordres de l'omniprésent Benjamin Butler.

Au début d'avril, Farragut réussit à faire franchir la barre à son escadre qui était venue mouiller à trois kilomètres en aval des forts. De cette position, les goélettes à mortier commencèrent à pilonner les deux bastions au rythme de trois mille obus par jour. Cette pluie de projectiles permit certes de démonter quelques canons et de faire des monceaux de gravats, mais elle ne réduisit guère la puissance de feu des rebelles. Farragut n'avait d'ailleurs jamais vraiment cru à l'attaque aux mortiers ; au bout de six jours, il décida de tenter sa chance sans plus tarder. Une nuit, deux canonnières de l'Union glissèrent silencieusement au-dessous des forts, pour couper la chaîne qui maintenait un barrage de pontons en travers du fleuve ; quoique repérés et mitraillés par les sudistes, les équipages de deux bateaux parvinrent à pratiquer une brèche suffisamment large pour permettre à la flotte de s'y faufiler en file indienne. A deux heures du matin, le 24 avril, dix-sept des navires de guerre de Farragut levèrent l'ancre et commencèrent à remonter le Mississippi. Les forts ouvrirent le feu avec quatre-vingts ou quatre-vingt-dix canons ; les navires répondirent avec le double ; les embarcations à mortier reprirent leur

1. David D. Porter, « The Opening of the Lower Mississippi », *Battles and Leaders*, t. II, p. 22.

bombardement ; un cuirassé confédéré, le *Louisiana*, amarré à la rive car ses machines ne fonctionnaient pas encore, déchaîna ceux de ses seize canons qui étaient déjà en état de marche. Trois des canonnières rebelles se lancèrent à l'attaque en cherchant à éperonner les navires de l'Union (l'une d'elles parvint à couler le *Varuna*, un sloop armé de dix canons), tandis que les capitaines civils des autres bateaux sudistes s'enfuyaient en amont ou sabordaient leur embarcation. Des remorqueurs confédérés poussèrent dans le courant des brûlots, sur lesquels étaient entassés du bois et de la poix enflammés, pour les laisser dériver vers les navires yankees. Le tout, sur une superficie d'un kilomètre carré et demi, tout au plus. De mémoire d'Américain, on n'avait jamais vu pareil feu d'artifice.

Tous les navires de l'Union qui réussirent à se frayer un passage, sans parler des autres évidemment, furent sérieusement endommagés ; la flotte de Farragut perdit trente-sept marins tués et cent quarante-sept blessés durant l'heure et demie qu'il lui fallut pour franchir l'obstacle des forts. Il y eut moins de victimes chez les rebelles, mais leur flotte-moustique était anéantie et les cuirassés encore inachevés furent détruits par leurs équipages pour les soustraire à l'ennemi ; quant aux garnisons des forts, elles se mutinèrent un peu plus tard et se rendirent aux fédéraux, tandis que la milice prenait la fuite pour gagner l'arrière-pays. Le matin du 25 avril, avec une ou deux bordées de leurs canons, les navires de Farragut réduisirent au silence les batteries fluviales en activité juste en aval de La Nouvelle-Orléans, puis la flotte pénétra dans la ville où les habitants avaient mis le feu aux réserves de coton et où des bandes d'émeutiers, l'insulte aux lèvres, brandissaient des pistolets contre les canons de deux cent soixante-quinze millimètres braqués sur leurs rues. George Washington Cable, âgé de dix-sept ans à l'époque, devait se rappeler qu'en cette triste journée « les gens massés sur la digue hurlaient de rage. Pas un mot ne leur parvenait en réponse des ponts grouillant de marins, mais, sur le *Harford*, un vieux loup de mer qui se tenait, une amarre à la main, à côté d'un gros canon pivotant, si clairement visible qu'on pouvait discerner son sourire, caressa en silence l'énorme culasse noire et son visage se fendit d'une oreille à l'autre[1]. » Des « négociations », dignes d'un livret d'opéra-comique, furent engagées avec le maire de la plus grande ville du Sud, qui déclina l'honneur de la remettre aux mains des nordistes. Agacé par cette comédie, Farragut envoya le 29 avril les fusiliers marins faire flotter le drapeau américain sur les édifices publics. Deux jours plus tard, Butler entrait à La Nouvelle-Orléans à la tête de ses troupes intactes, pour commencer une occupation efficace mais impitoyable de la ville.

1. Cable, « New Orleans before the Capture », *Battles and Leaders*, t. II, p. 20.

Au cours des deux mois suivants, la plupart des navires de Farragut remontèrent par deux fois le Mississippi, recevant les capitulations de Baton Rouge et de Natchez au passage. Mais à Vicksburg, ce fut une autre histoire. Sommé de se rendre, le gouverneur militaire de la ville rétorqua : « Les habitants du Mississippi ne savent pas capituler et refusent d'apprendre [...]. Si le commodore Farragut [...] pense pouvoir leur enseigner la chose, qu'[il] vienne donc essayer[1]. » Farragut vint, il essaya, mais il ne vainquit pas. Durant la dernière semaine de juin, les flottes de l'Union qui avaient respectivement dompté La Nouvelle-Orléans et Memphis se retrouvèrent à Vicksburg, dans l'intention d'écraser ses défenses sous le poids combiné de plus de deux cents canons et vingt-trois mortiers, mais les batteries rebelles, disposées le long des flancs et au sommet d'un à-pic de soixante-cinq mètres de haut, sur lequel était bâtie la ville, leur tinrent la dragée haute. Farragut en arriva vite à la conclusion qu'un bombardement depuis le fleuve pourrait peut-être raser la ville et chasser ses habitants sous terre, mais que les canons de ses navires ne sauraient à eux seuls venir à bout d'une défense résolue. Or, le Sud était bien décidé à tout faire pour conserver ce dernier bastion, qui empêchait la flotte de l'Union de contrôler totalement le Mississippi. A la fin de juin, Earl Van Dorn était arrivé pour prendre le commandement des dix mille soldats retranchés à Vicksburg. Un assaut de l'infanterie fédérale pour escalader les hauteurs depuis le fleuve eût été suicidaire. La seule façon de faire céder les défenseurs était d'attaquer par l'arrière avec une importante force terrestre, tout en maintenant le blocus sur l'eau, ce qui posait un épineux problème stratégique que l'armée de l'Union mit près d'un an à résoudre.

Farragut avait amené à Vicksburg trois mille des soldats de Butler. Ces hommes, trop peu nombreux pour des opérations contre Van Dorn, furent (avec le concours de mille cinq cents contrebandes) employés à creuser un canal en travers d'une langue de terre qui avançait au milieu d'un bras mort, hors de portée des canons de Vicksburg, dans l'espoir que le fleuve formerait alors de lui-même un nouveau petit bras d'eau, laissant la forteresse confédérée à sec. Malheureusement pour les nordistes, le Mississippi dont le niveau, à cette époque de sécheresse estivale, baissait de plusieurs centimètres par jour, refusa de coopérer. Ce fut au contraire Farragut qui craignit de voir ses bateaux à fort tirant d'eau s'échouer dans ce fleuve en pleine décrue. En outre, les trois quarts des soldats de l'Union et la moitié des marins étaient malades, victimes de la typhoïde, de la dysenterie et de la malaria ; il en mourait plusieurs par jour.

Les yankees renoncèrent finalement à leur tentative de s'emparer de Vicksburg cet été-là, mais les rebelles eurent néanmoins le temps de leur administrer un dernier coup de Jarnac en guise d'adieu. L'arme qui

1. *O.R. Navy*, sér. I, vol. 18, p. 492.

l'asséna fut le *CSS Arkansas*, dont le capitaine était Isaac Newton Brown, du Kentucky, équivalent sudiste du redoutable Farragut. Cet homme qui avait passé trente ans dans la marine américaine avait été occupé à superviser la mise au point d'un cuirassé sudiste sur la Yazoo River, pendant que la flotte de l'Union bombardait Vicksburg. Propulsé par des machines capricieuses, l'*Arkansas*, armé de dix canons et présentant un aspect assez semblable à celui du *Virginia*, descendit le Mississippi vers la mi-juillet pour défier les deux flottes fédérales. Il affronta d'abord le célèbre *Carondelet*, qu'il parvint à désemparer, puis il fonça à toute vapeur entre les deux flottes nordistes, qui mouillaient de part et d'autre du fleuve, les machines à l'arrêt et les canons déchargés, les prenant complètement par surprise. Il ne leur fallut pas longtemps, cependant, pour se ressaisir et faire pleuvoir sur l'intrus une véritable grêle de coups. L'*Arkansas*, toutefois, put riposter « vers tous les points de la circonférence sans avoir à craindre de frapper un ami ou de manquer un ennemi[1] ». Il y eut soixante morts et blessés sur le navire sudiste, qui fut en outre gravement endommagé, mais il parvint à mettre hors de service un des navires à éperons d'Ellet, avant de dériver en lieu sûr sous la protection des canons de Vicksburg.

Piqué au vif, Farragut s'efforça vainement de détruire le monstre rebelle. Dépité, il dut finalement s'avouer vaincu et le 26 juillet, il redescendit le fleuve avec sa flotte pour ne pas risquer de s'échouer. Quant aux canonnières de l'Union, elles regagnèrent Helena, en Arkansas. Pour le moment encore, les confédérés contrôlaient un peu plus de trois cents kilomètres du Mississippi, entre Vicksburg et Port Hudson, en Louisiane, où ils bâtirent de nouvelles fortifications qui ne le cédaient, pour la solidité, qu'à celles de Vicksburg. Les exploits de l'*Arkansas* mirent un peu de baume au cœur des sudistes. Van Dorn décida d'attaquer la garnison de l'Union à Baton Rouge « et puis, hue ! en route pour La Nouvelle-Orléans[2] ». Il ordonna à l'*Arkansas* de descendre à son tour le Mississippi pour neutraliser les canonnières de l'Union à Baton Rouge pendant qu'une division de l'armée attaquerait par voie de terre, mais les machines défaillantes du cuirassé ne lui permirent pas d'arriver à temps pour empêcher les habits bleus de repousser l'assaut rebelle le 5 août. Le lendemain, les moteurs du navire sudiste eurent une nouvelle fois une défaillance, alors que les vaisseaux de guerre fédéraux fondaient sur lui. L'équipage préféra le faire sauter plutôt que de le laisser tomber entre les mains de l'ennemi.

Cet événement mit momentanément un point final à ce que le *New York Tribune* avait dépeint en mai comme « un déluge de victoires »

1. Isaac N. Brown, « The Confederate Gun-Boat "Arkansas" », *Battles and Leaders*, t. III, p. 576.
2. Foote, *Civil War*, t. I, p. 577.

dans l'Ouest[1]. Entre février et mai, les forces de l'Union conquirent en effet quatre-vingt mille kilomètres carrés de territoire, s'assurèrent le contrôle de seize cents kilomètres de voies navigables, prirent les capitales de deux États et la plus grande ville du Sud et mirent trente mille soldats ennemis hors de combat. On peut mesurer le coup porté au moral sudiste en lisant ce que Mary Boykin Chestnut nota dans son journal aux mois d'avril et de mai :

> Les batailles se suivent — et les désastres aussi [...] Comment pourrais-je dormir ? La puissance qu'ils mettent en œuvre contre notre pays est formidable [...] Chaque matin, la lecture du journal suffirait à tuer une femme bien portante [ou] à vieillir de dix ans une femme forte et vaillante [...] La Nouvelle-Orléans est tombée et avec elle la Confédération. Ne sommes-nous pas coupés en deux ? [...] Ce sont désormais d'incessants désastres dont il faut tenir la chronique [...] La réalité est hideuse[2].

IV

Vue de Richmond, la menace que faisait peser sur le Sud l'armée merveilleusement équipée de McClellan paraissait autrement redoutable que les désastres enregistrés dans l'Ouest. Ayant été relancé à de multiples reprises et avec la plus vive insistance par Lincoln, le général en chef s'était enfin décidé à lui soumettre le plan d'une offensive prévue au printemps contre l'armée de Joseph Johnston, qui défendait Manassas. Au lieu d'attaquer directement les rebelles, McClellan se proposait de transporter son armée par bateau le long de la baie de Chesapeake jusqu'à l'embouchure du Rapahannock, à quelque cent trente kilomètres au sud-est de Manassas. Cela mettrait ainsi les fédéraux entre Johnston et Richmond, ce qui forcerait les confédérés à descendre au plus vite vers le sud pour défendre leur capitale. McClellan prévoyait soit la prise de Richmond avant l'arrivée de Johnston, soit une bataille en un lieu choisi par lui-même, où ses hommes n'auraient pas à prendre d'assaut les tranchées ennemies.

Ce plan ne plaisait pas au Président, car s'il plaçait, en effet, l'armée de McClellan entre Johnston et Richmond, il présentait aussi l'inconvénient de laisser celle de Johnston entre McClellan et Washington. Sans aller, à cette époque, jusqu'à partager la conviction que son général en chef, un démocrate, avait « un faible » pour les rebelles et n'avait pas vraiment envie de les écraser, Lincoln était loin d'être satisfait de sa conception de la stratégie. Tout comme Grant, le Président estimait que c'était l'*armée* de l'ennemi qu'il fallait attaquer, au lieu de manœuvrer

1. Foote, *Civil War*, t. I, 582.
2. Woodward, *Chestnut's Civil War*, p. 326, p. 327, p. 330, p. 333, p. 339.

pour prendre des *villes*. « En descendant la baie à la recherche d'un champ de bataille, plutôt que de vous battre près de Manassas, déclara Lincoln à McClellan, [vous] ne faites que contourner la difficulté au lieu de la surmonter [... Vous] retrouverez le même ennemi et les mêmes retranchements, ou l'équivalent, en l'un et l'autre lieux[1]. »

Avant que McClellan n'eût exécuté sa manœuvre, Johnston le prit de vitesse en se retirant de Manassas au début de mars, pour adopter une position plus aisée à défendre au-delà du Rapahannock, à plus de soixante kilomètres au sud. Quoique prudente sur le plan militaire, cette décision eut de fâcheuses conséquences politiques. Venant s'ajouter à divers autres revers sudistes, elle contribua à détériorer le moral de la population. Et aussi à accentuer le malaise qui existait déjà entre Johnston et Davis. Ce dernier n'était pas du tout persuadé de la nécessité de reculer ; lorsqu'il apprit que Johnston l'avait fait avec une hâte qui avait contraint son armée à détruire d'énormes stocks de ravitaillement, impossibles à transporter sur les routes boueuses, le président de la Confédération fut aussi mortifié que furieux.

Pas plus cependant que Lincoln, lorsqu'il découvrit que les défenses confédérées ainsi évacuées n'étaient en aucune façon aussi fortes, ni aussi étendues que l'avait prétendu McClellan. A Centreville, les correspondants de presse trouvèrent de nouveaux canons postiches. Un journaliste nota : « La nature prétendument imprenable de cette position s'avère être une imposture. » De toute évidence, il n'y avait pas eu plus de quarante-cinq mille rebelles sur la ligne de Manassas-Centreville, alors que McClellan avait estimé leur nombre à plus du double. « Totalement découragé, honteux et humilié, écrivit un autre reporter, je m'en reviens de cette visite à la forteresse des rebelles avec le sentiment que leur retraite est pour nous une *défaite*[2]. »

La question qui se posait était : que faire, à présent ? La retraite de Johnston réduisait à néant le projet qu'avait eu McClellan de prendre l'ennemi de flanc en remontant le Rapahannock. Pourtant, le commandant nordiste ne voulait pas renoncer à son idée de transporter ses troupes par bateau quelque part à l'est de Richmond. Il suggéra un débarquement à la forteresse Monroe, à l'extrémité de la péninsule que formaient les fleuves York et James. Avec un axe de ravitaillement par mer tout à fait sûr, l'armée de l'Union n'aurait plus que deux fleuves à traverser pour franchir les cent dix kilomètres de péninsule qui la sépareraient de Richmond. Ce plan séduisait beaucoup plus McClellan que l'invasion par voie de terre préconisée par Lincoln, qui obligerait à couvrir les cent soixante kilomètres entre Washington et Richmond

1. *CWL*, t. V, p. 185.
2. *New York Tribune*, 13 mars 1861, cité par Williams, *Lincoln Finds a General*, t. I, p. 153 ; Foote, *Civil War*, t. I, p. 264.

en traversant plusieurs fleuves et en dépendant pour le ravitaillement d'un chemin de fer vulnérable aux raids de la cavalerie adverse. Lincoln resta néanmoins sceptique. Rien n'empêchait les confédérés d'envoyer des troupes jusqu'à la péninsule, grâce à leurs lignes intérieures, et McClellan, qu'il le voulût ou non, retrouverait en face de lui « le même ennemi et les mêmes retranchements, ou l'équivalent ». Toutefois, le Président accepta à contrecœur le plan de son général en chef, pourvu que ce dernier laissât derrière lui des troupes assez nombreuses pour défendre la capitale contre une attaque inopinée des rebelles. McClellan le lui promit.

Le directeur de l'intendance, Montgomery Meigs, réunit quatre cents navires et chalands pour transporter jusqu'à la péninsule l'armée de McClellan, qui comptait plus de cent mille hommes, trois cents canons, vingt-cinq mille animaux et une montagne d'équipement. Ce fut une impressionnante démonstration des capacités logistiques du Nord, mais dès le départ un mauvais sort parut s'acharner contre le plan de McClellan. N'ayant plus toute confiance en son général en chef, Lincoln amoindrit son autorité. Le 8 mars, après avoir consulté la Commission sur la conduite de la guerre, mais sans demander son avis à McClellan, il nomma quatre commandants de corps d'armée pour l'armée du Potomac. Trois jours plus tard, il retira à McClellan le titre de général en chef, ne lui laissant que celui de commandant de l'armée du Potomac. Le Président justifia cette mesure en faisant valoir que les devoirs du général sur le terrain lui interdirait de s'intéresser comme il l'eût fallu aux autres théâtres des opérations. L'argument se tenait, mais il n'en reflétait pas moins les réserves que nourrissait Lincoln à l'égard de McClellan. Le 11 mars, le Président créa un nouveau département militaire en Virginie occidentale, pour le général Frémont, cédant aux pressions des républicains désireux de le voir donner un commandement important à un antiesclavagiste notoire. Trois semaines plus tard, ces mêmes pressions l'amenèrent à détacher une division de l'armée de McClellan pour l'envoyer à Frémont.

Ultérieurement, le Président retira encore d'autres divisions à McClellan, car il s'aperçut que le général avait laissé derrière lui moins de troupes qu'il ne l'avait promis pour la défense de Washington. La confusion qui entoura cette affaire incita les contemporains à jongler bizarrement avec les chiffres, au point de jeter aujourd'hui encore la confusion parmi les historiens qui s'efforcent de découvrir la vérité. McClellan prétendait avoir affecté soixante-treize mille hommes à la défense de la capitale, mais Lincoln ne parvenait à en dénombrer que vingt-neuf mille. Il s'avéra que le général avait compté deux fois certaines troupes et qu'il incluait dans son total les vingt-trois mille hommes de l'armée de Nathaniel Banks dans la vallée de la Shenandoah. Il avait au demeurant raison de croire que les rebelles n'avaient aucune intention de lancer une attaque contre Washington et que, à supposer qu'ils le fissent, les divisions de Banks pourraient être transférées largement à temps pour leur opposer la résistance voulue. Cependant, impatienté par ces civils qui se mêlaient de tout, il omit d'expliquer à Lincoln quelles dispositions il avait prises pour défendre la capitale. Le Président, de son côté, manifesta un souci sans doute excessif pour la sécurité de la ville. Il faut dire à sa décharge que si, par hasard, les rebelles étaient venus la menacer, c'était indéniablement lui-même qui aurait paru coupable d'une négligence criminelle aux yeux de la population nordiste.

L'inquiétude de Lincoln fut aggravée par des affrontements, le 23 mars, dans la vallée de la Shenandoah, où Stonewall Jackson commandait une petite armée confédérée. Il avait pour mission de harceler les forces de Banks à proximité de Winchester et d'empêcher le transfert d'une partie des troupes fédérales de la vallée vers l'armée de McClellan. Lorsqu'il apprit que deux des trois divisions de Banks allaient être transférées, il attaqua ce qu'il prenait pour leur arrière-garde, à Kernstown, tout près de Winchester vers le sud ; mais au lieu d'écraser une petite unité, comme ils s'y attendaient, les quatre mille deux cents rebelles chargèrent une division de neuf mille hommes au grand complet et furent laminés. Cependant, la défaite tactique de Jackson à Kernstown — encore un revers pour la Confédération en ce printemps sinistre — se transforma de façon inespérée en une importante victoire stratégique. En effet, partant du principe que Jackson n'aurait pas attaqué à moins de disposer d'une force considérable, Lincoln annula le transfert des divisions de Banks. En outre, découvrant sur ces entrefaites le décalage qui existait entre le nombre de soldats se trouvant à Washington et dans les alentours et le nombre de ceux qui auraient dû y être, le Président ordonna aux trente-cinq mille hommes d'Irvin McDowell de rester dans le nord de la Virginie. Pour le moment, McClellan devrait se passer d'un tiers des cent cinquante mille soldats qu'il avait escompté avoir sous ses ordres dans la péninsule.

Débordant d'amertume, le général devait accuser par la suite le gouvernement de n'avoir pas voulu voir triompher un démocrate. Cette allégation était tout à fait fausse ; à vrai dire, les républicains fulminaient plutôt de le voir, lui, si peu désireux de triompher. Durant la première semaine d'avril, cinquante-cinq mille soldats de McClellan environ, s'approchèrent des défenses confédérées à Yorktown, ancien champ de bataille de la guerre d'Indépendance. Les rebelles retranchés derrière la Warwick River, sous les ordres de John B. Magruder, n'étaient même pas treize mille. McClellan hésita pourtant à les attaquer, convaincu que la solidité des fortifications sudistes lui imposerait de trop lourds sacrifices en hommes. Magruder, dit le « Prince John », fit de son mieux pour encourager cette conviction. Grand amateur de théâtre, il organisa une véritable mise en scène à l'intention de son ennemi. Il fit marcher son infanterie en rond interminablement et déplacer son artillerie, à grand bruit, d'un lieu à l'autre, afin de donner l'impression que ses hommes étaient plus nombreux qu'ils ne l'étaient en réalité. McClellan réagit comme il l'avait espéré. Il se persuada qu'il ne pourrait prendre Yorktown qu'au prix d'un siège. La nouvelle consterna Lincoln. « Je crois que vous feriez mieux de forcer la ligne ennemie [...] dès que possible, télégraphia-t-il au général. Tout retard deviendra un avantage relatif pour l'adversaire. » Le Président s'efforça de faire comprendre à McClellan que les républicains commençaient à douter de sa loyauté. « Il est indispensable que vous portiez, *vous*, une attaque [...] Le pays ne manquera pas de noter — il est d'ailleurs en train de le faire — que la présente hésitation à avancer contre un ennemi retranché ne fait que répéter l'histoire de Manassas [...]. Jamais je ne vous ai écrit [...] animé par des sentiments plus chaleureux que je ne le fais aujourd'hui, ni avec une plus pleine volonté de vous soutenir [...]. *Seulement, vous devez agir*[1]. »

Or, McClellan n'agit pas ; au lieu de cela, il écrivit à sa femme que si Lincoln voulait forcer les lignes rebelles « il n'[avait] qu'à venir le faire lui-même ». Tout en se plaignant de sa position difficile avec « les rebelles d'un côté et les abolitionnistes et autres canailles de l'autre », il fit avancer ses sapeurs et ses canons de siège. Les semaines s'écoulèrent, les unes après les autres, tandis que l'artillerie de l'Union se préparait à chasser les rebelles de leurs tranchées à coups de mortiers et d'obus de cent kilos. Lincoln était horripilé par ces « atermoiements interminables ». Comme il l'avait prévu, les confédérés profitèrent de cette inaction pour transférer l'armée de Johnston au grand complet dans la péninsule.[2]

L'inspection des défenses de Yorktown suffit à convaincre Johnston qu'elles étaient désespérément faibles : « Il n'y avait que McClellan qui pouvait hésiter à attaquer[3]. » Johnston recommanda donc un repli important jusqu'aux défenses qui avaient été préparées juste en dehors de Richmond, mais Jefferson Davis et Robert E. Lee opposèrent leur veto à cette proposition et lui ordonnèrent de défendre la ligne de Yorktown le plus longtemps possible. Le rôle que joua Lee dans l'affaire indiquait bien à quel point Davis avait perdu confiance en Johnston. Le Président avait rappelé Lee de Savannah en mars et l'avait installé à Richmond en qualité officieuse de commandant en chef adjoint.

Johnston resta à Yorktown jusqu'au début de mai, date à laquelle il devint évident que McClellan allait pulvériser ses défenses avec les canons de siège. Plutôt que d'attendre qu'il en fût ainsi, le général sudiste

---

1. Lettres de Lincoln à McClellan, 6 et 9 avril 1862, *CWL*, t. V, p. 182, p. 185.
2. Lettres de McClellan à Ellen Marcy McClellan, 8 et 30 avril 1862, McClellan Papers, Bibliothèque du Congrès ; lettre de Lincoln à McClellan, 1er mai 1862, *CWL*, t. V, p. 203.
3. Lettre de Johnston à Robert E. Lee, 22 avril 1862, *O.R.*, sér. I, vol. 11, 3e partie, p. 456.

évacua les tranchées dans la nuit du 3 au 4 mai et remonta un peu vers le nord. Davis fut aussi consterné par cette nouvelle perte de terrain que Lincoln pouvait l'être de se dire qu'on avait gaspillé tout un mois pour l'obtenir. Le 5 mai, une forte arrière-garde rebelle, sous les ordres de James Longstreet, déclencha une action retardatrice près de l'ancienne capitale coloniale de Williamsburg. Les rebelles perdirent mille sept cents hommes, morts ou blessés, mais firent deux mille deux cents victimes dans les rangs ennemis et surtout ils différèrent assez longtemps la poursuite des troupes de l'Union pour permettre au reste de l'armée de se retirer avec son artillerie et ses fourgons.

Des pluies fréquentes avaient gêné les opérations durant le mois d'avril ; en mai, elles s'intensifièrent au point d'embourber les deux armées. La seule action d'importance eut lieu sur l'eau. Après le repli de Johnston, Norfolk et son chantier naval n'étaient plus tenables. Les confédérés firent donc sauter tout ce qui avait la moindre valeur militaire — notamment le *Virginia* — et quittèrent l'endroit. Le *Monitor*, à la tête d'une flottille de cinq avisos remonta la James River. Les capitaines de ces navires rêvaient de renouveler les exploits de Farragut en échappant aux batteries fluviales pour aller braquer leurs canons sur Richmond. Les hauts fonctionnaires confédérés commencèrent à mettre leurs archives en caisses et à faire leurs préparatifs pour évacuer la ville, mais ils ne tardèrent pas à tout déballer. Le 15 mai, en effet, les batteries de Drewry's Bluff, à onze kilomètres en aval de la capitale sudiste, arrêtèrent la flottille. Le *Monitor* se révéla inefficace, car ses canons ne pouvaient pas être braqués assez haut pour bombarder les batteries situées au sommet de l'escarpement de trente mètres. Les canons rebelles, en revanche, malmenèrent gravement les autres bateaux nordistes grâce à un feu plongeant, tandis que des tireurs d'élite, le long des rives, abattaient les marins yankees. La flottille finit par renoncer et Richmond poussa un grand soupir de soulagement.

En dépit de la lueur vaguement rassérénante qu'avait apportée la bataille de Drewry's Bluff, une atmosphère de fin du monde s'abattit sur le Sud. L'armée de McClellan vint s'établir à moins de dix kilomètres de la capitale confédérée, tandis qu'en provenance de l'Ouest on n'avait à signaler qu'une succession de défaites et de retraites presque quotidiennes. Dans le climat de crise que créèrent tous ces revers, au printemps de 1862, le Congrès sudiste vota la conscription et la loi martiale. La désaffection intérieure s'accentuait, d'autant que le dollar confédéré était en chute libre. Pendant ce temps, le gouvernement de l'Union, plein de confiance, relâchait les prisonniers politiques, suspendait le recrutement et assurait la bonne santé de ses finances de guerre. Comme une sorte de contrepoint, la situation politique et économique évoluait au rythme des événements qui se déroulaient sur les champs de bataille.

Chapitre XIV

LE NERF DE LA GUERRE

I

Tant que le Sud parut en passe de gagner la guerre, Jefferson Davis resta un dirigeant estimé, mais l'adversité ternit sa réputation. A en croire le *Richmond Whig*, les « preuves patentes et consternantes d'inefficacité » données par la capitulation des forts Henry et Donelson avaient coûté au Président confédéré « la confiance du pays ». William Boyce, membre du Congrès pour la Caroline du Sud, déplorait « l'incroyable incompétence de notre pouvoir exécutif [qui] nous a menés au bord de la ruine ». George W. Bagby, rédacteur en chef du *Southern Literary Messenger* et correspondant à Richmond de plusieurs grands journaux sudistes, écrivit au printemps de 1862 : « Nous traversons en ce moment des heures bien sombres [...]. Froid, hautain, revêche, étroit d'esprit, têtu, *malveillant*, c'est lui [Davis] qui en est la cause. Tant qu'il vivra, il n'y a pas d'espoir[1]. »

Davis acceptait mal ce qu'il tenait pour les attaques « méprisables » d'hommes « qui [entraient] en lutte pour satisfaire leurs ambitions personnelles ou celles de leur parti[2] ». Toutefois, lui-même avait indéniablement péché par orgueil excessif et par désir d'imposer sa volonté. Austère et sans humour, il ne supportait pas volontiers les imbéciles. Il n'avait pas, comme Lincoln, la faculté de savoir collaborer pour le bien de la cause commune avec des hommes professant des opinions différentes des siennes. Le président de l'Union préférait gagner la guerre que d'avoir le dernier mot dans une discussion ; pour celui de la Confédération, on avait l'impression que c'était le contraire. Bien qu'il se défendît rarement en public, il lui arrivait en privé de riposter à ses critiques d'une façon cinglante, ce qui ne faisait qu'intensifier leur hostilité. Il n'y avait pas jusqu'à son épouse dévouée, Varina, qui ne reconnût : « Si une personne n'est pas de l'avis de M. Davis, il lui en veut et impute cette divergence d'opinions à sa perversité. » Souffrant de dyspepsie et d'une névralgie qui ne fit qu'empirer avec les pressions

1. *Richmond Whig*, 15 février, 18 mars 1862, cité par Harrison A. Trexler, « The Davis Administration and the Richmond Press, 1861-1865 », *JSH*, n° 16 (1950), p. 187 et n. ; lettres de Boyce à James Hammond, 4 et 12 avril 1862, citées par Rosser R. Taylor, « Boyce-Hammond Correspondence », *JSH*, n° 3 (1937), p. 351-352 ; Emory M. Thomas, *The Confederate Nation, 1861-1865* (New York, 1979), p. 142.

2. Rowland, *Davis*, t. V, p. 209, p. 246.

engendrées par la guerre et le laissa finalement borgne, Davis était torturé par de constantes souffrances qui ne faisaient rien pour arranger un caractère déjà acariâtre. Il s'en rendait compte et regrettait cette susceptibilité maladive : « Je voudrais tant être capable de ne pas répondre aux gens qui me prennent à parti, confiait-il à sa femme en mai 1862, savoir me détourner avec patience et charité aussi bien des chats que des serpents[1]. »

Les chats en question voulaient que le gouvernement menât la guerre avec davantage de vigueur et d'audace. Il fallait, écrivit un général confédéré, la transformer en guerre totale. « La population et la production tout entières [...] doivent être mises sur le pied de guerre, précisait-il, [et] chaque institution doit devenir une auxiliaire de la guerre[2]. » Au printemps de 1862, le gouvernement confédéré imposa deux mesures radicales afin de concrétiser ces recommandations : la conscription et la loi martiale. Mais ces lois suscitèrent des attaques encore plus venimeuses de la part des serpents.

Dès l'hiver de 1861-1862, l'enthousiasme des sudistes pour la guerre s'était nettement refroidi. « Le romantisme de la chose a complètement disparu, écrivit un soldat de la brigade de Stonewall Jackson, dans la vallée de la Shenandoah, pas seulement à mes yeux mais à ceux de l'armée entière[3]. » Pour le moment, le Sud disposait encore de plus de soldats que d'armes à leur mettre entre les mains, mais cet état de choses promettait de connaître une fin brutale et désastreuse au printemps — non pas grâce à un arrivage d'armes tombées du ciel, mais parce que les enrôlements d'un an de près de la moitié des soldats arriveraient à expiration[4]. Peu d'entre eux paraissaient prêts à reprendre du service. « Si je survis à ces douze mois, j'ai bien l'intention de faire tout mon possible pour me tenir à l'écart [de l'armée], nota un autre soldat virginien en janvier 1862. Je ne crois pas que je pourrais supporter une autre année[5]. » L'armée semblait sur le point de se dissoudre, alors même que les yankees lançaient leurs offensives de printemps.

Le Congrès confédéré tenta d'abord de résoudre le problème dans le cadre traditionnel du volontariat. En décembre 1861, il vota une loi accordant une prime de cinquante dollars et une permission de soixante jours à tous les soldats enrôlés pour un an qui se rengageraient, y ajoutant une clause qui stipulait qu'ils pourraient rejoindre de nouveaux régiments

---

1. Foote, *Civil War*, t. I, p. 65 ; lettre de Davis à Varina Davis, 16 mai 1862, citée par Rowland, *Davis*, t. V, p. 246.
2. *O.R.*, sér. III, vol. 4, p. 883.
3. Lettre de J.H. Langhorne à sa mère, 12 janvier 1862, citée par Robert G. Tanner, *Stonewall in the Valley : Thomas J. « Stonewall » Jackson's Shenandoah Valley Campaign Spring 1862* (Garden City, N.Y., 1976), p. 91.
4. L'autre moitié était composée de volontaires engagés pour trois ans.
5. Lettre de G.K. Harlow à sa famille, 23 janvier 1862, citée par Tanner, *Stonewall in the Valley*, p. 91.

et élire d'autres officiers s'ils le souhaitaient. Comme l'a noté un historien : « L'ennemi lui-même n'aurait pu imposer au Sud une pire loi [1]. » A une période critique de la guerre, les permissions risquaient fort d'affaiblir l'armée au moins autant qu'auraient pu le faire les refus de reprendre du service ; l'élection de nouveaux officiers pouvait se solder par l'éviction d'hommes capables de faire régner une discipline efficace en faveur de « braves types » ; l'organisation de nouveaux régiments était un moyen garanti d'installer le chaos, d'autant plus que de nombreux fantassins décidèrent de se rengager dans la cavalerie ou l'artillerie, jugées plus prestigieuses (et moins dangereuses).

Robert E. Lee, consterné, protesta que cette loi était « un vrai désastre » et réclama vivement qu'on la remplaçât par une loi « appelant [les enrôlés] sous les drapeaux "pour la durée de la guerre" ». Alors qu'il avait embrassé la cause rebelle pour empêcher le gouvernement national de dicter sa volonté aux États de l'Union, Lee était à présent convaincu que la guerre était perdue, si les instances de Richmond ne s'arrogeaient pas le droit d'ordonner dans toute la Confédération la conscription obligatoire. Davis était de son avis. Le 28 mars 1862, il adressa au Congrès un message spécial recommandant cette mesure. Les partisans des droits des États et les libertaires déclarèrent qu'un tel décret serait en complète contradiction avec les buts de guerre du Sud, mais le sénateur du Texas, Louis Wigfall, personnage coléreux et bourru, prit la parole et avertit ses collègues qu'ils avaient tout intérêt à « cesser ces enfantillages ». « L'ennemi, ajouta-t-il, occupe des secteurs de presque tous les États de la Confédération [...] Ses troupes encerclent la Virginie. Nous avons besoin d'une grande armée. Or comment comptez-vous l'obtenir ? [...] Personne ne possède de droits individuels qui soient en conflit avec le bien de la communauté [2]. »

Plus des deux tiers des sénateurs et représentants se rangèrent à ce point de vue. Le 16 avril, ils votèrent la première loi de conscription de l'histoire américaine. Elle précisait que tout citoyen blanc sain de corps et d'esprit, âgé de dix-huit à trente-cinq ans, était astreint à servir pour trois ans dans l'armée. Les volontaires engagés pour un an devraient donc rester encore deux ans soldats. Il s'avéra, cependant, qu'il était possible de se soustraire à cette contrainte universelle. Un conscrit pouvait engager, à ses frais, un remplaçant parmi les « personnes non astreintes à servir » — c'est-à-dire les hommes qui n'entraient pas dans le groupe d'âge spécifié ou les immigrants. Cette habitude d'acheter des remplaçants était profondément enracinée dans l'histoire européenne tout autant

1. Douglas Southall Freeman, *R.E. Lee : A Biography*, 4 vol. (New York, 1934-1935), t. II, p. 26.
2. *O.R.*, sér. I, vol. 6, p. 350 ; Wigfall cité par Frank E. Vandiver, *Their Tattered Flags : The Epic of the Confederacy* (New York, 1970), p. 131.

qu'américaine. Les hommes appelés dans la milice au cours des guerres précédentes, y compris la guerre d'Indépendance, avaient eu le droit d'envoyer des remplaçants. Même lors de la levée en masse[1] de la Révolution française, les remplacements avaient eu cours. Cette pratique était fondée sur le principe que les talents d'hommes assez riches pour se payer un remplaçant seraient peut-être plus précieux à l'arrière, pour l'organisation et la production du matériel de guerre, qu'en première ligne. Toutefois, reconnaissant que les remplacements ne permettraient pas d'exempter tous les hommes nécessaires au service derrière les lignes, le Congrès vota le 21 avril une loi annexe instaurant des catégories d'exemptés : les fonctionnaires publics de la Confédération et des États, les cheminots et les mariniers, les télégraphistes, les mineurs, plusieurs catégories de travailleurs industriels, le personnel hospitalier, les ecclésiastiques, les apothicaires et les enseignants. Le Congrès ne céda pas, en revanche, aux pressions exercées par les planteurs qui réclamaient l'exemption de leurs contremaîtres — mais la question n'était pas close pour autant.

Certaines exemptions créaient bien évidemment des possibilités de tricherie. On vit surgir du néant une pléthore d'écoles et la profession d'enseignant connut une vogue remarquable. Des douzaines de boutique d'apothicaires s'ouvrirent, où l'on ne voyait guère que « quelques bocaux vides, un méchant assortiment de peignes et de brosses, des bouteilles de "teinture pour les cheveux" et "d'huile magique" et diverses autres panacées yankees ». Les gouverneurs opposés à la conscription gonflèrent les rangs de fonctionnaires exemptés. Joseph Brown, gouverneur de Géorgie, et Zebulon Vance, son collègue de Caroline du Nord, se montrèrent particulièrement inventifs dans ce domaine : à eux deux, ces États comptaient quatre-vingt-douze pour cent de tous les fonctionnaires exemptés. Brown soutenait que les officiers de la milice entraient dans cette catégorie et il se mit en devoir d'en nommer des centaines. Un général confédéré décrivit, d'une plume sarcastique, le régiment de milice type de Géorgie ou de Caroline du Nord ; il comportait, disait-il, « trois officiers de campagne, quatre officiers d'état-major, dix capitaines, trente lieutenants et un simple soldat souffrant d'un épouvantable mal d'entrailles[2] ».

L'achat d'un remplaçant était la forme la plus controversée de l'exemption. Les riches pouvaient ainsi se soustraire au service armé, que l'on eût ou non besoin d'eux à l'arrière. Cela donna naissance à une épigramme pleine d'amertume : « La guerre des riches, mais le combat des pauvres. » Toutefois, certains pauvres pouvaient devenir riches —

1. En français dans le texte.
2. *Columbus Weekly Sun* [ville de Géorgie], 2 sept. 1862, et D. Harvey Hill, cités l'un et l'autre par Albert B. Moore, *Conscription and Conflict in the Confederacy* (New York, 1924), p. 56, p. 71n.

pourvu, bien sûr, qu'ils survécussent — en se faisant engager comme remplaçants. Des « courtiers en remplaçants » ne tardèrent pas à faire des affaires d'or. Bon nombre de remplaçants désertaient dès qu'ils en avaient la possibilité et retournaient se vendre une deuxième fois — et une troisième et ainsi de suite. Il y avait à Richmond un homme dont on disait qu'il ne s'était pas vendu moins de trente fois. Vers la fin de 1863 le prix d'un remplaçant était monté à six mille dollars (l'équivalent de trois cents dollars en or, soit trois ans de salaire d'un ouvrier spécialisé). Les abus du remplacement devinrent si néfastes que le Congrès finit par abolir ce privilège en décembre 1863.

Le but principal de la conscription était de stimuler le volontariat par la menace de la coercition, plutôt que par son utilisation effective. Ainsi la loi laissait-elle trente jours aux soldats en puissance pour s'épargner la honte d'être conscrits en se portant volontaires. S'ils le faisaient, ils avaient le droit de rejoindre de nouveaux régiments et d'élire leurs officiers, comme l'avaient fait les volontaires de 1861. Les conscrits et les remplaçants, en revanche, étaient affectés à des régiments déjà existants. Jusqu'à un certain point, cette méthode de la carotte et du bâton fonctionna. Dans le courant de 1862, le nombre total d'hommes servant dans l'armée confédérée passa d'environ trois cent vingt-cinq mille à quelque quatre cent cinquante mille. Si l'on compte que les pertes furent de soixante-quinze mille hommes, à peu près, morts ou blessés au cours de cette même période, on a donc une augmentation nette d'environ deux cent mille hommes. Moins de la moitié de ces nouveaux-venus étaient des conscrits et des remplaçants ; les autres étaient considérés comme des volontaires, même s'ils avaient obéi, en s'enrôlant, à des motifs autres qu'un patriotisme sans mélange.

Bien qu'elle fût parvenue à étoffer les effectifs de l'armée, la conscription resta la mesure la plus impopulaire jamais prise par le gouvernement confédéré. Les petits fermiers, qui n'étaient pas assez riches pour s'acheter une exemption, « votèrent avec leurs pieds » et s'enfuirent dans les bois et les marais. Les officiers recruteurs se heurtèrent à une virulente résistance dans le nord de la Confédération et dans les autres régions où l'on n'était guère, sinon pas du tout, acquis à la cause sudiste. Des bandes armées d'insoumis et de déserteurs régnaient sur des comtés entiers. La conscription représentait une extension sans précédent du pouvoir gouvernemental sur une population qui jusque là ne l'avait guère senti peser. Parmi les soldats eux-mêmes, que l'on aurait pu s'attendre à voir acclamer une loi obligeant les tire-au-flanc à partager leurs épreuves, il y en avait qui considéraient cette mesure comme la négation même de ce pour quoi ils se battaient. Un simple soldat de Virginie s'indignait : « [La conscription est] un abus de pouvoir si grossier [...] une telle violation du droit pour lequel, par-dessus tout autre, nous sommes justement en train de lutter [qu'il] ne faudrait pas me pousser beaucoup pour rompre mon allégeance. » Et un autre soldat, de Caroline du Nord, notait : « Quand on entend des gars comparer le despotisme de la *Confédération* avec celui du gouvernement Lincoln — *c'est qu'il y a quelque-chose qui ne va pas*[1]. »

La conscription vint souligner de façon criante un paradoxe fondamental de l'effort de guerre confédéré : à savoir le besoin de mettre en œuvre des moyens hamiltoniens pour atteindre des fins jeffersoniennes[2]. Or, cela, les purs jeffersoniens ne pouvaient l'admettre. Celui d'entre eux qui mâchait le moins ses mots, Joseph Brown, de Géorgie, s'éleva contre la conscription qui n'était selon lui qu'une « dangereuse usurpation, par le Congrès, des droits réservés aux États [...] en opposition avec tous les principes au nom desquels la Géorgie s'[était] ralliée à la révolution[3] ». Pour toute réponse, Jefferson Davis reprit à son compte la thèse de Hamilton. La Constitution confédérée, fit-il remarquer à Brown, donnait au Congrès le pouvoir « de lever et d'entretenir des armées » et de « veiller aux soins de la défense commune ». Elle contenait en outre un autre article (copié lui aussi sur la Constitution américaine), habilitant le Congrès à voter toutes les lois « nécessaires et convenables pour exercer les pouvoirs ci-dessus mentionnés ». Brown avait nié la constitutionnalité de la conscription sous prétexte que la Constitution ne l'autorisait pas expressément. C'était là de la bonne doctrine jeffersonienne, consacrée par des générations de « constructionnistes » du Sud, au sens strict du terme[4]. Mais Davis, parlant pour sa part un langage hamiltonien, soutenait que l'article « nécessaire et convenable » légitimait la conscription. Nul ne pouvait contester la nécessité de cette loi, protesta-t-il, « alors que notre existence même est menacée par des armées infiniment supérieures aux nôtres sur le plan numérique ». Par conséquent « le seul et véritable critère est de se demander si la loi est destinée à atteindre un objectif et calculée à cet effet [...] Dans l'affirmative, la loi est constitutionnelle[5]. »

Sans doute la plupart des sudistes étaient-ils d'accord avec Davis sur ce point — surtout s'ils vivaient en Virginie ou dans l'ouest du Tennessee, dans le Mississippi ou encore en Louisiane, autant d'États qui, à l'inverse de la Géorgie, étaient menacés d'invasion en 1862. « Notre tâche, à présent, est de terrasser l'ennemi et de sauver nos foyers, déclarait le *Richmond Enquirer*. Nous aurons tout loisir ensuite de nous intéresser

1. Bell Irvin Wiley, *The Road to Appomattox* (Memphis, 1956), p. 56-57.
2. Parmi les pères fondateurs de la nation américaine, Jefferson envisageait une république peu étendue, peuplée de fermiers vertueux, vivant en autarcie et gouvernés par une administration décentralisée qui aurait laissé les États maîtres chez eux, alors que Hamilton prônait le développement des manufactures, une monnaie forte contrôlée par une banque centrale, et un accroissement du pouvoir fédéral.
3. *O.R.*, sér. 4, vol. 1, p. 1156, p. 1116.
4. On appelle « *strict constructionists* » ceux qui s'en tiennent strictement au texte de la Constitution et ne laissent donc aucune place à l'interprétation de l'esprit de la loi. (NdE.)

à des questions de théorie[1]. » La conscription fut confirmée par tous les tribunaux devant lesquels elle fut attaquée — y compris la Cour suprême de l'État de Géorgie, qui l'approuva à l'unanimité.

La désaffection resta, néanmoins, un sérieux problème. Une autre controverse riche en dissensions jaillit à propos de la loi martiale. L'affaire devint même véritablement gênante pour Davis. Dans son discours d'entrée en fonctions, le 22 février, il avait contrasté le refus « d'empiéter sur la liberté de parole, de pensée ou de la presse », manifesté par la Confédération, avec les emprisonnements arbitraires de « fonctionnaires publics, paisibles citoyens et dames de la bonne société » au fond de sordides « bastilles », perpétrés par le gouvernement Lincoln[2]. Davis omettait de mentionner la suppression des libertés civiles dans certaines parties de la Confédération, notamment l'est du Tennessee, où plusieurs centaines de civils languissaient dans des « bastilles » sudistes, sans parler des cinq qui avaient été exécutés. Cinq jours seulement après ce discours, le Congrès autorisa Davis à suspendre le décret d'*habeas corpus* et à déclarer la loi martiale dans les zones « en danger d'être attaquées par l'ennemi[3] ». Aussitôt, le Président s'empressa de proclamer la loi martiale à Richmond et dans les autres villes de Virginie. Et ce, non seulement à cause de l'invasion nordiste, mais aussi en raison de la hausse de la criminalité et de la violence dans la population de la capitale que la guerre avait considérablement augmentée. Le général John H. Winder, grand prévôt de la région de Richmond, créa un corps de police militaire efficace, mais impitoyable. Winder ne se contenta pas d'interdire la vente d'alcool, d'établir un système de laissez-passer, d'arrêter les soldats ivres, les joueurs, les pickpockets et les voleurs ; il n'hésita pas non plus à emprisonner sans autre forme de procès des citoyens « déloyaux », dont deux femmes et John Minor Botts, vénérable unioniste de Virginie et ancien membre du Congrès américain. Le *Richmond Whig* protesta que ces actes n'avaient rien à envier à la suppression des libertés civiles imposée par Lincoln, à quoi Winder répliqua en menaçant aussitôt de fermer le journal. Il ne mit jamais cette menace à exécution, mais un habitant de la capitale nota dans son journal intime, en avril 1862 : « [Plusieurs directeurs de journaux] m'ont avoué leur crainte de devoir fermer leurs locaux, s'ils osent exprimer les sentiments qui luttent pour se faire entendre. Nous vivons, à n'en pas douter, sous le règne de la terreur[4]. »

1. 18 avril 1862, cité par Paul D. Escott, *After Secession : Jefferson Davis and the Failure of Confederate Nationalism* (Baton Rouge, 1978), p. 88.
2. Rowland, *Davis*, p. V, p. 199. Le terme « dames de la bonne société » désignait principalement Rose O'Neal Greenhow, espionne de la Confédération à Washington, démasquée, arrêtée et emprisonnée par les services secrets de Pinkerton.
3. James M. Mathews (éd.), *Public Laws of the Confederate States of America* (Richmond, 1862), p. 1.
4. Jones, *War Clerk's Diary* (Miers), p. 73. On trouvera une discussion de l'application de la loi martiale à Richmond chez Emory M. Thomas, *The Confederate State of Richmond* (Austin, 1971), p. 81-84.

Certains journaux, cependant, estimaient qu'un tel règne était justement ce dont Richmond avait besoin. « Nos rues sont calmes, exultait le *Dispatch*, [parce que la police militaire a] arrêté tous les clochards, vagabonds et personnes suspectes [...] Les conséquences de tout ceci sont la paix, la sécurité, le respect de la vie et de la propriété et un complet renouveau du patriotisme. » L'*Examiner* était convaincu, quant à lui, qu'en cas d'urgence « le gouvernement [devait] prendre toutes ces mesures par ordre militaire ». Et il concluait : « Au diable les questions de Constitution et la modération ! Ce que nous voulons, c'est une résistance efficace[1]. »

Certains commandants de régions militaires éloignées de Richmond prirent sur eux d'y proclamer la loi martiale, ce qui provoqua de véhémentes protestations. En imposant de façon péremptoire la loi martiale dans certaines parties de la Louisiane et du Mississippi, en juillet 1862, le général Van Dorn incita le gouverneur de la Louisiane à déclarer : « Aucun peuple libre ne peut, ni ne doit se soumettre à [cet] abus de pouvoir aussi arbitraire qu'illégal[2]. » Davis interdit à ses généraux de suspendre le décret d'*habeas corpus* ou d'imposer la loi martiale de leur propre chef, mais parfois ils ne tinrent compte de cette interdiction que pour l'enfreindre. La suspension du décret d'*habeas corpus* était en effet un moyen particulièrement efficace d'imposer la conscription dans certains États du Sud, où les magistrats locaux émettaient des décrets ordonnant que les conscrits fussent rendus à la vie civile.

Les partisans des libertés civiles associaient d'ailleurs loi martiale et conscription dans leur condamnation du « despotisme » de Jefferson Davis. Un trio de Géorgiens prit la tête de la faction antigouvernementale dans ce domaine : le gouverneur de Géorgie, Joseph Brown ; le vice-président de la Confédération, Alexander Stephens ; et Robert Toombs — désormais général de brigade, mais dont l'ambition visait plus haut. Même si la Constitution confédérée sanctionnait la suspension du décret en cas d'invasion, Stephens considérait cette mesure comme « anticonstitutionnelle ». « Qu'on ne dise pas qu'il faut d'abord obtenir l'indépendance et se préoccuper ensuite de la liberté, s'exclama-t-il. Une fois perdues, nos libertés le seront peut-être à tout jamais. » Brown trouvait lui aussi que « nous avons plus à craindre du despotisme militaire que de l'asservissement par l'ennemi ». Quant à Toombs, il s'élevait contre « les infâmes desseins de Davis et de ses janissaires [...]. La route de la liberté ne passe pas par l'esclavage[3]. » Cédant à ces protestations,

---

1. *Richmond Dispatch*, 4 avril 1862, cité par Thomas, *Confederate State of Richmond*, p. 84 ; *Richmond Examiner*, 26 février 1862.
2. John B. Robbins, « The Confederacy and the Writ of Habeas Corpus », *Georgia Historical Quarterly*, n° 55 (1971), p. 86.
3. Foote, *War*, t. II, p. 951 ; Frank L. Owsley, *State Rights in the Confederacy* (Chicago, 1925), p. 162-164.

le Congrès limita en avril la portée de la loi martiale et précisa que le pouvoir exécutif n'aurait plus autorité pour l'imposer après le mois de septembre. En octobre, il renouvela l'autorisation de suspendre le décret, mais seulement jusqu'au mois de février 1863. La résistance à la conscription incita le Congrès à renouveler une troisième fois cette mesure en février 1864, mais encore une fois pour une durée limitée puisqu'elle expirait à la fin de juillet.

Au total, Davis eut donc le droit de suspendre le décret d'*habeas corpus* pendant seize mois seulement. Durant la majeure partie de ce temps, il se montra beaucoup plus avare de cette prérogative que ne le fut son homologue à Washington. Les véhémentes protestations des libertaires sudistes contre la tyrannie de l'exécutif paraissent donc d'autant plus excessives. La Confédération, évidemment, ne connaissait pas, comme le Nord, la difficulté d'administrer un territoire envahi et sa population hostile. Le Sud n'avait pas non plus, dans ses régions montagnardes rétives à l'autorité confédérée, une population déloyale aussi importante — pour nombreuse qu'elle fût — que celle de l'Union dans les États limitrophes. Or, ce fut dans ces régions que le gouvernement de Lincoln imposa en majeure partie la suspension des libertés civiles.

Toutefois, pendant quelques mois, au printemps de 1862, le tour favorable que prirent les opérations militaires incita les autorités du Nord à assouplir leurs méthodes. Depuis le mois de juillet 1861, c'était Seward, le secrétaire d'Etat, qui réglait les problèmes de sécurité intérieure — curieux arrangement, probablement imputable au fait que Lincoln n'avait pas confiance en son ministre de la Guerre, Simon Cameron. Seward avait mis sur pied une cohorte d'agents dont le zèle pour démasquer la trahison ne s'encombrait pas de la nécessité d'en apporter la preuve matérielle. Seward semblait d'ailleurs grisé par ce pouvoir de jeter en prison quiconque était soupçonné d'aider la rébellion. Des protestations scandalisées s'élevèrent d'ailleurs aussi bien parmi les républicains que parmi les démocrates. Peut-être était-il nécessaire d'arrêter les législateurs du Maryland favorables aux confédérés, écrivit Horace Greeley, mais quand le gouvernement se mêlait d'incarcérer un démocrate nordiste aussi éminent que James Wall du New Jersey (bientôt élu sénateur), « c'[était] l'édifice social tout entier que l'on [ébranlait][1] ».

Lincoln comprit que ces protestations étaient justes. En février 1862, la détention des quelques deux cents prisonniers politiques nuisait davantage à la cause de l'Union qu'elle ne lui profitait. L'arrivée d'Edwin M. Stanton au ministère de la Guerre fournit l'occasion de remédier à cet inconvénient. Le 14 février, le Président confia les problèmes de sécurité intérieure au nouveau ministre de la Guerre. Aux premiers temps de la rébellion, expliqua-t-il, des mesures d'une grande sévérité avaient

1. Nevins, *War,* t. II, p. 312.

été nécessaires parce que « tous les départements du gouvernement étaient paralysés par la trahison ». Désormais, le gouvernement avait établi son autorité et possédait des forces armées en nombre suffisant pour mater la rébellion. « L'on pense généralement que l'insurrection a atteint son point culminant et qu'elle est sur le déclin [...]. Au vu de ces faits, et désireux de promouvoir un retour au cours normal du gouvernement », Lincoln ordonna la remise en liberté de tous les prisonniers politiques dès qu'ils auraient prêté un serment de loyauté. Stanton nomma une commission d'enquête qui appliqua des critères libéraux pour déterminer la loyauté de chacun. Confiant en une victoire imminente, le Nord relâcha la plupart de ses prisonniers politiques durant le printemps de 1862. Le *New York Tribune* se félicita de voir que « le règne du despotisme sans foi ni loi [était] révolu ». Stanton fut porté aux nues pour son humanitarisme et sa défense des libertés civiles — prélude ironique à sa réputation ultérieure de tyran impitoyable[1].

Ce fut aussi à Stanton que l'on dut une autre décision politique optimiste au printemps de 1862. Le 3 avril, il fit fermer tous les bureaux de recrutement. Le public y vit le signe que les armées étaient désormais assez fournies pour gagner la guerre. Peut-être Stanton partageait-il cette conviction ; quoi qu'il en fût, il considérait le système de recrutement existant tout à fait inefficace, car les gouverneurs des États, les citoyens éminents et les officiers détachés de leurs régiments chassaient tous leurs recrues sur les mêmes terres. Stanton mit donc fin à leurs activités, afin de les réorganiser et de les rationnaliser — s'il en était besoin. Avec l'écroulement manifeste de la rébellion dans l'Ouest et McClellan tout prêt à administrer le coup de grâce dans la péninsule, bien des nordistes pensaient que cette mesure ne serait pas nécessaire. Dès le mois de juillet, ils purent se rendre compte de leur erreur.

II

Les événements qui se déroulaient sur les champs de bataille influaient, au Nord comme au Sud, sur le financement de la guerre. Dès le départ, l'économie confédérée avait souffert de deux lourds handicaps. Dans le Sud, la majeure partie du capital existait sous forme de terres et d'esclaves. Alors qu'ils possédaient trente pour cent des richesses nationales (en biens immobiliers et meubles), les États confédérés n'avaient à leur disposition que douze pour cent de la monnaie en circulation et vingt et un pour cent des actifs bancaires. En 1861-1862, l'embargo sur le coton empêcha la Confédération de convertir en liquidités son principal avoir. Au lieu de disposer de sommes d'argent

1. *O.R.*, sér. II, vol. 2, p. 221-223 ; *New York Tribune*, 17 février 1862.

à investir dans les titres de rente confédérés, la plupart des planteurs étaient endettés — pour la plupart envers des facteurs commandités par les négociants ou banques nordistes.

Initialement, le Sud espéra transformer cette dette des planteurs en un moyen de faire payer sa guerre par les banquiers yankees. Le 21 mai 1861, le Congrès vota une loi obligeant les citoyens de la Confédération à verser au Trésor public des sommes se montant au total de leurs dettes envers des citoyens de l'Union, en échange desquelles on leur remettrait des bons du Trésor confédéré. Une loi ultérieure confisqua les biens appartenant à des « étrangers ennemis ». Cependant, comme tant d'autres mesures financières sudistes, ces lois donnèrent des résultats décevants : elles ne permirent pas de réunir plus de douze millions de dollars, ce qui était bien loin des deux cents millions que l'on estimait dûs aux créditeurs du Nord. C'est que l'application de la loi était bien délicate et que rien n'était plus aisé que de dissimuler ses dettes. En outre, certains planteurs préféraient rester solvables auprès des facteurs nordistes, car cela leur facilitait les envois illégaux de coton de l'autre côté des lignes[1].

Des trois principales méthodes dont on dispose pour financer une guerre — l'impôt, l'emprunt et la planche à billets — l'impôt est la moins vulnérable à l'inflation, mais c'était aussi celle qui paraissait la moins désirable aux sudistes en 1861. Avant la guerre, les Américains avaient été un des peuples les plus légèrement imposés du monde. Et le fardeau fiscal par habitant dans les États esclavagistes avait été moitié moindre que dans les États libres. Société rurale, dont un tiers des membres étaient des esclaves, le Sud n'avait guère de services publics et, partant, guère besoin d'impôts. En dehors des tarifs douaniers — qui, nonobstant les récriminations sudistes, étaient moins élevés vers la fin des années 1850 qu'ils ne l'avaient été depuis près d'un demi-siècle — toutes les contributions ou presque étaient perçues par les autorités des divers États et les instances municipales. Le gouvernement confédéré ne possédait pas l'appareil nécessaire pour percevoir des impôts et ses électeurs n'étaient pas habitués à en payer. Le Congrès vota en 1861 un fort modeste tarif douanier, mais il ne rapporta que trois millions et demi de dollars durant toute la guerre. Au mois d'août 1861, une contribution directe d'un demi pour cent sur les biens immobiliers et meubles fut imposée par voie légale[2]. Le gouvernement de Richmond comptait sur les États pour percevoir cet impôt. Or, seule la Caroline du Sud s'exécuta ; le Texas confisqua les biens appartenant à des propriétaires nordistes pour payer son assiette ; tous les autres États versèrent leur quote-part non

1. John C. Schwab, *The Confederate States of America : A Financial and Industrial History* (New York, 1901), p. 110-120 ; Richard C. Todd, *Confederate Finance* (Athens, Géorgie, 1954), p. 157-165, p. 174.

2. En exemptant tout chef de famille dont les biens se montaient à moins de cinq cents dollars, cet impôt était partiellement progressif.

pas en percevant l'impôt, mais en empruntant l'argent ou en le fabriquant sous forme de billets émis par l'état !

Les emprunts paraissaient un moyen meilleur et plus juste de payer la guerre. Les sudistes qui risquaient déjà leur vie pour la liberté s'attendaient à voir les générations futures assumer le coût financier de l'indépendance gagnée pour eux par les hommes de 1861, les armes à la main. La première émission d'obligations, se montant à quinze millions de dollars, fut rapidement souscrite. Des mesures ultérieures prises par le Congrès en mai et août 1861 autorisèrent l'émission de cent millions de dollars en bons du trésor à huit pour cent, mais ils ne se vendirent pas rapidement. Même les sudistes possédant des espèces à investir devaient puiser profondément dans leurs réserves de patriotisme pour acheter des bons à huit pour cent d'intérêt, alors que l'inflation à la fin de 1861 était déjà montée à douze pour cent par *mois*. Conscient du fait que les investisseurs de bonne volonté pouvaient être à court de liquide, mais posséder des stocks de coton, de tabac et d'autres produits, le Congrès les autorisa à gager les sommes que rapporteraient ces biens en échange de bons du trésor. Cet « emprunt sur les produits », imaginé par le ministre du Trésor, Christopher Memminger, était plus ingénieux dans sa conception qu'il ne se révéla fructueux dans la pratique. Certains planteurs, qui avaient gagé une partie de leur coton, changèrent ensuite d'avis et le vendirent sur le marché ou le cédèrent aux agents des acheteurs nordistes pour un prix plus élevé. Cet emprunt ne produisit en définitive que trente-quatre millions de dollars.

Les investisseurs achetèrent la majeure partie de ce qui restait de l'émission de cent millions de dollars en bons du trésor avec des coupures émises par le Trésor public. Celles-ci tombaient des presses confédérées en nombres croissants. Ce fut par nécessité et non par choix que le Sud eut recours à cette méthode pour financer la guerre. Memminger avertit ses collègues en 1862 que l'impression de nouveaux billet était « la plus dangereuse de toutes les méthodes employées pour réunir des fonds ». Et il expliqua : « L'énorme quantité de monnaie en circulation à l'heure actuelle ne peut que provoquer une dévaluation et une catastrophe finale[1]. » Il ne se trompait pas. Mais dès le début des hostilités, les factures s'accumulèrent sur son bureau bien plus vite qu'il ne pouvait les régler avec ce que rapportaient emprunts et impôts. Il n'avait donc pas d'autre issue que de demander au Congrès d'autoriser la fabrication de nouvelles coupures. Le Congrès s'exécuta avec vingt millions de dollars en mai 1861, puis cent millions en août, encore cinquante millions en décembre et cinquante autres millions en avril 1862. Durant sa première année d'existence, les trois-quarts des revenus du gouvernement confédéré

1. Eugene M. Lerner, « The Monetary and Fiscal Programs of the Confederate Government, 1861-1865 », *Journal of Political Economy*, n° 62 (1954), p. 509-510n.

provenaient de la planche à billets, près d'un quart de bons du trésor (dont une bonne partie étaient achetés grâce aux nouvelles coupures) et moins de deux pour cent des impôts. Même si la proportion des emprunts et autres impôts augmenta quelque peu par la suite, la Confédération s'auto-finança principalement au moyen d'un milliard et demi de dollars en papier, qui se dépréciaient dès leur mise en circulation.

Ces billets devaient être remboursables en espèces, à la valeur nominale, dans les deux années qui suivraient la fin de la guerre. Ils étaient en fait soutenus par la foi qu'avait la population dans la capacité de survie de la Confédération. Certains membres du Congrès voulaient donner légalement cours à ces billets — c'est-à-dire obliger par la loi tout un chacun à les accepter en paiement des dettes et obligations, mais la majorité du Congrès, ainsi que Memminger et le président Davis, jugeaient cette mesure anticonstitutionnelle, inopportune ou les deux. Une loi *contraignant* les gens à accepter ces billets, faisaient-ils valoir, éveillerait les soupçons, saperait la confiance, hâterait la dévaluation et, par conséquent, desservirait le but qu'elle se proposait justement d'atteindre. La promesse de les rembourser en espèces après la guerre, déclara Memminger, était un bien meilleur moyen de s'assurer qu'ils seraient acceptés.

Les États, comtés, villes du Sud, et même les firmes privées commencèrent eux aussi à émettre des gros billets et des petites coupures qu'on appelait « emplâtres ». Compte tenu de la pénurie de papier de qualité et de graveurs qualifiés dont souffrait le Sud, tous ces billets, y compris ceux de la Confédération, étaient grossièrement imprimés et faciles à contrefaire. Certaines contrefaçons se reconnaissaient d'ailleurs à leur qualité supérieure. Noyé sous un déluge de papier, le Sud fut victime d'une inflation galopante. Au début, la monnaie se dévalua lentement, car les victoires confédérées de l'été de 1861 renforcèrent la confiance. En septembre, l'indice des prix n'était encore que de vingt-cinq pour cent supérieur à ce qu'il avait été en janvier. Mais l'émission de nouveaux billets le fit bondir à trente-cinq pour cent au cours des trois mois suivants. Avec les revers militaires subis au printemps de 1862, il grimpa à cent pour cent durant la première moitié de l'année ; l'accroissement ininterrompu de la masse monétaire le fit doubler une deuxième fois au cours de la seconde moitié. Au début de 1863, il ne fallait pas moins de sept dollars pour acheter ce qui n'en avait coûté qu'un deux ans auparavant.

Ce type d'inflation devint, dans la pratique, une forme de confiscation fiscale dont le fardeau pesait plus lourdement sur les pauvres. Elle exacerba les tensions sociales et contribua à aliéner de plus en plus les classes blanches défavorisées de la cause confédérée. La hausse des salaires en effet ne suivait guère celle des prix. En 1862, les salaires payés aux travailleurs qualifiés et non qualifiés augmentèrent d'environ cinquante-cinq pour cent, alors que les prix montaient de trois cents pour cent. La situation dans les petites fermes où vivaient la plupart des blancs du Sud n'était guère plus brillante. Certes, les familles d'agriculteurs faisaient pousser en principe une grande partie de ce qu'elles consommaient, mais le départ au front d'un grand nombre d'hommes adultes réduisit la production et provoqua une grande misère.

Dans beaucoup de fermes, le problème le plus crucial était le manque de sel (la salaison étant le seul moyen de conserver la viande) et la hausse catastrophique de son prix — il passa de deux dollars le sac avant la guerre à soixante dollars dans certaines régions dès l'automne de 1862. Avant 1861, le Sud, en dépit d'abondants dépôts salins, avait importé la plupart de son sel du Nord ou de l'étranger. La guerre imposa un rapide développement des mines de sel sudistes, mais en raison de la priorité accordée au transport du matériel de guerre, de la détérioration des voies ferrées et du manque de main d'œuvre, l'approvisionnement resta faible et le prix élevé. « Il y a actuellement dans notre pays de grandes souffrances parmi les familles de volontaires appartenant aux classes pauvres, écrivit un habitant du Mississippi en décembre 1862, par manque de *maïs et de sel* [...] Au nom de Dieu, cela doit-il être toléré ? Faudra-t-il donc poursuivre cette guerre et soutenir le gouvernement en faisant mourir de faim les femmes et les enfants ? » Les désertions de plus en plus nombreuses en 1862 étaient dues en partie à la détresse dans laquelle se trouvaient les familles des soldats. Une mère de trois enfants, dont le mari était au front écrivit à Jefferson Davis, en mars 1862, qu'elle ne trouvait plus de quoi manger. « Si mes petits enfants et moi-même souffrons [et] mourons pendant que leur père est à l'armée, j'invoque Dieu tout-puissant pour que notre sang retombe sur le Sud. » Un soldat du Mississippi qui avait indûment prolongé sa permission écrivit au gouverneur de l'État, le 1er décembre 1861 : « Les hommes pauvres ont été obligés de quitter l'armée pour rentrer chez eux et nourrir leurs familles [...] Nous sommes de pauvres gens qui voulons bien défendre notre pays, mais nos familles [passent] en premier[1]. »

Les sudistes accablés avaient besoin de boucs émissaires à qui imputer tous leurs malheurs. Ils accusaient les « spéculateurs » et les « extorqueurs » d'accaparer certaines denrées essentielles, jusqu'à ce que la hausse des prix leur permît de réaliser des profits colossaux. « Nous avons en fait deux guerres sur les bras, déclara un journal de Géorgie en septembre 1862. Pendant que nos vaillants soldats sont partis se battre contre les abolitionnistes [...] une clique de vampires dépourvus de

---

1. La première et la troisième lettre ont été citées par Charles W. Ramsdell, *Behind the Lines in the Southern Confederacy* (Baton Rouge, 1944), p. 28-30 ; la deuxième citée par Escott, *After Secession*, p. 122. Le problème du sel a été traité par Ella Lonn, *Salt as a Factor in the Confederacy* (New York, 1933).

conscience est restée à la maison pour faire la guerre à leurs familles indigentes. » Cette « bande de harpies qui se nourrit des entrailles de la Confédération », ces « méprisables scélérats » qui « voudraient pouvoir mettre en bouteille l'air que l'on respire et le vendre à tant le flacon » étaient « responsables des prix astronomiques que nous connaissons et ils sont résolus à se remplir les poches, dussent-ils affamer pour cela la moitié de la population[1] ». Jefferson Davis lui-même affirma que le « gigantesque fléau » qu'était la spéculation avait « séduit des citoyens de toutes les classes, qui s'étaient détournés de la poursuite résolue de la guerre pour se lancer dans une tentative sordide d'amasser de l'argent ». Le *Richmond Examiner* déplorait en juillet 1862 le fait que « des marchands natifs du Sud aient surpassé les yankees et les Juifs [...] Le Sud tout entier exhale l'odeur pestilentielle de l'envie malsaine de profiter[2]. »

En dépit de cette attaque contre les marchands « natifs du Sud », l'*Examiner* et de nombreux autres journaux sudistes dénoncèrent les Juifs comme étant les pires « extorqueurs ». « [Les commerçants juifs s'étaient] abattus chez nous comme les sauterelles sur l'Égypte, déclara un membre du Congrès. Ils suçaient la moëlle même du pays, épuisaient ses ressources, monopolisaient son commerce. » On disait qu'il y avait plus de Juifs à Charleston qu'à Jérusalem ; les rues de Wilmington « grouillaient » de ces êtres « onctueux et huileux » qui achetaient les cargaisons des forceurs de blocus. John B. Jones, employé au ministère de la Guerre, fulminait contre les « usuriers juifs » qui avaient « fait plus pour ruiner [la] cause [sudiste] que les armées de Lincoln ». Et de conclure : « Ma foi, si nous obtenons notre indépendance, au lieu d'être les vassaux des yankees, nous trouverons toutes nos richesses aux mains des Juifs[3]. »

La Confédération n'avait certes pas l'apanage de ce genre de diatribes. En d'autres lieux, en d'autres temps, on a vu des gens qui souffraient pour des raisons passant leur compréhension en imputer ainsi la faute à une minorité identifiable et en faire leur bouc émissaire. Il y avait, bien sûr, des négociants juifs dans le Sud et certains d'entre eux spéculèrent sur les biens de consommation, comme le fit un nombre beaucoup plus élevé d'autochtones non juifs. Toutefois, la plupart des marchands — les Juifs et les autres — étaient au moins autant les victimes que les responsables des pénuries et de l'inflation. Certes, beaucoup d'entre eux

1. Citations empruntées à Moore, *Conscription and Conflict*, p. 150 ; à Eugene M. Lerner, « Money, Prices and Wages in the Confederacy, 1861-1865 », in Ralph Andreano, *The Economic Impact of the American Civil War* (Cambridge, Mass., 1962), p. 30 ; à Coulter, *Confederate States*, p. 225.

2. *O.R.*, sér. IV, vol. 2, p. 810 ; *Richmond Examiner*, 22 juillet 1862.

3. Coulter, *Confederate States*, p. 227 ; W. Buck Yearns et John G. Barrett (éd.), *North Carolina Civil War Documentary* (Chapel Hill, 1980), p. 74-75 ; Jones, *War Clerk's Diary* (Swiggett), t. I, p. 221.

vendaient leurs marchandises en majorant les prix de cinquante pour cent ou plus, mais avec une inflation de dix à quinze pour cent par mois, ils ne réalisaient guère, voire pas du tout de bénéfices réels sur la majeure partie de ce qu'ils vendaient.

Dès 1862, l'économie confédérée était devenue ingouvernable. Les tentatives faites dans plusieurs États de mettre fin aux « monopoles » ou de bloquer les prix montrèrent bien à quel point il était futile d'espérer en reprendre le contrôle. Les lois antimonopoles visaient les spéculateurs qui s'efforçaient d'accaparer divers produits de première nécessité ou d'en demander des prix « exorbitants ». Malheureusement, ces lois étaient impossibles à appliquer, car leur seul effet était de créer un marché noir ou d'aggraver encore un peu plus les pénuries. En avril 1862, le tsar de la loi martiale à Richmond, le général John Winder, bloqua les prix pour diverses catégories de denrées alimentaires. Aussitôt, fermiers et pêcheurs cessèrent de vendre. Au bout de trois semaines, Winder dut s'avouer vaincu et lever son contrôle des prix ; moyennant quoi ceux-ci doublèrent ou triplèrent aussitôt. Sous la pression du blocus, de l'invasion et de l'avalanche de papier-monnaie, l'économie agraire déséquilibrée du Sud s'avéra tout simplement incapable de fournir à la fois les canons et le beurre sans pénuries et sans inflation.

L'économie nordiste se révéla plus facile à adapter aux exigences de la guerre, mais pendant un certain temps, au cours de l'hiver 1861-1862, des problèmes fiscaux faillirent avoir raison de la cause de l'Union. L'administration Lincoln entra en guerre avec au moins deux avantages financiers avérés par rapport à celui de la Confédération : un Trésor public bien établi et une source de revenus assurée grâce au tarif douanier. Toutefois, les taux plus bas fixés par le tarif de 1857 et la crise consécutive à la panique financière de cette année-là avaient diminué les revenus de trente pour cent. De 1858 à 1861, pour la première fois depuis la guerre de 1812, le budget fédéral fut déficitaire quatre fois de suite. La sécession provoqua une nouvelle panique. Les espèces s'envolèrent du Trésor public comme par magie et le crédit du gouvernement plongea piteusement. Lorsque Lincoln entra en fonctions, cela faisait quarante ans que la dette nationale n'avait pas été aussi élevée. Le ministre du Trésor, Salmon P. Chase, avait été nommé pour des raisons politiques et ne possédait — à l'encontre de son homologue confédéré Memminger, expert en droit commercial et bancaire — aucune expérience financière préalable.

Chase apprenait vite, cependant, et il fut un bon ministre. Son principal mentor fut Jay Cooke, directeur d'une firme bancaire de Philadelphie, dont le frère avait été un des alliés de Chase dans les luttes politiques de l'Ohio. Au cours des premiers mois de guerre, Chase parvint à maintenir le Trésor public à flot grâce à des prêts bancaires à court terme à 7,30 pour cent. Cooke persuada certains de ses associés fortunés d'acheter des obligations à long terme à six pour cent. Chase fut un pionnier de la méthode consistant à vendre des bons du trésor à l'homme de la rue, aussi bien qu'aux banquiers, pour des sommes aussi modiques que cinquante dollars, payables par mensualités. Cooke entreprit de mettre ces obligations sur le marché, avec l'aide d'une publicité patriotique qui annonçait les grandes campagnes du XXe siècle en faveur des emprunts de guerre. Même si cette politique visant à financer une guerre démocratique par des moyens démocratiques fut assez lente à démarrer, Cooke connut en définitive une grande réussite, puisqu'il parvint à vendre pour quatre cents millions de dollars de « cinq-vingt » — des obligations à six pour cent remboursables dans les cinq à vingt ans — et pour près de huit cents millions de dollars de « sept-trente » — des billets de trois ans à 7,30 pour cent. De temps à autre, la presse accusait Cooke de s'enrichir grâce aux pourcentages qu'il touchait sur ces ventes. Sa firme gagna en effet quelque quatre millions de dollars en commercialisant ces obligations, mais cette somme représentait environ trois huitièmes de un pour cent, sur lesquels Cooke réglait tous les frais d'agents et de publicité, ce qui laissait un bénéfice net de sept cent mille dollars. Ce système était donc meilleur marché et plus efficace, pour vendre des obligations au grand public, que tout ce que le gouvernement aurait pu organiser[1].

Contrairement à la Confédération, pour qui les emprunts assuraient moins des deux cinquièmes des dépenses de guerre, l'Union réunit les deux tiers de ses revenus par ce moyen. Et, alors que le Sud n'obtenait pas plus de cinq ou six pour cent de ses fonds par le biais de la taxation, le gouvernement nordiste en récolta ainsi vingt et un pour cent. A plusieurs reprises durant le conflit, le Congrès révisa le tarif douanier à la hausse, mais les droits de douane ne se montèrent en moyenne pour cette période qu'à soixante-quinze millions de dollars par an — soit à peine plus, en tenant compte de l'inflation, des soixante millions de dollars annuels perçus vers le milieu des années 1850. Beaucoup plus prometteurs, potentiellement, même si cela ne se vérifia pas effectivement au début, étaient les nouveaux impôts perçus dans le Nord, à commencer par le premier impôt sur le revenu de l'histoire américaine, voté le 5 août 1861. Cette mesure révolutionnaire était issue du besoin d'assurer à la communauté financière que l'on pourrait disposer de revenus suffisants pour payer l'intérêt sur les obligations. Les créateurs républicains de l'impôt sur le revenu de 1861 se montrèrent modestement progressistes en n'imposant cette taxe de trois pour cent qu'aux revenus supérieurs à huit cents dollars par an, ce qui exemptait la plupart des salariés. Cela, comme l'expliqua le président de la commission des finances du Sénat, William Pitt Fessenden, pour compenser le projet de loi jumeau sur le

1. Ellis P. Oberholtzer, *Jay Cooke: Financier of the Civil War*, 2 vol. (Philadelphie, 1907); Henrietta M. Larson, *Jay Cooke: Private Banker* (Cambridge, Mass., 1936).

tarif douanier, qui était lui plutôt régressif. « Si l'on prend ces deux mesures ensemble, il me semble que les fardeaux seront plus également répartis sur toutes les classes de la communauté[1]. »

La plupart de ces impôts ne seraient pas perçus avant 1862. Entretemps, le gouvernement devrait faire face avec les seuls emprunts, mais le divorce entre le gouvernement et la banque, hérité de Jackson, engendra des complications. L'or nécessaire à l'achat des obligations devait être effectivement déposé dans un trésor annexe du gouvernement. Un amendement ambigu ajouté à la loi sur l'emprunt de guerre du 5 août semblait révoquer cette nécessité et autoriser le Trésor public à laisser l'or déposé au crédit du gouvernement dans les banques, où il constituerait une partie des réserves légales permettant l'émission des billets de la banque en question. Chase, toutefois, qui était un peu jacksonien et partisan de la monnaie métallique, préféra ne pas procéder ainsi. Il demanda donc aux banques et autres acheteurs d'obligations de payer en numéraire, quitte à laisser ensuite ces sommes dormir inutilement dans les chambres fortes du gouvernement, tandis que les réserves des banques baissaient jusqu'à atteindre un seuil dangereux[2].

La défaite de l'Union à la bataille de Ball's Bluff, au mois d'octobre 1861, et l'inertie de McClellan, refusant de marcher sur Richmond, entamèrent la confiance en une victoire nordiste. Vint ensuite la menace d'une guerre avec l'Angleterre, à la suite de l'affaire des émissaires sudistes kidnappés sur le *Trent*. La panique boursière qui en résulta provoqua une ruée sur les banques dont les réserves en espèces fondirent brutalement. La suite était inévitable. Le 30 décembre, les banques de New York suspendirent les paiements en numéraire. Les autres banques du Nord les imitèrent. Privé d'espèces, le Trésor public ne fut plus en mesure de payer ses fournisseurs, ses entrepreneurs ni ses soldats. L'économie de guerre de l'une des nations les plus riches du monde risquait d'être immobilisée. Comme le dit Lincoln le 10 janvier, ne sachant plus à quel saint se vouer : « Tout va de mal en pis. Que puis-je faire ? »

Que faire, en effet ? Lincoln, qui n'avait rien d'un expert en finance, n'eut pas grande part aux efforts du Congrès pour résoudre la crise. Chase proposa d'accorder des privilèges à des banques nationales autorisées à émettre des billets garantis par des obligations du gouvernement. Cela libérerait la monnaie des besoins directs d'espèces, déverserait un flot d'argent nouveau dans l'économie et créerait un marché pour les obligations. Ces idées finirent par porter leurs fruits

---

1. *C.G.*, 37e Cong., 1re Sess., p. 255.
2. Bray Hammond, *Sovereignty and an Empty Purse : Banks and Politics in the Civil War* (Princeton, 1970), chap. 3-5. En règle générale « espèces » ou « numéraire » voulait dire or, car à cause du prix très élevé de l'argent au cours des années précédentes, un dollar en argent valait plus d'un dollar, si bien que les pièces d'argent avaient pratiquement disparu de la circulation.

avec la loi sur les banques nationales de 1863, mais Elbridge G. Spaulding, de New York, membre du Congrès et président de la sous-commission de la Chambre chargée de rédiger les lois d'urgence, estimait que la crise immédiate ne pourrait être résorbée qu'en agissant plus vite que ne le permettraient les interminables procédures nécessaires pour établir un nouveau système bancaire. Une délégation de banquiers tenta de convaincre Spaulding (qui était lui-même banquier) de présenter une loi autorisant les banques à accueillir les dépôts de fonds publics — ce qui mettrait fin à l'habitude dispendieuse de transférer l'or des banques dans les coffres du trésor annexe — et avalisant une nouvelle émission d'obligations que l'on vendrait « à leur valeur marchande » plutôt qu'à la valeur nominale. Du fait que ces obligations se vendraient au-dessous du pair, les investisseurs bénéficieraient de taux d'intérêt élevés et feraient des profits importants aux dépens du gouvernement. Spaulding rejeta cette suggestion et s'opposa aussi « à voir le gouvernement "galoper" de quelque manière que ce fût à travers Wall Street ou les autres places boursières [... ainsi qu'à] la possibilité d'adjuger les valeurs du gouvernement à soixante-quinze ou soixante cents le dollar[1] ». Au lieu de cela, il présenta un projet de loi autorisant l'émission de cent cinquante millions de dollars en billets payables sur le Trésor public.

Ce projet de loi semblait vouloir s'inspirer du douteux exemple des confédérés — avec, toutefois, une différence capitale. Les billets de l'Union auraient légalement cours : ils seraient recevables pour toutes les dettes publiques ou privées, sauf les intérêts sur les obligations du gouvernement et les droits de douane. L'exemption de l'intérêt sur les obligations devait faire pendant à la vente au-dessous du pair, dans l'espoir que le paiement d'un intérêt de six pour cent en espèces inciterait les investisseurs à acheter ces obligations à la valeur nominale. Les droits de douanes, pour leur part, devaient être payables en espèces afin d'assurer des revenus suffisants pour financer les intérêts sur les obligations. Pour toutes les autres transactions, les simples citoyens, les banques et le gouvernement lui-même seraient tenus d'accepter des billets américains — bientôt appelés billets verts — comme monnaie légale.

Les adversaires de ce projet de loi monétaire soutenaient qu'il était anticonstitutionnel, parce que, quand les rédacteurs de la Constitution avaient accordé au Congrès le pouvoir de « battre monnaie », c'était bien de *battre* qu'il s'agissait et que ce terme ne pouvait s'appliquer qu'à des pièces. En outre, exiger que l'on acceptât ce papier-monnaie pour des dettes contractées préalablement était une véritable rupture de contrat. Cependant, le ministre de la Justice et la plupart des républicains du

1. Robert P. Sharkey, *Money, Class, and Party : An Economic Study of Civil War and Reconstruction* (Baltimore, 1959), p. 32.

Congrès étaient en faveur d'une interprétation au sens large du mot « battre » et des articles « nécessaires et convenables » de la Constitution. « Le projet de loi qui nous est soumis est une mesure de guerre, expliqua Spaulding à la Chambre, un *moyen nécessaire* pour appliquer le pouvoir accordé par la Constitution de "lever et *entretenir* des armées" [...] Nous vivons des temps d'exception et il faut donc avoir recours à des mesures d'exception pour sauver notre gouvernement et préserver notre nationalité[1]. »

Les adversaires du projet le contestaient en outre sur le plan de l'opportunité, de la moralité et même de la théologie. Ces billets, disaient-ils, se déprécieraient, comme l'avaient fait les assignats du Congrès continental de 1776 et comme le faisaient en ce moment même les billets confédérés. « L'esprit de l'homme, déclara George Pendleton, représentant démocrate de l'Ohio, n'a encore jamais trouvé un moyen qui permette de garder une monnaie de papier à la valeur du pair, sinon en la convertissant de façon rapide, peu onéreuse et certaine, en or et en argent. » Et il poursuivait : « [Si ce projet de loi est accepté,] les prix subiront une inflation [...] les revenus une dévaluation ; l'épargne des pauvres s'envolera ; les économies de la veuve fondront comme neige au soleil ; les obligations, les nantissements et les billets — tout ce dont la valeur est fixe — perdront cette valeur. » Un banquier soutenait même que « l'or et l'argent [étaient] les deux seuls véritables étalons de la valeur. Ces métaux [avaient] été créés par le Tout-Puissant précisément dans ce but[2]. »

Les partisans du projet soulignèrent l'inanité de tels arguments. « Quiconque possède la moindre intelligence sait bien que la monnaie métallique n'est pas celle qui a cours dans notre pays », riposta Samuel Hooper, représentant républicain du Massachusetts. Les billets émis par les États — dont beaucoup étaient dévalués et non remboursables — étaient le principal moyen de change. La question qui se posait au Congrès, c'était de savoir si les billets émis par un gouvernement souverain avaient « autant de vertu [...] que les billets des banques qui avaient suspendu leurs paiements en espèces[3] ».

Au début de février, la plupart des hommes d'affaires et des banquiers étaient convaincus de la nécessité d'une loi monétaire. C'était aussi le cas du ministre du Trésor, Chase, et du président de la commission des finances, Fessenden. « J'en suis venu à contrecœur à la conclusion que la clause monétaire est impérative, fit savoir Chase au Congrès le 3 février 1862. *Il est très important d'agir au plus vite. Le Trésor public est presque*

1. *C.G.*, 37e Cong., 2e Sess., p. 523, p. 525.
2. *Ibid.*, p. 551 ; Hugh McCulloch, *Men and Measures of Half a Century* (New York, 1888), p. 201.
3. *C.G.*, 37e Cong., 2e Sess., p. 691 ; Sharkey, *Money, Class, and Party*, p. 32.

vide. » Fessenden estimait que la mesure était d'une « constitutionnalité douteuse ». « Elle est de mauvaise foi, reconnaissait-il. [...] Elle va à l'encontre de toutes mes notions de l'honneur politique, moral et national. [Néanmoins,] il serait impensable de laisser le gouvernement sans ressources au milieu de la crise que nous traversons. » Fessenden vota donc pour ce projet de loi [1]. Imité par les trois quarts de ses collègues républicains au Congrès, qui triomphèrent assez aisément des trois quarts des démocrates qui votèrent contre. Lincoln ayant apposé sa signature le 25 février, la loi monétaire entra en vigueur.

Elle créait une monnaie nationale et modifiait la structure monétaire des États-Unis. Elle se prévalait de la souveraineté nationale pour aider à gagner une guerre engagée afin de préserver cette souveraineté. Elle fournissait au Trésor public les ressources nécessaires pour régler ses factures, redonnait confiance aux investisseurs pour permettre la vente au pair des cinq cents millions de dollars de nouvelles obligations à six pour cent, autorisées par la même occasion, et débloquait les fonds qui avaient été thésaurisés durant la crise financière du mois de décembre. Tous ces heureux résultats furent acquis sans qu'il y eût à pâtir de la ruineuse inflation prédite par les adversaires du projet de loi, et ce en dépit de l'émission, dûment autorisée, de cent cinquante nouveaux millions de dollars en « billets verts » au mois de juillet 1862. Cela portait le total à trois cents millions de dollars en billets, soit presque autant que la quantité de billets du Trésor confédéré alors en circulation. Toutefois, alors que l'indice des prix dans le Sud montait à 686 dès la fin de 1862 (février 1861, + 100), à la même date, il n'était dans le Nord que de 114. Durant toute la guerre, l'Union ne connut que quatre-vingts pour cent d'inflation (contre neuf mille pour cent dans les États confédérés), chiffre que l'on peut comparer favorablement aux quatre-vingt-quatre pour cent de la Première Guerre mondiale (1917-1920) et aux soixante-dix pour cent de la seconde (1941-1949, y compris les années d'après-guerre après l'abrogation du contrôle des prix imposé durant la guerre). Les billets verts avaient beau manquer de soutien en espèces, ce qui encourageait certaines personnes à spéculer sur l'or, la « cote de l'or » ne connut pas de hausses brutales, sauf dans les périodes où l'Union essuyait des échecs militaires. Au cours des quatre mois qui suivirent la mise en vigueur de la loi monétaire, la cote de l'or ne dépassa pas 106 (ce qui signifiait que pour cent dollars-or, on pouvait acheter cent six dollars en billets verts).

Trois grands facteurs expliquent le succès de cette loi. Tout d'abord, la solidité sous-jacente de l'économie nordiste. Ensuite, le fait que cette loi tomba, de façon tout à fait fortuite, juste au bon moment. Elle entra

---

1. *C.G.*, 37e Cong., 2e Sess., p. 618 ; Fessenden cité par Hammond, *Sovereignty and an Empty Purse*, p. 213-214.

en effet en vigueur au printemps de 1862, durant les mois où l'Union connaissait ses premiers succès militaires. Enfin, elle fut suivie de peu par une loi fiscale extrêmement complète, votée le 1er juillet 1862, laquelle absorba une grande partie de la pression inflationniste due aux billets verts. En définitive, pour ses revenus de guerre, l'Union réunit une fois et demi plus d'argent par la voie fiscale que par l'émission de papier-monnaie — état de chose qui contrastait de façon frappante avec les vicissitudes de la Confédération[1].

La loi fiscale de 1862 taxait à peu près tout, hormis l'air que respiraient les habitants du Nord. Il y avait des impôts sur le vice que ce fût l'alcool, le tabac ou les cartes à jouer ; des impôts sur le luxe (voitures, yachts, billards, bijoux et autres articles coûteux) ; des taxes sur les médicaments et les réclames dans les journaux ; des licences pour tous les services et toutes les professions imaginables, clergé excepté ; des droits de timbre ; des impôts sur les recettes brutes des firmes industrielles, des banques, des compagnies d'assurance et une taxe sur les dividendes ou intérêts qu'elles payaient à leurs investisseurs ; des taxes à la valeur ajoutée sur les produits manufacturés et les viandes traitées ; des droits de succession ; et un impôt sur le revenu. La loi créait en outre un Département du fisc qui devint un élément permanent du gouvernement fédéral, bien que la majeure partie des taxes et impôts cités ci-dessus (y compris l'impôt sur le revenu) eussent expiré plusieurs années après la fin de la guerre. Les rapports entre le contribuable américain et son gouvernement en furent à jamais modifiés.

La loi fiscale était d'une modernité saisissante sous plusieurs rapports. Elle retenait l'impôt à la source sur les salaires des fonctionnaires du gouvernement et sur les dividendes payés par les firmes. Elle intensifiait les aspects progressifs de l'ancien impôt sur le revenu du fait qu'elle exemptait la première tranche de six cents dollars, ponctionnait de trois pour cent les revenus qui se situaient entre six cents et dix mille dollars, et de cinq pour cent ceux qui dépassaient les dix mille dollars[2]. En ce qui concernait les legs, la première tranche de mille dollars n'était pas passible de droits de succession. Les affaires commerciales d'une valeur inférieure à six cents dollars n'étaient pas soumises à la taxe à la valeur ajoutée, ni à la taxe sur les recettes. Les contributions indirectes frappaient principalement les articles achetés par les gens très fortunés. Pour expliquer ce caractère progressif de la fiscalité, Thaddeus Stevens,

---

1. Il y eut en tout pour quatre cent quarante-sept millions de dollars de billets verts émis durant la guerre, alors que les impôts se montaient pour la même période à près de sept cents millions.

2. Une révision de la loi en 1864 porta à cinq pour cent la ponction perçue sur les revenus entre six cents et cinq mille dollars ; à sept et demi pour cent celle perçue sur la tranche comprise entre cinq mille et dix mille dollars ; et à dix pour cent celle qui touchait les revenus supérieurs à dix mille dollars.

président de la commission budgétaire de la Chambre, déclara : « Alors que les riches et les prospères devront contribuer pour une large part de leurs abondants moyens [...] aucun fardeau n'a été imposé au travailleur ni à l'ouvrier industrieux[...] La nourriture des pauvres n'est pas taxée ; et [...] personne ne sera affecté par les clauses de ce projet de loi, s'il dépend uniquement de son travail manuel pour gagner sa subsistance[1]. »

Il est bien difficile de dire si les salariés du Nord apprécièrent cette sollicitude. A l'époque où la loi fiscale entra en vigueur, bon nombre d'entre eux commençaient à ressentir les effets de l'inflation. Tout en étant beaucoup moins grave que dans le Sud, la hausse des prix avait provoqué, vers 1863 ou 1864, une diminution moyenne de vingt pour cent sur les salaires réels des ouvriers. Selon la théorie économique classique, le manque de main d'œuvre imputable à un déclin de l'immigration en temps de guerre et à la mobilisation des travailleurs partis à l'armée aurait dû permettre aux salaires de se maintenir au niveau du coût de la vie, sinon de le dépasser. Trois facteurs semblent s'être conjugués pour empêcher que cela se produisît. D'abord, un certain marasme économique provoqué par la panique de 1857 et le regain de panique et la récession qui succédèrent à la sécession du Sud en 1861 ; il s'ensuivit que le surplus de main d'œuvre ne se transforma pas en manque avant 1862. Ensuite, une accélération de la mécanisation dans certaines industries clefs, provoquée par la guerre, contribua à détendre le marché du travail : ainsi, pour récolter le grain, le nombre de moissonneuses et de faucheuses produites pendant la guerre fut plus élevé qu'il ne l'avait jamais été, ce qui ralentit la demande de main d'œuvre agricole ; la machine à coudre multiplia la productivité des ouvrières qui confectionnaient les uniformes de l'armée et les autres vêtements ; et grâce à la machine Blake-McKay, il fallut cent fois moins de temps pour coudre les tiges aux semelles des chaussures. Enfin, troisième facteur, la main d'œuvre féminine augmenta considérablement dans des emplois allant de la fonction publique aux services médicaux de l'armée (en tant qu'infirmières), en passant par les travaux des champs et la fabrication. Dans le domaine agricole, l'utilisation croissante de machines permit aux femmes de venir en grande partie combler le vide laissé par l'enrôlement de près d'un million de fermiers et ouvriers agricoles nordistes, à l'automne de 1862. Gage de « la grande révolution que les machines [étaient] en train d'opérer dans l'agriculture », rapporta un observateur l'année suivante, on pouvait voir « une matronne corpulente, dont les fils [étaient] tous à l'armée, couper les foins avec son attelage [...] Elle [était] venue aisément à bout de trois hectares et demi en une seule journée, confortablement installée sur son engin. » Dans l'industrie

1. *C.G.*, 37e Cong., 2e Sess, p. 1576-1577.

nordiste, les femmes occupèrent des emplois surtout dans des secteurs où elles étaient déjà nombreuses auparavant — textile, confection, chaussure — mais la proportion féminine de la main d'œuvre chargée de la fabrication augmenta et passa d'un quart à un tiers durant la guerre. Comme les femmes gagnaient beaucoup moins que les hommes pour le même travail ou un travail très semblable, le fait qu'elles représentaient proportionnellement une part plus importante de la main d'œuvre de guerre contribua à faire baisser la moyenne des augmentations de salaires[1].

Le retard des salaires sur le coût de la vie alimenta les protestations et les grèves, surtout en 1863-1864. De nombreuses grèves réussirent à arracher des hausses salariales substantielles, principalement dans les professions spécialisées et les industries lourdes, où les machines et les femmes ne pouvaient guère remédier au manque de main d'œuvre qui se faisait désormais sentir de façon aiguë. Durant la dernière année de guerre, dans beaucoup de ces professions, les salaires réels étaient revenus au niveau d'avant-guerre et n'attendaient plus que les augmentations de l'après-guerre. Cependant, pour les ouvriers non qualifiés et les femmes, les salaires très bas et l'inflation demeurèrent un amer grief. « Il nous est impossible de vivre avec les sommes offertes par les entrepreneurs qui s'engraissent grâce à leurs contrats en réalisant d'énormes bénéfices sur le dos de leurs ouvrières », écrivit en 1864 un groupe de couturières chargées de la confection d'uniformes — lesquelles étaient, en temps de guerre comme en temps de paix, la catégorie de travailleuses la plus exploitée[2].

L'activisme et les grèves du temps de guerre, combinés à la fierté que tirait la main d'œuvre de sa contribution à la victoire du Nord, provoquèrent une augmentation du militantisme et de l'organisation de la classe ouvrière. Plusieurs nouveaux syndicats nationaux furent créés à cette époque et un certain nombre de journaux virent le jour, préparant la voie au National Labor Union (syndicat national du travail), parapluie sous lequel tout le monde se regroupa en 1866. L'élan acquis durant la guerre contribua à faire augmenter le nombre des adhésions dans de telles proportions qu'à la veille de la panique de 1873, le taux de syndicalisation serait le plus élevé du XIXe siècle.

---

1. Citations empruntées à Emerson D. Fite, *Social and Industrial Conditions in the North during the Civil War* (New York, 1910), p. 8 ; et à George W. Smith et Charles Judah (éd.), *Life in the North during the Civil War* (Albuquerque, 1966), p. 167. On trouvera d'autres sources d'inspiration pour ce paragraphe et les suivants chez Philip S. Foner, *History of the Labor Movement in the United States*, Vol. I (New York, 1947) ; et chez David Montgomery, *Beyond Equality : Labor and the Radical Republicans, 1862-1872* (New York, 1967).
2. Montgomery, *Beyond Equality*, p. 97.

III

La deuxième session du 37e Congrès (1861-1862) fut l'une des plus productives de l'histoire des États-Unis. Non seulement les législateurs révolutionnèrent les structures fiscale et monétaire du pays et firent plusieurs pas vers l'abolition de l'esclavage[1], mais ils votèrent aussi des lois d'une très grande portée concernant la façon de faire usage des terres nationales, l'avenir des études supérieures et la construction d'un chemin de fer transcontinental. Ces réussites furent d'autant plus remarquables qu'elles survinrent à un moment où toutes les énergies semblaient concentrées sur la guerre. Or, curieusement ce fut la guerre — ou plus exactement l'absence de députés sudistes au Congrès — qui permit le passage de ces mesures à tendances hamiltonienne, whig et républicaine en faveur d'une aide gouvernementale au développement socio-économique.

Ayant séduit les électeurs du Nord-Ouest par leur programme de 1860, avec un article prônant les parcelles de terre gratuites, les républicains n'eurent aucun mal à triompher de la faible opposition des démocrates et des représentants des États limitrophes pour voter, le 20 mai 1862, une loi sur les parcelles gratuites. Cette loi accordait quatre-vingts hectares de terres publiques à chaque colon (homme ou femme, la loi n'établissant aucune distinction sur ce point) au bout de cinq années de résidence et d'améliorations apportées à la parcelle revendiquée. Même si elle ne fut jamais à la hauteur des visions béates de certains enthousiastes qui avaient espéré « donner une ferme à chaque miséreux », la loi joua un rôle important dans l'explosive expansion vers l'Ouest, qui eut lieu après la guerre. Avant même Appomattox, quelque vingt-cinq mille colons avaient fait valoir leurs droits sur plus d'un million et demi d'hectares, et ils n'étaient que les précurseurs du demi-million environ de familles de fermiers qui s'établirent finalement sur les quarante millions d'hectares de terres réservées aux parcelles gratuites.

Depuis des années, Justin Morrill, du Vermont — père de la législation républicaine sur les tarifs douaniers en 1861 et président de la sous-commission de la Chambre, qui avait rédigé la loi fiscale — avait tenté de faire voter un projet de loi faisant don aux États de terres publiques pour promouvoir l'instruction supérieure dans les domaines de « l'agriculture et des arts mécaniques ». Lorsqu'il représenta cette mesure au Congrès en 1861, des tensions régionales au sein du parti républicain en différèrent l'adoption. Le projet proposait d'octroyer à chaque État (y compris ceux du Sud quand ils réintégreraient l'Union — s'ils la réintégraient) quinze mille hectares de terres publiques pour chacun de

[1] La question de l'esclavage est abordée au chapitre XVI ci-dessous.

ses représentants et sénateurs. Étant donné que certains États comme celui de New York, la Pennsylvanie et d'autres États très peuplés de l'Est se verraient par ce système octroyer la part du lion, alors que les terres qu'ils recevraient étaient situées dans l'Ouest, cette proposition n'était pas du goût de nombreux habitants de l'Ouest. On trouva néanmoins un nombre suffisant de républicains de ces régions pour soutenir le projet Morrill — bien souvent, en échange du soutien accordé par des représentants et sénateurs de l'Est à la loi sur les parcelles gratuites — et le transformer en loi, le 2 juillet 1862. Pour faire bonne mesure, le Congrès créa par la même occasion un ministère de l'Agriculture. Le succès de cette politique fut ultérieurement attesté par la création d'établissements de tout premier ordre dans de nombreux États et par celle d'universités mondialement connues à Ithaca, Urbana, Madison, Minneapolis et Berkeley.

Le conflit Nord-Sud quant au tracé d'un chemin de fer transcontinental avait empêché, dans les années 1850, l'aboutissement des projets d'aide gouvernementale pour sa construction. Désormais délivrés des obstacles dressés par les sudistes, les législateurs yankees allèrent de l'avant sans plus hésiter en 1862. Le 1er juillet, le jour même où fut votée la loi fiscale, Lincoln apposa sa signature à la loi sur le chemin de fer du Pacifique, qui octroyait aux firmes créées pour construire une voie ferrée d'Omaha à la baie de San Francisco trois mille deux cents hectares de terres publiques par mile de voie ferrée (superficie qui fut doublée par la suite) et un prêt de seize mille dollars (pour la construction en plaine) ou de quarante-huit mille (en terrain montagneux) par mile en obligations du gouvernement. Destinée à amorcer la pompe du capital privé, cette mesure connut un succès spectaculaire. En 1863, les premiers rails furent posés à Sacramento en direction de l'Est ; six ans plus tard, un clou d'or rivait les rails du Central Pacific et de l'Union Pacific à Promontory, dans l'Utah. D'autres octrois de terres à des compagnies de chemins de fer transcontinentaux suivirent, ce qui aboutit finalement à un total de soixante millions d'hectares. Ces entreprises devaient devenir une source de corruption et de pouvoir parallèle dans la vie politique du pays ; mais en 1862 la plupart des Américains considéraient l'aide gouvernementale comme un investissement dans l'unité nationale et la croissance économique, qui profiterait à toutes les catégories sociales.

Telle était la philosophie qui sous-tendait chacune des trois lois octroyant des terres publiques en 1862. Jusqu'à un certain point, ces lois se contrecarraient, car les colons, les universités et les chemins de fer se disputèrent par la suite les mêmes terrains. Pourtant les quelque cent dix millions d'hectares que le gouvernement distribua ainsi ne constituaient qu'une fraction des deux milliards d'hectares de terres publiques. Et en dépit du gaspillage, de la corruption, de l'exploitation, ces mesures contribuèrent indéniablement à peupler de vastes espaces, à y fonder des établissements scolaires et à les réunir par des rails d'acier.

Avec la législation destinée à financer la guerre, à émanciper les esclaves et à investir les terres publiques dans la croissance future, le 37e Congrès fit plus que tout autre dans l'histoire des États-Unis pour changer le cours de la vie nationale. Comme l'a si bien écrit un historien, il dessina « le plan détaillé de l'Amérique moderne ». Il aida aussi à façonner ce que les historiens Charles et Mary Beard ont appelé la « seconde révolution américaine » — le processus grâce auquel « les capitalistes, les travailleurs et les fermiers du Nord et de l'Ouest chassèrent du pouvoir, au sein du gouvernement national, l'aristocratie des planteurs du Sud [...] opérant ainsi d'importants bouleversements dans la structure de la société, dans l'accumulation et la distribution des richesses, dans le cours du développement industriel et dans la Constitution héritée des pères fondateurs [1] ». Cette nouvelle Amérique des grosses affaires, de l'industrie lourde, de l'agriculture intensive, qui dépassa la Grande-Bretagne pour devenir la première nation industrielle du monde en 1880 et le grenier à blé de la planète entière pendant une grande partie du XXe siècle aurait sans doute vu le jour avec ou sans guerre de Sécession. La guerre, toutefois, modela la configuration particulière de cette nouvelle société et la législation du 37e Congrès contribua indéniablement à façonner un avenir assez différent du passé pour mériter l'étiquette de révolutionnaire.

Cette révolution recelait, certes, nombre d'ironies. Les représentants des États de l'Ouest avaient été les plus véhéments partisans des lois monétaire et bancaire, pour remédier à l'instabilité et au déséquilibre régional du système monétaire et du crédit, dont leurs États avaient le plus à pâtir. Les représentants et banquiers des États de l'Est, plus satisfaits du système existant, s'étaient montrés tièdes, sinon hostiles. Les hommes de l'Ouest avaient aussi été les champions de l'aide fédérale pour construire un chemin de fer transcontinental, alors que ceux de l'Est, déjà desservis par un excellent réseau de transports, étaient moins enthousiastes. Pourtant, le résultat de ces lois fut d'*accroître* la domination exercée par les banquiers, négociants et investisseurs de l'Est sur le crédit, les transports et les structures commerciales du pays. Dès 1890, les agriculteurs de l'Ouest et du Sud devaient se révolter contre l' « esclavage » auquel les avait soumis la « puissance de l'argent », dans l'Est, qu'ils accusaient de leur sucer le sang jusqu'à la dernière goutte. Dans les années 1830, les artisans et petits fermiers jacksoniens avaient considéré avec méfiance la révolution des transports, l'essor des banques et l'évolution d'un capitalisme de salariés, qui tous paraissaient menacer

1. Leonard P. Curry, *Blueprint for Modern America : Nonmilitary Legislation of the First Civil War Congress* (Nashville, 1968) ; Charles A. Beard et Mary R. Beard, *The Rise of American Civilization*, 2 vol. (New York, 1927), t. II, p. 53-54.

leur indépendance républicaine. Durant la dernière décennie du siècle, ce système économique pénétra les régions les plus éloignées du pays. Pour la dernière fois peut-être, des Américains ulcérés se soulevèrent au nom du républicanisme jeffersonien pour lancer une contre-révolution afin de combattre la seconde révolution américaine, celle du capitalisme de la libre entreprise. Une fois de plus, lors d'une élection présidentielle pour laquelle le programme populiste allait être défendu par un ancien général de l'Union, faisant équipe avec un ancien général de la Confédération[1], on devait entendre résonner à travers le pays la rhétorique du conflit sectionnel — le Sud et l'Ouest contre le Nord-Est.

Mais ceci est une autre histoire. En 1862, pour que la « seconde révolution américaine » fût en mesure de dessiner le « plan détaillé de l'Amérique moderne », le Nord devait gagner la guerre. Or, ses perspectives de l'emporter connurent un retournement brutal pendant l'été, lorsque Stonewall Jackson et Robert E. Lee firent dérailler la machine de guerre de l'Union.

Chapitre XV

IDÉES NOIRES SUR LA CHICKAHOMINY POUR BILLY YANK

I

En mai 1862, les perspectives de survie de la Confédération n'étaient pas brillantes. La majeure partie de la vallée du Mississippi était tombée aux mains de l'ennemi. En Virginie, l'armée de McClellan, forte de cent mille hommes, était, si l'on peut dire, à portée de voix des cloches de Richmond. Le corps d'armée d'Irvin McDowell, que Lincoln avait retenu près de Fredericksburg pour protéger Washington, se préparait à partir vers le sud pour venir renforcer l'aile droite de McClellan, ce qui porterait le nombre de soldats de l'Union encerclant Richmond aux alentours de cent trente-cinq mille, soit le double des effectifs que Joseph E. Johnston

1. En 1892, dans les États ruraux du Sud et de l'Ouest, les agriculteurs formèrent un parti radical pour protester contre la politique monétaire et économique des partis républicain et démocrate ; ils désignèrent comme candidat à la présidence un ancien officier de l'armée de l'Union, James B. Weaver, de l'Iowa, et à la vice-présidence un ancien officier de l'armée confédérée, James G. Field, de Virginie. C'était par pure courtoisie que l'on donnait à ces deux anciens combattants le titre de général ; durant la guerre ils n'avaient jamais dépassé les grades de colonel et commandant respectivement. Ils rallièrent neuf pour cent des suffrages à l'élection de 1892.

pouvait leur opposer. Même si le comportement passé de McClellan laissait supposer qu'il préférerait assiéger la capitale sudiste plutôt que d'attaquer l'armée de Johnston, la chute de la ville n'était plus, semblait-il, qu'une question de temps.

Le nouvel acte du drame se joua non pas devant Richmond, mais à cent soixante kilomètres au nord-ouest, dans la vallée de la Shenandoah. Commandées par Stonewall Jackson, les forces rebelles dans cette région d'une grande importance stratégique, avaient été renforcées par une division de l'armée de Johnston portant leur nombre à dix-sept mille. Cette division était commandée par Richard B. Ewell, un célibataire excentrique de quarante-cinq ans, au crâne déplumé, qui, avec son nez crochu et sa manie de pencher la tête sur le côté, évoquait irrésistiblement un oiseau. Tout chez lui paraissait incongru, depuis son alimentation qui, pour cause d'ulcère de l'estomac, consistait exclusivement en blé mondé bouilli dans du lait avec des raisins secs et des jaunes d'œuf, jusqu'à son habitude de jurer d'une voix zézéyante. Pourtant, bien qu'Ewell fournît immanquablement autour des feux de camp une tête de turc idéale aux esprits railleurs, Jackson n'avait rien à lui envier quant à la bizarrerie. Vêtu d'une sempiternelle vieille capote de l'armée, qu'il avait portée durant la guerre du Mexique, et coiffé d'un képi de cadet de l'Institut militaire de Virginie, à la visière cassée, Jackson n'arrêtait pas de sucer des citrons pour soulager ses maux d'estomac et refusait de poivrer ses aliments parce que (disait-il) cela lui faisait mal à la jambe gauche. Très à cheval sur la discipline, il avait quelque peu terni la gloire acquise à Manassas par une campagne d'hiver avortée en Virginie occidentale, qui n'avait pas été loin de provoquer la mutinerie de certains de ses hommes. Presbytérien dévôt, Jackson passait auprès de certains de ses collègues pour un fanatique. Taciturne, totalement dépourvu d'humour, obsédé par la manie du secret, il n'expliquait que rarement à ses subordonnés la raison de ses ordres. On avait l'impression qu'il appliquait sa règle d'or stratégique — « toujours mystifier l'ennemi, l'induire en erreur, le surprendre » — à ses propres officiers autant qu'à l'adversaire[1]. Avant le 8 mai 1862, bon nombre de ses soldats le prenaient pour un fou et l'appelaient « Old Tom Fool » (« Le vieux simple d'esprit »). Cependant, les événements qui survinrent au cours du mois suivant leur prouvèrent qu'il était aussi fou qu'un renard. Ces événements firent de lui, pour un temps, le plus grand héros du Sud — jusqu'au jour où il fut éclipsé par un renard encore plus rusé que lui, dont les mérites avaient l'avantage de n'être entachés par aucune espèce de fanatisme, Robert E. Lee.

1. John B. Imboden, « Stonewall Jackson in the Shenandoah », *Battles and Leaders*, t. II, p. 297.

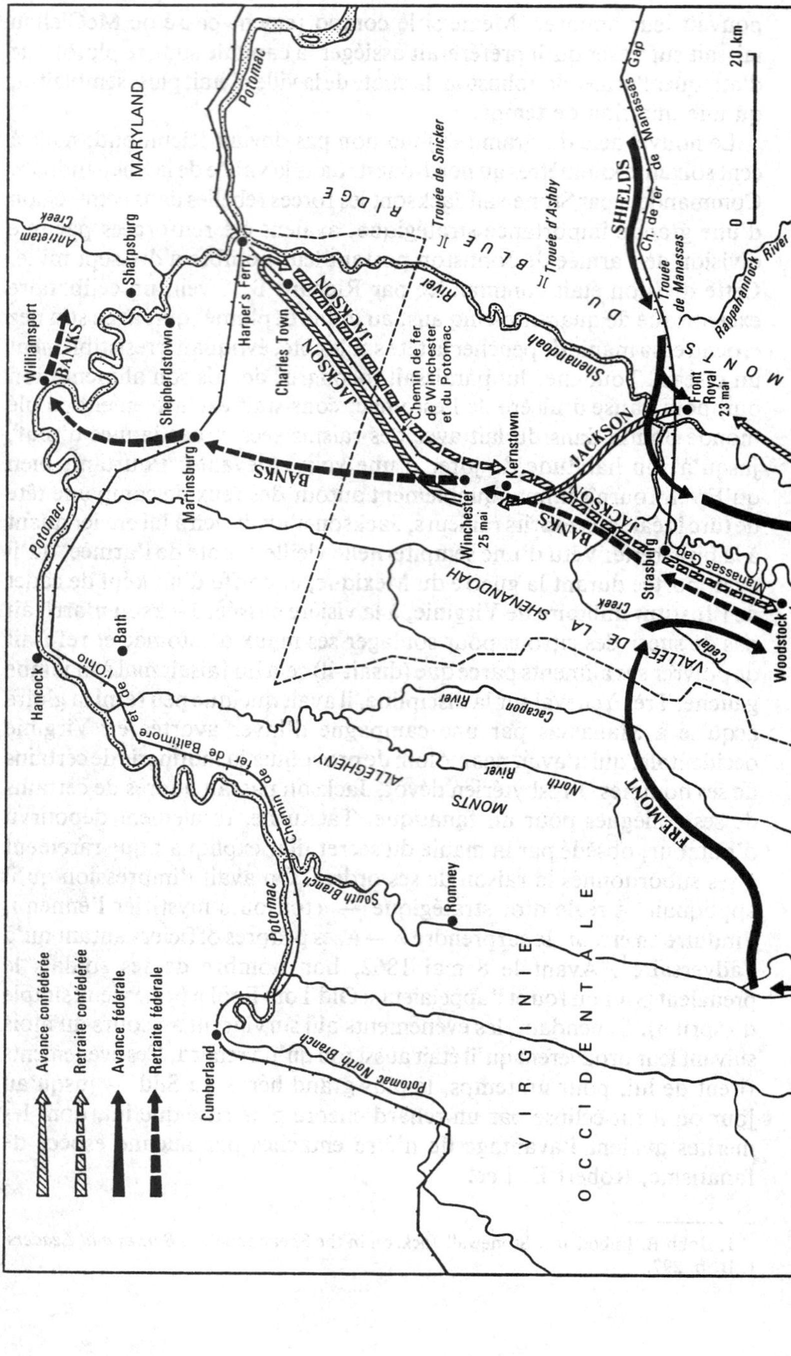
20 km
0
MARYLAND
Potomac
Antietam Creek
Sharpsburg
Williamsport
BANKS
Shepherdstown
Harper's Ferry
Charles Town
JACKSON
Chemin de fer de Winchester et du Potomac
Trouée de Snicker
BLUE RIDGE
Trouée d'Ashby
Shenandoah River
Manassas Gap
Ch. de fer de Manassas
SHIELDS
Trouée de Manassas
Rappahannock River
MONTS
Front Royal 23 mai
Martinsburg
Kernstown
Winchester 25 mai
Strasburg
Manassas Gap
Cedar Creek
Woodstock
VALLÉE DE LA SHENANDOAH
Hancock
Bath
Chemin de fer de Baltimore et de l'Ohio
Cacapon River
North River
MONTS ALLEGHENY
FREMONT
South Branch
Romney
Potomac North Branch
Cumberland
VIRGINIE OCCIDENTALE
Avance confédérée
Retraite confédérée
Avance fédérale
Retraite fédérale

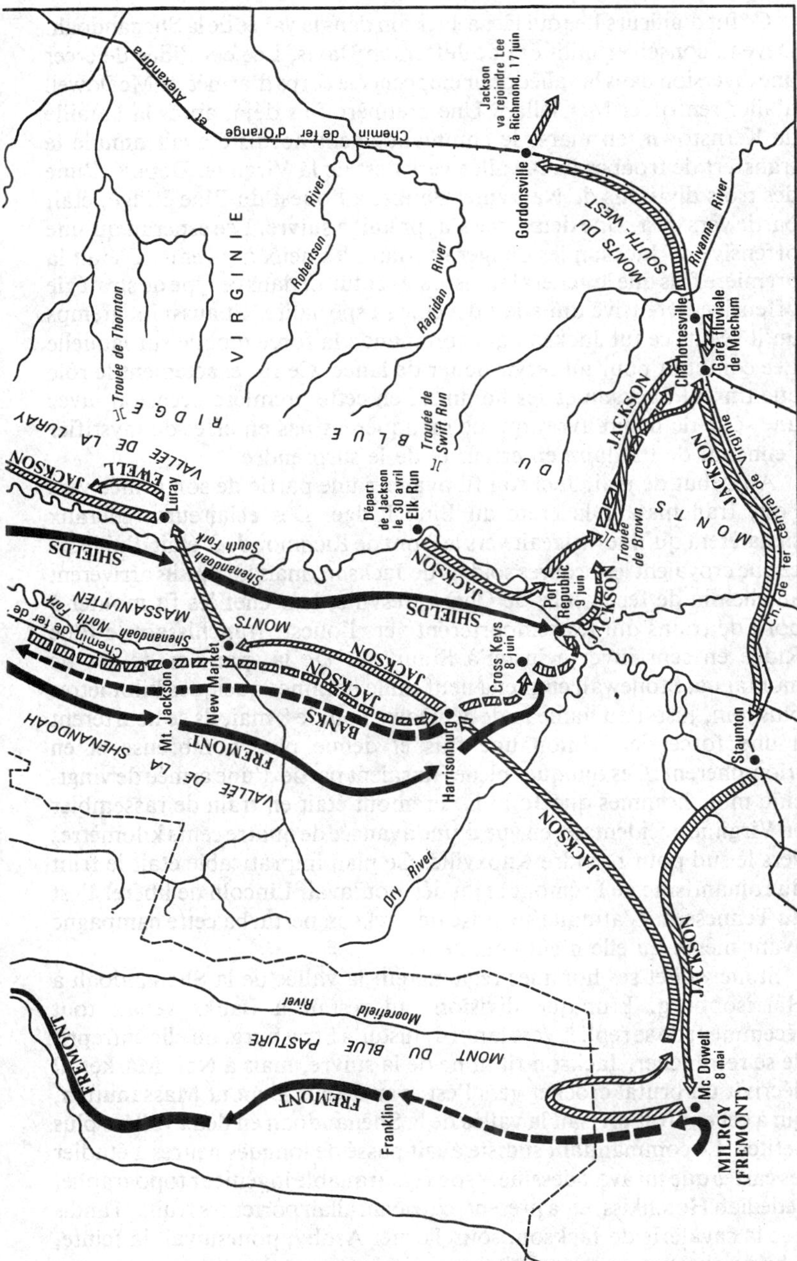
Chemin de fer d'Orange et Alexandria
Jackson va rejoindre Lee à Richmond, 17 juin
Gordonsville
MONTS DU SOUTH-WEST
Rivanna River
Robertson River
Rapidan River
VIRGINIE
Trouée de Thornton
BLUE RIDGE
Trouée de Swift Run
Charlottesville
Gare fluviale de Mechum
JACKSON
MONTS DU
VALLÉE DE LA LURAY
EWELL
JACKSON
Luray
Départ de Jackson le 30 avril Elk Run
South Fork Shenandoah
SHIELDS
Trouée de Brown
Port Republic 9 juin
MONTS MASSANUTTEN
North Fork Shenandoah
Chemin de fer de
Mt. Jackson
New Market
Cross Keys 8 juin
BANKS
Harrisonburg
FREMONT
VALLÉE DE LA SHENANDOAH
Dry River
Staunton
Ch. de fer central de Virginie
Moorefield River
MONT DU BLUE PASTURE
FREMONT
Franklin
Mc Dowell 8 mai
MILROY (FREMONT)

Ce fut d'ailleurs Lee qui lâcha Jackson dans la vallée de la Shenandoah. Devenu conseiller militaire de Jefferson Davis, Lee eut l'idée de créer une diversion dans la vallée pour empêcher le corps d'armée de McDowell d'aller renforcer McClellan. Une première fois déjà, après la bataille de Kernstown, en mars, le commandement nordiste avait annulé le transfert de troupes de la vallée vers l'est de la Virginie. Depuis, l'une des trois divisions de Nathaniel Banks, à l'ouest du Blue Ridge, était partie vers l'est. Une deuxième s'apprêtait à suivre. Lee espérait qu'une offensive de Jackson les obligerait toutes les deux à revenir. C'était la première fois que le général sudiste s'aventurait dans ce type de stratégie offensive-défensive qui allait devenir sa spécialité. Et aussi longtemps qu'il vécut, ce fut Jackson qui commanda la force mobile sur laquelle Lee comptait pour lui servir de fer de lance. Ce fut exactement le rôle que tinrent Jackson et ses hommes, en cette première occasion, avec une série de manœuvres qui ne manquèrent pas en effet de mystifier l'ennemi, de l'induire en erreur et de le surprendre.

Au début de mai, Jackson fit avancer une partie de son armée vers l'est, franchissant la crête du Blue Ridge. Des éclaireurs fédéraux signalèrent qu'il se dirigeait vers le front de Richmond. C'était d'ailleurs ce que croyaient les propres soldats de Jackson, mais lorsqu'ils arrivèrent au chemin de fer proche de Charlottesville, leur chef les fit monter à bord de trains qui les remportèrent vers l'ouest, franchissant le Blue Ridge en sens inverse jusqu'à Staunton. De là, par des défilés de montagne, Stonewall emmena neuf mille hommes quelques kilomètres plus loin, jusqu'au hameau de McDowell où, le 8 mai, ils se heurtèrent à une force de l'Union une fois et demie plus nombreuse et en triomphèrent. Ces tuniques bleues faisaient partie d'une armée de vingt-cinq mille hommes que John C. Frémont était en train de rassembler en Virginie occidentale, en vue d'une avancée de quatre cents kilomètres vers le sud pour prendre Knoxville. Ce plan impraticable était le fruit du romantisme de Frémont et du désir qu'avait Lincoln de libérer l'est du Tennessee. L'attaque surprise de Jackson perturba cette campagne avant même qu'elle n'eût commencé.

Stonewall et ses hommes regagnèrent la vallée de la Shenandoah à Harrisonburg. L'unique division qui restait à Banks venait tout récemment de se replier vers le nord, jusqu'à Strasburg, où elle entreprit de se retrancher. Jackson fit mine de la suivre, mais à New Market, il décrivit un brutal crochet vers l'est, par-dessus le mont Massanutten, qui à cet endroit divisait la vallée de la Shenandoah en deux vallées plus petites. Le commandant sudiste avait passé de longues heures à étudier les cartes que lui avait dessinées son remarquable ingénieur topographe, Jedediah Hotchkiss, et, à présent, ce travail allait porter ses fruits. Tandis que la cavalerie de Jackson, sous Turner Ashby, poursuivait la feinte, à bride abattue, le long de la route à péage vers Strasburg, trompant ainsi Banks qui s'imagina que les rebelles arrivaient par là, l'attaque principale des confédérés eut lieu dans la vallée du Luray, à l'est du mont Massanutten. Ce fut là que, le 23 mai, les forces combinées de Jackson et d'Ewell enlevèrent aisément le petit avant-poste de l'Union à Front Royal. Jackson se trouvait désormais sur le flanc de Banks, à une quinzaine de kilomètres, avec sous ses ordres des forces plus de deux fois supérieures en nombre à celles de son collègue nordiste.

Pour mener à bien tous ces mouvements rapides et trompeurs, Jackson bénéficia de l'aide d'éclaireurs et d'espions du cru, qui connaissaient chaque pouce du terrain. Les commandants de l'Union n'avaient pas cet avantage. En outre, les habitants de la vallée, comme Belle Boyd de Front Royal, tenaient Stonewall au courant des dispositions prises par les troupes fédérales. Banks devait donc se battre non seulement contre les hommes de Jackson, mais contre une population hostile — problème auquel se heurtèrent toutes les armées de l'Union lorsqu'elles envahissaient un territoire rebelle et qui contribua à faire du conflit une guerre entre deux peuples plus encore qu'entre deux armées.

Jackson, qui ne tolérait pas les défaillances physiques, avait fait avancer son infanterie à une allure inhumaine. « Pour lui, tous ceux qui étaient faibles et las, ceux qui s'évanouissaient sur le bord de la route, manquaient de patriotisme, déclara un officier. S'il voyait un homme au visage blanc comme du coton, au pouls si faible qu'on le devinait à peine, il le considérait tout simplement comme un mauvais soldat et s'éloignait, impatienté. » Ewell fut contaminé par cet état d'esprit et ordonna à ses colonnes de fantassins de ne porter sur leur dos que le strict minimum. « Nous pouvons fort bien nous passer de tout sauf de vivres et de munitions, annonça-t-il. On ne peut pas suivre la route de la gloire en croulant sous les bagages[1]. » Malgré leurs pieds nus couverts d'ampoules et leur épuisement, après avoir parcouru deux cent cinquante kilomètres et livré deux batailles en quinze jours, les hommes de Jackson ne le traitaient plus de simple d'esprit. Il était devenu Le Vieux Jack et ils étaient fiers de compter parmi ceux que l'on appelait sa cavalerie pédestre.

Cette fierté leur serait d'un grand secours pour les pousser en avant, car des marches et des combats encore plus durs les attendaient. Banks, s'étant enfin rendu compte du guêpier dans lequel il se trouvait, effectua une retraite précipitée de Strasburg jusqu'à sa base de Winchester, à plus de trente kilomètres au nord. Les troupes harassées de Jackson se précipitèrent à sa poursuite le 24 mai, taillant en pièces le convoi de fourgons nordiste et capturant une véritable montagnes de ravitaillements. Le gros de la division de Banks arriva quand même en tête à Winchester, où les nordistes firent volte-face pour se battre. Par

1. Foote, *Civil War*, t. I, p. 426 ; *O.R.*, sér. I, vol. 12, 3e partie, p. 890.

une aurore brumeuse, le 25 mai, quelque quinze mille rebelles attaquèrent six mille yankees sur les collines situées au sud et à l'ouest de la ville. Après quelques combats sanglants, les fédéraux rompirent les rangs et détalèrent vers le nord, pour gagner le Potomac à près de soixante kilomètres, où ils seraient en sécurité. La cavalerie indisciplinée d'Ashby s'était transformée en une bande de pillards, occupés à mettre à sac les camps de l'Union ou à emmener les chevaux capturés vers leurs propres domiciles tout proches. Sans cavalerie, avec son infanterie épuisée, Jackson ne pouvait poursuivre les tuniques bleues qu'il avait mis en déroute. Néanmoins ses victoires à Front Royal et Winchester avaient permis de récolter au moins deux mille prisonniers, neuf mille fusils et une telle abondance de vivres et de fournitures médicales que les hommes de Jackson baptisèrent Banks « L'officier d'intendance ».

La campagne de Jackson permit, comme l'avait espéré Lee, de diminuer la pression exercée sur Richmond par les nordistes. Lorsque Lincoln apprit le 24 mai que Jackson s'était emparé de Front Royal, il prit deux décisions instantanées. D'une part, il ordonna à Frémont de faire avancer ses troupes vers l'est, dans la vallée de la Shenandoah, à Harrisonburg, d'où elles pourraient partir vers le nord pour attaquer Jackson par l'arrière. De l'autre, il suspendit le départ pour Richmond de McDowell, qui se trouvait toujours à Fredericksburg, et lui ordonna d'envoyer au plus vite deux divisions dans la vallée, pour enfoncer le flanc de Jackson. McClellan et McDowell protestèrent l'un et l'autre contre cette manœuvre, qui faisait le jeu de l'ennemi. « [C'est] un coup terrible pour nous, télégraphia McDowell au Président. Je ne vais rien gagner pour vous là-bas, mais je perdrai en revanche beaucoup ici[1]. » McDowell n'en obéit pas moins aux ordres. Il renvoya dans la vallée la division de James Shield, que Banks lui avait envoyée quelques jours à peine auparavant, et il suivit en personne avec une autre division. Installé dans le bureau du télégraphe du ministère de la Guerre à Washington, Lincoln expédia des télégrammes aux trois quartiers généraux de Frémont, Banks et McDowell, dans l'espoir de les déplacer comme autant de cavaliers et de fous sur l'échiquier militaire. Mais ses généraux bougeaient trop lentement ou bien dans la mauvaise direction. Au lieu de pénétrer dans la vallée à Harrisonburg, Frémont, ayant trouvé les défilés bloqués par de petites forces rebelles, parcourut plus de soixante kilomètres vers le nord pour y entrer par un point situé au nord-ouest de Strasburg. Cette manœuvre provoqua le courroux de Lincoln, car elle laissait ainsi la voie libre aux seize mille hommes de Jackson pour s'échapper vers le sud, en passant par Strasburg, avant que les quinze mille hommes de Frémont et les dix mille de Shields (suivis d'assez près par un autre renfort de dix mille soldats) ne pussent converger vers eux par l'ouest et l'est.

---

1. *CWL*, t. V, p. 232-233.

Ce fut d'ailleurs exactement ce qui arriva. Après la bataille de Winchester, Jackson s'était avancé à quelques kilomètres à peine de Harper's Ferry, pour donner l'impression qu'il comptait traverser le Potomac. Le 30 mai, ses troupes étaient presque deux fois plus loin de Strasburg que celles de Frémont et de Shields qui convergeaient vers lui. Il ne restait plus rien pour barrer la route aux deux branches des tenailles de l'Union qu'un peu de cavalerie, mais une étrange léthargie semblait paralyser les commandants nordistes. Le 30 mai, la fameuse cavalerie pédestre de Jackson fila vers le sud jour et nuit, tandis que les tuniques bleues prenaient du retard. Le 1er juin les rebelles traversèrent Strasburg et continuèrent leur marche forcée vers le sud, vainement talonnés par Frémont et Shields, enfin réveillés. Au cours des jours suivants, la poursuite devint impitoyable ; Frémont pourchassait Jackson sur la route à péage de la vallée et Shields avançait parallèlement vers le sud, à l'est du mont Massanutten. La cavalerie d'Ashby brûla quatre ponts pour retarder les troupes de l'Union. Il y eut plusieurs combats d'arrière-garde entre cavaliers des deux camps, dont l'un vit périr Ashby qui était devenu un des grands héros romantiques du Sud. Jackson continua à pousser ses hommes au bord de l'effondrement : ce furent eux qui remportèrent la course jusqu'au seul pont encore en bon état qui restât sur la Shenandoah, à Port Republic, près de l'extrémité méridionale de la vallée, d'où Jackson avait lancé sa campagne épique cinq semaines plus tôt. Durant ce laps de temps, la division du général sudiste avait couvert plus de cinq cent cinquante kilomètres (celle d'Ewell plus de trois cents) et remporté trois batailles. A Port Republic, ils s'arrêtèrent pour en livrer une quatrième.

Le 8 juin, les troupes de Frémont avancèrent contre la division d'Ewell, stationnée à cinq kilomètres au nord de Port Republic, près du hameau de Cross Keys. Frémont s'y prit fort mal. Malgré sa grande supériorité numérique, avec onze mille hommes contre six mille rebelles, il n'engagea qu'une fraction de son infanterie dans une attaque contre l'aile droite des confédérés. Ayant été repoussé, il décida de livrer un duel d'artillerie, qui ne servit à rien. Devant une aussi piètre tentative, Jackson prit une de ces audacieuses décisions dont il avait le secret. Son armée de quinze mille hommes était prise entre deux forces ennemies qui, additionnées, étaient, pensait-il, au moins une fois et demie plus nombreuses que les siennes. La prudence conseillait donc de battre en retraite vers le passage défendable le plus proche, dans le Blue Ridge. Cependant, les deux armées de l'Union, sous le commandement de Frémont et de Shields, étaient séparées par des fleuves que l'on ne pouvait franchir à gué et les hommes de Jackson contrôlaient l'unique pont encore debout. La nuit du 8 au 9 juin, Jackson ordonna à Ewell de ne laisser face à Frémont qu'une force symbolique et d'emmener le reste de sa division à Port Republic. Jackson avait l'intention de mettre en déroute l'avant-garde de Shields, puis de faire volte-face pour attaquer Frémont, mais la résistance acharnée des deux brigades de Shields à Port Republic fit échouer ce plan. Trois mille tuniques bleues tinrent en respect pendant trois heures les sept ou huit mille hommes que Jackson avait finalement mis en action. Pour finir, la force du nombre l'emporta, mais quand les nordistes cédèrent enfin, l'armée de Jackson était trop meurtrie pour livrer bataille à Frémont qui était resté inactif durant cette sanglante matinée du 9 juin. Les soldats des deux camps se replièrent et reformèrent les rangs. Durant la nuit, Jackson se retira jusqu'à Brown's Gap dans le Blue Ridge.

La campagne menée par Jackson dans la vallée de la Shenandoah devint célèbre et on l'étudie encore dans les écoles militaires, car c'est un excellent exemple de la façon dont la rapidité et l'utilisation du terrain peuvent compenser l'infériorité numérique. Jackson et son armée de dix-sept mille hommes s'étaient par leurs manœuvres imposés à trois forces ennemies différentes, totalisant à elles trois trente-trois mille hommes, et avaient remporté cinq batailles ; or, dans toutes ces batailles sauf une (Cross Keys), Jackson avait pu bénéficier sur les lieux du combat de l'avantage numérique. Plus important encore, le général sudiste avait ainsi détourné de leurs autres tâches soixante mille soldats de l'Union et interrompu deux grands mouvements stratégiques : la campagne de Frémont dans l'est du Tennessee et la liaison des hommes de McDowell avec l'aile droite de McClellan devant Richmond. Les victoires de Jackson dans la vallée lui conférèrent, à lui et à sa cavalerie pédestre, une aura d'invincibilité. Elles prolongèrent la tradition victorieuse des confédérés sur le théâtre de Virginie, commencée à Manassas. Résumant la campagne de la Shenandoah, un simple soldat rebelle nota : « Le général Jackson les a pris au dépourvu dès le départ et ne les a jamais laissés se ressaisir [1]. » Ce soldat s'exprimait d'un point de vue militaire, mais c'était tout aussi vrai sur le plan psychologique. Aux yeux de nombreux nordistes, Stonewall avait acquis une dimension mythique ; il avait pris sur eux un avantage psychologique qu'il garderait jusqu'à sa mort, l'année suivante.

En détournant le corps d'armée de McDowell pour donner la chasse à Jackson, Lincoln commit probablement une erreur stratégique — peut-être même la bévue monumentale qu'y voyait McClellan. Cela dit, si les commandants de l'Union dans la vallée avaient fait preuve de la moitié de l'énergie déployée par Jackson, peut-être auraient-ils pu prendre ce dernier au piège et gravement diminuer son armée. Et même si les hommes de McDowell avaient rejoint, comme prévu, ceux de McClellan, ce dernier, à en juger par ses faits d'armes passés, n'était pas du genre à agir avec diligence et hardiesse pour capturer Richmond.

1. Robert G. Tanner, *Stonewall in the Valley: Thomas J. « Stonewall » Jackson* ˛ *Shenandoah Valley Campaign Spring 1862* (Garden City, N.Y., 1976), p. 259.

II

Prenant sa source à quelques kilomètres au nord de Richmond, la Chickahominy River coule vers le sud et se jette dans la James River à mi-hauteur de la péninsule. Cette rivière devint un facteur important dans la défense de la capitale sudiste. Ordinairement paresseuse et peu profonde, elle avait été transformée en un torrent furieux par un mois de mai anormalement pluvieux. Or, elle coupait le cercle des troupes de l'Union qui se refermait autour de Richmond. McClellan avait disposé plus de la moitié de son armée sur la rive nord de la Chickahominy pour protéger sa base de ravitaillement et pour effectuer la jonction avec les troupes de McDowell dont on attendait l'arrivée en provenance du nord. Quelques ponts de fortune menacés par la rivière en crue constituaient les seuls liens entre les deux ailes de l'armée fédérale.

Attendant fiévreusement à Richmond, tandis que McClellan préparait son artillerie de siège, Jefferson Davis ne cessa de harceler Joseph Johnston, qui faisait la sourde oreille, pour qu'il lançât une forme quelconque de contre-attaque. Le général se laissa finalement persuader de tenter un assaut contre l'aile gauche, plus faible, de l'ennemi, sur la rive méridionale de la Chickahominy. Des renforts arrivés de Caroline du Nord avaient porté le nombre de ses soldats à près de soixante-quinze mille. Le 30 mai, une pluie torrentielle parut vouloir favoriser les plans des confédérés, car elle grossit la rivière au point de recouvrir la plupart des ponts, ce qui donnait aux troupes sudistes la supériorité numérique sur les deux corps d'armée de l'Union, isolés du côté sud de la Chickahominy.

Mais dès le départ, l'attaque prévue par Johnston, le 31 mai au petit matin, tourna mal. Obéissant à un ordre verbal mal compris, James Longstreet fit avancer sa division en surnombre le long de la mauvaise route, où elle vint buter contre deux autres divisions, ce qui retarda l'action jusqu'au milieu de l'après-midi. Lorsque l'assaut fut enfin lancé, il se déroula sans aucune cohésion, brigade par brigade, par la faute d'une mauvaise coordination de l'état-major. Les confédérés parvinrent à faire reculer l'aile gauche de l'Union d'un kilomètre et demi, à travers le village de Seven Pines, à une grande dizaine de kilomètres de la capitale sudiste. Sur l'aile droite de l'Union, cependant, l'homme à la voix de stentor qui commandait le 2e corps d'armée, Edwin « Bull » (le taureau) Summer, âgé de soixante-cinq ans, parvint à faire traverser la rivière à une de ses divisions, sur des pont branlants où les hommes avançaient avec de l'eau jusqu'à la cheville, et imposa au crépuscule un sanglant coup d'arrêt aux rebelles, près de la gare de chemin de fer de Fair Oaks. Le lendemain, il y eut de brèves flambées de combats indécis, à mesure que de nouveaux renforts nordistes parvenaient à franchir la Chickahominy et forçaient les sudistes à rendre le terrain qu'ils avaient gagné le premier jour.

La bataille de Seven Pines (ou de Fair Oaks, comme l'appelèrent les yankees) fut confuse, « menée avec une incompétence phénoménale » du côté confédéré, selon le chef du Matériel de Johnston[1]. La plupart des quarante-deux mille hommes engagés de part et d'autre se battirent par petites grappes, au milieu d'épaisses forêts et de clairières inondées, où les soldats blessés devaient être adossés à des clôtures ou à des souches pour ne pas se noyer dans la boue. Si l'on peut dire qu'une armée prit un léger avantage sur l'autre, ce fut plutôt celle des fédéraux, puisqu'ils eurent environ mille morts et blessés de moins que leurs adversaires. La victime la plus importante dans les rangs sudistes fut Joe Johnston en personne, blessé par un éclat d'obus et une balle dans l'épaule, au soir du 31 mai. Pour le remplacer, Davis nomma Robert E. Lee qui, comprenant qu'il était inutile de prolonger les combats, mit fin à l'engagement le 1er juin.

Lorsque Lee prit le commandement de cette armée, récemment baptisée « armée de Virginie septentrionale », peu de gens partageaient la bonne opinion qu'avait Davis du tranquille Virginien. « Lee l'évacuateur, railla le *Richmond Examiner* — allusion à sa campagne en Virginie occidentale — qui n'a pas encore osé se risquer à livrer une seule bataille à l'envahisseur. » Dans le camp adverse, McClellan exprima la satisfaction que lui inspirait ce changement dans le haut commandement sudiste, car il considérait Lee comme un homme « prudent et faible, lorsqu'il [devait] endosser de lourdes responsabilités [...] susceptible de se montrer timoré et irrésolu dans l'action[2] ».

Un psychiatre qui chercherait à comprendre la personnalité profonde de McClellan tirerait sans doute toutes sortes d'enseignements de ces mots qui décrivaient à merveille leur propre auteur, mais qui n'auraient pu être plus faux en ce qui concernait Lee. Ce dernier ignora les critiques et entreprit de réorganiser son armée pour une campagne correspondant à sa conception offensive-défensive de la stratégie. Ses premières décisions mettaient plutôt l'accent sur la défensive. Il employa ses soldats à consolider les fortifications et les tranchées tout autour de Richmond, ce qui lui valut de nouveaux quolibets et le surnom de « roi de pic ». Il devint vite clair, cependant, que le but de Lee n'était pas de se retrancher pour subir un siège. Au contraire, expliqua-t-il à Davis, « je prépare une ligne que je pourrai tenir avec une partie seulement de nos forces », afin de mieux concentrer le reste de ses troupes pour une attaque

1. Edward P. Alexander, cité par Clifford Dowdey, *The Seven Days : The Emergence of Robert E. Lee* (New York, 1964), p. 4.
2. L'*Examiner*, cité par Hudson Strode, *Jefferson Davis : Confederate President* (New York, 1959), p. 220 ; McClellan, cité par Foote, *Civil War*, t. I, p. 465.

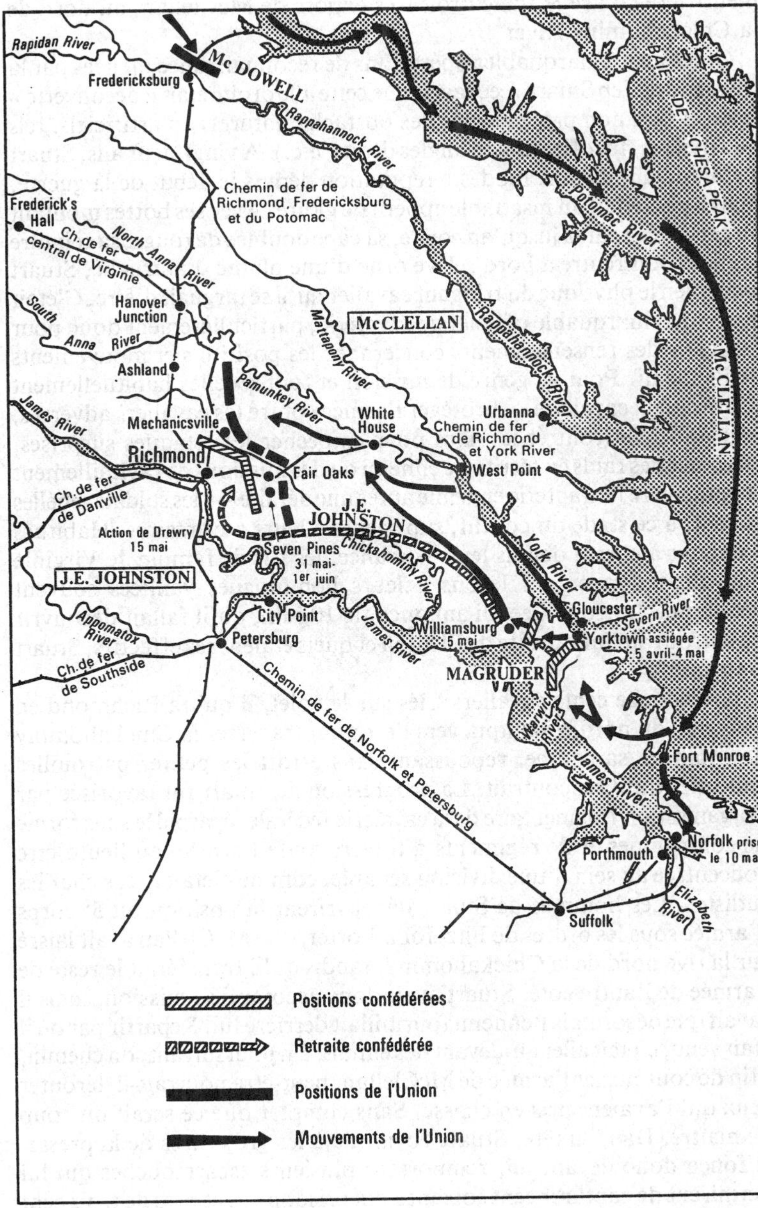

CAMPAGNE DE LA PÉNINSULE, AVRIL-MAI 1862

meurtrière contre le flanc droit très exposé de McClellan, au nord de la Chickahominy River[1].

Grâce aux remarquables opérations de reconnaissance menées par la cavalerie de Jeb Stuart, Lee savait que cette aile droite était « découverte » (c'est-à-dire non protégée par des obstacles naturels ou artificiels, tels que rivières, fortifications à angles droits, etc.). A vingt-neuf ans, Stuart s'était déjà taillé une modeste réputation depuis le début de la guerre, mais il possédait un insatiable appétit de gloire. Avec ses bottes montant au genou, ses gants jusqu'au coude, sa cape doublée de rouge, sa ceinture jaune et son feutre à bord relevé orné d'une plume d'autruche, Stuart avait bien le physique du fringant cavalier qu'il se targuait d'être. C'était aussi un remarquable officier de cavalerie, particulièrement doué pour recueillir des renseignements concernant les positions et mouvements de l'ennemi. Pour ce genre de mission et toutes celles habituellement confiées à la cavalerie — protéger l'armée contre les cavaliers adverses, patrouiller le front et les ailes pour empêcher les attaques surprises, effectuer des raids en territoire ennemi ou des missions de ravitaillement et poursuivre l'infanterie ennemie après une défaite —, les soldats rebelles étaient, à ce stade du conflit, supérieurs à leurs adversaires. Habitués à monter à cheval depuis leur naissance, les fils de famille de Virginie pouvaient donner des leçons à leurs homologues yankees souvent débutants. Lorsque Lee lui annonça, le 10 juin, qu'il fallait découvrir où se trouvait l'aile droite de l'Union et quels étaient ses effectifs, Stuart était prêt.

Avec douze cents cavaliers triés sur le volet, il quitta Richmond en direction du nord et obliqua vers l'est pour traverser la Chickahominy non loin de sa source, repoussant sans effort les petites patrouilles ennemies qu'il rencontrait. La progression de Stuart fut favorisée par l'organisation fragmentaire de la cavalerie fédérale, éparpillée sous forme de compagnies et de régiments à travers toute l'armée, au lieu d'être concentrée au sein d'une division séparée, comme c'était le cas chez les sudistes. Les hommes de Stuart découvrirent la position du 5e corps d'armée sous les ordres de Fitz-John Porter, que McClellan avait laissé sur la rive nord de la Chickahominy, tandis qu'il transférait le reste de l'armée de l'autre côté. Stuart avait donc accompli sa mission, mais il savait que désormais l'ennemi fourmillait derrière lui. Repartir par où il était venu, c'était aller au-devant des ennuis. En poursuivant son chemin, afin de contourner l'armée de McClellan, peut-être pourrait-il dérouter ceux qui l'avaient pris en chasse. Sans compter que ce serait un coup de maître. Dans sa tête, Stuart voyait déjà les gros titres de la presse. Il fonça donc devant lui, remportant plusieurs escarmouches qui lui permirent de capturer cent soixante-dix prisonniers et près de trois cent

1. Dowdey, *The Seven Days*, p. 132.

cinquante chevaux et mules, détruisant des fourgons entiers de ravitaillement, avançant jour et nuit sur les petites routes que lui indiquaient des soldats originaires de la région et traversant la Chickahominy en crue sur un pont improvisé que les rebelles brûlèrent après leur passage, quelques minutes seulement avant l'arrivée des cavaliers de l'Union qui durent s'arrêter, impuissants, sur la rive septentrionale du fleuve. Les hommes de Stuart parvinrent ensuite à échapper à de nouvelles rencontres et regagnèrent Richmond le 16 juin pour boucler leur circuit, ayant parcouru cent soixante kilomètres en quatre jours. Cet exploit valut à Stuart toutes les louanges auxquelles il avait pu aspirer. Il en tira en outre une vive satisfaction personnelle, car l'un des commandants de la cavalerie ennemie était son propre beau-père, Philip St.George Cooke, Virginien lui aussi, dont la décision de rester loyal à l'Union l'avait ulcéré. « Il ne le regrettera qu'une fois, avait déclaré Jeb, mais ce sera pour toujours[1]. »

Lee possédait désormais tous les renseignements dont il avait besoin. Et il savait qui il voulait mettre à la tête de son attaque : Stonewall Jackson. Il ferait venir ce dernier et son armée dans le plus grand secret de la vallée de la Shenandoah, pour tomber sur le flanc de Porter, pendant que trois divisions de l'armée de Richmond traverseraient la Chickahominy pour l'attaquer simultanément de front. Le danger de ce plan bien sûr, c'était que pendant que Lee concentrerait soixante mille hommes contre les trente mille de Porter au nord de la rivière, les soixante-quinze mille tuniques bleues qui se trouvaient sur la rive sud risquaient de balayer les vingt-sept mille confédérés, qui se trouveraient en face d'eux, pour aller s'emparer de Richmond. Mais Lee avait d'ores et déjà pris pleinement la mesure de McClellan. Selon sa bonne habitude, le commandant des troupes de l'Union crut ses forces inférieures en nombre, aussi bien au sud qu'au nord de la Chickahominy.

Pendant tout ce temps, McClellan n'avait cessé d'expédier un flot régulier de télégrammes à Washington, expliquant pourquoi il n'était pas tout à fait prêt à lancer sa propre offensive : les routes étaient trop boueuses ; son artillerie n'était pas au complet ; il fallait du temps pour réorganiser les divisions touchées par les combats de Seven Pines/Fair Oaks et pour incorporer la division de renforts qu'avait finalement pu envoyer McDowell ; d'ailleurs, quand, demandait McClellan, le reste du corps d'armée de McDowell allait-il venir le rejoindre ? Le 24 juin, McClellan avait enfin percé l'écran de fumée des rebelles et appris que Jackson approchait ; le 25, il envoyait un câble à Stanton : « Les forces rebelles sont estimées à deux cent mille, y compris Jackson [en fait il y avait moins de quatre-vingt-dix mille hommes]. Je vais être obligé de me battre contre un ennemi infiniment supérieur [...]. Si [mon armée]

1. Foote, *Civil War*, t. I, p. 472.

est anéantie par cette écrasante domination numérique [...], on ne saurait m'en imputer la responsabilité ; elle doit être endossée par qui de droit[1]. »

Lee attaqua le lendemain, 26 juin, deuxième journée de ce qu'on devait appeler les batailles des Sept Jours[2]. Les combats commencèrent sous de fâcheux auspices pour les rebelles. Selon le plan de Lee, Jackson devait assaillir le flanc de Porter au petit matin. Or, le soleil atteignit son zénith sans qu'un seul bruit ne fût venu rompre le silence. Lee était rongé par l'exaspération. Où était passé Jackson ? Incapable de se contenir plus longtemps, l'impulsif A. P. Hill fit avancer sa division en fin d'après-midi pour donner assaut à un nombre égal de fédéraux (seize mille) retranchés derrière un cours d'eau, le Beaver Dam Creek, près de Mechanicsville, à une petite dizaine de kilomètres au nord-est de Richmond. Ce fut un massacre : près de quinze cents rebelles tués et blessés par les yankees qui n'eurent, pour leur part, à déplorer que trois cent soixante victimes. Et pendant ce temps, les trois divisions de Jackson n'étaient qu'à quelques kilomètres au nord, mais leur commandant ne fit aucun effort pour venir en aide à Hill.

On n'a jamais pu expliquer de façon satisfaisante la léthargie de Jackson. La cavalerie de l'Union l'avait certes harcelé, au cours de son avance. Des soldats nordistes avaient abattu des arbres en travers de la route et brûlé les ponts qui enjambaient les cours d'eau, mais ce genre de vicissitudes n'avait jamais posé de problème à la cavalerie pédestre de Jackson dans la vallée de la Shenandoah ; pourquoi en avait-il été autrement cette fois-là ? La raison la plus plausible paraît être l'épuisement : la fatigue d'hommes mis à rude épreuve par les secousses brutales et incessantes, pendant les déplacements en chemin de fer, puis par des marches dans la chaleur inaccoutumée des basses-terres, avant d'avoir récupéré des efforts consentis durant la campagne de la vallée ; et, plus importante encore, la lassitude de Jackson lui-même, qui semblait avoir un besoin de sommeil supérieur à la moyenne, mais qui n'avait pu goûter que quelques heures de repos au cours des jours précédents, après six semaines de tension nerveuse dans la vallée. Jackson souffrait sans doute de ce qu'on appelerait aujourd'hui le contrecoup du surmenage. Ne tolérant pas la faiblesse chez les autres, il refusait de reconnaître la sienne ou d'y remédier — sinon en s'écroulant, terrassé par le besoin imprévu de faire un somme à des moments cruciaux des combats des Sept Jours[3].

---

1. *O.R.*, sér. I, vol. 11, 1re partie, p. 51.

2. Le 25 juin, des forces de l'Union en mission de reconnaissance aux environs de Seven Pines s'étaient heurtées à des confédérés au cours d'une importante escarmouche qui fit quelque cinq cents morts et blessés de part et d'autre. Cette action, qui eut lieu à Oak Grove, devint ultérieurement la première journée des batailles des Sept Jours.

3. On trouvera une excellente discussion de l'affaire chez Douglas Southall Freeman, *R.E. Lee : A Biography*, 4 vol. (New York, 1934-1935), t. II, p. 578-582 ; Douglas Southall Freeman, *Lee's Lieutenants : A Study in Command* (New York, 1942-1944), t. I, p. 656-659 ; Dowdey, *The Seven Days*, p. 193-202 ; Tanner, *Stonewall in the Valley*, p. 358-360.

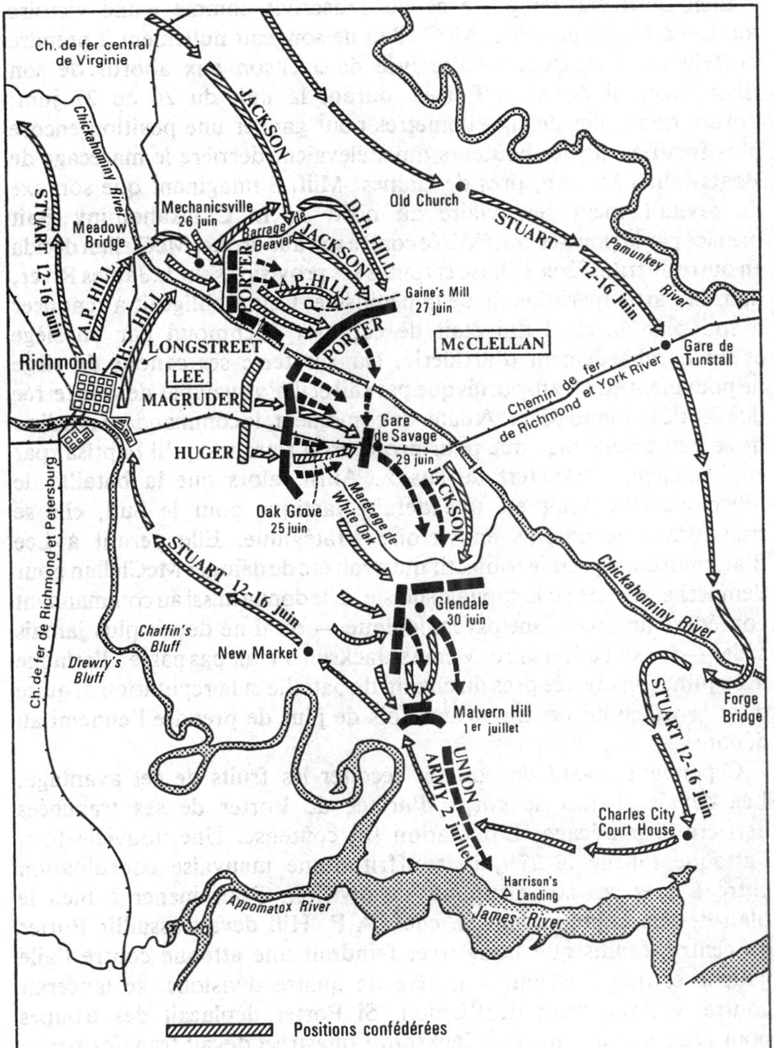

BATAILLE DES SEPT JOURS, 25 JUIN - 1ER JUILLET 1862

Bien qu'il eût remporté ce qu'il décrivit comme « une victoire totale » à Mechanicsville, McClellan ne songeait nullement à prendre l'offensive. Conscient de l'arrivée de Jackson aux abords de son flanc droit, il donna à Porter, durant la nuit du 26 au 27 juin, l'ordre de reculer de six kilomètres pour gagner une position encore plus fortifiée sur les hauteurs qui s'élevaient derrière le marécage de Boatswain's Swamp, près de Gaines' Mill. S'imaginant que son axe de ravitaillement ferroviaire au nord de la Chickahominy était menacé par la poussée confédérée contre son aile droite, McClellan décida en outre de transférer sa base et toutes ses provisions sur la James River, dans la partie méridionale de la péninsule. Cela l'obligeait à renoncer à son plan originel qui était de capturer Richmond par un siège et un bombardement d'artillerie, car sur terre ses canons de siège ne pouvaient être transportés que par rail et il n'y avait pas de voie ferrée du côté de la James River. A dater de ce moment, le commandant nordiste ne se battit donc plus que pour protéger sa retraite, qu'il baptisa, par euphémisme, « transfert de base ». Ainsi, alors que la bataille de Mechanicsville avait été une défaite tactique pour le Sud, elle se transforma néanmoins en victoire stratégique. Elle permit à Lee d'atteindre son premier objectif qui avait été de déloger McClellan pour l'empêcher d'assiéger la capitale sudiste. Elle donna aussi au commandant confédéré un ascendant psychologique — qu'il ne devait plus jamais céder — sur son adversaire. Même si Jackson n'était pas passé à l'attaque le 26 juin, son arrivée près du champ de bataille et la réputation acquise dans la vallée lui permirent une fois de plus de prendre l'ennemi au dépourvu.

Cependant, avant de pouvoir récolter les fruits de cet avantage, Lee devait chasser le corps d'armée de Porter de ses tranchées derrière le marécage. L'opération fut coûteuse. Une nouvelle fois, l'attaque rebelle le 27 juin souffrit d'une mauvaise coordination entre Lee et ses commandants de division. Pour mener à bien le plan de son commandant en chef, A.P. Hill devait assaillir Porter au centre, tandis que Longstreet feindrait une attaque contre l'aile gauche et que Jackson, à la tête de quatre divisions, se lancerait contre le flanc droit de l'Union. Si Porter déplaçait des troupes pour faire face à la menace Jackson, Longstreet devait transformer sa feinte en véritable attaque et les cinquante-cinq mille rebelles avanceraient tous ensemble contre les trente-cinq mille hommes de Porter. Mais encore une fois, Jackson fut trop lent à se mettre en position et se montra apathique au moment de l'attaque. Et encore une fois, par conséquent, la division d'A.P. Hill se battit presque seule pendant plusieurs heures, par un après-midi torride, chargeant à travers un profond ravin et des bois touffus contre les défenseurs bien placés de l'Union, qui infligèrent une sévère correction aux brigades confédérées[1]. Des assauts décousus de Longstreet et de certaines portions du commandement de Jackson vinrent quand même alléger la pression qui pesait sur Hill et ses troupes. Finalement, à la tombée de la nuit, Lee parvint à lancer toutes ses divisions vers l'avant en même temps. Au milieu de la ligne, une brigade de Texans, sous les ordres d'un grand général de brigade à la barbe fauve et au faux air de gladiateur, John Bell Hood, réussit une percée. Enfoncée en son centre, la ligne de Porter s'effondra. Des brigades de troupes fédérales fraîches, arrivant de l'autre côté de la Chickahominy, formèrent une arrière-garde et prévinrent une déroute, ce qui permit à Porter de faire traverser la rivière à la plupart de ses canons et de ses hommes durant la nuit. Néanmoins, deux mille huit cents tuniques bleues furent capturées et quatre mille tuées ou blessées, mais ce triomphe coûta à Lee près de neuf mille hommes — presque autant, en six heures de combat, qu'au cours des deux journées de Shiloh.

De la rive méridionale de la Chickahominy, McClellan avait envoyé à Porter six mille soldats. Les soixante-neuf mille fédéraux qui se trouvaient encore de ce côté de la rivière étaient restés inactifs au cours des deux jours de sanglants combats sur la rive nord. Leurs officiers furent cloués sur place par une reprise de la comédie montée à leur intention par le « Prince John » Magruder. Ce dernier, à qui Lee avait confié la responsabilité des vingt-sept mille hommes qui tenaient la ligne à l'est de Richmond, avait ordonné à ses troupes de manifester une agressivité exagérée. Les cabotins en costume gris s'exécutèrent avec enthousiasme. L'artillerie tira des salves ; l'infanterie se rangea en formation d'attaque et vint asticoter les défenses de l'Union ; dans les bois, des officiers à voix de stentor hurlaient des ordres à des régiments imaginaires. Plusieurs généraux nordistes mordirent à l'hameçon et firent savoir à McClellan que les rebelles étaient présents en force et les menaçaient sur leur front. Les fédéraux manquèrent ainsi une bonne occasion de contre-attaquer le 27 juin. En fait, à vingt heures, McClellan télégraphia à Stanton qu'il avait été « attaqué par l'ennemi en nombre infiniment supérieur » sur les *deux* rives de la Chickahominy[2] !

En réalité, l'armée du Potomac était encore en très bonne forme, malgré la défaite de Gaines' Mill, mais McClellan avait d'ores et déjà un moral de battu. Après minuit, il expédia au ministre un nouveau télégramme : « J'ai perdu cette bataille parce que mon armée est trop peu nombreuse [...] Le gouvernement ne nous a pas soutenus [...] Si je parviens à sauver

1. Sur l'ensemble des Sept Jours, la nombreuse division de Hill, qui constituait environ quinze pour cent de l'armée de Lee, perdit vingt et un pour cent des morts et blessés sudistes, alors que les trois divisions de Jackson, qui représentaient vingt et un pour cent de l'armée, n'eurent que quatorze pour cent de victimes.

2. *O.R.*, sér. I, vol. 11, 3e partie, p. 266.

mes hommes cette fois-ci, je vous dis franchement que ce n'est pas grâce à vous ni grâce à quiconque à Washington. Vous avez fait tout votre possible pour sacrifier nos forces. » Si McClellan ne fut pas immédiatement relevé de son commandement après avoir envoyé une telle dépêche, il le dut à un colonel stupéfait du bureau du télégraphe, qui prit sur lui d'éliminer les deux dernières phrases avant de transmettre la dépêche à Stanton[1].

Pendant que McClellan faisait reculer son armée en direction de la James River, Lee espérait bien venir le frapper de flanc en cours de route. Il tenta d'improviser un nouveau plan, selon lequel neuf divisions confédérées devaient converger le long de six routes différentes sur les tuniques bleues qui battaient en retraite. Malheureusement pour lui, des faiblesses d'état-major, des cartes défectueuses, des obstacles géographiques, des commandants de division timorés (tout spécialement Magruder et Benjamin Huger), une résistance opiniâtre des yankees et — pour ne pas changer — la lenteur de Jackson firent échouer le projet. Le premier échec eut lieu le 29 juin, à Savage's Station, à cinq kilomètres au sud de la Chickahominy. Trois divisions de l'Union y formaient une arrière-garde chargée de protéger un hôpital de campagne ainsi que le passage vers le sud d'un énorme convoi de fourgons. Lee donna l'ordre à Magruder d'attaquer cette position depuis l'ouest, tandis que Jackson fondrait sur elle par la droite, arrivant du nord. Mais Jackson s'attarda toute la journée à reconstruire un pont au lieu de passer la rivière à gué. Magruder finit par attaquer seul, avec moins de la moitié de sa division. Les yankees repoussèrent ce piètre assaut, puis se retirèrent durant la nuit, laissant derrière eux deux mille cinq cents malades et blessés (victimes de combats précédents) et plusieurs chirurgiens-majors qui se portèrent volontaires pour partager leur captivité.

Le lendemain, un autre plan fort compliqué mis au point par Lee, prévoyant un assaut concentrique de sept divisions près du village de Glendale, fit long feu. Seuls Longstreet et Hill parvinrent à mettre leurs hommes en action et à livrer une féroce bataille rangée à diverses sections de cinq divisions de l'Union, en fin d'après-midi. Les rebelles gagnèrent un peu de terrain et firent un millier de prisonniers, mais ils perdirent trois mille cinq cents morts et blessés, soit deux fois plus que leurs ennemis. Avec ses vingt-cinq mille hommes, Jackson ne contribua absolument pas au résultat final, sinon de façon négative en ne remplissant pas sa mission. Abordant White Oak Swamp par le nord, il envoya une équipe reconstruire le pont qui traversait le cours d'eau. Lorsque l'artillerie et les francs-tireurs de l'Union les en empêchèrent, Jackson s'allongea pour faire un somme. Pendant ce temps, ses officiers découvraient des endroits où l'infanterie pouvait passer à gué, mais Jackson, qui paraissait

1. *O.R.*, sér. I. vol. 11, 1re partie, p. 61.

comme hébété, resta inactif, tandis que les hommes de Longstreet et de Hill se faisaient massacrer et mouraient à trois kilomètres plus au sud. Pour reprendre l'expression d'un historien, l'échec de Jackson fut « total, désastreux et irréparable[1] ».

Lee, pourtant, espérait encore sauver quelque chose de sa tentative d'anéantir « ces gens » (c'était ainsi qu'il désignait invariablement l'adversaire). Le 1er juillet au matin, il était d'une humeur massacrante. Si « ces gens » parvenaient à se tirer d'affaire, lança-t-il sauvagement à un général de brigade qui n'en pouvait mais, ce serait « parce qu'il n'y [avait] pas moyen de faire exécuter [ses] ordres[2] ! » Les fédéraux avaient trouvé une nouvelle position défensive — la plus solide jusqu'à présent — à cinq kilomètres au sud de Glendale, sur les hauteurs de Malvern Hill, près de la James River. Haute de cinquante mètres et flanquée de profonds ravins distants d'un kilomètre et demi, la butte de Malvern Hill ne pouvait être attaquée que de front et en remontant, à travers un terrain découvert. Quatre divisions de l'Union et cent canons gardaient ce front, avec en réserve quatre autres divisions et cent cinquante canons. A moins que ces troupes ne fussent complètement démoralisées, les attaquer était un véritable suicide. Lee, cependant, croyait discerner de nombreux signes de démoralisation. La route suivie par l'Union durant sa retraite était parsemée d'équipements et d'armes abandonnés. Les officiers de l'intendance et du matériel de l'armée confédérée avaient fait une riche moisson — récupérant notamment trente mille armes de petit calibre et cinquante canons. Au cours des six jours précédents, les rebelles avaient aussi capturé six mille soldats yankees et ils étaient encore en train de ramasser des dizaines de traînards en ce matin du 1er juillet. Pourtant, il s'avéra, en fin de compte, que l'armée du Potomac, réagissant à l'adversité avec un ressort dont elle devait devenir coutumière, n'était pas démoralisée. On ne pouvait pas en dire autant de son commandant. Par télégraphe, McClellan notifia à Washington qu'il avait été « terrassé » par des ennemis « en nombre supérieur » et qu'il craignait « d'être contraint d'abandonner [son] matériel pour sauver [ses] hommes sous la protection des canonnières[3] ». Avec sa faculté presque surnaturelle de lire dans les pensées du commandant ennemi, Lee sentait bien que McClellan avait craqué, mais il commit l'erreur de croire que c'était vrai du reste de l'armée nordiste.

En tout cas, frustré de victoires, Lee était désormais prêt à saisir toutes les occasions de frapper encore une fois « ces gens ». Longstreet — qui s'était révélé comme le plus fiable de ses subordonnés dans cette campagne — partageait cette agressivité qui n'était pourtant pas dans sa nature.

1. Dowdey, *The Seven Days*, p. 308.
2. Freeman, *Lee*, t. II, p. 202.
3. *O.R.*, sér. I, vol. II. 3e partie, p. 280, 282.

Le matin du 1er juillet, il découvrit deux positions élevées au nord de Malvern Hill depuis lesquelles il pensait que son artillerie pourrait malmener suffisamment les défenses de l'Union pour permettre un assaut de l'infanterie. Lee ordonna à l'infanterie de se concentrer sur ces deux tertres, mais l'état-major sabota de nouveau la besogne. Le message ne parvint qu'à quelques artilleurs dont le faible feu fut très vite réduit au silence par les batteries de l'Union. Lee n'en donna pas moins l'ordre de charger. Toutes ces instructions furent transmises dans le plus grand désordre, si bien que l'attaque n'eut aucune cohésion, chaque brigade avançant de son propre chef plutôt qu'en conjuguant ses efforts à ceux des autres. Cela permit à l'artillerie de l'Union de pulvériser presque toutes les unités qui montaient à l'assaut, ne laissant que quelques régiments sudistes s'approcher suffisamment pour être fauchés par l'infanterie. Pour la seule fois de la guerre peut-être, le feu de l'artillerie fit beaucoup plus de ravages dans les rangs ennemis que celui des fusils[1]. La division de D.H. Hill fut l'une des plus sévèrement décimées ; Hill devait écrire par la suite que la bataille de Malvern Hill « n'était pas de la guerre — mais de l'assassinat[2] ». Les cinq mille cinq cents confédérés tués ou blessés dans ce combat étaient plus de deux fois plus nombreux que les victimes dans les rangs de l'Union.

Se rendant compte que les rebelles avaient énormément souffert, certains généraux nordistes voulaient monter une contre-attaque dès le lendemain. Il n'y avait pas jusqu'au protégé de McClellan, Fitz-John Porter, qui ne fût en faveur de ce projet et lorsque le général en chef ordonna au contraire une retraite jusqu'à Harrison's Landing, sur la James River, l'un de ses généraux les plus pugnaces — Philip Kearny, du New Jersey, qui avait perdu un bras durant la guerre du Mexique — laissa éclater sa colère devant des collègues officiers : « Un tel ordre ne peut être inspiré que par la couardise ou la trahison [...] Au lieu de battre en retraite, nous devrions poursuivre l'ennemi et prendre Richmond[3]. »

Lee, pour sa part, comprenait bien qu'il était vain de tenter de nouvelles attaques. Vingt mille sudistes — près d'un quart de son armée — étaient tombés morts ou blessés au cours de la semaine écoulée, contre un nombre de nordistes inférieur de moitié. Les rebelles et les yankees s'arrêtèrent pour panser leurs blessures. Tout en n'essuyant qu'une seule défaite tactique au cours des batailles des Sept Jours — à Gaines' Mill — les tuniques bleues n'avaient cessé de reculer et la campagne se soldait par une victoire stratégique des confédérés, avec tout ce que cela comportait

1. Pour la guerre prise dans son entier, on compte que près de quatre-vingt-dix pour cent des victimes tombèrent sous le feu des petites armes.
2. Hill, « McClellan's Change of Base and Malvern Hill », *Battles and Leaders*, t. II, p. 394.
3. Bruce Catton, *Mr. Lincoln's Army* (Garden City, N.Y., 1956), p. 149.

de répercussions sur le moral des deux armées occupant le front principal. Lee, néanmoins, n'était pas satisfait. « Notre succès n'a pas été aussi grand, ni aussi complet que j'aurais pu le désirer, écrivit-il. Dans des circonstances ordinaires, l'armée fédérale aurait dû être anéantie[1]. » Anéantie ! Cette vision napoléonienne continuerait à dominer la pensée stratégique de Lee jusqu'au moment où, un an plus tard, elle serait elle-même anéantie sur la pente douce de Cemetery Ridge, près d'une petite bourgade de Pennsylvanie.

Dans le sillage immédiat des Sept Jours, Lee prit plusieurs mesures pour remédier aux défauts qui handicapaient la structure même de son commandement et que la récente campagne venait de révéler. Du fait que les divisions de Jackson et plusieurs autres brigades n'avaient rejoint Lee qu'à la veille de ces batailles, l'armée de Virginie septentrionale n'avait jamais jusque là fonctionné en tant qu'unité et Lee n'avait pas eu le temps de forger sa chaîne de commandement pour en faire la véritable extension de sa volonté. Soucieux de s'assurer qu'il en serait désormais ainsi, il déplaça plusieurs officiers, exila les commandants de division défaillants au Texas et en Arkansas, et promut à leur place des subordonnés plus capables. S'étant aperçu au cours des Sept Jours que le problème que posaient des communications directes avec huit ou neuf commandants de division était insurmontable, Lee réorganisa l'armée en deux corps (lesquels ne furent ainsi désignés que plus tard), placés sous les ordres de Longstreet et Jackson. Aucune preuve matérielle ne permet d'affirmer que Lee reprocha à Jackson ses états de service catastrophiques au cours de cette campagne, encore que la nomination de Longstreet à la tête du plus important des deux corps puisse passer pour une remontrance implicite. Quoi qu'il en fût, Jackson ne tarda pas à se remettre de son état de fatigue nerveuse et à justifier la confiance que lui avait manifesté Lee en lui donnant ce commandement.

III

Avec trente mille tués ou blessés, les combats des Sept Jours égalaient en nombre de victimes *tous* les combats survenus dans l'Ouest — y compris Shiloh — durant la première moitié de 1862. Avec les batailles de Virginie s'imposa d'ailleurs un type de combats plus acharnés et meurtriers entre l'armée de Virginie septentrionale et celle du Potomac qu'entre n'importe quelles autres armées. La plupart des soldats de l'armée du Potomac étaient originaires d'États du Nord-Est, alors que ceux qui combattaient dans les armées fédérales de l'Ouest venaient du Vieux Nord-Ouest. Les jeunes de l'Ouest, habitués à la vie au grand air,

1. Dowdey, *The Seven Days*, p. 358.

se considéraient comme des soldats plus coriaces que leurs homologues efféminés « à col de papier », mais à vrai dire les employés de bureau et ouvriers « aux visages blêmes » de l'Est se montrèrent plus résistants aux maladies qui ravageaient les camps que les soldats originaires de l'Ouest et plus capables, au combat, d'encaisser et d'infliger les coups. Si l'on prend la guerre dans son ensemble, le taux de mortalité par maladie fut de quarante-trois pour cent plus élevé chez les soldats de l'Union venant d'États situés à l'ouest des Appalaches que chez les « femmelettes » de l'Est, alors que ces derniers connaissaient un taux de mortalité au combat de vingt-trois pour cent supérieur à celui des soldats de l'Ouest. Le nombre des morts au combat fut plus élevé dans l'armée du Potomac que dans toutes les autres armées de l'Union mises ensemble. Quarante et un des cinquante régiments de l'Union possédant le plus haut pourcentage de morts et blessés au champ d'honneur combattaient dans ses rangs. Dans le Sud, quarante des cinquante régiments les plus décimés servaient dans l'armée de Virginie septentrionale. Parmi tous les commandants d'armée de part et d'autre, Lee fut celui qui eut le plus fort taux de morts et de blessés[1].

L'une des raisons de cet état de chose était le fameux concept de l'offensive-défensive qu'affectionnait Lee et qu'il appliquait non seulement à la stratégie, mais aussi à la tactique. Lee mérite probablement sa réputation de meilleur tacticien du conflit, mais ses succès étaient effroyablement coûteux en hommes. Dans chacune des batailles des Sept Jours, ce furent les sudistes qui attaquèrent et qui eurent par conséquent un plus grand nombre de morts et de blessés que les nordistes. Il en fut de même pour plusieurs autres batailles livrées ultérieurement par Lee. En 1864-1865 encore, alors qu'elle avait le dos au mur et qu'elle était à peine assez forte pour parer aux coups de plus en plus violents que lui assénait son adversaire, l'armée de Virginie septentrionale tenta plusieurs contre-attaques offensives. Le décalage qui existait entre la nature privée de Lee, personnage essentiellement humain, courtois, réservé et bon, véritable modèle du gentleman chrétien, et sa personnalité militaire audacieuse et agressive, mais meurtrière pour ses hommes, offre l'un des contrastes les plus frappants de l'histoire de cette guerre.

Plusieurs des batailles survenues sur le théâtre occidental se soldèrent aussi, bien sûr, par une atroce moisson de cadavres. L'une des raisons

1. Ces données ont été compilées à partir de l'ouvrage de William F. Fox, *Regimental Losses in the American Civil War* (Albany, 1989). On ne possède pas de données fiables pour le nombre de morts par maladie ou au combat dans l'armée confédérée. En ce qui concerne les commandants d'armée, voir les tableaux figurant aux p. 18-23 chez Grady Mac Whiney et Perry D. Jamieson, *Attack and Die : Civil War Military Tactics and the Southern Heritage* (University, Alabama, 1982). Le taux de morts et de blessés dans l'armée de Lee fut de vingt pour cent pour les batailles et campagnes les plus importantes. A titre de comparaison, précisons qu'il était de seize pour cent dans celle d'Ulysses S. Grant.

pour lesquelles les combats de la guerre de Sécession firent tant de victimes était la disparité entre la tactique traditionnelle, et les armes modernes. La tactique héritée des guerres du XVIIIe siècle et de Napoléon avait mis l'accent sur les formations en rangs serrés de soldats entraînés à manœuvrer de concert et à tirer des salves. Certes, quelques-uns des soldats-citoyens de la guerre d'Indépendance américaine s'étaient battus à l'indienne, abrités derrière des arbres ou des rochers, et les soldats à demi entraînés des levées en masse[1] de la Révolution française avaient avancé dans le désordre comme des « nuages de tirailleurs », mais c'était surtout parce qu'ils manquaient d'entraînement et de discipline. L'idéal, aussi bien pour les continentaux de Washington que pour les grognards de Napoléon, pour les Prussiens de Frédéric le Grand que pour les habits rouges de Wellington, restait les colonnes compactes, soudées et les lignes d'automates qui avançaient et tiraient avec une efficacité de machines.

Cette tactique insistait aussi sur l'offensive. Les troupes d'assaut chargeaient au pas cadencé, tirant leurs salves au commandement de leurs officiers, puis accéléraient dans les derniers mètres pour percer la ligne ennemie à coups de baïonnettes. Napoléon utilisait son artillerie conjuguée à des assauts d'infanterie, faisant avancer les canons de campagne avec les fantassins, afin de percer des brèches dans les rangs ennemis et de les affaiblir pour la charge finale. Les Américains reprirent d'ailleurs cette tactique avec le plus grand succès lors de la guerre du Mexique. L'enseignement dispensé à West Point mettait l'accent sur l'offensive tactique. La plupart des officiers supérieurs de la guerre de Sécession avaient combattu au Mexique et (ou) sortaient de West Point ; grâce à cette double expérience, ils étaient imbus de la thèse selon laquelle l'offensive, fondée sur des charges d'infanterie en rangs serrés soutenues par l'artillerie, gagnait les batailles[2].

Au Mexique, il n'y eut pas trop de morts et de blessés à déplorer parce que l'arme de base de l'infanterie était le fusil à un coup, à canon lisse, se chargeant par la bouche. La portée maximale de cet engin était d'environ deux cent cinquante mètres ; sa distance optimale (c'est-à-dire celle à laquelle un bon tireur pouvait atteindre une cible avec régularité) était d'environ quatre-vingts mètres par temps calme. La formation en rangs serrés était donc nécessaire pour concentrer la puissance de feu

1. En français dans le texte.

2. Les observations que l'on trouvera dans ce paragraphe et ceux qui suivent sont fondées sur des lectures générales d'histoire militaire et particulièrement sur les ouvrages de John Keegan, *The Face of Battle* (New York, 1977) ; John K. Mahon, « Civil War Infantry Assault Tactics », *Military Affairs*, n° 25 (1961), p. 57-68 ; Mc Whiney et Jamieson, *Attack and Die* ; et Herman Hattaway et Archer Jones, *How the North Won : A Military History of the Civil War* (Urbana, 1983). Hattaway et Jones font valoir, sans convaincre, que les anciens de West Point abordèrent la guerre de Sécession avec le désir de mettre davantage l'accent sur la défensive retranchée que sur l'offensive. Il semble pourtant évident que cette leçon, durement apprise, leur fut surtout enseignée par leur expérience sur le terrain.

de ces armes peu précises ; l'artillerie pouvait accompagner les charges d'infanterie, du fait que les artilleurs étaient relativement à l'abri du feu des fusils ennemis, tant qu'ils n'approchaient pas à moins de deux cents mètres environ ; les assauts à la baïonnette pouvaient réussir parce que les fantassins avançant au pas redoublé avaient le temps de parcourir les quatre-vingts derniers mètres pendant les vingt-cinq secondes qu'il fallait aux soldats d'en face pour recharger leur arme après avoir tiré une salve.

Mais en rayant le canon d'un fusil, on quadruplait sa portée en donnant un effet tournant à un projectile conique, ce qui lui permettait littéralement de percer l'air. Cela faisait des siècles que l'on connaissait cette particularité, mais, avant les années 1850, seuls quelques régiments spéciaux ou une ou deux compagnies par régiment étaient équipés de fusils rayés. On se servait de ces hommes pour les escarmouches — c'est-à-dire qu'ils opéraient devant le corps d'armée principal et sur ses flancs, avançant ou reculant en ordre dispersé et tirant à volonté, de loin, sur les cibles ennemies qui se présentaient. Étant donné la portée et la précision accrues du fusil rayé, pourquoi n'en fournissait-on pas à tous les fantassins ? Parce qu'une balle d'assez gros calibre pour « prendre » les rayures était difficile à charger dans le canon. Les fusiliers devaient parfois enfoncer leur baguette à coups de maillet. En outre, dès qu'on avait tiré quelques coups, il se déposait dans les rayures un résidu de poudre qu'il fallait enlever avant de pouvoir tirer à nouveau. Or, comme un soldat devait, en cours de bataille, pouvoir tirer de façon rapide et sûre, le fusil rayé n'était pas utilisable par la masse des fantassins.

Du moins avant 1850. Encore que plusieurs personnes aient contribué à l'évolution d'un fusil rayé utilisable à des fins militaires, le mérite en revient principalement à un capitaine de l'armée française, Claude E. Minié, et à l'Américain James H. Burton, armurier à la fabrique d'armes de Harper's Ferry. En 1848, Minié mit au point une balle assez petite pour être facilement chargée dans un canon de fusil rayé et munie à sa base d'une rondelle d'expansion en bois lui permettant d'augmenter de volume lorsque le coup était tiré afin de « prendre » les rayures. Ces projectiles étaient coûteux ; Burton, pour sa part, en conçut une version moins onéreuse et meilleure, avec à la base une profonde cavité qui se remplissait de gaz et gonflait le bord de la balle au moment de la détonation. Ce fut la célèbre « balle Minié » des fusils de la guerre de Sécession. La supériorité de ces armes fut démontrée par les soldats britanniques et français qui les utilisèrent durant la guerre de Crimée. En 1855, en sa qualité de ministre de la Guerre, Jefferson Davis convertit l'armée américaine au fusil rayé Springfield de calibre 58. Avec le fusil britannique Enfield, très semblable (dont le calibre 577 permettait d'utiliser les mêmes balles que le modèle américain), le Springfield devint l'arme utilisée par la plupart des soldats d'infanterie durant la guerre de Sécession.

Comme il s'agissait de fusils à un coup chargés par la bouche, ils étaient encore assez malcommodes. Malgré toute sa dextérité, un soldat ne pouvait espérer tirer plus de trois fois par minute. En 1861, plusieurs inventeurs avaient conçu des armes se chargeant par la culasse, mais avec les cartouches en carton (contenant la balle et la poudre) que l'on employait alors, il arrivait que du gaz et parfois des flammes s'échappent de la culasse, ce qui rendait l'arme peu fiable, voire dangereuse pour l'utilisateur. Les progrès accomplis dans ce domaine rendirent le fusil rayé et la carabine Sharp à un seul coup fort populaire dans la cavalerie et les unités de tirailleurs de l'Union qui parvinrent à s'en procurer. La mise au point de cartouches en métal permit dès 1863 à l'armée nordiste d'équiper ses cavaliers et certaines unités d'infanterie d'armes à répétition, dont la plus réussie était la carabine Spencer à sept coups. Ces armes exigeaient une charge de poudre moins importante et avaient donc une portée moindre que le Springfield et l'Enfield à cartouche en carton ; elles étaient en outre plus susceptibles de se détraquer. C'est pourquoi les fusils se chargeant par la bouche restèrent les plus prisés par l'infanterie tout au long de la guerre.

L'industrie nordiste passa à la vitesse supérieure pour fabriquer plus de deux millions de fusils durant la guerre ; incapable de produire plus d'une fraction de ce total, le Sud comptait principalement sur les armes importées malgré le blocus, et sur les fusils pris à l'ennemi. En 1861, ni l'un ni l'autre camp n'avait encore beaucoup de fusils rayés et la majorité des soldats étaient équipés des vieux fusils à canon lisse provenant des stocks des magasins d'armes. Au cours de l'année 1862, la plupart des régiments de l'Union reçurent de nouveaux fusils Springfield ou Enfield, tandis que de nombreuses unités confédérées devaient se contenter d'armes plus vétustes. Ce fut l'une des raisons pour lesquelles il y eut deux fois plus de morts et blessés sudistes durant les Sept Jours. En 1863, presque tous les fantassins des deux camps étaient munis de fusils rayés.

Le passage du canon lisse au canon rayé eut deux grandes conséquences : il multiplia le nombre des victimes et il favorisa la défensive. Les officiers formés et habitués à l'ancienne tactique furent longs à admettre ce changement. A de multiples reprises, des généraux des deux camps ordonnèrent des assauts en rangs serrés, selon la formation traditionnelle. Or, avec une distance de tir optimale portée à trois ou quatre cents mètres, les défenseurs qui utilisaient des fusils à canon rayé décimaient les rangs des attaquants. En outre, l'artillerie devint moins importante en tant qu'arme offensive, car sa précision et la fiabilité des obus à longue portée n'étaient pas brillantes ; or, les canons ne pouvaient plus avancer avec l'infanterie vers les lignes ennemies, puisque les tireurs d'élite étaient désormais en mesure d'abattre les artilleurs et surtout les chevaux à des distances qui pouvaient aller jusqu'à huit cents mètres. Ces mêmes tireurs visaient aussi les officiers ennemis, ce qui permet de comprendre pourquoi les officiers et surtout les généraux connurent un taux de mortalité et de blessures plus élevé que celui des simples soldats. Des deux côtés, les officiers prirent l'habitude de descendre de cheval dès qu'ils le pouvaient et de revêtir le même uniforme que leurs hommes, avec une simple épaulette pour indiquer leur rang. Les anciennes charges de la cavalerie contre l'infanterie, déjà dépassées, devinrent carrément impossibles face à des fusils capables d'abattre les chevaux bien avant que leurs cavaliers ne parvinssent à portée de pistolet ou de sabre. La guerre de Sécession hâta l'évolution de la tactique de la cavalerie démontée, en vertu de laquelle le cheval était avant tout un moyen de transport plutôt qu'une arme proprement dite.

Le temps aidant, l'expérience apprit aux soldats de nouvelles tactiques adaptées aux fusils rayés. Les formations d'infanterie se firent plus lâches et devinrent une sorte d'immense ligne de tirailleurs, au sein de laquelle les hommes avançaient par à-coups, profitant des abris naturels que leur offrait le terrain pour recharger leur arme avant de faire encore quelques mètres au pas de course, opérant par groupes de deux ou trois pour recharger et tirer en alternance afin de maintenir un feu continu de préférence à des salves. Toutefois, à cette époque où la radio n'existait pas, les officiers avaient du mal à garder le contrôle de vastes unités utilisant cette tactique. Cette difficulté limita l'emploi des formations dispersées, si bien que jusqu'à la fin de la guerre, on fut dans certains cas obligé de s'en tenir aux assauts en rangs serrés.

D'ailleurs, si la tactique de l'ordre dispersé permettait parfois d'enlever les lignes ennemies, elle ne rendit pas sa suprématie à l'offensive, surtout quand les défenseurs commencèrent à creuser des tranchées et à élever des parapets autour de chaque position, comme ce fut le cas à partir de 1863 et 1864. On finit d'ailleurs par adopter une règle empirique selon laquelle les forces qui attaquaient devaient disposer d'une supériorité numérique d'au moins trois contre un pour réussir à enlever des tranchées défendues par des troupes sur le qui-vive. Privée par le fusil rayé d'une partie de sa puissance en tant qu'arme offensive, l'artillerie fonctionnait à plein rendement en tant qu'arme défensive, lorsqu'elle mitraillait les fantassins qui chargeaient (comme elle le fit à Malvern Hill), un peu à la manière d'un énorme fusil à canon scié. En dépit des succès occasionnels remportés par des assauts, par exemple les victoires confédérées à Gaines' Mill, à Chancellorsville et à la Chickamauga, ou les triomphes de l'Union à Missionary Ridge et à la Cedar Creek, la défense venait le plus souvent à bout des attaques frontales. En outre, même lorsqu'il réussissait, un tel assaut se soldait par un nombre élevé de morts et de blessés. Imprégnés de traditions martiales romantiques, se faisant une gloire de leurs « charges » et de leur « courage », les soldats sudistes qui participèrent aux Sept Jours eurent terriblement à souffrir de leurs assauts. D.H. Hill avait tout à fait raison de noter, bien des années plus tard, en songeant aux cadavres entassés devant les lignes de l'Union à Gaines' Mill : « C'était, pensait-on, une grande chose que de charger une batterie d'artillerie ou un travail de fortification garni d'infanterie [...] Nous étions bien prodigues de notre sang à cette époque[1]. »

En 1862 et 1863, les armées confédérées prirent l'offensive dans six des neuf batailles au cours desquelles le nombre des morts et blessés — Nord et Sud confondus — dépassa quinze mille. Même si elles remportèrent deux de ces six batailles (à Chancellorsville et à la Chickamauga) et obtinrent un succès stratégique au cours d'une troisième (les Sept Jours), elles eurent à déplorer au total de ces six combats vingt mille morts et blessés de plus que les armées de l'Union (quatre-vingt-neuf mille contre soixante-neuf mille). Au printemps de 1864, la situation s'inversa èt il y eut parmi les hommes de Grant près de deux fois plus de morts et de blessés que parmi ceux de Lee, les yankees ayant pris l'offensive du désert jusqu'à Petersburg. Des deux côtés, la poursuite de la victoire au moyen d'assauts à l'ancienne se révéla chimérique à l'époque du nouveau fusil rayé. La supériorité tactique de la défensive explique pourquoi la guerre de Sécession fut si longue et si sanglante. Le fusil rayé et la tranchée régnèrent sur les champs de bataille de ce conflit fratricide aussi complètement que la mitrailleuse et la tranchée dominèrent ceux de la Première Guerre mondiale.

IV

Dans la pénombre chargée de brouillard qui enveloppait Malvern Hill, au matin du 2 juillet 1862, un officier de cavalerie de l'Union contemplait le champ où la bataille avait fait rage la veille. « Nos oreilles avaient été frappées par les cris déchirants de milliers d'hommes avant que le brouillard ne se levât, écrivit-il vingt ans plus tard, ce tableau encore imprimé dans son souvenir. Mais à présent nos yeux voyaient sur toutes les pentes descendant jusqu'aux forêts distantes de huit cents mètres, un spectacle épouvantable. Plus de cinq mille morts et blessés gisaient sur le sol [...] parmi lesquels suffisamment de survivants remuaient encore pour produire un étrange effet de grouillement[2]. » Très vite, les deux armées établirent une trêve pour pouvoir ensevelir les morts et secourir les blessés. Ces tâches gravèrent les horreurs de la guerre encore plus profondément dans l'esprit des survivants que le combat proprement dit. « Les visions et les odeurs qui nous assaillaient étaient tout bonnement

1. Hill, « Lee's Attacks North of the Chickahominy », *Battles and Leaders*, t.II, p. 352.
2. William W. Averell, « With the Cavalry on the Peninsula », *ibid.*, p. 432.

indescriptibles, nota un soldat sudiste de corvée d'inhumation. Des cadavres si gonflés qu'ils avaient doublé de volume, certains même ayant éclaté sous la pression de gaz putrides [...] La puanteur donnait la nausée et elle était si redoutable qu'au bout de très peu de temps pas un de nous n'y tint et nous nous retrouvâmes à plat ventre, le nez dans la poussière, vomissant pour la plupart tripes et boyaux. » Dans une lettre à sa famille, après une autre bataille, un soldat yankee décrivit un hôpital de campagne installé dans une ferme. « Tout autour des bâtiments, on pouvait voir les porcs de la ferme en train de manger des bras [amputés] et d'autres parties du corps[1]. »

De nombreux civils des deux camps, mais surtout des sudistes, firent eux aussi l'expérience directe du spectacle et des odeurs de la guerre et pas seulement par le truchement des lettres qu'envoyaient les soldats. En mai et juin 1862, une grande partie des combats eut lieu aux portes mêmes de Richmond. Bon nombre des vingt et un mille blessés confédérés de Seven Pines et des Sept Jours furent transportés dans la ville. « Nous vivions dans un immense hôpital et respirions les exhalaisons du charnier », écrivit une habitante de la capitale[2]. Les églises, hôtels, entrepôts, boutiques, granges et jusqu'aux maisons particulières furent réquisitionnés pour être transformés en hôpitaux temporaires. Par centaines, les femmes blanches se métamorphosèrent en infirmières bénévoles ; les esclaves furent mobilisés comme aides-soignants ou fossoyeurs.

A l'instar de l'armée de l'Union, les confédérés donnaient à leurs blessés les premiers soins et les traitements d'urgence dans des hôpitaux de campagne établis à proximité ou sur les lieux mêmes du champ de bataille. Le Sud fut lent à établir des hôpitaux généraux pour le traitement et la convalescence des blessés graves et des soldats atteints de longues maladies. Au début, ces établissements furent entretenus principalement grâce à des initiatives locales ou privées. Vers la fin de 1861, le Département médical de la Confédération avait repris ces fonctions à son compte. L'armée créa plusieurs hôpitaux à Richmond, dont le principal, l'hôpital de Chimborazo, bâti sur une colline à l'est de la ville, devint le plus vaste établissement de ce genre au monde, avec deux cent cinquante pavillons pouvant contenir chacun entre quarante et soixante patients et cent tentes logeant chacune de huit à dix convalescents. Cependant, en juin 1862, à l'époque où des milliers de blessés déferlèrent sur la ville, seule une petite fraction de ces installations était terminée et bien des malheureux moururent dans la rue faute de lits pour les accueillir. Le choc qu'infligèrent les batailles des Sept Jours et d'autres

1. Wiley, *Johnny Reb*, p. 75 ; Wiley, *Billy Yank*, p. 83.
2. Emory M. Thomas, *The Confederate State of Richmond* (Austin, Texas, 1971), p. 100.

combats ultérieurs en Virginie fut à l'origine de l'expansion et de la modernisation des hôpitaux généraux du Sud.

Ce choc et l'exemple de femmes qui se portèrent volontaires à Richmond et à Corinth, dans le Mississippi, obligèrent également le Département médical à revenir sur son hostilité initiale envers les infirmières.

A la veille de la guerre de Sécession, Florence Nightingale était considérée comme une héroïne par les Américaines autant qu'elle l'était en Angleterre. Elle avait révolutionné les services médicaux tout à fait insuffisants de l'armée britannique en Crimée. Elle avait aussi fait du métier d'infirmière une profession digne de respect et, en 1860, elle avait fondé la première école d'infirmières du monde, à l'hôpital de St. Thomas à Londres. Lorsque la guerre éclata en Amérique, plusieurs Blanches du Sud offrirent leurs services en qualité d'infirmières ou fondèrent de petits hôpitaux pour les soldats. L'un des meilleurs établissements de ce genre fut créé à Richmond par Sally Louisa Tompkins que Jefferson Davis finit par nommer capitaine, afin que son infirmerie pût être légalement transformée en hôpital militaire.

De tels exemples se heurtaient à un préjugé solidement ancré contre la présence de « dames comme il faut » parmi le personnel des hôpitaux militaires. Certes les Blanches avaient tout loisir de soigner les malades chez elles, voire dans les quartiers réservés aux esclaves, mais elles n'avaient, pensaient certains, rien à faire dans le milieu exclusivement masculin d'un hôpital militaire, où abondaient des spectacles qu'aucune « dame » digne de ce nom ne devait voir. Les femmes devaient rester chez elles à faire de la charpie, tricoter des chaussettes pour les soldats et être aux petits soins pour les hommes de leur famille, lorsqu'ils échappaient momentanément aux rigueurs des combats. Bien que cette conception prévalût largement dans le Sud au début de la guerre, nombre de femmes de bonne famille bravèrent le courroux de leur père ou de leurs frères pour devenir infirmières bénévoles. Parmi elle, une jeune femme de vingt-sept ans, Kate Cumming, de Mobile, qui, en avril 1862, se rendit à Corinth, où l'armée meurtrie de Beauregard tentait de se remettre après Shiloh. « En m'entendant assurer que ce n'était pas la place d'une dame comme il faut, nota-t-elle, je me suis demandé ce qu'en diraient Mlle Nightingale et les centaines de dames comme il faut de Grande-Bretagne, qui se sont rendues en Crimée[1] ! »

Lorsque Kate Cumming arriva dans un des hôtels de Corinth transformé en hôpital, le spectacle la fit blêmir. « Rien de ce que j'avais lu ou entendu ne m'avait donné la moindre idée des horreurs dont j'ai été ici témoin. » Cependant, avec les autres femmes animées par la même

---

1. Richard B. Harwell (éd.), *Kate : The Journal of a Confederate Nurse* (Baton Rouge, 1959), p. XII.

compassion, elle résista à l'envie de s'enfuir et se mit immédiatement au travail. « J'ai veillé toute la nuit, nettoyant les plaies et donnant à boire aux blessés, écrivit-elle dans son journal. Les hommes gisent dans tous les coins de l'édifice, sur leurs couvertures, tels qu'on les a amenés du champ de bataille[...] Au début, l'air nauséabond qui se dégage de cette masse humaine m'a étourdie et écœurée, mais je m'y suis vite habituée. On n'arrête pas de marcher et pour donner quoi que ce soit aux patients, il faut s'agenouiller dans le sang et l'eau ; mais cela nous est égal[1]. »

Mlle Cumming et d'autres Blanches qui soignèrent les blessés dans les hôpitaux militaires durant l'été de 1862 étaient des volontaires. Les infirmiers officiels de l'armée étaient des soldats affectés à ce poste (dont beaucoup étaient eux-mêmes convalescents) et des esclaves réquisitionnées en tant que cuisinières, blanchisseuses et filles de salle. Certaines des volontaires blanches étaient de ces femmes désœuvrées qui jouent à l'infirmière pendant quelques jours avant de repartir comme elles sont venues, mais beaucoup d'autres rendirent de précieux services et parvinrent à triompher ainsi des préjugés que nourrissaient de nombreux chirurgiens-majors de l'armée, initialement hostiles à la présence de femmes blanches. Le directeur médical de l'hôpital militaire de Danville, en Virginie, en vint même à préférer les femmes à ses soldats-infirmiers, lesquels étaient, selon lui, « des grosses brutes de la campagne » incapables de faire la différence entre « une bouteille d'huile de ricin et une baguette de fusil ou entre du laudanum et un trou dans le sol ». En septembre 1862, le Congrès confédéré vota une loi visant à fournir un personnel féminin d'aides-soignantes et d'infirmières aux hôpitaux militaires généraux, « donnant dans tous les cas la préférence aux femmes, là où leurs soins [serviraient] au mieux les intérêts du service[2] ». Grâce à cette loi, bon nombre de femmes blanches firent désormais partie du service médical officiel de l'armée. Avec leurs consœurs bénévoles, elles s'attirèrent des louanges qui, après la guerre, auréolèrent leur contribution d'une gloire — la gloire des causes perdues — égale à celle des soldats confédérés[3]. Beaucoup d'autres femmes qui ne travaillaient pas dans

---

1. Richard B. Harwell (éd.), *Kate: The Journal of a Confederate Nurse*, p. 14, 15.
2. Horace H. Cunningham, *Doctors in Gray : The Confederate Medical Service* (Baton Rouge, 1958), p. 72, 73.
3. Deux des plus célèbres d'entre elles furent Kate Cumming et Phoebe Pember. Miss Cumming devint infirmière-chef d'un hôpital militaire à Chattanooga, après que Beauregard eut évacué Corinth, et fut ensuite infirmière-chef de plusieurs autres établissements en Géorgie lorsque l'avance de Sherman obligea les hôpitaux confédérés à se retirer de plus en plus loin vers le sud. Miss Pember, native de Charleston émigrée à Richmond en 1862, devint la première infirmière-chef de l'hôpital de Chimborazo. Le journal de Kate Cumming et l'autobiographie de Phoebe Pember, publiés après la guerre et aujourd'hui disponibles dans de nouvelles éditions, sont de précieuses sources d'information pour l'histoire des services médicaux confédérés. Voir Harwell (éd.), *Kate* ; et Phoebe Yates Pember, *A Southern Woman's Story : Life in Confederate Richmond*, éd. Bell Irvin Wiley (Jackson, Tennessee, 1959).

les hôpitaux jouèrent elles aussi un rôle crucial en organisant, à travers tout le Sud, l'aide aux soldats ou des sociétés de secours aux hôpitaux, afin de fournir du ravitaillement, des services et de l'argent pour secourir les soldats malades et blessés ou leurs familles. A partir de 1862, tous ces efforts participaient de la mobilisation des ressources pour une guerre totale. Ils permirent aux femmes du Sud de se mêler à la vie publique sur une échelle sans précédent et contribuèrent énormément à les faire enfin descendre de ce piédestal de féminité éthérée, sur lequel elles menaient une vie si étriquée.

Leurs sœurs nordistes connurent des expériences très semblables et, déjà plus émancipées lorsqu'éclata la guerre, elles se lancèrent dans la bataille avec autant d'énergie et en plus grand nombre. Le principal véhicule de leurs activités fut la Commission sanitaire des États-Unis. Cette puissante organisation, la plus vaste association bénévole existant à l'époque, dans un pays réputé pour les entreprises de ce genre, naquit d'une fusion de diverses sociétés locales d'aide aux soldats, lesquelles apparurent en l'espace de quelques jours, après le premier coup de feu tiré au fort Sumter. Ce furent des femmes qui se chargèrent de former ces associations, puisant dans leur sens du dévouement et dans leur expérience préalable au sein de sociétés prônant l'abolition de l'esclavage, les droits des femmes, la tempérance, l'éducation, les missions et autres bonnes œuvres. Elizabeth Blackwell, la première Américaine à avoir bravé les railleries masculines pour devenir docteur en médecine (en 1849), prit en main l'organisation d'un vaste rassemblement de trois mille femmes à l'institut Cooper de New York, le 29 avril 1861. Plusieurs hommes éminents y participèrent et la réunion déboucha sur la formation d'une Women's Central Association for Relief (WCAR ou Association féminine centrale de secours), chargée de coordonner le travail de nombreuses associations de moindre importance. La première tâche de la WCAR fut d'établir un programme de formation pour les infirmières — première tentative de ce genre aux États-Unis. Elle devint aussi le noyau de la Commission sanitaire des États-Unis.

La « Sanitaire », comme on en vint à l'appeler, s'inspirait de l'exemple de la Commission sanitaire britannique durant la guerre de Crimée. La saleté et l'hygiène rudimentaire avaient engendré des maladies et des contagions qui avaient décimé les armées alliées en Crimée et fait souffler sur la Grande-Bretagne un vent de réforme. Un certain nombre d'Américains et d'Américaines appartenant aux milieux médicaux souhaitaient organiser une commission analogue pour réduire les problèmes de ce genre dans l'armée de l'Union. Le 15 mai, une délégation de distingués praticiens (tous des hommes), ayant à sa tête Henry Bellows, éminent pasteur unitarien qui s'intéressait de près aux choses médicales, se rendit à Washington pour y représenter la WCAR et ses filiales. Cette délégation se heurta dans un premier temps à l'opposition du service de santé militaire, dont le chef était un ancien combattant blanchi sous le harnais, qui avait passé quarante-trois ans dans l'armée, lequel n'avait aucune intention de tolérer l'ingérence de civils désireux de se mêler de tout. Il envisageait aussi avec scepticisme la perspective d'employer des infirmières. Devant sa mauvaise volonté, la délégation s'adressa directement à Simon Cameron, ministre de la Guerre, et au président Lincoln. Au début, ce dernier ne vit pas très bien à quoi pourrait servir une organisation civile auxiliaire du service de santé, en parlant même comme de la « cinquième roue du carrosse ». Pourtant il finit par se laisser convaincre et, le 13 juin, signa le décret donnant naissance à la Commission sanitaire des États-Unis[1].

Officiellement, la Commission ne possédait que le droit d'enquêter et de conseiller, mais en 1861 le caractère décentralisé et anarchique de la mobilisation dans le Nord offrait à une association bénévole une occasion en or de forger ses propres pouvoirs. Sous la présidence de Bellows et avec le talentueux Frederick Law Olmsted comme secrétaire exécutif, ce fut précisément ce que fit la Sanitaire. Elle enrôla des médecins et autres personnes de marque pour encadrer ses filiales locales. Dès 1863, sept mille associations locales étaient disséminées à travers le Nord. Les cadres nationaux et la plupart des cinq cents salariés de la Commission étaient des hommes ; la majorité des dizaines de milliers de travailleurs bénévoles étaient des femmes. Elles organisaient des ventes de charité et des « fêtes sanitaires » pour réunir des fonds. Elles envoyaient des bandages, des médicaments, des vêtements, des vivres et des infirmières bénévoles dans les camps et les hôpitaux militaires. Elles fournissaient des repas et des logements aux soldats en permission qui revenaient du front ou y repartaient. En raison des liens étroits unissant les dirigeants de la Commission et certains des volontaires qui devinrent officiers de divers régiments, la Sanitaire contribua à façonner les conditions d'hygiène des camps militaires, en dépit de la froideur persistante à son égard du service de santé. Des « inspecteurs sanitaires » de la Commission apprenaient aux soldats comment assurer un système d'égoûts convenable, où placer les latrines, comment s'approvisionner en eau et comment cuisiner. De nombreux soldats ne leur prêtèrent aucune attention et furent les premiers à en souffrir. D'autres suivirent leurs conseils pour le plus grand bien de leur santé.

La Sanitaire acquit une grande popularité auprès des soldats et beaucoup d'influence auprès des membres du Congrès. Quand arriva l'hiver de 1861-1862, elle était devenue un véritable pouvoir dans la vie politique de la nation. Elle décida d'en profiter pour attaquer le système

1. William Quentin Maxwell, *Lincoln's Fifth Wheel : The Political History of the United States Sanitary Commission* (New York, 1928), chap. 1.

d'ancienneté du service de santé militaire, qui maintenait les jeunes chirurgiens entreprenants en bas de l'échelle et laissait le service aux mains d'hommes tels que son directeur, Clement A. Finley, qui croyait toujours avoir affaire à la bureaucratie somnolente d'une armée de seize mille hommes en temps de paix. « C'est une faiblesse criminelle que de confier des responsabilités de l'ordre de celles qui pèsent sur le chef du service de santé à un imbécile content de soi, étroit d'esprit, condescendant, pour la seule raison qu'il est le plus âgé de tous les vieux médecins qu'on trouve dans les mess de la garde-frontière du pays, écrivit Olmsted, le secrétaire de la Commission dans sa correspondance privée. Il ne sait rien, ne fait rien et n'est d'ailleurs capable de rien savoir ni de rien faire, sinon de pinailler pour des questions de formes et de précédents. » Le président de la Commission, Bellows, rédigea un projet de loi permettant à Lincoln de court-circuiter le système de l'ancienneté, afin de nommer des hommes plus jeunes aux échelons supérieurs du service de santé. Cette législation, assura Bellows, « mettrait à la retraite tous les vénérables bons à rien et autres obstructionnistes séniles qui à l'heure actuelle [nuisaient] à la santé [des] troupes et [mettaien]t leur sécurité en danger[1] ».

Bien sûr, l'*establishment* médical de l'armée se rebiffa contre « les prédicateurs à sensation, les médecins de villages et les femmes autoritaires » de la Commission[2]. Néanmoins, la loi fut votée le 18 avril 1862. Non seulement suspendait-elle le système d'ancienneté, mais elle donnait aussi au chef du service de santé l'autorité nécessaire pour nommer huit inspecteurs médicaux habilités à instituer des réformes dans les procédures militaires. Lincoln s'empressa de remplacer Finley à la tête du service de santé par le candidat de la Sanitaire : William Hammond, un homme de trente-trois ans seulement, chirurgien-major progressiste, énergique et volontaire. Sa nomination marqua la fin de l'antagonisme entre l'armée et la Commission et la naissance d'une association extraordinairement féconde entre les secteurs médicaux public et privé. L'armée confia à la Commission plusieurs bateaux à vapeur commerciaux que l'on transforma en navires-hôpitaux, avec à bord un personnel d'infirmières bénévoles, pour évacuer les blessés de la péninsule vers les hôpitaux généraux de Washington et de New York. La Commission avait déjà prouvé la valeur de cette politique en affrétant ses propres hôpitaux flottants pour évacuer les blessés de Shiloh. Elle fut aussi à l'origine des trains-hôpitaux, formés de wagons adaptés au transport des blessés.

1. Lettre d'Olmsted à John Murray Forbes, 15 déc. 1861 ; lettre de Belows à Forbes, 19 déc. 1861, citées par A. Howard, Meneely, *The War Department, 1861 : A Study in Mobilization and Administration* (New York, 1928), p. 228.

2. George Worthington Adams, *Doctors in Blued : The Medical History of the Union Army in the Civil War* (éd. Collier Books, New York, 1961 [1952]), p. 68.

Hammond, le nouveau chef du service de santé militaire, fut si favorablement impressionné par les infirmières de la Commission sanitaire qui travaillèrent à bord des navires-hôpitaux, qu'il émit en juillet 1862 un décret exigeant qu'au moins un tiers des infirmiers militaires travaillant dans les hôpitaux généraux fussent des femmes. Dès avril 1861, la vénérable réformatrice des asiles d'aliénés, Dorothea Dix, avait été nommée « surveillante en chef des infirmières », et dotée de pouvoirs assez vaguement définis. Très individualiste et ne brillant pas par ses capacités d'administratrice, elle collabora non sans un certain malaise avec la Commission sanitaire pour recruter des infirmières. A la fin de la guerre, plus de trois mille femmes du Nord avaient servi comme infirmières militaires salariées. En outre, plusieurs milliers de femmes continuaient à travailler comme bénévoles et agents salariés de la Commission sanitaire.

Ce n'était pas le seul moyen qu'avaient les femmes et hommes du Nord de rendre des services médicaux durant la guerre. Certains travaillaient pour d'autres associations bénévoles, par exemple la Commission sanitaire de l'Ouest (distincte de la Commission des États-Unis), active sur le théâtre des opérations situé à l'ouest du Mississippi, ou la Commission chrétienne, fondée par les dirigeants de la Young Men's Christian Association (YMCA, Association des jeunes chrétiens) en novembre 1861 pour fournir des couvertures, des vêtements, des livres et une nourriture matérielle aussi bien que spirituelle aux soldats de l'Union. Par ailleurs, certaines des femmes nordistes qui accédèrent à la notoriété en tant qu'infirmières agissaient quasiment seules. Ainsi Clara Barton, par exemple, une vieille fille de quarante ans, employée au bureau des brevets lorsque la guerre éclata. A elle toute seule, elle devint une véritable société de secours aux soldats, réunissant des médicaments et des provisions, intervenant en personne sur plusieurs champs de bataille et dans des hôpitaux de campagne pour réconforter les blessés et houspiller les chirurgiens négligents ou indifférents. L'amitié qui unissait cette demoiselle à plusieurs membres influents du Congrès favorisa certaines pressions politiques qui s'exercèrent en faveur de réformes dans les services médicaux de l'armée. Les expériences que fit Clara Barton durant la guerre l'incitèrent ultérieurement à militer pour la création d'une branche américaine de la Croix rouge internationale. Non moins remarquable fut Mary Ann Bickerdyke, une veuve de quarante-cinq ans, originaire de l'Illinois, qui prit du service en 1861, à la base militaire de Cairo ravagée par les fièvres. Cette femme corpulente, solide, indomptable et néanmoins maternelle sillonna le camp comme l'ange de la vengeance. Toujours sur le dos des officiers obtus, elle se fit la championne des simples soldats qui la surnommèrent affectueusement « Mother Bickerdyke ». Ayant fait place nette dans les camps, elle poursuivit sa route avec les armées de Grant et de Sherman, du fort Donelson jusqu'à Atlanta. Elle s'attira le respect de ces deux généraux ; c'était même la seule femme que Sherman tolérât dans les hôpitaux de sa base avancée.

Cela dit, les infirmières militaires n'appartenaient pas toutes à la catégorie sociale désignée au XIXe siècle par l'épithète « respectable ». Au Nord comme au Sud, certains régiments perpétuaient l'institution séculaire des « filles de camp », lavandières et cantinières qui suivaient l'armée et faisaient parfois aussi office de prostituées ou d'infirmières. Néanmoins, dès 1862 les infirmières « respectables » avaient surmonté les nombreux préjugés qui avaient sévi à leur encontre au début de la guerre. Elles méritaient — aux yeux des soldats et du public, sinon toujours des chirurgiens-majors — le rang et l'estime dont Florence Nightingale et ses cohortes dévouées jouissaient en Angleterre. Le courage et l'énergie dont nombre d'entre elles firent preuve dissipa quelque peu la légende du sexe « faible ». Peut-être même la qualité de certains mariages s'en trouva-t-elle améliorée. Ainsi, en juin 1862, l'épouse de George Templeton Strong (trésorier de la Commission sanitaire) tint absolument à se rendre dans la péninsule virginienne en tant qu'infirmière bénévole. Une fois sur place, elle se montra extrêmement capable, acquit un but dans la vie et modifia radicalement l'opinion que son mari avait d'elle. « Ma petite femme a montré une force étonnante au cours de ces deux mois, nota-t-il dans son journal. Je ne lui avais jamais reconnu le dixième de l'esprit d'entreprise, du cran, du discernement et de la force de caractère dont elle a fait preuve. Que Dieu la bénisse[1]. »

La guerre de Sécession fit date dans la transformation du rôle de l'infirmière, qui d'emploi subalterne devint une profession reconnue. La guerre amena aussi d'importantes innovations dans la pratique de la médecine. Il y eut notamment la création d'un corps spécial d'ambulanciers préposés à l'administration des premiers soins aux blessés et à leur évacuation vers les hôpitaux de campagne. Dans l'une et l'autre armée, la tradition assignait aux membres de la fanfare militaire et aux soldats « les moins efficaces sous les armes » le rôle de brancardiers, chargés de transporter les blessés et d'assister les chirurgiens des hôpitaux de campagne. Les conducteurs d'attelage dans le civil étaient censés pouvoir se convertir à la demande en conducteurs d'ambulances militaires. Les combats de masse de l'année 1862 ne tardèrent pas à faire apparaître les défauts de ce système. Manquant de formation et d'esprit de corps, les hommes et jeunes garçons (de nombreux musiciens avaient moins de dix-huit ans) à qui l'on confiait ces tâches manifestèrent une fâcheuse propension à se sauver, terrifiés, quand on commençait à combattre. Et même lorsque les conducteurs d'ambulance restaient à leur poste, il n'y avait pas suffisamment de véhicules. Bien souvent, au

1. Strong, *Diary*, p. 239.

mépris des ordres, les combattants quittaient la ligne pour emporter leurs amis blessés vers l'arrière, parce qu'ils savaient qu'il n'y aurait personne d'autre pour le faire.

Cette situation désastreuse devint un véritable scandale dans l'armée de l'Union durant l'été de 1862 et, après les batailles des Sept Jours, Hammond, le chef du service de santé, décida de nommer Jonathan K. Letterman directeur médical de l'armée du Potomac. Cette nomination marqua une nette amélioration. Cela faisait longtemps que la Commission sanitaire prônait la création d'un corps d'ambulanciers ayant reçu une formation spéciale. Letterman mit sur pied une telle unité dans l'armée du Potomac, après quoi les autres armées de l'Union l'adoptèrent et elle fut officiellement reconnue par la loi en 1864. Portant des uniformes spéciaux, montrant une vaillance à toute épreuve, ces brancardiers risquaient leur vie pour atteindre les blessés au plus fort de la bataille et les évacuer le plus vite possible vers les postes de soins et les hôpitaux de campagne. Le corps des ambulanciers américains servit de modèle aux armées européennes jusqu'à la Première Guerre mondiale ; aussi bien les Prussiens que les Français adoptèrent ce système lors de la guerre de 1870[1]. Le Sud créa un « corps d'infirmiers » tout à fait similaire en 1862, mais sans lui donner la même ampleur. Le service médical des confédérés, à l'image de l'effort de guerre sudiste en général, fit des merveilles avec les ressources dont il disposait, mais il n'avait ni assez d'hommes, ni assez de médicaments, ni assez d'ambulances pour espérer rivaliser avec ce qu'accomplissait celui de l'Union. Ce fut une des raisons pour lesquelles environ dix-huit pour cent des blessés rebelles moururent de leurs blessures, contre quatorze pour cent des yankees[2].

Sous ce rapport, les pertes subies par les deux armées étaient bien sûr épouvantables selon les critères du XXe siècle. Durant la guerre de Corée, un Américain sur cinquante seulement mourut de ses blessures ;

1. Adams, *Doctors in Blue*, p. 88.

2. Le pourcentage cité ici pour la mortalité des blessés de l'Union est fondé sur le rapport officiel du chef du service de santé militaire, qui a servi de point de départ pour les complications présentées chez Fox, *Regimental Losses*, p. 24 et *passim*. Il n'existe pas de données comparables pour la Confédération. Mes dix-huit pour cent sont une estimation fondée sur des données fragmentaires que l'on trouve chez Fox ; chez Thomas L. Livermore, *Numbers and Losses in the Civil War* (Boston, 1901) ; chez Cunningham, *Doctors in Gray* ; et chez Courtney R. Hall, « Confederate Medecine », *Medical Life*, n° 42 (1935), p. 473. Outre un service de brancardiers et d'ambulanciers moins efficace après 1862, d'autres raisons pouvaient expliquer ce taux de mortalité légèrement plus haut chez les confédérés : la pénurie de médicaments dans le Sud ; et aussi le régime alimentaire mal équilibré des soldats méridionaux, qui les rendait plus vulnérables que leurs adversaires aux traumatismes dus aux blessures ou aux opérations. Dans une certaine mesure, la différence du taux de mortalité par blessure fut peut-être artificiellement créée par les statistiques, car les officiers confédérés étaient moins susceptibles que leurs homologues fédéraux de signaler les blessures légères de leurs hommes, si bien qu'une proportion sans doute plus forte des blessures signalées chez les soldats confédérés étaient graves et donc potentiellement mortelles.

au Vietnam, il y en eut un sur quatre cents. Le soldat de la guerre de Sécession courait huit fois plus de risques de mourir de ses blessures et dix fois plus de mourir de maladie qu'un combattant américain de la Première Guerre mondiale. Il faut savoir, du reste, qu'au cours de la guerre civile deux fois plus de soldats succombèrent à la maladie plutôt qu'aux combats ou à leurs blessures. Cette statistique semble, de prime abord, justifier les conclusions atteintes par plusieurs historiens qui prétendent que « les services médicaux représentent l'un des échecs les plus consternants de la guerre de Sécession[1] ».

Ce jugement fait écho à une grande partie de l'opinion de l'époque. La presse et les rapports de la Commission sanitaire publiaient des récits d'horreur se déroulant dans des hôpitaux répugnants de saleté, avec des chirurgiens ivres, des soldats malades ou blessés laissés sans soin et mourant dans des souffrances atroces, et le reste à l'avenant. Plus d'un médecin militaire passait pour un « charlatan » ou un « boucher », ce qui reflétait d'ailleurs l'assez piètre réputation de la profession médicale dans son ensemble. Les soldats avaient une sainte terreur de l'hôpital et faisaient parfois des efforts héroïques pour cacher une blessure ou une maladie, à seule fin de ne pas y être envoyés. « A mon avi, les docteurs tue plus qu'ils gairisse, écrivit un soldat de l'Alabama en 1862. Les docteurs ont qu'à moitié leur bon sens. » Les yankees étaient plutôt d'accord avec ce verdict. Un deuxième classe de l'Illinois nota : « Notre docteur en sait à peu près aussi long qu'un gamin de dix ans », tandis qu'un officier du Massachusetts assurait que le chirurgien de son régiment était « un âne »[2].

Les soldats qui étaient persuadés qu'ils avaient plus de chances de se rétablir hors de l'hôpital qu'au-dedans avaient peut-être raison, mais cela était dû davantage à l'état de la science médicale en général qu'à l'incompétence particulière des médecins de l'armée. La guerre de Sécession survint à la fin d'une ère médicale encore marquée par l'obscurantisme. Les années 1860 virent poindre l'aube d'une époque nouvelle, avec en Europe les recherches de Louis Pasteur, Joseph Lister et plusieurs autres, qui découvrirent les minuscules organismes qui contaminent l'eau et la nourriture et pénètrent dans le sang par les plaies ouvertes. En l'espace d'une génération, la nouvelle science qu'était la bactériologie avait révolutionné la médecine. La découverte du lien entre les moustiques et la fièvre jaune ou la malaria permit de contrôler ces maladies mortelles. Or, les médecins de la guerre de Sécession ne savaient rien de tout cela. La révolution médicale arriva trop tard pour leur être utile. Ils n'avaient pas conscience des rapports véritables entre l'eau et la typhoïde, entre les instruments non stérilisés et l'infection, entre les

1. Peter J. Parish, *The American Civil War* (New York, 1975), p. 147.
2 Wiley, *Johnny Reb*, p. 267 ; Wiley, *Billy Yank*, p. 131.

moustiques et la malaria. Les concepts de l'asepsie et de l'antisepsie pour les opérations chirurgicales n'existaient pas encore. Les médecins ne risquaient pas de concevoir la notion d'antibiotiques, puisqu'ils ignoraient pratiquement tout des bactéries contre lesquelles ceux-ci sont censés lutter. En outre, les fusils de gros calibre et à faible vitesse initiale, utilisés par les deux armées en présence, causaient d'horribles blessures, la balle se logeant généralement dans le corps plutôt que de le traverser. En dehors de l'amputation, les chirurgiens ne connaissaient guère de méthodes pour lutter contre la gangrène, l'ostéomyélite ou la pyohémie. Les blessures au ventre étaient généralement fatales car on ne savait pas prévenir la péritonite. Pour les anesthésies, on utilisait le chloroforme et l'éther, mais en raison de pénuries, surtout dans le Sud, il fallait parfois se contenter d'administrer aux opérés une bonne rasade de whisky et leur enjoindre de serrer littéralement les dents durant l'intervention[1]. On était à « l'époque héroïque » de la médecine, durant laquelle un soldat souffrant de n'importe quel mal, allant de la dysenterie à la constipation, en passant par la malaria et le rhume de cerveau, était soigné à grands coups de calomel, d'émétique, de quinine, de morphine ou de laudanum. On ne s'étonnera donc pas de savoir que les hommes préféraient, si possible, ne pas tomber dans les griffes des médecins ; ni d'apprendre que certains d'entre eux finissaient drogués aux narcotiques.

La maladie faisait peser sur la santé des soldats une menace plus grave que les armes ennemies. Il en avait d'ailleurs été ainsi pour toutes les armées de l'histoire. Les armées de la guerre civile américaine furent du reste moins décimées par la maladie que toutes celles qui les avaient précédées. Certes, pour un soldat nordiste ou sudiste tué au combat, il en mourait deux par maladie, mais pour les soldats britanniques des guerres napoléoniennes ou de Crimée la proportion avait été respectivement de huit contre un et de quatre contre un. Pour l'armée américaine au Mexique, elle avait été de sept contre un. Ce n'est que selon les critères du XXe siècle que ce taux de mortalité paraît tristement élevé. Néanmoins, en dépit de l'amélioration constatée dans ce domaine par rapport aux guerres antérieures, la maladie fut un facteur paralysant pour les opérations militaires de la guerre de Sécession. A tout moment, une importante proportion des hommes d'un régiment risquait d'être « portée pâle ». La maladie réduisit les effectifs de la plupart des régiments qui, bien souvent, au lieu des mille hommes prévus à l'origine, n'en comptaient plus que la moitié avant même de participer à la moindre bataille.

1. Cependant, le nombre de fois où des chirurgiens durent opérer sans anesthésie fut relativement réduit, même dans l'armée confédérée. Durant la campagne de la Shenandoah, les troupes de Stonewall Jackson s'étaient emparées de quinze mille caisses de chloroforme, ce qui fut fort utile à la Confédération dans ce domaine.

C'était au cours de leur première année de service que les soldats étaient le plus vulnérables. L'entassement de milliers d'hommes de milieux très différents dans un environnement nouveau et propice aux maladies les plus contagieuses eut les résultats que l'on pouvait attendre. Des garçons (surtout ceux des zones rurales) qui n'avaient encore jamais été exposés à la rougeole, aux oreillons ou à l'angine succombèrent comme des mouches à ces maladies infantiles. Même si l'issue était rarement fatale, les unités se trouvaient quelquefois diminuées pendant plusieurs semaines de suite. Plus meurtriers étaient la variole et l'érésypèle qui se répandirent à travers certains régiments ruraux comme des traînées de poudre. S'ils se remettaient de ces maladies et restaient quelque temps au camp d'entraînement ou en campagne — où, par la faute de l'hygiène déplorable et de leur exposition à des conditions climatiques variables, ils contaminaient leur provision d'eau, créaient de véritables bouillons de culture fertiles en bactéries et devenaient vulnérables à des virus assassins — les soldats finissaient par contracter l'une des trois principales maladies mortelles de la guerre : la diarrhée/dysenterie, la typhoïde ou la pneumonie. En outre, en s'avançant vers le Sud, lors des campagnes d'été, beaucoup d'entre eux furent victimes de la quatrième grande faucheuse : la malaria. Enfin, un nombre considérable de soldats de l'Union qui occupaient les villes du Sud, ainsi que de soldats confédérés qui campaient près d'autres villes — surtout Richmond — connurent un ultime fléau : les maladies vénériennes, dont on signalait presque autant de cas que de rougeole, oreillons et angine combinés[1].

La maladie contrecarra d'ailleurs plusieurs opérations militaires. En 1861, les campagnes de Lee en Virginie occidentale échouèrent en partie parce que la maladie avait fait des ravages parmi ses troupes. Et l'une des raisons pour lesquelles l'Union renonça à sa première tentative pour capturer Vicksburg, en juillet 1862, fut la santé délabrée de la moitié des soldats et marins qui se trouvaient sur place. De même, Beauregard fut influencé dans sa décision d'abandonner Corinth par l'existence d'une véritable épidémie qui avait mis sur le flanc un bon tiers de son armée. Lorsque Halleck eut établi ses troupes d'occupation dans cette même ville, au début de juin, un tiers ou plus des tuniques bleues tombèrent malades à leur tour. Près de la moitié des vingt-neuf généraux de l'Union furent frappés par la maladie durant la campagne de Corinth et les opérations qui suivirent, notamment Halleck en personne et John Pope, souffrant tous deux de ce qu'ils appellèrent par dérision « l'évacuation de Corinth » (la diarrhée), tandis que Sherman contractait pour sa part la malaria. Si Halleck renonça, après Corinth, à poursuivre son invasion de l'État du Mississippi, ce fut en partie parce qu'il avait peur de voir

1. Voir le tableau établi pour ces maladies dans l'armée de l'Union par Paul E. Steiner, *Disease in the Civil War* (Springfield, Illinois, 1968), p. 10-11.

la maladie faire des ravages encore plus grands parmi ses nordistes non acclimatés, s'il tentait une campagne d'été dans le Sud profond.

Ce fut encore la maladie qui influa sur l'issue de la campagne de la péninsule en Virginie. La santé de l'armée de McClellan, déjà affectée par les pluies torrentielles et la chaleur humide qui régnaient dans les marécages de la Chickahominy, en mai et en juin, se détériora encore après son arrivée à Harrison's Landing au mois de juillet. Près d'un quart des hommes sortis indemnes des combats étaient malades. On signalait tous les jours des dizaines de nouveaux cas de malaria, de dysenterie et de typhoïde. McClellan lui-même n'était pas tout à fait remis d'un récent accès de dysenterie. Voyant approcher la saison la plus malsaine de l'année (août-septembre), le gouvernement décida, malgré les protestations du général, de lui faire évacuer la péninsule.

Cette décision cachait aussi des préoccupations stratégiques et politiques. Comprenant les inconvénients qu'il y avait à tenter d'être son propre général en chef, Lincoln avait rappelé Halleck de sa mission dans l'Ouest pour lui confier ce poste. Le Président avait également constitué une nouvelle armée dans le nord de la Virginie, en réunissant les corps d'armée de Banks, Frémont et McDowell, et il avait fait revenir John Pope pour la commander. Pendant ce temps, le Congrès votait une loi visant à confisquer les biens des confédérés (esclaves compris) et Lincoln se décidait à émettre une proclamation d'émancipation des Noirs. L'échec de la campagne de McClellan dans la péninsule ne fut pas seulement un échec militaire ; il sonnait aussi le glas de la doctrine d'une guerre limitée pour des objectifs limités, chère à McClellan. Désormais, le Nord se battrait non pas pour préserver l'ancienne Union, mais pour la détruire et en rebâtir une nouvelle sur ses décombres.

Chapitre XVI

IL FAUT AFFRANCHIR LES ESCLAVES OU ÊTRE NOUS AUSSI ASSERVIS

I

Peut-être Robert E. Lee était-il mécontent que l'armée de McClellan eût échappé à l'anéantissement lors des Sept Jours, mais la population sudiste ne partageait pas sa déception. « Le coup de grâce vient d'être asséné à cette fameuse "grande armée" du Nord, écrivit dans son journal intime un habitant de Richmond. Lee a inversé le cours des choses et je ne serais pas étonné si nous connaissions à présent une longue période de succès. » Lee devint donc le héros du moment. Il n'était plus question du « roi de pic », ni de « Lee l'évacuateur ». Le *Richmond Whig* proclamait bien haut que le paisible Virginien avait « stupéfié et confondu ses détracteurs par la fulgurance de son génie [...], son énergie et son audace. Il [venait] d'asseoir à jamais sa réputation et [méritait] la gratitude éternelle de son pays[1] ».

Ces commentateurs n'étaient pas, bien sûr, en mesure d'apprécier la profonde ironie du succès de Lee. En effet, si la campagne de McClellan avait réussi, la guerre aurait fort bien pu s'arrêter là et l'Union aurait sans doute été rétablie, au prix d'un minimum de ravages dans le Sud. L'esclavage aurait survécu sous une forme à peine modifiée, du moins pour un temps. En infligeant cette défaite à McClellan, Lee assura la prolongation du conflit jusqu'à ce qu'il eût détruit l'esclavage, le Vieux Sud et presque tout ce pour quoi luttait la Confédération.

Après les Sept Jours, la politique de l'Union prit un virage décisif en direction d'une guerre totale. Les premiers jours, le moral des nordistes descendit aussi bas que celui de leurs adversaires montait haut. « Ici, le sentiment d'abattement est extrêmement fort », écrivit un éminent démocrate de New York, tandis qu'un républicain notait dans son journal que c'était « le jour le plus sombre que [l'on eût] vu depuis le Bull Run [...]. La situation [paraissait] désastreuse[... On avait] bien du mal à conserver une foi vivace dans la victoire de la nation et de la loi ». Lincoln, quoique découragé lui aussi, ne faiblit pas un instant. « J'ai l'intention de poursuivre cette lutte, fit-il savoir aux gouverneurs des États de l'Union, jusqu'à ce je l'aie remportée, ou que je sois mort, ou que j'aie été vaincu[...] ou que le Congrès ou le pays m'aient abandonné[2]. »

Le Président se rendait compte à présent qu'il avait eu tort d'interrompre le recrutement au mois d'avril, mais il craignait de déclencher « une panique et une débandade générales », en lançant un nouvel appel à la mobilisation tout de suite après les Sept Jours. Seward résolut ce dilemme par une habile manœuvre. Il se rendit en toute hâte à New York pour s'entretenir avec les gouverneurs des États du Nord. Ceux-ci acceptèrent d'adresser une supplique au Président (rédigée par le ministre), le pressant vivement de solliciter les États, en leur demandant des volontaires pour « donner suite » aux « récents succès des armes fédérales » et « écraser au plus vite la rébellion ». Seward antidata ce document du 28 juin, afin d'éviter qu'il ne fît l'effet d'une réaction d'affolement à la retraite de McClellan. Feignant de s'incliner devant la volonté des gouverneurs, Lincoln réclama le 2 juillet trois cent mille

1. Jones, *War Clerk's Diary* (Miers), p. 88-89 ; Douglas Southall Freeman, *R.E. Lee: A Biography*, 4 vol. (New York, 1934-35), t. II, p. 244-245.

2. Lettre de Samuel L.M. Barlow à Henry D. Bacon, 15 juillet 1862, Barlow Papers, bibliothèque Henry E. Huntington ; Strong, *Diary*, p. 234, 236, 239, 241 ; *CWL*, t. V, p. 292.

nouveaux volontaires pour mener la guerre « à une conclusion rapide et satisfaisante[1] ».

Une fois de plus, les comités de recrutement du Nord mirent leur dispositif en route. Les gouverneurs demandèrent aux hommes de s'enrôler afin de lutter pour « [le] vieux drapeau, [le] pays, l'Union et la liberté ». James S. Gibbons, un abolitionniste quaker ayant « un penchant raisonnable pour le courroux en cas d'urgence », écrivit un poème à la gloire du recrutement, qui connut une grande popularité et fut mis en musique par Stephen Foster, Luther O. Emerson et plusieurs autres : « Nous voici, père Abraham, trois cent mille hommes de plus. » Néanmoins, les trois cent mille hommes en question se faisaient cruellement attendre. Les parades et meetings de 1862 n'étaient que de pâles imitations des vibrantes manifestations de l'année précédente. La liste des victimes, qui ne cessait de s'allonger, avait appris à la population que la guerre n'était pas une belle et glorieuse aventure. Bien que le Nord n'eût mobilisé qu'un tiers de ses forces militaires potentielles, entre l'économie de guerre en pleine expansion et l'activité régnant dans les fermes au plus fort de l'été, peu de jeunes gens se trouvaient désœuvrés et disposés à s'engager. Et ce d'autant moins que les nouvelles recrues devaient, comme les soldats se trouvant sous les drapeaux, s'enrôler pour trois ans. Les gouverneurs firent savoir au ministère de la Guerre qu'ils n'auraient pas trop de mal à recruter des volontaires à court terme pour respecter leurs quotas, mais qu'il serait beaucoup plus difficile de trouver des candidats pour trois années de service.

En réponse, le gouvernement proposa un ingénieux mélange de carotte et de bâton. La carotte se présentait sous forme de primes. Le ministère de la Guerre autorisa le paiement anticipé de vingt-cinq dollars sur la prime de cent dollars normalement allouée à chaque soldat démobilisé après s'être conduit honorablement. En plus de quoi, certains États ou villes offrirent une prime spéciale aux engagés pour trois ans. Présentée comme une compensation pour le sacrifice économique consenti par le volontaire et sa famille, cette prime annonçait ce qui allait devenir une surenchère mercenaire pour remplir les quotas régionaux. Quant au bâton, ce fut une loi sur la milice votée par le Congrès le 17 juillet 1862. Selon ce décret, les milices d'État étaient désormais composées de tous les hommes valides, âgés de dix-huit à quarante-cinq ans, et le Président avait le droit d'en appeler les membres sous les drapeaux fédéraux pour une période pouvant aller jusqu'à neuf mois. Sachant que, dans plusieurs États, la milice avait sombré dans une sorte d'hébétude comateuse, on ajouta une clause très importante stipulant que le Président était autorisé à « instituer tous les statuts et règlements nécessaires [...] pour

1. *CWL*, t.V, p. 292-297. Le ministère de la Guerre établit pour ces trois cent mille volontaires des quotas fixés selon la population de chaque État.

l'enrôlement de la milice et l'application générale de la présente loi[1] ». On avait là, en germe, une énorme expansion du pouvoir fédéral aux dépens de celui des États. Le gouvernement n'hésita pas à s'en prévaloir pour s'immiscer où bon lui semblait et organiser une quasi-conscription. Le 4 août, le ministère de la Guerre imposa une mobilisation de trois cent mille miliciens pour neuf mois, *en plus* des trois cent mille volontaires pour trois ans appelés un mois plus tôt[2]. En outre, tout quota incomplet lors du premier appel devrait être complété par la mobilisation d'un nombre équivalent d'engagés pour neuf mois. Si les États ne mobilisaient pas leur milice, le ministère de la Guerre interviendrait et le ferait à leur place. Stanton atténua toutefois ce rude coup de bâton par un règlement stipulant que chaque volontaire enrôlé pour trois ans en excès du quota compterait pour quatre hommes dans le quota des miliciens.

En dépit de sa légalité douteuse et de sa complexité arithmétique, ce règlement atteignit son but. Avec l'aide de dates limites repoussées à plusieurs reprises, la plupart des États parvinrent à enrôler un mélange suffisant de recrues à long ou à court termes pour éviter la mobilisation d'un surcroît de miliciens. Avant la fin de 1862, cette procédure avait permis de recruter quatre cent vingt et un mille volontaires pour trois ans et quatre-vingt-huit mille miliciens, ce qui, selon les calculs de Stanton, dépassait les quotas combinés de quarante-cinq pour cent. La plupart des volontaires étaient recrutés selon la méthode éprouvée qui consistait à créer de nouveaux régiments, avec chacun leurs trente et quelques brevets d'officiers, constituant autant de faveurs politiques. Dès 1863, certains de ces régiments étaient devenus des unités d'élite, mais pour en arriver là, ils durent passer par les mêmes expériences empiriques et coûteuses en hommes que leurs prédécesseurs de 1861.

Dans plusieurs États, une conscription de la milice fut nécessaire pour compléter les quotas. Elle rencontra dans certaines régions une violente résistance — notamment celles peuplées de catholiques irlandais, près des bassins houillers de l'est de la Pennsylvanie, les zones *Butternuts* de l'Ohio et de l'Indiana, et les villes à forte densité de catholiques allemands du Wisconsin. Des émeutiers massacrèrent deux officiers recruteurs dans l'Indiana et blessèrent un commissaire dans le Wisconsin. L'armée dut envoyer des troupes dans les quatre États en question pour maintenir l'ordre et faire appliquer la conscription. Le 24 septembre, Lincoln émit une proclamation qui suspendait le décret d'*habeas corpus* et mettait sous le coup de la loi martiale « toute personne surprise à décourager les enrôlements de volontaires et à résister à la conscription des milices, ou coupable d'une quelconque pratique déloyale susceptible

1. *U.S. Statutes at Large*, t. XII, p. 597.
2. Les hommes exerçant diverses professions cruciales pour l'effort de guerre était exemptés du service de milice.

d'aider ou d'encourager les rebelles ». Le ministère de la Guerre fit appliquer ce décret dans toute sa rigueur. Stanton créa un réseau de grands prévôts qui arrêtèrent et emprisonnèrent sans procès plusieurs centaines d'insoumis et d'activistes opposés à la guerre, dont cinq directeurs de journaux, trois juges et plusieurs leaders politiques de moindre envergure[1].

La plupart des personnes arrêtées étaient des démocrates. Cela ne traduisait nullement chez le gouvernement républicain une volonté de se débarrasser de ses adversaires politiques — comme le soutenaient ces derniers — mais reflétait plutôt la réalité, à savoir que presque tous ceux qui s'élevaient contre la conscription des milices et y résistaient étaient des démocrates. Ils représentaient l'aile la plus conservatrice du parti sur des questions telles que l'émancipation des esclaves, la conscription et la législation financière votée par le Congrès à majorité républicaine de 1862. C'était parmi les catholiques irlandais et allemands et les *Butternuts* du Midwest, dont la richesse et les revenus étaient notoirement inférieurs à la moyenne nordiste, que l'opposition à ces mesures était la plus forte. Ces groupes déclenchèrent des émeutes contre la conscription, brandissant des banderoles où l'on pouvait lire : « La Constitution telle qu'elle est, l'Union telle qu'elle était » et : « Nous ne voulons pas nous battre pour affranchir le Nègre[2]. »

Ces slogans aident à comprendre à la fois les motifs des insoumis hostiles à la conscription et la réaction républicaine à leur égard. La faction *copperhead* [3] du parti démocrate nordiste s'opposa à la transformation de la guerre de Sécession en guerre totale — en guerre destinée à détruire le vieux Sud plutôt qu'à rétablir l'ancienne Union. Aux yeux des républicains, l'opposition à leurs objectifs de guerre devint une opposition à la guerre elle-même ; ils considéraient donc leurs adversaires comme des complices de la rébellion, passibles de ce fait

---

1. *CWL*, t.V, p. 436-437 ; Robert E. Sterling, « Civil War Draft Resistance in the Middle West », thèse de doctorat, Northern Illinois University, 1974, chap. 3-4.

2. Sterling, « Draft Resistance in the Middle West », p. 96-97. Cette étude contient de précieuses données établissant des corrélations entre la résistance à la conscription et des variables politiques, ethnoculturelles, géographiques et économiques. Voir surtout les p. 129, 248 et 535.

3. Comme la plupart des étiquettes politiques, l'épithète *copperhead* fut inventée par l'opposition. Les républicains de l'Ohio l'utilisèrent, semble-t-il, dès l'automne de 1861 pour comparer les démocrates hostiles à la guerre au serpent venimeux appelé *copperhead* (tête de cuivre). A l'automne de 1862, le terme était largement répandu et les républicains s'en servaient souvent pour désigner tout le parti démocrate. En 1863, certains démocrates pacifistes s'enorgueillirent de cette étiquette et commencèrent à porter des badges à l'effigie de la déesse de la Liberté qui figurait sur le penny en cuivre, pour symboliser leur résistance à la « tyrannie » républicaine. Albert Matthews, « Origin of Butternut and Copperhead », *Proceedings of the Colonial Society of Massachusetts* (1918), p. 205-237 ; Charles H. Coleman, « The Use of the Term "Copperhead" during the Civil War », *MVHR*, n° 25 (1938), p. 263-264.

d'une arrestation militaire. En 1861, la plupart des arrestations de ce genre avaient eu lieu dans les États limitrophes où le sentiment pro-confédéré dominait. En 1862, bon nombre des hommes arrêtés étaient des démocrates du Nord, dont la désaffection envers la guerre était due au fait que les républicains avaient cette année-là adopté l'affranchissement des esclaves comme politique de guerre.

II

Au début de 1862, l'élan de la guerre avait entraîné la formation, touchant l'esclavage, de trois factions républicaines fluctuantes et qui se chevauchaient. La plus dynamique et la plus clairement définie était celle des radicaux qui acceptaient l'argument abolitionniste selon lequel l'émancipation pouvait être menée à bien en confisquant les biens ennemis. A l'autre extrémité du parti, les conservateurs, en nombre plus réduit, espéraient, certes, la disparition éventuelle de la servitude, mais préféraient qu'elle intervînt par la volonté des États esclavagistes et qu'elle fût assortie de l'envoi des esclaves affranchis dans une colonie hors des frontières de l'Union. Entre les deux, on trouvait les modérés, avec à leur tête Lincoln, qui partageaient l'aversion morale des radicaux envers l'esclavage, mais redoutaient les conséquences raciales d'une émancipation en masse. Les événements qui survinrent durant les six premiers mois de 1862 poussèrent les modérés vers une position plus radicale.

Un des signes de cette évolution était l'influence croissante des abolitionnistes. « Jamais les abolitionnistes n'ont été aussi respectés qu'à l'heure actuelle », se félicitait l'un d'eux en décembre 1861, tandis qu'un autre notait : « On a bien du mal à se rendre compte du merveilleux changement qui s'est opéré[1]. » Durant l'hiver et le printemps de 1862, le plus radical de tous, Wendell Phillips, parla devant des salles combles dans tout le Nord. En mars, il arriva à Washington — où, ne fût-ce qu'un an auparavant, il n'aurait pu pénétrer qu'au péril de sa vie — et fit trois discours devant des assistances nombreuses, parmi lesquelles avaient pris place le président des États-Unis et plusieurs membres du Congrès. Phillips eut aussi le rare privilège d'être officiellement présenté à la tribune du Sénat. « Le vice-président quitta son siège et l'accueillit avec un profond respect, écrivit un reporter du *New York Tribune*. Les attentions des sénateurs envers l'apôtre de l'Abolition furent des plus flatteuses. » Après avoir souligné le changement survenu depuis l'hiver précédent, où des émeutiers avaient attaqué les abolitionnistes qu'ils

---

1. *Principia*, 21 décembre 1861 ; lettre de Mary Grew à Wendell P. Garrison, 9 janvier 1862, Garrison Family Papers, bibliothèque Rush Rhees, University of Rochester.

traitaient de fauteurs de troubles responsables d'avoir provoqué la sécession du Sud, le *Tribune* poursuivait : « Ce n'est pas si souvent que l'Histoire nous présente des contrastes aussi violents en aussi rapide succession [...]. La déférence et le respect que lui manifestent à présent les hommes les plus haut placés de la nation sont autant d'hommages à l'idée dont il est, plus que quiconque, le populaire défenseur. » Il n'y eut pas jusqu'au *New York Times* qui ne donnât aux abolitionnistes son imprimatur, en janvier 1862, en envoyant un correspondant à la convention de la Société antiesclavagiste du Massachusetts. « Au cours de ces dernières années, on a beaucoup parlé et on s'est beaucoup gaussé [...] de ces réunions, déclara le *Times*. Le fait que Noirs et Blancs se mélangeaient socialement en ces occasions et qu'avec une égale liberté hommes et femmes s'adressaient à cet auditoire hétéroclite a fourni bien des thèmes aux humoristes de la presse et aux rédacteurs en chef facétieux ; mais ce ne sont pas de tels motifs qui ont attiré ici les représentants de quinze journaux parmi les plus lus dans le Nord. Des circonstances particulières ont donné [aux réunions abolitionnistes] une importance qu'elles n'avaient pas eue jusqu'à présent[1]. »

Ces circonstances particulières, c'était la conviction croissante chez les républicains que le sort de la nation ne pouvait être séparé de celui de l'esclavage. Dans un discours remarqué, prononcé en pleine Chambre des représentants, le 14 janvier 1862, le dirigeant radical, George W. Julian, de l'Indiana, donna le ton à la politique des républicains au Congrès. « Quand je dis que cette rébellion a sa source dans l'esclavage, je ne fais que répéter une simple lapalissade », déclara-t-il. Les quatre millions d'esclaves « ne sauraient être neutres. En tant que travailleurs, sinon en tant que soldats, ils seront forcément les alliés des rebelles, ou de l'Union ». Or, en l'affranchissant, le Nord mettrait cette main-d'œuvre, qui soutenait pour le moment les traîtres, au service de l'Union et de la liberté. Cela avancerait d'autant le jour du triomphe national, mais, même si la nation n'avait pas besoin de cela pour l'emporter, « la simple répression de la rébellion ne [serait] qu'une dérision de nos souffrances et de nos sacrifices, si l'esclavage [était] épargné pour recommencer à ronger comme un chancre le cœur de la nation et à répéter ses méfaits diaboliques[2] ».

Vers le milieu de l'été 1862, tous les républicains, hormis les plus conservateurs, en étaient arrivés à la même conclusion. « Tu ne peux pas t'imaginer à quel point l'opinion a pu changer ici sur la question des Noirs, écrivit en août le sénateur John Sherman à son frère, le général. Pour ma part, je suis disposé à affronter la vaste question d'une émancipation générale. » Un journal conservateur de Boston concédait

---

1. *New York Tribune*, 15 et 18 mars 1862 ; *New York Times*, 25 janvier 1862.
2. *CG*, 37e Cong., 2e Sess., p. 327-332.

que « le grand phénomène de l'année [était] la redoutable intensité qu'[avait] acquise cette résolution [d'émancipation]. Voici un an, d'aucuns auraient pu hésiter à l'idée d'en arriver à cette extrémité, [mais à présent] on y [était] dans une grande mesure préparé[1] ».

Dans un tel climat, les projets de loi antiesclavagistes tombèrent comme feuilles mortes à l'automne. Présentés devant différentes commissions, ils reçurent un accueil favorable. Une combinaison unique de conditions historiques et géographiques avait donné aux radicaux originaires de la Nouvelle-Angleterre un pouvoir extraordinaire au Congrès et tout spécialement au Sénat. C'était en Nouvelle-Angleterre et dans les États du haut Nord, à l'ouest de l'Hudson, peuplés par des émigrants yankees, qu'étaient nées la politique abolitionniste et celle du *free soil*. C'était de cette région qu'on avait vu arriver à Washington les premiers républicains, qui étaient aussi les plus radicaux. Or, onze des douze sénateurs de la Nouvelle-Angleterre présidaient des commissions parlementaires et des hommes nés en Nouvelle-Angleterre, mais représentant d'autres États, détenaient cinq des onze présidences restantes. Cinq des dix radicaux les plus en vue de la Chambre, y compris le président de cette assemblée et celui de sa commission budgétaire (Galusha Grow et Thaddeus Stevens, représentant tous deux la Pennsylvanie), étaient nés et avaient grandi en Nouvelle-Angleterre. Il n'était donc pas étonnant que sept projets de loi sur l'émancipation et la confiscation fissent dès la mi-janvier l'objet de rapports favorables de la part des commissions et prissent force de loi au cours des six mois suivants[2].

Certaines de ces lois atteignaient des objectifs que les *free soilers* visaient depuis longtemps : l'interdiction de l'esclavage dans les territoires ; la ratification d'un nouveau traité avec la Grande-Bretagne pour une répression plus efficace de la traite des Noirs ; et l'abolition de l'esclavage dans le district de Columbia. Mais ces mesures, qui en temps de paix auraient été saluées comme de grandes victoires antiesclavagistes, effleuraient à peine, en 1862, les véritables questions que soulevait la guerre concernant l'esclavage. Plus important était un nouvel article de guerre, voté le 13 mars, interdisant aux officiers de l'armée de rendre les esclaves fugitifs à leur maître, article qui tentait donc de résoudre le problème posé dès 1861 par Benjamin Butler avec sa politique des « contrebandes ». Les conquêtes de l'Union dans le sud de la côte atlantique et dans la vallée inférieure du Mississippi avaient mis un grand

1. Lettre de John Sherman à William Sherman, 24 août 1862, citée par Rachel Thorndike (éd.), *The Sherman Letters : Correspondence between General and Senator Sherman from 1837 to 1891* (Londres, 1894), p. 156-157 ; *Boston Advertiser*, 20 août 1862.

2. Leonard P. Curry, *Blueprint for Modern America : Nonmilitary Legislation of the First Civil War Congress* (Nashville, 1968), surtout les chap. 1-4 ; Allan G. Bogue, *The Earnest Men : Republicans of the Civil War Senate* (Ithaca, N.Y., 1981), surtout les chap. 1-6.

nombre d'esclaves dans le voisinage des yankees. Beaucoup d'entre eux fuirent leurs propriétaires pour chercher un refuge — et la liberté — dans les camps de l'Union.

Parfois, ils recevaient un accueil des moins amicaux. Les soldats nordistes n'aimaient guère l'esclavage, certes, mais ils n'aimaient pas davantage les esclaves. S'ils se battaient pour l'Union et contre la trahison, en 1862 ils n'étaient qu'une minorité à s'intéresser un tant soit peu à la lutte pour la liberté des Noirs. Rares étaient ceux qui partageaient les sentiments exprimés par un simple soldat du Wisconsin : « Je n'ai pas envie de faire cette guerre si l'on ne parvient pas à libérer les esclaves. » On se heurtait beaucoup plus couramment à la conviction d'un soldat new-yorkais qui trouvait que « d'abord il [fallait] conquérir et ensuite il [serait] bien temps de parler de ces *foutus Nègres* ». Alors que certains yankees traitaient les contrebandes avec un semblant d'équité ou de bienveillance, la réaction la plus typique était l'indifférence, le mépris, voire la cruauté. En novembre 1861, peu après la prise de Port Royal, en Caroline du Sud, par les forces de l'Union, un simple soldat décrivit un incident qui l'avait rendu « honteux pour l'Amérique » : « Huit ou dix soldats du 47e régiment de New York ont pourchassé des femmes noires, mais elles leur ont échappé ; alors ils ont pris une petite fille noire de sept à neuf ans et ils l'ont violée. » De Virginie, un soldat du Connecticut écrivit que certains hommes de son régiment avaient pris « deux négresses [...], les [avaient] mises la tête en bas et leur [avaient] enfoncé du tabac, des copeaux, des bouts de bois, des cigares allumés et du sable dans le derrière[1] ». Même lorsqu'il lui arrivait d'accueillir les contrebandes à bras ouverts, Billy Yank le faisait plus souvent pour des motifs utilitaires qu'humanitaires. « Les officiers et les hommes se la coulent douce, expliqua un soldat du Maine qui faisait partie des troupes d'occupation en Louisiane, en 1862. Nous avons des Noirs pour faire toutes les corvées, la cuisine et la lessive[2]. »

Avant le mois de mars 1862, les commandants de l'Union n'avaient reçu aucune directive officielle quant à la façon de traiter les contrebandes. Certains officiers suivaient le précédent établi par Butler et prenaient le parti de les recueillir et de renvoyer bredouilles les Blancs qui venaient les réclamer. Le département du Trésor envoya des agents dans les îles côtières de Caroline du Sud, afin de superviser le travail des contrebandes chargés de terminer la récolte du coton pour en vendre le produit aux filatures de la Nouvelle-Angleterre. Les abolitionnistes créèrent des sociétés de secours aux affranchis, qui envoyèrent dans ces îles des enseignants et des surveillants pour y tenter une expérience de libre travail

1. Wiley, *Billy Yank*, p. 40, 44, 114.
2. Bell I. Wiley, « The Boys of 1861 », *in* William C. Davis (éd.), *Shadows of the Storm*, vol. I 7 de *The Images of War : 1861-1865* (Garden City, N.Y., 1981), p. 127.

et d'éducation des Noirs, autour de laquelle on fit un grand battage. Dans d'autres régions, cependant, les commandants refusèrent l'entrée des camps de l'Union aux esclaves en fuite et les rendirent à leurs maîtres. Dans son département de l'Ouest, le général Halleck ordonna que les contrebandes fussent exclus des lignes de l'Union pour des raisons de sécurité militaire. Même si bon nombre de ses officiers sur le terrain se faisaient un malin plaisir de désobéir, la seule existence de cet ordre souleva un tollé chez les radicaux qui soutenaient que les militaires n'étaient pas là pour faire appliquer la loi sur les esclaves fugitifs. Par conséquent, le Congrès vota le nouvel article de guerre interdisant, sous peine de cour martiale, de rendre les esclaves réfugiés dans les camps de l'armée, fût-ce à des propriétaires qui se disaient loyaux à l'Union.

C'était là une mesure nantie d'un fort potentiel pour venir à bout de la servitude, aussi bien dans les États esclavagistes restés fidèles à l'Union que dans ceux qui s'étaient rebellés. Cela donna une force accrue au premier pas que fit Lincoln en direction d'une politique d'émancipation. Partisan d'un affranchissement progressif, nourrissant l'espoir de mettre fin à l'esclavage sans disloquer la société, grâce à la coopération volontaire des propriétaires, Lincoln crut discerner, en 1862, une ouverture possible dans les pressions croissantes qui s'exerçaient contre l'esclavage. Les unionistes des États limitrophes, se dit-il, ne pouvaient guère manquer de comprendre ce qu'annonçaient ces pressions. En conséquence, peut-être réagiraient-ils de façon positive à une offre de compensation fédérale pour une émancipation volontaire de leurs esclaves. Le 6 mars, le Président demanda au Congrès de voter une résolution proposant « une aide pécuniaire » à « tout État qui voudra bien adopter une abolition progressive de l'esclavage ». Il ne s'agissait pas simplement d'une mesure humanitaire, faisait valoir Lincoln, mais aussi d'un moyen d'abréger la guerre, car si les États frontaliers devenaient des États libres, la Confédération ne serait plus soutenue par l'espoir de s'attirer leur allégeance. Pour ceux qui pourraient déplorer le coût de cette compensation, Lincoln faisait remarquer que trois mois de dépenses de guerre suffiraient à racheter tous les esclaves des quatre États en question. Quant aux propriétaires d'esclaves, le Président leur adressait une mise en garde à peine voilée : en cas de refus de leur part, « il [était] impossible de prévoir tous les incidents qui pourraient découler [de la poursuite de la guerre] et la ruine qui pourrait [en] résulter[1] ».

Le Congrès adopta la résolution de Lincoln le 10 avril. Tous les républicains sans exception la soutinrent, alors que les démocrates et les unionistes des États limitrophes votaient contre à quatre-vingt-cinq pour cent. L'opposition des unionistes était un signe décourageant. Le 10 mars, Lincoln avait déjà eu avec les représentants au Congrès des

1. *CWL*, t. V, p. 144-146.

États frontaliers une rencontre qui s'était soldée par un échec, puisqu'ils avaient contesté la constitutionnalité de sa proposition, s'étaient offusqués de son allusion à une possible coercition fédérale et avaient déploré le problème racial que poserait immanquablement une importante population de Noirs libres[1].

Durant les mois qui suivirent, la guerre et le sentiment en faveur de l'émancipation prirent l'une et l'autre une ampleur accrue. Le Congrès paraissait de plus en plus disposé à voter une loi confisquant les biens confédérés. Par dizaines de milliers, les contrebandes venaient se mettre sous la protection de l'armée de l'Union. Le 9 mai, le général David Hunter, commandant des forces nordistes qui occupaient les îles de Caroline du Sud et de Géorgie, émit une péremptoire déclaration de loi martiale, abolissant l'esclavage dans les trois États qui constituaient son « département du Sud » (Caroline du Sud, Géorgie et Floride). Suivant l'exemple de Frémont et de Cameron, Hunter avait agi sans en informer préalablement Lincoln qui apprit la chose par les journaux. « Je ne tolérerai pas qu'un général agisse ainsi, sous *ma* responsabilité, sans me consulter », déclara le Président à son ministre du Trésor, Chase, qui le pressait d'approuver cet édit. Lincoln révoqua donc ce décret et adressa une remontrance au général. Les conservateurs qui applaudirent à ce geste auraient néanmoins dû remarquer la flèche du Parthe antiesclavagiste que comportait la révocation. La *substance* de l'ordre donné par Hunter pourrait bien « devenir une nécessité indispensable à la survie de notre gouvernement », laissait entendre le Président, mais c'était là une décision qu'il se réservait. Lincoln en appelait alors aux unionistes des États frontaliers, les priant de reconsidérer son offre d'émancipation progressive avec compensation financière à la clef. Les changements qu'entraînerait un tel plan, poursuivit-il, « surviendraient aussi doucement que la rosée céleste, sans rien rompre ni ruiner. Ne voulez-vous pas vous en prévaloir ? [...] Vous ne pouvez pas, même si vous le voulez, rester aveugles aux signes des temps[2] ».

Lincoln se faisait une idée trop favorable de la clairvoyance de ceux qu'il exhortait ainsi. En mai 1862, ces hommes s'attendaient, comme la plupart des nordistes, à une victoire imminente de leur armée. Si McClellan parvenait à prendre Richmond, il serait peut-être possible de mater la rébellion sans toucher à l'esclavage. Les Sept Jours auraient

1. Un résumé de cette rencontre, rédigé par le représentant du Maryland, John W. Crisfield, a été reproduit par Charles M. Segal (éd.), *Conversations with Lincoln* (New York, 1961), p. 164-168.

2. *CWL*, t. V, p. 219, 222-223. Pour cette émancipation progressive, Lincoln songeait à l'exemple des États nordistes, lors de la guerre d'Indépendance, qui avaient prévu l'émancipation future des esclaves lorsqu'ils auraient atteint un certain âge. Il avait aussi suggéré à un sénateur du Delaware de fixer une date (par exemple 1882) à laquelle l'institution de l'esclavage prendrait légalement fin. Lettre de Lincoln à James A. McDougal, 14 mars 1862 (*ibid.*, p. 160).

dû détruire cet espoir. Les nouvelles mesures concernant le recrutement et la mobilisation, prises consécutivement à la défaite de McClellan, marquèrent un tournant vers une guerre totale, dans le cadre de laquelle la préservation de « l'Union telle qu'elle était » devenait un rêve impossible — ce qui n'empêcha nullement les politiciens des États limitrophes de rester obstinément aveugles à tous les signes.

En juillet 1862, la seconde session du 37e Congrès culmina avec le vote de deux lois qui traduisaient un durcissement de la politique de guerre. La première était la loi sur la milice, grâce à laquelle le gouvernement put ensuite instituer une conscription pour neuf mois. Ce projet de loi habilitait aussi le Président à enrôler « les personnes d'origine africaine » en vue de « tout service de guerre pour lequel elles pourraient s'avérer compétentes » — y compris le service militaire —, mesure qui allait horrifier les conservateurs et que le gouvernement n'était pas encore prêt à prendre. La loi, en tout cas, donnait à ce même gouvernement un pouvoir révolutionnaire. Comme l'observèrent des sénateurs républicains pourtant modérés, « le moment [était] venu où [...] les autorités militaires devraient être tenues d'utiliser toute la force physique de notre pays pour dompter la rébellion ». La guerre devait être livrée selon « des principes différents » ; l'ère de « la guerre en gants blancs » était révolue[1].

Ce changement fut souligné par la loi de confiscation de juillet 1862, punissant « les traîtres » par la confiscation de leurs biens, y compris les esclaves, « considérés comme des captifs de guerre et dorénavant libres à jamais ». Toutefois, ce texte de loi était si confus et si mal rédigé qu'un bon avocat aurait probablement pu « s'y tailler un boulevard avec un attelage de deux chevaux ». La confusion était due avant tout au double caractère de la guerre de Sécession, à la fois insurrection interne et guerre entre deux nations. La loi de confiscation ordonnait la saisie des biens des rebelles pour les punir de leur trahison, mais en même temps elle libérait leurs esclaves en tant que « captifs de guerre ». Le président de la Commission judiciaire du Sénat, Lyman Trumbull, ne voyait dans ce texte aucune incohérence. « Nous pouvons les traiter comme des traîtres et comme des ennemis, et nous avons le droit de faire les deux, droit de belligérance et droit souverain[2]. » Mais les mesures prévues par la loi pour imposer le droit souverain étaient vagues, puisqu'elles consistaient en procédures au coup par coup de tribunaux d'instances qui, bien entendu, ne fonctionnaient pas dans les États rebelles. Pourtant, la loi de confiscation était importante en tant que symbole de ce que

1. *U.S. Statutes at Large*, t. XII, p. 597 ; les sénateurs John Sherman et William Pitt Fessenden, cités par Bogue, *Earnest Men*, p. 162.

2. *U.S. Statutes at Large*, t. XII, p. 589-592 ; *New York Herald*, 18 juillet 1862 ; Trumbull cité par Bogue, *Earnest Men*, p. 220.

devenait la guerre — un conflit destiné à renverser l'ordre social du Sud pour mieux reconstruire l'Union.

La responsabilité d'accomplir tout cela incombait au pouvoir exécutif, imposant ses volontés par la force de son armée. Juillet 1862 apporta un brusque durcissement dans l'attitude aussi bien des militaires que de l'exécutif. John Pope arriva de l'Ouest pour prendre le commandement de la nouvelle armée de Virginie, formée des divisions de Banks, Frémont et McDowell, qui avaient si vainement pourchassé Stonewall Jackson dans la vallée de la Shenandoah. Ulcéré de voir ainsi un général moins haut placé que lui dans la hiérarchie soudain promu à une position supérieure, Frémont présenta sa démission que Lincoln fut ravi d'accepter. Bien qu'ils eussent perdu en lui un de leurs commandants préférés, les républicains radicaux ne tardèrent pas à découvrir en Pope une autre âme sœur. L'une de ses premières décisions en Virginie fut d'émettre une série d'ordres généraux autorisant ses officiers à saisir les biens des rebelles sans compensation, à passer par les armes les francs-tireurs qu'ils captureraient s'ils avaient tiré sur les troupes de l'Union, à expulser des territoires occupés tout civil qui refuserait de prêter le serment d'allégeance et à le considérer comme un espion s'il y revenait.

Pope s'attira par ces mesures les foudres des sudistes qui l'exécraient avec une haine que ne suscita aucun autre « vandale » yankee, à l'exception de Butler et, ultérieurement, de Sherman. Robert E. Lee déclara qu'il fallait « éliminer » ce « mécréant de Pope ». Jefferson Davis menaça d'exercer des représailles sur les prisonniers nordistes si l'on exécutait des francs-tireurs. Les ordres de Pope étaient, sans nul doute, malavisés, mais non dénués de fondement. Les civils sudistes qui se trouvaient derrière les lignes de l'Union formaient indéniablement des bandes de partisans, organisées pour abattre les traînards, conducteurs d'attelage et autre personnel de l'arrière nordiste. Parmi les papiers du colonel confédéré John D. Imboden, commandant des premiers chasseurs à cheval partisans de Virginie, saisis par l'ennemi, figurait l'ordre « de livrer la guerre la plus active qui [fût] aux brutaux envahisseurs [...], de traîner autour de leurs camps et d'abattre si possible toutes les sentinelles, tous les soldats de piquet, estafettes et conducteurs de fourgon que l'on [trouverait][1] ».

Or, si Pope ne fit pas exécuter de franc-tireur ni expulser de civils, sa politique concernant les biens des sudistes fut rigoureusement appliquée, en Virginie comme sur les autres théâtres d'opération, par les simples soldats tout autant que par les officiers, avec ou sans ordres. De vastes portions du Sud devenaient des zones sinistrées, en grande partie à cause des destructions inévitables de la guerre : les deux armées coupant les arbres et arrachant les clôtures pour alimenter leurs feux

1. Nevins, *War*, t. II, p. 155-156.

de camp, détruisant les ponts, les canaux, les voies ferrées, pillant tous les édifices qu'elles pouvaient trouver pour reconstruire les ponts et chemins de fer démolis, ou saisissant les récoltes, le bétail et la volaille pour se nourrir. Les soldats ont pillé ainsi les biens des civils depuis la nuit des temps, mais vers le milieu de l'été de 1862, la destruction des biens sudistes avait pris une dimension en partie systématique, voire idéologique. Les soldats de l'Union étaient de plus en plus nombreux à écrire qu'il était temps de retirer leurs « gants » pour régler leur compte aux « traîtres ». « La main de fer, nota un officier, doit être utilisée davantage que le gant de velours pour écraser ce serpent. » Il paraissait tout à fait logique de détruire les biens de gens qui faisaient de leur mieux pour anéantir l'Union — d'« accabler les Égyptiens », comme disaient les soldats yankees. « Cette idée de protéger les biens des rebelles, alors que leur propriétaire est sur le terrain en train de se battre contre nous ne tient plus debout, écrivit l'aumônier d'un régiment de l'Ohio. Tel est le sentiment de tous les simples soldats de l'armée[1]. » C'était d'ailleurs un sentiment approuvé en haut lieu. En juillet, Lincoln convoqua Halleck à Washington pour faire de lui son général en chef. L'un des premiers ordres que Halleck donna à Grant, désormais commandant des forces d'occupation dans l'ouest du Tennessee et dans le Mississippi, fut le suivant : « [Veuillez] ramasser tous les sympathisants [rebelles] en activité et soit les retenir prisonniers, soit les éjecter au-delà de nos lignes. Traitez-moi ces gens-là sans ménagements et confisquez leurs biens à l'usage du public [...]. Il serait temps qu'ils commencent à sentir la présence de la guerre[2]. »

Confisquez leurs biens. Voilà qui était de l'abolition mise en pratique. Comme l'expliqua un des subordonnés de Grant : « La politique devra être terrible pour l'ennemi. Je me sers tout le temps de Noirs comme conducteurs d'attelage et je dois en employer un bon millier. » L'émancipation était un *moyen* de vaincre, pas encore une fin en soi. Grant fit savoir à sa famille que son unique désir était « de mater la rébellion ». « Je n'ai pas de dada personnel en ce qui concerne les Noirs, qu'il s'agisse d'obtenir leur liberté ou de prolonger leur servitude [...], ajoutait-il Je me sers d'eux comme conducteurs d'attelages, aides-soignants, cuistots des compagnies et ainsi de suite, épargnant de ce fait mes soldats pour porter leurs fusils. Je ne sais ce qu'il adviendra de ces pauvres gens en fin de compte, mais on affaiblit l'ennemi en les lui enlevant[3]. »

Parmi les nordistes qui déploraient ce tour nouveau qu'avait pris le conflit, l'un des plus éminents n'était autre que McClellan. Lorsque

1. Bruce Catton, *Grant Moves South* (Boston, 1960), p. 294, 296.
2. *O.R.*, sér. I, vol. 17, 1re partie, p. 150.
3. Grenville Dodge et Grant cités par Catton, *Grant Moves South*, p. 294, 297.

Lincoln se rendit à Harrison's Landing le 8 juillet, pour constater *de visu* dans quel état se trouvait l'armée du général, ce dernier lui remit un mémorandum sur la bonne conduite de la guerre. « Ce conflit ne devrait pas tendre à la soumission du peuple [sudiste], précisait McClellan au Président. On ne devrait pas songer un seul instant [...] à confisquer les biens [...] ni à abolir de force l'esclavage [...]. Il ne devrait pas s'agir d'une guerre contre une population, mais contre des forces armées [...]. Le pouvoir militaire ne devrait pas être autorisé à s'ingérer dans les rapports entre maîtres et esclaves [...]. Une déclaration d'intentions radicales, surtout à propos de l'esclavage, ne servirait qu'à dissoudre rapidement nos armées actuelles[1]. »

Lincoln lut ces mots en présence de McClellan sans faire le moindre commentaire, mais il n'est pas impossible de reconstituer son état d'esprit. Trois ou quatre mois plus tôt, il aurait été d'accord avec son général ; à présent il était convaincu de la nécessité d'une « abolition forcée de l'esclavage » et avait commencé à rédiger une proclamation d'émancipation. A un unioniste du Sud et un démocrate du Nord qui firent valoir, à quelques jours de distance, les mêmes arguments que McClellan, le Président rétorqua avec brusquerie qu'il n'était plus possible de faire la guerre « avec des pistolets en tige de sureau remplis d'eau de rose ». « Notre gouvernement, ajouta-t-il, ne pourra plus très longtemps jouer un jeu où c'est lui qui mise tout alors que ses ennemis ne risquent rien. Lesdits ennemis doivent comprendre qu'ils n'auront pas dix années devant eux pour essayer par tous les moyens de détruire le gouvernement et, s'ils échouent, qu'ils ne pourront pas regagner le giron de l'Union indemnes. » Les exigences des propriétaires d'esclaves des États frontaliers, qui demandaient « que le gouvernement évitât de frapper ses ennemis avoués, de peur qu'eux-mêmes n'en pâtissent accidentellement », étaient devenues « la paralysie — la maladie mortelle — du gouvernement dans cette lutte[2] ».

Tels étaient les sentiments qui agitaient Lincoln lorsqu'il convoqua les membres du Congrès des États frontaliers à la Maison-Blanche, le 12 juillet. Une fois de plus, il les pressa de répondre favorablement à son projet d'affranchissement assorti d'une compensation. Il n'était plus possible de rester aveugle « aux réalités de notre position, d'une gravité sans précédent », expliqua-t-il. En révoquant l'édit d'émancipation du général Hunter, deux mois plus tôt, il avait « mécontenté, sinon outragé, beaucoup de gens dont le pays ne [pouvait] pas se permettre de perdre le soutien. Et ce n'[était] pas fini. La pression exercée dans ce sens [pesait] toujours sur [lui] et s'[accroissait] ». Si les États limitrophes ne prenaient

1. George B. McClellan, *McClellan's Own Story* (New York, 1887), p. 487-489.
2. Lettre de Lincoln à Cuthbert Bullitt, 28 juillet 1862 ; lettre de Lincoln à August Belmont, 31 juillet 1862, citée dans *CWLL*, t.V, p. 344-346, 350-351.

pas « sur l'heure la *décision* d'affranchir *progressivement* les Noirs [...], ajoutait-il, l'institution dans vos États sera détruite par la simple friction, par l'abrasion [...], par les seuls événements de la guerre [...] et vous n'aurez à sa place aucune contrepartie de valeur ». Pourtant, malgré la franchise presque brutale de cette mise en garde, les interlocuteurs de Lincoln firent, pour la plupart, la sourde oreille. Les deux tiers des représentants des États limitrophes signèrent un manifeste rejetant la proposition du Président, sous prétexte qu'elle entraînerait « [un] changement trop radical de [leur] système social » ; qu'il s'agissait d'une « ingérence » du gouvernement dans les affaires interne des États ; que cela coûterait trop cher (curieuse objection de la part d'hommes dont les États seraient épargnés par un impôt frappant principalement les États libres) ; et, pour finir, qu'au lieu d'abréger le conflit en privant la Confédération de l'espoir d'obtenir le soutien des États frontaliers, ces mesures le rallongeraient au contraire et risquaient même de priver l'Union de la victoire en poussant de nombreux propriétaires d'esclaves unionistes vers les rangs de la rébellion[1].

Devant cette réaction, Lincoln abandonna l'idée de se concilier les conservateurs. A dater de ce moment, le Président pencha de plus en plus vers une position radicale, même si cette évolution ne devait devenir apparente que deux bons mois plus tard. Le 13 juillet, le jour où il reçut le manifeste des États frontaliers, Lincoln confia en privé à Seward et à Welles son intention d'émettre une proclamation d'émancipation. Selon le compte rendu de leur conversation qu'a laissé Welles, Lincoln précisa que cette question « occupait son esprit et ses pensées jour et nuit » depuis plusieurs semaines. L'émancipation était, croyait-il désormais, « une nécessité militaire, absolument essentielle à la préservation de l'Union. Il fallait affranchir les esclaves ou être nous aussi asservis. Les esclaves étaient indéniablement un élément de force pour ceux qui profitaient de leurs services et c'était à nous de décider si cet élément devait être pour ou contre nous ». Lincoln écartait sans s'y attarder l'argument de l'anticonstitutionnalité. On était *en guerre*, rappela-t-il, et en tant que commandant en chef il avait le droit d'ordonner la saisie des esclaves de l'ennemi aussi sûrement que la destruction de ses voies ferrées. « Les rebelles [...], faisait-il valoir, ne pouvaient pas en même temps rejeter la Constitution et s'en prévaloir. Puisqu'ils faisaient la guerre au gouvernement, ils étaient soumis aux événements et aux calamités de la guerre. » Quant aux États limitrophes, ils « ne feraient rien » tout seuls ; d'ailleurs, peut-être n'était-il même pas juste de leur demander de renoncer à l'esclavage, alors que les confédérés le conservaient. Par conséquent, « le coup devait s'abattre avant tout et surtout sur [les

1. *CWL*, t.V, p. 317-319, pour la harangue de Lincoln ; *New York Tribune*, 19 juillet 1862, pour la réponse des États limitrophes.

rebelles] [...] Il fallait adopter des mesures décisives et extensives [...]. Nous voulions voir l'armée asséner des coups plus vigoureux. Le gouvernement devait donner l'exemple et viser le cœur même de la rébellion[1]. »

McClellan avait clairement fait comprendre qu'il n'était pas celui qui pourrait asséner ce genre de coups. Après avoir remis au Président son mémorandum sur la non-ingérence dans la question de l'esclavage, le général avait continué par une lettre à Stanton : « La nation ne soutiendra nulle autre politique [...], avertissait-il. Il n'y en a pas d'autre pour laquelle nos armées poursuivront la lutte. » C'en était trop pour Stanton et Chase. Ils joignirent leurs voix au chœur de plus en plus nombreux des républicains qui pressaient Lincoln de relever McClellan de son commandement[2]. Lincoln toutefois hésitait. Peut-être savait-il que McClellan vitupérait en privé contre les membres du gouvernement, les traitant d'imbéciles et de scélérats pour ne pas avoir voulu soutenir sa campagne dans la péninsule. Les démocrates partisans du général répandaient d'ailleurs bien haut ces sentiments. Lincoln savait aussi que d'éminents démocrates new-yorkais, notamment Fernando Wood, *copperhead* notoire, étaient allés voir McClellan à Harrison's Landing, afin de le courtiser pour qu'il devînt le prochain candidat de leur parti aux élections présidentielles. Le Président, cependant, avait pleinement conscience du fait que les soldats de l'armée du Potomac idolâtraient McClellan : il restait à leurs yeux le chef qui avait su faire d'eux une orgueilleuse armée. Les engagés volontaires ne souscrivaient pas aux critiques décochées par les républicains contre le général et bon nombre de leurs officiers ne partageaient pas la vision républicaine d'une guerre antiesclavagiste. Pour ces raisons, Lincoln estimait impossible de relever McClellan de son commandement sans risquer de démoraliser l'armée et de déclencher une fatale réaction en faveur des démocrates à l'arrière.

Cette menace d'un incendie démocrate sur l'arrière contribua à retarder l'annonce d'une politique d'émancipation des Noirs. Le 22 juillet, Lincoln informa son cabinet de son intention d'émettre une proclamation de liberté et pria ses ministres de faire leurs commentaires. Seul Montgomery Blair exprima son désaccord, faisant valoir qu'un tel édit coûterait aux républicains leur majorité au Congrès lors des élections prévues à l'automne. Le secrétaire d'État, Seward, approuvait l'idée d'une proclamation, mais conseillait de la différer « jusqu'à ce que vous puissiez la présenter au pays assortie de succès militaires ». Sinon, on risquait d'y voir « une mesure prise en dernier recours par un gouvernement

1. Gideon Welles, « The History of Emancipation », *The Galaxy*, n° 14 (décembre 1872), p. 842-843.

2. Lettre de McClellan à Stanton, 8 juillet 1862, citée dans *McClellan's Own Story*, p. 478 ; Richard B. Irwin, « The Administration in the Peninsula Campaign », *Battles and Leaders*, t. II, p. 438.

épuisé, un appel à l'aide [...], notre ultime *hurlement*, au moment de la retraite ». La sagacité de ce conseil « me frappa avec une force extrême », devait déclarer ultérieurement le Président. Il mit donc sa proclamation dans un tiroir, dans l'attente d'une victoire[1].

L'attente allait être longue. Entre-temps, la polarisation de l'opinion sur la question de l'esclavage atteignit de nouveaux paroxysmes. A gauche, les abolitionnistes et les radicaux tiraient à boulets rouges sur ce Président qui refusait de se commettre publiquement en faveur de l'émancipation. Lincoln ne « valait pas mieux qu'une lavette », écrivit William Lloyd Garrison, qui jugeait sa politique de guerre « chancelante, hésitante, équivoque, irrésolue ». Frederick Douglass pensait que Lincoln « se laissait aller à être [...] le vil fantoche des traîtres et des rebelles ». Dans une lettre à Charles Sumner, datée du 7 août, Horace Greeley demandait : « Vous rappelez-vous ce vieil ouvrage de théologie où l'on trouvait ceci : "chapitre premier : L'enfer ; chapitre deuxième : L'enfer (suite)". Eh bien, c'est à peu près ainsi que l'on *devrait* parler à ce Vieil Abe dans la crise actuelle. » Et Greeley se mit en devoir de menacer le Président des feux de l'enfer dans les colonnes du *New York Tribune*[2].

Dures paroles, mais Lincoln pouvait les supporter plus facilement que les bâtons et les pierres dont le bombardaient les démocrates. En 1862, l'esclavage, en s'imposant comme la question la plus aiguë du conflit, menaçait de transformer un élément important du parti démocrate en une faction hostile à la guerre. Or, ce n'était pas une mince affaire. En 1860, les démocrates avaient recueilli quarante-quatre pour cent des suffrages dans les États libres. Si l'on y ajoutait ceux des États frontaliers, Lincoln devenait un Président minoritaire des États de l'Union. En 1862, certains « démocrates favorables à la guerre » — dont les plus distingués étaient le général Butler et Stanton, le ministre de la Guerre — étaient en passe de rejoindre les rangs des républicains, mais d'autres, tel McClellan, restaient fidèles à leur parti et, s'ils soutenaient l'objectif de l'Union par la victoire militaire, ils s'opposaient à l'émancipation. En 1862, un troisième élément commença à émerger : les démocrates pacifistes, ou *copperheads*, qui en viendraient à prôner la réunion du Nord et du Sud par le biais de négociations plutôt que d'une victoire du Nord — rêve évidemment irréalisable et qui, aux yeux des républicains, équivalait à une haute trahison, puisqu'il faisait le jeu des confédérés. Les sudistes plaçaient de grands espoirs dans la faction *copperhead*, qu'ils considéraient comme « assez nombreuse et puissante, si on lui permettait

---

1. *CWL*, t.V, p. 336-337 ; Francis B. Carpenter, *Six Months at the White House* (New York, 1866), p. 22.

2. (Lettre de Garrison à Oliver Johnson, 9 sept. 1862, Garrison Papers, Bibliothèque publique de Boston ; *Liberator*, 25 juillet 1862 ; *Douglass' Monthly*, n° V (août 1862), p. 694 ; William H. Hale, *Horace Greeley, Voice of the People* (éd. Collier Books, New York, 1961), p. 268-269.

d'opérer de façon constitutionnelle, pour paralyser la guerre et le parti de la majorité[1] ».

Les démocrates, guerriers et pacifistes, allaient former une coalition instable, difficile, voire parfois divisée, mais sur un point ils restèrent toujours parfaitement soudés : l'opposition à l'émancipation. En 1862, lors de quatre votes cruciaux par appel nominal concernant l'esclavage — l'article de guerre prohibant la restitution des esclaves fugitifs, l'émancipation dans le district de Columbia, l'interdiction de l'esclavage dans les territoires et la loi de confiscation —, quatre-vingt-seize pour cent des démocrates se trouvaient réunis dans l'opposition, alors que quatre-vingt-dix-neuf pour cent des républicains se déclaraient en faveur de ces mesures. Rarement, pour ne pas dire jamais, dans l'histoire politique des États-Unis, une question a-t-elle à ce point divisé les deux grands partis. En raison de la Sécession, les républicains disposaient d'une énorme majorité au Congrès et n'eurent donc aucun mal à faire adopter ces textes, mais une réaction contre l'émancipation des Noirs pouvait fort bien dissoudre cette majorité lors des législatives prévues à l'automne. Cela explique l'inquiétude de Montgomery Blair et la prudence de Lincoln.

Comme ils l'avaient fait pour toutes les élections depuis la naissance du parti républicain, les démocrates du Nord exploitèrent au maximum en 1862 la question raciale. Le « parti du fanatisme », c'est-à-dire celui des républicains noirs, avait, disaient-ils, l'intention d'affranchir « deux ou trois millions de demi-sauvages » et de les laisser « envahir le Nord et entrer en rivalité avec la masse des travailleurs blancs », ainsi bien sûr que se mélanger à « leurs fils et leurs filles ». « Les classes laborieuses doivent-elles être ravalées au rang des Noirs ? » hurlaient les gros titres des journaux démocrates[2]. Les soldats de l'Ohio, avertit Samuel S. Cox, représentant de cet État et chef de sa faction démocrate, refuseraient de se battre pour l'Union « si le résultat de la lutte [devait] être l'évasion et la ruée de la race noire par millions vers le Nord ». Et l'archevêque John Hughes d'ajouter cette mise en garde : « Nous autres catholiques, ainsi qu'une vaste majorité de nos courageux soldats sur le terrain, ne songeons pas le moins du monde à livrer une guerre qui coûte tant de sang et d'argent, uniquement dans le but de satisfaire une clique d'abolitionnistes[3]. »

---

1. William K. Scarborough (éd.), *The Diary of Edmund Ruffin*, vol.II, *The Years of Hope, April 1862-June 1863* (Baton Rouge, 1976), p. 34.

2. Il s'agit d'une résolution de la convention démocrate de Pennsylvanie, le 4 juillet 1862, citée par Williston Lofton Jr., « Northern Labor and the Negro during the Civil War », *Journal of Negro History*, n° 34 (1949), p. 254 ; *Columbus Crisis* et *Chicago Times*, cités par V. Jacque Voegeli, *Free But Not Equal : The Midwest and the Negro during the Civil War* (Chicago, 1967), p. 6 ; *New York Day Book*, cité par Forrest G. Wood, *Black Scare : The Racist Response to Emancipation and Reconstruction* (Berkeley, 1968), p. 35.

3. *CG*, 37e Cong., 2e Sess., *Appendix*, p. 242-249 ; Hughes, cité par Foote, *Civil War*, t. I, p. 538. On trouvera une autre déclaration très semblable de Hughes chez Benjamin J. Blied, *Catholics and the Civil War* (Milwaukee, 1945), p. 44-45.

A force d'entendre ce genre de langage dans la bouche de leurs chefs, rien d'étonnant si certains travailleurs blancs descendirent dans la rue exprimer leurs préjugés. Dans une demi-douzaine de villes ou plus, des émeutes racistes éclatèrent au cours de l'été de 1862. Certaines des pires violences eurent lieu à Cincinnati où le remplacement de dockers irlandais en grève par des Noirs déclencha une vague d'attaques contre les quartiers noirs. A Brooklyn, une bande d'américano-irlandais tenta de brûler une manufacture de tabac où travaillaient deux douzaines de femmes et d'enfants de couleur. La vision cauchemardesque d'une armée de Noirs envahissant le Nord parut se concrétiser dans le sud de l'Illinois, où le ministère de la Guerre fit envoyer pour la récolte plusieurs carrioles remplies de « contrebandes ». En dépit du besoin pressant de main-d'œuvre, des émeutes obligèrent le gouvernement à ramener la plupart des Noirs dans les camps de contrebandes au sud de l'Ohio.

Les démocrates n'avaient nullement le monopole des sentiments racistes. Dans plusieurs États du Midwest, des lois d'exclusion frappant les Noirs avaient été votées avant la guerre, avec le soutien de nombreux whigs. En 1862, dans l'Illinois, les deux cinquièmes environ des électeurs républicains se joignirent aux démocrates, lors d'un référendum, pour réaffirmer la loi d'exclusion. Lyman Trumbull, sénateur de l'Illinois et architecte de la loi de confiscation, fut bien obligé de reconnaître : « Il y a dans l'Ouest une très forte aversion — je sais qu'elle existe dans mon État — contre l'idée de voir des Noirs libres venir s'installer parmi nous. Notre population ne veut rien avoir à faire avec le Noir[1]. » Pour combattre cette aversion, certains républicains soutenaient que c'était l'*esclavage* qui obligeait les Noirs à s'enfuir vers le Nord et vers l'affranchissement ; en lui offrant sa liberté dans un climat propice, l'émancipation maintiendrait cette race tropicale dans le Sud. Cette théorie rencontra, toutefois, un scepticisme considérable. Pour apaiser les craintes raciales qui constituaient le talon d'Achille de leur parti, bon nombre de républicains se tournèrent vers la colonisation.

Cette solution au problème racial fut formulée de façon fruste, mais éloquente par un soldat de l'Illinois : « Je suis pas pour affranchir les Noirs et les laisser aller parmi nous en toute liberté et c'est pas non plus l'intention du Vieil Abe, mais on les expédiera quelque part et on en fera une colonie[2]. » Le Vieil Abe préconisa, en effet, la colonisation en 1862. Son expérience de la politique en Illinois lui avait permis d'acquérir énormément de doigté lorsqu'il s'agissait de prendre le pouls de l'opinion publique sur cette question. Il était persuadé que le soutien à la colonisation était le meilleur moyen de désamorcer une grande partie de l'hostilité à l'émancipation, qui sinon risquait de faire sombrer les

1. *CG*, 37ᵉ Cong., 2ᵉ Sess., p. 1780.
2. Wiley, *Billy Yank*, p. 112.

républicains lors des élections de l'automne. Cette conviction sous-tendait les remarques qu'il adressa à un groupe de leaders noirs du district de Columbia, qu'il invita à la Maison-Blanche le 14 août 1862. L'esclavage était « le plus grand tort infligé à un peuple quel qu'il [fût] », déclara le Président à cette délégation, tandis qu'un correspondant de presse qui assistait à l'entrevue notait ses paroles. Mais, cela dit, même si l'esclavage était aboli, les différences et les préjugés raciaux subsisteraient. « Beaucoup de personnes de votre race souffrent cruellement de vivre parmi nous, alors que beaucoup de la nôtre souffrent de votre présence. » Les Noirs n'avaient guère de chances d'obtenir l'égalité aux États-Unis. « Il y a de la part de notre population, une mauvaise grâce indéniable, pour injuste qu'elle soit, à vous voir, vous autres gens de couleur libres, demeurer parmi nous [...]. Je n'ai pas l'intention de discuter ce point, mais de vous le soumettre comme un état de choses avec lequel il faut compter. Je n'y peux rien changer, même si je le voulais. » Or, cet état de choses, poursuivit Lincoln, rendait nécessaire l'émigration des Noirs vers un autre pays, où ils auraient de meilleures chances de réussir. Le Président demandait donc aux leaders noirs de recruter des volontaires pour un projet de colonisation pilote, financé par le gouvernement, en vue de l'émigration de milliers d'autres Noirs que la guerre allait peut-être affranchir[1].

La plupart des porte-parole noirs du Nord tournèrent en ridicule cette proposition du Président et attaquèrent son auteur. « Ce pays est le nôtre tout autant que le vôtre, déclara un Noir de Philadelphie à Lincoln, et nous n'en partirons pas. » Frederick Douglass taxa Lincoln de « mépris envers les Noirs » et d' « hypocrisie calomnieuse ». Les remarques du Président, poursuivit Douglass, ne pourraient qu'encourager les Blancs « ignorants et vils [...] à perpétrer toutes sortes de violences et d'outrages contre les gens de couleur ». Les abolitionnistes et de nombreux républicains radicaux continuèrent à s'opposer à la colonisation qu'ils tenaient pour raciste et cruelle. « Combien nous aimerions mieux entendre, écrivit Salmon P. Chase, une virile protestation contre les préjugés s'attachant à la couleur de la peau ! Et voir un effort éclairé pour donner aux hommes libres [affranchis] des foyers en Amérique[2] ! »

Les conservateurs, cependant, reprochaient à leurs collègues radicaux de ne pas tenir compte des différences raciales. Les abolitionnistes « peuvent toujours jacasser autant qu'ils veulent et dire que la fin de

1. *CWL*, t. V, p. 370-375, extrait du *New York Tribune*, 15 août 1862. Le journaliste du *Tribune* soumettait ce compte rendu comme présentant la substance des remarques du Président.

2. *New York Tribune*, 20 septembre 1862 ; *Douglass'Monthly*, n° V (septembre 1862), p. 707-708 ; David Donald (éd.), *Inside Lincoln's Cabinet : The Civil War Diaries of Salmon P. Chase* (New York, 1954), p. 112.

l'esclavage sera la fin de la lutte », écrivit l'un de ces conservateurs, mais « la grande difficulté ne fera alors que commencer ! La question est celle, profonde et redoutable, de la race ». Les deux tiers des républicains au Congrès se convainquirent si bien de la nécessité de prendre un tel sentiment en considération qu'ils votèrent des amendements au projet de loi d'émancipation dans le district de Columbia et à la loi de confiscation, prévoyant un budget de six cent mille dollars pour la colonisation. Dans la pratique, assura un républicain, la colonisation « est une fichue fumisterie, mais cela prendra auprès de la population[1] ».

Le gouvernement parvint à recruter plusieurs centaines d'émigrants noirs en puissance, mais la colonisation s'avéra effectivement être une fumisterie dans la pratique. Le projet de former une colonie en Amérique centrale capota face à l'opposition du Honduras et du Nicaragua. En 1863, le gouvernement américain commandita l'établissement de quatre cent cinquante-trois colons noirs sur une île proche de Haïti, mais cette entreprise tourna court, elle aussi, lorsque la famine et la variole décimèrent la colonie. Pour finir, les autorités durent envoyer un navire de la marine pour rapatrier les trois cent soixante-huit survivants aux États-Unis l'année suivante. Cela mit fin aux efforts officiels pour établir une colonie de Noirs, car à cette date l'élan de la guerre s'était accéléré et avait emporté la plupart des nordistes au-delà des postulats de 1862.

Les activités de colonisation de Lincoln, en août 1862, ne représentaient qu'une partie de son effort indirect pour préparer l'opinion publique à l'émancipation. Bien qu'il eût décidé de réserver sa proclamation pour le moment où les armes de l'Union auraient remporté une victoire, il n'hésita pas à faire de discrètes allusions à ce qui pourrait arriver. Le 22 août, il répondit à l'éditorial de Horace Greeley en faveur de l'émancipation, intitulé « La prière de vingt millions d'hommes », par une lettre ouverte au rédacteur en chef. « Mon objectif suprême dans cette lutte est bel et bien de sauver l'Union et ce n'est ni de préserver, ni de détruire l'esclavage, écrivait-il dans ce texte qui était un véritable chef-d'œuvre de concision. Si je pouvais sauver l'Union sans affranchir *aucun* esclave je le ferais ; si je pouvais la sauver en affranchissant *tous* les esclaves, je le ferais ; et si c'était en affranchissant les uns et en laissant les autres dans leur état, cela aussi je le ferais[2]. » Il y en avait là pour tous les goûts : Lincoln réaffirmait que la préservation de l'Union restait le but de la guerre, mais laissait entendre qu'une émancipation partielle ou même totale pourrait devenir nécessaire pour atteindre ce but.

---

1. *Boston Post*, cité in *Boston Commonwealth*, 18 octobre 1862 ; Robert F. Durden, *James Shepherd Pike : Republicanism and the American Negro, 1850-1882* (Durham, N.C., 1957), p. 37.
2. *CWL*, t. V, p. 388-389.

La même ambiguïté voulue caractérisait la réponse que donna le Président, le 13 septembre, à un groupe d'ecclésiastiques venus lui présenter une pétition réclamant l'affranchissement. Lincoln reconnaissait volontier que « l'esclavage [était] la source de la rébellion », que l'émancipation « affaiblirait les rebelles en les privant de leurs travailleurs » et « aiderait [les nordistes] en Europe, en convainquant les gens qu'[ils étaient] mus par d'autres motifs que l'ambition ». Toutefois, dans l'état actuel des choses, poursuivait le Président, « alors que je ne peux même pas faire appliquer la Constitution dans les États rebelles [...] à *quoi* pourrait bien servir une proclamation d'émancipation de ma part ? [...] Je n'ai aucune envie d'émettre un document qui, le monde entier s'en apercevra forcément, restera lettre morte, comme la bulle papale contre la comète[1] ! » Là aussi, chacun trouvait son compte : l'affirmation que l'émancipation était souhaitable, même si elle restait pour le moment futile, mais qu'elle était peut-être imminente si la situation militaire connaissait un brusque redressement.

Au moment où Lincoln prononçait ces mots, celle-ci le préoccupait fort. Depuis deux mois, les événements sur les deux théâtres des opérations, dans l'Est et dans l'Ouest, s'étaient détériorés à tel point qu'à la mi-septembre, trois armées confédérées étaient en marche vers le Nord pour tenter d'arracher la victoire par un coup d'audace. Cependant, durant les quelques semaines qui suivirent, la marée sudiste dut refluer vers le Sud sans l'avoir emporté, interdisant à la Confédération d'espérer être officiellement reconnue par les pays d'Europe et donnant à Lincoln la victoire dont il avait besoin pour émettre sa proclamation d'émancipation.

Chapitre XVII

RAMENEZ-MOI VERS MA VIEILLE VIRGINIE

I

Alors même que Lee éloignait McClellan de Richmond, la situation commença aussi à mal tourner dans l'Ouest pour les forces de l'Union. La conquête du Mississippi s'enlisa devant Vicksburg et les triomphes sur terre s'interrompirent à Corinth. Pourquoi ? Parce que, a-t-on l'habitude de répondre, Halleck dispersa son armée et laissa passer une occasion en or de paralyser la rébellion dans la vallée du Mississippi. La véritable explication est un peu plus complexe.

1. *CWL*, t. V, p. 419-421.

Une fois que son armée de cent dix mille hommes eut occupé Corinth, à la fin de mai, quatre tâches attendaient Halleck. 1) Poursuivre vers le sud les rebelles qui battaient en retraite et tenter de capturer Vicksburg par l'arrière. 2) Envoyer une force contre Chattanooga pour « libérer » l'est du Tennessee. 3) Remettre en état et défendre le réseau ferroviaire qui approvisionnait les armées fédérales sur ce théâtre. 4) Organiser les forces d'occupation, afin de maintenir l'ordre, administrer les camps de « contrebandes » où s'étaient regroupés les réfugiés noirs, protéger les unionistes qui s'efforçaient de reconstruire le Tennessee sous Andrew Johnson — le gouverneur militaire que Lincoln avait envoyé à Nashville — et superviser la reprise du commerce avec le Nord dans les zones occupées.

Dans le meilleur des mondes, Halleck aurait pu mener ces quatre tâches de front, mais il ne disposait pas des ressources nécessaires pour y parvenir. Le ministre de la Guerre, Stanton, et le général Grant estimaient qu'il devait se consacrer en priorité à la prise de Vicksburg. En décidant de différer cette tentative pour s'attaquer d'abord aux trois autres tâches, Halleck a fait l'objet d'innombrables critiques. En effet, une campagne menée avec tous les moyens et l'énergie nécessaires contre Vicksburg aurait pu, selon ses détracteurs, sectionner cette artère confédérée et abréger le conflit[1].

Cette thèse néglige, cependant, plusieurs réalités physiques, logistiques et politiques. Nous avons déjà mentionné les problèmes de santé que connaissaient les soldats nordistes pas encore acclimatés. Le printemps anormalement pluvieux avait été suivi par un été d'une sécheresse calamiteuse. Dans le nord du Mississippi, les rivières et sources qui fournissaient l'eau aux hommes et aux chevaux se tarissaient très rapidement. Plusieurs brigades de cavalerie et d'infanterie pourchassèrent effectivement les confédérés à plus de trente kilomètres au sud de Corinth, mais ne purent continuer après le mois de juillet, par manque d'eau[2]. En détachant plusieurs brigades pour procéder aux réparations et à la surveillance des voies ferrées, Halleck ne se montra pas si obtus qu'on a souvent bien voulu le dire, car, à mesure que toutes les rivières cessaient d'être navigables, les armées dépendaient entièrement du ravitaillement par rail. Toute campagne par voie de terre contre Vicksburg eût été vulnérable aux raids des rebelles contre les voies ferrées et des dépôts de vivres, comme Grant devait l'apprendre à ses dépens six mois plus tard, lorsque des attaques de ce genre le contraignirent à renoncer à sa première campagne contre la ville. En outre, la nécessité politique d'assumer la police et l'administration du territoire occupé impliquait

1. *Personal Memoirs of U.S. Grant*, 2 vol. (New York, 1886), t. I, p. 381-384 ; Bruce Catton, *Grant Moves South* (Boston, 1960), p. 278-279 ; Foote, *Civil War*, t. I, p. 542-545 ; Nevins, *War*, t. II, p. 112.

2. Lettre du colonel Edward Hatch, du 2e régiment de cavalerie de l'Iowa, à Thomas Smith, 10 juillet 1862, Civil War Collection, bibliothèque Henry E. Huntington.

qu'on affectât ces tâches à des brigades détachées des forces de combat. Enfin, Lincoln désirant vivement reprendre l'est du Tennessee, cet objectif politique devenait une priorité militaire[1].

Halleck divisa donc l'armée du Tennessee[2], sous les ordres de Grant, en plusieurs éléments chargés d'assurer l'occupation et la remise en état des voies ferrées, il détacha une division pour renforcer les troupes de l'Union qui devaient affronter une nouvelle menace en Arkansas, et il ordonna aux quarante mille hommes de l'armée de l'Ohio, sous Buell, de marcher sur Chattanooga. La campagne de Buell — la principale opération de l'Union dans l'Ouest durant l'été de 1862 — tourna aussi mal que l'avance de McClellan contre Richmond. Collègues et amis de longue date, Buell et McClellan avaient d'ailleurs beaucoup de choses en commun. Buell se faisait de la stratégie une idée très proche de celle de McClellan. « Le but n'est pas, écrivait-il, de livrer de grandes batailles et de prendre d'assaut des fortifications inexpugnables, mais, par les démonstrations et les manœuvres, d'empêcher l'ennemi de concentrer ses forces dispersées[3]. »

Conservateur dans l'âme sur le plan politique, Buell croyait aussi à une guerre limitée pour des objectifs limités. Cela ralentit son avance sur Chattanooga par la voie ferrée qui partait de Corinth pour traverser le nord de l'Alabama. Son axe de ravitaillement était souvent coupé par les francs-tireurs sudistes. « Toutes les nuits, nous sommes attaqués près des ponts et des avant-postes », signala un des commandants de division. Buell croyait à une guerre « douce », ce qui éliminait d'office la possibilité de sévir contre une population qui cachait les résistants, ou de l'obliger à ravitailler les troupes nordistes. Ces dernières ne pouvaient donc avancer qu'aussi vite que les équipes du génie pouvaient reconstruire les ponts et reposer les rails. Trois semaines après son départ de Corinth, Buell avait parcouru à peine cent cinquante kilomètres et n'était même pas à mi-chemin de Chattanooga. Le 8 juillet, Halleck fit savoir à son collaborateur harcelé : « Le Président m'avertit par télégraphe que votre progression est insatisfaisante et que vous devriez avancer plus rapidement[4]. »

---

1. On trouvera des plaidoyers en faveur de Halleck chez Stephen E. Ambrose, *Halleck : Lincoln's Chief of Staff* (Baton Rouge, 1962), p. 55-57 ; et chez Herman Hattaway et Archer Jones, *How the North Won : A Military History of the Civil War* (Urbana, Illinois, 1983), p. 205-206.

2. En 1862, on l'appelait parfois l'armée du Tennessee occidental. L'armée du Tennessee fut officiellement nommée en octobre 1862 et connue sous ce nom durant tout le reste de la guerre. Lorsque Halleck partit pour Washington, en tant que général en chef, en juillet 1862, le commandement des deux grandes armées de l'Union dans l'Ouest fut divisé entre Grant et Buell.

3. Lettre de Buell à « Mon cher ami », 18 décembre 1861, Civil War Collection, bibliothèque Henry E. Huntington.

4. *O.R.*, sér. I, vol. 10, 2e partie, p. 180 ; vol. 16, 2e partie, p. 104.

A cette date, l'armée de l'Ohio approchait de Stevenson, en Alabama, où elle inaugura une nouvelle voie de ravitaillement par rail en provenance de Nashville. Mais les ennuis de Buell commençaient à peine. Le 13 juillet, au moment même où le premier convoi de ravitaillement quittait Nashville vers le sud, la cavalerie de Nathan Bedford Forrest fondit sur la garnison de l'Union à Murfreesboro et la captura ; après quoi Forrest détruisit la voie ferrée et s'enfuit vers l'est à travers les monts du Cumberland, pour éviter d'être pris par la division que Buell avait envoyée à sa poursuite. Lorsque les équipes du génie eurent fini de remettre la voie en état, Forrest frappa une nouvelle fois, démolissant trois pont tout près de Nashville vers le sud et échappant une nouvelle fois aux fédéraux qui le poursuivaient. Les attaques du sudiste interrompirent l'avance déjà imperceptible de Buell pendant plus de deux semaines. Un nouveau message arriva de Washington exprimant un « vif mécontentement ». Lorsque le général tenta d'expliquer ses déboires, il fut en réponse menacé d'être relevé de ses fonctions s'il ne remédiait pas à son « apparent manque d'énergie et d'activité[1] ».

Alors que Buell se préparait enfin à traverser le Tennessee à une trentaine de kilomètres de Chattanooga, un nouveau désastre s'abattit sur lui sous la forme d'un autre raid de la cavalerie rebelle. Cette fois-ci, le commandant ennemi était John Hunt Morgan, du Kentucky, un homme de trente-six ans, chez qui on retrouvait un peu du panache de Stuart allié à la férocité de Forrest. Parlant doucement, toujours impeccablement mis, Morgan avait levé une brigade de cavaliers du Kentucky, hâves et coriaces, qui firent parler d'eux pour la première fois en juillet 1862, avec un raid de mille six cents kilomètres, à travers le Kentucky et le centre du Tennessee, au cours duquel ils firent douze cents prisonniers et s'emparèrent de tonnes de provisions, en ayant à déplorer pour leur part moins de quatre-vingt-dix morts et blessés. A la mi-août, la joyeuse bande de Morgan reparut brusquement au centre du Tennessee pour bloquer la voie ferrée au nord de Nashville en poussant des fourgons en flammes dans un tunnel de plus de deux cents mètres ; le feu prit à la charpente en bois et le tunnel s'écroula. Cet exploit coupait Buell de sa principale base de ravitaillement à Louisville.

Ces raids de cavalerie illustrent à merveille l'avantage dont bénéficiait le Sud en livrant une lutte défensive sur son propre territoire. Avec deux mille cinq cents hommes, Forrest et Morgan avaient pu immobiliser une armée d'envahisseurs comptant quarante mille soldats. Soutenus par une population bien disposée envers eux et disparaissant à volonté dans les collines, dans la grande tradition de la guérilla, les cavaliers sudistes étaient en mesure de frapper où et quand ils le voulaient. Il était pratiquement impossible de défendre tous les ponts, tunnels et dépôts

1. *O.R.*, sér. I, vol. 16, 2e partie, p. 360.

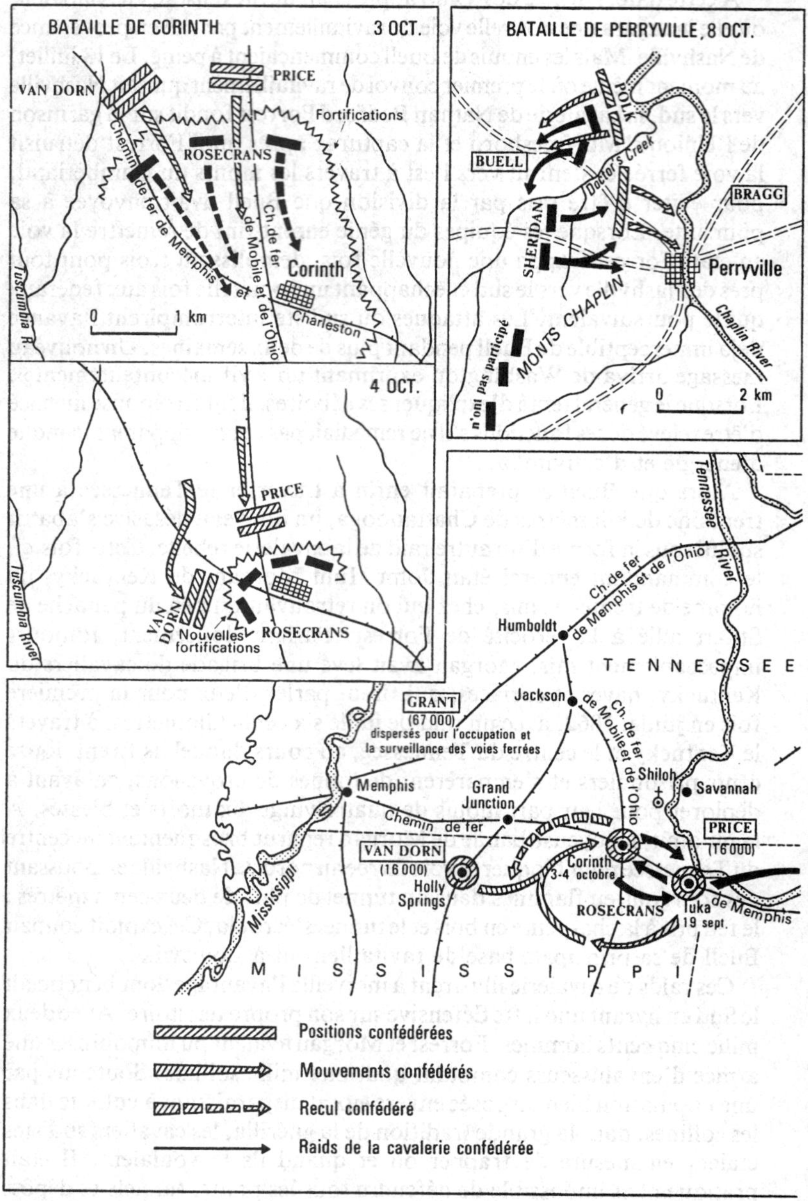

RAIDS ET INVASIONS DES CONFÉDÉRÉS

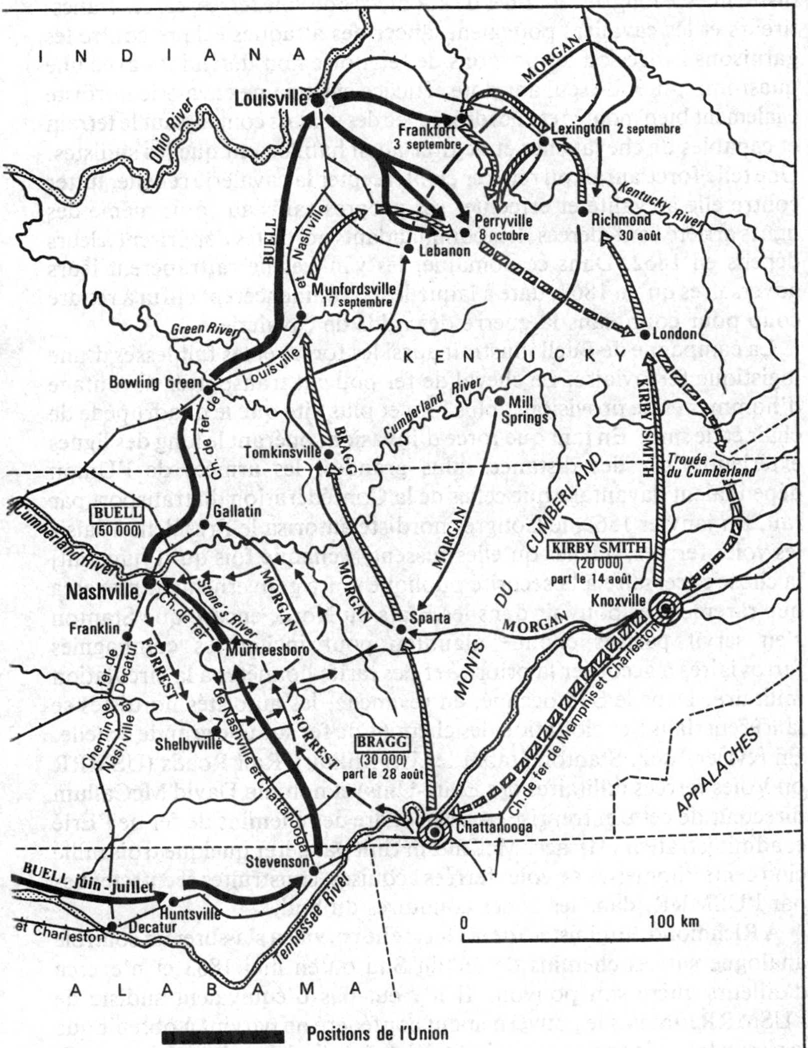

DANS L'OUEST, ÉTÉ-AUTOMNE 1862

disséminés le long de centaines de kilomètres de voie ferrée, car les francs-tireurs et les cavaliers pouvaient lancer des attaques éclairs contre les garnisons isolées ou les portions de territoire non défendues avec une quasi-impunité. Le seul antidote efficace eût été une cavalerie nordiste également bien montée et encadrée, avec des soldats connaissant le terrain et capables de chevaucher et de tirer aussi habilement que les sudistes. Une telle force aurait pu repérer et intercepter la cavalerie rebelle, lutter contre elle à égalité et effectuer ses propres raids au cœur même des lignes arrière confédérées. Les commandants nordistes l'apprirent à leurs dépens en 1862. Dans ce domaine, les yankees ne rattrapèrent leurs adversaires qu'en 1863, date à laquelle ils commencèrent enfin à rendre coup pour coup dans la guerre des raids de cavalerie.

La campagne de Buell illustrait aussi les forces et les faiblesses d'une logistique ferroviaire. Le cheval de fer pouvait transporter davantage d'hommes et de provisions, plus loin et plus vite que le quadrupède de chair et de sang. En tant que force d'invasion, opérant le long des lignes extérieures sur des distances plus grandes, les armées de l'Union dépendaient davantage que celles de la Confédération du transport par rail. En janvier 1862, le Congrès nordiste autorisa le Président à saisir les voies ferrées, quelles qu'elles fussent, « chaque fois qu'il [jugerait] la chose nécessaire à la sécurité publique ». Le gouvernement n'exerça que rarement ce pouvoir dans les États du Nord, encore que Stanton s'en servît parfois comme aiguillon pour inciter les compagnies ferroviaires à accorder la priorité et des tarifs honnêtes à la circulation militaire. Dans le Sud occupé, en revanche, les autorités nordistes se lancèrent dans l'exploitation des chemins de fer sur une grande échelle. En février 1862, Stanton établit les US Military Rail Roads (USMRR ou Voies ferrées militaires des États-Unis) et nomma David McCallum directeur de cette entreprise. Ancien cadre des chemins de fer de l'Érié et administrateur efficace, McCallum finit par gérer quelque trois mille cinq cents kilomètres de voies ferrées acquises, construites et entretenues par l'USMRR, dans les zones conquises du Sud.

A Richmond, le ministère de la Guerre ne parvint à s'assurer un contrôle analogue sur les chemins de fer du Sud qu'en mai 1863 et n'exerça d'ailleurs guère son pouvoir. Il n'y eut pas d'équivalent sudiste de l'USMRR. Jamais le gouvernement confédéré ne parvint à obtenir que le réseau ferroviaire fragmentaire et délabré du Sud, handicapé de surcroît par une pléthore d'écartements différents, fonctionnât avec la même efficacité que celui du Nord. Ce contraste illustrait une autre dimension de la supériorité logistique yankee, qui contribua à la victoire finale de l'Union[1].

---

1. Robert C. Black, *The Railroads of the Confederacy* (Chapel Hill, 1952) ; Thomas Weber, *The Northern Railroads in the Civil War, 1861-1865* (New York, 1952) ; George

En 1862, toutefois, la dépendance des armées de l'Union à l'égard des voies ferrées présentait au moins autant d'inconvénients que d'avantages. « Les chemins de fer sont les éléments les plus faibles de la guerre, déclara Sherman. Un seul homme muni d'une allumette peut détruire et couper les communications. [Bien que] nos armées traversent et franchissent les territoires, la guerre referme son piège et laisse le même ennemi derrière eux, poursuivait le général nordiste. [Toute] voie ferrée traversant une contrée où chaque maison est un nid d'ennemis secrets et acharnés [est vouée à voir] ses ponts et ses réservoirs d'eau brûlés, ses trains criblés de balles, ses rails arrachés [et] ses locomotives projetées hors des rails et gravement endommagées[1]. » Toutes ces expériences enseigneraient finalement aux généraux de l'Union la leçon que Napoléon avait mise en pratique un demi-siècle plus tôt. Les immenses armées de l'empereur des Français n'auraient pu être ravitaillées par les fourgons de l'époque, si bien qu'elles vécurent tout simplement de ce qu'elles trouvaient sur place, dans les pays sur lesquelles elles s'abattaient comme une nuée de sauterelles.

Buell, cependant, rechignait à livrer une guerre de ce genre, ce qui causa sa perte. Braxton Bragg, le nouveau commandant de l'armée confédérée du Mississippi (qui ne tarderait pas à devenir l'armée du Tennessee) sut voir l'ouverture créée par les raids de Morgan et de Forrest dans l'axe de ravitaillement du général nordiste. « Notre cavalerie me prépare la voie vers le centre du Tennessee et le Kentucky », nota-t-il à la fin de juillet[2]. Bragg décida donc de laisser trente deux mille hommes dans le Mississippi, sous les ordres de Van Dorn et Price, pour y défendre Vicksburg et le centre de l'État, et résolut d'emmener les trente quatre mille hommes qui lui restaient jusqu'à Chattanooga, d'où il lancerait une invasion du Kentucky. Il espérait pouvoir reprendre à son compte la stratégie de ses deux officiers de cavalerie, sur une plus grande échelle. Buell serait bien obligé de le suivre et prêterait peut-être ainsi le flanc à une attaque. Si Grant se portait à son aide, Van Dorn et Price pourraient frapper vers le Nord et récupérer l'ouest du Tennessee. La cavalerie de Forrest et de Morgan continuerait à harceler l'arrière-garde de l'Union et Bragg avait aussi l'assurance de pouvoir bénéficier du concours des dix-huit mille hommes formant l'armée du Tennessee oriental, sous le commandement d'Edmund Kirby Smith, lequel avait observé avec circonspection Buell avancer à une allure d'escargot vers Chattanooga. Les confédérés s'imaginaient que les habitants du Kentucky piaffaient d'impatience et d'envie de rallier la cause sudiste. Bragg

---

E. Turner, *Victory Rode the Rails* (Indianapolis, 1953). Au début de la guerre, la Confédération comptait cent treize compagnies de chemin de fer gérant plus de quatorze mille kilomètres de rails dont les écartements différaient.

1. Cité par Hattaway et Jones, *How the North Won*, p. 250.
2. Foote, *Civil War*, t. I, p. 571.

réquisitionna quinze mille fusils supplémentaires pour armer ceux qu'il comptait voir s'enrôler dans son armée.

Depuis qu'il avait remplacé Beauregard, relevé de son commandement en juin, Bragg s'était ingénié à réorganiser son armée pour une nouvelle campagne et à rétablir la discipline parmi ses soldats. Souffrant cruellement d'ulcères et de migraines, ce général irascible et querelleur ne ménageait pas ses hommes. Plusieurs d'entre eux coupables de désertion finirent devant le peloton d'exécution et Bragg n'hésita pas à faire fusiller un soldat qui avait désobéi aux ordres et abattu un Noir en voulant tirer sur un poulet. Ces mesures semblèrent obtenir l'effet voulu ; le taux de désertion diminua et la discipline s'améliora. Les simples soldats avaient appris, comme le dit l'un d'eux, que Bragg était un « homme qui ferait comme il disait et dont les ordres devaient être obéis ». Un autre rebelle, cependant, ajoutait que « pas un seul soldat dans toute l'armée ne l'[avait] jamais ni aimé, ni respecté[1] ».

Cela, Bragg n'en avait cure ; son souci principal, pour l'heure, était de faire passer sa force d'invasion du Mississippi à Chattanooga. Il opta pour une solution qui ne manquait pas d'une certaine ironie : elle s'y rendrait en train, non pas par la route directe, d'un peu plus de trois cents kilomètres, le long de laquelle Buell se traînait depuis six semaines, mais par un circuit compliqué de plus de douze cents kilomètres qui l'emporterait vers le sud, jusqu'à Mobile, pour remonter vers le nord-est en direction d'Atlanta d'où elle continuerait vers le nord jusqu'à Chattanooga. A partir du 23 juillet, Bragg commença à expédier son infanterie, division par division ; deux semaines plus tard, toutes ses troupes étaient rassemblées à Chatanooga. Ce fut le plus important mouvement ferroviaire confédéré de toute la guerre[2]. Dès la mi-août, Bragg et Smith étaient prêts à partir pour la grande invasion. « Van Dorn et Price avanceront simultanément depuis le Mississippi en direction du Tennessee occidental, écrivit Bragg débordant d'enthousiasme, et j'espère bien que nous pourrons tous opérer notre jonction dans l'Ohio. » Dans une harangue à ses troupes qui devait leur servir d'inspiration, le général déclara : « L'ennemi est devant nous, dévastant notre beau pays [...], insultant nos femmes et profanant nos autels [...]. C'est à vous de décider si nos frères et sœurs du Tennessee et du Kentucky doivent rester les serfs et les serves du tyran abolitionniste ou doivent recouvrer la liberté que leur avaient léguée leurs pères[3]. »

1. Bruce Catton, *Terrible Swift Sword* (Garden City, N.Y., 1963), p. 380 ; Foote, *Civil War*, t. I, p. 569.

2. Les fourgons de ravitaillement et l'artillerie de Bragg voyagèrent par la route, si bien qu'ils arrivèrent plus tard que les fantassins qui avaient pris le train. L'année suivante, Longstreet emmena deux divisions et leur artillerie par le rail de Virginie jusqu'à Chickamauga, couvrant une distance plus grande que les troupes de Bragg. Toutefois, le mouvement de Longstreet ne concernait que douze mille hommes contre trente mille pour Bragg.

3. *O.R.*, sér. I, vol 16, 1re partie, p. 749 ; Foote, *Civil War*, t. I, p. 584.

Ce fut Kirby Smith qui partit le premier et avança le plus vite. Avec ses vingt et un mille hommes (parmi lesquels figurait une des divisions de Bragg), il quitta Knoxville le 14 août et se dirigea vers le nord, en direction du col de Cumberland, dont huit mille soldats de l'Union s'étaient emparé deux mois plus tôt. Peu désireux d'assaillir ces modernes Thermopyles, Kirby Smith les contourna et poursuivit son chemin vers le nord, laissant derrière lui une division pour surveiller les forces de l'Union qui tenaient le col. Smith fit preuve d'une célérité que Lincoln aurait bien aimé voir chez ses généraux. En deux semaines, il avait atteint Richmond, dans le Kentucky, à deux cent quarante kilomètres de Knoxville et à cent vingt kilomètres seulement au sud de Cincinnati, dont les habitants surpris par l'approche des rebelles cédèrent à un début de panique. A Richmond, Smith eut affaire au premier obstacle digne de ce nom, une division nordiste de six mille cinq cents nouvelles recrues qui n'avaient pas encore essuyé leur baptême du feu. Le 30 août, les sudistes déferlèrent droit devant eux en poussant le fameux cri des rebelles et refoulèrent les yankees ; ils en tuèrent ou blessèrent plus de mille et capturèrent la plupart des autres, contre moins de cinq cents morts et blessés dans leurs propres rangs.

L'armée de Smith occupa Lexington et s'apprêta à mettre en place un gouverneur confédéré dans la ville toute proche de Frankfort. Pendant ce temps, les trente mille hommes de Bragg avaient quitté Chattanooga vers le nord, suivant une route parallèle à celle de Kirby Smith, à environ cent soixante kilomètres plus à l'ouest. Lorsqu'ils franchirent les limites du Kentucky, Bragg fit halte pour émettre une proclamation :

> Habitants du Kentucky, je viens d'entrer dans votre État [...] afin de vous rendre les libertés dont vous avez été privés par un ennemi cruel et impitoyable [...]. Si vous préférez l'autorité fédérale, montrez-le par vos visages rembrunis et nous retournerons chez nous. Si vous choisissez au contraire de venir vous blottir dans le giron de notre fraternité, réjouissez-nous alors par le sourire de vos femmes et prêtez-nous une main diligente pour que nous conservions ensemble votre héritage de liberté[1].

Les femmes du Kentucky offrirent aux soldats en haillons leurs plus beaux sourires, mais bien peu d'hommes se présentèrent pour lutter en faveur de la cause sudiste. La plupart de ceux qui désiraient le faire avaient rallié les armées de la Confédération l'année précédente ; les autres préféraient rejoindre le camp des vainqueurs et Bragg n'avait pas encore prouvé qu'il l'était — même si son armée venait de capturer une garnison de l'Union de quatre mille hommes à Munfordville, à une petite centaine de kilomètres seulement au sud de Louisville. Peut-être les habitants du Kentucky comprenaient-ils ce dont Bragg ne se rendait pas encore

1. *O.R.*, sér. I, vol. 16, 2e partie, p. 822.

compte : que son « invasion » n'était en réalité qu'un raid d'une ampleur inusitée. Les rebelles n'avaient ni assez d'hommes, ni assez de ressources pour profiter d'une attaque de ce genre afin d'occuper l'État et de le défendre des contre-attaques lancées par les fédéraux enfin tirés de leur torpeur. Déjà Buell avait reçu en renfort deux divisions de Grant, ce qui portait son armée à cinquante-cinq mille hommes, et une troisième division était en route, tandis que l'on se dépêchait de former soixante mille nouvelles recrues nordistes à Louisville et Cincinnati.

Son apparent succès militaire, assorti de cet échec politique, fit osciller l'humeur de Bragg entre l'ivresse et l'abattement. Le 18 septembre, il écrivit à sa femme : « Nous venons de faire la campagne la plus extraordinaire de l'histoire militaire. » Quelques jours plus tard, cependant, il se déclarait « cruellement déçu par la passivité de [ses] amis du Kentucky ». « Jusqu'à présent, poursuivait-il, je n'ai reçu aucune addition à mon armée [...]. L'enthousiasme déborde, mais il se limite à un torrent de mots [...]. Les gens d'ici ont trop de bétail bien gras et sont trop cossus pour se battre [...]. A moins d'un changement très prochain, il faudra abandonner le jardin du Kentucky à sa propre cupidité[1]. »

Tandis que l'armée de Buell revenait sur ses pas en direction de Louisville, Bragg se trouva bien placé pour l'attaquer de flanc. Toutefois, se sachant inférieur en nombre, il était fort désireux d'unir ses forces à celles de Kirby Smith, qui se trouvait toujours dans la région de Lexington et Frankfort, à cent soixante kilomètres plus à l'est. Bragg pria donc Smith de bien vouloir venir le rejoindre à Bardstown, une ville située à mi-chemin des deux armées confédérées et à une grande cinquantaine de kilomètres seulement de Louisville, vers le sud. Les forces sudistes combinées pourraient alors livrer une bataille décisive pour la possession du Kentucky. En attendant, les deux commandants d'armée prirent le temps d'assister à la cérémonie d'entrée en fonctions du gouverneur confédéré du Kentucky, dans l'espoir que cet acte symbolique encouragerait les autochtones timorés à prendre fait et cause pour le Sud.

Malheureusement pour eux, la cérémonie fut interrompue par les grondements de l'artillerie de l'Union. Aiguillonné par un Lincoln excédé et par une presse nordiste exaspérée, Buell avait enfin fait face pour riposter au harcèlement des rebelles. Depuis un mois, son armée plus nombreuse et mieux équipée avait paru ne rien tenter pour mettre fin à l'invasion sudiste. Tout au long de septembre, Halleck avait fait vibrer les fils du télégraphe avec une succession de messages destinés à galvaniser Buell : « Ici, comme ailleurs, vous avancez trop lentement [...].

---

1. Catton, *Terrible Swift Sword*, p. 413 ; *O.R.*, sér. I, vol. 16, 2e partie, p. 876 ; David Urquhart, « Bragg's Advance and Retreat », *Battles and Leaders*, t. III, p. 602 ; Grady McWhiney, « Controversy in Kentucky : Braxton Bragg's Campaign of 1862 », *CWH*, n° 6 (1960), p. 23.

L'immobilité de votre armée est tout à fait surprenante. Au cours du mois écoulé, Bragg a parcouru quatre fois plus de terrain que vous. » Si Buell ne se décidait pas à bouger, il serait relevé de son commandement. S'exprimant au sens figuré (du moins on l'espère), Halleck avertit son subordonné : « Le Gouvernement semble bien décidé à guillotiner tous les généraux qui échouent [...]. Peut-être quelques mesures sévères nous sont-elles à présent nécessaires, comme elles le furent durant la Révolution française[1]. »

Buell saisit l'allusion et au cours de la première semaine d'octobre, il passa enfin aux actes. Il avait organisé son armée en une force de frappe de soixante mille hommes — dont un bon tiers, cependant, étaient des recrues absolument novices qui n'avaient encore jamais fait parler la poudre sur un champ de bataille. Bragg et Smith, pour leur part, avaient dans la région quarante mille soldats chevronnés, mais ceux-ci étaient éparpillés le long d'un front de presque cent kilomètres, de Lexington à Bardstown. Buell envoya une de ses divisions feindre une attaque en direction de Frankfort (il s'agissait des troupes qui vinrent troubler la fête du gouverneur), tandis qu'il lançait le reste de ses hommes regroupés en trois colonnes de soutien mutuel vers l'armée principale de Bragg à Bardstown. Le sudiste se laissa abuser par la manœuvre de diversion qui immobilisa près de la moitié des troupes confédérées dans la région de Frankfort, alors que les trois colonnes de Buell fondaient sur l'autre moitié, placée en l'absence de Bragg sous les ordres de l'évêque Leonidas Polk. Voyant que ses hommes devraient lutter à un contre deux, ce dernier battit en retraite et expédia à Bragg des messages pressants réclamant des renforts.

La suite des événements fut fortement influencée par le fait que l'une et l'autre armée se retrouvèrent en quête d'eau dans une contrée dévastée par la sécheresse. Polk, qui n'avait sous ses ordres que seize mille hommes, prit une position défensive un peu à l'ouest de la Chaplin River, à Perryville, le 7 octobre. Le soir même, un corps d'armée de l'Union arrivait et déclenchait une attaque qui échoua, pour tenter de s'assurer le contrôle de quelques étangs stagnants alimentés par un affluent de la rivière. A la tête de la division la plus agressive de ce corps d'armée, il y avait Philip Sheridan, un petit homme aux jambes arquées qui ne s'était fait remarquer avant la guerre que par sa combativité et sa moustache en guidon de vélo. Sa nature pugnace lui fut d'un grand secours lorsque les hostilités lui donnèrent l'occasion de se distinguer. Il passa la première année du conflit à languir au poste de capitaine d'intendance, puis en mai 1862, le hasard faisant bien les choses, il obtint le commandement sur le terrain d'un régiment de cavalerie et, en l'espace de quelques semaines, il s'était montré si capable (« il vaut son poids

1. *O.R.*, sér. I, vol. 16, 2e partie, p. 530, p. 421.

en or », écrivit un de ses supérieurs) qu'il avait été promu commandant de brigade, puis en septembre commandant de division. Le 8 octobre à l'aube, la division assoiffée de Sheridan repartit à l'attaque et parvint à s'assurer le contrôle de la rivière, ainsi que des collines situées au-delà. Dans le courant de la journée, le restant de la force principale de Buell vint former une ligne de part et d'autre de Sheridan.

Mais ensuite, au cours d'une bataille qui établit un nouveau record de confusion parmi les gradés des deux camps, Buell perdit l'initiative. Toujours persuadé que la majeure partie de l'armée de Buell se trouvait à Frankfort, Bragg ordonna aux seize mille hommes de Polk d'attaquer la modeste (du moins le croyait-il) force qui se trouvait à Perryville. En début d'après-midi, Polk envoya à contrecœur deux de ses trois divisions contre les deux divisions qui tenaient l'aile gauche de l'Union. Les rebelles avaient la chance avec eux, car l'une de ces divisions de tuniques bleues était composée de néophytes. S'efforçant d'apaiser leurs craintes, la veille au soir, deux généraux et un colonel leur avaient expliqué que chaque homme courait en fait très peu de risques d'être tué lors d'une bataille donnée. Le lendemain, face à la première vague de l'assaut confédéré, ces trois officiers devaient trouver la mort[1]. Les troupes inexpérimentées rompirent alors les rangs, entraînant dans leur fuite l'autre division de l'Union sur près de deux kilomètres, avant que des renforts ne vinssent interrompre la déroute. Pendant ce temps, au centre, Sheridan attaquait le restant de la division sudiste et la repoussait à travers les rues de Perryville. Moins de la moitié de l'armée de l'Union fut mêlée à ces combats, car, par un surprenant effet combiné du vent et de la topographie (qu'on appelle ombre acoustique), l'aile droite et Buell lui-même n'entendirent absolument rien de la bataille qui se déroulait à trois kilomètres d'eux. Ce ne fut que lorsqu'une estafette arriva au triple galop sur un cheval ruisselant de sueur que le commandant de l'Union sut qu'un combat faisait rage. A cette heure, la nuit tombante interdit à l'aile droite de l'Union d'attaquer l'unique brigade rebelle qui restait devant elle. Buell ordonna un assaut tout le long de la ligne le lendemain à l'aube, mais lorsque les yankees avancèrent, au petit matin, ce fut pour constater que leurs ennemis avaient décampé. Comprenant enfin que les nordistes étaient trois fois plus nombreux que ses hommes à Perryville, Bragg avait battu en retraite durant la nuit pour aller opérer sa jonction avec Kirby Smith — plusieurs jours trop tard.

Pour les deux adversaires, cette bataille qui aurait dû marquer l'apogée d'une longue campagne se révéla décevante. Le nombre des victimes fut relativement élevé, proportionnellement aux effectifs en action — quatre mille deux cents chez les fédéraux contre trois mille quatre cents

1. Charles C. Gilbert, « On the Field of Perryville », *Battles and Leaders*, t. III, p. 57n.

chez les confédérés — mais personne ne « gagna » vraiment. Buell laissa passer sa chance d'anéantir un tiers des rebelles qui avaient envahi le Kentucky, alors que Bragg et Smith ne surent pas confirmer leur invasion en portant le coup fatal susceptible de leur attirer le soutien des habitants. Après Perryville, les deux adversaires en présence se contentèrent de manœuvrer prudemment pendant quelques jours, sans se battre. Constatant que les provisions manquaient, que la liste des malades s'allongeait et qu'il avait devant lui un adversaire plus nombreux, Bragg succomba à une nouvelle crise de pessimisme et décida de renoncer à sa campagne. Sur fond de récriminations mutuelles entre certains de ses généraux, avec en contrepoint un chœur de critiques acerbes qui allait crescendo dans la presse sudiste, Bragg ordonna à ses hommes fatigués de revenir sur leurs pas jusqu'à Knoxville et Chattanooga. Convoqué un peu plus tard à Richmond (Virginie) pour expliquer les raisons de son échec, il parvint, semble-t-il, à satisfaire Davis qui le maintint à un poste de commandement et exprima à son endroit une confiance que partageaient de moins en moins de sudistes.

Buell poursuivit avec prudence les rebelles qui se repliaient. Une nouvelle pluie de télégrammes arriva de Washington le pressant d'attaquer, ou du moins de chasser Bragg de l'est du Tennessee, ce qui exaucerait le vœu le plus cher de Lincoln en récupérant cette région unioniste. « Ni le Gouvernement ni le pays ne supportent plus ces retards répétés », câbla Halleck. Et des télégrammes de Buell repartirent vers Washington pour expliquer qu'il ne pouvait pas avancer plus vite, de peur que son armée ne se trouvât coupée de son ravitaillement. Halleck lui tint en réponse un langage qui reflétait l'impatience de Lincoln envers ce général, lequel, à l'instar de McClellan, paraissait plus doué pour inventer des excuses que pour passer aux actes. « Vous dites que [le Tennessee oriental] est le cœur des ressources ennemies ; faites-en donc le cœur des vôtres. Votre armée doit pouvoir y vivre, puisque l'ennemi le peut. [Le Président] ne comprend pas pourquoi nous ne pouvons pas marcher comme marche l'ennemi, vivre comme il vit et nous battre comme lui[1]. » Rien n'y fit. Buell n'était vraiment pas le genre de général à avancer et à se battre, tout en vivant de ce qu'il trouvait sur place. Lorsqu'il exprima clairement son intention de rétablir une base à Nashville au lieu de poursuivre les rebelles, Lincoln lui retira son poste et nomma William S. Rosecrans commandant des forces rebaptisées armée du Cumberland.

Des événements survenus à près de cinq cents kilomètres de là, dans le Mississippi, avaient influé aussi bien sur la décision de battre en retraite, prise par Bragg, que sur celle de nommer Rosecrans, prise par Lincoln. Juste après la bataille de Perryville, Bragg avait été avisé de la défaite

1. *O.R.*, sér. I, vol. 16, 2e partie, p. 638, p. 626-627.

essuyée par Von Dorn et Price dans la bataille de Corinth, quatre jours auparavant. Étant donné que l'espoir que nourrissait Bragg de réussir son invasion avait dépendu d'une poussée conjuguée vers le nord avec les troupes qu'il avait laissées derrière lui dans le Mississippi, ce revers vint mettre un comble à son découragement. Le commandant des forces de l'Union à Corinth avait été Rosecrans. Alors que Buell s'était avéré incapable de barrer aux rebelles la route du Tennessee central et du Kentucky, Rosecrans pour sa part avait séduit Lincoln en les empêchant d'envahir le Tennessee occidental.

Le 14 septembre, les quinze mille hommes de Price avaient chassé une faible force nordiste de la petite ville ferroviaire de Iuka, dans le nord du Mississippi. C'était le premier pas de l'invasion projetée du Tennessee. Grant crut voir une ouverture pour une contre-attaque. Il conçut un plan qui lui permettrait de prendre Price au piège à Iuka, entre deux forces de l'Union convergeant vers lui ; il envoya donc vers l'est, le long de la voie ferrée, deux divisions en garnison à Corinth placées sous les ordres du général Edward Ord, tandis qu'il ordonnait à deux autres divisions, sous le commandement de Rosecrans, de contourner Iuka pour y arriver par le sud et lancer un assaut contre le flanc de Price, au moment où Ord l'attaquerait de front. Malheureusement, ce mouvement de tenailles fut mal exécuté, comme cela arrivait souvent à une époque où les communications dépendaient entièrement des estafettes. Subodorant le piège, Price attaqua les unités avancées de Rosecrans, au sud de la ville, le 19 septembre, alors qu'Ord (qu'accompagnait Grant) se trouvait encore à presque cinq kilomètres à l'ouest. Là encore, un effet d'acoustique masqua à Ord tous les bruits de la bataille et ses troupes restèrent dans une bienheureuse ignorance du combat que livrait Rosecrans à quelques kilomètres de là. Au cours d'une échauffourée brève, mais dure, les yankees numériquement inférieurs se défendirent comme des beaux diables, infligeant à leurs ennemis plus de pertes qu'ils n'en subissaient. Une fois la nuit tombée, cependant, Price s'éclipsa en direction du sud le long d'une route que Rosecrans avait négligé de faire bloquer. Lorsque les tenailles de l'Union se refermèrent enfin le lendemain, ce fut pour saisir une ville déserte.

Du moins Grant avait-il arrêté la percée de Price vers le nord. Mais l'entreprenant rebelle du Missouri emmena aussitôt sa petite armée rejoindre Van Dorn pour une nouvelle tentative. A la tête d'une force mobile combinée de vingt-deux mille hommes, ils attaquèrent la principale position de l'Union à Corinth, mais là ils eurent affaire à forte partie — vingt et un mille hommes sous les ordres de Rosecrans, un combattant coriace et habile. Le 3 octobre, les sudistes montèrent à l'assaut contre les défenses extérieures au nord de la ville, avec le cri impétueux et l'indifférence au danger qui leur étaient désormais caractéristiques. Tout au long d'une journée de grosse chaleur, ils repoussèrent les yankees sur plus de trois kilomètres jusqu'aux défenses intérieures. Le lendemain matin, les rebelles repartirent à l'attaque, mais après avoir d'abord fait la loi, ils succombèrent à l'épuisement et à la soif, par une température de plus de trente degrés. Dès midi, une contre-attaque de l'Union avait mis en fuite Van Dorn et Price.

Ayant exprimé, après Iuka, sa déception de « ne pas avoir capturé l'armée [de Price] tout entière ou de ne pas l'avoir détruite, comme [il espérait] le faire », Grant s'efforça une seconde fois d'y parvenir après Corinth[1]. Il ordonna à une division de l'ouest du Tennessee d'intercepter les confédérés dans leur fuite en leur barrant le chemin par-devant, pendant que Rosecrans les talonnerait par-derrière, mais le « vieux Rosy », comme ses hommes avaient commencé à le surnommer, fit preuve de lenteur. L'armée de Van Dorn réussit à se tirer d'affaire, après une féroce bataille près d'un pont, contre la colonne que Grant avait envoyée pour lui couper la route, bataille qui fit encore six cents victimes chez les confédérés. En dépit de son admiration pour la ténacité de Rosecrans au combat, Grant se montra dès lors assez froid envers ce général qui, à ce qu'il croyait, avait laissé par deux fois les rebelles échapper au piège qui leur était tendu. Néanmoins, l'offensive, qui se révéla avoir été la dernière tentée par les sudistes dans le Mississippi, avait été déjouée. L'initiative passa entre les mains de Grant qui lança sa première (et infructueuse) campagne contre Vicksburg un mois plus tard. Rosecrans, pour sa part, fut promu à un nouveau commandement. Les revers subis par les rebelles dans le Mississippi, s'ajoutant à la retraite de Bragg hors du Kentucky, suscitèrent le découragement à Richmond et le soulagement à Washington.

Cependant, en dépit de l'importance qu'ils revêtaient dans le tableau stratégique d'ensemble, ces événements survenus sur le théâtre occidental de juin à octobre restèrent à l'arrière-plan de la vision que le public avait de la guerre, car l'attention générale était avant tout concentrée sur l'évolution de la situation militaire dans l'Est. Les campagnes qui s'y déroulaient paraissaient plus cruciales parce qu'elles avaient lieu plus près des deux capitales et des grands journaux dont les comptes rendus de la guerre avaient le plus d'influence. Au moment où Kirby Smith et Bragg quittaient Knoxville et Chattanooga vers le nord, Jackson et Lee en faisaient autant à partir de Richmond. Les invasions dans l'Ouest couvraient des territoires plus étendus, mais les combats dans l'Est se soldèrent, comme d'habitude, par un plus grand nombre de victimes. Ces poussées simultanées vers le nord des armées de la Confédération constituèrent sa plus audacieuse tentative pour s'arroger la victoire.

1. John Y. Simon (éd.), *The Papers of Ulysses S. Grant*, 14 vol. à ce jour (Carbondale, Ill., 1967-1985), t. VI, p. 97.

II

Lorsque Lincoln nomma Henry Halleck général en chef, en juillet 1862, il espérait bien que le Vieux Cerveau saurait coordonner une offensive conjuguée des cent mille hommes de McClellan dans la péninsule et des cinquante mille que commandait Pope au nord de Richmond. Malheureusement pour lui, trois hommes devaient réduire cet espoir à néant ; ils avaient nom Pope, McClellan et Jackson.

Le premier geste de Pope, en tant que commandant de ce qu'on appelait désormais l'armée de Virginie, fut d'émettre une proclamation à l'intention de ses troupes. Ce document inepte n'était pas fait pour diminuer sa réputation de forfanterie. « Je suis venu vers vous du fond de l'Ouest où nous avons toujours vu le dos de nos ennemis, assurait-il. Je suis navré de trouver si en vogue parmi vous[...] certaines expressions [telles que] "ligne de retraite" et "bases de ravitaillement" [...]. Étudions donc plutôt les probables lignes de retraite de nos adversaires et laissons les nôtres tranquilles. Regardons devant nous et non derrière. Le succès et la gloire sont pour ceux qui avancent, le désastre et la honte sont tapis à l'arrière[1]. »

En dénigrant ainsi sournoisement les troupes du front oriental, Pope ne se fit guère d'amis. Fitz-John Porter déclara que l'arrivant s'était « dépeint par écrit sous les traits que l'univers militaire lui [connaissait] depuis longtemps, ceux d'un âne », opinion que partageait McClellan. De son côté, Pope estimait que « l'incompétence et l'absence de dispositions [de McClellan] pour l'action et le mouvement étaient si grandes » que l'on ne pouvait guère attendre d'aide de la part de l'armée du Potomac[2]. Lee n'aurait pu espérer avoir en face de lui deux adversaires plus animés d'une mutuelle hostilité, les eût-ils désignés lui-même.

Après les Sept Jours, McClellan se déclara prêt à reprendre l'offensive, si Lincoln voulait bien lui envoyer cinquante mille hommes de plus. En privé, cependant, le général déclarait à un des dirigeants démocrates de New York qu'il avait perdu « toute considération et tout respect » pour l'administration et qu'il doutait « de l'opportunité de verser le sang de [ses] courageux soldats pour servir les desseins d'une telle clique de scélérats sans cœur ». Lorsque Halleck devint général en chef, McClellan laissa éclater sa colère à l'idée de servir sous les ordres d'un officier « dont

1. *O. R.*, sér. I, vol. 12, 3e partie, p. 473-474.
2. Porter cité par Catton, *Terrible Swift Sword*, p. 387 ; Pope cité par Salmon P. Chase, reproduit chez David Donald (éd.), *Inside Lincoln's Cabinet : The Civil War Diaries of Salmon P. Chase* (New York, 1954), p. 97.

[il savait] qu'il [lui était] inférieur». Quant à Stanton, c'était un « hypocrite et une fripouille difforme » et « s'il avait vécu à l'époque de notre Sauveur, Judas l'Iscariote serait resté un membre respecté de la confrérie des apôtres[1] ». De son côté, Lincoln avait cessé de croire que McClellan était disposé à se battre contre Lee. Le Président n'avait pas les cinquante mille hommes que lui réclamait le général, mais en eût-il envoyé cent mille, confia-t-il à un sénateur, McClellan se serait brusquement aperçu que Lee en avait quatre cent mille[2]. A la fin du mois de juillet, Lincoln et Halleck décidèrent que l'armée du Potomac devait se retirer de la péninsule pour aller se réunir avec celle que commandait Pope.

Cette décision leur avait été dictée en partie par des actions confédérées. Afin de neutraliser la menace que faisait peser Pope sur le nœud ferroviaire de Gordonsville, au nord-ouest de Richmond, Lee y avait envoyé, le 13 juillet, douze mille hommes sous les ordres de Jackson. Voyant que McClellan ne bougeait pas sur le front proche de la capitale sudiste, Lee détacha, le 27 juillet, auprès de Jackson, A.P. Hill, à la tête de treize mille hommes supplémentaires. La rumeur publique décupla l'ampleur de cette force — car le nom de Jackson, en dépit de ses échecs dans la péninsule, valait bien plusieurs divisions — et contribua à persuader le président de l'Union qu'il était nécessaire de renforcer Pope. A mesure que Lee coordonnait les informations concernant le retrait de McClellan, il profita des lignes intérieures sudistes pour faire franchir par le train à la majeure partie de ses troupes la centaine de kilomètres qui les séparait de Gordonsville. L'armée du Potomac dut couvrir plusieurs fois cette distance par bateau, descendant la James River et longeant la baie de Chesapeake pour remonter le Potomac, avant de pouvoir arriver assez près de Pope pour finir à pied. Inutile de dire que les amères protestations de McClellan contre cette manœuvre et la rancœur de ses subordonnés à l'idée de se retrouver sous le commandement de Pope ne contribuèrent pas à améliorer l'efficacité générale. « Pope va se faire rosser [...] et anéantir » par Lee, écrivit à sa femme McClellan, que cette perspective semblait combler d'aise. « Un scélérat de son acabit ne peut qu'entraîner la défaite de toute cause qui s'abaisse à l'employer[3]. »

Pendant que McClellan boudait sous sa tente, Jackson partit à la rencontre des deux divisions avancées de Pope, près de Cedar Mountain, à trente kilomètres au nord de Gordonsville. A la tête de ces deux unités

1. Lettre de McClellan à Samuel L.M. Barlow, 15 juillet 1862, Barlow Papers, bibliothèque Henry E. Huntington ; lettres de McClellan à Ellen McClellan, 13 et 22 juillet 1862, McClellan Papers, bibliothèque du Congrès.

2. Theodore C. Pease et James G. Randall (éd.), *The Diary of Orville Hickman Browning*, 2 vol. (Springfield, Ill, 1927-1933), t. I, p. 563.

3. Lettre de McClellan à Ellen McClellan, 10 août 1862, McClellan Papers.

nordistes se trouvait le vieil ennemi de Jackson, Nathaniel P. Banks. Désireux de rétablir sa réputation, Banks attaqua le 9 août, bien qu'il sût que les hommes de Jackson étaient au moins deux fois plus nombreux que les siens. Le général de l'Union, qui attendait l'arrivée imminente de renforts, envoya à l'assaut ses deux maigres divisions pour une attaque frontale qui repoussa les rebelles étonnés et mit en fuite l'ancienne brigade Stonewall de son adversaire. Ayant mal engagé le combat, Jackson se rendit en personne sur le front pour rameuter ses troupes, puis il regarda avec satisfaction la division d'A.P. Hill châtier les yankees par une contre-attaque tranchante. Banks recula de plusieurs kilomètres, après avoir perdu trente pour cent de ses hommes, pour trouver le soutien des renforts qui arrivaient trop tard. Au cours des deux jours suivants, le reste de l'armée de Pope arriva sur les lieux et obligea Jackson à regagner Gordonsville.

Le principal résultat de cette bataille de Cedar Mountain fut de confirmer le transfert des opérations de la péninsule vers la Rappahannock River, à mi-chemin entre Richmond et Washington. Ce fut là que, pendant dix jours, les cinquante-cinq mille hommes rassemblés par Lee (qui en avait laissé vingt mille dans les environs de Richmond) menèrent une campagne d'attaques et de parades contre l'armée de Pope à peu près aussi nombreuse. Lee cherchait une ouverture pour isoler et attaquer une partie des forces ennemies, tandis que Pope manœuvrait pour tenir sa position, en attendant l'arrivée des renforts en provenance de la péninsule, qui devaient lui permettre de passer à l'offensive. Étant donné que c'était justement ce qu'il voulait empêcher, Lee résolut d'avoir recours à un stratagème qui commençait à lui devenir habituel : il divisa ses troupes et expédia, au prix d'une longue marche de flanc accomplie dans le sens des aiguilles d'une montre, le corps d'armée de Jackson couper les communications ferroviaires de l'Union, loin derrière Pope. Cette manœuvre allait à l'encontre de toutes les maximes militaires prônant la concentration des troupes en présence d'un ennemi de taille égale ou supérieure, mais Lee était convaincu que ce n'était pas en suivant des maximes que le Sud gagnerait cette guerre. Son comportement d'épiscopalien bien élevé cachait l'audace d'un joueur fort habile, prêt à tout miser sur une seule carte. Et Jackson qui dissimulait lui aussi une âme de joueur sous ses dehors de revêche presbytérien était bien l'homme qu'il fallait pour exécuter la stratégie de Lee.

Jackson, en effet, s'était enfin repris, après l'indolence dont il avait fait preuve sur les rives de la Chickahominy, pour redevenir le gladiateur de la Shenandoah. D'ailleurs, le 25 août, lorsque les éclaireurs de Pope signalèrent à ce dernier que Jackson s'était mis en marche vers le nord-ouest, le long de la Rappahanock, le général nordiste crut que c'était justement vers la vallée de la Shenandoah que se dirigeaient les rebelles ; mais sa cavalerie trop clairsemée ne s'aperçut pas que Jackson bifurquait vers l'est dès le 26, se trouvant ainsi libre de suivre sans rencontrer d'opposition la route de Manassas, où se trouvait la principale base de ravitaillement de l'Union, à quarante kilomètres derrière Pope. Grâce à l'une des marches les plus étonnantes du conflit, le corps d'armée tout entier — soit vingt-quatre mille hommes — parvint à couvrir plus de quatre-vingts kilomètres en deux jours. Les rebelles affamés, à demi nus, s'abattirent sur la montagne de provisions de Manassas comme une invasion de sauterelles. Après avoir mangé tout leur saoul et s'être emparé de tout ce qu'ils pouvaient emporter, ils mirent le feu à ce qui restait.

L'accumulation de vivres à Manassas et l'entretien de la voie vulnérable et unique qui reliait Pope à sa base avaient été confiés à Herman Haupt, le magicien des chemins de fer. Cet homme brusque, qui ne plaisantait pas avec le service, était directeur de la construction et des transports

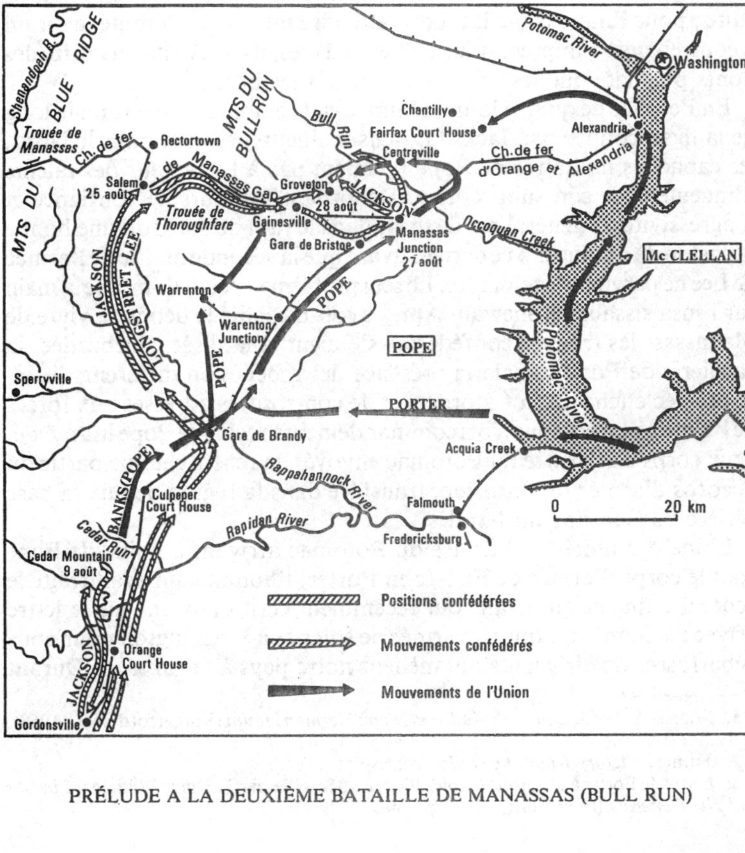

PRÉLUDE A LA DEUXIÈME BATAILLE DE MANASSAS (BULL RUN)

pour les chemins de fer militaires américains en Virginie. Il avait mis de l'ordre dans le chaos des mouvements ferroviaires et rebâti les ponts détruits en un temps record. Sa plus belle réussite avait été la construction d'un pont sur chevalets de plus de vingt-cinq mètres de haut et cent trente mètres de long, fait de rondins et de madriers de bois encore vert, exécutée par des soldats néophytes en moins de deux semaines. Après avoir examiné ce pont, Lincoln s'était exclamé : « Je viens de voir la construction la plus remarquable qu'ait jamais contemplée un regard humain. Cet homme, Haupt, a bâti un pont [...] sur lequel des trains chargés passent toutes les heures et, je vous en donne ma parole messieurs, il n'est fait que de rames de haricots et de tiges de maïs[1]. » Haupt mit au point un système de pièces préfabriquées pour les ponts et organisa le premier corps de construction de l'Union, lequel accomplit des prodiges dans le domaine des voies ferrées et des ponts durant les trois années suivantes. Sa devise, comme celle de ses descendants de la Seabee durant la Deuxième Guerre mondiale, aurait pu être : « Le difficile, on peut le faire tout de suite ; pour l'impossible il faudra attendre un peu. » Comme le dit un « contrebande » impressionné : « Les yankees, ils peuvent construire des ponts plus vite que les rebelles arrivent à les brûler[2]. »

En l'espace de quatre jours, Haupt avait rétabli la circulation le long de la ligne coupée par Jackson, mais malheureusement pour le Nord, les capacités militaires de Pope n'étaient pas à la hauteur des talents d'ingénieur de son subordonné. Débordant toujours de confiance et d'agressivité, le général nordiste vit dans le raid de Jackson une bonne occasion de « coincer » ce dernier avant que la seconde moitié de l'armée de Lee ne parvînt à le rejoindre. Le seul problème, c'était de mettre la main sur l'insaisissable Stonewall. Après avoir incendié le dépôt de vivre de Manassas, les troupes confédérées s'étaient volatilisées. Débordée, la cavalerie de Pope signala la présence des rebelles en différents lieux, ce qui déclencha un flot d'ordres et de contrordres adressés aux forces de l'Union placées sous trois commandements : celui de Pope lui-même, deux corps de l'armée du Potomac envoyés en renfort et une partie du 9e corps d'armée de Burnside, transféré dans la région depuis sa base côtière de Caroline du Nord.

L'une des unités de l'armée du Potomac arrivant à l'aide de Pope était le corps d'armée de Fitz-John Porter, l'homme qui avait traité le général d'âne et qui avait tout récemment écrit dans une autre lettre privée : « Dommage que son armée ne soit pas à Washington pour nous débarrasser de dirigeants qui mènent notre pays à la ruine[3]. » Durant

1. Francis A. Lord, *Lincoln's Railroad Man : Herman Haupt* (Rutherford, N.J., 1969), p. 77.

2. Turner, *Victory Rode the Rails*, frontispice.

3. Lettre de Porter à Manton Marble, 10 août 1862, citée par T. Harry Williams, *Lincoln and His Generals* (New York, 1952), p. 148.

cette fatale journée du 28 août, l'ami fidèle de Porter, McClellan, se trouvait à Alexandria où il faisait la sourde oreille aux ordres de Halleck lui enjoignant d'expédier d'urgence à Pope un autre corps de l'armée du Potomac. McClellan choqua profondément le Président en proposant que tous les soldats disponibles fussent placés sous son commandement pour défendre Washington, laissant Pope « se tirer tout seul du guêpier dans lequel il [s'était] fourré ». « [Si] Pope est vaincu, écrivit McClellan à sa femme, peut-être me demanderont-ils une nouvelle fois de sauver Washington. Rien, sinon leurs craintes, ne saurait les inciter à me confier un commandement important[1]. » Presque brisé par l'inquiétude, Halleck ne parvint pas à imposer son autorité à McClellan. Ce fut ainsi que deux des meilleurs corps de l'armée du Potomac, qui se trouvaient à proximité de Pope, ne prirent aucune part à la bataille qui s'ensuivit.

Pendant ce temps, les troupes de Jackson s'étaient terrées sur une crête boisée, à un peu plus de trois kilomètres de l'ancien champ de bataille de Manassas. Lee et Longstreet, avec le reste de l'armée confédérée, n'étaient qu'à quelques kilomètres de là, ayant réussi à s'infiltrer par une trouée dans les monts du Bull Run que Pope avait négligé de faire défendre par une force suffisamment nombreuse. La cavalerie de Stuart avait maintenu la liaison entre Lee et Jackson, si bien que ce dernier savait que les unités avancées de Longstreet devaient venir le rejoindre le matin du 29 août.

La veille au soir, l'une des divisions de Pope était tombée par hasard sur la cachette de Jackson. Au cours d'un féroce accrochage, au crépuscule, les tuniques bleues pourtant inférieures en nombre avaient infligé à leurs ennemis des pertes considérables, avant de se retirer non moins meurtries. Une brigade s'y était distinguée, qui, entièrement composée d'hommes de l'Ouest (un régiment de l'Indiana et trois du Wisconsin), devait bientôt acquérir la réputation d'être une des meilleures unités de l'armée, sous le nom de « brigade de fer ». A la fin du conflit, elle comptait le plus fort pourcentage de morts et de blessés de toutes les brigades des armées de l'Union — distinction que pouvait revendiquer chez les confédérés l'une des unités contre laquelle elle se battit sur ce champ de bataille et sur d'autres, la brigade Stonewall, composée à cent pour cent de Virginiens.

Ayant ainsi retrouvé Jackson, Pope rassembla ses troupes éparpillées, au moyen de marches forcées durant la nuit et la matinée des 28-29 août. Croyant que Jackson se préparait à battre en retraite vers les forces de Longstreet (alors que c'était en réalité ce dernier qui avançait vers Jackson), Pope commit une erreur. Au lieu d'attendre d'avoir pu concentrer une force suffisante en face de Jackson, il lança ses divisions

1. *CWL*, t. V, p. 399 ; Dennett, *Lincoln/Hay*, p. 45 ; lettre de McClellan à Ellen McClellan, 22 août 1862, McClellan Papers.

l'une après l'autre, dans des assauts dispersés contre des troupes qui loin de battre en retraite, étaient solidement campées dans les tranchées toutes faites que formaient les saignées et remblais d'une voie ferrée inachevée. Les yankees chargèrent avec une fureur désespérée et faillirent bien rompre la ligne de Jackson à plusieurs reprises, mais les rebelles tinrent bon et les repoussèrent.

Pope ne parvint pas à engager dans cette action, le 29 août, plus de trente-deux mille hommes contre les vingt-deux mille soldats de Jackson. La faute ne lui en incombait pas entièrement. On vit arriver sur l'aile gauche de l'Union, dans le courant de la matinée, trente mille hommes supplémentaires appartenant au grand corps d'armée de McDowell et à celui, plus modeste, de Porter. McDowell passa la journée entière à effectuer des manœuvres inutiles ; ce ne fut qu'à la nuit tombée et au clair de lune que quelques-uns de ses régiments livrèrent enfin une escarmouche à l'ennemi. Quant à Porter, il est bien difficile de supputer quel pouvait être son état d'esprit ce jour-là. Il croyait avoir devant lui le corps d'armée tout entier de Longstreet — ce qui était d'ailleurs le cas dès midi — si bien qu'avec seulement dix mille hommes, il préféra ne rien tenter, alors que des milliers d'autres soldats nordistes se battaient et mouraient à trois kilomètres de là. Pope, qui ne s'était pas rendu compte que tout le corps d'armée de Longstreet était arrivé, ordonna en fin d'après-midi à Porter d'attaquer le flanc droit de Jackson. Porter fut dans l'impossibilité d'obéir, car Longstreet avait alors opéré sa jonction avec le flanc de Jackson ; en outre, Porter n'avait aucun respect pour Pope et n'acceptait pas de recevoir ses ordres, si bien qu'il continua à ne rien faire. Ce comportement lui valut ultérieurement de passer en cour martiale et d'être révoqué[1].

Tandis que Pope se battait ainsi, le 29 août, uniquement avec sa main droite, Lee de son côté parait uniquement avec la gauche. En effet, lorsque Longstreet fit mettre ses trente mille hommes en ligne au début de l'après-midi, Lee lui demanda de lancer une attaque, afin d'alléger un peu la pression qui pesait sur Jackson. Mais Longstreet se fit tirer l'oreille, objectant qu'une force nordiste dont on ignorait la puissance (il s'agissait

---

1. Porter conserva le commandement du 5e corps d'armée jusqu'en novembre, date à laquelle il fut convoqué devant la cour martiale qui le condamna. Après la guerre, le général révoqué réclama à plusieurs reprises une révision de son procès et parvint finalement à faire casser le verdict en 1886, lorsque les témoignages d'officiers confédérés et les preuves fournies par les archives sudistes saisies à la fin de la guerre démontrèrent que Longstreet s'était effectivement trouvé en face de Porter et que le général ne pouvait donc obéir aux ordres de Pope. Porter fut, dans une certaine mesure, victime des attaques des républicains contre McClellan et ses collaborateurs, dont il était le plus proche. Néanmoins, pour n'avoir absolument *rien* tenté avec son corps d'armée le 29 août, il méritait au moins une légère réprimande. On trouvera une étude de cette affaire, dans laquelle Porter a le beau rôle, chez Otto Eisenschiml, *The Celebrated Case of Fitz-John Porter* (Indianapolis, 1950) ; on trouvera aussi de brèves analyses, où il ne l'a pas, chez Kenneth P. Williams, *Lincoln Finds a General*, 5 vol. (New York, 1949-1959), t. I, p. 324-330, t. II, p. 785-789 ; et chez Catton, *Terrible Swift Sword*, p. 522-523.

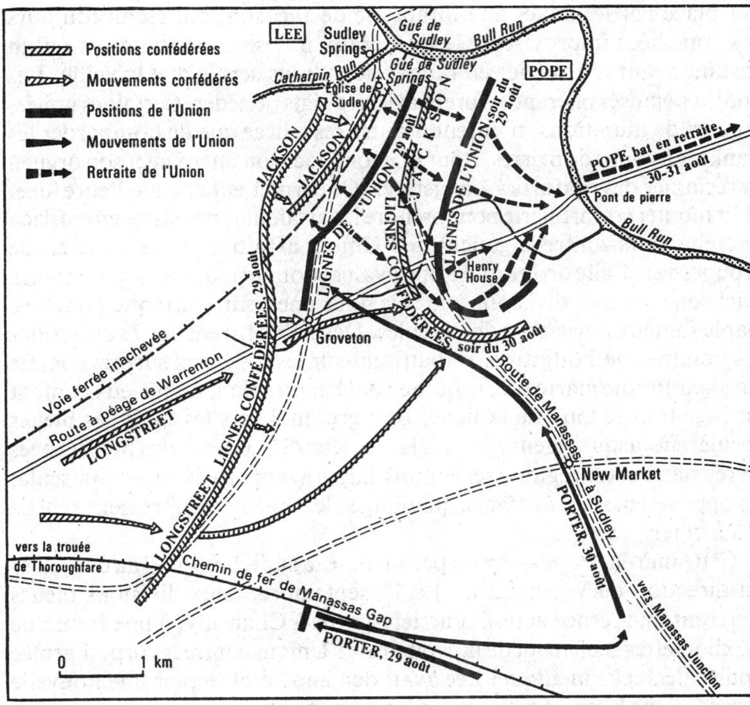

DEUXIÈME BATAILLE DE MANASSAS (BULL RUN)

de Porter et McDowell) se trouvait quelque part dans les bois, en face de lui. A l'encontre de Lee et de Jackson, Longstreet préférait rester sur la défensive et espérait amener les fédéraux à l'attaquer *lui*. Lee s'inclina devant l'opinion de son subordonné. En conséquence, la présence de Longstreet neutralisa certes les trente mille fédéraux, mais ce fut réciproque.

Cette nuit-là, quelques brigades confédérées quittèrent leurs positions avancées pour reprendre la ligne. Ayant déjà plusieurs fois mal interprété les intentions de l'ennemi, au cours des jours qui venaient de s'écouler, Pope récidiva en croyant discerner dans ce mouvement les préliminaires d'une retraite générale. Il tenait tant à « voir le dos des ennemis » — comme il assurait l'avoir toujours fait dans l'Ouest — qu'il prit ses désirs pour des réalités. Il expédia donc aussitôt à Washington une dépêche criant victoire et se prépara à pourchasser ces rebelles qui reculaient.

Mais lorsqu'il déclencha sa poursuite le lendemain, les tuniques bleues ne parcoururent que quelques centaines de mètres avant d'être clouées sur place par les balles de l'infanterie de Jackson, qui tenait toujours ses tranchées improvisées. Les fédéraux n'hésitèrent toutefois qu'un instant avant d'attaquer en rangs encore plus serrés que la veille. Les sudistes épuisés plièrent et furent à deux doigts de céder. Certaines unités, à court de munitions, n'eurent d'autre ressource que de bombarder les yankees à coups de pierres. Pour une fois, Jackson dut ravaler son orgueil et réclamer des renforts à Longstreet. Ce dernier eut une meilleure idée. Il fit monter son artillerie pour prendre les assaillants nordistes en enfilade et lâcha alors contre la gauche de l'Union, affaiblie par le transfert de troupes vers l'aile droite que Pope avait ordonné pour les assauts contre Jackson, ses cinq divisions à la fois dans une contre-attaque ponctuée par le fameux hurlement des rebelles. Dès qu'ils furent entrés en action, les hommes de Longstreet s'abattirent sur les fédéraux surpris comme un gigantesque marteau. Jusqu'au coucher du soleil, un furieux combat fit rage tout le long de la ligne. Bon gré, mal gré, les tuniques bleues reculèrent jusqu'à Henry House Hill, scène des combats les plus féroces livrés dans cette région treize mois auparavant. Et là, au crépuscule, ils opposèrent une résistance qui obligea le rouleau compresseur rebelle à s'arrêter.

Cette nuit-là, Pope — ayant perdu toute sa superbe — décida de reculer en direction de Washington. Le 1er septembre, deux divisions bleues livrèrent une féroce action d'arrière-garde à Chantilly, à une trentaine de kilomètres seulement de la capitale de l'Union, contre le corps d'armée épuisé de Jackson auquel Lee avait demandé d'effectuer une nouvelle marche dans le sens des aiguilles d'une montre, pour essayer une dernière fois de frapper le flanc de l'armée de l'Union qui battait en retraite. Après avoir avoir repoussé cette attaque, au cours d'un orage accompagné d'une pluie diluvienne, les tuniques bleues rompues de fatigue se replièrent péniblement derrière les défenses de Washington. Durant les cinq jours précédents, ils avaient perdu seize mille hommes, morts et blessés, sur un total de soixante-cinq mille, alors que les cinquante-cinq mille soldats de Lee comptaient moins de dix mille victimes. Ce qu'avait réussi Lee avec cette seconde offensive stratégique était encore plus remarquable que son premier exploit. Moins d'un mois auparavant, la principale armée de l'Union n'avait été qu'à trente kilomètres de Richmond. Avec deux fois moins d'hommes que ses deux adversaires (Pope et McClellan), le général sudiste avait déplacé le théâtre des opérations à trente kilomètres de Washington où les rebelles paraissaient désormais prêts pour l'ultime assaut.

Derrière les lignes nordistes, tout n'était que confusion. Lorsque la nouvelle du combat atteignit Washington, Stanton, le ministre de la Guerre, réclama des infirmiers et infirmières volontaires pour aider à soigner les blessés. De nombreux fonctionnaires et d'autres civils répondirent à son appel, mais une partie d'entre eux — tous des hommes — se révélèrent des recrues pires qu'inutiles. Certains étaient ivres lorsqu'ils arrivèrent au front, où ils soudoyèrent à grand renfort de whiskey quelques conducteurs d'ambulance pour se faire ramener à Washington à la place des blessés. A ce honteux épisode, on se doit d'opposer les travaux herculéens exécutés par Herman Haupt, qui parvint, au milieu du chaos, à expédier des trains pour rapatrier les blessés, ainsi que le dévouement infatigable de nombreuses infirmières sous l'égide de Clara Barton. « On amenait les hommes du champ de bataille et on les déposait à même le sol à côté du train, et ainsi de suite en remontant la colline, jusqu'à couvrir des centaines de mètres carrés », nota miss Barton quelques jours plus tard. Les infirmières trouvèrent des bottes de foin qu'elles étalèrent par terre pour y coucher les soldats. « A minuit, il devait y avoir *trois mille* hommes incapables de bouger, allongés dans ce foin [...]. Toute la nuit, nous avons fait des compresses et des pansements, nous avons bandé et nettoyé les blessures, quand nous trouvions de l'eau, nous avons donné à manger ce que nous avions, nous avons parcouru des kilomètres dans le noir, par-dessus ces pauvres malheureux sans défense, terrifiées à l'idée qu'une de nos chandelles pourrait tomber *dans le foin* et les consumer tous[1]. »

Durant la première moitié de septembre, le désespoir de cette sinistre nuit gagna le Nord tout entier. « A l'heure actuelle, la nation sombre très rapidement, nota un New-Yorkais dans son journal intime. Stonewall Jackson (notre cauchemar national) est sur le point d'envahir le Maryland, avec quarante mille hommes. Avance générale de la ligne rebelle qui menace le contrôle que nous exerçons sur le Missouri et le Kentucky. Cincinnati est en péril [...]. Le dégoût qu'inspire notre présent gouvernement est sûrement universel[2]. » Le moral de l'armée plongea lui aussi. Alors qu'ils s'étaient bien battus, les hommes avaient été mal dirigés et ils le savaient. Ils savaient aussi qui blâmer : Pope et McDowell. Des rumeurs sans fondement s'élevèrent, accusant ce dernier de trahison — peut-être pour la seule raison que ce malchanceux général avait commandé l'armée entière lors de la première bataille du Bull Run et le corps d'armée le plus nombreux lors de la deuxième. Pope et McDowell, de leur côté, reprochaient à McClellan et Porter de n'avoir pas coopéré et d'avoir refusé d'obéir aux ordres.

L'administration était encline à donner raison à Pope. Lincoln considérait que McClellan s'était comporté de façon « impardonnable » : il « voulait voir Pope échouer », confia le Président à son secrétaire

1. Lettre de Barton à Mrs. Shaver, 4 septembre 1862, Civil War Collection, bibliothèque Henry H. Huntington.
2. Strong, *Diary*, p. 253, 252, 256.

particulier. Le cabinet se déclara presque unanimement favorable à la révocation de McClellan, mais le Président préféra amalgamer l'armée de Pope à celle du Potomac, confier à McClellan la défense de Washington, envoyer Pope dans le Minnesota pour y pacifier les Indiens et relever McDowell de son commandement, avant de finir par l'exiler en Californie. Stanton et Chase s'élevèrent contre le maintien de McClellan. Lincoln leur expliqua qu'il était « tout à fait consterné » d'y être contraint, mais, ajouta-t-il, bien que le général « se fût mal comporté dans cette affaire », il « [avait] l'armée avec lui. [Il fallait] utiliser les outils dont [on disposait]. Il n'y [avait] personne d'autre dans l'armée capable de mettre les troupes au pas comme il [savait] le faire [...]. S'[il était] incapable de se battre, il [excellait] à préparer les autres au combat[1]. »

Le jugement du Président fut confirmé par un extraordinaire incident, survenu durant la retraite des troupes découragées de Pope vers Washington, le 2 septembre. « [Le temps était] froid et pluvieux, devait se rappeler un combattant bien des années plus tard. Tout présentait un aspect de tristesse à l'unisson de nos sentiments [...]. On voyait des traînards avancer lourdement dans la boue [...], des fourgons accidentés, abandonnés, des régiments à demi formés, une partie des hommes ayant encore leurs armes, les autres n'en ayant plus [...] tandis que tous ceux qu'on rencontrait [...] paraissaient avoir envie de se cacher quelque part pour n'être plus vus de personne. » Brusquement, un officier escorté d'un seul homme passa à cheval et un capitaine revint à toutes jambes vers le bivouac. « Colonel ! Colonel ! Voilà le général McClellan ! hurla-t-il. “Le petit Mac” est ici même, sur la route. »

> Les soldats saisirent ces mots ! [...] Du fond de la tristesse nous passâmes en un clin d'œil à un délire d'allégresse. Un Sauveur était parmi nous [...]. Des hommes jetèrent leur casquette très haut et se mirent à danser et à faire les fous comme des écoliers [...]. Les cris se succédaient dans le silence de la nuit ; ils étaient repris le long de la route et répétés par chaque régiment, brigade, division et corps d'armée, nous entendions le rugissement s'éteindre au loin [...]. L'effet qu'avait la présence de cet homme sur l'armée du Potomac [...] était électrique et trop merveilleux pour que cela vaille la peine d'essayer de l'expliquer[2].

En l'espace de quelques jours, McClellan avait réussi à remettre l'armée sur pied pour repartir en campagne. Et elle dut le faire aussitôt, car presque sans s'arrêter, Lee avait fait traverser le Potomac à ses combattants en loques, mais pleins de confiance, afin d'envahir le Nord. Pour la plupart des nordistes, c'était une véritable calamité, mais Lincoln y vit une

1. Dennet, *Lincoln/Hay*, p. 47 ; Howard K. Beale (éd.), *The Diary of Gideon Welles*, 3 vol. (New York, 1960), t. I, p. 113 ; Donald (ed.), *Inside Lincoln's Cabinet : Diaries of Chase*, p. 116-121.

2. William H. Powell et George Kimball, cités in *Battles and Leaders*, t. II, p. 490n. et 550-551n.

excellente occasion de frapper durement l'armée de Lee loin de chez elle. Il ordonna à McClellan de se lancer aux trousses du général confédéré et de « détruire, si possible, l'armée rebelle[1] ».

Lee et Davis savaient que la chose était possible, mais après avoir pesé le pour et le contre, ils avaient décidé que les gains éventuels l'emportaient sur les risques. L'armée de Virginie septentrionale ne pouvait pas attaquer les redoutables défenses de Washington. Elle ne pouvait pas non plus rester où elle était, dans une région ravagée par les combats, vidée de ses ressources, située au bout d'un axe ferroviaire long et précaire. Hommes et chevaux étaient épuisés par les impitoyables marches, ponctuées de batailles, des dix semaines écoulées ; leurs « uniformes » n'étaient plus que des haillons ; certains n'avaient plus de souliers. La sécurité, c'était de reculer en direction de Richmond pour s'y reposer et s'y rééquiper, mais Lee n'était pas homme à opter pour la sécurité. Malgré sa lassitude, son armée était exaltée par la victoire, alors que l'ennemi était accablé par la défaite. Lee sentait bien que le Nord touchait à son nadir. Kirby Smith et Bragg venaient d'entrer dans le Kentucky. Van Dorn et Price s'apprêtaient à envahir le Tennessee. L'heure n'était pas encore venue pour l'armée de Virginie septentrionale de se reposer sur ses lauriers. Elle devait au contraire porter la guerre dans le Nord et forcer le gouvernement de Lincoln à implorer la paix. Le Maryland, à l'instar du Kentucky, semblait manifester le désir de rejoindre les autres États esclavagistes. Les guerriers affamés de Lee pourraient se nourrir dans les opulentes fermes de cet État et de Pennsylvanie, tout en éloignant l'ennemi de la Virginie dévastée par la lutte, durant la saison des moissons. Pour le moins, Lee serait en mesure de bloquer le B et O (le chemin de fer de Baltimore et de l'Ohio) et — si tout allait bien — de brûler le pont du chemin de fer de Pennsylvanie qui enjambait la Susquehanna à Harrisburg, coupant ainsi les principales liaisons de Washington avec l'Ouest. Une invasion réussie inciterait peut-être les puissances européennes à reconnaître la Confédération. Elle pourrait même encourager les démocrates pacifistes à se manifester lors des prochaines élections dans le Nord. Une « proposition de paix », appuyée par les armées sudistes sur le sol du Nord, écrivit Lee à Davis le 8 septembre, « permettrait au peuple des États-Unis de décider lors des élections qui se [préparaient] s'il [préfèrait] soutenir ceux qui [étaient] en faveur d'une prolongation de la guerre ou ceux qui [souhaitaient] y mettre fin[2] ».

Donc, pour des raisons politiques, aussi bien que militaires, Lee envoya le 4 septembre son armée patauger dans les gués du Potomac, à cinquante-cinq kilomètres au-dessus de Washington. Renforcée par trois divisions

1. Lettre de Lincoln à McClellan, 15 septembre 1862, *CWL*, t. V, p. 426.

2. Clifford Dwodey (éd.), *The Wartime Papers of R.E. Lee* (Boston, 1961), p. 301. On trouvera une analyse de la motivation et des objectifs de Lee pour cette invasion chez Douglas Southall Freeman, *R.E. Lee : A Biography*, 4 vol. (New York, 1934-1935), t. II, p. 350-353.

appelées de Richmond, cette armée comptait environ cinquante-cinq mille hommes avant de franchir le fleuve, mais pour toutes sortes de raisons — l'épuisement, la faim, la maladie à force de manger du maïs encore vert, les plaies infligées aux pieds nus par les marches sur des routes pierreuses — les traînards se multiplièrent jusqu'à atteindre plusieurs milliers au cours des jours suivants. Une Virginienne qui habitait une ville au bord du Potomac a brossé un tableau de ces hommes :

Quand je dis qu'ils avaient faim, je ne rends absolument pas l'impression de terrible famine qui émanait de leurs regards profondément enfoncés au fond des orbites. Toute la journée, ils se rassemblaient aux portes de nos maisons, avec toujours la même complainte lancinante : « Ça fait six s'maines que j'marche et que j'me bats sans arrêt, et j'ai rien eu à manger à part des pommes pas mûres et du maïs vert, alors j'voudrais bien un p'tit morceau, s'il vous plaît [...]. » J'ai vu les troupes défiler devant chez nous tous les étés depuis quatre ans et je sais à quoi doit ressembler une armée en marche, aussi bien celle de l'Union que celle des sudistes. Il y a toujours des traînards, bien sûr, mais jamais ni avant, ni après, je n'ai rien vu de comparable à [ces hommes...]. Il paraissait tout à fait incroyable qu'ils pussent seulement marcher ou se battre[1].

La plupart des soldats, cependant, étaient d'excellente humeur lorsqu'ils arrivèrent dans la ville de Frederick, le 6 septembre, en chantant *Maryland, mon Maryland*. Toutefois, comme l'armée de Bragg dans le Kentucky, ils reçurent un accueil moins enthousiaste qu'ils ne l'avaient espéré. Ils se trouvaient dans la zone unioniste du Maryland, où les rebelles n'inspiraient guère confiance. Un habitant du Maryland les dépeignit comme « l'étalage le plus répugnant d'hommes et d'officiers qu'[il eût] jamais vu, avec des vêtements qui [...] n'avaient pas été changés depuis des semaines. L'odeur qu'ils dégageaient avait envahi tout l'enclos[2] ». Bien que les hommes se comportassent avec plus de retenue que les soldats de l'Union n'avaient coutume de le faire envers les biens des civils, leurs achats de provisions au moyen de coupures confédérées ne firent rien pour accroître leur popularité. En dépit de cet accueil très réservé, Lee se conforma obstinément aux instructions du président Davis et émit une proclamation : « A la population du Maryland. [Nous arrivons], disait-il, animés par la plus profonde compassion [à l'idée] des torts qui ont été infligés aux citoyens d'une communauté alliée aux États du Sud par les liens sociaux, politiques et commerciaux les plus puissants qui soient [...] pour vous aider à rejeter ce joug étranger, pour vous permettre de jouir à nouveau des droits inaliénables des hommes libres[3]. » Le

1. Mary Bedinger Mitchell, « A Woman's Recollections of Antietam », *Battles and Leaders*, t. II, p. 687-688.
2. James F. Murfin, *The Gleam of Bayonets : The Battle of Antietam and Robert E. Lee's Maryland Campaign*, September 1862 (New York, 1965), p. 108.
3. *O.R.*, sér. I, vol. 19, 2e partie, p. 601-602.

silence par lequel répondirent les habitants du Maryland était éloquent. Ce fut le premier échec de l'invasion.

Le second fut causé par un coup du sort qui prouva que la réalité peut effectivement dépasser la fiction. Bien que Lee s'attendît à voir son armée vivre avant tout de ce qu'elle trouverait sur place, il avait besoin d'ouvrir un axe de ravitaillement minimal à travers la vallée de la Shenandoah, surtout pour s'approvisionner en munitions. Toutefois, la garnison de l'Union à Harper's Ferry lui barrait la route. Connue sous le sobriquet de « brigade ferroviaire », cette unité était chargée de protéger le B et O et le canal de Chesapeake et de l'Ohio. Lorsque l'invasion confédérée sectionna ces artères à l'est de Harper's Ferry, McClellan pressa vivement Halleck d'envoyer la garnison rejoindre l'armée du Potomac qui avait quitté Washington pour intercepter Lee. Cependant, Halleck refusa : décision peu judicieuse sur le plan stratégique, qui attira pourtant fortuitement Lee dans un piège.

En effet, pour éliminer cette garnison qui se trouvait sur son arrière, Lee détacha près des deux tiers de son armée, répartis entre trois colonnes (la plus importante placée sous les ordres de Jackson), qu'il envoya converger sur les hauteurs qui dominaient Harper's Ferry. Projetant de prendre dans ses filets, comme autant de poissons, les douze mille tuniques bleues qui s'y trouvaient, Lee avait ensuite l'intention de réunir son armée pour avancer sur Harrisburg avant que McClellan ne pût franchir la chaîne de la South Mountain qui protégeait le flanc des rebelles. Pour la troisième fois en trois campagnes, Lee divisait son armée en présence d'un ennemi plus nombreux. A un officier qui exprimait son inquiétude à ce sujet, il répondit : « Connaissez-vous le général McClellan ? C'est un général fort capable, mais d'une extrême prudence[...]. Son armée est dans un état de profond découragement et de grand désordre et ne sera pas prête pour des opérations offensives — ou en tout cas, il ne la croira pas prête — avant trois ou quatre semaines. Or j'espère bien, avant cette date, me trouver au bord de la Susquehanna[1]. »

Mais au lieu de trois ou quatre semaines, Lee n'avait que quelques jours devant lui avant d'être pris à la gorge par l'ennemi. Certes, McClellan avec ses soixante-dix mille hommes (bientôt renforcés par dix mille soldats supplémentaires) avançait avec circonspection, à la recherche des cinquante mille hommes de Lee (dont il estimait les effectifs à cent dix mille), mais les tuniques bleues avaient retrouvé le moral et le 13 septembre, leur commandant, qui était pourtant le contraire d'un joueur, tira le plus gros lot de toute l'histoire militaire. Dans un champ près de Frederick, deux soldats de l'Union découvrirent une copie des

1. John G. Walker, « Jackson's Capture of Harper's Ferry », *Battles and Leaders*, t. II, p. 605-606.

ordres de Lee, roulée autour de trois cigares perdus par un officier sudiste négligent, détaillant les objectifs des quatre parties séparées de son armée. Ce coup de chance incroyable révéla à McClellan que chaque fragment de l'armée ennemie se trouvait à plusieurs kilomètres de chacun des trois autres et que les deux plus fortes unités étaient distantes de trente à quarante kilomètres, de part et d'autre du Potomac. Avec son armée tout entière, McClellan pouvait se frayer un chemin à travers les cols de la South Mountain et ne faire qu'une bouchée des menus morceaux de l'armée de Lee avant qu'ils ne pussent se rassembler. Le général nordiste comprit quelle aubaine s'offrait à lui ; devant un de ses subordonnés, il exulta : « Voici un papier avec lequel, si je ne parviens pas à écraser “Bobbie Lee”, je suis prêt à rentrer à la maison[1]. »

Quoique fort excité par cette vision, McClellan ne voulait pas agir imprudemment — car enfin, ces rebelles lui étaient quand même supérieurs en nombre. Donc, au lieu de mettre immédiatement ses troupes en branle, il fit soigneusement ses plans et ne donna pas l'ordre de marche avant l'aube du 14 septembre, soit dix-huit heures après avoir eu vent des dispositions de Lee. Or, en l'occurrence, ce retard permit justement au sudiste de concentrer son armée et de la sauver. En effet, un citoyen proconfédéré du Maryland avait été témoin de la réaction de McClellan lorsqu'on lui avait apporté les ordres perdus par l'armée rebelle et il était parti à bride abattue prévenir Stuart qui transmit le renseignement à Lee durant la nuit du 13 septembre. Aussitôt, Lee ordonna à ses hommes de bloquer les défilés de la South Mountain. Le lendemain, deux corps d'armée de l'Union durent se battre en remontant le versant de la montagne contre la division confédérée de D.H. Hill qui tenait le col de Turner's Gap. Malgré de lourdes pertes, la solide petite troupe de Hill résista, derrière ses murs de pierre et ses arbres, jusqu'à l'arrivée de Longstreet avec des renforts qui interdirent le passage aux fédéraux jusqu'à la tombée de la nuit. Se retirant dans l'obscurité, ces rebelles largement inférieurs en nombre avaient donné à Lee un jour de répit. Pendant ce temps, un autre corps d'armée de l'Union, sous les ordres de William B. Franklin, s'était frayé un passage en force à travers le col de Crampton's Gap, à dix kilomètres plus au sud, après un violent accrochage avec trois brigades confédérées. En dépit de son immense supériorité numérique, l'avance de Franklin vers le sud, en direction des forces qui assiégeaient Harper's Ferry, fut des plus timides, si bien qu'il n'arriva pas à temps pour sauver la garnison de l'Union qui s'y trouvait.

Bien que la moitié de l'armée de Lee passée sur la rive nord du Potomac fût parvenue à éviter le désastre, l'invasion du Maryland paraissait condamnée, car toute l'armée de l'Union aurait franchi la South Mountain dès le lendemain. Le seul choix qui semblait s'offrir aux

1. John Gibbon, *Personal Recollections of the Civil War* (New York, 1928), p. 73.

confédérés était de se retirer dans la vallée de la Shenandoah. Cependant, lorsque Lee apprit que Jackson espérait bien prendre Harper's Ferry le 15 septembre, il changea d'avis et ne songea plus à la retraite. Il ordonna au contraire à toute son armée de converger vers Sharpsburg, un village du Maryland situé à environ un kilomètre et demi du Potomac. Il avait en effet résolu d'engager la lutte. Regagner la Virginie sans se battre, c'était perdre la face. Cela risquait en outre de nuire aux démarches diplomatiques engagées pour persuader les nations étrangères de reconnaître la Confédération. Et puis cela affecterait le moral des sudistes. Ayant par deux fois vaincu les fédéraux, Lee pensait pouvoir s'imposer une troisième fois — car il croyait toujours l'armée du Potomac démoralisée.

La facile capture de Harper's Ferry par les troupes de Jackson parut le confirmer. La garnison de l'Union était composée en grande partie de néophytes, sous un commandant de second ordre, le colonel Dixon Miles, originaire du Maryland, qui avait fait l'objet d'une réprimande pour ébriété à la première bataille du Bull Run et qui défendit Harper's Ferry de façon si lamentable qu'on le soupçonna de trahison. Tué au cours du dernier échange de coups de feu avant la reddition, Miles n'eut pas à se défendre contre cette accusation[1]. En voyant Jackson entrer dans la ville, vêtu comme toujours d'un uniforme indéfinissable et coiffé d'une casquette de treillis en fort mauvais état, un des soldats de l'Union qui venait d'être désarmé s'écria : « Hé, les gars, il paye peut-être pas de mine, mais si on l'avait eu, on n'aurait pas été coincés dans ce trou à rats[2] ! »

Les diverses unités confédérées qui avaient assiégé Harper's Ferry se dirigèrent à marches forcées vers Sharpsburg à vingt-cinq kilomètres de là. Jusqu'à leur arrivée, les 16 et 17 septembre, Lee n'eut en ligne que trois divisions, acculées devant le Potomac où un seul gué était praticable pour s'enfuir en cas de défaite. Dans la journée du 15 septembre, l'armée du Potomac commença à arriver au bord de l'Antietam, une rivière située à trois ou quatre kilomètres de la position de Lee. Agissant toujours avec la prudence que justifiait la supériorité en nombre qu'il attribuait à Lee, McClellan ne lança aucune attaque pour sonder l'adversaire et n'envoya pas non plus d'unité de cavalerie en reconnaissance de l'autre côté de la rivière, afin d'évaluer les forces de l'armée confédérée. Le 16 septembre, le commandant nordiste avait

1. Paul R. Teetor, *A Matter of Hours : Treason at Harper's Ferry* (Rutherford, N.J., 1982), fait valoir, en se fondant sur des preuves indirectes, que Miles sabota délibérément la défense de sa garnison. On ne saurait affirmer que Teetor, juge à la retraite, qui présente son argumentation sous la forme d'un réquisitoire contre Miles, établit indéniablement la « culpabilité » de celui qu'il accuse, mais il a néanmoins soulevé plusieurs questions troublantes.

2. Henry Kyd Douglas, « Stonewall Jackson in Maryland », *Battles and Leaders*, t. II, p. 627.

à sa disposition soixante mille hommes, avec quinze mille soldats de renfort à moins de dix kilomètres, à opposer aux vingt-cinq ou trente mille hommes placés sous les ordres de Lee. Ayant une première fois averti Washington, à tort, qu'il allait écraser l'armée de Lee par petits bouts pendant qu'elle était divisée, McClellan laissa passer sa deuxième occasion de le faire le 16, tandis qu'il mûrissait ses plans d'attaque pour le lendemain. Tout à fait en fin d'après-midi — alors que deux nouvelles divisions confédérées se hâtaient vers le nord en provenance de Harper's Ferry — McClellan fit traverser l'Antietam à deux corps d'armée, au nord de l'aile gauche des confédérés, provoquant une sévère escarmouche qui fit savoir à Lee sur quel point porterait la première attaque de l'Union à l'aube le lendemain.

La bataille de l'Antietam (appelée Sharpsburg dans le Sud) fut l'un des rares combats de la guerre pour lequel les deux commandants choisirent délibérément leur terrain et prévirent préalablement une tactique. Au lieu de se retrancher, les sudistes se mirent à couvert derrière des petits bosquets, des masses rocheuses, des murs de pierre, les trous et les bosses des prairies ondulantes et dans un chemin creux situé en plein centre de leur ligne. Seul le plus méridional des trois ponts qui enjambaient l'Antietam se trouvait à portée de fusil des rebelles ; ce pont allait devenir une des clefs de la bataille. McClellan massa trois corps d'armée sur la droite de l'Union pour déclencher l'attaque initiale et il plaça l'important 9ᵉ corps d'armée de Burnside sur la gauche, avec ordre de créer une diversion pour empêcher Lee de transférer les troupes qui occupaient ce secteur afin de renforcer son aile gauche. McClellan tenait en réserve quatre divisions et la cavalerie de l'Union, derrière l'aile droite et le centre, prêtes à exploiter la moindre percée. Il escomptait aussi que Burnside traverserait la rivière et envelopperait l'aile droite des confédérés si l'occasion se présentait. C'était un excellent plan de bataille qui, correctement exécuté, aurait pu exaucer le vœu de Lincoln si désireux de « détruire l'armée rebelle ».

Malheureusement, il ne fut pas bien exécuté. Du côté de l'Union, la responsabilité en incomba principalement à McClellan et à Burnside. Le premier fut incapable de coordonner les attaques sur la droite, qui se déroulèrent donc en trois temps au lieu d'avoir lieu simultanément, ce qui donna à Lee le temps de faire venir des troupes des secteurs calmes pour parer au danger. Le commandant nordiste ne parvint pas non plus à envoyer ses réserves, lorsque les tuniques bleues réussirent une percée au centre. Quant à Burnside, il perdit toute la matinée et une bonne partie de l'après-midi à tenter de passer le pont défendu avec acharnement par l'ennemi, alors que ses hommes auraient pu franchir les gués tout proches sans rencontrer de véritable opposition. Grâce à cette lenteur, Lee fut en mesure de transférer durant la matinée toute une division de l'aile droite de son armée vers l'aile gauche vivement pressée par l'ennemi, laquelle division arriva juste à temps pour briser la troisième vague de l'attaque nordiste. Côté confédéré, le mérite d'avoir évité le désastre revint, certes, aux talents de manœuvrier de Lee et de ses subordonnés, mais surtout au courage des simples soldats qui combattirent avec l'énergie du désespoir. « Comment des hommes tels que ces soldats rebelles peuvent-ils se battre comme ils le font ? Cela passe l'imagination, écrivit un officier de l'Union après la bataille. Impossible d'expliquer pourquoi ces êtres repoussants de saleté, malades, affamés et misérables deviennent de tels héros sur un champ de bataille[1]. »

Les combats de l'Antietam furent parmi les plus féroces de la guerre. L'armée du Potomac lutta avec acharnement pour laver le déshonneur de ses précédentes défaites. Les soldats yankees n'étaient poussés ni par une bravoure intrépide, ni par une discipline de fer. Bien peu d'hommes éprouvent la première et les soldats de la guerre de Sécession ne connaissaient guère la seconde. Ce qui les motivait plutôt, de façon très générale, c'était la honte qu'entraînerait une nouvelle défaite et, de façon plus particulière, la honte de passer pour un couard aux yeux des camarades. Un soldat nordiste qui prit part à la bataille de l'Antietam fournit d'ailleurs une explication du comportement d'un homme au combat qui vaut bien toutes les autres. « Nous avons entendu dire pendant toute la guerre que "l'armée brûlait du désir de marcher contre l'ennemi", écrivit-il avec une suave ironie. Cela devait être vrai, car des journalistes tout à fait sincères l'ont dit et leurs rédacteurs en chef l'ont confirmé, mais quand on se mettait en quête de ceux que cette envie démangeait, ils faisaient toujours partie du régiment d'à côté. La vérité, c'est que quand les balles s'enfoncent dans les troncs d'arbre et que des projectiles fracassent les crânes comme des coquilles d'œuf, l'envie dévorante qui brûle dans le cœur de tout homme est de se trouver ailleurs. Entre la peur physique d'avancer et la peur morale de reculer, on se trouve confronté à un dilemme exceptionnellement embarrassant. » Pourtant, lorsque l'ordre vint de partir à l'assaut, son régiment n'hésita pas. « En l'espace d'une seconde, l'air était tout plein du sifflement des balles et du fracas de la mitraille. La tension mentale était si forte que je vis à cet instant le singulier phénomène mentionné, à ce que je crois, dans la vie de Goethe en une occasion identique — pendant un court moment le paysage tout entier se teinta légèrement de rouge. » Cet état psychologique créait chez beaucoup d'hommes une espèce de folie de se battre, une furie due à la brusque hausse du taux d'adrénaline, qui les transformait en véritables machines à tuer que n'animait plus l'instinct normal d'autopréservation. Cette frénésie prévalut, semble-t-il, à l'Antietam sur une échelle plus vaste que dans toutes les batailles

1. Murfin, *The Gleam of Bayonets*, p. 250.

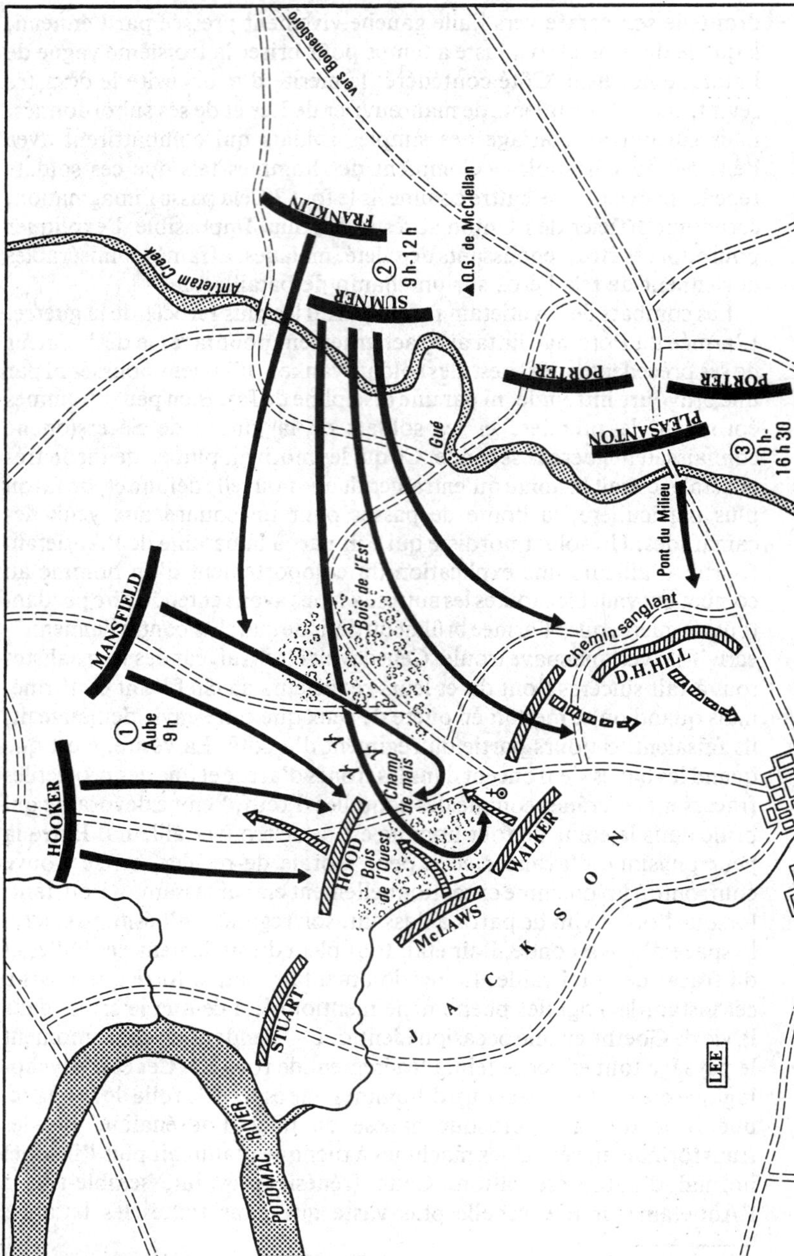
Vers Boonesboro
FRANKLIN
SUMNER
② 9 h-12 h
▲Q.G. de McClellan
Antietam Creek
PORTER
PORTER
PLEASANTON
③ 10 h-16 h 30
Gué
Pont du Milieu
Chemin sanglant
D.H.HILL
MANSFIELD
① Aube 9 h
Bois de l'Est
Champ de maïs
HOOKER
HOOD
Bois de l'Ouest
WALKER
McLAWS
J A C K S O N
STUART
LEE
POTOMAC RIVER

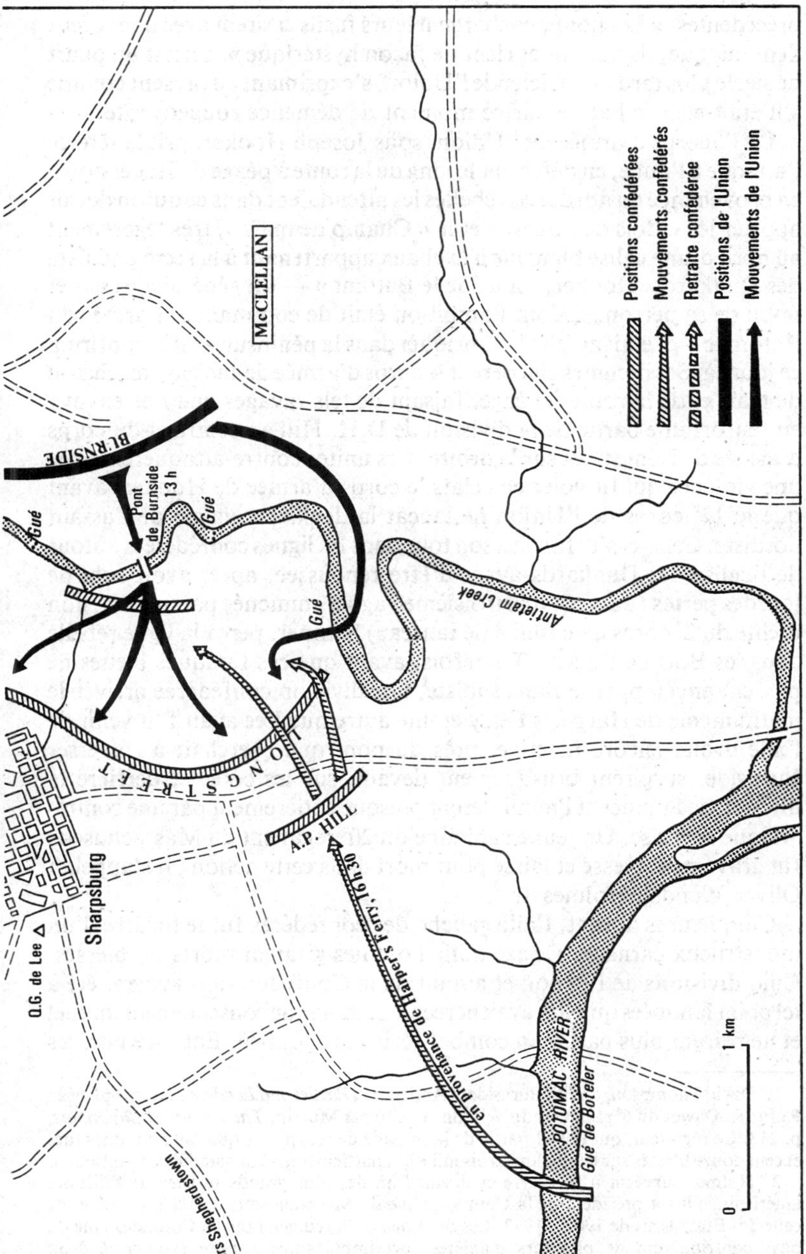
Positions confédérées
Mouvements confédérés
Retraite confédérée
Positions de l'Union
Mouvements de l'Union
McCLELLAN
BURNSIDE
Pont de Burnside 13 h
Gué
Gué
Gué
Gué
Antietam Creek
LONGSTREET
A.P. HILL
en provenance de Harper's Ferry, 16 h 30
Sharpsburg
Q.G. de Lee
POTOMAC RIVER
Gué de Boteler
vers Shepherdstown
0
1 km

précédentes. « Les hommes chargent leurs fusils et tirent avec une fureur démoniaque, ils hurlent et rient de façon hystérique », écrivit un quart de siècle plus tard un officier de l'Union, s'exprimant au présent comme s'il était encore habité par ce moment de démence rougeoyante[1].

Le 1er corps d'armée de l'Union, sous Joseph Hooker, prit la tête de l'attaque à l'aube, en déferlant le long de la route à péage de Hagerstown en provenance du nord. Les rebelles les attendaient dans ce qu'on devait appeler les « Bois de l'ouest » et le « Champ de maïs », très légèrement au nord d'une église blanchie à la chaux appartenant à la secte pacifiste des Dunkards. Hooker, dit « Joe le Battant » — un général agressif et imbu de sa personne, dont l'ambition était de commander l'armée du Potomac — s'était acquis ce sobriquet dans la péninsule et il le confirma ce jour-là. Ses hommes chassèrent le corps d'armée de Jackson du champ de maïs et de la route à péage, faisant de tels ravages que Lee envoya en renfort une partie de la division de D.H. Hill au centre et du corps d'armée de Longstreet sur la droite. Ces unités contre-attaquèrent avec une violence qui fit voler en éclats le corps d'armée de Hooker, avant que le 12e corps de l'Union ne lançât la deuxième vague de l'assaut nordiste. Celle-ci s'enfonça à son tour dans les lignes confédérées autour de l'église des Dunkards avant d'être repoussée, après avoir subi de lourdes pertes ; aussitôt une troisième vague, emmenée par une division d'élite du 2e corps de « Bull » (le taureau) Sumner, perça la ligne rebelle dans les Bois de l'ouest. Toutefois, avant que ces tuniques bleues ne pussent envelopper le flanc sudiste, une division confédérée arrivée le matin même de Harper's Ferry et une autre que Lee avait fait venir de l'aile droite encore inactive, près du pont que cherchait à traverser Burnside, surgirent brusquement devant, sur les côtés et derrière la division de Sumner et l'annihilèrent presque entièrement par une contre-attaque surprise. Un jeune capitaine du 20e régiment du Massachusetts fut gravement blessé et laissé pour mort dans cette action ; il s'appelait Oliver Wendell Holmes Jr.[2].

Cinq heures durant, l'aile gauche des confédérés fut le théâtre d'un monstrueux carnage. Douze mille hommes gisaient morts ou blessés. Cinq divisions de l'Union et autant de la Confédération avaient été à tel point laminées qu'elles avaient reculé comme par consentement mutuel et ne prirent plus part à un combat sérieux ce jour-là. Entre-temps, les

---

1. David Thompson, « With Burnside at Antietam », *Battles and Leaders*, t. II, p. 661-662 ; Rufus R. Dawes du 6e régiment du Wisconsin, cité par Murfin, *The Gleam of Bayonnets*, p. 218. Ce régiment, qui faisait partie de la brigade de fer, perdit quarante hommes tués et cent douze blessés sur les quelque trois mille qui participèrent à la bataille de l'Antietam.

2. Holmes survécut à la guerre et devint l'un des plus grands juristes de l'histoire américaine ; il fut président de la Cour suprême du Massachusetts de 1882 à 1902 et de celle des États-Unis de 1902 à 1932. Les opinions qu'il rédigea pour la Cour suprême du pays contribuèrent de plusieurs manières fort importantes à faire évoluer le droit constitutionnel américain.

deux autres divisions de Sumner avaient obliqué vers la gauche pour parer à la menace que faisaient peser contre leur flanc des soldats sudistes qui tenaient le chemin creux au sud-est de l'église. Cette manœuvre préluda, dans la bataille, à la phase de la mi-journée, durant laquelle les Bleus et les Gris se tirèrent dessus sans discontinuer, afin de s'assurer la possession de ce secteur clef de la ligne rebelle, connu depuis sous le nom de Chemin sanglant. Le poids du nombre et la puissance de feu permirent finalement aux Bleus de s'imposer. Les brigades sudistes rompirent les rangs et reculèrent pour se regrouper dans les environs de Sharpsburg même. Un correspondant de guerre nordiste qui arriva dans le Chemin sanglant quelques minutes à peine après que les fédéraux s'en furent emparé eut le plus grand mal à trouver des mots pour décrire cet « épouvantable spectacle », car les « confédérés étaient tombés là comme de l'herbe fauchée[1] ».

C'était désormais pour McClellan le moment d'envoyer ses réserves. Le centre des lignes ennemies était grand ouvert. « Il n'y avait plus, dans cette partie du champ de bataille, une seule unité d'infanterie confédérée susceptible de résister à une avance sérieuse », écrivit un officier sudiste. « L'armée de Lee était détruite et on voyait se profiler la fin de la Confédération », renchérit un de ses collègues[2]. Mais la boucherie qui avait décimé trois corps d'armée de l'Union ce matin-là avait ébranlé McClellan qui décida de ne pas envoyer les troupes fraîches du 6e corps, sous les ordres de Franklin fort désireux de monter à l'assaut. Persuadé que Lee devait être occupé à masser ses réserves, qu'il supposait énormes, pour une contre-attaque, le général nordiste déclara à son subordonné qu' « il ne serait pas prudent de tenter un tel assaut[3] ». Par conséquent, le silence s'abattit sur le centre du champ de bataille, tandis que les événements qui prenaient place sur l'aile droite des lignes confédérés atteignaient à leur tour un paroxysme.

Toute la matinée, une maigre brigade de Géorgiens, cachés derrière des arbres et un mur de pierre, s'était exercée au tir à la cible sur les régiments yankees qui tentaient de traverser le pont de Burnside. Le commandant de cette brigade sudiste était Robert A. Toombs, qui connut là son heure de gloire sous l'uniforme. Amèrement déçu de n'avoir pas été élu président de la Confédération, lassé par son poste de secrétaire d'État, Toombs avait pris un brevet de général de brigade, afin de conquérir à la pointe de l'épée la renommée et la gloire auxquelles il se sentait promis. Réprimandé à plus d'une reprise par ses supérieurs pour son inefficacité et son insubordination, il passait une grande partie de ses heures de loisir à vitupérer Jefferson Davis et la « clique de West

1. Charles Carleton Coffin, « Antietam Scenes », *Battles and Leaders*, t. II, p. 684.
2. Frederick Tilbert, *Antietam* (Washington, 1961), p. 39 ; E.P. Alexander, *Military Memoirs of a Confederate*, édité par T. Harry Williams (Bloomington, 1962), p. 262.
3. *O.R.*, sér. I, vol. 19, 1re partie, p. 377.

Point » qui étaient en train de mener l'armée et le pays à la ruine. Toombs escomptait une promotion pour la vaillance avec laquelle il avait tenu en respect le corps d'armée entier de Burnside pendant plusieurs heures à l'Antietam — récoltant une blessure au passage — mais il ne l'obtint pas et démissionna presque aussitôt, afin d'être libre de rendre publiques ses diatribes contre le gouvernement.

Le 17 septembre, en début d'après-midi, deux des régiments d'élite de Burnside réussirent enfin à traverser le pont au pas de charge, au prix de lourdes pertes, pour établir une tête de pont du côté rebelle. D'autres unités découvrirent des gués à peu près au même moment et dès le milieu de l'après-midi, trois divisions du corps d'armée de Burnside étaient occupées à repousser les rebelles établis de ce côté en direction de Sharpsburg et menaçaient de couper la route menant au seul et unique gué du Potomac. Il y avait là un nouveau danger pour Lee et une nouvelle occasion à saisir par McClellan. Le 5e corps d'armée de Fitz-John Porter se tenait en réserve pour soutenir, le cas échéant, l'avance de Burnside. L'un des commandants de division de Porter pressa vivement McClellan de l'envoyer renforcer Burnside. McClellan hésita et parut sur le point de donner l'ordre, mais son regard croisa alors celui de Porter qui secoua la tête : « Rappelez-vous, mon général, entendit-on ce dernier murmurer, que je commande l'ultime réserve de la dernière armée de la République[1]. » A ces mots, McClellan se souvint de la menace que constituaient les réserves fantômes de son adversaire et refusa de donner l'ordre.

Pendant ce temps, Lee fixait d'un regard angoissé le sud où son flanc droit semblait en passe d'être anéanti. Soudain, il vit au loin un nuage de poussière qui prit bientôt la forme de soldats marchant au pas. « A qui sont ces troupes ? » demanda le général sudiste à un lieutenant tout proche, l'œil rivé à son télescope. L'officier regarda intensément pendant quelques secondes qui parurent éternelles, puis il répondit : « Ils portent les drapeaux de Virginie et de la Confédération, mon général. » Avec un soupir de soulagement, Lee s'écria : « C'est A. P. Hill qui arrive de Harper's Ferry[2]. » C'était lui, en effet. S'étant attardé à l'arrière pour mettre la dernière main aux termes de la capitulation, Hill avait ensuite, en réponse à un appel urgent de Lee, précipité sa vaillante division sur la route à une allure démente. Ces troupes se lancèrent contre le flanc de Burnside en fin d'après-midi, au moment même où les yankees semblaient sur le point d'enfoncer l'aile droite de Lee. En proie à la surprise et à la confusion, les assaillants nordistes piétinèrent, s'arrêtèrent, puis reculèrent. Leur surprise fut d'autant plus forte que bon nombre des hommes de Hill portaient des uniformes bleus récemment pris à leurs

1. Thomas M. Anderson, dans *Battles and Leaders*, t. II, p. 656n. Porter nia par la suite cet incident, mais son témoignage est sujet à caution.
2. Murfin, *The Gleam of Bayonets*, p. 282.

adversaires ; en les voyant, quatre régiments du flanc de l'Union suspendirent leur feu pendant quelques minutes fatales.

La nuit tomba sur un tableau d'une horreur inimaginable. Près de six mille hommes gisaient morts ou mourants et dix-sept mille autres, blessés, gémissaient de douleur ou souffraient en silence. L'Antietam fit quatre fois plus de victimes que le débarquement sur les plages de Normandie, le 6 juin 1944. En l'espace d'une seule journée, à Sharpsburg, deux fois plus d'Américains périrent au combat que lors de la guerre de 1812, la guerre du Mexique et la guerre hispano-américaine *réunies*. Le 17 septembre, une fois la nuit tombée, les commandants de corps d'armée et de division sudistes, épuisés, se réunirent au quartier général de Lee pour annoncer des pertes de cinquante pour cent ou davantage dans plusieurs brigades. Trente mille confédérés à peine étaient encore vivants et valides. Néanmoins, le lendemain, Lee resta sur ses positions, presque comme s'il mettait McClellan au défi de renouveler son assaut. Le nordiste ne releva pas le défi. Bien que deux divisions toutes fraîches fussent arrivées ce matin-là, il était toujours hypnotisé par sa vision des légions innombrables de Lee. Le 18 septembre, les armées restèrent tranquilles et ce soir-là, Lee s'inclina devant la nécessité et ordonna à ses troupes de regagner la Virginie. McClellan lança un semblant de poursuite qu'A. P. Hill repoussa le 20 septembre et les confédérés échappèrent définitivement à leurs ennemis en se réfugiant dans la vallée de la Shenandoah.

McClellan télégraphia à Washington pour annoncer sa grande victoire. « Le Maryland est entièrement délivré de la présence de l'ennemi qui a été renvoyé de l'autre côté du Potomac. Il n'y a plus rien à craindre à présent pour la sécurité de la Pennsylvanie. » Les instructions de Lincoln lui enjoignant de « détruire l'armée rebelle » étaient totalement oubliées. Welles, le ministre de la Marine, faisait peut-être écho à l'opinion du Président lorsqu'il nota deux jours plus tard : « Rien en provenance de l'armée sinon qu'au lieu de donner suite à la victoire, d'attaquer et de capturer les rebelles, ces derniers [...] sont en train de s'échapper au plus vite de l'autre côté du fleuve [...]. Mon Dieu, mon Dieu ! » Dans ses lettres à sa femme, McClellan laissa libre cours à l'orgueil que lui inspirait son récent exploit et à l'irritation de s'entendre ainsi critiquer. « Les gens dont je respecte le jugement me disent que j'ai mené cette bataille de main de maître et que ce fut un chef-d'œuvre de l'art militaire [...]. J'ai le sentiment d'avoir fait tout ce qu'on pouvait attendre de moi en sauvant par deux fois le pays [...]. J'éprouve quelque fierté à l'idée d'avoir battu ainsi Lee à plate couture, avec une armée vaincue et démoralisée [...]. Ma foi, un de ces jours, je n'en doute point, l'Histoire me fera justice[1]. »

1. Beale (éd.), *Diart of Welles*, t. I, p. 140 ; lettre de McClellan à Halleck, 19 septembre 1862, citée dans *McClellan's Own Story* (New York, 1887), p. 621 ; lettres de McClellan à Ellen McClellan, 18 et 20 septembre 1862, McClellan Papers.

L'Histoire peut tout au moins ranger l'Antietam parmi les succès stratégiques de l'Union. L'invasion du Maryland par l'armée de Lee tourna court encore plus vite que celle du Kentucky par les hommes de Bragg. Près d'un tiers des rebelles qui pénétrèrent dans le Maryland furent victimes des combats. Lorsqu'une fanfare de régiment se mit à jouer sans réfléchir *Maryland, mon Maryland* après la retraite de l'autre côté du Potomac, on entendit les soldats siffler et huer. Comprenant aussitôt, les musiciens passèrent à *Ramenez-moi vers ma vieille Virginie*. A Whitehall et à la Maison-Blanche, la bataille de l'Antietam fut aussi répertoriée parmi les victoires nordistes. Elle mit fin aux espoirs confédérés d'être officiellement reconnus en tant que nation par les Britanniques et précipita la proclamation d'émancipation. Ainsi, le massacre de Sharpsburg s'avéra-t-il l'un des grands tournants du conflit.

Chapitre XVIII

JOHN BULL FILE UN MAUVAIS COTON

I

Le tour que prit la guerre, durant l'été de 1862, ranima les espoirs que nourrissait la Confédération d'être enfin reconnue par les nations européennes. Les offensives de Lee persuadèrent les dirigeants britanniques et français que les armées du Nord ne parviendraient jamais à rétablir l'Union. Les deux grandes puissances envisagèrent donc de s'offrir en médiatrices, ce qui eût signifié qu'elles reconnaissaient de fait l'indépendance de la Confédération. La cause sudiste s'attira la sympathie croissante d'éléments influents de l'opinion publique britannique. Le gouvernement de Palmerston parut fermer les yeux sur les violations de la neutralité britannique perpétrées par les constructeurs de navires de Liverpool qui fournissaient aux rebelles des croiseurs destinés à attaquer la marine marchande de l'Union. Cet été-là, la pénurie de coton si longtemps attendue se produisit enfin. L'empereur Napoléon III caressait l'idée de reconnaître officiellement la Confédération et de lui venir en aide, en échange du coton des sudistes et de leur soutien à l'établissement d'une sorte de protectorat français sur le Mexique.

De tous ces événements, la construction des navires corsaires était le seul qui fournît à la Confédération des bénéfices tangibles. Liverpool était un centre prosudiste. La ville « était le produit de la traite des esclaves, nota d'une plume caustique un diplomate américain, et les fils de ceux qui ont amassé leur fortune dans ce trafic prennent à présent instinctivement le parti des négriers rebelles[1] ». Des chantiers navals de Liverpool sortirent de nombreux forceurs de blocus. En mars 1862, le premier navire de guerre commandé par l'agent sudiste James D. Bulloch était à son tour presque terminé. Son futur emploi contre les navires marchands de l'Union était désormais le secret de polichinelle, grâce à la ténacité du consul américain à Liverpool, Thomas H. Dudley, qui avait su jouer les détectives avec talent.

Ce quaker combatif était un adversaire à la mesure de Bulloch. Il engagea des espions et des informateurs qui réunirent des preuves démontrant que le croiseur était destiné à la Confédération ; Bulloch riposta en produisant de faux documents indiquant que le navire, baptisé l'*Oreto*, appartenait à un marchand de Palerme. Au cœur de ce débat, il y avait l'interprétation de la loi britannique sur les engagements à l'étranger, qui interdisait la construction *et* l'armement de navires de guerre en territoire britannique pour une puissance belligérante. S'en tenant à la lettre de cette loi, même s'il en violait l'esprit, Bulloch se fit livrer le navire non armé, l'envoya aux Bahamas et emporta les canons hors d'Angleterre sur un autre vaisseau. Le superbe navire de guerre fut alors armé près d'un îlot désert des Bahamas et commença sa redoutable carrière sous le nom de *Florida*. Il détruisit trente-huit navires marchands américains avant d'être capturé par la marine de l'Union, au moyen d'un subterfuge, dans le port de Bahia au Brésil, en octobre 1864.

La bonne volonté que mettaient les fonctionnaires britanniques à interpréter de la façon la plus limitée qui fût la loi sur les engagements à l'étranger encouragea Bulloch dans ses efforts pour obtenir des chantiers de Liverpool, durant l'été de 1862, un second croiseur d'une taille supérieure. Sur fond de lutte entre avocats, espions et agents doubles, qui pourrait donner matière à un merveilleux roman à suspense, Dudley amassa derechef les preuves de la destination illicite du navire et en juillet Bulloch eut le plus grand mal à échapper au piège juridique prêt à se refermer sur lui. Une fois de plus, la négligence des bureaucrates, les chicaneries avocassières et les sympathies proconfédérées du receveur des douanes de Liverpool donnèrent au sudiste le temps de préparer son navire à prendre la mer. Lorsqu'un agent l'informa de l'intention tardive du gouvernement britannique de retenir le vaisseau, Bulloch l'envoya faire un « voyage d'essai » dont il ne revint jamais. Au lieu de cela, il cingla vers les Açores où il avait rendez-vous avec un navire de ravitaillement apportant armes et munitions expédiées séparément de Grande-Bretagne. Baptisé l'*Alabama*, ce navire eut pour capitaine Raphael Semmes, qui avait déjà fait ses preuves d'écumeur des mers

1. Sarah A. Wallace et Frances E. Gillespie (éd.), *The Journal of Benjamin Moran, 1857-1865*, 2 vol. (Chicago, 1948-1949), t. II, p. 984.

sur le défunt *CSS Sumter*. Au cours des deux années suivantes, Semmes et son *Alabama* sillonnèrent les océans, détruisant ou capturant soixante-quatre navires marchands américains avant d'être coulés par l'*USS Kearsage* au large de Cherbourg, en juin 1864[1]. L'*Alabama* et le *Florida* furent les deux navires corsaires rebelles les plus célèbres et les plus redoutés. Même si leurs exploits n'affectèrent pas l'issue du conflit, ils parvinrent à détourner du blocus de nombreux vaisseaux de l'Union, firent grimper à des hauteurs vertigineuses les primes d'assurance des navires marchands américains, obligèrent ces derniers à rester dans les ports ou à battre un pavillon étranger et contribuèrent à faire perdre à la marine marchande américaine sa position dominante, qu'elle ne devait plus jamais retrouver.

Outre cette évasion réussie de l'*Alabama* hors de Liverpool, un autre indice semblait laisser présager un léger glissement vers le Sud dans la politique étrangère britannique. Henry Hotze, un Alabamien né en Suisse, qui arriva à Londres au début de 1862, sut faire une propagande efficace en faveur de la Confédération. Agé de ving-sept ans et d'aspect très juvénile, Holtze possédait néanmoins des manières suaves d'homme du monde et un art de manier la litote avec infiniment d'esprit, bien fait pour plaire à la classe dirigeante britannique. S'étant introduit dans les cercles de Fleet Street, il rédigea bientôt des éditoriaux proconfédérés pour plusieurs journaux. Il recruta aussi des journalistes anglais à qui il proposa d'écrire pour l'*Index*, une petite gazette qu'il avait fondée en mai 1862, afin de présenter le point du vue sudiste. Hotze s'y entendait à merveille pour réveiller les préjugés britanniques contre les outrecuidants yankees. Auprès des libéraux, il soutenait que le Sud se battait non pas pour l'esclavage, mais pour son autonomie. Auprès des conservateurs, en revanche, il brossait le tableau d'une *gentry* rurale défendant ses libertés contre la rapacité du gouvernement nordiste. Aux hommes d'affaires, il promettait qu'une Confédération indépendante ouvrirait ses portes au libre échange, plaisant contraste avec le gouvernement de l'Union qui venait tout récemment de relever encore ses tarifs douaniers. Auprès de l'industrie textile, enfin, il s'engagea au nom de la Confédération à reprendre les exportations de coton.

Cette dernière perspective était particulièrement séduisante, car la pénurie de coton commençait à se faire douloureusement sentir. En juillet 1862, les réserves de coton brut en Grande-Bretagne atteignaient à peine le tiers de leur niveau habituel. Les trois quarts des ouvriers des filatures étaient au chômage ou avaient dû accepter des réductions d'horaires. Les bonnes œuvres et l'allocation de chômage ne suffisaient pas à éviter la misère et les troubles dans les zones ouvrières du Lancashire. Le jeune

1. Un tableau d'Édouard Manet — *Le Combat du* Kearsage *et de l'*Alabama (1864) — illustre cet épisode qui impressionna beaucoup l'opinion française. (NdE.)

Henry Adams, fils et secrétaire de l'ambassadeur américain à Londres, reconnut dès le mois de mai 1862 que « les souffrances de la population du Lancashire et de France [étaient] déjà fort grandes et [s'accroissaient] énormément ». Le chancelier de l'Échiquier[1], William E. Gladstone, redoutait de voir éclater des émeutes si l'on ne parvenait pas à prendre des mesures pour soulager la misère. Gladstone était partisan d'une intervention britannique pour mettre fin à la guerre civile en Amérique et libérer ainsi l'afflux de coton en provenance d'outre-Atlantique. Un diplomate britannique prédit que « de si fortes pressions pourraient être exercées sur le gouvernement qu'il [aurait] bien du mal à résister[2] ».

L'attitude des ouvriers du textile face à la guerre en Amérique n'a pas été sans susciter une certaine perplexité chez les historiens tout autant que chez les contemporains. Henry Hotze avoua sa déception de ne pas parvenir à gagner le soutien de cette classe que ses intérêts économiques auraient dû pousser, semblait-il, dans le camp du Sud. « Les ouvriers du Lancashire, écrivit Hotze, [sont la seule] classe qui, en tant que classe, nous demeure activement hostile [...]. Chez eux, l'aversion instinctive envers nos institutions est aussi fermement enracinée que dans n'importe quelle région de la Nouvelle-Angleterre[...]. Ils nous considèrent, ainsi que [...] l'esclavage, comme les auteurs et la source de leur présente misère. » L'ambassadeur américain, Charles Francis Adams, fit écho à cette analyse. « L'aristocratie tout entière et le monde du commerce sont fort désireux de voir les États-Unis voler en éclats, écrivit-il en décembre 1862, [alors que] les classes moyennes et inférieures nous sont favorables, [parce qu'elles] voient dans les convulsions de l'Amérique une ère de l'histoire du monde, d'où sortira finalement une reconnaissance générale du droit de l'humanité à jouir des fruits de son labeur et à poursuivre le bonheur[3]. »

Dans cette perspective, les enjeux de la guerre de Sécession reflétaient ceux de la lutte des classes en Grande-Bretagne. L'Union représentait un gouvernement populaire, des droits égaux pour tous et la dignité du travail ; la Confédération, c'étaient l'aristocratie, les privilèges et l'esclavage. Lincoln reprit d'ailleurs ce thème dans ses discours, dépeignant la guerre comme « essentiellement la lutte d'un Peuple [...],

1. Le ministre des Finances. (NdE.)

2. Lettre de Henry Adams à Charles Francis Adams Jr., 8 mai 1862, citée par Worthington C. Ford (éd.), *A Cycle of Adams Letters 1861-1865*, 2 vol. (Boston, 1920), t.I, p. 139 ; Frank L. Owsley, *King Cotton Diplomacy*, 2e éd. rév. par Harriet C. Owsley (Chicago, 1959), p. 137,337,340 ; Des pressions analogues commençaient à se faire sentir en France, où le ministre des Affaires étrangères confia au ministre américain en Belgique : « Nous sommes presque au bout de notre coton et du coton *il nous en faut absolument* » Lynn M. Case et Warren F. Spencer, *The United States and France : Civil War Diplomacy* (Philadelphie, 1970), p. 290.

3. Frank J. Merli, *Great-Britain and the Confederate Navy 1861-1865* (Boomington, 1965), p. 23 ; lettre de Charles Francis Adams à C.F. Adams Jr., 25 décembre 1862, citée par Ford, *Cycle of Adams Letters*, t. I, p. 220-221.

un combat pour préserver dans le monde la forme et la substance d'un gouvernement dont le principal objectif [était] d'élever la condition des hommes [...], de permettre à tous de se lancer librement, avec une honnête chance, dans la course de l'existence[1] ». Les radicaux britanniques se livrèrent à d'innombrables variations sur ce thème. Pendant toute une génération, ils s'étaient battus pour une démocratisation de la vie politique de leur pays et l'amélioration de la condition ouvrière. A leurs yeux, l'Amérique était le « phare de la liberté » éclairant le chemin de la réforme. Leur meneur, John Bright, embrassa avec passion la cause de l'Union. « Dans nul autre pays, les hommes n'ont été aussi libres et prospères, déclara-t-il. L'existence de ce pays libre et de ce gouvernement libre, lui aussi, a une influence prodigieuse sur la liberté en Europe. » Les confédérés étaient « les pires ennemis de la liberté que le monde [eût] jamais vus », assura Bright aux ouvriers. Pour cette raison, « le Privilège croit avoir un grand intérêt dans cette lutte et chaque matin, il descend dans vos rues et maudit, d'une voix criarde, la République américaine ». Les intellectuels libéraux partageaient la conviction qu'une victoire sudiste serait, pour reprendre les paroles de John Stuart Mill, « une victoire des forces du mal, qui encouragerait les ennemis du progrès et briserait l'enthousiasme de ses partisans dans tout le monde civilisé[2] ». Un révolutionnaire allemand, exilé en Angleterre, considérait lui aussi la guerre de l'Union contre « l'oligarchie esclavagiste » comme un « mouvement révolutionnaire [...] qui [devait] transformer le monde ». « Les travailleurs d'Europe », poursuivait Karl Marx, éprouvaient des liens de parenté avec Abraham Lincoln, « ce fils loyal de la classe ouvrière [...]. De même que la guerre d'Indépendance américaine a inauguré une ère nouvelle de suprématie pour la classe bourgeoise, la guerre antiesclavagiste américaine en fera autant pour la classe ouvrière[3]. »

Toutefois, un certain nombre d'historiens ont découvert des fissures dans l'apparente solidarité des travailleurs en faveur de l'Union. Certains sont même allés jusqu'à soutenir que la plupart des ouvriers du textile du Lancashire auraient vu d'un bon œil une intervention britannique en faveur du Sud, afin d'être approvisionnés en coton. Selon eux, la rhétorique à la gloire de l'Union émanait des intellectuels radicaux, tels que Bright ou Marx, et ne représentait nullement les véritables sentiments de ouvriers au chômage. Les réunions de masse des travailleurs, où furent

---

1. *CWL*, t. IV, p. 438.

2. Bright, cité par G.D. Lillibridge, *Beacon of Freedom : The Impact of American Democracy upon Great-Britain 1830-1870* (Philadelphie, 1955), p. 121, et cité aussi par Ephraim D. Adams, *Great-Britain and the American Civil War*, 2 vol. (New York, 1925), t.II, p. 132 ; Mill cité par Belle B. Sideman et Lillian Friedman (éd.), *Europe Looks at the Civil War* (New York, 1960), p. 117-118.

3. Saul K. Padover (éd. et trad.), *Karl Marx on America and the Civil War* (New York, 1972), p. 237, 263, 264.

votées des résolutions en faveur de l'Union, auraient été manigancées par ces agitateurs issus des classes moyennes. Une historienne a découvert dans le Lancashire deux fois plus de réunions en faveur de la Confédération qu'en faveur de l'Union[1].

En voulant corriger la vision traditionnelle, cette interprétation révisionniste va trop loin. L'industrie du coton n'était pas l'unique industrie de Grande-Bretagne, ni même du Lancashire. Les ouvriers de la laine, du chanvre, des usines d'armement, des chantiers navals et d'autres secteurs profitaient pour leur part du commerce accru par la guerre. Et, de toute façon, il demeure largement exact que dans le Lancashire le principe démocratique transcendait l'intérêt personnel. Pour reprendre la formule d'un des anciens meneurs du mouvement chartiste, en février 1863 : « Le peuple avait dit qu'il y avait quelque chose de plus noble que le travail, de plus précieux que le coton [...], c'était le droit, la liberté, la justice et les défis lancés contre toutes les injustices[2]. »

De même est-il non moins exact que les classes supérieures de Grande-Bretagne étaient favorables à la Confédération — ou du moins hostiles au Nord, ce qui revenait presque au même. Les Anglais bien nés exprimaient volontiers leur antipathie envers les yankees, tant à cause de leurs manières que du dangereux exemple de démocratie qu'ils donnaient aux classes inférieures. De nombreux membres de la *gentry* se dirent enchantés de la « scission immortelle » de 1861, qui avait démontré « l'échec des institutions républicaines dans les moments de tension ». Le comte de Shrewsbury envisageait avec plaisir « la mise à l'épreuve de la démocratie et son échec », ajoutant que « la dissolution de l'Union [signifiait] que les hommes à présent devant [lui verraient] de leur vivant l'établissement d'une aristocratie en Amérique[3] ». Les principaux journaux se firent l'écho de propos analogues, y compris le *Morning Post* de Londres et le doctoral *Times*, que des liens étroits unissaient l'un et l'autre au gouvernement de Palmerston. Le *Times* considérait la destruction du « colosse américain » comme un « bon débarras » qui délivrerait tout le monde d'un « cauchemar ». « Hormis quelques *gentlemen* de tendance républicaine, poursuivait-il, nous nous attendons tous au succès de la cause confédérée et nous le lui souhaitons presque tous. » Si, pour quelque improbable et abominable raison, le

1. Mary Ellison, *Support for Secession : Lancashire and the American Civil War* (Chicago, 1972), p. 226-227 et *passim*. On trouvera un examen critique de l'historiographie concernant cette question dans l'épilogue que Peter d'A. Jones a écrit pour cet ouvrage, p. 199-219.

2. Cité par Philip S. Foner, *British Labor and the American Civil War* (New York, 1981), p. 52. Cette étude réaffirme vigoureusement, documents à l'appui, le puissant soutien apporté par les classes ouvrières à l'Union.

3. Lettre de William H. Russell à John Bigelow, 14 avril 1861, citée par Norman Ferris, *Desperate Diplomacy : William H. Seward's Foreign Policy, 1861* (Knowville, 1976), p. 210n. ; Shrewsbury cité par Adams, *Britain and the Civil War*, t.II, p. 282.

Nord parvenait à s'imposer, déclarait pour sa part le *Morning Post*, « qui oserait douter que la démocratie [deviendrait] plus arrogante, plus agressive, plus encline au nivellement et à la vulgarité, si la chose [était] possible, qu'elle ne l'[avait] jamais été[1] ». Cette guerre verbale contre les yankees contribua à envenimer les relations anglo-américaines pendant un quart de siècle après que l'*Alabama* se fut abîmé sous les flots et que les fusils Enfield, importés malgré le blocus, se furent tus.

En 1862, un incident survenu à La Nouvelle-Orléans accrut la désaffection des classes supérieures britanniques à l'égard du Nord. Benjamin Butler, le commandant des troupes d'occupation, avait la main si lourde qu'il suscita de nombreuses plaintes, dont les plus virulentes s'élevèrent en réponse à son ordre du 15 mai, déclarant que toute femme qui persisterait à insulter les soldats nordistes serait « considérée comme une fille publique prise en flagrant délit et susceptible d'être traitée comme telle ». Butler avait émis ce décret maladroit après de sérieuses provocations, dont la plus grave avait été le geste d'une femme du quartier français vidant le contenu d'un pot de chambre sur la tête du capitaine de la flotte, David Farragut. Dans l'idée de Butler, cet ordre n'était qu'un moyen d'humilier les civils sudistes pour leur apprendre à vivre ; les confédérés et les Européens préférèrent y voir une barbare autorisation de traiter les dames de la bonne société comme autant de prostituées. Dans une extraordinaire déclaration, prononcée en pleine Chambre des communes, Palmerston fustigea la conduite de Butler : « [Elle est] infâme. Monsieur, un Anglais ne peut que rougir à la pensée qu'un tel acte a été commis par un homme appartenant à la race anglo-saxonne. » C'était là plus que n'en pouvait supporter Charles Francis Adams. Depuis des mois, il avait écouté en silence les quolibets des Anglais, mais cette condamnation hypocrite de Butler, avec son approbation implicite d'un peuple qui maintenait deux millions de femmes en esclavage lui arrachèrent une protestation officielle. La réponse du Premier ministre britannique, vexé, provoqua une brouille entre les deux hommes au moment même où les relations anglo-américaines atteignaient un stade critique[2].

Il ne faudrait pas exagérer, toutefois, la corrélation entre l'appartenance à une classe sociale et l'attitude à l'égard du conflit américain. L'Union avait peu d'amis aussi fervents que le duc d'Argyll et l'on pouvait en dire autant d'autres Britanniques dont le sang avait la couleur des uniformes nordistes. Parallèlement, plusieurs libéraux, voire quelques radicaux, étaient séduits par la lutte que livrait le Sud

---

1. *Morning Post*, 22 février 1861, cité par Adams, *Britain and the Civil War*, t. II, p. 284 ; *Times*, 15 août 1862, 27 mars 1863, cité par Owsley, *King Cotton Diplomacy*, p. 186.
2. Brian Jenkins, *Britain and the War for the Union* (Montréal, 1980), t. II, p. 50-59.

pour son autonomie. De nombreux Anglais avaient acclamé les Grecs qui se battaient pour leur indépendance ou le combat que menaient la Hongrie et les États d'Italie afin de s'affranchir du joug autrichien. Or, certains considéraient sous un jour analogue la révolution du Sud contre la suzeraineté yankee. Telles étaient par exemple les convictions qui animaient Russell et Gladstone, les deux membres les plus importants du ministère Palmerston en dehors du vieux Pam lui-même. « Jefferson Davis et les autres dirigeants du Sud ont forgé une armée, déclara Gladstone dans un célèbre discours prononcé à Newcastle en octobre 1862 ; ils sont en passe, semble-t-il, de forger une marine ; et surtout ils ont forgé quelque chose qui est supérieur à l'une et à l'autre ; ils ont forgé une nation [1]. »

Evidemment, l'ombre à ce tableau d'un Sud peuplé de nationalistes épris de liberté, c'était l'esclavage. Or les Anglais étaient particulièrement fiers du rôle qu'ils avaient joué dans la suppression de la traite des Noirs et l'abolition de l'esclavage aux Antilles. Il ne pouvait donc être qu'anti-britannique de soutenir une rébellion fomentée pour défendre l'esclavage. Quiconque voulait se persuader que le Sud luttait pour son indépendance plutôt que pour l' « institution particulière » ne devait pas reculer devant les tours de passe-passe mentaux. Toutefois, tant que le Nord ne se battait pas *officiellement* pour l'affranchissement, de nombreux Britanniques ne voyaient pas en quoi la cause de l'Union était moralement supérieure à celle de la Confédération. Si le Nord voulait l'emporter dans « sa lutte [pour s'attirer] les sympathies des Anglais, avertit un journal radical, il [lui faudrait] abolir l'esclavage [2] ».

Cela dit, ces questions d'idéologie et de sentiment ne jouèrent qu'un rôle secondaire dans la politique étrangère britannique. Avec un demi-siècle de vie publique derrière lui, Palmerston était un adepte de la *Realpolitik*. Lorsque, durant l'été de 1862, des membres du Parlement favorables à la Confédération lancèrent un mouvement réclamant que leur gouvernement reconnût la souveraineté des États du Sud, le Premier ministre leur répondit avec une brutale franchise qu'il ne voyait pas à quoi rimait cette demande. La Confédération, écrivit-il, « [ne sera] absolument pas plus indépendante parce que nous l'aurons dit, à moins que nous ne donnions suite à notre déclaration en prenant part à la guerre à ses côtés ». Or, bien peu de Britanniques étaient prêts à s'engager aussi loin. Comme tout le monde, Palmerston aurait bien voulu voir arriver davantage de coton, mais, pour autant qu'il pût en juger, ce n'était pas le fait de reconnaître officiellement la Confédération qui lui en procurerait. Les sudistes, pour leur part, pensaient qu'une telle mesure

---

1. D.P. Crook, *The North, the South, and the Powers 1861-1865* (New York, 1974), p. 227-229.
2. *Reynolds Weekly*, cité par Lillibridge, *Beacon of Freedom*, p. 115.

les aiderait en accroissant leur crédibilité à l'étranger et en renforçant le parti pacifiste dans le Nord. Peut-être avaient-ils raison, mais, en ce qui concernait Palmerston, les confédérés ne pouvaient obtenir cette reconnaissance de leur statut de nation qu'en gagnant la guerre : « Leur indépendance totale [devait] être une vérité et un fait accompli » avant que la Grande-Bretagne pût la déclarer telle[1].

De l'autre côté de la Manche, Napoléon III éprouvait moins de scrupules à manifester ses sentiments en faveur du Sud. Dans la mesure où ils réfléchissaient à la chose, les Français n'aimaient pas l'esclavage, mais la presse française prêtait moins d'attention à la guerre civile américaine que son homologue britannique et, n'eût été la misère causée par la pénurie de coton, la plupart des Français se seraient fort peu souciés de ce qui arriverait aux États-Unis. L'empereur s'y intéressait, cependant, et il pensait même avoir trouvé un moyen d'obtenir du coton et de favoriser ses desseins impériaux par la même occasion. Quand arriva l'été de 1862, des milliers de soldats français se battaient au Mexique pour y renverser le régime libéral de Benito Juarez et faire du pays une colonie française. Napoléon avait envoyé ces troupes sous prétexte d'assurer le remboursement des dettes mexicaines[2]. En réalité, son but était de créer dans le Nouveau Monde un empire susceptible de remplacer celui que son oncle avait vendu à Thomas Jefferson. Le gouvernement de l'Union soutenait Juarez, mais en 1862 n'était guère en mesure de l'aider ; la Confédération décida donc de soutenir Napoléon III et croyait pouvoir l'aider — mais pas sans contrepartie. En juillet 1862, John Slidell offrit à l'empereur plusieurs centaines de milliers de balles de coton et une alliance contre Juarez, en échange de la reconnaissance officielle de son pays par le gouvernement français et d'une éventuelle aide navale pour rompre le blocus.

Napoléon fut intrigué par cette offre, mais il hésitait fort à s'attirer l'hostilité des États-Unis. Il déclara donc à Slidell qu'il allait y réfléchir. A vrai dire, l'empereur n'osait pas agir unilatéralement. Bien qu'il espérât ravir à la Grande-Bretagne le rôle de première puissance mondiale, il se rendait compte qu'un affrontement avec la marine de l'Union sans la flotte britannique à ses côtés risquait de ruiner ses projets. Depuis sa résidence d'été, Napoléon envoya des instructions à son ministre des Affaires étrangères : « Demandez au gouvernement anglais s'il ne croit pas le moment venu de reconnaître le Sud[3]. » Les Anglais, toutefois, n'étaient pas prêts à coopérer. La vieille hostilité entre la Grande-Bretagne et la France n'avait pas disparu. Palmerston se défiait des desseins

---

1. Jenkins, *Britain and the War for the Union*, t. II, p. 66, 95-100.

2. Déchiré par une guerre civile, le Mexique ne payait plus ses dettes. La France, l'Angleterre et l'Espagne effectuèrent conjointement une intervention pour protéger les intérêts de leurs ressortissants, mais les Anglais et les Espagnols se retirèrent presque aussitôt. (NdE.)

3. En français dans le texte. Adams, *Britain and the Civil War*, t. II, p. 19.

mondiaux de l'empereur. Le Premier ministre britannique fit donc repousser à la mi-juillet une motion parlementaire réclamant la reconnaissance de la Confédération, bien qu'une majorité de membres des Communes fussent clairement favorables à cette mesure.

Durant l'été, cependant, la Confédération paraissait, grâce à ses victoires militaires, devoir satisfaire au critère imposé par Palmerston pour une reconnaissance : l'établissement de la nation sudiste était sur le point de devenir une vérité et un fait accompli. Tout au long de 1861, les observateurs britanniques avaient accepté comme allant de soi le fait que le Nord ne pourrait jamais conquérir une zone aussi vaste, habitée par un peuple aussi combatif. Car enfin, si les habits rouges n'avaient pu s'imposer à une nation beaucoup plus faible en 1776, comment les yankees pouvaient-ils espérer le faire à présent ? Les succès de l'Union durant la première moitié de 1862 avaient menacé cette complaisante hypothèse, mais Jackson et Lee — qui devinrent du jour au lendemain des légendes vivantes en Grande-Bretagne — la ranimèrent à point nommé et la rendirent plus forte que jamais. Il n'y eut pas jusqu'à certains des plus ardents défenseurs de l'Union qui n'en vinssent à partager la conviction du *Times*, selon laquelle « le Nord et le Sud [devaient] à présent choisir entre la séparation et la ruine ». Tant d' « inutiles boucheries et carnages » n'avaient servi qu'à prouver que « neuf millions d'hommes, habitant un territoire d'un million quatre cent cinquante mille kilomètres carrés et animés par le même esprit de résistance ne [pourraient] jamais être soumis ». Dès septembre, à en croire le ministre français des Affaires étrangères, « plus un seul homme d'État raisonnable en Europe » ne croyait que le Nord pouvait l'emporter[1].

Tant à Whitehall qu'au Quai d'Orsay, à mesure que les rapports de victoires sudistes traversaient l'Atlantique, le sentiment en faveur d'une offre de médiation s'affermit. En mettant fin à la guerre, la médiation serait peut-être le moyen le plus rapide et le plus sûr d'obtenir du coton. Une offre commune de plusieurs puissances — la Grande-Bretagne, la France, la Russie et peut-être l'Autriche et la Prusse — serait plus efficace, car le Nord ne pourrait pas faire la sourde oreille à l'opinion de l'Europe entière et le belliqueux Seward lui-même n'irait pas déclarer la guerre à tout le monde. Une offre de s'entremettre reviendrait pour ainsi dire à reconnaître l'indépendance de la Confédération. Les rumeurs qu'une telle démarche était imminente suscitèrent l'euphorie des diplomates sudistes et plongèrent la légation américaine dans la morosité. « Je suis plus optimiste que je ne l'ai jamais été depuis mon arrivée », écrivit Slidell de Paris. Et de Londres, James Mason précisait : « Je m'attends à

1. Le *Times*, cité par Owsley, *King Cotton Diplomacy*, p. 297, par Crook, *The North, the South, and the Powers*, p. 245 ; et par Nevins, *War*, t.II, p. 246 ; Edouard Thouvenet, cité par Crook, *The North, the South, and the Powers*, p. 247.

présent à une rapide intervention sous une forme quelconque[1]. » Henry Adams, pour sa part, signalait l'existence d'un « courant [...] qui [montait] d'heure en heure et [était] plus défavorable [aux nordistes] qu'il ne l'[avait] jamais été depuis l'affaire du *Trent* ». Thomas Dudley, le consul américain à Liverpool, dépité de n'avoir pas su arrêter l'*Alabama* dans sa fuite, assurait : « Jamais encore nous n'avons été aussi gravement menacés d'intervention [...]. Tout le monde est contre nous et se réjouirait de notre déroute[2]. »

Mais en s'imaginant qu'une défaite pourrait inciter Lincoln à accepter leur médiation, les Européens se trompaient fort sur la détermination qui l'habitait de mener son pays à la victoire. « J'ai l'intention de poursuivre cette lutte jusqu'à la victoire ou jusqu'à ma mort », avait déclaré le président des États-Unis, et il le pensait. Même après le revers de la deuxième bataille du Bull Run, Seward assura au ministre français à Washington que « [son gouvernement n'admettrait] jamais la division de l'Union [...] à aucun prix [...]. Il n'y [avait] pas de compromis possible ». Tant d'obstination incitait les médiateurs en puissance à placer tous leurs espoirs en un triomphe du parti démocrate lors des élections bientôt prévues dans le Nord. Trahissant une méconnaissance typiquement britannique du système constitutionnel américain, lord Russell, ministre des Affaires étrangères, s'imaginait qu'une majorité démocrate à la Chambre obligerait Lincoln à modifier sa politique extérieure. « Le parti démocrate aura peut-être à cette époque [en novembre] pris l'ascendant, écrivit Russell en octobre. Je leur souhaite la victoire de tout mon cœur[3]. »

Robert E. Lee aurait pu en dire autant, lorsqu'il envahit le Maryland pour essayer de conquérir la paix. L'issue des menées diplomatiques dépendait de lui et de sa campagne. « [Les fédéraux] se sont fait battre à plate couture [au Bull Run], écrivit Palmerston à Russell le 14 septembre, et il ne semble pas du tout invraisemblable de penser que des désastres encore plus grands les attendent et que Washington ou Baltimore elles-mêmes pourraient tomber aux mains des confédérés. Si cela arrivait, ne serait-il pas temps pour nous de considérer si [...] l'Angleterre et la France ne pourraient s'adresser aux deux parties en présence et leur recommander un arrangement sur les bases d'une séparation mutuelle ? » Russell était tout prêt à le faire. Le 17 septembre — le jour même de la bataille de Sharpsburg — il se rallia à ce projet de médiation, ajoutant que si le Nord refusait, « [les Britanniques devraient] pour [leur] part

---

1. Lettre de Slidell à Jefferson Davis, 25 juillet 1862 ; lettre de Mason à Mme Mason, 20 juillet 1862, citées par Hudson Strode, *Jefferson Davis : Confederate President* (New York, 1959), p. 294, 292.
2. Lettre de Henry Adams à Charles Francis Adams Jr., 19 juillet 1862, citée par Ford, *Cycle of Adams Letters*, t.I, p. 166 ; Dudley cité par Strode, *Davis*, p. 294.
3. Seward et Russell cités par Owsley, *King Cotton Diplomacy*, p. 330, 353.

reconnaître les États du Sud en tant qu'État indépendant ». Cependant, avant même que les nouvelles de la bataille d'Antietam n'eussent atteint l'Angleterre (il leur fallait dix jours ou plus pour franchir l'océan), Palmerston montra tout à coup une prudence inusitée. Le 23 septembre, il confia à son ministre que le résultat de la campagne dans le Maryland « [devrait] avoir un effet profond sur la situation. Si les fédéraux [subissaient] une grave défaite, ils [seraient] peut-être aussitôt prêts à accepter une médiation et il [faudrait] frapper le fer pendant qu'il [serait] chaud. Si, en revanche, c'étaient eux qui avaient le dessus, il [faudrait] sans doute attendre un peu et voir venir[1] ». Ayant appris la retraite de Lee vers la Virginie, Palmerston effectua lui aussi un repli. « Les dernières batailles survenues dans le Maryland ont passablement requinqué le Nord, écrivit-il à Russell au début d'octobre. Toute cette affaire abonde en difficultés et ne pourra être éclaircie que par des événements plus décisifs entre les deux armées en lutte[2]. »

La bataille d'Antietam, pourtant, ne refroidit nullement l'ardeur de Russell et de Gladstone en faveur de la reconnaissance. Le 28 octobre, ils insistèrent pour soumettre l'affaire au conseil de cabinet, en dépit des protestations réitérées de Palmerston qui faisait valoir que la situation avait changé depuis la mi-septembre « où les confédérés semblaient faire le vide devant eux ». « Je suis tout à fait revenu à mon point du vue originel, dit-il, qui est que nous devons continuer à rester de simples observateurs jusqu'à ce que la guerre ait pris un tour plus décisif[3]. » Le cabinet vota contre la proposition de Russell et Gladstone. Ce fut alors que les Français se manifestèrent, en suggérant que la Grande-Bretagne, la France et la Russie pourraient proposer un armistice de six mois, durant lequel le blocus serait suspendu. Cette proposition favorisait le Sud de façon si éhontée que la Russie, qui penchait du côté de l'Union, la rejeta aussitôt. Après deux jours de discussions, le cabinet britannique s'y opposa à son tour.

Ce fut ainsi que le Sud vit disparaître sa meilleure chance d'obtenir une intervention européenne. La possibilité n'était pas irrévocablement éliminée, car la situation militaire restait fluctuante et la plupart des Britanniques étaient encore certains que le Nord ne pourrait jamais gagner. Mais du moins avait-il évité de perdre. Antietam avait, comme le dit Charles Francis Adams, adepte impénitent de la litote, « fait beaucoup pour rétablir ici notre crédit en baisse[4] ». La victoire nordiste

---

1. Cette correspondance a été fort commodément publiée par James V. Murfin, *The Gleam of Bayonets: The Battle of Antietam and Robert E. Lee's Maryland Campaign, September 1862* (New York, 1965), p. 394, 396-397, 399-400.

2. Jenkins, *Britain and the War for the Union*, t.II, p. 170 ; Murfin, *Gleam of Bayonets*, p. 400-401.

3. Lettre de Palmerston à Russell, 22 octobre 1862, citée par Owsley, *King Cotton Diplomacy*, p. 351.

4. Lettre d'Adams à C.F. Adams Jr., 17 octobre 1862, citée par Ford, *Cycle of Adams Letters*, t. I, p. 192.

avait fait bien plus encore ; en permettant à Lincoln d'émettre sa proclamation d'émancipation, elle donnait aussi au Nord l'assurance que la Grande-Bretagne y regarderait à deux fois avant d'intervenir contre un gouvernement qui se battait non seulement pour l'Union, mais pour la liberté.

II

Le 22 septembre, cinq jours après la bataille d'Antietam, Lincoln convoqua son cabinet pour annoncer qu'il avait conclu un pacte avec Dieu : si l'armée chassait l'ennemi du Maryland, il émettrait sa proclamation d'émancipation. « Il me semble que le moment est venu, poursuivit le Président. J'aimerais que la situation soit meilleure. J'aimerais que nous soyons en meilleure condition. L'action de l'armée contre les rebelles n'a pas été tout à fait ce que j'aurais souhaité. » Néanmoins, Antietam était une victoire et Lincoln avait l'intention de faire savoir aux États rebelles que s'ils ne réintégraient pas l'Union avant le 1er janvier, leurs esclaves « [seraient], désormais et à tout jamais, libres ». Le cabinet approuva cette décision, même si Montgomery Blair crut bon de répéter qu'une telle décision risquait de pousser les États frontaliers dans le camp du Sud et de donner aux démocrates « une massue [...] avec laquelle assommer l'Administration » lors des élections. Lincoln rétorqua qu'il avait tout essayé pour se concilier les États en question. « [A présent] nous devons aller de l'avant [sans eux], assura-t-il. Ils acquiesceront, sinon tout de suite, du moins bientôt. » Quant aux démocrates, « ils utiliseront leurs massues contre nous quelle que soit la voie que nous suivrons [1] ».

La proclamation ne s'appliquerait qu'aux États en rébellion à la date du 1er janvier. Cette clause entraîna une certaine confusion, car l'édit ne semblait « libérer » que les esclaves vivant hors du territoire de l'Union, tout en maintenant en esclavage ceux qui se trouvaient dans les limites de son autorité. Quelques radicaux et abolitionnistes déçus choisirent d'ailleurs de l'interpréter ainsi, imités par les tories et certains libéraux en Angleterre. La presse britannique conservatrice se donna les gants d'abhorrer et de ridiculiser tout à la fois cette mesure : elle l'abhorrait parce qu'elle risquait d'encourager une rébellion des esclaves susceptible d'éclipser les horreurs de la révolte des Cipayes aux Indes en 1857 ; et elle la ridiculisait en raison de son hypocrite impuissance. « Là où il ne

1. David Donald (éd.), *Inside Lincoln's Cabinet : The Civil War Diaries of Salmon P. Chase* (New York, 1954), p. 149-152 ; Howard K. Beale (éd.), *Diary of Gideon Welles*, 3 vol. (New York, 1960), t. I, p. 142-145 ; John G. Nicolay et John Hay, *Abraham Lincoln : A History*, 10 vol. (New York, 1890), t. VI, p. 158-163 ; on trouvera le texte de la proclamation dans *CWL*, t. V, p. 433-436.

dispose d'aucun pouvoir, M. Lincoln veut bien affranchir les Noirs ; mais là où il conserve son autorité, il les considérera comme des esclaves, déclara le *Times*. Voilà qui ressemble davantage à un Chinois occupé à frapper ses deux épées l'une contre l'autre pour effrayer son ennemi qu'à un homme sincère désireux de faire avancer sa cause[1]. »

Ces remarques, toutefois, n'étaient pas pertinentes et se méprenaient complètement sur les prérogatives dont jouissait le Président selon la Constitution américaine. Lincoln se prévalait de son pouvoir de saisir les ressources ennemies en temps de guerre, mais il n'avait aucune autorité constitutionnelle pour agir contre l'esclavage dans les régions restées loyales aux États-Unis. A dater du 1er janvier, la proclamation devait transformer les forces de l'Union en armées de libération — si elles parvenaient à gagner la guerre — et elle invitait aussi les esclaves à les aider à vaincre. La plupart des Américains et Britanniques anti-esclavagistes en avaient parfaitement conscience. « Nous poussons des clameurs d'allégresse en étant ainsi témoins de ce juste décret », écrivit Frederick Douglass, tandis que William Lloyd Garrison estimait qu'il s'agissait d'un « acte d'une immense portée historique[2] ». Un abolitionniste britannique déclara que le 22 septembre était « une date mémorable dans les annales de la grande lutte pour la liberté d'une race opprimée et méprisée » ; « [C'est un] gigantesque pas en avant dans la voie du progrès chrétien et civilisé », écrivit un journal londonien radical[3]. L'analyse que Lincoln en faisait en privé indiquait à quel point sa conception de la guerre avait changé depuis dix mois, à l'époque où il avait déconseillé de mener « une lutte révolutionnaire impitoyable ». Après le 1er janvier, précisa le Président à un haut fonctionnaire du ministère de l'Intérieur, « le caractère de la guerre sera changé. Il s'agira d'une guerre de conquête [...] ; Le [vieux] Sud devra être détruit et remplacé par de nouvelles propositions et de nouvelles idées[4] ».

L'armée accepterait-elle de se battre pour la liberté ? Les paroles d'un colonel de l'Indiana aurait sans doute exprimé la pensée de la plupart des soldats. Rares étaient parmi eux les abolitionnistes, écrivit-il, mais ils désiraient néanmoins « détruire tout ce qui [pouvait] donner aux rebelles *la moindre* force », y compris l'esclavage ; par conséquent, « [l']armée soutiendra la proclamation d'émancipation et l'imposera par la force des baïonnettes ». Un simple soldat démocrate de l'armée du Potomac, qui dans ses précédentes lettres avait vitupéré les abolitionnistes et les Noirs, déclarait à présent soutenir « l'abolition de toute institution,

1. *Times*, 7 octobre 1862.
2. *Douglass'Monthly*, octobre 1862, p. 721 ; *Liberator*, 26 septembre 1862.
3. Cités par Jenkins, *Britain and the War for the Union*, t. II, p. 153 ; et par Nevins, *War*, t. II, p. 270.
4. Lettre de T.J. Barnett à Samuel L. Barlow, 25 septembre 1862, Barlow Papers, bibliothèque Henry E. Huntington. Barnett paraphrasait les remarques de Lincoln, mais, selon lui, les sentiments du Président étaient « indiqués assez clairement ».

si cela [devait] aider à venir à bout de la rébellion, car [il maintenait] que rien ne [devai]t aller contre l'Union — ni les nègres, ni rien d'autre ». Halleck, le général en chef, expliqua à Grant sa position : « La nature de la guerre a énormément changé au cours de l'année écoulée. Il n'y a plus à présent aucun espoir de réconciliation [...]. Nous devons conquérir les rebelles ou être conquis par eux[...]. Chaque esclave retiré à l'ennemi équivaut à un homme blanc mis hors de combat[1]. »

Toutefois, McClellan et les officiers de l'armée du Potomac souscriraient-ils à cette opinion ? Une grande partie de l'hostilité des républicains envers McClellan était due à la conviction qu'il n'en ferait rien. Et en effet, la réaction initiale du général à la proclamation indiquait son indécision. Il la jugeait « infâme » et déclara à sa femme qu'il « ne [pourrait] jamais [se] décider à [se] battre pour une doctrine aussi ignoble que celle de l'insurrection servile ». McClellan consulta des amis démocrates à New York, qui lui conseillèrent de « [se] soumettre à la proclamation du Président et de continuer paisiblement à faire [son] devoir de soldat[2] ». Certains proches de McClellan, cependant, fomentèrent une opposition à la nouvelle politique gouvernementale. Fitz-John Porter, par exemple, s'éleva contre cette « absurde proclamation d'un politicien couard ». L'armée de Lee n'avait pas été « coincée » à Sharpsburg, confia un officier d'état-major à un collègue, parce que « ce n'est pas l'esprit du jeu. Le but c'est que ni l'une ni l'autre armée ne prenne vraiment l'avantage ; que l'une et l'autre puissent rester sur le terrain jusqu'à ce qu'elles soient épuisées, après quoi on parviendra à un compromis et on sauvera l'esclavage ». Lorsque Lincoln eut vent de cette conversation, il révoqua cet homme « pour l'exemple » et pour faire taire des propos aussi « pleins de sottise et de traîtrise[3] ». Se rendant compte, un peu tard, du danger qu'il y avait à laisser ses officiers parler ainsi à tort et à travers, McClellan émit, le 7 octobre, un ordre général leur rappelant que l'armée était subordonnée aux autorités civiles. « Le seul remède aux erreurs politiques, à supposer qu'il y en ait de commises, concluait le général avec une sournoise allusion aux prochaines élections, est que la population agisse lorsqu'elle est appelée aux urnes[4]. »

Les démocrates n'avaient guère besoin de tels sous-entendus. Ils avaient d'ores et déjà fait de leur opposition à l'émancipation des Noirs leur

1. Le colonel de l'Indiana cité par Nevins, *War*, t. II, p. 239 ; lettre de John H. Burrill à ses parents, 1er janvier 1863, Civil War Times Illustrated Collection, United States Military History Institute ; *O.R.*, sér. I, vol. 24, 3e partie, p. 157.

2. Lettres de McClellan à Ellen McClellan, 25 septembre et 5 octobre 1862, McClellan Papers, bibliothèque du Congrès ; lettre de MacClellan à William H. Aspinwall, 26 septembre 1862, Civil War Collection, bibliothèque Henry E. Huntington.

3. Lettre de Porter à Manton Marble, 30 septembre 1862, citée par Nevins, *War*, t. II, p. 238-239 ; on peut suivre l'affaire du commandant révoqué dans *C W L*, t. V, p. 442-443, p. 508-509, et aussi chez Nicolay et Hay, *Lincoln*, t. VI, p. 186-188.

4. *O.R.*, sér. I, vol. 19, 2e partie, p. 295-296.

grand cheval de bataille pour s'imposer au Congrès. Le programme des démocrates de New York condamnait la proclamation d'émancipation, qui, à les en croire, n'était autre qu'une « proposition de faire massacrer des femmes et des enfants, de donner lieu à des scènes de luxure et de rapine, d'incendies et de meurtre ». Le parti choisit comme candidat au poste de gouverneur l'affable et conservateur Horatio Seymour, un vétéran de la politique de la politique new-yorkaise avec trente années de carrière derrière lui. « S'il est vrai qu'il faut abolir l'esclavage pour sauver notre Union, déclara-t-il, je pense que les gens du Sud doivent être autorisés à se séparer d'un gouvernement incapable de leur fournir la protection que garantissent ses propres termes[1]. » Les démocrates de l'Ohio et de l'Illinois adoptèrent une position analogue. Condamnant la proclamation de Lincoln comme une « nouvelle avancée sur la grand-route "robespierresque" de la tyrannie et de l'anarchie », ils affirmaient que si l'abolition de l'esclavage était « l'objectif avoué de la guerre, le Sud ne [pouvait] pas être soumis et ne devrait pas l'être ». Et ils poursuivaient : « Au nom de Dieu, ne versons plus de sang pour satisfaire un fanatisme religieux. » Un démocrate de l'Ohio alla même jusqu'à réviser le slogan de son parti : « La Constitution telle qu'elle est, l'Union telle qu'elle était, *et les nègres où ils sont*[2]. »

La décision présidentielle de suspendre le décret d'*habeas corpus* pour imposer plus facilement la conscription de la milice fit aussi du tort aux républicains. « Une grande majorité de gens, déclara le rédacteur en chef d'un journal de l'Ohio, ne voient absolument pas pourquoi ils devraient se faire tuer pour les nègres et les abolitionnistes. » Si « Lincoln le *despote* » essayait de faire avaler de force à la race blanche l'abolition et la conscription, « il connaîtrait le sort qu'il méritait : pendu, abattu ou brûlé[3] ». L'arrestation de plusieurs démocrates pour opposition active à la guerre et l'inculpation de quarante-sept membres des chevaliers du Cercle d'Or, en Indiana, desservirent probablement les républicains, en permettant aux démocrates de se poser en martyrs des libertés civiles.

Enfin, subsumant toutes ces questions, il y avait la guerre elle-même. « Après un an et demi d'épreuve, reconnut un républicain, et une hémorragie de sang et d'argent, après la mutilation et la mort de milliers d'hommes, nous n'avons accompli aucun progrès sensible dans la mise au pas des rebelles [...]. Les gens veulent que ça change, même s'ils ne savent guère comment[4]. » Cela resta vrai après que les armées nordistes eurent repoussé les invasions confédérées à Antietam, Perryville et

1. Nevins, *War*, t. II, p. 302, 303.
2. Wood Gray, *The Hidden Civil War : The Story of the Copperheads* (New York, 1942), p. 115 ; Frank L. Klement, *The Limits of Dissent : Clement L. Vallandigham and the Civil War* (Lexington, Ky., 1970), p. 106, 107.
3. Gray, *Hidden Civil War*, p. 112.
4. Gray, *Hidden Civil War*, p. 110.

Corinth. Aucune de ces batailles ne fut une écrasante victoire de l'Union et l'incapacité de leur donner suite en frappant un coup mortel contre les confédérés qui battaient en retraite provoqua une impression d'échec. En octobre, les forces ennemies se trouvaient dans une position plus favorable que cinq mois auparavant : l'armée de Bragg occupait Murfreesboro dans le centre du Tennessee, à une petite cinquantaine de kilomètres de Nashville, et l'armée de Lee n'était qu'à quelques kilomètres de Harper's Ferry. La cavalerie de Jeb Stuart venait de faire un nouveau pied de nez aux yankees en contournant toute l'armée du Potomac (du 10 au 12 octobre) pour effectuer un raid sur une ville située aussi loin au nord que Chambersburg, en Pennsylvanie, et regagner ensuite ses lignes avec douze cents chevaux, en ne perdant en tout et pour tout que deux hommes. Si une opération semblait bien faite pour souligner l'impuissance militaire du Nord, c'était celle-là.

Les démocrates réalisèrent des gains politiques importants aux élections de 1862 : ils s'adjugèrent les fauteuils de gouverneur de New York et du New Jersey, ainsi que la majorité dans la législature de ce dernier État, une majorité législative en Illinois et en Indiana, et une nette augmentation de trente-quatre représentants au Congrès. Seule une circonstance fortuite — le fait que les élections de la législature et du gouverneur en Ohio et en Pennsylvanie avaient lieu les années impaires et que les gouverneurs républicains de l'Illinois et de l'Indiana avaient été élus en 1860 pour un mandat de quatre ans — prévint, en 1862, la perte probable de tous ces postes au profit des démocrates. Des républicains prompts à s'alarmer interprétèrent ces élections comme « un grand et total renversement du sentiment populaire » et « *un reproche extrêmement grave et sévère* ». Les démocrates triomphants proclamèrent : « Massacre de l'Abolition[1]. » Presque tous les historiens ont fait chorus : les élections étaient « un quasi-désastre pour les républicains » et « un grand triomphe pour les démocrates » ; « Le verdict des urnes montrait clairement que les habitants du Nord étaient opposés à la proclamation d'émancipation[2]. »

Toutefois, un examen un peu plus approfondi des résultats semble infirmer cette conclusion. Dans les États libres, les républicains gardèrent le contrôle de dix-sept des dix-neuf fauteuils de gouverneur et de seize des législatures. Ils eurent pour la première fois plusieurs candidats élus dans le Missouri, obtinrent un *gain* net de cinq sièges au Sénat et conservèrent une majorité de vingt-cinq voix à la Chambre, après avoir

1. Strong, *Diary*, p. 271 ; lettre de Carl Schurz à Lincoln, 20 novembre 1862, citée dans *C W L*, t. V, p. 511 ; *Indianapolis State Sentinel*, 5 octobre 1862, cité par V. Jacque Voegeli, *Free But Not Equal : The Midwest and the Negro During the Civil War* (Chicago, 1967), p. 64.

2. Peter J. Parish, *The American Civil War* (New York, 1975), p. 208-209 ; Joel H. Silbey, *A Respectable Minority : The Democratic Party in the Civil War Era, 1860-1868* (New York, 1977), p. 144 ; William B. Hesseltine, *Lincoln and the War Governors* (New York, 1948), p. 165.

connu la plus *faible* perte nette de sièges au Congrès enregistrée depuis vingt ans, dans des élections intermédiaires[1]. Certes, les délégations au Congrès des six États les plus méridionaux du Nord — de l'État de New York à l'Illinois — auraient une majorité démocrate pour les deux années à venir, mais, ailleurs, les républicains firent mieux que de maintenir le statu quo. Sans compter que dans la plupart de ces six États, les démocrates bénéficiaient d'une marge extrêmement mince : quatre mille voix en Pennsylvanie, six mille dans l'Ohio, dix mille à New York et dans l'Indiana. Ces majorités pouvaient d'ailleurs s'expliquer, comme ne manqua pas de le faire remarquer Lincoln, par l'absence des soldats partis au front ; en effet de nombreux indices laissaient déjà deviner parmi les enrôlés une importante préférence pour les républicains, hypothèse confirmée ultérieurement, lors d'élections où le vote des soldats absents de leur foyer fut autorisé[2].

Quoique déçus par le résultat des élections, Lincoln et les républicains ne le laissèrent pas influer sur leurs actes. Au contraire même, l'allure du radicalisme s'accéléra au cours des mois suivants. Le 7 novembre, Lincoln retira à McClellan le commandement de l'armée du Potomac. Bien qu'il eût pris cette décision pour des raisons militaires, elle n'était pas sans fortes connotations politiques. En décembre, la Chambre repoussa catégoriquement une résolution démocrate traitant l'émancipation de « crime contre la Constitution » et ratifia la proclamation d'émancipation par un vote strictement partisan. Le Congrès vota aussi une loi habilitant le Président à imposer l'abolition de l'esclavage comme condition *sine qua non* de l'accession de la Virginie occidentale au rang d'État[3].

Tout au long du mois de décembre, la presse démocrate laissa entendre que Lincoln, ayant été désavoué par les électeurs, renoncerait à émettre sa proclamation. Le message du Président au Congrès, le 1er décembre, ne fit que renforcer ces rumeurs. Une fois de plus, Lincoln préconisa son projet favori d'émancipation progressive et compensée financièrement dans tous les États « où [existait] l'esclavage ». Les abolitionnistes inquiets s'interrogeaient : « Si le Président a l'intention de faire appliquer son édit de liberté pour la nouvelle année, que veulent dire toutes ces histoires d'émancipation progressive ? » Mais aussi bien les amis que les ennemis de la liberté se méprenaient sur le sens du message

1. Le mandat présidentiel étant de quatre ans et celui des représentants de deux, les élections intermédiaires sont celles qui ont lieu deux ans après l'élection présidentielle. (NdE.)

2. *The Tribune Almanac for 1863* (New York, 1863), p. 50-64 ; lettre de Lincoln à Carl Schurz, 10 novembre 1862, citée dans *C W L*, t. V, p. 494 ; Daniel Wallace Adams, « Illinois Soldiers and the Emancipation Proclamation », *Journal of the Illinois State Historical Society*, n° 67 (1974), p. 408-410 ; Oscar O. Winther, « The Soldier Vote in the Election of 1864 », *New York History*, n° 25 (1944), p. 440-458.

3. *CG*, 37e Cong., 3e Sess., p. 15, 52 ; *U.S. Statutes at Large*, t.XII, p. 633.

ambigu, il faut le reconnaître, de Lincoln. Certains ne relevèrent pas sa promesse que tous les esclaves affranchis « par les hasards de la guerre » — hasards parmi lesquels figurait sa proclamation — resteraient à jamais libres. La proclamation était une mesure de guerre qui ne s'appliquait qu'aux États en rébellion ouverte ; la proposition d'émancipation progressive était une mesure de paix visant à *abolir l'institution* partout, par des moyens constitutionnels. La péroraison du Président n'aurait pourtant dû laisser planer aucun doute sur sa position : « Concitoyens, *nous* ne pouvons échapper à l'histoire [...]. La féroce épreuve que nous traversons nous éclairera, sous un jour honorable ou déshonorant, jusqu'à la dernière génération [...]. Les dogmes d'un passé tranquille ne sont plus adaptés aux orages du présent [...]. En *donnant* sa liberté à l'*esclave*, nous assurons la sienne à l'homme *libre* [...]. Nous devons nous soustraire au joug et nous pourrons alors sauver notre pays[1]. »

Le 1er janvier, Lincoln mit fin à toutes les supputations. La proclamation qu'il signa ce jour-là exemptait les États limitrophes, ainsi que le Tennessee et les portions de la Louisiane et de la Virginie contrôlées par l'Union. Pour répondre à ceux qui s'étaient indignés du fait que la proclamation préliminaire eût incité les esclaves à se révolter, l'édit définitif enjoignaient ces derniers de « s'abstenir de toute violence », mais, sous d'autres rapports, ce nouveau document allait au-delà du premier. Non seulement il justifiait l'émancipation en la présentant comme un « acte de justice », qui se doublait d'une nécessité militaire, mais en outre il autorisait l'enrôlement des soldats et marins noirs dans les forces de l'Union[2].

C'était une véritable révolution. Les hommes de couleur armés étaient littéralement la bête noire[3] qui peuplait les cauchemars sudistes. L'idée de recruter des soldats de race noire ne jaillit pas, bien entendu, telle quelle du cerveau de Lincoln le jour de la proclamation. Depuis le début de la guerre, où des Noirs habitant plusieurs villes du Nord s'étaient portés volontaires pour servir dans l'armée de l'Union, la question s'était posée. Toutefois, partant du principe qu'il s'agissait d'un « conflit entre Blancs », le ministère de la Guerre avait refusé de les accepter. Malgré la mobilisation de soldats de couleur durant la guerre d'Indépendance et celle de 1812, les Noirs étaient exclus des milices d'État depuis 1792 et l'armée régulière ne les avait jamais enrôlés. Les préjugés de l'ordre ancien avaient la vie dure. En décembre 1861, Lincoln lui-même avait fait taire son ministre de la Guerre — à l'époque Cameron — qui proposait d'armer les esclaves, et le gouvernement commença par refuser la

1. *Boston Commonwealth*, 6 décembre 1862 ; *CWL*, t.V, p. 529-537.
2. *CWL*, t.VI, p. 28-30.
3. En français dans le texte.

constitution de régiments noirs au Kansas, en Louisiane occupée et dans les îles de Caroline du Sud durant l'été de 1862.

La marine de l'Union, en revanche, avait accepté dès le départ des hommes de toutes couleurs et toutes conditions sociales. En mer, les Noirs remplissaient principalement les tâches de pompiers, chargeurs de charbon, cuisiniers et garçons de cabine, mais dès le mois d'août 1861, un groupe de « contrebandes » devint responsable d'un des canons de l'*USS Minnesota*. En mai 1862, un esclave de Caroline du Sud, Robert Smalls, s'empara d'un bateau de liaison dans le port de Charleston et conduisit cette embarcation jusqu'à la flotte qui assurait le blocus. Il fut ensuite pilote dans la marine américaine.

Pendant ce temps, les leaders noirs, les abolitionnistes et les républicains radicaux continuaient à réclamer l'enrôlement de soldats de couleur. Non seulement cette mesure aiderait le Nord à gagner la guerre, mais elle contribuerait aussi à affranchir les esclaves et à obtenir des droits égaux à ceux des Blancs pour la race tout entière. Frederick Douglass exprima succinctement la chose : « Que le Noir parvienne seulement à porter sur sa personne les lettres de cuivre, US ; qu'il arrive à mettre un aigle sur ses boutons, un fusil sur son épaule et des balles dans sa poche, et aucun pouvoir au monde ne pourra plus nier qu'il a gagné le droit de devenir un citoyen[1]. »

Ce n'était pourtant pas pour aider les Noirs à devenir des citoyens à part entière que le Congrès avait (dans le cadre de la loi sur la milice du 17 juillet 1862) ratifié l'enrôlement de Noirs « dans tout service de l'armée et de la marine pour lequel ils pourraient s'avérer compétents ». C'était plutôt pour répondre au besoin aigu de bataillons de travailleurs auxiliaires, afin de libérer les soldats blancs pour les combats. La proclamation d'émancipation envisageait un rôle limité pour les soldats de couleur ; on leur demanderait non pas de se battre en première ligne, mais d' « assurer la garnison dans les forts, les positions, les avant-postes et autres lieux ». La réalité toutefois dépassa la politique. De même que Lincoln, neuf jours avant d'émettre sa proclamation préliminaire, avait déclaré qu'un tel édit s'apparenterait à la bulle du pape contre la comète, le 4 août, soit trois semaines avant que le ministère de la Guerre n'autorisât l'enrôlement des « contrebandes » dans la Caroline du Sud occupée, le Président assura à une autre délégation qu' « armer les Noirs tournerait contre [l'Union] cinquante mille baïonnettes qui étaient auparavant à [son] service[2] ». Or, au moment même où Lincoln prononçait ces paroles, un régiment de Noirs libres achevait de se former en Louisiane et un autre, regroupant Noirs libres et contrebandes, était en train de se constituer au Kansas. Deux autres régiments de Louisiane, en plus

1. *Douglass' Monthly*, août 1863.
2. *O.R.*, sér. I, vol. 14, p. 377-378 ; *CWL*, t. V, p. 357.

du régiment de Caroline du Sud autorisé, achevèrent sans bruit de s'organiser dans le courant de l'automne. En octobre, les Noirs du Kansas reçurent leur baptême du feu lors d'une escarmouche dans le Missouri, qui fit dix morts dans leurs rangs — les premières victimes de couleur de la guerre.

A la fin de l'année, le gouvernement était prêt à reconnaître l'existence de ces régiments. Il lui était d'ailleurs difficile de faire autrement, car le Massachusetts s'était mis de la partie. En effet, le colonel du 1er régiment de volontaires de Caroline du Sud était Thomas Wentworth Higginson, du Massachusetts, dont la plume était au moins aussi efficace que l'épée. Après avoir emmené une partie de son régiment effectuer un raid limité le long d'un fleuve de Caroline du Sud, en janvier 1863, Higginson adressa au ministère de la Guerre un rapport enthousiaste qui trouva, comme il l'avait escompté, le chemin des journaux. « Personne ne sait rien de ces hommes tant qu'il ne les a pas vus au combat, assurait-il. Désormais, pas un officier de notre régiment ne doute que la clef du succès, pour la suite du conflit, soit l'emploi illimité de troupes de couleur. » Le *New York Tribune* nota que de tels rapports allaient certainement « ébranler nos préjugés saxons invétérés contre les capacités et le courage des troupes noires [1] ». A peu près au moment où avait lieu le raid de Higginson, le gouverneur du Massachusetts, Andrew, arrachait au ministère de la Guerre la permission de lever un régiment noir. Confiant à des abolitionnistes éminents le soin de recruter cette force et de la pourvoir en officiers, Andrew parvint à enrôler un nombre suffisant d'hommes des États du Nord pour former deux régiments, les 54e et 55e régiments du Massachusetts, dont le premier devait devenir le plus célèbre régiment noir de la guerre.

Le recrutement des soldats de couleur n'amena pas un changement instantané dans les attitudes raciales des habitants du Nord. Au contraire, on pourrait même dire que, dans une certaine mesure, il intensifia la réaction démocrate contre l'émancipation et exacerba les tensions raciales dans l'armée. Les régiments noirs reflétaient les mœurs racistes de la société qui les acceptait si visiblement à contrecœur : ils faisaient l'objet d'une ségrégation, étaient moins payés que les soldats blancs, étaient commandés par des officiers blancs dont certains considéraient leurs hommes comme des « nègres » et n'étaient principalement destinés qu'à assurer les garnisons et les corvées. L'une des premières batailles que durent livrer ces troupes de couleur fut celle qui leur permettrait d'avoir l'occasion de faire leurs preuves au combat.

Malgré tout, avec la constitution de régiments de couleur, la guerre pour préserver l'Union se transforma en une révolution visant à renverser l'ordre établi. La conversion de Lincoln qui, après avoir rechigné à

1. *O.R.*, sér.I, vol.14, p. 195-198 ; *New York Tribune*, 11 février 1863.

accepter les soldats noirs, devint leur admirateur enthousiaste marqua le progrès de cette révolution. Dès mars 1863, le Président écrivait à Andrew Johnson, gouverneur militaire du Tennessee : « Le seul spectacle de cinquante mille soldats noirs, armés et entraînés, sur les rives du Mississippi mettrait immédiatement fin à la rébellion. Et qui douterait que nous pouvons présenter ce spectacle, si seulement nous nous y mettons pour de bon[1] ? »

La réaction du Sud à l'émancipation et à l'enrôlement de soldats noirs fut féroce — du moins sur le papier et, ce qui est plus regrettable, parfois aussi dans les faits. En apprenant la proclamation d'émancipation préliminaire, le général Beauregard réclama « l'exécution des prisonniers abolitionnistes [c'est-à-dire les soldats de l'Union capturés par les sudistes] après le 1er janvier ». « Et que leur supplice soit celui du garrot ! », ajoutait-il. Jefferson Davis, dans son message au Congrès, le 12 janvier 1863, déclara que la proclamation d'émancipation était « la mesure la plus exécrable de l'histoire de l'homme pécheur ». Le président de la Confédération promit de remettre les officiers de l'Union capturés par ses troupes aux autorités des différents États, afin qu'ils fussent châtiés en tant que « criminels se livrant à l'incitation à l'insurrection servile ». Ce crime était, bien sûr, puni de mort[2].

Une plus mûre réflexion dissuada Davis d'appliquer une telle politique, mais les sudistes exécutèrent parfois des soldats noirs capturés et leurs officiers. Avant l'adoption officielle de l'enrôlement des Noirs par le gouvernement de l'Union, les confédérés eurent vent des tentatives prématurées de former des régiments noirs dans les zones occupées de la Louisiane et de la Caroline du Sud. Le haut commandement de l'armée du Sud émit, le 21 août 1862, un ordre stipulant que de tels « crimes et outrages » exigeaient des « représailles » sous forme « d'exécution pour trahison » de tout officier capturé à la tête de troupes noires. Lorsque le raid d'un commando rebelle sur une île de Caroline du Sud, en novembre, permit de s'emparer de quatre Noirs portant l'uniforme des soldats de l'Union, James A. Seddon, ministre confédéré de la Guerre, approuva leur « exécution sommaire », car elle servirait d' « exemple » pour décourager tout ceux qui songeaient à armer les esclaves[3]. Un mois plus tard, le 24 décembre, Davis émit un ordre général ordonnant que tous les anciens esclaves capturés et leurs officiers fussent remis aux fonctionnaires des États pour être jugés. Le 30 mai 1863, le Congrès confédéré sanctionna cette décision, mais stipula que les officiers capturés devraient être jugés et condamnés par des tribunaux militaires plutôt que par les États[4].

1. Lettre de Lincoln à Johnson, 26 mars 1863, *CWL*, t.VI, p. 149-150.
2. Lettre de Beauregard à W. Porcher Miles, 13 octobre 1862, citée dans *O.R.*, sér. II, vol. 4, p. 916 ; Rowland, *Davis*, t. V, p. 409.
3. *O.R.*, sér. II, vol. 4, p. 857, 945-946, 954.
4. *Ibid.*, vol. 5, p. 797, 940-941.

Même si le Sud n'appliqua jamais ces mesures, bon nombre de preuves semblent indiquer que les officiers capturés furent parfois « châtiés en flagrant délit, sur le champ de bataille même ou immédiatement après le combat », comme le ministre de la Guerre, Seddon, avait suggéré au général Kirby Smith de le faire en 1863. Les prisonniers de guerre noirs étaient parfois « abattus au cours de tentatives d'évasion ». Un colonel confédéré, dont le régiment avait capturé une escouade de soldats de couleur, en Louisiane, signala que, lorsque certains d'entre eux avaient tenté de s'évader, « [il avait] aussitôt ordonné qu'ils fussent tous abattus et [avait] participé avec mon revolver à six coups à l'exécution de cet ordre ». Un soldat de Caroline du Nord écrivit à sa mère qu'après une escarmouche avec un régiment noir, « plusieurs d'entre eux [avaient été] faits prisonniers, puis tués à coups de baïonnette ou brûlés. Les hommes étaient tout à fait exaspérés à l'idée de se voir opposer des Nègres et ils [s'étaient] rués sur eux comme autant de démons[1] ».

Les rumeurs et récits courant sur ces massacres devaient être une véritable plaie pour les autorités nordistes pendant tout le reste de la guerre et les obligèrent plus d'une fois à menacer les sudistes de représailles. Ce fut d'ailleurs l'une des raisons pour lesquelles elles hésitèrent à envoyer les soldats noirs au combat où ils couraient davantage de risques d'être capturés. Le refus, opposé par la Confédération, de traiter les soldats de couleur en prisonniers de guerre légitimes contribua à mettre fin aux échanges de prisonniers, ce qui eut de funestes conséquences pour l'un et l'autre camp.

III

Les diplomates yankees furent déçus par le scepticisme que manifestèrent tout d'abord de nombreux Anglais en apprenant la proclamation d'émancipation. Toutefois, à mesure qu'ils se pénétraient de la véritable importance de cet édit et une fois que Lincoln eut clairement précisé, le 1er janvier, qu'il ne parlait pas en l'air, les sentiments antiesclavagistes des Britanniques se mobilisèrent en faveur de l'Union. Des réunions de masse eurent lieu dans tout le royaume. Pour un temps, les partisans du Sud durent se faire tout petits. « Le déploiement d'un tel sentiment, nota avec satisfaction Charles Francis Adams, [a pour

1. Lettre de Seddon à Kirby Smith, 12 août 1863, citée dans *O.R.*, sér. I, vol. 22, 1re partie, p. 965 ; lettre du colonel Frank Powers au colonel Jonathan L. Logan, 2 septembre 1863, citée par Ira Berlin, etc. (éd.), *Freedom : A Documentary History of Emancipation*, Série II, *The Black Military Experience* (Cambridge, 1982), p. 585 ; lettre de Thomas R. Roulhac à sa mère, 13 mars 1864, citée par Randall Clair Jimerson, « A People Divided : The Civil War Interpreted by Participants », thèse de doctorat, University of Michigan, 1977, p. 146.

effet] d'annihiler toute espèce d'agitation en faveur d'une reconnaissance de la Confédération. » Le jeune Henry Adams, qui avait tendance à osciller entre le désespoir et l'euphorie, fut enchanté par ces effusions des Britanniques en faveur de l'Union. « La proclamation d'émancipation a fait plus pour nous ici que toutes nos victoires passées et toute notre diplomatie, écrivit-il non sans exagération à son frère cadet, Charles Francis Jr., capitaine de cavalerie dans l'armée du Potomac. Si seulement vous autres, à la maison, ne connaissez pas de désastres, nous allons infliger aux espoirs des rebelles à l'étranger un échec et mat tel qu'ils n'en ont pas encore subi[1]. »

Malheureusement, les armées de l'Union connurent de nouveaux déboires. Et durant cet « hiver du déplaisir » nordiste[2], les espoirs des rebelles à l'étranger et leurs perspectives en Amérique remontèrent en flèche.

Chapitre XIX

TROIS FLEUVES EN HIVER, 1862-1863

I

Quoique déçu que McClellan se fût avéré incapable d'écraser Lee à Antietam, Lincoln s'attendait à voir l'armée du Potomac s'élancer aux trousses des rebelles et reprendre le combat pendant qu'ils étaient encore loin de chez eux. Le Président se rendit au front au début d'octobre et pressa vivement le général de se mettre en route, sans laisser aux confédérés le temps d'être renforcés et ravitaillés. Dès son retour à Washington, il pria Halleck d'expédier à McClellan l'ordre suivant : « Traversez le Potomac et attaquez l'ennemi [...]. Votre armée doit agir tout de suite, tant que les routes sont bonnes[3]. »

McClellan cependant, protesta, selon sa bonne habitude, qu'il ne pouvait agir avant d'avoir fait le plein de ses fourgons de ravitaillement et réorganisé ses troupes. Halleck, excédé, leva les bras au ciel. Il savait que l'armée de Virginie septentrionale était bien plus mal en point que celle du Potomac. « J'en ai assez et plus qu'assez et par-dessus la tête [de l'inactivité de McClellan], écrivit le général en chef en octobre. Il

1. Ford, *Cycle of Adams Letters*, t. I, p. 243.
2. L'auteur cite ici le premier vers du *Richard III* de Shakespeare : « *Now is the winter of our discontent...* » (« Voici l'hiver de notre déplaisir... »). (NdE.)
3. Lettre de Halleck à McClellan, 6 octobre 1862, *O.R.*, sér. I, vol. 19, 1re partie, p. 72.

y a chez lui un immobilisme qui dépasse tout ce que l'on saurait concevoir. Il faudrait le levier d'Archimède pour remuer cette masse inerte. » Les républicains partageaient cet agacement. « Que diable est-ce donc qui empêche l'armée du Potomac d'avancer ? demandait le rédacteur en chef du *Chicago Tribune* le 13 octobre. Quelle influence maligne paralyse notre armée et laisse perdre toutes ces superbes journées faites pour se battre ? Si c'est McClellan, le Président ne voit-il pas qu'il n'est qu'un traître[1] ? »

Lincoln à son tour commençait à être exaspéré, mais au lieu de relever McClellan de son commandement, il préféra essayer les conseils paternels. « Je vous ai déjà parlé, vous vous en souvenez sûrement, de ce que j'appelais votre prudence excessive, écrivit-il au général récalcitrant le 13 octobre. Ne croyez-vous pas être vraiment trop circonspect quand vous vous croyez d'emblée incapables de faire ce que l'ennemi réussit constamment ? » McClellan, en effet, avait prétendu que ses hommes ne pourraient parcourir plus de cinquante kilomètres par jour et se battre sans avoir l'estomac plein et des chaussures aux pieds. Pourtant, les rebelles, eux, marchaient et luttaient presque à jeun et pieds nus. « [En attendant d'avoir un axe de ravitaillement parfaitement organisé], poursuivait Lincoln, vous ne tenez aucun compte de la question du *temps* que vous ne pouvez pas et ne devez pas négliger. » Si McClellan traversait le Potomac au plus vite et parvenait à s'interposer entre l'armée ennemie et Richmond, il pourrait débusquer Lee et l'obliger à livrer un combat décisif. « Nous ne devons pas manœuvrer à seule fin de le repousser. Si nous ne parvenons pas à vaincre l'ennemi là où il se trouve en ce moment [à l'ouest de Harper's Ferry], nous ne le battrons jamais [...]. Qui ne tente rien n'a rien[2]. »

Mais ces exhortations ne suffirent pas à ébranler McClellan. Voyant que deux autres semaines s'écoulaient sans rien amener de nouveau, sinon des télégrammes parlant de chevaux épuisés, Lincoln perdit patience : « Me pardonnerez-vous de vous demander ce que les chevaux de votre armée ont fait depuis la bataille d'Antietam qui a bien pu les fatiguer à ce point ? » Ces piques aigrissaient McClellan. « Pour le bien du pays, écrivit-il à sa femme, je me sens tenu de souffrir tout cela de la part d'hommes que je sais être mes inférieurs ! [...] Jamais épithète plus méritée n'a été appliquée à certain individu que celle de "Gorille"[3]. » A vrai dire, McClellan avait une fois de plus perdu le sens des réalités. Se prenant

1. Lettre de Halleck à Hamilton R. Gamble, 30 octobre 1862, *O.R.*, sér.III, vol.2, p. 703-704 ; lettre de Joseph Medill à O.M. Hatch, 13 octobre 1862, citée par James V. Murfin, *The Gleam of Bayonets* (New York, 1965), p. 300.

2. *CWL*, t.V, p. 460-461.

3. Lettre de Lincoln à McClellan, 25 octobre 1862, *CWL*, t.V, p. 474 ; lettre de McClellan à Ellen Marcy McClellan, non datée, mais probablement du 30 octobre 1862, McClellan Papers, Bibliothèque du Congrès.

pour le héros d'Antietam, il croyait être en mesure de dicter ses conditions au gouvernement. « J'ai exigé que Stanton soit congédié et que Halleck me cède sa place de commandant en chef, fit-il savoir à sa femme. La seule voie vraiment sûre, pour le pays et pour moi, est de se débarrasser de toute cette clique[1]. »

L'armée du Potomac finit par traverser le fleuve du même nom le 26 octobre, mais elle avançait si lentement que Lee eut la possibilité d'interposer le corps d'armée de Longstreet entre Richmond et les tuniques bleues, tandis que Jackson restait dans la vallée de la Shenandoah, sur le flanc de McClellan. Pour Lincoln, ce fut la goutte d'eau qui fit déborder le vase ; il ne se sentait plus le courage d'essayer de « forer avec un trépan trop émoussé pour mordre dans le sol[2] ». Le 7 novembre, il remplaça McClellan par Burnside. « [Voyant que McClellan persistait à] traîner sous le prétexte futile qu'il avait besoin de ceci ou de cela, j'ai commencé à craindre qu'il ne fût déloyal, qu'il ne voulût pas vraiment châtier l'ennemi, expliqua Lincoln à son secrétaire particulier. [S'il laissait Lee bloquer l'avance vers Richmond], je décidai de le révoquer. Il l'a fait et je l'ai relevé de ses fonctions[3]. »

McClellan fit à son armée des adieux chargés d'émotion. Quelques officiers grommelèrent d'un air sombre qu'on devrait peut-être « tourner le front contre Washington » et « jeter ces canailles infernales dans le Potomac », mais ces menaces restèrent sans suite et jamais McClellan ne se montra aussi à son avantage, en tant que commandant, que le jour où il prit congé de son armée. « Soyez aussi loyaux envers le général Burnside que vous l'avez été envers moi et tout ira bien », lança-t-il aux hommes, tandis que ceux-ci criaient leur affection pour ce chef qui avait fait d'eux une véritable armée. Un de ceux qui regrettaient le plus amèrement le départ de McClellan n'était autre que Burnside lui-même. Bien qu'il fût l'un des rares généraux nordistes sur le théâtre de l'Est qui pût se flatter d'avoir à son actif d'importants succès — le long de la côte de Caroline du Nord — Burnside ne se sentait pas de taille à diriger l'armée du Potomac. Les événements ne devaient confirmer que trop vite cette conviction intime.

Pourtant, Burnside prit un bon départ. Au lieu de foncer droit vers le sud, en utilisant comme axe de ravitaillement le chemin de fer très vulnérable qui traversait Manassas, il fit avancer sa pesante machine de cent dix mille hommes à une vitesse inaccoutumée jusqu'à Falmouth, en face de Fredericksburg, sur l'autre rive de la Rappahannock. De là,

1. Lettres de McClellan à Ellen McClellan, 20 septembre, 31 octobre 1862, McClellan Papers.

2. Citation empruntée à Foote, *Civil War*, t.I, p. 752. L'ordre relevant McClellan de son commandement était daté du 5 novembre, mais fut transmis le 7 ; on le trouvera dans *CWL*, t. V, p. 485.

3. Dennett, *Lincoln/Hay*, p. 218-219.

il espérait franchir la rivière et marcher sur Richmond, avec un axe de ravitaillement assuré par le contrôle qu'exerçait la marine de l'Union sur les fleuves dont l'embouchure se trouvait dans la baie de Chesapeake. L'inconvénient de cette stratégie, c'était le grand nombre de fleuves et de rivières que les nordistes allaient devoir traverser, à commencer par la Rappahannock. Toutefois, en agissant très vite, Burnside avait déjà fait parvenir deux corps d'armée avancés à Falmouth le 17 novembre, sans laisser à Lee le temps de transférer ses troupes pour leur barrer le passage. Mais les pontons dont les fédéraux avaient besoin pour passer la rivière mirent une semaine et plus à arriver — contretemps dû à la regrettable propension qu'avait Burnside à émettre des instructions confuses et à une méprise de Halleck quant à la date et au lieu choisis par Burnside pour effectuer sa traversée. De ce fait, lorsque les pontons arrivèrent enfin, Lee était parvenu à installer la majeure partie de ses soixante-quinze mille hommes dans des tranchées, tout le long des hauteurs situées au sud de la Rappahannock.

Lee était tout disposé à passer là l'hiver, mais Burnside ne pouvait se le permettre. Lincoln et la population attendaient une offensive. Après avoir mûrement réfléchi et conclu que Lee s'attendrait à le voir franchir la rivière au-dessus ou au-dessous de Fredericksburg, le général nordiste décida que « l'ennemi [serait] plus surpris si [les fédéraux] traversaient droit devant [eux] ». Si Lee fut surpris, ce fut par la sottise de cette manœuvre. Il avait posté le corps d'armée de Longstreet tout le long des six kilomètres et demi de hauteurs qui dominaient Fredericksburg, ce qui leur donnait un immense champ de tir sur les quelque huits cents mètres de terrain découvert que devraient franchir les assaillants. Comme le dit un des officiers de Longstreet : « Un poulet ne sortirait pas vivant de ce champ, quand nous ouvrirons le feu[1]. » Espérant bien voir les nordistes attaquer cette position, Lee décida d'opposer à leur traversée du fleuve juste assez de résistance pour donner au corps d'armée de Jackson le temps de se déplacer vers l'amont et d'effectuer sa jonction avec Longstreet, afin de prolonger la ligne confédérée de près de cinq kilomètres.

Le 11 décembre, alors que le jour n'était pas encore levé, les soldats du génie de l'Union commencèrent à installer trois pontons à Fredericksburg et trois autres à un peu plus de trois kilomètres en aval. Couverts par l'artillerie, les constructeurs de pont opérant en aval purent faire leur travail sans anicroche, mais à Fredericksburg, une brigade de soldats du Mississippi qui tiraient du haut des édifices et depuis des tranchées individuelles se mirent à abattre les soldats du génie dès qu'il fit assez clair pour y voir. L'artillerie fédérale pilonna les bâtiments (la plupart des civils avaient été évacués), mais les tirailleurs rebelles

1. James Longstreet, « The Battle of Fredericksburg », *Battles and Leaders*, t. III. p. 79.

continuèrent à faire feu parmi les décombres. Finalement, trois régiments bleus franchirent la Rappahannock en bateau et chassèrent les sudistes, les poursuivant de maison en maison. Une fois que le reste de l'armée eut gagné l'autre rive, les fédéraux mirent la ville à sac, détruisant les meubles, les pianos, les objets en verre et tout ce qu'ils purent trouver dans les demeures « rebelles ».

Pour bon nombre de ces pillards, ce devait être la dernière nuit de leur vie. Le 13 décembre, la bataille de Fredericksburg opposa une fois de plus le grand courage des soldats de l'Union et les bévues de leurs commandants à la valeureuse résistance et à l'efficacité tactique des confédérés. Selon le plan de bataille de Burnside, l'aile gauche de l'Union, sous le général William B. Franklin, devait attaquer la droite des sudistes, que commandait Jackson, tandis que l'aile droite de l'Union irait sonder les défenses de Longstreet sur les hauteurs de Marye's Heights, derrière la ville. Si Franklin parvenait à envelopper le flanc de Jackson, la tentative de l'Union sur la droite pourrait se transformer en véritable assaut. Les minces perspectives de réussite que présentait ce plan furent sabotées d'emblée par les ordres écrits décousus que Burnside adressa à Franklin et par l'incapacité de ce dernier à avancer avec ses cinquante mille fantassins lorsqu'il en eut l'occasion.

Le brouillard se leva vers le milieu de la matinée, pour dévoiler la progression des hommes de Franklin, déployés à travers la plaine, au sud de la colline au sommet de laquelle Lee avait établi son quartier général. Ces fédéraux ne tardèrent pas à se lancer à l'assaut de la position de Jackson sur les hauteurs de Prospect Hill. Une division de Pennsylvaniens, emmenés par George Gordon Meade, découvrit une brèche dans la ligne de Jackson, le long d'un ravin boisé, et parvint à forcer les défenses confédérées. Il y avait là une possibilité de percée, si l'on envoyait aussitôt des troupes de soutien — mais Franklin ne le fit pas. Des troupes de réserve sudistes s'avancèrent au pas redoublé pour contre-attaquer, repoussant les Pennsylvaniens hors des bois, puis à découvert jusqu'à ce qu'elles fussent elles-mêmes arrêtées par l'artillerie de l'Union. Observant les opérations avec anxiété depuis son poste de commandement, Lee poussa un soupir de soulagement en voyant ses hommes colmater la brèche et déclara à Longstreet : « C'est une bonne chose que la guerre soit aussi épouvantable — nous finirions par y prendre goût[1] ! »

Franklin ne parvint jamais à mettre plus de la moitié de ses hommes en action et il ne renouvela pas son attaque, en dépit des ordres exprès de Burnside. Pendant ce temps, le coup de sonde initial de l'aile droite de l'Union s'était transformé en une succession d'attaques, qui furent

1. Douglas Southall Freeman, *R.E. Lee : A Biography*, 4 vol. (New York, 1934-1935), t. II, p. 462.

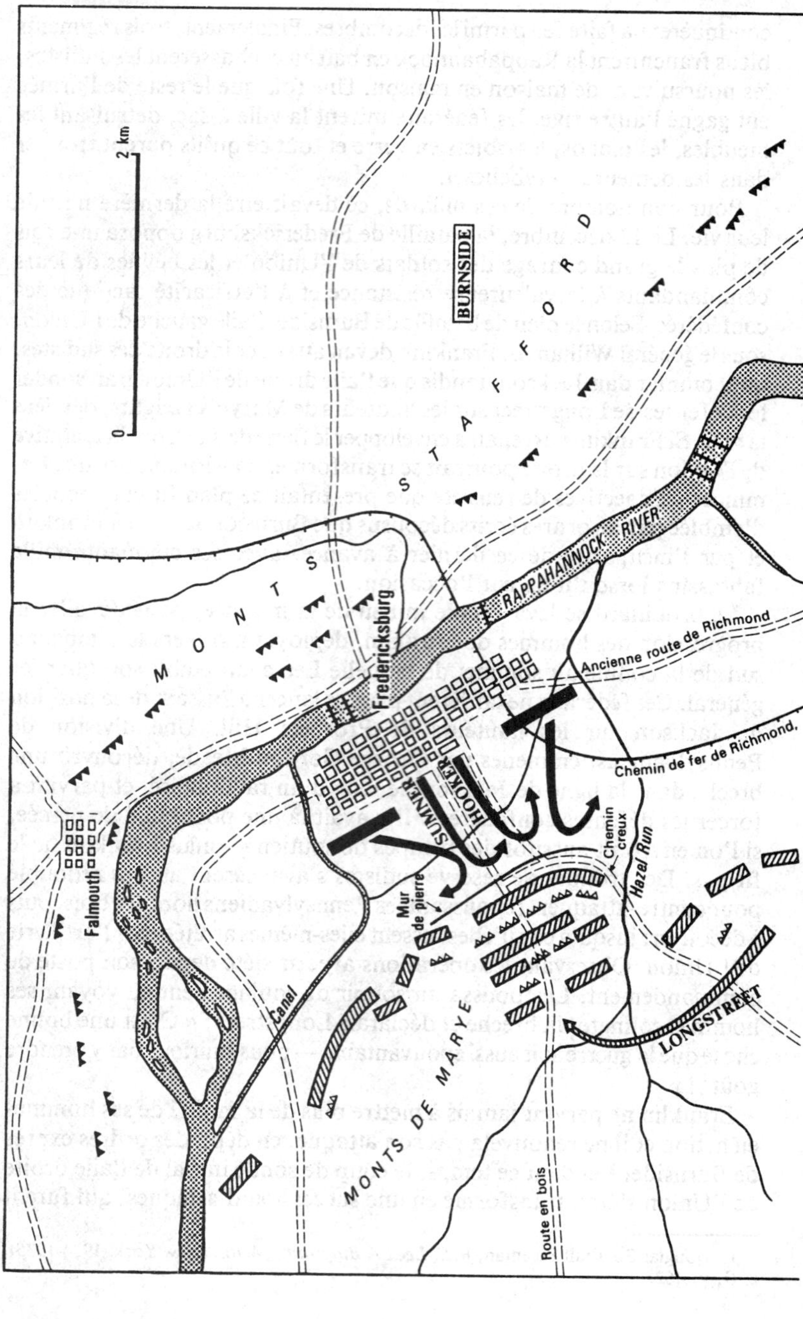

2 km
0
BURNSIDE
S T A F F O R D
M O N T S
RAPPAHANNOCK RIVER
Fredericksburg
Ancienne route de Richmond
Chemin de fer de Richmond
SUMNER
HOOKER
Chemin creux
Hazel Run
Mur de pierre
Falmouth
Canal
LONGSTREET
MONTS DE MARYE
Route en bois

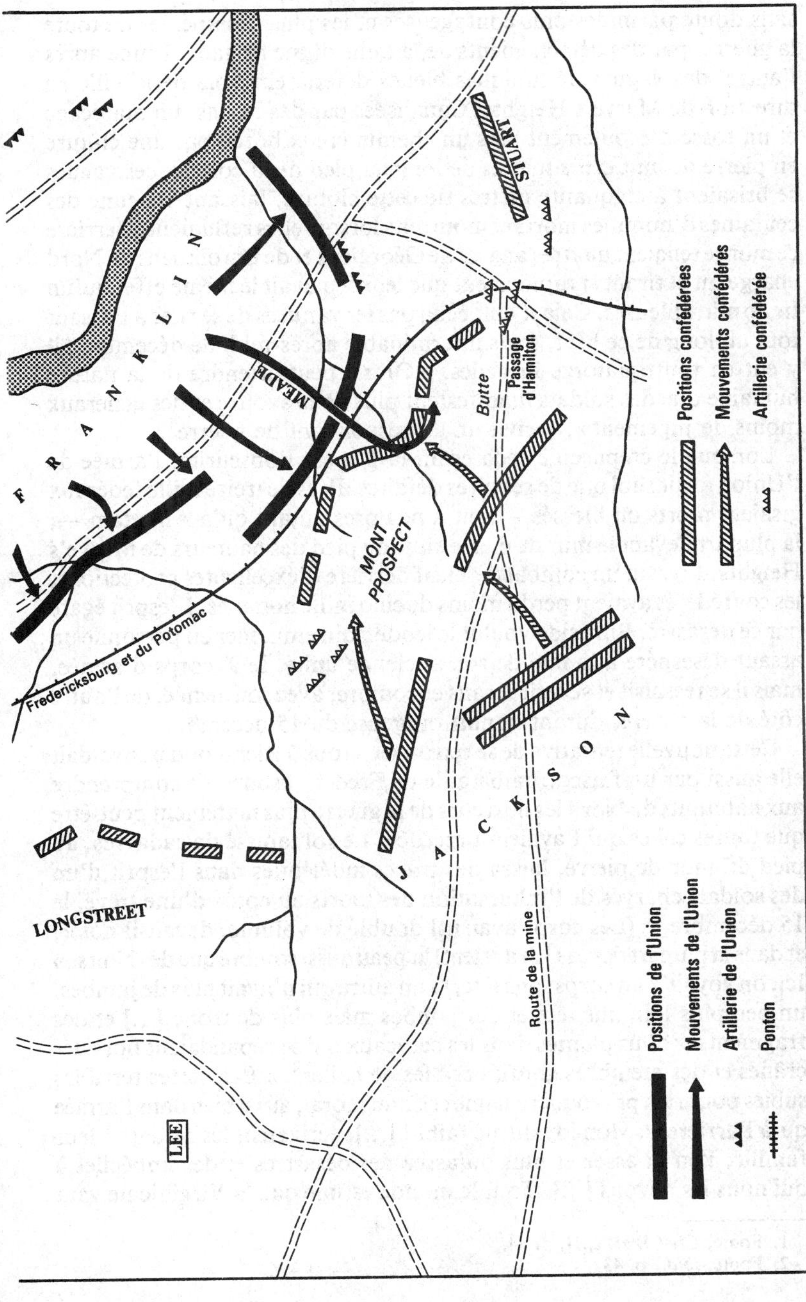
FRANKLIN
MEADE
STUART
Butte
Passage d'Hamilton
MONT PPOSPECT
Fredericksburg et du Potomac
JACKSON
LONGSTREET
LEE
Route de la mine
Positions de l'Union
Mouvements de l'Union
Artillerie de l'Union
Ponton
Positions confédérées
Mouvements confédérés
Artillerie confédérée

sans doute parmi les plus courageuses et les plus désespérées de toute la guerre, par des détachements de la taille d'une brigade. L'une après l'autre, des vagues de tuniques bleues déferlèrent hors de la ville en direction de Marye's Heights. Canalisées par des ravins, un marécage et un fossé d'écoulement vers un chemin creux bordé par une clôture en pierre de huit cents mètres de long au pied de la colline, ces vagues se brisaient à cinquante mètres de cette clôture, laissant chacune des centaines d'hommes morts et mourants lorsqu'elles refluaient. Derrière ce mur se tenaient quatre rangées de Géorgiens et de Caroliniens du Nord chargeant et tirant si rapidement que leur feu avait le même effet qu'un tir de mitrailleuses. Cela n'empêcha pas les yankees de se ruer à l'assaut tout au long de ce bref, mais interminable après-midi de décembre ; il y eut en tout quatorze brigades. « On ne peut attendre de la nature humaine que des soldats manifestent plus de bravoure et des généraux moins de jugement », écrivit un correspondant de guerre[1].

Lorsque le crépuscule céda enfin la place à l'obscurité, l'armée de l'Union avait subi une de ses pires défaites. Près de treize mille fédéraux gisaient morts ou blessés — soit à peu près autant qu'à Antietam —, la plupart devant le mur de pierre situé au pied des hauteurs de Marye's Heights. Livrant un combat défensif derrière d'excellentes protections, les confédérés avaient perdu moins de cinq mille hommes. L'esprit égaré par ce désastre, Burnside voulut le lendemain emmener en personne un assaut désespéré à la tête de son ancienne unité, le 9e corps d'armée, mais il se ressaisit et se retira, sans encombre, avec son armée, de l'autre côté de la rivière, durant la nuit orageuse du 15 décembre.

Cette nouvelle tentative de se retrouver « tous à Richmond » se soldait elle aussi par un fiasco. La bataille de Fredericksburg fit comprendre aux habitants du Nord les horreurs de la guerre plus nettement peut-être que toutes celles qui l'avaient précédée. Le sol tapissé de cadavres, au pied du mur de pierre, laissa des traces indélébiles dans l'esprit d'un des soldats chargés de l'inhumation des morts au cours d'une trêve, le 15 décembre. « [Les corps avaient] doublé de volume, devait-il noter, et dans la plupart des cas [ils avaient] la peau aussi sombre que des Noirs. » Ici, on voyait « un corps sans tête, là un autre qui n'avait plus de jambes, un peu plus loin une tête et des jambes mais plus de tronc [...] et des fragments d'obus plantés dans les cerveaux qui se répandaient hors des crânes et des membres gonflés criblés de balles[2]. » Les pertes terribles subies pour rien provoquèrent une crise du moral, aussi bien dans l'armée qu'à l'arrière. « Mon loyalisme faiblit [...], écrivaient les soldats à leur famille, j'en ai assez et plus qu'assez des désastres et des imbéciles à qui nous les devons [...]. Tout le monde estime que la Virginie ne vaut

1. Foote, *Civil War*, t. II, p. 44.
2. Foote, *ibid.*, p. 43.

pas autant de vies sacrifiées [...]. Pourquoi ne pas reconnaître que nous sommes vaincus et conclure un accord ? » De son côté, le *Harper's Weekly*, d'ordinaire si constant, déclarait : « [La population] a enduré, en silence et sans mollir, l'imbécillité, la traîtrise, l'échec, les privations, la mort de ceux qu'elle aime, mais on ne saurait lui demander de supporter sans rien dire que se renouvellent des massacres comme celui de Fredericksburg[1]. » Burnside assuma courageusement ses responsabilités, mais Lincoln dut essuyer lui aussi de nombreuses critiques : « C'est un homme ignorant, têtu [...], incompétent. » « S'il y a pire que l'enfer, déclara le Président en apprenant le désastre de Fredericksburg, je m'y trouve en ce moment[2]. »

Sombres journées à Washington ! D'étranges rumeurs couraient par la ville : le gouvernement allait démissionner en bloc pour être remplacé par les démocrates partisans de la guerre ; ou bien seul Lincoln se désisterait en faveur de Hannibal Hamlin ; ou encore on était sur le point de rappeler McClellan pour le mettre à la tête d'un gouvernement militaire ; on assura même que les républicains radicaux tramaient un coup pour remanier le cabinet. Ce dernier bruit n'était pas sans fondements. Les 16 et 17 décembre, des sénateurs républicains se réunirent en comité secret et, à l'unanimité moins une voix, décidèrent de réclamer un remaniement du cabinet. L'homme que visait cette motion n'était autre que Seward, et elle reflétait le conflit existant entre républicains conservateurs et radicaux, symbolisé par la rivalité qui opposait Seward et Chase. Ce dernier, qui manœuvrait subrepticement dans l'espoir d'être choisi comme candidat du parti à la future élection présidentielle, avait contribué à créer l'impression que Seward exerçait une influence excessive sur le Président, laquelle avait, disait-on, entravé l'application de mesures de guerre vigoureuses, notamment l'émancipation des esclaves, l'enrôlement de soldats de couleur et la nomination de généraux hostiles à l'esclavage.

Lincoln fut « plus affecté » par la nouvelle du comité sénatorial « que par tout autre événement de [sa] vie ». « Que veulent donc ces gens ? demanda-t-il à un ami. Ils veulent se débarrasser de moi et quelquefois je suis plus qu'à demi disposé à les satisfaire [...]. Nous voici à présent sur le point d'être détruits. Il me semble que le Tout-Puissant est contre nous[3]. » Le Président parvint toutefois à se ressaisir et régla l'affaire

1. Les lettres des soldats ont été citées par Bruce Catton, *Glory Road : The Bloody Route from Fredericksburg to Gettysburg* (Garden City, N.Y., 1952), p. 95 ; et par Randall Clair Jimerson, « A People Divided : The Civil War Interpreted by Participants », thèse de doctorat, University of Michigan, 1977, p. 339 ; *Harper's Weekly*, 27 décembre 1862.

2. George Bancroft, cité par Bruce Catton, *Never Call Retreat : Centennial History of the Civil War*, vol. 3 (Éditions Pocket Books, New York, 1967), p. 24 ; Lincoln cité dans une lettre de William H. Wadsworth à Samuel L. Barlow, 16 décembre 1862, Barlow Papers, bibliothèque Henry E. Huntington.

3. Theodore C. Pease et James G. Randall (éd.), *The Diary of Orville Hickman Browning*, 2 vol. (Springfield, Illinois, 1927-1933), t. I, p. 600-601.

d'une façon qui renforça en définitive son autorité. Le 19 décembre, il reçut une délégation de sénateurs républicains et les écouta tenir des propos « attribuant à M. Seward de la tiédeur dans la conduite de la guerre ». Seward avait d'ores et déjà offert de démissionner, mais Lincoln se garda bien de le révéler. Au lieu de cela, il invita la délégation tout entière à revenir le lendemain, où elle eut la surprise de trouver le Président entouré de son cabinet au grand complet (Seward excepté). Lincoln plaida alors la cause du ministre absent et affirma que tous les membres du cabinet avaient soutenu les principales décisions politiques dont, en sa qualité de Président, il était seul responsable. Lincoln se tourna alors vers ses ministres pour leur demander confirmation. Ainsi mis au pied du mur, Chase ne put que marmonner son assentiment. Les sénateurs se retirèrent, pris de court et confus. Le lendemain, Chase vexé présenta sa démission. Lincoln était désormais maître de la situation. Les sénateurs ne pouvaient plus se débarrasser de Seward sans perdre Chase du même coup. Le Président refusa les démissions de ses deux ministres. L'atmosphère politique orageuse qui régnait dans la capitale commença à s'éclaircir. Bien que les perspectives militaires restassent des moins encourageantes, Lincoln avait su parer à la menace qui pesait sur le flanc droit de sa politique — jusqu'à nouvel ordre[1].

II

Jefferson Davis, lui aussi, fut en butte à de vives contrariétés durant l'hiver de 1862-1863. Au moment où Lincoln affrontait les sénateurs à Washington, le président de la Confédération se rendait dans le Tennessee et le Mississippi pour demander à ses généraux des comptes concernant les contretemps survenus dans ces régions. En novembre, Joseph E. Johnston, remis des blessures reçues à la bataille de Seven Pines, s'était déclaré prêt à reprendre du service. En raison des différends qu'il avait eus par le passé avec Davis, le général était devenu une sorte de point de ralliement pour divers opposants du Président. Peut-être désireux de confondre ces derniers, Davis confia à Johnston, le 24 novembre, le « plein commandement » d'un département de l'Ouest qui venait d'être constitué et qui englobait tous les territoires situés entre le Mississippi et les Appalaches. Pour grandiose que parût ce nouveau département sur le papier, Johnston, morose, ne vit dans sa nomination qu'une

1. On trouvera des comptes rendus contemporains de cette crise chez Theodore C. Pease et James G. Randall (éd.), *The Diary of Orville Hickman Browning*, t. I, p. 596-604 ; et chez Howard K. Beale (éd.), *The Diary of Gideon Welles*, 3 vol. (New York, 1960), t. I, p. 194-204. On trouvera d'autres présentations de l'affaire chez Nevins, *War*, t. II, p. 350-365 ; et chez James G. Randall, *Lincoln the President*, 4 vol. (New York, 1945-1955), t. II, p. 241-249.

tentative de le mettre sur la touche avec un commandement « de pure forme et inutile[1] ». C'était injuste, car Davis voulait réellement voir quelqu'un se charger des problèmes stratégiques qui se posaient dans l'Ouest. Johnston trouvait cette tâche ingrate, en partie parce que l'armée du Tennessee à Murfreesboro était toujours déchirée par les dissensions qui opposaient Bragg aux commandants de ses corps d'armée, alors que le nouveau chef de l'armée du Mississippi, à Vicksburg, était impopulaire en raison de ses origines. Il s'agissait de John C. Pemberton, grand spécialiste de l'artillerie, que Davis avait transféré sur ce théâtre en octobre, lui enlevant le commandement des défenses de Charleston pour lui confier celles de Vicksburg. Natif de Philadelphie et sudiste d'adoption seulement, par son mariage avec une Virginienne, Pemberton, cassant et bourru, n'avait à son actif aucun exploit militaire justifiant, aux yeux des habitants du Mississippi, que l'on confiât à un « yankee » le soin de défendre leur État. On comprend d'ailleurs assez mal pourquoi Davis prit cette décision (plutôt que d'envoyer, par exemple, Johnston à Vicksburg), sinon pour laisser la place à un autre général difficile à caser, en l'occurrence Beauregard. Ce fut en effet le pittoresque cajun qui prit la suite de Pemberton à Charleston, où il était devenu naguère un héros, en faisant tirer sur le fort Sumter les salves qui avaient déclenché la guerre.

L'existence de ce nœud de vipères dans l'Ouest obligea Davis, pourtant malade, à quitter son lit de douleur pour se rendre, en plein mois de décembre, sur les lieux de la crise. Malheureusement, au lieu de la régler, ce voyage ne servit sous certains rapports qu'à la faire empirer. Sans consulter Johnston, Davis ordonna le transfert d'une division de sept mille cinq cents hommes de l'armée de Bragg à celle de Pemberton. Lorsque Bragg et Johnston protestèrent qu'une telle mesure risquait fort d'inciter Rosecrans, à Nashville, à attaquer l'armée du Tennessee considérablement affaiblie, le président de la Confédération leur rétorqua que Pemberton se trouvait dans une situation encore plus précaire et qu'il était plus important pour le Sud de garder Vicksburg que de défendre le centre du Tennessee. Ayant accompagné Davis à Vicksburg, Johnston critiqua les mesures défensives prises par Pemberton et plaida la cause d'une ligne fortifiée plus courte que pourrait tenir une force minimale, ce qui libérerait la majorité de l'armée pour des opérations plus mobiles. Johnston était en outre persuadé que la principale armée confédérée dans le Mississippi n'était pas assez nombreuse pour vaincre et il pressa vivement le Président de la renforcer par des troupes prises de l'autre côté du fleuve, même si cela devait entraîner la perte momentanée de l'Arkansas. Davis se laissa convaincre d'inviter le commandant de

1. Joseph E. Johnston, « Jefferson Davis and the Mississippi Campaign », *Battles and Leaders*, t. II, p. 475. Voir aussi James Lee McDonough, *Stones River : Bloody Winter in Tennessee* (Knoxville, 1980), p. 33-38.

l'Arkansas à envoyer des hommes à Vicksburg, mais il n'en donna pas l'*ordre* — et rien ne fut fait. Johnston chercha à démissionner de ce poste dépourvu d'intérêt. Le Président le persuada de rester mais leur manque de confiance mutuelle et leurs conceptions fort différentes de la stratégie ne présageaient rien de bon.

A court terme, cependant, les perspectives confédérées dans l'Ouest prirent assez soudainement un tour favorable. Revenant à la formule qui leur avait si bien réussi l'été précédent, les rebelles lancèrent des raids de cavalerie contre les axes de ravitaillement de l'Union, ce qui leur permit d'interrompre la première campagne de Grant contre Vicksburg et faillit bien faire capoter l'avance de Rosecrans contre Bragg.

Après la bataille de Corinth, au mois d'octobre, Grant avait déclenché une invasion vers le sud, le long du Mississippi Central Railroad (Chemin de fer central du Mississippi), afin de prendre Vicksburg. Après avoir établi une base avancée à Holly Springs, Grant et ses quarante mille hommes avaient atteint Oxford dès le début de décembre. Mais un ennemi devant eux et deux derrière menaçaient de leur barrer la route. Devant Grant, Pemberton retrancha vingt mille hommes le long de la Yalabusha River, à Grenada. Derrière lui, deux cent quarante kilomètres de voie ferrée offraient une cible tentante à la cavalerie adverse. Et loin derrière lui — tellement loin que cela se passait en Illinois — Grant était exposé à une possible menace de la part de son ancien subalterne, John A. McClernand, un général politique qui était en train d'organiser sa propre armée, afin de descendre le Mississippi et de lancer lui aussi une attaque contre Vicksburg. Démocrate belliciste, natif de l'État qu'avait représenté Lincoln, McClernand avait su persuader ce dernier qu'il parviendrait à rallumer la flamme du patriotisme chez les démocrates du vieux Nord-Ouest, si on lui confiait un commandement indépendant. Sans en informer Grant, Lincoln donna à McClernand son aval. Animé par une puissante énergie qu'alimentaient des rêves de gloire militaire, McClernand recruta et expédia à Memphis durant l'automne des douzaines de nouveaux régiments. Grant eut vent de ses activités et demanda des éclaircissements quant à sa propre autorité. Le général en chef, Halleck, qui partageait les réserves de Grant concernant McClernand, lui répondit par câble qu'il était libre d'utiliser à sa guise toutes les troupes présentes dans son département. Halleck ordonna aussi que les divisions organisées par McClernand fussent regroupées en deux corps d'armée, commandés respectivement par McClernand et Sherman. Lorsque le général de l'Illinois apprit la chose, il protesta amèrement auprès de Lincoln qu'un complot des anciens de West Point l'avait dépossédé de son armée. Le Président, cependant, soutint Grant et

Halleck et conseilla à McClernand, pour son propre bien et celui du pays, d'obéir aux ordres et de faire la guerre[1].

L'humiliation de McClernand atteignit son comble lorsqu'il arriva à Memphis, le 28 décembre, pour constater que ses troupes n'étaient plus là. Une fois de plus, Grant s'était montré plus malin que le général politique au petit jeu de la politique militaire, avec l'aide involontaire, il faut le dire, de Nathan Bedford Forrest. En effet, lorsque Grant sut que des troupes fraîches venaient d'arriver à Memphis, il envoya Sherman les préparer pour une expédition sur le Mississippi, contre Vicksburg, qui devait se conjuguer avec l'invasion que Grant lui-même préparait par voie de terre. Cette double avancée, si elle réussissait, obligerait Pemberton à diviser ses forces déjà inférieures en nombre et permettrait aux tenailles fédérales de se refermer sur Vicksburg à la fois par la terre et par le fleuve. Si McClernand gagnait Memphis avant le départ de l'expédition, il en prendrait le commandement à l'ancienneté. Sherman accéléra par conséquent le rythme de ses préparatifs et se mit en route le 20 décembre. Pendant ce temps, le câble expédié par Grant à McClernand en Illinois, pour lui annoncer le départ imminent de l'expédition, fut retardé parce qu'un raid de Forrest avait coupé les communications nordistes.

Grant, cependant, n'avait guère de raison de se féliciter de l'intervention de Forrest, car cette action et un autre raid de cavalerie simultané sous les ordres de Van Dorn firent échouer sa première campagne contre Vicksburg. Forrest quitta le centre du Tennessee vers l'ouest à la mi-décembre avec deux mille hommes. Ralliant à lui sur son passage des résistants locaux, le sudiste parvint à dominer au combat, par ses manœuvres, voire par ses coups de bluff, plusieurs garnisons et détachements de cavalerie de l'Union, tout en arrachant quatre-vingts kilomètres de rails et de ligne télégraphique, en prenant ou en détruisant d'importantes quantités d'équipement et en faisant deux mille morts et blessés parmi les troupes fédérales. Les rebelles n'eurent pour leur part que cinq cents victimes, dont la perte fut plus qu'amplement compensée par l'arrivée de nouvelles recrues, séduites par la tactique fulgurante et l'aura personnelle de Forrest. Pendant ces événements, Earl Van Dorn, à la tête d'une autre unité de cavalerie forte de trois mille cinq cents hommes, quitta Grenada vers le nord, contourna l'armée de Grant et s'en alla détruire le dépôt de ravitaillement mal défendu de Holly Springs, le 20 décembre. Pour ne pas être en reste, Van Dorn fit aussi arracher plusieurs tronçons de voie ferrée et regagna les lignes confédérées avant que les cavaliers de l'Union ne pussent le rattraper.

Se retrouvant dans une position précaire, profondément avancé en

---

1. *CWL*, t.VI, p. 70-71 ; Bruce Catton, *Grant Moves South* (Boston, 1960), p. 323-340.

territoire ennemi sans le moindre axe de ravitaillement, Grant renonça à marcher sur Vicksburg. Durant sa retraite vers le Tennessee, l'armée subsista grâce à la nourriture et au fourrage qu'elle trouva sur place. Grant se déclara « stupéfait par la quantité de provisions que ce pays pouvait fournir ». « Nous aurions donc pu tenir deux mois de cette manière [...], ajouta-t-il. Cela me servit de leçon [1]. » Grant et Sherman devaient l'un et l'autre s'en souvenir, avec des résultats spectaculaires, mais à l'époque qui nous intéresse, la retraite de Grant laissa Sherman en fort mauvaise posture. Ce dernier, en effet, avait emmené son corps d'armée (et celui de McClernand) remonter la Yazoo River jusqu'à quelques kilomètres au nord de Vicksburg en prévision d'un assaut contre les défenses confédérées qui dominaient le bayou de Chickasaw. Ce dédale de marécages et de cours d'eau constituait l'unique route menant aux hautes terres d'où l'on pouvait lancer, depuis le nord, un assaut contre les défenses terrestres de la citadelle sudiste. Sherman avait établi son plan, en partant du principe que l'avance simultanée de Grant mobiliserait la majeure partie des troupes de Pemberton. La ligne télégraphique abattue interdit à Grant de prévenir Sherman de son retrait. Le 29 décembre, ce dernier parvint à faire franchir aux deux tiers de ses trente-deux mille hommes les étroites chaussées et les fondrières pour un premier assaut contre l'à-pic. Les quatorze mille défenseurs retranchés abattirent les nordistes comme des quilles. Après avoir perdu près de mille huit cents hommes (contre deux cents chez les confédérés), Sherman préféra renoncer. Les tuniques bleues, meurtries, trempées, regagnèrent les rives du Mississippi à une vingtaine de kilomètres de Vicksburg. La nouvelle de cet échec ne fit qu'alourdir le climat sinistre qui régnait dans le Nord.

Toutefois, d'autres nouvelles arrivèrent presque aussitôt du Tennessee, qui mirent un peu de baume au cœur de Lincoln. Depuis qu'il avait pris le commandement de l'armée du Cumberland, à la fin du mois d'octobre, William S. Rosecrans avait emmagasiné des provisions et réorganisé ses troupes en prévision d'une avance. Rosecrans était un véritable paradoxe fait homme : doué d'un courage de bouledogue, il donnait l'impression de ne se battre qu'à contrecœur ; lent et méthodique dans ses préparatifs, il avançait vite une fois qu'il s'était mis en route ; bon vivant et grand buveur, c'était un catholique dévot qui n'aimait rien tant que de débattre de théologie avec ses officiers d'état-major. Rosecrans avait décroché son actuel commandement, parce que Buell s'était montré trop circonspect ; Lincoln incita donc vivement le vieux Rosy à marcher contre les rebelles à Murfreesboro s'il voulait le conserver. Après plusieurs retards exaspérants, les quarante-deux mille hommes de Rosecrans

1. *Personal Memoirs of U.S. Grant*, 2 vol. (New York, 1885-1886), t. I, p. 435.

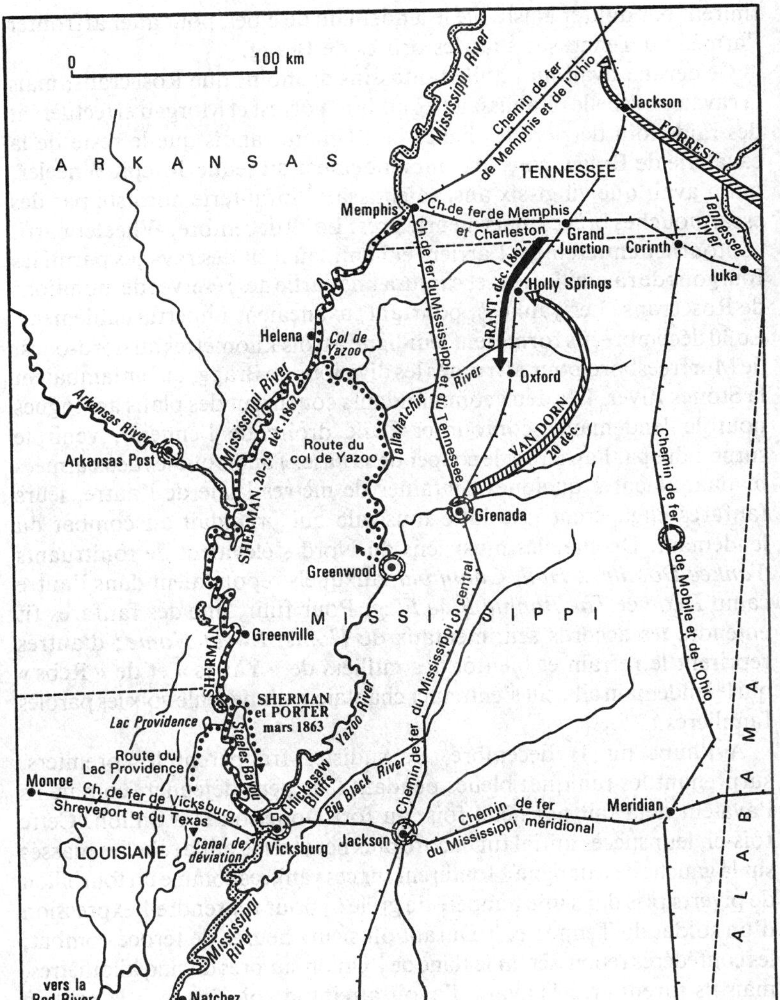

TENTATIVES DE L'UNION POUR PRENDRE VICKSBURG
HIVER 1862-1863

finirent par quitter Nashville le lendemain de Noël, pour aller affronter l'armée du Tennessee sous les ordres de Bragg.

Ce dernier avait huit mille fantassins de moins que Rosecrans, mais la cavalerie rebelle rétablissait l'équilibre. Forrest et Morgan effectuèrent des raids loin derrière les lignes de l'Union, tandis que le reste de la cavalerie de Bragg, sous le commandement du jeune Joseph Wheeler, qui n'avait que vingt-six ans, ralentissait l'infanterie nordiste par des escarmouches brèves mais meurtrières. Le 29 décembre, Wheeler partit contourner entièrement l'arrière ennemi, où il fit des ravages parmi les fourgons de ravitaillement et captura une partie des réserves de munitions de Rosecrans. Les yankees, pourtant, avançaient imperturbablement. Le 30 décembre, ils formèrent leur ligne à trois kilomètres au nord-ouest de Murfreesboro pour affronter les divisions de Bragg, qui enjambaient la Stones River. Les deux commandants conçurent des plans analogues pour le lendemain : contourner l'aile droite de l'ennemi, venir le surprendre par l'arrière et le couper de sa base. Tandis que les deux armées bivouaquaient à quelques centaines de mètres l'une de l'autre, leurs fanfares engagèrent une lutte musicale qui préludait au combat du lendemain. De chez les musiciens du Nord s'élevaient de tonitruants *Yankee Doodle* et *Hail, Columbia*, auxquels répondaient dans l'autre camp *Dixie* et *The Bonnie Blue Flag*. Pour finir, une des fanfares fit entendre les accords sentimentaux de *Home, Sweet Home* ; d'autres reprirent le refrain et bientôt des milliers de « Yanks » et de « Rebs » qui le lendemain allaient s'entretuer chantaient d'une seule voix les paroles familières.

A l'aube du 31 décembre, les sudistes frappèrent les premiers, surprenant les tuniques bleues pendant leur petit déjeuner, comme ils l'avaient déjà fait par deux fois, au fort Donelson et à Shiloh. Cette fois-ci, leur succès initial fut encore plus net ; treize mille rebelles massés sur la gauche de leur ligne « fondirent sur ces yankees comme un tourbillon de piverts pris dans une tempête de grêle », pour reprendre l'expression d'un soldat du Tennessee[1]. Durant plusieurs heures de féroce combat, les confédérés repoussèrent le flanc de l'Union sur près de cinq kilomètres, mais ils furent arrêtés avant d'avoir atteint la voie ferrée et la route à péage, à l'arrière des lignes de l'Union. Rosecrans annula son attaque contre l'aile droite de l'ennemi et précipita des troupes pour renforcer sa propre aile droite sérieusement ébranlée. En ces instants de crise, le vieux Rosy se montra à son meilleur dans son rôle de bouledogue, parcourant sa ligne en tous sens avec un uniforme éclaboussé du sang d'un officier d'état-major, décapité par un boulet de canon alors qu'il chevauchait à ses côtés.

1. Foote, *Civil War*, t. II, p. 87.

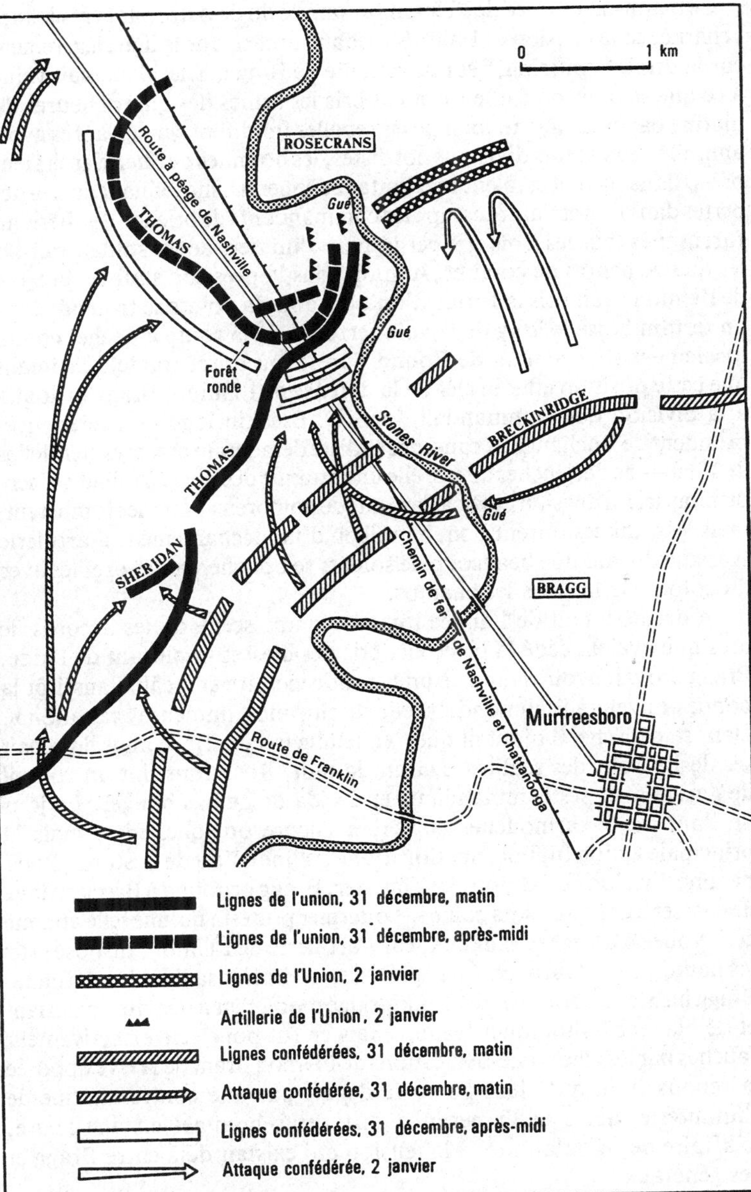

BATAILLE DE LA STONES RIVER (MURFREESBORO)
31 DÉCEMBRE 1862 - 2 JANVIER 1863

Ce matin-là, l'armée de l'Union fut sauvée du désastre par la résistance acharnée de la division de Philip Sheridan, au centre de la ligne légèrement sur la droite. Anticipant sur la tactique de Bragg, Sheridan avait veillé à ce que sa division fût levée et eût pris les armes dès quatre heures du matin ; par conséquent, lorsque les rebelles fondirent sur eux après avoir annihilé deux autres divisions nordistes, les hommes de Sheridan étaient prêts. Ils hachèrent et ralentirent l'attaque ennemie, moyennant de lourdes pertes dans l'un et l'autre camp : les commandants de brigade de Sheridan furent tués tous les trois et il perdit plus d'un tiers de ses soldats durant les quatre heures de combat. A midi, sous la pression sudiste, la ligne de l'Union avait pris la forme d'un « v » dont la pointe se trouvait dans un terrain boisé le long de la voie ferrée et de la route à péage, connu localement sous le nom de Round Forest (ou Forêt ronde). Estimant que cette position était la clef de la défense de l'Union, Bragg ordonna à la division que commandait John C. Breckinridge — ancien vice-président de Buchanan et candidat sudiste démocrate aux présidentielles de 1860 — de déclencher contre elle une attaque décisive : il fallait vaincre ou mourir. La division partit à l'assaut, de nombreux hommes tombèrent, mais les yankees tinrent bon, au milieu d'un déchaînement d'artillerie si assourdissant que beaucoup de soldats se bouchèrent les oreilles avec du coton cueilli dans les champs.

La dernière nuit de l'année tomba sur une scène où les accords de musique avaient cédé la place aux cris des blessés implorant de l'aide. Bragg croyait avoir remporté une grande victoire et il câbla aussitôt la bonne nouvelle à Richmond, où elle suscita une « immense exaltation ». Dans sa dépêche, il ajoutait que l'ennemi « [reculait] [1] », mais il prenait ses désirs pour des réalités. Durant la nuit, Rosecrans tint un conseil de guerre avec ses commandants et décida de ne pas bouger. Le jour de l'an, des escarmouches coûtèrent encore quelques vies, mais la principale action fut l'occupation d'une colline à l'est de la Stones River par une division de l'Union. Le 2 janvier, Bragg ordonna à Breckinridge de chasser cette force de la colline. Ce dernier protesta qu'une telle attaque était vouée à un échec sanglant, car l'artillerie de l'Union, disposée sur les hauteurs de l'autre côté de la rivière, prendrait sa ligne en enfilade. Bragg insista, les hommes de Breckinridge montèrent à l'assaut en hurlant et délogèrent les tuniques bleues, mais ce fut pour être effectivement fauchés par les cinquante-huit canons de l'Union tirant de la rive opposée et repoussés jusqu'à leur point de départ par une contre-attaque de l'infanterie, après avoir perdu quinze cents hommes en une heure. L'affaire ne fit qu'ajouter à la tension qui existait déjà entre Bragg et ses généraux.

---

1. *O.R.*, sér. I, vol. 20, 1re partie, p. 662 ; vol. 52, 2e partie, p. 402 ; Jones, *War Clerk's Diary* (Miers), p. 145.

Déconcerté en voyant que Rosecrans refusait de battre en retraite, Bragg ne semblait plus savoir quoi faire. A vrai dire, il ne pouvait pas faire grand-chose, car plus d'un tiers de ses troupes avaient été tuées, blessées ou capturées. Chez les yankees, le taux des pertes se montait à trente et un pour cent, ce qui faisait de la Stones River la bataille la plus meurtrière du conflit proportionnellement au nombre de soldats engagés. Lorsque Bragg se réveilla le 3 janvier pour trouver l'ennemi toujours au même endroit et en train de recevoir des renforts de Nashville, il comprit que c'était fini. Cette nuit-là, les rebelles reculèrent pour prendre une nouvelle position derrière la Duck River, à quarante kilomètres plus au sud. Pour la deuxième fois en trois mois, l'armée du Tennessee avait dû battre en retraite après que son commandant eut crié victoire.

L'issue de la bataille de la Stones River fit entrevoir au Nord une mince lueur d'espoir. Elle émoussa, momentanément, l'offensive croissante des *copperheads* contre la politique de guerre de l'administration Lincoln. « Que Dieu vous bénisse et tous ceux qui sont à vos côtés », télégraphia le Président à Rosecrans. « Jamais je n'oublierai, tant que je garderai le moindre souvenir, écrivit-il un peu plus tard, [que] vous nous avez donné une victoire durement gagnée à laquelle, eût-elle été une défaite, la nation n'aurait pu survivre[1]. » L'armée du Cumberland était si gravement touchée par sa « victoire », cependant, que Rosecrans se sentit incapable de reprendre l'offensive avant plusieurs mois.

Pendant que Washington poussait un soupir de soulagement, après la Stones River, la dissension qui couvait dans l'armée du Tennessee finit par éclater au grand jour. Tous les commandants de corps d'armée et de division de Bragg exprimèrent leur manque de confiance en leur chef. Les généraux les plus haut placés dans la hiérarchie, William J. Hardee et Leonidas Polk, demandèrent à Jefferson Davis de confier à Johnston le commandement de l'armée. B. Franklin Cheatham, commandant de division, fit le serment de ne plus jamais servir sous Bragg, tandis que Breckinridge voulait défier ce dernier en duel. Bragg rendit coup pour coup ; il fit passer un commandant de division en cour martiale pour avoir désobéi aux ordres, en accusa un autre (Cheatham) d'avoir été en état d'ébriété durant la bataille et critiqua Breckinridge pour ses décisions ineptes. Cette zizanie menaçait de faire encore plus de mal à l'armée que ne lui en avaient infligé les yankees. Découragé, Bragg confia à un ami qu'il « vaudrait peut-être mieux que le Président envoyât quelqu'un pour [le] remplacer » et il écrivit à Davis dans ce sens[2].

---

1. *CWL*, t. VI, p. 39, 424.
2. Lettre de Bragg à Clement C. Clay, 10 janvier 1863 ; lettre de Bragg à Davis, 17 janvier 1863, citées par Catton, *Never Call Retreat*, p. 49.

Davis se déchargea de ses responsabilités sur Johnston, en lui demandant d'étudier la situation et de préconiser une solution. Johnston lui rendit la monnaie de sa pièce, en faisant savoir qu'il avait trouvé de nombreux officiers hostiles à Bragg, mais que les simples soldats étaient en bonne condition, avec un excellent moral. Cette découverte, assez suspecte, l'incitait donc à conseiller à Davis de maintenir Bragg à son poste. Le Président aurait voulu, semble-t-il, voir Johnston prendre la tête de l'armée du Tennessee et s'y serait même attendu, mais Johnston pour sa part, si l'on en juge par ses lettres à divers amis, ne souhaitait qu'une chose : retrouver son ancien poste de chef de l'armée de Virginie septentrionale ! Si le gouvernement voulait remplacer Bragg, déclara-t-il, il n'avait qu'à envoyer Longstreet dans le Tennessee. Et si l'on pensait en haut lieu que la tâche de surveillant qu'on lui avait confiée était d'une telle importance, qu'on fît donc appel à Lee pour la remplir et qu'on lui rendît, à lui Johnston, son ancien commandement en Virginie. En mars, le ministère de la Guerre ordonna pratiquement à Johnston de prendre la tête de l'armée du Tennessee, mais il se déroba, objectant qu'il serait inhumain de relever Bragg de ses fonctions alors que sa femme était gravement malade. Après quoi, ce fut Johnston lui-même qui tomba malade, si bien que Bragg resta où il était et continua à en découdre avec ses principaux subordonnés[1].

Lincoln régla des problèmes analogues dans l'armée du Potomac avec plus d'habileté et de fermeté que n'en avait montré Davis. Après la défaite de Fredericksburg, l'abattement de cette armée prit des proportions épidémiques. Quatre généraux du 6ᵉ corps d'armée, ayant à leur tête William B. Franklin, allèrent trouver directement Lincoln pour lui exposer leurs griefs concernant les ordres donnés par Burnside. Les amis de McClellan claironnaient partout qu'il « [fallait] absolument rétablir McClellan dans ses fonctions avec des pouvoirs illimités et sans entraves[2] ». Joe Hooker intriguait de son côté pour obtenir ce commandement. Il déclara même à un journaliste que, ce dont le pays avait besoin, c'était d'un dictateur. Durant tout le mois de janvier, les simples soldats désertèrent au rythme d'une centaine ou plus par jour. Des milliers d'autres tombèrent malades : la discipline laxiste régnant dans les camps et la corruption des services d'intendance avaient provoqué des carences sanitaires et diététiques. Conscient d'avoir perdu la confiance de l'armée, Burnside présenta sa démission — suggérant par la même occasion à Lincoln de révoquer Stanton, Halleck et plusieurs généraux mécontents.

---

1. Lettres de Johnston à Louis T. Wigfall, 4 et 8 mars 1863, citées par Catton, *Never Call Retreat*, p. 52 ; Thomas L. Connelly, *Autumn of Glory : The Army of Tennessee, 1862-1865* (Baton Rouge, 1971), p. 70-92.
2. Catton, *Never Call Retreat*, p. 63.

La discorde qui sévissait dans l'armée du Potomac atteignit son apogée avec la « marche dans la boue », de triste mémoire. Un temps inhabituellement sec au mois de janvier avait incité Burnside à projeter une traversée de la Rappahannock à gué, à plusieurs kilomètres au-dessus de Fredericksburg. En cas de réussite, les fédéraux se retrouveraient sur le flanc de Lee et forceraient les rebelles à sortir de leurs tranchées pour un combat à la loyale. Certains des subordonnés de Burnside critiquèrent ouvertement ce plan. « [Franklin] a tenu ce genre de propos si souvent et avec tant de virulence, écrivit un colonel d'artillerie, qu'il a complètement démoralisé tout son commandement[1]. » Dieu lui-même semblait se déclarer contre Burnside. Dès que le général eut mis son armée en branle, le 20 janvier, le ciel ouvrit les vannes, des torrents de pluie s'abattirent et les routes de Virginie se métamorphosèrent en marécages. Les voitures de l'artillerie enfonçaient jusqu'aux essieux, les hommes jusqu'aux genoux et les mulets jusqu'aux oreilles. De l'autre côté de la rivière, les détachements de soldats confédérés observaient le spectacle avec amusement et brandissaient des pancartes indiquant : « Par ici pour Richmond ». Voyant son armée enlisée dans la boue, Burnside annula l'opération le 22 janvier.

Mortifié et furieux, le général fila d'une traite jusqu'à Washington pour annoncer à Lincoln que si on ne le débarrassait pas de Hooker, Franklin et une demi-douzaine d'autres, c'était lui qui partirait. Lincoln opta pour la seconde solution — ce qui fut sans doute un soulagement pour le principal intéressé. Le Président transféra en outre quelques autres mécontents à des postes éloignés, mais il stupéfia Burnside en nommant à sa place Hooker. Joe le « Battant » n'avait rien d'un personnage exemplaire. Non seulement il avait intrigué contre Burnside, mais sa moralité était plus que douteuse. Le quartier général de Hooker, écrivit malicieusement Charles Francis Adams Jr., était « un lieu où nul homme qui se respectait n'aimait aller et où aucune femme convenable ne pouvait se rendre. Cela tenait le milieu entre l'estaminet et le bordel[2] ».

Cela dit, le choix de Hooker plut beaucoup à la troupe. Le général prit des mesures immédiates pour révoquer les officier d'intendance corrompus, améliorer l'ordinaire, nettoyer les camps et les hôpitaux, accorder des permissions et rendre les hommes fiers de leur unité en créant des écussons pour chaque corps d'armée. Il réorganisa la cavalerie pour en faire un corps séparé, réforme copiée sur le modèle sudiste et dont le besoin s'était fait vivement sentir. Dans toutes les branches de l'armée, le moral remonta en flèche. Les listes de malades raccourcirent, les désertions s'espacèrent et une mesure d'amnistie ramena de nombreux

---

1. Charles S. Wainwright, *A Diary of Battle*, édité par Allan Nevins (New York, 1962), p. 157-158.
2. Cité par Foote, *Civil War*, t. II, p. 233-234.

déserteurs au bercail. « Sous Hooker, nous commençons à *vivre* », écrivit un soldat, tandis qu'un officier qui éprouvait pourtant de l'antipathie pour le nouveau commandant reconnaissait qu'il « [n'avait] jamais vu les hommes passer en si peu de temps de la plus sévère dépression à l'état de combattants en pleine santé[1] ».

En nommant Hooker, Lincoln lui remit une lettre dont le général devait dire plus tard qu'elle était le genre de missive qu'un père plein de sagesse pourrait écrire à son fils. « [Vous devez savoir], commençait le Président, que sous certains rapports, je ne suis pas content de vous. [En critiquant Burnside] vous avez écouté votre propre ambition [...], ce qui vous a valu de faire beaucoup de tort au pays et à un frère d'armes extrêmement méritant et honorable. J'ai entendu dire, d'une façon qui m'incite à le croire, que vous avez récemment déclaré que l'armée et le gouvernement avaient tous deux besoin d'un dictateur. Ce n'est bien évidemment pas *pour* cela, mais malgré cela que je vous ai donné ce commandement. Seuls les généraux qui remportent des victoires peuvent établir des dictateurs. Ce que je vous demande à présent, ce sont des succès militaires et pour cela je veux bien risquer la dictature[2]. » Deux mois après avoir nommé Hooker, Lincoln visita l'armée du Potomac au bord de la Rappahannock. Le Président fut satisfait de ce qu'il put voir et fit chorus avec Hooker lorsque ce dernier annonça fièrement que c'était « la plus belle armée de la planète ». Lincoln apprécia moins, en revanche, la fatuité de son général. La question, déclara Hooker, n'était pas de savoir s'il *pourrait* prendre Richmond, mais *quand* il la prendrait. « La poule est l'animal le plus sage de la création, rétorqua le Président sans mâcher ses mots, parce qu'elle ne caquette qu'une fois qu'elle a pondu son œuf[3]. »

III

Tandis qu'en Virginie les armées en présence passaient dans l'oisiveté le reste de l'hiver et que celles du Tennessee pansaient leurs blessures après la bataille de la Stones River, aux environs de Vicksburg il y eut une débauche d'activité, mais guère de combats. Après l'échec de sa première campagne pour s'emparer de ce bastion fluvial, Grant descendit le Mississippi jusqu'à Milliken's Bend pour prendre en personne le commandement d'une nouvelle tentative conjuguée de l'armée et de la marine. La nature, plutôt que les rebelles, opposait à une telle entreprise

1. Catton, *Glory Road*, p. 161 ; Darius N. Couch, « Sumner's "Right Grand Division" », *Battles and Leaders*, t. III, p. 119.
2. *CWL*, t. VI, p. 78-79.
3. T. Harry Williams, *Lincoln and His Generals* (New York, 1952), p. 232-234 ; Foote, *Civil War*, t. II, p. 235-237.

de redoutables obstacles. Bien que les forces de l'Union contrôlassent le réseau diffus de rivières et de marécages, qui s'étendait au nord et à l'ouest de Vicksburg, des pluies incessantes tout au long de l'hiver rendirent les manœuvres quasi impossibles et bon nombre des quarante-cinq mille hommes de Grant succombèrent à des maladies meurtrières. A l'est de la ville, des hautes terres toujours à sec offraient le seul terrain propice à des opérations militaires. Grant devait donc trouver le moyen d'y faire passer son armée avec assez d'artillerie et de ravitaillements pour mener sa campagne. Étant donné qu'il bénéficiait de l'aide de la flotte de canonnières que commandait David Dixon Porter, il espérait pouvoir tirer avantage du niveau des eaux. Dans le cours de l'hiver, il lança quatre tentatives distinctes pour contourner Vicksburg par voie fluviale et transporter son armée sur la rive orientale en amont ou en aval de la ville.

Le premier objectif était de terminer le canal de dégagement que les soldats de l'Union et les « contrebandes » avaient commencé à creuser l'été précédent. Le corps d'armée de Sherman s'y employa avec beaucoup d'énergie, mais sans succès. Le fleuve refusa de coopérer à ce projet de former un nouveau bras hors de portée des canons de Vicksburg, mais même s'il s'était montré plus docile, les rebelles auraient fort bien pu installer de nouvelles batteries dominant l'embouchure du canal à plus de six kilomètres en aval. Les travaux continuèrent jusqu'à ce que la crue des eaux, en février, menaçât de noyade les hommes de Sherman, mais Grant ne tarda pas à mettre ses espoirs dans une seconde entreprise connue sous le nom de « route du lac Providence ». Ce projet-là fut confié au corps d'armée du général James B. McPherson, anciennement commandant du génie de Grant et désormais son officier préféré dans les combats, après Sherman[1]. La route suivait un tracé sinueux partant d'un bras mort du fleuve, à quatre-vingts kilomètres au-dessus de Vicksburg, à travers les marécages et bayous de Louisiane, pour retomber dans le Mississippi à quatre cents miles fluviaux au-dessous de la ville. Les jeunes garçons de ferme du Midwest qui s'étaient engagés dans l'armée pour se battre contre les rebelles se retrouvèrent en train de draguer des tonnes de boue et de scier des arbres à près de trois mètres sous l'eau afin de dégager un chenal pour les canonnières et les transports de troupes. Après des heures de pénible labeur, cependant, l'entreprise fut annulée parce qu'il paraissait évident qu'elle durerait jusqu'à la fin des temps.

Plus prometteuses — du moins le semblait-il à première vue — étaient deux voies d'eau à travers la jungle du delta de la Yazoo, au nord de Vicksburg. Si les canonnières et les transports parvenaient à faire franchir ce véritable labyrinthe à l'armée pour la déposer à sec au nord des à-pics

1. En réponse à une question qui lui est souvent posée, l'auteur précise qu'il n'a aucun lien de parenté avec le général McPherson.

fortifiés, les troupes de Grant pourraient revenir à leur travail de soldats au lieu de jouer les cantonniers. Plusieurs canonnières et une partie du corps d'armée de McClernand gagnèrent donc la ville de Helena, à quatre cents miles fluviaux au-dessus de Vicksburg, et firent sauter une digue pour pouvoir mettre les canonnières à flot dans les rivières en crue du delta. Mais la flotte ne tarda pas à connaître des déboires. Des branches de cyprès et de peupliers des marais, qui surplombaient l'eau, fracassaient les cheminées, les canots de sauvetage et tout ce qui se trouvait sur le pont des bateaux. D'énormes morceaux de bois emportés par les eaux venaient les heurter, tandis qu'ils manœuvraient parmi des canaux à peine plus larges que leur coque. Les confédérés abattaient des arbres en travers des rivières qu'ils devaient suivre. Le commandant de la marine chargé de cette expédition commença à donner des signes de dépression. Lorsque ses navires se retrouvèrent sous le feu d'un fort sudiste édifié en toute hâte près de Greenwood, dans le Mississippi, il s'effondra — et toute l'entreprise avec lui.

Pendant ce temps, sous les ordres de Porter en personne, une autre flottille transportant une des divisions de Sherman se frayait un chemin à travers un enchevêtrement de bayous et d'affluents du Mississippi long de plus de trois cents kilomètres, juste au nord de Vicksburg. Ces navires rencontrèrent eux aussi des obstacles sous forme de branches, rondins, écueils et de bûcherons rebelles. Serpents, ratons laveurs et chats sauvages tombaient des arbres et devaient être expédiés par-dessus bord par les marins armés de balais. Immobilisées par les tentacules de la jungle, les canonnières de Porter se retrouvèrent en fort mauvaise posture le 20 mars, car l'infanterie confédérée convergeait vers elles, dans l'espoir de réussir un superbe coup de filet. Porter ravala son orgueil de marin et appela l'armée à l'aide. Il envoya à Sherman qui se trouvait à quelques kilomètres derrière lui, avec les transports de troupes, un « contrebande » porteur d'un billet :

> Mon cher Ami,
>
> Hâtez-vous, pour l'amour de Dieu. Je n'imaginais pas à quel point un cuirassé pouvait être vulnérable lorsqu'il avance à travers bois sans armée pour le soutenir [1].

Sherman fit débarquer ses hommes qui durent franchir des marécages, enfoncés dans l'eau jusqu'à la taille, pour aller repousser les rebelles. Les monstres à aubes de Porter reculèrent ignominieusement le long des canaux engorgés et ce fut la fin d'une autre tentative de contourner Vicksburg.

Depuis deux mois l'armée de Grant pataugeait dans la boue. Beaucoup d'hommes reposaient à tout jamais au-dessous, victimes de la pneumonie,

---

1. Samuel Carter III, *The Final Fortress : The Campaign for Vicksburg 1862-1863* (New York, 1980), p. 147.

la typhoïde, la dysenterie ou d'une douzaine d'autres maladies. Vicksburg se dressait toujours insolemment, symbole du défi sudiste. Les journaux républicains commencèrent à faire chorus avec les démocrates, traitant Grant de raté incompétent — et ivrogne de surcroît. « Grant n'a pas le moindre plan pour prendre Vicksburg, écrivit le général Cadwallader Washburn à son frère Elihu, le protecteur de Grant au Congrès. Il gaspille notre temps et nos forces pour rien. La vérité doit être dite, aussi pénible soit-elle à entendre. Comme dit le proverbe, on ne peut pas faire une bourse en soie avec une oreille de truie. » Malgré toutes les doléances qu'il pût recevoir dans ce sens, Lincoln refusa obstinément de sacrifier son général. « Je crois bien qu'il ne reste guère d'amis à Grant, en dehors de moi, déclara le Président, [mais] ce que je veux [...] ce sont des généraux prêts à livrer des batailles et à remporter des victoires. Cela, Grant l'a fait et j'ai l'intention de lui rester loyal[1]. »

Un des *leitmotive* des attaques contre Grant avait trait à son penchant pour la boisson. Selon une anecdote, Lincoln para à ces accusations avec humour, répondant à une délégation parlementaire qu'il aimerait bien connaître la marque de whiskey que buvait Grant pour pouvoir en envoyer à ses autres généraux[2]. Dans cette affaire, il est bien difficile de démêler la réalité de la fiction. Bon nombre des histoires qui couraient sur les libations de Grant durant la guerre étaient fausses ; d'autres sont pour le moins douteuses. L'ascension météorique de Grant avait fait naître des jalousies chez des hommes qui se complaisaient à échanger des ragots pour le dénigrer. Sujet à d'atroces migraines provoquées par la tension nerveuse et le manque de sommeil, Grant avait parfois un comportement hébété qui pouvait donner aux observateurs l'impression qu'il avait bu. Toutefois, abstraction faite des fables, il reste quand même un solide noyau de vérité concernant sa tendance à boire plus que de raison. Peut-être était-il un alcoolique au sens médical du terme. C'était en tout cas un buveur chronique. Il pouvait s'abstenir pendant des mois, mais une fois qu'il avait recommencé, il avait le plus grand mal à s'arrêter. Sa femme et son chef d'état-major, John A. Rawlins, furent ses deux anges gardiens. Avec leur aide, Grant parvint à rester sobre pendant presque toute la guerre et s'il lui arriva de s'enivrer (et les historiens sont loin d'être d'accord sur ce point), jamais ce ne fut à des moments cruciaux

1. Lettre de Cadwallader Washburn à Elihu B. Washburne (les deux frères orthographiaient différemment leur nom de famille), 28 mars 1863, citée par Nevins, *War*, t. II, p. 388 ; Foote, *Civil War*, t.II, p. 217. Voir aussi T. Harry Williams, *Lincoln and his Generals*, p. 225-226.

2. John Eaton, *Grant, Lincoln and the Freedmen*, (New York, 1907), p. 64. Bien que certains historiens considèrent cette anecdote comme apocryphe et bien que Lincoln ne semble pas avoir été de toute façon l'auteur de ce trait d'esprit — déjà cité à propos d'autres généraux lors de guerres antérieures —, Bruce Catton estime qu'Eaton est une source digne de foi et accepte la véracité de son propos. Catton, *Grant Moves South* (Boston, 1960), p. 396-397.

pour les opérations militaires. Aujourd'hui maladie reconnue, l'alcoolisme était considéré du temps de Grant comme une faiblesse morale. Le général lui-même en était convaincu et lutta courageusement pour surmonter le sentiment d'abjection et de culpabilité que lui inspirait cette tare. En définitive, comme l'a avancé récemment un spécialiste, il est fort possible que sa prédisposition à boire ait fait de lui un meilleur général. Ses efforts pour se dominer lui permirent de mieux comprendre et dominer les autres ; la honte de ses échecs d'avant la guerre lui insuffla une humilité qui faisait notoirement défaut à plus d'un général ayant une réputation à protéger. Parti de très bas et ne pouvant que s'élever, Grant fut en mesure d'agir avec plus d'audace et de décision que d'autres commandants qui n'osaient pas risquer un échec[1].

Sans pour autant retirer sa confiance à Grant, Lincoln autorisa Stanton, son ministre de la Guerre, à envoyer en mars 1863 un agent spécial enquêter sur ce qui se passait dans l'armée du Tennessee. Il s'agissait de Charles A. Dana, ancien rédacteur en chef du *New York Tribune*, désormais adjoint de Stanton. Dana se rendit donc dans le Mississippi, sous couvert d'aller mettre de l'ordre dans le service de l'officier trésorier des armées de l'Ouest, mais Grant n'ignorait rien de sa véritable mission. Au lieu de battre froid à l'arrivée — comme le lui conseillaient certains membres de son état-major — Grant l'accueillit à bras ouverts. Ce fut une sage attitude. Dana se fit une idée favorable du général et commença très vite à expédier à Washington un flot de dépêches élogieuses. Grant était « l'homme le plus modeste, le plus désintéressé et le plus honnête que j'eusse jamais connu, doué d'une humeur que rien ne pouvait altérer, écrivit ultérieurement Dana, résumant ses impressions. Ce n'était pas un grand homme, sinon moralement : il n'était pas non plus original, ni brillant, mais sincère, réfléchi, profond et doué d'un courage qui ne se démentit jamais[2] ».

1. La meilleure analyse du problème que la boisson posait à Grant, s'appuyant sur les études modernes concernant l'alcoolisme, est celle de Lyle W. Dorsett, « The Problem of Grant's Drinking During the Civil War », *Hayes Historical Journal*, n° 4 (1983). Parmi les historiens, Bruce Catton et Kenneth P. Williams contestent ou nient l'existence de cette faiblesse chez Grant, alors que Benjamin Thomas, William McFeely, Shelby Foote et Lyle Dorsett auraient plutôt tendance à l'accepter. Le seul récit d'un témoin direct d'une beuverie de Grant durant la guerre fut rédigé trente ans plus tard par Sylvanus Cadwallader, un correspondant de presse de Chicago qui passa plus de deux ans avec les armées de Grant : voir Cadwallader, *Three Years with Grant*, édition Benjamin P. Thomas (New York, 1955), p. 102-121. Catton, Williams et John Y. Simon mettent en doute l'authenticité du récit en question, alors que d'autres historiens l'acceptent. On trouvera d'autres discussions des libations de Grant, y compris l'anecdote de Cadwallader, chez Catton, *Grant Moves South*, p. 95-97, 462-465, 535-536 ; Kenneth P. Williams, *Lincoln Finds a General*, 5 vol. (New York, 1949-1959), t. IV, p. 439-451, 577-582 ; dans un échange entre Kenneth Williams et Benjamin Thomas pour *American Heritage*, n° 7 (1956), p. 106-111 ; Foote, *Civil War*, t.II, p. 416-421 ; William S. McFeely, *Grant : A Biography* (New York, 1981), surtout les p. 132-135, 148 ; John Y. Simon (éd.), *The Papers of Ulysses S. Grant*, 14 vol. (Carbondale, Illinois, 1967-1985), t. VIII, p. 322-325n.

2. Charles A. Dana, *Recollections of the Civil War* (New York, 1902), p. 61-62.

Les simples soldats partageaient cette opinion. Ils appréciaient chez Grant son absence de « simagrées superflues », son goût pour l'uniforme le plus dépouillé « sans écharpe, ni épée, ni aucun ornement en dehors des épaulettes à deux étoiles ». Un soldat déclara que les hommes « [paraissaient] le considérer comme un partenaire et un ami et non comme un commandant arbitraire ». Lorsqu'il passait sur son cheval, au lieu de l'acclamer, ils avaient plutôt tendance à « le saluer comme ils l'auraient fait pour un de leurs voisins chez eux. “Bonjour, mon général”, “Belle journée, mon général” et ainsi de suite, telles [étaient] les expressions qui [l'accueillaient] partout [...]. Pas de façons, pas de sentiment ; rien qu'un simple citoyen de la république, qui se [trouvait] là pour une seule et unique raison : faire passer le fleuve à ses troupes dans les plus brefs délais[1]. »

Cette traversée du fleuve, Grant allait la réaliser bientôt, avec des résultats spectaculaires, mais à la fin du mois de mars 1863, la population nordiste ne voyait encore que les échecs des quatre derniers mois — sur le Mississippi tout autant qu'en Virginie. « Cet hiver est indéniablement le Valley Forge[2] de la guerre », écrivit un officier du Wisconsin. Du moins une telle remarque sous-entendait-elle l'espoir d'un succès final. Nombre d'autres yankees avaient au contraire perdu confiance. Le capitaine Oliver Wendell Holmes Jr., qui se remettait de la blessure reçue à Antietam, écrivit d'une plume découragée : « L'armée est lasse de sa dure et terrible expérience [...]. J'ai plus ou moins décidé que le Sud avait désormais obtenu son indépendance. » Joseph Medill, rédacteur en chef du *Chicago Tribune*, d'une loyauté à toute épreuve, croyait pour sa part qu'il y aurait « forcément un armistice durant l'année 1863. Les rebelles ne pourront pas être vaincus par la machine actuelle[3]. » Profitant de cette crise de confiance, les *copperheads* s'avançaient avec leur programme en faveur d'une paix sans victoire.

1. Citations empruntées à Catton, *Grant Moves South*, p. 390-391, et à Foote, *Civil War*, t. II, p. 218-219.

2. Ce fut à Valley Forge, près de Philadelphie, que l'armée de George Washington prit ses quartiers d'hiver, durant l'hiver 1777-1778, une époque de découragement, de terribles conditions climatiques et de pénuries. L'endurance avec laquelle l'armée tint bon tout au long de ces pénibles mois devint dans la tradition américaine un symbole du triomphe sur l'adversité.

3. L'officier du Wisconsin cité par Catton, *Glory Road*, p. 95 ; Mark DeWolfe Howe (éd.), *Touched with Fire : Civil War Letters and Diary of Oliver Wendell Holmes Jr., 1861-1864* (Cambridge, Mass., 1946), p. 73 ; lettre de Medill à Elihu Washburne, 16 janvier 1863, citée par Catton, *Grant Moves South*, p. 369-370.

Chapitre XX

LE FEU A L'ARRIÈRE

I

Quoique préoccupé par les affaires militaires, Lincoln confia à Charles Sumner, le 1er janvier 1863, que, plus encore que les hasards de la guerre, il redoutait « le feu à l'arrière » — par quoi il entendait le parti démocrate, surtout dans le Nord-Ouest[1]. Le Président avait en effet de bonnes raisons d'être inquiet. La faction pacifiste du parti démocrate prenait des forces à chaque revers subi par les armées de l'Union. Et la mise en vigueur d'une loi de conscription, en mars 1863, donna un élan supplémentaire au mouvement contre la guerre.

En 1863, Clement L. Vallandigham s'était imposé à la tête des démocrates pour la paix. Agé de quarante-deux ans seulement, le beau représentant de l'Ohio au Congrès s'était formé à la philosophie jeffersonienne du gouvernement limité. « Le désir le plus cher à mon cœur, déclara-t-il peu après le début de la guerre, est de rétablir l'Union, l'Union fédérale, telle qu'elle était il y a quarante ans. » A ce désir s'ajoutait une sympathie envers le Sud, qu'il tenait à la fois de son appartenance à une famille de Virginie et de son mariage à la fille d'un planteur du Maryland. Bien que les républicains de l'Ohio eussent manigancé sa défaite aux élections de 1862, par un savant découpage des circonscriptions[2], Vallandigham, loin de se plaindre, quitta ses fonctions en fanfare. Dans un discours d'adieu à la Chambre, prononcé le 14 janvier 1863, et lors d'une tournée qu'il fit ensuite qui l'emmena du New Jersey à l'Ohio, il condamna ouvertement la guerre et exposa ses propositions de paix[3].

Vallandigham se disait meilleur unioniste que les républicains dont le fanatisme avait provoqué cette guerre ruineuse. Ces mêmes républicains, continuait-il, se battaient à présent non pas pour l'Union, mais pour l'abolition de l'esclavage. Et qu'avaient-ils accompli ? « Que les morts de Fredericksburg et de Vicksburg leur répondent ! » Jamais

---

1. Lettre de Sumner à Francis Lieber, 17 janvier 1863, citée par Edward L. Pierce, *Memoir and Letters of Charles Sumner*, 4 vol. (Boston, 1877-1893), t. IV, p. 114.

2. Le terme américain est « *gerrymandering* » du nom d'Eldridge Gerry, gouverneur du Massachusetts au début du XIXe siècle ; la manœuvre politique consistait à fixer les limites des circonscriptions électorales de façon à avantager au maximum son propre parti politique.

3. Frank L. Klement, *The Limits of Dissent : Clement L. Vallandigham and the Civil War* (Lexington, Ky., 1970), chap. 1-6 ; la citation figure à la p. 79.

le Sud ne serait conquis ; les seuls trophées de ce conflit étaient « la défaite, les dettes, les impôts, les sépulcres [...], la suspension de l'*habeas corpus*, la violation [...] de la liberté de la presse et de la liberté de parole [...], lesquelles ont fait de notre pays depuis vingt mois l'un des États les plus despotiques du monde. » Quelle était la solution ? « Arrêtez les combats. Concluez un armistice [...]. Retirez votre armée des États qui ont fait sécession. » Et surtout, il fallait commencer à négocier pour réunifier le pays. Vallandigham n'avait que faire du « fanatisme et de l'hypocrisie » de ceux qui objectaient qu'un armistice préserverait l'esclavage. « Je vois plus de barbarie et de péché, mille fois plus, dans la poursuite de ce conflit [...] et l'asservissement de la race blanche par les dettes, les taxes et le pouvoir arbitraire » que dans l'esclavage des Noirs. « En considérant les termes d'un règlement du conflit, nous ne [devrions] chercher que le bien, la paix et la sécurité de la race blanche, sans nous soucier de l'effet qu'il pourrait avoir sur les Africains[1]. »

Ces propos devinrent le programme des démocrates pacifistes au cours des deux années suivantes. Durant les premiers mois de 1863, cette faction jouissait du soutien d'une importante minorité — qui était même peut-être une majorité — au sein du parti. Un gigantesque meeting démocrate à New York décida que la guerre « contre le Sud [était] illégale, puisque anticonstitutionnelle, et qu'elle ne [devrait] pas être soutenue ». Et le gouverneur de l'État, Horatio Seymour, tout en promettant « de faire tous les sacrifices [...] pour la préservation de l'Union », condamnait lui aussi l'émancipation qu'il jugeait « sanglante, barbare, révolutionnaire » et s'engageait à « maintenir et à défendre la souveraineté » de l'État de New York contre les violations anticonstitutionnelles perpétrées par le gouvernement fédéral[2].

Dans les régions *Butternuts* du Midwest, des griefs économiques renforçaient les attitudes traditionnelles de ces descendants de colons sudistes. La guerre avait coupé leurs habituelles routes commerciales que formaient le Mississippi et ses affluents, les obligeant à dépendre des chemins de fer et canaux yankees qui, eux, alimentaient des échanges le long d'un axe est-ouest. Des doléances réelles et imaginaires contre les tarifs élevés de ces voies de communication et la médiocrité des services qu'elles leur rendaient exacerbèrent l'hostilité des *Butternuts* envers les habitants de la Nouvelle-Angleterre, qu'ils accusaient de contrôler leur destin en manipulant non seulement l'économie nationale, mais le

---

1. Vallandigham, *The Great Civil War in America* (New York, 1863), publication de son discours de janvier à la Chambre sous forme de pamphlet, reproduit chez Frank Freidel (éd.), *Union Pamphlets of the Civil War*, 2 vol. (Cambridge, Mass., 1967), t.II, p. 697-738. Les citations figurent aux p. 706,707,711,719,732.

2. La réunion de New York citée par Wood Gray, *The Hidden Civil War: The Story of the Copperheads* (New York, 1964 [1942]), p. 147 ; Seymour cité par Nevins, *War*, t.II, p. 394, et par William B. Hesseltine, *Lincoln and the War Governors* (New York, 1948), p. 282.

Congrès. « *Faudra-t-il que nous tombions au rang de serfs du spéculateur yankee sans cœur*, demanda un journaliste de l'Ohio, *escroqués par ses tarifs douaniers, volés par ses impôts, écorchés par le monopole qu'il exerce sur les chemins de fer*[1] ? »

Ce sentiment d'identité avec le Sud et d'hostilité envers le Nord-Est, qu'éprouvaient les *Butternuts*, suscita parmi les démocrates de l'Ouest des idées de « Confédération du Nord-Ouest » susceptible de reconstruire une Union avec le Sud, laissant la Nouvelle-Angleterre se morfondre dans son coin, jusqu'à ce qu'elle eût reconnu qu'elle s'était fourvoyée et eût humblement demandé qu'on voulût bien l'admettre à nouveau. Pour bizarre qu'il apparaisse rétrospectivement, ce projet obtint pendant la guerre un puissant soutien verbal. « La population de l'Ouest exige la paix et elle est désormais pour ainsi dire certaine que c'est la Nouvelle-Angleterre qui s'y oppose, avertit Vallandigham en janvier 1863. Si vous autres, gens de l'Est, qui par cette guerre contre le Sud et en faveur du Noir avez assouvi votre haine ou rempli vos poches, insistez pour la poursuivre, [préparez-vous à] *un divorce éternel entre l'Ouest et l'Est*. » Sans atteindre les mêmes extrêmes que Vallandigham, Samuel S. Cox, autre représentant de l'Ohio au Congrès, reconnaissait : « Un homme de l'Ouest sur deux parle de l'accession des États arrosés par le Mississippi et ses affluents au rang de république indépendante[2]. » Ce fut cette menace de rouvrir la navigation sur le Mississippi au moyen d'une paix séparée qui incita le général McClernand à proposer de le faire en attaquant Vicksburg. D'où le caractère d'urgence des efforts de Grant pour prendre la ville et les critiques cinglantes que lui valurent ses échecs initiaux dans cette entreprise.

Une loi importante votée par le Congrès en février 1863 aggrava la désaffection des démocrates de l'Ouest : le National Banking Act. Il était en grande partie imputable au désir que nourrissait Chase, le ministre du Trésor, d'étendre le marché des obligations de guerre ; et plus encore à la volonté des républicains de tendance whig de rationaliser la structure décentralisée et instable des banques régionales et de créer une monnaie de papier uniforme. Les billets du Trésor (les fameux billets verts) constituaient une monnaie nationale, mais parallèlement circulaient des centaines d'autres billets de banque dont la fiabilité était très relative.

1. *Columbus Crisis*, 21 janvier 1863, cité par Gray, *Hidden Civil War*, p. 125. En ce qui concerne les bases économiques régionales de la faction *copperhead*, voir Frank L. Klement, « Economic Aspects of Middle Western Copperheadism », *Historian*, n° 14 (1951), p. 27-44, et Klement, *The Copperheads in the Middle West* (Chicago, 1960).

2. Vallandigham, *The Great Civil War*, chez Freidel (éd.), *Union Pamphlets*, p. 724, 729-730 ; Cox, « Puritanism in Politics », in Cox, *Eight Years in Congress* (New York, 1865), p. 283.

Depuis l'ère d'Andrew Jackson, la circulation monétaire et l'activité bancaire n'étaient soumises à aucune réglementation nationale[1]. « [Une nation] qui abandonne le pouvoir de réglementer sa monnaie aux législatures de trente-quatre États différents renonce à l'un des attributs essentiels de la souveraineté », déclara Samuel Hooper, représentant du Massachusetts. Et John Sherman, président de la commission des finances du Sénat, de renchérir : « La politique de notre pays devrait être de tout nationaliser dans la mesure du possible ; de nationaliser notre pays pour mieux l'aimer[2]. »

Le 25 février 1863, le National Banking Act fut ratifié grâce aux « oui » de soixante-dix-huit pour cent des républicains, qui l'emportèrent sur les « non » de quatre-vingt-onze pour cent des démocrates. Une fois complétée par des mesures annexes prises l'année suivante, cette loi autorisait l'octroi de chartes fédérales à des banques satisfaisant à un certain nombre de critères, exigeait d'elles l'achat de bons du Trésor des États-Unis en quantité équivalant à un tiers de leurs capitaux et leur permettait d'émettre des billets d'une valeur égale à quatre-vingt-dix pour cent de celle de ces bons. Ce ne fut cependant que lorsque le Congrès écarta de la circulation les billets des banques régionales, en 1865, en les frappant d'une taxe de dix pour cent, que la plupart de ces banques se convertirent au système des chartes fédérales. Toutefois, la loi de 1863 posa les premières pierres du système bancaire qui devait dominer les finances américaines pendant un demi-siècle. On ne sera pas étonné d'apprendre que les démocrates jacksoniens du vieux Nord-Ouest s'élevèrent contre « ce monstrueux projet de loi bancaire », dans lequel ils voyaient une nouvelle preuve du complot ourdi, sous couvert de la guerre, par « le monopole de l'argent de la Nouvelle-Angleterre » pour « détruire les institutions établies des États et édifier un despotisme central des nantis[3] ».

Cela dit, la question bancaire n'était pas vraiment à l'ordre du jour : ce ne fut que dans les années 1830 et 1890 qu'elle déchaîna les passions. En 1863, l'hostilité à l'émancipation était le principal combustible des démocrates opposés à la guerre. Sur ce point-là aussi, la Nouvelle-Angleterre était l'ennemi juré. C'était le « pharisaïsme de la Nouvelle-Angleterre, avec son viol de la Constitution, son défi aux lois, son amour pour les Noirs » qui avait causé la guerre, déclara Samuel S. Cox. « Au nom de Dieu, s'écria un ancien gouverneur de l'Illinois en décembre

1. Après sa victoire aux élections présidentielles de 1832, Jackson n'avait pas renouvelé la charte de la Banque des États-Unis, dénoncée comme un « monstre » par une puissante coalition qui rassemblait fermiers de l'Ouest, banques locales, partisans du laisser-faire et adversaires du pouvoir fédéral. (NdE.)

2. Les citations figurent chez Bray Hammond, *Sovereignty and an Empty Purse : Banks and Politics in the Civil War* (Princeton, 1970), p. 314, 326-327.

3. Klement, « Economic Aspects of Middle Western Copperheadism », p. 39-40.

1862, ne versons plus de sang pour satisfaire un fanatisme religieux. » Un rédacteur en chef de l'Ohio traitait Lincoln d' « usurpateur simple d'esprit » et assurait que sa proclamation d'émancipation était « monstrueuse, impudente et odieuse [...], offensant à la fois Dieu et les hommes, car elle [déclarait] "égaux" ceux que Dieu [avait créés] inégaux[1] ».

Ce genre de rhétorique respectait-il les droits inhérents à la liberté de parole et de la presse ? On pourrait faire valoir que de tels discours encourageaient les désertions et la résistance à l'effort de guerre. Les journaux démocrates qui circulaient au sein de l'armée contenaient de nombreux éditoriaux proclamant l'illégalité d'une guerre antiesclavagiste. « Vous vous rendez sûrement compte que c'est pour émanciper les esclaves[...] que vous êtes enrôlés sous les drapeaux, déclarait le *Dubuque Herald*. Êtes-vous, en tant que soldats, tenus par le patriotisme, le devoir ou la loyauté de vous battre pour une telle cause ? » Les journaux reproduisaient de nombreuses lettres, prétendument écrites aux hommes en campagne par leurs familles. « Je suis désolé de te savoir engagé dans cette guerre [...] impie, anticonstitutionnelle et infernale, écrivait un soi-disant père à son fils, laquelle n'a d'autre but que d'affranchir les Noirs et d'asservir les Blancs. » Une autre lettre conseillait à un soldat de l'Illinois : « [Rentre] à la maison, même si tu dois déserter, tu seras protégé [...] — les gens sont dans une telle fureur qu'il n'y a pas lieu de s'alarmer si tu entends dire que le Nord-Ouest tout entier est en train d'exterminer les abolitionnistes[2]. » Ce genre de propagande fit l'effet escompté. On vit déserter un si grand nombre d'hommes appartenant à deux régiments du sud de l'Illinois « plutôt que d'aider à libérer les esclaves » que le général Grant fut obligé de dissoudre ces deux unités. Et les soldats de plusieurs autres régiments se laissèrent capturer par l'ennemi, de façon à être libérés sur parole et renvoyés chez eux[3].

Tout aussi graves furent les mesures prises par les législatures nouvellement élues dans l'Indiana et l'Illinois. Dans ces deux États, la Chambre basse ratifia des résolutions réclamant un armistice et une conférence de paix. Elles exigeaient aussi du gouvernement la rétractation de la proclamation d'émancipation « inique, inhumaine et impie », s'il voulait que leur État continuât à soutenir la guerre. Lorsque ces deux législatures commencèrent à mettre en chantier des projets de loi destinés à soustraire les troupes locales à l'autorité des gouverneurs républicains (élus en 1860), ces derniers décidèrent d'agir. Avec la bénédiction de

1. Cox, « Puritanism in Politics », *Eight Years in Congress*, p. 283 ; John Reynolds, cité par Gray, *Hidden Civil War*, p. 115 ; Samuel Medary, cité par V. Jacque Voegeli, *Free But Not Equal : The Midwest and the Negro during the Civil War* (Chicago, 1967), p. 77.

2. Les citations figurent chez Gray, *Hidden Civil War*, p. 122,133.

3. Nevins, *War*, t. II, p. 209 ; Bruce Catton, *Glory Road : The Bloody Route from Fredericksburg to Gettysburg* (Garden City, N.Y., 1952), p. 246 ; *O.R.*, sér. II, vol. 5, p. 216.

l'administration Lincoln, Richard Yates, gouverneur de l'Illinois, usa en juin 1863 d'une clause peu connue de la Constitution de son État pour suspendre les séances de la législature en en reportant la suite à une date ultérieure. L'affaire ayant été soumise à un tribunal d'État, celui-ci déclara que Yates avait outrepassé les limites de son autorité, mais que lui-même n'était pas compétent pour rappeler la législature en session. Quant au gouverneur de fer de l'Indiana, Oliver P. Morton, il persuada tout simplement les membres républicains de la législature de s'absenter, l'obligeant ainsi à s'ajourner faute d'atteindre le quorum nécessaire. Tout au long des deux années suivantes, Morton gouverna l'État sans législature — et sans bénéficier des crédits habituels. Il emprunta de l'argent aux banques et aux entreprises, perçut des contributions dans les comtés républicains et tira deux cent cinquante mille dollars d'une caisse d'administration spéciale du ministère de la Guerre — autant de mesures qui n'étaient pas prévues par la loi, quand elles n'étaient pas franchement en opposition avec elle. Partout, cependant, les républicains approuvèrent le principe en vertu duquel Morton avait agi : il fallait faire quelques entorses à la Constitution pour empêcher la rébellion de détruire le gouvernement constitutionnel[1].

Ce genre de raisonnement étaya la politique de Lincoln dans la cause la plus célèbre de la guerre, touchant aux libertés civiles — l'arrestation et la condamnation de Vallandigham par les autorités militaires pour déloyauté. En l'occurrence, le principal protagoniste n'avait rien d'un martyr désintéressé ; il fit au contraire tout son possible pour se faire arrêter, car il espérait ainsi favoriser sa candidature alors vacillante au poste de gouverneur de l'Ohio. Il eut pour allié involontaire le général Burnside, qui dans cette affaire ne fit pas preuve de plus de sens politique qu'il n'avait manifesté de jugement militaire à Fredericksburg. Nommé, après son départ de l'armée du Potomac, commandant du département de l'Ohio (lequel englobait tous les États bordant le fleuve en question) Burnside décida de sévir contre les *copperheads*. En avril 1863, il émit un ordre général annonçant que quiconque commettrait des actes de trahison « explicite ou implicite » serait passible de poursuites judiciaires devant un tribunal militaire et puni de la peine de mort ou de bannissement[2]. Burnside ne précisait pas ce qui constituait une trahison implicite, mais le pays allait bientôt le découvrir.

Vallandigham vit dans cet ordre une véritable aubaine. Ayant pris soin d'annoncer partout ses intentions, afin d'être sûr que des agents de Burnside seraient sur les lieux, le 1er mai lors d'un meeting tenu à Mount Vernon, en Ohio, il prononça un discours reprenant les thèmes habituels contre la guerre. D'après les notes prises par l'officier

1. Hesseltine, *Lincoln and the War Governors*, p. 311-318 ; Nevins, *War*, t. II, p. 391-393.
2. *O.R.*, sér. I, vol. 23, 2e partie, p. 237.

d'état-major de Burnside, Vallandigham dénonça cette guerre « mauvaise, cruelle et inutile » livrée « dans le but d'écraser définitivement la liberté et d'établir le despotisme [...], une guerre pour la liberté des Noirs et l'asservissement des Blancs ». C'en était assez pour Burnside. Il envoya un peloton de soldats arrêter Vallandigham chez lui à Dayton. Comme s'ils avaient voulu accréditer les accusations de tyrannie, les soldats forcèrent la porte de la maison au milieu de la nuit pour emmener Vallandigham, laissant derrière eux sa femme en proie à une crise de nerfs et sa belle-sœur terrifiée. Tandis que les partisans de l'homme politique fomentaient des émeutes et mettaient le feu aux bureaux du journal républicain de Dayton, une commission militaire se réunit à Cincinnati, le 6 mai, et reconnut Vallandigham coupable « d'avoir exprimé sa sympathie » pour l'ennemi et d'avoir donné libre cours à « des sentiments et opinions déloyaux, dans le but avoué d'affaiblir le pouvoir du Gouvernement [dans sa répression] d'une rébellion illégitime[1] ». Ne voulant quand même pas aller jusqu'à envoyer le coupable devant un peloton d'exécution, la commission recommanda qu'il fût emprisonné pour toute la durée du conflit, et Burnside donna des ordres à cet effet. Vallandigham chercha à bénéficier de l'*habeas corpus*, demande rejetée par un juge fédéral qui fit remarquer que Lincoln en avait suspendu l'application pour les affaires de ce genre.

De tels procédés arrachèrent des protestations outragées aux démocrates et des murmures d'inquiétude à de nombreux républicains. La protestation la plus virulente émanait d'une réunion de démocrates bellicistes, à Albany, lesquels demandèrent sans tergiverser si le gouvernement s'efforçait de réprimer la rébellion dans le Sud ou bien « de détruire les libres institutions dans le Nord ». L'affaire Vallandigham soulevait en effet des questions constitutionnelles bien embarrassantes. Un discours pouvait-il être considéré comme un acte de trahison ? Un tribunal militaire pouvait-il juger un civil ? Un général, ou même un Président d'ailleurs, avait-il le pouvoir d'imposer la loi martiale ou de suspendre l'*habeas corpus* dans une zone fort éloignée des opérations militaires, où les tribunaux civils fonctionnaient normalement[2] ?

Ces questions touchaient le point sensible de la politique suivie par le gouvernement pour maîtriser le feu qui couvait à l'arrière. Lincoln aurait préféré que le problème ne se posât pas sous cette forme précise. L'arrestation de Vallandigham, qu'il apprit par la presse, le gênait considérablement. Cependant, se trouvant devant un fait accompli[3], Lincoln décida qu'il se ferait plus de tort en n'avalisant pas la décision

1. *O.R.*, sér. II, vol. 5, p. 633-646.
2. Les résolutions d'Albany ont été publiées par Freidel (éd.), *Union Pamphlets*, t. II, p. 740-745.
3. En français dans le texte.

de Burnside qu'en la soutenant. Toutefois, pour tâcher d'atténuer les conséquences politiques, le Président commua la peine de Vallandigham en bannissement. Le 25 mai, sous la protection du drapeau blanc, la cavalerie de l'Union escorta l'homme de l'Ohio jusqu'aux lignes du général Bragg, au sud de Murfreesboro, où les rebelles reçurent à contrecœur cet invité importun.

Sous un rapport, l'habile manœuvre de Lincoln échoua : quoique exilé, Vallandigham put profiter d'une vague de sympathie en sa faveur chez les démocrates de l'Ohio pour être nommé candidat au poste de gouverneur. Après avoir traversé la Confédération jusqu'à Wilmington, il s'embarqua à bord d'un forceur de blocus à destination du Canada et partit s'établir dans la ville frontalière de Windsor, d'où il mena sa campagne électorale. Avant de quitter le Sud, il s'entretint avec plusieurs membres du Congrès confédéré et plusieur officiers de l'armée sudiste. Il leur précisa clairement ses engagements en faveur de la réunion par le biais d'un armistice et de négociations. Les sudistes répondirent qu'ils n'accepteraient la paix que sur la base de leur indépendance. Si Vallandigham estimait qu'il serait possible de rétablir l'Union à coups de compromis, déclarèrent-ils, il se faisait « beaucoup d'illusions ». Lors d'une entrevue confidentielle avec un agent confédéré, Vallandigham assura que si le Sud « [*parvenait*] *seulement à tenir encore un an* [...], le parti pacifiste dans le Nord aurait définitivement raison de la dynastie Lincoln ». Vallandigham resta cramponné à ses espoirs d'éventuelle réunion, mais il laissa à l'agent l'impression que si le Sud refusait de revenir sur ses positions, « alors, peut-être [serait-il] disposé à reconnaître l'indépendance [des sudistes] [1] ».

Ce fut en s'appuyant sur ces principes — hormis la « possible » reconnaissance de l'indépendance sudiste — que Vallandigham mena son étrange campagne en exil pour se faire élire gouverneur. Cependant, bien avant que les électeurs de l'Ohio ne se rendissent aux urnes, au mois d'octobre, un redressement de la situation militaire de l'Union devait saper à la base son programme pacifiste. Entre-temps, Lincoln s'efforça de désamorcer la question des libertés civiles par deux réponses publiques aux critiques démocrates. Il repoussa l'accusation d'avoir fait arrêter Vallandigham « uniquement pour quelques paroles prononcées lors d'une réunion publique ». Si cet homme avait été poursuivi, c'était « pour avoir œuvré, non sans effet, contre les appels de troupes [et] en faveur des désertions [...]. Il [nuisait] à l'armée, dont [dépendaient] l'existence et la vigueur de la nation ». Le Président posait alors une question de pure forme, qui devait devenir la partie la plus forte — et la plus fameuse —

1. Klement, *The Limits of Dissent*, p. 209-211 ; Jones, *War Clerk's Diary* (Miers), p. 229-230, résumant un mémorandum concernant l'entrevue, rédigé par l'agent sudiste Robert Ould. Le mémorandum proprement dit a été perdu.

de son argumentation. « Faut-il donc que je fasse fusiller un jeune soldat naïf qui déserte, alors que je n'ai pas le droit de toucher à un cheveu de l'agitateur rusé qui l'incite à le faire ? [...] Il me semble que dans un tel cas, réduire l'agitateur au silence et sauver le jeune homme est non seulement constitutionnel, mais aussi une véritable bonne action. » La « rébellion géante » s'étendait jusque dans le Nord, poursuivait Lincoln, où « sous couvert de la "liberté d'expression", de la "liberté de la presse" et de l'*habeas corpus*, [les rebelles] espéraient maintenir sur pied parmi nous une armée fort efficace d'espions, d'informateurs, de fournisseurs et de complices de leur cause ». Ainsi, le pays tout entier était une zone de guerre et les arrestations militaires, même loin du front où se déroulaient les combats, étaient justifiées. Les tribunaux civils était « totalement incompétents » lorsqu'il s'agissait de faire face à une menace aussi énorme contre la vie même de la nation. C'était exactement le genre de situation que les rédacteurs de la Constitution avaient prévu en autorisant la suspension de l'*habeas corpus* en cas de rébellion ou d'invasion. Ayant recours à une comparaison prosaïque, mais imagée, Lincoln assurait qu'il lui était aussi impossible de croire que la restriction nécessaire des libertés civiles en temps de guerre devait établir des précédents fatals à la liberté en temps de paix « que de croire qu'un homme pourrait contracter durant une maladie passagère un goût si puissant pour les émétiques qu'il insisterait pour continuer à en prendre pendant tout le restant de sa vie après son retour à la santé[1] ».

Les deux lettres de Lincoln sur les libertés civiles furent diffusées aux quatre coins de l'Union par la Ligue de l'Union et la Société de publication loyaliste, nouvellement établies. Convaincus que les *copperheads* s'organisaient en immenses sociétés secrètes telles les Chevaliers du cercle d'or et l'ordre des Chevaliers américains, les unionistes se sentirent tenus de riposter en prenant des dispositions analogues. Fondées par des hommes d'affaires ou des hommes appartenant aux professions libérales, c'est-à-dire des citoyens possédant du bien au soleil et de l'influence, les ligues de l'Union, ligues loyalistes et leurs conseils éditoriaux acquirent un pouvoir beaucoup plus grand que les sociétés secrètes des démocrates, dont les légions existaient plus dans les imaginations enfiévrées des républicains que dans la réalité. Les ligues de l'Union devinrent, en fait, des auxiliaires du parti républicain, lequel commença d'ailleurs à se faire appeler parti de l'Union dans plusieurs États — ce

1. *CWL*, t. VI, p. 260-269, 300-306. L'avocat de Vallandigham fit appel devant la Cour suprême, faisant valoir que le procès militaire d'un civil dans une zone où l'état de guerre n'existait pas et où les tribunaux civils fonctionnaient était anticonstitutionnel. En 1864, la Cour parvint à éviter de se prononcer, en prétendant ne pas avoir compétence d'appel s'agissant des procédures d'un tribunal militaire. Mais en 1866, une fois que l'état d'urgence imposé par la guerre eut pris fin, la Cour suprême statua que le procès militaire analogue d'un *copperhead* de l'Indiana du nom de Lambdin Milligan, qui avait eu lieu en 1864, était anticonstitutionnel.

qui avait l'avantage de sous-entendre que l'opposition était le parti de la *dés*union[1].

Les premiers succès de cette contre-attaque contre le défaitisme des démocrates survinrent dans le New Hampshire et le Connecticut. Dans ces deux États, l'élection du gouverneur avait lieu au printemps. En 1863, les résultats furent suivis de très près partout ailleurs, car on leur donnait valeur de présages. Dans l'un et l'autre État, les démocrates désignèrent des candidats pacifistes, de la même nuance que Vallandigham, dans l'espoir de tirer parti de la désillusion générale engendrée par la guerre. Les républicains et les ligues de l'Union se mobilisèrent pour endiguer cet apparent raz de marée. Le ministère de la Guerre les aida en accordant au bon moment des permissions aux soldats que l'on s'attendait à voir rentrer chez eux pour voter républicain. Tous ces efforts portèrent leurs fruits — mais de justesse. Dans le Connecticut, le candidat républicain s'imposa avec cinquante-deux pour cent des voix. Dans le New Hampshire, la présence d'un troisième parti, celui des démocrates bellicistes, empêcha chacun des candidats d'obtenir la majorité ; le soin de trancher revint donc à la législature républicaine, ce qu'elle fit en faveur de son candidat[2].

Une question brûlante était celle de la conscription, mise en vigueur par le Congrès le 3 mars 1863. Les démocrates s'empressèrent de l'ajouter à l'émancipation et aux arrestations militaires dans leur catalogue des péchés républicains. La loi sur l'enrôlement de 1863 était conçue avant tout comme un artifice destiné à stimuler le volontariat par la menace de la conscription. Elle fonctionna, mais avec tant d'inefficacité, de corruption et d'injustices criantes qu'elle devint l'un des éléments les plus perturbateurs de la guerre et, lors des guerres ultérieures, servit de modèle de ce qu'il ne fallait *pas* faire.

Au début de 1863, le recrutement dans le Nord se retrouva dans une impasse analogue à celle qu'avait connue le Sud un an auparavant. Les hommes susceptibles de s'engager pour des raisons patriotiques ou par esprit d'aventure ou encore sous la pression des autres jeunes gens de leur âge étaient d'ores et déjà sous les drapeaux. La lassitude de la guerre et les sinistres réalités de la vie militaire décourageaient les nouveaux volontaires. L'économie de guerre en pleine expansion avait réduit à presque rien le nombre des chômeurs. L'enrôlement toujours hésitant des soldats noirs ne pouvait guère suffire à compenser les pertes causées

---

1. On trouvera un bref historique des ligues de l'Union et de sociétés du même genre et un vaste échantillonnage chez Freidel, *Union Pamphlets*. Frank L. Klement, *Dark Lanterns : Secret Political Societies, Conspiracies and Treason Trials in the Civil War* (Baton Rouge, 1984), compare les membres et les objectifs de ces diverses organisations.

2. Christopher Dell, *Lincoln and the War Democrats* (Rutherford, N.J., 1975), p. 231-236 ; John Niven, *Connecticut for the Union : The Role of the State in the Civil War* (New Haven, 1965), p. 305-308.

depuis six mois par les maladies, les combats et les désertions. En outre, à l'instar de celle de la Confédération en 1862, l'armée de l'Union se retrouva confrontée en 1863 à de sérieuses diminutions de ses effectifs en raison de l'expiration des périodes d'enrôlement : trente-huit régiments engagés pour deux ans en 1861 et quatre-vingt-douze régiments de milice engagés pour neuf mois, organisés en 1862, devaient rentrer chez eux durant le printemps et l'été de 1863. Cela incita le Congrès à agir.

Dans ce qu'elle avait de centralisateur, la loi qu'il adopta ressemblait beaucoup à la loi bancaire récemment adoptée. En 1861-1862, les gouverneurs des États avaient été les premiers à organiser des régiments de volontaires. La conscription, en revanche, était une mesure nationale et le Congrès autorisa le ministère de la Guerre à créer un bureau de grands prévôts pour l'imposer. Ce bureau envoya dans chaque circonscription un certain nombres de prévôts dont la première tâche était d'enrôler tous les citoyens et immigrants ayant demandé leur naturalisation, âgés de vingt à quarante-cinq ans [1]. Les registres qui en résultèrent servirent de base pour les quotas réclamés à chaque circonscription, lors des quatre nouveaux appels de troupes émis par Lincoln après que la loi de conscription eut été votée, en mars 1863. Lors du premier appel (en juillet 1863), les grands prévôts mobilisèrent vingt pour cent des enrôlés, choisis par tirage au sort dans chaque circonscription. Lors des trois appels de 1864, le ministère de la Guerre fixa à chaque circonscription un quota, calculé au prorata du nombre de soldats réclamés par le Président, une fois décomptés les hommes de la région qui s'étaient déjà engagés. Chaque circonscription avait alors cinquante jours pour compléter son quota à l'aide de volontaires. Si elle n'y parvenait pas, un nombre d'hommes suffisant pour atteindre le quota était désigné par tirage au sort.

Si le nom d'un homme était tiré au sort, il avait devant lui plusieurs éventualités — dont l'incorporation était la moins probable. Sur les hommes désignés lors des quatre appels de troupes, plus d'un cinquième (soit cent soixante et un mille sur un total de sept cent soixante-seize mille) « ne répondirent pas à l'appel » — préférant s'enfuir dans l'Ouest, au Canada ou tout simplement dans les bois. Parmi ceux qui se présentèrent au bureau du grand prévôt, un huitième furent renvoyés chez eux car le quota était déjà atteint. Les trois cinquièmes des cinq cent vingt-deux mille hommes restants furent exemptés pour infirmité physique ou mentale ou bien parce qu'ils parvinrent à convaincre l'officier chargé de les incorporer qu'ils étaient les uniques soutiens d'une mère

1. Les hommes astreints à la conscription se scindaient en deux catégories. Dans la classe 1 figuraient tous les célibataires et les hommes mariés ayant entre vingt et trente-cinq ans ; dans la classe 2 les hommes mariés de plus de trente-cinq ans. La classe 2 ne devait être appelée que lorsqu'il n'y aurait plus d'hommes de la classe 1 disponibles, ce qui dans la pratique voulait dire qu'elle ne le serait jamais.

veuve, de frères et sœurs orphelins, d'un enfant dont la mère était morte ou de parents indigents. A l'encontre du Congrès confédéré, celui de l'Union n'acceptait aucune exemption professionnelle, mais un conscrit reconnu bon pour le service par le conseil de révision et n'ayant aucune personne à sa charge avait néanmoins encore le choix entre deux solutions : il pouvait payer un remplaçant, ce qui l'exemptait pour cet appel et tous les appels futurs ; ou bien il pouvait verser une indemnité de trois cents dollars, ce qui l'exemptait pour le présent appel, mais pas nécessairement pour les suivants[1]. Sur les deux cent sept mille conscrits, quatre-vingt-sept mille payèrent l'indemnité et soixante-quatorze mille fournirent des remplaçants, si bien que quarante-six mille appelés seulement rejoignirent en personne les rangs de l'armée. La réserve de remplaçants était alimentée par les jeunes gens de dix-huit et dix-neuf ans et par les immigrants qui n'avaient pas demandé leur naturalisation, ni les uns, ni les autres n'étant astreints à la conscription[2].

Ce dispositif pesant et confus offrait de nombreuses possibilités de fraude, d'erreur et d'injustice. L'enrôlement des hommes astreints à la conscription valait ce que valaient les fonctionnaires chargés de l'effectuer : or certains d'entre eux étaient corrompus ou incompétents. Les recruteurs laissaient probablement échapper une proportion plus grande de la population sans domicile fixe que les recenseurs. En revanche, certains d'entre eux étoffaient leurs registres au moyen de noms fictifs, afin de pouvoir toucher leur salaire sans avoir à se livrer à un pénible porte-à-porte. Les recruteurs timorés redoutaient de s'aventurer dans les comtés *Butternuts* du Midwest, les zones minières de Pennsylvanie, les quartiers mal famés de New York et d'autres régions hostiles à la conscription et à la guerre. De nombreux hommes « filaient » pour éviter d'être enrôlés. Aussi la capacité d'enrôlement de certaines circonscriptions était-elle sous-évaluée, alors que d'autres faisaient l'objet de listes « gonflées », ce qui entraînait des injustices dans les quotas. Gouverneurs et membres du Congrès firent pression pour obtenir un réajustement

1. Cette indemnité fut si vivement critiquée que le gouvernement l'abrogea en 1864 — sauf dans le cas des objecteurs de conscience — si bien, qu'à cette (peu importante) exception près, la possibilité de verser une indemnité n'existait plus lors des deux derniers appels de troupes de juillet et décembre 1864.

2. Ce paragraphe et les suivants s'inspirent de plusieurs études, notamment celles de Fred A. Shannon, *The Organization and Administration of the Union Army, 1861-1865*, 2 vol. (Cleveland, 1928), t.I, p. 195-323, t.II, p. 11-260 ; d'Eugene C. Murdock, *Patriotism Limited 1862-1865 : The Civil War Draft and the Bounty System* (Kent, Ohio, 1967) ; de Murdock encore, *One Million Men : The Civil War Draft in the North* (Madison, 1971) ; et de Peter Levine, « Draft Evasion in the North during the Civil War, 1863-1865 », *JAH*, n° 67 (1981), p. 816-834. Presque tous les conscrits avaient moins de trente ans, car les hommes plus âgés étaient généralement en mesure de se faire exempter ou de payer l'indemnité ou un remplaçant.

des quotas et certaines circonscriptions durent se soumettre une seconde fois au processus. A New York, Horatio Seymour, le gouverneur (démocrate), accusa le gouvernement d'avoir étoffé les registres d'enrôlement des circonscriptions démocrates, afin de pouvoir augmenter leurs quotas. Qu'il existât parfois des écarts entre circonscriptions démocrates et républicaines ne tenait généralement pas un complot républicain, mais au fait que, les engagements ayant été moins nombreux dans les zones démocrates, le recours à la conscription pour remplir les quotas y était plus prononcé.

Il existait aussi de nombreuses possibilités de fraude une fois que l'enrôlement était terminé et que les hommes dont les noms avaient été tirés au sort devaient se présenter devant le conseil de révision. On pouvait soudoyer les médecins, fournir de fausses déclarations faisant état de personnes à charge et faire jouer d'autres influences occultes. Certains conscrits en puissance simulaient la folie ou la maladie. D'autres avaient recours à l'automutilation. Certains citoyens naturalisés prétendaient ne pas l'être.

Dans le Sud, le privilège dont jouissaient certains d'engager un remplaçant, avait donné naissance au slogan plein d'amertume « la guerre du riche et le combat du pauvre ». Dans le Nord, la possibilité de verser une indemnité se révéla encore plus impopulaire. « Trois cents dollars ou votre vie », claironnaient les gros titres de la presse démocrate. Une parodie de la chanson populaire prônant le recrutement fit le tour du pays : « Nous voici, père Abraham, trois cents dollars de plus[1]. » Le prix exigé pour l'indemnité équivalait à près d'un an de salaire pour un ouvrier non qualifié. « *Les riches sont exemptés !* proclamait un rédacteur en chef de l'Iowa. Avez-vous jamais vu une législation aristocratique faire valoir de façon aussi flagrante que le pauvre est inférieur au riche ? » A première vue, les privilèges qu'étaient l'indemnité et le remplacement paraissaient effectivement faire de la loi de conscription (pour reprendre la formule d'un historien moderne) « l'un des pires exemples de législation de classe jamais ratifié par le Congrès américain[2] ».

Toutefois, un examen plus serré dément cette conclusion. Le remplacement était consacré par la tradition ; il avait existé dans tous les pays d'Europe (même en France à l'époque des levées en masse), dans les États américains durant la guerre d'Indépendance, dans la milice et jusque dans la Confédération[3]. Quant à l'indemnité, les législateurs

1. Basil L. Lee, *Discontent in New York City 1861-1865* (Washington, 1943), p. 90 ; Foote, *Civil War*, t. II, p. 151.

2. Robert E. Sterling, « Civil War Draft Resistance in the Middle West », thèse de doctorat, Northern Illinois University, 1974, p. 167, 150.

3. Le régime sous lequel vécurent les treize États américains de 1777 jusqu'à l'adoption de l'actuelle Constitution en juin 1788. (NdE.)

républicains l'avait incluse à seule fin de fixer un prix maximal pour l'engagement des remplaçants. Dans le Sud, celui-ci était déjà monté en flèche pour dépasser les mille dollars. Dans le Nord, la solution de l'indemnité l'empêcherait de monter au-dessus de trois cents dollars environ. Les républicains y voyaient donc un moyen non pas de défavoriser la classe ouvrière, mais au contraire de mettre l'exemption à sa portée.

Certes une conscription sans indemnité ni remplacements eût été encore plus équitable, mais cette dernière méthode était si profondément enracinée, les précédents si nombreux, qu'elle faisait presque figure de droit. L'expérience de la guerre de Sécession modifia d'ailleurs cette optique et au bout de vingt mois, en décembre 1863, la Confédération abrogea les remplacements. Le Nord, cependant, les conserva tout au long de ses quatre appels de troupes (lesquels couvrirent également une vingtaine de mois) Pour les deux premiers appels (été 1863 et printemps 1864), l'indemnité resta une solution de rechange. Dans les deux cas, elle fonctionna comme l'avaient prévu les républicains. Les études faites sur la conscription à New York et dans l'Ohio n'ont permis de découvrir pratiquement aucune corrélation entre la richesse et le recours à l'indemnité. Des circonscriptions new-yorkaises où les revenus par habitant étaient faibles avaient à peu près le même pourcentage d'hommes prêts à payer l'indemnité (ou à engager un remplaçant) que les quartiers plus riches. Dans quatre circonscriptions de l'Ohio — deux rurales et deux urbaines — la proportion de travailleurs non qualifiés ayant versé leurs trois cents dollars était de dix-huit pour cent, contre vingt-deux pour cent pour les ouvriers qualifiés, vingt et un pour cent chez les négociants, banquiers, fabricants, médecins, avocats et employés de bureau, et quarante-sept pour cent pour les fermiers et ouvriers agricoles. Étant donné que c'était chez les ouvriers qualifiés et non qualifiés que l'on trouvait la plus forte proportion d'hommes qui « ne répondaient pas à l'appel » lorsque leur nom était tiré au sort, il semble que, dans l'Ohio du moins, les ouvriers et les agriculteurs étaient *plus* susceptibles de se soustraire à la conscription que les « cols blancs ». Sous ce rapport, on ne saurait donc dire que ce fut particulièrement le combat du pauvre[1].

Pourtant, le tollé soulevé par l'« argent du sang » incita le Congrès à abroger le système de l'indemnité en juillet 1864, en dépit des mises en garde de certains républicains, convaincus que le prix des

1. James W. Geary, « Civil War Conscription in the North : A Historiographical Review, *CWH* (1986), p. 208-228 ; Eugène C. Murdock, « Was It a "Poor Man's Fright" ? », *CWH*, n° 10 (1964), p. 241-245 ; Murdock, *Patriotism Limited*, p. 211-215 ; Hugh C. Earnhart, « Commutation : Democratic or Undemocratic ? », *CWH*, n° 12 (1966), p. 132-142 ; Levine, « Draft Evasion », p. 820-829.

remplaçants allait aussitôt monter et que les pauvres ne pourraient plus le payer. Leurs craintes ne se concrétisèrent que partiellement. La proportion d'ouvriers et de fermiers qui s'achetèrent une exemption à l'occasion des deux derniers appels déclina de moitié après l'abolition de l'indemnité, mais le pourcentage d'exemptions achetées par les « cols blancs » et les professions libérales déclina elle aussi presque de moitié. De toute façon, si l'on considère les quatre appels de troupes dans leur ensemble, les pauvres ne semblent guère avoir souffert, comparativement, d'un quelconque désavantage. Dans les circonscriptions de New York où existait la plus forte concentration d'immigrants irlandais, quatre-vingt-dix-huit pour cent des hommes ne bénéficiant pas d'une exemption d'office payèrent l'indemnité ou engagèrent des remplaçants. Le tableau que voici fournit une analyse détaillée des professions exercées par les hommes dont les noms furent tirés au sort dans quatre circonscriptions témoins de l'Ohio[1] :

Profession	*N'a pas répondu*	*Exempté d'office*	*Indemnité / remplaçant*	*Bon pour le service*
Ouvrier non qualifié	24,9 %	45,1 %	24,2 %	5,8 %
Ouvrier qualifié	25,7 %	43,8 %	21,9 %	8,6 %
Fermier et ouvrier agricole	16,1 %	34,1 %	30,9 %	18,9 %
Marchand, fabricant, banquier courtier	22,6 %	46,3 %	29,1 %	2,0 %
Employé de bureau	26,2 %	47,7 %	24,3 %	1,8 %
Profession libérale	16,3 %	48,5 %	28,9 %	6,3 %

Où les ouvriers parvenaient-ils à trouver de quoi payer l'indemnité ou un remplaçant ? Bien peu payèrent de leur poche : de nombreux comtés ou villes mirent sur pied pour ceux qui ne disposaient pas d'une telle somme une caisse alimentée par des taxes sur la propriété. A New York, des comités d'arrondissement organisés depuis Tammany Hall, le siège du parti démocrate, réunirent des fonds destinés à engager des remplaçants pour les conscrits, et ailleurs les appareils politiques suivirent cet exemple. Plusieurs usines, entreprises ou compagnies ferroviaires achetèrent des exemptions pour leurs employés appelés, grâce à des fonds fournis conjointement par l'employeur et par une retenue de dix pour cent sur les salaires. Des sociétés d'assurances contre la conscription surgirent un peu partout, proposant une police de trois cents dollars

1. Les chiffres ont été calculés à partir des données brutes trouvées chez Earnhart, « Commutation », p. 138-142.

pour des primes de quelques dollars par mois. De cette façon, plus des trois quarts de tous les appelés qui se présentèrent au bureau du grand prévôt et ne parvinrent pas à se faire exempter d'office furent en mesure de racheter leur liberté.

Qu'était-ce donc que cette conscription qui avait pour résultat que sept pour cent seulement des hommes désignés par le tirage au sort furent finalement incorporés ? Eh bien, ce n'était pas du tout une conscription, mais une maladroite politique de la carotte et du bâton, destinée à stimuler le volontariat. Le bâton, c'était la menace d'être conscrit et la carotte une prime accordée aux volontaires. En définitive, cependant, la méthode porta ses fruits, car si quarante-six mille des appelés seulement servirent dans les rangs de l'armée et si soixante-quatorze mille autres fournirent des remplaçants, quelque huit cent mille hommes s'engagèrent ou se rengagèrent de leur propre gré au cours des deux années qui suivirent le vote de la loi sur la conscription. Bien que le coût social et économique de ce système fût élevé, les Américains paraissaient prêts à l'assumer, parce que le service obligatoire était contraire aux valeurs et aux traditions de la nation. Les paroles prononcées par Alexis de Tocqueville vingt-cinq ans plus tôt étaient encore valables en 1863 : « En Amérique, la conscription n'existe pas et les hommes sont incités à s'engager au moyen de primes. Les notions et les habitudes de la population [...] sont si hostiles au recrutement obligatoire que je ne crois pas qu'il puisse jamais y être sanctionné par les lois[1]. »

Pourtant, en fin de compte, le volontariat avec prime à la clef en vint à paraître plus néfaste encore que la conscription. Les primes implicites apparurent dès les premiers jours du conflit, lorsque des sociétés d'aide aux soldats réunirent des sommes destinées au soutien des familles dont le chef abandonnait son travail pour partir à la guerre. Les États, comtés et municipalités affectèrent des fonds à cet effet. Ces subsides dus au patriotisme ne soulevèrent pas de controverse. Durant l'été de 1862, cependant, à l'occasion des deux appels de troupes lancés par Lincoln, plusieurs villes du Nord se trouvèrent dans la nécessité de verser des primes en espèces afin de remplir leurs quotas. Un an plus tard, le choc de la première conscription et du premier tirage au sort, qui suscitèrent une résistance acharnée dans beaucoup de régions, incita les communautés à remplir leurs futurs quotas par n'importe quelle moyen permettant d'éviter la conscription. Les trois appels de troupes lancés par Lincoln en 1864 déclenchèrent des surenchères pour acheter des volontaires. Des associations privées réunissaient les fonds nécessaires pour les primes. Les villes et comtés faisaient monter les prix pour attirer les recrues. En octobre 1863, le gouvernement fédéral se mit de la partie

1. Cité par Adrian Cook, *The Armies of the Streets : The New York City Draft Riots of 1863* (Lexington, Ky., 1974), p. 48.

avec une prime de trois cents dollars (financée grâce aux indemnités) accordée aux volontaires et aux rengagés.

Le demi-milliard de dollars versé sous forme de primes dans le Nord représentait dans une certaine mesure un transfert de richesses des nantis aux démunis — contrepoint ironique au thème de la guerre du riche et du combat du pauvre. Dès 1864, une recrue ayant le sens des affaires pouvait additionner les primes locales, régionales et nationales pour en arriver à une somme de mille dollars ou plus. Certains hommes furent incapables de résister à la tentation de prendre cet argent, puis de déserter, de changer de nom, de partir pour une autre ville et de recommencer. Nombre de ces « voleurs de primes » réussirent à récidiver à plusieurs reprises. D'autres s'improvisèrent « courtiers en primes » et cherchèrent à décrocher pour leurs clients des marchés juteux — sur lesquels ils touchaient leur pourcentage. Ils étaient en concurrence avec les « courtiers en remplaçants », chacun cherchant à se tailler la meilleure part de ce lucratif commerce de la chair à canon. Cela dit, un nombre relativement faible de « chasseurs de primes » ou de remplaçants devenait effectivement de la chair à canon, car beaucoup désertaient avant même de participer à la moindre action et d'autres se laissaient capturer dès leur premier contact avec l'ennemi. Ainsi, bien que le système de la conscription, des remplaçants et des primes eût fourni quelque sept cent cinquante mille nouvelles recrues[1], celles-ci ne contribuèrent guère à la victoire de l'Union, laquelle fut principalement le fait des soldats engagés en 1861 et 1862, avant l'ère des primes. Ces derniers considéraient d'ailleurs avec un mépris excessif la plupart des chasseurs de primes et remplaçants de 1864, comme autant de « raclures des taudis du Nord [...], lie de toutes les nations [...], traîtres avérés [...], voleurs, cambrioleurs et vagabonds[2] ».

Un des aspects les plus célèbres de ce système des primes et des remplaçants fut le véritable racolage dont les immigrants firent l'objet. Durant la première moitié de la guerre, le taux d'immigration avait considérablement baissé, mais il remonta à partir de 1863 en raison de la pénurie de main-d'œuvre engendrée par le conflit. Certains de ces immigrants arrivaient avec l'intention bien arrêtée de s'engager dans l'armée pour se remplir les poches grâce aux primes et aux remplacements. D'autres furent pratiquement kidnappés pour être envoyés au front par des « agents » peu scrupuleux. Le nombre considérable d'immigrants combattant dans l'armée de l'Union donna naissance à un mythe sudiste particulièrement tenace, selon lequel « la majorité des soldats yankees étaient des mercenaires étrangers[3] ». En réalité, c'était tout le contraire.

1. Plus de cent cinquante mille hommes qui se rengagèrent touchèrent aussi des primes.
2. Wiley, *Billy Yank*, p. 343-344 ; Bruce Catton, *A Stillness at Appomattox* (Garden City, N.Y., 1957), p. 25-29.
3. Wiley, *Billy Yank*, p. 428, n. 51, citant un historien sudiste anonyme qui fit cette déclaration en 1951.

Les immigrants étaient proportionnellement sous-représentés dans les forces armées de l'Union. Sur quelque deux millions de soldats et marins blancs, un demi-million étaient nés à l'étranger. Alors que, dans les États de l'Union, la proportion d'hommes nés à l'étranger et en âge de servir dans l'armée était de trente pour cent, les immigrants constituaient vingt-cinq pour cent seulement des hommes sous les drapeaux. En dépit de la réputation de bravoure de la Brigade irlandaise, les Irlandais étaient le groupe le moins représenté par rapport à leur nombre dans la population, suivis par les Allemands catholiques. Les autres groupes d'immigrants s'engagèrent en quantités à peu près proportionnelles à leur part de la population[1].

La faible représentation des immigrants catholiques peut s'expliquer en partie par leur allégeance traditionnelle au parti démocrate et leur opposition aux objectifs de guerre des républicains, surtout à l'émancipation. Certains n'avaient pas encore demandé leur naturalisation — ou prétendaient ne pas l'avoir fait — et étaient donc exemptés d'office. Bien que ce groupe fournît pendant la dernière année de guerre un nombre important de remplaçants et de chasseurs de primes — ce qui le rendit peu glorieusement voyant — ce fut aussi de ses rangs que sortirent nombre de déserteurs et de « voleurs de primes ». De même beaucoup de ceux qui « filèrent » pour échapper à la conscription étaient catholiques, quand ce n'étaient pas des *Butternuts* de la vallée de l'Ohio[2]. L'appartenance ethno-culturelle renforçait la stratification socio-économique, car les *Butternuts* et les immigrants catholiques étaient concentrés à l'extrémité inférieure de l'échelle des richesses et des revenus. Peut-être cela confirme-t-il le thème de la « guerre du riche » — car beaucoup de ces gens ne voulaient rien avoir à faire avec la guerre — mais cela dément aussi l'idée du « combat du pauvre ». Ce que confirme le tableau suivant comparant les professions exercées par les soldats de l'Union avant la guerre à la répartition professionnelle de tous les hommes dans les États dont ils étaient originaires[3].

1. Les données concernant le nombre de soldats nés à l'étranger dans l'armée de l'Union figurent chez Benjamin A. Gould, *Investigations in Military and Anthropological Statistics of American Soldiers* (New York, 1869) ; chez Ella Lonn, *Foreigners in the Union Army and Navy* (Baton Rouge, 1951), surtout les p. 581-582 ; chez Wiley, *Billy Yank*, p. 306-315 ; chez William F. Fox, *Regimental Losses in the American Civil War 1861-1865* (Albany, 1889), p. 62-63 ; et chez Edward Channing, *The War for Southern Independence* (vol. 6 de son *History of the United States*, New York, 1925), p. 426n. Une excellente analyse concernant l'État possédant la plus forte proportion d'hommes nés à l'étranger, quarante pour cent seulement des soldats du Wisconsin, révèle qu'alors que plus de la moitié des hommes en âge de servir étaient nés à l'étranger, quarante pour cent seulement des soldats du Wisconsin présentaient cette caractéristique. Richard N. Current, *The History of Wisconsin : The Civil War Era 1848-1873* (Madison, 1976), p. 306, 335.

2. Levine, « Draft Evasion », p. 820-834 ; Sterling, « Midwest Draft Resistance », p. 251-262.

3. Les données concernant les professions de tous les hommes du pays en 1860 sont extraites des tableaux professionnels du recensement de 1860. Les échantillons se rapportant

Catégories professionnelles	*Soldats de l'Union* (Commission sanitaire des États-Unis)	*Soldats de l'Union* (Bell Wiley)	*Tous les hommes* (Recensement de 1860)
Fermiers et ouvriers agricoles	47,5 %	47,8 %	42,9 %
Ouvriers qualifiés	25,1 %	25,2 %	24,9 %
Ouvriers non qualifiés	15,9 %	15,1 %	16,7 %
« Cols blancs » et commerçants	5,1 %	7,8 %	10,0 %
Professions libérales	3,2 %	2,9 %	3,5 %
Divers et non spécifié	3,2 %	1,2 %	2,0 %

Au vu de ce tableau, on pourrait croire que la classe des « cols blancs » était le groupe le moins bien représenté au sein des forces armées. Mais les apparences sont trompeuses, car l'âge moyen des soldats qui s'engageaient était de vingt-trois ans et demi, alors que les données professionnelles fournies par le recensement concernaient tous les hommes adultes. Les deux cinquièmes des soldats avaient vingt et un ans ou moins. Or, des études sur la mobilité professionnelle au XIXe siècle ont révélé que dix pour cent ou plus des jeunes gens qui commençaient leur carrière comme ouvriers grimpaient ensuite les échelons professionnels[1]. Si l'on pouvait vérifier l'âge des soldats, il est probable que la seule catégorie notoirement sous-représentée serait celle des ouvriers non qualifiés.

Quoi qu'il en soit, même si la dichotomie guerre du riche/combat du pauvre manquait de réalité objective, elle demeura pour les

aux professions exercées par les soldats de l'Union avant la guerre sont empruntés à : 1) une étude de la Commission sanitaire des États-Unis portant sur la profession de six cent soixante-cinq mille cinq cent trente soldats originaires de tous les États de l'Union hormis le Maryland et le Delaware ; 2) un échantillon de treize mille trois cent quatre-vingt-douze soldats blancs appartenant à cent quatorze compagnies de tous les États libres plus le Missouri, proposé par Bell Wiley (la Californie, l'Oregon et les territoires ne figurent pas dans ces données). Les échantillons de la Commission sanitaire et de Wiley étaient fondés sur les contrôles des compagnies et sont représentatifs de la proportion de soldats appartenant aux divers États. Les données de la Commission sanitaire ont été publiées chez Gould, *Investigation in Military and Anthropological Statistics*, et celles de Wiley ont été aimablement communiquées à l'auteur par Wiley lui-même avant sa mort. Je lui suis très reconnaissant de sa générosité et je remercie aussi de son travail scrupuleux Patricia McPherson qui a compilé les données professionnelles du recensement de 1860.

1. Stephan Thernstrom, *The Other Bostonians : Poverty and Progress in the American Metropolis* (Cambridge, Mass., 1973), surtout le tableau de la p. 234. Ce tableau résume les résultats d'études sur la mobilité professionnelle dans plusieurs villes. Ces études indiquent qu'en moyenne entre quinze et vingt pour cent des jeunes ouvriers passaient finalement dans la catégorie des « cols blancs », alors que cinq à dix pour cent des jeunes gens qui commençaient en tant que « cols blancs » descendaient chez les « cols bleus ». Ces études ne portent pas sur la mobilité professionnelle des jeunes ouvriers agricoles dont le taux de passage vers la catégorie des « cols blancs » fut peut-être plus élevé.

démocrates, qui firent de la conscription une question de parti et de classe, un puissant symbole qu'ils manipulèrent à leur guise. Au Congrès, alors que les républicains soutenaient à cent pour cent la loi sur la conscription, quatre-vingt-huit pour cent des démocrates votèrent contre[1]. Aucune question, ou presque, en dehors de l'émancipation des Noirs, ne provoqua un clivage partisan aussi net. D'ailleurs, les démocrates associaient ces deux mesures dans leur condamnation de la conscription qui n'était pour eux qu'un moyen anticonstitutionnel d'atteindre une fin qui ne l'était pas moins : l'affranchissement des esclaves. Une convention du parti démocrate dans le Midwest fit le serment de « n'accorde aucun soutien au présent gouvernement pour sa malfaisante croisade abolitionniste [et de] *résister* jusqu'à la *mort* à toutes les tentatives de mobiliser un seul de [leurs] citoyens dans les rangs de l'armée ». La presse démocrate ne cessait de répéter que la conscription forcerait les travailleurs blancs à se battre pour la libération de Noirs qui envahiraient alors le Nord pour leur prendre leurs emplois. Lors d'un meeting de masse, le rédacteur en chef du plus grand hebdomadaire catholique new-yorkais déclara à l'auditoire que « lorsque le Président les appellerait pour aller livrer une guerre en faveur du nègre, il voulait bien être pendu s'il les croyait capables de le faire ». Dans son discours du 4 juillet 1863 au démocrates de New York, le gouverneur de l'État, Horatio Seymour, avertit les républicains qui invoquaient la nécessité militaire en faveur de l'émancipation et de la conscription : « Rappelez-vous une chose : c'est que la doctrine sanglante et traîtresse de la nécessité publique peut être proclamée par des émeutiers tout autant que par un gouvernement[2]. »

Ce genre de rhétorique enflamma les tensions qui couvaient. Au cours du printemps et de l'été, des insoumis et des émeutiers tuèrent plusieurs officiers recruteurs. En outre, dans diverses villes, des débordements de violence eurent lieu contre les Noirs. Nulle part, cependant, la situation n'était plus explosive qu'à New York, en raison de l'importante population irlandaise et du puissant appareil démocrate. Entassés dans les taudis insalubres d'une ville dont les taux de mortalité par maladie et de criminalité étaient les plus élevés du monde occidental, remplissant des emplois non qualifiés pour des salaires de misère, redoutant la concurrence des travailleurs de couleur, hostiles aux protestants des classes moyennes et supérieures, qui bien souvent les méprisaient et les exploitaient, les Irlandais étaient mûrs pour se soulever contre cette guerre livrée par des yankees protestants pour affranchir les Noirs. Depuis 1861, l'augmentation des salaires était de vingt pour cent ou plus inférieure à la hausse des prix. De nombreuses grèves avaient laissé derrière elles

1. *CG*, 37ᵉ Cong., 3ᵉ Sess., p. 1293,1389.
2. La convention est citée par Gray, *Hidden Civil War*, p. 123 ; James McMaster, rédacteur en chef du *Freeman's Journal*, par Lee, *Discontent in New York City*, p. 239 ; et Seymour par Cook, *Armies of the Streets*, p. 53.

un amer contentieux, tout particulièrement celle des dockers en juin 1863, durant laquelle des déchargeurs noirs, sous la protection de la police, vinrent remplacer les Irlandais en grève.

Ce fut dans ce contexte que, le samedi 11 juillet, les officiers chargés de la conscription se présentèrent, pour tirer les noms des appelés. La majeure partie de la milice et des troupes d'État habituellement stationnées dans la ville se trouvaient en Pennsylvanie, où elles donnaient la chasse à l'armée de Lee après la bataille de Gettysburg. Le tirage au sort du premier jour se passa plutôt calmement, mais, le dimanche, des centaines d'hommes en colère s'assemblèrent dans les bars et se jurèrent d'attaquer les bureaux de conscription dès le lendemain matin. Ils tinrent parole, déclenchant ainsi quatre journées de violentes émeutes qui terrorisèrent la ville et firent au moins cent cinq morts. Ce furent les plus graves émeutes de l'histoire des États-Unis[1].

Bon nombre des hommes (et des femmes) qui y participèrent se livrèrent à des pillages et destructions systématiques, mais, comme dans la plupart des violences de ce genre, les foules en fureur sélectionnèrent quelques cibles liées aux causes sous-jacentes de ce déchaînement. Dès le début des émeutes, on mit le feu aux bureaux de conscription et à d'autres locaux fédéraux. Aucun Noir n'était en sécurité. Les émeutiers en rossèrent plusieurs, en lynchèrent une demi-douzaine, détruisirent les foyers et les biens de dizaines d'entre eux et réduisirent en cendres l'orphelinat des enfants de couleur. Ils s'abattirent aussi sur les locaux de plusieurs entreprises qui employaient des Noirs. Certains voulurent attaquer les bureaux des journaux républicains et parvinrent à brûler le rez-de-chaussée de l'immeuble du *Tribune*, en réclamant à cor et à cri le sang de Horace Greeley. Plusieurs rédacteurs en chef réussirent à tenir la foule à distance en armant leurs employés de fusils ; pour défendre ses locaux, Henry Raymond, du *New York Times*, emprunta à l'armée trois mitrailleuses Gatling, une invention récente. Les émeutiers mirent à sac les demeures de plusieurs républicains et abolitionnistes connus. Hurlant « A bas les riches ! » et « Voilà un homme à trois cents dollars », ils s'en prirent aussi aux passants bien vêtus qui avaient l'imprudence de se risquer dans la rue. Ces indices d'une guerre des classes furent amplifiés par les assauts lancés contre les biens d'employeurs ayant la réputation d'être hostiles aux ouvriers et par la destruction des machines à balayer les rues et des élévateurs de céréales, grâce auxquels on avait automatisé les emplois de certains des ouvriers non qualifiés qui

1. Des estimations exagérées de l'époque, avançant le chiffre de plus d'un millier de morts, furent reprises dans les récits populaires de ces émeutes, mais les recherches scrupuleuses d'Adrian Cook ont permis d'établir qu'il n'y eut que cent cinq morts officiels, encore qu'une autre douzaine de décès, environ, puisse être rattachée aux émeutes. Parmi ces victimes onze étaient des Noirs, huit des soldats et deux des policiers tués par les insurgés ; les autres étaient des émeutiers. Cook, *Armies of the Streets*, p. 193-194, 310n.

constituaient le gros des émeutiers. La foule, composée pour les deux tiers, au moins, d'Irlandais, mit aussi le feu à plusieurs églises et missions protestantes[1].

N'ayant reçu aucune formation pour maîtriser les émeutes, la police new-yorkaise combattit courageusement les insurgés, les 13 et 14 juillet, mais avec un succès partiel seulement. Des officiers de l'armée s'efforcèrent désespérément de réunir quelques centaines de soldats pour les seconder. Le ministère de la Guerre rappela en catastrophe plusieurs régiments de Pennsylvanie à New York, où, les 15 et 16 juillet, ils tirèrent d'innombrables rafales contre les émeutiers, avec des résultats aussi meurtriers que deux semaines plus tôt à Gettysburg, contre les rebelles. Le 17 juillet, une paix orageuse était revenue sur la ville ravagée. Bien résolu à faire appliquer la conscription à New York, de peur qu'une résistance couronnée de succès n'incitât d'autres villes à suivre cet exemple, le gouvernement renforça les troupes en envoyant à Manhattan vingt mille hommes qui imposèrent le calme lorsque la conscription reprit, le 19 août. A cette date, le conseil municipal avait libéré des fonds destinés à financer les indemnités versées par les appelés — parmi lesquels figuraient, sans aucun doute, certains des émeutiers.

II

Le spectre de la lutte de classes hantait aussi le Sud où, tout comme dans le Nord, la conscription exaspéra les tensions. En septembre 1862, le besoin d'hommes avait contraint le Congrès confédéré à faire passer la limite d'âge supérieure pour les appelés de trente-cinq à quarante-cinq ans. De ce fait, les chefs de nombreuses familles pauvres se trouvèrent soudain en passe d'être mobilisés, à une époque où la sécheresse qui sévissait cet été-là avait dévasté les cultures vivrières. Et ce même Congrès mit un comble à son iniquité avec une clause prévoyant l'exemption d'un Blanc dans chaque plantation de vingt esclaves ou plus.

Cette exemption controversée résultait des pressions exercées par les familles de planteurs. Le Sud ne s'était-il pas mis en guerre, entre autres causes, pour défendre l'esclavage ? Or, si tous les Blancs d'une plantation partaient à l'armée, la discipline risquait fort de s'éroder, les esclaves continueraient à se sauver en direction des marécages ou des yankees, et l'esclavage s'effondrerait de lui-même. Le Sud se battait aussi pour préserver une certaine image de la femme, et laisser des Blanches seules dans les plantations pour diriger un grand nombre d'esclaves n'y était guère conforme. Une lettre d'une habitante de l'Alabama au gouverneur

1. Cook, *Armies of the Streets*, passim, surtout p. 117,195-196.

de cet État, écrite en septembre 1862, dépeignait une situation qui paraissait exiger des mesures d'exception : « Je n'ai pas de frère, *personne* à qui je puisse demander de l'aide, expliquait-elle. Je vis à présent *toute seule,* avec mon unique enfant, une petite fille de deux ans. Me voici désormais environnée de toutes parts par des plantations de Noirs — dans lesquelles, pour la plupart, il n'y a pas un seul [homme] Blanc. Alors, je vous en supplie, ne pouvez-vous, par bonté pour une pauvre femme et son enfant sans protection, me donner le droit de faire rappeler mon contremaître ? » La Confédération avait en outre besoin des aliments et des fibres que l'on cultivait dans les plantations et les sudistes étaient convaincus que, sans contremaîtres, les Noirs ne feraient rien pousser du tout. Les planteurs répétaient avec insistance que l'exemption des contremaîtres était au moins aussi importante pour l'effort de guerre que celle des enseignants ou des apothicaires. En octobre 1862, le Congrès leur donna raison, malgré les objections élevées par certains sénateurs contre cette législation « favorable à la main-d'œuvre servile contre la main-d'œuvre blanche[1] ».

En accordant un privilège spécial à une classe qui ne constituait que cinq pour cent de la population blanche, la loi dite « des vingt Noirs » acquit dans le Sud une impopularité comparable à celle de l'indemnité dans le Nord. Même si elle ne servit en définitive à faire exempter que quatre ou cinq mille planteurs ou contremaîtres — représentant environ quinze pour cent des plantations satisfaisant aux critères et trois pour cent des hommes exemptés pour une raison quelconque — elle était un puissant symbole. Parmi les déserteurs de l'armée confédérée, durant l'hiver de 1862-1863, beaucoup auraient fait chorus avec un fermier du Mississippi qui rentra chez lui parce qu'il « [n'avait] pas l'intention de se battre pour les riches, pendant qu'ils étaient en train de se goberger chez eux ». Ayant quitté Richmond pour aller séjourner chez lui, James Phelan, sénateur du Mississippi, alarmé par les propos qu'il entendait tenir, écrivit à son ami Jefferson Davis le 9 décembre : « Jamais aucune loi n'a suscité une haine plus universelle [...]. Son effet sur les pauvres est calamiteux [...]. Elle a provoqué dans certains endroits, à ce qu'on me dit, un esprit de rébellion et des groupes d'hommes se sont formés pour y résister ; alors que dans l'armée, on prétend qu'il suffirait de quelques hommes hardis pour lever l'étendard de la révolte[2]. »

Ces protestations n'eurent guère de poids contre l'influence des planteurs. Le Congrès modifia la loi d'exemption des « vingt Noirs »,

1. Citations empruntées à Armstead Robinson, *Bitter Fruits of Bondage : Slavery's Demise and the Collapse of the Confederacy, 1861-1865*, manuscrit inédit, Chap. 5, p. 15, 27.

2. Citations empruntées à Bell Irvin Wiley, *Southern Negros 1861-1865* (New Haven, 1938), p. 49n., et à *O.R.*, sér.I, vol.17, 2ᵉ partie, p. 790. On trouvera des statistiques sur les exemptions chez Albert B. Moore, *Conscription and Conflict in the Confederacy* (New York, 1924), p. 107-108.

mais jamais il ne l'abrogea et elle resta une source de discorde pendant toute la fin du conflit. Une de ces modifications, apportée en mai 1863, obligeait les planteurs à verser cinq cents dollars pour jouir du privilège de l'exemption ; une autre, datant de février 1864, réduisait le nombre d'esclaves à quinze, mais stipulait que les plantations exemptées devaient vendre au gouvernement, à prix fixe, cent kilos de viande par esclave, dont une partie irait aux familles des soldats nécessiteux. Comme le laisse supposer une telle clause, la faim jouait un rôle important dans la désaffection des petits fermiers et des ouvriers. Bien qu'une grande partie des terres du Sud eût été soustraite à la culture du coton en 1862 pour être consacrée aux cultures vivrières, la sécheresse et la détérioration des transports confédérés — sans parler du fait que l'Union avait conquis certaines régions les plus fertiles — entraînèrent de graves pénuries alimentaires l'hiver suivant. L'inflation galopante faisait en outre grimper les prix des denrées qui devenaient inabordables pour bien des gens, même lorsqu'elles étaient disponibles. Ayant doublé une première fois durant la seconde moitié de l'année 1862, l'indice des prix doubla de nouveau durant la première moitié de l'année suivante. A Richmond, John Jones, employé au ministère de la Guerre, vit l'écart se creuser entre son salaire et le coût de la vie, jusqu'au moment où il nota, en mars 1863 : « L'ombre de la famine squelettique plane sur nous. » Jones avait perdu dix kilos « et [sa] femme et [ses] enfants [étaient] émaciés ». Il n'y avait pas jusqu'aux rats de la cuisine qui n'eussent si faim qu'ils venaient manger les miettes de pain dans la main de sa fille « aussi familiers que des chatons ». Et Jones concluait : « Peut-être allons-nous en être réduits à les manger à leur tour[1] ! »

Dans les fermes, les femmes et les enfants souffraient autant que dans les villes. Une fermière de Caroline du Nord écrivit au gouverneur, Zebulon Vance, en avril 1863 : « Une foule de nous autres, pauvres fames, sommes allées à Greenesborough hier pour trouver à manger car nous n'avions pas une bouché de viande ni de pain dans ma maison et qu'ont-ils fait sinon de nous mettre en prizon au lieue de nous doner à manger [...]. J'ai six petits enfants et mon mari à l'armée alors quoi faire ? » Quoi, en effet ? D'autres femmes écrivirent aux fonctionnaires confédérés, les suppliant de démobiliser leurs maris. Une lettre adressée au ministre de la Guerre expliquait que l'époux de celle qui l'avait écrite « [n'était] pas capable de faire grand-chose pour votre gouvernement et il pourrait faire quelque chose pour ses enfants et ça serre à rien de garder un homme labas pour le tuer et de laisser des veuves et de povres petits orfelins à

1. Jones, *War Clerk's Diary* (Miers), p. 170, 243,164.

souffrir pendant que les riches ont tout plin de gens qui travaillent pour eux[1]. »

Les supplications de ce genre restaient le plus souvent sans effet, si bien que des milliers de maris se démobilisèrent de leur propre chef. « Il y a déjà des tas d'hommes qui sont rentrés chez eux, écrivit un soldat du Mississippi à sa femme en novembre 1862, et des tas qui disent que si leurs familles souffrent ils partiront [aussi]. » Un mois plus tard, un officier de l'armée du Tennessee, commandée par Bragg, déclarait avec accablement : « Les désertions se multiplient si vite dans notre armée que près d'un tiers des hommes est parti[2]. »

Nombre de ces déserteurs rejoignaient les insoumis dans les régions reculées de l'arrière-pays, pour former des bandes de guerilleros qui résistaient aux autorités confédérées et régnaient pratiquement sur des comtés entiers.

Certains de ces « régulateurs » nouèrent des liens avec les sociétés secrètes hostiles à la guerre ou favorables à l'Union, que l'on vit fleurir en 1862 et 1863 : la Société pour la paix et la Constitution en Arkansas, la Société pour la paix dans le nord de l'Alabama et de la Géorgie, et les Héros d'Amérique dans l'ouest de la Caroline du Nord et l'est du Tennessee. Le fameux thème de la guerre du riche débouchant sur le combat du pauvre stimula l'essor de ces sociétés, tout comme il favorisait celui des *copperheads* dans le Nord. Sans jamais atteindre la notoriété ou l'influence qu'un parti politique bien établi assurait aux *copperheads* du Nord, dans certaines régions, ces sociétés pacifistes du Sud privaient l'effort de guerre confédéré d'une partie de sa vitalité et formaient un noyau susceptible de donner naissance à un important mouvement en faveur de la paix, si jamais les opérations militaires prenaient mauvaise tournure[3].

Le combat dans le Sud était-il particulièrement réservé aux pauvres ? Guère plus, sans doute, qu'il ne l'était dans le Nord, selon le tableau que voici, fondé sur des données concernant sept États confédérés[4].

---

1. W. Buck Yearns et John G. Barrett (éd.), *North Carolina Civil War Documentary* (Chapel Hill, 1980), p. 221 ; Paul D. Escott, *After Secession : Jefferson Davis and the Failure of Confederate Nationalism* (Baton Rouge, 1978), p. 108.
2. Robinson, *Bitter Fruits of Bondage*, chap. 5, p. 38, 40.
3. Georgia Lee Tatum, *Disloyalty in the Confederacy* (Chapel Hill, 1944).
4. Les données concernant les soldats confédérés sont fondées sur un échantillon de neuf mille cinquante-sept hommes figurant sur les contrôles de compagnies appartenant à des régiments de l'Alabama, l'Arkansas, la Caroline du Nord, la Géorgie, la Louisiane, le Mississippi et la Virginie. Je suis reconnaissant au regretté Belle Irvin Wiley pour la générosité avec laquelle il m'a fourni ces données figurant dans ses propres dossiers.

Catégories professionnelles	*Soldats confédérés*	*Blancs* (Recensement de 1860)
Planteurs, fermiers et ouvriers agricoles	61,5 %	57,5 %
Ouvriers qualifiés	14,1 %	15,7 %
Ouvriers non qualifiés	8,5 %	12,7 %
Cols blancs et commerçants	7,0 %	8,3 %
Professions libérales	5,2 %	5,0 %
Diverses et non spécifiées	3,7 %	0,8 %

D'après cet échantillon, il semble qu'avec les ajustements nécessaires pour tenir compte de l'âge, les ouvriers qualifiés et non qualifiés étaient sous-représentés dans l'armée de la Confédération, à l'inverse peut-être des classes commerçantes et des professions libérales. Les catégories les plus importantes de cette société rurale, cependant, étaient celles des fermiers et des planteurs. Malheureusement, ni le recensement, ni les registres des régiments n'établissaient systématiquement de distinction entre elles, si bien qu'il est impossible de savoir si les « planteurs » étaient eux aussi insuffisamment représentés. La seule étude portant sur cette question a permis de découvrir que, dans trois comtés de Géorgie situés au pied des montagnes, la richesse moyenne des hommes qui ne servirent pas dans l'armée était d'environ vingt pour cent supérieure à celle de ceux qui servirent[1]. En ce qui concerne la Confédération dans son ensemble, peut-être la tendance plus forte chez les hommes originaires des régions pauvres et reculées à filer dans les bois, à déserter ou à éviter par tous les moyens de servir dans l'armée confédérée fit-elle contrepoids au schéma qui ressort de cet échantillon limité.

Quoi qu'il en soit, le pouvoir symbolique de la loi des « vingt Noirs » et les souffrances effectives des familles pauvres firent que l'on attacha davantage de foi au thème du combat du pauvre dans le Sud que dans le Nord. Car, enfin, « on ne peut pas demander à des hommes de se battre pour un gouvernement qui laisse leurs femmes et leurs enfants

1. J. William Harris, *Plain Folk and Gentry in a Slave Society : White Liberty and Black Slavery in Augusta's Hinterlands*, (Middletown, Conn., 1986, p. 152. Harris a compilé un échantillonnage d'hommes d'âge militaire originaires de trois comtés de Géorgie, il a déterminé leurs richesses et le nombre d'esclaves qu'ils possédaient (ou leur famille) en compulsant les formulaires manuscrits remplis pour le recensement de 1860, et il a examiné les registres militaires se rapportant à la Géorgie, afin de découvrir quels hommes de son échantillon avaient servi ou non dans l'armée confédérée. Il faut toutefois traiter les résultats de ses recherches avec une certaine prudence, car il a trouvé moins de la moitié des noms de son échantillon sur les registres des régiments de Géorgie, alors qu'on sait que soixante-dix à quatre-vingts pour cent des sudistes blancs en âge d'être appelés servirent sous les drapeaux confédérés. Les avoirs en biens et en esclaves des hommes ne figurant pas sur les registres militaires incomplets auraient peut-être modifié les résultats obtenus par Harris, si l'on était parvenu à les identifier.

mourir de faim », écrivit un leader sudiste en 1862. Le gouvernement en question — et plus particulièrement les autorités des États et des comtés — en avait d'ailleurs pleinement conscience. La plupart des États du Sud et de nombreux comtés votèrent des budgets pour alimenter des caisses de secours destinées aux familles des soldats pauvres. Ces dépenses étaient financées par des taxes sur les esclaves et les grandes propriétés terriennes, ce qui constituait une tentative d'atténuer les rancœurs de classe en transférant les ressources, de la poche des riches dans celle des pauvres. Les deux États qui firent le plus dans ce sens étaient la Géorgie et la Caroline du Nord — c'est-à-dire les deux États dont les gouverneurs, Joseph Brown et Zebulon Vance, faisaient obstacle à l'effort de guerre confédéré en défendant les droits des États. Les gens du peuple avaient tendance à louer Brown et Vance et à dénigrer Davis, pas nécessairement parce qu'ils étaient en faveur du droit des États aux dépens de ceux de la Confédération, mais parce que leur État les secourait, alors que le gouvernement de Richmond leur enlevait leurs maris, leurs fils et leurs moyens de subsistance[1].

Les impôts et les réquisitions votés par le gouvernement confédéré afin de soutenir l'armée le firent aussi apparaître comme un pouvoir oppresseur. Au printemps de 1863, l'inflation galopante finit par obliger les législateurs de Richmond à chercher des solutions autres que la planche à billets pour financer la guerre. En avril, ils suivirent l'exemple de l'Union et votèrent une loi fiscale très complète, qui introduisait un impôt progressif sur le revenu, un prélèvement de huit pour cent sur certaines marchandises, des taxes sur les produits de luxe, des patentes et une taxe de dix pour cent sur les profits réalisés par les marchands de gros, destinée à récupérer un peu de l'argent que les « spéculateurs » avaient « extorqué » à la population. Mais l'idée que ces mesures fiscales allaient obliger les riches à payer leur juste part était neutralisée par une liste annexe d'articles taxés et une autre d'articles non taxés. Étant donné que l'argent avait désormais si peu de valeur, le Congrès imposa une « taxe en nature » de dix pour cent sur les produits agricoles. Après avoir mis de côté ce dont il avait besoin pour sa famille, chaque fermier devait remettre dix pour cent du surplus à l'un des trois mille agents qui se répandirent dans tout le Sud pour le percevoir. Les petits fermiers conçurent une amère rancœur contre ce prélèvement. Pourquoi, demandaient-ils, de pauvres hommes comme eux — ou plutôt de pauvres femmes, à présent que tant d'hommes étaient au front — devaient-ils verser dix pour cent, alors qu'un employé de bureau ou un enseignant touchant un salaire de mille

---

1. Citation empruntée à Robinson, *Bitter Fruits of Bondage*, chap. 6, p. 12. Les problèmes de la taxation progressiste et des politiques d'assistance sociale en Géorgie et en Caroline du Nord ont été étudiés par Peter Wallenstein, « Rich Man's War, Rich Man's Fight : Civil War and the Transformation of Public Finance in Georgia », *JSH*, n° 50 (1984), p. 15-42 ; et par Paul D. Escott, « Poverty and Government Aid for the Poor in Confederate North Carolina », *North Carolina Historical Review*, n° 61 (1984), p. 462-480.

cinq cents dollars ne donnait que deux pour cent de son revenu ? Et plus particulièrement, pourquoi la principale des riches — les esclaves — n'était-elle pas taxée *du tout* ? Réponse : une taxe sur les esclaves était considérée comme une contribution directe, laquelle n'était autorisée par la Constitution qu'après une répartition établie sur des bases démographiques. Or, on ne pouvait procéder à aucun recensement en temps de guerre, si bien qu'aucune contribution directe n'était possible. La pertinence de cet interdit constitutionnel échappait à la plupart des petits fermiers qui voyaient seulement que les agents du fisc emportaient leurs produits alors que les esclaves du riche n'étaient pas soumis à la taxation.

Dans la pratique, la taxe en nature ne semblait guère différer des « réquisitions » de provisions, auxquelles se livrait l'armée. Désespérément à court de ravitaillement, les officiers responsables des vivres et de l'intendance écumaient la campagne, en quête de nourriture, de fourrage et de bêtes de somme. Ils payaient le prix qu'eux-mêmes (et non le fermier) estimaient équitable, au moyen de billets à ordre, dont la valeur se dépréciait avant que le fermier ne fût en mesure de les toucher. A la fin de la guerre, on estima qu'un demi-milliard de ces reconnaissances de dette sans valeur étaient impayées. Certaines unités de l'armée, tout particulièrement la cavalerie, prenaient ce qui leur plaisait sans même faire semblant de l'acheter. « Si le bon Dieu tout-puissant avait encore en réserve une autre plaie, pire que toutes celles qu'il avait l'intention de lâcher sur l'Égypte, au cas où le cœur de Pharaon fût resté de pierre, écrivit Zebulon Vance, d'une plume courroucée, au ministère de la Guerre en 1863, je suis sûr que ce devait être un régiment ou deux de la cavalerie confédérée, à demi armé et à demi discipliné. » En dépit de la triste réputation des envahisseurs venus du Nord sous ce rapport, bien des sudistes estimaient que « les yankees ne [pouvaient nous] faire plus de mal que n'en ont fait nos propres soldats[1] ». Les réquisitions tombaient avec une injustice impartiale tant sur les riches que sur les pauvres qui se trouvaient vivre à proximité des lieux où se déroulaient des opérations militaires. Mais, du fait que le petit fermier ne pouvait guère se permettre de perdre le peu qu'il possédait, les réquisitions devinrent pour lui une autre source de désaffection à l'égard du gouvernement confédéré et de la cause qu'il représentait.

En réponse aux clameurs qui s'élevaient contre les réquisitions, le Congrès vota, en mars 1863, une loi destinée à les réglementer, grâce à la création de commissions chargées de fixer et d'arbitrer les « justes » prix. Cependant, cette loi fut plus souvent violée que respectée et les abus continuèrent. Des révisions de la loi fiscale, en février 1864, se révélèrent plus efficaces. Après avoir suspendu la clause stipulant que

1.Citations empruntées à Escott, *After Secession*, p. 111.

la réquisitions des contributions directes devait être assise sur un recensement, le Congrès imposa un prélèvement de cinq pour cent sur les terres et les esclaves. Les familles dont les biens se montaient à moins de cinq cents dollars étaient exemptées de la taxe en nature. En même temps, la révision de la loi des « vingt Noirs », réquisitionnant cent kilos de viande par esclave, conduisit le gouvernement confédéré à pratiquer le système de l'assistance alimentaire.

Mais ces mesures arrivèrent trop tard pour éviter que la détresse ne se manifestât sous sa forme la plus terrible : les émeutes pour le pain du printemps 1863. Dans une douzaine de villes et villages ou plus, entre Richmond et Mobile, des femmes à bout de ressources pillèrent des magasins d'alimentation ou des dépôts de vivres. De nombreuses émeutes suivirent le même modèle : des groupes de femmes, très souvent des femmes de soldats, armées parfois de couteaux ou de revolvers, marchaient en masse sur les magasins appartenant à des « spéculateurs » et demandaient le prix du lard ou de la farine. Quand on le leur donnait, elles se récriaient contre cette « extorsion », prenaient ce qu'elles voulaient et repartaient[1].

Les émeutes les plus importantes et les plus lourdes de conséquences furent, de très loin, celles qui eurent lieu à Richmond même. Des circonstances bien précises avaient rendu l'atmosphère particulièrement explosive dans la capitale sudiste. La population avait doublé et plus depuis 1861. Les opérations militaires avaient dévasté de nombreuses régions de Virginie spécialisées dans les cultures vivrières. L'armée de Lee sur la Rappahannock, réduite à des demi-rations dès mars 1863, était en concurrence avec la population civile pour s'approprier les réserves emmagasinées l'année précédente — année marquée par les ravages de la sécheresse — et les stocks fondaient à vue d'œil. A la fin du mois de mars, une chute de neige inhabituelle, qui recouvrit toute la région d'une couche épaisse de vingt bons centimètres, rendit les routes impraticables pendant plusieurs jours. Les prix des rares denrées qui restaient encore sur les étagères des boutiques montèrent en flèche pour atteindre des niveaux de famine. Le 2 avril, plusieurs centaines de femmes — dont beaucoup étaient les femmes des ouvriers de la fonderie de Tredegar — se réunirent dans une église baptiste, d'où elles se rendirent jusqu'à la demeure du gouverneur pour faire connaître leur misère. Le gouverneur ne leur fut pas d'un grand réconfort et, en repartant de chez lui, la délégation se transforma brusquement en une bande d'émeutières. Une passante d'origine bourgeoise s'adressa à l'une des meneuses, une jeune fille émaciée de dix-huit ans. « Lorsqu'elle leva la main pour ôter son chapeau, sa large manche de calicot glissa pour révéler un bras

1. E. Merton Coulter, *The Confederate States of America 1861-1865* (Baton Rouge, 1950), p. 422-423.

d'une maigreur squelettique. Remarquant mon expression, elle rabaissa aussitôt sa manche avec un petit rire : "Voilà tout ce qui reste de moi ! dit-elle. C'est vraiment drôle, hein ?" » La passante voulut savoir ce qui arrivait. « Nous mourons de faim, répondit la jeune fille. Nous allons entrer dans les boulangeries et chacune de nous prendra une miche de pain. Ce n'est pas grand-chose pour le gouvernement de nous donner ça, après avoir pris tous nos hommes. » La foule qui s'était étoffée jusqu'à compter plus d'un millier de personnes, parmi lesquelles des hommes et des jeunes garçons, fit irruption dans les boutiques et les entrepôts. « Du pain ! Du pain ! hurlaient les arrivants. Nos enfants meurent de faim pendant que les riches se vautrent dans leurs richesses. » Enhardies par leur succès, certaines femmes commencèrent à s'emparer de vêtements, de chaussures et même de bijoux, en plus de la nourriture. Le gouverneur et le maire se portèrent au-devant des émeutiers et leur ordonnèrent de se disperser. Une compagnie de milice mobilisée en toute hâte arriva au pas et chargea ses fusils. Quelques âmes craintives s'éclipsèrent, mais la majorité tint bon, certaine que la milice — dans les rangs de laquelle se trouvaient des amis, voire peut-être quelques maris des manifestantes — n'obéirait pas à l'ordre de tirer sur la foule[1].

Sur ces entrefaites, Jefferson Davis en personne arriva et grimpa sur une charrette pour s'adresser aux insurgés. Il força leur attention en sortant plusieurs pièces de monnaie de sa poche et en les jetant dans la foule. Puis il enjoignit aux gens de rentrer chez eux, afin que l'on pût tourner en toute quiétude les fusils actuellement braqués sur eux vers l'ennemi commun : les yankees. La foule ne se laissa pas impressionner et quelques jeunes garçons sifflèrent même le Président. Sortant sa montre, Davis donna aux émeutiers cinq minutes pour se disperser, avant qu'il n'ordonnât aux miliciens de tirer. Quatre minutes s'écoulèrent dans un silence de mort. Levant sa montre, le Président lança d'un ton ferme : « Mes amis, vous n'avez plus qu'une minute. » Le coup de dé réussit. Les émeutiers se dispersèrent. Davis remit sa montre dans sa poche et ordonna à la police d'arrêter les meneurs. Plusieurs d'entre eux furent ultérieurement reconnus coupables et brièvement incarcérés. Les hauts fonctionnaires militaires interdirent à la presse de mentionner l'émeute afin de ne pas « mettre [la] cause [sudiste] dans l'embarras, [ni] encourager [ses] ennemis[2] ». Le principal éditorial du *Richmond Dispatch* du lendemain avait pour titre : « Souffrances dans le Nord ».

---

1. Mrs. Roger A. Pryor, *Reminiscences of Peace and War* (New York, 1905), p. 238 ; Hudson Strode, *Jefferson Davis : Confederate President* (New York, 1959), p. 381. On trouvera deux excellentes descriptions de l'émeute chez Emory M. Thomas, *The Confederate State of Richmond* (Austin, 1971), p. 117-122 ; et Emory M. Thomas, *The Confederate Nation : 1861-1865* (New York, 1979), p. 201-206.

2. *O.R.*, sér. I, vol. 18, p. 958.

Les émeutiers, cependant, s'étaient fait comprendre. Le gouvernement distribua une partie de ses réserves de riz aux nécessiteux. Les négociants inquiets mirent en vente leurs stocks d'aliments et les prix baissèrent de moitié. Le conseil municipal de Richmond accrut son programme d'assistance alimentaire, imité par ses homologues d'autres villes. On planta du blé sur des terres qui l'année précédente étaient encore consacrées au coton, mais de graves problèmes persistèrent et jamais le Sud ne fut capable de les résoudre. A cause de la priorité accordée à la circulation militaire sur un réseau ferroviaire en pleine déconfiture, les denrées alimentaires restaient pourrir sur les voies de garage, tandis que des milliers de gens ne mangeaient pas à leur faim à cent kilomètres de là. L'avance des troupes de l'Union réduisit encore les zones de production alimentaire. En juillet 1863, l'intendant général de l'armée signala une crise du ravitaillement dans les armées sudistes. En septembre, à Mobile, une foule d'émeutiers hurlant : « Du pain ou du sang » pilla les magasins de Dauphine Street. En octobre, le *Richmond Examiner* déclarait que les citoyens en étaient réduits « à mourir de faim ». Un fonctionnaire du gouvernement rapporta l'échange que voici entre une femme de Richmond et un commerçant qui réclamait soixante-dix dollars pour un baril de farine : « Mon Dieu ! s'exclama la femme. Comment voulez-vous que je paie un prix pareil ? J'ai sept enfants ; que puis-je faire ?

— Je ne sais pas, madame, rétorqua le marchand, à moins de manger vos enfants[1]. »

Les réfugiés exacerbèrent la crise qui sévissait dans le Sud. A mesure que le rouleau compresseur yankee fonçait vers eux, des dizaines de milliers de civils fuirent leurs foyers. Des milliers d'autres étaient évacués par les officiers confédérés qui transformèrent leurs villes en zones de combat (par exemple Corinth ou Fredericksburg), ou exilés par les commandants des forces d'occupation de l'Union, qui exigeaient qu'ils prêtassent le serment d'allégeance ou quittassent les lieux. Toutes les guerres ont leur lot de réfugiés, de déracinés qui souffrent généralement plus que le reste de la population civile ; durant la guerre de Sécession, les souffrances de cet ordre furent presque exclusivement réservées au Sud. A mesure que ces fugitifs se répandaient sur les routes et s'entassaient chez leurs parents ou amis, à moins qu'ils n'échouassent dans les pensions sinistres de diverses villes ou bourgades, ils épuisaient les ressources de plus en plus réduites du Sud et ajoutaient aux décès innombrables de civils blancs et noirs pour cause de maladie et de malnutrition — décès

1. Thomas, *Confederate Nation*, p. 204-205 ; Jones, *War Clerk's Diary* (Miers), p. 296.

que l'on ne saurait exclure d'une estimation de ce que coûta ce conflit en matière de vies humaines[1].

La plupart des civils des régions conquises restèrent, bien entendu, chez eux pour vivre sous la férule des arrivants et, sur un plan matériel, sinon spirituel, ils vécurent mieux que ceux de leurs compatriotes qui s'enfuirent vers le sud. On pourrait même dire que l'occupation yankee offrait des occasions de s'enrichir aux parties intéressées des deux côtés de la ligne. Un commerce florissant, tant licite qu'illicite, naquit entre anciens, et parfois même actuels, ennemis.

Le commerce clandestin entre ennemis est aussi vieux que la guerre elle-même. Les Américains s'étaient montrés fort doués dans ce domaine pendant la guerre d'Indépendance et celle de 1812. La guerre de Sécession offrait pour ce genre d'activités des perpectives infiniment plus vastes. Avant 1861, les États libres et esclavagistes avaient vécu en état de symbiose économique ; durant la guerre, leur dépendance mutuelle devint, sous certains rapports, encore plus pressante. « Physiquement parlant, nous ne pouvons nous séparer, avait déclaré Lincoln dans son discours d'entrée en fonctions. Nous ne pouvons détacher l'une de l'autre nos sections respectives [...] et les échanges, amicaux ou hostiles, devront se poursuivre][2]. » Des échanges, *aussi bien* amicaux qu'hostiles continuèrent au cours des quatre années suivantes sous des formes que ni Lincoln, ni personne d'autre n'avaient prévues. Le Sud avait besoin de sel, de souliers, de vêtements, de lard, de farine, de médicaments, de poudre à canon, de plomb et d'autres produits de première nécessité pour l'effort de guerre, qu'il devait se procurer à l'extérieur. Étant donné que le blocus restreignait considérablement le flot de marchandises arrivant de l'étranger, des confédérés rusés cherchèrent à tourner le blocus en traitant directement avec le Nord. Or, des yankees entreprenants étaient prêts à échanger les articles en question contre du coton. Officiellement, les deux gouvernements interdisaient tout commerce avec l'ennemi, mais lorsque le prix d'une livre de coton passa de dix cents à un dollar dans

1. Mary Elizabeth Massey, *Refugee Life in the Confederacy* (Baton Rouge, 1964), a tenu la chronique des souffrances endurées par les réfugiés, mais elle ne fait aucune tentative pour estimer leur nombre ou leur taux de mortalité. Les civils d'un pays où se déroulent des combats sont souvent victimes d'un nombre plus élevé de décès liés à la guerre que les soldats, du fait qu'ils sont beaucoup plus nombreux. En Europe, il est probable que les guerres napoléoniennes firent deux fois plus de victimes civiles que militaires. La durée et l'étendue géographique plus réduites de la guerre de Sécession permirent certainement aux décès parmi les civils de rester bien en dessous de ce niveau. En outre, à l'exception d'une épidémie de fièvre jaune à Wilmington en 1862, il n'y eut pas, semble-t-il, de grave épidémie durant ce conflit. Les souffrances et les décès furent néanmoins fort répandus et l'on pourrait estimer sans exagération à cinquante mille le nombre des victimes civiles dont le décès fut lié à l'état de belligérance, auxquelles il convient bien sûr d'ajouter les quelque deux cent soixante mille morts de l'armée confédérée pour avoir la mesure du coût de la guerre en vies humaines pour le seul Sud.

2. *CWL*, t. IV, p. 269.

le Nord, alors que celui d'un sac de sel grimpait d'un dollar vingt-cinq à soixante dollars dans certaines parties du Sud, il était évident que des esprits aventureux trouveraient le moyen de troquer du coton contre du sel. Un Anglais qui résidait dans les États confédérés nota qu'une « grande muraille de Chine courant de l'Atlantique au Pacifique » ne saurait mettre fin à ce commerce[1].

Durant la première année de guerre, on assista à d'importantes activités de contrebande entre les lignes dans le Kentucky et à travers les comtés méridionaux du Maryland. Le véritable pactole, cependant, commença en 1862, avec les conquêtes de l'Union dans la vallée du Mississippi. Nashville d'abord, puis La Nouvelle-Orléans et Memphis, devinrent les centres d'un commerce florissant. Certains de ces échanges étaient légitimes. Désireux de rétablir au plus vite les activités commerciales dans les zones occupées et d'inciter leurs habitants à regagner le bercail unioniste, le département du Trésor accorda aux négociants et planteurs qui accepteraient de prêter le serment d'allégeance des permis de commercer. Une fois qu'il avait rempli cette formalité, un marchand de Memphis, par exemple, avait le droit de vendre du coton comptant ou à crédit et de se servir ensuite de cet avoir pour acheter du sel, de la farine et des souliers à Cincinnati, afin de les revendre en territoire occupé par les forces de l'Union. Le Trésor espérait bien voir le commerce suivre le drapeau, à mesure que les armées nordistes avanceraient vers le sud, et ce jusqu'à ce que le Sud tout entier fût commercialement « reconstruit ».

Le problème, c'était que le commerce avait tendance à devancer le drapeau au lieu de le suivre. Certains sudistes vivant en zone occupée prêtèrent le serment avec des restrictions mentales ; d'autres soudoyèrent les agents du Trésor pour obtenir leur permis de commercer. Puis, ayant vendu leur coton et acheté du sel ou des chaussures, ils passaient ensuite ces denrées en contrebande aux armées sudistes ou à des négociants qui les vendaient sur le marché derrière les lignes confédérées. Certains commerçants nordistes payaient le coton en or, lequel finissait par être tant bien que mal acheminé jusqu'à Nassau, au Bahamas, pour acheter des fusils qui étaient alors importés dans le Sud au nez et à la barbe des marins assurant le blocus. Les négociants payaient parfois les soldats de l'Union pour être sûrs qu'ils fermeraient les yeux pendant qu'on passait du coton ou du sel de part et d'autre des lignes. Bon nombre de soldats furent incapables de résister à la tentation de participer directement aux bénéfices. « [La] manie des brusques fortunes faites dans le coton, écrivit Charles Dana de Memphis en janvier 1863, a corrompu et démoralisé l'armée dans une mesure inquiétante. Il n'y a pas un colonel, un capitaine ni un officier d'intendance qui ne soient secrètement associés à un

1. Coulter, *Confederate States*, p. 287.

spécialiste du coton ; chaque soldat rêve d'ajouter une balle de coton à sa paye mensuelle. Je n'avais pas idée de l'étendue de ce fléau avant de l'avoir constatée *de visu*[1]. »

De l'autre côté de la ligne, un officier confédéré se plaignait que le commerce du coton avait également « corrompu et démoralisé » les sudistes qui étaient sournoisement attirés dans la toile d'araignée tissée par l'Union, au lieu de brûler leur coton pour l'empêcher de tomber dans les mains des yankees. Le *Richmond Examiner* s'éleva amèrement, en juillet 1863, contre « ces planteurs de coton et de sucre sans retenue, qui s'étaient élancés si tôt et si furieusement sur le terrain de la sécession », mais qui, « ayant prêté le serment d'allégeance aux yankees, [faisaient] à présent pousser du coton en association avec leurs *protecteurs* nordistes pour l'expédier sur les marchés du Nord ». Cette « turpitude morale éhontée [infligeait] une affreuse blessure à la cause du Sud, que ces apostats [avaient] abandonnée[2] ».

Théoriquement, le ministère de la Guerre, à Richmond, reconnaissait que « tout commerce avec l'ennemi » était en effet « démoralisant et illégal et devait, bien entendu, être découragé, mais [et le mais était de taille] dans la mesure où les gens se [trouvaient] dans une situation préoccupante [...], un peu de troc ou d'échange pour subvenir aux premières nécessités [était] presque inévitable ». Jefferson Davis lui-même, dont l'incorruptibilité était légendaire, voulait bien admettre qu' « en dernier ressort, l'abandon de la politique déclarée [contre tout commerce avec l'ennemi] pourrait être justifié, mais la nécessité devrait alors être absolue[3] ». Or, pour la Confédération, la nécessité fut presque toujours absolue. Le commerce avec les yankees écarta la famine de certaines régions et permit à l'armée du Mississippi, sous les ordres de Van Dorn, de rester en campagne à l'automne de 1862. « L'alternance qui s'offre à nous, expliqua crûment le ministre de la Guerre, est soit de violer notre politique établie de refuser notre coton à l'ennemi, soit de risquer de voir nos armées mourir de faim[4]. »

Persuadés, pour leur part, qu'« [on ne pouvait] pas faire la guerre à un peuple et commercer en même temps avec lui », Grant et Sherman firent leur possible pour mettre fin au commerce illicite du coton, qui sévissait à Memphis et dans l'ouest du Tennessee en 1862[5]. Les deux généraux émirent une succession de règlements destinés à restreindre l'octroi de permis de commercer légalement, ils bannirent les sudistes qui refusaient de prêter le serment d'allégeance et emprisonnèrent certains

---

1. *O.R.*, sér. I, vol. 52, 1re partie, p. 331.
2. *Ibid.*, sér. IV, vol. 3, p. 646-648 ; *Richmond Examiner*, 21 juillet 1863.
3. *O.R.*, sér. IV, vol. 2, p. 334-335, 175.
4. Ludwell H. Johnson, « Trading with the Union : The Evolution of Confederate Policy », *The Virginia Magazine of History and Biography*, n° 78 (1970), p. 314.
5. *O.R.*, sér. I, vol. 17, 2e partie, p. 141.

de ceux qui le violaient ; ils exigèrent que le coton fût payé uniquement en billets verts (au lieu de l'or si aisément transformé en fusils à Nassau) et s'efforcèrent d'interdire l'accès de Memphis aux commerçants nordistes peu scrupuleux. Mais leurs efforts ressemblaient en grande partie à ceux du roi Canute essayant de contenir les vagues. L'ordre interdisant les paiements en or fut cassé à Washington. Et une autre restriction imposée par Grant fut annulée à son tour, après avoir acquis une notoriété regrettable.

Plusieurs négociants très en vue, qui choisirent de défier les ordres de Grant, étaient juifs. Grant et d'autres généraux de l'Union avaient souvent protesté contre les « spéculateurs [juifs] dont l'amour du gain [était] plus fort que celui de leur pays[1] ». Lorsque le propre père de Grant amena à Memphis trois marchands juifs en quête de permis de commercer, son général de fils se mit en colère et, le 17 décembre 1862, il promulgua l'ordre suivant : « Les Juifs, en tant que classe, s'entêtant à violer tous les règlements commerciaux établis par le département du Trésor, ainsi que les ordres de notre département, sont par le présent arrêté expulsés dudit département. » Des porte-parole de la communauté juive s'élevèrent contre cet « immense outrage » qui punissait un groupe entier pour les prétendues fautes de quelques-uns. Pressentant une affaire à exploiter, les démocrates de la Chambre s'empressèrent de présenter une résolution, mais les républicains l'ajournèrent. Lincoln abrogea l'ordre de Grant, en lui faisant expliquer par Halleck que, bien qu'il ne vît aucune objection à l'expulsion de commerçants malhonnêtes, l'ordre en question « proscrivait une classe entière, dont certains membres [servaient alors] sous [les] drapeaux [de l'Union][2] ». Grant ne parla plus des Juifs, mais six mois plus tard il résuma les frustrations engendrées par ses efforts pour réglementer un commerce « qui [affaiblissait le Nord] d'au moins trente-trois pour cent de [ses] forces. [Grant voulait bien] parier que nul honnête homme n'[avait] gagné de l'argent dans le Tennessee occidental au cours de l'année écoulée, alors que de nombreuses fortunes [avaient] été faites durant ce laps de temps[3] ».

Des fortunes, il s'en fit aussi à La Nouvelle-Orléans où Benjamin Butler gouvernait une ville agitée, armé d'une épée à double tranchant bien aiguisée. Cynique, malin et apparemment dépourvu de scrupules, Butler

1. *O.R.*, sér.I, vol.17, 2e partie, p. 123. Bien que la plupart des commerçants ne fussent pas juifs, les officiers de l'Union, à bout de nerfs, en étaient arrivés à utiliser le terme « juif » de la même façon que de nombreux sudistes parlaient des « yankees » : c'était une sorte de nom de code pour décrire toute personne qu'ils trouvaient rusée, âpre au gain, agressive et peut-être malhonnête.

2. On trouvera toute une documentation et les détails de cette affaire chez John Y. Simon (éd.), *The Papers of Ulysses S. Grant*, 14 vol. (Carbondale, Illinois, 1967-1985), t. VII, p. 50-56. Voir aussi Bruce Catton, *Grant Moves South* (Boston, 1960), p. 352-356.

3. Lettre de Grant à Salmon P. Chase, 31 juillet 1863, citée dans *O.R.*, sér. I, vol. 24, 3e partie, p. 538.

présentait un paradoxe. D'un côté, son fameux décret concernant les femmes, la pendaison d'un joueur professionnel sudiste qui avait arraché le drapeau américain au début de l'occupation et l'emprisonnement de plusieurs citoyens qui l'avaient défié ou mécontenté valurent à Butler, la « Bête », la haine éternelle des confédérés. En décembre 1862, Jefferson Davis fit même paraître une proclamation déclarant le général nordiste hors-la-loi et ordonnant à tout officier confédéré qui pourrait avoir la chance de le capturer de le pendre haut et court sur-le-champ. De l'autre, la loi martiale imposée par Butler donna à La Nouvelle-Orléans l'administration la plus efficace et la plus saine qu'elle eût jamais connue. L'application rigoureuse des mesures d'hygiène et de quarantaine permirent de nettoyer les rues ordinairement remplies d'immondices et contribuèrent à écarter le fléau chronique qu'était la fièvre jaune. Butler, commenta un habitant pince-sans-rire, était « le meilleur éboueur que l'on eût jamais vu ». Avant la guerre, reconnaissait un journal local, les rues de La Nouvelle-Orléans avaient été aux mains de bandes de voyous — c'était « le banditisme le plus impie, brutal, ignare et impitoyable qui eût jamais existé ». Après trois mois de loi martiale, le *Picayune* lui-même, organe proconfédéré, dut admettre que la ville n'avait jamais été « aussi bien débarrassée de ses cambrioleurs et de ses coupe-jarrets[1] ».

Le paradoxe s'étendait même à la politique économique du général nordiste. Le blocus maritime imposé par l'Union et l'embargo mis par les confédérés sur le commerce fluvial avec le Nord avaient étranglé l'économie de la ville. Lorsque Farragut prit La Nouvelle-Orléans, la plupart des ouvriers étaient au chômage. Butler distribua aux pauvres des rations identiques à celles des soldats de l'Union et inaugura un vaste programme de travaux publics, financé en partie par des impôts élevés frappant les riches et par la confiscation des biens de quelques rebelles fortunés qui refusaient de prêter le serment d'allégeance. Ces mesures valurent au général un autre sobriquet sudiste — Butler la « cuiller » — car on l'accusait de voler, pour lui-même et ses amis yankees, l'argenterie des sudistes. Ces accusations n'étaient pas totalement dénuées de fondement, car les officiers de l'Union et d'autres nordistes, qui étaient arrivés en masse dans la ville, achetaient les objets précieux confisqués pour un prix symbolique, dans des ventes aux enchères. Parmi ces nordistes figuraient le propre frère de Butler, Andrew, et d'autres hommes d'affaires yankees venus aider le général à réaliser son projet d'obtenir du coton pour les filatures du Nord. Ces spéculateurs multiplièrent les pots-de-vin aux fonctionnaires du Trésor et aux officiers de l'armée, afin d'être libres de conclure des marchés avec les planteurs et les courtiers opérant au-delà des lignes de l'Union, troquant du

1. Citations empruntées à Gerald M. Capers, *Occupied City: New Orleans under the Federals 1862-1865* (Lexington, Ky., 1965), p. 89, 73, 71.

sel et de l'or contre du coton et du sucre. Quelquefois, les deux parties en présence passaient par l'intermédiaire d'agents français, afin de préserver la fiction selon laquelle on commerçait avec des personnes neutres et non avec l'ennemi. Aucune preuve ne put être fournie quant à des activités illégales de la part de Butler lui-même — comme le dit un fonctionnaire du Trésor qui ne lui voulait pas de bien, c'était « un homme si adroit qu'il [aurait été], de toute façon, bien malaisé de découvrir ce qu'il désirait cacher » — mais son frère Andrew rentra chez lui plus riche de quelques centaines de milliers de dollars[1].

Butler se fit si bien remarquer, cependant, que Lincoln dut le rappeler en décembre 1862. Il eut pour successeur Nathaniel P. Banks, qui sortait tout juste des défaites que lui avait infligées Stonewall Jackson en Virginie. Banks s'efforça d'interdire le commerce avec l'ennemi et de remplacer la coercition par la conciliation dans ses démêlés avec les autochtones — connaissant dans les deux cas un succès mitigé. Les règlements imposés par le Trésor et les lois votées par le Congrès en 1863-1864 restreignirent le système des permis accordés aux négociants privés. Par ailleurs, le Nord commençait aussi à recevoir davantage de coton grâce à la culture des plantations situées en territoire occupé par les esclaves affranchis. Rien de tout cela, pourtant, ne semblait freiner le commerce clandestin entre les lignes. Le gouvernement Davis fermait les yeux par la force des choses ; l'administration Lincoln en faisait autant pour des raisons politiques. Le Nord avait besoin de coton pour sa propre industrie et aussi pour les exportations qui lui assureraient des devises. Lincoln expliqua à un général courroucé qui ne parvenait pas à comprendre cette politique que la guerre avait multiplié par six le prix en or du coton, ce qui permettait au Sud d'obtenir autant de devises par balle de coton exportée malgré le blocus qu'il n'en aurait reçu pour six balles en temps de paix. Chaque balle de coton qui arrivait dans le Nord, fût-ce en satisfaisant « des intérêts privés et des convoitises pécuniaires », était donc une balle soustraite aux exportations de l'ennemi. Et le Président de conclure : « Il vaut encore mieux lui fournir des *fusils* en contrepartie que de le laisser, comme il le fait actuellement, en tirer à la fois des fusils et des munitions[2]. »

Les raisons avancées par le Président ne satisfirent pas le général, de même qu'elles ne sauraient pleinement satisfaire l'historien. Le coton

1. Capers, *Occupied City : New Orleans under the Federals 1862-1865*, p. 79-94, 161-167 ; la citation figure p. 84.

2. Lettre de Lincoln à Edward R.S. Canby, 12 décembre 1864, citée dans *CWL*, t. VIII, p. 163-164. Durant la guerre, quelque neuf cent mille balles de coton quittèrent la Confédération pour le Nord — soit près du double de la quantité que le Sud parvint à exporter en forçant le blocus. Un tiers environ de ce commerce avec le Nord était légitime et sanctionné par des permis en territoire occupé ; les deux autres tiers étaient illicites. Stanley Lebergott, « Why the South Lost : Commercial Purpose in the Confederacy, 1861-1865 », *JAH*, n° 70 (1983), p. 72-73.

fut le grand corrupteur de la guerre de Sécession ; comme le nota un général confédéré, il faisait « davantage de fichus coquins des deux côtés que toute autre chose[1] ». Cette dégradation à l'arrière — de même que l'incendie allumé par les opposants à la guerre — découlait d'un état de malaise, physique dans un Sud privé de ressources et moral dans le Nord. Pendant l'hiver 1862-1863, ce malaise nordiste, déclenché par la défaite militaire, parut plus grave que les difficultés matérielles que connaissait le Sud. Les succès militaires étaient un puissant antidote contre la faim. Soutenue par l'idée de ses victoires passées en Virginie et par l'apparente impuissance de Grant devant Vicksburg, la Confédération aborda les campagnes du printemps avec confiance. « Si nous parvenons cette année à tenir en échec leurs divers desseins, écrivit Robert E. Lee en avril 1863, à l'automne prochain l'opinion publique subira un profond revirement dans le Nord. Les républicains seront anéantis et je crois que les amis de la paix deviendront si forts que le nouveau gouvernement sera élu sur ces bases. Nous n'avons donc qu'à résister vaillamment [et] notre succès sera assuré[2]. »

Chapitre XXI

ON N'OUBLIERA PAS DE SITÔT L'ÉTÉ DE 63

I

Voyant Grant incapable de faire passer son armée en terrain sec pour attaquer Vicksburg, durant l'hiver de 1862-1863, les confédérés sentirent croître leur foi en ce « Gibraltar de l'Ouest ». Persuadé que les yankees étaient sur le point de renoncer, Pemberton fit savoir à Joseph Johnston, le 11 avril, que « les forces de Grant [allaient] reculer jusqu'à Memphis ». Un peu plus tôt, il avait expédié la majeure partie de sa cavalerie auprès de Bragg, dans le Tennessee, où le danger paraissait plus pressant, et il s'apprêtait maintenant à lui envoyer une division d'infanterie forte de huit mille hommes. Le 16 avril, le *Vicksburg Whig* annonçait d'une plume jubilatoire : « [Les canonnières de l'ennemi] sont toutes plus ou moins endommagées, les hommes mécontents et démoralisés [...]. Il n'y a point ici de danger immédiat. » Civils et officiers fêtèrent l'événement par un grand bal qui eut lieu à Vicksburg, le soir du 16 avril. Alors que

1. Capers, *Occupied City*, p. 164.
2. Lettre de Robert E. Lee à sa femme, 19 avril 1863, citée par Clifford Dowdey et Louis H. Manarin (éd.), *The Wartime Papers of R.E. Lee* (New York, 1961), p. 438.

les danseurs passaient de la valse au quadrille, des éclairs zébrèrent le ciel et de violentes explosions se firent entendre. Dans la salle de bal, ce fut aussitôt « la confusion et l'alarme ». Les canonnières yankees étaient en train de forcer le passage devant les batteries de la ville. Grant n'était pas en route pour Memphis ; il n'avait fait que reculer pour mieux sauter[1].

Grant n'avait, en effet, jamais douté de pouvoir venir à bout du bastion sudiste. N'ayant pas réussi à trouver de circuit détourné par les canaux, bayous et autres marécages, pour attaquer la ville, il conçut le plan hardi de faire descendre à son armée la rive occidentale du Mississippi, jusqu'à un point situé au-dessous de Vicksburg, et d'envoyer dans le même temps la flotte droit devant elle, bravant les batteries, de façon à ce que tout le monde se retrouvât en aval. De là, la flotte pourrait faire franchir aux troupes le kilomètre et demi d'eau qui les séparerait de la rive orientale, afin de lancer depuis le sud-est une campagne à pied sec contre la forteresse. Ce plan, si simple en apparence, comportait d'énormes risques. La flotte pouvait être détruite ou tout au moins durement touchée. A supposer qu'elle survécût et fût en mesure de transporter les hommes de Grant sur l'autre rive, ces derniers seraient pour ainsi dire coupés de leur base, car, même si les cuirassés et peut-être quelques transports de ravitaillement parvenaient à franchir l'obstacle de Vicksburg vers l'aval, avec l'aide d'un courant de quatre nœuds, ils offriraient des cibles faciles, s'ils s'avisaient de remonter le fleuve. L'armée devrait donc opérer au plus profond du territoire ennemi sans axe de ravitaillement, contre un adversaire dont on ignorait la force exacte et qui disposait de lignes intérieures permettant de lui envoyer des renforts.

L'état-major de Grant et les deux subordonnés en qui il avait le plus confiance, Sherman et McPherson, s'opposèrent à ce plan. Regagnez Memphis, conseilla Sherman à son supérieur, et recommencez à zéro, avec un axe de ravitaillement assuré. La réponse de Grant était digne d'un homme de sa trempe. A l'instar de Lee, il pensait qu'on ne pouvait réussir sans prendre de risques et il était prêt à mettre sa carrière en jeu pour le prouver. Quant à l'idée de retourner à Memphis, elle était exclue, assura-t-il à Sherman.

> Le pays [était] déjà abattu par le manque de succès de nos armées [...]. Si nous reculions jusqu'à une ville aussi éloignée que Memphis, cela découragerait tant les gens que des bases de ravitaillement ne serviraient à rien : on ne nous fournirait pas plus d'hommes pour les garder que de provisions à y mettre. Pour nous, le problème était d'avancer afin de remporter une victoire décisive, sans quoi

---

1. Samuel Carter III, *The Final Fortress : The Campaign for Vicksburg 1862-1863* (New York, 1980), p. 155 ; Peter F. Walker, *Vicksburg : A People at War, 1860-1865* (Chapel Hill, 1960), p. 151,152.

notre cause était perdue. Nos armées ne progressaient sur aucun autre terrain et nous devions poursuivre[1].

Le premier coup de dé de Grant s'avéra payant ; les canonnières parvinrent à passer. Tandis qu'elles flottaient silencieusement au fil du courant vers Vicksburg, le 16 avril, par une nuit sans lune, les piquets rebelles les repérèrent et allumèrent des feux le long des rives afin d'illuminer les cibles pour les artilleurs de la ville ; ceux-ci tirèrent cinq cent vingt-cinq salves et firent mouche à soixante-huit reprises, mais ils ne coulèrent pourtant qu'un seul des trois transports de troupes et aucune des huit canonnières. Quelques nuits plus tard, des équipages de volontaires tentèrent de faire passer encore six transports devant les batteries et n'en perdirent qu'un. A la fin du mois d'avril, Grant disposait d'une puissante flotte et de deux de ses trois corps d'armée, prêts à traverser le fleuve, à une petite cinquantaine de kilomètres au sud de Vicksburg.

Afin d'empêcher Pemberton de s'opposer à cette manœuvre, Grant organisa d'une part un raid de cavalerie qui devait s'enfoncer loin derrière les lignes ennemies et de l'autre une feinte de son infanterie au-dessus de Vicksburg. Le lendemain du soir où la flotte de Porter avait si brutalement interrompu le bal, un ancien professeur de musique de l'Illinois partit pour accomplir ce qui devait devenir, dans le domaine de la cavalerie, l'aventure la plus spectaculaire du conflit. Benjamin Grierson avait conçu une vive antipathie pour les chevaux depuis le jour où l'un d'eux lui avait donné un coup de pied dans la tête lorsqu'il était petit. Quand la guerre éclata, il s'engagea dans l'infanterie, mais le gouverneur de l'Illinois ne tarda pas à affecter cet ancien chef de fanfare à une unité de cavalerie. Ce fut un trait de génie, car Grierson devint très vite l'un des meilleurs soldats à cheval du théâtre de l'Ouest, où il obtint le commandement d'une brigade dès 1862. Au printemps de 1863, Grant entreprit de plagier les méthodes ennemies et ordonna à Grierson et à sa brigade de mille sept cents hommes de partir en expédition jusqu'au cœur du Mississippi, pour détruire les axes de ravitaillement de Pemberton et détourner l'attention des confédérés de l'infanterie de l'Union qui avançait péniblement le long de la rive occidentale du fleuve. Unissant la rapidité à l'audace et à la ruse, les cavaliers de Grierson parcoururent à bride abattue tout l'État du Mississippi, durant les deux dernières semaines d'avril. Ils remportèrent plusieurs escarmouches, tuèrent ou blessèrent une centaine de rebelles et en capturèrent cinq cents, pour des pertes se montant à deux douzaines d'hommes seulement, dans leurs propres rangs. Ils arrachèrent quatre-vingts kilomètres de rails appartenant à trois voies ferrées différentes, qui alimentaient l'armée

1. *The Personal Memoirs of U.S. Grant*, 2 vol. (New York, 1885), t. I, p. 542-543n.

de Pemberton, mirent le feu à des dizaines de wagons de marchandises et de dépôts de vivres et gagnèrent enfin, épuisés, les lignes de l'Union à Baton Rouge au bout de seize jours et près de mille kilomètres de maraude. Ils avaient attiré presque toute la cavalerie dégarnie de Pemberton, ainsi qu'une division d'infanterie au complet, dans une vaine poursuite — vaine parce que Grierson, ayant détaché des unités plus petites du corps principal de sa brigade et les ayant expédiées dans diverses fausses directions, n'était jamais là où les rebelles l'attendaient. Il fit mieux que de rendre la monnaie de leur pièce à Forrest et Morgan. Les yankees, en effet, devaient opérer en territoire ennemi, alors que les cavaliers sudistes accomplissaient leurs raids dans le Tennessee et le Kentucky où des habitants bien disposés étaient tout prêts à les aider. En outre, l'incursion de Grierson eut des conséquences stratégiques plus importantes peut-être que toute autre expédition du même genre durant la guerre, car elle joua un rôle crucial dans la prise de Vicksburg par les hommes de Grant.

Grâce à ce raid, en effet, et aussi à une attaque simulée au nord de la ville par l'une des divisions de Sherman, rien ne vint s'opposer à la traversée du fleuve le 30 avril. Sherman avait fait débarquer sa division près du bayou de Chickasaw, où il avait été repoussé, en décembre précédent. Deux jours durant, son artillerie et quelques canonnières légères pilonnèrent les défenses confédérées, tandis que l'infanterie se déployait comme pour une attaque. Pemberton mordit à l'hameçon. En réponse à un message affolé du commandant qui se trouvait en face de Sherman — « L'ennemi est devant moi en très grand nombre ; on n'en a jamais vu autant à Vicksburg. Envoyez-moi des renforts » — Pemberton rappela trois mille soldats qui étaient déjà en route pour aller défier Grant[1].

Les vingt-trois mille tuniques bleues, sous les ordres de Grant, avancèrent au plus vite pour terrasser les seuls rebelles du voisinage, six mille fantassins stationnés à Port Gibson, à seize kilomètres à l'est du fleuve. Les yankees balayèrent cette opposition, le 1er mai, après un rude combat. Ayant solidement établi sa base, Grant fit venir Sherman et le reste de ses troupes, ce qui portait les forces de l'Union sur la rive orientale du fleuve à plus de quarante mille hommes, prêts à affronter les trente mille de Pemberton éparpillés en divers détachements. Le sudiste finit par comprendre que Grant avait fait passer toute son armée au-dessous de Vicksburg, mais il n'était pas plus avancé pour autant, car l'objectif du général de l'Union n'était toujours pas clair. La manœuvre la plus logique pour Grant semblait être de partir droit vers le nord en direction de Vicksburg, en maintenant son flanc gauche en contact avec le fleuve, par lequel il pouvait espérer recevoir de nouveaux ravitaillements

1. Carter, *Final Fortress*, p. 182.

grâce aux transports ayant réussi à franchir les batteries. Mais Grant n'ignorait pas qu'à Jackson, la capitale de l'État, à soixante-cinq kilomètres à l'est de Vicksburg, Joseph Johnston était occupé à mettre sur pied, tant bien que mal, une armée. S'il n'en tenait aucun compte et fonçait directement sur Pemberton, les yankees risquaient fort de découvrir brusquement un nouvel ennemi sur leur flanc droit. Grant décida donc d'avancer vers l'est, d'éliminer la menace que constituait Johnston avant qu'elle ne devînt sérieuse, puis de revenir vers l'ouest pour attaquer Vicksburg.

En ce qui concernait l'approvisionnement, Grant n'avait pas oublié la leçon infligée par Van Dorn en décembre précédent, lorsque le général confédéré avait détruit sa base de ravitaillement. Cette fois, il avait l'intention de se couper de sa base, d'emporter le strict minimum et de vivre de ce qu'il trouverait sur place. Certes, les civils du Mississippi ne mangeaient pas toujours à leur faim, mais Grant était certain que ses soldats auraient plus de chance. Une puissante armée en marche était en mesure de saisir des provisions que des femmes et des enfants sans le sou ne pouvait se permettre d'acheter. Au cours des deux semaines suivantes, les soldats yankees vécurent copieusement de jambons, volailles, légumes, lait et miel, tandis qu'ils dépouillaient toutes les plantations qui se trouvaient sur leur chemin. Certains de ces enfants des fermes du Midwest possédaient un art consommé de la mise à sac. Lorsqu'un planteur furibond arriva à dos de mule pour se plaindre à un commandant de division que les pillards lui avaient volé tout ce qu'il possédait, le général le regarda droit dans les yeux et répondit : « Eh bien, permettez-moi de vous dire que ces hommes n'appartenaient pas à ma division, parce que si c'étaient mes soldats, ils ne vous auraient pas laissé cette mule[1]. »

Des avis partagés et une véritable paralysie face aux mouvements inattendus et rapides de Grant entravèrent la réaction confédérée. Le 9 mai, le ministère de la Guerre à Richmond ordonna à Johnston de prendre le commandement suprême des défenses du Mississippi et lui promit des renforts. Mais Johnston n'alla pas plus loin que Jackson, où il trouva vingt-cinq mille yankees débordant de confiance qui fonçaient sur la ville après avoir balayé une petite force rebelle à Raymond, à une vingtaine de kilomètres vers l'ouest. Arrivant au beau milieu d'un orage, les corps d'armée de Sherman et de McPherson lancèrent, le 14 mai, un assaut dans les règles contre les six mille confédérés retranchés, qui défendaient Jackson, et les firent rapidement détaler à travers les rues et fuir hors de la capitale. Les hommes de Sherman s'attelèrent alors à une tâche dont ils ne tarderaient pas à devenir des experts — saccager les infrastructures ferroviaires et incendier les fonderies, les arsenaux,

1. Bruce Catton, *Grant Moves South* (Boston, 1960), p. 438.

les usines et les ateliers mécaniques de la ville, ainsi qu'un nombre non négligeable de demeures qui se trouvaient sur le chemin des flammes ; ils mirent tant de cœur à l'ouvrage que Jackson fut rebaptisée par ses conquérants Chimneyville, la ville qui fume.

Pendant ce temps, Johnston pressait vivement Pemberton d'unir ses troupes aux quelque six mille survivants sudistes repliés au nord de Jackson, où avec les renforts attendus, ils devraient être assez puissants pour se retourner contre Grant. Cette manœuvre priverait Vicksburg de tous ses défenseurs, mais cela Johnston n'en avait cure. Son idée stratégique était de concentrer contre Grant des troupes en nombre supérieur et de le vaincre, après quoi les confédérés auraient tout loisir de reprendre possession de Vicksburg. Pemberton n'était pas d'accord. Il avait reçu l'ordre de tenir Vicksburg et il avait l'intention de s'y conformer, en la faisant protéger par son armée. Avant que les deux généraux sudistes ne parvinssent à s'entendre sur un plan de bataille, les yankees le rendirent caduc en coupant en deux la force mobile de Pemberton, le 16 mai, à Champion's Hill, à mi-chemin entre Jackson et Vicksburg.

Ce fut la bataille clef de cette campagne, à laquelle prirent part environ vingt-neuf mille fédéraux contre vingt mille confédérés. L'Union avait engagé les corps d'armée de McPherson et McClernand (les troupes de Sherman étaient toujours occupées à incendier Jackson), lesquels se heurtèrent aux rebelles déployés sur six à sept kilomètres le long de la crête de Champion's Hill, qui culminait à une bonne vingtaine de mètres. Alors que McClernand, d'ordinaire plus agressif, manifestait une prudence inaccoutumée, McPherson asséna à la gauche de l'ennemi des coups de boutoir qui finirent par la faire céder après plusieurs heures de sanglants combats. Si McClernand avait fait son devoir, pensait Grant, les yankees auraient pu capturer la majeure partie de l'armée de Pemberton ; en l'occurrence, ils firent environ trois mille huit cents morts et blessés contre deux mille quatre cents dans leurs rangs et ils parvinrent à couper une division entière du reste de l'armée sudiste. Le gros des troupes confédérées recula dans un état de profond abattement jusqu'à la Big Black River, à seize kilomètres seulement à l'est de Vicksburg. Payant de culot, les troupes du Midwest les poursuivirent le 17 mai. La position rebelle au bord de la rivière était solide, mais une impétueuse brigade du corps de McClernand, ulcérée de n'avoir eu aucune part à la gloire de la veille, déferla devant elle sans avoir reçu d'ordres et mit en déroute l'aile gauche de la ligne confédérée, qui défendait le pont que Pemberton s'efforçait de maintenir en service pour sa division perdue, laquelle, sans qu'il le sût, filait dans la direction opposée pour rejoindre Johnston. Les rebelles démontés s'effondrèrent encore une fois, perdant mille sept cent cinquante hommes (faits prisonniers pour la plupart) contre deux cents victimes seulement chez les fédéraux. Pemberton battit en retraite jusqu'à Vicksburg, où les citoyens furent horrifiés par l'aspect d'épuisement que présentaient les soldats. « Jamais je n'oublierai ce spectacle désolant, écrivit une habitante, le soir du 17 mai. Blêmes, les yeux creux, dépenaillés, les pieds meurtris, ensanglantés, les hommes arrivaient en boitant, sans armes ; [c'était] l'humanité poussée jusqu'à l'extrême limite de l'endurance[1]. »

Voilà ce qu'avait réussi Grant au cours d'une campagne de dix-sept jours, durant laquelle son armée avait parcouru près de trois cents kilomètres, livré et gagné cinq batailles contre des forces ennemies séparées qui, à elles toutes, auraient été presque aussi nombreuses que les siennes, infligé la perte de sept mille deux cents hommes contre quatre mille trois cents et enfermé des ennemis apparemment démoralisés à l'intérieur des défenses de Vicksburg. Parmi tous les hommages qu'il reçut, celui que Grant apprécia le plus émanait de son ami Sherman : « Jusqu'à l'instant présent, jamais je n'avais cru au succès de votre expédition, lui confia son second le 18 mai, perché sur les hauteurs où son corps d'armée avait été laminé en décembre. Auparavant, je ne parvenais pas à voir clairement l'issue de tout ceci. Mais c'est une vraie campagne. Et c'est un succès, même si nous ne prenons jamais la ville[2]. »

Mais Grant comptait bien la prendre, et tout de suite même, pendant que ses défenseurs étaient encore en état de choc. Sans s'arrêter pour prendre le moindre repos, il ordonna une attaque de toute son armée pour le 19 mai. Avec une confiance forgée par le succès, les jeunes nordistes chargèrent le labyrinthe de tranchées, de trous et d'artillerie, qui encerclait Vicksburg côté terre. Mais au moment où ils sortirent à découvert, de la ligne rebelle jaillirent des rafales de projectiles qui arrêtèrent net l'élan des tuniques bleues. Tapis derrière les plus redoutables fortifications du conflit, les rebelles avaient repris courage. Ils prouvèrent que la théorie selon laquelle un soldat retranché en valait au moins trois à découvert était juste.

Ensanglantées, mais toujours intrépides, les troupes de l'Union étaient prêtes à renouveler leur tentative. Grant prévit un second assaut pour le 22 mai, précédé cette fois de reconnaissances afin de trouver des points faibles dans les lignes ennemies (il n'y en avait guère), et d'un bombardement de l'artillerie avec ses deux cents canons à terre et cent autres à bord des navires de sa flotte. Une fois de plus, les yankees foncèrent devant eux sous une grêle de plomb, parvenant cette fois à trouver des abris en divers points pour en être aussitôt délogés par des contre-attaques. Au bout de plusieurs heures, McClernand sur l'aile gauche de l'Union fit savoir qu'une percée avait été réussie et réclama

1. Cité par Walker, *Vicksburg*, p. 161.
2. Cité par Carter, *Final Fortress*, p. 208.

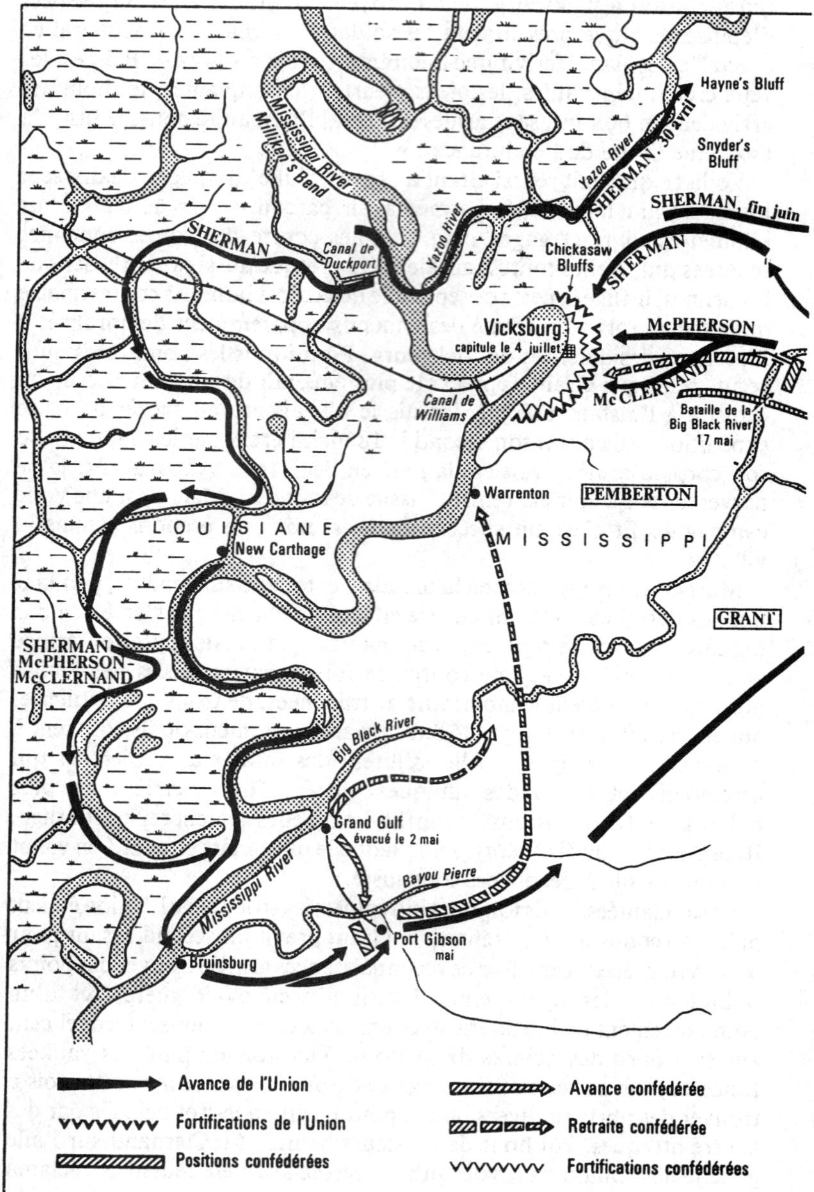

CAMPAGNE DE VICKSBURG

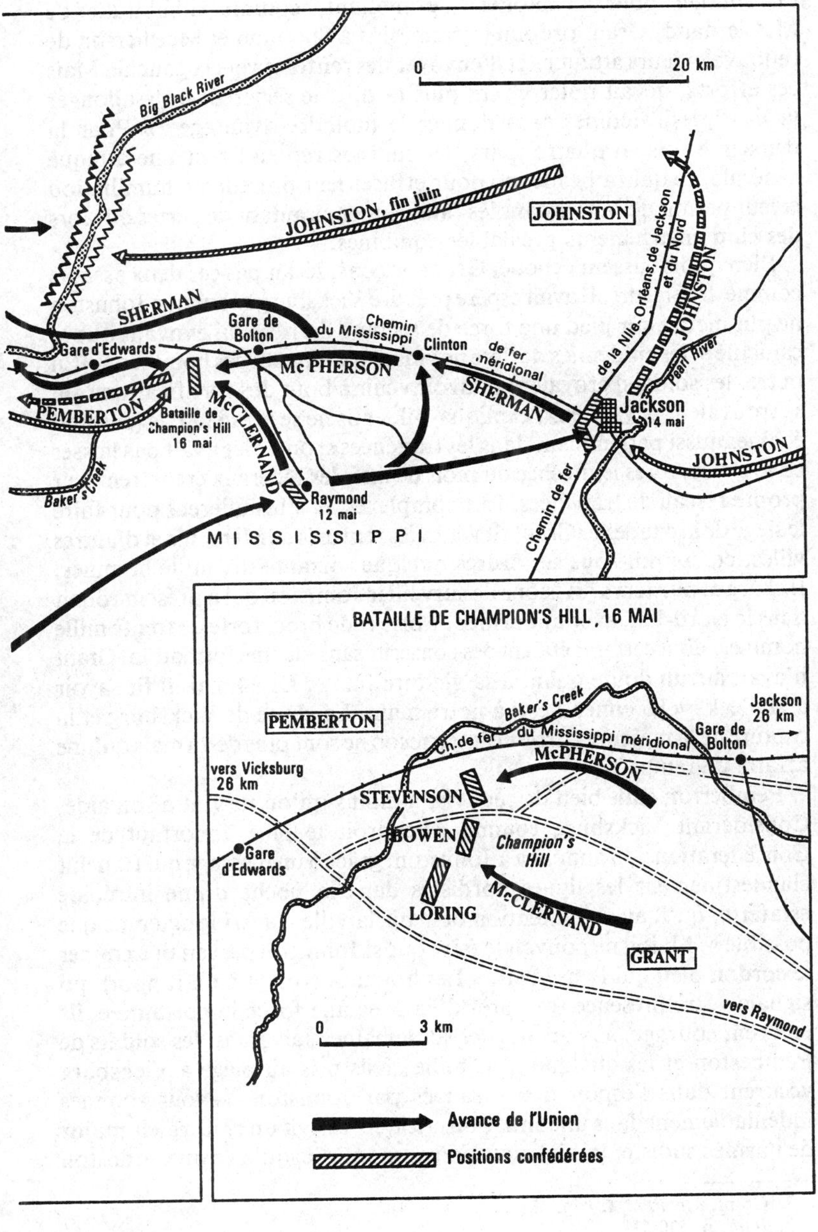
0 20 km
Big Black River
JOHNSTON, fin juin
JOHNSTON
de la Nlle. Orléans, de Jackson et du Nord
JOHNSTON
Pearl River
SHERMAN
Gare de Bolton
Chemin du Mississippi
Clinton
de fer méridional
Gare d'Edwards
Mc PHERSON
SHERMAN
Jackson 14 mai
PEMBERTON
Bataille de Champion's Hill 16 mai
McCLERNAND
JOHNSTON
Baker's Creek
Raymond 12 mai
Chemin de fer
MISSISSIPPI
BATAILLE DE CHAMPION'S HILL, 16 MAI
PEMBERTON
Baker's Creek
Jackson 26 km
Ch. de fer du Mississippi méridional
Gare de Bolton
vers Vicksburg 26 km
McPHERSON
STEVENSON
BOWEN
Champion's Hill
Gare d'Edwards
LORING
McCLERNAND
GRANT
vers Raymond
0 3 km
Avance de l'Union
Positions confédérées

du soutien pour l'exploiter. Se méfiant, comme d'habitude de McClernand, Grant ordonna néanmoins à Sherman et McPherson de renouveler leurs attaques et d'envoyer des renforts vers la gauche. Mais ces efforts, devait noter Grant plus tard, « ne servirent qu'à allonger la liste [des] victimes sans donner le moindre avantage[1]. » Pour la deuxième fois en quatre jours, les sudistes repoussèrent une attaque générale, ce qui fit beaucoup pour effacer leur précédente humiliation et leur permit de causer dans les rangs ennemis autant de pertes que lors des cinq engagements préalables combinés.

Bien qu'ils eussent échoué, Grant ne considérait pas ces deux assauts comme des erreurs. Il avait espéré prendre Vicksburg avant que Johnston ne pût mettre sur pied une force de secours derrière lui et avant que la canicule et les épidémies de l'été ne vinssent diminuer ses hommes. « [En outre, les soldats] croyaient pouvoir venir à bout des fortifications qui se trouvaient devant eux, expliqua-t-il, et ils ne se seraient pas [ensuite] échinés aussi patiemment dans les tranchées si on ne les avait pas laissés essayer[2]. » Après leur échec du mois de mai, les fédéraux creusèrent leur propre réseau de tranchées, fort complexes, et s'installèrent pour faire le siège de la citadelle. Grant fit venir des renforts de Memphis et d'autres villes, ce qui mit sous ses ordres quelque soixante-dix mille hommes. Il chargea plusieurs divisions de surveiller Johnston qui à présent rôdait dans le Nord-Est, avec une armée de bric et de broc, forte de trente mille hommes, dont certains étaient des conscrits sans aucune formation. Grant n'avait aucun doute quant à sa victoire finale. Le 24 mai, il fit savoir à Halleck : « [L'ennemi est] à notre main. La chute de Vicksburg et la capture de la majeure partie de la garnison ne sont plus désormais qu'une affaire de temps[3]. »

Pemberton était bien de cet avis, à moins qu'on ne vînt à son aide. Considérant Vicksburg comme « l'endroit le plus important de la Confédération », il annonça à Johnston, grâce à un message qui franchit clandestinement les lignes nordistes dans la poche d'une intrépide estafette, qu'il avait l'intention de tenir la ville « aussi longtemps que possible ». Mais il ne pouvait le faire que si Johnston parvenait à couper le cordon bleu qui l'enserrait. « Les hommes croient à un rapport qui signale votre présence tout près d'ici avec une force importante et ils en tirent courage. » Au cours des six semaines suivantes, les soldats de Pemberton et les quelque trois mille civils pris au piège à Vicksburg vécurent dans l'espoir d'être sauvés par Johnston. « Nous sommes indéniablement dans une situation critique, écrivit un chirurgien-major de l'armée sudiste, [mais] nous pouvons tenir jusqu'à ce que Johnston

1. Grant, *Memoirs*, t. I, p. 531.
2. *Ibid.*, p. 530-531.
3. Cité par Foote, *Civil War*, t. II, p. 388.

arrive avec ses renforts et attaque les yankees par-derrière [...]. Il est impossible que Davis ait l'intention de nous sacrifier[1]. »

Mais Davis n'avait plus de renforts à envoyer. Braxton Bragg avait déjà prêté à Johnston deux divisions et ne pouvait se permettre de faire plus. Robert E. Lee assurait qu'il avait besoin de tous les soldats de Virginie pour son invasion imminente de la Pennsylvanie. En Louisiane, le général Richard Taylor (fils du héros de la guerre du Mexique, Zachary Taylor) détacha à contrecœur trois brigades de sa campagne contre Banks pour venir en aide à Pemberton. Leur seul haut fait, cependant, fut de mettre en vedette la controverse que suscitait l'utilisation de soldats noirs par les nordistes. Lors d'une vaine tentative pour couper l'axe de ravitaillement de Grant, désormais rétabli, l'une des brigades de Taylor attaqua le 7 juin la garnison de l'Union à Milliken's Bend, sur le Mississippi, au-dessus de Vicksburg. Ce poste était défendu principalement par deux nouveaux régiments de « contrebandes ». Ces troupes noires qui n'avaient reçu aucun entraînement et qui n'étaient armées que de vieux fusils se battirent néanmoins avec l'énergie du désespoir. Grâce à l'aide de deux canonnières, elles parvinrent finalement à repousser l'ennemi. Pour des novices, écrivit Grant, les affranchis « s'étaient bien comportés ». Dana, ministre adjoint de la Guerre, qui n'avait pas encore quitté l'armée de Grant, se montra plus enthousiaste : « Le courage des Noirs, fit-il savoir, a opéré une révolution complète dans le sentiment de l'armée concernant l'utilisation de troupes de couleur. J'ai entendu des officiers distingués qui, auparavant, dans le privé, avaient tourné en ridicule l'idée de voir des Noirs au combat, s'exprimer ensuite tout aussi chaudement en sa faveur[2]. » Il ajoutait, cependant, que parmi les confédérés « le sentiment était fort différent ». Mis en rage par le spectacle d'anciens esclaves les armes à la main, les soldats sudistes qui se battirent à Milliken's Bend hurlèrent « Pas de quartier ! » et massacrèrent, devait-on rapporter, plusieurs prisonniers noirs. Si la chose est vraie, elle reflétait incontestablement l'opinion de leurs officiers : le commandant de la brigade rebelle « [trouvait] fort malheureux que l'on eût capturé le moindre Noir », alors que le général Taylor signalait qu'un « très grand nombre de Noirs furent tués et blessés et, malheureusement, une cinquantaine, avec deux de leurs officiers blancs, faits prisonniers ». Le ministère de la Guerre, à Washington, apprit que certains des affranchis capturés avaient été vendus comme esclaves[3].

La défaite de Milliken's Bend coupa court aux tentatives confédérées

1. Foote, *Civil War*, t. II, p. 387 ; Carter, *Final Fortress*, p. 207, 223.
2. Grant, *Memoirs*, t. I, p. 545 ; Charles A. Dana, *Recollections of the Civil War* (New York, 1899), p. 86.
3. *O.R.*, sér. I, vol. 24, 2e partie, p. 466, 459.

de secourir Vicksburg depuis l'ouest du Mississippi. Tous les espoirs se reportèrent dès lors sur Johnston. Le journal de Vicksburg (qui ne faisait plus désormais que trente centimètres sur trente et était imprimé sur du papier mural) s'efforçait de remonter le moral de la ville par ses prédictions optimistes : « L'intrépide Johnston approche » ; « Son arrivée est imminente » ; « Tenez encore quelques jours et nos lignes seront ouvertes, l'ennemi chassé, le siège levé[1]. » Durant le premier mois du siège, le moral resta excellent en dépit des bombardements incessants de l'artillerie et des canonnières de l'Union, qui obligeaient les civils à se terrer dans les grottes artificielles dont le versant de la colline était truffé.

Mais à mesure que les semaines s'écoulaient sans que Johnston apparût à l'horizon, les esprits s'assombrirent. Les soldats devaient se contenter du quart de leurs rations habituelles. A la fin de juin, près de la moitié d'entre eux étaient malades, beaucoup souffrant du scorbut. On vit paraître sur les marchés, à côté de la viande de mulet, des rats écorchés. Chiens et chats disparaissaient mystérieusement. Les tensions de cette existence d'assiégés amenaient les gens au seuil de la démence : « [Si cet état de choses devait se prolonger encore un peu], écrivit un officier confédéré, il faudra prévoir un bâtiment où loger les fous. » Le journal changea de ton et passa de la confiance aux doléances : durant la dernière semaine de juin, ce n'était plus « Johnston arrive ! », mais « Où est Johnston[2] ? »

Ce dernier n'avait jamais partagé la conviction qu'il allait être le « Libérateur ». « A mon avis, la situation de Vicksburg est sans espoir », fit-il savoir au ministère de la Guerre le 15 juin. Aux yeux du gouvernement, cela ressemblait fort à une répétition sur le front de l'Ouest du comportement de Johnston dans la péninsule virginienne en 1862, lorsqu'il avait paru réticent à se battre pour défendre Richmond. « Vicksburg ne doit pas tomber sans une lutte désespérée, télégraphia le ministre en retour. L'intérêt et l'honneur de la Confédération l'interdisent [...]. Il faut tenter une attaque [...]. Les yeux et les espoirs de la Confédération tout entière sont braqués sur vous[3]. » Mais Johnston jugeait son armée trop faible. Il tenta de se décharger de ses responsabilités sur Pemberton qu'il pressa de tenter une sortie ou de s'échapper en traversant le fleuve (et en bravant, par la même occasion, le feu des cuirassés de l'Union !). A la fin du mois de juin, en réponse aux sollicitation frénétiques de Richmond, Johnston entreprit une timide tentative avec ses cinq divisions, en avançant dans la direction des sept divisions de l'Union, sous les ordres de Sherman, que Grant avait

1. Walker, *Vicksburg*, p. 187-188.
2. Bruce Catton, *Never Call Retreat* (Pocket Book, New York, 1967), p. 195-196 ; Walker, *Vicksburg*, p. 192-196.
3. *O.R.*, sér. I, vol. 24, 1re partie, p. 227-228.

détachées du siège pour surveiller son arrière. La tentative de sauvetage sudiste fut trop faible et trop tardive. Lorsque Johnston fut enfin prêt à entrer en action, Pemberton avait capitulé.

Des circonstances inexorables l'y obligèrent — même si de nombreux sudistes alors et plus tard restèrent convaincus que seules ses origines yankees pouvaient expliquer tant de couardise. Tout au long du mois de juin, les troupes de l'Union avaient fait des travaux d'approche en direction des lignes confédérées, dans la grande tradition classique des opérations de siège. Ils avaient aussi percé des tunnels sous les défenses rebelles. A seule fin de montrer ce qu'ils savaient faire, les hommes du génie nordistes firent exploser des mines pour pratiquer des trous dans les lignes ennemies, les 25 juin et 1er juillet, mais l'infanterie sudiste parvint à refermer les brèches. Les yankees préparèrent une mine plus puissante que l'on pouvait faire sauter le 6 juillet, juste avant de déclencher un assaut général, mais tout fut terminé avant cette date. Mourant littéralement de faim, « de nombreux soldats » adressèrent une lettre à Pemberton le 28 juin : « Si vous n'êtes pas en mesure de nous nourrir, il vaut mieux capituler, pour atroce que soit cette idée, plutôt que de laisser cette noble armée se déshonorer en désertant [...]. Nos troupes sont désormais au bord de la mutinerie, à moins qu'on ne leur donne à manger[1]. » Pemberton consulta ses commandants de division qui lui assurèrent que leurs hommes malades et affamés étaient incapables de tenter la moindre sortie. Le 3 juillet, Pemberton fit demander à Grant quelles étaient ses conditions. Fidèle à la réputation acquise au fort Donelson, Grant commença par réclamer une reddition inconditionnelle, mais après avoir réfléchi qu'il lui faudrait alors acheminer trente mille prisonniers vers le nord pour les faire interner dans des camps, alors qu'il avait besoin de tous ses transports pour de futures opérations, le général nordiste proposa de libérer les prisonniers sur parole[2]. Non sans raison, il pensait que beaucoup d'entre eux, désillusionnés par les souffrances et la capitulation, s'éparpilleraient vers leurs foyers, répandant avec eux la contagion de la défaite.

Le 4 juillet 1863, jour de la fête nationale, fut le plus mémorable de l'histoire américaine depuis cette première journée d'Indépendance, quatre-vingt-sept ans auparavant. En effet, dans la lointaine Pennsylvanie, le raz de marée confédéré se retira de Gettysburg et ici même, dans le Mississippi, des drapeaux blancs fleurirent au-dessus des tranchées rebelles, les soldats émaciés en sortirent pour déposer leurs armes, et une division de l'Union entra dans Vicksburg pour hisser la

---

1. *O.R. Navy*, sér. I, vol. 25, p. 118.

2. Cette parole était un serment que prêtait un soldat capturé, s'engageant à ne plus se battre tant qu'il n'aurait pas fait partie d'un échange officiel de prisonniers, moyennant quoi il était remis en liberté. Un an plus tôt, en juillet 1862, les gouvernements de l'Union et de la Confédération avaient conclu une entente pour l'échange des prisonniers de guerre.

bannière étoilée au-dessus du palais de justice. « C'est le 4 juillet le plus glorieux que j'aie jamais connu », déclara un soldat de l'Ohio, mais pour beaucoup de sudistes l'humiliation de se rendre un jour pareil ne fit qu'aggraver les choses. Toutefois, l'excellente tenue des troupes d'occupation atténua quelque peu l'affront. On n'entendit pratiquement pas fuser un seul quolibet de la bouche des vainqueurs, lorsqu'ils pénétrèrent dans la ville ; au contraire, ils rendirent hommage au courage des défenseurs et partagèrent leurs rations avec eux. A vrai dire, les yankees firent ce que de nombreux citoyens de Vicksburg avaient envie de faire depuis des semaines — ils forcèrent la porte des magasins des « spéculateurs » qui avaient stocké les vivres pour faire monter les prix. Selon la description qu'a laissée un sergent de Louisiane, les soldats nordistes sortirent tous ces « articles de luxe » dans les rues et « s'écriaient en les jetant à terre : "Tenez, les rebelles, servez-vous, vous voilà tout nus et morts de faim, vous en avez besoin." Étrange spectacle de guerre entre des hommes qui étaient encore récemment des ennemis mortels [1]. »

Une habitante de Vicksburg, ayant regardé les troupes de l'Union entrer dans la ville, prononça l'épitaphe de la campagne : « Quel contraste [présentaient ces] hommes robustes et bien nourris, si splendidement équipés et vêtus, avec [...] les hommes en gris épuisés que l'on avait avec tant d'aveuglement précipités contre cette incarnation de la puissance moderne. » A Richmond, cependant, Jefferson Davis, plein d'amertume, attribuait la perte de la citadelle non pas à la puissance de l'ennemi, mais au comportement timoré de Joe Johnston. Lorsqu'un haut fonctionnaire du ministère de la Guerre fit remarquer que la garnison avait été condamnée faute de ravitaillement, Davis répondit : « Oui, faute de ravitaillement à l'intérieur et faute d'un général prêt à se battre à l'extérieur [2]. »

La prise de Vicksburg fut pour le Nord la plus importante victoire stratégique du conflit, méritant peut-être la déclaration ultérieure de Grant qui estimait que « le sort de la Confédération fut réglé avec la chute de Vicksburg [3] ». Toutefois, le général de l'Union n'avait pas pour autant l'intention de se reposer sur ses lauriers. Johnston menaçait toujours son arrière et la garnison confédérée à Port Hudson, à près de deux cent quarante miles fluviaux vers le sud, résistait toujours à l'armée de Nathaniel P. Banks qui l'assiégeait. Grant ordonna à Sherman, à la tête de cinquante mille hommes, de s'attaquer aux trente et un mille soldats de Johnston « et de les châtier de [son] mieux [4] ». Et il s'apprêta

1. Citations empruntées à Carter, *Final Fortress*, p. 297-298, 301.
2. Dora Miller Richards, « A Woman's Diary of the Siege of Vicksburg », *Century Magazine*, n° 30 (1885), p. 775 ; Frank E. Vandiver (éd.), *The Civil War Diary of General Josiah Gorgas* (University, Alabama, 1947), p. 50.
3. Grant, *Memoirs*, t. I, p. 567.
4. *O.R.*, sér. I, vol. 24, 3e partie, p. 473.

par ailleurs à envoyer une division ou deux pour aider Banks à venir à bout de Port Hudson.

En l'occurrence, cependant, Banks n'eut besoin de rien d'autre que la nouvelle de la capitulation de Vicksburg, laquelle persuada le commandant de Port Hudson de renoncer à une résistance désormais inutile. Après une campagne de deux mois pour donner à l'Union le contrôle des régions riches en sucre et en coton qui bordaient le bayou Teche, les soldats de Banks avaient, avec l'aide des navires de guerre de Farragut, investi Port Hudson durant la dernière semaine de mai. Bien qu'il eût vingt mille hommes à opposer aux sept mille soldats de la garnison, Banks devait en revanche compter avec des défenses naturelles et artificielles aussi formidables que celles de Vicksburg. Deux assauts dans les règles, les 27 mai et 14 juin, n'avaient eu pour seul résultat que des pertes douze fois plus fortes chez les assaillants. Lors de la première attaque, deux régiments fédéraux de Noirs de la Louisiane prouvèrent qu'ils pouvaient mourir aussi courageusement que les yankees blancs. Après ces deux échecs, Banks dut se résigner à obtenir la soumission des rebelles par la famine. Les défenseurs de Port Hudson vécurent eux aussi dans l'espoir que Johnston viendrait les sauver après avoir eu raison de Grant à Vicksburg. Lorsqu'ils apprirent que c'était au contraire la forteresse sudiste qui était tombée, les survivants — qui subsistaient en mangeant du mulet et des rats — se rendirent à leur tour le 9 juillet. Une semaine plus tard, un navire marchand non armé en provenance de Saint Louis arriva à La Nouvelle-Orléans, après avoir descendu le Mississippi sans aucune alerte. « Le "Père des Eaux" est à nouveau libre de couler à sa guise vers l'océan », annonça Lincoln. La Confédération était coupée en deux[1].

Johnston ne tarda pas à être maté à son tour. S'étant replié derrière ses défenses à Jackson, le prudent sudiste espérait inciter Sherman à lui livrer un assaut frontal. Ayant appris à Vicksburg ce qu'il en coûtait, Sherman refusa de se laisser piéger. Il entreprit d'encercler la ville et de couper ses communications. Johnston lui échappa en franchissant subrepticement la Pearl River la nuit du 16 juillet. A l'inverse de Pemberton, il avait réussi à sauver son armée — exploit que ne manquèrent pas de signaler ses défenseurs — mais son retrait jusqu'au milieu de l'Alabama livrait les plantations et les voies ferrées du Mississippi à la merci des soldats de Sherman, qui n'étaient pas précisément des tendres. Pour Grant, la retraite de Johnston fut en quelque sorte le glaçage qui vint napper le gâteau de sa campagne contre Vicksburg, campagne que Lincoln considérait comme « l'une des plus

1. *CWL*, t. VI, p. 409. La formule fort heureuse de Lincoln n'était pas tout à fait exacte, car des résistants confédérés continuèrent à harceler les bateaux nordistes qui circulaient sur le Mississippi.

brillantes du monde » — jugement auquel de nombreux spécialistes de l'histoire militaire ont fait écho depuis. « Grant est l'homme qu'il me faut, déclara le Président le 5 juillet, et moi je suis son homme pour le restant de la guerre[1]. »

II

Pour importants qu'ils fussent, les succès de Grant dans le Mississippi venaient au second plan dans l'attention du public, braquée sur ce qui se passait en Virginie. L'Union finit par gagner la guerre surtout grâce à ses victoires dans l'Ouest, mais la Confédération fut plus d'une fois sur le point de la remporter dans l'Est. Durant le printemps et l'été de 1863, Robert E. Lee connut ses plus retentissants succès — suivis par son plus lourd échec.

En avril 1863, il paraissait pourtant bien improbable que Lee fût en mesure de prendre la moindre initiative. La nourriture et le fourrage étaient si rares dans son armée que les hommes en étaient réduits à faire la chasse aux bourgeons de sassafras et aux oignons sauvages pour lutter contre le scorbut, tandis que les chevaux mouraient faute d'herbe. Longstreet avait emmené deux divisions pour contrer une avance des Fédéraux depuis Norfolk et la côte de Caroline du Nord. Ces mouvements de l'Union ne prirent finalement guère d'ampleur, mais Longstreet resta néanmoins dans le sud-est de la Virginie tout au long du mois d'avril pour harceler l'ennemi et faire le plein de provisions dans cette région encore intacte. Privé de ces deux divisions, Lee n'avait plus que soixante mille hommes déployés le long de la Rappahannock pour surveiller des tuniques bleues deux fois plus nombreuses, sous les ordres de leur nouveau et dynamique commandant, Joseph Hooker. La cavalerie confédérée dut se disperser sur une vaste zone afin de trouver des pâturages pour ses chevaux, ce qui affaiblit encore les sudistes à un moment où Hooker avait, pour sa part, réorganisé sa cavalerie en un corps unique mieux armé et mieux monté que les hommes de Jeb Stuart. Pour la cavalerie rebelle, le temps de la supériorité facile était révolue.

Le moral restait néanmoins au beau fixe dans les rangs confédérés ; les provisions expédiées par Longstreet permirent d'améliorer l'ordinaire et le complexe de tranchées qu'ils tenaient sur quarante kilomètres le long de la Rappahannock, près de Fredericksburg, leur suffisait à se convaincre qu'ils étaient capables de contenir les attaques d'un nombre incalculable de yankees. Hooker, cependant, n'avait aucune intention de prendre ces fortifications d'assaut. Ayant réussi à redonner de la

1. *CWL*, t. VI, p. 230 ; T. Harry Williams, *Lincoln and His Generals* (New York, 1952), p. 272.

vigueur à l'armée du Potomac, après les désastres essuyés sous Burnside, il prévoyait une campagne de manœuvres qui forceraient Lee à s'avancer à découvert pour un affrontement dans les règles. Présomptueux et hâbleur, Hooker déclara, paraît-il : « Que Dieu ait pitié du général Lee, parce que moi, je serai sans merci[1]. »

Pendant quelques jours, à la fin du mois d'avril, Hooker sembla prêt à concrétiser sa menace. Il divisa sa nombreuse armée en trois. Dix mille cavaliers bleus traversèrent la Rappahannock loin en amont et se dirigèrent vers le sud pour couper les axes de ravitaillement de Lee. Soixante-dix mille fantassins nordistes remontèrent eux aussi la rivière pour la franchir à gué à plusieurs kilomètres au-delà du flanc gauche de Lee, tandis que quarante mille autres feignaient de marcher sur Fredericksburg afin d'immobiliser Lee sur ses positions pendant que les troupes de flanquement viendraient l'assaillir sur sa gauche et son arrière. L'armée du Potomac accomplit avec célérité ces manœuvres compliquées. Le soir du 30 avril, les soixante-dix mille fantassins de Hooker se trouvaient près d'une vaste demeure appelée Chancellorsville, située à la croisée de plusieurs routes, à quinze kilomètres à l'ouest de Fredericksburg, au milieu d'une épaisse forêt que l'on appelait localement « the Wilderness » (la forêt sauvage). Pour une fois, les yankees avaient pris Lee de vitesse et paraissaient tenir les rebelles, nettement inférieurs en nombre, dans des tenailles d'acier. « Notre ennemi va devoir s'enfuir sans gloire ou quitter sa position retranchée et nous livrer bataille sur notre propre terrain, où l'attend une destruction assurée[2] », déclara Hooker à ses hommes dans un ordre du jour élogieux.

Malgré son surnom de Joe le « battant », Hooker comptait bien — et espérait —, semble-t-il, voir Lee « s'enfuir sans gloire » plutôt que de livrer bataille. Lorsque le sudiste manifesta au contraire la volonté de se battre, Hooker perdit inexplicablement son aplomb. Peut-être sa résolution d'arrêter de boire, prise trois mois plus tôt, était-elle une erreur, car il semblait bien avoir besoin d'un peu de courage en bouteille. Ou bien peut-être qu'un trait de caractère, remarqué autrefois par un de ses collègues officiers, avait refait surface : « Hooker était le meilleur joueur de poker que j'aie jamais vu, jusqu'au moment où il devait faire monter les enchères de mille ; arrivé là, il flanchait[3]. » Quelle qu'en fût la raison, lorsque Lee releva le défi le 1er mai, Hooker laissa l'initiative au joueur le plus audacieux qui fût, dans ce jeu mortel entre tous.

Subodorant avec son flair habituel que la principale menace émanait des troupes de l'Union à Chancellorsville, Lee ne laissa pour garder les

1. Williams, *Lincoln and His Generals*, p. 232.
2. *O.R.*, sér. I, vol. 25, 1re partie, p. 171.
3. Alexander K. McClure, *Recollections of Half a Century* (Salem, Mass., 1902), p. 348.

défenses de Fredericksburg que dix mille fantassins, sous les ordres d'un officier plein de hargne, Jubal Early, et, le 1er mai, il ordonna au reste de marcher vers l'ouest en direction de la Forêt sauvage. A midi, ils se heurtèrent aux unités avancées de Hooker, à trois ou quatre kilomètres à l'est de Chancellorsville. A cet endroit, les sous-bois particulièrement denses cédaient la place à des prairies, où le nombre et l'artillerie supérieurs des fédéraux leur donnèrent un léger avantage. Mais au lieu de pousser son attaque, Hooker ordonna à ses troupes de reculer pour prendre une position défensive autour de Chancellorsville — où les bois épais mettaient les deux camps à égalité. Frappés de stupeur, les commandants de l'Union protestèrent, mais obéirent. Bien des années plus tard, le général Darius Couch, du 2e corps d'armée, devait écrire que lorsque Hooker l'informa « que les avantages acquis par les marches successives de ses lieutenants devaient avoir pour point culminant une bataille sur la défensive dans ce nid de fourrés, [il le quitta] convaincu que le général en chef était battu d'avance[1] ».

Pressentant son avantage psychologique, Lee décida de prendre l'offensive, en dépit du fait que ses troupes étaient presque deux fois moins nombreuses. La nuit du 1er mai, Jackson et Lee, assis sur des caisses en bois vides se consultèrent, à la lueur du feu de camp. La ligne retranchée des fédéraux, établie sur des hauteurs autour de Chancellorsville, paraissait trop solide pour un assaut de front. L'aile gauche de l'Union était ancrée sur la Rappahannock et ne pouvait être contournée. Tandis que les deux généraux discutaient pour tâcher de trouver le moyen de venir à bout de « ces gens », Stuart arriva, porteur de rapports de ses éclaireurs annonçant que le flanc droit de Hooker était « en l'air », c'est-à-dire sans protection, à cinq kilomètres à l'ouest de Chancellorsville. C'était pour Lee une occasion à ne pas laisser passer et Jackson était l'homme qu'il fallait pour la saisir. Le seul problème était de trouver, à travers cette étendue sauvage de chênes et d'épineux, une route par où une force importante pourrait avancer jusqu'au flanc droit de l'Union, sans se faire remarquer. L'un des officiers de l'état-major de Jackson résolut le problème en mettant la main sur un habitant du coin prêt à guider les confédérés le long d'un sentier utilisé pour acheminer le charbon de bois destiné à un four à fer.

Le 2 mai de bon matin, les trente mille fantassins et artilleurs de Lee se mirent en route, protégés par la cavalerie de Stuart, pour couvrir un circuit détourné de vingt kilomètres par lequel ils devaient gagner leur position d'attaque. Lee resta avec quinze mille hommes seulement pour affronter le gros de l'armée de Hooker. C'était le coup de dés le plus audacieux que Lee eût tenté jusque-là. La marche de flanc de Jackson à travers le front ennemi — l'une des manœuvres les plus dangereuses de

1. Couch, « The Chancellorsville Campaign », *Battles and Leaders*, t. III, p. 161.

toute la guerre — plaçait sa colonne très étirée dans une position extrêmement vulnérable. Par ailleurs, la force avec laquelle Lee devait contenir l'attaque nordiste courait elle aussi un grand péril, si jamais Hooker s'apercevait de sa faiblesse. Quant à Early, il avait en face de lui, à Fredericksburg (d'où Hooker avait fait venir un corps entier jusqu'à Chancellorsville), un ennemi trois fois plus nombreux. Mais Lee comptait bien voir Hooker rester dans l'expectative, pendant que Jackson accomplirait sa marche ; le commandant de l'Union ne déçut pas ses espérances.

Hooker ne pouvait reprocher à sa cavalerie de ne pas avoir détecté la manœuvre de Jackson, car il l'avait envoyée presque au complet accomplir un raid qui jeta l'effroi à Richmond, mais ne servit pas à grand-chose. D'ailleurs, des unités de l'infanterie fédérale remarquèrent le mouvement de Jackson et le signalèrent à Hooker — qui l'interpréta de travers. Deux divisions du 3ᵉ corps d'armée, sous Daniel Sickles, quittèrent leur position pour attaquer la queue de la colonne de Jackson. Sickles était un personnage doué d'une certaine notoriété, puisqu'il était le seul général politique parmi les commandants de corps d'armée de Hooker ; il avait été avant la guerre un démocrate pur et dur, nanti d'une réputation de Don Juan. Son épouse, peut-être par mesure de représailles, avait pris un amant que Sickles avait abattu en pleine rue, à Washington, en 1859. Jugé pour meurtre, il fut acquitté à l'issue d'un procès où, pour la première fois dans l'histoire de la jurisprudence américaine, on plaida la démence temporaire. S'étant élevé du rang de colonel à celui de général de division, commandant l'ancienne division de Hooker, Sickles était l'un des favoris de ce dernier. Son embryon d'attaque, le 2 mai, alerta Hooker et lui fit prendre conscience de l'avance de Jackson vers le sud-ouest. Certes, Joe le « Battant » se demanda un instant si l'insaisissable Stonewall n'était pas en train de tenter une de ses bonnes vieilles manœuvres par le flanc, mais il avait une telle envie de voir les rebelles « s'enfuir sans gloire » qu'il ne tarda pas à se convaincre que c'était l'armée de Lee tout entière qui battait en retraite ! Il négligea donc de se préparer pour le choc qui allait bientôt ébranler son aile droite.

Le commandant du 11ᵉ corps d'armée qui tenait cette aile était Oliver O. Howard, en tous points l'opposé de Sickles. Soldat de carrière issu de West Point, à qui ses états de services distingués avaient valu de perdre un bras à la bataille de Fair Oaks, Howard était un congrégationaliste, un époux modèle, qui ne buvait jamais une goutte d'alcool et que l'on avait surnommé le « Soldat chrétien ». Il n'avait pas grand-chose en commun avec les combattants germano-américains qui constituaient la majeure partie de son corps d'armée. Cette unité d' « Allemands », comme on disait, qui ne comptait que douze mille hommes, n'avait pas bonne réputation, car elle s'était médiocrement comportée sous le commandement de Frémont dans la vallée de la Shenandoah et sous

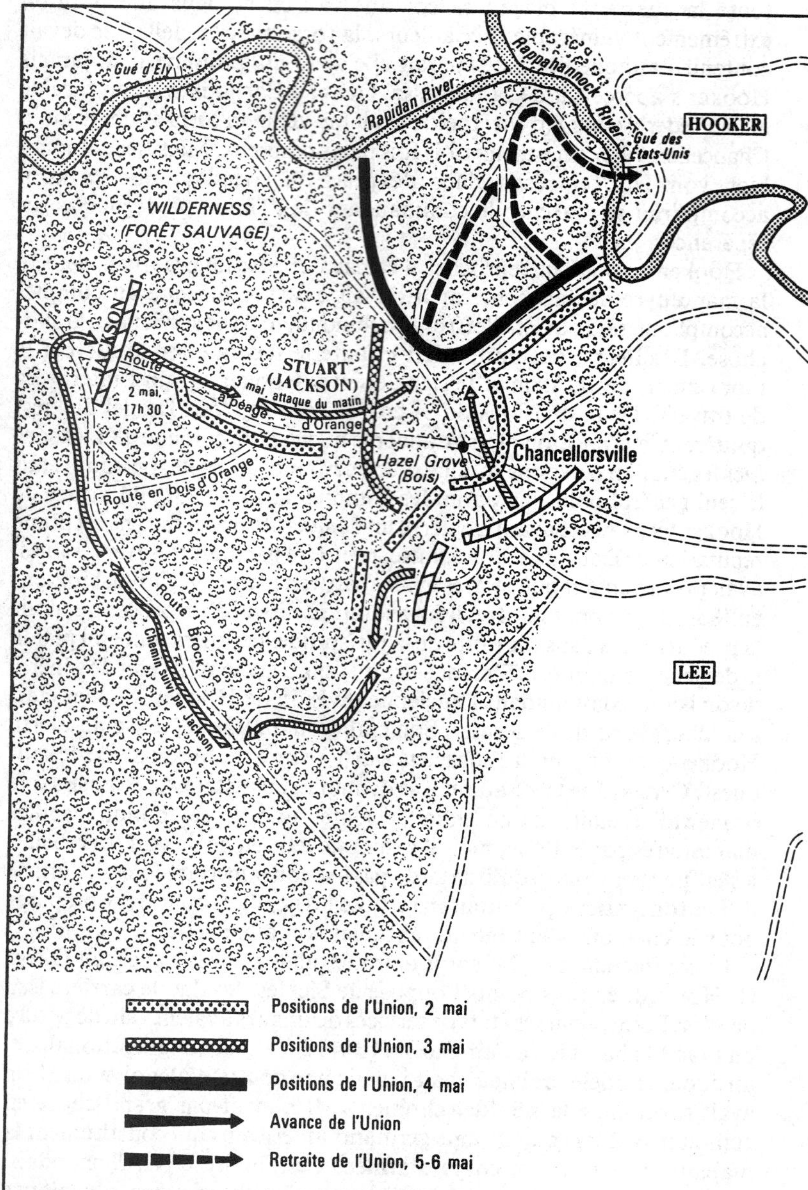

BATAILLE DE CHANCELLORSVILLE

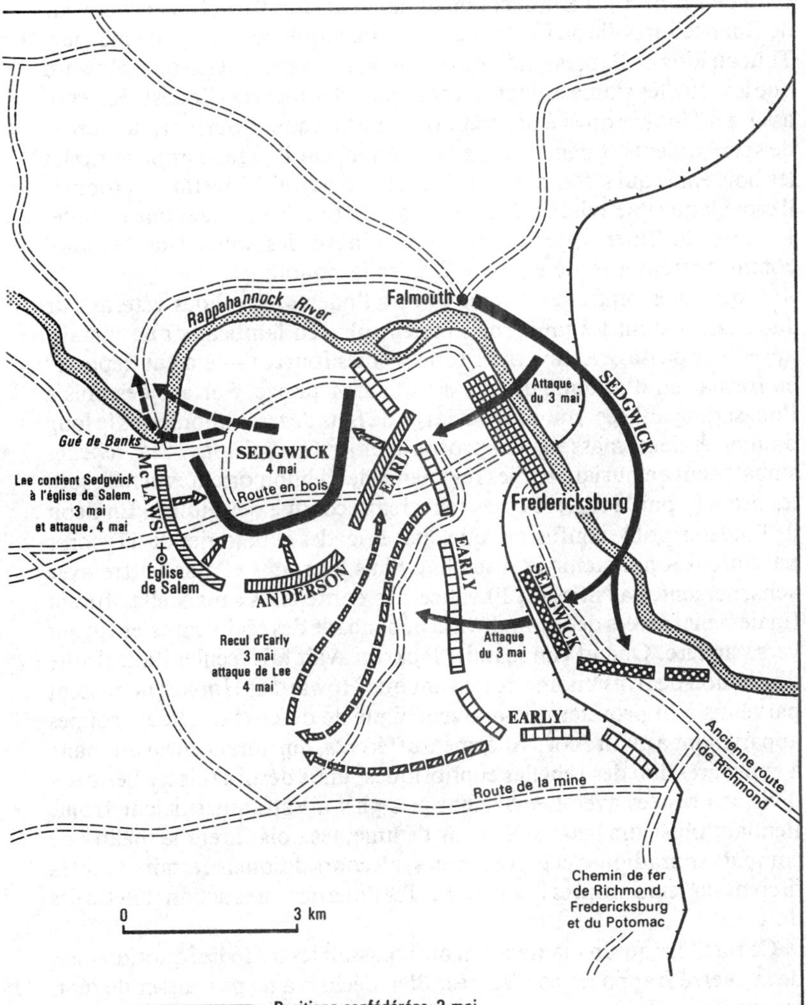
Falmouth
Rappahannock River
Gué de Banks
SEDGWICK
4 mai
Route en bois
Attaque
du 3 mai
SEDGWICK
Fredericksburg
McLAWS
Lee contient Sedgwick
à l'église de Salem,
3 mai
et attaque, 4 mai
Église
de Salem
ANDERSON
EARLY
EARLY
SEDGWICK
Attaque
du 3 mai
Recul d'Early
3 mai
attaque de Lee
4 mai
EARLY
Ancienne route
de Richmond
Route de la mine
Chemin de fer
de Richmond,
Fredericksburg
et du Potomac
0
3 km
Positions confédérées, 2 mai
Positions confédérées, 3 mai
Positions confédérées, 4 mai
Avance confédérée
Recul confédéré

2-6 MAI 1863

celui de Franz Sigel à la seconde bataille du Bull Run. Les événements de Chancellorsville ne firent rien pour améliorer son image de marque. Tout au long de l'après-midi, des piquets alarmés firent savoir à Howard que les rebelles s'amassaient en force considérable vers l'ouest. Howard assura à Hooker qu'il était prêt pour une attaque. Pourtant, la plupart de ses régiments étaient tournés vers le sud, car il jugeait impénétrables les bois épais qui s'étendaient à l'ouest. En outre, à l'instar de Hooker, il croyait que l'activité de l'ennemi était destinée à masquer une retraite. L'heure du dîner approchant, bon nombre des soldats de Howard commencèrent à se détendre et à faire la popote.

A quelques centaines de mètres vers l'ouest, les solides vétérans de Jackson — dont les uniformes étaient plus en lambeaux que jamais, après leur passage à travers les ronces et les fourrés — étaient déployés en formation d'attaque dès dix-sept heures quinze. Sortant des bois à l'ouest des yankees, sur un front large de plus de trois kilomètres le long duquel étaient massées en profondeur trois divisions, les rebelles s'abattirent en hurlant sur les régiments de l'Union orientés vers le sud, les prenant par le travers et les renversant comme des quilles. En dépit de l'indescriptible confusion, quelques brigades et batteries du 11ᵉ corps parvinrent à maintenir la discipline dans les rangs et à se battre avec acharnement, ralentissant l'avance des confédérés ; mais elles furent finalement forcées de se joindre à la débandade des régiments s'enfuyant vers l'arrière. Quand vint la nuit, Jackson avait fait reculer l'aile droite de l'Union de trois kilomètres, avant que Howard et Hooker ne fussent parvenus à improviser une nouvelle ligne de défense avec des troupes appartenant à quatre corps d'armée différents, qui mirent enfin une halte à la progression des rebelles euphoriques, mais désorganisés. Les deux divisions restées avec Lee avaient pris part à l'attaque sur leur front. Pendant plusieurs heures, au clair de lune, les bois furent le théâtre de combats sporadiques et désordonnés, au cours desquels certaines unités tirèrent sur leurs propres hommes ; ce fut l'une des rares actions nocturnes du conflit.

Ce fut alors qu'un malheur qui outrepassait les tragédies quotidiennes de la guerre frappa les confédérés. Bien décidés à ne pas laisser de répit aux yankees, Jackson et plusieurs de ses officiers s'avancèrent à cheval au-delà de leurs lignes, afin de reconnaître le terrain pour une nouvelle attaque. Alors qu'ils revenaient au trot, ils se firent tirer dessus par des rebelles trop nerveux qui les avaient pris pour des cavaliers de l'Union. Jackson s'effondra, le bras gauche percé de deux balles ; l'amputation était inévitable. Stuart prit le commandement de son corps d'armée et remplit vaillammant sa tâche pendant la fin de la bataille. Mais la perte de Jackson s'avéra définitive et irréparable. Victime d'une pneumonie, l'inimitable Stonewall succomba huit jours plus tard.

Au cours de la matinée qui suivit la blessure de Jackson, celle du 3 mai, la bataille atteignit son apogée. Quelques-uns des combats les plus durs du conflit se déroulèrent sur deux fronts distants de quinze kilomètres. Durant la nuit, Hooker avait ordonné à « oncle » John Sedgwick (ainsi baptisé par ses hommes en raison de ses manières avunculaires), qui commandait le 6e corps d'armée à Fredericksburg, de prendre les hauteurs situées derrière la ville et de marcher sur l'arrière de Lee à Chancellorsville. Au point du jour, oncle John précipita ses trois divisions contre les tranchées et le mur de pierre qui longeaient le bas de Marye's Heights, à l'endroit même où les troupes de Burnside avaient tant souffert au mois de décembre précédent. L'histoire parut se répéter, lorsque la division de Jubal Early les repoussa par deux fois. A la troisième tentative, cependant, au cours de l'un des rares authentiques assauts baïonnette au canon que connut la guerre, la première vague de tuniques bleues captura les hauteurs, fit mille prisonniers et dispersa les rebelles.

Pendant ce temps, à Chancellorsville, Hooker était resté étrangement passif, comme s'il s'attendait à voir Sedgwick prendre à son compte toutes les actions offensives de l'armée nordiste. Il avait même ordonné au corps d'armée de Sickles de quitter à l'aube un saillant situé sur les hautes terres de Hazel Grove, à un kilomètre et demi à l'ouest du carrefour de Chancellorsville. Cela permit à Lee et Stuart d'opérer la jonction des deux ailes de leur armée et de masser justement leur artillerie à Hazel Grove, l'un des rares endroits de la Forêt sauvage où elle pouvait être utilisée efficacement. Les confédérés lancèrent une attaque générale contre les trois corps d'armée qui tenaient les environs immédiats de Chancellorsville. Hooker laissa les trois autres corps d'armée de l'Union inactifs, en dépit de plusieurs occasions favorables qui leur auraient permis d'attaquer les flancs de Lee. Avant même qu'un boulet de canon ne vînt frapper son quartier général, au milieu de la matinée, le laissant sans connaissance, le général nordiste paraissait plongé dans une sorte d'hébétude. Après sa mésaventure, il revint à lui assez vite pour conserver son commandement — ce que regrettèrent plusieurs de ses subordonnés qui avaient espéré que le commandant de corps d'armée le plus haut placé dans la hiérarchie pourrait prendre les choses en main et lancer une contre-attaque. Au lieu de quoi, Hooker ordonna de reculer de deux ou trois kilomètres vers le nord le long d'une ligne défensive nettement réduite.

Les rebelles épuisés, mais ivres de joie, qui s'étaient battus avec une énergie sans précédent, fût-ce dans leurs propres rangs, poussèrent de folles acclamations en voyant Lee arriver à cheval dans la clairière qui entourait la vaste demeure de Chancellorsville, en proie aux flammes. C'était le plus grand triomphe du Virginien — mais la bataille n'était pas encore terminée. Tandis que les deux armées en présence cessaient les combats, comme par consentement mutuel, pour se porter au secours des centaines de blessés que menaçaient des feux de broussailles allumés par les explosions d'obus, Lee apprit que Sedgwick venait de réussir sa percée à Fredericksburg. Cela faisait courir un grave péril à son arrière, même si devant lui Hooker semblait dompté. Sans hésiter, il dépêcha une division qui brisa l'avance de Sedgwick près d'une église de campagne, à mi-chemin entre Fredericksburg et Chancellorsville. Le lendemain, Lee détacha encore une autre division du front sudiste pour attaquer Sedgwick. Cela ne laissait que vingt-cinq mille confédérés, sous Jeb Stuart, face aux soixante-quinze mille hommes de Hooker, mais on eût dit que Lee savait que son adversaire engourdi n'agirait pas. Vers la fin de l'après-midi, le 4 mai, une attaque décousue de vingt et un mille rebelles contre l'armée aussi nombreuse de Sedgwick fut repoussée. Cependant, conscient du fait que Hooker avait baissé les bras, Sedgwick préféra reculer avec ses troupes de l'autre côté de la Rappahannock durant la nuit.

Cette nuit-là, au cours d'un conseil de guerre, une majorité des commandants des corps d'armée de l'Union qui se trouvaient avec Hooker votèrent en faveur d'une contre-attaque. Fidèle à lui-même, leur chef n'en tint aucun compte et décida de battre en retraite de l'autre côté de la rivière. L'armée du Potomac accomplit cette manœuvre difficile la nuit suivante, par temps d'orage. Lee, toujours aussi agressif, avait prévu un nouvel assaut pour le 6 mai au matin et, comme il l'avait déjà fait l'été précédent, il regretta de voir les fédéraux échapper à l'anéantissement. Pourtant, selon tous les critères, il venait de remporter une victoire stupéfiante, dont l'ampleur était reconnue aussi bien dans le Nord que dans le Sud. Sans Longstreet et avec une armée presque deux fois moins nombreuse que celle d'un ennemi qui avait commencé par le dominer en manœuvrant, le sudiste était parvenu à reprendre l'initiative, à passer à l'attaque et il avait à plusieurs reprises divisé et manœuvré ses forces de façon à leur donner la supériorité ou l'égalité numérique à l'endroit où portait leur attaque. Comme un lapin hypnotisé par le renard gris, Hooker était resté figé sur place et n'avait su à aucun moment de la bataille utiliser plus de la moitié de sa puissance.

Toutefois, le triomphe de Chancellorsville coûta très cher à la Confédération. Son armée avait subi des pertes de l'ordre de treize mille hommes, soit vingt-deux pour cent de ses forces (pour l'Union les chiffres étaient de dix-sept mille hommes et quinze pour cent). La disparition la plus cruelle était celle de Jackson qui avait tant fait pour permettre cette victoire. Et le nouveau coup de fouet que la bataille donna au moral des sudistes leur fut nocif en définitive, car il engendra un excès de confiance en leurs propres prouesses et un mépris de l'ennemi, qui les menèrent au désastre. Persuadé que ses hommes étaient invincibles, Lee s'apprêtait à leur demander l'impossible.

Tout au long de la bataille, Lincoln hanta le bureau du télégraphe du ministère de la Guerre. Plusieurs jours durant, il ne reçut que des rapports fragmentaires et contradictoires. Lorsque la vérité apparut clairement, le 6 mai, le visage du Président devint « terreux », si l'on en croit un journaliste qui assistait à la scène. « Mon Dieu ! Mon Dieu ! s'exclama Lincoln. Que va dire le pays ? » Le pays dit des tas de choses, toutes pénibles à entendre. Les *copperheads* virent dans cette défaite une nouvelle preuve, s'il en fallait encore, que le Nord ne pourrait jamais rétablir l'Union par la force. Les républicains exprimèrent leur désespoir. « Perdu, perdu, tout est perdu ! » s'écria Charles Sumner en apprenant la nouvelle[1].

Dans le Nord, le moral descendit au plus bas au cours du printemps de 1863. Les rapports concernant l'avance de Grant dans le Mississippi mettaient longtemps à arriver et n'étaient pas toujours faciles à interpréter, surtout après l'échec des deux premiers assauts contre Vicksburg, les 19 et 22 mai. Dans le centre du Tennessee, Rosecrans n'avait rien fait depuis sa victoire sanglante et ambiguë du jour de l'an près de la Stones River. Le 7 avril, une attaque lancée contre le fort Sumter par huit Monitors, supposés irrésistibles, avait été repoussée avec une facilité qui rendait la marine de l'Union passablement ridicule. Cette attaque était le premier pas d'une tentative pour prendre Charleston, dont l'importance symbolique était encore plus grande que sa valeur stratégique. L'échec des Monitors prouva une fois de plus que ces cuirassés étaient capables d'encaisser des coups terribles, mais que leur propre force de frappe était limitée. L'artillerie rebelle tira plus de deux mille deux cents coups, dont quatre cent quarante environ touchèrent les huit navires, mais n'en coulèrent qu'un seul. Cependant, sur la plupart des cuirassés la tourelle de tir fut endommagée, ce qui restreignit leur puissance de feu, et la flotte ne parvint à tirer que cent quarante salves et n'infligea que des dommages limités en faisant mouche une quarantaine de fois. Le grand espoir de voir la marine conquérir la citadelle de la sécession était réduit à néant. Afin de soumettre Charleston en l'affamant ou en la pilonnant, les soldats de l'Union se mirent en route le long des îles côtières et à travers les marécages, effectuant une avance lente, frustrante et, pour finir, infructueuse.

III

La Confédération ne pouvait se permettre de se reposer sur les lauriers conquis par Lee en Virginie ou Beauregard à Charleston. Quoique

1. Noah Brooks, *Washington in Lincoln's Time* (New York, 1896), p. 57-58 ; *Diary of Gideon Welles*, éd. Howard K. Beale, 3 vol. (New York, 1960), t. I, p. 293.

vaincue, l'armée de Hooker, avec sa redoutable masse de quatre-vingt-dix mille hommes, occupait encore les rives de la Rappahannock. Grant avançait dans le Mississippi. Rosecrans manifestait des intentions d'en faire autant dans le centre du Tennessee. Pressé de toutes parts par des forces d'invasion, le Sud avait besoin d'une opération offensive-défensive pour desserrer un peu ce carcan. Longstreet croyait entrevoir un moyen d'y parvenir. Revenant avec ses deux divisions détachées pour aller rejoindre Lee sur la Rappahannock, il s'arrêta à Richmond le 6 mai, afin de s'y entretenir avec le ministre de la Guerre, James Seddon. Le général proposa d'emmener ses deux divisions renforcer Bragg dans le Tennessee. Avec un peu d'aide supplémentaire de la part de Johnston, ils devraient pouvoir refouler Rosecrans jusqu'en Ohio. Cela obligerait Grant à interrompre sa campagne contre Vicksburg pour aller secourir l'armée du Cumberland écrasée par les sudistes. L'idée séduisait Seddon, mais il suggéra à Longstreet de partir plutôt pour le Mississippi aider Johnston et Pemberton à écraser Grant, après quoi ils pourraient régler le sort de Rosecrans. Jefferson Davis était en faveur de cette proposition, car il s'inquiétait pour l'État dont il était originaire et il était convaincu que la survie de Vicksburg était essentielle à celle de la Confédération.

Lee, cependant, vint doucher leur enthousiasme. Il faudrait des semaines aux divisions de Longstreet pour couvrir les quelque seize cents kilomètres qui les séparaient du Mississippi, par les chemins de fer en piteux état de la Confédération. Or, si Vicksburg pouvait tenir jusque là, déclara Lee, elle n'aurait pas besoin de renforts, car « en juin, le climat [obligerait] l'ennemi à se retirer ». Entre-temps, l'armée du Potomac renforcée risquait de reprendre l'offensive contre les forces dégarnies de Lee. Bien qu'il fût récemment parvenu à résister à Hooker sans l'aide des deux divisions de Longstreet, Lee était désormais persuadé qu'il aurait besoin d'elles — et même d'un nouveau complément d'effectifs. « [Bref], conclut-il, il faut choisir entre la Virginie et le Mississippi[1]. »

L'opinion de Lee avait tant de poids que Davis se sentit tenu de faire chorus. Cependant, le Président resta perturbé par les nouvelles qui lui arrivaient du Mississippi, et le 15 mai, il convoqua Lee à Richmond pour une conférence stratégique. Cette fois, le Virginien éblouit Davis et Seddon en leur proposant d'envahir la Pennsylvanie avec une armée renforcée et d'infliger aux yankees une défaite écrasante à leur propre porte. Cela permettrait du même coup d'éliminer la menace sur la Rappahannock, d'éloigner les armées de la Virginie ravagée par la guerre et de faire manger les soldats de Lee à leur faim en pays ennemi. Cela redonnerait en outre des forces aux démocrates pacifistes, discréditerait les républicains, rouvrirait le dossier de la reconnaissance de la

1. Lettre et télégramme de Lee à Seddon, datés tous deux du 10 mai 1863, *O.R.*, sér. I, vol. 25, 2e partie, p. 790. On trouvera une analyse de cette question chez Archer Jones, *Confederate Strategy from Shiloh to Vicksburg* (Baton Rouge, 1961), p. 206-214.

Confédération par les puissances étrangères et arracherait peut-être même au gouvernement de l'Union un traité de paix et l'indépendance du Sud.

Cette vision abasourdit le cabinet. Seul le ministre des Postes, John Reagan, exprima son désaccord. Unique membre du gouvernement originaire d'un État situé à l'ouest du Mississippi (le Texas), Reagan restait convaincu que l'on devait songer en priorité à préserver Vicksburg, car c'était désormais le seul lien existant entre les deux moitiés de la Confédération[1]. Lee, cependant, persuada tous les autres ministres que, même si le climat ne suffisait pas à chasser les yankees du Mississippi, une invasion réussie de la Pennsylvanie les en ferait sortir. Dans le climat d'invincibilité engendré par Chancellorsville, tout paraissait possible. « Jamais auparavant on n'a vu de tels soldats dans une armée, déclara Lee à propos de ses hommes. S'ils sont bien dirigés, ils iront n'importe où et sont capables de tout. » Lee, « dont la réputation, nota un membre du cabinet, [était] désormais mondiale », jouissait d'un tel prestige qu'il eut gain de cause. Longstreet lui-même se rallia à son point de vue. « Quand je suis convenu avec [Seddon] et vous-même de la nécessité d'expédier des troupes vers l'ouest, écrivit-il au sénateur du Texas, Louis Wigfall, j'avais cru comprendre qu'ici, nous serions obligés de rester sur la défensive. Mais la perspective d'une offensive change la face des choses[2]. »

Lee se mit donc en devoir de réorganiser son armée désormais agrandie pour en faire une force d'invasion composée de trois corps d'infanterie et de six brigades de cavalerie, soit un total de soixante-quinze mille hommes. A.P. Hill fut nommé commandant du nouveau 3e corps d'armée, tandis que le 2e corps de feu Jackson était confié à Richard Ewell, qui claudiquait désormais sur une jambe de bois, souvenir de la seconde bataille de Manassas. Ayant passé tout le mois qui avait suivi Chancellorsville à se reposer et se rééquiper, l'armée de Virginie

1. John H. Reagan, *Memoirs, with Special Reference to Secession and the Civil War* (Austin, 1906), p. 120-122,150-153.

2. Lettre de Lee à John Bell Hood, 21 mai 1863, citée par Clifford Dowdey et Louis H. Manarin (éd.), *The Wartime Papers of R.E. Lee* (Boston, 1961), p. 490 ; le membre du cabinet est cité par Foote, *Civil War*, t.II, p. 432 ; lettre de Longstreet à Louis Wigfall, 13 mai 1863, citée par Jones, *Confederate Strategy*, p. 208. Après la guerre, une controverse s'éleva entre Longstreet et plusieurs généraux de Virginie quant à la responsabilité de la défaite de Gettysburg. Les Virginiens reprochaient à Longstreet sa participation très tiède à une invasion à laquelle il s'était opposé et surtout sa prétendue lenteur et son commandement inepte lors des attaques des 2 et 3 juillet. Ces allégations étaient au pire fausses et au mieux déformées. Longstreet soutint bel et bien l'invasion, comme l'indique sa lettre, même s'il prétendit ultérieurement que tout en donnant son assentiment à une offensive stratégique, il avait recommandé une tactique défensive une fois que les confédérés se trouveraient en territoire nordiste. Longstreet affirma que Lee avait partagé cet avis. Aucune preuve contemporaine ne vient étayer cet engagement improbable de Lee envers une tactique défensive. La controverse a été passée en revue par Glenn Tucker, *Lee and Longstreet at Gettysburg* (Indianapolis, 1968), et par Thomas L. Connelly, *The Marble Man : Robert E. Lee and His Image in American Society* (New York, 1977), chap. 3.

septentrionale était beaucoup mieux préparée pour cette nouvelle invasion qu'elle ne l'avait été pour la précédente, en septembre 1862. Le moral était au beau fixe, la plupart des hommes étaient chaussés et peu de traînards se laissèrent distancer, tandis que Lee obliquait vers l'ouest, durant la première semaine de juin, afin de lancer son invasion à travers la vallée de la Shenandoah. Le corps d'armée d'Ewell marchait en tête, ce qui lui permit d'ajouter aux lauriers gagnés dans cette même vallée sous Jackson l'année précédente la gloire de prendre trois mille cinq cents hommes des garnisons de l'Union à Winchester et Martinsburg

Ces deux succès et l'entrée apparemment sans opposition des redoutables rebelles en Pennsylvanie déclenchèrent une panique dans le Nord et mirent un comble à l'euphorie sudiste. « Depuis les tout premiers jours, la véritable politique du Sud a été l'invasion », assura le *Richmond Examiner* lorsque les premiers rapports arrivèrent, signalant une grande victoire en Pennsylvanie.

> L'actuelle opération du général Lee [...] sera d'une valeur inestimable en ce qu'elle révélera [...] à quel point le Nord est susceptible d'être aisément envahi. [...] Par leurs anciennes habitudes de vie et d'éducation, les Chinois eux-mêmes ne sont pas moins préparés à une résistance martiale que les yankees [...]. Nous pouvons [...] enfoncer nos armées loin de l'intérieur du pays de l'ennemi et lui arracher la paix par les coups que nous porterons contre ses organes vitaux.

Cet éditorial était daté du 7 juillet 1863[1].

Jusque-là, un seul événement fâcheux était venu ternir le succès de l'invasion. Le 9 juin, un gros détachement de la cavalerie de l'Union franchit la Rappahannock, à quarante kilomètres au-dessus de Fredericksburg, pour essayer de découvrir ce que tramait Lee. Prenant Stuart au dépourvu, les cavaliers bleus constatèrent que l'ennemi avait déjà commencé son avance vers le nord. Les rebelles se reprirent, cependant, et finirent par repousser les yankees à l'issue du plus grand combat de cavalerie du conflit à Brandy Station. La presse sudiste reprocha à Stuart l'inertie initiale de sa « cavalerie essoufflée[2]. » Vexé par ce revers, Stuart espérait bien se couvrir à nouveau de gloire par quelque exploit spectaculaire durant l'invasion. Ses cavaliers masquèrent efficacement l'avance de l'infanterie, mais la cavalerie nordiste très améliorée empêcha de son côté Stuart de percer à jour les mouvements de Hooker. Pour sortir de cette impasse, le sudiste emmena le 25 juin ses trois meilleures brigades accomplir un nouveau raid vers l'arrière

---

1. L'ironie de cette date n'échappera pas au lecteur, car ce texte fut publié quatre jours après la défaite des confédérés à Gettysburg. La nouvelle ne fut connue à Richmond que le 9 juillet et il fallut encore un jour ou deux pour parvenir à se persuader que les rapports, d'abord optimistes, arrivés de Pennsylvanie étaient désormais démentis.

2. Douglas Southall Freeman, *Lee's Lieutenants: A Study in Command*, 3 vol. (New York, 1942-1944), t. III, p. 19.

de l'infanterie de l'Union qui se hâtait péniblement vers le nord à la poursuite de Lee. Au début, cette incursion suscita l'alarme à Washington et accrut la peur en Pennsylvanie, mais Stuart se retrouva alors séparé de l'armée de Virginie septentrionale pendant une semaine entière, privant ainsi Lee de renseignements à un moment crucial.

Néanmoins, ces journées de rêve du mois de juin parurent porter à son apogée le triomphe des confédérés. Lee interdit le pillage des propriétés privées en Pennsylvanie, afin de bien montrer que les soldats sudistes étaient supérieurs aux vandales yankees qui avaient ravagé le Sud. Cela dit, les rebelles ne s'abstinrent pas tous d'incendier et de mettre à sac. L'armée confédérée détruisit la fonderie de Thaddeus Stevens, près de Chambersburg, démantela beaucoup d'installations ferroviaires, préleva de force de l'argent auprès des négociants et des banques (prenant par exemple vingt-huit mille dollars à York) et s'empara de tous les souliers, vêtements, chevaux, têtes de bétail et vivres qu'elle put trouver — en échange de quoi on distribua des reconnaissances de dette confédérées. L'invasion de Lee se transforma en un raid monumental pour se ravitailler, qui dépouilla totalement une vaste zone au centre-sud de la Pennsylvanie. A Chambersburg, l'officier d'intendance de Longstreet entreprit d'entrer dans les magasins à coups de hache, jusqu'à ce que les marchands de l'endroit lui eussent remis leurs clefs. A une fermière qui protestait contre la saisie de tous ses porcs et de son bétail, Longstreet répliqua : « Eh oui, madame, c'est très triste — très triste ; et figurez-vous que ça fait plus de deux ans que ça dure en Virginie — très triste[1]. » Les soldats sudistes capturèrent aussi des dizaines de Noirs qu'ils envoyèrent dans le Sud pour les mettre en esclavage.

L'un des objectifs de Lee, en ordonnant à ses troupes d'agir avec retenue à l'égard des civils (blancs), était de se concilier les *copperheads*. Il plaçait, en effet, de grands espoirs dans « le parti pacifiste du Nord, en pleine ascension », y voyant un « moyen de diviser et d'affaiblir l'ennemi ». Certes, écrivit-il à Davis le 10 juin, les *copperheads* déclaraient vouloir faire de la réunion des États l'objet des négociations de paix qu'ils réclamaient, alors que le Sud avait pour but son indépendance, mais on ne perdrait rien à flatter ce sentiment en faveur de la réunion, afin de miner le soutien du Nord à la guerre. « [...] Après tout, c'est là ce qui nous intéresse, continuait Lee. Lorsque la paix nous sera offerte, il sera bien temps d'en discuter les conditions et il ne serait pas prudent

---

1. Citation empruntée à Walter Lord (éd.), *The Fremantle Diary : Being the Journal of Lieutenant Colonel James Arthur Lyon Fremantle, Coldstream Guards, on his Three Months in the Southern States* (Boston, 1954), p. 224. Voir aussi Edwin B. Coddington, *The Gettysburg Campaign : A Study in Command* (New York, 1968), p. 153-179. Une femme de Chambersburg a décrit la capture par les confédérés de plusieurs femmes et enfants noirs de la ville qu'ils « poussaient devant eux exactement comme nous pousserions du bétail ». James C. Mohr (éd.), *The Cormany Diatries : A Northern Family in the Civil War* (Pittsburgh, 1982), p. 328-330.

de mépriser cette proposition par avance, simplement parce que ceux qui la feraient croiraient, ou feindraient de croire, qu'elle aurait pour résultat de nous ramener dans l'Union. » Si Davis partageait cette opinion, concluait le général, « [il était] le mieux placé pour savoir comment la faire suivre de l'effet voulu[1] ».

Davis pensait en effet discerner une occasion d'imposer des propositions de paix, à la pointe de l'épée de son général en chef. A la mi-juin, Alexander Stephens lui fit remarquer que, compte tenu « de l'échec de Hooker et de Grant », le moment était peut-être venu de tenter des ouvertures de paix. Le vice-président de la Confédération offrit donc d'aller trouver son vieil ami Lincoln, sous la protection du drapeau blanc, afin de discuter des échanges de prisonniers de guerre, qui s'étaient interrompus parce que les sudistes refusaient d'y inclure les Noirs. Cet entretien pourrait servir de tremplin à des propositions de paix. L'idée éveilla l'intérêt de Davis. Il donna à Stephens des instructions qui limitaient ses pouvoirs aux négociations concernant les échanges de prisonniers et à d'autres problèmes de procédure. Quant à savoir si Stephens partit nanti d'autres pouvoirs officieux, rien ne permet de l'affirmer. Le 3 juillet, le vice-président s'embarqua à bord d'un navire battant un pavillon blanc, afin de descendre la James River jusqu'aux lignes de l'Union à Norfolk, première étape du voyage qui devait, espérait-il, se prolonger jusqu'à Washington[2].

L'invasion de Lee donna aussi naissance à de nouveaux espoirs confédérés quant à une possible reconnaissance sur le plan diplomatique. Dans le sillage de Chancellorsville, John Slidell à Paris demanda aux Français si « le moment n'était pas venu de reconsidérer la question de la reconnaissance ». Napoléon III en convint, comme d'habitude, mais refusa d'agir indépendamment de la Grande-Bretagne. Chez les Anglais, justement, l'annonce des succès de Lee incita les sympathisants de la cause confédérée à se manifester avec vigueur. En juin, de nombreuses rencontres entre les diplomates sudistes et leurs partisans de part et d'autre de la Manche permirent de mettre au point un projet de motion soumise au Parlement britannique, en faveur de mesures anglo-françaises préparant la reconnaissance. L'empereur donna sa bénédiction à cette entreprise, mais le membre du Parlement qui présenta la motion, un minuscule boutefeu du nom de John Roebuck, dont Henry Adams déclarait qu'il était « aux trois quarts fou et même davantage », mit les pieds dans le plat le 30 juin avec un discours qui révélait indiscrètement tous les détails de sa conversation avec Napoléon III. La seule idée de permettre aux « mangeurs de grenouilles » de dicter aux Britanniques leur politique étrangère revenait à agiter un chiffon rouge sous le nez

1. Dowdley et Manarin (éd.), *Wartime Papers of Lee*, p. 507-509.
2. Alexander H. Stephens, *A Constitutional View of the Late War Between the States*, 2 vol. (Chicago, 1868-1870), t. II, p. 557-568 ; Rowland, *Davis*, t. V, p. 513-519.

du taureau John Bull. La motion mourut, victime d'une réaction anti-française, mais les Britanniques favorables à la reconnaissance de la Confédération attendirent néanmoins avec impatience l'annonce du triomphe de Lee en Pennsylvanie. « Désormais les moyens diplomatiques ne peuvent plus suffire, écrivit de Londres, le 11 juillet, Henry Hotze, le chantre de la cause sudiste, et tout le monde compte sur Lee pour conquérir notre reconnaissance[1]. »

Les nordistes en poste à l'étranger ne comprenaient que trop quels étaient les enjeux des opérations militaires, en ce mois de juin 1863. « La vérité, écrivit Henry Adams, c'est que tout dépend de la progression de nos armées. » A Washington, Lincoln n'était guère satisfait de celle de l'armée de Hooker. Lorsque ce dernier détecta les mouvements de Lee, au début de juin, il voulut d'abord traverser la Rappahannock et tomber sur l'arrière des rebelles. Lincoln trouvait l'idée mauvaise et pressa vivement son général de livrer bataille à la force principale de l'ennemi au nord de la Rappahannock, au lieu de franchir celle-ci au risque de se retrouver « empêtré comme un bœuf dans la clôture qu'il a voulu franchir et qui court le danger de se faire déchirer par les chiens devant et derrière sans avoir une bonne chance d'encorner d'un côté ou de ruer de l'autre ». Hooker resta, semble-t-il, sourd à ce conseil, car quelques jours plus tard, il proposa, puisque l'armée de Virginie septentrionale se dirigeait vers le nord, que l'armée du Potomac partît, elle, vers le sud pour envahir Richmond ! Lincoln commença à se demander si Hooker n'avait pas peur de se frotter une nouvelle fois à Lee. « Il me semble que c'est l'armée de *Lee* et non pas *Richmond* qui est votre véritable objectif, câbla-t-il au général. S'il se dirige vers le cours supérieur du Potomac, suivez-le sur son flanc en prenant la piste de l'intérieur [...]. Combattez-le à la première occasion. » Avec la tête de l'armée ennemie à Winchester et ses arrières encore à Fredericksburg, « l'animal [devait] être bien fluet quelque part. N'[était]-il donc pas possible d'en venir à bout[2] ? »

Hooker, même s'il finit par mettre ses hommes en mouvement, agit trop tard pour empêcher l'armée entière de Lee de franchir le Potomac. Paradoxalement, cela eut le don de redonner du courage à Lincoln. « [Cela] vous offre à nouveau l'occasion [d'anéantir l'ennemi loin de sa base] que j'avais crue perdue par McClellan à l'automne dernier », fit-il savoir aussitôt à son général. Et le Président de confier au ministre

1. Slidell cité chez Frank Lawrence Owsley, *King Cotton Diplomacy* (Chicago, 1931), p. 465 ; lettre de Henry Adams à Charles Francis Adams Jr., 25 juin 1863, citée par Worthington C. Ford (éd.), *A Cycle of Adams Letters 1861-1865,* 2 vol. (Boston, 1920), t. II, p. 40 ; Hotze cité chez Brian Jenkins, *Britain and the War for the Union,* 2 vol. (Montréal, 1974-1980), t. II, p. 313.

2. Lettre de Henry Adams à Charles Francis Adams Jr., 25 juin 1863, citée par Ford, *Cycle of Adams Letters*, t. II, p. 40-41 ; *CWL*, t. VI, p. 249, 257, 273.

de la Marine, Gideon Welles : « Nous ne pouvons pas manquer de les vaincre, si nous trouvons l'homme de la situation. » Il se convainquit assez vite, cependant, que cet homme n'était pas Hooker. Ce dernier commença à geindre que les forces de Lee étaient plus nombreuses que les siennes, qu'il avait besoin d'un surcroît de troupes, que le gouvernement ne le soutenait pas. L'air « triste et soucieux », le Président annonça à son cabinet que Hooker s'avérait être un second McClellan. Le 28 juin, il le releva de son commandement et nomma à sa place George Gordon Meade[1].

Si l'on avait consulté les simples soldats, la plupart auraient sans doute réclamé le retour de McClellan. Bien que Meade se fût élevé à la force du poignet, passant du grade de général de brigade à celui de général de corps d'armée, et fût crédité de bons états de service, personne ne le connaissait très bien en dehors de sa propre unité. Au début de l'été 1863, cependant, les soldats de l'Union, formés à l'école des coups durs sous des chefs plus ou moins incapables, s'étaient tout à fait aguerris et avaient acquis une solide confiance en eux qui les laissait pour la plupart indifférents à l'identité de leur commandant. « [Les hommes] ne sont pas sans rappeler le bouledogue anglais, écrivit un officier. On peut les vaincre dix fois de suite et pourtant au combat suivant, ils auront [...] toujours autant de cran. Ils ont l'habitude d'être battus et ça ne leur fait plus rien. Un jour ou l'autre, notre tour viendra[2]. » Lorsque l'armée, cheminant vers le nord, pénétra en Pennsylvanie, ce fut pour entendre, au lieu des habituelles injures réservées aux ennemis, les acclamations d'une population qui voyait en elle une protectrice. Son moral s'éleva avec la latitude. « Nos hommes sont trois fois plus enthousiastes qu'ils ne l'étaient en Virginie, nota un chirurgien de l'armée. L'idée que la Pennsylvanie est envahie et que nous nous battons sur notre propre sol a sur eux une grande influence. Ils sont plus résolus que je ne les ai jamais vus[3]. »

Lorsque Meade reprit l'armée en main, ses quatre-vingt-dix mille hommes étaient concentrés dans les environs de Frederick, dans le Maryland. Les corps d'armés confédérés de Longstreet et de Hill se trouvaient à soixante-cinq kilomètres au nord, près de Chambersburg, en Pennsylvanie. Une partie du corps d'armée d'Ewell était à York où il menaçait un pont de chemin de fer sur la Susquehanna, alors que le reste de cette unité avait gagné Carlisle et se préparait à poursuivre jusqu'à Harrisburg afin d'interrompre la ligne principale du chemin de fer de Pennsylvanie et de prendre la ville, qui était la capitale de l'État.

---

1. *C W L*, t. VI, p. 281 ; Beale (éd.), *Diary of Gideon Welles*, t. I, p. 340, 344, 348.
2. Lettre de Stephen M. Weld à sa mère, 10 juin 1863, citée dans *War Diary and Letters of Stephen Minot Weld 1861-1865* (Boston, 1912), p. 213. Weld était capitaine dans le 18e régiment d'infanterie du Massachusetts.
3. Wiley, *Billy Yank*, p. 283.

Comme Lincoln l'avait espéré, Lee s'était coupé de sa lointaine base de Virginie, mais il l'avait fait volontairement. Comme l'armée de Grant dans le Mississippi, les envahisseurs sudistes n'avaient emporté que les munitions dont ils pouvaient avoir besoin et ils vivaient de ce qu'ils trouvaient sur place à mesure qu'ils avançaient. Le grand souci du général confédéré n'était pas le ravitaillement, mais plutôt l'absence de Stuart chargé de récolter des renseignements sur la position qu'occupait l'ennemi. Meade, en revanche, disposait d'informations très précises sur l'avance des rebelles et il s'empressa d'aller les affronter.

Durant la nuit du 28 juin, l'un des éclaireurs de Longstreet fit savoir que l'armée du Potomac se trouvait à présent au nord du fleuve du même nom. Alarmé par la proximité de cette concentration de forces ennemies, alors que les siennes restaient éparpillées, Lee dépêcha des estafettes pour rappeler d'York et de Carlisle les divisions d'Ewell. Pendant ce temps, l'une des divisions d'A.P. Hill eut vent de la présence d'une importante quantité de chaussures à Gettysburg, prospère bourgade desservie par une douzaine de routes qui convergeaient vers elle des quatre points cardinaux. Étant donné que Lee avait l'intention de réunir son armée près de Gettysburg, Hill autorisa cette division à s'y rendre dès le 1er juillet pour « aller chercher ces souliers ».

Mais lorsque les aspirants-savetiers de Hill approchèrent de Gettysburg, ce matin-là, ils trouvèrent bien autre chose que les piquets et les miliciens qu'ils avaient escomptés. Deux brigades de la cavalerie de l'Union étaient arrivées en ville la veille. A leur tête se trouvait un combattant chevronné, au teint boucané, John Buford qui, comme Lincoln, était né au Kentucky, mais avait grandi en Illinois. Buford avait remarqué l'importance stratégique du carrefour qu'était Gettysburg, flanqué de crêtes et de collines fort défendables. S'attendant à voir les rebelles s'aventurer de ce côté, il avait posté ses brigades, armées de carabines se chargeant par la culasse, sur les hauteurs situées au nord-ouest de la ville. Après quoi, il fit dire à John Reynolds, un Pennsylvanien qui commandait le corps d'infanterie le plus proche, de venir au plus vite à Gettysburg. S'il devait y avoir une bataille, ajoutait-il, c'était l'endroit rêvé pour la livrer. Donc, lorsque la division avancée d'A.P. Hill arriva de l'ouest le lendemain matin, les cavaliers de Buford étaient prêts à la recevoir. Combattant à pied, derrière des clôtures et des arbres, ils tinrent en respect des hommes trois fois plus nombreux qu'eux pendant deux heures, tandis que des estafettes des deux camps galopaient à bride abattue le long des routes pour appeler du renfort. Lee avait ordonné à ses commandants de ne pas provoquer d'engagement général tant que toute l'armée ne serait pas regroupée, mais la bataille se généralisa d'elle-même, à mesure que l'infanterie des deux armées s'avançait au pas cadencé vers le bruit des canons de Gettysburg.

Au moment où les cavaliers épuisés de Buford commençaient à céder, vers le milieu de la matinée, la division de tête du 1er corps d'armée de Reynolds fonça à travers champ et arrêta net l'assaut des confédérés. Une des unités de cette division n'était autre que la Brigade de Fer, composée de cinq régiments d'hommes du Midwest, aux chapeaux noirs aisément reconnaissables, qui confirmèrent sur ce terrain leur réputation de plus vaillants combattants de l'armée du Potomac. Ils perdirent d'ailleurs les deux tiers des hommes qui prirent part à la bataille. Mais la plus lourde perte subie par l'Union, en cette première matinée de juillet, fut celle de John Reynolds — que beaucoup considéraient comme le meilleur général de l'armée — qui eut le crâne fracassé par la balle d'un tirailleur sudiste. Vers midi, le 11e corps d' « Allemands » du général Howard arriva et se déploya au nord de la ville, pour accueillir les unités avancées du 2e corps confédéré d'Ewell, qui arrivaient à vive allure de la Susquehanna. Au début de l'après-midi, quelque vingt-quatre mille confédérés en décousaient avec dix-neuf mille tuniques bleues le long d'une ligne semi-circulaire de près de cinq kilomètres, à l'ouest et au nord de Gettysburg. Ni l'un ni l'autre des commandants en chef n'était encore sur le terrain ; ni l'un ni l'autre n'avait eu l'intention de se battre à cet endroit ; mais indépendamment de leur volonté, une bataille destinée à devenir la plus grande et la plus importante du conflit avait d'ores et déjà commencé.

Tandis que les divisions de tête d'Ewell montaient à l'assaut contre Howard, Lee arriva de l'ouest. Saisissant la situation du premier coup d'œil, il décida de ne pas attendre Longstreet, comme il en avait eu l'intention, car celui-ci était encore à plusieurs kilomètres, et il autorisa Hill et Ewell à lancer dans la mêlée tous les hommes dont ils disposaient. Ponctuant leur charge d'un hurlement, quatre divisions de sudistes foncèrent devant elles avec cette puissance irrésistible qui paraissait devenue chez eux quasi routinière. Le flanc droit du corps de Howard s'effondra, comme il l'avait fait à Chancellorsville. Lorsque le 11e corps se retira en désordre à travers la ville jusqu'aux hauteurs de Cemetery Hill, à huit cents mètres au sud, le flanc droit du 1er corps d'armée de l'Union se retrouva à découvert et ces rudes combattants furent à leur tour contraints de reculer pied à pied vers la colline, où l'artillerie de l'Union et une division de réserve postée là par Howard firent vaciller l'assaut des rebelles en fin d'après-midi. Jusque-là, le combat paraissait se solder par une nouvelle grande victoire confédérée.

Mais Lee voyait bien que tant que l'ennemi tiendrait les hautes terres au sud de la ville, la lutte ne serait pas terminée. Il savait que le restant de l'armée du Potomac devait se hâter en direction de Gettysburg ; sa meilleure chance d'assurer sa victoire était de s'emparer de ces collines et de ces crêtes avant son arrivée. Il donna donc à Ewell des pouvoirs discrétionnaires pour attaquer Cemetery Hill « si la chose était faisable ».

Jackson eût-il encore été de ce monde, il l'aurait sans aucun doute trouvée faisable, mais Ewell n'était pas Jackson. Estimant la position ennemie trop forte, il n'attaqua pas, donnant ainsi naissance à l'une des grandes controverses qu'a suscitées Gettysburg, dont les échos ont traversé les âges. Lorsque la nuit commença à tomber, le général Winfield Scott Hancock, du 2e corps d'armée de l'Union, était arrivé et avait établi une ligne de défense qui ondulait autour des hauteurs de Culp's Hill et Cemetery Hill et s'étendait sur plus de trois kilomètres vers le sud, le long de la crête de Cemetery Ridge, jusqu'à une colline appelée « Little Round Top » (le petit sommet rond). Avec l'arrivée de trois nouveaux corps d'armée de l'Union durant la nuit — accompagnés de Meade en personne — les tuniques bleues transformèrent cette ligne en une position formidable. Non seulement elle commandait les hautes terres, mais ses lignes intérieures convexes permettaient en outre de faire passer très rapidement les troupes d'un point à un autre, tout en forçant l'ennemi à suivre pour sa part des lignes extérieures concaves qui rendaient les communications entre la droite et la gauche lentes et laborieuses.

Étudiant les lignes de défense de l'Union à la jumelle, le soir du 1er juillet et reprenant son examen le lendemain matin, Longstreet en vint à la conclusion qu'elles étaient trop solides pour qu'une attaque pût réussir. Il pressa vivement Lee d'en contourner le flanc méridional et de s'interposer entre l'armée de l'Union et Washington, ce qui obligerait Meade à attaquer l'armée de Virginie occidentale sur une position que cette dernière aurait choisie. Longstreet avait un faible pour la tactique défensive ; le modèle auquel il songeait était celui de Fredericksburg, où les divisions yankees s'étaient fracassées contre les défenses des confédérés, alors que ces derniers ne subissaient qu'un minimum de pertes. Il n'avait pas pris part à la bataille de Chancellorsville et, le 1er juillet, il n'était arrivé à Gettysburg qu'après que les rebelles hurlants eurent repoussé l'ennemi pêle-mêle à travers la ville. Or, ces deux modèles étaient ceux que voulait suivre Lee. Ni aux Sept Jours, ni à Chancellorsville, il n'était parvenu à « anéantir » l'ennemi comme il l'avait espéré. Gettysburg était une troisième occasion de le faire[1]. Le moral de ses hommes aguerris n'avait jamais été aussi bon ; Lee était convaincu qu'ils considéreraient une manœuvre du type préconisé par Longstreet comme une défaite et perdraient de ce fait leur ardeur au combat.

1. Vingt ans plus tard, Isaac Trimble, l'un des commandants de division de Lee à Gettysburg, écrivit de mémoire un compte rendu retraçant « presque mot pour mot » une conversation qu'il avait eue avec Lee le 27 juin, quatre jours avant le début de la bataille. Lorsque l'armée du Potomac arriva en Pennsylvanie à sa recherche, Lee déclara à Trimble : « Je vais lancer une force écrasante contre leurs unités avancées, les anéantir, exploiter ce succès, repousser les corps d'armée les uns sur les autres et d'échecs en surprises [...] faire naître la panique et virtuellement détruire l'armée. [Alors] la guerre sera terminée et nous obtiendrons que notre indépendance soit reconnue. » Douglas Southall Freeman, *R.E. Lee: A Biography*, 4 vol. (New York, 1934-1935), t. III, p. 58-59.

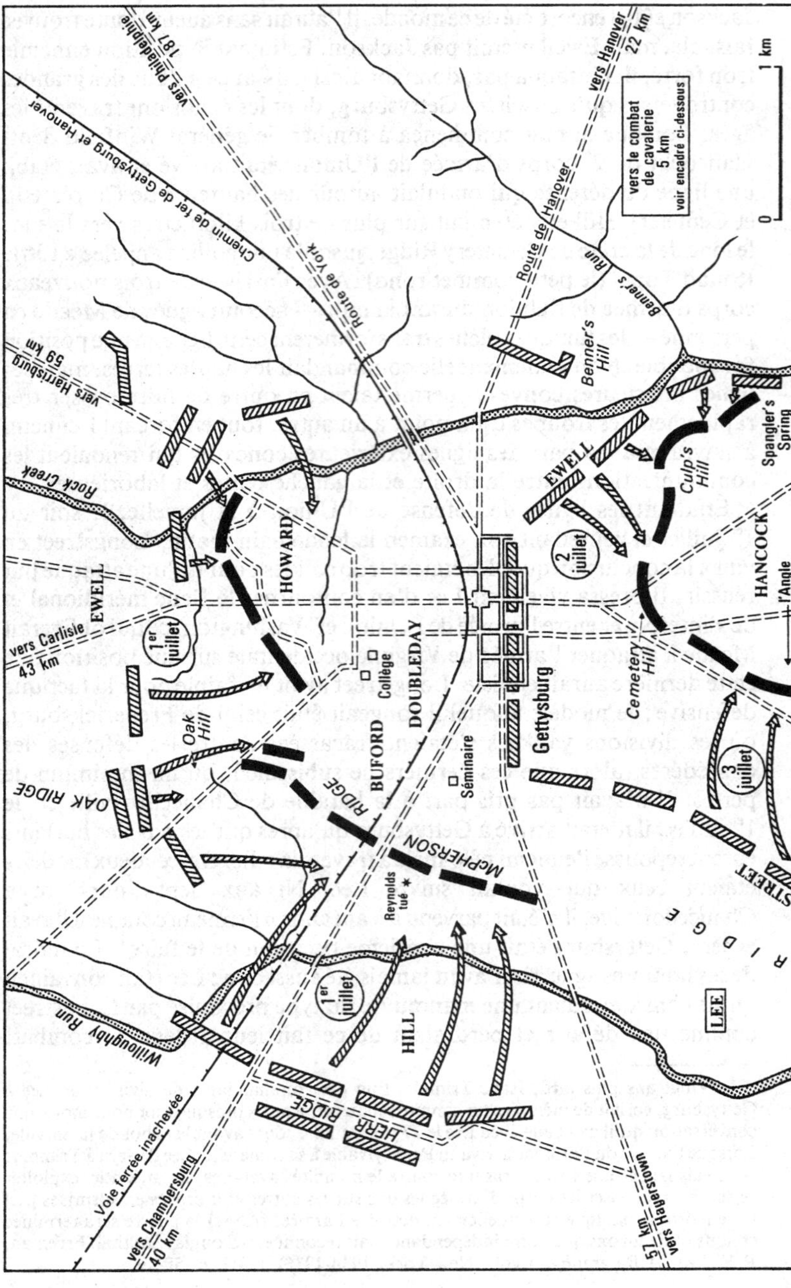
vers Philadelphie
187 km
Chemin de fer de Gettysburg et Hanover
Route de York
Route de Hanover
vers Hanover
22 km
vers le combat
de cavalerie
5 km
voir encadré ci-dessous
0
1 km
Benner's Run
Benner's
Hill
vers Harrisburg
59 km
Rock Creek
EWELL
Culp's
Hill
Spangler's
Spring
HOWARD
2
juillet
HANCOCK
l'Angle
vers Carlisle
43 km
EWELL
1er
juillet
Collège
DOUBLEDAY
Cemetery
Hill
Gettysburg
Oak
Hill
BUFORD
Séminaire
OAK RIDGE
RIDGE
McPHERSON
Reynolds
tué
3
juillet
STREET
RIDGE
1er
juillet
HILL
LEE
Willoughby Run
HERR
RIDGE
Voie ferrée inachevée
vers Chambersburg
40 km
57 km
vers Hagerstown

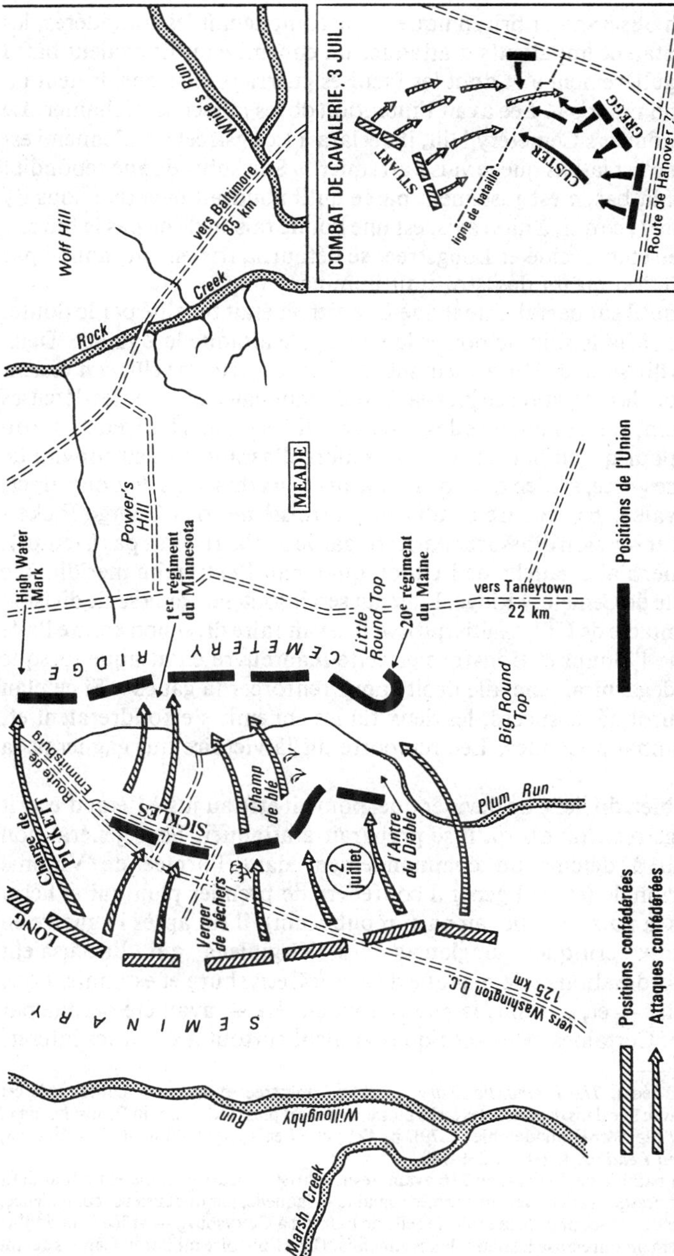

BATAILLE DE GETTYSBURG, 1-3 JUILLET 1863

Selon un observateur britannique qui accompagnait les confédérés, les soldats étaient impatients d'attaquer un ennemi « qu'ils avaient battu aussi régulièrement » et dont les facultés guerrières leur inspiraient un « profond mépris ». Lee avait l'intention de les laisser se déchaîner. Le doigt tendu vers Cemetery Hill, il déclara à Longstreet : « L'ennemi est là-bas et c'est là-bas que je vais l'attaquer. » Son subordonné répondit : « S'il est là-bas, c'est justement parce qu'il voudrait bien que nous l'y attaquions ; ce qui, à mon avis, est une bonne raison de ne pas le faire. » Mais Lee était décidé et Longstreet se détourna tristement, animé par la conviction qu'un désastre était imminent[1].

Bien qu'il sût parfaitement que Longstreet était tenaillé par le doute, Lee lui confia le soin de porter la principale attaque le 2 juillet. Deux des trois divisions de Hill avaient subi de lourdes pertes la veille et n'étaient pas en état de combattre ce jour-là. Ewell continuait à dire que les défenses de l'Union, sur les hauteurs de Cemetery Hill et Culp's Hill, étaient trop solides pour qu'on pût espérer les prendre d'assaut. Lee en convint de mauvaise grâce, si bien qu'il ordonna aux deux divisions de Longstreet, qui n'avaient pas encore combattu (la troisième sous George Pickett avait pour mission d'assurer l'arrière-garde et n'arriverait pas à temps), d'attaquer l'aile gauche de l'Union qui tenait l'extrémité méridionale de la crête de Cemetery Ridge. L'assaut serait soutenu par la seule division encore intacte de Hill, tandis qu'Ewell devait faire diversion contre l'aile droite de l'Union et transformer cette manœuvre en attaque lorsque Meade dégarnirait son aile droite pour renforcer la gauche. Si ce plan était couronné de succès, les deux flancs ennemis s'effondreraient et, tel Hannibal à Cannes, Lee remporterait la victoire qui gagnerait la guerre[2].

Il est bien difficile de deviner quel pouvait être au juste l'état d'esprit de Longstreet, tandis qu'il se préparait à attaquer. Seul général non virginien à détenir un commandement dans l'armée de Virginie septentrionale (et seul général confédéré de premier plan qui adhéra, une fois la paix rétablie, au parti républicain), il fut après la guerre en butte aux critiques cinglantes des Virginiens qui l'accusaient d'insubordination et de manque de zèle à Gettysburg et estimaient que la bataille — et, partant, la guerre tout entière — avait été perdue par sa faute. Certaines de ces critiques visaient surtout à servir les intérêts

---

1. Lord (éd.), *The Fremantle Diary*, p. 205 ; Longstreet rapporta le contenu de cet entretien avec Lee dans deux articles écrits plusieurs années plus tard : « Lee in Pennsylvania », *Annals of the War* (Philadelphie, 1879), p. 421 ; et « Lee's Right Wing at Gettysburg », *Battles and Leaders*, t. III, p. 339-340.

2. A la bataille de Cannes, en 216 avant Jésus-Christ, le Carthaginois Hannibal défit et anéantit presque entièrement une armée romaine — laquelle, par une curieuse coïncidence, était à peu de choses près de la taille de celle de l'Union à Gettysburg — grâce à un double enveloppement qui écrasa les deux flancs ennemis. Dans l'histoire militaire, Cannes devint le symbole d'une victoire tactique totale se soldant par l'annihilation de l'adversaire.

de ceux qui les proféraient, puisqu'elles étaient destinées à blanchir Lee et les autres Virginiens (notamment Stuart et Ewell). Mais il faut reconnaître que Longstreet parut effectivement manœuvrer avec beaucoup de lenteur à Gettysburg. Alors que Lee voulait le voir monter en ligne le plus tôt possible, le 2 juillet, il ne parvint à disposer ses troupes en formation d'attaque qu'à seize heures. Il y avait d'excellentes raisons à ce retard : ses deux divisions avaient dû accomplir des marches nocturnes dans les environs de Gettysburg et avaient ensuite été obligées de rebrousser chemin le long d'un circuit détourné pour gagner la position voulue, parce que le guide de Lee avait commencé par les emmener sur une route qui se trouvait en vue d'un poste de transmissions de l'ennemi en haut du Little Round Top, une colline élevée à l'extrémité méridionale de la ligne de l'Union. Cela dit, on peut penser que Longstreet était vexé d'avoir vu sa proposition de contournement repoussée par Lee et qu'il ne croyait pas à l'attaque qu'on lui ordonnait de lancer, si bien qu'il ne mit pas à la préparer toute l'énergie et toute la célérité que nécessitait la situation.

Pour corser le problème, contrairement à ce que lui avait annoncé l'éclaireur de Lee, Longstreet ne trouva pas l'aile gauche des yankees sur la crête de Cemetery Ridge. Cela en raison d'un mouvement non autorisé de Dan Sickles, commandant du 3e corps d'armée, qui tenait la gauche de l'Union. Consterné par la nature très exposée des basses terres situées à l'extrémité méridionale de Cemetery Ridge, avant la brusque montée du Little Round Top, Sickles avait fait avancer ses deux divisions de huit cents mètres afin d'occuper un terrain légèrement plus élevé, le long d'une route quittant Gettysburg par le sud-ouest. A cet endroit, ses hommes occupaient l'unique hauteur, dont le sommet se trouvait dans un verger de pêchers et dont la gauche était ancrée dans un véritable labyrinthe de rochers connu localement sous le nom d'Antre du Diable, juste au-dessous du Little Round Top. Bien que cette position donnât à Sickles des hautes terres à défendre, elle laissait ses hommes coupés du reste de la ligne nordiste et vulnérables à des attaques sur les deux flancs. Lorsque Meade apprit ce qu'avait fait Sickles, il était trop tard pour lui ordonner de regagner sa position d'origine. Longstreet avait déjà déclenché son attaque.

Il n'est pas impossible que la décision peu judicieuse de Sickles ait, sans le vouloir, frustré les espoirs de Lee. En trouvant ainsi l'aile gauche de l'Union occupant une position inattendue, Longstreet aurait sans doute dû prévenir son supérieur. Des éclaireurs signalèrent que deux importantes collines, Little Round Top et Big Round Top (le grand sommet rond) étaient inoccupées, ce qui ouvrait la voie à un mouvement de flanquement permettant de tomber sur l'arrière de l'Union. Les commandants de divisions de Longstreet le poussèrent à modifier le plan d'attaque pour profiter de cette aubaine. Mais Longstreet avait déjà essayé par deux fois au moins de persuader Lee de changer de tactique. Il ne voulait pas risquer une nouvelle rebuffade. Lee lui avait ordonné à plusieurs reprises d'attaquer à cet endroit précis et c'était là qu'il attaquerait. A seize heures, ses brigades partirent devant elles en échelons, de droite à gauche.

Au cours des heures qui suivirent, dans le verger de pêchers, dans un champ de blé situé à l'est de celui-ci, dans l'Antre du Diable et sur les pentes du Little Round Top, se déroulèrent quelques-unes des échauffourées les plus sanglantes de la guerre. Les quinze mille combattants chevronnés de Longstreet, poussant leur habituel hurlement, se frayèrent un chemin sur la hauteur par des attaques qui fracassèrent la jambe de Sickles et écrasèrent son corps d'armée rachitique. Mais, avec beaucoup d'habileté tactique, Meade et ses subordonnés précipitèrent des renforts prélevés sur trois autres corps d'armée pour colmater les brèches. Une partie de la division de Hill finit par opérer sa jonction avec l'assaut de Longstreet, tandis qu'à l'autre bout de la ligne, les hommes d'Ewell se mettaient tardivement en branle, mais ne parvenaient à obtenir que des gains limités avant que les contre-attaques de l'Union et l'obscurité ne les arrêtassent.

La lutte la plus acharnée eut lieu sur le front de Longstreet, où deux régiments de l'Union, en des points distincts de cette zone de combat, le 20e régiment du Maine et le 1er régiment du Minnesota, se couvrirent de gloire en repoussant des attaques confédérées qui étaient dangereusement près de se transformer en percées. S'élevant au milieu de la contrée environnante, les deux Round Tops dominaient l'extrémité méridionale de la crête de Cemetery Ridge. Si les rebelles parvenaient à installer leur artillerie tout en haut, ils pourraient prendre en enfilade toute l'aile gauche de l'Union. Or, en s'avançant, Sickles avait laissé les deux hauteurs sans protection. Une brigade de l'Alabama fonça donc devant elle pour s'emparer du Little Round Top. Quelques minutes auparavant, ils n'auraient rencontré pour tout obstacle qu'un poste de transmission de l'Union, mais le chef du génie de Meade, le général gouverneur K. Warren, découvrit cette situation catastrophique au moment même où les troupes ennemies approchaient. Dévalant la colline à bride abattue, il persuada le commandant du 5e corps d'armée d'expédier une brigade au pas redoublé jusqu'en haut du Little Round Top, où elle arriva juste à temps pour affronter la charge des rebelles.

Posté à l'extrême gauche de cette brigade se trouvait le 20e régiment du Maine, sous le commandement du colonel Joshua L. Chamberlain. Un an plus tôt, ce dernier avait été professeur de rhétorique et de langues modernes au Bowdoin College. S'étant fait mettre en congé, soi-disant pour aller étudier en Europe, il s'était engagé dans l'armée où il était à présent chargé d'empêcher les sudistes d'envelopper le flanc gauche de l'Union. Le professeur combattant et ses soldats de l'Est furent à la hauteur de la situation. Pendant près de deux heures, le long de la pente rocheuse et boisée, envahie par la fumée, le vacarme et la terreur, ils résistèrent aux assauts répétés de détachements de plusieurs régiments confédérés, mais leur courage paraissait inutile. Ayant perdu plus du tiers de ses hommes, alors que le reste était à court de munitions — et que les Johnnies (comme on appelait parfois les sudistes) reprenaient leur formation pour un nouvel assaut —, Chamberlain n'en menait pas large. Ce fut alors qu'avec beaucoup de sang-froid et de présence d'esprit — qu'il devait peut-être à son habitude des étudiants turbulents — il ordonna à ses hommes de mettre la baïonnette au canon de leurs armes vides et de charger. Avec un hurlement sauvage, les yankees noirs de fumée dévalèrent la pente à la rencontre des rebelles médusés. Épuisés par ce combat livré en grimpant la colline, après avoir marché quarante kilomètres ce matin-là pour atteindre le champ de bataille, et frappés d'effroi par l'audace de cette charge à la baïonnette, les Alabamiens se rendirent par dizaines aux soldats du Maine, euphoriques. Little Round Top resta aux mains des nordistes. Même si le corps d'armée de Sickles avait été repoussé pied à pied à travers le verger de pêchers, le champ de blé et l'Antre du Diable, l'aile gauche de l'Union était solidement établie en haut de cette éminence.

A un kilomètre et demi plus au nord, cependant, une autre brigade de l'Alabama menaçait d'enfoncer la ligne de Cemetery Ridge près de son centre. En effet, son attaque vint porter sur le trou laissé dans la ligne de l'Union par le déplacement du corps d'armée de Sickles jusqu'au verger de pêchers, un peu plus tôt. Le 2e corps d'armée de Winfield Scott Hancock occupait ce secteur, mais tant qu'il n'aurait pas pu transférer des renforts pour interrompre l'assaut confédéré, Hancock n'avait sous la main que huit compagnies d'un de ses régiments à opposer à la brigade sudiste. Ce régiment était le 1er régiment du Minnesota, une unité qui avait participé à toutes les batailles de l'armée nordiste depuis le début, au Bull Run. Hancock ordonna à ces deux cent soixante-deux hommes de charger les mille six cents Alabamiens et de les ralentir assez longtemps pour permettre aux renforts d'arriver. Les hommes du Minnesota s'exécutèrent, mais ils ne furent que quarante-sept à en réchapper. Hancock parvint à combler la brèche, et l'attaque confédérée, tout le long de la moitié méridionale du champ de bataille, s'éteignit lentement au crépuscule.

Vers le nord, le déplacement des troupes de l'Union qui occupaient les hauteurs de Cemetery Hill et Culp's Hill pour contrer l'assaut de Longstreet fournit à Ewell l'occasion, espérée par Lee, de transformer sa démonstration en attaque, mais cette occasion lui échappa. Plusieurs des brigades d'Ewell finirent, certes, par avancer alors que le soir tombait. L'une d'entre elles s'empara même, sur les pentes de Culp's Hill, de tranchées qu'une unité fédérale envoyée à l'autre bout du champ de bataille avait abandonnées, mais elle ne put progresser davantage, face à une opposition résolue des nordistes. Deux autres brigades grises établirent des installations temporaires dans les fortifications du malheureux 11e corps d'armée, à Cemetery Hill, mais une brigade du 2e corps d'armée contre-attaqua dans la pénombre grandissante et les en chassa.

Les assauts des confédérés en ce 2 juillet manquèrent de coordination et d'homogénéité. Ce jour-là, la coutumière habileté manœuvrière des commandants de l'armée de Virginie septentrionale brilla par son absence. Du côté de l'Union, en revanche, tous les officiers, de Meade aux colonels qui commandaient ses régiments, agirent avec beaucoup d'initiative et de sang-froid. Ils transférèrent leurs troupes aux bons endroits et contre-attaquèrent aux bons moments. De ce fait, quand la nuit tomba, la ligne de l'Union tenait solidement, avec la seule exception de la hauteur perdue par Sickles. Les pertes se montaient à plus de neuf mille hommes pour l'un et l'autre camp, ce qui, après ces deux journées, mettait le total pour les deux armées conjuguées aux environs de trente-cinq mille victimes.

Jusqu'à présent, c'était le plus lourd bilan de la guerre pour une seule bataille, mais les combats n'avaient pas encore pris fin. En dépit de la vaillante résistance des yankees, Lee restait convaincu que ses combattants indomptables étaient au bord de la victoire. Une dernière poussée, pensait-il, et « ces gens » céderaient. Le général en chef paraissait inhabituellement grisé par le succès présumé des deux derniers jours. En même temps, cependant, il était affaibli par une attaque de diarrhée et irrité par l'absence prolongée de Stuart (les cavaliers fatigués de Jeb venaient tout juste de rejoindre l'armée dans le courant de la journée). De toute façon, Lee n'était pas en état de juger avec sa clairvoyance habituelle. Venu en Pennsylvanie en quête d'une victoire décisive, et il était bien résolu à ne pas repartir sans elle. Il avait attaqué les deux flancs de l'ennemi, obligeant Meade (à ce qu'il croyait) à dégarnir son centre. Par conséquent, le 3 juillet, en utilisant comme fer de lance la division encore fraîche et dispose de Pickett, il comptait envoyer trois divisions précédées d'un barrage d'artillerie contre ce centre affaibli. Stuart, pendant ce temps, contournerait l'armée nordiste pour la prendre par-derrière et Ewell attaquerait le flanc droit pour pouvoir fermer les tenailles, lorsque Pickett réussirait sa percée au centre. Soigneusement coordonnées et bien guidées, ses troupes invincibles ne pouvaient échouer.

Dans l'autre camp, à minuit, les généraux de l'Union, réunis en conseil de guerre, résolurent de tenir bon et d'aller jusqu'au bout du combat. Avec une sorte de prescience, Meade annonça au général qui commandait le centre de sa ligne : « Si Lee attaque demain, ce sera sur *votre front*[1]. »

1. John Gibbon, « The Council of War on the Second Day », *Battles and Leaders*, t. III, p. 314.

Aux premières lueurs du jour, cependant, ce fut à l'extrême droite de la ligne de l'Union, le long de la base de Culp's Hill, que les premiers combats éclatèrent. Des unités du 12e corps de l'armée fédérale que l'on avait transférées sur la gauche la veille revinrent durant la nuit et attaquèrent à l'aube pour récupérer leurs tranchées abandonnées, à présent occupées par les rebelles. Après un échange de feu qui dura sept heures, elles y parvinrent et réduisirent ainsi les chances qu'avait Lee de contourner l'aile droite de l'Union en même temps que s'effectuerait la percée prévue au centre.

Pendant que les hommes en décousaient ainsi, Longstreet encore une fois supplia Lee de tenter une manœuvre pour contourner l'aile gauche de Meade. Lee lui opposa un nouveau refus et lui ordonna d'attaquer le centre de la ligne nordiste avec la division de Pickett et deux des divisions de Hill — soit moins de quinze mille hommes qui devaient parcourir douze cents mètres à travers champs à découvert et prendre d'assaut une infanterie retranchée, soutenue par une importante artillerie. « Mon général, déclara Longstreet selon son compte rendu ultérieur de l'entretien, le corps de quinze mille hommes capable de réussir une telle attaque n'a jamais existé. » Lee répondit impatiemment que sa magnifique armée l'avait déjà fait et qu'elle pouvait recommencer. « J'avais le cœur bien lourd, écrivit plus tard Longstreet. Je voyais le caractère extrême et sans espoir de cette charge et l'affreux carnage qui en résulterait [...]. Cette journée à Gettysburg fut l'une des plus tristes de ma vie[1]. »

Ce fut dans cet état d'esprit que Longstreet ordonna une concentration de l'artillerie confédérée — soit quelque cent cinquante canons — pour le plus grand bombardement sudiste du conflit, afin d'affaiblir l'ennemi au point d'attaque. A treize heures et sept minutes, les canons de Longstreet rompirent le silence tendu qui avait suivi le combat du matin sur la droite de l'Union. Pendant près de deux heures, un duel d'artillerie mettant aux prises près de trois cents canons fit résonner à travers la campagne de Pennsylvanie un rugissement assourdissant que l'on entendit aussi loin que Pittsburgh. Mais malgré le bruit et la fureur, l'infanterie de l'Union tapie derrière des murs de pierre et des parapets ne souffrit guère, car les rebelles tiraient trop haut.

La division de Pickett, entièrement composée de Virginiens, attendait, tenaillée par la nervosité et l'impatience, de monter à l'assaut et d'en finir. George Pickett, âgé de trente-huit ans, était sorti de West Point dernier de la même promotion que George McClellan (sorti deuxième). Il s'était bien comporté durant la guerre du Mexique, mais le présent conflit ne lui avait guère donné d'occasions de se distinguer. Sa division ne s'était pas battue à Chancellorsville et durant les deux premières

1. Longstreet, « Lee's Right Wing at Gettysburg », *Battles and Leaders*, t. III, p. 343, 345.

journées de Gettysburg, chargée de surveiller des fourgons de ravitaillement, elle avait dû ronger son frein. Avec ses longs cheveux bouclés et son visage orné d'une moustache tombante et d'une barbiche, Pickett évoquait le croisement d'un gentilhomme du XVIIe siècle avec un de ces joueurs professionnels qui hantaient les bateaux à aubes sur le Mississippi. Il avait une prédilection pour le style romantique des héros de sir Walter Scott et brûlait du désir de se couvrir de gloire à Gettysburg.

Finalement, aux alentours de quinze heures, Longstreet donna à contrecœur le signal de l'attaque. Le bombardement confédéré paraissait avoir eu raison de l'artillerie ennemie : c'était le moment ou jamais. Avec une précision digne d'un terrain de parade, les trois brigades de Pickett s'avancèrent, bientôt rejointes par six autres appartenant à la division de Hill, sur leur gauche, et deux autres en réserve. C'était un spectacle grandiose, qui s'étendait sur un kilomètre et demi, une véritable image d'Épinal du conflit, que les participants des deux camps devaient se rappeler avec une espèce d'effroi quasi religieux jusqu'à leur dernière heure — laquelle, pour beaucoup, n'était pas bien loin. La charge de Pickett représentait un parfait abrégé de l'effort de guerre confédéré : un courage à nul autre pareil, un succès initial suivi d'un désastre final. Tandis que le flux de l'infanterie grise déferlait à travers les pâturages doucement ondulants, mû par une force apparemment irrésistible, le feu nordiste jaillit soudain en une féroce cascade, faisant pleuvoir sur les régiments sudistes les boulets et les obus, que les artilleurs transformèrent en une grêle de mitraille en voyant que l'ennemi continuait à avancer. En réalité, les canons de l'Union n'avait pas été détruits ; le rusé chef de l'artillerie fédérale, le général Henry J. Hunt, avait ordonné à ses hommes de suspendre leur feu pour leurrer les rebelles et de garder leurs munitions pour les accueillir Derrière ses murs de pierre, l'infanterie de l'Union ouvrit le feu à deux cents mètres, tandis que des régiments du Vermont, de l'Ohio et de New York, sur la gauche et la droite, se détournaient vers l'extérieur pour mitrailler les deux flancs des assaillants. Soumise à cette pression intolérable émanant de tous les points de la ligne ennemie, l'attaque sudiste s'effondra. Deux ou trois cents hommes de Virginie et du Tennessee, sous le général Lewis A. Armistead, ouvrirent une brèche dans la première ligne de l'Union, où Armistead fut mortellement blessé, la main sur un canon yankee, et où ceux qui le suivaient tombèrent comme des feuilles mortes emportées par le vent d'automne. En une demi-heure, tout était consommé. Sur les quatorze mille confédérés qui s'étaient élancés, à peine la moitié reflua vers ses lignes. La division de Pickett avait perdu les deux tiers de ses effectifs ; ses trois généraux de brigades et ses treize colonels étaient morts ou blessés.

Tandis que les survivants hébétés regagnaient en titubant leur point de départ, ils se trouvèrent face à face avec Lee et Longstreet qui s'activaient pour former une ligne défensive destinée à parer à la probable contre-attaque de Meade. « Tout est de ma faute, déclara Lee en chevauchant parmi ses hommes. C'est moi qui ai perdu cette bataille et vous devez m'aider à m'en sortir du mieux que vous pourrez. Que tous les vaillants reforment les lignes[1]. » Ils les reformèrent, en effet — du moins certains d'entre eux —, mais Meade ne contre-attaqua pas, ce qui lui valut d'être amèrement critiqué par la suite. Hancock, qui avait pourtant été blessé en repoussant l'assaut de Pickett, pressa son supérieur de lancer les vingt mille hommes de réserve des 5e et 6e corps à la poursuite des brigades rompues de Lee, mais une lourde responsabilité pesait sur les épaules de Meade. Cela ne faisait que six jours qu'il avait pris son commandement et depuis trois jours son armée se battait, lui semblait-il, pour sauver la vie de la nation et elle y était parvenue de justesse. Meade ne pouvait pas encore savoir à quel point l'ennemi avait été durement touché, ni que l'artillerie sudiste commençait à manquer de munitions. Il savait en revanche que Stuart était lâché quelque part à l'arrière, mais on ne lui avait pas encore appris qu'une division de cavaliers bleus avait arrêté la cavalerie ennemie à près de cinq kilomètres de Gettysburg — empêchant ainsi de s'accomplir la troisième partie du plan en trois points conçu par Lee pour triompher de ses adversaires. Pendant ce temps, deux régiments de cavalerie de l'Union sur le flanc gauche, au sud des deux Round Tops, chargèrent l'infanterie rebelle, anticipant sur les ordres de contre-attaque, mais ils furent sévèrement malmenés par le tir de leurs ennemis sur le qui-vive. Vers la fin de l'après-midi, quelques unités des 5e et 6e corps d'armée s'avancèrent sur la scène du carnage de la veille, dans l'Antre du Diable et le champ de blé. Ils en débusquèrent l'arrière-garde des deux divisions de Longstreet, en train de se replier vers une nouvelle ligne. Meade nourrissait, semble-t-il, quelque intention d'attaquer dans cette zone le lendemain — 4 juillet — mais une pluie violente qui commença à tomber peu après midi mit fin à ses velléités.

Si Meade se montrait si peu agressif, c'était à cause de son immense respect pour l'ennemi. Il avait peine à croire qu'il venait de battre les vainqueurs de Chancellorsville. Il expliqua aussi, ultérieurement, qu'il n'avait pas voulu suivre « le mauvais exemple que [lui] avait donné [Lee] en courant à sa perte pour s'être acharné à attaquer une position très forte ». « Nous avons fait suffisamment bien », répondit-il à un officier de cavalerie désireux d'en faire plus. Dans un télégramme de félicitations, un ancien commandant de corps d'armée exprimait un étonnement que partageaient beaucoup de gens à l'idée que cette armée du Potomac qui avait connu tant de déboires venait enfin de remporter une grande victoire.

1. Clifford Dowdey, *Death of a Nation : The Story of Lee and His Men at Gettysburg* (New York, 1958), p. 341 ; Foote, *Civil War*, t. II, p. 567-568.

« Le glorieux triomphe de l'armée du Potomac a galvanisé tout le monde. Je ne croyais pas que l'ennemi pouvait être battu[1]. »

La nouvelle, en effet, galvanisa le Nord. VICTOIRE ! WATERLOO ÉCLIPSÉ ! proclamait un gros titre du *Philadelphia Inquirer*. L'heureuse issue de la bataille fut connue à Washington le lendemain du reflux de Pickett, ce qui fit de cette journée le plus glorieux 4 juillet qu'on eût jamais vu dans la capitale américaine. « *Jamais* je n'ai vu pareille surexcitation à Washington », nota un observateur. Lorsqu'on apprit trois jours plus tard la capitulation de Vicksburg, l'euphorie redoubla. Lincoln parut au balcon de la Maison-Blanche pour déclarer à une foule venue lui donner la sérénade que cette « gigantesque rébellion » dont le but était de « rejeter le principe selon lequel tous les hommes sont nés égaux » avait reçu un coup fatal[2]. A New York, George Templeton Strong notait dans son journal d'une plume joyeuse :

> Les résultats de cette victoire sont inestimables [...]. Le charme de l'invincibilité de Robert Lee est rompu. L'armée du Potomac a enfin trouvé un général capable de la prendre en main et elle s'est noblement montrée à la hauteur de sa terrible tâche, en dépit de la longue et décourageante liste des défaites où elle avait si âprement lutté [...]. Pour le moment, du moins, les *copperheads* sont frappés de paralysie et de mutisme [...]. Le gouvernement est désormais quatre fois plus fort ici même et à l'étranger[3].

La dernière phrase de Strong était encore plus vraie qu'il n'aurait pu l'imaginer. Au moment même où la bataille de Gettysburg touchait à son apogée, le vice-président de la Confédération, Alexander Stephens, était en route vers les lignes de l'Union à Norfolk, sous la protection du drapeau blanc. Jefferson Davis avait espéré que Stephens arriverait dans la capitale nordiste par le sud, au moment où l'armée victorieuse de Lee marcherait sur elle en provenance du nord. L'annonce de la mission de Stephens et celle de la victoire de Meade atteignirent ensemble la Maison-Blanche. Moyennant quoi, Lincoln refusa sèchement la demande de Stephens sollicitant un laissez-passer pour franchir les lignes[4]. A Londres, la nouvelle de Gettysburg et de Vicksburg donna le coup de grâce aux espoirs des confédérés. « Les désastres essuyés par les rebelles ne s'accompagnent même pas du moindre espoir de succès, jubila Henry Adams. L'on concède désormais que toute idée d'intervention est révolue.[5] »

1. *O.R.*, sér. I, vol. 27, 3e partie, p. 539 ; Foote, *Civil War*, t. II, p. 575 ; Freeman Cleaves, *Meade of Gettysburg* (Norman, Oklahoma, 1960), p. 172.
2. Cleaves, *Meade of Gettysburg*, p. 171 ; *CWL*, t.VI, p. 319-320.
3. Strong, *Diary*, p. 330.
4. Beale (éd.), *Diary of Gideon Welles*, t. I, p. 358-362.
5. Lettre de Henry Adams à Charles Francis Adams Jr., 23 juillet 1863, citée par Ford (éd.), *Cycle of Adams Letters*, t. II, p. 59-60.

La victoire de Gettysburg coûta de nombreuses vies humaines : vingt-trois mille morts et blessés dans les rangs de l'Union, soit plus d'un quart des effectifs. Et pourtant, le Sud avait encore plus souffert : vingt-huit mille morts, blessés ou disparus, plus du tiers de l'armée de Lee. Tandis que les survivants entamaient sous la pluie leur triste retraite vers la Virginie, le 4 juillet, des milliers de blessés souffraient le martyre dans les ambulances et les charrettes réquisitionnées dans les fermes voisines, qui bringuebalaient le long des routes creusées d'ornières. Sept mille rebelles furent abandonnés aux soins des chirurgiens de l'Union et des infirmières bénévoles qui arrivèrent en masse à Gettysburg. Lee était profondément déprimé par l'issue de sa campagne pour conquérir la paix. Un mois plus tard, il offrit à Jefferson Davis sa démission. « Personne, écrivit Lee, n'est plus conscient que moi de mon incapacité à remplir les devoirs de ma charge. Ne pouvant même pas accomplir ce que je désire, comment pourrais-je répondre aux espoirs d'autrui[1] ? » Ainsi parlait un homme dont les stupéfiants exploits, durant l'année qui avait précédé Gettysburg, avaient soulevé l'admiration du monde occidental. Davis refusa, bien sûr, d'accepter cette démission. Lee et ses hommes devaient conquérir par la suite d'autres lauriers, mais jamais plus ils n'auraient la puissance et la réputation qui les avaient accompagnés en Pennsylvanie durant ces journées idylliques de l'été de 1863. Bien que la guerre fût destinée à continuer pendant encore près de deux sanglantes années, Gettysburg et Vicksburg en furent indéniablement le tournant crucial.

Les sudistes clairvoyants en avaient tristement conscience. « [La chute de Vicksburg] est un coup terrible qui a engendré un profond abattement », écrivit le fonctionnaire du ministère de la Guerre, John Jones, lorsqu'il apprit la nouvelle, le 8 juillet. Le lendemain, son moral fléchit encore, car « les nouvelles de l'armée de Lee [étaient] épouvantables. [Cette journée était] la journée la plus noire de la guerre ». Le mangeur de feu Edmund Ruffin avoua ne s'être « jamais auparavant senti si découragé ». Et il n'y avait pas jusqu'à Josiah Gorgas, le chef du matériel de la Confédération, d'ordinaire si infatigable, qui ne s'assît le 28 juillet pour noter dans son journal intime des phrases dont la détresse résonne à travers les âges :

> Les événements se sont succédé avec une rapidité désastreuse. Il y a seulement un petit mois, nous étions, semblait-il, sur le point de triompher. Lee se trouvait en Pennsylvanie, menaçant Harrisburg, et même Philadelphie. Vicksburgh [*sic*] paraissait se rire avec dédain de tous les efforts de Grant [...]. Port Hudson avait repoussé les forces de Banks [...]. A présent, le tableau est aussi sombre qu'il était alors riant [...]. Il semble impossible que la puissance humaine ait été capable

1. Lettre de Lee à Davis, 8 août 1863, citée par Dowdey et Manarin (éd.), *Wartime Papers of R.E. Lee*, p. 589-590.

d'accomplir un tel changement en si peu de temps. Hier, nous étions juchés au pinacle du succès — aujourd'hui nous paraissons promis à la ruine absolue. La Confédération se dirige en chancelant vers sa destruction[1].

Chapitre XXII

IDÉES NOIRES A CHATTANOOGA POUR JOHNNY REB

I

Lincoln croyait lui aussi que les victoires de Gettysburg et Vicksburg avaient fait chanceler la Confédération. Une dernière poussée suffirait peut-être à la renverser. « Si le général Meade peut parachever sa besogne [...] par la destruction totale ou substantielle de l'armée de Lee, déclara le Président le 7 juillet, la rébellion sera matée[2]. » Mais ses espoirs allaient être déçus. Bien que Lee se trouvât en fort mauvaise posture, après Gettysburg, il parvint, en fin renard gris qu'il était, à fausser compagnie à la meute de ses poursuivants bleus.

Il s'en sortit, cependant, d'extrême justesse. En effet, un raid de la cavalerie de l'Union permit de démolir le ponton que les confédérés avaient installé sur le Potomac ; or, la pluie violente qui tomba pendant plusieurs jours à partir du 4 juillet rendait le fleuve infranchissable à gué. Les rebelles se retrouvèrent donc aux abois, contraints de rester acculés sur la rive, tandis que les troupes du génie démantelaient des entrepôts pour construire un nouveau pont. Les soldats épuisés fortifièrent un périmètre défensif à Williamsport pour y attendre l'attaque yankee, laquelle ne vint jamais. Ayant laissé Lee quitter Gettysburg avec deux jours d'avance, Meade ne parvint à mettre son armée renforcée en ligne face aux rebelles que le 12 juillet. A Washington, Lincoln, « anxieux et impatient », attendait la nouvelle de l'anéantissement de Lee. A mesure que les jours passaient sans l'apporter, le Président sentit croître sa colère. Lorsque Meade télégraphia enfin, le 12 juillet, qu'il avait l'intention « de les attaquer demain, à moins d'imprévu », Lincoln remarqua d'un ton acide : « Ils seront prêts à livrer une bataille magnifique quand il n'y aura plus d'ennemi à combattre[3]. » Les événements lui donnèrent raison. Un prétendu déserteur (c'était une des ruses favorites

1. Jones, *War Clerk's Diary* (Miers), p. 238,239 ; Betty L. Mitchell, *Edmund Ruffin : A Biography* (Bloomington, 1981), p. 231 ; Vandiver (éd.), *Diary of Gorgas*, p. 54.
2. *CWL*, t. VI, p. 319.
3. Dennett, *Lincoln/Hay*, p. 66 ; *O.R.*, sér. I, vol. 22, 1re partie, p. 91 ; David Homer Bates, *Lincoln in the Telegraph Office* (New York, 1907), p. 157.

des sudistes) s'était avancé à l'intérieur des lignes de l'Union et avait assuré que l'armée de Lee était en excellent état et attendait avec impatience la prochaine bataille. Cela ne fit que renforcer la circonspection de Meade qui se laissa persuader par une majorité de ses commandants de corps de renoncer à l'attaque prévue le 13 juillet. Lorsque l'armée du Potomac finit par avancer de façon hésitante le 14, elle ne trouva plus qu'une arrière-garde. Les insaisissables rebelles s'étaient volatilisés pendant la nuit, en empruntant le pont fabriqué en toute hâte.

« Grand Dieu ! s'écria Lincoln en apprenant la chose. Qu'est-ce que ça veut dire ? [...] Il y a de la traîtrise là-dedans [...]. Notre armée tenait l'issue de la guerre dans le creux de sa main et elle n'a pas voulu la refermer. » L'idée que Lincoln se faisait de la situation à Williamsport n'était pas tout à fait exacte, cependant. Une attaque contre la position très forte des confédérés aurait, certes, pu réussir — au prix de nombreuses vies — mais elle aurait pu tout aussi bien échouer. Dans l'un ou l'autre cas, la destruction de l'armée aguerrie de Lee n'avait rien d'assuré. Lorsque le susceptible Meade fut avisé du vif mécontentement manifesté par le Président, il présenta sa démission, mais Lincoln ne pouvait guère se permettre de révoquer le vainqueur de Gettysburg, si bien qu'il refusa de l'accepter. Le 14 juillet, il écrivit à Meade une lettre d'apaisement. « Je vous suis très — *très* — reconnaissant du magnifique succès que vous avez offert à la cause du pays à Gettysburg », assurait le Président. Mais tandis que sa plume noircissait le papier, sa désolation à l'idée de ce qu'il prenait pour une occasion perdue remonta à la surface. « Mon cher général, je ne crois pas que vous vous rendiez tout à fait compte de l'ampleur du malheur que représente pour nous la fuite de Lee. Il était à votre portée et en fondant sur lui, vous auriez pu, compte tenu de nos récentes victoires, mettre un terme à la guerre. A présent, elle va se prolonger indéfiniment. » Après mûre réflexion, Lincoln en vint à la conclusion qu'une telle lettre n'était guère faite pour amadouer Meade, si bien qu'il renonça à l'envoyer. Et la guerre continua[1].

Le Président recouvra vite sa bonne humeur. Au début du mois d'août, son secrétaire, John Hay, nota : « Le grand manitou est en pleine forme. Je l'ai rarement vu aussi serein[2]. » Le moral de Lincoln avait été considérablement remonté par les « récentes victoires » mentionnées dans la lettre qu'il n'avait pas envoyée à Meade. Il s'agissait de succès remportés à l'ouest du Mississippi et de l'expulsion de l'armée de Bragg hors du Tennessee central par Rosecrans, ainsi, bien sûr, que des prises de Vicksburg et Port Hudson.

1. *The Diary of Gideon Welles*, éd. Howard K. Beale, 3 vol. (New York, 1960), t. I, p. 370 ; Dennett, *Lincoln/Hay*, p. 69, 67 ; *CWL*, t.VI, p. 327-328.
2. Dennett, *Lincoln/Hay*, p. 76.

Le transfert dans le Mississippi de l'armée de Van Dorn, au printemps de 1862, avait laissé le nord de l'Arkansas privé de défenseurs confédérés. La petite force de l'Union que commandait Samuel R. Curtis se mit donc en route vers Little Rock, n'étant ralentie dans sa marche que par une milice inconstante et par le harcèlement des résistants sudistes. Ce fut un général politique d'un mètre soixante à peine, Thomas C. Hindman, qui compensait par son agressivité ce qui lui manquait sous la toise, qui vint colmater la brèche confédérée. Il commença par appliquer les mesures de conscription avec une énergie qui lui permit de réunir une armée forte de vingt mille hommes, où se côtoyaient des tièdes recrues de l'Arkansas, des Texans coriaces et des francs-tireurs du Nouveau-Mexique. Après avoir détourné la campagne nordiste contre Little Rock, cette unité passa à l'offensive durant l'automne, refoulant les yankees vers le nord presque jusque dans le Missouri. Mais ce furent alors les fédéraux qui reprirent l'initiative. Ils avaient à leur tête le général James G. Blunt, abolitionniste du Kansas, né dans le Maine, qui avait appris à se battre aux côtés de John Brown. Tandis que Blunt et Hindman en décousaient dans le nord-ouest de l'Arkansas, durant la première semaine de décembre, deux petites divisions de l'Union, parties du Missouri, couvrirent cent quatre-vingts kilomètres en trois jours pour venir à l'aide de Blunt. Faisant volte-face pour attaquer cette force à Prairie Grove, le 7 décembre, Hindman se trouva brusquement assailli de face et de flanc par trois divisions yankees qui convergeaient vers lui. Contraint de battre en retraite, par un froid de loup, le minuscule général de l'Arkansas dut regarder, impuissant, son armée de conscrits disparaître dans la nature.

Au printemps de 1863, Jefferson Davis réorganisa le département du trans-Mississippi : il en confia le commandement suprême à Edmund Kirby Smith et envoya Sterling Price à Little Rock. Ces deux généraux firent du bon travail, compte tenu des faibles ressources dont ils disposaient. Son département ayant été coupé du reste de la Confédération par la perte de Vicksburg, Kirby Smith le transforma en une région quasi autonome. Price, en revanche, ne put arrêter les envahisseurs bleus qui, au milieu de l'été, marchèrent sur Little Rock en provenance de deux directions différentes. Blunt, à la tête d'une force multiraciale de régiments blancs, noirs et indiens, descendit le fleuve Arkansas depuis Honey Springs en territoire indien, où, le 17 juillet, il avait vaincu une armée confédérée composée de régiments blancs et indiens. Au début de septembre, Blunt occupa le fort Smith, tandis qu'une autre armée de l'Union, venant de l'est, avançait sur Little Rock et prenait la ville le 10 septembre. Les rebelles s'enfuirent dans le sud-ouest de l'État, laissant les trois quarts de l'Arkansas passer sous le contrôle de l'Union — encore que les résistants sudistes et le nombre réduit des troupes d'occupation rendissent ce contrôle bien ténu dans de vastes zones.

Pour agréables que fussent ces résultats au Président des États-Unis, ils lui importaient moins que ce qui se passait dans le Tennessee. Sur ce théâtre, la progression nordiste avait été d'une lenteur exaspérante. Tout au long du printemps de 1863, l'Administration avait pressé Rosecrans de synchroniser son avance avec celles de Grant dans le Mississippi et de Hooker en Virginie. Ainsi s'exécuterait la stratégie présidentielle prévoyant une pression simultanée sur toutes les grandes armées confédérées, pour les empêcher de se renforcer mutuellement. Mais Rosecrans regimba comme une mule récalcitrante. Le souvenir du bain de sang près de la Stones River, la veille du jour de l'An, le convainquit qu'il ne devait pas attaquer tant qu'il n'aurait pas les ressources suffisantes pour lui assurer le succès. Or, ses atermoiements permirent à Bragg d'envoyer des renforts dans le Mississippi, ce qui ne fit qu'accroître l'irritation de Lincoln. Lorsque Rosecrans bougea enfin, le 24 juin, son plan soigneusement mûri déboucha sur un succès foudroyant et presque sans effusion de sang. Chacun des quatre corps d'infanterie des nordistes et un corps de leur cavalerie jaillirent par un passage différent des contreforts du Cumberland, au sud de Murfreesboro. Ayant dérouté Bragg par ses feintes, Rosecrans lança des forces puissantes contre les deux flancs des confédérés dans la vallée de la Duck River. En dépit des pluies incessantes qui avaient embourbé les routes, les yankees poursuivaient leur avance. Une brigade bleue d'infanterie montée, armée de carabines Spencer à sept coups, parvint à passer derrière les rebelles et menaçait de couper leur axe de ravitaillement ferroviaire. Au début de juillet, Bragg décida de reculer jusqu'à la ville éloignée de Chattanooga, plutôt que de risquer l'affrontement.

En à peine plus d'une semaine de marches et de manœuvres, l'armée du Cumberland avait fait reculer ses adversaires de cent trente kilomètres, en ne perdant en tout et pour tout que cinq cent soixante-dix hommes. Rosecrans fut ulcéré de constater qu'à Washington, on était selon toute apparence incapable d'apprécier son exploit. Le 7 juillet, Stanton, le ministre de la Guerre, lui adressa un câble : « Armée de Lee en déroute ; Grant victorieux ; vous et votre noble armée avez désormais l'occasion de donner coup de grâce à la rébellion. La laisserez-vous passer ? » La réplique de Rosecrans fusa : « Vous n'avez pas remarqué, semble-t-il, que ma noble armée à chassé les rebelles du centre du Tennessee [...]. Je supplie en son nom le ministère de la Guerre de ne pas négliger un si grand événement sous prétexte qu'il n'est pas écrit en lettres de sang[1]. »

Les journaux sudistes reconnurent, pour leur part, que la brève campagne de Rosecrans était « un coup de maître ». Bragg avoua qu'il

1. *O.R.*, sér. I, vol. 23, 21e partie, p. 518.

s'agissait d'un « grand désastre » pour les confédérés[1]. Sa retraite offrait en effet deux riches prises de guerre aux fédéraux, s'ils parvenaient à poursuivre sur leur lancée : Knoxville et Chattanooga. La première était le centre de l'unionisme dans l'est du Tennessee, que Lincoln cherchait à récupérer depuis deux ans. Quant à Chattanooga, elle possédait une grande valeur stratégique, car les seules voies ferrées reliant les parties orientale et occidentale de la Confédération y convergeaient, à travers la vallée que le Tennessee avait creusée dans les monts du Cumberland. Ayant d'ores et déjà scindé la Confédération en deux grâce à la prise de Vicksburg, les forces de l'Union étaient à présent en mesure d'en diviser le secteur oriental en pénétrant en Géorgie via Chattanooga.

Pour toutes ces raisons, Lincoln demanda avec instance à Rosecrans de profiter du fait qu'il avait désarçonné l'ennemi pour foncer vers Chattanooga. Du Kentucky, le général Burnside, qui commandait à présent la petite armée de l'Ohio, avancerait sur le flanc gauche de Rosecrans contre les dix mille soldats confédérés qui défendaient Knoxville. Mais encore une fois Rosecrans refusa de bouger. Il n'était pas question qu'il continuât sa route avant d'avoir réparé les chemins de fer et les ponts situés derrière lui, établi une base avancée et accumulé vivres et munitions. Le mois de juillet s'écoula, ponctué de messages réitérés du général en chef, Halleck, priant et pour finir sommant Rosecrans de se mettre en branle. Ce qu'il fit, après de nouveaux délais, le 16 août.

Rosecrans répéta la stratégie trompeuse de sa première campagne, simulant une traversée du Tennesse au-dessus de Chattanooga (où Bragg l'attendait), mais envoyant en réalité la majeure partie de son armée de l'autre côté du fleuve en trois points qui n'étaient pour ainsi dire pas défendus, en aval de la ville. L'objectif du nordiste était la voie ferrée en provenance d'Atlanta. Ses soixante mille hommes se dirigèrent vers elle en trois colonnes, empruntant des trouées au milieu des montagnes situées au sud de Chattanooga. Simultanément, à cent soixante kilomètres au nord, l'armée de Burnside, comptant vingt-quatre mille hommes, franchit elle aussi des cols en quatre colonnes qui faisaient songer aux doigts d'une main tendue pour saisir Knoxville. Les défenseurs confédérés, inférieurs en nombre, se trouvant pris en sandwich entre les soldats yankees devant eux et les partisans de l'unionisme derrière, abandonnèrent la ville sans tirer un seul coup de feu. Burnside pénétra à Knoxville le 3 septembre, acclamé par la majorité des citoyens. Ses troupes expédièrent des patrouilles en direction des frontières de la Caroline du Nord et de la Virginie, afin de consolider leur emprise sur le Tennessee oriental, tandis que la division rebelle qui avait évacué Knoxville cheminait vers le sud en direction de Bragg qu'elle rejoignit

1. Foote, *Civil War*, t. II, p. 674, 675.

juste à temps pour participer à l'évacuation de Chattanooga le 8 septembre. Avec Rosecrans sur son flanc méridional, le général sudiste avait décidé de se retirer dans le nord de la Géorgie avant d'être pris au piège dans cette ville cernée par les fleuves et les montagnes.

« Quand les calamités de cette année prendront-elles fin ? » demanda le 13 septembre un fonctionnaire confédéré au désespoir. Dans les armées sudistes, le taux de désertion montait dangereusement. « De toute façon, c'est plus la peine de se battre, écrivit un déserteur géorgien après l'évacuation de Chattanooga, parce qu'on est bel et bien foutus. » Jefferson Davis avoua qu'il touchait « au plus profond du marasme ». « Nous sommes à présent à l'heure la plus sombre de notre existence politique[1] », constatait-il.

Cela dit, le Sud avait connu des heures presque aussi sombres au début de 1862, après les victoires de l'Union, jusqu'à ce que Jackson et Lee parvinssent à ranimer les espoirs du Sud. Davis était fermement résolu à obliger l'histoire à se répéter. Lee avait renversé le cours de la guerre en attaquant McClellan ; le président de la Confédération ordonna donc à Bragg d'avoir recours à cette même stratégie contre Rosecrans. Pour seconder cette tentative, deux divisions de l'armée de Joseph Johnston, qui coulait des jours oisifs dans le Mississippi, avaient d'ores et déjà rejoint Bragg. Cela mettait les effectifs de ce dernier presque à égalité avec ceux de Rosecrans. Cependant, compte tenu du mauvais moral de l'armée du Tennessee, Davis savait que cela ne suffirait pas. Ayant une fois déjà fait appel à Lee pour lui confier le commandement sur le théâtre où la situation était la plus grave, il voulut récidiver, mais lorsque le Président lui demanda de partir en personne dans le Sud, pour reprendre en main l'armée renforcée de Bragg, le Virginien fit la sourde oreille. Il éleva aussi des objections, lorsque Longstreet renouvela son offre d'aller rejoindre Bragg avec son corps d'armée. Lee voulait, en effet, prendre l'offensive contre Meade sur la Rappahannock, où, depuis Gettysburg, l'armée de Virginie septentrionale et l'armée du Potomac se livraient, avec prudence, un simulacre de combat. Mais cette fois, Davis repoussa les protestations de son général et ordonna à Longstreet de se rendre en Géorgie avec ses deux divisions (la troisième, celle que commandait Pickett, n'était pas encore remise des séquelles de Gettysburg). Les premiers des douze mille vétérans de Longstreet commencèrent leur périple en train le 9 septembre. Comme Burnside occupait l'est du Tennessee, la route directe, longue de près de neuf cents kilomètres, était fermée et les soldats durent effectuer un circuit détourné de mille quatre cents kilomètres, à travers les deux Caroline et la Géorgie, en empruntant huit ou dix lignes différentes. La moitié seulement des hommes de

1. Jones, *War Clerk's Diary* (Swiggett), t. II, p. 43 ; Wiley, *Johnny Reb*, p. 131 ; Rowland, *Davis*, t. V, p. 548, 554.

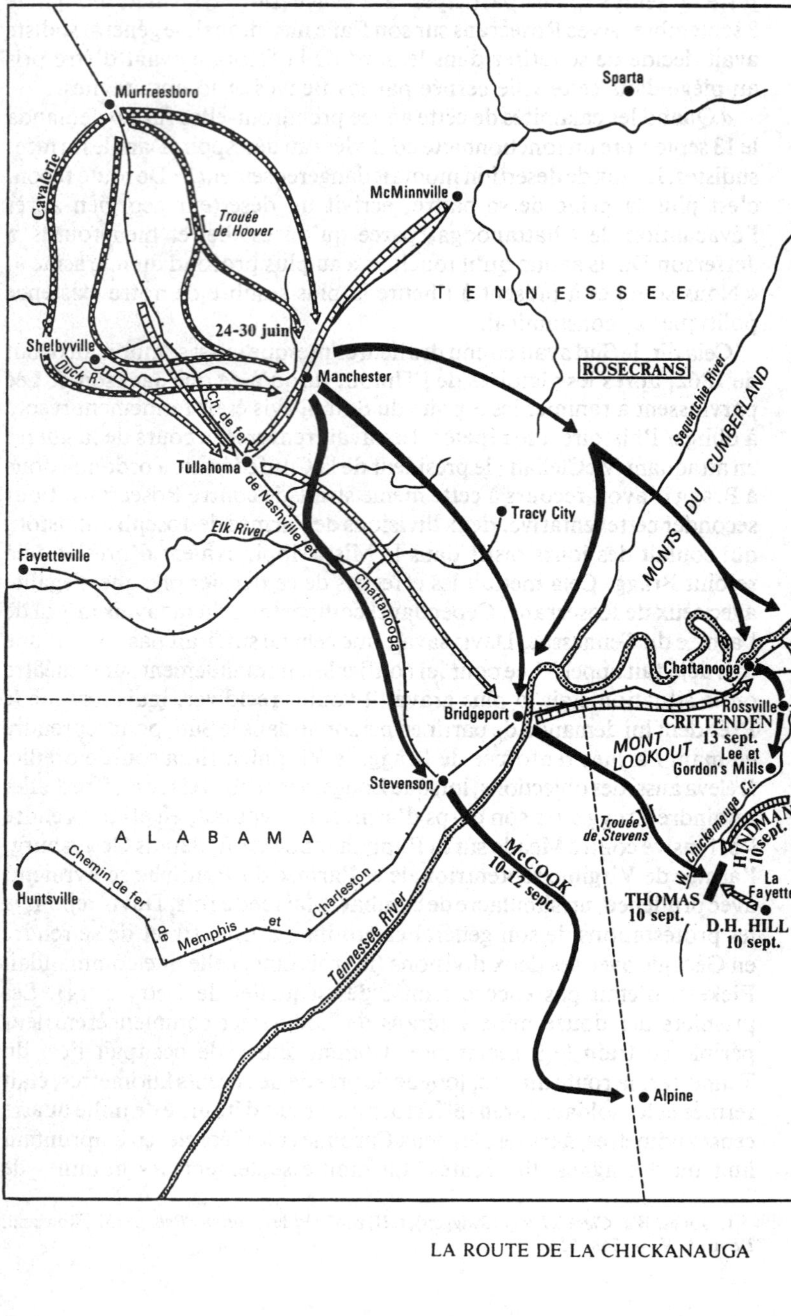

LA ROUTE DE LA CHICKANAUGA

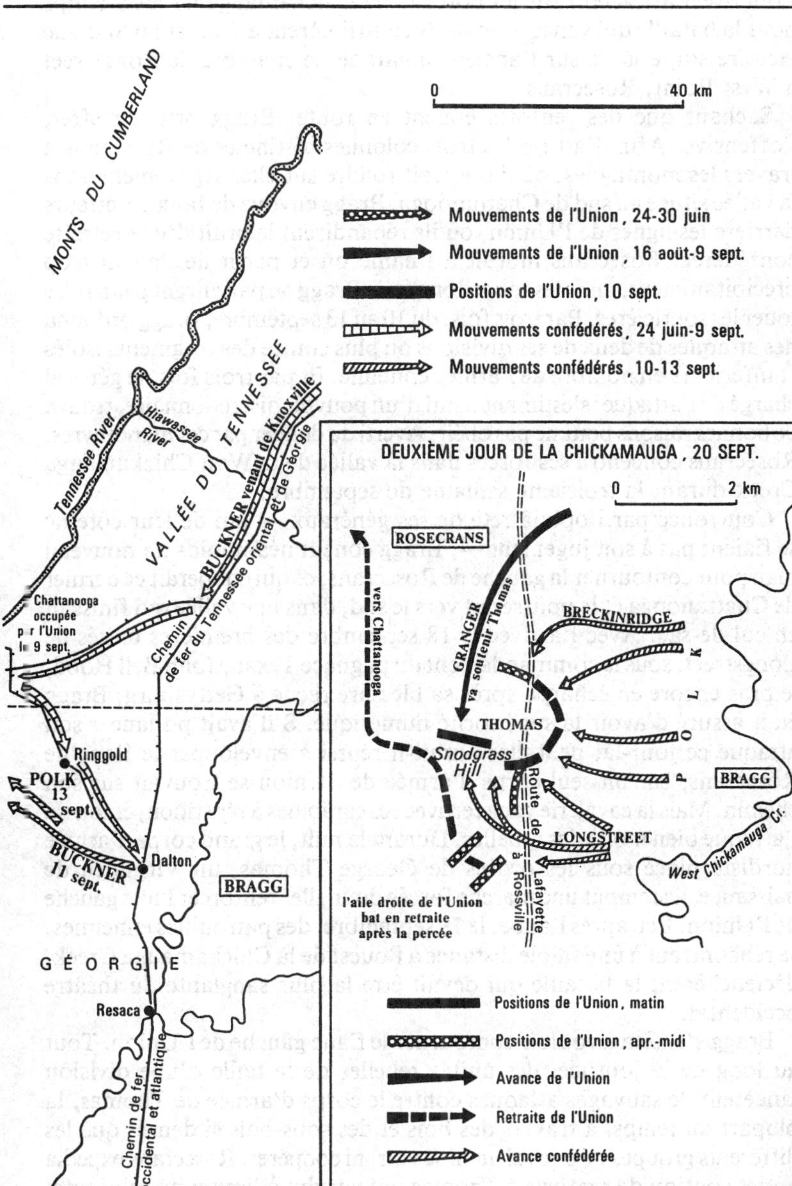

JUIN-SEPTEMBRE 1863

Longstreet arrivèrent sur les bords de la Chickamauga Creek à temps pour la bataille qui suivit — mais ils contribuèrent à donner au Sud une victoire stupéfiante sur l'ancien camarade de chambre de Longstreet à West Point, Rosecrans.

Sachant que des renforts étaient en route, Bragg prit, en effet, l'offensive. Afin d'attirer les trois colonnes distinctes de Rosecrans à travers les montagnes, où il pourrait fondre sur elles séparément dans la vallée située au sud de Chattanooga, Bragg envoya de faux déserteurs derrière les lignes de l'Union, où ils répandirent le bruit d'une retraite confédérée. Rosecrans mordit à l'hameçon et partit de l'avant trop précipitamment, mais les subordonnés de Bragg ne parvinrent pas à faire jouer les souricières. Par trois fois, du 10 au 13 septembre, Bragg ordonna des attaques de deux de ses divisions ou plus contre des fragments isolés et inférieurs en nombre de l'armée ennemie. Et par trois fois, le général chargé de l'attaque, s'estimant nanti d'un pouvoir discrétionnaire, trouva de bonnes raisons pour ne pas obéir. Averti du danger par ces manœuvres, Rosecrans concentra ses forces dans la vallée de la West Chickamauga Creek durant la troisième semaine de septembre.

Courroucé par l'opiniâtreté de ses généraux — qui de leur côté ne se fiaient pas à son jugement —, Bragg conçut néanmoins un nouveau plan pour contourner la gauche de Rosecrans, ce qui couperait ce dernier de Chattanooga et le pousserait vers le sud, dans une vallée qui finissait en cul-de-sac. Avec l'arrivée le 18 septembre des premières unités de Longstreet, sous le commandement du pugnace Texan, John Bell Hood, le bras encore en écharpe après sa blessure reçue à Gettysburg, Bragg était assuré d'avoir la supériorité numérique. S'il avait pu lancer son attaque ce jour-là, peut-être aurait-il réussi à envelopper le flanc de Rosecrans, car un seul corps d'armée de l'Union se trouvait sur son chemin. Mais la cavalerie yankee, avec ses carabines à répétition, émoussa l'attaque bien molle des rebelles. Durant la nuit, le grand corps d'armée nordiste placé sous les ordres de George Thomas, un Virginien de naissance, accomplit une marche forcée pour aller renforcer l'aile gauche de l'Union. Peu après l'aube, le 19 septembre, des patrouilles ennemies, se rencontrant à une faible distance à l'ouest de la Chickamauga Creek, déclenchèrent la bataille qui devait être la plus sanglante du théâtre occidental.

Bragg s'entêta à vouloir contourner le flanc gauche de l'Union. Tout au long de la journée, des unités rebelles de la taille d'une division lancèrent de sauvages attaques contre le corps d'armée de Thomas, la plupart du temps, à travers des bois et des sous-bois si denses que les différents groupes ne pouvaient ni se voir, ni coopérer. Rosecrans expédia un jet continu de renforts à Thomas qui parvint à limiter au minimum les gains de l'ennemi, moyennant des pertes énormes des deux côtés. Le soir, Longstreet arriva en personne avec encore deux brigades. Bragg divisa son armée en deux ailes, confia à Longstreet le commandement de la gauche et à Leonidas Polk celui de la droite, et il leur ordonna de tenter le lendemain matin une attaque en échelons de droite à gauche. L'assaut de Polk démarra avec plusieurs heures de retard — faute qui était devenue une véritable habitude — et n'eut guère de succès contre les défenseurs résolus de Thomas, qui se battaient derrière des parapets édifiés durant la nuit. Bragg exaspéré annula l'ordre d'attaquer en échelons et demanda à Longstreet de monter en ligne avec tous les hommes dont il disposait. A onze heures trente, Longstreet s'exécuta et lança l'une des charges les plus chanceuses du conflit.

En face, dans le camp de l'Union, Rosecrans avait fait passer des renforts sur sa gauche malmenée. Au cours de ce mouvement assez brouillon, une division bleue dissimulée au milieu des bois sur la droite échappa à l'attention d'un officier d'état-major qui signala un trou de quatre cents mètres dans la ligne à cet endroit. Pour remédier à cette situation supposée dangereuse, Rosecrans ordonna à une autre division de changer de position, créant cette fois un véritable trou pour en colmater un qui n'existait pas. Et ce fut dans cette brèche que s'enfoncèrent sans le savoir les vétérans de l'armée de Virginie septentrionale de Longstreet, tombant sur le flanc des yankees situés de part et d'autre et déclenchant une panique croissante. Un surcroît de soldats gris se déversa dans cette faille, enveloppa la droite de Rosecrans et provoqua la débandade d'un tiers de l'armée bleue — avec quatre commandants de division, deux commandants de corps d'armée et Rosecrans lui-même, désorienté, dont le quartier général avait été envahi —, tout ce beau monde reculant précipitamment vers le nord, en direction de Chattanooga à une douzaine de kilomètres. Tous les éléments de la victoire décisive, qui se refusait aux armées confédérées de l'Ouest depuis plus de deux ans, semblaient réunis.

Flairant la bonne occasion, Longstreet fit monter ses réserves et sollicita Bragg pour obtenir des renforts, mais le commandant fit répondre qu'il ne pouvait retrancher un seul homme de son aile droite épuisée, si bien que Longstreet écœuré dut tenter sa poussée finale avec ce qu'il avait sous la main. Entre-temps, cependant, les fédéraux avaient formé une nouvelle ligne le long d'une crête qui coupait leur ancienne ligne à angle droit. George Thomas prit le commandement de ce qui restait de l'armée et disposa ses hommes pour une résistance désespérée. La façon dont il reprit les choses en main ce jour-là lui valut une gloire durable sous le sobriquet de Roc de la Chickamauga. Il bénéficia de l'aide fort opportune d'un autre héros de la bataille, Gordon Granger, commandant de la division de réserve de l'Union, postée à plusieurs kilomètres derrière les lignes. De sa propre initiative, Granger marcha au son du canon et arriva à point nommé pour aider à contenir avec ses hommes les assauts répétés de Longstreet. Tandis que le soleil disparaissait à l'horizon,

Thomas décida finalement de retirer du combat ses troupes épuisées et d'ordonner une retraite nocturne jusqu'à Chattanooga. Là, les deux parties de l'armée — celle qui s'était enfuie et celle qui avait tenu bon — se trouvèrent réunies pour affronter ensemble une expérience unique pour les forces de l'Union : la défense d'une ville assiégée.

Longstreet et Forrest voulaient reprendre les opérations dès le lendemain matin, pour parachever la destruction de l'armée de Rosecrans avant qu'elle ne pût se réorganiser derrière les fortifications de Chattanooga. Mais Bragg était plus horrifié par les ravages qu'il constatait dans ses propres rangs qu'impressionné par l'ampleur de sa victoire. En deux jours, il avait perdu vingt mille hommes, tués, blessés ou portés disparus — soit plus de trente pour cent de ses effectifs. Dix généraux confédérés avaient été tués ou blessés, notamment Hood qui survécut de justesse à l'amputation d'une jambe. Bien que les rebelles eussent mis la main sur un somptueux butin, sous forme de canons et d'équipement pris à l'ennemi, la préoccupation immédiate de Bragg était l'affreux spectacle des morts et des blessés gisant en rangs serrés sur le sol. La moitié des chevaux de son artillerie avait aussi péri. Il refusa donc d'écouter les supplications de ses lieutenants qui prônaient une poursuite rapide — refus qui fut le point de départ d'amères récriminations, lesquelles se transformèrent en véritable esclandre dans les semaines suivantes. « Pourquoi livre-t-il des batailles, alors ? » demanda Forrest, furieux, et bientôt de nombreuses autres voix sudistes reprirent en chœur cette question. Le triomphe tactique de la Chickamauga semblait stérile sur le plan stratégique, tant que l'ennemi tenait Chattanooga[1].

Bragg espérait chasser les yankees par la faim. Vers la mi-octobre, il semblait en passe d'y parvenir. Les confédérés plantèrent leur artillerie sur la hauteur de Lookout Mountain, au sud de Chattanooga, qui dominait toute la région ; leur infanterie le long de la crête de Missionary Ridge, à l'est ; et ils disposèrent d'autres fantassins le long des voies fluviales en direction de l'ouest. Cela leur permettait de barrer toutes les routes par lesquelles Rosecrans aurait pu faire ravitailler la ville, à l'exception d'un chemin tortueux qu'empruntaient les chariots, franchissant les rébarbatifs monts du Cumberland au nord. Les mulets consommaient presque autant de fourrage qu'ils étaient capables d'en traîner par-dessus ces montagnes et les raids de la cavalerie sudiste détruisirent des centaines de chariots. A Chattanooga, les chevaux de l'Union mouraient de faim, alors que les hommes en étaient réduits à des demi-rations et même moins.

---

1. Citation empruntée à Robert Selph Henry, *« First with the Most » Forrest* (Indianapolis, 1944), p. 193. A la bataille de la Chickamauga l'Union perdit environ seize mille hommes. Glen Tucker, *Chickamauga : Bloody Battle in the West* (Indianapolis, 1961), p. 388-389.

Rosecrans ne paraissait pas à la hauteur de la situation. Le désastre de la Chickamauga et la honte d'avoir déserté le champ de bataille, alors que Thomas avait continué à se battre, l'avaient brisé. Lincoln le jugeait « perturbé et abasourdi, comme un canard qui a pris un coup sur la tête[1] ». L'armée du Cumberland avait manifestement besoin d'aide. Dès avant la défaite de la Chickamauga, Halleck avait ordonné à Sherman d'emmener quatre divisions de Vicksburg à Chattanooga et de reconstruire les voies ferrées en chemin. Mais cette tâche exigerait plusieurs semaines. Par conséquent, le 23 septembre, Stanton pressa Lincoln, qui n'en avait aucune envie, de transférer par rail les 11e et 12e corps de l'armée du Potomac, tous deux incomplets, auprès de Rosecrans. Cela nuirait aux opérations de Meade sur la Rappahannock, protesta le Président. De toute façon, rétorqua Stanton, rien ne semblait devoir inciter Meade à prendre l'offensive, alors autant employer ces hommes là où ils serviraient à quelque chose. Lincoln finit par y consentir et il remit Joe Hooker en service actif pour prendre la tête de ce corps expéditionnaire. Stanton convoqua les présidents des compagnies de chemin de fer dans son bureau. Des ordres crépitèrent aux quatre coins du pays, des douzaines de trains furent assemblés, et quarante heures après que la décision eut été prise, les premiers soldats quittaient Culpeper pour un trajet de mille neuf cent soixante-dix kilomètres à travers des régions contrôlées par l'Union, franchissant les Appalaches et par deux fois l'Ohio sur lequel il n'existait plus un seul pont. Onze jours plus tard, plus de vingt mille hommes étaient arrivés à proximité de Chattanooga, avec leur artillerie, leurs chevaux et leur équipement. C'était un extraordinaire exploit logistique : jamais autant d'hommes n'avaient jusqu'alors accompli aussi rapidement un mouvement aussi long[2].

Il n'était pas question, toutefois, de faire entrer ces hommes dans Chattanooga, alors qu'on n'arrivait pas à nourrir ceux qui s'y trouvaient déjà. A la mi-octobre, Lincoln prit les choses en main. Il créa la division du Mississippi, englobant toute la région située entre le fleuve du même nom et les Appalaches, et il en confia le commandement à Grant, « avec son quartier général sur le terrain[3] ». Le terrain, pour le moment, c'était Chattanooga et ce fut donc là que Grant se rendit. Chemin faisant, il autorisa le remplacement de Rosecrans par Thomas à la tête de l'armée du Cumberland. Moins d'une semaine après l'arrivée de Grant sur place, le 23 octobre, les forces de l'Union avaient rompu l'étau des rebelles

1. Dennett, *Lincoln/Hay*, p. 106.

2. George Edgar Turner, *Victory Rode the Rails* (Indianapolis, 1953), p. 288-294 ; Thomas Weber, *The Northern Railroads in the Civil War* (New York, 1952), p. 181-186. De bout en bout, le transfert des douze mille hommes de Longstreet sur mille quatre cents kilomètres avait demandé douze jours et le transport de l'artillerie et de ses chevaux quatre jours de plus. Longstreet avait laissé derrière lui en Virginie ses fourgons de ravitaillement et leurs chevaux.

3. *O.R.*, sér. I, vol.30, 4e partie, p. 404.

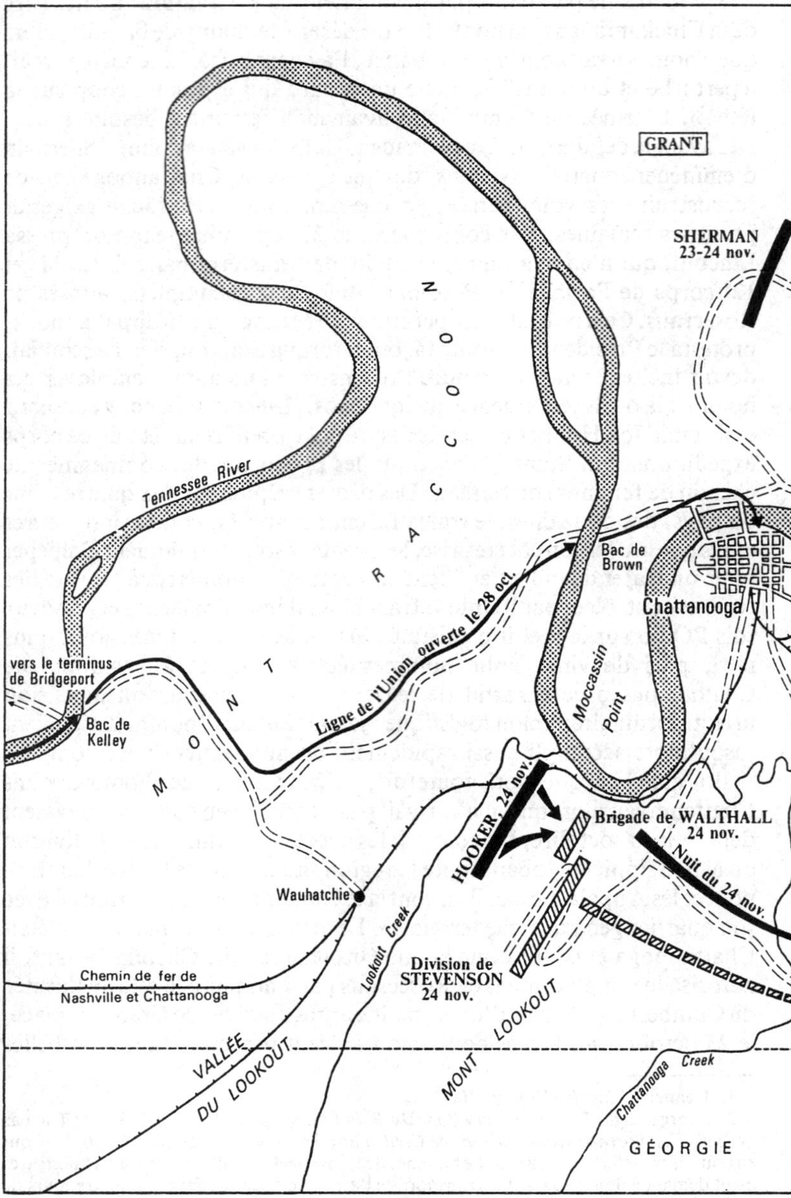

BATAILLE DE CHATTANOOGA

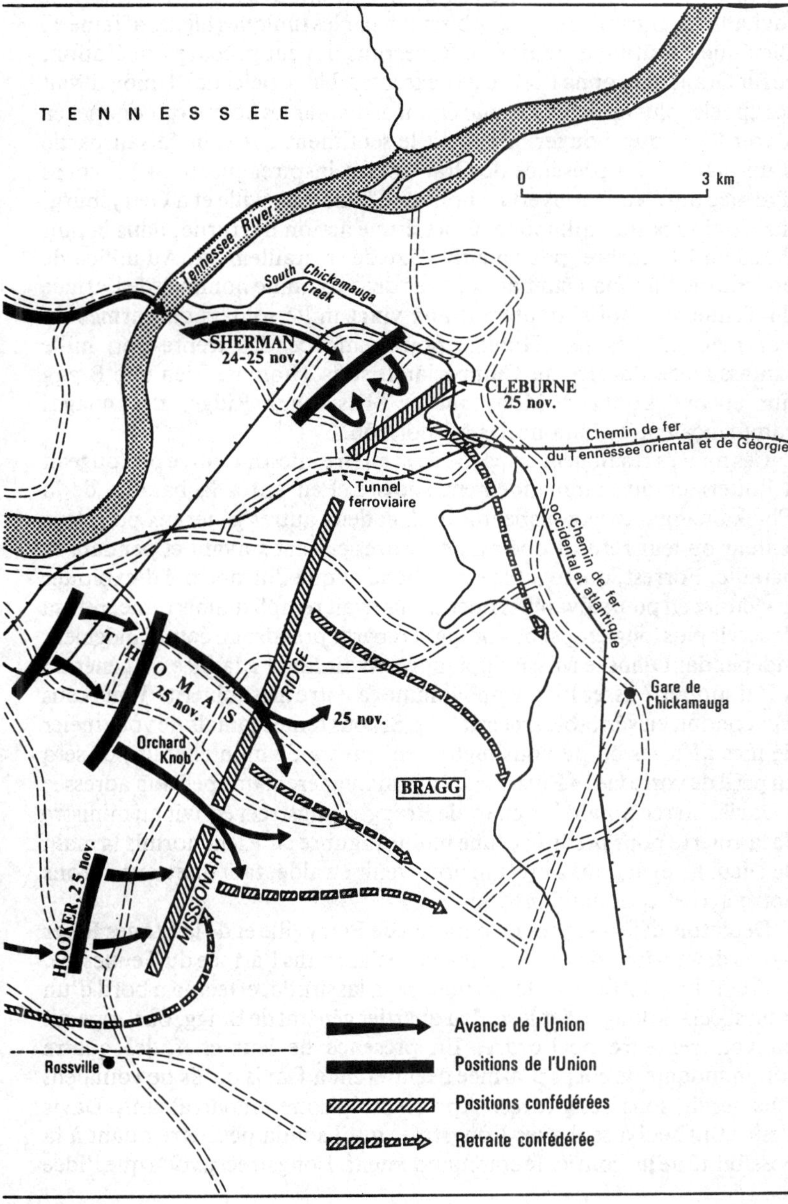

OCTOBRE-NOVEMBRE 1863

sur la route et la rivière à l'ouest de la ville et ouvert un nouvel axe de ravitaillement baptisé la « ligne biscuit » par les tuniques bleues affamées. Bien que ce fût l'état-major de Rosecrans qui eût préparé l'opération, ce fut Grant qui donna l'ordre de l'exécuter. Un officier de l'Union devait se rappeler plus tard que lorsque Grant arriva sur les lieux « on commença à voir les choses bouger. On avait le sentiment que tout faisait partie d'un plan [1] ». La présence de Grant parut inspirer jusqu'au 11e corps d'armée qui s'était couvert de honte à Chancellorsville et à Gettysburg, mais qui se battit vaillamment lors d'une action nocturne, dans la nuit du 28 au 29 octobre, pour ouvrir l'axe de ravitaillement. Au milieu de novembre, Sherman était arrivé avec dix-sept mille hommes de l'armée du Tennessee, qui s'ajoutèrent aux vingt mille soldats de l'armée du Potomac amenés par Hooker pour renforcer les trente-cinq mille fantassins de l'armée du Cumberland, sous Thomas. Bien que Bragg tînt encore Lookout Mountain et Missionary Ridge, des nuages commençaient à s'amonceler à l'horizon.

Ces nuages résultaient en partie de la guerre intestine qui se prolongeait à l'intérieur du commandement sudiste. Peu après la bataille de la Chickamauga, Bragg suspendit Polk et deux autres généraux pour leur lenteur ou leur refus d'obéir à des ordres cruciaux avant et pendant la bataille. Forrest, qui avait le sang chaud et que l'incapacité d'exploiter la victoire en poursuivant les opérations avait rempli d'amertume, refusa de servir plus longtemps sous Bragg et repartit prendre un commandement indépendant dans le Mississippi, après avoir lancé à la face du général : « J'ai supporté assez longtemps comme ça votre mesquinerie. Vous vous êtes conduit en véritable scélérat [...]. Si vous tentez jamais de vous mêler de mes affaires ou de vous mettre en travers de mon chemin, ce sera au péril de votre vie. » Plusieurs généraux signèrent une pétition adressée à Davis, lui réclamant le départ de Bragg. Longstreet écrivit au ministre de la Guerre pour prédire, d'une plume lugubre : « Rien, hormis la main de Dieu, ne peut nous sauver ni nous venir en aide, tant que nous aurons notre actuel commandant [2]. »

Deux fois déjà — après les batailles de Perryville et de la Stones River — des dissensions de ce genre avaient éclaté dans l'armée du Tennessee. Le 6 octobre, Jefferson Davis, malgré sa lassitude, effectua à bord d'un train spécial le long trajet jusqu'au quartier général de Bragg, où il espérait pouvoir remettre de l'ordre. En présence de leur chef, les quatre commandants de corps d'armée déclarèrent à Davis qu'ils ne voulaient plus servir sous ses ordres. Après cet épisode embarrassant, Davis s'entretint seul à seul avec Longstreet qu'il sonda peut-être quant à la possibilité de lui confier le commandement. Longstreet avoua que l'idée

---

1. Bruce Catton, *Grant Takes Command* (Boston, 1969), p. 56.
2. Henry, « *First with the Most* » *Forrest*, p. 199 ; *O.R.*, sér. I, vol. 30, 4e partie, p. 706.

ne lui souriait guère et recommanda la nomination de Joseph Johnston. Aussitôt, le Président se hérissa, car il n'avait aucune confiance en Johnston et le tenait pour responsable de la perte de Vicksburg. Beauregard était un autre candidat possible à la succession de Bragg. Pour le moment, il faisait, certes, de l'excellent travail à Charleston, où il tenait en respect les troupes de l'Union, mais Davis lui avait déjà confié une fois le commandement de l'armée du Tennessee et Beauregard n'avait pas été à la hauteur de sa tâche. Pour finir, il lui sembla qu'il n'y avait pas d'autre solution que de maintenir Bragg à son poste. Pour tenter de diminuer les frictions au sein de l'armée, cependant, Davis autorisa le transfert de plusieurs généraux vers d'autres théâtres d'opération. Il conseilla en outre à Bragg de détacher Longstreet, à la tête de quinze mille hommes, pour une campagne destinée à reprendre Knoxville — entreprise malheureuse qui ne servit à rien et qui priva Bragg de plus d'un quart de ses forces. A vrai dire, aucune des décisions que prit Davis, lors de cette visite mal inspirée, n'eut de bons résultats. Le président de la Confédération laissa derrière lui, en repartant pour Richmond, une armée en proie à la morosité.

Après le départ de Longstreet, au début de novembre, les confédérés laissèrent échapper l'initiative au profit de Grant. Dès l'arrivée des renforts de Sherman, Grant mit à exécution un plan visant à chasser les rebelles des environs de Chattanooga et à ouvrir à son armée la voie de la Géorgie. Comme d'habitude, l'offensive du taciturne général nordiste réussit, mais cette fois pas tout à fait de la façon qu'il avait prévue. Grant écarta l'idée d'un assaut direct contre la triple ligne de tranchées établie le long de la crête de Missionary Ridge, le jugeant suicidaire. Il avait donc l'intention d'attaquer les deux extrémités de la ligne de Bragg pour passer sur les flancs de l'ennemi. Croyant que l'armée du Cumberland, sous le général Thomas, était encore démoralisée par son revers de la Chickamauga et qu'il « ne serait pas possible de la faire sortir de ses tranchées pour prendre l'offensive », Grant lui confia une tâche subalterne en lui demandant de menacer simplement le centre confédéré, sur la crête de Missionary Ridge, pendant que les intrus de l'armée du Tennessee et de celle du Potomac, sous Sherman et Hooker respectivement, se chargeraient des affaires sérieuses sur les flancs[1]. Grâce à ce plan, Grant stimula sans le vouloir les troupes de Thomas, qui obtinrent un succès aussi spectaculaire qu'inattendu.

Hooker exécuta la première partie de sa mission avec beaucoup de flair. Le 24 novembre, il lança la majeure partie de trois divisions contre trois brigades confédérées qui tenaient le versant septentrional de Lookout Mountain. L'infanterie nordiste grimpa tant bien que mal la pente,

1. *Memoirs of General William T. Sherman*, 2 vol. (2e éd., New York, 1886), t. I, p. 390.

escaladant des rochers et des arbres abattus à travers un brouillard intermittent, ce qui valut ultérieurement à cet épisode le nom romantique de « Bataille au-dessus des nuages ». Au prix de pertes étonnamment faibles (moins de cinq cents hommes), les soldats de Hooker délogèrent les rebelles qui durent dévaler le versant opposé, obligeant Bragg à évacuer durant la nuit ses défenses de Lookout Mountain et à faire reculer les survivants jusqu'à la crête de Missionary Ridge.

Durant la nuit, le ciel se dégagea pour révéler une éclipse totale de la Lune ; le lendemain, un régiment du Kentucky, servant du côté de l'Union, se fraya un chemin jusqu'au sommet de Lookout Mountain, où il hissa un immense drapeau américain que les deux armées massées en dessous pouvaient voir flotter dans le soleil. Pour le Sud, c'était de mauvais augure, même si la chose ne fut pas immédiatement apparente. A l'autre bout de la ligne, en effet, Sherman était tombé sur un bec. Lorsque ses quatre divisions montèrent à l'assaut le 24 novembre, elles prirent très vite la colline qu'elles avaient été chargées d'occuper, à l'extrémité nord de Missionary Ridge — mais ce fut pour s'apercevoir que cette hauteur ne faisait pas du tout partie de la crête, car c'était un simple éperon séparé par un ravin rocailleux de l'arête principale. Elles attaquèrent donc celle-ci avec fougue, le matin du 25 novembre, mais furent repoussées à plusieurs reprises par la très nombreuse division de l'Irlandais Patrick Cleburne, la meilleure unité de l'armée de Bragg. Pendant ce temps, l'avance de Hooker vers l'extrémité opposée de la crête était retardée par des routes obstruées et un pont détruit.

Voyant que son plan semblait échouer, Grant ordonna au milieu de l'après-midi à Thomas de lancer un assaut limité contre la première ligne de tranchées confédérées au centre, afin d'empêcher Bragg d'envoyer des renforts à Cleburne. Thomas profita au maximum de cette occasion de relever la réputation de son armée. Il envoya à travers une plaine ouverte quatre divisions, soit vingt-trois mille hommes couvrant un front de plus de trois kilomètres, droit sur la ligne confédérée. On aurait dit une réédition de la charge de Pickett à Gettysburg, les bleus et les gris ayant inversé leurs rôles. D'ailleurs, cet assaut paraissait encore plus désespéré que celui de Pickett, car ici les rebelles avaient eu deux mois pour se retrancher et la crête de Missionary Ridge était beaucoup plus élevée et accidentée que celle de Cemetery Ridge. Pourtant, les yankees submergèrent la première ligne de tranchées avec une incroyable aisance, chassant devant eux les défenseurs démoralisés qui reculèrent pêle-mêle à flanc de colline, vers les deuxième et troisième lignes situées au milieu et au sommet de la crête.

Ayant accompli leur mission, les soldats de Thomas ne s'arrêtèrent pas pour attendre les ordres. D'une part parce qu'ils étaient désormais terriblement exposés au feu de l'ennemi qui leur tirait dessus d'en haut et, de l'autre, parce que ces hommes voulaient montrer ce qu'ils valaient aux rebelles devant eux et aux yankees sur leurs flancs. Ils se lancèrent donc à l'assaut de la crête escarpée, d'abord par pelotons et compagnies, puis par régiments et par brigades. Bientôt, les soixante fanions des régiments semblaient se livrer une course jusqu'au sommet. A son poste de commandement, à quinze cents mètres derrière, Grant les observa avec stupéfaction. « Thomas, qui a ordonné à ces hommes d'escalader la crête ? demanda-t-il courroucé. — Je n'en sais rien, répondit Thomas. Ce n'est pas moi. » Si l'affaire tournait mal, quelqu'un allait en prendre pour son grade, grommela Grant en mordant rageusement un cigare. Mais il avait tort de s'inquiéter. Les événements prirent une tournure plus favorable que tout ce qu'on aurait pu espérer au quartier général de l'Union — au coucher du soleil, certains en étaient déjà à parler du miracle de Missionary Ridge. Pour les confédérés, c'était plutôt un cauchemar. En voyant les yankees poursuivre ainsi leur montée, les rebelles restèrent d'abord bouche bée d'étonnement, puis ils furent pris de panique, rompirent les rangs et s'enfuirent. « Totalement et frénétiquement ivres d'excitation », des soldats vêtus de bleu hurlèrent « Chickamauga ! Chickamauga ! » sur un ton de triomphe et de dérision, dans le dos de leurs adversaires qui disparaissaient. L'obscurité et une défense d'arrière-garde résolue de la part de la division de Cleburne, qui était restée groupée, interdirent une poursuite efficace. L'armée de Bragg, cependant, ne s'arrêta pour se rassembler qu'après avoir parcouru près de cinquante kilomètres le long de la voie ferrée en direction d'Atlanta[1].

Les soldats de l'Union avaient peine à croire à leur succès étourdissant. Lorsqu'un homme qui avait étudié la bataille fit plus tard remarquer à Grant que les généraux sudistes avaient cru leur position imprenable, le général nordiste répondit avec un sourire en coin : « Figurez-vous qu'elle l'était. » Bragg lui-même écrivit ces mots : « On ne saurait fournir la moindre excuse valable pour justifier la honteuse conduite de nos troupes [...]. La position était telle qu'elle aurait dû être tenue par une simple ligne de tirailleurs[2]. » On peut toutefois proposer, sinon des excuses, du moins des explications. Certains régiments confédérés postés au pied de la crête de Missionary Ridge avaient reçu l'ordre de reculer après avoir tiré deux salves ; d'autres n'avaient reçu aucun ordre de ce genre. Lorsque ces derniers virent leurs camarades rompre les rangs pour se replier vers l'arrière, à ce qu'il leur sembla, ils se laissèrent gagner par la panique et prirent leurs jambes à leur cou. Par ailleurs, les assaillants nordistes talonnaient de si près les fuyards rebelles que les confédérés

1. Citations empruntées à Joseph S. Fullerton, « The Army of the Cumberland at Chattanooga », *Battles and Leaders*, t. III, p. 725, et à James A. Connolly, *Three Years in the Army of the Cumberland*, éd. Paul M. Angle (Bloomington, 1959), p. 158.

2. Ulysses S. Grant, « Chattanooga », *Battles and Leaders*, t. III, p. 693n ; rapport officiel de Bragg figurant dans *O.R.*, sér. I, vol. 31, 2e partie, p. 666.

de la deuxième ligne durent suspendre leur feu pour ne pas tirer sur leurs camarades. Tandis qu'ils escaladaient la pente, les soldats de l'Union profitèrent des creux et des bosses du terrain pour se soustraire aux projectiles de la ligne postée en haut de la crête, que les officiers du génie de Bragg avaient commis l'erreur de situer le long de la crête *topographique* et non de la crête *militaire*, où la ligne de feu n'aurait pas été bouchée par ces obstacles naturels. Peut-être l'explication la plus logique, cependant, n'est-elle autre que le moral défaillant de l'armée du Tennessee, qui des généraux occupés à se dénigrer mutuellement avait gagné les simples soldats. Bragg l'avoua plus ou moins dans une lettre privée à Jefferson Davis, en lui présentant par la même occasion sa démission. « Ce désastre est de ceux que rien ne peut justifier, déclarait-il. Je crains que nous ne nous soyons tous deux fourvoyés en décidant de me maintenir au commandement ici même, après le tollé soulevé contre moi[1]. » Tandis que l'armée prenait ses quartiers d'hiver, Davis se décida enfin à avaler la pilule et à confier le commandement à Johnston.

Pendant ce temps, l'échec essuyé par Longstreet le 29 décembre, dans sa tentative de reprendre Knoxville, ne fit qu'aggraver les malheurs de la Confédération. En Virginie, une campagne de manœuvres entamée par Lee après que les 11e et 12e corps eurent quitté l'armée du Potomac tourna mal elle aussi. Durant le mois d'octobre, Lee s'efforça de contourner l'aile droite de l'Union pour s'insinuer entre Meade et Washington. Étant parvenu à le contrecarrer, Meade tenta à son tour, au mois de novembre, de contourner l'aile droite de Lee, sur le Rapidan. Il n'y parvint pas, mais les fédéraux infligèrent néanmoins durant ces manœuvres des pertes deux fois plus lourdes que celles qu'ils subirent, privant l'armée de Virginie septentrionale de quatre mille hommes dont elle ne pouvait pourtant guère se passer.

La faible lueur d'optimisme qui avait palpité dans le Sud après la victoire de la Chickamauga s'éteignit au mois de novembre. En apprenant le triomphe des siens, le fonctionnaire du ministère de la Guerre, John B. Jones, avait écrit : « Cette grande victoire aura un effet galvanisant. Le Sud tout entier sera de nouveau empli de ferveur patriotique, alors que dans le Nord régnera un découragement correspondant. [Ils] doivent à présent se rendre compte qu'il est impossible de soumettre la population sudiste. » Deux mois plus tard, cependant, Jones avouait son désespoir devant « le désastre incalculable » de Bragg. Un autre fonctionnaire de la Confédération parlait de « calamité [...], défaite[...], ruine absolue ». « Si rien n'est tenté [...], ajoutait-il, nous sommes irrémédiablement

---

1. Lettre de Bragg à Jefferson Davis, 1er décembre 1863, citée dans *O.R.*, sér.I, vol.52, 2e partie, p. 745. On trouvera les meilleurs comptes rendus de la lutte intestine dans l'armée du Tennessee chez Thomas Lawrence Connelly, *Autumn of Glory : The Army of Tennessee, 1862-1865* (Baton Rouge, 1971), chap. 10, et chez James Lee McDonough, *Chattanooga — A Death Grip on the Confederacy* (Knoxville, 1984), passim.

perdus. » Et à la fin de 1863, Mary Chestnut notait dans son journal : « La morosité et un muet accablement enveloppent tout comme un suaire[1]. »

II

En politique étrangère, aussi, la seconde moitié de 1863 entraîna une cruelle désillusion pour le Sud. Non seulement tous les rêves de voir son indépendance reconnue par les Britanniques s'étaient estompés après Vicksburg et Gettysburg, mais les espoirs d'obtenir une nouvelle arme révolutionnaire pour rompre le blocus sombrèrent à leur tour.

Le laxisme britannique qui avait permis aux deux fléaux de la marine marchande de l'Union, le *Florida* et l'*Alabama*, de quitter subrepticement Liverpool encouragea l'envoyé naval de la Confédération, James Bulloch, à viser encore plus haut. Durant l'été de 1862, il avait passé un contrat avec la firme Laird pour la construction de deux vaisseaux cuirassés pourvus de tourelles pouvant recevoir des canons de deux cent vingt-cinq millimètres et d'un éperon de plus de deux mètres fixé à la proue pour percer la coque des navires en bois sous la ligne de flottaison. Ces redoutables « Laird à éperon » devaient, espérait-on, faire des ravages parmi la flotte qui maintenait le blocus et peut-être même permettre de forcer l'entrée du port de New York et de rançonner la ville.

Certes, des espoirs aussi extravagants étaient sans doute peu réalistes, mais la crise diplomatique que précipita l'affaire des navires à éperon était, quant à elle, bien réelle. Charles Francis Adams soumit le Foreign Office à un feu nourri de protestations et de mises en garde. Bulloch riposta en transférant les titres de propriété des deux vaisseaux à une firme française qui prétendait les acquérir pour le compte de Son Altesse Sérénissime le pacha d'Égypte. Ce subterfuge ne trompa que ceux qui le voulaient bien. La tension diplomatique monta à mesure que la construction des navires approchait de son terme, au milieu de l'été de 1863.

Une décision prise par un tribunal britannique dans une affaire qui n'avait aucun rapport avec la sienne stimula les espérances de Bulloch. En avril, le gouvernement de Palmerston avait fait saisir le navire corsaire *Alexandra*, que l'on était en train de construire pour la Confédération, en prétextant qu'en dépit de l'absence de canons, on pouvait déduire de sa structure qu'il était destiné à remplir des missions militaires. En juin, cependant, la Cour de l'Échiquier trancha contre le gouvernement.

1. Jones, *War Clerk's Diary* (Swiggett), t. II, p. 50, 106 ; Hugh Lawson Clay, cité par Bell Irvin Wiley, *The Road to Appomattox* (Ed. Atheneum, New York, 1973), p. 65 ; Woodward, *Chestnut's Civil War*, p. 501.

Les circonstances semblaient donc permettre à Bulloch de profiter de l'échappatoire que lui offrait le droit britannique pour faire sortir ses navires à éperon non armés de Liverpool. Adams adressa à lord Russell, le ministre des Affaires étrangères, des protestations de plus en plus acerbes qui culminèrent le 5 septembre, lorsqu'il déclara : « Il serait superflu de ma part de faire remarquer à Votre Seigneurie que c'est la guerre. » A l'insu d'Adams, le gouvernement britannique avait décidé de bloquer les navires avant même d'avoir reçu ce message, mais lorsque la correspondance diplomatique fut ultérieurement publiée, Adams devint un véritable héros en Amérique pour avoir, apparemment, obligé John Bull à céder. Palmerston eut beau s'offusquer du ton qu'avait pris le diplomate américain (« Nous devrions lui répondre en termes courtois "Allez donc au diable !" » déclara le Premier ministre à lord Russell), Adams avait remporté une victoire que son fils Henry qualifia de « second Vicksburg[1] ».

James Bulloch, dépité, transféra ses efforts en France où, durant l'année 1863, la Confédération commanda quatre navires corsaires et deux cuirassés à éperons et à double tourelle. Napoléon III continuait à flatter les espoirs sudistes de se faire reconnaître, car il caressait toujours le projet d'établir un empire français dans le Nouveau Monde. En juin 1863, une armée française forte de trente-cinq mille hommes prit Mexico et renversa le gouvernement républicain de Benito Juarez. Pendant ce temps, dans les provinces mexicaines qui jouxtaient le Texas, les confédérés avaient conclu des alliances avec des chefs de bandes hostiles à Juarez, afin de faciliter les activités de contrebande sur le Rio Grande. Constatant une identité dans leurs intérêts et ceux des monarchistes cléricaux et des propriétaires d'haciendas dont la main-d'œuvre était composée de péons, les dirigeants sudistes réservèrent un accueil très favorable à l'intervention française faite au nom de ce groupe. Lorsque Napoléon III laissa clairement entrevoir son intention de faire de l'archiduc Ferdinand Maximilien de Habsbourg, l'empereur du Mexique, les envoyés confédérés entrèrent en contact avec ce dernier et offrirent de le reconnaître s'il s'engageait de son côté à leur obtenir en retour la reconnaissance officielle du gouvernement français. Maximilien leur prêta une oreille complaisante, mais dès janvier 1864, Napoléon III semblait s'être désintéressé du projet.

Ce revirement était dû à un mélange de diplomatie de la part de l'Union et de cuisine politique parmi les grandes puissances européennes. Les États-Unis entretenaient des relations amicales avec le gouvernement Juarez. Lorsqu'il fut renversé, l'administration Lincoln rappela son

---

1. Citations empruntées à D.P. Crook, *The North, the South and the Powers 1861-1865* (New York, 1974), p. 325,326 ; et Worthington C. Ford (éd.), *A Cycle of Adams Letters 1861-1865*, 2 vol. (Boston, 1920), t. II, p. 82.

ambassadeur au Mexique et refusa de reconnaître le gouvernement provisoire mis en place par les Français. Lincoln modifia en outre la stratégie militaire de l'Union, afin de pouvoir faire flotter la bannière étoilée au Texas, en guise d'avertissement aux envahisseurs. Après la prise de Vicksburg et de Port Hudson, Grant et Banks voulaient partir en campagne contre la ville de Mobile, mais, pour des raisons diplomatiques, le gouvernement ordonna à Banks de se diriger plutôt vers le Texas. La première tentative de l'Union dans cette direction, en septembre 1863, au col de Sabine, aux confins du Texas et de la Louisiane, se solda par un fiasco ; une unique batterie confédérée parvint à disperser les canonnières qui tentaient de couvrir un débarquement d'infanterie. Banks obtint de meilleurs résultats en novembre, puisqu'il prit Brownsville et établit des installations symboliques près de la frontière mexicaine, afin de faire réfléchir Napoléon III.

Et ce dernier se ravisa, en effet, car il ne voulait pas d'ennuis avec les États-Unis, à une période où le château de cartes très compliqué qu'il avait édifié eu Europe semblait sur le point de s'effondrer. En faisant asseoir Maximilien sur le trône du Mexique, l'empereur cherchait en partie à gagner les faveurs de l'Autriche, dans le jeu délicat mais meurtrier de la diplomatie et de la guerre entre les puissances du vieux continent, dont chacune s'efforçait de protéger ses flancs, tout en défendant ou en absorbant des parties de la Pologne, de l'Italie et du Danemark. L'alliance de l'Autriche et de la Prusse dans une guerre contre le Danemark, qui permit à celle-ci de s'octroyer le Schleswig-Holstein, refroidit considérablement l'ardeur de Napoléon III dans sa tentative de rapprochement avec les Habsbourg. Dès le début de 1864, il réduisit les engagements français envers Maximilien et traita par le mépris les efforts que faisait la Confédération pour l'appâter au moyen du Mexique et lui arracher ensuite sa reconnaissance officielle. Le ministère français des Affaires étrangères mit en outre un terme aux espoirs sudistes de se constituer une flotte en France. En effet, les six navires pour lesquels le Sud avec passé contrat furent vendus au Pérou, à la Prusse et au Danemark. Bulloch, cependant, tomba les armes à la main. Par un de ces tours de passe-passe juridiques, dont il était désormais un expert, il parvint à faire transférer un des cuirassés du Danemark à la Confédération. Baptisé le *CSS Stonewall*, ce bâtiment traversa l'Atlantique et arriva un mois après la capitulation de Lee à Appomattox. Le *Stonewall* finit sa carrière dans la marine japonaise[1].

1. Frank L. Owsley, *King Cotton Diplomacy* (Chicago, 1931), p. 88-145, 438-442, 447-449, 527-549 ; Crook, *The North, The South, and the Powers*, p. 333-343 ; Lynn M. Case et Warren F. Spencer, *The United States and France : Civil War Diplomacy* (Philadelphie, 1970), p. 427-480.

III

Pour l'administration Lincoln, les victoires sur le champ de bataille se transformèrent, en 1863, en triomphes politiques tant à l'intérieur qu'à l'extérieur du pays. A l'automne, des élections locales se déroulèrent dans plusieurs États, dont les plus importantes concernaient le poste de gouverneur en Ohio et en Pennsylvanie. Un an auparavant, les républicains avaient essuyé un sérieux revers lors des élections au Congrès. En 1863, les grandes questions n'avaient pas changé : la conduite de la guerre, l'émancipation des Noirs, les libertés civiles et la conscription. Touchant la première de ces questions, les républicains paraissaient plutôt bien placés, car la déroute de la Chickamauga ternit à peine le lustre de Gettysburg, Vicksburg et autres triomphes. Néanmoins, les élections en Ohio et en Pennsylvanie ne laissaient pas que d'inquiéter Lincoln, qui alla même jusqu'à confier à Gideon Welles qu'il « était plus anxieux en ce qui [les] concernait qu'il ne l'avait été en 1860, l'année de son élection » — et ce parce que dans ces deux États, les démocrates présentaient des candidats *copperheads*. Qu'un seul des deux devînt gouverneur et cela suffirait à remonter le moral défaillant des confédérés et risquait peut-être d'entamer la volonté de gagner des habitants du Nord[1].

Clement Vallandigham fit campagne pour se faire élire gouverneur de l'Ohio depuis la ville de Windsor, au Canada, où il était exilé. George W. Woodward, juge de la Cour suprême de l'État de Pennsylvanie, garda, quant à lui, un silence plein de dignité, pendant que ses partisans se démenaient à sa place. Toutefois, en creusant un peu la question, les républicains déterrèrent des échantillons de ce que Woodward pensait de la guerre, qui ressemblaient fort aux opinions professées par Vallandigham. « L'esclavage a de tout temps été destiné à demeurer un bienfait spécialement réservé à la population des États-Unis », estimait Woodward. « La sécession n'a rien de déloyal », avait-il écrit en 1860, car l'élection de Lincoln avait détruit l'ancienne union fondée sur le consentement mutuel et la bonne entente. « Je ne saurais, en toute équité, condamner le Sud parce qu'il veut se retirer[...]. Je regrette même que la Pennsylvanie ne puisse en faire autant. » Bien que deux de ses fils servissent dans l'armée du Potomac, Woodward ne pensait pas qu'il fût possible d'obtenir une réunion par la victoire militaire. En tant que juge de son État, il rédigea une opinion affirmant que la loi de conscription nationale était anticonstitutionnelle et ne devait pas être appliquée en Pennsylvanie. Un éminent démocrate, qui faisait campagne pour

1. Beale (éd.), *Diary of Gideon Welles*, t. I, p. 470.

Woodward, déclara qu'une fois élu, il s'unirait à Vallandigham et Seymour, gouverneurs de l'Ohio et de New York (ils représenteraient à eux trois près de la moitié de la population du Nord) « pour rappeler de l'armée les soldats de leurs États respectifs, afin d'obliger le gouvernement à organiser une convention des États qui réglerait nos difficultés[1] ».

Woodward et Vallandigham, cependant, avaient été désignés par leur parti avant les triomphes de Gettysburg et de Vicksburg. Or, ces deux batailles sapèrent à la base un de leurs thèmes favoris : l'échec de la guerre. Même si ni l'un, ni l'autre ne changea d'opinion, leur parti comprit bien que des déclarations excessives reflétant leur hostilité au conflit leur aliéneraient les démocrates bellicistes, dont les voix leur étaient nécessaires pour l'emporter. Ces derniers eurent d'ailleurs beaucoup de mal à avaler Vallandigham, mais Woodward s'avéra un peu plus digeste, d'autant qu'il publia une déclaration condamnant la rébellion. Et à la veille des élections, le parti démocrate réussit un véritable coup d'éclat en persuadant McClellan (qui habitait dans le New Jersey tout proche) d'écrire une lettre expliquant que s'il était habilité à voter en Pennsylvanie, « [il donnerait] au juge Woodward [sa] voix et [son] vote[2] ».

Toutefois, conscients que les républicains avaient l'avantage sur la question de la guerre, les démocrates se concentrèrent plutôt sur des sujets qui jusqu'à présent leur avaient toujours réussi, notamment l'émancipation. En Ohio, le parti démocrate assura que la lutte électorale reflétait un « "conflit irrépressible" entre travailleurs blancs et noirs [...]. Chaque vote doit compter en faveur du *Blanc* et contre les hordes de l'Abolition, qui voudraient mettre des enfants noirs dans vos écoles, des jurés noirs dans vos salles d'assises et des votes noirs dans vos urnes ! » Les orateurs démocrates brocardaient le corpulent candidat républicain, John Brough, qu'ils appelaient le « gros chevalier du corps d'Afrique[3] ». Des protestations analogues, quoique moins virulentes, contre « l'égalité politique et sociale » caractérisaient aussi la campagne en Pennsylvanie[4].

1. Arnold Shankman, « For the Union as It Was and the Constitution as It Is : A Copperhead Views the Civil War », in James I. Robertson Jr., et Richard M. McMurry (éd.), *Rank and File : Civil War Essays in Honor of Bell Irvin Wiley* (San Rafael, Cal., 1976), p. 97-98, 104.

2. Arnold M. Shankman, *The Pennsylvania Antiwar Movement, 1861-1865* (Cranbury, N.J., 1980), p. 133, 139.

3. C'était une allusion sarcastique au soutien apporté par Brough et d'autres chefs de file républicains à la décision d'armer les Noirs et de les faire combattre dans les armées de l'Union.

4. Frank L. Klement, *The Limits of Dissent : Clement L. Vallandigham and the Civil War* (Lexington, Ky., 1970), p. 245, 243 ; Wood Gray, *The Hidden Civil War : The Story of the Copperheads* (New York, 1964 [1942]), p. 150 ; Shankman, *Pennsylvania Antiwar Movement*, p. 103-104.

Mais l'anti-abolitionnisme et le racisme semblaient avoir perdu de leur puissance en tant que mots d'ordre démocrates. En juillet 1863, deux événements quasi simultanés furent en grande partie responsables de ce phénomène. Le premier n'était autre que les émeutes contre la conscription à New York, qui incitèrent de nombreux nordistes, rudement secoués, à réagir contre les conséquences d'un racisme agressif. Le second fut une bataille relativement peu importante de la campagne contre Charleston. Le 18 juillet au crépuscule, deux brigades de l'Union attaquèrent le fort Wagner, un ouvrage fortifié qui défendait l'entrée du port de Charleston. Ce fut le 54e régiment d'infanterie du Massachusetts qui prit la tête de cet assaut[1]. La chose n'avait en soi rien d'inhabituel : les régiments de cet État combattirent au plus chaud de nombreuses batailles et le Massachusetts eut l'un des taux de pertes les plus élevés parmi les États de l'Union. Seulement, le 54e était le régiment noir modèle de l'armée nordiste. Son colonel et son lieutenant-colonel étaient deux fils d'éminentes familles abolitionnistes. Par conséquent, beaucoup plus de choses dépendaient de la première grande action auquel ce régiment serait mêlé que la simple prise d'un fort, pour importante qu'elle fût. Le colonel Robert Gould Shaw avait supplié le commandant de sa brigade de donner à son régiment l'occasion de prouver sa vaillance. Le général l'exauça en lui confiant le soin d'emmener l'assaut contre ces redoutables fortifications à travers une étroite langue de sable. Le résultat n'était pas difficile à prévoir : les rebelles repoussèrent les brigades qui les attaquaient et les décimèrent.

Ce fut le 54e régiment qui subit les plus lourdes pertes, puisqu'il vit tomber près de la moitié de ses hommes, parmi eux le colonel Shaw frappé d'une balle en plein cœur. Les soldats noirs parvinrent à s'emparer du parapet du fort Wagner et à le tenir pendant une heure, avant de devoir reculer. Ces exploits et le nombre élevé de victimes parmi cette unité noire d'élite, dont la presse abolitionniste fit grand cas, opérèrent un changement dans l'attitude du Nord envers les soldats de couleur. « A travers la fumée des canons, en cette nuit obscure, déclarait l'*Atlantic Monthly*, la vaillance de la race noire brille devant de nombreux yeux qui ne voulaient pas voir. » Le *New York Tribune* assurait que la bataille « faisait du nom du fort Wagner un symbole aussi puissant pour la race de couleur que celui de Bunker Hill l'était depuis quatre-vingt-dix ans pour les yankees blancs ». Un officier confédéré ayant, dit-on, répondu à une demande de bien vouloir rendre aux nordistes la dépouille de Shaw : « Nous l'avons enterré avec ses nègres », le père du colonel étouffa dans l'œuf une tentative de récupérer le corps de son fils en déclarant : « Nous

---

1. Ce régiment et son assaut contre le fort Wagner ont fait l'objet du film *Glory* (1989), qui relate l'histoire forte et émouvante de ce pionnier des régiments noirs durant la guerre de Sécession.

estimons que le tombeau d'un soldat ne saurait être mieux situé que sur le champ d'honneur où il est tombé[1]. »

L'apothéose de Shaw et de ses hommes eut lieu juste après que les émeutiers démocrates de New York eurent lynché des hommes de couleur et incendié l'orphelinat des Noirs. De façon presque unanime, la presse républicaine s'empressa de souligner la morale de ces événements : les Noirs qui se battaient pour l'Union méritaient plus de respect que les Blancs qui luttaient contre elle. Lincoln reprit d'ailleurs ce thème dans une lettre ouverte aux démocrates, datée du 26 août : « Je vous ai mécontenté par mon attitude envers les Noirs, écrivait le Président. [Mais] certains des commandants de nos armées sur le terrain, à qui nous devons nos succès les plus importants, sont persuadés que la politique d'émancipation et l'utilisation de troupes de couleur constituent le coup le plus rude que nous ayons jusqu'à présent porté à la rébellion[2] [...]. Vous dites que vous ne voulez pas vous battre pour affranchir les Noirs, poursuivait Lincoln. Pourtant certains d'entre eux semblent prêts à se battre pour vous ; mais, peu importe. Vous n'avez qu'à lutter, vous autres, uniquement pour sauver l'Union. J'ai émis ma proclamation justement pour vous aider à la sauver. » Et le Président de conclure : « [Quand nous aurons gagné la guerre], il y aura des Noirs qui pourront se rappeler qu'en silence, les dents serrées, le regard ferme et la baïonnette solidement tenue, ils ont aidé l'humanité à parvenir à cette grandiose réussite ; alors qu'il y aura aussi, je le crains, des Blancs qui ne pourront oublier que, la malfaisance au cœur et la fausseté aux lèvres, ils se sont efforcés de lui barrer la route[3]. »

La lettre de Lincoln donna le ton aux républicains pour la campagne de 1863. Avant cela, beaucoup d'entre eux s'étaient sentis un peu gênés vis-à-vis de l'émancipation ; à présent, c'étaient eux qui allaient pouvoir mettre les démocrates sur la défensive. L'opposition à l'émancipation devint synonyme d'opposition à une victoire nordiste. Rattachant l'abolition à l'Union, les républicains parvinrent à émousser le tranchant du racisme démocrate en Ohio, en Pennsylvanie et à New York (où il y eut en 1863 des élections législatives). Le parti s'imposa dans les deux tiers des circonscriptions législatives de New York. En Ohio, il ensevelit Vallandigham sous une marge victorieuse de cent mille voix, remportant,

1. *Atlantic Monthly*, cité par Lawrence Lader, *The Bold Brahmins* (New York, 1961), p. 290 ; *New York Tribune*, 8 septembre 1865 ; Luis F. Emilio, *A Brave Black Regiment : History of the Fifty-Fourth Regiment of Massachusetts Volunteer Infantry 1863-1865* (Boston, 1894), p. 102-103.

2. Lincoln faisait allusion à Grant qui lui avait écrit le 23 août : « En armant les Noirs, nous avons gagné un puissant allié [...]. Cela, avec l'émancipation des esclaves, constitue le coup le plus rude porté jusqu'à présent à la Confédération [...]. Ils feront de bons soldats et en les enlevant à l'ennemi nous l'affaiblissons dans la mesure même où nous nous renforçons. » Lincoln Papers, bibliothèque du Congrès.

3. *CWL*, VI, p. 401-410.

chose qui ne s'était encore jamais vue, soixante et un pour cent des suffrages. Les républicains se réjouirent tout particulièrement des quatre-vingt-quatorze pour cent de voix qu'ils recueillirent parmi les soldats qui votaient depuis le front. Les efforts faits pour persuader ces derniers de « voter comme ils tiraient » se révélaient extrêmement payants. Il est intéressant de noter que, dans une décision justement rédigée par George Woodward, la Cour suprême de Pennsylvanie avait statué un an auparavant que les soldats n'avaient pas le droit de voter ailleurs que dans la circonscription où ils résidaient. Étant donné qu'il était impossible d'accorder des permissions à plus de quelques milliers des soldats pennsylvaniens au moment des élections, leurs suffrages ne représentèrent qu'une faible partie de ceux qui permirent au candidat républicain de devancer Woodward de quelque quinze mille voix (cinquante et un pour cent).

Les républicains obtinrent en outre d'excellents résultats dans d'autres élections locales. Selon leur interprétation du phénomène, il fallait y voir le signe d'une transformation de l'opinion publique à l'égard de l'émancipation. A Springfield, la ville de Lincoln, le journal républicain nota que si l'on avait organisé un référendum sur la proclamation d'émancipation un an auparavant, « il [n'aurait] guère fait de doute qu'une majorité se serait déclarée contre elle ». « Et pourtant, continuait-il, moins d'un an s'est écoulé avant qu'elle ne soit entérinée par une majorité écrasante. » Et un républicain de New York observait : « Le changement de l'opinion sur la question de l'esclavage [...] est un grand événement historique [...]. Qui aurait pu prédire [...] cette grande et bienheureuse révolution ? [...] Que Dieu nous pardonne notre aveuglement d'il y a trois ans. » La proclamation d'émancipation avait été « suivie par de sombres journées pleines de doute », reconnaissait le Président dans son message annuel au Congrès, le 8 décembre 1863. « [Mais à présent] la crise qui menaçait les amis de l'Union appartient au passé[1]. » Si l'optimisme de Lincoln s'avéra prématuré, il reflétait néanmoins le désespoir qui menaçait de saper la volonté sudiste de continuer à se battre.

Lincoln profita aussi de ce nouveau climat de confiance dans le Nord pour définir les buts de guerre de l'Union dans le contexte de ce que représentait le conflit pour l'Amérique et le monde entier Ce fut le 19 novembre 1863, à l'occasion de l'inauguration d'un cimetière national à Gettysburg, où plusieurs milliers de soldats nordistes tombés au champ d'honneur en juillet précédent avaient été réinhumés. Dans ce lieu sacré, le Président prononça une brève allocution qui est devenue l'expression

1. *Illinois State Journal*, 1er décembre 1863, cité par Jacque Voegeli, *Free But Not Equal : The Midwest and the Negro during the Civil War* (Chicago, 1967), p. 131 ; Strong, *Diary*, p. 408 ; *CWL*, t. VII, p. 49-50.

même du dévouement et du sacrifice de soi en temps de guerre :

« Quatre-vingt-sept ans se sont écoulés depuis que nos pères ont donné naissance sur ce continent à une nouvelle nation conçue dans la liberté et vouée à l'idée que tous les hommes sont créés égaux. Aujourd'hui nous sommes engagés dans une grande guerre civile mettant à l'épreuve pour notre nation, pour toute nation fondée dans ces conditions, la possibilité de durer. Nous sommes ici réunis sur un des grands champs de bataille de cette guerre. Nous sommes venus pour consacrer une partie de ce sol comme dernière demeure à ceux qui donnèrent leur vie afin que cette nation pût vivre. Cela s'imposait à nous comme une chose convenable et juste. Mais en un sens plus large, nous ne pouvons pas dédier — nous ne pouvons pas consacrer —, nous ne pouvons pas sanctifier ce sol. Morts ou vivants, les hommes courageux qui luttèrent ici lui ont donné une consécration bien plus haute ; pas plus que de les diminuer, notre faible pouvoir ne nous permet de les grandir. Ce que nous disons ici, le monde ne le remarquera guère ni ne s'en souviendra longtemps, mais ce qu'ils y firent, il ne pourra jamais l'oublier. A nous les vivants, il incombe plutôt de nous vouer à la grande œuvre inachevée que ces combattants ont si noblement commencée. A nous plutôt de nous consacrer à la grande tâche restant devant nous : que dans l'exemple de ces morts honorés nous puisions un dévouement accru à cette cause pour laquelle ils donnèrent l'extrême mesure du dévouement ; que nous prenions hautement ici la résolution que ces morts ne seront pas morts en vain ; que cette nation, sous le regard de Dieu, connaîtra une nouvelle naissance de la liberté ; et que le gouvernement du peuple, par le peuple, pour le peuple, ne disparaîtra jamais de la terre[1]. »

Chapitre XXIII

QUAND CETTE GUERRE CRUELLE AURA PRIS FIN

I

Malheureusement pour Jefferson Davis, les élections au Congrès confédéré se déroulèrent à l'automne de 1863, quand le moral sudiste touchait à son nadir. L'administration Davis fut sanctionnée plus durement que l'administration Lincoln l'année précédente, dans une situation analogue. Cela tenait non seulement au fait que les armes

1. Louis de Villefosse, *Lincoln* (Paris, Éditions du Seuil, 1965), p. 144-145.

confédérées avaient essuyé des échecs plus graves, mais aussi aux différences entre les structures politiques du Nord et du Sud.

Au sein de la Confédération, les partis politiques n'existaient pas officiellement. Cette situation s'expliquait principalement par l'érosion du système bipartite dans les années 1850 et le besoin évident de présenter un front uni aux situations d'urgence de la sécession et de la guerre. Bien que le parti whig eut brièvement réapparu sous les traits d'un parti d'Union constitutionnelle, en 1860, il parut sombrer à nouveau dans le néant lors de la crise de 1861. Sous la surface de la vie politique, le whiggisme persista dans les mémoires et les sentiments, mais les chercheurs les plus assidus, qui ont analysé les votes parlementaires au Congrès confédéré, de 1861 à la fin de 1863, n'ont pu identifier ni organisations partisanes ni clivages partisans vraiment significatifs[1].

Les sudistes considéraient cette caractéristique comme une source de force. Le président temporaire du premier Congrès félicita ses membres de « n'avoir jamais laissé l'esprit de parti se manifester dans [leurs] délibérations[2] ». Mais en réalité, comme le reconnaissent à présent les historiens, l'absence de partis politiques fut bel et bien une source de faiblesse. Dans le Nord, le système bipartite permit de discipliner et de canaliser l'activité politique. Le parti républicain devint le moyen de mobiliser les ressources de guerre, de lever des impôts, de créer un nouveau système financier, de déclencher le processus d'émancipation et de faire appliquer la conscription. Les démocrates combattirent la plupart de ces mesures et l'existence de cette opposition bien définie incita les républicains à se serrer les coudes lorsque les choses allaient mal. Comme les mesures étaient soutenues ou combattues par les *partis*, les électeurs n'avaient aucun mal à identifier les responsables et à faire connaître aux urnes leur approbation ou leur hostilité, en votant pour le programme de l'un ou l'autre parti. Les deux partis, évidemment, se servaient de leur appareil bien huilé pour rallier les électeurs à leur cause. Dans la Confédération, par contraste, l'administration Davis n'avait aucun moyen comparable pour mobiliser un soutien quelconque. Sans partis, pas de discipline institutionnalisée pour faire rentrer dans le rang membres du Congrès ou gouverneurs. Davis n'était pas, comme Lincoln, en mesure d'invoquer la loyauté ou la protection du parti pour servir ses desseins politiques. L'opposition à son gouvernement devint une affaire de personnes ou de factions et de ce fait difficile à combattre.

---

1. Thomas B. Alexander, « Persistent Whiggery in the Confederate South, 1860-1877 », *JSH*, n° 27 (1961), p. 305-310 ; Richard E. Beringer, « The Unconscious "Spirit of Party" in the Confederate Congress », *CWH*, n° 18 (1972), p. 312-316 ; Thomas B. Alexander et Richard E. Beringer, *The Anatomy of the Confederate Congress* (Nashville, 1972), p. 35-37.

2. *Journal of the Congress of the Confederate States of America, 1861-1865* (Washington, 1904-1905), t. I, p. 846.

Dans le Nord, où presque tous les gouverneurs des différents États étaient républicains, des liens partisans les rattachaient à l'effort de guerre. Dans le Sud, les activités obstructionnistes de plusieurs gouverneurs nuirent à l'effort de guerre centralisé, parce que la défense des droits des États n'était pas contre-balancée par la force unificatrice d'un parti. La Constitution confédérée n'octroyait au Président qu'un seul mandat de six ans, si bien que Davis n'avait aucune raison de créer une organisation partisane pour être réélu. Ce fut sur les politiques gouvernementales telles que la conscription, les réquisitions, l'impôt en nature et la gestion financière que portèrent principalement les élections au Congrès de 1863. Les candidats de l'opposition se présentaient sur des bases individuelles plutôt que partisanes et le gouvernement n'était pas capable de mobiliser assez d'artillerie politique pour tirer sur toutes ces cibles dispersées[1].

A partir de 1863, les historiens ont noté l'apparition de « proto-partis » au sein de la Confédération. L'opposition se cristallisa à l'initiative des anciens, mais sans prendre une forme vraiment organisée, comme le montrent le rôle joué par Louis Wigfall et l'influence qu'exerçait en privé le général Joseph E. Johnston, parmi les adversaires de Davis. Wigfall, mangeur de feu démocrate, qui avait brièvement servi sous Johnston en Virginie, comme général, avant d'être élu sénateur du Texas en 1862, devint un des critiques les plus acerbes de « l'entêtement et la perversité » de Davis en 1863. Alors que le Président imputait à Johnston la perte de Vicksburg, ce dernier et Wigfall reprochaient à Davis la structure ambiguë du commandement militaire dans l'Ouest, qui avait entraîné ce désastre. Même si Johnston ne s'exprima pas en public, dans la correspondance privée qu'il adressait à ses amis il ne faisait pas mystère de ses opinions. Quand vint l'automne de 1863, Johnston était devenu, pour reprendre les termes d'un autre général confédéré, un « bouclier » derrière lequel les adversaires de l'administration « se regroupaient [...] et lâchaient leurs flèches sur le président Davis[2] ».

Une inflation qui ne faisait qu'empirer et des pénuries en tous genres vinrent alimenter l'ardeur de l'opposition. Durant les quatre mois qui suivirent Gettysburg, les prix firent un bond de près de soixante-dix pour cent. « Hier, la farine se vendait aux enchères cent dollars le baril ; aujourd'hui, elle est à cent vingt dollars, notait un habitant de Richmond en novembre. Impossible, désormais, de se procurer un costume élégant pour moins de sept cents dollars [...]. Nous avons bien piètre allure à

1. Je suis redevable pour une grande partie des idées exprimées dans ces deux paragraphes à l'article extrêmement stimulant d'Eric L. McKitrick, « Party Politics and the Union and Confederate War Efforts », in William Nisbet Chambers et Walter Dean Burnham, *The American Party Systems* (New York, 1967), p. 117-151.

2. Richard M. McMurry, « The Enemy at Richmond : Joseph E. Johnston and the Confederate Government », *CWH*, n° 27 (1981), p. 15-16.

présent — émaciés que nous sommes et pour beaucoup en loques [...]. Toutes les nuits, on dérobe des volailles, des salaisons et même des vaches et des porcs [...]. Il y aura forcément bientôt une explosion quelconque. » Le chef du service administratif du ministère de la Guerre, fidèle partisan de Davis, avouait en novembre : « La banqueroute irrémédiable des finances nationales, l'obstination avec laquelle le Président se cramponne à des hommes en qui le pays a perdu toute confiance, la pénurie de moyens de subsistance [...] engendrent un profond dégoût [...]. Je n'ai jamais réellement désespéré de notre cause, inestimable, sainte qu'elle est, mais ma foi [...] cède à l'abattement[1]. »

Ce fut dans ce climat que se déroulèrent les élections au Congrès. Elles se traduisirent par une augmentation du nombre de représentants ouvertement hostiles à l'administration, qui passa de vingt-six à quarante et un (sur cent six). Douze des vingt-six sénateurs du nouveau Congrès étaient des opposants reconnus. La proportion d'anciens whigs et unionistes conditionnels au Congrès passa du tiers à la moitié. Des membres du défunt parti whig s'adjugèrent plusieurs sièges de gouverneur, notamment ceux de l'Alabama et du Mississippi, où ils s'imposaient pour la première fois. L'administration en place réussit, certes, à préserver une courte majorité au Congrès, mais cette marge reposait sur une anomalie qui n'était pas dépourvue d'ironie. C'était parmi les membres du Congrès des zones occupées par l'Union que le soutien au gouvernement Davis était le plus fort : c'est-à-dire le Kentucky, le Missouri (considérés tous deux comme faisant partie de la Confédération et de ce fait représentés au Congrès), le Tennessee, ainsi que des parties considérables de la Louisiane, de l'Arkansas, du Mississippi et de la Virginie. Or, des élections régulières étaient, bien entendu, impossibles dans ces zones, si bien que les titulaires reconduisirent d'eux-mêmes leur mandat ou furent « élus » par une poignée de réfugiés de leur circonscription. Ces parlementaires irrédentistes avaient les motifs les plus forts qui fussent pour soutenir « la guerre jusqu'à la mort ». Ils constituaient ce qui se rapprochait le plus d'un parti gouvernemental dans la Confédération. Ce furent eux qui fournirent les voix nécessaires pour mettre en vigueur des impôts plus élevés, qu'on ne pouvait, et pour cause, percevoir auprès de leurs électeurs, et des lois de conscription plus dures qui n'affecteraient aucun des habitants de leur circonscription. Par contraste, les régions du Sud qui restaient sous le contrôle des confédérés, envoyèrent au Congrès une majorité antigouvernementale. Dans les deux États les plus

1. Jones, *War Clerk's Diary* (Miers), p. 302,303,304,309 ; Edward Younger (éd.), *Inside the Confederate Government : The Diary of Robert Garlick Hill Kean* (New York, 1957), p. 119.

populeux, la Caroline du Nord et la Géorgie, seize des dix-neuf nouveaux élus au Congrès étaient contre le gouvernement[1].

Comme dans le Nord, l'opposition prit deux formes. La plupart des sudistes hostiles à l'administration soutenaient ses objectifs de guerre, mais refusaient certaines mesures en faveur d'une guerre totale, destinées à atteindre ces objectifs. D'autres adversaires, cependant, dénonçaient la guerre comme un échec et exigeaient la paix par le biais de négociations, même s'il fallait pour cela mettre en péril les objectifs de guerre du pays. Dans le Nord, on appelait ces hommes des *copperheads* ; dans le Sud reconstructionnistes ou tories. Aussi bien dans le Nord que dans le Sud, la faction pacifiste devenait plus forte chaque fois que la situation militaire tournait mal.

C'était en Géorgie que la faction favorable à la guerre, mais opposée à l'administration, manifestait le plus ouvertement son désaccord. Là, le triumvirat composé du vice-président Alexander Stephens, de l'ex-général Robert Toombs et du gouverneur Joseph Brown transforma son opposition en vendetta personnelle contre Davis. Stephens comparait le Président à son « pauvre chien aveugle et sourd ». Plein de ressentiment envers la « clique de West Point » qui avait entravé son ascension vers la gloire militaire, Toombs se déchaîna en 1863 contre Davis, le traitant de « coquin [...], faux et hypocrite » qui n'avait « ni les capacités ni l'honnêteté nécessaires pour diriger la révolution ». La politique financière du gouvernement, assurait Toombs, était « pernicieuse », « ruineuse », « insupportable » ; la réquisition des produits agricoles était fondée sur « la force et la fraude » ; quant à la conscription, c'était « un outrage à la justice et à la Constitution ». « Pour le Blanc, la route de la liberté ne passe pas par l'esclavage, tonna Toombs en novembre 1863. L'actuelle politique de M. Davis causera la perte de la révolution d'ici six mois. » Et Brown, le gouverneur, fit plus que s'élever contre la conscription ; il nomma plusieurs milliers de nouveaux agents de police, officiers de milice, juges de paix, magistrats et employés au cadastre, qui se trouvaient ainsi exemptés d'office[2].

Une crise éclata en Géorgie en février 1864, quand le Congrès confédéré d'avant les élections, dont la session arrivait à son terme, autorisa le Président à suspendre l'*habeas corpus*, afin de réprimer les actes de

1. Wilfred B. Yearns, *The Confederate Congress* (Athens, Géorgie, 1960), p. 49-59 ; Beringer, « The Unconscious "Spirit of Party" in the Confederate Congress », p. 314-323 ; Alexander, « Persistent Whiggery in the Confederate South », p. 308-309 ; Alexander et Beringer, *Anatomy of the Confederate Congress*, passim.

2. Lettre de Stephens à Herschel V. Johnson, 8 avril 1864, citée in *O.R.*, sér.IV, vol.3, p. 278-280 ; Ulrich B. Phillips (éd.), *The Correspondence of Robert Toombs, Alexander H. Stephens and Howell Cobb* (Washington, 1913), p. 608,611,619,623,627,628, 629 ; Albert B. Moore, *Conscription and Conflict in the Confederacy* (New York, 1924), p. 256-270.

trahison et de faire appliquer la loi de conscription[1]. Les deux sénateurs de Géorgie votèrent contre ce projet de loi. Le vice-président Stephens le taxa de « coup porté contre les "centres vitaux de la liberté" » par un Président « visant le pouvoir absolu ». Et il ajoutait : « Mieux vaudrait, et de loin, que notre pays fût envahi par l'ennemi, nos villes mises à sac et incendiées, et notre contrée dévastée, que de voir le peuple supporter que la citadelle de ses libertés soit ainsi prise d'assaut par de soi-disant amis. » Stephens aida Brown à rédiger un discours à la législature de Géorgie, condamnant cette loi comme un pas vers le « despotisme militaire ». « Qu'aurons-nous gagné quand nous aurons obtenu notre indépendance vis-à-vis des États du Nord, demandait Brown avec éloquence, si dans nos efforts pour y parvenir, nous avons[...] perdu *la liberté constitutionnelle* chez nous ? » La législature ratifia des résolutions écrites par le frère de Stephens, condamnant la suspension de l'*habeas corpus*, qu'elle jugeait anticonstitutionnelle[2].

Du point de vue de Richmond, tout cela était déjà fort mauvais, mais pire encore était une proposition soumise par Brown en faveur de négociations de paix. Alexander Stephens parut soutenir cette idée dans un discours de trois heures prononcé devant la législature et son frère soumit des résolutions supplémentaires, pressant la population d'user « des institutions des États et des assemblées populaires » pour faire pression sur le gouvernement afin qu'il mît fin à la guerre. Tout cela sonnait de façon bien peu rassurante et avait même de vagues allures de trahison. En réalité, Brown et Stephens voulaient entamer les négociations *après* la prochaine victoire confédérée, l'indépendance étant considérée comme une précondition de la paix. Personne, pas même Stephens, ne s'attendait à voir Lincoln négocier sur de pareilles bases. Ces résolutions étaient donc destinées à diviser l'opinion publique dans le Nord et à consolider la position des démocrates pacifistes pour l'élection présidentielle de 1864, en donnant l'impression que les sudistes étaient disposés à négocier. Mais cette subtilité échappa à la plupart des confédérés, qui considéraient Brown et Stephens comme des reconstructionnistes préconisant la paix à n'importe quel prix. Au lieu de diviser et de conquérir le Nord, leur manœuvre paraissait devoir faire le jeu des yankees qui espéraient bien accommoder le Sud à la même sauce.

La majeure partie de la presse sudiste, même en Géorgie, réprimanda le vice-président. Au front, des régiments de Géorgie passèrent des

1. Quelques juges en Caroline du Nord, en Géorgie et ailleurs avaient fait jouer ce décret au profit de requérants pour empêcher les officiers chargés de la conscription de les enrôler dans l'armée.

2. James Z. Rabun, « Alexander H. Stephens and Jefferson Davis », *AHR*, n° 58 (1953), p. 308 ; Moore, *Conscription and Conflict in the Confederacy*, p. 270-271 ; John B. Robbins, « The Confederacy and the Writ of Habeas Corpus », *Georgia Historical Quarterly*, n° 55 (1971), p. 93-94.

résolutions condamnant Brown et la législature. Dans le privé, Stephens se fit taper sur les doigts par les sénateurs de Géorgie. « Vous avez laissé votre antipathie envers Davis égarer votre jugement, lui déclara le sénateur Herschel Johnson. Or, vous avez tort, étant donné votre position officielle ; vous avez tort parce que le mouvement tout entier a pour origine l'idée folle de faire la guerre à Davis et au Congrès ; et vous avez tort parce que ce mouvement fait la joie de nos ennemis et qu'ils s'en servent déjà dans leur presse. » La législature se hâta de passer une résolution par laquelle la Géorgie s'engageait à continuer de soutenir la guerre[1].

Tandis que les dissidents de Géorgie espéraient la paix par la victoire, en Caroline du Nord, une certaine partie de l'opposition paraissait la vouloir par la reconstruction. L'engagement de la Caroline du Nord, dernier État à avoir fait sécession, envers la Confédération était resté vacillant, bien qu'elle eût fourni plus de soldats que tout autre État hormis la Virginie. Cela dit, c'était aussi elle qui comptait le plus grand nombre de déserteurs[2]. La partie occidentale de l'État ressemblait au Tennessee oriental et à la Virginie occidentale par sa structure socio-économique et ses tendances unionistes. Cependant, le fait que la région était inaccessible aux armées du Nord y entrava le développement d'un mouvement politique unioniste de véritable envergure avant 1863. Cette année-là, l'ordre des Héros d'Amérique, une société pacifiste secrète, profitant de la lassitude et du défaitisme engendrés par Gettysburg, parvint à recruter de nombreux membres dans les régions de piémont et de l'intérieur. Des milliers de déserteurs regagnèrent l'État, où alliés aux « tories » et à tous ceux qui avaient réussi à se soustraire à la conscription, ils s'assurèrent une mainmise quasi totale sur plusieurs comtés[3].

---

1. Rabun, « Alexander H. Stephens and Jefferson Davis », *op.cit.*, p. 311. Voir aussi John R. Brumgardt, « The Confederate Career of Alexander H. Stephens : The Case Reopened », *CWH*, n° 27 (1981), p. 64-81 ; et Moore, *Conscription and Conflict in the Confederacy*, p. 272-273.

2. La plupart des études portant sur cette question citent le chiffre de vingt-trois mille déserteurs pour la Caroline du Nord. C'était plus du cinquième de tous les déserteurs de la Confédération et presque deux fois plus que dans tout autre État. Mais, à partir d'échantillons des registres de régiments de Caroline du Nord, Richard Reid a estimé qu'il fallait réduire ce chiffre à quatorze mille environ. C'est toujours un total plus élevé que dans tout autre État, mais le taux de désertion n'est plus notoirement supérieur à la moyenne confédérée. Reid, « A Test Case of the "Crying Evil" : Desertion among North Carolina Troops during the Civil War », *North Carolina Historical Review*, n° 58 (1981), p. 234-262. Il faut noter, cependant, que les données de Reid concernent les régiments engagés la première année de la guerre et que leurs registres ne sont complets que jusqu'à la fin de 1864. Étant donné que les désertions tendaient à être plus fréquentes dans les régiments formés plus tard et qu'elles se multiplièrent de façon désastreuse durant les derniers mois du conflit, lorsqu'il devint évident que la guerre était perdue, le chiffre de quatorze mille avancé par Reid paraît trop bas.

3. Georgia Lee Tatum, *Disloyalty in the Confederacy* (Chapel Hill, 1934), p. 107-135 ; William T. Auman et David D. Scarboro, « The Heroes of America in Civil War North

Les leaders politiques les plus puissants de Caroline du Nord étaient Zebulon B. Vance et William W. Holden. Vance, qui avait un passé de whig et d'unioniste conditionnel en 1861, avait commandé un régiment dans l'armée de Virginie septentrionale avant d'être élu au siège de gouverneur en 1862. Bien qu'il se heurtât constamment à Davis sur des questions de droits des États face à l'autorité confédérée, Vance appuyait l'effort de guerre et continua jusqu'à la fin à « se battre contre les yankees et se chamailler avec la Confédération[1] ». Holden était d'une autre trempe. Ayant commencé sa carrière sous les couleurs whigs, il devint démocrate sécessionniste dans les années 1850, mais rompit avec le parti et résista à la sécession jusqu'à la dernière heure en 1861. En sa qualité de rédacteur en chef du *North Carolina Standard*, publié à Raleigh, il devint le champion des libertés civiles et critiqua la politique gouvernementale durant la guerre. Jouant à fond sur le thème « guerre du riche/combat du pauvre », il fit de nombreux adeptes parmi les petits fermiers et les travailleurs. Son « parti conservateur », composé principalement d'anciens whigs et unionistes conditionnels, avait soutenu la candidature de Vance à la fonction de gouverneur, avec un programme prônant la souveraineté de l'État dans le cadre de la Confédération. Quand vint l'été de 1863, cependant, Holden s'était convaincu que le Sud ne pouvait pas remporter la guerre et que la conscription, les réquisitions, le « despotisme militaire » et la ruine économique représentaient une menace beaucoup plus importante pour les Caroliniens du Nord que la réunion avec les États-Unis.

Avec le concours des Héros d'Amérique, Holden et ses comparses organisèrent plus d'une centaine de réunions contre la guerre où furent adoptées des résolutions empruntées aux éditoriaux du *Standard* et réclamant des négociations en vue d'une « paix honorable ». Personne n'avait la moindre idée de ce qu'ils pouvaient bien vouloir dire par là, mais les confédérés purs et durs, eux, y voyaient de la trahison. Un observateur, que la sympathie envers Holden n'étouffait guère, rapporta, en août 1863, qu'à plusieurs réunions en faveur de la paix, dans l'ouest de l'État, « on tint les propos les plus déloyaux et on hissa des drapeaux de l'Union ». En septembre 1863, un fonctionnaire du ministère de la Guerre nota : « [Les partisans de Holden] rejettent désormais tous leurs faux-semblants et ont commencé à tenir des meetings "pour l'Union" dans certains comtés de l'Ouest[...]. La reconstruction y est ouvertement prônée[2]. » Une brigade du corps d'armée de Longstreet, en route pour

---

Carolina », *North Carolina Historical Review*, n° 58 (1981), p. 327-363 ; William T. Auman, « Neighbor against Neighbor : The Inner Civil War in the Randolph County Area of Confederate North Carolina », *North Carolina Historical Review*, n° 61 (1984), p. 59-92.

1. John G. Barrett, *The Civil War in North Carolina* (Chapel Hill, 1963), p. 242.

2. Lettre de J.C. McRae à Peter Mallett, 21 août 1863, in *O.R.*, sér. I, vol. 29, 2ᵉ partie, p. 660 ; Younger (éd.), *Inside the Confederate Government*, p. 103-104.

aller rejoindre l'armée de Bragg, s'arrêta à Raleigh le 9 septembre et mit à sac les locaux du journal de Holden, moyennant quoi le lendemain une bande de partisans de Holden s'en fut démolir ceux de la gazette rivale, favorable au gouvernement.

Au moins cinq et peut-être huit des membres du Congrès élus en Caroline du Nord en 1863 passaient pour être « favorables à la paix ». Nul ne savait trop ce qu'il fallait entendre par là, mais après les élections, Holden prit sur lui d'appeler la Caroline du Nord à invoquer sa souveraineté et à ouvrir des négociations de paix séparée avec le Nord. Il soutenait qu'une telle méthode déboucherait sur l'indépendance confédérée, mais peu de gens le prirent au sérieux. Comme le dit un de ses propres partisans dans une lettre au gouverneur Vance : « Nous voulons que cette guerre s'arrête, nous accepterons la paix à *n'importe quelles conditions*. Nous aimerions mieux avoir notre indépendance, si la chose était possible, mais nous préférons infiniment la *reconstruction* à l'*asservissement*[1]. »

Vance s'était, un peu plus tôt, porté garant de la loyauté de Holden, mais à la fin de 1863, il était persuadé que le journaliste voulait faire sortir la Caroline du Nord de la Confédération. Or, cela, il ne pouvait le tolérer. « Je préfère voir le parti conservateur exploser en un millier d'atomes et Holden et ses sous-fifres en enfer, s'exclama le gouverneur, plutôt que de consentir à suivre une voie qui, selon moi, entraînerait le déshonneur et la ruine tant pour notre État que pour la Confédération. » Cela dit, Vance ne pouvait se permettre d'agir précipitamment, car il pensait qu'une majorité de Caroliniens du Nord étaient favorables à Holden. Par conséquent, le gouverneur rechercha l'aide de Jefferson Davis pour venir à bout du mouvement pacifiste. Dans une lettre au Président, le 30 décembre, Vance le pressa de faire « quelques tentatives pour négocier avec l'ennemi », afin de tarir « les sources de mécontentement en Caroline du Nord ». Bien sûr, s'empressait d'ajouter Vance, le Sud ne pouvait négocier que sur la base de son indépendance. « [Si ces] conditions équitables sont rejetées [comme il s'y attendait], cela tendra énormément à renforcer et intensifier le sentiment favorable à la guerre et entraînera toutes les classes à soutenir avec plus de chaleur le gouvernement[2]. »

La subtilité machiavélique de ce conseil échappa à Davis[3]. Qu'est-ce qu'une offre de paix pourrait bien apporter à la Confédération ? répondit-

1. Tatum, *Disloyalty*, p. 125 et n. ; lettre de « Un vieil ami » à Vance, 2 janvier 1864, citée par W. Buck Yearns et John G. Barrett (éd.), *North Carolina Civil War Documentary* (Chapel Hill, 1980), p. 296.

2. Lettre de Vance à W.A. Graham, 1er janvier 1864, cité par Richard E. Yates, *The Confederacy and Zeb Vance* (Tuscaloosa, Ala., 1958), p. 95 ; lettre de Vance à Davis, 30 décembre 1863, citée par Rowland, *Davis*, t. VI, p. 141-142.

3. Elle échappa aussi à la fine Mary Boykin Chestnut et à son mari James, qui était l'aide de camp de Davis. Ils crurent voir dans la lettre de Vance une incitation à accepter la paix sans victoire, ce qui eût sonné le glas de la Confédération. Woodward, *Chestnut's Civil War*, p. 527.

il. Elle serait tout bonnement traitée comme un aveu de faiblesse. « Ce despote » de Lincoln avait déjà clairement laissé entendre que les sudistes ne pourraient avoir la paix qu'en « émancipant tous [leurs] esclaves, en prêtant des serments d'allégeance et d'obéissance envers lui et ses proclamations et en devenant ni plus, ni moins que les esclaves de [leurs] propres Noirs. » La véritable voie vers la paix, expliqua Davis à Vance, c'était de poursuivre la guerre « jusqu'à ce que l'ennemi vaincu [abandonnât] sa vaine confiance et fût soumis ». La Caroline du Nord devait accomplir son devoir dans cette lutte ; au lieu de flirter avec des traîtres, Vance devait « renoncer à une politique de conciliation et leur jeter un défi[1] ».

Davis suivit d'ailleurs ses propres conseils. Dans un message au Congrès, le 3 février 1864, par lequel il pressait vivement ses membres de ratifier la loi permettant de suspendre l'*habeas corpus*, il déclarait qu'une telle législation était nécessaire pour juguler les « citoyens dont la déloyauté [était] bien connue » et qui cherchaient à « accomplir leur trahison sous la forme de la loi ». Holden se savait visé par ces mots. Le 24 février, il annonça qu'il suspendait la publication du *Standard*. « Si je ne pouvais pas imprimer en toute liberté, expliqua-t-il plus tard, je préférais ne pas imprimer du tout[2]. » Mais cela n'arrêta pas le mouvement pacifiste ; au contraire, une semaine plus tard, Holden annonça son intention de se présenter contre Vance comme candidat au poste de gouverneur dans les élections qui devaient avoir lieu au milieu de l'été.

Jusque-là, jamais la Confédération n'avait eu à affronter un menace interne aussi grave. La plupart des observateurs s'attendaient à voir Holden l'emporter, mais Vance passa à l'offensive et, grâce à une campagne fort habile, parvint à séduire une grande partie de l'électorat pacifiste avec un programme favorable à la guerre. « Nous voulons tous la paix », déclara le gouverneur qui exerçait un véritable charme sur ses auditoires. La question qui se posait était : comment l'obtenir ? Le projet de Holden, prônant une convention séparée de leur État, ramènerait la Caroline du Nord droit dans les rangs de l'Union. « Au lieu de voir revenir vos fils derrière la charrue et près de l'âtre, vous les verriez mobilisés [...] pour se battre aux côtés des troupes noires [de Lincoln], afin d'exterminer les hommes, les femmes et les enfants blancs du Sud. » Le seul moyen de s'assurer une véritable paix, c'était de « se battre *maintenant* » et de gagner la guerre, en dépit de la piètre façon dont Richmond la conduisait[3].

---

1. Lettre de Davis à Vance, 8 janvier 1864, citée par Rowland, *Davis*, t. VI, p. 143-146.
2. Rowland, *Davis*, t. VI, p. 165 ; Horace W. Raper, « William W. Holden and the Peace Movement in North Carolina », *North Carolina Historical Review*, n° 31 (1954), p. 509-510. Holden reprit la publication de son journal en mai.
3. Yearns et Barrett (éd.), *North Carolina Civil War Documentary*, p. 302-304.

Vance parvint à épingler dans le dos de Holden l'étiquette : reconstructionniste. Une révélation fort opportune, tout à fait vers la fin de la campagne, présentant les Héros d'Amérique comme une organisation de traîtres, qui secondait secrètement Holden, asséna le coup de grâce à la candidature de ce dernier. Presque personne ne le crut quand il nia avoir le moindre lien avec la société. Les soldats de Caroline du Nord qui se battaient au front vouèrent Holden aux gémonies pour avoir couvert leur État d'opprobre. « Dans notre armée, il y a eu bon nombre de Caroliniens du N. fusillés pour désertion, écrivit un soldat. C'est ce vieux traître de Holden qui est responsable de presque tout [...]. Je trouve que les soldats de C. du N. qui passeront par Raleigh quand ils iront en permission devraient pendre ce vieux salopard. » Le jour de l'élection, Vance éclipsa son rival, recueillant quatre-vingt-huit pour cent des suffrages chez les soldats et soixante-dix-sept pour cent chez les civils. La Caroline du Sud resterait fidèle à la Confédération[1].

II

A l'automne de 1863, les signes d'une désaffection dans le Sud encouragèrent Lincoln à annoncer une politique de reconstruction pour les confédérés qui abjureraient. « Dans la mesure où certaines personnes jusqu'à présent engagées dans la voie de la rébellion désireraient désormais revenir à leur allégeance envers les États-Unis et remettre en place des gouvernements loyaux dans leurs États », annonça le Président par une proclamation émise le 8 décembre, il leur offrait le pardon et l'amnistie, pourvu qu'elles prêtassent le serment d'allégeance aux États-Unis et à toutes leurs lois et proclamations concernant l'esclavage. (Les hauts fonctionnaires du gouvernement confédéré et les militaires les plus haut placés dans la hiérarchie de l'armée étaient exclus de cette offre d'amnistie générale.) A chaque fois que, dans un État, quel qu'il fût, le nombre de personnes acceptant de prêter ce serment atteindrait dix pour cent du nombre d'électeurs inscrits sur les listes en 1860, ce noyau loyaliste pourrait constituer un nouveau gouvernement d'État que le Président reconnaîtrait. Mais c'était au Congrès, bien sûr, qu'appartenait le droit de décider si les sénateurs et les représentants élus dans ces États pourraient siéger[2].

Ce document, d'une trompeuse simplicité, était le fruit de deux années extrêmement riches en expériences et en débats. Quand vint la fin de 1863, la plupart des républicains reconnaissaient qu'il serait impossible de

1. Richard Bardolph, « Inconstant Rebels : Desertion of North Carolina Troops in the Civil War », *North Carolina Historical Review*, n° 41 (1964), p. 184. Voir aussi Marc W. Kruman, *Parties and Politics in North Carolina, 1836-1865* (Baton Rouge, 1983), p. 249-265.

2. *CWL*, t. VII, p. 53-56.

rapetasser les morceaux de l'ancienne Union. Au nombre des éléments définitivement perdus, mais que personne ne regrettait, figurait l'esclavage ; un autre dont il faudrait se débarrasser était le rôle joué dans la politique sudiste par les anciens sécessionnistes défenseurs du droit des États. A part cela, cependant, on trouvait dans le parti républicain un vaste éventail d'opinions touchant à la fois le processus et la nature de la reconstruction.

Lincoln ne dévia jamais de la théorie selon laquelle la sécession était illégale et les États du Sud faisaient donc toujours partie de l'Union. Des rebelles s'étaient momentanément emparés de leurs gouvernements ; la reconstruction consistait à remettre des fonctionnaires « loyaux » au pouvoir. A un premier niveau, tous les républicains souscrivaient à cette théorie des États indestructibles groupés au sein d'une Union indissoluble ; toute autre conviction invalidait totalement leurs objectifs de guerre. Mais à un second niveau, personne ne pouvait nier que les États du Sud avaient *quitté* l'Union et formé un nouveau gouvernement doué de tous les attributs d'une nation. Quelques républicains radicaux, sous l'égide de Thaddeus Stevens, soutenaient hardiment qu'ils avaient de ce fait cessé d'exister en tant qu'États légaux. Une fois envahis et contrôlés par l'armée de l'Union, ils devenaient donc « des provinces conquises », soumises à la volonté de leurs conquérants. La plupart des républicains, toutefois, répugnaient à aller aussi loin, et beaucoup d'entre eux adhéraient à l'une ou l'autre variante d'une théorie selon laquelle en optant pour la trahison qu'était la sécession, il y avait eu un « suicide d'État » (la formule était de Charles Sumner), si bien que les États du Sud avaient « perdu » tous leurs droits pour retourner au statut de simples territoires[1].

Le Congrès consacra beaucoup de temps et d'énergie à discuter ces théories. Lincoln, qui n'aimait guère les « abstractions pernicieuses », exprima son impatience envers cette « question purement métaphysique » qui était de savoir si « les États ayant fait sécession [faisaient] ou non partie de l'Union ». Tout le monde reconnaissait, poursuivait-il, qu'ils s'étaient « soustraits à leur relation pratique normale avec l'Union et que l'unique objectif du gouvernement [était] de rétablir cette relation[2] ». Ce que Lincoln comprenait fort bien, mais ne reconnaissait pas ouvertement, c'était que la « question métaphysique » posée par les diverses théories de la reconstruction masquait une lutte entre le Congrès et l'exécutif pour s'octroyer le contrôle du processus. Si les États du Sud retournaient au statut de territoires, le Congrès, de par l'autorité

1. On trouvera des résumés de ces théories chez Charles H. McCarthy, *Lincoln's Plan of Reconstruction* (New York, 1901), p. 190-217 ; Eric L. McKitrick, *Andrew Johnson and Reconstruction* (Chicago, 1960), p. 96-119 ; et Herman Belz, *Reconstructing the Union : Theory and Policy during the Civil War* (Ithaca, 1969), p. 7-13.

2. *CWL*, t. VIII, p. 402-403.

que lui donnait la Constitution de gouverner les territoires et d'admettre les nouveaux États, avait le droit de fixer les conditions de leur réadmission. Si, en revanche, les États étaient indestructibles et si la sécession était l'acte d'individus isolés, c'était le Président qui avait le droit de prescrire les conditions de leur rentrée dans l'Union, de par l'autorité que lui donnait la Constitution de réprimer l'insurrection et d'accorder pardons et amnistie.

Sous-tendant ce conflit de procédure, il y avait un profond désaccord sur la nature de la reconstruction. Lincoln, né dans le Kentucky et antiesclavagiste modéré, avait été membre du parti whig et avait conservé des relations cordiales avec les whigs et unionistes du Sud presque jusqu'à la fin de 1861. Il croyait que ces hommes avaient été happés dans le tourbillon de la sécession en dépit d'eux-mêmes et qu'ils étaient prêts, en 1863, à jouer les enfants prodigues. En leur offrant le pardon, avec pour conditions l'Union et l'émancipation, Lincoln espérait mettre en branle dans les rangs de la Confédération un mouvement de défection qui ferait boule de neige, entraînant une reconstruction de l'Union État par État.

Bien qu'il eût exclu de son offre d'amnistie générale les hommes les plus haut placés de la Confédération, la politique de Lincoln permettrait à une grande partie de l'ancienne classe dirigeante de se maintenir au pouvoir. Or, pour la plupart des abolitionnistes et des républicains radicaux, c'était inacceptable. Ils soutenaient qu'en se contentant d'abolir l'esclavage sans toucher à la structure économique et politique de l'ancien régime, on transformerait les Noirs d'esclaves en serfs privés de terres et on laisserait intacte la puissance politique des planteurs. En rendant leurs biens et leur droit de vote aux confédérés, fit valoir Wendell Phillips, le programme d'amnistie du Président « [permettait] aux grands propriétaires terriens du Sud de continuer à dominer sa politique et [faisait] de la liberté du Noir une vulgaire farce ». Lorsque ces hommes, munis de leur pardon, reprendraient le contrôle de leurs États, poursuivait Phillips, « il leur [serait] facile de tenir la révolution en échec avec l'aide du gouvernement qui [voulait] bien que le Noir [fût] libre, mais qui [n'exigeait] rien d'autre pour lui ». Et Phillips de conclure : « Tel était McClellan sur le champ de bataille — "Faisons le moins de mal possible !" —, tel est Lincoln dans les affaires civiles — "Faisons le moins de changements possible !"[1] »

Phillips et les autres radicaux envisageaient la reconstruction comme une révolution. « Le système tout entier des États du Golfe [doit] être mis en pièces, déclara Phillips. La guerre ne pourra se solder que par

1. Lettre de Phillips à Benjamin Butler, 13 décembre 1863, Benjamin Butler Papers, bibliothèque du Congrès ; lettre de Phillips à George W. Julian, 27 mars 1864, Giddings-Julian Papers, bibliothèque du Congrès ; *Liberator*, 20 mai 1864.

l'annihilation de cette oligarchie qui a formé le Sud, qui le gouverne et qui fait la guerre — par l'annihilation d'un état social. » Thaddeus Stevens, président de la commission budgétaire du Sénat, qu'un observateur étranger décrivait comme « le Robespierre, le Danton et le Marat » à lui tout seul de cette nouvelle révolution, tenait à peu près le même langage : « [La reconstruction doit] révolutionner les institutions, les habitudes et les mœurs du Sud, expliquait Stevens. Il faut démanteler, puis reconstruire [...] les fondations de leurs institutions, sans quoi nous aurons versé en vain tout notre sang et notre argent[1]. »

Bien que Stevens et Lincoln eussent des visions différentes de l'avenir du Sud, le Congrès et le pouvoir exécutif n'étaient pas encore polarisés par cette question. Lincoln, pour sa part, conservait envers la reconstruction la position très souple qu'il avait eue naguère envers l'émancipation. Bien que son projet d'amnistie et de restauration fût « le meilleur que l'exécutif [était] en mesure de présenter, d'après ses impressions actuelles, précisait-il, il ne [fallait] surtout pas en conclure qu'aucun autre mode d'action ne [serait] acceptable ». La plupart des républicains du Congrès, de leur côté, partageaient eux aussi un ensemble d'opinions mouvantes et flexibles, moins radicales que celles de Phillips et Stevens. Toutefois, de nombreux modérés estimaient, à l'instar des radicaux, qu'il faudrait trouver un moyen de garantir que les authentiques unionistes du Sud domineraient la vie politique. Ils ne se fiaient pas à la sincérité du repentir de certains rebelles. En outre, un nombre croissant de républicains étaient en faveur d'un suffrage au moins restreint pour les esclaves affranchis, afin de faire contrepoids au pouvoir électoral des anciens confédérés. « Je constate, écrivit Salmon P. Chase à la fin de 1863, que presque tous les hommes qui veulent bien voir les Noirs sous les armes veulent bien aussi les voir aux urnes[2]. » Persuadés que Lincoln n'avait sur ce point que quelques mois de retard sur eux, comme cela s'était passé pour l'émancipation, la plupart des républicains commencèrent par réagir favorablement à sa proclamation d'amnistie et de reconstruction. Et en effet, un mois plus tard, environ, Lincoln écrivit dans une missive privée à un républicain de New York qu'ayant offert l'amnistie aux Blancs, il était aussi partisan du suffrage pour les Noirs, « du moins le suffrage sur les bases de l'intelligence et du service militaire[3] ». Aussi bien Lincoln que les modérés du Congrès

---

1. *Liberator*, 8 août 1862 ; *New York Tribune*, 23 janvier 1863 ; Eric Foner, « Thaddeus Stevens, Confiscation and Reconstruction », in Stanley Elkins et Eric McKitrick (éd.), *The Hofstadter Aegis : A Memorial* (New York, 1974), p. 154 ; Fawn M. Brodie, *Thaddeus Stevens : Scourge of the South* (New York, 1959), p. 231-232.

2. *CWL*, t. VII, p. 56 ; lettre de Chase à Horace Greeley, 29 décembre 1863, citée par Hans L. Trefousse, *The Radical Republicans : Lincoln's Vanguard for Racial Justice* (New York, 1969), p. 285.

3. Lettre de Lincoln à James S. Wadsworth, datant probablement de janvier 1864, citée in *CWL*, t. VII, p. 101. L'authenticité de cette lettre a été quelque peu controversée, mais

contournaient prudemment cette question en public, cependant. Les Noirs ne pouvaient voter que dans six États du Nord et la possibilité de les voir acquérir ce droit ailleurs ne plaisait pas davantage à de nombreux électeurs nordistes que la perspective de l'émancipation un an ou deux auparavant.

Sur les questions de théorie et de procédure, Lincoln et les républicains du Congrès s'étaient aussi rapprochés en 1863. Plusieurs projets de loi visant à donner des gouvernements territoriaux aux États rebelles avaient été présentés au précédent Congrès. A la Chambre, plus des deux tiers des républicains y étaient favorables. Mais le tiers restant, s'ajoutant aux démocrates et aux unionistes des États frontaliers, fournit un nombre de voix suffisant pour repousser l'unique projet de loi qui fît l'objet d'un vote. Dégrisée par cette expérience, une majorité de républicains adopta alors une nouvelle démarche qui combinait l'indestructibilité des États avec la possibilité pour le Congrès d'intervenir dans les affaires de ces États dans des circonstances exceptionnelles. L'article IV, section 4 de la Constitution américaine stipule que « les États-Unis garantiront à chaque État de cette Union une forme de gouvernement républicaine ». Cette clause était d'une ambiguïté suffisante pour regrouper les partisans des diverses conceptions. Une « forme de gouvernement républicaine », cela pouvait vouloir dire le suffrage pour les Noirs ; on pouvait estimer aussi que cela interdisait l'esclavage ; et en tout cas, cela condamnait assurément la rébellion. Enfin, et c'était ce qu'il y avait de mieux, la Constitution ne précisait pas si c'était au Congrès ou à l'exécutif qu'incombait au premier chef la responsabilité dans cette affaire et des interprétations antérieures de la Cour suprême avaient paru trancher en faveur d'une double responsabilité. Donc, même si les théories des provinces conquises, du « suicide d'État » et autres ne disparurent pas, la clause de la « forme de gouvernement républicaine » devint à partir de 1863 la base sur laquelle tant le Président que le Congrès abordèrent la reconstruction.

Quand il s'agissait d'intervenir dans les affaires des États, le Président, en sa qualité de commandant en chef, jouissait sur le Congrès d'un avantage inhérent à sa charge en temps de guerre. En 1862, alors que le Congrès n'avait pu que débattre, Lincoln avait agi, nommant des gouverneurs militaires dans les parties du Tennessee, de la Louisiane et de l'Arkansas tombée sous l'autorité de l'Union et les autorisant à

---

le doute concerne deux paragraphes probablement apocryphes qui ne sont pas cités ici. Les sceptiques eux-mêmes acceptent l'authenticité des deux premiers paragraphes, dans lesquels figure l'extrait présenté ici. Voir Ludwell E. Johnson, « Lincoln and Equal Rights : The Authenticity of the Wadsworth Letter », *JSH*, n° 32 (1966), p. 83-87 ; et Harold M. Hyman, « Lincoln and Equal Rights for Negroes : The Irrelevancy of the "Wadsworth Letter" », *CWH*, n° 12 (1966), p. 258-266. Wadsworth, général de corps d'armée dans l'armée du Potomac, était aussi un des leaders républicains de New York, candidat malheureux au poste de gouverneur en 1862. Il fut tué au combat le 6 mai 1864.

préparer la restauration d'un gouvernement civil. Toutefois, la poursuite de combats dans les trois États en question différa d'un an ou plus cette perspective. Néanmoins, après la prise de Port Hudson, l'expulsion de Bragg hors du Tennessee et l'occupation de Little Rock durant la seconde moitié de 1863, Lincoln pressa ses gouverneurs militaires d'entamer le processus de reconstruction. Il escomptait que sa proclamation d'amnistie et sa proposition des dix pour cent serviraient de « point de ralliement — de plan d'action[1] ».

C'était la Louisiane qui semblait devoir le mieux se prêter à une première mise à l'épreuve de la politique de Lincoln. Depuis le printemps de 1862, des forces de l'Union contrôlaient deux des quatre circonscriptions électorales de cet État. La Nouvelle-Orléans possédait une population cosmopolite et politiquement active qui, en 1860, avait voté à une majorité écrasante pour Bell ou Douglas. De nombreux riches planteurs de sucre et de coton, établis le long des bayous, avaient été des whigs et des unionistes conditionnels. Ils prêtèrent volontiers le serment d'allégeance — ne fût-ce que pour obtenir des permis de commercer, afin de vendre leur coton. La communauté de Noirs libres, à peau claire, de La Nouvelle-Orléans était instruite et prospère ; elle soutint, durant l'occupation des forces de l'Union, un journal républicain bilingue et fournit deux régiments qui se battirent à Port Hudson. En la personne de Nathaniel Banks, républicain de la première heure qui commandait les forces d'occupation, et de George F. Shepley, démocrate du Maine avant la guerre, qui était devenu depuis républicain radical et gouverneur de la Louisiane occupée, Lincoln possédait deux généraux politiques désireux de contribuer au processus de reconstruction.

Celui-ci, toutefois, fut ralenti par la campagne militaire qu'entreprit Banks pour aller planter le drapeau de l'Union au Texas, afin de mettre les Français en garde, et par la division des unionistes en deux factions. La première, et la moins nombreuse, était celle des planteurs, dont beaucoup n'acceptaient qu'à contrecœur la quasi-émancipation des Noirs imposée par l'armée (la Louisiane occupée n'avait pas été touchée par la proclamation d'émancipation). Cette faction envoya, en juin 1863, une délégation à Lincoln pour réclamer l'élection d'un nouveau gouvernement d'État, conformément à la Constitution existant en Louisiane. Subodorant que leur but était de préserver l'esclavage, le Président leur opposa une fin de non-recevoir. Cela n'empêcha pas les conservateurs de poursuivre leurs efforts ; l'idée de reconstruire l'État en gardant l'ancienne Constitution resta bien vivante.

La seconde faction, la plus dynamique, avait à sa tête des avocats, médecins et hommes d'affaires dont la plupart étaient nés dans le Nord ou à l'étranger, mais s'étaient établis à La Nouvelle-Orléans longtemps

1. *CWL*, t. VII, p. 52.

avant la guerre. Ils s'étaient opposés à la sécession et certains s'étaient même exilés plutôt que de soutenir la Confédération. Ils organisèrent une association de l'Union et proposèrent de tenir une convention d'État où l'on adopterait une nouvelle Constitution abolissant l'esclavage et débarrassant l'ancienne d'autres articles conservateurs. Une fois cette tâche accomplie, on pourrait songer à élire les hauts fonctionnaires de l'État et les membres du Congrès, et la Louisiane purifiée pourrait réintégrer l'Union.

Durant l'été de 1863, Lincoln donna son aval à ce processus, mais l'inscription des électeurs sur les listes traîna quelque peu, car ni Banks, ni Shepley ne prirent l'affaire en main. « Voilà qui me déçoit amèrement », écrivit le Président à Banks au mois de novembre. Certes, l'Union ne contrôlait même pas la moitié de l'État, mais ce n'était pas une raison pour laisser le retard s'installer, estimait Lincoln. « Sans attendre un surcroît de territoire, enjoignit-il à Banks, mettez-vous au travail et donnez-moi un noyau tangible auquel le reste de l'État pourra se rallier le plus rapidement possible et que je pourrai aussitôt reconnaître et soutenir en tant que légitime gouvernement de la Louisiane[1]. » Ce fut ce désir de voir les choses démarrer promptement qui incita Lincoln à fixer le « noyau tangible » à dix pour cent de l'électorat existant en 1860.

Piqué au vif par les critiques du Président, Banks décida d'agir vite au moyen d'un oukase militaire. Au lieu d'organiser tout d'abord une élection des délégués à la convention constitutionnelle, comme le souhaitait l'association de l'Union, il ordonna que l'élection des dirigeants de l'État eût lieu en février 1864, selon la Constitution en vigueur, et qu'elle fût suivie au mois d'avril d'une convention. Pour régler le problème de l'esclavage, Banks se contenta de promulguer un ordre déclarant l'institution « nulle et non avenue ». Les planteurs, expliqua-t-il dans une lettre à Lincoln, préféreraient accepter l'émancipation par décret plutôt que d'être obligés de la mettre eux-mêmes en vigueur dans le cadre d'une nouvelle Constitution. Quant à l'idée de tenir d'abord la convention, elle faisait craindre à Banks que les délégués n'y débattissent « toutes les théories touchant à la législation », occasionnant ainsi « un retard dangereux sinon fatal ». Si le Président souhaitait une prompte restauration, une émancipation assurée et une participation d'au moins dix pour cent des électeurs, insista Banks, il fallait procéder à l'élection des hauts fonctionnaires de l'État avant d'organiser la convention. Convaincu par ces arguments, Lincoln demanda au général d'« agir avec toute la célérité possible[2] ».

---

1. Lettre de Lincoln à Banks, 5 novembre 1863, *CWL*, t. VII, p. 1-2.
2. Lettre de Banks à Lincoln, 30 décembre 1863, Lincoln Papers, bibliothèque du Congrès ; lettre de Lincoln à Banks, 13 janvier 1864, *CWL*, t. VII, p. 123-124.

Les unionistes radicaux de La Nouvelle-Orléans furent navrés par cette décision qui sapait, croyaient-ils, leurs efforts pour instaurer un ordre vraiment nouveau en Louisiane. Il faut bien dire d'ailleurs que c'était un peu ce qu'avait cherché Banks, car il considérait le Comité général pour un État libre, récemment formé par ces unionistes, comme trop radical. Ce comité préconisait, en effet, un suffrage restreint pour les Noirs et l'une de ses assemblées avait laissé siéger des délégués de la communauté des Noirs libres de la ville. C'était aller plus loin que n'étaient disposés à se hasarder la plupart des Blancs de Louisiane — et plus loin d'ailleurs que ne l'auraient toléré de nombreux autres Blancs du Nord. Les discours révolutionnaires abondaient dans les réunions en faveur de l'État libre. Le chef du mouvement, un avocat du nom de Thomas J. Durant, né à Philadelphie, mais qui avait vécu presque toute sa vie à La Nouvelle-Orléans, aurait pu rivaliser d'enthousiasme avec Wendell Phillips soi-même pour le « grand principe d'égalité et de fraternité » sur lequel le nouvel ordre devait être fondé. « Il ne saurait y avoir de moyen terme dans une révolution. Elle doit opérer un changement radical dans la société ; telle a été l'histoire de toutes les grandes révolutions. » Mais Banks se piquait d'avoir étudié lui aussi les révolutions et il tirait du passé des enseignements différents. « L'*histoire* du monde montre que les révolutions que l'on ne parvient pas à contrôler et à maintenir dans les limites de la raison produisent des contre-révolutions, écrivit-il à Lincoln. Il est peu probable que nous soyons l'exception qui confirmera la règle [...]. Si la politique proposée [en Louisiane] est[...] trop radicale, elle entraînera une contre-révolution[1]. »

Le programme de Banks scinda le Comité pour l'État libre en deux factions, radicale et modérée, dont chacune, plus celle des planteurs conservateurs, désigna des candidats aux fonctions de gouverneur et autres charges officielles pour les élections du 22 février. Banks et la plupart des fonctionnaires fédéraux à La Nouvelle-Orléans soutenaient les modérés qui l'emportèrent largement sur les radicaux et les conservateurs additionnés. Le nombre de votants se monta à près du quart de celui enregistré pour l'État tout entier en 1860.

La politique présidentielle des dix pour cent paraissait donc se solder par un triomphe. Pendant ce temps, en Arkansas, une convention d'unionistes représentant la moitié des comtés de l'État adopta une nouvelle Constitution répudiant la sécession et abolissant l'esclavage. Un électorat égal à près du quart de celui de 1860 ratifia cette Constitution et élut des autorités d'État au mois de mars. Ce succès, toutefois, passa quasi inaperçu, masqué qu'il était par les événements de Louisiane et

1. Citations empruntées à Peyton McCrary, *Abraham Lincoln and Reconstruction : The Louisiana Experiment* (Princeton, 1978), p. 197, 228 ; lettre de Banks à Lincoln, 30 décembre 1863, Lincoln Papers.

du Tennessee où des querelles entre unionistes purs et durs et confédérés renégats paralysèrent toute forme d'action durant la majeure partie de 1864. Ce problème, auquel s'ajoutait la controverse persistante qui faisait rage autour des affaires de Louisiane, sema dans le parti républicain les graines d'une discorde qui menaça de se transformer en rupture entre le Président et le Congrès. Quatre questions interdépendantes se posaient : le sort de l'esclavage ; le rôle politique des Noirs dans la reconstruction ; la définition du loyalisme ; et enfin la situation sociale de la main-d'œuvre noire libre dans le nouvel ordre. A mesure que chacune de ces questions échauffait les esprits en Louisiane, la température montait aussi au Congrès où les législateurs républicains s'efforçaient de rédiger des textes de loi conformes à leur propre conception de la reconstruction.

La condamnation de l'esclavage était leur préoccupation première. En tant que mesures militaires, aussi bien la proclamation d'émancipation de Lincoln que l'édit de Banks déclarant l'esclavage « nul et non avenu » auraient une valeur légale des plus précaires une fois la guerre finie. C'était pourquoi les radicaux de Louisiane considéraient qu'une nouvelle Constitution de l'État abolissant l'esclavage était une condition préliminaire indispensable à l'élection d'un nouveau gouvernement. De nombreux républicains du Congrès craignaient aussi une résurgence de l'esclavage, si les conservateurs parvenaient à s'assurer la mainmise sur une Louisiane reconstruite. La meilleure solution à ce problème était un amendement à la Constitution nationale, abolissant l'esclavage. Tous les républicains, Lincoln compris, s'unirent en faveur de cette cause en 1864, mais le problème persista. Le Sénat réunit rapidement la majorité des deux tiers nécessaire à l'adoption d'un treizième amendement abolissant l'esclavage, mais les sièges gagnés par les démocrates aux élections législatives de 1862 interdirent une issue analogue à la Chambre des représentants où, le 15 juin, le projet fut repoussé à treize voix près, puisque quatre-vingt-treize membres votèrent pour et soixante-cinq contre. Donc, pour tenter de s'assurer que l'émancipation ferait forcément partie intégrante de la reconstruction, le projet de loi Wade-Davis[1], entériné par le Congrès le 2 juillet, comportait une clause stipulant que les États confédérés ne pourraient réintégrer l'Union que s'ils mettaient l'esclavage hors la loi.

Les craintes de voir les modérés et les conservateurs de Louisiane s'entendre pour préserver l'esclavage apparurent sans fondement. Bien que de nombreux radicaux eussent refusé de participer à l'élection d'une

1. Des noms de Benjamin Wade, président de la commission du Sénat sur les Territoires, et Henry Winter Davis, président d'une commission spéciale de la Chambre pour la reconstruction. L'un et l'autre étaient des radicaux. Davis représentait le Maryland — ce qui indiquait bien à quel point la guerre avait révolutionné cet État limitrophe. Le 24 juin 1864, une convention constitutionnelle de l'État adopta un amendement abolissant l'esclavage, que les électeurs ratifièrent de justesse le 13 octobre.

convention en mars 1864, cette assemblée, qui siégea d'avril à juillet, incorpora la prohibition de l'esclavage à la loi fondamentale de la Louisiane. Elle prescrivit aussi des écoles publiques pour tous les enfants, ouvrit aux Noirs les rangs de la milice et donna aux deux races le même droit de se pourvoir en justice. Replacées dans le contexte de l'histoire passée de la Louisiane, c'étaient là des décisions véritablement révolutionnaires. Lincoln trouva cette Constitution « excellente [...], meilleure pour le Noir pauvre que celle que nous avons en Illinois[1] ».

Mais la convention buta sur la question qui allait s'affirmer comme la plus chaude de la reconstruction après la guerre, c'est-à-dire le suffrage des Noirs. Un modéré ne fut probablement pas loin du compte en disant qu'à peine un Blanc sur vingt aurait consenti à accorder le droit de vote aux créoles instruits et cultivés — sans parler des travailleurs des champs récemment affranchis. Néanmoins les pressions en faveur d'un suffrage restreint pour les Noirs ne cessaient de croître. Les abolitionnistes et les radicaux firent des convertis parmi les républicains du Congrès, grâce à l'argument qu'il était non seulement immoral, mais aussi imbécile d'accorder le droit de vote à d'anciens rebelles et de le dénier à des Noirs loyaux. En janvier 1864, la « population de couleur libre » de La Nouvelle-Orléans rédigea une pétition réclamant le droit de vote. Ce document portait les signatures de plus d'un millier d'hommes. Vingt-sept d'entre eux avaient lutté aux côtés d'Andrew Jackson pour défendre la ville contre les Britanniques en 1815 ; de nombreux autres avaient des fils ou des frères dans l'armée de l'Union. Deux délégués portèrent la pétition jusqu'à Washington où les membres radicaux du Congrès les encensèrent et où Lincoln les accueillit à la Maison-Blanche. Favorablement impressionné par leur comportement, le Président écrivit à Michael Hahn, récemment élu gouverneur de la Louisiane, une lettre qui, malgré ses termes prudents, exprimait clairement sa pensée. Lincoln envisageait le moment où la convention qui allait bientôt se réunir aborderait la question des restrictions électorales et il déclarait : « Je me contente de soumettre à votre considération privée l'idée que l'on pourrait peut-être admettre certains membres de la population de couleur — par exemple, ceux qui sont d'une intelligence exceptionnelle, et tout spécialement ceux qui se sont vaillamment battus dans les rangs de notre armée. Ils aideraient probablement, en cas de futures épreuves, à conserver le joyau de la liberté dans la famille de l'indépendance. » Hahn et Banks comprirent à demi-mot, mais persuader une convention de Blancs de Louisiane, fussent-ils des unionistes à qui l'on avait déjà fait avaler l'émancipation, d'accorder l'égalité politique à des Noirs était une tâche herculéenne. Le mieux que le gouverneur et le général purent obtenir, à force de cajoleries, de menaces et de protection, fut de faire annuler un vote initial

1. *CWL*, t. VIII, p. 107.

en faveur d'une clause *interdisant* le droit de vote aux Noirs, que l'on remplaça par une clause autorisant la législature à accorder le suffrage aux Noirs, si elle considérait la chose souhaitable[1].

Plusieurs radicaux qui n'étaient pas au courant des efforts de Banks et de Hahn s'élevèrent contre la Constitution de la Louisiane, dénonçant son « esprit de caste ». Considérant la Louisiane comme « le modèle de reconstruction proposé par M. Lincoln, [modèle] qui [plaçait] tout le pouvoir entre les mains d'une race blanche toujours identique à elle-même », un certain nombre de républicains du Congrès se retournèrent contre la politique du Président au printemps de 1864[2]. Pourtant, sur la question du suffrage des Noirs, le Congrès ne pouvait rien faire de mieux. La version initiale du projet de loi sur la reconstruction, mis au point par la Chambre, comportait une clause exigeant que « tous les citoyens loyaux du sexe masculin » figurassent sur les listes électorales. Cette expression était devenue une sorte de code républicain pour désigner l'admission des Noirs au suffrage, mais les modérés n'étaient pas encore prêts pour une telle mesure, si bien qu'ils modifièrent le texte en ajoutant le mot « blanc ». Lorsque le projet passa ensuite au Sénat, la commission sur les Territoires, présidée par Benjamin Wade, effaça ce mot, mais, après avoir effectué un décompte des voix, Wade le rajouta avant le vote du 2 juillet. « A mon sens, expliqua-t-il, [le droit de vote aux Noirs] sacrifiera ce projet[3]. » Certains radicaux se récrièrent de le voir ainsi capituler pour des raisons d'opportunité. « Alors, c'est donc ça qu'on appelle "garantir aux États une forme de gouvernement républicaine" ? » persifla un abolitionniste, tandis qu'un journal radical de Boston notait : « Tant que le Congrès n'aura pas suffisamment de bon sens et d'honnêteté pour entériner les lois sans s'arrêter à des considérations de couleur de peau, peu nous importe qu'elles soient étouffées dans l'œuf[4]. »

La question du suffrage pour les Noirs s'inscrivait dans le cadre d'un débat plus vaste : qui, dans la perspective de la reconstruction, constituait la population « loyale » d'un État ? Les radicaux considéraient les Noirs et les unionistes blancs qui n'avaient jamais soutenu la Confédération comme les seuls vrais loyalistes. Certains modérés suivaient l'exemple de Lincoln et souhaitaient inclure les Blancs qui rejetaient leur allégeance

---

1. Lettre de Lincoln à Hahn, 13 mars 1864, *CWL*, t. VII, p. 243. Voir aussi McCrary, *Lincoln and Reconstruction*, p. 256-263 ; LaWanda Cox, *Lincoln and Black Freedom : A Study in Presidential Leadership* (Columbia, Caroline du Sud, 1981), p. 92 ; et Ted Tunnell, *Crucible of Reconstruction : War, Radicalism and Race in Louisiana 1862-1877* (Baton Rouge, 1984), p. 36-65.

2. Cox, *Lincoln and Black Freedom*, p. 104 ; McCrary, *Lincoln and Reconstruction*, p. 271-272.

3. *CG*, 38e Cong., 1re Sess., p. 3449. Voir aussi Belz, *Reconstructing the Union*, p. 183, 201-202, 217.

4. *Principia*, 12 mai 1864 ; *Boston Commonwealth*, 15 juillet 1864.

envers la Confédération pour prêter un serment de loyauté envers l'Union. Mais aux yeux de nombreux républicains, l'unionisme de ces rebelles « galvanisés[1] » était suspect et c'était pour cette raison qu'ils voulaient accorder le suffrage aux Noirs, afin d'assurer une majorité unioniste. Si les Noirs n'avaient pas le droit de voter, alors les renégats blancs ne devaient pas l'avoir non plus — du moins tant que la guerre ne serait pas gagnée et que tout danger de les voir retomber dans la rébellion ne serait pas écarté. En outre, les républicains du Congrès considéraient que dix ou même vingt-cinq pour cent de l'électorat *blanc* d'un État constituait une base trop mince pour la reconstruction, surtout si l'on songeait, ce qui était leur cas, que ce processus avait, en Louisiane, été « imposé à la population sous forme d'élections par l'autorité militaire ». Pour reprendre les paroles de Henry Winter Davis, président de la commission pour la reconstruction de la Chambre, le nouveau gouvernement élu à La Nouvelle-Orléans était « un gouvernement hermaphrodite, moitié militaire et moitié républicain, représentant les alligators et les grenouilles de Louisiane[2] ».

La quatrième zone de friction concernait le degré de liberté du système de travail libre qui devait remplacer l'esclavage. « Toute mesure adoptée [par les autorités des États] en relation avec la population affranchie, précisa Lincoln dans sa proclamation d'amnistie et de reconstruction, qui reconnaîtra et affirmera leur liberté permanente, pourvoira à leur instruction, et qui sera néanmoins en harmonie, en tant que mesure provisoire, avec leur actuelle situation de travailleurs sans terre et sans domicile, ne soulèvera aucune objection de la part du pouvoir exécutif national[3]. » On avait donc là en quelques mots le problème qui allait préoccuper le Sud pendant plusieurs générations après la guerre. Jusqu'à quel point le système d'apprentissage ainsi proposé serait-il « provisoire » ? Quel genre d'instruction recevraient les esclaves affranchis ? Combien de temps leur situation de classe de « travailleurs sans terre et sans domicile » persisterait-elle ? Autant de questions qui ne pourraient être véritablement réglées, si elles l'étaient un jour, qu'après la guerre. Mais elles avaient d'ores et déjà surgi, sous une forme embryonnaire, dans la façon dont l'armée avait administré les affaires de « contrebandes » dans le Sud occupé.

Du Maryland à la Louisiane, plusieurs centaines de milliers de « contrebandes » se retrouvèrent en effet sous le contrôle de l'armée de l'Union durant la guerre. Beaucoup d'entre eux s'étaient déracinés — ou l'avaient été par les événements. La première chose à faire était de les loger et de les nourrir. Or, l'armée n'était guère équipée pour jouer

1. Au sens technique de galvanisé, c'est-à-dire, pour un métal, recouvert d'une couche d'un autre métal par galvanisation. (NdE.)
2. *New York Tribune*, 5 août 1864 ; *CG*, 38ᵉ Cong., 1ʳᵉ Sess., p. 682.
3. *CWL*, t. VII, p. 55.

les bonnes œuvres. Sa principale tâche était de combattre les rebelles ; bien peu de soldats souhaitaient avoir le moindre contact avec les « contrebandes », sinon peut-être pour les exploiter ou pour leur manifester leur antipathie. Des milliers de Noirs croupissaient dans d'immondes « camps de contrebandes » où la maladie, les conditions climatiques, la malnutrition et l'hygiène déplorable firent des ravages épouvantables qui entrèrent pour une grande part dans le nombre de victimes civiles du Sud.

Peu à peu un semblant d'ordre succéda à ce chaos. La philanthropie nordiste prit les choses en main et expédia aux « contrebandes » des vêtements, des médicaments, une aide économique d'urgence et des enseignants. Soutenus par l'American Missionary Association (Association missionnaire américaine), la National Freedmen's Relief Association (Association nationale pour le secours aux affranchis), la New England Freedmen's Aid Society (Société d'aide aux affranchis de Nouvelle-Angleterre), la Western Freedmen's Aid Commission (Commission d'aide aux affranchis de l'Ouest) et de nombreuses autres organisations du même genre, tant religieuses que laïques, des centaines de missionnaires et institutrices suivirent dans le Sud les armées de l'Union pour apporter aux esclaves affranchis une aide matérielle, un réconfort spirituel et les rudiments de l'enseignement primaire (lecture, écriture, arithmétique). Précurseurs d'une plus nombreuse invasion qui eut lieu après la guerre, ces émissaires de la culture yankee — dont la plupart étaient des femmes — se voyaient sous les traits d'une armée pacifique venue élever les affranchis et les aider à accomplir la transition de l'esclavage à une liberté prospère.

Ces réformateurs, originaires dans leur immense majorité de la Nouvelle-Angleterre et abolitionnistes convaincus, exercèrent une influence considérable dans certains secteurs du gouvernement américain. En 1863, ils persuadèrent le ministère de la Guerre de créer une commission d'enquête sur les affranchis dont les recommandations entraînèrent, durant les derniers jours de la guerre, l'établissement d'un bureau des Affranchis. Ils parvinrent aussi à s'assurer que des officiers favorables à leur cause fussent nommés pour administrer les affaires des affranchis dans plusieurs zones du Sud occupé, notamment le général Rufus Saxton dans les îles côtières de Caroline du Sud et le colonel John Eaton, que Grant nomma surveillant général des « contrebandes », dans la vallée du Mississippi en novembre 1862. En 1863, l'armée avait réussi à faire sortir un nombre considérable d'affranchis des « camps de contrebandes » pour les employer dans des fermes où ils contribuaient à assurer en partie leur propre subsistance. L'armée engagea aussi de nombreux affranchis en bonne condition physique comme travailleurs de force et en recruta d'autres pour ses régiments de couleur, dont l'une des fonctions était de protéger les villages et plantations de

« contrebandes » des raids de résistants sudistes ou des vexations de certains soldats blancs de l'Union.

Le besoin de coton dans les filatures du Nord et de Grande-Bretagne incita en outre l'armée à employer de nombreux affranchis des deux sexes à la culture du coton, bien souvent dans les plantations où ils avaient accompli exactement le même travail en tant qu'esclaves. Certaines de ces plantations restèrent sous l'autorité du gouvernement et furent administrées par des « surveillants de la main-d'œuvre » envoyés par des sociétés nordistes d'aide aux affranchis. D'autres furent louées à des affairistes yankees qui espéraient bien faire fortune en cultivant le coton avec une main-d'œuvre gratuite. D'autres encore restèrent en la possession de leurs propriétaires, ceux-ci ayant prêté le serment d'allégeance et promis de rémunérer ces travailleurs qui tout récemment étaient encore leurs esclaves. Certaines terres furent louées par les affranchis eux-mêmes qui les exploitèrent sans aucune supervision directe de la part des Blancs et qui, dans certains cas, réalisèrent de coquets bénéfices grâce auxquels ils purent ultérieurement acheter leurs propres terres. L'exemple le plus remarquable de colonie noire autonome se situa à Davis Bend, dans le Mississippi, où d'anciens esclaves du président de la Confédération et de son frère louèrent les plantations de ces derniers (à l'armée de l'Union qui les avait saisies) et firent pousser de fort belles récoltes.

Le contrôle des « contrebandes » par des surveillants nordistes, locataires yankees ou autres planteurs sudistes était d'un paternalisme allant de la bienveillance à la brutalité, qui préfigurait l'éventail des relations entre patrons et travailleurs après la guerre. Bien souvent, on retenait une partie du salaire des affranchis jusqu'à la fin de la saison, pour s'assurer qu'ils n'abandonneraient pas le travail en cours de route et la majeure partie de ce qui restait contribuait à payer leur logement et leur nourriture. Beaucoup de « contrebandes », on le comprendra donc aisément, ne voyaient guère de différence entre ce système de travail « libre » et la servitude qu'ils avaient endurée toute leur vie. Or, c'était dans la Louisiane occupée, où plus d'un planteur prêta le serment d'allégeance et continua à cultiver le coton ou le sucre conformément aux règlements du général Banks, que la similitude était la plus frappante. Du fait que les regards de la classe politique tout entière étaient braqués sur le processus de reconstruction en Louisiane, ces règlements devinrent une nouvelle source de friction entre républicains radicaux et modérés et un autre élément de la controverse qui opposait le Congrès au Président. Par décret militaire, Banks fixa le salaire des travailleurs des plantations et promit que l'armée veillerait à leur garantir « un traitement équitable, de saines rations, des vêtements confortables, des logements, du combustible, des soins médicaux et l'instruction pour leurs enfants ». Mais ensuite, de nouveaux règlements firent qu'il devint pratiquement impossible de tenir certaines de ces promesses. Un travailleur n'avait pas le droit de quitter la plantation sans permis et il devait s'engager par contrat à rester une année entière au service de son employeur qui avait le droit de faire appel aux prévôts pour imposer « un service continu et fidèle, un comportement respectueux, une discipline correcte et une parfaite obéissance ». Un tel système, accusaient les abolitionnistes, revenait en pratique à « rétablir l'esclavage ». « [Il] fait de la proclamation [d'émancipation] de 1863 une moquerie et une chimère », assura Frederick Douglass. « N'importe quel Blanc soumis à des interdits aussi astreignants et humiliants, nota le journal noir de La Nouvelle-Orléans, n'hésiterait pas à dire qu'il n'est qu'un esclave. » « [Si] c'est là la définition [de la liberté] que préfèrent le gouvernement et la population, observait pour sa part un organe de la presse radicale de Boston, nous avons devant nous une lutte plus longue et plus rude que jamais[1]. »

Ce journaliste ne croyait pas si bien dire, mais la plus grande part de cette lutte aurait lieu après la guerre. En 1864, la controverse qui entourait la politique des affranchis en Louisiane renforça la détermination avec laquelle le Congrès forgea son projet de loi pour la reconstruction. Finalement ratifié, après des débats qui semblaient ne jamais devoir se terminer, le projet Wade-Davis aboutit sur le bureau de Lincoln le 4 juillet. En limitant le suffrage aux Blancs, il ne différait pas de la politique présidentielle. Sous un autre rapport important — l'abolition de l'esclavage —, il donnait seulement l'impression de s'écarter de la ligne préconisée par Lincoln. En effet, la loi ordonnait explicitement l'émancipation, ce qui n'était pas le cas de la politique du Président, mais dans son offre d'amnistie ce dernier exigeait que les bénéficiaires du pardon soutinssent toute les décisions prises par le gouvernement concernant l'esclavage. Les deux États désormais « reconstruits », la Louisiane et l'Arkansas, avaient tous deux aboli l'institution particulière. Néanmoins, certains républicains continuaient à craindre qu'un vestige de servitude pût survivre dans un règlement de paix négocié par Lincoln, si bien qu'ils considéraient l'abolition statutaire comme vitale.

1. Les règlements de Banks figurent dans les *O.R.*, sér.I, vol.15, p. 666-667, et vol.34, 2e partie, p. 227-231 ; les réactions des abolitionnistes et des Noirs sont empruntées à James McPherson, *The Struggle for Equality : Abolitionists and the Negro in the Civil War and Reconstruction* (Princeton, 1964), p. 290,293 ; et à McPherson, *The Negro's Civil War* (New York, 1965), p. 129-130. Le compte rendu de la politique suivie pendant la guerre envers les affranchis, qui figure dans les paragraphes précédents, est fondé sur les propres recherches de l'auteur et sur les études d'autres spécialistes, notamment Bell Irvin Wiley, *Southern Negroes 1861-1865* (New Haven, 1938) ; Willie Lee Rose, *Rehearsal for Reconstruction : The Port Royal Experiment* (Indianapolis, 1964) ; Louis S. Gerteis, *From Contraband to Freedman : Federal Policy Toward Southern Blacks 1861-1865* (Westport, Conn., 1973) ; Lawrence N. Powell, *New Masters : Northern Planters During the Civil War and Reconstruction* (New Haven, 1980) ; C. Peter Ripley, *Slaves and Freedmen in Civil War Louisiana* (Baton Rouge, 1976) ; McCrary, *Abraham Lincoln and Reconstruction*, et Cox, *Lincoln and the Freedmen*.

D'autres différences entre les politiques respectives du Président et du Congrès étaient plus importantes : la loi Wade-Davis stipulait que cinquante et non dix pour cent des électeurs devaient prêter le serment d'allégeance ; elle précisait qu'une convention constitutionnelle devait avoir lieu *avant* l'élection des hauts fonctionnaires de l'État et elle limitait le droit d'élire les délégués à cette convention aux hommes qui pourraient jurer qu'ils n'avaient jamais volontairement soutenu la rébellion. Or, pas un État confédéré (avec la possible exception du Tennessee) n'était en mesure de satisfaire à de telles conditions ; le véritable but de la loi Wade-Davis était de différer la reconstruction jusqu'à ce que le Nord eût gagné la guerre. Lincoln, au contraire, voulait déclencher le processus au plus vite, afin de transformer les confédérés peu zélés en unionistes, ce qui contribuerait à la victoire[1].

Lincoln décida d'opposer son veto au projet de loi. Étant donné que le Congrès ne l'avait entériné qu'en fin de session, il n'avait qu'à s'abstenir de signer pour empêcher la loi de prendre effet (c'était ce qu'on appelle le « veto de poche »). Ainsi en fut-il, mais non sans que le Président publiât une mise au point expliquant pourquoi il avait agi de la sorte. Lincoln déniait au Congrès le droit d'abolir statutairement l'esclavage. Se prévaloir d'un tel droit, c'était « faire l'aveu fatal » que les États rebelles ne faisaient plus partie de l'Union et que la sécession était donc légitime. Le treizième amendement, dont l'adoption était imminente, restait, assurait le Président, la seule façon constitutionnelle d'abolir la servitude. Lincoln refusait également « de s'engager inflexiblement à n'appliquer qu'un seul modèle de restauration », comme l'exigeait le projet de loi, car cela détruirait « les Constitutions et gouvernements d'États libres déjà adoptés et établis en Arkansas et en Louisiane[2] ».

Du fait que le Congrès n'avait aucun moyen officiel de répondre à ce quasi-veto, Wade et Davis décidèrent de publier leur propre déclaration dans une lettre ouverte à la presse. Lorsqu'ils en vinrent à rédiger leur texte, toute leur amertume trop longtemps réprimée envers l'« usurpation de l'exécutif » les porta à des excès de langage. « Cette action inconsidérée et fatale du Président [était], déclaraient-ils, un coup porté contre les amis de son Administration, contre les droits de l'humanité et contre tous les principes du gouvernement républicain. » La loi votée par le Congrès, contrairement à la politique de Lincoln, protégeait les « hommes loyaux de la nation » contre les « grands dangers » d'un « retour au pouvoir des coupables chefs de la rébellion » et de la « continuation de l'esclavage ». La façon cavalière dont le Président s'était opposé à cette mesure n'était ni plus ni moins qu'un « outrage délibéré à l'autorité législative ». Si Lincoln voulait le soutien des républicains pour sa

1. *C.G.*, 38e Cong., 1re Sess., p. 2017-2018 ; Belz, *Reconstructing the Union*, p. 241-242.
2. *CWL*, t. VII, p. 433.

réélection, « il [devait] se confiner à ses devoirs exécutifs — obéir aux lois et les exécuter, et non les faire —, réprimer par les armes la rébellion armée et laisser la réorganisation politique au Congrès[1] ».

Cette dernière phrase permet de mieux comprendre cette attaque surprenante lancée contre un président par les chefs de son propre parti. La question de la reconstruction était désormais enchevêtrée dans les luttes intestines du parti républicain pour la campagne présidentielle de 1864. Le manifeste Wade-Davis faisait partie d'un mouvement visant à remplacer Lincoln par un candidat plus apprécié de l'aile radicale du parti.

III

Lincoln, en effet, n'était nullement assuré d'être une nouvelle fois désigné par son parti comme candidat à la présidence et, a fortiori, réélu, n'en déplût à la sagesse populaire qui assurait que lorsqu'on traversait un fleuve, il était bien dangereux de changer de cheval au milieu. Depuis 1840, pas un seul président n'avait été présenté par son parti pour un second mandat et pas un n'avait été réélu depuis 1832. Et la guerre elle-même ne changerait pas forcément les règles du jeu. Si la situation tournait mal au front, les électeurs s'en prendraient à celui qui était aux commandes. Et si ce dernier ne menait pas les affaires au gré de son parti, il risquait fort de ne pas être choisi comme candidat. Le parti républicain comptait dans ses rangs plusieurs hommes qui, en 1860, s'étaient sentis bien plus qualifiés pour assumer les fonctions présidentielles que celui à qui elles avaient finalement échu. En 1864, l'un d'entre eux, au moins, n'avait pas changé d'avis : Salmon P. Chase.

« Je crois qu'on aura besoin, pour les quatre années à venir, d'un homme possédant des qualités différentes de celles du Président, écrivit Chase à la fin de 1863. Je ne désire pas à tout prix être cet homme, mais je suis tout disposé à laisser trancher ceux qui conviennent qu'il faudrait choisir un tel homme. » C'étaient les propos à double sens que tient habituellement un politicien annonçant sa candidature. Chase était non seulement capable, mais ambitieux. La république l'avait gratifié de nombreuses fonctions de premier plan : gouverneur, sénateur, ministre du Trésor, magistrat haut placé. Mais la fonction suprême lui avait toujours échappé, bien qu'il l'eût recherchée assidûment. Chase ne doutait pas d'être éminemment qualifié pour ce poste ; comme le disait son ami, Benjamin Wade : « Chase est un homme vertueux, mais il pèche sur le

---

1. *New York Tribune*, 5 août 1864.

plan de la théologie. Il croit qu'il existe un quatrième membre de la Sainte Trinité[1]. »

Chase profita des faveurs qu'il était à même d'octroyer en tant que ministre du Trésor pour édifier un appareil politique qui lui permettrait d'être choisi comme candidat républicain en 1864. Le mécontentement engendré par la politique de reconstruction de Lincoln vint renforcer sa cause. En décembre 1863, un comité en faveur de Chase prit forme à Washington, avec à sa tête le sénateur du Kansas, Samuel C. Pomeroy. Prenant à tort les murmures du Congrès pour une vague de sentiments hostiles à Lincoln, le comité décida, en février 1864, de se manifester au grand jour. Pomeroy émit donc une « circulaire » déclarant que « la tendance manifeste [de Lincoln] à vivre d'expédients » rendait « le "principe du mandat unique" absolument essentiel », si l'on voulait garantir une guerre victorieuse et une paix équitable. Or, Chase était l'homme capable d'atteindre ces deux objectifs[2].

Cette tentative de déclencher un vaste mouvement en faveur de Chase se retourna contre lui. Une fois de plus, comme lors de la crise de décembre 1862, il s'avéra qu'au jeu de la politique le ministre du Trésor n'arrivait pas à la cheville du Président. Chase, certes, avait rempli son ministère de partisans à lui, mais Lincoln de son côté n'avait pas négligé de faire jouer sa protection. Le ministre des Postes, Montgomery Blair, avait rendu de signalés services au Président dans ce domaine. Et son frère, Frank Blair, qui commandait un corps dans l'armée de Sherman et qui avait obtenu une permission pour venir siéger au Congrès, devint ce qu'on appela par la suite l'« homme de main » de l'Administration. Une semaine après la parution de la circulaire de Pomeroy, en effet, Frank Blair fit scandale en prononçant devant la Chambre un discours violemment hostile à Chase, déclarant, entre autres accusations, qu'une corruption étendue régnait au ministère du Trésor dans le domaine des patentes ayant trait au coton. De nombreux républicains radicaux ne pardonnèrent jamais à la famille Blair cet éclat qui s'inscrivit dans une série de batailles intestines, au cours desquelles les Blair prirent la tête de la faction conservatrice. Entre-temps, dans tout le Nord — y compris l'Ohio, l'État de Chase —, des comités d'État, des législatures, des journaux et des ligues de l'Union, se réclamant tous du parti républicain, passèrent des résolutions soutenant la candidature de Lincoln. Bien embarrassé par cet effet de boomerang qui avait réduit ses aspirations à néant, Chase désavoua mensongèrement tout lien avec la circulaire de Pomeroy, retira son nom de la liste des candidats à la

1. Lettre de Chase à William Sprague, 26 novembre 1863, citée par J.W. Schuckers, *Life and Public Services of Salmon Portland Chase* (New York, 1874), p. 494 ; Wade cité par Dennett, *Lincoln/Hay*, p. 53.

2. James G. Randall et Richard N. Current, *Lincoln the President : Last Full Measure* (New York, 1955), p. 99.

présidence et offrit de démissionner du gouvernement. Décrivant les ambitions présidentielles de Chase comme une forme de « démence inoffensive », Lincoln pensait qu'il était moins dangereux à l'intérieur du gouvernement qu'au-dehors[1].

Cela dit, même si la plupart des républicains finirent par prendre le train Lincoln en marche, certains le firent plutôt à contrecœur. A mesure que la question de la reconstruction provoquait une fissure plus profonde dans l'unité du parti, plusieurs radicaux continuèrent à espérer qu'il serait possible d'arrêter le convoi. Horace Greeley insista vainement pour que la convention nationale fût différée de juin à septembre, dans l'espoir quelque peu irréaliste que d'ici là, il se passerait quelque chose. D'autres lancèrent des ballons d'essai pour sonder une liste un peu folle de candidats, parmi lesquels Grant, Butler et Frémont. Sur le lot, seul le ballon Frémont parvint à s'envoler, emportant dans sa nacelle une des collections de passagers les plus étranges dont la politique américaine eût jamais accouché.

Plein d'amertume envers un président qui ne lui avait pas confié d'important commandement militaire, Frémont, à l'instar de McClellan, « attendait les ordres » depuis 1862. D'ailleurs, ces deux généraux dépités représentaient les principaux périls politiques qui menaçaient Lincoln. Des deux, McClellan était le plus dangereux, car il semblait en bonne posture pour être désigné comme candidat du parti démocrate un peu plus tard cet été-là. Entre-temps, Frémont attira à lui une coalition d'abolitionnistes et de Germano-Américains radicaux, qui formèrent un troisième parti. Quelques républicains soutinrent en coulisse ce mouvement, dans l'espoir de pouvoir s'en servir pour éjecter Lincoln de la liste de leur parti et redonner vie à la candidature de Chase. Toutefois, la convention très clairsemée qui se réunit à Cleveland le 31 mai pour ratifier la candidature de Frémont ne comptait pas un seul républicain influent. Le partisan le plus éminent de cette candidature n'était autre que Wendell Phillips, dont la lettre à la convention proclamait que la politique de reconstruction de Lincoln « [faisait] de la liberté du Noir une farce et [perpétuait] l'esclavage sous un nom plus doux ». La convention adopta un programme en apparence radical, réclamant un amendement constitutionnel pour abolir l'esclavage et « assurer à tous les hommes une égalité absolue devant la loi ». Ce programme affirmait aussi que c'était au Congrès et non au Président de gérer la reconstruction et préconisait la confiscation des terres appartenant aux « rebelles » pour les redistribuer « aux soldats et aux colons ». En même temps, cependant, le programme s'élevait contre la suspension de l'*habeas corpus* et la

1. Lettre de Chase à Lincoln, 22 février 1864, lettre de Lincoln à Chase, 29 février 1864, citées in *CWL*, t.VII, p. 200-201,212-213 ; Thomas Graham Belden, *So Fell the Angels* (Boston, 1956), p. 108-117 ; Randall et Current, *Lincoln the President*, p. 95-110 ; William Frank Zornow, *Lincoln & the Party Divided* (Norman, Oklahoma, 1954), p. 23-56.

suppression de la liberté d'expression mises en vigueur par Lincoln. Il s'agissait bien sûr des principaux reproches que les démocrates faisaient à l'Administration. La convention désigna d'ailleurs un démocrate comme candidat à la vice-présidence et le nouveau parti s'intitula parti radical *démocrate*[1].

Cette étiquette avait sa petite histoire — qui ne tarda pas à devenir toute une histoire. En effet, les démocrates sagaces n'avaient pas manqué de saisir cette occasion de semer la zizanie dans l'opposition. Ils noyautèrent la convention et firent miroiter au naïf Frémont la perspective d'une coalition avec leur parti pour vaincre Lincoln. Le général sans commandement mordit à l'hameçon. Dans la lettre par laquelle il acceptait la candidature, il répudiait la clause de confiscation, passait sous silence « l'égalité devant la loi » et s'attardait complaisamment sur la piètre façon dont Lincoln menait la guerre et violait les libertés civiles. A mesure que les manigances démocrates visant à se servir de Frémont pour détourner quelques milliers de voix vers un troisième parti dans les États où les résultats risquaient d'être serrés devenaient évidentes, la plupart des radicaux (mais pas Phillips) renoncèrent à cette aventure et en vinrent à la conclusion qu'ils n'avaient d'autre solution que de soutenir Lincoln.

La convention républicaine, tenue à Baltimore durant la deuxième semaine de juin, fut marquée par le tapage et les grandes réconciliations qui caractérisent d'ordinaire la réunion d'un parti reconduisant un président en exercice. L'assemblée s'intitula convention nationale « de l'Union », pour tenter d'attirer les démocrates bellicistes et les unionistes du Sud que pouvait rebuter le mot « républicaine », mais elle adopta néanmoins un programme rigoureusement républicain, y compris une ratification de la guerre à outrance pour imposer aux armées confédérées une « capitulation inconditionnelle » et le soutien à un amendement constitutionnel abolissant l'esclavage. Lorsque cette clause fut énoncée, « le corps entier des délégués bondit sur ses pieds [...] au son d'acclamations prolongées », si l'on en croit William Lloyd Garrison, qui assistait à la convention en tant qu'envoyé du *Liberator*, son journal. « Un tel spectacle n'était-il pas une riche compensation pour plus de trente années d'opprobre personnel[2] ? »

Le programme traitait de la question si fertile en discordes de la reconstruction, en l'ignorant. Des délégations en provenance des États reconstruits à la manière de Lincoln, c'est-à-dire la Louisiane, l'Arkansas et le Tennessee, furent admises, tandis qu'avec la sanction officieuse du Président, la convention faisait un geste de conciliation envers les

---

1. *New York Tribune*, 1er juin 1864 ; Zornow, *Lincoln & the Party Divided*, p. 72-86 ; McPherson, *The Struggle for Equality*, p. 267-278.
2. *Liberator*, 24 juin 1864.

radicaux en laissant siéger une délégation du Missouri, hostile aux Blair, laquelle vota une première fois symboliquement pour Grant avant de reporter ses voix sur Lincoln, afin qu'il fût désigné à l'unanimité. Le seul véritable conflit de la convention s'éleva autour de la nomination du colistier de Lincoln. Le vice-président en titre, le terne Hannibal Hamlin, ne risquait pas de donner le moindre élan supplémentaire au programme. Puisque l'on s'efforçait de projeter une image de parti de l'Union, il paraissait logique de désigner un démocrate belliciste venant d'un État du Sud. Andrew Johnson, du Tennessee, répondait à tous ces critères. Après des manœuvres occultes dont les détails sont toujours restés obscurs, la candidature de Johnson fut retenue au premier tour de scrutin[1]. Cette décision eut un effet à double tranchant sur les tensions entre radicaux et modérés au sein du parti. D'une part, Johnson s'était montré sévère pour les rebelles du Tennessee. De l'autre, il incarnait la conception de la reconstruction que prônait Lincoln.

L'unanimité retrouvée à Baltimore ne colmata que temporairement les fissures. Au moment où parut le manifeste courroucé de Benjamin Wade et Henry Winter Davis contre la politique de reconstruction du Président, deux mois plus tard, elles s'étaient élargies à tel point qu'une tentative sérieuse de remplacer Lincoln par un autre candidat avait pris corps. Mais les pressions qui aboutirent à cette stupéfiante situation tenaient moins à la controverse sur ce qu'il conviendrait de faire du Sud quand on aurait gagné la guerre qu'au fait que l'on désespérait de jamais y parvenir. En effet, cette Confédération qui à la fin de 1863 avait paru au bout du rouleau était revenue à la charge et paraissait désormais avoir de bonnes chances de survivre après une saison de carnages dont les épouvantables bilans éclipsèrent ceux des étés pourtant terribles de 1862 et 1863.

---

1. Après la guerre, on vit s'élever une controverse au sujet de la neutralité de Lincoln dans cette affaire, certains prétendant qu'il avait joué un rôle dans les manœuvres ayant permis le choix de Johnson. Trois des spécialistes qui se sont penchés le plus assidûment sur cette question en sont venus à la conclusion que le Président avait eu en fait un rôle décisif : voir Randall et Current, *Lincoln the President*, p. 13-24 ; et Zornow, *Lincoln & the Party Divided*, p. 99-103.

Chapitre XXIV

MÊME SI CELA DOIT PRENDRE TOUT L'ÉTÉ

I

« C'est de la progression de nos armes que dépend principalement tout le reste », déclara Lincoln vers la fin de la guerre[1]. La chose ne fut jamais si vraie qu'en 1864, quand « tout le reste » comprenait sa propre réélection à la présidence et le sort de l'émancipation et de l'Union.

Au printemps de 1864, la progression des armées nordistes paraissait pourtant assurée. Le Congrès avait tiré le l'oubli le grade de lieutenant général (que George Washington avait été le dernier à détenir) et Lincoln y avait promu Grant avec le titre de général en chef. Henry W. Halleck redescendit dans la hiérarchie pour prendre les fonctions de chef d'état-major. Pour assurer sa propre succession à la tête des armées de l'Ouest, Grant nomma Sherman, puis il partit pour l'Est afin d'établir son quartier général auprès de l'armée du Potomac. Bien que Meade restât le chef de cette armée, sous réserve des ordres stratégiques qu'il recevrait de Grant, Phil Sheridan partit lui aussi pour l'Est, afin de prendre en main la cavalerie. Avec les trois meilleurs généraux de l'Union — Grant, Sherman et Sheridan — occupant des commandements au plus haut niveau, les jours de la Confédération semblaient comptés.

Après les revers subis durant la seconde moitié de 1863, les armées rebelles avaient enduré un hiver pénible marqué par le rationnement. Dans le domaine de la mobilisation, le Sud en était désormais à racler ses fonds de tiroir. Le Congrès confédéré abolit le privilège du remplacement (les hommes qui avaient précédemment payé un remplaçant étant désormais astreints à la conscription) et décréta que les soldats dont l'engagement pour trois ans arrivait à expiration devraient rester sous les drapeaux. En outre, les limites d'âge supérieure et inférieure pour la conscription passèrent respectivement à cinquante et dix-sept ans. En dépit de ces efforts pour maintenir les effectifs, les forces sudistes étaient plus de deux fois moins nombreuses que celles de l'ennemi au moment où les premiers soleils printaniers vinrent assécher l'argile rouge des routes de Virginie et de Géorgie.

Il y avait, toutefois, des pailles dans le glaive de l'Union et des forces cachées dans le bouclier de la Confédération. Paradoxalement, les succès remportés par le Nord l'affaiblirent sur le plan militaire. Les armées

1. *CWL*, t. VIII, p. 332.

de l'Union durent détacher de nombreuses divisions pour assurer l'occupation des cent soixante mille kilomètres carrés de territoires conquis. D'autres divisions furent chargées de maintenir l'ordre dans les États esclavagistes frontaliers. Les armées occupées à envahir le Sud durent elles aussi laisser en route un nombre important de soldats pour garder leurs axes de ravitaillement contre les raids de la cavalerie sudiste et de groupes de résistants. Durant la campagne de Sherman contre Atlanta, en 1864, le nombre d'hommes protégeant ses communications ferroviaires sur plus de sept cents kilomètres, jusqu'à Louisville, était presque égal à celui des soldats qu'il pouvait faire monter en première ligne contre l'ennemi.

Ces réductions d'effectifs dans les rangs de l'Union remettaient un peu les deux camps à égalité. En dépit de la défaite de Gettysburg et des épreuves qui avaient suivi, le moral resta bon dans l'armée de Virginie septentrionale. Bon nombre de ces maigres et coriaces combattants s'étaient rengagés avant même que le Congrès ne les y obligeât, le 17 février. Ils étaient devenus une bande de frères[1], se battant par orgueil personnel, camaraderie mutuelle et dévouement envers « Marse Robert » (Master Robert), comme on surnommait Lee. Beaucoup d'entre eux partageaient aussi les sentiments exprimés par leur général à la veille de la campagne militaire de 1864 : « Si nous sommes victorieux, nous avons tout à espérer de l'avenir. Vaincus, nous n'aurons plus aucune raison de vivre[2]. » Joseph Johnston n'avait pas su instiller ce même esprit à l'armée qu'il avait héritée de Braxton Bragg, mais, en mai 1864, il avait fait davantage de chemin dans cette direction que n'aurait pu l'imaginer quiconque aurait vu ces hommes fuir la crête de Missionary Ridge au mois de novembre précédent.

La plupart des soldats confédérés étaient désormais des vétérans aguerris. En revanche, une grande partie des combattants chevronnés de l'armée de l'Union devaient rentrer chez eux en 1864, car leur engagement de trois ans prendrait fin. Et le Sud pourrait bien alors arracher la victoire *in extremis*, au seuil même de la défaite. Le Congrès de l'Union, cependant, n'imita pas son homologue sudiste en ordonnant à ces hommes de rester sous les drapeaux. Considérant leurs trois années de présence comme un contrat moral qu'il était impossible de rompre, les législateurs de Washington préférèrent se fier plutôt à la persuasion et aux arguments financiers. Les soldats qui se rengageraient à la fin

1. Référence à la tirade d'Henri V peu avant la bataille d'Azincourt, dans le *Henry V* de Shakespeare (IV, 3,60) :

We few, we happy few, we band of brothers:
For he to-day that sheds his blood with me
Shall be my brother: be he ne'er so vile,
This day shall gentle his condition.

« Nous, cette poignée d'hommes, cette heureuse poignée d'hommes, cette bande de frères ; car quiconque aujourd'hui verse avec moi son sang sera mon frère : si roturier qu'il soit, cette journée l'anoblira. » (Traduction de Sylvère Monod, Club français du Livre, 1957.) [NdE.]

2. Clifford Dowdey, *Lee's Last Campaign : The Story of Lee and His Men against Grant — 1864* (Boston, 1960), p. 60.

de leurs trois ans recevraient un chevron spécial à porter sur la manche, une permission de trente jours, une prime fédérale de quatre cents dollars, ainsi que des primes versées par les États, et les félicitations débordantes de chauvinisme des politiciens à l'arrière. Si les trois quarts des hommes d'un régiment se rengageaient, celui-ci conservait son identité et, partant, sa fierté collective. Cette clause garantit que les récalcitrants seraient soumis à de vives pressions de la part de leurs camarades. « Ici, on se sert d'un homme comme d'une dinde à un concours de tir, nota avec lassitude un soldat du Massachusetts. On lui tire dessus toute la journée et s'il n'est pas tué, il devient le gros lot d'une tombola le soir venu ; tel est notre sort ; s'ils n'ont pas pu avoir notre peau en trois ans, ils nous veulent pour trois autres — mais enfin, je reste[1]. »

Ce fut ainsi que quelque cent trente-six mille combattants aguerris se rengagèrent. Mais cent mille autres environ décidèrent d'en rester là. Durant leurs ultimes semaines sous l'uniforme, ce contingent manifesta l'habituelle répugnance à prendre des risques, ce qui diminua sa combativité et sapa le moral des camarades rengagés durant l'été de 1864. Pour remplacer les blessés, les morts et les démobilisés, les armées de l'Union mobilisèrent les conscrits, remplaçants et chasseurs de prime enrôlés lors de la première conscription de 1863. Cette procédure toucha principalement l'armée du Potomac qui avait subi plus de pertes que toute autre et dont le taux de rengagement n'était que de cinquante pour cent. Les officiers et les soldats chevronnés considéraient avec mépris la plupart de ces nouvelles recrues. « Jamais jusqu'à présent une telle clique d'hommes dépravés, endurcis dans le vice et prêts à tout n'a à ce point déshonoré une armée », écrivit, d'une plume dégoûtée, un soldat du New Hampshire, tandis qu'un vétéran du Connecticut assurait que les bleus de son régiment étaient des « mangeurs de prime, des voleurs et des assassins » ; un officier du Massachusetts, pour sa part, rapportait que quarante des cent quatre-vingt-six « remplaçants, voleurs de prime, [...] aigrefins et voyous » affectés à son régiment avaient disparu dans la nuit qui avait suivi leur arrivée. Il s'en félicitait d'ailleurs, tout comme un autre officier, de Pennsylvanie, qui notait que les « joueurs, voleurs, pickpockets et escrocs » qu'on lui avait confiés « auraient déshonoré le régiment sans espoir de réhabilitation s'ils étaient restés [...] mais [que] par la grâce d'une bienveillante providence [...] ils ne cessaient de déserter, par douzaines, tant et si bien qu'ils étaient presque tous partis[2] ». Ce fut ainsi que le Nord perdit peu à peu une bonne part de sa supériorité numérique durant l'année 1864. « Les hommes que nous

1. Bruce Catton, *A Stillness at Appomattox* (Garden City, N.Y., 1957), p. 36.
2. Catton, *A Stillness at Appomattox*, p. 25,26 ; Wiley, *Billy Yank*, p. 343-344 ; John J. Pullen, *The Twentieth Maine : A Volunteer Regiment in the Civil War* (Philadelphie, 1957), p. 154.

avons obtenus de cette façon désertent presque tous, protesta Grant en septembre, et sur cinq dont on dit dans le Nord qu'ils se sont engagés, il ne nous arrive qu'un seul soldat digne de ce nom[1]. »

Les dirigeants sudistes surent discerner ces faiblesses chez l'ennemi. Ils espéraient même les exploiter de façon à influer sur les élections présidentielles de 1864. Le théoricien prussien de l'art militaire, Carl von Clausewitz, avait défini la guerre comme étant la continuation de la politique par d'autres moyens. En 1864, la stratégie confédérée fut indéniablement conforme à cette définition. Si les armées sudistes parvenaient à tenir jusqu'aux élections, il y avait de bonnes chances pour que les électeurs nordistes, las de la guerre, choisissent d'élire un démocrate pacifiste qui négocierait alors l'indépendance de la Confédération. « [Quant à savoir si Lincoln] sera élu ou non, cela dépend [...] des champs de bataille de 1864, prédit un journal de Géorgie. Si le tyran de Washington doit être vaincu, sa politique infâme sera vaincue avec lui. » A Richmond, un fonctionnaire du ministère de la Guerre était persuadé que si l'on pouvait seulement subsister jusqu'aux élections dans le Nord, « donnant ainsi aux démocrates l'occasion de faire élire un président [le Sud pourrait] avoir la paix[2] ». Comprenant toute « l'importance de cette campagne [militaire] pour l'administration de M. Lincoln », Lee avait l'intention de « résister vaillamment », afin de saper à la base le parti belliciste du Nord. « Si nous parvenons à détruire très tôt les dispositions prises par l'ennemi et à le repousser, expliqua Longstreet, il ne sera pas en mesure de rétablir sa situation ni son moral avant les élections présidentielles et nous aurons alors un nouveau président avec qui traiter[3]. »

Grant avait pleinement conscience des espoirs sudistes, mais il avait l'intention d'écraser les armées rebelles et de mettre fin à la guerre avant novembre. Les yankees de l'Est, dont la curiosité était piquée par les succès qu'avait remportés ce général de l'Ouest, croyaient en discerner la raison dans son comportement sans prétention mais résolu. Cet « homme courtaud, aux épaules arrondies », qui avait « l'air vaguement souffreteux », selon certains observateurs de Washington qui le voyaient pour la première fois, possédait néanmoins « un regard bleu limpide » et « l'expression de quelqu'un qui aurait décidé de défoncer un mur de briques à coups de tête et qui serait sur le point de le faire ». Il n'y avait

1. *O.R.*, sér. I, vol.42, 2e partie, p. 783.

2. Larry E. Nelson, *Bullets, Ballots and Rhetoric: Confederate Policy for the United States Presidential Contest of 1864* (University, Ala., 1980), p. 14, 51 ; Jones, *War Clerk's Diary* (Swiggett), t. II, p. 229.

3. Douglas Southall Freeman (éd.), *Lee's Dispatches: Unpublished Letters of General Robert E. Lee[...] to Jefferson Davis* (New York, 1915), p. 185 ; Herman Hattaway et Archer Jones, *How the North Won: A Military History of the Civil War* (Urbana, Illinois, 1983), p. 532 ; *O.R.*, sér. I, vol. 32, 3e partie, p. 588.

pas jusqu'à un New-Yorkais blasé, qui avait vu s'effondrer les réputations d'une demi-douzaine de généraux de l'Union « parce que ceux-ci n'étaient pas capables de traverser la Virginie jusqu'à Richmond », qui ne crût que « Grant [possédait] peut-être le talisman[1] ».

Grant ne borna pas son attention à la Virginie. Au lieu de cela, estimant que, par le passé, les différentes armées du Nord avaient « agi indépendamment et sans concertation, comme un attelage récalcitrant dans lequel il n'y [avait] jamais deux bêtes qui [tiraient] en même temps », il échafauda des plans d'avances coordonnées sur plusieurs fronts, afin d'empêcher les armées confédérées de se renforcer mutuellement. « L'armée de Lee sera votre objectif, expliqua-t-il à Meade. Où qu'il aille, vous irez aussi. » Sherman, pour sa part, reçut l'ordre « d'avancer sur l'armée de Johnston, de la disperser et de [s']enfoncer à l'intérieur du pays ennemi le plus loin possible, en détruisant le plus possible de leurs ressources de guerre[2] ». Ces deux armées, les plus importantes de l'Union, bénéficieraient d'un avantage numérique de près de deux contre un sur leurs adversaires, mais Grant émit des ordres complémentaires pour accentuer encore le déséquilibre. A la périphérie des principaux théâtres se tenaient trois armées nordistes, commandées par des généraux politiques dont l'influence était telle que Grant lui-même ne pouvait pas s'en débarrasser : l'armée de la James River, dans la péninsule, sous Benjamin Butler ; les forces dispersées de Franz Sigel, en Virginie occidentale et dans la vallée de la Shenandoah ; et enfin l'armée du Golfe, en Louisiane, avec à sa tête Nathaniel Banks. Grant ordonna à ce dernier de préparer une campagne pour prendre Mobile, après quoi il devait pousser vers le nord, afin d'empêcher les forces rebelles en Alabama d'aller renforcer Johnston. En même temps, Butler devait remonter la James pour couper le chemin de fer entre Petersburg et Richmond et menacer la capitale confédérée au sud, pendant que Sigel progressait dans la vallée pour clouer sur place ses défenseurs et couper les communications de Lee vers cette région. Lincoln était enchanté de la stratégie élaborée par son général en chef. Avec une de ces comparaisons rustiques dont il avait le secret, il dit du rôle auxiliaire que devaient jouer Banks, Butler et Sigel : « Ceux qui n'écorchent pas peuvent tenir une patte[3]. »

Malheureusement, les teneurs de pattes sabotèrent leur besogne. Banks fut le premier à échouer. L'Administration partageait d'ailleurs la responsabilité de cette issue défavorable, car elle détourna Banks de son attaque contre Mobile pour lui faire remonter la Red River, en Louisiane, afin de saisir le coton qui poussait sur ses rives et d'étendre la zone

1. Foote, *Civil War*, t. III, p. 4,5 ; Strong, *Diary*, p. 416.
2. *O.R.*, sér. I, vol. 46, 1re partie, p. 11 ; vol. 33, p. 827-828 ; vol. 32, 3e partie, p. 246.
3. Dennett, *Lincoln/Hay*, p. 178-179.

politiquement contrôlée par l'Union dans cet État. Ce n'était qu'après avoir rempli cette mission qu'il devait bifurquer vers l'est et marcher sur Mobile. En l'occurrence, Banks n'atteignit aucun de ces objectifs, sinon la saisie d'un peu de coton — laquelle s'accompagna de la destruction gratuite des biens de nombreux civils, ce qui ne fut pas pour gagner les cœurs et les esprits de la Louisiane à la cause de l'Union.

Ce fut Richard Taylor (le fils de Zachary), un garçon qui avait appris son métier de combattant comme commandant de brigade sous Stonewall Jackson, en 1862, que le sort chargea de châtier Banks. Prenant la tête de quelque quinze mille hommes, après que l'Union se fut rendue maîtresse du sud de la Louisiane, Taylor se prépara à défendre ce qui restait de l'État où il avait fait fortune en tant que planteur. En Virginie, Banks avait été humilié par Jackson ; à mille six cents kilomètres de là, il le fut une seconde fois par le protégé du défunt général. Le 8 avril, Taylor fondit sur l'avant-garde de l'armée de Banks, au carrefour de Sabine Crossroads, à cinquante-cinq kilomètres au sud de l'objectif de l'Union, qui était la ville de Shreveport. Repoussant les yankees en déroute pêle-mêle vers leurs troupes de soutien, Taylor poursuivit sur sa lancée et reprit l'attaque le lendemain sur les hauteurs de Pleasant Hill. Cette fois, les tuniques bleues tinrent bon et forcèrent les rebelles à reculer à leur tour, après les avoir sévèrement malmenés.

En dépit de ce succès, Banks mollit en constatant qu'une force de l'Union qui coopérait à son action et devait pousser vers le sud à partir de Little Rock n'arrivait pas (elle avait été détournée de sa route par les groupes de résistants et la cavalerie adverse qui la harcelaient) et en remarquant le niveau anormalement bas de la Red River, qui menaçait de laisser sa flotte de canonnières assez mal en point, coincée au-dessus des rapides à Alexandria. Il décida donc de battre en retraite. Le désastre qui guettait les canonnières fut évité par l'ingéniosité d'un colonel du Wisconsin, qui mit à profit son expérience dans l'exploitation du bois pour construire une série de barrages permettant à la flotte de franchir les rapides. L'armée démoralisée ne regagna le sud de la Louisiane que le 26 mai, un mois trop tard pour commencer la campagne avortée contre Mobile. En conséquence de quoi, Joseph Johnston put recevoir quinze mille hommes de renfort de l'Alabama. En outre, dix mille soldats que Banks avait empruntés à Sherman pour la campagne de la Red River ne rejoignirent jamais l'armée de l'Union en Géorgie. Au lieu de cela, ils restèrent sur le théâtre du Tennessee-Mississippi pour faire face aux menaces que Forrest faisait peser sur les communications ferroviaires de Sherman. Banks fut relevé de son commandement et s'en fut reprendre son rôle controversé d'administrateur chargé de la reconstruction de la Louisiane[1].

---

1. Ludwell H. Johnson, *Red River Campaign : Politics and Cotton in the Civil War* (Baltimore, 1958).

Butler et Sigel ne se montrèrent pas plus adroits que lui pour tenir les pattes des rebelles. Butler eut pourtant une occasion en or d'acquérir la gloire qui le fuyait depuis les tout premiers jours du conflit. Avec trente mille hommes détachés des opérations côtières dans les Caroline, il remonta la James River à toute vapeur pour débarquer à mi-chemin de Richmond et de Petersburg le 5 mai. Les deux villes n'étaient défendues que par cinq mille hommes, auxquels on ajouta des fonctionnaires du gouvernement mobilisés en catastrophe dans les rangs de la milice. Leur chef — qui n'était autre que P.T.G. Beauregard, que l'on avait transféré de Charleston en Virginie méridionale — n'était pas encore arrivé sur les lieux. Si Butler avait agi au plus vite pour couper la voie ferrée entre Petersburg et Richmond, il aurait pu réussir une entrée fracassante dans la capitale sudiste sans guère rencontrer d'opposition. Lee n'aurait rien pu faire pour l'en empêcher, car il était occupé ailleurs, à près de cent kilomètres vers le nord, face à l'armée du Potomac. Mais le général louchon de l'armée nordiste laissa passer sa chance. Au lieu de frapper vite et de toutes ses forces, il avança prudemment avec des unités détachées qui ne parvinrent à arracher que quelques kilomètres de rails, tout en repoussant les tirailleurs rebelles. Ce ne fut que le 12 mai, soit une semaine après son débarquement, que Butler parvint à faire marcher sa force principale sur Richmond. A cette date, Beauregard avait fait venir des renforts des Caroline et il était prêt à affronter Butler sur un pied de quasi-égalité. Le 16 mai, ce furent d'ailleurs les confédérés qui attaquèrent, près de l'à-pic de Drewry's Bluff, à une douzaine de kilomètres au sud de Richmond. Après de lourdes pertes de part et d'autre, les rebelles repoussèrent les hommes de Butler jusque dans leurs tranchées à travers un goulet entre deux rivières, la James et l'Appomattox. Ce fut là que les sudistes se retranchèrent à leur tour et prirent l'armée de Butler au piège « comme s'ils l'avaient mise dans une bouteille solidement bouchée », pour reprendre la formule caustique de Grant[1].

Ce dernier reçut la nouvelle à peu près au même moment où il apprenait la mésaventure analogue subie par Franz Sigel dans la vallée funeste entre toutes pour les nordistes, celle de la Shenandoah. Avec six mille cinq cents hommes, Sigel avait remonté la vallée pour prendre Staunton, d'où l'armée de Lee recevait une partie de son maigre ravitaillement. Avant qu'il ne pût y arriver, cependant, l'ancien vice-président des États-Unis, John C. Breckinridge, qui commandait à présent une force rebelle de cinq mille hommes, réunie à grand-peine, l'attaqua à New Market, le 15 mai, et le repoussa. Cette petite bataille fut marquée d'un côté par l'habileté avec laquelle Sigel battit en retraite et de l'autre par une charge pleine de vaillance de deux cent quarante-sept cadets de l'Institut militaire de Virginie, dont les âges variaient entre quinze et dix-sept ans,

1. *O.R.*, sér. I, vol. 46, 1re partie, p. 20.

charge que devait immortaliser la légende sudiste. Convaincus que Sigel « ne [ferait] rien d'autre que de courir, n'ayant jamais rien su faire d'autre », Halleck et Grant réussirent à persuader Lincoln de le relever de son commandement[1].

L'échec des hommes chargés par Grant de tenir les pattes de Lee en Virginie lui compliquait singulièrement la tâche d'écorcher le sudiste. Les armées du Potomac et de Virginie septentrionale avaient passé l'hiver à quelques kilomètres de distance, de part et d'autre du Rapidan. Quand l'aubépine commença à fleurir, Grant se prépara à traverser le fleuve et à contourner l'aile droite de Lee. Il espérait ainsi faire sortir les rebelles de leurs tranchées pour une bataille décisive quelque part au sud de la Wilderness, cette sinistre étendue plantée de chênes et de pins où Lee avait pris Joe Hooker au piège exactement un an auparavant. Lee, qui n'avait pas oublié, décida de ne pas s'opposer au passage du fleuve, mais plutôt de frapper les tuniques bleues sur le flanc, au moment où, traversant la Wilderness, leur supériorité numérique — les nordistes étaient cent quinze mille contre soixante-quatre mille rebelles — compterait beaucoup moins qu'en terrain dégagé.

Par conséquent, le 5 mai, deux des corps d'armée de Lee, qui arrivaient de l'ouest, se heurtèrent à trois corps d'armée de l'Union qui se déplaçaient vers le sud en provenance du Rapidan. Pour Lee, la collision s'avéra un rien prématurée, car le corps d'armée de Longstreet revenait tout juste du Tennessee et n'était pas en mesure d'arriver à temps pour ce premier jour de la bataille de la Wilderness. Les fédéraux parvinrent donc à mettre en action plus de soixante-dix mille hommes contre moins de quarante mille rebelles. Mais les sudistes avaient l'avantage de connaître le terrain et la supériorité numérique des yankees ne servit qu'à mieux les immobiliser dans ces bois denses, remplis de fumée, où les soldats parvenaient rarement à voir l'ennemi, où des unités entières se fourvoyaient dans la mauvaise direction au milieu de cette jungle qui faisait perdre tout sens de l'orientation, où des troupes du même camp se tiraient dessus par erreur, où les brèches pratiquées dans la ligne ennemie n'étaient pas exploitées parce qu'on ne les remarquait pas, tandis que les étincelles qui jaillissaient des fusils et les obus qui explosaient mettaient le feu aux sous-bois et menaçaient les blessés d'un horrible trépas. Des combats acharnés se déroulèrent aux alentours de deux intersections routières que les tuniques bleues devaient absolument tenir pour pouvoir poursuivre leur route vers le sud. Elles tinrent donc et, au crépuscule, s'étaient assuré une position leur permettant d'attaquer l'aile droite de Lee.

Grant donna l'ordre de monter en ligne à l'aube le lendemain. Lee avait lui aussi prévu un assaut à l'aube dans le même secteur, avec en

1. *O.R.*, sér. I, vol. 36, 2e partie, p. 840.

fer de lance le corps d'armée de Longstreet, qui était en route et dont on attendait l'arrivée avant les premières lueurs du jour. Les yankees chargèrent les premiers et faillirent bien remporter un succès spectaculaire. Après avoir repoussé les rebelles sur un kilomètre et demi, à travers bois, ils débouchèrent dans une petite clairière où Lee avait établi son quartier général de campagne. Fort agité, le commandant sudiste voulut emmener en personne une contre-attaque, à la tête d'une des unités de Longstreet, qui arrivait tout juste, une brigade du Texas. « Retirez-vous, mon général, retirez-vous ! » hurlèrent les Texans en se lançant vers l'ennemi. Lee finit effectivement par reculer, tandis qu'un surcroît de troupes de Longstreet arrivaient au pas redoublé dans la clairière et mettaient une halte à la progression de l'Union.

L'initiative passa alors du côté confédéré. Au milieu de la matinée, les brigades fraîches et disposes de Longstreet repoussèrent les tuniques bleues, dans la plus grande confusion, presque jusqu'à leur point de départ. Ce fut à ce moment-là que la connaissance du terrain qu'avaient les sudistes entra en jeu. Le terre-plein d'un chemin de fer inachevé, qui ne figurait sur aucune carte, passait le long de l'aile gauche de l'Union. Des vignes et des fourrés avaient si bien recouvert cette saignée qu'un passant inattentif n'aurait rien vu avant de tomber dedans. L'un des généraux de brigade de Longstreet était au courant de son existence et suggéra de s'en servir comme d'une route cachée pour déclencher une attaque contre le flanc de l'Union. Longstreet chargea quatre brigades de cette mission. Peu avant midi, les rebelles jaillirent des fourrés et enveloppèrent les régiments nordistes tout surpris. Mais alors un tragique coup du sort s'abattit sur les confédérés, à cinq kilomètres à peine de l'endroit où était tombé Jackson l'année précédente, dans cette même Wilderness. Au moment où les rebelles hurlants attaquaient par le flanc, ils convergèrent à angle droit avec les autres unités de Longstreet qui fonçaient droit devant elles. Dans les bois emplis de fumée, Longstreet s'effondra, touché à l'épaule par une balle confédérée. A l'inverse de Jackson, il devait s'en remettre, mais il fut hors de combat pendant cinq mois.

Avec la blessure de Longstreet, l'assaut sudiste s'essouffla. Lee redressa les lignes et relança l'attaque en fin d'après-midi. Le combat fit rage près d'un carrefour, au milieu d'un feu de forêt qui se communiqua aux fortifications de l'Union. Les fédéraux tinrent bon et la lutte s'éteignit progressivement vers le soir, tandis que les survivants s'efforçaient de sauver les blessés qui risquaient de brûler vifs. A l'autre bout de la ligne, le général John B. Gordon, un général de division en pleine ascension, originaire de Géorgie, découvrit que le flanc droit de Grant était lui aussi exposé. Après avoir essayé pendant des heures de persuader le commandant de son corps d'armée, Richard Ewell, d'autoriser une attaque, Gordon décida finalement de s'adresser directement au bon

Dieu plutôt qu'à ses saints et réussit à obtenir de Lee la permission de se frotter aux nordistes. Lancé dans la soirée, l'assaut tourna d'abord victorieusement et repoussa le flanc fédéral d'un kilomètre et demi, tout en permettant de capturer deux généraux de l'Union. La panique gagna tout le monde jusqu'au quartier général de Grant, où un général de brigade effaré arriva au triple galop, sur une monture écumante, pour annoncer au commandant des forces de l'Union que tout était perdu, que Lee répétait la tactique employée par Jackson l'année précédente dans ces mêmes bois. Grant, cependant, ne partageait pas la croyance si répandue dans les qualités surhumaines de Lee, qui semblait paralyser tant d'officiers de l'Est. « J'en ai par-dessus la tête d'entendre raconter ce que Lee va faire, rétorqua-t-il à son subordonné. Vous avez toujours l'air de croire qu'il va nous faire un double saut périlleux et atterrir sur notre arrière et nos deux flancs à la fois. Regagnez donc votre commandement et essayez un peu de penser à ce que nous allons faire nous-mêmes, plutôt qu'à ce que Lee est en train de tenter[1]. »

Grant ne tarda pas à montrer qu'il parlait sérieusement. Ses deux flancs avaient été durement meurtris et avec dix-sept mille morts et blessés en deux jours, il avait perdu au moins sept mille hommes de plus que les confédérés. Dans de telles circonstances, les précédents commandants de l'armée de l'Union en Virginie s'étaient automatiquement retirés derrière le fleuve le plus proche. Les simples soldats s'attendaient donc à une manœuvre de ce genre, mais Grant avait assuré à Lincoln : « Quoi qu'il arrive, il n'y aura pas de reculade[2]. » Pendant que les armées se livraient à de prudentes escarmouches, le 7 mai, Grant se prépara à contourner l'aile droite de Lee durant la nuit afin de s'emparer d'un village nommé Spotsylvania, qui constituait un important carrefour à près de vingt kilomètres vers le sud. S'il réussissait, ce mouvement mettrait l'armée de l'Union plus près de Richmond que sa rivale et forcerait donc Lee à se battre ou à se retirer. Toute la journée, les fourgons de ravitaillement de l'Union et l'artillerie de réserve se dirigèrent vers l'arrière, confirmant les pronostics empreints de lassitude des soldats qui croyaient à une retraite. La nuit tombée, les divisions bleues se mirent en route, une par une, mais au lieu de se diriger vers le nord, elles partirent vers le *sud*. Une grande embellie se fit dans les esprits. Ce n'était pas, en définitive, « un autre Chancellorsville[...], une autre débandade ». « Notre moral grimpa en flèche », devait se rappeler un vétéran, pour qui ce moment devait rester un des tournants de la guerre. En dépit des terreurs des trois derniers jours et de celles à venir, « on marchait librement, les hommes se mirent à chanter ». Pour la première fois, dans

1. Horace Porter, *Campaigning with Grant* (New York, 1897), p. 69-70.
2. Foote, *Civil War*, t. III, p. 186.

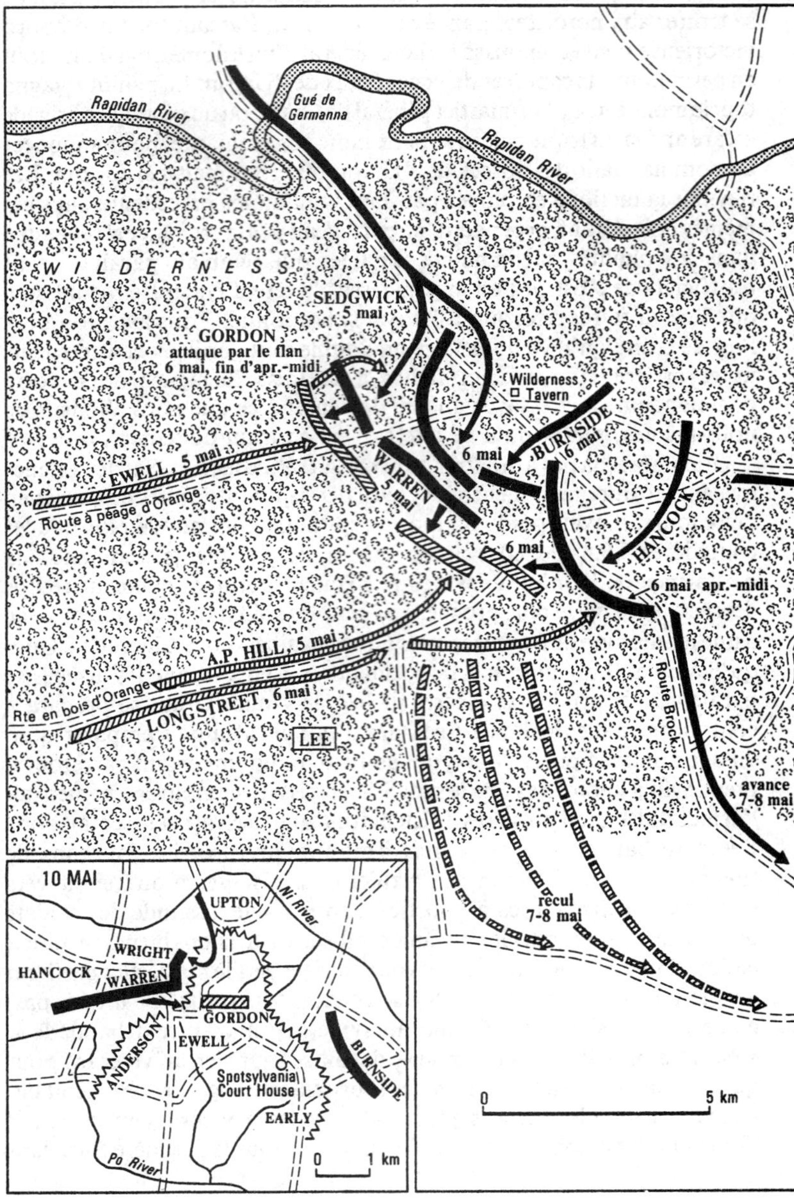

BATAILLE DE LA WILDERNESS (FORÊT SAUVAGE)

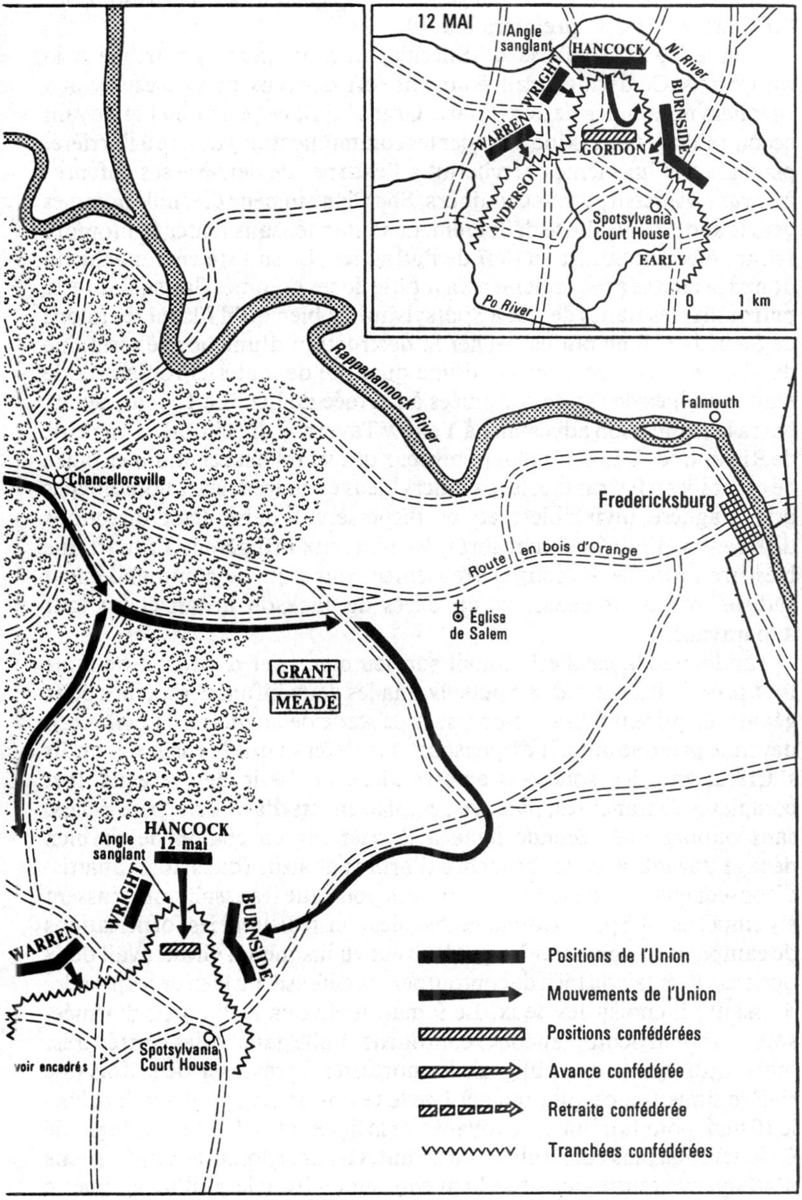

ET SPOTSYLVANIA, 5-12 MAI 1864

une campagne menée en Virginie, l'armée du Potomac restait sur l'offensive après la première bataille[1].

Jusque-là, la cavalerie de Sheridan n'avait guère contribué à la campagne. Ce dernier était pourtant fort désireux de se mesurer aux cavaliers renommés de Jeb Stuart. Grant lui fit ce plaisir en l'envoyant accomplir un raid destiné à couper les communications de Lee à l'arrière, pendant que lui-même chercherait à l'extirper de derrière ses défenses à l'avant. Agressif, comme toujours, Sheridan emmena dix mille hommes vers le sud, à une allure délibérément soutenue, sans tenter la moindre feinte, mettant Stuart au défi de l'attaquer. Le sudiste empanaché lui donna la chasse avec seulement la moitié de ses hommes (laissant le reste patrouiller les flancs de Lee à Spotsylvania) ; bien qu'il fût sur les talons de Sheridan, il ne put empêcher la destruction d'une bonne trentaine de kilomètres de voie ferrée, d'une quantité de matériel roulant et de trois semaines de rations destinées à l'armée de Lee. Le 11 mai, Stuart barra la route à son adversaire à Yellow Tavern, à dix kilomètres à peine de Richmond. Deux fois plus nombreux que les rebelles et munis en outre de carabines à feu rapide, les cavaliers bleus écrasèrent leurs homologues gris, naguère invincibles, et les dispersèrent dans deux directions différentes. En prime (macabre), les fédéraux infligèrent à Stuart une blessure mortelle — coup affreusement dur pour le commandement sudiste, qui ne le cédait qu'au décès de Jackson un an et un jour auparavant.

Tandis que la cavalerie jouait son jeu meurtrier d'estoc et de taille tout près de Richmond, à Spotsylvania les deux infanteries, telles deux géants, se prirent à bras-le-corps. A ce stade de la guerre, la pelle était devenue presque aussi indispensable à la défense que le fusil. Où qu'ils s'arrêtassent, les soldats s'empressaient de bâtir des réseaux fort complexes de tranchées, parapets, emplacements d'artillerie, pare-éclats, sans oublier une seconde ligne à l'arrière et un champ de tir bien dégagé devant, avec les branches d'arbres abattus (dites aussi abattis) disposées en tas juste devant les tireurs pour que les assaillants vinssent s'y empêtrer. A Spotsylvania, les rebelles construisirent les fortifications de campagne les plus solides que l'on eût vu jusque-là. Grant avait deux options : il tentait ou bien de contourner ces défenses ou bien de les prendre d'assaut ; il choisit les deux. Le 9 mai, il envoya le 2e corps d'armée, sous Winfield Scott Hancock, contourner l'aile gauche des confédérés, mais cette manœuvre obligeait les nordistes à traverser deux fois une rivière sinueuse, ce qui donna à Lee le temps de bouger deux divisions le 10 mai, pour la déjouer. Croyant que la ligne confédérée ainsi dégarnie était devenue plus vulnérable à un assaut, Grant ordonna à cinq divisions d'attaquer le centre gauche de l'ennemi, sur un front large d'un kilomètre

1. Foote, *Civil War*, p. 189-191 ; Catton, *A Stillness at Appomattox*, p. 91-92.

et demi, l'après-midi du 10 mai. Elles ne trouvèrent aucune faiblesse, car Lee avait pris ses troupes de renforts sur son aile droite et non au centre.

Plus loin, vers le centre de la ligne, cependant, sur la face ouest d'un saillant qui dépassait de huit cents mètres, le long de hautes terres, et qu'on appelait le Fer-à-Mulet en raison de sa forme, un assaut de l'Union se transforma en percée qui aurait pu être décisive. A cet endroit, le colonel Emory Upton, jeune diplômé de West Point, d'un professionnalisme rigoureux, qui se donnait rarement la peine de contenir l'impatience que suscitait chez lui l'incompétence de ses camarades officiers, fit une démonstration pratique de sa théorie sur la façon d'attaquer des tranchées. Avec douze régiments triés sur le volet, disposés sur quatre lignes, Upton franchit au pas de course deux cents mètres de terrain découvert et les abattis. Sans s'arrêter pour tirer tant qu'ils n'eurent pas atteint les tranchées, hurlant comme des possédés et luttant comme des bêtes sauvages, les soldats de la première ligne battirent les défenses en brèche et se déployèrent sur la droite et la gauche pour élargir la trouée, tandis que la ligne suivante continuait sur sa lancée pour aller attaquer le second réseau de tranchées à cent mètres de là. Les troisième et quatrième lignes arrivèrent à point nommé pour ramasser un millier de prisonniers hébétés. Jamais la route de Richmond n'avait paru si grande ouverte, mais la division chargée de soutenir cette percée d'Upton n'avança qu'à contrecœur et recula en revanche à toutes jambes lorsqu'elle dut affronter un tir groupé de l'artillerie adverse. Echoués sans aucun soutien à huit cents mètres de leurs propres lignes, les régiments d'Upton ne purent résister à une contre-attaque meurtrière des renforts rebelles. Ils durent battre en retraite dans l'obscurité grandissante, après avoir perdu un quart de leurs effectifs.

Toutefois, ce succès momentané valut à Upton d'être cité à l'ordre du jour et de monter en grade et elle persuada, en outre, Grant de reprendre cette tactique avec un corps d'armée entier, appuyé par des attaques de soutien tout le long de la ligne. Le lendemain (11 mai), alors qu'une pluie froide et maussade commençait à tomber, mettant fin à deux semaines de temps chaud, les rapports de patrouilles rebelles, signalant que les fourgons de ravitaillement de l'Union partaient vers l'arrière, induisirent Lee en erreur sur les intentions de son adversaire. Croyant deviner que ces mouvements de fourgons préludaient à une nouvelle tentative de contournement, Lee ordonna l'enlèvement de vingt-deux canons en prévision d'une rapide contre-attaque. Le sommet du saillant défendu par ces canons était précisément l'endroit où le corps d'armée de Hancock avait l'intention de frapper à l'aube, le 12 mai. L'ordre de remettre les canons en place arriva trop tard — ils revinrent juste à temps pour être pris par les soldats bleus hurlants, qui, au nombre de quinze mille, jaillirent en masse de la brume et s'enfoncèrent au beau milieu des tranchées confédérées. Sur leur lancée, les hommes de Hancock franchirent encore huit cents mètres et firent prisonnière la majeure partie de la célèbre brigade Stonewall, coupant en deux l'armée de Lee. En ce moment critique, le commandant sudiste s'avança avec une division de réserve. Comme il l'avait fait six jours plus tôt, dans la Wilderness, Lee entreprit d'emmener lui-même ses hommes dans une contre-attaque désespérée et cette fois encore les soldats — des Virginiens et des Géorgiens — s'écrièrent en chœur : « Mon général, à l'arrière ! » et jurèrent de repousser « ces gens » si « Marse Robert » consentait seulement à rester en sécurité derrière. Lee accepta et la division s'élança devant elle. Cette contre-attaque profita du succès même de la charge des yankees, dont la rapide avance dans la pluie et le brouillard avait mélangé toutes les unités en une seule masse désorganisée que les officiers n'étaient plus en mesure de contrôler. Obligées de reculer jusqu'à la pointe du Fer-à-Mulet, les tuniques bleues se ressaisirent dans les tranchées prises au début de leur attaque et firent face pour affronter l'ennemi durant d'interminables heures de combat, à travers un *no man's land* qui n'avait à certains endroits que quelques mètres de large.

Pendant ce temps, les 5e et 9e corps d'armée de l'Union attaquèrent la droite et la gauche de la ligne confédérée, sans grand succès, tandis que le 6e corps montait en ligne sur la droite de Hancock pour donner du poids à une nouvelle tentative d'écraser le saillant. Ce fut le fameux Angle sanglant de Spotsylvania. Dix-huit heures durant, sous la pluie, du petit matin à minuit, certains des combats les plus atroces du conflit firent rage le long de quelques centaines de mètres de tranchées rebelles. « Les drapeaux des deux armées flottaient au même moment sur les mêmes parapets, devait se rappeler un soldat du 6e corps, tandis qu'au-dessous d'eux, fédéraux et confédérés s'efforçaient de faire mouche avec leur baïonnette à travers les interstices des rondins de bois[1]. » Animés par une espèce de furie frénétique, des soldats des deux camps bondissaient sur les parapets et tiraient d'en haut sur les troupes ennemies avec des fusils ayant toujours la baïonnette au canon, que des camarades leur faisaient passer, lançant chaque arme vide comme un javelot avant de tirer le coup suivant, jusqu'à ce qu'ils fussent eux-mêmes abattus par balle ou baïonnette. La fusillade était si intense qu'à un moment, juste derrière les lignes sudistes, un chêne dont le tronc faisait soixante centimètres de diamètre fut littéralement sectionné par des balles[2].

1. Joseph P. Cullen, *Where a Hundred Thousand Fell : The Battles of Fredericksburg, Chancellorsville, the Wilderness and Spotsylvania Court House* (Washington, 1966), p. 52-53.

2. Dans leurs souvenirs, après la guerre, plusieurs régiments nordistes prétendirent avoir accompli cet exploit. Par la suite, la souche du chêne fut exhibée à l'exposition du Centenaire [de l'Indépendance américaine] à Philadelphie et conservée à la Smithsonian Institution. Les éclats de bois provenant de cet arbre devinrent aussi nombreux que les morceaux de la vraie croix. G. Norton Galloway, « Hand-to-Hand Fighting at Spotsylvania », Robert McAllister, « McAllister's Brigade at the Bloody Angle », et James L. Bowen, « General Edwards's Brigade at the Bloody Angle », dans *Battles and Leaders*, t.IV, p. 173,176,177.

Les corps à corps de ce genre se terminaient généralement assez vite par la débandade et la fuite d'un des deux camps ; mais ce jour-là, aucune des deux lignes ne céda et peu d'hommes s'enfuirent. La lutte se transforma en une de ces batailles pour la possession d'un territoire, qui mettent en jeu les instincts ancestraux. Le sang coula aussi copieusement que la pluie, transformant le sol des tranchées en un bourbier visqueux, où les morts et blessés étaient foulés aux pieds par des hommes luttant pour leur vie. « Je m'attends toujours à ne pas être tout à fait cru quand je raconte ce que j'ai vu des horreurs de Spotsylvania, écrivit un officier de l'Union, parce que je ne voudrais pas le croire moi-même si c'était à moi qu'on le racontait. » Longtemps après la tombée de la nuit, Lee fit enfin dire aux survivants épuisés de son armée de reculer pour gagner une nouvelle ligne huit cents mètres derrière l'autre, que le génie s'était fiévreusement activé à fortifier. Le lendemain matin, il n'y avait plus dans l'Angle sanglant que des cadavres ; des soldats de l'Union, de corvée de sépulture, découvrirent cent cinquante sudistes morts entassés sur plusieurs mètres de profondeur dans une zone de tranchée mesurant à peine soixante-dix mètres carrés et les ensevelirent en faisant tout simplement tomber le parapet sur eux[1].

Tandis que les deux armées se massacraient ainsi en Virginie, à l'arrière, les citoyens se pressaient aux abords des locaux de la presse et des bureaux de télégraphe, dans un climat de « douloureuse incertitude [qui interdisait] au cerveau toute activité mentale ». On vivait « des jours affreusement critiques et angoissants », nota un New-Yorkais, durant lesquels se déciderait « le sort du continent pour des siècles à venir ». A Richmond, la griserie suscitée par les premiers rapports annonçant les succès de Lee dans la Wilderness se transforma en « grave appréhension », puis en « fiévreuse anxiété », à mesure que son armée reculait jusqu'à Spotsylvania, tandis que Butler et Sheridan se rapprochaient de la capitale sudiste[2]. La veille de la bataille de l'Angle sanglant, Grant avait envoyé à Washington une dépêche déclarant : « Je me propose de vider la querelle le long de cette ligne, même si cela doit prendre tout l'été. » La presse s'empara de cette phrase et la rendit aussi célèbre que son billet exigeant une capitulation inconditionnelle au fort Donelson. Assortie d'articles décrivant l'avance de l'Union vers le sud à partir de la Wilderness, la dépêche de Grant suscita des gros titres jubilatoires dans les journaux du Nord : « Glorieux succès » ; « Lee terriblement malmené » ; « La fin approche. » Un correspondant de guerre chevronné devait se rappeler que « tout le monde semblait croire que Grant allait mettre un point

1. Catton, *A Stillness at Appomattox*, p. 127 ; Bruce Catton, *Grant Takes Command* (Boston, 1968), p. 235 ; Galloway, « Hand-to-Hand Fighting at Spotsylvania », *Battles and Leaders*, t. IV, p. 174.

2. Howard K. Beale, *Diary of Gideon Welles*, 3 vol. (New York, 1960), t. II, p. 33 ; Strong, *Diary*, p. 449 ; Jones, *War Clerk's Diary* (Swiggett), p. 213, 219.

final à la guerre et entrer dans Richmond avant la chute des premières feuilles, à l'automne[1] ».

Lincoln redoutait de voir de si grandes espérances produire un retour de bâton s'il s'avérait qu'elles avaient été trop optimistes — ce qui fut en effet le cas. « Les gens se font des illusions, déclara le Président à un journaliste. Ils veulent tout tout de suite. » A un groupe de partisans venus lui donner la sérénade à la Maison Blanche, Lincoln déclara : « Je suis très content de ce qui s'est passé : mais il y a encore beaucoup à faire. » Lorsqu'il devint clair, à partir du 17 mai, que Grant n'avait pas enfoncé les lignes de Lee à Spotsylvania et que Butler avait été « mis en bouteille » au sud de Richmond, l'humeur nordiste subit un revirement et devint « abattue et mauvaise[2] ». Le prix de l'or, qui fonctionnait comme une espèce de baromètre inversé de l'opinion publique, passa de cent soixante et onze à cent quatre-vingt-onze au cours des deux dernières semaines de mai[3]. Le monstrueux bilan des pertes subies par l'armée, qui commença à filtrer depuis la Virginie, ne fut pas pour faire remonter le moral. Entre le 5 et le 12 mai, l'armée du Potomac avait perdu près de trente-deux mille hommes, morts, blessés ou portés disparus — total qui excédait celui des pertes de toutes les armées de l'Union *combinées* pendant n'importe quelle semaine déjà écoulée du conflit. Tandis que les familles éperdues parcouraient les listes des victimes, une véritable chape de plomb parut s'abattre sur des centaines de villes et villages nordistes.

Proportionnellement, les pertes de Lee avaient été aussi importantes — environ dix-huit mille hommes — sans compter que la disparition de vingt de ses commandants de corps d'armée, divisions et brigades d'infanterie sur cinquante-sept était dévastatrice. Pourtant, on pouvait véritablement prétendre que les deux camps venaient à peine d'engager la lutte. Chaque armée compensa à peu près la moitié de ses pertes en appelant des renforts. Six brigades du front de Richmond et deux de la vallée de la Shenandoah vinrent rejoindre Lee. Grant, pour sa part, reçut quelques milliers de nouvelles recrues et ratissa un certain nombre de régiments d'artillerie qui assuraient la défense de Washington pour les transférer à l'infanterie. Les remplaçants de Lee étaient moins nombreux, mais de meilleure qualité que ceux de Grant, car les sudistes étaient des soldats aguerris, alors que les « lourds » de Washington

---

1. *O.R.*, sér. I, vol. 36, 2e partie, p. 672 ; Nevins, *War*, t. IV, p. 35 ; Noah Brooks, *Washington in Lincoln's Time* (New York, 1895), p. 148-149.

2. Brooks, *Washington in Lincoln's Time*, p. 149 ; *CWL*, t. VII, p. 334 ; Strong, *Diary*, p. 447.

3. Le prix de l'or mesurait la valeur du dollar par rapport à la valeur de l'or. Un prix de cent quatre-vingt-onze signifiait qu'il fallait cette somme en billets verts pour acheter cent dollars-or. La valeur du billet vert d'un dollar s'élevait et retombait selon la confiance qu'inspiraient les perspectives militaires du Nord ; plus le prix de l'or était haut, moins le dollar de papier avait de valeur.

n'avaient pas vraiment reçu leur baptême du feu durant leurs deux ou trois années de garnison. Par ailleurs, au moment même où les renforts de l'Union arrivaient, le premier des trente-six régiments dont la période d'engagement arrivait à expiration quitta l'armée[1]. Donc, bien que les réserves d'hommes disponibles fussent beaucoup plus grandes dans le Nord, durant cette période cruciale de mai et juin, Lee fut en mesure de remplacer ses disparus par des vétérans plus facilement que Grant.

Après l'Angle sanglant, Grant ne perdit pas de temps à panser ses blessures. Dès la semaine suivante, il tenta plusieurs manœuvres sur les flancs de Lee et un nouvel assaut contre le centre de la ligne ennemie. Avec l'aide de pluies qui ralentirent les mouvements de l'Union, les rebelles parvinrent à contrer toutes ces tentatives. Ces six jours de manœuvres et de combats ne valurent guère aux yankees que trois mille morts et blessés de plus. Se rendant compte qu'il était impossible de desserrer l'étreinte des confédérés sur Spotsylvania par des attaques dans les règles ou des tentatives de contournement à courte portée, Grant décida d'attirer Lee hors de sa tanière par une nouvelle course de quarante kilomètres vers le sud, en direction d'un nœud ferroviaire situé juste au-delà de la North Anna River. Lee détecta le mouvement grâce à une reconnaissance en force, le 19 mai, qui lui coûta un millier d'hommes, et marqua le baptême du feu d'un des régiments d'artillerie lourde reconvertis que Grant avait appelés à la rescousse.

Le général sudiste, qui tenait la ligne intérieure, fit passer ses troupes derrière la North Anna River avant que l'avant-garde de l'Union ne fût sur les lieux. Se retranchant très solidement sur la rive méridionale de la rivière, les rebelles livrèrent plusieurs petits combats à des tuniques bleues chargées de tâter un peu leurs défenses. Grant décida de se porter à une grande trentaine de kilomètres en aval, pour essayer encore une fois de contourner l'aile droite de Lee. Les fédéraux traversèrent sans encombre la Parmunkey River, mais ce fut pour trouver les rebelles, qui encore une fois bénéficiaient du fait qu'ils tenaient les lignes intérieures plus courtes, retranchés derrière une autre rivière, la Topopotomy Creek, à quatorze kilomètres au nord-est de Richmond. Bien qu'ils fussent à demi morts de faim, par manque de rations, les combattants sudistes étaient encore pleins d'ardeur. Après deux jours d'escarmouches, en cette fin du mois de mai, les yankees obliquèrent encore une fois vers le sud, avançant comme toujours vers leur gauche, afin de maintenir un axe de ravitaillement, court mais sûr, le long des rivières à marée que contrôlait leur marine.

1. Les soldats de ces régiments ne rentraient pas tous chez eux. Certains s'étaient rengagés à titre individuel et la période de certains autres n'était pas encore terminée. Les hommes appartenant à ces catégories furent incorporés à d'autres régiments du même État que leur régiment d'origine.

L'objectif de Grant était un carrefour poussiéreux appelé Cold Harbor, près de là où avait eu lieu la bataille de Gaines' Mill en 1862. La cavalerie de Sheridan s'empara de l'endroit le 31 mai, après un combat acharné contre son homologue sudiste, laquelle avait à sa tête le propre neveu de Lee, Fitzhugh Lee. Le lendemain, malgré une contre-attaque de l'infanterie confédérée, les hommes de Sheridan tinrent bon jusqu'à l'arrivée des fantassins de l'Union qui repoussèrent les rebelles. Durant la nuit du 1er au 2 juin, les deux armées gagnèrent les lieux à leur tour et se retranchèrent l'une en face de l'autre, le long d'une ligne de onze kilomètres qui allait de la Topopotomy à la Chickahominy. Pour ne pas être en reste, Grant, qui savait que les rebelles avaient été renforcés par des troupes postées au sud de la James River, détacha un des corps d'armée de Butler de ce même secteur. A Cold Harbor, cinquante-neuf mille confédérés avaient en face d'eux cent neuf mille fédéraux. Les deux armées avaient donc reconstitué à peu de chose près les effectifs avec lesquels elles avaient commencé la campagne, il y avait quatre longues semaines.

Cette trentaine de jours avait été non seulement sanglante au-delà de tout ce qu'on avait déjà connu, mais aussi exténuante. Les fédéraux avaient perdu quelque quarante-quatre mille hommes, les confédérés dans les vingt-cinq mille[1]. On avait désormais affaire à un nouveau type de conflit inexorable et incessant. Ces deux armées s'étaient précédemment livré plusieurs grandes batailles dans les règles, suivies de la retraite de l'une ou de l'autre derrière le fleuve le plus proche, ce qui permettait aux deux camps de reprendre haleine et de récupérer avant de continuer la lutte. Depuis le début de cette campagne, en revanche, jamais les deux armées n'avaient cessé d'être en contact. Il n'y avait presque pas eu un jour, et fort peu de nuits, qui ne fussent marqués par une forme quelconque d'affrontement, accompagné de longues heures de marche et de travaux de terrassement. L'épuisement mental et physique commença à faire des ravages ; les officiers et les hommes souffraient de ce qu'on devait appeler, lors de guerres ultérieures, « psychose traumatique ». Deux des commandants de corps d'armée de Lee, qui n'avaient pas été blessés, A.P. Hill et Richard Ewell, connurent un effondrement momentané durant la campagne et il fallut remplacer Ewell par Jubal Early. Lee se sentit très mal pendant une semaine entière. Du côté de l'Union, un officier nota qu'en l'espace de trois semaines, les hommes « étaient devenus maigres et égarés. En vingt jours, ils semblaient avoir vieilli de vingt ans ». « Plus d'un homme est devenu fou depuis le début de cette campagne, renchérit le capitaine Oliver

---

1. Étant donné qu'il n'existe pas d'archives concernant les pertes globales subies par les sudistes durant cette campagne, les chiffres cités ici pour l'armée de Lee sont tout au plus une estimation.

Wendell Holmes Jr., en raison de la terrible tension à laquelle sont soumis et l'esprit et le corps[1]. »

Grant avait tout cela présent à l'esprit, tandis qu'il mûrissait son nouveau plan d'action. S'il tentait une nouvelle manœuvre de contournement vers la gauche, il risquait d'empêtrer son armée dans les plaines alluviales de la Chickahominy, où McClellan avait naguère connu bien des déboires. Et de toute façon, cela ne servirait qu'à faire reculer Lee jusqu'aux défenses de Richmond, qui avaient été si solidement renforcées durant les deux dernières années que l'habituel avantage défensif des fortifications de campagne en serait doublé. Une autre douzaine de régiments devaient quitter l'armée de l'Union lorsque leur période arriverait à expiration, au mois de juillet, facteur qui plaidait lui aussi contre l'idée de différer l'affrontement décisif. Grant ne cherchait nullement à livrer une guerre d'usure — même si de nombreux historiens ont rangé à tort sa campagne dans cette catégorie. Depuis le début, au contraire, il s'était efforcé par ses manœuvres d'obliger Lee à livrer un combat à découvert, dans lequel la supériorité numérique des nordistes et leur plus grande puissance de feu seraient à même de terrasser l'ennemi. C'était Lee qui avait transformé la lutte en guerre d'usure, par l'habileté avec laquelle il avait répondu à chacun des mouvements de Grant, lui présentant à chaque détour du chemin une défense retranchée. Quoique ulcéré de devoir ainsi laisser l'initiative à son adversaire, Lee savait que sa stratégie défensive causait deux fois plus de pertes aux fédéraux qu'à sa propre armée. Une telle saignée pourrait peut-être dissuader les électeurs du Nord de réélire Lincoln, ce qui mettrait fin à la guerre. Pour éviter une telle éventualité, Grant s'était juré de régler le sort de la guerre sur ce front, même si cela devait lui prendre tout l'été. Or, « ce front », c'était désormais Cold Harbor où une attaque réussie avait des chances de déboucher sur la victoire finale. Battus, les confédérés seraient repoussés sur la Chickahominy et peut-être même anéantis. Grant savait que les rebelles étaient las et affamés ; ses hommes aussi, bien sûr, mais il croyait qu'ils avaient un moral légèrement meilleur. « L'armée de Lee est vraiment battue, avait-il écrit à Halleck quelques jours plus tôt. Les prisonniers que nous faisons à présent le montrent bien et le comportement de son armée ne permet pas de s'y tromper. Impossible d'avoir avec eux un combat hors des retranchements. Nos hommes ont le sentiment d'avoir pris un avantage moral sur l'ennemi et attaquent avec confiance[2]. » Grant ordonna donc un assaut à l'aube le 3 juin.

L'issue de cette attaque révéla son erreur : l'armée de Lee n'était nullement battue et les hommes de Grant furent loin de monter en ligne

1. Catton, *A Stillness at Appomattox*, p. 138 ; Mark DeWolfe Howe (éd.), *Touched with Fire : Civil War Letters and Diary of Oliver Wendell Holmes Jr., 1861-1864* (Cambridge, Mass., 1946), p. 149-150.
2. *O.R.*, sér. I, vol. 36, 3e partie, p. 206.

DE SPOTSYLVANIA A PETERSBURG

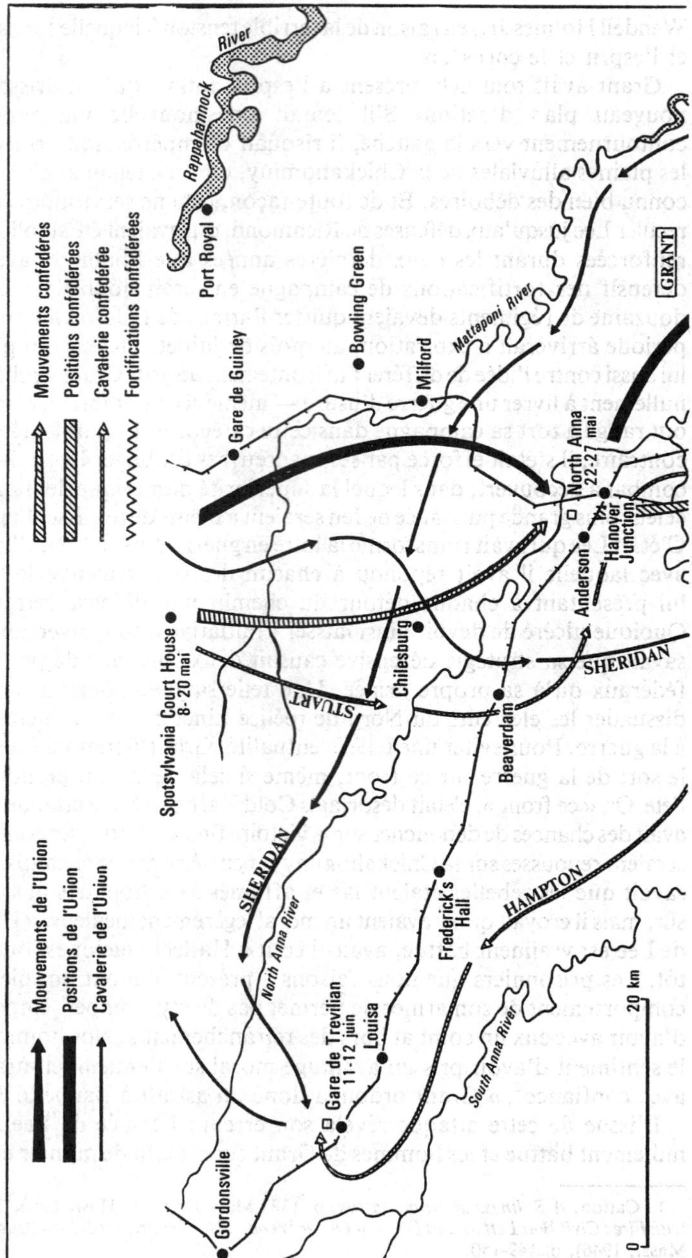

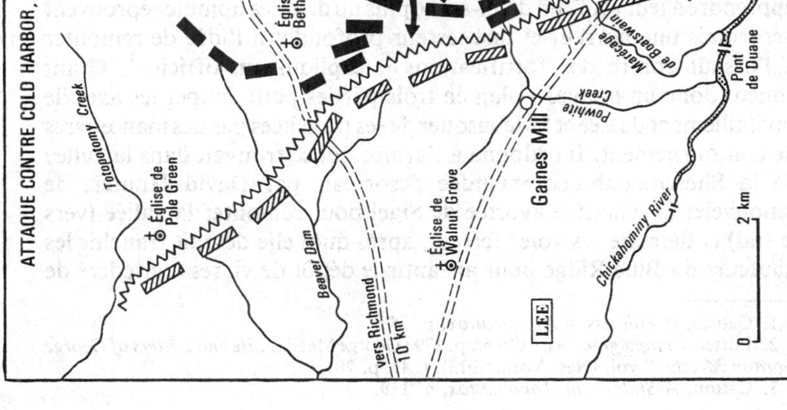

ATTAQUE CONTRE COLD HARBOR, 3 JUIN

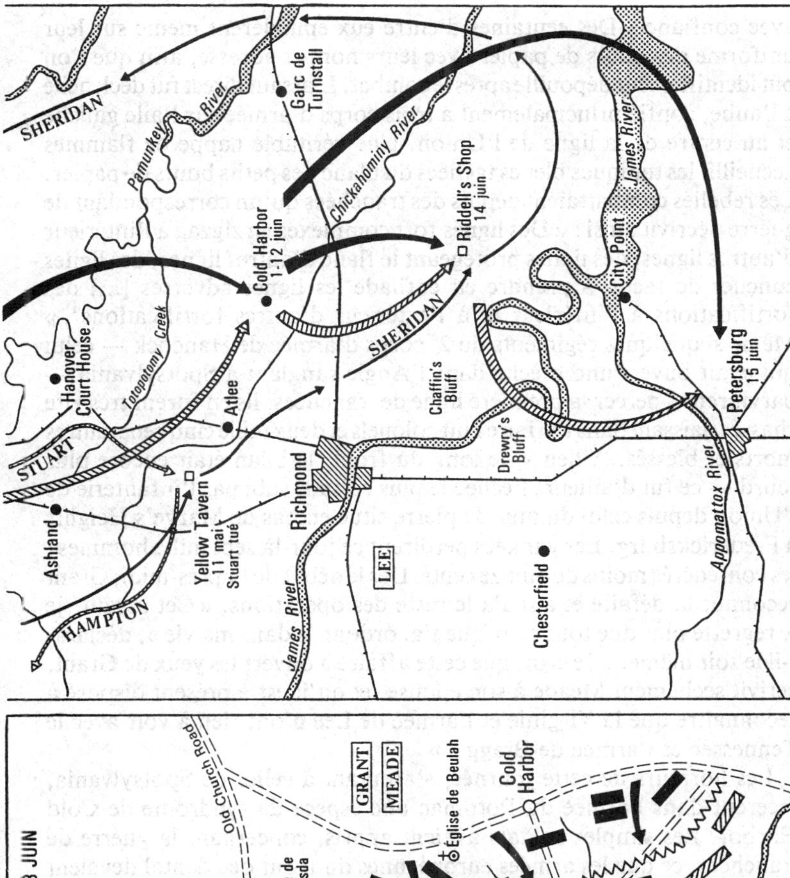

avec confiance. Des centaines d'entre eux épinglèrent même sur leur uniforme des bouts de papier avec leurs nom et adresse, afin que l'on pût identifier leur dépouille après le combat. L'assaut direct fut déclenché à l'aube, confié principalement à trois corps d'armée sur l'aile gauche et au centre de la ligne de l'Union. Une véritable nappe de flammes accueillit les tuniques bleues tachées du blanc des petits bouts de papier. Les rebelles combattaient depuis des tranchées qu'un correspondant de guerre décrivit ainsi : « Des lignes fort complexes en zigzag à l'intérieur d'autres lignes, des lignes protégeant le flanc d'autres lignes, des lignes conçues de façon à prendre en enfilade les lignes adverses [...] des fortifications à l'intérieur et à l'extérieur d'autres fortifications[1]. » Même si quelques régiments du 2e corps d'armée de Hancock — celui qui avait ouvert une brèche dans l'Angle sanglant à Spotsylvania — parvinrent à percer la première ligne de tranchées, ils en furent très vite chassés, laissant dans l'affaire huit colonels et deux mille cinq cents autres morts et blessés. Ailleurs, le long du front, le bilan était encore plus lourd — ce fut d'ailleurs l'échec le plus cuisant subi par l'infanterie de l'Union depuis celui du mur de pierre situé en bas de Marye's Heights à Fredericksburg. Les yankees perdirent ce jour-là sept mille hommes ; les confédérés moins de quinze cents. Dès le début de l'après-midi, Grant reconnut la défaite et annula le reste des opérations. « Cet assaut, je le regrette plus que tous ceux que j'ai ordonnés dans ma vie », déclara-t-il le soir même. « Je crois que cette affaire a ouvert les yeux de Grant, écrivit sèchement Meade à son épouse, et qu'il est à présent disposé à reconnaître que la Virginie et l'armée de Lee n'ont rien à voir avec le Tennessee et l'armée de Bragg[2]. »

Les horreurs de cette journée, s'ajoutant à celles de Spotsylvania, créèrent dans l'armée du Potomac une espèce de syndrome de Cold Harbor. Les simples soldats avaient appris, concernant la guerre de tranchées, ce que les armées européennes du front occidental devaient apprendre à leur tour, un demi-siècle plus tard. « Les hommes éprouvent désormais une horreur et une terreur profondes à l'idée de remonter à l'assaut contre des fortifications », expliqua un officier[3]. Grant conçut donc un nouveau plan en trois parties pour couper les axes de ravitaillement de Lee et le débusquer de ses tranchées par des manœuvres de contournement. Il ordonna à l'armée qui se trouvait dans la vallée de la Shenandoah, commandée désormais par David Hunter, de renouveler la tentative avortée de Sigel pour remonter la vallée (vers le sud) et détruire ses voies ferrées, après quoi elle devrait franchir les hauteurs du Blue Ridge pour anéantir le dépôt de vivres confédéré de

1. Catton, *A Stillness at Appomattox*, p. 159.
2. Porter, *Campaigning with Grant*, p. 179 ; George Meade, *Life and Letters of George Gordon Meade*, 2 vol. (New York, 1913), t. II, p. 201.
3. Catton, *A Stillness at Appomattox*, p. 159.

Lynchburg et poursuivre sa route vers l'est en direction de Richmond, détruisant au passage les chemins de fer et le canal de la James River. Parallèlement, Sheridan devait emmener deux divisions de cavalerie vers l'ouest démanteler ces mêmes voies ferrées par l'autre bout, puis rejoindre Hunter à mi-chemin pour se livrer avec ses troupes à un maximum de destructions, avant de retrouver l'armée du Potomac quelque part au sud de Richmond. Pendant ce temps, Grant comptait se retirer de Cold Harbor, ordonner à ses hommes une marche accélérée pour aller traverser la James River, saisir Petersburg, avec son noyau de voies ferrées qui reliaient Richmond au Sud, et forcer Lee à s'avancer à découvert.

Les unités fédérales accomplirent impeccablement la première étape de chacune des parties de ce plan compliqué, mais ensuite les vigoureuses réactions confédérées, favorisées par les défaillances de certains commandants subalternes des forces de l'Union, mirent un terme à chacune des trois entreprises. Dans la vallée de la Shenandoah, les quinze mille hommes de Hunter représentaient son premier commandement sur le terrain depuis sa blessure à la bataille du Bull Run en 1861. Jusqu'à présent son principal titre de gloire, dans le conflit, avait été sa tentative avortée d'abolir l'esclavage dans le sud de la côte atlantique et d'y lever le premier régiment noir, en 1862. Il était donc très désireux de remporter un succès militaire. Le 5 juin, à Piedmont, en Virginie — à mi-chemin entre Harrisonburg et Staunton —, ses hommes lui permirent de partir du bon pied en maîtrisant facilement une force rebelle moins nombreuse, dont ils tuèrent le commandant et capturèrent plus de mille hommes. Hunter, après avoir traversé Staunton, poursuivit sa route en direction de Lexington, où se trouvait l'Institut militaire de Virginie.

Chemin faisant, ses hommes détruisirent bien autre chose que des ressources militaires. Beaucoup d'entre eux avaient passé la guerre à se battre contre des bandes de francs-tireurs dans l'ouest de la Virginie. John Singleton Mosby était le plus célèbre d'entre eux. Cet homme minuscule, mais impavide, qui dix ans auparavant avait été expulsé de l'université de Virginie et emprisonné pour avoir abattu un de ses condisciples, avait étudié le droit en prison, été grâcié par le gouverneur et était devenu avocat. Après avoir servi en tant qu'éclaireur dans la cavalerie de Jeb Stuart, Mosby avait réuni une compagnie de maquisards, conformément à la loi de 1862 sur les résistants armés et montés. Sa renommée s'étendit grâce à des exploits tels que la capture d'un général de l'Union dans son lit à dix kilomètres de Washington en mars 1863. Ne se montant jamais à plus de huit cents hommes, les partisans de Mosby opéraient par escouades de vingt à quatre-vingts hommes ; ils attaquaient les avant-postes, les convois de fourgons et les traînards de l'Union avec tant de férocité et d'efficacité que l'on finit par surnommer des comtés entiers du nord de la Virginie la Confédération de Mosby. Il était impossible d'y faire circuler des ravitaillements pour l'Union autrement que sous très bonne escorte.

Les sudistes idolâtraient les partisans de Mosby et bien d'autres groupes de résistants de Virginie, en raison de leur hardiesse et de leur fougue. Les soldats nordistes ne les voyaient pas du même œil. Une tunique bleue, remplie d'acrimonie, les dépeignit ainsi :

> [Ce sont] d'« honnêtes fermiers » qui ont prêté à quelques reprises le serment d'allégeance [à l'Union, puis qui se sont] armés de tout ce qui leur est tombé sous la main — pistolets, sabres, carabines, fusils, etc. — et qui, une fois montés et vêtus en civils, se mettent en tête de tendre une embuscade à quelque pauvre diable de tunique bleue. S'ils peuvent en attraper quelques-uns en quête de baies, sans armes, leur courage brille — ils les prennent et les tuent sur-le-champ [...]. Mais s'ils tombent sur un groupe de soldats, ils plongent dans les bois, cachent leurs armes et « filent » vers une maison quelconque[...]. Le vaillant chevalier des damoiselles du Sud, Mosby, continue à surgir pour s'attaquer aux vivandiers, lorsqu'il peut en trouver sans escorte ou accidentés, et il les prend généralement sans perdre un seul homme. De temps à autre une ambulance ou deux, remplies de malades, sont aussi capturées par lui sans dommage[1].

Les soldats de l'Union ne risquaient donc guère de traiter avec ménagements les partisans qu'ils parvenaient à prendre, non plus que la population civile parmi laquelle — pour reprendre la formule de Mao Tsé-toung — ces rebelles nageaient comme des poissons dans l'eau. Pendant que Hunter avançait dans la vallée de la Shenandoah, les maquisards grouillaient autour de ses fourgons de ravitaillement. Plus il s'éloignait de sa base, plus ses communications devenaient vulnérables. Pendant un mois entier, après le 20 mai, un seul convoi de fourgons parvint à passer. Excités par une colère qui croissait avec la faim, les hommes de Hunter se mirent à piller les civils avec sauvagerie et à brûler ce qu'ils ne prenaient pas. Lorsqu'ils arrivèrent à Lexington, le 12 juin, les soldats étaient d'une humeur massacrante. Non contents de mettre la ville à sac, ils commencèrent à terroriser la population ; la destruction des installations militaires dégénéra en incendie de l'Institut militaire de Virginie et de la demeure du gouverneur en titre, qui avait récemment appelé la population à prendre les armes et à résister. Pour justifier cette conduite, un soldat de l'Union écrivit : « Beaucoup de femmes ont l'air triste et versent d'abondantes larmes devant les destructions. Nous avons le sentiment que c'est le Sud qui a voulu la guerre et que l'État de Virginie est en train de payer cher la part qu'il y a prise[2]. »

---

1. Lettres d'un soldat du 122ᵉ régiment de New York dans le *Syracuse Daily Journal*, 10 août 1863, 19 septembre 1864, citées par David B. Swinfen, *Ruggles' Regiment : The 122nd New York Volunteers in the American Civil War* (Hanover, N.H., 1982), p. 91.
2. Virgil Carrington Jones, *Gray Ghosts and Rebel Raiders*. 2 vol. (édition Mockingbird Books, Atlanta, 1973), t. II, p. 73.

A court de munitions, parce qu'on ne pouvait plus lui en faire parvenir, Hunter laissa Lexington en flammes et poursuivit en direction de Lynchburg. Lee prit très au sérieux cette menace qui pesait sur son arrière. Pour y faire face, il renvoya Jubal Early et l'ancien corps d'armée de Jackson sur le terrain de leurs plus beaux exploits, deux ans auparavant. Quoique réduits par les pertes à quelque dix mille hommes, les vétérans d'Early mettaient les effectifs des confédérés à Lynchburg à égalité numérique avec les quinze mille hommes de Hunter. Ce dernier sonda les défenses de Lynchburg les 17 et 18 juin, apprit l'arrivée d'Early, considéra son manque de munitions et décida de battre en retraite. Ce qu'il fit *vers l'ouest*, pénétrant en Virginie occidentale, plutôt que de se risquer à reculer le long de la vallée, avec des partisans sur ses flancs et Early sur ses talons. Il laissait du même coup la vallée grande ouverte aux confédérés. Estimant qu'Early obligerait Grant à détacher un surcroît de troupes s'il restait sur place au lieu de regagner le front de Richmond, Lee autorisa son subordonné à imiter l'exemple de Jackson en utilisant la vallée comme une avenue permettant de menacer le Maryland et Washington. Hunter passa le restant de la guerre à tenter de justifier sa décision de battre en retraite vers la Virginie occidentale, mais il ne tarda pas à perdre et son commandement et sa réputation.

Le raid de Sheridan connut un sort à peine meilleur que l'expédition de Hunter. Lee envoya cinq mille de ses cavaliers barrer la route aux sept mille nordistes. Les condéférés avaient désormais à leur tête Wade Hampton, un planteur de Caroline du Sud qui avait la réputation d'être l'homme le plus riche du Sud et qui avait d'ores et déjà été blessé trois fois au cours du conflit. Ayant rattrapé les fédéraux à près de cent kilomètres au nord-ouest de Richmond, les cavaliers gris leur livrèrent combat près de Trevilian Station les 11 et 12 juin. Avec vingt pour cent de pertes de part et d'autre, ce fut l'action de cavalerie la plus meurtrière de la guerre. Du côté de l'Union, une brigade du Michigan, sous les ordres de George Armstrong Custer[1] se distingua par son ardeur. Sheridan parvint à tenir les tuniques grises en respect, tandis que ses hommes arrachaient les rails de la voie ferrée, mais il renonça à l'idée d'opérer la jonction prévue avec Hunter et les sudistes eurent tôt fait de réparer les dégâts.

Pendant ce temps, l'armée du Potomac au grand complet se retira de Cold Harbor dans la nuit du 12 au 13 juin. Tandis qu'un des corps d'armée gagnait la James River par bateau, les quatre autres passèrent par voie de terre, protégés par l'unique division de cavalerie que Sheridan

1. Officier de cavalerie d'une grande agressivité au cours des deux dernières années de la guerre de Sécession, Custer devint — tristement — célèbre en combattant les Indiens à la frontière après le conflit. En 1876, lors d'une campagne contre les Sioux dans le territoire du Montana, il entraîna une partie du septième régiment de cavalerie dans un piège près de la rivière de Little Big Horn, où il fut tué le 26 juin avec deux cent soixante-quatre de ses hommes ; ce fut la défaite la plus cinglante jamais essuyée par l'armée américaine dans ses guerres contre les Indiens.

avait laissée derrière lui. L'opération, accompagnée de feintes en direction de Richmond pour troubler Lee, fut exécutée avec une telle maestria que le commandant confédéré passa plusieurs jours à se demander quelles étaient les intentions de Grant. Moyennant quoi, le génie de l'Union eut le temps de construire ce qui fut peut-être le plus long ponton de toute l'histoire militaire, puisqu'il mesurait sept cents mètres ; il était solidement ancré de façon à résister aux courants très violents, ainsi qu'au flux et reflux de la marée qui faisait varier d'un mètre vingt le niveau de l'eau. Le 14 juin, les tuniques bleues commencèrent à franchir la James et le lendemain deux corps d'armée avancèrent sur Petersburg que tenait Beauregard, avec une force improvisée de deux mille cinq cents hommes. Grant s'était inspiré de sa propre campagne de Vicksburg pour se porter sur l'arrière de l'ennemi avant que celui-ci n'eût compris où il voulait en venir.

Le dénouement, cependant, fut bien différent de ce qu'il avait été dans l'Ouest, d'une part parce que les commandants de corps d'armée de Grant ne furent pas à la hauteur de ce qu'il attendait d'eux, et de l'autre parce que Beauregard et Lee n'étaient pas Pemberton et Johnston. Les premiers soldats de l'Union à atteindre Petersburg furent ceux du 18ᵉ corps d'armée, que Grant avait emprunté à Butler deux semaines auparavant pour l'assaut de Cold Harbor. Ils avaient à leur tête William F. « Baldy » Smith (autrement dit Smith le Chauve) qui s'était querellé avec Butler et n'avait guère brillé sur ce théâtre. Voyant poindre l'occasion de sauver sa réputation, Smith devint de plus en plus circonspect à mesure qu'il approchait de Petersburg et en observait la redoutable ligne défensive : seize kilomètres de fortifications, épaisses de sept mètres, et de tranchées, devant lesquelles avaient été creusés des fossés de cinq mètres, le tout reliant cinquante-cinq redans d'artillerie hérissés de canons. Ayant pu constater, à Cold Harbor, ce qui arrivait à des soldats attaquant des défenses beaucoup moins imposantes que celles-là, Smith s'arrêta, sans se rendre compte que Beauregard n'avait qu'une poignée d'hommes pour les tenir. Finalement, les forces de l'Union montèrent à l'assaut alors que le soleil baissait vers l'horizon et s'emparèrent facilement de près de deux kilomètres de ligne et de seize canons. L'une des trois divisions de Smith était composée de soldats noirs qui reçurent là leur baptême du feu et se comportèrent vaillamment. Alors qu'un beau clair de lune illuminait les tranchées capturées, Smith prêta l'oreille aux rumeurs annonçant l'arrivée de renforts envoyés par Lee et renonça à poursuivre. « En cette heure, Petersburg était clairement à la merci du commandant fédéral qui l'avait pour ainsi dire prise », devait noter Beauregard après la guerre[1].

Les trois jours suivants abondèrent eux aussi en occasions manquées. Dans la nuit du 15 au 16 juin, les survivants de Beauregard retranchèrent

1. P.G.T. Beauregard, « Four Days of Battle at Petersburg », *Battles and Leaders*, t.IV, p .541.

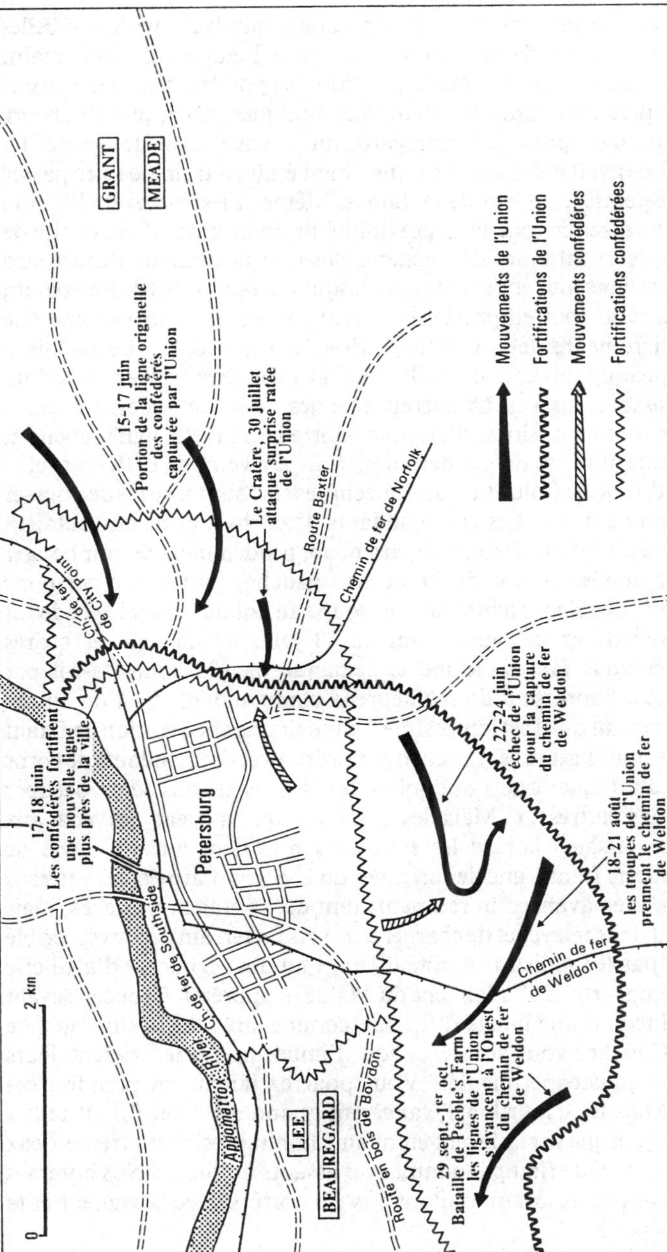

ATTAQUES CONTRE PETERSBURG

en désespoir de cause une nouvelle ligne, tandis que deux divisions rebelles arrivaient du nord de la James River pour l'étayer. Le lendemain, deux nouveaux corps d'armée de l'Union se portèrent sur les lieux et en fin d'après-midi, quarante-huit mille tuniques bleues prirent encore un tronçon des lignes de Beauregard, mais sans réussir de percée. Le 17 juin, Lee avait enfin compris que Grant était en train de faire passer son armée entière au sud de la James. Même si les forces de l'Union laissèrent passer ce jour-là la possibilité de contourner l'aile droite de l'ennemi, leurs attaques décousues obligèrent néanmoins Beauregard à reculer sa ligne tout entière presque jusqu'aux faubourgs de Petersburg durant la nuit, tout en proclamant avec son goût du mélodrame que « la dernière heure de la Confédération était arrivée[1] ». Le 18 juin à l'aube, quelque soixante-dix mille fédéraux foncèrent devant eux d'un pas mal assuré, mais ne trouvèrent que des tranchées vides. Le temps de se remettre en position d'attaque contre la nouvelle ligne rebelle et Lee, avec la plupart de ses hommes, était arrivé pour la défendre.

Le syndrome de Cold Harbor empêcha les soldats nordistes de pousser à fond leurs assauts. Les commandants de corps d'armée exécutaient les ordres à une allure d'escargot, attendant prudemment de voir bouger les autres unités sur leur droite ou leur gauche, si bien que personne n'avançait. Le célèbre tempérament soupe au lait du général Meade fut très en vedette en cet après-midi du 18 juin. « Quels autres ordres d'attaquer vous faut-il, je me le demande bien ? » tempêta-t-il par télégraphe à l'adresse d'un malheureux commandant. Et à un autre : « M'apercevant qu'il est impossible d'obtenir une coopération en fixant une heure pour l'attaque, j'ai envoyé l'ordre aux commandants de corps d'armée d'attaquer quels que soient les risques et sans se préoccuper les uns des autres[2]. » Mais les hommes qui avaient survécu aux précédents assauts contre les tranchées n'avaient aucune envie de recommencer. Dans l'une des brigades du 2e corps d'armée, les vétérans voulurent bien avancer en rampant, tant qu'ils étaient protégés, mais refusèrent de se relever et de charger à travers un terrain découvert criblé de balles par les sudistes. A côté d'eux, l'un des régiments d'artillerie lourde reconverti, le 1er régiment du Maine, s'apprêtait à foncer devant lui, à la façon d'une image d'Épinal, comme aux plus beaux jours de 1861. « Couchez-vous donc, bande d'imbéciles, leur crièrent leurs camarades plus expérimentés. Vous pourrez jamais les prendre, ces forts ! » Mais les « lourds » s'élancèrent quand même et furent taillés en pièces, puisque sur huit cent cinquante hommes, six cent trente-deux tombèrent. Meade finit par annuler ces assauts inutiles. « Nos hommes sont fatigués et les attaques n'ont pas été portées avec la vigueur et la

1. Catton, *A Stillness at Appomattox*, p. 196.
2. *O.R.*, sér. I, vol. 40, 2e partie, p. 179, 205.

force qui caractérisaient nos combats dans la Wilderness ; si cela avait été le cas, je crois que nous aurions mieux réussi. » Grant partageait cet avis : « Nous allons laisser les hommes se reposer et manier la pelle pour se protéger, jusqu'à ce que l'on ait trouvé un nouveau filon[1]. »

Ainsi prit fin une campagne de sept semaines, ponctuée de manœuvres et de batailles, dont la brutale intensité n'eut pas d'égale dans la guerre. Comment s'étonner du fait que l'armée du Potomac n'eût pas combattu à Petersburg avec « la vigueur et la force » dont elle avait fait preuve dans la Wilderness ? Ce n'était plus la même armée. Bon nombre de ses soldats les meilleurs et les plus courageux avaient été tués ou blessés ; des milliers d'autres, dont la période d'engagement avait pris fin ou arrivait à expiration, avaient quitté le front ou rechignaient à risquer leur vie durant les quelques jours qui leur restaient à accomplir. Quelque soixante-cinq mille jeunes nordistes avaient été tués, blessés ou portés disparus depuis le 4 mai. Ce chiffre représentait les trois cinquièmes du total des pertes enregistrées par l'armée du Potomac au cours des *trois années précédentes*. Quelle armée aurait pu subir une telle épreuve et conserver sa vaillance au combat ? « Depuis trente jours, je n'ai vu passer qu'un long cortège funèbre, s'écria le général gouverneur K. Warren, qui commandait le 5ᵉ corps d'armée, et c'en est trop[2] ! »

La population du Nord était-elle capable d'encaisser de telles pertes et de continuer à soutenir la guerre ? Les marchés financiers étaient pessimistes ; l'or grimpa en flèche pour atteindre le taux ruineux de deux cent trente. Un général de l'Union, rentré chez lui pour un congé de maladie, trouva « un profond découragement dans tout le Nord, une grande répugnance envers le recrutement, une vive disposition à la paix[3] ». Les démocrates commencèrent à s'en prendre à Grant qu'ils traitaient de « boucher », de « Souvorov au mufle de taureau », qui sacrifiait la fine fleur de la jeunesse américaine au dieu pervers de l'abolition. « Le patriotisme a fait son temps, proclamait un journal démocrate. Chaque heure qui passe ne sert qu'à nous enfoncer davantage dans la banqueroute et la désolation. » Il n'y avait pas jusqu'à l'épouse de Benjamin Butler qui ne se demandât : « A quoi servent cette lutte et tous ces combats ? A quoi servent la ruine et la mort qui frappent des milliers de familles [...] ? Quel progrès de l'humanité viendra compenser ces horribles calamités[4] ? »

---

1. Catton, *A Stillness at Appomattox*, p. 198, 199 ; *O.R.*, sér. I, vol. 40, 2ᵉ partie, p. 156-157.
2. George R. Agassiz (éd.), *Meade's Headquarters, 1863-1865 ; Letters of Colonel Theodore Lyman* (Boston, 1922), p. 147.
3. Lettre de John H. Martindale à Benjamin Butler, 5 août 1864, citée par Jesse A. Marshall (éd.), *Private and Official Correspondence of General Benjamin F. Butler during the Period of the Civil War*, 5 vol. (Norwood, Mass., 1917), t. V, p. 5.
4. Frank L. Klement, *The Copperheads in the Middle West* (Chicago, 1960), p. 233 ; lettre de Mrs. Sarah Butler à Benjamin Butler, 19 juin 1864, citée par Marshall (éd.), *Correspondence of Benjamin Butler*, t. IV, p. 418.

Lincoln tenta de répondre à ces douloureuses questions dans un discours prononcé à Philadelphie, le 16 juin, à l'occasion d'une fête organisée par la commission sanitaire pour réunir des fonds. Il reconnut que cette « guerre affreuse » avait « porté le deuil dans presque tous les foyers, au point qu'on [pouvait] presque dire que “les cieux [étaient] tendus de noir” ». A la question qui était sur toutes les lèvres : « Quand finira la guerre ? » Lincoln répondit : « Nous avons accepté cette guerre avec [un] objectif valable [qui est] de rétablir l'autorité fédérale sur tout le domaine national [...] et la guerre prendra fin quand cet objectif sera atteint. Dieu m'est témoin que j'espère qu'elle ne se terminera pas avant. [Vives acclamations.] Le général Grant aurait dit, m'a-t-on rapporté : C'est le long de cette ligne que je percerai, même si cela doit prendre tout l'été. [Acclamations.] Je dis, moi, que c'est là que nous percerons même si cela doit prendre encore trois ans. » (Acclamations.) En dépit des acclamations, cet appel spartiate en faveur d'un combat à mort ne dut guère apporter de réconfort à une grande partie de l'auditoire[1].

Dans son discours, Lincoln fit l'éloge de Grant qui s'était assuré « une position d'où il ne [serait] jamais délogé tant que Richmond ne [serait] pas tombée ». Et en effet, en dépit des pertes atroces qu'elle avait subies, l'armée du Potomac avait infligé un pourcentage de pertes analogue (au moins trente-cinq mille hommes) à l'armée moins nombreuse de Lee, l'avait fait reculer de cent trente kilomètres vers le sud, avait interrompu en partie les communications du général sudiste avec le reste de la Confédération, l'avait immobilisé dans une position défensive entre Richmond et Petersburg et avait enrayé la célèbre mobilité de l'armée de Virginie septentrionale. Lee était loin de sous-estimer l'importance de ce qu'avait accompli l'ennemi. A la fin de mai, il avait confié à Jubal Early : « Nous devons détruire l'armée de Grant avant qu'elle n'atteigne la James River. S'il arrive jusque-là, cela se transformera en siège, et alors ce ne sera plus qu'une question de temps[2]. »

II

Il était certain qu'à longue échéance, Lee et le Sud seraient incapables de soutenir un siège. Mais à brève échéance — trois ou quatre mois — le temps travaillait plutôt pour la Confédération, car dans le Nord l'élection présidentielle approchait. En Géorgie, tout autant qu'en Virginie, les rebelles s'efforçaient donc de gagner du temps. A la fin de juin, Joe Johnston et Atlanta tenaient toujours face à Sherman, en dépit du fait que les yankees s'étaient enfoncés en Géorgie sur

1. *CWL*, t. VII, p. 394-395.
2. *CWL*, p. 396 ; Foote, *Civil War*, t. III, p. 442.

cent trente kilomètres, pour faire pendant à l'avance réussie en Virginie.

Tandis que Grant et Lee cherchaient à se détruire ou à s'estropier mutuellement, par armées interposées, Sherman et Johnston engagèrent un duel de manœuvres, à la recherche d'un avantage qu'aucun des deux ne put s'assurer. Alors que Grant n'en finissait pas de contourner l'aile droite de Lee après de rudes combats, Sherman, lui, n'en finissait pas de contourner la gauche de Johnston sans l'ombre d'un engagement. Ce contraste entre les stratégies tenait au terrain et à la personnalité des deux commandants. A l'encontre de Lee, que seule la nécessité contraignait à s'en tenir à une stratégie défensive, Johnston la préférait par tempérament. Il semblait partager avec son ami d'avant la guerre, George McClellan, une répugnance innée à lancer ses troupes dans un combat total ; peut-être était-ce pour cette raison qu'il était idolâtré par ses hommes, comme l'avait été McClellan. En Virginie, en 1862, Johnston s'était retiré de Manassas sans combattre et de Yorktown presque jusqu'à Richmond en se battant le moins possible. Dans le Mississippi, pas une seule fois il n'avait été aux prises avec Grant à Vicksburg. Cette espèce de refus de se battre tant que tout n'était pas exactement comme il le fallait était peut-être enraciné dans la personnalité du général sudiste. Durant la guerre, une histoire courut sur une visite de Johnston dans une plantation pour une partie de chasse au canard. Bien qu'il eût la réputation d'être un tireur d'élite, il ne tira pas un seul coup de feu. « Les oiseaux volaient trop haut ou trop bas — les chiens étaient trop loin ou trop près — jamais les choses n'étaient à son gré. Il avait [...] peur de manquer et de risquer sa belle réputation[1]. » Au printemps de 1864, Jefferson Davis poussait Johnston à tenter une manœuvre quelconque contre Sherman, avant que ce dernier ne l'attaquât. Mais Johnston préférait attendre derrière ses défenses que Sherman se fût avancé si près qu'il ne pourrait pas le rater.

Le nordiste, cependant, refusa de lui faire cette faveur. Bien qu'il passât pour un homme féroce, « Oncle Billy » (comme l'appelait ses hommes) n'avait guère de goût pour les combats acharnés : « [Leur] gloire n'est qu'un leurre, déclarait-il, le succès le plus brillant est remporté sur des cadavres mutilés, ponctué par la détresse et les lamentations des familles au loin[2]. » La force d'invasion de Sherman consistait en trois « armées » regroupées sous son commandement suprême : l'armée du Cumberland, sous George Thomas, forte à cette date de soixante mille hommes, les 11e et 12e corps de l'armée du Potomac lui ayant été incorporés ensemble pour former le 20e corps ; vingt-cinq mille hommes appartenant à l'armée du Tennessee, qui avait été la première armée

1. Woodward. *Chestnut's Civil War*, p. 268.
2. Basil H. Liddell Hart, *Sherman : Soldier, Realist, American* (New York. 1929) p. 402.

de Grant, puis celle de Sherman, et qui avait désormais à sa tête leur jeune protégé à tous deux, James B. McPherson ; et enfin le corps d'armée de treize mille hommes de George M. Schofield, qu'on appelait l'armée de l'Ohio et qui avait participé à la libération du Tennessee oriental à l'automne précédent. Cette armée hétéroclite dépendait pour son ravitaillement d'un chemin de fer à une seule voie très vulnérable. La topographie du nord de la Géorgie était encore mieux adaptée à une stratégie défensive que celle de la Virginie. Des montagnes abruptes et escarpées, entrecoupées de fleuves rapides, dominaient le paysage entre Chattanooga et Atlanta. Les cinquante mille hommes de Johnston (que devaient bientôt renforcer quinze mille soldats venus d'Alabama) prirent position sur la crête de Rocky Face Ridge, qui longeait la voie ferrée à quarante kilomètres au sud de Chattanooga et mirent les yankees au défi de poursuivre leur route.

Sherman refusa de franchir ce « terrible portail de la mort ». Au lieu d'avancer, il décocha, tel un boxeur, un petit coup sec du gauche — il s'agissait de Thomas et Schofield — pour fixer l'attention de Johnston sur la crête et envoya McPherson décrire un large crochet vers la droite, à travers les cols qui trouaient les montagnes, pour aller s'abattre sur la voie ferrée à Resaca, à vingt-quatre kilomètres derrière la ligne confédérée. A la suite d'une négligence de la cavalerie de Johnston, la trouée de Snake Creek Gap n'était presque pas gardée, lorsque l'infanterie de McPherson qui progressait à vive allure s'y déversa le 9 mai. Toutefois, constatant que Resaca était protégée par de solides fortifications, le jeune général nordiste commença par de prudentes escarmouches, puis il surestima les forces qu'il avait en face de lui (il n'y avait que deux brigades) et finit par se retirer sans avoir atteint la voie ferrée. Johnston, alerté, expédia des renforts à Resaca pour parer à cette menace sur son arrière, puis il battit en retraite jusqu'à la ville avec toute son armée dans la nuit du 12 au 13 mai. Le coup grâce auquel Sherman espérait bien l'envoyer au tapis n'atteignit jamais son but. « Ma foi, Mac, déclara-t-il à McPherson penaud, vous venez de laisser passer l'occasion de votre vie[1]. »

Trois jours durant, l'armée tout entière de Sherman sonda les défenses de Resaca sans trouver la moindre faille. Une fois de plus, une partie de l'armée de McPherson décrivit un crochet vers le sud, contournant le flanc droit de l'ennemi, franchit l'Oostanaula River et retourna menacer l'axe ferroviaire vital pour Johnston. Se dérobant avec habileté, les sudistes battirent en retraite le long de la voie ferrée, s'arrêtèrent brièvement à vingt-cinq kilomètres vers le sud pour une contre-attaque avortée contre leurs poursuivants, puis parcoururent encore seize kilomètres pour gagner Cassville, où ils firent de nouveau face. Au cours

1. Lloyd Lewis, *Sherman : Fighting Prophet* (New York, 1932), p. 357.

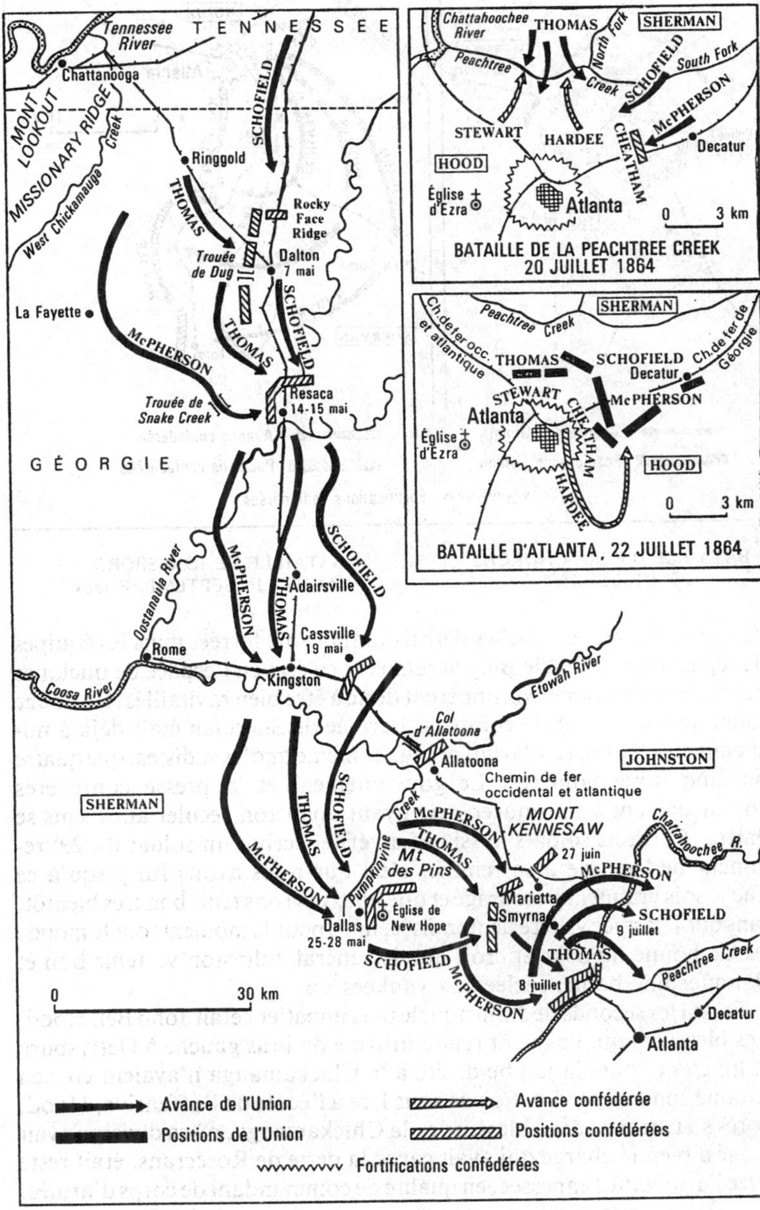

LA CAMPAGNE D'ATLANTA, MAI-SEPTEMBRE 1864

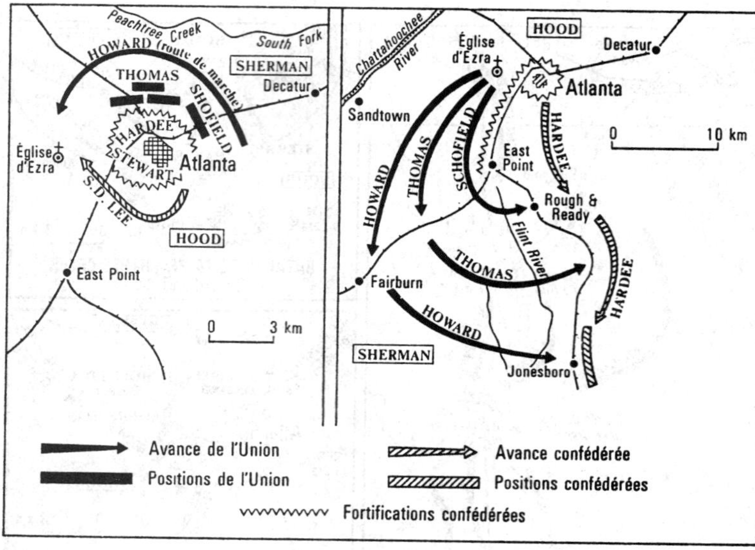

BATAILLE D'EZRA CHURCH
28 JUILLET 1864

BATAILLE DE JONESBORO
31 AOUT - 1ER SEPTEMBRE 1864

de cette retraite, les rebelles détruisirent la voie ferrée, mais les équipes de réparateurs d'Oncle Billy la remirent en état en l'espace de quelques heures et ses hommes continuèrent donc à être bien ravitaillés. En douze jours de marches et de combats, l'armée de Sherman était déjà à mi-chemin d'Atlanta, en n'ayant perdu, de même que les sudistes, que quatre ou cinq mille hommes. Le gouvernement et la presse confédérés commencèrent à murmurer, en voyant Johnston reculer ainsi sans se battre. Certains soldats aussi. « La vérité, écrivit un soldat du 29e régiment de Géorgie à sa femme, c'est que nous avons fui jusqu'à ce que je sois vraiment découragé et que nous devrons tenir bon très bientôt, sans quoi l'armée va être démoralisée, mais pour le moment tout le monde est de bonne humeur et croit que le général Johnston va tenir bon et flanquer une bonne raclée aux yankees[1]. »

Parmi les seconds de Johnston, le plus impatient était John Bell Hood. Les blessures qui l'avaient rendu infirme du bras gauche à Gettysburg et lui avait coûté la jambe droite à la Chickamauga n'avaient en rien entamé son agressivité. Formé sous Lee à l'école de l'offensive, Hood, après s'être remis de sa blessure de la Chickamauga, où sa division avait mené à bien la charge qui avait causé la perte de Rosecrans, était resté avec l'armée du Tennessee, en qualité de commandant de corps d'armée.

---

1. Samuel Carter III, *The Siege of Atlanta, 1864* (New York, 1973), p. 125.

Brûlant d'envie d'accommoder Sherman à la même sauce que Rosecrans, Hood se plaignit à Richmond, derrière le dos de son chef, de la stratégie temporisatrice de ce dernier.

A Cassville, Johnston estima enfin que le moment était venu de se battre, mais, ironie du sort, ce fut alors Hood qui se réfugia dans la prudence et fit défaut à son camp. Les troupes de Sherman, lancées à la poursuite de leurs adversaires, s'étalaient sur un front large d'une vingtaine de kilomètres, avançant le long de plusieurs routes pour aller plus vite. Johnston concentra la majeure partie de son armée sur la droite, sous les ordres de Hood et Leonidas Polk, afin de frapper deux des corps d'armée de Sherman, isolés à plus de dix kilomètres de tous les autres. Le 19 mai, il émit un ordre destiné à galvaniser ses hommes : « Vous allez à présent faire demi-tour et marcher à la rencontre des colonnes qui s'avancent [...]. Soldats, je vous conduis à la bataille. » Ces mots parurent produire l'effet voulu. « Les soldats jubilaient, devait se rappeler une recrue du 1er régiment du Tennessee. On allait piler ces yankees et les mettre en déroute[1]. » Mais la confiance ne tarda pas à céder au désarroi. Alarmé par des rapports assurant que l'ennemi s'était frayé un chemin jusqu'à son propre flanc, Hood se replia et annula l'attaque. Il apparut que cette menace consistait en tout et pour tout en un unique détachement de cavalerie de l'Union. Malheureusement, l'occasion était passée ; les rebelles adoptèrent une position défensive et durant la nuit ils reculèrent de seize kilomètres pour gagner une ligne (édifiée à l'avance par des esclaves) qui dominait la voie ferrée et l'Etowah River, par le col d'Allatoona.

Cette dernière retraite porta un rude coup au moral sudiste. Le chef d'état-major de Johnston, qui en imputait la faute à Hood, écrivit : « Je n'ai pas pu retenir mes larmes quand je me suis aperçu que nous ne pouvions pas frapper. » Des récriminations mutuelles entre Johnston et ses commandants de corps d'armée commencèrent à empoisonner l'atmosphère de l'armée, de nouveau en proie à l'esprit de faction qui avait bien failli causer sa perte sous Bragg. Au gouvernement et dans la presse, les opinions étaient tout aussi partagées : les partisans de Davis s'en prenaient à Johnston, alors que la faction hostile au Président attaquait le gouvernement, en l'accusant de fomenter les intrigues contre le général. Dans le nord de la Géorgie, les habitants s'exprimèrent avec leurs pieds en partant sur les routes pour aller se réfugier plus loin. « Presque toute la population s'en va et emmène ses nègres vers le sud, nota un Géorgien. On ne fera pousser presque aucune culture par ici cette année, ce qui va sérieusement nous atteindre pour l'année à venir,

1. Gilbert E. Govan et James W. Livingood, *A Different Valor : The Story of General Joseph E. Johnston, C.S.A.* (Indianapolis, 1956), p. 274 ; Sam R. Watkins, *« Co-Aytch » : A Side Show of the Big Show* (Éditions Collier Books, New York, 1962), p. 169.

que la guerre continue ou non[1]. » A Atlanta, une note d'inquiétude se glissa dans les articles des journaux, même si la plupart d'entre eux continuaient à tresser des couronnes à Johnston, ce « maître stratège » qui attirait Sherman au plus profond du piège pour le détruire plus certainement.

Johnston, cependant, ne put refermer son piège à Allatoona, car Sherman ne s'aventura jamais de ce côté-là. Au lieu de cela, il s'arrêta pour permettre à ses hommes de se reposer, de réparer la voie ferrée, de faire venir des ravitaillements pour vingt jours, puis de s'écarter du chemin de fer pour tenter à nouveau de contourner l'aile gauche de Johnston. L'objectif de Sherman était un carrefour routier dans les pinèdes de Dallas, à un peu plus de trente kilomètres derrière Johnston et à peine plus loin de la ville d'Atlanta. Mais la cavalerie du sudiste détecta ce mouvement juste à temps pour que les rebelles pussent se replier le long de la ligne intérieure et fortifier une nouvelle ligne avant l'arrivée des yankees. Il y eut de violents combats les 25 et 27 mai, près d'une église, New Hope Church, après quoi les deux armées s'installèrent pour plusieurs semaines d'escarmouches et d'actions de tirailleurs (qui coûtèrent la vie à Leonidas Polk), tandis que chacune cherchait en vain l'ouverture qui lui permettrait d'attaquer ou de manœuvrer. En voyant les pluies incessantes transformer l'argile rouge des routes en un magma bourbeux, Sherman, dans sa frustration, comparait les événements à une « grande guerre d'Indiens ». Les deux armées déplacèrent progressivement leurs lignes vers l'est jusqu'à ce qu'elles chevauchassent toutes deux la voie ferrée juste au nord de la ville de Marietta, où les confédérés se retranchèrent dans une position impressionnante le long du mont Kennesaw et de ses éperons rocheux.

Sherman bouillait de se trouver dans une telle impasse. Il était préoccupé non seulement par les rebelles qu'il avait en face de lui, mais aussi par d'autres qui se trouvaient à près de cinq cents kilomètres derrière. Que l'on parvînt à endommager gravement son axe de ravitaillement ferroviaire à travers le Tennessee et sa campagne serait vouée à l'échec aussi sûrement que s'il était vaincu là où il se trouvait. Or, avec Bedford Forrest lâché dans le Mississippi, tout pouvait arriver. Ce cavalier coriace avait malmené les yankees si souvent qu'il avait — comme il l'aurait dit lui-même — « réussi à leur coller la frousse ». Son exploit le plus récent, puisqu'il datait du 12 avril, avait été la destruction de la garnison de l'Union au fort Pillow, sur le Mississippi, où certains de ses hommes avaient assassiné des soldats noirs après qu'ils se furent rendus[2].

1. Govan et Livingood, *A Different Valor*, p. 277 ; Carter, *Siege of Atlanta*, p. 130.

2. Quoique jadis contestée par les sudistes, la réalité de ce massacre au cours duquel périrent plusieurs douzaines de prisonniers noirs et quelques Blancs — ainsi que leur chef, le commandant William F. Bradford, qui avait été capturé et qui fut ensuite abattu « alors qu'il tentait de s'évader » — est aujourd'hui bien établie et généralement acceptée. On trouvera

Lorsque Sherman commença sa campagne de Géorgie, Johnston ordonna avec insistance « le déplacement immédiat de Forrest dans le centre du Tennessee » afin de couper le chemin de fer. Pour l'en empêcher, Sherman ordonna de son côté au commandant de la garnison de Memphis d'envoyer huit mille hommes traquer l'insaisissable sudiste. Les fédéraux se rendirent dans le Mississippi, y trouvèrent leur cible, engagèrent le combat et furent mis en déroute au carrefour de Brice's Crossroads, le 10 juin, par une force presque deux fois moins nombreuse. Ce fut la défaite la plus humiliante des soldats de l'Union sur le théâtre de l'Ouest, mais du moins parvint-elle à écarter Forrest de la voie ferrée du Tennessee. Néanmoins, Sherman furieux donna l'ordre d'organiser depuis Memphis une nouvelle expédition, plus importante, pour « traquer Forrest jusqu'à la mort, cela dût-il coûter dix mille vies humaines et vider le Trésor public ». « On n'aura jamais la paix au Tennessee tant que Forrest sera vivant[1] », ajouta-t-il. Cette fois, ce furent quatorze mille fédéraux qui parvinrent à inciter quelque sept mille rebelles à les attaquer à Tupelo, dans le Mississippi, le 14 juillet, et qui les vainquirent en faisant de nombreuses victimes dans les rangs confédérés, notamment Forrest en personne, qui fut blessé.

Cela permit à Sherman de respirer plus librement — pour le moment. Les gardes qu'il avait laissés derrière lui, le long de la voie ferrée reliant Chattanooga à Marietta, parvinrent, eux aussi, à empêcher la cavalerie de Johnston, sous Joe Wheeler, de faire de gros dégâts, mais la principale force rebelle, au mont Kennesaw, semblait lui poser un problème aussi insoluble que celui que Lee posait à Grant à Petersburg. Une nouvelle tentative de contournement sur les routes gluantes paraissait impossible — il était déjà fort difficile de faire franchir aux ravitaillements la petite dizaine de kilomètres qui séparait la gare de l'aile droite de l'Union. Sherman redoutait aussi d'émousser la combativité de ses hommes à force de manœuvrer et de se retrancher ainsi, sans combattre. « Il suffit d'un sillon tout frais dans un champ labouré pour arrêter toute la colonne et pour que tout le monde commence à se retrancher, grommela-t-il. Nous sommes sur l'offensive et[...] nous devons attaquer et non défendre. » S'étant dit que Johnston s'attendait sûrement à un autre mouvement tournant, Sherman décida de « tenter une feinte sur les deux flancs et d'attaquer au centre. Cela coûterait peut-être cher, mais le résultat devrait surpasser celui d'une tentative de contourner[2] ».

---

des résumés et des analyses de toutes les preuves réunies sur cette affaire chez Robert Selph Henry, « *First with the Most* » *Forrest* (Indianapolis, 1944), p. 248-269 ; Albert Castel, « The Fort Pillow Massacre : A Fresh Examination of the Evidence », *CWH*, n° 4 (1958), p. 37-50 ; et John Cimprich et Robert C. Mainfort Jr., « Fort Pillow Revisited : New Evidence about an Old Controversy », *CWH*, n° 28 (1982), p. 293-306.

1. Henry, *Forrest*, p. 277 ; *O.R.*, sér. I, vol. 39, 2e partie, p. 121.
2. *O.R.*, sér. I, vol. 38, 4e partie, p. 507, 492.

Cela lui coûta cher, en effet, mais il n'obtint aucun résultat. Le 27 juin, plusieurs divisions de l'Union se lancèrent à l'assaut des éperons méridionaux du mont Kennesaw, près des endroits où de petits ruisseaux séparaient le centre de Johnston de ses deux ailes. Tandis que la température grimpait au-dessus de trente-cinq degrés à l'ombre, les yankees reculèrent devant des fortifications qui pouvaient rivaliser avec celles de Petersburg. Après que l'attaque eut été repoussée, un soldat confédéré prit le temps d'observer ses camarades : « Jamais je n'ai vu autant d'hommes brisés et exténués de ma vie, écrivit-il longtemps après. J'étais malade comme un chien, aussi trempé de sang et de sueur que je pouvais l'être et beaucoup de nos gars vomissaient par excès de fatigue, épuisement total, insolation ; nous avions la langue desséchée et craquelée par manque d'eau, le visage noirci de poudre et de fumée, et nos morts et nos blessés étaient entassés pêle-mêle dans les tranchées[1]. » En début d'après-midi, Sherman prit conscience de son échec et annula l'opération. Il avait perdu trois mille morts et blessés — un petit nombre en comparaison des batailles de Virginie, mais néanmoins le plus élevé que l'on eût connu jusque-là en Géorgie — alors que l'ennemi n'avait à déplorer qu'un cinquième de ces pertes.

Ce qui était peut-être pire, du point de vue de l'Union, c'était que la bataille du mont Kennesaw fortifia le moral sudiste et accrut l'exaspération nordiste. « Tout le monde a une confiance sans limite dans le général Johnston », nota une habitante d'Atlanta, alors qu'un des journaux de la ville assurait que l'armée de Sherman était « rossée » et qu'elle allait bientôt être « taillée en pièces[2] ». Certes, les envahisseurs avaient perdu dans cette campagne pas loin de dix-sept mille hommes pour arriver à quelque trente kilomètres d'Atlanta, mais Johnston n'en avait perdu que quatorze mille, contre les trente-cinq mille de Lee, et le moral dans l'armée du Tennessee était, rapportait-on, « aussi excellent qu'on pouvait le souhaiter ». Après deux mois de combats et quatre-vingt-dix mille victimes, tous fronts confondus, les armées de l'Union ne semblaient guère (voire pas du tout) plus près de gagner la guerre qu'au début de leurs campagnes respectives. « Qui ranimera les espoirs flétris, éclos au début de la campagne de Grant ? » demandait le *New York World*, organe démocrate. Les républicains eux-mêmes paraissaient « découragés, las et pusillanimes », signalait un New-Yorkais dans son journal intime. « Ils demandent plaintivement : Pourquoi Grant et Sherman ne font-ils pas quelque chose[3] ? »

---

1. Watkins, « *Co. Aytch* », p. 160.
2. Mary Mallard, citée par Carter, *Siege of Atlanta*, p. 141 ; *Atlanta Daily Intelligence*, 3 juillet 1864, cité par A.A. Hoehling, *Last Train from Atlanta* (New York, 1958), p. 23.
3. Carter, *Siege of Atlanta*, p. 141 ; *New York World*, 12 juillet 1864 ; Strong, *Diary*, p. 467.

Chapitre XXV

APRÈS QUATRE ANNÉES D'ÉCHECS

I

Grant et Sherman avaient bien entendu l'intention de « faire quelque chose », mais pendant encore deux longs mois exténuants, ils ne semblèrent pas accomplir grand-chose sinon de nouvelles effusions de sang. Certes, dans le courant de juillet Sherman parut progresser vers son objectif, qui était désormais la capture d'Atlanta, laquelle en était venue à repousser dans l'ombre la destruction de l'armée de Johnston. La ville était en effet une prise de choix. Sa population avait doublé durant la guerre, pour atteindre vingt mille habitants, à mesure que les fonderies, usines, fabriques de munitions et dépôts de ravitaillement surgissaient dans les environs de ce nœud ferroviaire stratégique. La chute d'Atlanta, déclara Jefferson Davis, « ouvrirait aux fédéraux d'une part la voie du Golfe et de l'autre celle de Charleston, et verrouillerait en outre les riches greniers qui approvisionnent l'armée de Lee. Elle leur donnerait le contrôle de notre réseau ferroviaire et paralyserait de ce fait nos efforts [1] ». Parce que le Sud se donna tant de mal pour défendre la ville, Atlanta devint en outre un symbole de résistance et de nationalisme qui ne le cédait qu'à Richmond. Tandis que le front de Petersburg se stabilisait en une guerre de tranchée, les préoccupations de la capitale confédérée se tournèrent donc vers la Géorgie, où une guerre de mouvement reprit dès la fin des pluies.

Les esclaves avaient préparé deux autres positions défensives entre le mont Kennesaw et la Chattahoochee River qui coulait du nord-est vers le sud-ouest, à treize kilomètres seulement d'Atlanta. Johnston avait déclaré à un sénateur qui vint visiter son quartier général le 1er juillet qu'il pouvait maintenir Sherman au nord de la Chattahoochee pendant deux mois. Lorsque ces propos rassurants furent rapportés à Davis, le 10 juillet, les yankees avaient déjà franchi la rivière. Une fois de plus, Sherman avait envoyé McPherson contourner la gauche de Johnston, forçant les rebelles à reculer de près de dix kilomètres le 3 juillet, puis d'encore une dizaine, jusqu'à la rivière, le lendemain. Sherman fouilla alors un peu plus profondément dans son sac à malice. Comme il avait jusqu'à présent toujours tenté ses manœuvres par la gauche, il demanda

1. A.A. Hoehling (éd.), *Last Train from Atlanta* (New York, 1958), p. 17.

à McPherson et à une division de cavalerie de faire une feinte dans cette direction, tandis qu'une autre division de cavalerie et le corps d'infanterie de Schofield remonteraient subrepticement vers l'amont, sur plusieurs kilomètres, au-dessus de l'aile droite de Johnston, pour effectuer une traversée surprise, au nez et à la barbe d'une simple poignée de piquets de cavalerie sudistes. A un endroit, les soldats yankees franchirent la rivière à la nage, vêtus en tout et pour tout de leurs cartouchières et capturèrent les ennemis sidérés. Près d'un autre gué, les cavaliers bleus ayant mis pied à terre durent avancer dans l'eau jusqu'au cou, avec leurs carabines Spencer. « Au moment où le feu des rebelles commença à frapper l'eau de façon assez nourrie », devait se rappeler un officier de l'Union, les fédéraux s'aperçurent qu'ils pouvaient pomper les cartouches métalliques imperméables dans la chambre de leur Spencer sous l'eau ; « par conséquent, tout le long de la ligne, on voyait les hommes qui sortaient leurs carabines de sous la surface, laissaient l'eau s'écouler un instant du canon, puis qui visaient rapidement, faisaient feu et disparaissaient à nouveau sous l'eau ». Les rebelles stupéfaits s'interpellaient : « Hé, regardez donc ces salopards de yankees qui chargent leurs fusils sous l'eau ! C'est quand même des drôles de créatures, ces types-là[1] ! » Les piquets capitulèrent devant cet assaut sous-marin ; le 9 juillet, Sherman avait réussi à faire passer une partie de son armée de l'autre côté de la rivière où elle menaçait le flanc de Johnston. Les confédérés se replièrent donc vers une nouvelle position fortifiée derrière la Peachtree Creek, une autre rivière qui n'était qu'à un peu plus de six kilomètres du centre d'Atlanta. Les civils commencèrent à se disputer les places dans les trains en partance pour le sud. Les journaux de la ville lançaient toujours leurs messages de défi, mais ils firent néanmoins empaqueter leurs presses à imprimer en vue d'un départ précipité.

A Richmond, la consternation allait croissant. Le cabinet, réuni d'urgence en séance extraordinaire, se contenta d'annoncer qu'il « voyait d'un œil attristé les événements de Géorgie ». Davis cherchait désespérément un moyen d'« éviter le désastre[2] ». Mal inspiré, il envoya en Géorgie Braxton Bragg — qu'il avait choisi comme conseiller militaire, après que le général eut démissionné du commandement de l'armée du Tennessee — chargé d'enquêter sur ce qui se passait. Bragg n'était pas plus populaire à cette époque qu'il ne l'avait été plus tôt et en fait de résoudre les problèmes, il eut plutôt tendance à en causer de nouveaux. Il consulta principalement Hood, qui cherchait de toute évidence à se faire bombarder commandant à la place de Johnston. « Nous devrions

1. Hoehling (éd.), *Last Train from Atlanta*, p. 58-59.
2. Edward Younger (éd.), *Inside the Confederate Government : The Diary of Robert Garlick Hill Kean* (New York, 1957), p. 165 ; lettre de Jefferson Davis à Joseph E. Johnston, 7 juillet 1864, citée par Rowland, *Davis*, t. VI, p. 283.

attaquer, déclara Hood. A mon sens, c'est un grand malheur pour notre pays que nous n'ayons pas su livrer bataille à l'ennemi à plusieurs kilomètres au nord de notre actuelle position. Dites, je vous prie, au Président que je continuerai à faire bien volontiers mon devoir [...] et que je m'efforce d'agir au mieux pour les intérêts de notre pays. » Bragg pressa vivement Davis de remplacer Johnston par Hood. Davis avait d'ores et déjà plus ou moins décidé de le faire, bien que Lee le lui déconseillât, faisant valoir que Hood était certes agressif, mais par trop imprudent. « Il est tout lion, expliqua Lee, sans rien du renard[1]. » Davis résolut donc de donner à Johnston une dernière chance : le 16 juillet, il télégraphia au général pour lui demander quel était son « plan d'opérations ». Johnston répondit que son plan « dépendrait forcément de celui de l'ennemi ». Et il continua : « Nous essayons de mettre Atlanta en état d'être tenue par la seule milice de Géorgie, afin que les mouvements de l'armée puissent être plus libres et plus larges[2]. » Cette réponse où perçait l'intention d'abandonner Atlanta à son sort fut la goutte d'eau qui fit déborder le vase. Dès le lendemain, Hood, à trente-trois ans, supplantait Johnston.

Ce choix suscita une controverse dont les échos se sont répercutés jusqu'à nos jours. De même que le limogeage de McClellan par Lincoln, celui de Johnston était soutenu par tout le cabinet et par la faction qui au Congrès soutenait l'Administration, mais combattu par l'opposition et déploré par l'armée[3]. Sherman, pour sa part, se déclara « content de ce changement ». Il écrivit après la guerre : « Le gouvernement confédéré nous rendit un signalé service » en remplaçant un stratège prudent et défensif par un lutteur audacieux. « C'était exactement ce que nous voulions, déclara le nordiste, nous battre en terrain découvert, à peu près sur un pied d'égalité, au lieu d'être obligés de nous lancer contre

1. Lettre de Hood à Bragg, 14 juillet 1864, citée in *O.R.*, sér. I, vol. 38, 5ᵉ partie, p. 879-880 ; Clifford Dowdey (éd.), *The Wartime Papers of R.E. Lee* (New York, 1961), p. 821-822 ; Herman Hattaway et Archer Jones, *How the North Won : A Military History of the Civil War* (Urbana, 1983), p. 607.

2. *O.R.*, sér. I, vol. 38, 5ᵉ partie, p. 882-883.

3. Les journaux hostiles à l'Administration attribuaient la révocation de Johnston à la « haine froide et venimeuse » que lui vouait Davis. Un vétéran de l'armée se rappela que plusieurs soldats avaient déserté en apprenant le départ de Johnston. Certains hommes, cependant, étaient de l'avis d'un lieutenant de l'artillerie qui écrivit : « [Personne] n'aurait jamais imaginé que Johnston reculerait aussi loin [...]. Je ne crois pas que Johnston s'est jamais battu ou se battra jamais. » *Richmond Whig*, cité par Thomas L. Connelly, *Autumn of Glory : The Army of Tennessee, 1862-1865* (Baton Rouge, 1971), p. 405 ; Sam R. Watkins, *« Co.Aytch » : A Side Show of the Big Show* (Editions Collier Books, New York, 1962), p. 172 ; Hoehling, *Last Train from Atlanta*, p. 49,77. On trouvera des analyses de la controverse par des historiens chez Connelly, *Autumn of Glory*, p. 391-426 ; Gilbert E. Govan et James W. Livingood, *A Different Valor : The Story of General Joseph E. Johnston* (Indianapolis, 1956), p. 308-336 ; et Richard M. McMurry, *John Bell Hood and the War for Southern Independence* (Lexington, Kentucky, 1982), p. 116-124.

des retranchements préparés d'avance[1]. » Ainsi parla Sherman, avec une clairvoyance rétrospective, mais Davis, à l'instar de Lincoln, préférait les généraux qui acceptaient de se battre. Perdre Atlanta sans même lutter aurait démoralisé le Sud. Or, la promotion de Hood, quels que fussent ses autres résultats, signifiait indubitablement qu'on allait combattre.

Et en effet, deux jours après avoir pris le commandement, Hood tenta d'écraser les yankees. En l'occurrence, cependant, ce furent les rebelles qui se firent battre à plate couture. Après avoir traversé la Chattahoochee, Sherman avait pour la énième fois envoyé McPherson décrire une vaste courbe — cette fois-ci vers la gauche — afin de couper la dernière liaison ferroviaire entre Atlanta et les États septentrionaux du Sud. Schofield le suivit, le long d'un tracé plus tendu, tandis que l'armée du Cumberland, sous Thomas, séparée de celle de Schofield par un peu plus de trois kilomètres, se préparait à franchir la Peachtree Creek directement au nord d'Atlanta. Hood y vit l'occasion d'attaquer Thomas isolément, mais son assaut le 20 juillet fut lancé plusieurs heures trop tard pour surprendre les tuniques bleues au moment où elles franchissaient la rivière. Cinq divisions de l'Union repoussèrent un nombre égal de rebelles, après le combat le plus sanglant de la campagne à cette date.

Sa première tentative ayant échoué, Hood en prépara aussitôt une deuxième. Le 21 juillet, il fit reculer son armée derrière les défenses très perfectionnées qui entouraient Atlanta. A la nuit tombée, il envoya un corps d'armée accomplir une épuisante marche nocturne, afin d'attaquer le lendemain le flanc gauche exposé de l'armée du Tennessee, que commandait McPherson. Ce qui fut fait, mais les sudistes trouvèrent ce flanc moins exposé qu'ils ne s'y attendaient. Après s'être remises de leur surprise initiale, les tuniques bleues luttèrent férocement et firent des ravages parmi les soldats de Hood, dont les pertes, en un seul après-midi, se montèrent à la moitié de celles qu'avait subies Johnston en dix semaines. Les confédérés, cependant, le firent payer cher à leurs adversaires, car ce combat coûta la vie à McPherson, abattu sur son cheval lorsqu'il refusa de se rendre, après s'être enfoncé aveuglément dans les lignes ennemies en essayant de rétablir les siennes.

Malgré le chagrin que lui causait la mort de son protégé, Sherman ne perdit pas un instant pour agir. Il confia le commandement de l'armée du Tennessee à Oliver O. Howard, un ancien de l'armée du Potomac, à qui il ne restait plus qu'un bras. Celui qu'on appelait le « général chrétien », originaire du Maine, ayant pris la tête de ces mécréants du Midwest, leur fit décrire le large crochet familier autour de l'aile gauche des confédérés et se dirigea vers le sud, pour détruire la seule voie ferrée

1. William T. Sherman, « The Grand Strategy of the Last Year of the War », *Battles and Leaders*, t. IV, p. 253 ; *Memoirs of General William T. Sherman*, 2e édition, 2 vol. (New York, 1886), t. II, p. 72.

en provenance d'Atlanta qui fonctionnât encore. Hood envoya aussitôt un corps d'armée les arrêter et en tint un autre prêt à faire suivre cette action d'une contre-attaque. Mais les fédéraux se montrèrent si virulents, au carrefour d'Ezra Church, à un peu plus de trois kilomètres à l'ouest de la ville, le 28 juillet, que les rebelles durent se retrancher au lieu de continuer leur attaque. Ils parvinrent, néanmoins, à interdire aux tuniques bleues l'accès de la voie ferrée.

Au cours des huit jours qui venaient de s'écouler, Hood avait perdu, en trois batailles, quinze mille hommes contre six mille seulement dans les rangs nordistes. Cela dit, le courage des sudistes semblait avoir stoppé l'avance inexorable des yankees en direction d'Atlanta. L'infanterie et l'artillerie de l'Union se préparèrent à assiéger la ville, tandis que Sherman envoyait sa cavalerie accomplir des raids pour détruire le chemin de fer au sud de la ville. Une division de cavaliers nordistes se dirigea vers Andersonville pour libérer les prisonniers de guerre parqués dans ce camp tristement célèbre, mais la cavalerie rebelle les détourna de leur objectif à mi-chemin. Six cents cavaliers yankees finirent néanmoins par arriver à Andersonville — en tant que prisonniers. La cavalerie et la milice confédérées empêchèrent les autres détachements de l'Union d'infliger à la voie ferrée des dégâts plus que minimes, tandis que les raids sudistes contre l'axe de ravitaillement de Sherman ne connaissaient de leur côté guère plus de succès.

Les civils continuèrent à fuir la ville ; certains de ceux qui décidèrent de rester succombèrent aux obus nordistes qui pleuvaient dans les rues. « La guerre, c'est la guerre, pas un concours de popularité[1] », nota Sherman, poursuivant sa carrière de visiteur le moins populaire de Géorgie. Le courage plein de défi des habitants d'Atlanta qui décidèrent de rester sur place remonta le moral du Sud tout entier. Une bonne partie de la presse confédérée considérait les attaques de Hood comme autant de victoires. « Sherman va essuyer la plus lourde défaite qu'un général yankee ait connu durant ce conflit[...], prédit l'*Atlanta Intelligencer* (publié à Macon). Les forces yankees disparaîtront de devant Atlanta avant la fin du mois d'août. » Les nouvelles « réconfortantes » en provenance d'Atlanta persuadaient un fonctionnaire du ministère de la Guerre à Richmond que « l'armée de Sherman [était] *condamnée*[2] ». Les journaux de Richmond exultaient : « On a désormais le sentiment qu'Atlanta est en sécurité et que la Géorgie sera

1. *Memoirs of Sherman*, t.II, p. 111. Il convient de noter que les usines, installations ferroviaires, entrepôts et autres cibles militaires, y compris les emplacements d'artillerie, étaient éparpillés parmi les secteurs résidentiels d'Atlanta.

2. L'*Intelligencer* cité par Hoehling, *Last Train from Atlanta*, p. 325, et par Samuel Carter III, *The Siege of Atlanta, 1864* (New York, 1973), p. 275 ; Jones, *War Clerk's Diary* (Swiggett), t. II, p. 259.

bientôt délivrée de l'ennemi[...]. Tout paraît avoir changé dans cet État qui sort des pronfondeurs du désarroi[1]. »

Au nord du Potomac, l'opinion publique reflétait le revers de cette médaille. A mesure que Sherman s'était rapproché d'Atlanta, au mois de juillet, les journaux nordistes avaient quotidiennement prédit la prise de la ville avant l'édition suivante. Au début du mois d'août, le pronostic s'était modéré : « Il s'en faut de quelques jours », assurait-on ; un correspondant s'avouait même « quelque peu perplexe de voir la résistance opiniâtre opposée par l'ennemi ». A la mi-août, un journal bostonien exprimait sa « vive inquiétude », tandis que le *New York Times* mettait ses lecteurs en garde contre « ces épouvantables crises d'abattement dans lesquelles [le Nord plongeait] après chacun de [ses] revers et de [ses] désillusions ». Un soldat du Wisconsin, confiant jusque-là, écrivit à sa famille le 11 août : « Nous ne progressons guère en direction d'Atlanta et il s'en faudra peut-être de longtemps avant que nous ne prenions la ville. » A New York, un membre éminent de la commission sanitaire redoutait que « tant Grant que Sherman [ne fussent] à la veille d'un désastre[2] ».

II

A vrai dire, le siège de Petersburg par les forces de Grant paraissait encore moins prometteur, durant la canicule du plein été, que les opérations de Sherman contre Atlanta. Des deux côtés, les soldats creusaient des tranchées de plus en plus profondes pour échapper aux ravages quotidiens exercés par les tirailleurs et les mortiers. Grant ne relâcha pas pour autant ses efforts pour barrer les axes de ravitaillement de Lee et battre ses défenses en brèche. Durant la seconde moitié de juin, les rebelles contrèrent avec succès une poussée de l'infanterie adverse et un raid de cavalerie qui tentait de couper les trois voies ferrées encore ouvertes, même si les fédéraux parvinrent à interrompre momentanément chacune des trois. Au cours de ces actions, bon nombre de vétérans harassés et de jeunes recrues inexpérimentées de l'armée du Potomac se comportèrent médiocrement. Le 2e corps d'armée, si souvent vanté, qui après plusieurs terribles saignées n'était plus que l'ombre de lui-même, se montra particulièrement insuffisant. Et peu après, Grant fut obligé de laisser partir la meilleure unité qui lui restait, c'est-à-dire le 6e corps d'armée.

1. Cité par Hoehling, *Last Train from Atlanta*, p. 167, 251.
2. Les journaux nordistes cités par Hoehling, *Last Train from Atlanta*, p. 92, 99, 107, 126, 221, 278, 330 ; le soldat du Wisconsin cité par Hoehling, *ibid.*, p. 290 ; Strong, *Diary*, p. 474.

Cela, parce que les quinze mille rebelles de Jubal Early, après avoir chassé David Hunter de Lynchburg au mois de juin, avaient longé la vallée de la Shenandoah et franchi le Potomac le 6 juillet. Le 9, ils écrasèrent une force fédérale improvisée près de la Monocacy River, à l'est de Frederick, et marchèrent sans opposition sur Washington. On semblait en présence d'un stupéfiant retournement de situation. Les espoirs que nourrissaient les nordistes de prendre Richmond se métamorphosèrent brusquement en craintes pour la sécurité de leur propre capitale. Les rebelles apparurent devant les défenses de Washington, à huit kilomètres au nord de la Maison Blanche, le 11 juillet. A l'exception des convalescents, des miliciens et de quelques lambeaux épars d'unités militaires, il n'y avait pas de troupes pour tenir ces défenses, car Grant avait envoyé la garnison en service actif en Virginie. Cela dit, les fortifications qui ceignaient la capitale fédérale étaient d'une extrême solidité et Grant, en réponse aux sollicitations frénétiques du ministère de la Guerre, s'empressa d'envoyer le 6e corps à Washington. Ces combattants aguerris s'installèrent derrière les fortifications juste à temps pour décourager les assauts d'Early.

Durant les escarmouches du 12 juillet, un visiteur distingué, coiffé d'un haut-de-forme, apparut au fort Stevens, afin d'être pour la première fois le témoin direct d'un des combats dans lesquels il avait précipité un million d'hommes au cours des trois années précédentes. En dépit des mises en garde, le président Lincoln se redressa à plusieurs reprises pour regarder par-dessus le bord du parapet, tandis que les balles des tirailleurs ennemis lui sifflaient aux oreilles. Du coin de l'œil, un capitaine du 6e corps d'armée — Oliver Wendell Holmes Jr. — remarqua ce civil dégingandé qui s'agitait comme un diable sortant de sa boîte. Sans le reconnaître, il s'écria : « Baissez-vous donc, espèce d'abruti, si vous ne voulez pas être touché ! » Amusé par cet ordre irrespectueux, Lincoln se le tint pour dit[1]. Avec le 6e corps d'armée en face de lui et d'autres troupes de l'Union occupées à se rassembler derrière, Early décida fort sagement qu'il était temps de regagner la Virginie. Il y parvint sans rien essuyer de pire que quelques petites égratignures, au grand dam de Grant et de Lincoln, et ce parce que les forces qui lui donnaient la chasse étaient réparties entre quatre commandements différents et ne parvinrent jamais tout à fait à coordonner leurs efforts.

Au cours de ce raid, certains des hommes d'Early ne firent pas plus de distinction entre les biens militaires et civils que de nombreux soldats fédéraux ne l'avaient fait dans le Sud. Ils allèrent même plus loin que les envahisseurs nordistes, car, alors que ces derniers bien souvent

1. James G. Randall et Richard N. Current, *Lincoln the President : Last Full Measure* (New York, 1955), p. 200 ; Benjamin P. Thomas, *Abraham Lincoln : A Biography* (New York, 1952), p. 434.

saisissaient ou brûlaient tous les biens matériels sur lesquels ils pouvaient mettre la main, ils prenaient rarement l'argent confédéré qui ne valait pratiquement rien. Mais avec les billets verts du Nord, c'était une autre affaire ; les rebelles firent main basse sur vingt mille dollars à Hagerstown et deux cent mille à Frederick, en plus de quoi, ils vidèrent la cave de Francis Preston Blair, réduisirent en cendres la demeure de son fils Montgomery, le ministre des Postes, à Silver Spring, et mirent le feu à la résidence privée du gouverneur du Maryland. Enfin, le 30 juillet, pour ajouter encore à leurs outrages, deux brigades de cavalerie d'Early firent irruption en Pennsylvanie, réclamèrent cinq cent mille dollars aux citoyens de Chambersburg, à titre de dédommagement pour le pillage auquel s'étaient livrées les troupes de Hunter en Virginie, et brûlèrent la ville lorsque les nordistes refusèrent de payer.

L'incursion d'Early jusqu'aux abords de Washington persuada le *Times* de Londres que « la Confédération [était] plus redoutable que jamais ». De nombreux yankees découragés partageaient cet avis. L'or monta à deux cent quatre-vingt cinq. « Je ne vois aucune lueur d'espoir où que ce soit, nota dans son journal le New-Yorkais John Templeton Strong. [Rien que] l'humiliation et le désastre[...]. Tout le sang et l'argent versés pour la campagne de cet été n'ont pas fait grand-chose pour le pays[1]. » Le 18 juillet, à quelques semaines des élections de l'automne, Lincoln émit un nouvel appel réclamant cinq cent mille hommes, les quotas incomplets devant être remplis grâce à la conscription. « Lincoln est plus mort que mort », ricana un rédacteur en chef démocrate[2].

Furieux de voir que les unités éparses de l'armée de l'Union étaient incapables de rattraper Early, Grant coupa court aux formalités administratives exigées par Washington et nomma Phil Sheridan à la tête d'une armée de la Shenandoah, nouvellement créée, qui regroupait le 6e corps d'armée, plusieurs brigades de l'ancienne armée de Virginie occidentale de David Hunter, deux divisions récemment transférées de la Louisiane et deux des propres divisions de cavalerie de Sheridan. Après quoi, Grant ordonna à ce dernier de prendre Early en chasse et de « le traquer jusqu'à la mort[3] ». Sheridan était exactement l'homme qu'il fallait pour cela, mais il avait besoin d'un peu de temps pour organiser son armée très disparate. En attendant, Grant se vit encore une fois frustré dans ses espoirs de parvenir à percer les lignes de Lee à Petersburg.

Ce fut la célèbre bataille du Cratère. Par sa conception, elle promettait pourtant de s'imposer comme la plus brillante opération du conflit ; mais par son exécution, elle devint un tragique fiasco. Au centre de la ligne de l'Union, à Petersburg, un secteur tenu par le 9e corps d'armée de

1. Le *Times* cité par Foote, *Civil War*, t. III, p. 461 ; Strong, *Diary*, p. 467, 474.
2. *CWL*, t. VII, p. 448-449 ; Frank L. Klement, *The Copperheads in the Middle West* (Chicago, 1960), p. 233.
3. *O.R.*, sér. I, vol. 37, 2e partie, p. 558.

Burnside se trouvait à moins de cent cinquante mètres d'un saillant ennemi, sur une hauteur, où les rebelles avaient bâti une solide redoute. Un jour de juin, le colonel Henry Pleasants du 48e régiment de Pennsylvanie, une unité du comté de Schuylkill qui comptait dans ses rangs de nombreux mineurs, entendit un de ses hommes grommeler : « Cette saleté de fort, on pourrait la faire sauter, si seulement on arrivait à faire passer dessous un puits de mine. » Pleasants, qui avait été ingénieur des mines avant la guerre, fut séduit par cette idée ; il la soumit à son commandant de division, lequel la présenta à Burnside qui donna son accord. Pleasants mit aussitôt son régiment à l'ouvrage, pour creuser un tunnel de plus de cent soixante mètres de long. Ce qu'il fit, sans aucune aide du génie qui tourna le projet en ridicule, n'y voyant que « des âneries et de la foutaise », car les problèmes de ventilation avaient limité tous les tunnels précédemment entrepris dans l'histoire militaire à moins de cent trente mètres[1]. Meade ne mit donc aucun espoir dans cette entreprise. Néanmoins, le 48e régiment de Pennsylvanie improvisa ses propres outils et trouva tout seul des madriers pour étayer son puits. Burnside emprunta à un civil un théodolite quelque peu désuet pour que Pleasants pût trianguler la zone afin d'établir la distance et la direction. Le colonel conçut aussi un puits de ventilation, équipé d'un feu, ce qui créerait un courant d'air et permettrait d'aspirer de l'air frais à travers un tube. Par ces moyens, il parvint à confondre les sceptiques. Ses hommes creusèrent bel et bien un tunnel de cent soixante-dix mètres de long, ayant à son extrémité des galeries latérales de près de treize mètres, qui couraient sous la ligne confédérée et dans lesquelles on plaça quatre tonnes de poudre à canon. Meade et Grant, qui s'étaient laissé persuader à leur corps défendant, autorisèrent Burnside à faire exploser sa mine et à lancer son corps d'armée dans la brèche qui en résulterait.

L'enthousiasme du général aux célèbres favoris pour ce projet s'était progressivement accru depuis l'instant où tout avait commencé, le 25 juin. Il croyait tenir enfin l'occasion de se racheter du désastre de Fredericksburg en prenant Petersburg et en gagnant la guerre. Son corps d'armée comptait quatre divisions. Depuis la bataille de la Wilderness, trois s'étaient épuisées à combattre ; la quatrième était fraîche, n'ayant rien fait d'autre que de garder des axes de ravitaillement à l'arrière. C'était une division de couleur et bien peu d'officiers, dans l'armée du Potomac, à commencer par Meade, croyaient aux capacités de combattants des Noirs. Burnside était une exception, si bien qu'il confia à cette division le soin de monter à l'assaut. Les soldats noirs reçurent une formation tactique spéciale pour remplir cette tâche. Leur moral était excellent ; ils étaient très désireux « de montrer aux soldats blancs ce dont la division

1. Henry Pleasants Jr., *The Tragedy of the Crater* (Washington, 1938), p. 32 ; William H. Powell, « The Battle of the Petersburg Crater », *Battles and Leaders*, t. IV, p. 545.

de couleur était capable », comme le dit un de leurs officiers[1]. Grant organisa une manœuvre de diversion, confiée au corps d'armée de Hancock, au nord de la James, laquelle éloigna plusieurs des divisions de Lee du front de Petersburg. Lorsqu'on fixa l'explosion de la mine à l'aube du 30 juillet, tout semblait concourir au succès du projet.

Mais quelques heures à peine avant le moment fatidique, Meade — avec l'aval de Grant — ordonna à Burnside d'envoyer d'abord ses divisions blanches. Il semble que le commandant de l'armée du Potomac ait été poussé par son manque de confiance dans les soldats noirs inexpérimentés, encore que Grant, dans sa déposition ultérieure devant la commission sur la conduite de la guerre, ait aussi fait mention d'une autre raison : « [Si l'affaire tournait mal], expliqua-t-il, on ne manquerait pas de dire [...] que nous avions mis ces gens devant pour se faire tuer, parce que nous ne nous souciions nullement d'eux, chose qu'on ne pourrait pas dire si l'on envoyait des troupes blanches en premier[2]. »

Apparemment démoralisé par ce changement de dernière minute dans son plan de bataille, Burnside perdit totalement le contrôle des opérations. Le commandant de la division choisie (à la courte paille !) pour emmener l'assaut, James H. Ledlie, avait de médiocres états de service et était alcoolique de surcroît. Durant l'opération, il resta derrière ses hommes dans les tranchées, à boire du rhum soutiré au chirurgien de l'armée. Ni préparés, ni encadrés, les soldats attaquèrent de façon désordonnée. L'explosion pratiqua un trou long de près de soixante mètres, large de vingt mètres et profond de dix. Un régiment rebelle tout entier et une batterie d'artillerie furent ensevelis dans les décombres. Sur deux cents mètres, de part et d'autre du cratère, les soldats confédérés s'enfuirent, terrorisés. Lorsque la division de Ledlie se lança à l'assaut, ses hommes s'arrêtèrent les yeux écarquillés pour contempler le terrible spectacle. Hypnotisés par cette vision qui devait correspondre à celle qu'ils se faisaient de l'enfer, beaucoup d'entre eux descendirent *dans* le cratère au lieu de se déployer en éventail sur la droite et la gauche, afin d'envelopper les flancs ennemis. Les deux divisions blanches qui suivaient ne firent guère mieux et leur avance dégénéra en une espèce de grouillement désorganisé, si bien que lorsque l'artillerie et les mortiers rebelles parvinrent à régler la portée de leur feu, ils eurent tout loisir de tirer sur les tuniques bleues massés dans le cratère, comme des harengs en caque. Des officiers frénétiques, privés de tout soutien de la part de Burnside et de ses commandants de division, parvinrent à former des lambeaux de brigades pour tenter de poursuivre la pénétration, mais dès le milieu de la matinée, une division sudiste, ayant à sa tête William

1. Henry Goddard Thomas, « The Colored Troops at Petersburg », *Battles and Leaders*, t. IV, p. 563.
2. Powell, « The Battle of the Petersburg Crater », *Battles and Leaders*, t. IV, p. 548.

Mahone, était prête à contre-attaquer. Les soldats noirs, ayant fini par se frayer un chemin à travers leurs camarades blancs qui piétinaient sur place ou battaient en retraite, firent les frais de l'assaut de Mahone. Là comme ailleurs, les rebelles enragés par le spectacle de Noirs en uniforme massacrèrent plusieurs d'entre eux, lorsqu'ils voulurent se rendre. Quand tout fut fini, le bilan de la tapageuse opération du 9ᵉ corps d'armée s'établit comme suit : quatre mille morts et blessés (contre moins de la moitié à l'ennemi), un énorme trou dans le sol, de féroces récriminations mutuelles et de nouveaux généraux à la tête du corps d'armée et d'une de ses divisions. Grant rédigea l'épitaphe de l'entreprise dans un message à Halleck : « C'est l'affaire la plus lamentable dont il m'ait été donné d'être témoin durant la guerre. Jamais je n'ai vu une aussi bonne occasion d'emporter des fortifications et jamais je ne la retrouverai, je pense[1]. »

III

Pendant les mois de juillet et d'août 1864, le moral nordiste traversa une crise encore plus grave que celle qu'on avait connu à la même époque en 1862. Le thème des chants de guerre que l'on entonnait à l'arrière (et qui jouirent durant le conflit d'une incroyable popularité, les partitions se vendant par millions d'exemplaires) passa brusquement du patriotisme exubérant à un profond désir de paix. *Quand cette guerre cruelle aura pris fin*, avec son refrain obsédant « Je pleure, triste et solitaire », devint la plus grosse vente de 1864, tandis que le refrain d'*En plantant la tente sur le vieux terrain* semblait, plus que jamais, faire écho aux sentiments nordistes : « Bien des cœurs sont las ce soir/Et voudraient voir la guerre finir. » Les presses à imprimer déversaient de nouveaux chants dont les titres n'étaient guère faits pour encourager l'enthousiasme martial : *Portez ceci doucement à ma mère ; Oui, je voudrais que la guerre fût finie ; Frère, reviendras-tu ? ; Dites-moi si mon père reviendra.*

Même l'exploit, pourtant spectaculaire, réussi par la flotte de David Farragut dans la baie de Mobile ne parvint guère, sur le moment, à dissiper la dépression générale. Lorsque le brouillard se leva, le matin du 5 août, Farragut fit passer ses quatorze navires en bois et ses quatre Monitors devant le plus grand des trois forts qui gardaient l'entrée de la baie de Mobile. Au cours d'un duel fantastique entre le fort et la flotte, Farragut grimpa au grand mât de son navire-amiral, l'*U.S.S. Hartford*, pour voir se qui se passait au-dessus de la fumée de ses canons. Un quartier-maître attacha l'amiral à son mât, créant ainsi une image inoubliable, dans la riche tradition de la marine américaine. Farragut ne tarda d'ailleurs pas

1. *O.R.*, sér. I, vol. 40, 1ʳᵉ partie, p. 17.

à y ajouter une légende non moins mémorable. Les rebelles avaient éparpillé des mines à travers le chenal. L'une d'entre elles fit sauter le Monitor de tête et l'envoya par le fond avec plus de quatre-vingt-dix hommes d'équipage. Cet épisode obligea la flotte entière à s'arrêter sous le feu implacable des canons du fort. Refusant de battre en retraite, Farragut hurla : « Au diable les torpilles ! En avant toutes ! » Et il fit franchir le champ de mines à son navire, sain et sauf, suivi du reste de la flotte. Lorsqu'ils eurent atteint la baie, ils pilonnèrent sans merci une flottille rebelle emmenée par le *C.S.S. Tennessee*, un cuirassé géant qui était le plus redoutable navire en exercice, mais aussi l'un des moins maniables. Au cours des trois semaines suivantes, des opérations combinées de la marine et d'une division de l'armée permirent de prendre les trois forts. Même si la ville de Mobile à près de cinquante kilomètres vers le nord, au fond de la baie, resta entre les mains des confédérés, ce dernier refuge des forceurs de blocus dans le golfe du Mexique à l'est du Texas se trouva mis ainsi hors de service.

Dans le Nord, l'envergure de cette victoire devint plus évidente après coup qu'au mois d'août, où l'attention d'une population morose était concentrée sur l'apparente absence de progrès en Virginie et en Géorgie. Le défaitisme et le désir de paix s'étendirent des *copperheads* à bon nombre de leurs concitoyens, à la façon des cercles concentriques que forme un caillou jeté dans l'eau. « Arrêtez la guerre ! proclamaient les éditoriaux des journaux démocrates. Si rien d'autre ne devait faire comprendre à la population la nécessité absolue de mettre fin à ce conflit, il suffirait de constater qu'il n'a permis d'obtenir strictement aucun résultat. » Quand vint le début du mois d'août, Thurlow Weed, un des plus anciens leaders du parti républicain, était convaincu que « la réélection de Lincoln [était] impossible ». « Les gens, ajoutait-il, n'ont qu'un seul désir : la paix[1]. »

Clement L. Vallandigham était rentré de son exil canadien au mois de juin, pour assister à une convention démocrate dans l'Ohio, où l'on s'en prit bien sûr à cette « guerre inutile » et où l'on adopta une résolution réclamant la « cessation immédiate des hostilités », afin de négocier « une paix juste et durable ». Peu désireux de refaire de Vallandigham un martyr, Lincoln décida de le laisser tranquille. Sachant que le *copperhead* de l'Ohio avait été élu « grand commandeur » d'une vague organisation connue sous le nom de Fils de la liberté — que la propagande républicaine enfla au point d'en faire un vaste complot en faveur des confédérés —, l'Administration espérait probablement que si on lui laissait assez de corde, il finirait bien par se pendre tout seul. Au lieu de quoi, le retour de Vallandigham parut attiser un véritable incendie de résolutions

1. Wood Gray, *The Hidden Civil War : The Story of the Copperheads* (New York, 1942), p. 174 ; Edward Chase Kirkland, *The Peacemakers of 1864* (New York, 1927), p. 108.

pacifistes dans les conventions régionales du parti démocrate, à travers tout le Nord. Il devint évident que la faction pacifiste dominerait la convention nationale du parti, qui devait s'ouvrir à Chicago le 29 août[1].

Persuadé que tout était perdu, l'inconstant Horace Greeley écrivit au Président en juillet. « Notre pays ensanglanté, ruiné, presque mourant, commença-t-il d'une plume lyrique, appelle de ses vœux la paix, frémit à la perspective d'une nouvelle conscription, d'un surcroît de terrible dévastation et d'autres fleuves de sang humain. » Greeley avait appris que deux envoyés confédérés se trouvaient à Niagara Falls, au Canada, censément porteurs d'offres de paix émanant de Jefferson Davis. « Je vous conjure, écrivit Greeley à Lincoln, de soumettre des ouvertures pour une pacification aux insurgés du Sud. » Le Président réagit instantanément, en autorisant Greeley à amener jusqu'à Washington, grâce à un sauf-conduit, « toute personne faisant profession d'apporter de la part de Jefferson Davis une proposition écrite, quelle qu'elle soit, en faveur de la paix, comprenant le rétablissement de l'Union et l'abandon de l'esclavage[2] ».

Lincoln savait pertinemment que Davis n'avait autorisé aucune négociation à de telles conditions. Il savait aussi que les agents rebelles s'étaient rendus au Canada non pas pour négocier la paix, mais pour attiser l'opposition à la guerre dans le Nord. Des détectives travaillant pour l'Union avaient noyauté des groupes de *copperheads* qui étaient en contact avec ces deux émissaires sudistes. Les limiers avaient découvert une série de curieux complots se rattachant au gouvernement de Richmond. Les dirigeants confédérés partageaient avec les républicains la conviction que, dans le Midwest, une puissante cinquième colonne de sympathisants sudistes se tenait prête à déclencher un soulèvement pour faire sortir toute la région de l'Union et conclure une paix séparée avec la Confédération. Le fait que cette « conspiration du Nord-Ouest » n'existait que dans les rêves de certains éléments appartenant à la frange des démocrates pacifistes ne l'empêcha pas de devenir un facteur crucial dans les calculs auxquels se livrèrent les deux gouvernements en 1864.

Au ministère de la Guerre et au Département d'État de Richmond parvenaient, en effet, des rapports d'espions confédérés signalant « une organisation parfaite [...] d'une nature redoutable » dans le sud du Midwest, organisation diversement connue sous les noms de Chevaliers du cercle d'or, ordre des Chevaliers américains ou Fils de la liberté et regroupant un demi-million de membres « prêts à faire une révolution

1. Frank L. Klement, *The Limits of Dissent : Clement L. Vallandigham and the Civil War* (Lexington, Kentucky, 1970), p. 262-278 ; Gray, *Hidden Civil War*, p. 172-174.
2. Lettre de Greeley à Lincoln, 7 juillet 1864 ; lettre de Lincoln à Greeley, 9 juillet 1864, *CWL*, t. VII, p. 435.

et à expulser ou tuer les abolitionnistes et les Noirs libres[1] ». De tous ces rapports, celui qui eut le plus d'influence fut sans doute celui du capitaine Thomas C. Hines, originaire du Kentucky et éclaireur de la division de cavalerie de John Hunt Morgan, qui avait fait tant de dégâts derrière les lignes de l'Union dans le Kentucky, en 1862-63. En juillet 1863, Morgan avait tenté un raid dans le Nord, de l'autre côté de l'Ohio River. Après une longue poursuite à travers le sud de l'Indiana et de l'Ohio, la cavalerie de l'Union avait fini par le capturer et avec lui la plupart de ses hommes, y compris Hines. Incarcérés dans le pénitencier de l'Ohio, Morgan et Hines, en compagnie de plusieurs autres officiers, réussirent une évasion spectaculaire au moyen d'un tunnel, en novembre 1863, et regagnèrent la Confédération, après des aventures et des exploits palpitants. Cette carte de visite permit à Hines de convaincre les dirigeants sudistes que des opérations de sabotage contre le Nord, à partir du Canada, pouvaient se révéler très payantes. Lors d'une séance secrète, le 15 février 1864, le Congrès confédéré libéra dans ce but un budget de cinq millions de dollars. Jefferson Davis dépêcha Hines au Canada, en le chargeant de prendre en main les autres prisonniers rebelles évadés qui s'y trouvaient et d'exécuter « les opérations de guerre appropriées contre nos ennemis ». Lors de son passage à travers le Nord, Hines devait « s'entretenir avec les personnalités en vue favorables ou attachées à la cause de la Confédération, ou susceptibles de plaider en faveur de la paix, et faire tout ce qui serait en [son] pouvoir pour persuader [les] amis [des sudistes] de s'organiser et de se préparer à apporter l'aide que permettraient les circonstances[2] ».

Le gouvernement confédéré envoya en outre un certain nombre d'agents civils au Canada, sur des navires qui forcèrent le blocus. Les chefs de ce groupe étaient Jacob Thompson, ancien ministre de l'Intérieur sous Buchanan, et Clement C. Clay, qui avait été sénateur de l'Alabama. Ces deux hommes comptaient de nombreux amis parmi les démocrates du Nord. Durant l'été de 1864, les agents rebelles eurent, dans diverses villes du Canada, tout spécialement Saint Catharines, près de Niagara Falls, des entretiens avec des douzaines de démocrates pacifistes (parmi lesquels Vallandigham, avant son retour aux États-Unis). Ils imaginèrent les actions les plus diverses, qui allaient de l'allocation de subsides confédérés à la presse démocrate et aux candidats pacifistes aux fonctions officielles dans les États du Nord à la capture d'une canonnière de l'Union

1. Oscar A. Kinchen, *Confederate Operations in Canada and the North* (North Quincy, Mass., 1970), p. 29-30 ; Larry E. Nelson, *Bullets, Ballots, and Rhetoric : Confederate Policy for the United States Presidential Contest of 1864* (University, Alabama, 1980), p. 19-20 ; Jones, *War Clerk's Diary* (Swiggett), t. II, p. 155.

2. *Journal of the Confederate Congress* (Washington, 1905), t. VI, p. 845 ; lettre de James A. Seddon, ministre de la Guerre, à Hines, 16 mars 1864, citée par James D. Horan, *Confederate Agent : A Discovery in History* (New York, 1954), p. 72-73.

sur le lac Érié, en passant par la libération de prisonniers confédérés à Johnson's Island, dans ce même lac, et à Camp Douglas près de Chicago. Certaines de ces opérations eurent effectivement lieu. Thompson put aiguiller des fonds vers les journaux, les organisateurs de meetings en faveur de la paix et vers le candidat démocrate au poste de gouverneur de l'Illinois. Des agents rebelles distribuèrent aux *copperheads* des armes et des boîtes de « feu grégeois ». Une escouade de soldats sudistes incendiaires, dirigée par Hines et composée d'hommes qui s'étaient évadés des prisons nordistes, parvint à se réinfiltrer dans le Nord et à détruire ou endommager une demi-douzaine de bateaux à vapeur militaires à Saint Louis, une entrepôt de l'armée à Mattoon, dans l'Illinois, et plusieurs hôtels à New York. Elle exécuta aussi une opération de commando fort audacieuse depuis la frontière canadienne, pour cambrioler la banque de Saint Albans dans le Vermont. Dans un rapport officiel concernant sa mission, Jacob Thompson assurait que les *copperheads* qu'il finançait avaient brûlé « une grande quantité de biens » dans les villes du Nord. « [Nous devons continuer] à incendier partout où la chose sera possible, et faire ainsi sentir aux nantis leur insécurité et les lasser de la guerre[1]. »

Le succès des opérations rebelles au Canada, cependant, fut compromis par deux contradictions. D'abord, Hines et ses collègues s'efforçaient d'inciter des démocrates *pacifistes* à faire la *guerre* à leur propre gouvernement. Quelques *copperheads* particulièrement belliqueux acceptèrent effectivement de cacher des armes en prévision du jour glorieux de l'insurrection contre les arsenaux de l'Union et les camps de prisonniers, mais le jour en question ne vint jamais, car les « chefs » ne parvinrent pas à mobiliser leurs partisans. L'immense armée des Fils de la liberté, prêts à se lever pour renverser Lincoln et sa tyrannie, se révéla n'être qu'une armée fantôme. Il n'y eut pas moins de cinq projets mort-nés de « soulèvement ».

Le premier devait coïncider avec le retour en Ohio de Vallandigham, au mois de juin, et devait avoir pour signal son arrestation. Mais le gouvernement laissa le trublion tranquille. Les espoirs se tournèrent alors

1. Lettre de Thompson à Judah P. Benjamin, 3 décembre 1864, citée in *O.R.*, sér. I, vol. 43, 2e partie, p. 930-936. Une grande partie des données figurant dans ce paragraphe a été empruntée à Kinchen, *Confederate Operations in Canada*, et à Nelson, *Bullets, Ballots, and Rhetoric*, qui sont des études spécialisées fondées sur des documents pris aux confédérés et sur les archives des hauts fonctionnaires sudistes ; ainsi qu'à Horan, *Confederate Agent*, un récit à sensation qui s'inspire énormément des mémoires de Hines et d'autres agents confédérés. Frank Klement lui-même, le grand spécialiste des *copperheads*, qui considère la plupart des preuves concernant leur connivence avec les rebelles comme un tissu de « rumeurs, conjectures et fantaisies » fabriqué par les républicains à des fins politiques, reconnaît que des agents confédérés remirent de l'argent et des armes à plusieurs démocrates pacifistes en 1864. Klement, *Dark Lanterns : Secret Political Societies, Conspiracies, and Treason Trials in the Civil War* (Baton Rouge, 1984), p. 33, 154-177.

vers la convention démocrate qui devait s'ouvrir à Chicago le 4 juillet. Prévoyant de la part du gouvernement ou des comités de surveillance républicains quelque ingérence dans ce rassemblement, les conspirateurs du Canada avaient l'intention d'attiser l'émeute qui s'ensuivrait pour en faire une véritable rébellion. Mais la situation militaire incertaine incita le Comité national du parti démocrate à repousser le début de la convention au 29 août. Des agents confédérés impatientés voulurent alors déclencher une action le 20 juillet, après que Lincoln eut annoncé son prochain recours à la conscription. Hines et ses ex-soldats devaient « ouvrir le bal » et les légions de *copperheads* sortiraient leurs armes de leurs cachettes pour « entrer dans la danse ». Thompson croyait fermement au succès de l'affaire ; un démocrate de Chicago lui avait promis deux régiments « pleins d'enthousiasme, prêts à agir, organisés et armés » ; dans l'Indiana, les Fils de la liberté étaient disposés à « s'emparer d'Indianapolis, à la tenir et à libérer les prisonniers qui s'y trouvaient ». Lincoln émit effectivement un ordre de mobilisation le 18 juillet, mais les chefs du mouvement *copperhead* commençaient à flancher. L'un d'entre eux avoua qu'il se sentait « écrasé par la responsabilité d'une action précipitée sur un sujet aussi lourd de conséquences[1] ». Plusieurs autres firent écho à ces sentiments ; exaspérés, les agents confédérés annulèrent l'opération et convoquèrent une demi-douzaine de Fils de la liberté à Saint Catharines pour une réunion.

Les sudistes insistèrent pour fixer irrévocablement la date du soulèvement au 16 août. Une fois de plus, les *copperheads* se firent tirer l'oreille, craignant que leur mouvement ne fût facilement réprimé par les troupes fédérales si les confédérés ne tentaient pas simultanément une invasion du Kentucky ou du Missouri. N'étant pas habilités à faire une telle promesse, les agents acceptèrent de repousser une ultime fois la date limite au 29 août, date à laquelle la foule qui se presserait à la convention démocrate fournirait un paravent idéal au rassemblement du commando de Hines et des Fils de la liberté, en vue d'une attaque contre Camp Douglas pour libérer les prisonniers de guerre. Hines amena donc soixante-dix hommes armés de revolvers à Chicago, où ils se mêlèrent aux démocrates et cherchèrent en vain leurs acolytes nordistes. Ils finirent par en dénicher quelques-uns qui leur expliquèrent que le noyautage de leurs organisations par des espions de l'Union avait entraîné l'arrestation de plusieurs de leurs chefs et un renforcement de la surveillance à Camp Douglas. Le complot tourna court. « [Il y a] trop de soldats politiciens dans les rangs des Fils de la liberté, s'exclama un *copperhead* déçu et furieux. Or, il est aussi difficile de faire un vrai soldat

1. Lettre de Thompson à Benjamin, 7 juillet 1864 ; lettre de James P. Holcombe à Clement C. Clay, 10 juillet 1864, citées par Kinchen, *Confederate Operations in Canada*, p. 55.

d'un politicien que de faire une bourse en soie avec l'oreille d'une truie[1]. »

A vrai dire, le tout-venant des démocrates pacifistes reculait devant une contre-révolution par la violence, et ce en partie parce que leurs chances de parvenir à renverser Lincoln par la voie politique légale paraissaient d'autant meilleures à mesure que les semaines passaient. Les agents confédérés au Canada s'en rendaient d'ailleurs compte et ne ménageaient pas leur or pour encourager le processus. C'était là, toutefois, que l'on voyait surgir une seconde contradiction. Pour les confédérés, en effet, la paix était synonyme d'indépendance, mais la plupart des démocrates du Nord considéraient un armistice simplement comme le premier pas vers des négociations qui devaient aboutir à une réunion des États. Thompson et ses camarades tentèrent de masquer cette contradiction en tenant des propos vagues et à double sens. Ils mirent l'accent sur la nécessité de conclure un armistice tout de suite, lequel serait suivi d'une période de décompression qui, assuraient-ils au démocrates pacifistes, avait de bonnes chances de mener à « un traité d'amitié et de commerce[...] et peut-être aussi à une alliance défensive, voire, pour certains objectifs, à la fois offensive et défensive ». Si les démocrates pacifistes voulaient croire qu'un tel processus déboucherait en dernier lieu sur une réunion des États, les confédérés se gardèrent bien de dissiper ces « douces illusions ». Ils savaient pertinemment qu'une cessation des combats, dans le contexte de ce plein été de 1864, équivaudrait pour ainsi dire à une victoire du Sud[2].

Lincoln aussi s'en rendait compte ; ce fut pourquoi il insista dans sa lettre à Greeley sur le fait que la réunion et l'émancipation devaient être des *conditions préalables* à toute négociation pour la paix. Sachant pertinemment que Jefferson Davis tenait, lui, à imposer comme conditions préalables l'indépendance et l'esclavage, le Président espérait inciter ainsi les agents confédérés à le proclamer ouvertement, ce qui démontrerait aux habitants du Nord qu'une paix dans l'Union n'était possible que par une victoire militaire. En cette occasion, cependant, les rebelles se montrèrent plus malins que Lincoln.

Le 18 juillet, Greeley et John Hay, le secrétaire particulier du Président, rencontrèrent à Niagara Falls les agents confédérés, Clement Clay et James Holcombe. Hay leur remit une lettre de Lincoln, leur offrant un sauf-conduit jusqu'à Washington, afin d'y discuter « toute proposition comprenant le rétablissement de la paix, l'intégrité de l'Union tout entière et l'abandon de l'esclavage ». Ni Clay, ni Holcombe n'avaient la moindre autorité pour négocier la paix à quelque condition que ce fût — ce n'était

1. Cité par Kinchen, *Confederate Operations in Canada*, p. 72.
2. Lettre de Clement C. Clay à Judah P. Benjamin, 11 août 1864, citée in *O.R.*, sér. IV, vol. 3, p. 585 ; Nelson, *Bullets, Ballots, and Rhetoric*, p. 82-85.

pas pour cela qu'ils étaient au Canada — et encore moins aux conditions que précisait Lincoln, lesquelles représentaient ni plus ni moins qu'une capitulation des rebelles. La conférence de Niagara Falls n'aboutit donc à rien, mais les sudistes y virent une bonne occasion de réussir un excellent coup de propagande en « rejetant sur le gouvernement fédéral l'odieuse responsabilité d'avoir mis fin à toutes les négociations ». Ils adressèrent donc un rapport sur les entretiens à l'Associated Press. Passant sous silence les conditions que posait le Sud, ils accusaient Lincoln d'avoir délibérément saboté les négociations en émettant des prétentions qu'il savait inacceptables. « S'il existe encore un citoyen des États confédérés qui se cramponne à l'espoir que la paix est possible, écrivirent Clay et Holcombe, [les termes dictés par Lincoln] lui dessilleront les yeux en lui ôtant ses dernières illusions. » Et s'il y avait dans le Nord « des patriotes ou des chrétiens [...] que [faisait] reculer, horrifiés, le spectacle de détresse particulière et de calamité publique à perte de vue » que mettait sous leurs yeux la politique d'une guerre perpétuelle prônée par Lincoln, à eux de « reprendre l'autorité usurpée et de venger la civilisation outragée de leur pays[1] ».

La réaction fut en tout point telle que les confédérés l'espéraient. En Caroline du Nord, Zebulon Vance exploita l'affaire, lors de sa campagne électorale pour le poste de gouverneur, contre le candidat pacifiste William Holden. Les journaux sudistes en profitèrent pour ajouter quelques traits sinistres à leurs portraits du monstre Lincoln. « [Dans le Nord], signala Clay enchanté, toute la presse démocrate attaque le manifeste de M. Lincoln dans les termes les plus forts et de nombreux organes républicains (notamment le *New York Tribune*) reconnaissent qu'il a commis une erreur[...]. Si j'en juge par tout ce que je puis voir ou entendre, je suis convaincu que notre correspondance a contribué largement à consolider le parti démocrate et à diviser les républicains. » D'ailleurs, Greeley ne se priva pas de gourmander Lincoln pour avoir donné « aux yeux du monde » l'impression que les rebelles étaient « désireux de négocier et que [les nordistes avaient] repoussé leurs avances ». Si rien n'était fait pour corriger cette vision des choses, ajoutait-il, les républicains seraient « battus à plate couture au mois de novembre prochain[2] ».

Jefferson Davis contribua à neutraliser cette victoire de la propagande sudiste par sa réponse à des ouvertures de paix simultanées, mais qui firent beaucoup moins de bruit. Les offres en question furent véhiculées jusqu'à Richmond par deux nordistes, James R. Gilmore, un journaliste indépendant, et James Jaquess, colonel d'un régiment de l'Illinois et

1. *CWL*, t. VII, p. 451 ; lettre de Clay et Holcombe à Jefferson Davis, 25 juillet 1864, citée par Nelson, *Bullets, Ballots, and Rhetoric*, p. 67 ; *New York Tribune*, 22 juillet 1864.
2. Lettre de Clay à Judah P. Benjamin, 11 août 1864, citée in *O.R.*, sér. IV, vol. 3, p. 585-586 ; lettre de Greeley à Lincoln, 9 août 1864, Lincoln Papers, Bibliothèque du Congrès.

pasteur méthodiste, qui tenait une épée dans une main et un rameau d'olivier dans l'autre. Bien qu'il ne leur eût confié aucune mission officielle, Lincoln leur avait permis de franchir les lignes avec l'espoir renouvelé qu'ils parviendraient à étaler au grand jour les conditions de paix intransigeantes que posait Davis. Cette fois-ci, le subterfuge réussit. Le président confédéré accepta à contrecœur de recevoir les deux yankees ; il n'attendait de l'entrevue aucun résultat substantiel, mais il devait compter avec le mouvement pacifiste qui existait aussi chez lui et ne pouvait donc se permettre de traiter par le mépris une possibilité de négocier. Davis et son secrétaire d'État, Judah Benjamin, s'entretinrent avec Gilmore et Jaquess le 17 juillet. Les nordistes réitérèrent officieusement les conditions précisées par Lincoln dans sa proclamation de reconstruction, au mois de décembre précédent : réunion, abolition, amnistie. Davis ne voulut rien entendre. « L'amnistie, monsieur, s'applique aux criminels, rétorqua-t-il. Nous n'avons commis aucun crime[...]. C'est à vous qu'il faut imputer toute la détresse, tous les crimes de cette guerre[...]. Nous nous battons pour notre indépendance et nous l'obtiendrons ou nous serons exterminés[...]. Vous pouvez toujours "émanciper" tous les Noirs de la Confédération, mais nous *entendons être libres*. Nous nous gouvernerons tout seuls[...], dussions-nous voir toutes les plantations du Sud mises à sac et toutes ses villes en flammes[1]. »

Avec l'accord de Lincoln, Gilmore publia un court article sur l'entretien dans les journaux nordistes. Son récit parut en même temps que celui de la rencontre de Greeley avec les agents rebelles à Niagara Falls. Après toute la publicité faite autour de ces deux affaires, personne ne pouvait douter que la condition *sine qua non* que Davis mettait à la paix était la désunion, alors que pour Lincoln c'était au contraire l'union. Cela servit les desseins de ce dernier, qui étaient de jeter le discrédit sur la thèse défendue par les *copperheads*, celle d'une paix *et* d'une réunion obtenues par le biais de négociations. Comme le dit un peu plus tard le Président, dans un message au Congrès : « [Davis] ne cherche pas à nous tromper. Il ne nous donne aucune excuse pour nous leurrer nous-mêmes. Il ne saurait volontairement accepter de nouveau l'Union ; nous ne saurions y renoncer de notre plein gré. Entre lui et nous, la question

1. Diverses versions des propos tenus par Davis furent ultérieurement imprimées — dont trois dues au seul Gilmore dans le *Boston Transcript*, 22 juillet 1864, dans l'*Atlantic Monthly*, n° 14 (septembre 1864), p. 378-383, et dans James R. Gilmore, *Personal Recollections of Abraham Lincoln and the Civil War* (Boston, 1898), p. 261-273 ; et une à Judah P. Benjamin dans une circulaire adressée à James M. Mason, « Commissioner to the Continent », 25 août 1864, citée in *O.R. Navy*, sér. II, vol. 3, p. 1190-1195. Si ces versions diffèrent par la forme, elles coïncident sur le fond. Les citations reprises ici sont extraites pour la plupart de la version généralement acceptée de Hudson Strode, *Jefferson Davis, Tragic Hero : 1864-1869* (New York, 1964), p. 76-81. Voir aussi Kirkland, *Peacemakers of 1864*, p. 85-96.

est claire, simple et inflexible. C'est une question qui ne peut être réglée que par la guerre et décidée par la victoire[1]. »

Mais compte tenu de l'état d'abattement du moral nordiste, en ce mois d'août, la presse démocrate eut beau jeu de contourner le problème épineux des conditions posées par Davis en mettant en exergue la seconde condition brandie par Lincoln — l'émancipation — qu'ils accusaient d'être le véritable obstacle aux tentatives de paix. « Des dizaines de milliers de Blancs devront encore mordre la poussière pour satisfaire la passion du Président pour les Noirs », claironnait un éditorial typique des journaux démocrates. « Existe-t-il un seul homme qui ait envie de se faire trouer la peau pour un nègre ? demandait un soldat du Connecticut. Parce que c'est pour ça que nous nous battons à présent et pour rien d'autre. » Il se trouvait même des républicains loyaux pour critiquer la « gaffe » commise par Lincoln en faisant de l'émancipation « un article fondamental », car cela avait donné « aux déçus et aux mécontents une arme qui [doublait] leur faculté de faire du mal[2] ». Henry J. Raymond, rédacteur en chef du *New York Times* et président du Comité national du parti républicain, déclara à Lincoln le 22 août : « Le courant de l'opinion se tourne avec force contre nous. » Si les élections avaient lieu dès à présent, les dirigeants du parti dans les États cruciaux étaient convaincus qu'ils les perdraient. « On attribue deux causes particulières à cette grande réaction de l'opinion publique — l'absence de succès militaires, et l'impression [...] que nous *pourrions* avoir la paix et l'Union, si nous le voulions [mais que vous] luttez non pour l'Union mais pour l'abolition de l'esclavage[3]. »

Ces rapports remplirent Lincoln de consternation. Il opposa même un démenti à ceux qui prétendaient qu'il « livrait à présent cette guerre dans le seul but d'abolir l'esclavage ». « Tant que je serai président, ajouta-t-il, cette guerre est et sera livrée dans l'unique but de rétablir l'Union. Mais nul pouvoir au monde ne saurait mater cette rébellion sans avoir recours, comme je l'ai fait, à l'émancipation. » Lincoln faisait aussi remarquer aux démocrates bellicistes que quelque cent trente mille soldats et marins de race noire se battaient pour l'Union : « S'ils risquent ainsi leur vie pour nous, ils doivent y être poussés par le motif le plus fort qui soit — fût-ce la promesse d'être libres. Et la promesse, une fois faite, doit être tenue. [Abandonner l'émancipation], poursuivit le Président, ruinerait la cause de l'Union. Aussitôt, le recrutement des troupes de couleur cesserait et tous les Noirs qui servent actuellement sous nos drapeaux déserteraient nos rangs. Et ils auraient raison.

1. *CWL*, t. VIII, p. 151.

2. *Columbia Crisis*, 3 août 1864 ; lettre de Henry Thompson à sa femme, 17 août 1864, citée par Randall C. Jimmerson, « A People Divided : The Civil War Interpreted by Participants », thèse de doctorat, University of Michigan, 1977, p. 131 ; Strong, *Diary*, p. 474.

3. Lettre de Raymond à Lincoln, 22 août 1864, citée in *CWL*, t. VII, p. 517-518.

Pourquoi iraient-ils nous faire don de leur vie, étant parfaitement avertis de notre intention de les trahir ?[...] Que l'on renonce à tous les postes présentement occupés par des Noirs, que l'on cède tous ces avantages à l'ennemi, et d'ici trois semaines nous serons contraints et forcés de renoncer à la guerre. » Sans compter qu'il y avait aussi la question morale : « Il y a eu des gens pour me conseiller de remettre en esclavage les guerriers noirs de Port Hudson et d'Olustee [une bataille de Floride où des troupes de couleur avaient combattu]. Je serais damné pour l'éternité si j'agissais ainsi. Le monde entier saura que je serai loyal envers mes amis et mes ennemis, advienne que pourra[1]. »

Le langage paraissait suffisamment clair, mais la pression pour ne pas s'engager publiquement à imposer l'abolition comme la condition *sine qua non* de négociations de paix devint presque irrésistible. Parallèlement, Lincoln avait parfaitement conscience qu'il existait chez certains républicains un mouvement en faveur d'une nouvelle convention du parti pour nommer un autre candidat à sa place. Ce mouvement était engendré par la conviction que Lincoln était assuré de perdre, mais bon nombre de ses membres étaient des radicaux qui considéraient la politique présidentielle de reconstruction et d'amnistie comme trop *douce* envers les rebelles. Tout au long du mois d'août, ces pressions contradictoires firent à Lincoln une vie infernale. Rien d'étonnant si les photographies du Président prises à cette époque montrent un visage de plus en plus triste. Et si, de son propre aveu, il ne parvenait jamais à échapper au « point de fatigue » qu'il sentait au cœur de lui-même.

Lincoln fut à deux doigts de succomber aux pressions exercées pour qu'il renonçât à faire de l'abolition une condition inamovible de la paix. Le 17 août, il rédigea un projet de lettre à un démocrate belliciste, concluant par ces mots : « Si Jefferson Davis[...] souhaite savoir ce que je ferais s'il devait offrir la paix et la réunion, sans souffler mot de l'esclavage, il n'a qu'à me mettre à l'épreuve. » Tandis qu'il réfléchissait à l'opportunité d'envoyer une telle lettre, le Comité national du parti républicain se réunit à New York le 22 août. S'exprimant par la bouche de Henry Raymond, ses membres pressèrent vivement Lincoln d'envoyer un émissaire « *porter des offres de paix distinctes à Davis* [...] *à la seule condition qu'il reconnaîtrait la suprématie de la Constitution*, toutes les autres questions devant être réglées à l'occasion d'une convention des Américains de tous les États ». Ce serait en fait un geste de relations publiques, expliqua Raymond, et non un véritable abandon de l'émancipation. En effet, cette offre « si elle était repoussée (comme

---

1. Ces citations sont extraites d'un brouillon de lettre à un démocrate belliciste du Wisconsin, daté du 17 août, et de notes prises par l'un des deux républicains du Wisconsin qui s'entretinrent avec Lincoln le 19 août. Une version modifiée de ces notes fut publiée dans le *New York Tribune*, du 10 septembre 1864. *CWL*, t. VII, p. 499-501, 506-507.

elle le serait), planterait les graines de la désaffection dans le Sud, dissiperait toutes les illusions concernant la paix, qui [régnaient] dans le Nord,[...] réconcilierait l'opinion publique avec la guerre, la conscription et les impôts, autant de *nécessités* inévitables. » Lincoln autorisa Raymond à se rendre en personne à Richmond et à « proposer au nom du présent gouvernement qu'à la restauration de l'Union et de l'autorité nationale, la guerre [cessât] aussitôt, toutes les autres questions restant passibles d'un règlement par des moyens pacifiques[1] ».

S'étant engagé jusque-là, Lincoln recula. Le 25 août, il rencontra Raymond et le persuada que le fait « de donner suite à ce projet d'envoyer une commission à Richmond serait pire que de perdre l'élection présidentielle — ce serait en concéder ignominieusement le résultat par avance ». Quelle que fût la signification exacte de cette déclaration ambiguë, notée par l'un des secrétaires particuliers de Lincoln, Raymond finalement ne se rendit pas à Richmond et le Président n'envoya pas non plus sa lettre au démocrate du Wisconsin. Ses conditions de paix restèrent l'Union *et* l'émancipation. Lincoln s'attendait tout à fait à être vaincu au mois de novembre en présentant un tel programme. « Je vais me faire battre, déclara-t-il à un officier de l'armée, et même, à moins que ne survienne un changement important, me faire battre *sévèrement*. » Le 23 août, il rédigea son célèbre « mémorandum aveugle » et demanda aux membres de son cabinet de le ratifier sans l'avoir lu : « Ce matin, comme c'est le cas depuis déjà plusieurs jours, il semble extrêmement probable que la présente Administration ne sera pas reconduite. Mon devoir sera alors de coopérer avec celui qui aura été élu président, de façon à sauver l'Union entre les élections et l'entrée en fonctions de mon successeur ; car ce dernier aura été élu pour de telles raisons qu'il lui sera absolument impossible de la sauver ensuite[2]. »

Lincoln s'attendait à ce que le prochain président du pays fût George B. McClellan. Ce dernier était en effet le démocrate le plus populaire et le symbole le plus puissant de l'opposition à la politique de guerre de Lincoln. La seule incertitude concernait sa position quant à la clause pacifiste que devait soumettre Vallandigham, président du sous-comité sur les résolutions de la commission du programme. Bien que McClellan eût soutenu l'année précédente un candidat *copperhead* au poste de gouverneur de Pennsylvanie, il avait la réputation d'être un démocrate belliciste et à l'occasion d'un récent discours prononcé à West Point, il avait paru approuver la cause de l'Union par la victoire militaire. Cela incita les démocrates pacifistes à chercher un autre candidat, mais ils ne trouvèrent, sembla-t-il, personne en dehors de Thomas Seymour du

---

1. *CWL*, t. VII, p. 501, 518n., 517.
2. John G. Nicolay et John Hay, *Abraham Lincoln : A History*, 10 vol. (New York, 1890), t. IX, p. 221 ; William Frank Zornow, *Lincoln and the Party Divided* (Norman, Okla., 1954), p. 112 ; *CWL*, t. VII, p. 514.

Connecticut qui n'avait pas réussi à se faire élire gouverneur de son État en 1863 ou de Horatio Seymour, gouverneur de New York — qui refusa la candidature. Néanmoins, près de la moitié des délégués à la convention nationale appartiendraient à la faction pacifiste et risquaient de compromettre les chances de McClellan en quittant le parti, si le choix de l'assemblée se portait sur le général. En coulisse, le principal conseiller de McClellan assurait donc aux sceptiques : « Le général est en faveur de la paix, pas de la guerre [...]. S'il est choisi, il préférera rétablir l'Union par des moyens pacifiques plutôt que par le combat armé. » McClellan lui-même, à ce qu'on a rapporté, déclara à un homme d'affaires de Saint Louis, le 24 août : « Si je suis élu, je recommanderai un armistice immédiat et un appel à une convention de tous les États et j'insisterai pour que l'on épuise absolument tous les moyens d'assurer la paix sans nouvelles effusions de sang[1]. »

Cependant, les doutes concernant le dévouement de McClellan à la cause pacifiste persistèrent, si bien que le parti « boucha la fissure » entre ses deux factions adverses en désignant le général comme candidat, défendant un programme en faveur de la paix, et en lui adjoignant comme colistier l'un des représentants au Congrès de l'Ohio, George Pendleton, proche allié de Vallandigham. Fils d'une grande et vieille famille de Virginie, Pendleton s'était élevé contre la guerre dès le premier jour, avait voté contre toute espèce de dépenses de guerre et exprimé ouvertement ses sympathies envers le Sud. Le programme démocrate condamnait les « arrestations militaires arbitraires » du gouvernement et la « répression exercée contre la liberté d'expression et la liberté de la presse ». Il s'engageait en outre à préserver « intacts les droits des États » (c'était une expression convenue pour désigner l'esclavage). Sur ces points, tous les démocrates étaient bien d'accord. Suivait alors une clause rédigée par Vallandigham et plus susceptible de semer la discorde (mais pourtant adoptée à une quasi-unanimité) : « Après quatre années d'échecs pour rétablir l'Union par la force des armes, [nous] exigeons que l'on tente immédiatement de mettre fin aux hostilités, dans l'optique suprême d'une convention des États, ou d'autres moyens pacifiques, afin que, le plus tôt possible, la paix puisse être rétablie sur les bases de l'Union fédérale[2]. »

1. Lettre de Samuel L.M. Barlow à Manton Marble, 24 août 1864, S.L.M. Barlow Papers, bibliothèque Henry E. Huntington ; lettre de James Harrison à Louis V. Bogy, 24 août 1864, Clement C. Clay Papers, Archives nationales, citée par Kinchen, *Confederate Operations in Canada*, p. 93. Si McClellan a vraiment prononcé ces mots, cela représentait un revirement complet par rapport à la position qui était la sienne quinze jours auparavant, lorsqu'il avait repoussé l'avis de quelqu'un qui lui conseillait d'écrire une lettre proposant un armistice, en remarquant : « Ces imbéciles vont mener le pays à sa perte. » Lettre de McClellan à W.C. Prime, 10 août 1864, McClellan Papers, bibliothèque du Congrès.

2. Edward McPherson, *The Political History of the United States During the Great Rebellion*, 2e éd. (Washington, 1865), p. 419-420.

Cette résolution cruciale faisait de la paix l'élément prioritaire du programme et de l'Union un élément secondaire. Ce fut ainsi que l'interprétèrent aussi bien les républicains que les confédérés et ils réagirent en conséquence. « Elle envisage la capitulation et l'avilissement, nota un républicain new-yorkais. Elle aurait pu être rédigée par Jefferson Davis. » Quant à Alexander Stephens, il s'écria joyeusement : « Elle fait luire [...] le premier rayon de véritable lumière que j'aie vu depuis le début de la guerre. » Le *Charleston Mercury* proclama pour sa part que l'élection de McClellan avec un tel programme « [devrait] mener à la paix et à notre indépendance, [pourvu] qu'au cours des deux prochains mois, [le Sud] *tînt le coup et empêchât l'ennemi de remporter un succès militaire*[1] ».

Mais... Extrait du journal intime de George Templeton Strong, le 3 septembre 1864 :

« Merveilleuse nouvelle ce matin — Atlanta est enfin prise ! [...] C'est (venant ainsi au milieu d'une telle crise politique) le plus grand événement de la guerre. »

Ou, pour reprendre les titres d'un journal Républicain :

VICTOIRE

La guerre est-elle un échec ?

La réponse du Vieil Abe à la convention de Chicago

Consternation et désespoir chez les *copperheads*[2]

Chapitre XXVI

NOUS ALLONS ÊTRE RAYÉS DE LA CARTE DU MONDE

I

Voici ce qui s'était passé. Tandis que les cavaleries respectives de Sherman et de Hood étaient parties accomplir des raids inutiles sur leurs arrières mutuels, durant la première moitié du mois d'août, l'infanterie de l'Union avait continué sans succès ses coups de sonde en direction de

1. Strong, *Diary*, p. 479 ; lettre de Stephens à Herschel V. Johnson, 5 septembre 1864, et *Charleston Mercury*, 5 septembre 1864, tous deux cités par Nelson, *Bullets, Ballots, and Rhetoric*, p. 115, 113. Ni Stephens, ni le rédacteur en chef du *Mercury* n'avaient encore appris la chute d'Atlanta lorsqu'ils écrivirent ces mots.

2. Strong, *Diary*, p. 480-481 ; *St.Paul Press*, 4 septembre 1864, cité par Gray, *Hidden Civil War*, p. 189.

la voie ferrée au sud d'Atlanta. Lorsque toutes les tuniques bleues, à l'exception d'un corps d'armée, disparurent brusquement le 26 août, Hood en conclut, dans l'euphorie du moment, que son adversaire avait battu en retraite. Mais les réjouissances des habitants d'Atlanta se révélèrent prématurées. Sherman, certes, avait retiré presque tous ses hommes des tranchées, mais ils étaient occupés à marcher *vers le sud* afin de couper les routes et les chemins de fer loin au-delà des défenses confédérées. Alors même que les démocrates se réunissaient à Chicago pour déclarer que la guerre était une suite d'échecs, les soldats nordistes à onze cents kilomètres de là étaient en train de confectionner des « cravates à la Sherman » avec les vestiges de la dernière voie ferrée qui permettait encore d'entrer et de sortir d'Atlanta, en chauffant les rails sur un feu alimenté avec les traverses et en les tordant autour des arbres.

Hood comprit la vérité un jour trop tard. Le 30 août, il envoya deux corps d'armée contre les forces ennemies à Jonesborough, à une bonne trentaine de kilomètres au sud d'Atlanta. Les yankees furent trop forts pour eux et les repoussèrent en leur infligeant de lourdes pertes. Le lendemain, Sherman contre-attaqua et lamina les rebelles. Afin d'éviter d'être coupé du reste de la Confédération et pris au piège, Hood dut évacuer Atlanta le 1er septembre, après avoir détruit tout ce qui pouvait avoir une valeur militaire. Le lendemain, les tuniques bleues entrèrent dans la ville, au son de fanfares claironnant les chants de l'Union, et firent monter la bannière étoilée sur l'hôtel de ville. Sherman expédia à Washington un câble désinvolte : « Atlanta est à nous et bien gagnée. »

On ne saurait sous-estimer l'impact qu'eut cet événement. Dans les villes du Nord, on entendit tonner les salves d'honneur. Des journaux qui vilipendaient Sherman depuis des années lui tressaient à présent des couronnes et saluaient en lui le plus grand général depuis Napoléon. Rétrospectivement, la victoire remportée dans la baie de Mobile prit une importance nouvelle et devint le premier coup d'un une-deux meurtrier. « Sherman et Farragut ont définitivement coulé le programme de Chicago », exulta Seward, le secrétaire d'Etat. Le *Richmond Examiner*, en revanche, notait lugubrement que « le désastre d'Atlanta » tombait « à point nommé » pour « sauver le parti de Lincoln d'une ruine irrévocable ». Et il ajoutait : « [Voilà qui] obscurcit les perspectives de paix, naguère si brillantes. Et qui diffusera aussi ses ténèbres sur le Sud[1]. » Les idées noires y devinrent en effet un article fort répandu. « Jusqu'à présent, jamais je n'avais perdu espoir, écrivit un habitant de Caroline du Nord, mais depuis que Dieu paraît nous avoir abandonnés, je désespère. » Et en Caroline du Sud, Mary Boykin Chestnut nota dans son journal qu'elle voyait approcher l'heure fatale : « Depuis [la chute

1. Seward cité par Lloyd Lewis, *Sherman : Fighting Prophet* (New York, 1932), p. 409 ; *Richmond Examiner*, 5 septembre 1864.

d']Atlanta, j'ai le sentiment que tout est mort en moi, pour toujours. Nous allons être rayés de la carte du monde[1]. »

Bien loin au nord, George B. McClellan digéra de son mieux la nouvelle de la prise d'Atlanta, tout en rédigeant la lettre par laquelle il acceptait de devenir le candidat du parti démocrate. Entériner le programme ou passer son contenu sous silence, c'était s'engager implicitement à défendre l'armistice et les négociations. Ce fut justement la voie dans laquelle essaya vivement de le pousser la faction pacifiste. « N'écoutez pas vos amis de l'Est, qui, en cette mauvaise heure, vous conseilleront peut-être d'*insinuer* ne fût-ce qu'un peu d'esprit guerrier dans votre lettre d'acceptation [...], le supplia Vallandigham. Si le moindre propos sous-entendant la guerre leur est présenté, deux cent mille habitants de l'Ouest vous refuseront leur soutien[2]. » Les premiers brouillons de la lettre du général auraient satisfait Vallandigham : ils prônaient un armistice inconditionnel que seule venait tempérer une clause stipulant une reprise des hostilités si les négociations n'aboutissaient pas à la réunion des États.

Mais les « amis de l'Est » du candidat démocrate — c'est-à-dire des démocrates bellicistes, parmi lesquels figurait le banquier August Belmont, président du comité national du parti — le convainquirent que la guerre, une fois interrompue, ne pourrait être reprise ; un armistice inconditionnel équivaudrait à la capitulation de l'Union. Or, après Atlanta, une telle proposition rendrait sa candidature parfaitement grotesque. Par conséquent, la lettre que McClellan fit paraître le 8 septembre rejetait la clause des « quatre années d'échecs ». « Je n'aurais pas pu regarder en face mes courageux camarades de l'armée et de la marine[...] et leur dire que leurs efforts et le sacrifice de nos frères morts et blessés avaient été vains, écrivit-il. [Non, quand] nos actuels adversaires seront prêts pour la paix, sur les bases de l'Union, [les négociations pourront commencer] dans un esprit de conciliation et de compromis[...]. L'Union est l'unique condition de la paix — nous n'en demandons pas plus[3]. »

---

1. Larry E. Nelson, *Bullets, Ballots, and Rhetoric : Confederate Policy for the United States Presidential Contest of 1864* (University, Ala., 1980), p. 119 ; Woodward, *Chestnut's Civil War*, p. 648, 645.

2. Lettre de Vallandigham à McClellan, 4 septembre 1864, McClellan Papers, bibliothèque du Congrès.

3. Pour une analyse des brouillons successifs de la lettre de McClellan, voir Charles R. Wilson, « McClellan's Changing Views on the Peace Plank of 1864 », *AHR*, n° 38 (1933), p. 498-505. Ces brouillons se trouvent parmi les McClellan Papers, à la bibliothèque du Congrès, et parmi les Samuel L.M. Barlow Papers, à la bibliothèque Henry E. Huntington. Les trois premiers jets exprimaient « un cordial accord » avec la « cessation des hostilités » que réclamait le programme démocrate et ajoutaient : « Nous nous sommes assez battus pour satisfaire l'honneur militaire des deux sections du pays. » Deux lettres émanant d'influents démocrates bellicistes contribuèrent à persuader McClellan d'omettre ces phrases dans son texte définitif ; il s'agit de la lettre d'August Belmont à McClellan, 3 septembre 1864, et de celle de Samuel L.M. Barlow à McClellan, 3 septembre 1864, McClellan Papers

Les démocrates pacifistes ne décoléraient pas d'avoir été ainsi trahis par le général. Ils organisèrent en toute hâte des réunions où l'on envisagea de désigner un autre candidat, mais personne ne paraissait vouloir revendiquer ce douteux honneur et la révolte sombra. La plupart des démocrates pacifistes, y compris Vallandigham, finirent par rentrer au bercail — même s'ils firent campagne surtout pour le parti et son programme, plutôt que pour McClellan.

Un processus analogue survint chez les républicains. La nouvelle de la prise d'Atlanta étouffa dans l'œuf le mouvement en faveur d'une nouvelle convention afin de remplacer Lincoln. Le Président était désormais un chef victorieux et non plus un perdant discrédité. Seule la candidature dissidente de John C. Frémont faisait obstacle à l'unité totale du parti. En coulisse, les radicaux négocièrent le désistement de Frémont, le 22 septembre, en échange de la démission de Montgomery Blair de ses fonctions ministérielles. Même si certains radicaux restaient rien moins qu'enthousiastes vis-à-vis de Lincoln, ils se mirent au travail avec bonne volonté. Le double visage des démocrates leur fournissait une cible rêvée. « Ni vous, ni moi, ni les démocrates eux-mêmes, assura un orateur républicain, ne sommes capables de dire si leur programme est en faveur de la paix ou de la guerre [...]. Dans l'ensemble, ils veulent à la fois la paix et la guerre, la paix avec les rebelles et la guerre contre leur propre gouvernement[1]. »

Après avoir pris un départ un peu lent dans la vallée de la Shenandoah, Phil Sheridan ne tarda pas à fournir aux républicains d'autres bonnes nouvelles. Sans oublier que Grant lui avait ordonné de poursuivre Jubal Early « jusqu'à la mort », il avait néanmoins présente à l'esprit la longue liste des désastres de l'Union dans la vallée. Par conséquent, son armée de la Shenandoah batailla-t-elle prudemment avec les rebelles d'Early pendant six semaines, sans parvenir à les repousser plus loin vers le sud que Winchester. Des rapports de ses agents de renseignement, signalant que le commandant sudiste avait reçu en renfort de la part de Lee quatre divisions (il n'y en avait en réalité que deux), accrurent l'inhabituelle circonspection de Sheridan. Profitant de cet affaiblissement des défenses de Petersburg, Grant, vers la fin du mois d'août, avait coupé la voie ferrée qui reliait la ville au port de Wilmington, où les forceurs de blocus étaient encore actifs. Obligé de rallonger ses lignes et de protéger les convois de fourgons qui devaient contourner cette brèche pour acheminer ses ravitaillements, Lee fit revenir une des deux divisions de la vallée. L'ayant appris par Rebecca Wright, une institutrice quaker de Winchester, sympathisante de l'Union, Sheridan décida d'agir. Le

1. Robert Schlenck, cité par William Frank Zornow, *Lincoln & the Party Divided* (Norman, Oklahoma, 1954), p. 139.

19 septembre, ses trente-sept mille tuniques bleues attaquèrent les quinze mille confédérés à Winchester. Le convoi de fourgons d'un corps d'armée de l'Union, venu s'empêtrer parmi les troupes d'un autre, faillit bien mettre fin à l'assaut avant même qu'il n'eût commencé, mais avec beaucoup d'énergie et un véritable déluge de jurons, Sheridan parvint à dissiper l'embouteillage, à faire mettre ses hommes en ligne et à les emmener en avant dans un flux irrésistible. La cavalerie nordiste, avec ses carabines à feu rapide, se distingua particulièrement ; on vit même deux divisions de cavaliers fondre dans un tonnerre de sabots sur l'aile gauche d'Early, dans une charge sabre au clair à l'ancienne, et capturer la plupart des deux mille rebelles qui préférèrent se rendre. « Nous venons tout juste de les envoyer voltiger à travers Winchester, câbla le chef d'état-major de Sheridan dans un style qui allait faire les délices de la presse, et nous les prenons en chasse dès demain[1]. »

Ayant perdu un quart de son armée, Early recula de plus de trente kilomètres pour s'installer dans une position défensive très solide, sur les hauteurs de Fisher's Hill, tout près de Strasburg, vers le sud. Sheridan le prit effectivement « en chasse dès demain ». Le 22 septembre, deux corps d'armée firent une feinte contre la ligne fortifiée d'Early, tandis qu'un troisième — composé en majorité d'hommes de Virginie occidentale et de l'Ohio, qui se battaient sur ce terrain accidenté depuis trois ans — escaladait péniblement des sentiers de montagne pour aller s'abattre sur l'aile gauche des sudistes. Jaillissant hors des bois épais, avec le soleil couchant derrière eux, ils aplatirent le flanc méridional des confédérés, pris par surprise, comme une feuille morte. Une nouvelle fois, les fédéraux envoyèrent Early « voltiger » vers le sud, sur près de cent kilomètres, jusqu'à un col de la crête du Blue Ridge, où les rebelles se terrèrent pour panser leurs blessures.

« Sheridan a descendu en flèche et l'or et George B. McClellan, écrivit un républicain new-yorkais. Le premier est à présent en dessous de deux cents [pour la première fois depuis le mois de mai] et le second a disparu de la circulation[2]. » Grant ponctua le coup par des attaques renouvelées contre les deux extrémités de la ligne de Lee, au sud et au nord de la James River. Même si elles ne parvinrent pas à effectuer de percée, les forces de l'Union progressèrent d'encore trois grands kilomètres au sud-ouest de Petersburg et prirent un fort important qui n'était pas tout à fait à dix kilomètres de Richmond. Lorsque les sergents de ville rassemblèrent tous les hommes valides de moins de cinquante ans qu'ils purent trouver — y compris deux ministres indignés — afin de les envoyer dans les tranchées, la panique s'empara de la capitale confédérée[3].

1. *O.R.*, sér. I, vol. 43, 2e partie, p. 124.
2. Strong, *Diary*, p. 494. Simultanément le taux de l'or monta à trois mille pour le dollar confédéré.
3. Jones, *War Clerk's Diary* (Swiggett), t. II, p. 295-296.

Toutefois, les vétérans de Lee arrêtèrent les yankees avant qu'ils n'eussent atteint les défenses intérieures. Ce qui n'empêcha pas la presse nordiste de gonfler cette action pour en faire une grande victoire — même si elle pâlissait singulièrement à côté des triomphes de Sheridan.

Ayant poursuivi Early presque jusqu'à la mort, Sheridan se mit en devoir d'exécuter la seconde partie des instructions de Grant : transformer « la vallée de la Shenandoah [en] un désert aride [...], en sorte que les corbeaux qui le survoleront pendant le reste de la présente saison soient obligés d'apporter avec eux leur provende[1] ». Outre qu'elle pouvait servir d'avenue pour envahir le Nord, la vallée fournissait une grande partie des vivres nécessaires aux armées de la Confédération en Virginie. En détruisant ses cultures, Sheridan pourrait mettre fin à cette double fonction et il était bien l'homme qu'il fallait pour y parvenir. « Il ne faut absolument rien laisser aux gens, expliqua-t-il à ses troupes, sinon leurs yeux pour pleurer. » Les cavaliers bleus remontèrent la vallée comme un nuage de sauterelles. Dès le 7 octobre, Sheridan pouvait adresser à son chef le rapport suivant : « [Mes hommes ont] détruit plus de deux mille granges remplies de blé, de foin et d'outils agricoles ; plus de soixante-dix moulins pleins de farine et de blé ; poussé devant l'armée plus de quatre mille têtes de bétail et tué et distribué aux troupes pas moins de trois mille moutons. » Mais ce n'était qu'un début. « [Quand j'aurai fini], promit Sheridan, la vallée, de Winchester à Staunton, soit cent quarante-sept kilomètres, n'aura plus grand-chose à offrir ni aux hommes ni aux bêtes[2]. »

Il n'était pas question de demi-mesures. Les brûleurs de grange nordistes ne firent guère de distinction entre les fermiers rebelles et ceux qui prétendaient être loyaux à l'Union. S'ils n'étaient pas saisis ou détruits, le grain et le fourrage des uns et des autres iraient aux confédérés, ou bien feraient l'affaire des groupes de résistants armés qui grouillaient près des flancs et de l'arrière de l'armée nordiste, s'efforçant de l'empoisonner de leurs piqûres venimeuses. Des partisans sudistes tranchèrent la gorge d'un des aides de camp de Sheridan, abattirent à coups de feu son inspecteur médical et assassinèrent un autre officier très aimé, après qu'il se fut rendu. Mis en rage par ces incidents, les incendiaires en tunique bleue se vengèrent sur les civils qui abritaient, croyaient-ils, ces « bandits de grand-chemin ». Un officier de l'Union prétendit même que le sillage de destruction que Sheridan laissait derrière lui avait fini par purger la vallée des bandes de partisans : « Comme l'ont dit nos garçons, "on a brûlé tous les nids de frelons"[3]. »

---

1. *O.R.*, sér. I, vol. 43, 2ᵉ partie, p. 202 ; vol. 40, 3ᵉ partie, p. 223.
2. Thomas C. Leonard, *Above the Battle : War-Making in America from Appomattox to Versailles* (New York, 1978), p. 18 ; *O.R.*, sér. I, vol. 43, 1ʳᵉ partie, p. 30-31.
3. Bruce Catton, *A Stillness at Appomattox* (Garden City, N.Y., 1953), p. 286.

C'était donc une guerre féroce et qui allait le devenir plus encore en Géorgie et en Caroline du Sud. Entre-temps, les rebelles décidèrent qu'ils ne pouvaient ainsi renoncer à la vallée de la Shenandoah sans un dernier combat. Lee envoya donc à Early des renforts sous forme d'une division d'infanterie et d'une brigade de cavalerie, ce qui obligea Sheridan à différer le retour prévu du 6e corps d'armée sur le front de Petersburg. Laissant son armée occupée à bivouaquer près de la Cedar Creek, à vingt-quatre kilomètres au sud de Winchester, Sheridan prit le train pour Washington le 16 octobre, afin d'assister à une conférence stratégique qui devait permettre de décider ce qu'il convenait de faire à présent. En son absence, Early s'inspira de l'exemple de son ancien mentor, Stonewall Jackson, et décida de tenter une attaque surprise. Dans la nuit du 18 au 19 octobre, quatre divisions confédérées se mirent silencieusement en position pour une attaque à l'aube contre les deux divisions du flanc gauche de l'Union. La surprise fut totale. Les tuniques bleues, brutalement réveillées, reculèrent vers les deux divisions voisines, à qui elles communiquèrent leur panique, si bien que l'armée de la Shenandoah tout entière dut battre en retraite en pleine débandade sur plus de six kilomètres, abandonnant derrière elle treize cents prisonniers et dix-huit canons.

Early croyait avoir remporté une grande victoire et il en allait de même de ses soldats affamés qui rompirent les rangs pour piller les camps de l'Union. Mais il n'était encore que dix heures du matin. La cavalerie de l'Union et le 6e corps d'armée, qui n'avait pas été entraîné dans la déroute, étaient encore intacts, avec les restes des quatre divisions atteintes derrière eux. Et Sheridan arrivait. Il avait regagné Winchester la veille au soir. Ayant entendu, perplexe, pendant son petit déjeuner, le rugissement menaçant de l'artillerie vers le sud, il sella son cheval et commença la chevauchée qui devait le faire entrer dans la légende. A mesure que le commandant yankee approchait du champ de bataille, en effet, les fuyards le reconnurent et se mirent à l'acclamer. « Allez donc au diable avec vos acclamations ! leur hurla-t-il. Si vous aimez votre pays, remontez au front ! [...] Vous êtes encore tout à fait capables de vous battre ! Remontez, nom d'un chien ! Remontez ! » Par douzaines, puis par centaines, les hommes le suivirent. Le comportement de Sheridan ce jour-là fut le plus remarquable exemple d'autorité naturelle manifestée sur un champ de bataille pendant toute la guerre. Un vétéran du 6e corps devait se rappeler : « La scène que créait sa présence et l'émotion qu'elle suscitait ne se rencontrent qu'une seule fois par siècle[1]. »

Pendant que dans le camp d'en face, Early paraissait tétanisé par sa victoire, en ce brumeux après-midi d'automne, Sheridan réorganisa son

1. Bruce Catton, *Never Call Retreat* (éditions Pocket Books, New York, 1967), p. 374 ; Catton, *Stillness at Appomattox*, p. 314.

armée, puis la lança en avant pour une contre-attaque. Avec la cavalerie qui menait des actions tranchantes depuis les deux flancs et l'infanterie qui déferlait droit devant elle, comme les rouleaux de l'océan, les yankees refoulèrent les tuniques grises d'Early pêle-mêle à travers le terrain où l'on s'était affronté le matin même. Chassant les rebelles sur l'autre rive de la Cedar Creek, les fédéraux firent un millier de prisonniers et reprirent les dix-huit canons perdus un peu plus tôt, auxquels ils ajoutèrent vingt-trois canons sudistes pour faire bonne mesure. En s'enfuyant vers le sud, dans l'obscurité grandissante, l'armée d'Early se désintégra pour ainsi dire et la cavalerie bleue parvint à intercepter la majeure partie de ses fourgons de ravitaillement. En l'espace de quelques heures, Sheridan avait transformé une défaite cuisante en l'une des victoires nordistes les plus décisives de la guerre.

Pour donner suite à ce succès, Grant tenta une nouvelle attaque simultanée aux deux bouts de la ligne de Lee à Petersburg et Richmond. La manœuvre échoua, mais elle força Lee à rallonger encore ses défenses qui s'étalaient à présent sur cinquante-six kilomètres, d'un point situé à l'est de la capitale sudiste jusqu'à un autre au sud-ouest de Petersburg. La ligne était si mince, fit savoir Lee à Davis, qu'il lui fallait absolument un surcroît de troupes. « [Sinon], ajoutait-il, je redoute qu'une grande calamité ne s'abatte sur nous[1]. »

Les nordistes commençaient à le penser aussi. Flairant l'odeur de la victoire et désireux d'y participer, de nombreux soldats engagés pour trois ans et qui avaient quitté l'armée au printemps se rengagèrent à l'automne. Ils contribuèrent à remplir les quotas et à alléger la tension qui entourait la conscription, laquelle, contre toute attente, se poursuivit en douceur. Ils aidèrent aussi à redonner à l'armée du Potomac une tenue qui avait à peu près disparu au fil de l'été, sous le poids des conscrits, des remplaçants et des voleurs de prime.

Les politiciens républicains surent exploiter à leur avantage ce grisant parfum de victoire. L'un des meilleurs documents de leur campagne fut un poème intitulé *La Chevauchée de Sheridan*, écrit par Thomas B. Read après la bataille de la Cedar Creek. Déclamé à voix haute, sur le rythme d'un cheval au galop (de Winchester au champ de bataille), il manquait rarement, lors des meetings politiques, de transporter les foules qui le scandaient par leurs rugissements de ferveur patriotique :

Venant du sud, au point du jour
Pour accroître les malheurs de Winchester [...]
Mais il y a une route qui vient de la ville,
Une belle et large route qui descend [...]

1. Clifford Dowdey (éd.), *The Wartime Papers of R.E. Lee* (New York, 1961), p. 868.

Jaillie des sabots rapides, tonnant vers le sud,
La poussière, telle la fumée du canon ou la queue
D'une comète, vole toujours plus vite,
Annonçant aux traîtres l'approche du désastre [...]

II

Les républicains savaient aussi tirer le meilleur parti des preuves, réelles et imaginaires, que les démocrates trempaient toujours dans les intrigues tramées par les rebelles au Canada. En effet, le soulèvement avorté qui devait coïncider avec la convention démocrate de Chicago ne mit pas fin à leurs opérations. L'entreprise la plus bizarre fut une tentative de s'emparer de l'*USS Michigan*, l'unique canonnière de la marine américaine sur le lac Érié, où elle gardait le camp de prisonniers de guerre sur l'île de Johnson's Island, près de Sandusky, afin de libérer les prisonniers de guerre confédérés. Le 19 septembre, une vingtaine d'agents rebelles venus du Canada saisirent un bateau à vapeur près de Sandusky, dans l'idée de s'en servir pour accoster le *Michigan* dont les officiers avaient dû, selon leurs prévisions, être drogués par des sympathisants nordistes. Mais un détective envoyé par le ministère de la Guerre s'était infiltré dans ce groupe. Les sympathisants furent arrêtés et le *Michigan* mis en état d'alerte. Leur plan ainsi déjoué, les confédérés regagnèrent Windsor bredouilles et sabordèrent le bateau qu'ils avaient pris[1].

Plus ambitieux, mais tout aussi raté, fut un complot pour organiser un soulèvement des *copperheads* à Chicago et à New York, le jour des élections. N'ayant apparemment tiré aucune leçon utile du fiasco essuyé lors de la convention de Chicago, les agents sudistes écoutèrent avec une avidité pathétique quelques desperados démocrates qui leur promettaient que, cette fois-ci, leur armée de pacifistes allait immanquablement passer aux actes — pourvu qu'elle reçût assez d'or rebelle. Une fois de plus, des douzaines d'anciens soldats confédérés débarquèrent à Chicago, ainsi qu'à New York et dans d'autres grandes villes du Nord, quelques jours avant la date prévue pour le soulèvement. Et une fois de plus, il ne se passa strictement rien, sinon que les autorités fédérales, averties à l'avance par des agents de leurs services secrets qui n'avaient guère eu de mal à tromper la sécurité plus que relâchée des Fils de la liberté, arrêtèrent plus d'une centaine de *copperheads* et de rebelles à Chicago et y découvrirent une cachette d'armes. A New York, Benjamin Butler arriva avec trois mille cinq cents soldats le jour des élections pour éviter les heurts. Quelles que fussent ses carences de

1. Oscar E. Kinchen, *Confederate Operations in Canada and the North* (North Quincy, Mass., 1970), p. 104-116.

commandant sur un champ de bataille, Butler prouva une nouvelle fois, comme il l'avait déjà fait à Baltimore et à La Nouvelle-Orléans, qu'il excellait à mater les émeutiers civils en puissance. « Jamais les élections ne se sont déroulées dans un tel calme », nota un New-Yorkais très surpris[1].

Du sud de l'Indiana, que l'on tenait pour un véritable foyer de *copperheads*, arrivèrent quelques révélations spectaculaires de sombres manigances et de trahison — dont certaines étaient probablement vraies. Des prévôts découvrirent de nouvelles caches contenant des armes et arrêtèrent plusieurs membres éminents des Fils de la liberté. En octobre, ces hommes furent jugés par un tribunal militaire pour « association de malfaiteurs, aide et soutien apportés aux rebelles, incitation à l'insurrection et pratiques déloyales ». Les dépositions des agents de l'Union, qui avaient noyauté la société secrète, compromettaient des démocrates en vue et notamment Vallandigham en personne. Les journaux républicains donnaient en pâture à leurs lecteurs une ration quotidienne de gros titres à sensation : « Rébellion dans le Nord ! Révélation extraordinaire ! Le plan de Val pour renverser le gouvernement ! Complot du parti pacifiste[2] ! » Le tribunal militaire condamna quatre des accusés à mort. Des retards et des appels leur permirent de faire traîner les choses jusqu'à la fin de la guerre, date à laquelle la Cour suprême des États-Unis cassa la condamnation de l'un d'entre eux — Lambdin P. Milligan — en arguant du fait que les civils ne pouvaient être jugés par des tribunaux militaires dans des régions où il n'y avait pas de combats et où les tribunaux civils fonctionnaient toujours. Les prétendus conspirateurs — ainsi que plusieurs autres personnes condamnées par des tribunaux militaires — furent remis en liberté.

Mais en octobre 1864, tout cela appartenait encore à l'avenir. Au moment même où avaient lieu les procès pour trahison dans l'Indiana, Joseph Holt, président du Conseil de guerre des États-Unis, publia sur les Fils de la liberté un rapport qui les dépeignait sous les traits d'une organisation disciplinée et puissante, armée jusqu'aux dents, à la solde de Jefferson Davis qu'elle voulait aider à détruire l'Union. « La Judée

---

1. Strong, *Diary*, p. 510. Kinchen, *Confederate Operations in Canada*, p. 148-163, présente un compte rendu sobre et sans fioritures des conspirations de Chicago et de New York. James D. Horan, *Confederate Agent : A Discovery in History* (New York, 1954), p. 181-198, 208-210, offre une version plus romanesque des mêmes événements. Nat Brandt, *The Man Who Tried to Burn New York* (Syracuse, 1986) fait un peu la synthèse des deux tendances. Frank L. Klement, *Dark Lanterns : Secret Political Societies, Conspiracies, and Treason Trials in the Civil War* (Baton Rouge, 1984), traite ces complots par le mépris et n'y voit guère que des créations de la propagande républicaine, mais une lecture très serrée de son livre révèle néanmoins un solide noyau de vérité, selon les témoignages réunis et cités par Klement lui-même.

2. Frank L. Klement, *The Copperheads in the Middle West* (Chicago, 1960), p. 190.

n'a produit qu'un seul Judas l'Iscariote, [mais] on a vu surgir ensemble dans notre pays une race entière de traîtres de cet acabit[...], qui se démènent tous avec la même implacable malfaisance pour démembrer notre Union », déclarait Holt[1]. Ce document apporta bien sûr de l'eau aux moulins républicains. Le parti et les ligues de l'Union en imprimèrent des milliers d'exemplaires ; les orateurs de la campagne électorale ne se gênèrent pas pour citer Holt à tout propos, assimilant le parti démocrate tout entier aux *copperheads* et taxant ces derniers de trahison.

Les démocrates critiquèrent vivement le rapport de Holt et les dépositions des détectives employés par le gouvernement, le tout n'étant, selon eux, qu'un « tissu de mensonges et de faussetés absolus [...], trop ridicules pour qu'on y prêtât le moindre crédit ». Lincoln lui-même, d'ailleurs, ne prenait pas le complot tellement au sérieux et considérait les Fils de la liberté comme « une simple organisation politique, à peu près aussi malveillante [que] puérile[2] ». Un certain nombre de spécialistes voient les choses du même œil. Le principal historien qui s'est intéressé aux *copperheads* du Midwest traite de « conte de fées », de « fruit de l'imagination républicaine », de mélange de « mensonges, conjectures et malveillance politique » ce qu'il appelle « le grand mythe des complots et des sociétés secrètes subversives de la guerre de Sécession[3] ».

C'est pousser le révisionnisme un peu trop loin. Il y avait quand même un vrai feu qui couvait sous l'écran de fumée de la propagande républicaine. Les Fils de la liberté et autres organisations du même genre ont bel et bien existé. Quelques-uns de leurs dirigeants — même s'il ne s'agissait que d'éléments marginaux et un peu déséquilibrés — ont conspiré avec les agents rebelles au Canada, reçu des armes à des fins de trahison et tramé des insurrections contre le gouvernement. Il est probable que Vallandigham et les autres démocrates de premier plan ne trempèrent pas activement dans ces complots, mais il n'en reste pas moins que certains d'entre eux eurent des entretiens avec Jacob Thompson au Canada. Vallandigham était « grand commandeur suprême » des Fils de la liberté et il se parjura, lors du procès des conspirateurs de Chicago, au début de 1865, en niant savoir quoi que ce fût de toutes ces affaires. Comme l'écrivit Thompson, dans son rapport définitif sur sa mission au Canada : « J'ai en ma possession d'innombrables papiers qui

---

1. *O.R.*, sér.II, vol.7, p. 930-953 ; la citation figure à la p. 953.
2. Klement, *Copperheads in the Middle West*, p. 205,201 ; Dennett, *Lincoln/Hay*, p. 192.
3. Frank L. Klement, *Copperheads in the Middle West*, p. 202 ; *The Limits of Dissent : Clement L. Vallandigham & the Civil War* (Lexington, Kentucky, 1970), p. 293, 294. Voir aussi du même auteur « Civil War Politics, Nationalism, and Postwar Myths », *Historian*, n° 38 (1976), p. 419-438, et *Dark Lanterns*, passim.

entraîneraient la ruine et la destruction totales de nombreux citoyens connus du Nord[1]. »

Quelle qu'ait pu être la véritable portée des activités proconfédérées dans le Vieux Nord-Ouest, nul ne saurait nier leur force et le danger qu'elles constituaient au Missouri. Dans cet État, le mystérieux « Order of American Knights » (ordre des Chevaliers américains) noua des liens avec diverses bandes de résistants armés qui ravageaient la contrée. Le général sudiste, Sterling Price, fut nommé « chef militaire » de cet ordre (connu aussi sous ses initiales, O.A.K.)[2]. En septembre 1864, Price coordonna une invasion du Missouri avec des attaques de maquisards derrière les lignes nordistes, opération qui fit peser une menace plus grave sur le contrôle qu'exerçait l'Union dans cette région que toutes les nébuleuses conspirations qui eurent lieu dans les autres parties du Midwest.

Les actions de partisans le long de la frontière qui séparait le Kansas du Missouri perpétuaient les violences commencées en 1854. Les affrontements féroces entre bandits frontaliers et hommes de main du Kansas, dits « *jayhawkers* », se durcirent au centuple après le début de la guerre, une fois que les deux parties en présence eurent reçu la double bénédiction des gouvernements fédéral et confédéré. La guérilla qui fit rage au Missouri déboucha sur une forme de terrorisme qui surpassa tout ce que l'on put voir d'autre durant la guerre. Les francs-tireurs du Kansas et les bandits du Missouri ne faisaient pas de prisonniers, tuaient de sang froid, et ne se privaient pas de détruire, piller et brûler (même s'ils ne violaient presque jamais). Les *jayhawkers* inaugurèrent une politique de la terre brûlée contre les sympathisants des rebelles, trois ans avant que Sheridan ne la mît à son tour en pratique dans la vallée de la Shenandoah. Les chefs maquisards, surtout William Clarke Quantrill, de triste mémoire, se spécialisèrent, quant à eux, dans le massacre des soldats sans armes en plus de celui des civils, blancs et noirs confondus, longtemps avant que les troupes confédérées n'eussent commencé à assassiner, dans d'autres régions, les soldats noirs qu'elles capturaient. Les troupes de partisans armés du Missouri servirent de

1. Lettre de Thompson à Judah P. Benjamin, 3 décembre 1864, citée in *O.R.*, sér.I, vol.43, 1re partie, p. 935. On trouvera des analyses équilibrées de cette affaire chez Stephen Z. Starr, « Was There a Northwest Conspiracy », *The Filson Club Historical Quarterly*, n° 38 (1964), p. 323-341, et chez William G. Carleton, « Civil War Dissidence in the North : The Perspective of a Century », *South Atlantic Quarterly*, n° 65 (1966), p. 390-402.

2. Lorsque, au début de 1864, l'O.A.K. changea son nom en Fils de la liberté dans d'autres région, cela n'affecta pas, semble-t-il, la branche de l'organisation dans le Missouri. Frank L. Klement, « Phineas C. Wright, the Order of the American Knights, and the Sanderson Exposé », *CWH*, n° 18 (1972), p. 5-23, soutient que le rôle prétendument joué par Sterling Price chez les Chevaliers avait été inventé de toutes pièces par les détectives de l'Union et par de faux témoignages. Mais Albert Castel, *General Sterling Price and the Civil War in the West* (Baton Rouge, 1968), p. 193-196, tout en reconnaissant que l'O.A.K. n'avait guère d'envergure, affirme que Price en était effectivement le chef militaire.

camp d'entraînement aux bandes de hors-la-loi qui se firent connaître après la guerre — notamment celles des frères James et des frères Younger.

La guerre de raids et d'embuscades qui faisait rage au Missouri paraissait bien souvent n'avoir aucun rapport avec le conflit général dont elle faisait partie. Mais grâce à leur tactique d'attaque surprise, suivie d'une fuite précipitée, les maquisards qui n'étaient que quelques milliers n'en parvinrent pas moins à mobiliser des dizaines de milliers de soldats et miliciens de l'Union, qui auraient pu servir ailleurs. Comme ils avaient besoin de pouvoir se cacher quand il le fallait et que l'armée effectuait des expéditions punitives, les civils furent obligés de choisir leur camp ou d'en subir les conséquences — d'habitude les deux. Les généraux confédérés rattachaient très souvent des bandes de francs-tireurs à leur commandement ou bien leur confiaient le soin de détruire les axes de ravitaillement et les bases de l'Union, conjointement aux opérations normales de l'armée sudiste contre l'ennemi. En août 1862, dans le cadre d'un raid de la cavalerie rebelle stationnée en Arkansas, la bande de Quantrill prit la ville d'Independence, dans le Missouri. En récompense, Quantrill reçut un brevet de capitaine dans l'armée confédérée — et se bombarda aussitôt colonel.

Les mobiles auxquels obéissaient aussi bien les partisans rebelles que les *jayhawkers* semblaient souvent n'être rien d'autre que le vol, la vengeance ou même un penchant nihiliste pour la violence. Toutefois, l'idéologie y avait aussi une part. Depuis presque dix ans qu'ils se battaient contre les esclavagistes du Missouri, de nombreux *jayhawkers* étaient devenus des abolitionnistes endurcis, fermement décidés à détruire l'esclavage et la structure sociale qu'il sous-tendait. Le célèbre 7e régiment de cavalerie du Kansas — qu'on appelait aussi les « *jayhawkers* de Jennison » — qui porta le pillage et le meurtre à travers tout l'ouest du Missouri avait à sa tête un colonel abolitionniste et pour lieutenant-colonel le frère de Susan B. Anthony[1], alors que John Brown Jr., était capitaine d'une de ses compagnies. Chacun des hommes de cette unité était bien résolu à exterminer la rébellion et les propriétaires d'esclaves au sens le plus littéral du terme. Dans l'autre camp, les maquisards hors-la-loi, tels que les frères James, Jesse et Frank, sont devenus les héros de mythes populaires, puis de films hollywoodiens et certains historiens spécialisés en ont fait des espèces de Robin des Bois, ou des « rebelles primitifs », qui défendaient les petits fermiers en s'attaquant aux instruments du capitalisme yankee : l'armée de l'Union durant la guerre, puis les banques et les compagnies de chemin de fer ultérieurement. Mais

1. Susan B. Anthony fut l'une des fondatrices du mouvement en faveur des droits de la femme en Amérique. Des années 1850 jusqu'à sa mort en 1906, elle mena une croisade incessante pour obtenir le droit de vote et mettre fin aux autres formes de discrimination sexuelle. Ses efforts portèrent leurs fruits en 1920, quatorze ans après sa mort, avec le dix-neuvième amendement à la Constitution, qui accordait aux femmes le droit de vote.

en réalité, comme l'a montré une étude récente, ces partisans étaient le plus souvent des fils de fermier et de planteur, d'origine sudiste, qui étaient trois fois plus susceptibles de posséder des esclaves et deux fois plus riches que l'habitant moyen du Missouri. Dans la mesure où une idéologie quelconque motivait leurs ravages, ils se battaient pour l'esclavage et l'indépendance de la Confédération[1].

Le plus tristement célèbre de leurs chefs fut William Clarke Quantrill. Fils d'un maître d'école de l'Ohio, Quantrill avait traîné ses guêtres dans tout l'Ouest, jusqu'au moment où la guerre éclata à point nommé pour lui permettre de donner libre cours à ses talents très spéciaux. Sans le moindre lien avec le Sud, ni avec l'esclavage, il épousa la cause de la Confédération, parce que, semble-t-il, cela lui permettait de s'en prendre à tous les symboles de l'autorité dans le Missouri. Il attira dans les rangs de sa bande quelques-uns des pires tueurs psychopathes de l'histoire américaine. Un peu à la façon d'un kaléidoscope, des petits groupes se séparaient momentanément du gros de la troupe pour former leur propre bande, puis ils revenaient se fondre dans la masse pour des raids plus importants. Au printemps de 1863, une brusque épidémie d'activités de ce genre, le long de la frontière occidentale du Missouri, provoqua l'ire de Thomas Ewing, commandant des forces de l'Union dans la région. Ce dernier, beau-frère de William T. Sherman, avait déjà appris ce que Sherman était en train d'apprendre : qu'il s'agissait d'une guerre entre deux peuples et pas simplement entre deux armées. Les épouses et les sœurs des hommes de Quantrill fournissaient des vivres et des abris aux partisans armés. Ewing les fit arrêter et enfermer sous bonne garde à Kansas City. Le 14 août, un bâtiment où se trouvaient bon nombre d'entre elles s'écroula, faisant cinq victimes parmi les prisonnières.

Cette tragédie en déclencha une autre, plus vaste. Brûlant du désir de se venger, les maquisards se regroupèrent en une gigantesque bande de quatre cent cinquante hommes, sous les ordres de Quantrill (il y avait notamment les frères Younger et Frank James), et partirent pour Lawrence, dans le Kansas, centre exécré de la doctrine du *free soil* depuis l'époque du « Kansas ensanglanté ». Une fois franchies les frontières de l'État, ils enlevèrent dix fermiers qui durent les guider vers la ville, les assassinant l'un après l'autre, lorsqu'ils avaient cessé de leur être utiles. Le 21 août à l'aube, aux abords de Lawrence, Quantrill ordonna à sa bande : « Tuez tous les hommes et brûlez toutes les maisons. » Ils ne furent pas loin de réaliser cet ordre au pied de la lettre. Leur première victime fut un pasteur de la secte des United Brethren (Frères unis), abattu d'une balle en pleine tête alors qu'il était en train de traire sa vache.

1. Don Bowen, « Guerrilla Warfare in Western Missouri, 1862-1865 : Historical Extensions of the Relative Deprivation Hypothesis », *Comparative Studies in Society and History* (1977), p. 30-51. Je remercie mon confrère Richard D. Challener d'avoir signalé cet article à mon attention.

En l'espace de trois heures, la bande de Quantrill assassina encore cent quatre-vingt-deux hommes et jeunes garçons et brûla cent quatre-vingt-cinq bâtiments. Puis il quittèrent Lawrence à toute bride, avec la cavalerie de l'Union à leurs trousses, et après une poursuite épique parvinrent à regagner leur sanctuaire du Missouri, où ils se dispersèrent dans les bois[1].

Cet acte monstrueux scandalisa le pays tout entier. Une chasse à l'homme permit de mettre la main sur quelques-uns des hors-la-loi de Quantrill, qui furent aussitôt pendus ou fusillés. Le général Ewing, hors de lui, émit son célèbre Ordre n° 11, décrétant l'évacuation forcée des civils hors de vastes zones de quatre comtés du Missouri voisins du Kansas. Les soldats de l'Union appliquèrent sans ménagements cet ordre qui bannissait dix mille personnes et fit de ces comtés de véritables déserts pour plusieurs années. Rien de tout cela, cependant, ne dissuada les partisans d'agir. Bien au contraire, leurs raids devinrent d'autant plus audacieux et destructeurs l'année suivante.

Le général Sterling Price, qui rêvait de reprendre le Missouri aux yankees, fut impressionné par les prouesses de Quantrill. En novembre 1863, il lui fit parvenir un message : « [Croyez à ma] vive appréciation des épreuves que vous-même [...] et vos courageuses troupes [...] avez si noblement endurées et de votre vaillante lutte contre le despotisme et l'oppression dans notre État, avec l'espoir plein de confiance que le succès viendra bientôt couronner nos efforts[2]. » Les chefs de la guérilla convainquirent Price que les habitants du Missouri se soulèveraient en masse si une armée confédérée envahissait l'État, lequel avait été dégarni de troupes de l'Union en première ligne pour parer à la menace de Forrest dans le Tennessee. Ayant réussi à réunir tant bien que mal douze mille cavaliers en provenance d'au delà du Mississippi, Price remonta vers le nord, à travers l'Arkansas, et pénétra dans le Missouri en septembre 1864. Ses instructions aux différentes bandes de partisans étaient de semer le chaos à l'arrière des troupes de l'Union, tandis que l'O.A.K. mobiliserait les civils en faveur des envahisseurs. Cette seconde partie de l'opération n'aboutit à rien, car lorsque des officiers de l'Union arrêtèrent les dirigeants de l'organisation, il s'avéra qu'elle n'était qu'une coquille vide. Les maquisards armés, en revanche, étaient une autre affaire. Perpétrant leurs raids par petites bandes dans tout le centre de l'État, ils paralysèrent totalement les transports ferroviaires et routiers et empêchèrent même les bateaux de naviguer sur le Missouri.

---

1. Jay Monaghan, *Civil War on the Western Border 1854-1865* (New York, 1955), p. 274-289 ; Richard S. Brownlee, *Gray Ghosts of the Confederacy : Guerrilla Warfare in the West, 1861-1865* (Baton Rouge, 1958), p. 110-157 ; Albert E. Castel, *A Frontier State at War : Kansas, 1861-1865* (Ithaca, 1950), p. 124-141. La meilleure étude sur Quantrill est celle d'Albert E.Castel, *William Clarke Quantrill : His Life and Times* (New York, 1962).
2. *O.R.*, sér. I, vol. 53, p. 908.

Le plus efficace dans ce domaine fut un certain William Anderson, dit « Bill le Sanglant », qui avait quitté la bande de Quantrill avec environ cinquante hommes — lesquels étaient tous, comme leur chef, des tueurs psychopathes. Tout au long des mois d'août et de septembre, la bande d'Anderson attaqua des garnisons et avant-postes isolés de l'Union, assassinant et scalpant non seulement les soldats, mais aussi les conducteurs d'attelage, les cuisiniers et tout le personnel non armé. Cette effroyable saturnale atteignit son point culminant à Centralia, le 27 septembre. Avec trente hommes, parmi lesquels Frank et Jesse James, Bill le Sanglant entra dans la ville, incendia un train et pilla ses passagers, assassinant au passage vingt-quatre soldats fédéraux sans armes qui regagnaient leurs foyers pour une permission. Chassés de la ville par trois compagnies de milice, les partisans ramassèrent en route cent soixante-quinze acolytes appartenant à d'autres bandes et se retournèrent contre leurs poursuivants ; ils massacrèrent cent vingt-quatre des cent quarante-sept hommes lancés à leurs trousses, y compris les blessés qu'ils achevèrent d'une balle dans la tête.

Ce même jour, le 27 septembre, à deux cent vingt kilomètres plus au sud, à Pilot Knob, dans le Missouri, l'invasion de Price connut son premier revers. A cet endroit, un millier de tuniques bleues réfugiées dans un fort, sous le commandement de Thomas Ewing, parvinrent à repousser les assauts de sept mille rebelles et à faire parmi eux quinze cents morts et blessés contre deux cents seulement dans leurs propres rangs. Détourné par cette action de son premier objectif, la ville de Saint Louis — qui était en train de se remplir de renforts fédéraux —, Price obliqua vers l'ouest, pour marcher sur Jefferson City, la capitale de l'État. Il avait l'intention d'y installer un gouverneur confédéré, qui l'avait accompagné, mais les nordistes avaient consolidé les défenses de la ville, si bien que les rebelles poursuivirent leurs pillages vers l'ouest, le long de la rive méridionale du Missouri. De nouvelles recrues et des bandes de partisans vinrent grossir les effectifs de Price — il souhaita la bienvenue à Bill le Sanglant à Boonville, le 11 octobre — mais désormais on songeait davantage à s'enfuir qu'à attaquer. Les miliciens du Missouri et du Kansas grouillaient devant eux ; derrière, la cavalerie de l'Union se rapprochait ; et une division d'infanterie composée de combattants aguerris avançait à toute allure pour leur couper la route vers le sud. Au cours d'escarmouches et de batailles qui eurent lieu à l'est et au sud de Kansas City, du 20 ou 28 octobre, les forces de l'Union rossèrent proprement celles de Price, les obligeant à s'enfuir vers le sud le long de la frontière et à regagner l'Arkansas à travers le Territoire indien et le Texas. Même si Price s'efforça de faire bonne contenance — faisant fièrement remarquer qu'il avait parcouru deux mille deux cents kilomètres du début à la fin de son invasion, ce qui était beaucoup plus que n'importe quelle autre armée confédérée —, l'opération se soldait par un désastre bien pire que ceux des autres raids en territoire nordiste. Alors qu'il était parti avec douze mille hommes et avait ramassé au passage des milliers de recrues, Price ramena en Arkansas moins de six mille soldats. Et la résistance organisée des confédérés au Missouri s'arrêta net.

Et la meilleure nouvelle, du point de vue de l'Union, c'était que les combats avaient eu raison de la plupart des bandes de partisans armés dont de nombreux chefs avaient trouvé la mort, notamment Bill Anderson. Quantrill quitta le Missouri et se dirigea vers l'est, dans le but avoué d'assassiner Lincoln, mais dans le Kentucky il eut maille à partir avec une patrouille de l'Union et fut tué. Pendant ce temps, lors de l'élection présidentielle, Lincoln s'était imposé au Missouri avec soixante-dix pour cent des suffrages (la plupart des sympathisants sudistes n'avaient bien sûr pas le droit de voter, parce qu'ils ne voulaient ou ne pouvaient pas prêter le serment d'allégeance). La faction radicale du parti républicain triompha sur les conservateurs et réunit une convention constitutionnelle qui abolit l'esclavage au Missouri en janvier 1865. Les vicissitudes de cet État n'étaient pas terminées pour autant, cependant, car à la fin de la guerre, les frères James et les frères Younger, ainsi que les autres survivants des bandes armées, furent autorisés à se rendre en tant que soldats et restèrent en liberté.

III

Les révélations sensationnelles concernant les activités des *copperheads* dans le Missouri servirent les efforts que faisaient les républicains pour discréditer l'opposition en démontrant sa déloyauté. Les démocrates se défendirent avec l'arme qui les avait déjà si bien servis à tant de reprises : le racisme. Sur cette question, le parti restait uni et fidèle à lui-même. Soixante-cinq des soixante-huit démocrates du Congrès avaient voté contre le treizième amendement, l'empêchant ainsi d'obtenir à la Chambre la majorité des deux tiers nécessaire à son adoption. Ces représentants démocrates publièrent en outre un manifeste contre l'enrôlement de soldats noirs, qu'ils accusaient d'être une méprisable manœuvre de leurs adversaires pour établir « l'égalité des races blanche et noire[1] ». L'opposition démocrate à un projet de loi visant à égaliser la paye des soldats blancs et noirs força les républicains à se rabattre sur un compromis. Selon les dispositions de la loi sur la milice, de juillet 1862, les Noirs enrôlés dans l'armée étaient considérés comme des ouvriers et payés plusieurs dollars de moins par mois que leurs camarades blancs. Cette clause, qui n'était qu'une concession aux préjugés raciaux, était

1. *CG*, 38e Cong., 1re Sess;, p. 1995; Forrest G. Wood, *Black Scare: The Racist Response to Emancipation and Reconstruction* (Berkeley, 1968), p. 42.

d'une injustice criante par rapport au statut de combattant des cent mille soldats noirs qui se trouvaient sous les drapeaux en 1864. En réponse aux virulentes protestations des abolitionnistes et à un début de mutinerie parmi les troupes noires, les républicains présentèrent un projet de loi prévoyant une égalisation rétroactive, mais une coalition de démocrates hostiles à toute espèce d'égalisation et de républicains conservateurs qui contestaient la clause de rétroactivité fit capoter le projet. Pour satisfaire ces derniers tout en imposant la loi, le Congrès limita la rétroactivité au 1er janvier 1864 — sauf pour les Noirs qui avaient été des hommes libres avant la guerre, lesquels devaient recevoir la même solde que les Blancs à partir du jour de leur enrôlement[1].

Se rappelant qu'en 1862 ils avaient gagné à leur cause une partie de l'électorat en faisant porter aux républicains le chapeau de l'égalité raciale, les démocrates avaient bien l'intention de recommencer en 1864. On a néanmoins du mal à croire à la grossièreté de leur tactique. Un rédacteur et un journaliste du *New York World*, le journal le plus puissant de McClellan, inventèrent un néologisme pour les besoins de leur pamphlet anonyme : *La mixtogénétique : Théorie de la fusion des races*. Les auteurs, qui se prétendaient républicains, recommandaient cette fameuse « mixtogénétique » pour résoudre le problème racial. Cette fusion, déclarait le pamphlet, serait en particulier « d'une grande utilité aux Irlandais ». Les républicains, s'ils étaient réélus, poursuivraient la guerre jusqu'à « son fruit ultime, le métissage du Blanc et du Noir ». Bien que la presse démocrate s'efforçât de faire passer ce canular pour un authentique projet républicain, peu de lecteurs, en dehors des *copperheads* invétérés, parurent le prendre au sérieux.

Cela n'empêcha pas les démocrates d'exploiter le thème de la mixtogénétique jusqu'à la nausée. La proclamation d'émancipation devint la proclamation de mixtogénétique. Un pamphlet intitulé *La mixtogénétique ratifiée par le parti républicain* circula un peu partout. De nombreux dessins humoristiques montraient des Noirs frustes, aux larges sourires lippus, embrassant des jeunes filles au teint de pêche et « à la gorge neigeuse », ou bien dansant avec elles au « bal de la Mixtogénétique » qui devait suivre la réélection de Lincoln. Dans un tract intitulé « Prière des républicains noirs », la « Bénédiction » invoquait « les bienfaits de l'émancipation à travers tout notre malheureux pays », de façon que « l'illustre Sambo, avec son odeur suave, [pût venir] se blottir dans le giron de toutes les femmes de l'Abolition qui [seraient] alors fécondées par le sang pur du majestueux Africain[2] ». Des

1. Ira Berlin et al. (éd.), *Freedom : A Documentary History of Emancipation 1861-1867*, série II : *The Black Military Experience* (Cambridge, 1982), p. 362-405.

2. Sidney Kaplan, « The Miscegenation Issue in the Election of 1864 », *Journal of Negro History*, n° 34 (1949), p. 274-343 ; Wood, *Black Scare*, p. 53-76, et reproductions de tracts électoraux entre les p. 92 et 93.

pamphlets électoraux et des journaux signalaient la naissance à La Nouvelle-Orléans d'un « grand nombre de bébés jaunes et louchons » depuis que Benjamin Butler sévissait dans cette ville ; ou bien que de nombreuses maîtresses d'école de la Nouvelle-Angleterre, chargées d'instruire les affranchis des îles côtières de Caroline du Sud, avaient eu des enfants mulâtres ; ou encore que cinq mille petits métis étaient nés à Washington depuis 1861. C'était là, déclarait un pamphlet démocrate, « ce que le Président [voulait] dire par l'expression : “Se montrer à la hauteur”[1] ».

« Abraham Ier l'Africain » était bien entendu la principale cible des attaques. « Même si on laisse de côté la question du sang noir qui souille ses veines, déclarait un hebdomadaire catholique, Abe Lincoln [...] est un être brutal dans toutes ses habitudes.[...]. Il est obscène[...]. Il est bestial[...]. D'immondes nègres d'un noir profond, dégoulinant de graisse et de sueur, parfaitement répugnants, coudoient à présent les Blancs et même les dames partout, fût-ce aux réceptions présidentielles[2]. » Lincoln devint aussi « Abe le faiseur de veuves », qui avait envoyé au tombeau un demi-million d'hommes blancs au cours de cette guerre démente pour libérer les esclaves, et tout cela parce qu'il aimait « moins son pays et davantage les nègres ». Évoquant les pétitions qui réclamaient la suspension de la conscription, un journal de Pennsylvanie pressait ses lecteurs d' « aller encore plus loin, mes frères, et de suspendre ce Vieil Abe — par le cou s'il le [fallait] pour mettre un terme au funeste massacre de nos concitoyens[3] ». Et un rédacteur *copperhead* du Wisconsin publia une parodie de la chanson « When Johnny Comes Marching Home » (Quand Johnny reviendra chez lui) :

Le faiseur de veuves va bientôt s'effondrer,
Hourra, hourra,
On le mettra dans la tombe d'un nègre,
Hourra, hourra.
Arraché à ta ferme, ton bateau, ton radeau,
Conscrit. Ça te plaît la mobilisation ?
Ça aussi on y mettra fin
Quand le petit Mac prendra la barre[4].

Les démocrates avaient beau vitupérer, cependant, ils ne paraissaient pas avoir tiré pour ces élections un grand parti de la question raciale.

---

1. Arnold M. Shankman, *The Pennsylvania Antiwar Movement, 1861-1865* (Rutherford, N.J., 1980), p. 165 ; « The Lincoln Cathechism », in Frank Freidel (éd.), *Union Pamphlets of the Civil War* (Cambridge, Mass., 1967), p. 1000-1001.
2. *New York Freeman's Journal & Catholic Register*, 24 août, 23 avril 1864.
3. Freidel (éd.), *Union Pamphlets*, p. 983 ; Shankman, *Pennsylvania Antiwar Movement*, p. 192.
4. Jean H. Baker, *Affairs of Party : The Political Culture of Northern Democrats in the Mid-Nineteenth Century* (Ithaca, 1983), p. 40.

Pour la plupart des électeurs indécis, le succès ou l'échec des armées de l'Union avait plus d'importance que la possibilité de voir un Noir épouser leur sœur. Les républicains s'y entendirent beaucoup mieux pour affubler les démocrates de l'étiquette de traîtres que ces derniers ne le firent pour marquer leurs adversaires au sceau de la mixtogénétique. On pourrait même faire valoir que le racisme eut, cette fois-là, un effet de boomerang contre ses instigateurs, car après les victoires de Sherman et Sheridan, de nombreux électeurs nordistes commencèrent à se féliciter de leur abnégation pour les sacrifices consentis à cette glorieuse guerre en faveur de l'Union *et* de la liberté.

Sur une question indirectement liée au problème racial — celle des prisonniers de guerre —, les démocrates subirent indiscutablement un retour de bâton, car les nordistes, ulcérés par les conditions faites à leurs soldats captifs dans les geôles du Sud, ne risquaient pas de regarder d'un œil favorable un parti qui passait pour prosudiste. Le programme démocrate comportait un article condamnant la « honteuse négligence » dont le gouvernement faisait preuve envers les « concitoyens qui [étaient] actuellement, et depuis de longs mois, prisonniers de guerre et [enduraient] de vives souffrances[1] ». A l'époque où cet article avait été rédigé, la surpopulation et les conditions scandaleuses, notamment à Andersonville, étaient déjà tristement célèbres. La colère que suscitait cette situation ouvre une fenêtre sur l'une des questions les plus chargées d'émotions de tout le conflit.

Les prisonniers relativement peu nombreux capturés en 1861 n'avaient guère posé de problèmes à l'un ou l'autre camp. Des forts désaffectés, des entrepôts reconvertis, des prisons de comté et d'autres bâtiments existants se révélèrent suffisants pour les loger pendant qu'ils attendaient les échanges officieux qui avaient lieu de temps à autre. Il arrivait aux commandants sur le terrain de libérer les captifs sur parole, voire de négocier l'échange sur les lieux mêmes du combat, après une escarmouche. Peu désireuse d'être obligée de nourrir des prisonniers, la Confédération insista pour qu'un accord officiel fût conclu concernant les échanges. L'administration Lincoln se fit tirer l'oreille, car un tel accord sous-entendait une reconnaissance officielle de l'état de belligérance. Cependant, après que les batailles qui se déroulèrent entre la prise du fort Donelson et les Sept Jours eurent déversé des milliers de prisonniers dans des installations tout à fait insuffisantes, le gouvernement céda à la pression croissante dans le Nord en faveur d'échanges régularisés. Veillant soigneusement à négocier avec une *armée* belligérante, et pas avec le gouvernement, l'armée de l'Union accepta qu'un accord fût conclu le 22 juillet 1862. Stipulant un système d'équivalences selon lequel un

1. Edward McPherson, *The Political History of the United States during the Great Rebellion*, 2e éd. (Washington, 1865), p. 420.

sous-officier valait deux simples soldats, un lieutenant quatre, et ainsi de suite jusqu'à un général chargé d'un commandement, qui valait à lui seul soixante soldats, cet accord prévoyait un échange au tant pour tant de tous les prisonniers. S'il y en avait en surnombre d'un côté ou de l'autre, ils devaient être libérés sur parole (ce qui voulait dire qu'ils s'engageaient à ne pas reprendre les armes tant qu'ils n'auraient pas été officiellement échangés contre un homme de l'autre camp). Pendant dix mois, cet accord fonctionna suffisamment bien pour vider les prisons, n'y laissant que les hommes trop gravement malades ou blessés pour voyager[1].

Mais les échanges s'interrompirent en 1863 pour deux raisons. D'abord la réaction nordiste à la menace sudiste de remettre en esclavage ou d'exécuter les soldats noirs capturés et leurs officiers. Lorsque le Congrès confédéré ratifia, en mai 1863, cette politique annoncée par Jefferson Davis quatre mois plus tôt, le ministère de la Guerre, dans le Nord, suspendit l'accord, afin de se servir des prisonniers sudistes comme otages pour empêcher la mise à exécution de cette menace. Un tout petit nombre d'échanges officieux se poursuivit, mais les grandes batailles de la seconde moitié de l'année ne tardèrent pas à expédier des milliers d'hommes dans des prisons improvisées. Grant évita de corser le problème en libérant sur parole les trente mille prisonniers de Vicksburg, exemple suivi par Banks avec les sept mille captifs de Port Hudson. Mais le comportement du Sud entraîna une seconde interruption, définitive cette fois, dans les négociations. En effet, prétextant on ne sait quelles irrégularités techniques dans ces libérations conditionnelles, la Confédération déclara arbitrairement qu'un grand nombre des prisonniers libérés sur parole pouvaient être considérés comme échangés (alors qu'aucun échange officiel n'avait eu lieu) et les remit en service. Grant fut proprement scandalisé quand l'armée de l'Union captura une deuxième fois certains d'entre eux à Chattanooga[2].

Les tentatives de remettre l'accord en vigueur vinrent toutes s'échouer contre le refus sudiste de traiter les Noirs affranchis comme des prisonniers de guerre et d'admettre sa culpabilité dans l'affaire des prisonniers libérés sur parole à Vicksburg. « L'enrôlement de nos esclaves est de la barbarie, proclama le directeur du bureau de la Guerre confédéré. Nul peuple [...] ne saurait tolérer [...] l'utilisation de sauvages [contre ses troupes [...]. Nous ne pouvons, au nom d'aucun principe, permettre que *nos propres biens* acquièrent des droits contraires aux nôtres en vertu du fait qu'ils nous ont été volés. » A la fin de 1863, les confédérés firent savoir qu'ils consentiraient à échanger les prisonniers noirs considérés comme

---

1. William B. Hesseltine, *Civil War Prisons : A Study in War Psychology* (Columbus, Ohio, 1930), chap. 1-5.
2. Hesseltine, *Civil War Prisons*, p. 99-113 ; *O.R.*, sér. II, vol. 5 et 6.

légalement libres à l'époque de leur enrôlement[1]. Toutefois, le commissaire chargé des échanges ajouta que le Sud « préférerait mourir » que de « renoncer au droit de remettre ses esclaves dans les chaînes, comme autant de bien repris à l'ennemi ». Parfait, rétorqua Stanton, le ministre nordiste de la Guerre ; dans ce cas, les vingt-six mille rebelles qui languissaient dans les prisons du Nord y resteraient. Céder aux conditions des confédérés aurait été « un honteux déshonneur » pour le gouvernement de l'Union. « Quand [les rebelles] accepteront d'échanger tous les prisonniers sans aucune distinction, il n'y aura pas la moindre difficulté[2] », ajouta Stanton. Une fois devenu général en chef, Grant entérina cette attitude intraitable. « Aucune espèce de distinction ne sera tolérée dans les échanges entre prisonniers blancs et de couleur », ordonna-t-il le 17 avril 1864, ajoutant : « [La Confédération devra] nous rendre un nombre suffisant d'officiers et d'hommes en échange de ceux qui ont été capturés et libérés sur parole à Vicksburg et Port Hudson[...]. Le non-consentement des autorités confédérées à l'une ou l'autre de ces conditions, ou aux deux ensemble, sera considéré comme un refus d'accepter de nouveaux échanges de prisonniers[3]. » Les autorités confédérées ne voulurent rien savoir.

Il est bien difficile de déterminer exactement comment le Sud traita les prisonniers noirs. Le nombre de captifs de couleur est lui-même inconnu, car les confédérés, refusant de reconnaître en eux des prisonniers de guerre légitimes, ne tinrent que peu d'archives les concernant. Beaucoup de ces captifs n'atteignirent même pas les camps. Conformément aux directives émises dès le début par le ministre de la Guerre, James Seddon (« nous ne devons à aucun prix nous encombrer de tels prisonniers[...] et il faudra de ce fait procéder à l'exécution sommaire de ceux qui auront été pris »), des centaines de Noirs furent massacrés au fort Pillow, à Poison Spring, au Cratère et ailleurs[4]. Dans la déposition écrite d'un sergent de l'Union, on trouve une description de ce qui se passa après que les confédérés eurent repris la ville de Plymouth, sur la côte de Caroline du Nord, en avril 1864 :

> Tous les Noirs trouvés en uniforme bleu ou portant sur eux les insignes des soldats de l'Union furent tués — j'en ai vu qu'on emmenait dans les bois pour les pendre — d'autres qu'on dévêtait entièrement et qu'on alignait au bord d'un fleuve, face à l'eau, avant de les abattre à coups de fusil — d'autres encore dont les rebelles fracassaient le crâne avec la crosse de leurs fusils.

---

1. Edward Younger (éd.), *Inside the Confederate Government : The Diary of Robert Garlick Hill Kean* (New York, 1957), p. 92-93 ; lettre de Benjamin F. Butler à Kellogg Carter, 29 novembre 1863, Civil War Collection, Bibliothèque Henry E. Huntington ; Dudley Taylor Cornish, *The Sable Arm : Negro Troops in the Union Army, 1861-1865* (New York, 1956), p. 171.
2. *O.R.*, sér. II, vol. 6, p. 441-442, 647-649, 226.
3. *Ibid.*, vol. 7, p. 62-63.
4. *Ibid.*, vol. 4, p. 954 ; vol. 7, p. 204.

Tous ne furent pas tués le jour de leur capture — Les survivants furent enfermés dans une pièce avec leurs officiers, lesquels (les officiers) avaient précédemment été traînés à travers la ville avec la corde au cou, et ils y furent confinés jusqu'au lendemain matin, où l'on tua tous les prisonniers noirs qui restaient[1].

Les captifs de couleur qui survivaient à la rage initiale des confédérés étaient parfois remis en esclavage chez leurs anciens maîtres ou, à l'occasion, vendus à de nouveaux propriétaires. En attendant que leur sort fût réglé, ils étaient souvent mis aux travaux forcés dans les fortifications sudistes. Le *Mobile Advertiser and Register* du 15 octobre 1864 publia une liste de cinq cent soixante-quinze prisonniers noirs effectuant des travaux forcés dans la ville, en attendant que leurs maîtres vinssent les réclamer[2].

Comment répondre à l'assassinat ou à la remise en esclavage des prisonniers noirs ? C'était un véritable dilemme pour le gouvernement de l'Union. Au début, Lincoln menaça d'appliquer la loi du talion. « Pour chaque soldat des États-Unis tué en violation des lois de la guerre, fit-il savoir le 30 juillet 1863, un soldat rebelle sera exécuté ; et pour chaque soldat asservi par l'ennemi ou vendu comme esclave, un soldat rebelle sera mis au travaux forcés. » Mais c'était plus facile à dire qu'à faire ; pour reprendre la formule de Lincoln lui-même : « La difficulté, ce n'est pas d'énoncer le principe, mais de le faire appliquer[3]. » Après le massacre du fort Pillow, le cabinet consacra deux séances à tenter de trouver une solution. Exécuter un nombre égal de prisonniers rebelles reviendrait à punir des innocents pour les crimes des coupables. Le gouvernement ne devait même pas songer à suivre cette « politique barbare [...], inhumaine », déclara Gideon Welles, ministre de la Marine. Lincoln en convint : « Le sang ne peut laver le sang et un gouvernement ne doit pas obéir à des mobiles de basse vengeance. » Le cabinet finit par décider d'exercer des représailles contre des coupables reconnus, appartenant aux troupes de Forrest, si l'on en capturait, et d'avertir Richmond qu'un certain nombre d'officiers sudistes dans les prisons du Nord seraient désignés comme otages pour parer à de futurs incidents de ce genre[4].

---

1. Lettre de Benjamin Butler à Ulysses S. Grant, 12 juillet 1864, dans laquelle était incluse la déposition signée de Samuel Johnson, « Lettres reçues par le général Grant », Archives du quartier général de l'armée, RG 108, Archives nationales, reproduite chez Berlin (éd.), *The Black Military Experience*, p. 588-589 ; publiée aussi avec une ponctuation normalisée in *O.R.*, sér. I, vol. 7, p. 459-460.

2. Walter L. Williams, « Again in Chains : Black Soldiers Suffering in Captivity », *Civil War Times Illustrated*, n° 20 (mai 1981), p. 40-43 ; Cornish, *Sable Arm*, p. 177-178. On trouvera deux directives de Seddon, le ministre de la Guerre, quant à la remise en esclavage des Noirs capturés, datées du 3 juin 1863 et du 31 août 1864, dans *O.R.*, sér. II, vol. 5, p. 966-967 ; vol. 7, p. 703-704.

3. *CWL*, t. VI, p. 357 ; t. VII, p. 382.

4. Howard K. Beale (éd.), *Diary of Gideon Welles*, 3 vol. (New York, 1960), t. II, p. 24 ; *CWL*, t. VII, p. 329, 345-346 ; John G. Nicolay et John Hay, *Abraham Lincoln : A History*, 10 vol. (New York, 1890), t. VI, p. 478-484.

Il n'existe, cependant, aucune preuve documentaire que l'une ou l'autre de ces décisions fut mise à exécution. Comme le confia tristement Lincoln à Frederick Douglass : « Si l'on commençait, Dieu seul savait jusqu'où iraient [les représailles]. » L'exécution de prisonniers sudistes innocents — ou même coupables — inciterait les autorités confédérées à se venger sur les prisonniers nordistes et l'on tomberait dans un engrenage infernal et sans fin. En dernière analyse, précisait le commissaire chargé des échanges pour le compte de l'Union, ces cas « ne [pouvaient] être réglés de façon satisfaisante que par une poursuite victorieuse de la guerre ». Et de conclure : « La rébellion porte sur une question liée au droit ou au pouvoir du Sud de maintenir la race noire en esclavage ; et le Sud ne renoncera à ce droit que contraint par la force militaire. [Ainsi,] les citoyens loyaux des États-Unis [doivent] poursuivre cette guerre avec toute l'énergie que Dieu leur a donnée[1]. »

Ce furent des commandants de l'Union sur le terrain, en Caroline du Sud et en Virginie, qui exercèrent les seules mesures de représailles officielles contre le traitement que les sudistes infligeaient aux prisonniers noirs. En 1864, lorsque les confédérés mirent les Noirs capturés au travail sur des fortifications exposées au feu de l'ennemi, à Charleston et près de Richmond, les généraux nordistes s'empressèrent d'envoyer un nombre égal de prisonniers rebelles travailler dans les installations exposées de l'Union. Cela mit fin instantanément à la pratique des confédérés. Certains soldats de couleur se vengèrent eux-mêmes. Après l'affaire du fort Pillow, plusieurs unités noires jurèrent de ne pas faire de prisonniers et hurlèrent « Rappelez-vous le fort Pillow » en montant à l'assaut. « Les noirauds se sont battus avec férocité, écrivit le capitaine Charles Francis Adams Jr., à propos de l'attaque d'une division de couleur contre les défenses de Petersburg, le 15 juin 1864. S'ils massacrent les prisonniers, comme je l'ai entendu dire[...] on ne peut guère leur en vouloir[2]. »

Même si les menaces de représailles émises par l'Union ne furent guère utiles aux anciens esclaves capturés par les confédérés, elles forcèrent, semble-t-il, les hauts fonctionnaires du Sud à faire une distinction entre ces anciens esclaves et les Noirs libres. « Les graves conséquences, écrivit Seddon, le ministre confédéré de la Guerre, au gouverneur de la Caroline du Sud, qui pourraient résulter d'une application rigoureuse de la loi votée par le Congrès [loi qui exigeait que *tous* les Noirs capturés fussent remis aux autorités des États afin d'être punis pour insurrection] nous obligent à établir une distinction entre les Noirs ainsi capturés que l'on peut reconnaître ou identifier comme étant des esclaves et ceux qui étaient

---

1. *Life and Times of Frederick Douglass*, nouv. éd. (1892 ; réimpression Collier Books, 1962), p. 348-349 ; *O.R.*, sér. II, vol. 6, p. 171.
2. Lettre de Charles Francis Adams Jr., à Charles Francis Adams, 19 juin 1864, citée par Worthington Chauncey Ford (éd.), *A Cycle of Adams Letters 1861-1865*, 2 vol. (Boston, 1920), t. II, p. 154.

des habitants libres des États fédéraux[1]. » Le Sud accordait en général à ces derniers — ainsi qu'aux officiers blancs de régiments noirs — le statut de prisonniers de guerre. Ce qui ne signifiait pas nécessairement qu'ils étaient traités comme les autres. Les gardiens des camps et des prisons réservaient aux prisonniers noirs les corvées de latrines et de sépulture et autres travaux particulièrement pénibles. A la prison Libby, à Richmond, dix officiers blancs et quatre soldats d'un régiment noir furent enfermés dans une petite cellule voisine des cuisines, où ils n'eurent droit qu'à du pain et de l'eau et faillirent mourir suffoqués par la fumée qui se dégageait des fourneaux. « On mit dans la pièce, nota un autre prisonnier, un baquet ouvert pour recevoir leurs excréments que l'on y laissait stagner plusieurs jours avant de les évacuer. » En Caroline du Sud, les soldats noirs du 54e régiment du Massachusetts et d'autres unités nordistes furent enfermés dans la prison de Charleston plutôt que dans un camp de prisonniers de guerre[2].

Cela dit, ils connurent sans doute en prison un sort aussi favorable — sinon plus — que leurs camarades blancs dans les camps. Car la question qui souleva le plus d'émotion dans le Nord ne fut pas le traitement réservé aux prisonniers noirs, mais celui que subirent tous les prisonniers de l'Union. A mesure que les combats titanesques de 1864 entassaient les captifs dans des installations de fortune, d'affreux récits de maladies, de famine et de brutalité commencèrent à filtrer vers le Nord. Le camp d'Andersonville, dans le sud-ouest de la Géorgie, devint aux yeux des yankees le symbole de la barbarie sudiste. Les locaux d'Andersonville furent édifiés au début de 1864 pour héberger les prisonniers précédemment détenus à Belle Isle, sur la James River, près de Richmond, d'une part parce que la proximité des forces de l'Union pouvait à tout instant entraîner la libération de ces hommes et de l'autre parce que les transports de Virginie, surchargés, suffisaient à peine à assurer la subsistance des citoyens et soldats sudistes, sans parler de prisonniers yankees. Andersonville, camp de huit hectares, cerné d'une palissade et prévu pour loger dix mille hommes, fut très vite surpeuplé de captifs appartenant à l'armée de Sherman, en plus des prisonniers faits sur le théâtre de l'Est. On porta sa superficie à treize hectares, où se trouvaient entassés dès le mois d'août 1864 trente-trois mille hommes — soit une moyenne de onze mètres carrés par homme — sans un pouce d'ombre, au plus fort d'un été du Sud profond, et sans abri d'aucune sorte en dehors de ce qu'ils parvenaient à bricoler eux-mêmes à partir de bâtons, toits de tente, couvertures et bouts de tissu divers. (Signalons,

1. *O.R.*, sér. II, vol. 7, p. 703-704. Voir aussi Howard C. Westwood, « Captive Black Union Soldiers in Charleston — What to Do ? » *CWH*, n° 28 (1982), p. 30-31, 38, 41.

2. Frank L. Byrne (éd.), « A General Behind Bars : Neal Dow in Libby Prison », in William B. Hesseltine (éd.), *Civil War Prisons* (Kent, Ohio, 1962), p. 77 ; Williams, « Again in Chains », p. 41 ; Westwood, « Captive Black Union Soldiers », p. 39.

à titre de comparaison, qu'au camp d'Elmira à New York, généralement considéré comme le pire établissement de ce genre dans le Nord, il y avait des baraquements pour loger les neuf mille six cents prisonniers vivant dans un espace de vingt hectares — soit une moyenne de soixante mètres carrés par homme.) Durant certaines semaines de l'été de 1864, il mourait chaque jour à Andersonville plus de cent prisonniers. Au total, sur les quarante-cinq mille hommes qui s'y trouvèrent incarcérés, treize mille moururent de maladie, des rigueurs du climat ou de faim[1].

Andersonville était l'exemple le plus extrême de ce que de nombreux nordistes considéraient comme un monstrueux coup monté pour assassiner les prisonniers yankees[2]. Après la guerre, une commission militaire de l'Union jugea et fit exécuter son commandant, Henry Wirz, pour crimes de guerre — ce fut le seul et unique procès de ce genre auquel donna lieu la guerre de Sécession. Quant à savoir si Wirz fut coupable de forfaits pires qu'un caractère de cochon et une grande incompétence, c'est un sujet qui aujourd'hui encore prête à controverse. Toujours est-il qu'il servit de bouc émissaire pour tous les péchés imputés au Sud. Les souvenirs de prisonniers de guerre, un genre littéraire extrêmement fourni, dont le côté mélodramatique fut loin de s'atténuer avec le passage du temps, contribuèrent à entretenir l'amertume pendant plusieurs décennies après la guerre. Dans ce domaine, au moins, ce furent les vainqueurs qui écrivirent l'histoire, car les cinq sixièmes de ces récits sont dus à des plumes nordistes[3].

Tout au long de 1864, les protestations allèrent crescendo dans la presse yankee qui réclamait des représailles contre les prisonniers sudistes, afin d'obliger les confédérés à mieux traiter leurs captifs. « Les représailles sont quelque chose d'affreux, reconnaissait le *New York Times*, mais les malheurs et les souffrances de nos frères et de nos amis, leurs vies qui s'épuisent lentement dans ces horribles geôles sont bien pires encore. Nul peuple, nul gouvernement ne devraient tolérer que leurs soldats soient traités, ne fût-ce qu'une seule journée, comme les nôtres l'ont été au cours des trois dernières années. » Lorsque au mois d'avril, un échange spécial de prisonniers malades renvoya vers le Nord plusieurs squelettes

---

1. Hesseltine, *Civil War Prisons*, chap. 7 ; Ovid L. Futch, *History of Andersonville Prison* (Gainesville, Floride, 1968) ; *Andersonville* (Eastern Acorn Press, n.p., 1983).

2. Aucune autre prison sudiste n'hébergea plus du quart du nombre maximal d'hommes enfermés à Andersonville, qui fut de trente-trois mille prisonniers en août 1864. La plus vaste prison du Nord se trouvait à Point Lookout, dans le sud du Maryland, où l'on compta à un moment donné vingt mille prisonniers. Si l'on s'en tient aux statistiques sur la mortalité, Andersonville ne fut pas la pire prison du Sud. Ce regrettable honneur revient à celle de Salisbury, en Caroline du Nord, où trente-quatre pour cent (contre vingt-neuf pour cent à Andersonville) du nombre total de prisonniers — soit dix mille trois cent vingt et un hommes — qui y furent enfermés périrent. Le plus fort taux de mortalité dans une prison nordiste fut de vingt-quatre pour cent à Elmira.

3. Chiffre fondé sur un total de deux cent cinquante ouvrages répertoriés dans la bibliographie de Hesseltine, *Civil War Prisons*.

vivants, des reproductions de leurs photographies parurent dans les journaux illustrés et déclenchèrent un véritable raz de marée de fureur. Que pouvait-on attendre d'autre de ces propriétaires d'esclaves, « tyrans de naissance et cruels par éducation » ? demandait le *New York Times* d'ordinaire plutôt mesuré[1]. La commission sur la conduite de la guerre et la commission sanitaire des États-Unis publièrent chacune un compte rendu des conditions dans les prisons confédérées, fondé sur les rapports des agents de renseignement et sur des entretiens avec des prisonniers échangés ou évadés. « L'énormité du crime commis par les rebelles, nota Stanton, le ministre de la Guerre, ne peut que remplir d'horreur le monde civilisé[...]. Ils ont, semble-t-il, érigé en système délibéré les traitements sauvages et barbares. » Au mois d'août, l'éditorial d'un journal d'Atlanta se fraya un chemin à travers les lignes et fut repris par la presse nordiste : « Durant l'une des journées de canicule intense de la semaine passée, plus de trois cents yankees malades et blessés sont morts à Andersonville. Nous remercions le ciel de tels bienfaits. » C'était ce genre de déclaration qui persuadait des nordistes par ailleurs raisonnables que « la politique de Jefferson Davis [était] de faire mourir de faim et de froid et périr à petit feu tous les prisonniers qu'il n'[osait] pas massacrer sur-le-champ. » Et l'auteur de ces lignes ajoutait : « Nous ne *pouvons* pas exercer de représailles, nous dit-on ; mais qu'est-ce donc qui nous en empêche[2] ? »

Le ministère de la Guerre finit d'ailleurs par instituer des représailles limitées. En mai 1864, Stanton réduisit les rations des prisonniers de guerre au niveau de celles que l'armée confédérée accordait à ses propres soldats. Cela mettait en principe les captifs rebelles sur un pied d'égalité avec leurs homologues yankees dans le Sud, puisque ceux-ci recevaient théoriquement la même ration que les soldats sudistes. Dans la pratique, cependant, en 1864, bien peu de ces derniers recevaient la ration officielle — et inévitablement la portion des prisonniers était encore plus congrue —, si bien que la plupart des rebelles détenus dans les camps du Nord étaient probablement mieux nourris qu'ils ne l'eussent été par leur propre armée. Néanmoins, cette réduction des rations indiquait un durcissement de l'attitude nordiste. S'ajoutant à l'énorme augmentation du nombre des prisonniers au cours de 1864, elle eut pour conséquence une détérioration des conditions dans les prisons du Nord, au point que certaines d'entre elles n'eurent bientôt plus rien à envier à celles du Sud sur le plan des souffrances, de la maladie et de la mortalité — à l'exception d'Andersonville qui était dans une classe à part[3].

---

1. *New York Times*, 31 mars, 22 avril 1864, cité par Hesseltine, *Civil War Prisons*, p. 194, 195.
2. *O.R.*, sér. II, vol. 7, p. 110 ; *Atlanta Intelligencer* (publié à Macon), 19 août 1864, cité par A.A. Hoehling (éd.), *Last Train from Atlanta* (New York, 1958), p. 330 ; et chez Samuel Carter III, *The Siege of Atlanta, 1864* (New York, 1973), p. 296 ; Strong, *Diary*, p. 494.
3. *O.R.*, sér. II, vol. 7, p. 150-151 ; Hesseltine, *Civil War Prisons*, p. 172-209.

Cet état de choses créa une pression énorme en faveur d'une reprise des échanges. De nombreux pensionnaires d'Andersonville et d'autres établissements du Sud signèrent des pétitions adressées à Lincoln, le suppliant de revenir sur sa décision, et les confédérés autorisèrent des délégations de prisonniers à aller porter ces pétitions à Washington. Elles n'aboutirent à rien. A mesure que l'été s'écoulait, on discerne une amertume de plus en plus grande dans les journaux intimes que tenaient certains détenus d'Andersonville : « A quoi peut bien penser le gouvernement pour laisser ses soldats crever dans cet endroit immonde ? », « Peut-il exister un gouvernement qui laisse ses hommes mourir à petit feu ici ? », « Je ne peux pas croire que nos dirigeants puissent être aussi abjects envers leurs soldats. » « Nous perdons toute notre confiance en ce Vieil Abe[1]. » Le porte-parole d'un groupe de pasteurs et de médecins implora Lincoln en septembre 1864 : « Pour l'amour de Dieu, intervenez ! [...]. Nous savons que vous pouvez les échanger, si seulement vous vous y employez. C'est un meurtre pur et simple que de négliger la chose plus longtemps. » Les dirigeants locaux du parti républicain avertissaient de leur côté : « [Bon nombre de citoyens de l'Union] travailleront et voteront contre le Président, parce qu'ils estiment que sa sympathie pour quelques nègres, capturés eux aussi, est la raison de son refus [d'échanger les prisonniers][2]. »

Lincoln aurait pu en effet reprendre les échanges, s'il avait consenti à abandonner à leur sort les soldats qui étaient d'anciens esclaves. Mais il ne voulait pas plus céder sur ce principe qu'il ne voulait renoncer à faire de l'émancipation une des conditions de la paix. Le 27 août, Benjamin Butler, qui avait été nommé agent spécial pour les échanges, précisa clairement la position de l'Administration dans une longue lettre au commissaire confédéré chargé de la même besogne — lettre qui fut abondamment citée dans la presse. Le gouvernement des États-Unis reprendrait les échanges, déclarait Butler, dès que la Confédération serait disposée à échanger *toutes* les catégories de prisonniers. « Les torts, les indignités et les privations subis par nos soldats, continuait Butler, passé maître dans l'art de la rhétorique, me pousseraient à tout accepter pour obtenir qu'ils soient échangés, tout hormis l'idée de marchander bassement l'honneur et la bonne foi du gouvernement des États-Unis qui s'est engagé si solennellement vis-à-vis des soldats de couleur servant sous ses drapeaux. Par respect pour la foi et la justice de notre pays, nous ne saurions renoncer à cette position[3]. »

1. Futch, *Andersonville Prison*, p. 43.

2. Lettre de D.C. Anderson et J.H. Brown à Lincoln, 4 septembre 1864, lettre de H.Brewster à Stanton, 8 septembre 1864, citées in *O.R.*, sér. II, vol. 7, p. 767-768, 787. Voir aussi lettre de Samuel White à Lincoln, 12 septembre 1864, *ibid.*, p. 816.

3. Lettre de Butler à Robert Ould, 27 août 1864, *ibid.*, p. 687-691 ; les extraits reproduits ici figurent p. 691. La lettre fut publiée dans le *New York Times* du 6 septembre 1864 et imprimée par le gouvernement sous forme de tract que l'on fit circuler dans tout le Nord.

Le général Grant avait avancé, en privé, un autre argument contre les échanges : ils seraient plus favorables aux armées rebelles qu'à celles de l'Union. « C'est bien dur pour nos hommes détenus dans les prisons sudistes de ne pas les échanger, déclara-t-il en août 1864, mais c'est une preuve d'humanité envers ceux qui restent dans nos rangs pour livrer bataille. » En effet, la plupart des rebelles échangés — « bien nourris et ayant bon pied, bon œil », à ce que pensaient les nordistes — « seraient aussitôt remis en service actif contre [l'Union] », alors que les prisonniers yankees « à demi morts de faim, malades, décharnés » ne seraient plus jamais en état de se battre. « Nous devons lutter jusqu'à ce que la puissance militaire du Sud soit épuisée, et si nous libérons ou échangeons les prisonniers capturés, cela devient tout bonnement une guerre d'extermination[1]. »

Bon nombre d'historiens — surtout ceux d'origine sudiste — ont relevé ces remarques de Grant, y voyant la véritable raison pour laquelle le Nord avait refusé de poursuivre les échanges. Selon cette optique, le souci de voir respecter les droits des soldats noirs n'était que de la poudre aux yeux et c'était bel et bien à la stratégie nordiste d'une guerre d'usure qu'il fallait imputer les horreurs d'Andersonville et les souffrances des prisonniers des deux camps[2]. Cette position n'est pas tenable. Grant tint les propos en question plus d'un an après que l'accord sur les échanges de prisonniers eut capoté, pour les raisons que l'on sait. En plus de quoi, il ne faisait qu'exprimer une opinion ; jamais il ne donna l'*ordre* d'interdire les échanges à des fins d'usure et toutes les preuves documentaires dont on dispose indiquent que, si les les confédérés avaient cédé sur la question des anciens esclaves, les échanges auraient repris. En octobre 1864, le général Lee proposa un échange officieux des prisonniers capturés au cours des combats les plus récents sur le front de Richmond-Petersburg. Grant accepta, à condition que les Noirs fussent échangés « au même titre que les soldats blancs ». La chose eût-elle été acceptée, elle aurait constitué un précédent permettant de sortir de l'impasse où se trouvaient murés plus d'une centaine de milliers de prisonniers de guerre. Mais Lee répondit : « Les nègres appartenant à nos concitoyens ne sont pas considérés comme sujets d'échange et n'étaient pas inclus dans ma proposition. » Moyennant quoi, Grant mit aussitôt fin à cette correspondance, car son « gouvernement [était] tenu d'assurer à toute personne incorporée à ses armées les droits dus aux soldats ». « [Le refus d'accorder ces

---

1. *O.R.*, sér. II, vol. 7, p. 607, 615, 691.
2. Voir tout particulièrement Hesseltine, *Civil War Prisons*, et Foote, *Civil War*, t. III, p. 131. Cette optique n'était pas confinée aux sudistes ; c'était aussi celle de James Ford Rhodes, par exemple. Voir Rhodes, *History of the United States from the Compromise of 1850...*, 7 vol. (New York, 1920), t. V, p. 499.

droits aux anciens esclaves], conclut-il, m'incite à repousser votre proposition[1]. »

En janvier 1865, les rebelles finirent par céder et offrirent d'échanger « tous » les prisonniers. Espérant bientôt commencer à recruter eux aussi des soldats noirs pour leurs propres armées, Davis et Lee trouvèrent brusquement la politique des yankees moins barbare. L'accord fut remis en vigueur et plusieurs milliers de captifs furent échangés chaque semaine, au cours des trois mois qui suivirent, jusqu'au moment où la victoire d'Appomattox libéra tout le monde[2].

Rares sont aujourd'hui les historiens, à supposer qu'il en existe, qui prétendent que la Confédération brutalisa sciemment les prisonniers de guerre. Ils auraient, au contraire, tendance à faire chorus avec un courant d'opinion de l'époque — qui existait aussi parmi certains nordistes — et à penser que l'insufficance des ressources et la grave détérioration de l'économie sudiste avaient été les principales responsables des souffrances des captifs yankees. Le Sud n'était plus en mesure de nourrir ses propres soldats, ni sa population civile, alors comment aurait-il pu assurer la subsistance de prisonniers ennemis ? Incapable de fournir à ses hommes suffisamment de tentes, où en aurait-il trouvé pour les captifs ? En outre un certain laisser-aller dans l'administration pénitentiaire du Sud, un manque de prévoyance et d'efficacité, contribuèrent à aggraver les maux qu'enduraient les prisonniers. S'attendant à voir les échanges reprendre d'un jour à l'autre, les rebelles ne prirent aucune disposition à long terme. La question des logements à Andersonville fournit un excellent exemple des pénuries et de l'imprévoyance. Bien que le Sud disposât d'importants stocks de coton brut, il n'avait pas la capacité industrielle pour le transformer en toile de tente en quantités suffisantes. Le Sud avait aussi largement assez de bois pour édifier des baraquements, mais on manquait de clous à Andersonville et personne ne songea à en commander assez longtemps à l'avance. Il n'existait pas assez de scieries dans cette partie de la Géorgie pour fabriquer des planches et celles qu'on y trouvait travaillaient jour et nuit pour les chemins de fer, car les yankees passaient leur temps à détruire les traverses et le matériel roulant. Les prisonniers auraient pu confectionner des cahutes en rondins en prenant leur matière première dans les pinèdes qui environnaient Andersonville, mais personne ne songea à fournir des cognées ; en outre, les jeunes garçons et les vieillards qui gardaient les prisonniers étaient trop inexpérimentés pour empêcher les évasions dès que l'on quittait l'enclos du camp.

Pour toutes ces raisons, les prisonniers durent cuire sous le soleil et grelotter sous la pluie. Dans les autres camps réservés aux simples soldats,

1. *O.R.*, sér. II, vol. 7, p. 906-907, 909, 914.
2. *Ibid.*, vol. 8, p. 98, 123, 504 ; Hesseltine, *Civil War Prisons*, p. 229-232.

les prisonniers de l'Union durent endurer la même absence de toute espèce d'abris — alors que les prisons du Nord étaient toutes équipées de baraquements, à l'exception de Point Lookout, dans le Maryland, où les prisonniers vivaient sous la tente. Durant la guerre, de nombreux sudistes s'élevèrent d'ailleurs contre l'état de leurs propres prisons. Après avoir décrit les conditions existant au camp de Florence, une habitante de Caroline du Sud déclarait au gouverneur de son État : « Si on laisse cet état de choses se prolonger, cela va très certainement attirer quelque atroce calamité sur notre pays [...]. Ne croyez pas que j'aie la moindre sympathie pour les yankees, je n'en ai aucune [...]. Mais je ne suis pas encore devenue suffisamment insensible pour ne pas essayer, sachant tout ce que je sais, de faire quelque chose, fût-ce pour un yankee. » Et une jeune femme de Géorgie exprimait des sentiments analogues après une visite à Andersonville : « Je redoute que Dieu ne laisse quelque épouvantable châtiment s'abattre sur nous qui tolérons l'existence de telles choses. Si jamais les yankees arrivent jusque dans le sud-ouest de la Géorgie [...] et voient toutes les tombes alignées là, que Dieu ait pitié de notre pays[1] ! »

« Et pourtant, que pouvons-nous faire ? se demandait-elle. Les yankees eux-mêmes sont autrement plus fautifs que nous, à vrai dire, car ils refusent d'échanger ces prisonniers et notre pauvre Confédération, harcelée de toutes parts, n'a pas les moyens de les nourrir, puisque nos propres soldats meurent de faim sur le terrain. » On devait retrouver ce système de défense dans tous les discours sudistes après la guerre. « A qui la faute s'il n'y a pas eu d'échanges de prisonniers ? demanda un ancien gardien d'Andersonville. [De toute façon], Andersonville n'était pas pire que les prisons du Nord. Il y a eu des souffrances à Andersonville, c'est vrai ; mais il y en a eu aussi à Johnson's Island ; on en a vu de dures dans toutes les prisons. » Dans leurs mémoires, Jefferson Davis et Alexander Stephens soutinrent l'un et l'autre que le taux de mortalité dans les prisons du Sud était en réalité plus bas que dans celles du Nord. Et de toute façon, affirmait Stephens, c'était « *entièrement* aux autorités de Washington », qui avait refusé d'échanger les prisonniers, qu'il fallait imputer « le sacrifice de toutes ces vies humaines[2] ». L'État de Géorgie a installé depuis deux plaques commémoratives près d'Andersonville, qui expliquent que les pénuries du temps de guerre y avaient causé de terribles souffrances (ce qui évite de les imputer à quiconque) et que « le taux de décès parmi les gardiens

---

1. *O.R.*, sér. II, vol. 7, p. 976 ; Eliza Frances Andrews, *The War-Time Journal of a Georgia Girl, 1864-1865* (New York, 1908), p. 78-79.

2. James Dunwoody Jones, « Recollections of a Young Confederate Officer » in *Andersonville*, p. 1 ; Jefferson Davis, *The Rise and Fall of the Confederate Government*, 2 vol. (New York, 1881), t. II, p. 607 ; Alexander H. Stephens, *A Constitutional View of the Late War Between the States*, 2 vol. (Chicago, 1868-70), t. II, p. 507-509.

fut aussi élevé que parmi les prisonniers ». En 1909, les Filles unies de la Confédération firent ériger un monument à la mémoire de Henry Wirz (qui se dresse toujours dans le village d'Andersonville), proclamant que ce « héros et martyr » avait été victime d'un « assassinat judiciaire » perpétré par des yankees dont le général en chef avait empêché les échanges de prisonniers.

Ces défenseurs du Sud semblent un peu trop prompts à se trouver des excuses. Les lecteurs du présent ouvrage tireront leurs propres conclusions quant à la responsabilité de la rupture dans les échanges de prisonniers. En ce qui concerne la comparaison entre Andersonville et Johnson's Island, signalons que le taux de mortalité parmi les prisonniers fut de deux pour cent dans la prison nordiste — contre vingt-neuf pour cent à Andersonville, où le pourcentage de décès parmi les détenus était en fait cinq ou six fois plus élevé que celui constaté parmi les gardiens[1]. Davis et Stephens étaient donc eux aussi bien loin du compte. Du fait que de nombreuses archives confédérées ont été perdues ou détruites, on ne connaîtra jamais le véritable nombre de nordistes morts dans l'ensemble des prisons sudistes. L'estimation la plus fidèle, fondée sur les archives existantes, a permis de constater que, sur cent quatre-vingt-quatorze mille sept cent quarante-trois détenus nordistes, trente mille deux cent dix-huit étaient mort dans les prisons sudistes (soit quinze et demi pour cent), en comparaison des vingt-cinq mille neuf cent soixante-seize sudistes, sur un total de deux cent quatorze mille huit cent soixante-cinq (soit douze pour cent), qui périrent dans les geôles du Nord. Cela dit, le chiffre concernant les prisonniers nordistes est incontestablement trop bas[2]. Ce qu'on peut dire, en tout cas, c'est que la façon dont furent traités les prisonniers de guerre durant la guerre de Sécession était une chose dont ni l'un ni l'autre camp n'avait lieu d'être fier.

IV

En définitive, la question des prisonniers de guerre joua un rôle minime dans les élections présidentielles. La grande question, c'était la guerre elle-même et comment y mettre fin. Dans ce domaine, les républicains

1. Edward T. Downer, « Johnson's Island », in Hesseltine (éd.), *Civil War Prisons*, p. 105 ; Futch, *Andersonville Prison*, p. 106-107.

2. Lettre du général F.C. Ainsworth, directeur du bureau des Archives et des Pensions, à James Ford Rhodes, 29 juin 1903, citée par Rhodes, *History*, t. V, p. 507-508. En avril 1864, puis une seconde fois à l'automne de la même année, les confédérés échangèrent plusieurs milliers de prisonniers malades en excès du nombre que renvoyaient les autorités fédérales. Plusieurs centaines de ces malades moururent peu après l'échange, mais leurs décès n'ont pas été inclus dans le bilan final.

parvinrent à s'assurer le monopole de la paix par la victoire. McClellan lui-même ne put échapper à la souillure d'une paix sans victoire. C'était d'ailleurs sous ce jour que la plupart des confédérés, après quelques hésitations initiales, dues au ton belliqueux de sa lettre d'acceptation, envisageaient sa candidature. Clement C. Clay, l'agent de la Confédération au Canada, s'avoua d'ailleurs déçu par la teneur de la lettre en question. « [Pourtant], raisonnait-il, le programme annoncé signifie une paix inconditionnelle. McClellan sera sous le contrôle des authentiques pacifistes [...]. En tout cas, son programme l'engage à mettre fin aux hostilités et à tenter de négocier [...]. Un armistice débouchera immanquablement sur la paix. Une fois arrêtée, la guerre ne saurait être reprise, fût-ce pour une courte période. » Si McClellan était élu, prédit un fonctionnaire du ministère de la Guerre à Richmond, « [le Sud aurait] la paix et l'indépendance[1] ».

Les soldats rebelles, saturés de guerre, formaient de fervents espoirs pour l'élection de McClellan et la paix. « L'ennemi est excessivement désireux de tenir jusqu'aux élections présidentielles, signala Grant depuis le front de Petersburg. Tous les jours, des déserteurs arrivent dans nos lignes et nous disent que les hommes sont presque universellement las du conflit et que les désertions seraient encore bien plus fréquentes, s'ils ne croyaient pas que la paix va être négociée après les élections de cet automne[2]. » Les sentiments de ce genre suscitaient des réactions opposées parmi les soldats de l'Union. Bien que « nombre d'officiers de haut rang » dans l'armée du Potomac fussent toujours « McClellanisés », pour reprendre l'expression et l'opinion d'un général d'une autre armée de l'Union, la plupart des simples soldats s'étaient détournés de leur ancien commandant. « Ce n'est pas tant l'homme lui-même que les soldats n'aiment pas, que la compagnie avec laquelle il s'affiche, nota un d'entre eux. Il y a des tas de gars qui voteraient pour McClellan, mais ils ne peuvent pas avaler Vallandigham. » Un triomphe des démocrates équivaudrait à « la paix sans gloire et la honte, la même vieille subordination à la domination sudiste », déclarait un officier de la brigade de Fer. « J'aimerais mieux rester ici toute ma vie (et Dieu sait pourtant si j'ai horreur de ça), nota un autre soldat, ancien démocrate, que de consentir à voir notre pays divisé [...]. Nous voulons tous la paix, mais rien d'*autre* qu'une paix *honorable*[3]. »

---

1. Lettre de Clay à Judah P. Benjamin, 12 septembre 1864, citée in *O.R.*, sér. IV, vol. 3, p. 637-638 ; Jones, *War Clerk's Diary* (Swiggett), t. II, p. 285.
2. Lettre de Grant à Elihu Washburne, 16 août 1864, citée par Bruce Catton, *Grant Takes Command* (Boston, 1969), p. 355 ; lettre de Grant à Stanton, 13 septembre 1864, citée in *O.R.*, sér. III, vol. 4, p. 713.
3. Catton, *Stillness at Appomattox*, p. 303, 324, 323 ; lettre de John Berry à Samuel L.M. Barlow, 24 août 1864, Barlow Papers, Bibliothèque Henry E. Huntington.

Bon nombre de soldats de l'Union purent exprimer leur opinion dans les urnes. Ce fut une audacieuse expérience en matière de démocratie : permettre aux combattants eux-mêmes de voter, dans le cadre de ce qui équivalait à un référendum pour savoir s'ils devaient ou non continuer à se battre. Comme le dit si bien Grant : « [Nos hommes] sont des citoyens américains, [qui] ont tout autant le droit de [voter] que les citoyens qui sont restés chez eux. Je dirais même plus qu'eux, car ils ont consenti de plus grands sacrifices pour leur pays[1]. » En 1864, dix-neuf États de l'Union avaient prévu des clauses permettant aux soldats de voter là où ils se trouvaient. Parmi ceux qui ne l'avaient pas fait, les trois plus importants étaient l'Indiana, l'Illinois et le New Jersey, où les législatures démocrates avaient bloqué des mesures dans ce sens. En dépit des envolées grandiloquentes concernant l'« autorité proconsulaire » et le « césarisme », qui avaient accompagné cette opposition, la véritable raison en était que les démocrates savaient pertinemment que l'armée était passée à une majorité écrasante dans le camp républicain — ou du moins dans celui de « l'Union », étiquette que revendiquaient les républicains en 1864.

Douze des États qui autorisaient le vote des soldats absents de leur foyer comptabilisèrent séparément leurs suffrages. Lincoln en obtint cent dix-neuf mille sept cent cinquante-quatre et McClellan trente-quatre mille deux cent quatre-vingt-onze, soit une majorité déclarée de soixante-dix-huit pour cent pour le Président, contre cinquante-trois pour cent des suffrages civils dans les mêmes États. Dans les sept autres États, on peut penser que les pourcentages étaient à peu près analogues. En ce qui concerne les États qui n'autorisèrent pas le vote des absents, l'Indiana fut le cadre d'une lutte particulièrement serrée et intense. En tant que commandant en chef des forces armées, le Président était en mesure de favoriser sa cause et il ne s'en priva pas. « La perte [de l'Indiana] serait pour les amis de l'Administration un grand pas vers la perte de l'Union tout entière », écrivit Lincoln au général Sherman à Atlanta. Le Président serait donc ravi si le général voulait bien accorder le plus grand nombre de permissions possible aux soldats de cet État, afin qu'ils pussent aller voter chez eux[2]. Plusieurs milliers de soldats regagnèrent en effet leur foyer pour voter ; le ministère de la Guerre passa aussi au crible les hôpitaux militaires pour y ratisser tous les convalescents originaires de l'Indiana en état de voyager. Et il n'est pas exclu que certains membres d'un régiment du Massachusetts, momentanément stationné dans l'Indiana, aient ajouté leurs voix au total des suffrages républicains[3].

1. *O.R.*, sér. I, vol. 42, 2e partie, p. 1045-1046.
2. *CWL*, t. VIII, p. 11.
3. Les démocrates portèrent des accusations de fraude et d'intimidation liées au vote des soldats dans plusieurs endroits. Même s'il y eut indéniablement des irrégularités, les bénéfices qu'en tirèrent les deux partis eurent en fait tendance à se neutraliser. A vrai dire,

Dans aucun des États qui établirent un dénombrement séparé pour les voix des soldats, celles-ci ne modifièrent l'issue de la lutte pour la présidence — Lincoln se serait imposé de toute façon dans tous à l'exception du Kentucky. Toutefois, dans deux États très disputés où les voix des soldats furent amalgamées au reste, New York et le Connecticut, il est possible que ces suffrages aient permis au Président sortant d'arracher la victoire. Les tuniques bleues affectèrent également l'issue du vote dans plusieurs circonscriptions parlementaires et les voix des soldats du Maryland en faveur d'un amendement à la Constitution de l'État abolissant l'esclavage triompha aisément de la faible majorité de civils qui s'y opposait.

La majorité d'un demi-million de voix obtenue par Lincoln au suffrage populaire se traduisit par deux cent douze voix contre vingt et une chez les grands électeurs. Le Président s'imposa dans tous les États hormis le Kentucky, le Delaware et le New Jersey ; en outre son parti s'assura le contrôle des législatures dans tous les États sauf ces trois-là, et vit ses candidats élus gouverneurs. Le prochain Congrès serait donc aux trois quarts républicain. Dans tous ces États du Nord, la similitude entre le vote pour « l'Union » en 1864 et le vote républicain en 1860 était remarquable. Lincoln obtint pratiquement les même cinquante-cinq pour cent de suffrages dans les mêmes régions et circonscriptions de ces États que quatre ans plus tôt. Les républicains continuaient à trouver leur principal soutien chez les fermiers, ouvriers qualifiés et « cols blancs » protestants d'origine britannique, nés aux États-Unis, surtout en Nouvelle-Angleterre et dans la couronne d'États situés le plus au nord. Les démocrates restaient les plus forts parmi les ouvriers non qualifiés, les immigrants catholiques et les « *Butternuts* » du sud du Midwest. En tant que parti de « l'Union », les républicains élargirent leur base électorale par rapport à 1860 dans les États frontaliers (y compris la Virginie occidentale), où ils recueillirent cinquante-quatre pour cent des suffrages (contre neuf pour cent environ en 1860), tirant la majeure partie de leur soutien des classes moyennes urbaines et des fermiers prospères qui ne possédaient pas d'esclaves. Les démocrates, pour leur part, gardèrent

---

les fraudes les plus graves furent commises par des commissaires démocrates que l'on avait envoyés recueillir les suffrages de soldats new-yorkais. Deux de ces commissaires furent ultérieurement reconnus coupables (l'un des deux ayant avoué) d'avoir fabriqué de faux bulletins en faveur de McClellan. Le vote des soldats en 1864 fut à peu près aussi équitable et honnête que l'était la moyenne des élections au XIXᵉ siècle et la majorité obtenue par Lincoln reflétait sans doute assez exactement le sentiment des troupes. Le ministère de la Guerre, cependant, fit tout ce qu'il put pour hâter les permissions des soldats susceptibles de voter républicain et, sous d'autres rapports, mit toute sa puissance considérable au service du parti au pouvoir lorsqu'il s'agit de recueillir les suffrages des soldats. Les meilleures études à ce sujet sont celles d'Oscar O. Winther, « The Soldier Vote in the Election of 1864 », *New York History*, nº 25 (1944), p. 440-458, et de Josiah Henry Benton, *Voting in the Field : A Forgotten Chapter of the Civil War* (Boston, 1915).

les voix des propriétaires d'esclaves, des immigrants et des fermiers plus pauvres.

Les contemporains intepréterent le résultat de ces élections comme un triomphe pour la politique de Lincoln visant à arracher à la Confédération une capitulation inconditionnelle. « Je suis étonné, écrivit le correspondant américain du *London Daily News*, [par] l'étendue et la profondeur de cette détermination [...] à lutter jusqu'à la mort. [La population du Nord] est animée par une résolution comme le monde n'en a encore jamais vu, silencieuse, calme, mais parfaitement inébranlable[1]. »

Mais Jefferson Davis était lui aussi inébranlable. Jamais il n'avait partagé avec ses concitoyens l'espoir de voir McClellan élu président et prêt à négocier la paix. « Nous nous battons pour exister ; et ce n'est que par la lutte armée que nous pourrons acquérir notre indépendance », avait-il déclaré à ses auditoires au cours d'une tournée entreprise pour remonter le moral du Sud profond après la chute d'Atlanta. La Confédération restait « aussi fièrement dressée et pleine de défi que jamais, assura-t-il au Congrès au mois de novembre. Rien n'a changé dans les objectifs de son gouvernement, dans le courage indomptable de ses troupes, ni dans la vaillance inextinguible de son peuple[2]. » Ce fut pour venir à bout de cette vaillance que Sherman entreprit sa marche d'Atlanta jusqu'à la mer.

Chapitre XXVII

LA CAROLINE DU SUD DOIT ÊTRE DÉTRUITE

I

Après la perte d'Atlanta, l'armée du Tennessee et John B. Hood ne se réfugièrent pas dans les bois pour s'y laisser mourir. Bien au contraire ! Stimulé par une visite de Jefferson Davis, le belliqueux général sudiste projeta dans un premier temps de décrire un vaste cercle pour passer derrière Sherman, puis de couper l'axe ferroviaire qui reliait celui-ci à Chattanooga et dont il dépendait pour sa survie, et enfin de s'abattre à sa guise sur les lambeaux de l'armée yankee durement touchée et affamée. Pendant ce temps, Forrest avait repris son activité de

1. *London Daily News*, 27 septembre 1864, cité par Nevins, *War*, t. IV, p. 141.
2. Nelson, *Bullets, Ballots, and Rhetoric*, p. 132 ; Rowland, *Davis*, t. VI, p. 386.

prédilection, qui était de ravager les voies ferrées de l'Union et ses dépôts de vivres dans le Tennessee. Le président Davis expliqua à des foules de Géorgie et de Caroline du Sud, qui l'acclamaient, ce qui allait se passer à présent. « Pour autant que je puisse en juger, Sherman n'a aucune chance de se soustraire à la défaite ou à une honteuse reculade, déclara-t-il un mois après la chute d'Atlanta. Le sort qui s'est abattu sur l'armée de l'Empire français lors de sa retraite de Moscou va se reproduire ici même. Notre cavalerie et notre population harcèleront et détruiront ses troupes, comme les Cosaques l'ont fait pour celles de Napoléon, et le général yankee, comme le Corse, ne parviendra à se sauver qu'avec un petit groupe de gardes du corps. » Et Davis poursuivait : « [Une fois débarrassés de Sherman], nous devrons envahir le Tennessee, [où] vingt à trente mille hommes viendront se regrouper sous notre étendard, et [...] nous repousserons l'ennemi jusqu'aux rives de l'Ohio, ce qui permettra au parti pacifiste du Nord de s'agrandir bien mieux que ne le ferait quelque pauvre éditorial[1]. »

Cette glorieuse perspective insuffla peut-être une vie nouvelle au moral faiblissant de la population sudiste, mais lorsque Grant lut des comptes rendus des discours de Davis, il ricana : « Qui va lui fournir la neige pour sa retraite de Moscou[2] ? » La repartie était spirituelle, mais il fallait reconnaître que Sherman était en effet vulnérable au harcèlement de ses ennemis. Il avait, certes, atteint un de ses objectifs — la prise d'Atlanta — mais pas l'autre — la destruction de l'armée de Hood. Forte de quarante mille hommes, cette horde de rebelles fatigués, mais encore très crânes, longea la voie ferrée jusqu'à Chattanooga durant le mois d'octobre, attaquant toutes les cibles qui s'offraient à ses coups. Sherman laissa donc un corps d'armée en garnison à Atlanta et poursuivit Hood avec le restant de ses troupes. Multipliant les escarmouches et les combats, en refaisant vers le nord le chemin qu'ils avaient couvert lors de leur marche victorieuse vers le sud, quatre mois auparavant, les yankees finirent par repousser les tuniques grises de Hood jusqu'en Alabama et remirent la voie ferrée en état.

Sherman commençait à être exaspéré par cette forme de guerre. Continuer à pourchasser Hood, c'était faire le jeu des rebelles. « Il nous sera matériellement impossible de protéger les voies [ferrées], confia-t-il à Grant, à présent que Hood, Forrest et Wheeler, et toute cette cohorte de démons, sont lâchés dans la nature, sans foyer ni logis. Si nous tentons de tenir les voies, nous perdrons mille hommes par mois sans obtenir aucun résultat. » Au lieu de cela, Sherman avait dans l'idée de ne pas tenir le moindre compte de Hood et de s'avancer à travers le cœur de la Géorgie pour gagner le littoral. « Je pourrais tracer un sillon jusqu'à

1. Rowland, *Davis*, t. VI, p. 341-342, 353, 358.
2. Horace Porter, *Campaigning with Grant* (New York, 1897), p. 313.

la mer, assurait-il à Grant, couper la Confédération en deux et venir prendre Lee par-derrière[1]. » Au début, Lincoln, Halleck et Grant lui-même résistèrent à un tel plan. Laisser Hood évoluer librement sur son arrière, pendant que l'armée de l'Union abandonnait ses axes de ravitaillement en plein territoire ennemi paraissait doublement dangereux. Mais Sherman avait l'intention de stationner George Thomas dans le Tennessee, avec soixante mille hommes, plus qu'il n'en fallait pour faire face à toutes les tentatives que pourraient faire les rebelles. Quant à sa propre armée, soit soixante-deux mille combattants endurcis, elle trouverait largement de quoi se nourrir en Géorgie même. « Si je reviens maintenant sur mes pas, tout l'effet de ma campagne sera perdu, insista Sherman, [alors que si je] m'enfonce en pleine Géorgie, me frayant un chemin par la force jusqu'à la mer [...] au lieu de rester sur la défensive, c'est moi qui prendrai l'offensive. » Sans compter que l'effet psychologique d'une telle manœuvre avait de bonnes chances d'être encore plus grand que son impact physique. « Si nous parvenons à faire passer une armée bien équipée en plein milieu du territoire [de Jefferson Davis], cela prouvera au monde entier, au-dehors comme au-dedans de nos frontières, que nous possédons une puissance à laquelle Davis est incapable de résister [...]. Cette marche, je puis la mener à bien et je ferai hurler la Géorgie à la mort[2] ! »

Sherman parvint à persuader Grant, lequel convainquit à son tour un Lincoln toujours sceptique. Sherman regagna Atlanta et se prépara à quitter la ville une semaine après l'élection présidentielle. A l'instar de Lincoln, il croyait à une guerre féroce et à une paix clémente. « La guerre, c'est la cruauté et rien ne peut l'adoucir », avait-il déclaré au maire d'Atlanta, après avoir ordonné que la population civile fût expulsée de la ville occupée. « [Mais] quand la paix viendra, vous pourrez me demander tout ce que vous voudrez et alors je partagerai avec vous jusqu'à mon dernier biscuit. [Jusque-là, cependant,] nous nous battons non seulement contre des armées ennemies, mais contre une population hostile et nous devons faire sentir la lourde poigne de la guerre aux vieux comme aux jeunes, aux riches comme aux pauvres. » En détruisant toutes ses ressources, les armées de l'Union devaient ôter au peuple sudiste la faculté de poursuivre la guerre. Ses usines, ses voies ferrées, ses fermes — et jusqu'à sa volonté de résister — devaient être anéanties. « Nous ne pouvons changer les cœurs de ces habitants du Sud, mais nous pouvons rendre la guerre si épouvantable [et] les en dégoûter à tel point que des

---

1. *O.R.*, sér. I, vol. 39, 3e partie, p. 162 ; Porter, *Campaigning with Grant*, p. 292-293.
2. Foote, *Civil War*, t. III, p. 613 ; *O.R.*, sér. I, vol. 39, 3e partie, p. 161, 202, 595, 660.

générations entières naîtront et mourront avant qu'ils ne soient prêts à y avoir une nouvelle fois recours[1]. »

Les soldats de Sherman partageaient avec leur chef cette philosophie d'une guerre totale et, soucieux de la mettre en pratique, ils incendièrent tout ce que Hood avait laissé debout, en fait d'installations ayant une valeur militaire (au sens le plus large du terme) et quittèrent Atlanta le 15 novembre. Tandis que Sherman partait vers le sud, Hood s'apprêtait à remonter vers le nord, passant de l'Alabama au Tennessee, ce qui donna lieu au spectacle quelque peu incongru de deux armées en lutte se tournant délibérément le dos et se mettant en route dans des directions opposées. Mais, comme la suite devait le montrer, il y avait plus de méthode dans la folie de Sherman que dans celle de Hood.

Pas un seul ennemi ne se dressait entre l'armée nordiste et la ville de Savannah, à quatre cent cinquante-six kilomètres d'Atlanta, en dehors de quelques milliers de miliciens géorgiens et d'une unité de cavalerie rebelle forte de trois mille cinq cents hommes, sous Joseph Wheeler. La cavalerie de l'Union tint en respect les cavaliers gris, tout en faisant des allées et venues le long des flancs de quatre corps d'infanterie, étalés sur un front dont la largeur variait entre quarante et cent kilomètres. Le 22 novembre, la milice attaqua une brigade d'artillerie appartenant à l'arrière-garde de l'Union, mais après avoir perdu six cents hommes, contre soixante aux yankees, elle préféra s'en tenir là. Les sudistes détruisaient les ponts, brûlaient les provisions, abattaient les arbres et plaçaient des mines sur les routes que devaient emprunter les yankees, mais cela ne servit pas à grand-chose, sinon à rendre ces derniers encore plus féroces. A vrai dire, rien n'aurait pu interrompre l'inexorable progression des tuniques bleues qui avançaient de près de vingt kilomètres par jour. Pour la plupart des soldats nordistes, cette campagne devint une fête, un festin ambulant, au cours duquel ils purent « piller la contrée à leur guise pour se nourrir » et détruire tout ce qui pouvait avoir la moindre valeur militaire — et bien d'autres choses encore — dont ils n'avaient pu eux-mêmes tirer parti. « C'est sans doute la plus gigantesque partie de plaisir jamais organisée, écrivit un officier le lendemain de leur départ d'Atlanta. D'ores et déjà, cela enfonce tout ce que j'ai jamais pu voir dans ma vie de soldat et cela promet de devenir encore bien plus extraordinaire[2]. »

Cet homme voyait juste. Des groupes de soldats pillards, que l'on ne tarda pas à appeler des « rafleurs », se propagèrent librement à travers tout le pays et récoltèrent de quoi nourrir amplement leurs régiments. Étant désormais soumis à une discipline minimale, ils prenaient dans

1. William T. Sherman, *Memoirs*, 2e éd. révisée, 2 vol. (New York, 1886), t. II, p. 126-127 ; Burke Davis, *Sherman's March* (New York, 1980), p. 109 ; John Bennett Walters, « General William T. Sherman and Total War », *JSH*, n° 14 (1948), p. 463, 470.
2. Davis, *Sherman's March*, p. 42.

les fermes, les plantations et jusque dans les cases des esclaves tout ce qui leur plaisait. Les méfaits des rafleurs de Sherman sont devenus légendaires ; comme la plupart des légendes, celle-ci comporte un fond de vérité. Cependant, tous ces pillards n'étaient pas des yankees. Des unionistes de Géorgie et des esclaves affranchis se tenaient sur les flancs et à l'arrière de l'armée d'envahisseurs et ne perdaient guère d'occasions de dépouiller leurs voisins rebelles et leurs anciens maîtres. Les déserteurs confédérés et les traînards de la cavalerie de Wheeler étaient peut-être les pires. La presse sudiste déplorait d'ailleurs l'« anarchie destructrice » des cavaliers gris. « Je ne crois pas que les yankees puissent être pires que notre propre armée, déclara un soldat sudiste. [Nos hommes] volent et pillent aveuglément, sans aucune distinction de sexe[1]. »

Les pires ravages, cependant, furent le fait des hommes de Sherman. Comme le dit l'un d'eux : « [Nous avons] détruit tout ce que nous ne pouvions pas manger, volé leurs nègres, brûlé leur coton et leurs égreneuses, déversé partout leur sorgho, incendié et tordu leurs voies ferrées et, d'une façon générale, mis le pays à feu et à sang. » L'entreprise se durcit d'ailleurs, après un incident survenu à Milledgeville, la capitale de l'État. Le festin par lequel les soldats célébraient le jour du Thanksgiving y fut interrompu par l'arrivée de plusieurs prisonniers nordistes qui venaient de s'évader d'Andersonville. Les joues creuses, d'une maigreur squelettique, vêtus de haillons, ces hommes furent terrassés par des crises de larmes incontrôlables en voyant toute cette nourriture et le drapeau américain. Ce spectacle « écœura et mit en rage » les soldats de Sherman, hantés par la pensée « des dizaines de milliers de leurs camarades emprisonnés, qui mouraient de faim à petit feu au milieu [...] de granges bourrées de grains et d'une quantité de vivres suffisantes pour nourrir une douzaine d'armées[2] ».

Un commandant de l'état-major de Sherman, natif de l'Alabama, s'éleva contre le vandalisme des rafleurs, mais il reconnaissait que la limite qui séparait leurs pillages de la destruction des ressources ennemies et du moral nécessaire pour gagner la guerre était des plus ténues. « C'est une chose terrible que de consommer et d'anéantir ainsi la subsistance de milliers de gens », nota-t-il dans son journal, mais il poursuivait :

> [...] tout en déplorant quotidiennement cette nécessité et en ne supportant pas de voir les soldats grouiller comme ils le font à travers les champs et les cours de fermes [...], rien ne *peut* mettre fin à cette guerre, sinon [de donner aux sudistes] la preuve palpable de leur impuissance [...]. Il faut à tout prix, à n'importe quel prix, préserver l'Union et notre gouvernement ; et pour ce faire, nous devons

---

1. *Charleston Courier*, 10 janvier 1865 ; William M. Cash et Lucy Somerville Howard (éd.), *My Dear Nellie : The Civil War Letters of William L. Nugent to Eleanor Smith Nugent* (Jackson, Mississippi, 1977), p. 211.
2. Bruce Catton, *Never Call Retreat* (Éditions Pocket Books, New York, 1967), p. 395 ; Lloyd Lewis, *Sherman : Fighting Prophet* (New York, 1932), p. 448.

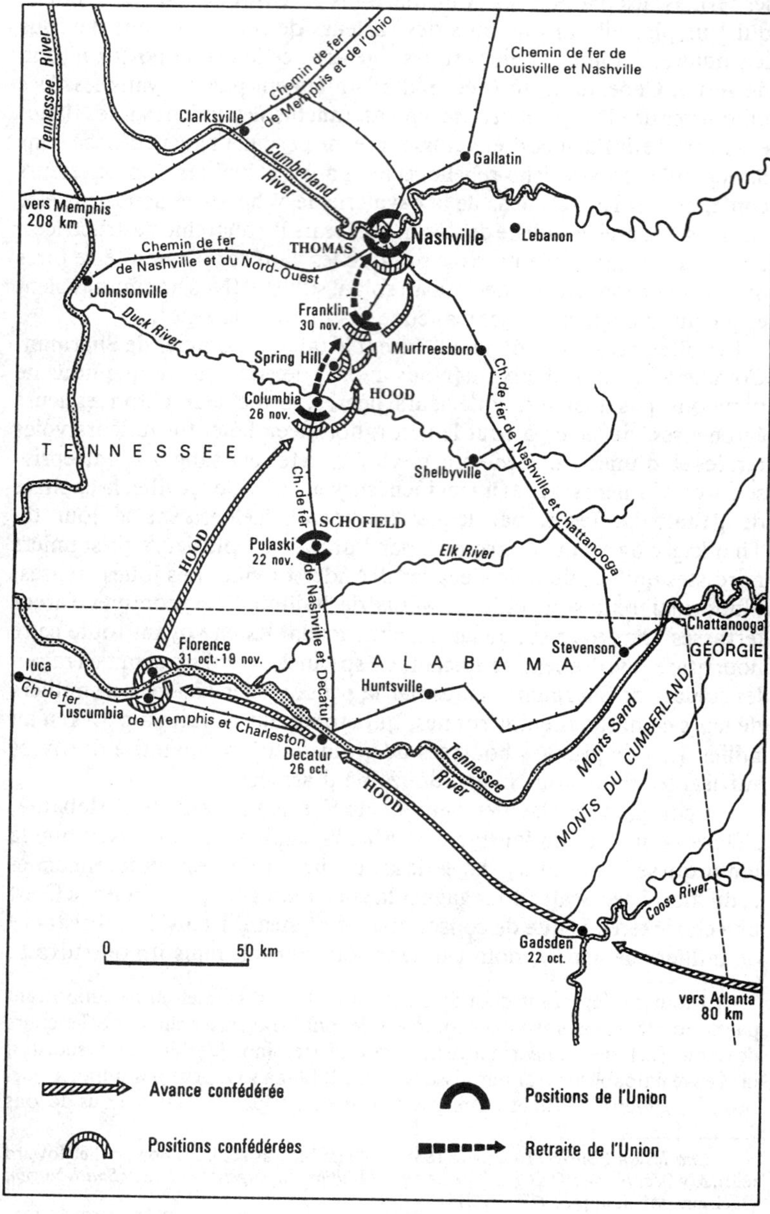

HOOD ET SA CAMPAGNE DU TENNESSEE, OCTOBRE-NOVEMBRE 1864

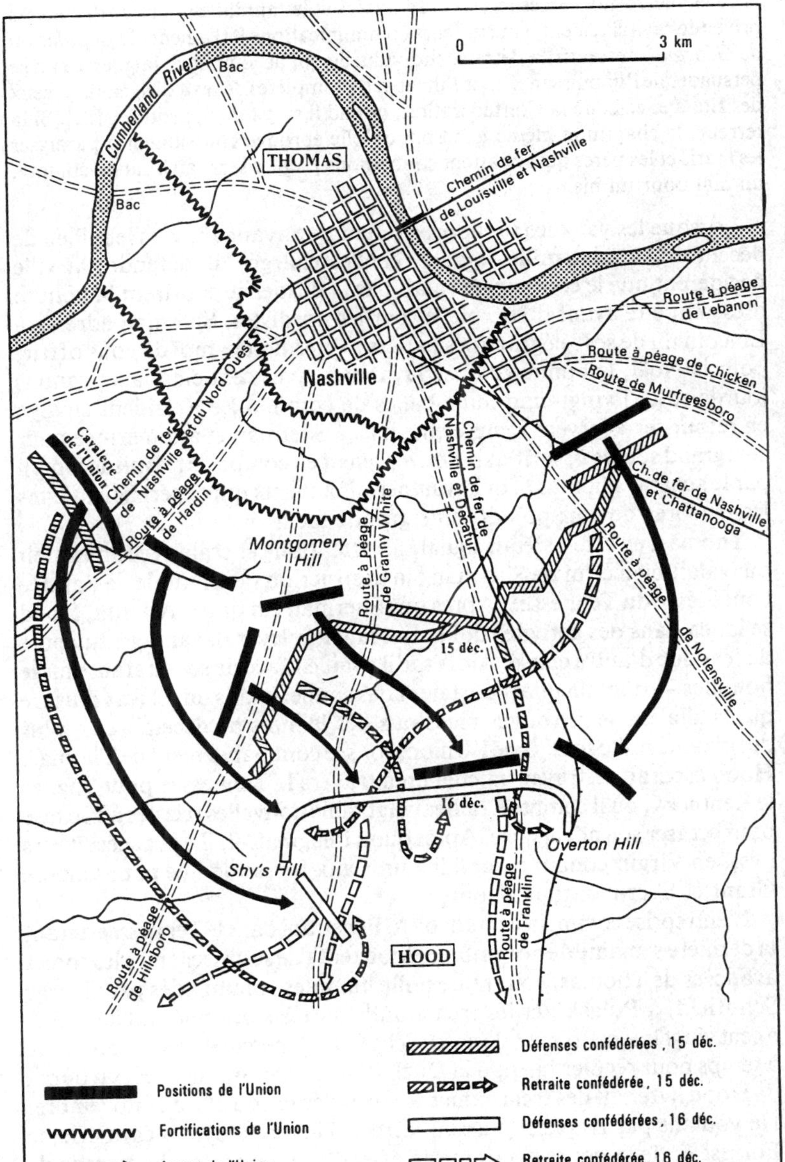

NASHVILLE, 15-16 DÉCEMBRE 1864

faire la guerre aux forces rebelles organisées et les annihiler — nous devons les priver de ravitaillement, couper leurs communications [et] amener la *population de Géorgie* à ressentir la détresse individuelle qui accompagne la guerre et à se persuader de l'impuissance et de l'incapacité complètes de ses « dirigeants », ceux des États et ceux de la Confédération, quand il s'agit de la protéger [...]. Si la terreur, le chagrin et même le besoin qu'elle éprouve contribuent à paralyser les maris et les pères qui se battent contre nous [...], ce sera, au bout du compte, un mal pour un bien[1].

Lorsque les yankees se rapprochèrent de Savannah, vers le milieu de décembre, les dix mille soldats rebelles chargés de défendre la ville décidèrent que le courage ne valait pas la prudence et prirent la poudre d'escampette avant d'être piégés par les nordistes. Sherman adressa à Lincoln un de ses télégrammes badins : « Permettez-moi de vous offrir, pour la Noël, la bonne ville de Savannah, avec cent cinquante canons lourds et [...] vingt-cinq mille balles de coton. » Le Président envoya en retour ses « fervent remerciements » à Sherman et à son armée pour ce « grand succès », surtout si l'on « prenait en compte le travail accompli par le général Thomas », qui avait permis à « ceux qui dépérissaient dans les ténèbres de voir poindre une grande lueur[2] ».

Thomas, en effet, s'était signalé à l'attention générale avec un exploit qui valait bien celui de Sherman : la destruction quasi totale de l'armée confédérée du Tennessee. Après que Sherman eut quitté Atlanta, Hood se lança dans des activités qui paraissaient relever davantage du conte de fées que d'autre chose. Alors qu'il avait en face de ses quarante mille hommes — dont un quart portaient des souliers dans un tel état d'usure qu'ils allaient se retrouver pieds nus dès le mois de décembre — plus de soixante mille soldats de l'Union, sous le commandement de Thomas, Hood espérait se frayer un chemin à travers le Tennessee pour gagner le Kentucky, où il comptait rallier vingt mille nouvelles recrues à sa cause pour écraser son adversaire. Après quoi, imaginait-il, il s'avancerait vers l'est, en Virginie, où il comptait s'unir aux forces de Lee pour vaincre Grant et Sherman tour à tour.

L'entreprise commença plutôt bien. Pénétrant dans le Tennessee durant la dernière semaine de novembre, Hood tenta de se glisser entre les forces avancées de Thomas, soit trente mille hommes commandés par George Schofield, à Pulaski, et les trente mille autres stationnés à Nashville, à cent vingt kilomètres vers le nord. Schofield s'aperçut de cette manœuvre à temps pour reculer jusqu'à la Duck River, à Columbia, où les troupes de Hood livrèrent des escarmouches aux fédéraux du 24 au 27 novembre. Ne voulant pas risquer un assaut direct, Hood envoya la cavalerie de Forrest et deux corps d'infanterie effectuer une profonde marche de

1. Mark A. DeWolfe Howe (éd.), *Marching with Sherman : Passages from the Letters and Campaign Diaries of Henry Hitchcock* (New Haven, 1927), p. 82, 125, 168.
2. *O.R.*, sér. I, vol. 44, p. 783 ; *CWL*, t. VIII, p. 181-182.

contournement, afin de passer sur l'arrière de Schofield, dans l'espoir d'obtenir les mêmes « grandioses résultats que l'immortel Jackson au cours de manœuvres similaires[1] ». Mais les cavaliers de l'Union les repérèrent et Schofield envoya en catastrophe deux divisions tenir la route à péage qui se trouvait derrière lui, à la hauteur de la bourgade de Spring Hill, carrefour important. Des attaques mal coordonnées des rebelles ne parvinrent pas à déloger les yankees — et pour l'armée de Hood ce fut le commencement de la fin.

Durant la nuit du 29 au 30 novembre, Schofield fit reculer tous ses hommes et fortifia une ligne permettant de protéger les traversées de la Harpeth River à Franklin, à vingt-quatre kilomètres au sud de Nashville. Hood, ulcéré par l'échec de Spring Hill, s'en prit à ses subordonnés et même à son prédécesseur, Joe Johnston. Depuis qu'il était devenu commandant de cette armée, quatre mois auparavant, Hood s'était fréquemment plaint de la mentalité défensive que Johnston, à l'en croire, lui avait instillée. Le 30 novembre, il suivit Schofield à Franklin et ordonna à son infanterie de monter à l'assaut droit devant elle, presque comme s'il voulait, en leur infligeant une aussi cruelle épreuve, purger ses soldats de leur pusillanimité. Les commandants de ses corps d'armée se récrièrent contre cet ordre d'attaquer un ennemi aussi nombreux qu'eux, retranché avec un solide soutien d'artillerie, alors que presque toute l'artillerie et une partie de l'infanterie confédérées étaient loin derrière et ne pouvaient en aucun cas arriver à temps pour participer à l'action, par ce court après-midi de novembre. Leurs protestations ne servirent qu'à conforter Hood dans l'opinion que son armée manquait d'élan et à renforcer sa volonté de l'obliger à se battre. Il avait enfoncé la ligne ennemie à Gaines' Mill et à la Chickamauga et il avait bien l'intention de recommencer ici.

Sous le soleil oblique dont l'été indien baignait cet après-midi de novembre, vingt-deux mille soldats sudistes s'élancèrent. Certaines unités de la division meurtrière de Patrick Cleburne et d'une autre division grise enfoncèrent momentanément la ligne de l'Union, mais furent repoussées, avec de lourdes pertes, à la suite d'un corps à corps aussi féroce que tout ce que l'on avait pu voir à l'Angle sanglant de Spotsylvania. Pendant plusieurs heures, après la tombée de la nuit, les coups de feu continuèrent à crépiter, jusqu'à ce qu'aux environs de minuit, les tuniques bleues rompissent les rangs et partissent vers le nord en direction de Nashville. Hood n'était pas en mesure de revendiquer la victoire, cependant, car ses sept mille morts et blessés étaient trois fois plus nombreux que ceux de l'ennemi. Il avait perdu plus d'hommes tués à Franklin que Grant n'en avait perdu à Cold Harbor ou McClellan

---

1. John B. Hood, *Advance and Retreat : Personal Experiences in the United States and Confederate States Armies* (La Nouvelle-Orléans, 1880), p. 283.

dans toute la bataille des Sept Jours. Parmi les victimes de Franklin, figuraient une douzaine de généraux confédérés, dont six trouvèrent la mort, notamment Cleburne et un mangeur de feu de Caroline du Sud connu sous le nom de States Rights Gist, ou « Gist les droits des États ». On ne comptait aussi pas moins de cinquante-quatre commandants de régiments touchés durant la bataille, soit la moitié du nombre total. Ayant prouvé, pour la plus grande satisfaction de Hood, qu'elle était prête à monter à l'assaut contre des fortifications, l'armée du Tennessee était désormais trop diminuée pour espérer pouvoir y remonter un jour. Les sudistes furent consternés d'apprendre ce qui s'était passé à Franklin : « Des pertes aussi épouvantables sans avoir rien gagné[1]. »

Cette absence de résultats exaspérait aussi Hood, occupé à aiguillonner ses troupes meurtries pour les faire avancer en direction de Nashville, où elles établirent une ligne défensive fortifiée le long de hauteurs situées à six grands kilomètres au sud de la capitale du Tennessee. Tout comme le Mr. Micawber de Dickens, Hood semblait attendre un coup de chance — en l'occurrence, l'arrivée de renforts venus de l'autre rive du Mississippi — mais les canonnières de l'Union écartèrent cette possibilité. Redoutant qu'une retraite vers l'Alabama ne déclenchât des désertions en masse chez ses soldats originaires du Tennessee, le général sudiste resta sur ses positions et attendit l'attaque de Thomas. Le général Grant, impatient, l'attendait aussi. Les dirigeants nordistes, éloignés du théâtre des événements et qui ne se rendaient pas compte du triste état dans lequel se trouvait l'armée de Hood, craignaient que ce raid rebelle, à l'instar de celui de Jubal Early l'été précédent, ne vînt annuler tous les bénéfices des récents succès de l'Union. Tandis que Thomas, méthodique, préparait son attaque, Stanton fulminait : « On croirait revoir la stratégie de McClellan et Rosecrans : ne rien faire et laisser les rebelles dévaster la contrée[2]. » Grant bombardait Thomas d'exhortations télégraphiques et se mit personnellement en route pour Nashville, afin de relever son pesant subordonné de son commandement. Mais presque aussitôt la nouvelle lui parvint : Thomas s'était enfin décidé à bouger.

Lorsqu'il le fit, ce fut une préfiguration du second combat de Joe Louis contre Max Schmeling[3] : un knock-out dévastateur qui fut à deux doigts d'anéantir l'adversaire. L'analogie est d'autant plus appropriée que le

1. Citation empruntée à Edward Younger (éd.), *Inside the Confederate Government : The Diary of Robert Garlick Hill Kean* (New York, 1957), p. 181. On trouvera une étude récente et extrêmement approfondie de la bataille de Franklin chez James Lee McDonough et Thomas L. Connelly, *Five Tragic Hours : The Battle of Franklin* (Knoxville, 1983).

2. *O.R.*, sér. I, vol. 45, 2e partie, p. 15-16.

3. Joe Louis était un boxeur noir américain. Lors de son premier combat contre le champion allemand Max Schmeling, en 1936, Louis avait été mis K.-O., ce qui incita les nazis à se gargariser de la supériorité de la race aryenne sur toutes les autres. Piqué au vif, Joe Louis rendit la monnaie de sa pièce à son adversaire, à l'occasion du match retour en 1938, et manqua le tuer.

plan de bataille de Thomas prévoyait qu'une division (comptant deux brigades de soldats noirs) bloquerait la droite de Hood par un petit coup sec de sa gauche, tandis que trois corps d'infanterie de l'Union et sa cavalerie iraient écraser l'autre flanc avec un monumental crochet de la droite. Tout se passa comme prévu, même s'il fallut deux journées d'hiver pour mener la besogne à son terme. Le 15 décembre, le brouillard qui se leva en milieu de matinée révéla cinquante mille tuniques bleues avançant contre les vingt-cinq mille hommes de Hood (la majeure partie de la cavalerie de Forrest se trouvait à près de cinquante kilomètres de là, en train de surveiller une petite force de l'Union stationnée à Murfreesboro). Tout au long de la journée, les rebelles se cramponnèrent pour résister aux feintes décochées contre leur droite, doublées de coups de boutoir contre leur gauche. Tandis que la nuit tombait, la gauche céda et durant la nuit Hood fit reculer son armée de plus de trois kilomètres, pour gagner une ligne nouvelle et plus courte, ancrée à chaque extrémité sur des hauteurs.

Le lendemain, les fédéraux avancèrent avec une inexorabilité titanesque et répétèrent la tactique du petit coup de la gauche, suivi d'un uppercut de la droite. Cette fois encore, les confédérés, quoique sonnés, réussirent à parer jusqu'en fin d'après-midi. Mais des cavaliers de l'Union, munis de carabines à tir rapide, opérant pied à terre, étaient parvenus à passer derrière l'aile gauche de Hood, tandis que deux corps d'infanterie fonçaient droit sur son flanc. Lorsque l'effondrement survint enfin, sous une pluie torrentielle, dans les ténèbres croissantes, il fut d'une soudaineté catastrophique. De gauche à droite, les brigades sudistes furent renversées comme des dominos. Des milliers de rebelles se rendirent, les autres s'enfuirent à toutes jambes vers le sud, jetant aux orties leurs armes et leur équipement pour aller plus vite. Leurs officiers s'efforcèrent de les regrouper, « mais la ligne qu'ils formaient, nota par la suite un simple soldat, faisait penser à quelqu'un qui essaierait d'arrêter le courant de la Duck River avec un filet de pêche[1] ».

Les cavaliers yankees filèrent en désordre à la recherche de leurs montures, afin de se lancer aux trousses des fuyards sur des routes où l'on enfonçait dans la boue jusqu'à mi-mollet. La poursuite dura près de deux semaines, d'un fleuve au suivant, à travers le Tennessee, puis l'Alabama et le Mississippi. A chaque fleuve ou rivière, la cavalerie de Forrest tentait de résister et devait reculer, tandis que de l'infanterie épuisée — dont la moitié des effectifs était désormais sans souliers — s'échappaient les traînards et les déserteurs par centaines. Au début de 1865, les derniers vestiges de l'armée de Hood avaient gagné Tupelo, dans le Mississippi, où un appel permit de recenser à peine la moitié des

1. Sam R. Watkins, *« Co. Aytch » : A Side Show of the Big Show* (Editions Collier Books, New York, 1962), p. 241.

quarante mille hommes qui s'étaient mis en route vers le nord sept semaines plus tôt. Le cœur et la volonté brisés, Hood démissionna de son commandement le 13 janvier — un vendredi.

La nouvelle du « désastre irréversible » subi par Hood et de la capitulation de Savannah devant Sherman fit sombrer le Sud tout entier dans un abîme de désespoir. C'était « l'un des [jours] les plus sombres de notre lutte », nota le directeur du Service du matériel, Josiah Gorgas le 19 décembre. « Le jour le plus sombre et le plus lugubre [...], une crise comme nous n'en avons pas encore connu », gémit John B. Jones, fonctionnaire du ministère de la Guerre, le même jour. « Les eaux profondes se referment sur nous », écrivit dans son journal Mary Chestnut, le 19 décembre, elle aussi[1].

A mesure que l'on apprenait la véritable ampleur de la défaite de Hood et que les pénuries, exacerbées par les ravages des troupes de Sherman et de Sheridan, se faisaient plus sérieusement sentir, le chef du bureau confédéré de la Guerre reconnaissait : « La situation s'aggrave très rapidement [...]. On a expédié il y a dix jours la dernière ration de viande [à l'armée de Lee] et il n'en reste pas une seule livre à Richmond [...]. La vérité, c'est que nous sommes prostrés dans toutes nos énergies et nos ressources. » Le prix de l'or monta à cinq mille et la valeur du dollar confédéré tomba à moins de deux pour cent de son niveau de 1861. Le général Gorgas, jusque-là résolu, qui avait accompli de véritables miracles pour fournir les armées confédérées en armes et en munitions, se demandait en janvier 1865 : « Où tout cela finira-t-il ? Plus un sou dans le Trésor public — plus de troupes à opposer au général Sherman [...]. Notre cause est-elle vraiment sans espoir ? Doit-elle être perdue et abandonnée ainsi ? [...] Ma femme et moi parlons de partir au Mexique pour y vivre le restant de nos jours[2]. »

Le ton ragaillardi du message annuel de Lincoln au Congrès, le 6 décembre, formait un contrepoint nordiste au pessimisme sudiste. « La volonté de notre peuple [...], qui est de maintenir l'intégrité de l'Union n'a jamais été plus ferme, plus près de l'unanimité qu'aujourd'hui », déclara le Président. Et les ressources nécessaires pour mener à bien l'entreprise étaient « inépuisées et [à ce que croyaient les nordistes] inépuisables ». Avec ses six cent soixante et onze navires de guerre, leur marine était la plus grande du monde. Avec son million d'hommes sous les drapeaux, leur armée était plus nombreuse et mieux équipée que jamais. Et en dépit des plus de trois cent mille soldats morts, l'immigration et l'accroissement naturel avaient plus que compensé les pertes. « [Ainsi],

1. Frank E. Vandiver (éd.), *The Civil War Diary of General Josiah Gorgas* (University, Ala., 1947), p. 156 ; Jones, *War Clerk's Diary* (Swiggett), t. II, p. 357, 359 ; Woodward, *Chestnut's Civil War*, p. 694.

2. Younger (éd.), *Inside the Confederate Governement*, p. 181,184 ; Vandiver (éd.), *Civil Diary of Josiah Gorgas*, p. 163-164, 166.

concluait Lincoln, les ressources matérielles sont à présent plus complètes et abondantes que jamais, [mais en outre, nous] avons *à l'heure actuelle davantage* d'hommes que nous n'en avions quand la guerre a *commencé* [...]. Notre force *s'accroît* et nous pouvons, s'il le faut, poursuivre indéfiniment la lutte[1]. »

Paroles ô combien glaçantes pour le Sud ! « Le message de Lincoln *ne produit* rien d'autre qu'un sentiment de subjugation[2] », nota Josiah Gorgas dans son journal. D'autant plus, d'ailleurs, que les allusions présidentielles à d'abondantes et inépuisables ressources n'avait rien d'une rodomontade. Au contraire même. Après le recul temporaire de 1861-62, causé par le départ du Sud avec ses marchés et ses matières premières, les besoins de la guerre avaient propulsé l'économie nordiste vers de nouveaux sommets de productivité. Durant la première année de guerre, à peu près, la production de charbon et de fer diminua, mais à partir de 1864, elle monta jusqu'à des niveaux qu'elle n'avait encore jamais atteints. En 1864, la production de fer fut, dans les seuls États de l'Union, de vingt-neuf pour cent supérieure à ce qu'elle avait été pour le pays tout entier lors de la précédente année record, 1856 ; durant les quatre années de guerre, la production houillère dans le Nord fut de vingt et un pour cent plus importante que celle des années de paix les plus productives pour le Nord et le Sud réunis. En dépit des ravages exercés sur la marine marchande transatlantique par les corsaires sudistes, en dépit du fait que la capacité de production devait aussi satisfaire les besoins concurrents de la marine nationale, le Nord construisit pendant le conflit plus de navires marchands que le pays tout entier au cours d'une période comparable en temps de paix. Bien que la construction de nouvelles voies ferrées se fût ralentie durant la guerre, le volume du trafic circulant sur le réseau existant s'accrut de cinquante pour cent ou davantage, ce qui permit d'absorber le surplus dû au boom de la construction ferroviaire dans les années 1850. La circulation sur le canal de l'Érié augmenta elle aussi de plus de cinquante pour cent durant la guerre. En dépit d'une terrible chute de soixante-douze pour cent de la première industrie du Nord, celle du textile de coton, l'indice global de fabrication était de treize pour cent plus haut en 1864 pour les seuls États de l'Union qu'il ne l'avait été pour le pays entier en 1860. Pendant les deux premières années de guerre à peu près, le Nord dut importer des centaines de milliers de fusils ; en 1864 cependant, l'industrie de l'armement produisait amplement de quoi équiper en fusils et en artillerie la vaste armée de l'Union.

Et l'économie nordiste, non contente de fournir les canons en abondance, produisait aussi du beurre en quantité. En dépit de la sécession

1. *CWL*, t. VIII, p. 144, 149-151.
2. Vandiver (éd.), *Civil War Diary of Josiah Gorgas*, p. 155.

des États du Sud, de la guerre qui faisait rage dans les États frontaliers et du départ sous les drapeaux d'un demi-million de fermiers, les États de l'Union firent pousser davantage de blé en 1862 et en 1863 que le pays entier n'en avait produit lors de la plus récente année record, 1859. Tout en pourvoyant aux besoins de l'armée et de la population civile, les États-Unis doublèrent bel et bien leurs exportations de blé, de maïs, de porc et de bœuf durant la guerre, aidant à combler le vide créé par les mauvaises récoltes d'Europe occidentale au début des années 1860. En 1864, le président de la Société agricole de l'Illinois pouvait tenir un glorieux discours : « Les chemins de fer [sont] sollicités au-delà de leur capacité par le fret de notre population, [il y a] de plus vastes superficies de terres fertiles livrées à la culture [...] et des récoltes plus abondantes que jamais [...] et les voiles de [notre] commerce blanchissent les lacs du Nord [...] ; et comprenez bien, si vous le pouvez, que tout ceci s'est passé et se passe encore au beau milieu d'une guerre qui est la plus prodigieuse que les hommes aient jamais livrée[1]. » C'était, certes, un exploit confondant, rendu possible par l'élan de la production de guerre, la mécanisation de l'agriculture et l'emploi de plus en plus répandu de la main-d'œuvre féminine, en plus des machines, dans l'industrie nordiste. Dans les effets si contrastés qu'eut la guerre sur les économies nordiste et sudiste, on pouvait lire à l'avance non seulement l'issue du conflit, mais aussi la future santé économique des régions en question.

Malgré la guerre, le Nord avait suffisamment de main-d'œuvre et d'énergie de reste pour poursuivre le processus de l'expansion vers l'Ouest. Comme le nota Lincoln dans son message de 1864, à l'extrémité orientale du chemin de fer transcontinental, cent soixante kilomètres de terrain avaient fait l'objet d'un relevé topographique et l'on avait déjà posé plus de trente kilomètres de rails à l'autre extrémité de la ligne, en Californie. Durant la guerre, la production d'or resta égale, celle de cuivre augmenta de cinquante pour cent et celle d'argent quadrupla à mesure que l'on ouvrait de nouvelles mines, surtout au Nevada qui devint membre de l'Union en 1864. Bien sûr, l'expansion vers l'Ouest avait aussi son mauvais côté ; un grand nombre des nouveaux colons étaient des habitants des États situés à l'est du Mississippi, qui fuyaient la conscription ; la politique de l'aide fédérale à la construction ferroviaire n'était pas toujours trop scrupuleusement menée ; et, ce qui était encore pire, l'abolition des droits des Indiens sur ces terres fut impitoyablement

1. Citation empruntée à Emerson D. Fite, *Social and Industrial Conditions in the North during the Civil War* (New York, 1910), p. 23. Les données statistiques figurant dans ces deux paragraphes sont tirées d'*ibid.*, passim ; et aussi des tableaux pertinents des *Historical Statistics of the United States* (Washington, 1975) et de Ralph Adreano (éd.), *The Economic Impact of the American Civil War* (Cambridge, Mass., 1962).

poursuivie, ponctuée par de sanglants combats dans le Minnesota, le Colorado et d'autres régions[1].

De nouvelles industries s'épanouirent aussi dans l'atmosphère de serre de l'économie sudiste. Des fabriques de poudre, des usines de matériel, des ateliers producteurs de machines et ainsi de suite ouvrirent leurs portes à Augusta, Selma, Atlanta et de nombreuses autres villes, tandis que la fonderie Tredegar à Richmond produisait du fer destiné à tous les usages militaires possibles et imaginables. Mais tôt ou tard, les invasions et les raids yankees détruisirent la majeure partie de cette industrie naissante, ainsi que tout ce qui tombait sous la main des soldats nordistes et qui pouvait avoir la moindre valeur économique, si bien qu'à la fin du conflit une grande partie du Sud n'était plus qu'un désert économique. La guerre tua non seulement un quart des hommes blancs du Sud en âge de servir, mais aussi les deux tiers de ses troupeaux ; elle rendit inutilisables la moitié des machines agricoles, détruisit des milliers de kilomètres de voies ferrées, laissa des dizaines de fermes et de plantations dévastées en proie aux mauvaises herbes et anéantit le système de main-d'œuvre sur lequel la productivité du Sud avait été principalement fondée. Les deux tiers des richesses sudistes évaluées disparurent durant les quatre années de guerre. La destruction de l'économie sudiste fit des années 1860 la décennie où l'on enregistra la plus faible croissance économique de toute l'histoire du pays avant les années 1930. Elle entraîna aussi une redistribution forcée de la richesse et des revenus entre le Nord et le Sud. Selon les calculs du recensement, le capital agricole et industriel du Sud baissa de quarante-six pour cent entre 1860 et 1870, alors que celui du Nord augmentait de cinquante pour cent[2]. En 1860, les États méridionaux possédaient trente pour cent de la richesse nationale ; en 1870, ils n'en avaient plus que douze pour cent. En 1860, la production de biens de consommation par habitant (agriculture comprise) était presque égale dans le Nord et le Sud ; dix ans plus tard, la production par habitant du Nord était de cinquante-six pour cent supérieure. En 1860 toujours, le revenu moyen par habitant du Sud, esclaves compris, se montait à peu près aux deux tiers de la moyenne nordiste ; après la guerre, le revenu moyen sudiste tomba à moins des deux cinquièmes de la moyenne dans le Nord et jusqu'au XXe siècle, il ne devait plus dépasser ce niveau. Telles furent les conséquences économiques de la volonté d'indépendance du Sud[3].

---

1. On trouvera un compte rendu récent et succinct des affaires indiennes durant le conflit chez Robert M. Utley, *The Indian Frontier of the American West 1846-1890* (Albuquerque, 1984), chap. 3.

2. Et si l'on inclut les esclaves parmi ce capital, le déclin du Sud fut de soixante-quatorze pour cent.

3. Données calculées d'après Donald B. Dodd et Wynelle S. Dodd, *Historical Statistics of the South 1790-1970* (University, Ala., 1973) ; Lee Soltow, *Men and Wealth in the United States 1850-1870* (New Haven, 1975) ; Stanley Engerman, « Some Economic Factors in

II

En dépit des désastres essuyés par les confédérés au cours des derniers mois de 1864, la guerre n'était pas encore finie — du moins, Jefferson Davis et ses collègues refusaient-ils de l'admettre. Pour les persuader du contraire, les yankees parachevèrent l'exécution du plan Anaconda de Winfield Scott, conçu près de quatre ans auparavant, en capturant le fort Fisher en janvier 1865. A cette date, l'armée de Virginie septentrionale, sous Robert E. Lee, était la seule force militaire valable qui restât à la Confédération et les deux Caroline étaient à peu près les seuls États d'où elle pût tirer un semblant de ravitaillement. Une bonne partie de celui-ci arrivait à bord des forceurs de blocus qui parvenaient encore à rallier le port de Wilmington, à plus de trente kilomètres en amont du fort Fisher, sur la Cape Fear River. Ce fort massif, en forme de L, dont la façade tournée vers la mer était longue de plus d'un kilomètre et demi, représentait la version moderne d'une ancienne conception des fortifications. Au lieu d'être construit en maçonnerie, il était en sable et en terre recouvrant une charpente en rondins de bois. Ses murs épais de huit mètres, dont la hauteur variait entre trois et dix mètres, étaient tapissés de robustes herbes des marais, ce qui leur permettait d'absorber le choc des balles et les obus un peu comme un oreiller amortit les coups de poing — à la différence, par exemple, du fort Sumter que la flotte de l'Union avait réduit en tas de cailloux. Les quarante-sept gros canons du fort Fisher promettaient de châtier impitoyablement tout navire de guerre nordiste qui oserait tenter de barrer la route aux forceurs de blocus, lorsqu'ils se faufilaient au milieu des hauts-fonds et des chenaux particulièrement traîtres, à l'embouchure de la Cape Fear River.

Les stratèges de l'Union furent longs à placer la prise du fort Fisher en tête de leur liste des opérations prioritaires. En 1863, les ressources nécessaires furent détournées en pure perte vers la tentative futile de prendre Charleston, ce qui retarda le projet. Ce fut finalement à l'automne de 1864 que l'amiral David D. Porter réunit la plus importante flotte du conflit — près de soixante navires de guerre et des transports de troupes pour six mille cinq cents hommes — afin de lancer une attaque décisive contre le fort Fisher. Le commandant de l'infanterie était Benjamin Butler qui, en raison de sa précoce promotion au rang de général de division, pour des raisons politiques, était plus haut placé dans la hiérarchie que tous les autres généraux opérant sur le théâtre de l'Est à l'exception de

Southern Backwardness in the Nineteenth Century », in John F. Lain et John R. Meyers (éd.), *Essays in Regional Economics* (Cambridge, Mass., 1971), p. 291, 300-302 ; et James L. Sellers, « The Economic Incidence of the Civil War in the South », *MVHR*, n° 14 (1927), p. 179-191.

Grant. Butler eut l'idée de charger un vieux bateau de deux cent quinze tonnes de poudre à canon, de l'acheminer jusqu'aux hauts-fonds proches du fort et de l'y faire exploser, dans l'espoir que la déflagration endommagerait l'édifice et étourdirait la garnison. Des orages retardèrent ce projet jusqu'au 24 décembre. L'explosion ne fit toutefois presque aucun dégât, car le plein air absorba l'onde de choc. La flotte s'employa alors à pilonner le fort, soumis au bombardement le plus lourd de la guerre, mais elle ne réussit pour sa peine qu'à endommager quelques-uns de ses canons. Butler parvint à faire débarquer sur la plage une partie de son infanterie, mais il annula l'attaque lorsqu'il s'aperçut que le parapet était littéralement hérissé d'artillerie et que les abords du bâtiment étaient minés, au moyen de ce qu'on appelait alors des « torpilles ».

Ce fiasco fournit à Grant une bonne excuse, qu'il guettait depuis déjà longtemps, pour se débarrasser de l'indésirable général du Massachusetts. Maintenant que les élections étaient gagnées, Lincoln pouvait se permettre de faire fi des influences politiques qui avaient permis à Butler de se cramponner à son commandement ; le 8 janvier 1865, il en fut relevé. Grant ordonna alors une seconde tentative contre le fort et, cette fois, ce fut le jeune et brillant général Alfred Terry qui prit la tête d'une infanterie musclée de huit mille hommes. Le 13 janvier, pataugeant au milieu du ressac, ils se frayèrent un chemin le long de l'étroite péninsule vers la face nord du fort, tandis que la flotte déclenchait un tir de barrage qui fit pleuvoir huit cents tonnes de balles et d'obus sur les défenseurs. En cette seconde occasion, les gros canons de l'Union désemparèrent presque tous ceux du fort et sectionnèrent les fils permettant de faire exploser les mines, ouvrant ainsi la voie à une attaque qui eut lieu le 15 janvier ; quatre mille cinq cents fantassins se lancèrent à l'assaut de la face nord, tandis que deux mille marins et fusiliers marins en faisaient autant du côté de la mer. Les assaillants perdirent, certes, plus d'un millier de morts et de blessés, mais les troupes de l'Union réussirent leur percée et parvinrent à prendre le fort et sa garnison de deux mille hommes. Wilmington était désormais coupé de l'océan et les soldats de Lee, dans leurs tranchées de Petersburg, allaient devoir serrer encore de quelques crans des ceintures dont les boucles frottaient déjà contre leur colonne vertébrale.

Wilmington ne tarda d'ailleurs pas à tomber et la plus grande partie du littoral de Caroline du Nord se trouva aux mains des yankees. Dans l'armée de Lee, le taux de désertion, surtout de la part des hommes originaires de Caroline du Nord, atteignit un niveau catastrophique. « Toutes les nuits, les hommes désertent par centaines », signala Lee au mois de février. En un seul mois, l'armée perdit ainsi huit pour cent de ses effectifs. La plupart de ces hommes rentrèrent chez eux pour protéger et faire vivre leurs familles ; certains passèrent à l'ennemi, où ils savaient trouver à manger et un abri. Un soldat du Massachusetts stationné sur la ligne de Petersburg écrivit à ses parents : « Les gars parlent des Johnnies comme on parle chez nous de suce-pierre et d'anguilles. Le soir, ils regardent autour d'eux et se disent qu'on va récolter une bonne quantité de Johnnies[1]. » Les officiers confédérés, pour leur part, reconnaissaient que « l'état d'abattement et de pauvreté dans lequel se trouvaient les familles des soldats était l'une des principales causes de désertion », mais que « la raison prédominante [était] la conviction régnant parmi eux que notre cause était sans espoir et qu'un surcroît de sacrifices ne servirait à rien ». Quelles que fussent les raisons de cette « épidémie » de désertions, écrivit Lee, « faute d'y remédier, [elle risquait d'engendrer] une calamité [pour la Confédération][2] ».

Les dirigeants confédérés restèrent « hébétés » par la perte du fort Fisher. C'était « l'un des plus grands désastres qui eussent frappé notre cause depuis le début de la guerre[3] », assura Alexander Stephens. Le Congrès sudiste, alors en pleine session, intensifia ses attaques contre le gouvernement. Seddon, le ministre de la Guerre, succomba aux pressions et démissionna. Certains membres du Congrès allèrent jusqu'à sommer Davis de se retirer pour laisser Robert E. Lee exercer une dictature. Le Congrès ratifia une loi qui créait le poste de général en chef et Davis, quoiqu'il eût fort bien compris qu'il s'agissait d'une mise en cause de ses propres pouvoirs, le confia à Lee. Les rapports restaient en effet des plus cordiaux entre les deux hommes qui juraient l'un et l'autre qu'ils se battraient jusqu'à la victoire finale. La prise du fort Fisher, cependant, avait convaincu de nombreux membres du Congrès que leur pays « ne pouvait plus poursuivre cette guerre » et devait « faire sa paix avec l'ennemi, sur les bases de l'ancienne Union[4] ».

Ce fut dans ce climat qu'un nouveau mouvement en faveur des négociations de paix s'embrasa, avant de faire long feu. Cette fois, ce fut le vieil adepte de la doctrine de Jackson, Francis Preston Blair — lequel partageait, à sa façon, avec Horace Greeley une véritable vocation de Don Quichotte — qui organisa une entrevue entre Lincoln et les envoyés confédérés. Convaincu qu'il pourrait réunir le Nord et le Sud en proposant une campagne commune pour éjecter les Français du Mexique, Blair importuna Lincoln jusqu'à ce qu'il lui eût soutiré un laissez-passer pour franchir les lignes, afin d'aller soumettre son idée à Jefferson Davis. Lincoln ne voulait rien avoir à faire avec l'extravagant projet mexicain de Blair, mais il l'autorisa à se rendre à Richmond pour

---

1. *O.R.*, sér. I, vol. 46, 2e partie, p. 1258 ; Bruce Catton, *A Stillness at Appomattox* (Garden City, N.Y., 1957), p. 330-331.
2. Catton, *Never Call Retreat*, p. 414 ; Ella Lonn, *Desertion During the Civil War* (New York, 1928), p. 28.
3. Jones, *War Clerk's Diary* (Swiggett), t. II, p. 389 ; Alexander H. Stephens, *A Constitutional View of the War between the States*, 2 vol. (Philadelphie, 1868-70), t. II, p. 619.
4. Vandiver (éd.), *Civil War Diary of Josiah Gorgas*, p. 166. Voir aussi Younger (éd.), *Inside the Confederate Government*, p. 187-188.

voir ce qui en sortirait. Davis, de son côté, ne pensait pas que les négociations déboucheraient sur autre chose que les précédentes exigences de « soumission inconditionnelle », mais il y vit une bonne occasion de ranimer les cœurs sudistes défaillants en faisant publiquement répéter ces exigences. Il autorisa donc Blair à informer Lincoln qu'il était prêt à « participer à une conférence dans le but d'assurer la paix à nos deux pays ». Et Lincoln de riposter aussitôt que lui aussi était disposé à recevoir des ouvertures « dans le but d'assurer la paix au peuple d'un seul et même pays[1] ».

Espérant discréditer le mouvement pacifiste en l'assimilant à une honteuse capitulation, Davis nomma une commission de trois membres, formée de partisans éminents des négociations : son propre vice-président, Alexander Stephens, le président provisoire du Sénat, Robert M.T. Hunter, et le ministre adjoint de la Guerre, John A. Campbell, ancien juge de la Cour suprême des États-Unis. La conférence qu'ils se proposaient d'avoir avec William H. Seward, que Lincoln avait envoyé à Hampton Roads pour les voir, faillit avorter en raison des différences inconciliables existant entre les ordres du jour de « nos deux pays » pour les sudistes et « d'un seul et unique pays » pour les nordistes. Toutefois, après s'être entretenu avec Stephens et Hunter et s'être convaincu de leur sincère désir de paix, le général Grant expédia un télégramme à Washington, assurant que cela ferait une très mauvaise impression si on les renvoyait chez eux sans leur accorder d'entretien. Le président de l'Union décida à l'improviste d'aller rejoindre son secrétaire d'État à Hampton Roads, pour un face-à-face avec les commissaires confédérés.

Cette confrontation chargée d'émotion eut lieu le 3 février, sur un bateau à vapeur de l'Union, le *River Queen*. Au cours des quatre heures d'entretien, les instructions que Lincoln avait données à Seward avant la rencontre constituèrent la position inébranlable des nordistes : « 1) L'autorité nationale devrait être restaurée dans tous les États. 2) Le pouvoir exécutif des États-Unis ne se dédirait pas sur la question de l'esclavage. 3) Il n'était pas question de cesser les hostilités sans mettre un terme officiel à la guerre et sans licencier toutes les forces armées hostiles au gouvernement. » Ce fut en vain que Stephens s'efforça de détourner l'attention de Lincoln avec le projet mexicain de Blair. La proposition d'armistice et de convention des États, avancée par Hunter, ne fut pas plus fructueuse. Pas d'armistice, décréta Lincoln ; la capitulation était le seul moyen de mettre fin à la guerre. Mais enfin, protesta Hunter, durant la guerre civile en Angleterre, Charles Ier lui-même avait conclu des accords avec des rebelles qui avaient pris les armes contre son gouvernement. « Je n'ai pas la prétention d'être très ferré

1. *CWL*, t. VIII, p. 275-276.

en histoire, rétorqua le Président. Tout ce que je me rappelle clairement, en ce qui concerne Charles Ier, c'est qu'il y perdit la tête[1]. »

Sur le chapitre du châtiment réservé aux dirigeants rebelles et de la confiscation de leurs biens, Lincoln promit un traitement généreux, découlant de son pouvoir d'accorder le pardon. Dans le domaine de l'esclavage, il alla même jusqu'à envisager la possibilité de dédommager les propriétaires en débloquant une somme de quatre cents millions de dollars (soit environ quinze pour cent de la valeur des esclaves en 1860[2]). On n'est pas très sûr de ce que Lincoln entendait exactement par la formule « ne se dédirait pas sur la question de l'esclavage ». Il voulait dire, pour le moins, qu'il ne reviendrait pas sur la proclamation d'émancipation, ni sur toute autre mesure contre la servitude, prise par l'exécutif et le Congrès durant la guerre. Pas un seul esclave affranchi par ces lois ne pourrait être remis en esclavage. Mais combien d'entre eux avaient effectivement été ainsi affranchis ? demandèrent les sudistes. Tous les esclaves de la Confédération ou bien seulement ceux qui s'étaient retrouvés sous le contrôle militaire de l'Union après la proclamation ? En tant que mesure de guerre, cesserait-elle d'être en vigueur une fois la paix conclue ? Ce serait aux tribunaux de trancher, répondit Lincoln. Et Seward informa les commissaires que la Chambre des représentants venait de voter le treizième amendement, dont la ratification mettait fin à tous les problèmes juridiques. Si les États du Sud revenaient dans le giron de l'Union et votaient contre la ratification, la rendant nulle et non avenue, une telle action serait-elle valable ? insistèrent les sudistes. Cela reste à voir, répondit Seward[3]. De toute façon, fit remarquer

1. *CWL*, t. VIII, p. 279 ; Stephens, *Constitutional View*, t. II, p. 613.

2. A son retour à Washington, Lincoln prit même la peine de rédiger un projet de message au Congrès pour lui demander de voter ce budget destiné à dédommager les propriétaires d'esclaves une fois que la Confédération aurait capitulé et ratifié le treizième amendement. Cependant, le cabinet exprima unanimement sa désapprobation, si bien que Lincoln en resta là ; mais de toute façon, il est peu probable que le Congrès eût accepté de prévoir un budget dans un tel but. *CWL*, t. VIII, p. 260-261.

3. Certains historiens ont vu dans cet échange la preuve que Seward et Lincoln étaient disposés à accepter une paix ne prévoyant pas forcément une émancipation universelle. Voir notamment Richard N. Current, *The Lincoln Nobody Knows* (New York, 1958), p. 243-247, et Ludwell H. Johnson, « Lincoln's Solution to the Problem of Peace Terms, 1864-1865 », *JSH*, n° 34 (1968), p. 581-586. Mais, étant donné qu'il s'agissait de discussions officieuses dont la teneur n'a été consignée qu'après coup, les preuves sur lesquelles reposent ces interprétations sont fondées presque entièrement sur les mémoires rédigés par Alexander Stephens après la guerre. Voir Stephens, *Constitutional View*, t. II, p. 611-612. Or, il est probable que Stephens cherchait à insuffler son propre point de vue aux remarques de Seward. Le sudiste rapporta aussi que Lincoln l'avait vivement pressé de rentrer chez lui en Géorgie et d'y convaincre la législature que l'État devait se retirer du conflit et ratifier *par avance* le treizième amendement qui entrerait en vigueur cinq ans plus tard, ce qui atténuerait les méfaits d'une émancipation immédiate (*ibid.*, p. 614). Cela paraît non moins invraisemblable. Lincoln était un avocat beaucoup trop compétent pour proposer ainsi une impossibilité telle que l'émancipation *à venir*. Lincoln et Seward s'étaient l'un et l'autre engagés à faire ratifier le treizième amendement dans les plus brefs délais. Le Président était d'ailleurs très fier du fait que l'Illinois, son État, eût été le premier à le faire et il

Lincoln, l'esclavage, tout comme la rébellion, était condamné. Les dirigeants sudistes avaient donc tout intérêt à faire la part du feu, à revenir à leur ancienne allégeance et à épargner le sang de milliers de jeunes hommes, lequel coulerait inévitablement si la guerre se prolongeait. Quels que fussent leurs choix personnels, les envoyés de Davis n'avaient absolument pas qualité pour accepter de telles conditions. Ils regagnèrent Richmond très abattus[1].

Les protestations des sudistes qui se dirent alors scandalisés et s'estimèrent trahis en entendant le Nord réclamer une « capitulation inconditionnelle » étaient pleines d'hypocrisie, car jamais Lincoln ne leur avait donné la moindre raison de s'attendre à autre chose. Les trois commissaires rédigèrent un bref rapport, sans fioritures, sur leur mission. Lorsque Davis tenta de leur faire ajouter quelques phrases exprimant leur ressentiment envers une « soumission dégradante » et une « honteuse capitulation », ils refusèrent, sachant pertinemment que leur Président voulait se servir d'eux pour discréditer l'idée tout entière des négociations. Davis ajouta donc ces passages lui-même, dans un message au Congrès qui accompagnait le rapport des trois envoyés, le 6 février. Le Sud devait continuer la lutte, affirma Davis ce soir-là dans un discours public qui, selon la presse, respirait le « défi indomptable ». Jamais la Confédération ne se soumettrait à « la honte d'une reddition », déclarait son dirigeant suprême. S'en prenant au président de l'Union, qu'il appelait « Sa Majesté Abraham Ier », Davis prédisait que Lincoln et Seward ne tarderaient pas à s'apercevoir que « c'était à leurs maîtres qu'ils s'étaient adressés », car les armées sudistes étaient encore en mesure « d'ici moins d'une année de contraindre les yankees à supplier [la Confédération] de leur accorder la paix à [ses] propres conditions[2] ».

La presse et le public — du moins à Richmond — se mirent au diapason de leur Président. « Parler à présent de tout autre arbitrage que celui de l'épée, c'est révéler sa couardise ou sa traîtrise », proclama le journal *Whig*. Josiah Gorgas, chef du Service du matériel, signalait « une récente

---

avait soutenu le mouvement en faveur d'une abolition immédiate dans le Maryland, le Missouri et le Tennessee. En route pour Hampton Roads, Seward s'était arrêté à Annapolis et avait réussi à persuader la législature du Maryland de ratifier l'amendement.

1. Stephens, *Constitutional View*, t. II, p. 584-619, a fourni le compte rendu le plus complet de cette conférence par un de ses participants. Lincoln présenta au Congrès toute la correspondance qui y avait trait ; voir *CWL*, t. VIII, p. 274-286. On trouvera les comptes rendus indirects les plus détaillés chez John G. Nicolay et John Hay, *Abraham Lincoln : A History*, 10 vol. (New York, 1890), t. X, p. 91-129 ; Edward Chase Kirkland, *The Peacemakers of 1864* (New York, 1927), p. 197-251 ; et James G. Randall et Richard N. Current, *Lincoln the President : Last Full Measure* (New York, 1955), p. 326-340.

2. Younger (éd.), *Inside the Confederate Government*, p. 196 ; Hudson Strode, *Jefferson Davis : Tragic Hero* (New York, 1964), p. 140-143 ; Randall et Current, *Lincoln the President : Last Full Measure*, p. 336-337 ; Rowland, *Davis*, t. VI, p. 465-467 ; Jones, *War Clerk's Diary* (Swiggett), t. II, p. 411 ; *Richmond Dispatch*, 7 février 1865, cité par Nicolay et Hay, *Lincoln*, t. X, p. 130.

flambée de sentiments guerriers à Richmond », tandis que John B. Jones, fonctionnaire du ministère de la Guerre, notait d'« excellentes » nouvelles du même genre : « A présent on ne compte plus que sur le courage pour notre salut, écrivit-il. Tout le monde pense que la Confédération va immédiatement rassembler ses forces militaires et asséner des coups qui étonneront le monde[1]. »

III

Si William Tecumseh Sherman avait pu lire ces mots, il aurait poussé un soupir d'exaspération. Ayant fait plier, mais sans le rompre, l'esprit de « défi indomptable » du Sud, son armée était à présent occupée à se frayer un chemin jalonné de destructions et d'incendies à travers la Caroline du Sud pour parachever sa besogne.

Au début de 1865, les seules zones importantes, au cœur de la Confédération, qui n'eussent pas encore été touchées par les envahisseurs yankees étaient l'intérieur des deux Caroline et la majeure partie de l'Alabama. Grant et Thomas méditaient une double campagne contre ce dernier État. Avec des troupes empruntées à l'armée du Golfe et aux forces de Thomas dans le Tennessee, le général E.R.S. Canby devait envahir le sud de l'Alabama par Mobile. En même temps, James H. Wilson qui, à vingt-sept ans seulement, avait été nommé par Thomas à la tête de la cavalerie, devait emmener treize mille hommes armés de carabines à répétition faire un raid éclair du Tennessee jusque dans l'Alabama, afin de détruire la fabrique de munitions de Selma et de s'emparer de l'ancienne capitale confédérée, Montgomery. Les deux opérations furent mises en route au mois de mars ; l'une et l'autre se terminèrent par de véritables triomphes, surtout la mission de Wilson. Écartant sans aucun effort les cavaliers de Forrest, inférieurs tant par le nombre que par l'équipement, la cavalerie bleue incendia, démolit ou fit sauter d'énormes quantités de coton, des voies ferrées, des ponts, du matériel roulant, des usines, des fabriques de salpêtre, des laminoirs, des arsenaux, un chantier naval et s'empara de Montgomery, tandis que Mobile tombait devant l'infanterie de Canby au mois d'avril.

Pour destructrices que fussent ces entreprises, elles furent éclipsées par la marche irrésistible de Sherman à travers la Caroline du Sud. Lorsque son armée s'était rapprochée de Savannah, en décembre 1864, des Géorgiens avaient dit au général : « Pourquoi ne passez-vous pas en Caroline du Sud pour leur faire tâter un peu de votre méthode ? Ce

---

1. *Richmond Whig*, 6 février 1865, cité par Kirkland, *Peacemakers*, p. 254 ; Vandiver (éd.), *Civil War Diary of Josiah Gorgas*, p. 168 ; Jones, *War Clerk's Diary* (Swiggett), t. II, p. 411.

sont eux qui ont commencé. » Or, Sherman en avait, depuis le début, la ferme intention. Il convertit Grant à cette idée et le 1er février, ses soixante mille vengeurs bleus quittèrent Savannah pour leur seconde grande marche en plein cœur du territoire ennemi. Celle-ci avait deux objectifs stratégiques : détruire toutes les ressources de guerre qui se trouveraient sur le chemin des nordistes et venir surprendre Lee par-derrière pour écraser l'armée de Virginie septentrionale dans l'étau que formeraient les deux armées de l'Union, dont chacune lui était supérieure en nombre, ce qui devrait permettre, pour reprendre la formule lapidaire de Grant, de « liquider Lee[1] ».

Les soldats de Sherman avaient en outre une troisième idée derrière la tête : punir l'État qui avait fomenté cette rébellion impie. « La vérité, fit savoir Sherman à Halleck, c'est que l'armée tout entière brûle d'un désir insatiable de se venger de la Caroline du Sud. Le sort qui l'attend me ferait presque trembler, si je n'avais le sentiment qu'elle mérite tous les maux qui semblent prêts à s'abattre sur elle. » Les quolibets de la presse sudiste contre « cette grande armée sortie du ruisseau » ne firent rien pour adoucir l'humeur des soldats yankees. L'un d'eux, originaire de l'Ohio, jura qu'il veillerait à ce que la Caroline du Sud « souffrît plus encore qu'à l'époque de la guerre d'Indépendance. On va se charger de lui faire comprendre que la sécession n'est pas aussi douce qu'elle le croyait[2] ». Un de ses camarades renchérit : « C'est ici que la trahison a commencé et je jure devant Dieu que c'est ici qu'elle finira ! » Une habitante de Caroline du Sud, dont la maison fut mise à sac, devait se rappeler : « Quelquefois, [des soldats] s'arrêtaient pour me dire qu'ils étaient désolés pour les femmes et les enfants, mais que la Caroline du Sud devait être *détruite*[3]. »

Et elle le fut, tout le long d'une bande remontant du sud vers le nord, plus étroite qu'en Géorgie, mais plus intensément pillée et brûlée. Dans certains villages, il ne restait guère d'édifices encore debout après le passage de l'armée et on pouvait en dire autant de la campagne. « En Géorgie, peu de maisons ont été incendiées, nota un officier, ici, peu ont échappé aux flammes. » « [La Caroline du Sud] n'aura plus jamais envie de faire sécession [...], déclara un soldat avec assurance. Ses "droits", je crois bien qu'elle les a eus à présent. » Lorsque l'armée pénétra en Caroline du Nord, la destruction des biens des particuliers cessa. « On ne voit plus à l'horizon une seule de ces colonnes de feu ou

1. Lewis, *Sherman*, p. 446 ; Herman Hattaway et Archer Jones, *How the North Won : A Military History of the Civil War* (Urbana, Illinois, 1983), p. 656-657 ; Foote, *Civil War*, t. III, p. 737-738.

2. *O.R.*, sér. I, vol. 44, p. 799 ; John G. Barrett, *Sherman's March Through the Carolinas* (Chapel Hill, 1956), p. 44 ; Davis, *Sherman's March*, p. 142.

3. Le soldat a été cité par Lewis, *Sherman*, p. 489 ; Mrs. St.Julien Ravenel par James G. Randall et David Donald, *The Civil War and Reconstruction* (Boston, 1969), p. 432.

de fumée qui, voilà quelques jours, marquaient la position de la tête de nos troupes, nota un officier après deux jours passés en Caroline du Nord. Pas une seule maison n'a été brûlée et l'armée a donné aux gens davantage qu'elle ne leur a pris[1]. »

Ces scènes de pillage et d'incendies en Caroline du Sud ne furent pas belles à voir et pas précisément glorieuses, mais Sherman considérait l'opération comme efficace. La terreur qu'inspiraient ses rafleurs « était une force et [il avait] l'intention de [s']en servir ». Il poursuivait : « Mon objectif à l'époque était de battre les rebelles à plate couture, de rabaisser leur orgueil, de les suivre jusque dans leurs refuges les plus secrets et de leur apprendre à nous redouter et à nous craindre. » La méthode fonctionna, semblait-il : « Tout n'est que ténèbres, abattement, inactivité, écrivit le 28 février un habitant de la Caroline du Sud. Notre armée est démoralisée et la population en proie à la panique [...]. Le pouvoir d'agir nous a quittés [...]. Ce serait de la folie que de nous battre plus longtemps[2]. »

Plus importants encore, peut-être, que la vengeance destructrice de l'armée de Sherman, en répandant ainsi le découragement, furent ses stupéfiants exploits logistiques. Le général lui-même devait ultérieurement déclarer que la marche à travers les Caroline avait été dix fois plus cruciale pour la victoire finale que celle d'Atlanta jusqu'à la mer. Elle fut aussi dix fois plus difficile. « C'est la marche jusqu'à la mer qui semble avoir captivé toutes les imaginations, s'étonna-t-il après la guerre, alors qu'elle ne fut qu'un jeu d'enfant à côté de l'autre[3]. » Le terrain et les conditions atmosphériques posèrent en effet des problèmes autrement redoutables en Caroline du Sud qu'en Géorgie. Entre Atlanta et Savannah, l'armée nordiste couvrit quatre cent cinquante-six kilomètres, parallèlement aux principaux fleuves, par un temps d'automne agréablement sec, ne se heurtant qu'à une opposition de pure forme. Sa marche vers le nord, à partir de Savannah, devait la conduire jusqu'à Goldsboro en Caroline du Nord, à six cent quatre-vingts kilomètres, où Sherman comptait être ravitaillé par des forces de l'Union avançant vers l'intérieur depuis Wilmington. Ses hommes devraient franchir neuf grands fleuves et des dizaines de leurs affluents, durant un hiver qui se révéla le plus pluvieux que l'on eût vu depuis vingt ans.

---

1. Lewis, *Sherman*, p. 493 ; Joseph T. Glatthaar, *The March to the Sea and Beyond : Sherman's Troops in the Savannah and Carolinas Campaigns* (New York, 1985), p. 146 ; John Bennett Walters, *Merchant of Terror : General Sherman and Total War* (Indianapolis, 1973), p. 203.

2. Foote, *Civil War*, t. II, p. 753 ; Sherman, *Memoirs*, t. II, p. 249 ; l'habitant de la Caroline du Sud cité par Barrett, *Sherman's March Through the Carolinas*, p. 95.

3. Barrett, *Sherman's March Through the Carolinas*, p. VII.

Les défenseurs confédérés s'attendaient à voir les marécages de la côte de Caroline du Sud, dont le niveau montait et baissait avec les marées, arrêter Sherman avant même qu'il n'eût vraiment pris son rythme de croisière. « Mes ingénieurs, écrivit Joseph E. Johnston, m'ont assuré qu'il était absolument impossible à une armée de traverser certaines des parties les plus basses de l'État en hiver. » Et, en effet, les routes étaient à tel point submergées dans cette région que les éclaireurs de l'Union durent souvent effectuer leurs reconnaissances en canoë. Mais Sherman organisa parmi ses soldats et ses affranchis (dont certains avaient été recrutés parmi les milliers de « contrebandes » qui avaient suivi l'armée jusqu'à Savannah) des « bataillons de pionniers », chargés de couper les arbustes et les arbres pour tapisser les routes de rondins, bâtir des ponts et construire des digues. Rencontrant une certaine résistance de la part de la cavalerie de Wheeler, près de quelques fleuves et rivières gonflés par les pluies, les tuniques bleues envoyèrent des colonnes la contourner ; les hommes durent avancer péniblement, dans l'eau jusqu'aux aisselles, écartant de leur mieux alligators et serpents, mais ils parvinrent à chasser les rebelles. Le pire obstacle fut la Salkehatchie River, un fleuve possédant de multiples bras à quatre-vingts kilomètres au nord de Savannah. « La Salk est impassable », décréta le général sudiste, William Hardee. Les yankees construisirent des kilomètres de ponts et la franchirent. « Si je ne l'avais pas vu, je ne l'aurais pas cru », fut tout ce que Hardee trouva à dire. Et le flot bleu de déferler vers le nord, à raison de près de seize kilomètres par jour pendant quarante-cinq jours, escarmouches et combats compris. La pluie tomba pendant vingt-huit de ces jours, mais le seul avantage qu'elle parut apporter aux Caroliniens fut de mouiller quelque peu les pétards des incendiaires de Sherman. « Quand j'appris que l'armée de Sherman traversait les marécages de la Salk, en tapissant elle-même ses routes au rythme d'une vingtaine de kilomètres par jour, dit Joseph Johnston, je décidai qu'on avait rien vu de pareil depuis l'époque de Jules César[1]. »

Johnston ne tarda pas à avoir le redoutable honneur de tenter d'arrêter ces modernes légions. L'un des premiers gestes de Lee, en tant que général en chef, fut de persuader Davis de nommer Johnston commandant de toutes les troupes confédérées dans les Caroline, ce qu'il fit le 22 février. Les troupes en question n'étaient guère nombreuses et elles avaient déjà été repoussées hors de Caroline du Sud par les feintes et les marches rapides de Sherman. Les quatre corps d'armée de l'Union remontèrent vers le nord sur des routes séparées, adoptant la forme d'un Y, avec des unités avancées qui pointaient en direction d'Augusta et de Charleston

1. Les citations de Johnston et de Hardee figurent chez Lewis, *Sherman*, p. 484, et chez Jacob D. Cox, *Military Reminiscences of the Civil War*, 2 vol. (New York, 1900), t. II, p. 531-532.

et les hommes du centre disposés de façon à pouvoir les renforcer rapidement en cas de difficulté. Pour résister à Sherman, les rebelles étaient parvenus à réunir vingt mille hommes, plus la cavalerie de Wheeler. Il s'agissait des vestiges démoralisés de l'armée du Tennessee de Hood, de la garnison de Charleston, renforcée par les troupes de Hardee qui avaient évacué Savannah, et d'une brigade de cavalerie de Caroline du Sud que Lee avait envoyée de Virginie en compagnie de Wade Hampton, espérant que ce dernier remonterait le moral défaillant dans cet État dont il était originaire. Environ dix mille de ces hommes étaient stationnés à Augusta et le même nombre à Charleston, car on s'attendait à voir Sherman attaquer l'une ou l'autre ville, voire les deux — Augusta à cause de ses usines de poudre à canon et de munitions, Charleston pour son importance symbolique. Sherman maintint jusqu'au bout ses feintes contre l'une et l'autre, mais ne s'approcha pas. Au lieu de cela, il fendit en deux l'État par son milieu, détruisant la voie ferrée qui reliait les deux villes, et se dirigea vers la capitale, Columbia. Leurs communications étant coupées et une armée de soixante mille hommes évoluant librement sur leur arrière, les défenseurs de Charleston évacuèrent la ville le 18 février. Les troupes stationnées à Augusta se mirent elles aussi en marche vers le nord pour rejoindre les divisions de Hardee, désormais placées sous le commandement suprême de Johnston, afin d'offrir une certaine résistance quand Sherman arriverait en Caroline du Nord.

Charleston eut la bonne fortune d'être occupée par des troupes du département du Sud (y compris plusieurs régiments noirs), qui éteignirent les incendies allumés lorsque les rebelles firent sauter les fournitures militaires avant de partir, au lieu de l'être par les rafleurs de Sherman, qui auraient probablement ajouté quelques feux de leur cru. Columbia fut moins heureuse. Des unités appartenant à deux des corps d'armée de Sherman occupèrent la capitale le 17 février ; le lendemain matin, près de la moitié de la ville n'était plus que cendres et décombres. La pire atrocité imputée à Sherman, la destruction de Columbia, déclencha aussi une controverse qui dure encore pour savoir à qui incombait la responsabilité de cette tragédie. Sherman et les autres officiers de l'Union soutenaient que le feu mis à des balles de coton par la cavalerie rebelle, au moment où elle évacuait les lieux, avait été propagé par un vent violent. Les sudistes croyaient pour leur part que des soldats de l'Union ivres avaient incendié la ville. D'autres contemporains et des historiens ont diversement proclamé la culpabilité de prisonniers de guerre nordistes, évadés de camps tout proches et avides de vengeance ; de criminels locaux échappés de prison ; ou encore de Noirs grisés par la liberté ou l'alcool ou les deux. L'étude la plus détaillée et la plus impartiale condamne toutes les parties en présence, à des degrés divers. Elle impute en outre aux autorités confédérées le désordre qui marqua l'évacuation de Columbia et qui laissa des milliers de balles de coton au milieu des rues (dont certaines brûlaient déjà) et d'énormes quantités d'alcool intactes, dont une grande partie avait été envoyée de Charleston par des négociants et des citoyens fortunés qui croyaient Columbia à l'abri des attaques ennemies. Pour tenter de se concilier leurs bonnes grâces, les habitants blancs et noirs de Columbia distribuèrent une partie de cet alcool, sous forme de généreuses rasades, aux premiers soldats nordistes qui entrèrent dans leur ville ; moyennant quoi, ils en transformèrent un bon nombre en incendiaires irresponsables. Sherman ne brûla pas Columbia, mais certains de ses hommes contribuèrent indéniablement à la chose et les tentatives que firent leurs officiers pour les contrôler furent trop peu nombreuses et trop tardives. D'un autre côté, un nombre bien plus considérable de soldats de l'Union, y compris Sherman en personne, s'activèrent toute la nuit pour éteindre plus de feux que pour en allumer, mais ce ne fut que parce que la tourmente se calma quelque peu, à partir de trois heures du matin, que ce qui restait de la ville fut épargné par les flammes. En tout cas, le sort de Columbia s'inscrivait en plein dans la politique de la terre brûlée pratiquée dans d'autres parties de la Caroline du Sud[1].

Sherman parvint à masquer son véritable objectif à ses ennemis jusqu'à la mi-mars, date à laquelle il devint clair qu'il se dirigeait vers Goldsboro où il comptait rejoindre trente mille autres tuniques bleues qui arrivaient de la côte. Dans le style désespéré qui caractérisait désormais la stratégie au Sud, Johnston prévit d'attaquer une aile de l'armée de Sherman et de s'efforcer de la mettre à mal avant que le reste ne pût venir à son secours. Le 16 mars, deux de ses divisions livrèrent un combat de retardement à quatre divisions de Sherman, à Averasborough, à une cinquantaine de kilomètres au sud de Raleigh. Cette échauffourée permit aux rebelles d'apprendre que les deux ailes de l'armée de Sherman étaient distantes d'au moins une vingtaine de kilomètres, sinon plus. Johnston concentra donc son infanterie (soit dix-sept mille hommes) près de Bentonville, le 19 mars, afin de tendre une embuscade à un nombre à peu près égal de fédéraux dispersés le long de la route, à l'avant-garde de l'aile gauche. Les attaquants connurent d'abord un certain succès, mais les yankees se retranchèrent et repoussèrent plusieurs assauts durant l'après-midi. Cette nuit-là et le lendemain, le restant de l'armée de Sherman accomplit des marches forcées pour venir épauler l'aile gauche. Le 21 mars, une division de l'Union enfonça l'aile gauche des confédérés, mais Sherman rappela ses hommes et laissa Johnston s'esquiver durant la nuit.

---

1. Marion Brunson Lucas, *Sherman and the Burning of Columbia* (College Station, Texas, 1976). Cette excellente étude réduit l'étendue des dégâts à environ un tiers des édifices de Columbia, notamment la majeure partie du quartier commerçant, mais relativement peu de demeures dans les quartiers résidentiels. Lucas dégonfle aussi le nombre de soldats nordistes ivres et l'étendue du pillage que la mythologie sudiste avait transformé en une véritable orgie de rapine.

Qu'est-ce qui put bien le dissuader ainsi d'achever un adversaire dont les effectifs étaient trois fois moins nombreux que les siens ? Sherman voulait amener ses troupes fatiguées à bon port, à Goldsboro, pour y refaire le plein d'équipement et de provisions, après sept semaines d'une campagne qui avait été la plus épuisante de la guerre. En outre, malgré sa réputation de férocité, Sherman veillait à ménager la vie de ses hommes. « Je ne veux pas perdre des hommes dans une attaque directe quand on peut l'éviter[1] », déclara-t-il. Il préférait gagner par la stratégie et les manœuvres plutôt que sur le champ de bataille. Il était assez sûr que la guerre était presque terminée et que sa destruction des ressources ennemies avait largement contribué à la gagner. A ses yeux la petite force démoralisée de Johnston n'avait plus guère d'importance. Ce qui comptait, c'était de se reposer et de rééquiper son armée pour remonter jusqu'en Virginie aider Grant à « liquider Lee ».

Chapitre XXVIII

NOUS SOMMES TOUS AMÉRICAINS

I

La Confédération avait quand même une dernière corde à son arc — une corde noire. Dès le début de la guerre, certaines voix s'étaient élevées pour réclamer que l'on armât les esclaves, afin qu'ils pussent se battre pour leurs maîtres. Pour la majorité des sudistes, cependant, une telle proposition frôlait au mieux le grotesque et au pire la trahison. Avec un Président qui vitupérait contre l'émancipation et le recrutement des esclaves décrétés dans le Nord, y voyant « la mesure la plus exécrable de l'histoire de l'homme pécheur », il fallait, certes, une solide dose de témérité pour suggérer que la Confédération plaçât d'elle-même des armes entre les mains de ses esclaves[2].

Après la chute de Vicksburg et la défaite de Gettysburg, cependant, les voix qui prônaient cette idée se firent moins rares. Plusieurs directeurs de journaux, dans le Mississippi et l'Alabama, commencèrent à s'exprimer en termes extraordinaires. « Nous sommes contraints par la nécessité de notre situation, déclaraient-ils, de prendre une mesure qui

1. *O.R.*, sér. I, vol. 47, 2ᵉ partie, p. 910.
2. Davis, cité par Robert F. Durden (éd.), *The Gray and the Black : The Confederate Debate on Emancipation* (Baton Rouge, 1972), p. 24.

révolte tous nos sentiments d'orgueil et tous les principes qui régissaient nos institutions avant la guerre. [L'ennemi] vole nos esclaves et en fait des soldats [...]. Mieux vaut pour nous utiliser les Nègres pour nous défendre que de voir les yankees s'en servir contre nous. [D'ailleurs] nous saurons les faire combattre mieux que ne le feront jamais les yankees. Les maîtres et les régisseurs pourront les ranger pour la bataille avec toute l'autorité, toute l'habitude d'être obéis qu'ils mettent en œuvre quand il s'agit de les faire travailler. » Certes, reconnaissait le *Jackson Mississippian*, « une telle mesure révolutionnerait tout [le] système industriel [du Sud] » et entraînerait peut-être une émancipation universelle, « cruelle calamité tant pour le Noir que pour la race blanche ». Mais si le Sud perdait la guerre, il pouvait de toute façon dire adieu à l'esclavage, car « un succès yankee [sonnerait] le glas de l'institution [...], en sorte que [c'était] une affaire de nécessité — deux maux dont il [fallait] choisir le moindre [...] ». Et l'article de conclure : « Nous devons [...] nous sauver des griffes de ce rapace qu'est le Nord, A N'IMPORTE QUEL PRIX[1]. »

Le général Patrick Cleburne avait suivi un raisonnement analogue. Il nota ses idées et les présenta aux commandants de division et de corps d'armée de l'armée du Tennessee en janvier 1864. Le Sud était en train de perdre la guerre, déclara-t-il, parce qu'il n'avait pas autant d'hommes que le Nord. « [Et], poursuivait-il, parce que l'esclavage, qui était au début de la guerre l'une de nos principales sources de force, est à présent devenu, du point de vue militaire, l'une de nos grandes faiblesses. » La proclamation d'émancipation avait donné à l'ennemi une cause morale pour justifier sa volonté de conquête ; elle avait fait des esclaves ses alliés, sapé la sécurité intérieure de la Confédération et retourné contre elle les nations européennes. « [Nous voilà donc menacés] de perdre tout ce que nous tenons à présent pour ce qu'il y a de plus sacré — nos esclaves et tous nos autres biens, nos terres, nos foyers, la liberté, la justice, la sécurité, l'orgueil, la virilité. » Pour sauver toutes ces autres possessions chéries, concluait Cleburne, il fallait sacrifier la première et recruter une armée d'esclaves. « Garantissons la liberté, d'ici un laps de temps raisonnable, à chaque esclave du Sud qui restera loyal à la Confédération[2]. »

Douze commandants de brigade et de régiment de la division de Cleburne se déclarèrent favorables à sa proposition. L'affaire était potentiellement explosive, car on n'était plus en présence d'hommes de presse exprimant leur opinion, mais de combattants, sur les épaules de

1. Ces extraits sont empruntés à des éditoriaux du *Jackson Mississippian* reproduits dans le *Montgomery Mail* du 9 septembre 1863 ; *Montgomery Weekly Mail*, 2 septembre 1863 ; et *Mobile Register*, 26 novembre 1863, tous cités par Durden, *The Gray and the Black*, p. 30-35, 42-44.

2. *O.R.*, sér. I, vol. 52, 2e partie, p. 586-592.

qui reposaient tous les espoirs de survie de la Confédération. Les arguments de Cleburne allaient droit au cœur d'une ambiguïté fondamentale dans la raison d'être de la nation sudiste. La sécession avait-elle été un moyen de préserver l'esclavage ? Ou bien était-ce ce dernier qui était un moyen de préserver la Confédération et que l'on devait sacrifier dès lors qu'il ne remplissait plus son rôle ? En 1861, il n'y aurait guère eu de sudistes pour voir là un réel dilemme : l'esclavage et l'indépendance étaient l'un et l'autre à la fois un moyen et une fin, en parfaite symbiose l'un avec l'autre, chacun étant essentiel à la survie des deux. Quand vint 1864, cependant, un nombre croissant de sudistes commençaient à se demander s'ils n'allaient pas devoir choisir entre les deux. « L'esclavage ne doit pas devenir un obstacle à notre indépendance, avertissait le *Jackson Mississippian*. Bien qu'il soit l'un des principes pour lesquels nous avons commencé à nous battre [...], s'il se révèle être une barrière insurmontable nous empêchant d'obtenir notre liberté et de constituer une nation indépendante, qu'il disparaisse[1] ! »

A l'époque de l'intervention de Cleburne, toutefois, les opinions de ce genre paraissaient encore dangereuses. La plupart des généraux de l'armée du Tennessee exprimèrent leur désapprobation, certains avec véhémence. « [Cette] monstrueuse proposition, écrivit un commandant de division, est révoltante pour la sensibilité du Sud, son orgueil et son honneur. » Un commandant de corps d'armée s'insurgea : « [Cette idée est] en guerre avec mes principes sociaux, moraux et politiques. » Et un général de brigade, scandalisé et furibond, ajouta : « Nous ne sommes pas battus et ne pouvons l'être. Notre situation n'exige nullement que l'on ait recours à un pareil remède [...]. Ce qu'il propose est en contradiction flagrante avec les principes au nom desquels nous nous battons[2]. »

Convaincu que la « diffusion de telles opinions » risquait d'engendrer « du découragement, du désordre et de la discorde » dans les rangs de l'armée, Jefferson Davis ordonna aux généraux de cesser de parler de cette affaire[3]. Il lui obéirent si parfaitement que personne n'en eut vent, à part ce petit cercle restreint d'officiers sudistes, jusqu'à ce que le gouvernement des États-Unis publiât les *Official Records* (archives officielles) de la guerre, vingt-cinq ans plus tard. La seule conséquence de la démarche de Cleburne fut, semble-t-il, de priver de toute espèce de promotion son auteur, qui était pourtant le plus capable de tous les

1. Texte reproduit dans le *Montgomery Weekly Mail*, 9 septembre 1863, cité par Durden, *The Gray and the Black*, p. 31-32.
2. Patton Anderson, in *O.R.*, sér. I, vol. 52, 2e partie, p. 598-599 ; lettre d'Alexander P. Stewart à William H.T. Walker, 9 janvier 1864 ; lettre de William B. Bate à Walker, 9 janvier 1864, Civil War Collection, Bibliothèque Henry H. Huntington.
3. *O.R.*, sér. I, vol. 52, 2e partie, p. 608.

commandants de division de l'armée et qui fut tué à la bataille de Franklin, dix mois plus tard.

A cette date, les désastreuses perspectives du Sud avaient ressuscité l'idée d'armer les Noirs. En septembre 1864, le gouverneur de la Louisiane déclara : « Le moment est venu pour nous d'enrôler dans l'armée en tant que soldats tous les nègres sains de corps. » Un mois plus tard, les gouverneurs de six autres États, réunis en conférence, réclamèrent de façon assez énigmatique que les esclaves fussent réquisitionnés pour « le service public selon les besoins ». Mis sur la sellette, tous sauf deux d'entre eux (les gouverneurs de la Virginie et de la Louisiane) s'empressèrent de nier qu'ils avaient songé à faire *armer* les esclaves. Le 7 novembre, Jefferson Davis pressa vivement le Congrès d'acheter quarante mille esclaves que l'on utiliserait comme conducteurs d'attelages, pionniers et travailleurs de force, en leur promettant la liberté pour « services fidèlement rendus ». Mais cette proposition circonspecte apparut pourtant trop radicale pour la majeure partie de la presse et du Congrès. Cela entrouvrirait la porte de l'abolition, protesta le *Richmond Whig*. Le projet de libérer des esclaves parce qu'ils s'acquittaient fidèlement de leur devoir était fondé sur une idée fausse, à savoir « que l'état d'homme libre [était] pour l'esclave tellement préférable à la servitude que l'on [pouvait] le lui accorder pour le récompenser ». Il s'agissait d'une « répudiation de l'opinion que [professait] le Sud tout entier [...], qui [était] que la servitude [était] un état voulu par le ciel pour le bien suprême de l'esclave[1] ».

Le Congrès n'exauça pas le souhait du Président, mais la question ne disparut pas pour autant. Bien que Davis, dans son message du 7 novembre, se fût opposé à la notion d'armer les Noirs *à ce moment précis*, il avait ajouté d'un ton lourd de sous-entendus : « A supposer que nous soyons un jour obligés de choisir entre la soumission ou l'emploi de l'esclave dans les rangs de l'armée, il ne semble y avoir aucune raison de douter de ce que pourrait être alors notre décision. » Moins de trois mois plus tard, l'alternative évoquée par Davis se posait au Sud dans toute sa nudité. Le Président et son cabinet firent leur choix. « Nous en sommes réduits, annonça Davis en février 1865, à décider si les Noirs doivent se battre pour nous ou contre nous[2]. » Et s'ils se battaient pour la Confédération, reprenaient en écho divers journaux, il n'en résulterait pas forcément une abolition massive de l'esclavage. Peut-être conviendrait-il d'offrir la liberté à ceux qui se seraient battus, mais cela affecterait seulement « certains éléments de la race et non l'institution tout entière ». En permettant au Sud de vaincre les yankees, c'était même

1. *O.R.*, sér. I, vol. 41, 3e partie, p. 774 ; Rowland, *Davis*, t. VI, p. 394-397 ; *Richmond Whig*, 9 novembre 1864, cité par Durden, *The Gray and the Black*, p. 110.
2. Rowland, *Davis*, t. VI, p. 396 ; *O.R.*, sér. IV, vol. 3, p. 1110.

en réalité le seul moyen de *sauver* l'esclavage. « Si l'émancipation d'une partie peut contribuer à préserver le reste, il est évident que cette émancipation partielle est une mesure éminemment favorable à l'esclavage. » Certains défenseurs de l'idée allèrent même jusqu'à assurer que la discipline, plutôt que la possibilité d'être libres, devrait suffire à inciter les esclaves à se battre. « Il n'est pas vrai, déclara le général Francis Shoup, que pour faire de ces gens de bons soldats, nous devons leur donner ou leur promettre leur liberté [...]. A ce compte, autant promettre d'affranchir sa cuisinière [...] et s'attendre à obtenir ainsi de bons dîners[1]. »

De tels propos soufflèrent à un rédacteur en chef exaspéré le commentaire suivant : « Nos compatriotes sudistes n'ont pas perdu la pernicieuse habitude de ne pas croire ce qu'ils n'ont pas envie de croire[2]. » La plupart de ceux qui participèrent à ce débat reconnaissaient que si l'on transformait les esclaves en soldats, il faudrait en échange leur promettre la liberté, ainsi sans doute qu'à leurs familles, sans quoi ils risquaient fort de passer à l'ennemi à la première occasion. Donc, si l'on armait cent ou deux cent mille esclaves (c'étaient les chiffres les plus souvent mentionnés), cela en libérerait au moins un demi-million. Celui-ci venant s'ajouter au million environ déjà affranchi par les yankees, comment l'institution pourrait-elle survivre ? demandaient les adversaires de cette mesure.

Ces derniers continuèrent à être en majorité jusqu'au mois de février 1865. Pourtant, avec les yankees qui piaffaient à leur porte, leurs arguments s'évaporaient dans un nuage d'irréalité. Il était possible de gagner sans les Noirs, assuraient-ils, si seulement les déserteurs et les traînards voulaient bien regagner les rangs de l'armée et si toute la population acceptait de se dévouer corps et âme à la cause sudiste. « Les hommes libres des États confédérés doivent prendre en charge leur propre salut, ou bien ils seront les esclaves de leurs esclaves », proclamait le *Charleston Mercury*, dirigé par deux sécessionnistes de la première heure, qui s'appelaient tous deux Robert Barnwell Rhetts, le père et le fils. « Le jour où l'armée de Virginie permettra qu'un régiment noir rejoigne sa ligne pour y servir, elle sera dégradée, ruinée, déshonorée », tonna Robert Toombs. Et son compatriote géorgien, Howell Cobb, de renchérir : « Du moment où vous aurez recours à des soldats noirs, vous perdrez vos soldats blancs [...]. Le jour où vous en ferez des soldats marquera le commencement de la fin de la révolution. Si les esclaves doivent être

1. *Lynchburg Virginian*, 3 novembre 1864 ; *Richmond Sentinel*, 24 novembre 1864 ; article de Shoup publié dans le *Richmond Whig*, 20 février 1865, tous trois cités par Durden, *The Gray and the Black*, p. 79, 121, 214.

2. *Charlottesville Chronicle*, reproduit dans le *Richmond Sentinel*, 21 décembre 1864, cité par Durden, *The Gray and the Black*, p. 147.

de bons soldats, c'est que notre théorie tout entière de l'esclavage est fausse[1]. »

Or, n'était-ce pas pour cette théorie que le Sud se battait ? Si l'on devait à présent armer et émanciper les esclaves, « jamais on n'aurait vu un peuple se ridiculiser à ce point », déclaraient les Rhetts. « La doctrine de l'abolition [...] est celle-là même que l'on voulait réduire au silence en entrant en guerre », protestait un journal de Caroline du Nord. Et le *Richmond Examiner* faisait chorus : « [Cela reviendrait à] renoncer au principe essentiel et distinctif de la civilisation sudiste[2]. » A ce qu'il semblait, nombreux étaient les sudistes qui préféraient perdre la guerre que de la gagner avec l'aide de Noirs. « La victoire elle-même serait privée de gloire s'il fallait la partager avec des esclaves », déclara un représentant du Mississippi au Congrès. « Le pauvre [sera] réduit au niveau du nègre, prédisait le *Charleston Mercury*. Sa femme et sa fille seront bousculées dans la rues par des drôlesses noires, devenues leurs égales. Des grands nègres tout farauds auront le droit de les couver du regard et de les coudoyer. » Louis Wigfall, sénateur du Texas, expliqua qu'il « ne voulait pas vivre dans un pays où l'homme qui cirait ses chaussures et étrillait son cheval serait son égal ». « Si nous devons être frappés par une calamité aussi épouvantable, concluait le *Lynchburg Republican*, nous préférons infiniment que Lincoln soit l'instrument de notre ruine et de notre dégradation plutôt que de nous asséner nous-mêmes lâchement ce coup suicidaire[3]. »

Cependant, le choc provoqué par la fermeté avec laquelle Lincoln avait insisté, à Hampton Roads, sur une capitulation inconditionnelle aida le gouvernement Davis à combattre avec succès ces arguments. Dans le courant du mois de février, Richmond fut inondée de pétitions et de lettres des soldats qui se trouvaient dans les tranchées de Petersburg, désireux de réfuter l'idée toute faite que les soldats blancs refuseraient de se battre aux côtés des Noirs. « [Bien que] l'esclavage soit la condition normale du nègre [...], aussi indispensable à [sa] prospérité et à son bonheur [...] que la liberté l'est à ceux du Blanc, déclarait le 56e régiment de Virginie, si les exigences publiques réclament qu'un nombre quelconque de nos esclaves mâles soient enrôlés dans les rangs

1. *Charleston Mercury*, 3 novembre 1864, cité par Durden, *The Gray and the Black*, p. 99 ; Toombs cité par Foote, *Civil War*, t. III, p. 860 ; Cobb cité in *O.R.*, sér. IV, vol. 3, p. 1009-1010.

2. *Charleston Mercury*, 3 et 19 novembre 1864 ; *North Carolina Standard*, 17 janvier 1865, cités par Durden, *The Gray and the Black*, p. 99, 114, 177 ; *Richmond Examiner*, 14 janvier 1865, cité par Paul D. Escott, *After Secession : Jefferson Davis and the Failure of Confederate Nationalism* (Baton Rouge, 1978), p. 154.

3. Le représentant du Mississippi cité par Durden, *The Gray and the Black*, p. 140 ; *Charleston Mercury*, 26 janvier 1865, cité par Bell Irvin Wiley, *Southern Negroes 1861-1865* (New Haven, 1938), p. 156-157 ; Louis Wigfall cité par E. Merton Coulter, *The Confederate States of America 1861-1865* (Baton Rouge, 1950), p. 268 ; *Lynchburg Republican*, 2 novembre 1864, cité par Durden, *The Gray and the Black*, p. 94.

de l'armée, afin de [préserver] notre gouvernement, nous sommes [néanmoins] disposés à faire des concessions à leurs notions fausses et obscurantistes des bienfaits de la liberté[1]. »

L'opinion de Robert E. Lee allait avoir une influence décisive. Cela faisait des mois que des rumeurs circulaient, selon lesquelles il estimait qu'il fallait armer les esclaves. « Nous devrions les employer sans tarder, au mépris du risque que cela pourrait faire courir à nos institutions sociales », avait-il en effet déclaré en privé. Le 18 février, il rompit le silence qu'il avait jusque-là gardé en public, en écrivant au membre du Congrès qui présentait un projet de loi sur les soldats noirs. Cette mesure, écrivait Lee, n'était « pas seulement opportune, mais nécessaire ». Et il poursuivait : « Les Noirs, dans les circonstances voulues, feront des soldats efficaces. Je crois que nous pouvons pour le moins en tirer un aussi bon parti que l'ennemi [...]. Ceux qui seront utilisés devraient être affranchis. Il ne serait ni juste, ni sage [...] de leur demander de servir en qualité d'esclaves[2]. »

L'immense prestige de Lee l'emporta — mais de justesse. Même si le puissant *Richmond Examiner* osa se demander si Lee était « un "bon sudiste", c'est-à-dire s'il [était] pleinement convaincu de la justice et des bienfaits de l'esclavage des noirs », ce journal antigouvernemental n'en reconnaissait pas moins que « le pays ne se [hasarderait] pas à refuser au général Lee [...] *tout* ce qu'il pourrait demander[3] ». Par quarante voix contre trente-sept, la Chambre ratifia un projet de loi autorisant le Président à réquisitionner un quota de soldats noirs dans chaque État. Par déférence envers les droits des États, ce projet n'ordonnait pas l'affranchissement des esclaves enrôlés dans l'armée. Néanmoins, le Sénat repoussa la mesure à une seule voix de majorité, les deux sénateurs du propre État de Lee votant d'ailleurs contre. Entre-temps, la législature de Virginie mit en vigueur sa propre loi pour l'enrôlement des soldats noirs — sans toutefois exiger l'émancipation de ceux qui étaient en esclavage — et pria ses sénateurs de voter en faveur du projet de loi au Congrès. Ce qu'ils firent, lui permettant d'être adopté par neuf voix contre huit (et plusieurs abstentions) et d'entrer en vigueur le 13 mars. Au cours des quelques semaines de vie qui restaient à la Confédération, aucun autre État ne suivit l'exemple de la Virginie. Les deux compagnies de soldats noirs rapidement mises sur pied à Richmond ne participèrent jamais au moindre combat. Et la plupart de leurs membres n'obtinrent

---

1. Texte publié dans le *Richmond Whig*, 23 février 1865, reproduit par Durden, *The Gray and the Black*, p. 222-223.

2. Lettre de Lee à Andrew Hunter, 11 janvier 1865, in *O.R.*, sér. IV, vol. 3, pp. 1012-1013 ; lettre de Lee à Ethelbert Barksdale, 18 février 1865, citée par Durden, *The Gray and the Black*, p. 206.

3. *Richmond Examiner*, 16 et 25 février 1865, cités par Durden, *The Gray and the Black*, p. 199, 226.

leur liberté que le 3 avril, le jour où les yankees — avec en tête un régiment de cavalerie noire — entrèrent dans la capitale confédérée[1].

Une initiative diplomatique de dernière minute pour obtenir la reconnaissance de la part des Britanniques et des Français, en échange de l'émancipation des esclaves, ne donna pas non plus de résultats. Le principal instigateur de cette tentative fut Duncan F. Kenner de la Louisiane, un membre éminent du Congrès confédéré et l'un des plus grands propriétaires d'esclaves du Sud. Convaincu depuis 1862 que l'esclavage était un véritable boulet au pied de la diplomatie de son pays, Kenner prônait une attitude émancipationniste auprès des puissances étrangères. Ses propositions n'aboutirent à rien jusqu'en décembre 1864, date à laquelle Jefferson Davis le convoqua et voulut bien reconnaître que l'heure était venue de jouer ce dernier atout. Kenner se rendit donc à Paris et à Londres, en tant qu'envoyé spécial chargé d'offrir l'abolition contre la reconnaissance. Davis, bien entendu, n'était pas en mesure d'engager la responsabilité du Congrès dans cette affaire et ce dernier n'était pas de son côté habilité à engager celle des États qui détenaient une autorité constitutionnelle sur l'institution. On espérait, toutefois, que les gouvernements européens auraient l'obligeance de fermer les yeux sur ces complications.

Les difficultés que connut Kenner pour quitter la Confédération présageaient du sort de sa mission. La chute du fort Fisher l'empêcha de partir à bord d'un forceur de blocus. Il fut donc contraint de se rendre à New York, sous un déguisement, afin d'y prendre un navire en partance pour la France. Napoléon III, selon sa bonne habitude, refusa d'agir sans la Grande-Bretagne. Par conséquent, James Mason accompagna Kenner à Londres, où, le 14 mars, ils soumirent leur proposition à Palmerston. Une fois de plus, les confédérés durent apprendre la dure leçon de la diplomatie : rien ne vaut les succès militaires. « Sur le chapitre de la reconnaissance, signala Mason dans son rapport à Judah Benjamin, secrétaire d'État, à aucun moment de la guerre le gouvernement britannique n'avait été convaincu que notre indépendance était assurée autrement qu'en passant et il ne se sentait donc pas autorisé à la reconnaître [actuellement], alors que les événements des quelques semaines à venir risquaient de prouver son échec [..]. Telles que se présentaient pour le moment les choses, avec nos ports

1. Les règlements du ministère de la Guerre concernant le recrutement des soldats esclaves imposèrent une quasi-liberté en stipulant qu'un esclave ne pouvait être enrôlé qu'avec son consentement et celui de son maître, lequel devait lui accorder par écrit, « dans la mesure du possible, les droits d'un affranchi ». Quant à savoir si ce langage ambigu accordait effectivement la liberté, comme le soutiennent plusieurs historiens, c'est une question qui restera à jamais sans réponse. Voir Durden, *The Gray and the Black*, p. 268-270 ; Escott, *After Secession*, p. 252 ; et Emory Thomas, *The Confederate Nation 1861-1865* (New York, 1979), p. 296-297.

aux mains de l'ennemi, l'avance comparativement aisée de Sherman, etc., les objections existant préalablement étaient plutôt accrues que diminuées[1]. »

II

Tandis que le Sud s'interrogeait ainsi sur les liens qui unissaient l'esclavage à sa cause, le Nord agissait. Lincoln interpréta sa réélection comme un mandat pour la ratification du treizième amendement qui devait abolir à jamais l'esclavage. Les électeurs avaient retiré leur soutien à un nombre important de représentants démocrates, mais jusqu'à l'expiration du 38e Congrès, le 4 mars 1865, ceux-ci conservaient leur siège et pouvaient empêcher l'amendement d'être voté par la Chambre avec l'indispensable majorité des deux tiers. Lors du Congrès suivant, les républicains occuperaient les trois quarts des sièges à la Chambre et la ratification ne poserait donc plus aucun problème. Lincoln avait l'intention de réunir le Congrès en session spéciale dès le mois de mars, s'il le fallait, pour imposer la mesure, mais il aurait préféré y parvenir plus tôt, grâce à une majorité bipartite, car ce serait un gage d'unité nationale sur cette mesure qu'il considérait comme essentielle pour la victoire de l'Union. « En temps de grave crise nationale, comme celle que nous traversons, déclara-t-il dans son message du 6 décembre 1864 au Congrès, l'unanimité dans l'action chez ceux qui tendent à une fin commune est tout à fait désirable — pour ne pas dire indispensable. » Il exprimait ainsi un idéal plutôt qu'une réalité, car la plupart des mesures de guerre, tout spécialement celles qui avaient trait à l'esclavage, avaient été entérinées par des majorités strictement républicaines. Pour accomplir le geste historique que serait la fin de l'institution particulière, cependant, Lincoln en appela aux démocrates, leur demandant de reconnaître que sa réélection exprimait « la volonté de la majorité[2] ».

Mais la plupart des démocrates préférèrent s'en tenir à leurs principes et défendre le passé. La guerre avait peut-être occis l'esclavage, mais ce n'était toujours pas eux qui aideraient à creuser sa tombe. Le parti resta officiellement opposé au treizième amendement, jugé « malavisé, impolitique, cruel et indigne du soutien d'un peuple civilisé ». Toutefois, quelques représentants démocrates ne partageaient pas cet avis. Le parti, déclara l'un d'eux, avait subi un désastre aux élections de 1864, « parce que [l'on n'avait pas voulu] se hasarder à trancher les liens qui [le] rattachaient à la carcasse de l'esclavage des Noirs ». Un autre assura

1. Frank Lawrence Owsley, *King Cotton Diplomacy : Foreign Relations of the Confederate States of America* (Chicago, 1931), p. 550-561 ; les citations figurent à la p. 560.
2. *CWL*, t. VIII, p. 149.

que si le parti persistait à s'opposer au treizième amendement, « cela reviendrait tout simplement à avouer que [ses membres étaient] une bande d'irresponsables, pas mieux faits pour s'occuper des affaires publiques que le vieux monsieur dans David Copperfield[1] ». Encouragée par de tels sentiments, l'Administration Lincoln prit pour cible une douzaine environ de membres démocrates du Congrès qui n'avaient pas été réélus et les accabla de flatteries. Seward, le secrétaire d'État, supervisa cet effort de persuasion. Certains représentants se virent promettre des postes gouvernementaux pour eux-mêmes ou leur famille ; d'autres furent l'objet de faveurs d'un genre ou d'un autre de la part de l'Administration[2].

Ce mélange d'intimidation et d'échanges de bons procédés fut payant, même si personne n'aurait pu prédire à coup sûr le résultat du vote à la Chambre avant qu'il n'eût lieu, le 31 janvier 1865. En entendant plusieurs démocrates parmi les premiers appelés voter *oui*, les visages républicains s'éclairèrent. Sur les quatre-vingts démocrates, seize votèrent en définitive pour l'amendement ; quatorze étaient des membres sortants du Congrès. Huit autres démocrates étaient absents, ce qui permit la ratification de la mesure par deux petites voix, le score final étant de cent dix-neuf *oui* contre cinquante-six *non*. Lorsque le résultat fut annoncé, les républicains sur leurs bancs et les spectateurs sur les gradins éclatèrent en acclamations prolongées — ce qui ne s'était jamais vu — tandis que dans les rues de Washington, des canons tiraient des salves d'honneur. « [La scène] défiait toute description, nota un représentant républicain dans son journal. Les membres du Congrès joignirent leurs voix à celles du public et continuèrent pendant plusieurs minutes. Certains s'étreignaient ; d'autres pleuraient comme des enfants. J'ai l'impression, depuis ce vote, de vivre dans un nouveau pays. » Par acclamation, la Chambre décida de s'ajourner jusqu'au lendemain « en l'honneur de cet événement immortel et sublime[3] ».

Le treizième amendement fit rapidement le tour des législatures républicaines qui siégeaient à cette date ; en l'espace d'une semaine, huit États l'avaient entériné et au cours des deux mois suivants onze autres en firent autant. La ratification de cinq autres États du Nord ne faisait aucun doute, dès que leurs législatures se réuniraient. Parmi les États de l'Union, seuls ceux où McClellan s'était imposé lors des élections présidentielles — le New Jersey, le Kentucky et le Delaware —

1. Christopher Dell, *Lincoln and the War Democrats* (Rutherford, New Jersey, 1975), p. 290 ; Anson Herrick, de New York, dans *C.G.*, 38e Cong., 2e Sess., p. 525-526 ; Samuel S. Cox cité par Joel H. Silbey, *A Respectable Minority : The Democratic Party in the Civil War Era, 1860-1868* (New York, 1977), p. 183.

2. James G. Randall et Richard N. Current, *Lincoln the President : Last Full Measure* (New York, 1955), p. 307-313 ; LaWanda Cox et John H. Cox, *Politics, Principle, and Prejudice 1865-1866 : Dilemma of Reconstruction America* (New York, 1963), p. 1-30.

3. « George W. Julian's Journal », *Indiana Magazine of History*, n° 11 (1915), p. 327 ; *CG*, 38e Cong., 2e Sess., p. 531.

résistèrent[1]. Les États « reconstruits » de la Louisiane, de l'Arkansas et du Tennessee s'exécutèrent, quant à eux, très volontiers. Étant donné que l'Administration Lincoln avait livré la guerre en partant du principe que les États ne pouvaient pas faire sécession, elle considérait qu'une ratification par les trois quarts de *tous* les États, y compris ceux de la Confédération, était nécessaire. L'une des premières tâches de la reconstruction serait donc d'obtenir l'accord d'au moins trois autres anciens États confédérés, afin de faire définitivement entrer l'amendement dans la Constitution du pays.

Parmi les spectateurs qui éclatèrent en acclamations et en sanglots de joie, lorsque le Chambre ratifia le treizième amendement, il y avait beaucoup de Noirs. Leur présence était d'ailleurs le symbole tangible des changements révolutionnaires qu'entraînait l'amendement, puisque jusqu'en 1864 les Noirs n'avaient pas été admis sur les gradins du Congrès. Pour la première fois aussi, en 1865, des Noirs furent reçus à des réceptions officielles à la Maison Blanche et, lors de la cérémonie marquant le début officiel de son second mandat, le 4 mars, Lincoln mit un point d'honneur à réserver un accueil spécial à Frederick Douglass. Le Congrès et les États du Nord mirent en vigueur une législation qui commença à rompre le schéma social classique qui faisait des Noirs du Nord des citoyens de deuxième catégorie : les Noirs avaient désormais le droit de déposer devant les tribunaux fédéraux ; une ancienne loi qui leur interdisait de porter le courrier fut révoquée ; la ségrégation dans les transports en commun du district de Columbia fut interdite ; on révoqua aussi, dans plusieurs États du Nord, certaines lois qui avaient imposé diverses formes de discrimination à l'encontre des citoyens de couleur ou qui leur avaient même parfois interdit l'entrée de l'État : et on prit enfin des mesures pour organiser dans plusieurs États des référendums permettant aux électeurs de faire savoir s'ils étaient ou non favorables au suffrage des Noirs (aucun d'entre eux ne donna de résultat positif avant 1868).

Le symbole le plus marquant du changement, toutefois, fut peut-être celui que l'on put voir le 1er février, le lendemain du jour où la Chambre avait voté en faveur du treizième amendement. Ce jour-là, le sénateur Charles Sumner présenta John Rock, avocat bostonien, afin qu'il fût autorisé à plaider devant la Cour suprême des États-Unis[2] et le président de cet auguste aréopage, Salmon P. Chase, lui fit prêter serment. Rien d'inhabituel dans cette affaire, sinon que Rock était un homme de couleur ; il fut le premier Noir accrédité auprès de la Cour suprême

---

1. Le New Jersey ratifia l'amendement en 1866, après que les républicains eurent obtenu le contrôle de sa législature.

2. Dans le système juridique américain, la Cour suprême est le tribunal de dernier appel. Ses décisions façonnent le système juridique et font autorité en matière constitutionnelle. La Cour est habilitée à déclarer des lois votées par le Congrès anticonstitutionnelles. Elle est composée d'un président et de huit juges adjoints nommés à vie.

qui, huit ans auparavant, avait refusé à ses frères de race le rang de citoyens des États-Unis. La Cour avait été remaniée presque de fond en comble par Lincoln qui avait nommé cinq nouveaux juges, dont Chase. Le remplacement de Roger Taney par Chase à la présidence était en soi le chambardement judiciaire le plus radical de l'histoire américaine[1].

D'importantes questions ayant trait à l'émancipation et à la reconstruction ne manqueraient pas d'être soumises à cette nouvelle Cour. Deux d'entre elles risquaient d'ailleurs fort de surgir à la suite de décisions prises au sujet des affranchis au cours de l'hiver de 1864-65. Durant la marche d'Atlanta jusqu'à la mer, des milliers de « contrebandes » s'étaient agglutinés à l'armée de Sherman. Or, le bruit parvint jusqu'au Nord que le général était indifférent à leur bien-être et qu'ils étaient l'objet de mauvais traitements de la part de certains officiers et hommes de troupe. Pour tirer au clair ces rumeurs et ces problèmes, Stanton, le ministre de la Guerre, se rendit à Savannah au mois de janvier pour s'entretenir avec Sherman et interroger les chefs du mouvement noir, dont la plupart étaient d'anciens esclaves. Parmi les questions que Stanton posa à ces hommes figurait celle-ci : quel serait pour eux le meilleur moyen de subvenir aux besoins de leurs familles à présent qu'ils étaient libres ? « Notre meilleur espoir de nous prendre en charge, répondirent-ils, c'est d'avoir des terres et de les cultiver à la sueur de notre front [...]. Nous voulons qu'on nous donne des terres à exploiter jusqu'à ce que nous soyons en mesure de les acheter et d'en faire notre bien[2]. »

Stanton et Sherman trouvèrent l'idée bonne, si bien que ce fut ce général conservateur qui rédigea l'ordre de campagne le plus radical du conflit. Émis le 16 janvier, l'« ordre spécial de campagne n° 15 » de Sherman décrétait que les îles côtières et les riches zones de plantations qui bordaient les fleuves sur près de cinquante kilomètres vers l'intérieur, de Charleston à Jacksonville, étaient destinées à être occupées par les affranchis. Chaque chef de famille recevrait vingt hectares de terres, pour lequel il aurait droit à un « titre de propriété » jusqu'à ce que le Congrès fût « en mesure de réglementer ces titres[3] ». Ces terres avaient bien entendu appartenu à des propriétaires d'esclaves. L'ordre de Sherman qui les en dépossédait, de même que la proclamation d'émancipation de Lincoln qui les avait privés de leurs esclaves, était une mesure militaire imposée en vertu des « pouvoirs de guerre ». Le treizième amendement était venu confirmer l'action de Lincoln ; restait à voir comme la Cour suprême, le Congrès et le pouvoir exécutif feraient face aux conséquences de l'ordre n° 15

1. En juin 1864, Lincoln avait fini par accepter la démission que Chase lui présentait pour la troisième fois et l'avait laissé quitter le cabinet. Taney mourut au mois d'octobre et deux mois plus tard, le Président nomma Chase à la tête de la Cour suprême ; il s'agissait en partie d'un geste conciliateur envers l'aile la plus radicale de son propre parti.

2. *Liberator*, 24 février 1865.

3. *O.R.*, sér. IV, vol. 47, 2e partie, p. 60-62.

de Sherman. L'armée, cependant, n'attendit pas. Au cours des mois suivants, le général Rufus Saxton, un abolitionniste qui commandait les forces d'occupation de l'Union dans les îles de Caroline du Sud, dirigea l'établissement de quarante mille affranchis sur des terres réquisitionnées grâce au décret de Sherman.

Les difficultés que connurent durant le conflit les officiers de l'armée nordiste gouvernant des territoires occupés, les agents du Trésor public à qui l'on avait confié la gestion des plantations abandonnées, et les sociétés d'aide aux affranchis qui envoyèrent des missionnaires et des enseignants aux esclaves libérés, démontraient clairement le besoin d'une agence gouvernementale pour coordonner leurs efforts. Il arrivait en effet bien trop souvent que ces divers groupes tirassent chacun à hue et à dia — sans compter les affranchis qui suivaient leur propre chemin. Ce fut en 1863 que le Congrès envisagea pour la première fois une législation visant à créer un bureau des Affranchis, mais des désaccords survenus lorsqu'il s'agit de décider si cette agence devrait dépendre du ministère de la Guerre ou du Trésor public empêchèrent la ratification d'un projet de loi quelconque avant le 3 mars 1865. A cette date, Chase n'était plus ministre du Trésor, si bien que les républicains radicaux qui avaient espéré le voir à la tête du bureau des Affranchis étaient désormais prêts à en confier la responsabilité au ministère de la Guerre. La fonction de ce bureau (nommé à l'origine bureau des Réfugiés, Affranchis et Terres abandonnées) serait de distribuer les rations et les secours aux centaines de milliers de réfugiés blancs autant que noirs, déracinés par la guerre, et de venir en aide aux affranchis durant la difficile transition de la servitude à la liberté. Le Congrès donna aussi au bureau le contrôle des terres « abandonnées », en stipulant toutefois que chaque affranchi « ne [recevrait] pas plus de vingt hectares » de ces terres qu'on lui louerait pour trois ans, avec à la fin de cette période une option d'achat garanti par « tout titre de propriété à cette terre que les États-Unis [seraient en mesure de] lui donner[1] ». C'était l'ordre n° 15 de Sherman poussé à l'extrême. Quant à savoir si le Congrès serait habilité à donner le moindre titre de propriété, c'était une question épineuse, compte tenu de l'interdiction constitutionnelle qui frappait les confiscations de biens et le pouvoir de pardonner et de restituer ces mêmes biens dont jouissait le Président. De toute façon, le bureau des Affranchis représentait une extension sans précédent du gouvernement fédéral aux affaires sociales et aux relations patronales — extension nécessaire pour faire face aux problèmes inédits que posait l'émancipation de quatre millions d'esclaves et l'édification d'une nouvelle société sur les cendres de l'ancienne.

La réussite ou l'échec du bureau des Affranchis serait en partie dictés par les termes politiques de la reconstruction. Ce sujet occupa beaucoup

1. *U.S. Statutes at Large*, t. XIII, p. 507-509.

le Congrès durant l'hiver de 1864-1865. Les perspectives de compromis avec le Président semblaient excellentes. La satisfaction engendrée par la retentissante victoire républicaine aux élections avait dissipé l'amertume qu'était venu couronner le veto de poche de Lincoln contre le projet de loi Wade-Davis. L'accession de Chase au rang de président de la Cour suprême était un autre pas en direction d'un rapprochement de Lincoln et des radicaux de son parti. L'allusion que fit le Président à la reconstruction, dans son message au Congrès, le 6 décembre, laissait entrevoir la probabilité de « mesures plus rigoureuses qu'on n'en avait vu jusqu'à présent[1] ». En manifestant ainsi qu'il était prêt à faire la moitié du chemin, Lincoln préparait la voie à un nouveau projet de loi sur la reconstruction. Les grandes lignes de cette législation se dégagèrent assez vite des négociations entre le Président et les leaders parlementaires : le Congrès accepterait les régimes déjà reconstruits de la Louisiane et de l'Arkansas (auxquels se joindrait bientôt le Tennessee), si le Président promettait en échange d'apposer sa signature à une législation très proche du projet de loi Wade-Davis pour les autres États confédérés.

Tel qu'il fut pour la première fois soumis à la Chambre, ce nouveau projet accordait le droit de vote à « tous les citoyens de sexe masculin » — y compris les Noirs. Lincoln persuada le président de la commission chargée du projet de le modifier, afin de limiter ce droit aux soldats noirs. Au cours des deux mois suivants, le texte subit une série confondante de révisions et d'amendements en commission et devant la Chambre. Une de ses nombreuses moutures accordait le suffrage aux Noirs sachant lire et écrire, en plus des soldats ; une autre supprimait entièrement les restrictions raciales ; une autre encore appliquait aussi ces clauses à la Louisiane et à l'Arkansas. Les démocrates unirent leurs voix à celles des républicains modérés pour repousser les versions les plus radicales et à celles des radicaux pour faire échec aux versions les plus conservatrices, tant et si bien que l'on ne parvint pas à faire accepter le projet. Ne voulant surtout pas créer un précédent en faveur de l'exécutif touchant à la reconstruction, en laissant siéger au Congrès les sénateurs et représentants de la Louisiane, les radicaux firent équipe avec les démocrates pour leur en refuser l'accès. Ce fut ainsi que le 38ᵉ Congrès arriva à son terme sans que l'on eût pris d'autre décision concernant la reconstruction. Les républicains radicaux estimaient que ce n'était pas plus mal. Le prochain Congrès compterait davantage de républicains et moins de démocrates, nota l'un d'eux. « En attendant, poursuivit-il, j'espère que l'on pourra éduquer suffisamment la nation pour lui faire accepter notre demande de suffrage universel[2]. »

1. *CWL*, t. VIII, p. 152.

2. James M. Ashley, membre du Congrès, dans le *Boston Commonwealth* du 4 mars 1865. On trouvera une habile analyse de ces débats et votes fort complexes sur la reconstruction chez Herman Belz, *Reconstructing the Union : Theory and Policy during the Civil War* (Ithaca, 1969), p. 244-276.

La perspective d'« éduquer » Lincoln dans ce sens paraissait prometteuse. Tout au long de la guerre, il avait évolué régulièrement vers la gauche, passant du refus de l'émancipation à l'émancipation limitée, assortie d'un projet de colonisation, puis à l'émancipation universelle avec un suffrage restreint. Cette trajectoire pouvait fort bien l'entraîner jusqu'à un programme plus vaste d'égalité devant le suffrage quand la guerre prendrait fin. Le vœu formulé par Lincoln dans son second discours d'entrée en fonctions, demandant qu'il n'y eût pas de « malveillance envers quiconque », mais au contraire de la « charité pour tous », ne fournissait guère d'indices sur ce point, encore qu'il parût favoriser une attitude généreuse envers les anciens rebelles. En même temps, cependant, ce discours ne laissait planer aucun doute quant à l'intention qui animait Lincoln de poursuivre la lutte jusqu'à ce que l'esclavage fût écrasé à tout jamais. « Pour que ce terrible fléau qu'est la guerre disparaisse au plus vite, nous nourrissons les plus vifs espoirs, élevons les plus ferventes prières, déclara le seizième président du pays au début de son second mandat. Pourtant, si Dieu veut qu'il se prolonge, jusqu'à ce que toutes les richesses accumulées au cours des deux cent cinquante années de travail forcé aient été anéanties, jusqu'à ce que chaque goutte de sang qu'a fait couler le fouet soit payée par une autre qu'aura tirée l'épée, il faudra dire alors, comme il a été dit voilà trois mille ans : "Les jugements du Seigneur sont absolument vrais et justes"[1]. »

III

Ulysses S. Grant était, pour sa part, fermement résolu à abréger les choses au minimum. Durant l'hiver, les soldats de l'Union à Petersburg s'étaient frayé en force un chemin vers l'ouest, afin de couper la dernière route menant à la ville, par le sud, et de menacer la dernière liaison ferroviaire. Tandis que l'armée de Lee, forte de cinquante-cinq mille hommes, fondait par l'effet des désertions et que l'approche du printemps asséchait les routes, après un hiver particulièrement rude et pluvieux, la victoire finale des cent vingt mille soldats de Grant ne paraissait plus être qu'une question de temps. Selon toute probabilité, Sherman viendrait prendre Lee par-derrière vers la fin d'avril, mais Grant voulait que l'armée du Potomac pût « vaincre son vieil ennemi » sans cette aide qui pourrait susciter à l'avenir une vaine gloriole parmi les vétérans de son subordonné. « J'ai bien l'intention de terminer cette affaire ici même », confia le général en chef à Phil Sheridan. Ce que Grant craignait le plus, désormais, c'était de se réveiller un matin pour constater que Lee s'était sauvé pendant

1. (*CWL*, t. VIII, p. 333.

la nuit et qu'il était parti rejoindre les vingt mille hommes de Johnston, afin d'attaquer Sherman[1]. C'était précisément la manœuvre que méditait Lee, mais en s'efforçant de l'exécuter, il fournit à Grant l'occasion si longtemps attendue de chasser les rebelles en guenilles de leurs tranchées et de les affronter à découvert.

Quand vint le mois de mars, Lee était convaincu qu'il allait devoir bientôt abandonner les lignes de Petersburg pour éviter l'encerclement de son armée. Cela signifiait, bien sûr, que Richmond était condamnée, mais mieux valait perdre la capitale que l'armée qui était désormais le seul fil par lequel tenait encore la Confédération. Pour obliger Grant à réduire ses lignes et à desserrer l'étreinte meurtrière qui lui bloquait la voie du salut, Lee projeta une attaque surprise sur la position ennemie située juste à l'est de Petersburg. Dans la nuit du 24 au 25 mars, John B. Gordon, qui commandait un des corps de l'armée sudiste, envoya de prétendus déserteurs fraterniser avec les piquets de soldats yankees qui surveillaient le fort Stedman. Brusquement, les faux transfuges réduisirent à l'impuissance les nordistes éberlués et les divisions de Gordon firent irruption dans le fort endormi. Les confédérés, qui venaient de capturer plusieurs batteries et huit cents mètres de tranchées, paraissaient avoir réussi une percée meurtrière, mais une contre-attaque nordiste permit de reprendre tout le terrain perdu, puis de s'emparer des tranchées avancées de la ligne sudiste, prenant au piège de nombreux rebelles qui furent contraints de se rendre. Lee perdit dans l'affaire près de cinq mille hommes ; Grant deux mille seulement. Au lieu d'obliger son adversaire à réduire ses lignes, le général confédéré dut étirer les siennes jusqu'au point de rupture. Et Grant ne perdit pas de temps pour en profiter.

Le 29 mars, il ordonna à un corps d'infanterie et à la cavalerie de Sheridan, qui rentrait à peine de la vallée de la Shenandoah, de contourner l'aile droite des confédérés à seize kilomètres au sud-ouest de Petersburg. Sous une pluie torrentielle, Lee envoya George Pickett et deux divisions d'infanterie au secours de la cavalerie rebelle à bout de résistance pour parer à cette menace. Le dernier jour de mars, de violents combats à travers une contrée noyée de pluie arrêtèrent momentanément les fédéraux. Mais le lendemain après-midi, au carrefour routier de Five Forks, ils lancèrent une attaque enveloppante contre les effectifs isolés de Pickett. Les cavaliers de Sheridan avec leurs armes à tir rapide, combattant pied à terre, foncèrent droit devant eux, tandis que le 5ᵉ corps d'armée du gouverneur K. Warren avançait pesamment contre le flanc de Pickett. Galopant à bride abattue d'un bout à l'autre de sa ligne, bombardant les fantassins tantôt de flatteries, tantôt de jurons

1. Bruce Catton, *Grant Takes Command* (Boston, 1969), p. 437 ; *Personal Memoirs of U.S. Grant*, 2 vol. (New York, 1886), t. II, p. 424-425, 430-431, 459-461.

pour les faire bouger plus vite et frapper plus fort, Sheridan parvint finalement à coordonner un assaut qui se solda par la victoire la plus nette de l'Union depuis que la longue campagne avait commencé, onze mois plus tôt, dans la Wilderness. Les divisions de Pickett s'effondrèrent, la moitié des hommes se rendit aux yankees déchaînés et l'autre fila vers l'arrière en pleine débandade. Lorsque Grant apprit la nouvelle, ce soir-là, il ordonna un assaut tout le long de la ligne pour le lendemain matin, 2 avril.

L'attaque fut déclenchée à l'aube, avec une fougue et une puissance que l'armée du Potomac n'avait plus montrées depuis des lustres. Et l'armée de Virginie occidentale — épuisée, affamée, ayant perdu plus du cinquième de ses effectifs dans les combats du 25 mars et du 1er avril — fut incapable de contenir plus longtemps l'ennemi. Sheridan s'empara de la dernière voie ferrée desservant Petersburg et l'infanterie bleue enfonça les lignes confédérées en plusieurs endroits au sud-ouest de la ville. Tout en reculant, les rebelles livrèrent un combat désespéré, mais leur seul objectif était de tenir les défenses intérieures jusqu'à la nuit, afin de pouvoir s'éclipser dans l'obscurité.

Car Lee savait qu'il devait battre en retraite. Alors que Jefferson Davis assistait à l'office à l'église Saint-Paul de Richmond, en cet agréable dimanche de printemps, un messager s'avança à pas de loup le long de l'allée centrale pour lui remettre un télégramme. Il portait la signature de Lee : Richmond devait être évacuée. Blêmissant, le Président quitta l'église sans un mot, mais les paroissiens avaient lu la nouvelle sur son visage et elle se répandit à travers la ville comme une traînée de poudre. Tous ceux qui purent obtenir, emprunter ou voler un véhicule quelconque quittèrent la capitale. Les fonctionnaires du gouvernement s'entassèrent dans des trains délabrés à destination de Danville, avec tout l'or qui restait dans le Trésor public et toutes les archives qu'ils étaient en mesure de transporter, après avoir mis le feu au reste et à tout ce qui pouvait avoir une valeur militaire ou industrielle à Richmond. A la nuit tombante, lorsque l'armée commença sa retraite, des bandes d'émeutiers prirent le relais et les flammes se propagèrent. Les sudistes eux-mêmes incendièrent leur capitale plus gravement que l'ennemi ne l'avait fait à Atlanta ou Columbia. Lorsque les yankees y pénétrèrent, le lendemain matin, leurs premières tâches furent de rétablir l'ordre et d'éteindre les feux. Parmi les troupes qui se répandirent dans Richmond pour y jouer les pompiers et les policiers se trouvaient des unités du 25e corps d'armée, entièrement composé de Noirs.

Un civil entra à Richmond à la suite des soldats — un civil qui n'était autre que le premier citoyen des États-Unis, Abraham Lincoln en personne. Le Président s'était brièvement absenté de Washington pour rendre visite à l'armée du Potomac qu'il avait rejointe juste avant qu'elle ne brisât l'attaque des confédérés contre le fort Stedman. Désireux d'assister à la fin du conflit, qui paraissait à présent imminente, Lincoln était resté sur place, en tant qu'invité de Grant. Le commandant en chef et le général en chef entrèrent à Petersburg le 3 avril, quelques heures seulement après le départ de l'armée de Virginie septentrionale. Grant partit très vite vers l'ouest, à la poursuite de Lee, pour le détourner de son chemin. Lincoln regagna la base de l'Union sur la James River et déclara à l'amiral David D. Porter : « Je remercie Dieu d'avoir vécu assez longtemps pour voir cela. Il me semble que j'ai fait un rêve horrible depuis quatre ans et qu'à présent le cauchemar est fini. Je veux voir Richmond[1]. » Porter accompagna Lincoln en amont, jusqu'à la capitale ennemie où le président des États-Unis s'assit dans le bureau du président des États confédérés quarante heures après le départ de ce dernier.

La visite de Lincoln à Richmond donna lieu aux scènes les plus inoubliables de cette mémorable guerre. Escorté par une dizaine de marins, seulement, le Président arpenta les rues, tandis que Porter scrutait avec angoisse toutes les fenêtres en quête d'assassins en puissance. Mais l'Émancipateur ne tarda pas à être environné par un impénétrable cordon de Noirs qui hurlaient : « Gloire à Dieu ! Gloire ! Gloire ! Gloire ! » « Le Seigneur soit béni ! Le grand Messie ! Je l'ai reconnu dès que je l'ai vu. Ça fait quatre longues années qu'il est dans mon cœur. Venu délivrer ses enfants de la servitude. Gloire, alléluia ! » Plusieurs des esclaves affranchis voulurent toucher Lincoln pour s'assurer qu'il existait vraiment. « Je sais que je suis libre, s'écria une vieille femme, car j'ai vu le père Abraham et je l'ai touché. » En proie à une vive et rare émotion, Lincoln dit à un Noir qui était tombé à genoux devant lui : « Ne vous agenouillez pas devant moi. Il ne faut pas. C'est devant Dieu seul qu'il faut vous agenouiller pour le remercier de la liberté dont vous allez désormais jouir[2]. » Parmi les envoyés des journaux nordistes qui relatèrent ces événements, il s'en trouvait un dont la présence était un puissant symbole de la révolution opérée. Il s'appelait T. Morris Chester et ce fut assis à un bureau du Capitole confédéré qu'il rédigea sa dépêche au *Philadelphia Press*. « Jamais Richmond n'avait présenté le spectacle d'un jubilé comme celui d'aujourd'hui, écrivit-il. Quel étonnant changement a transformé l'esprit des rêves sudistes[3] ! » Chester était noir.

Pour Robert E. Lee et son armée, les beaux rêves, au contraire, s'étaient métamorphosés en cauchemar. Avec des effectifs réduits à trente-cinq

1. Foote, *Civil War*, t. III, p. 896.
2. Burke Davis, *To Appomattox: Nine April Days, 1865* (New York, 1959), p. 184 ; Foote, *Civil War*, t. III, p. 897 ; Charles Carleton Coffin, *The Boys of '61* (Boston, 1896), p. 538-542.
3. *Philadelphia Press*, 11 et 12 avril 1865.

mille hommes, les divisions éparpillées de Richmond et de Petersburg se retrouvèrent à Amelia Courthouse, à cinquante-six kilomètres plus à l'ouest, où les hommes à demi morts de faim pensaient trouver un train chargé de vivres. Mais à la suite d'une confusion, ils n'y trouvèrent que des munitions qui étaient bien la dernière chose dont ils avaient besoin, car les chevaux épuisés avaient déjà toutes les peines du monde à traîner le matériel dont disposait l'armée. On s'arrêta pour battre la campagne en quête de nourriture et ce temps mort s'avéra fatal. Lee avait eu l'intention de suivre la voie ferrée jusqu'à Danville où il pourrait effectuer sa jonction avec Johnston et d'où Jefferson Davis lança, le 4 avril, un message de réconfort à son peuple : « Soulagés de la nécessité de garder des villes [...], notre armée étant désormais libre de se mouvoir à sa guise [...] en des lieux où notre ennemi sera fort éloigné de sa base [...], nous n'avons à présent plus besoin de rien pour que notre triomphe soit assuré, sinon de [...] notre détermination inextinguible[1]. » Malheureusement pour lui, l'ennemi était plus proche de Danville que ne l'était Lee. Fonçant parallèlement aux colonnes rebelles qui battaient en retraite, à quelques kilomètres plus au sud, la cavalerie de Sheridan et trois corps d'infanterie de l'Union marchaient sur la ville. Le 5 avril, ils coupèrent le chemin de fer, obligeant Lee à bifurquer vers Lynchburg et les cols du Blue Ridge, au-delà.

Mais l'extrême fatigue de son armée démoralisée et la vélocité des poursuivants de l'Union qui humaient l'air de la victoire et la fin de la guerre obligea le général sudiste à renoncer aussi à cet objectif. Des attaques de la cavalerie bleue, comme autant de coups de poignard, permirent de faire des dizaines de prisonniers, tandis que des centaines d'autres rebelles s'effondraient épuisés sur le bord de la route pour attendre d'être ramassés par les yankees. Le long d'un obscur cours d'eau appelé le Sayler's Creek, le 6 avril, trois corps d'armée de l'Union cernèrent un quart de l'armée de Lee, firent six mille prisonniers et détruisirent une grande partie du convoi de fourgons. « Grand Dieu ! s'écria Lee lorsqu'il apprit la nouvelle. L'armée a-t-elle donc cessé d'exister[2] ? »

Pas encore, mais ça n'allait plus tarder. Tandis que ce qui restait des forces rebelles se traînait péniblement vers l'ouest, le 7 avril, Grant envoya à Lee un billet, sous couvert du drapeau blanc, pour le sommer de se rendre. Lee répondit par un message destiné à sonder Grant sur ses conditions. Le commandant nordiste offrit les mêmes qu'à Vicksburg : liberté sur parole en attendant d'être échangé. Étant donné que la capitulation de Lee mettrait virtuellement fin au conflit, la promesse

1. Rowland, *Davis*, t. VI, p. 529-531.
2. Douglas Southall Freeman, *R.E. Lee : A Biography*, 4 vol. (New York, 1934-1935), t. IV, p. 84.

d'échange était une pure formalité. A mesure que la tension montait, le 8 avril — Grant souffrait d'une atroce migraine et Meade d'accès de nausées —, Lee riposta par une vague proposition de discuter de façon très générale le « rétablissement de la paix », mesure politique que Grant n'était nullement habilité à aborder. Grant secoua sa tête douloureuse et laissa tomber ce commentaire : « On dirait que Lee veut se battre[1]. »

Lee avait en effet une telle idée en tête, comptant même, pour pouvoir s'échapper, tenter une attaque, le 9 avril au matin, contre les cavaliers de Sheridan qui lui barraient la route près d'Appomattox Courthouse. Pour la toute dernière fois, le hurlement des rebelles rompit le calme du dimanche des Rameaux, tandis que les épouvantails en lambeaux gris repoussaient les cavaliers bleus — mais ce fut pour découvrir que deux corps d'infanterie yankee arrivaient derrière pour monter en ligne. Deux autres corps d'armée bleus approchaient de l'arrière de Lee. Presque encerclé, avec cinq ou six fois moins d'hommes encore en état de se battre, Lee dut faire face à l'inévitable réalité. Un de ses subordonnés proposa une dernière échappatoire : les hommes n'avaient qu'à se disperser dans les bois et se lancer dans la guérilla. Non, répondit Lee qui ne voulait pas voir la Virginie entière dévastée comme l'avait été la vallée de la Shenandoah ; les maquisards « se transformeraient en simples bandes de maraudeurs et la cavalerie ennemie en les pourchassant envahirait de nombreux secteurs où elle n'aurait pas [autrement] l'occasion de mettre les pieds. Tout cela entraînerait un état de choses dont le pays mettrait des années à se rétablir ». Le cœur lourd, le chef de l'armée confédérée reconnut : « Il ne me reste plus rien à faire que d'aller voir le général Grant et Dieu sait si je préférerais souffrir mille morts[2]. »

Lee expédia un billet à travers les lignes acceptant de capituler. La migraine de Grant et les nausées de Meade disparurent comme par enchantement. C'en était fini des effusions de sang et des cadavres ; ils avaient gagné. Ce fut dans la demeure de Wilmer McLean que Lee et Grant se retrouvèrent pour remplir les formalités nécessaires. En 1861, McLean vivait près de Manassas où sa maison était un des quartiers généraux des confédérés et où un obus yankee était venu fracasser sa salle à manger. Il était alors parti s'établir dans ce petit village isolé du sud de la Virginie pour échapper aux armées en présence et voilà que le dernier acte du drame se déroulait dans son salon. Le commandant vaincu, se redressant fièrement du haut de son mètre quatre-vingts, arriva en grand uniforme de parade, avec une épée ornée de pierreries passée dans l'écharpe nouée autour de sa taille ; le vainqueur, dont les épaules voûtées diminuaient encore le petit mètre soixante, portait son habituelle vareuse de simple soldat sur un pantalon maculé de terre enfoncé dans

1. Catton, *Grant Takes Command*, p. 460.
2. Freeman, *Lee*, t. IV, p. 120-123.

des bottes boueuses — parce que le fourgon qui lui servait de quartier général était resté à la traîne dans la course échevelée pour couper la route à l'ennemi. Et là, dans le salon de McLean, le fils d'un tanneur de l'Ohio dicta ses termes au rejeton d'une des premières familles de Virginie.

Les termes en question étaient généreux : les officiers et les hommes pouvaient rentrer chez eux « sans être autrement inquiétés par les autorités des États-Unis, tant qu'ils respecteraient leur parole et les lois en vigueur dans leur lieu de résidence ». Cette clause était d'une très grande importance. Servant comme elle le fit de modèle aux capitulations ultérieures des autres armées confédérées, elle garantissait aux soldats sudistes qu'ils ne seraient pas poursuivis pour trahison. Lee demanda une autre faveur. Dans l'armée confédérée, expliqua-t-il, les hommes qui s'étaient engagés dans la cavalerie et l'artillerie étaient propriétaires de leurs chevaux ; seraient-ils autorisés à les garder ? Certes, répondit Grant ; aussi bien les simples soldats que les officiers qui revendiqueraient la possession de chevaux pourraient les ramener chez eux « afin de semer une récolte qui les [aiderait], eux et leur famille, à traverser le prochain hiver ». « Voilà qui aura sur mes hommes le meilleur effet possible, déclara Lee, [et] qui fera beaucoup pour vous concilier la bonne volonté de notre population. » Une fois les documents signés, Grant présenta son état-major à son interlocuteur. En serrant la main d'Ely Parker, secrétaire militaire du général nordiste et Indien de la tribu des Senecas, Lee laissa son regard s'attarder un moment sur les traits cuivrés, puis il dit : « Je suis heureux de voir ici un véritable Américain. » Et Parker repartit : « Nous sommes tous américains[1]. »

Une fois la capitulation conclue, les deux généraux se saluèrent d'un air sombre et se séparèrent. « Cet instant vivra à jamais dans l'histoire », déclara un des aides de camp de Grant, mais le commandant des forces de l'Union paraissait distrait. Venant à peine d'accoucher d'une nation réunifiée, il souffrait déjà d'un accès de mélancolie postnatale. « Je me sentis [...] triste et abattu, écrivit-il, par la chute d'un ennemi qui avait lutté si longtemps et si vaillamment et qui avait tant souffert pour sa cause, même si celle-ci était, je le crois sincèrement, l'une des pires pour laquelle un peuple se fût jamais battu. » A mesure que la nouvelle se répandait à travers les camps de l'Union, les batteries commencèrent à tirer des salves d'honneur jusqu'à ce que Grant donnât l'ordre d'y mettre fin. « La guerre est finie, déclara-t-il ; les rebelles sont de nouveau nos concitoyens et la meilleure preuve de notre allégresse après notre victoire sera de nous abstenir de toute manifestation[2]. » Pour aider à

---

1. *O.R.*, sér. I, vol. 46, 1re partie, p. 57-58 ; Horace Porter, « The Surrender at Appomattox Courthouse », *Battles and Leaders*, t. IV, p. 739-740 ; Davis, *To Appomattox*, p. 386.
2. Davis, *To Appomattox*, p. 387 ; *Personal Memoirs of Grant*, t. II, p. 489 ; Porter, The Surrender at Appomattox Courthouse », p. 743.

ramener ces anciens rebelles dans le giron de l'Union, Grant fit porter de l'autre côté des lignes trois jours de rations pour vingt-cinq mille hommes. Cette décision fit peut-être quelque chose pour atténuer la souffrance psychologique autant que physique des soldats de Lee.

Il en fut de même d'un important geste symbolique accompli trois jours plus tard, lors d'une cérémonie officielle, au cours de laquelle les troupes confédérées s'avancèrent pour mettre bas leurs armes et céder leurs drapeaux à leurs vainqueurs. Au moment où ils se présentèrent, nombreux étaient les hommes qui partageaient les sentiments d'un de leurs officiers : « Était-ce donc là une fin digne des quatre années de marches et de combats que nous venions de passer ? Je ne pus refouler mes larmes. » Du côté de l'Union, l'officier chargé de la cérémonie était Joshua L. Chamberlain, le professeur combattant du Bowdoin College, qui avait reçu une médaille d'honneur pour sa conduite sur le Little Round Top, avait été blessé deux fois depuis et était désormais général de division. A la tête des sudistes qui s'avançaient vers deux des brigades de Chamberlain au garde-à-vous, chevauchait John B. Gordon, l'un des plus vaillants lutteurs de Lee, qui commandait à présent l'ancien corps d'armée de Stonewall Jackson. Marchant directement derrière lui, venait la brigade Stonewall, soit cinq régiments comportant les deux cent dix survivants dépenaillés de quatre années de guerre. Tandis que Gordon approchait, à la tête de ces hommes, « le menton sur la poitrine, donnant tous les signes de l'abattement et du découragement », Chamberlain lança un ordre bref et un clairon résonna. Aussitôt, les soldats de l'Union présentèrent les armes pour un salut d'honneur. A ce bruit, le général Gordon leva les yeux, surpris, et comprenant brusquement, se tourna vivement vers Chamberlain, abaissa son épée pour le saluer et ordonna à ses propres hommes de présenter les armes. Ces combattants qui s'étaient affrontés au cours de tant de sanglantes batailles terminèrent la guerre non pas sur la honte d'un des deux camps et l'exultation de l'autre, mais sur les « saluts et les adieux mutuels » des soldats[1].

La nouvelle de la capitulation de Lee se propagea dans un Nord qui se remettait à peine des turbulentes célébrations qui avaient salué la prise de Richmond. A la chute de la capitale rebelle, *neuf cents* salves d'honneur avaient résonné à Washington ; il y en eut cinq cents autres pour la reddition de Lee. « D'un bout à l'autre de Pennsylvania Avenue, nota un journaliste, l'air semblait enflammé par les couleurs vives des drapeaux [...]. Comme par magie, les rues étaient envahies de hordes de gens, qui, dans la plénitude de leur joie, parlaient, riaient, éclataient en hourras et en hurlements. Les hommes s'étreignaient, se payaient un verre, enterraient de vieilles querelles, reprenaient le fil d'anciennes amitiés,

1. Davis, *To Appomattox*, p. 362 ; Joshua L. Chamberlain, « The Last Salute of the Army of Northern Virginia », in *Southern Historical Society Papers*, n° 32 (1904), p. 362.

marchaient bras dessus, bras dessous en chantant. » Le spectacle était le même dans Wall Street à New York, où, selon le récit d'un témoin, « des hommes s'étreignaient et se serraient dans les bras les uns des autres, *s'embrassaient*, se réfugiaient dans l'embrasure des portes pour s'essuyer les yeux et en ressortaient pour agiter leur chapeau et pousser des hourras. On entonna *Old Hundred*, *The Doxology*, *John Brown* et *The Star-Spangled Banner* [...] à d'innombrables reprises, accompagnés par un rugissement massif de la foule et une agitation unanime des chapeaux à la fin de chaque répétition. » « La seule fois où j'ai vu un peuple bouleversé au point de manifester des sentiments aussi intenses, écrivit l'auteur d'un journal intime, c'était au grand meeting pour l'Union dans Union Square, en avril 1861. » Cette fois, cependant, les sentiments étaient encore plus violents, parce qu'ils étaient « fondés sur les souvenirs de plusieurs années d'échec, de quasi-désespoir, et sur le fait que l'on tenait enfin la victoire[1] ».

Lincoln prit part à ce défoulement euphorique des tensions si longtemps réprimées, mais il songeait déjà davantage à l'avenir qu'au passé. Durant son passage à Richmond, il avait rencontré John A. Campbell, l'un des commissaires confédérés à la conférence de Hampton Roads un peu plus tôt. Campbell était désormais disposé à regagner l'Union aux conditions imposées par Lincoln. Il proposa un moyen de saper ce qui restait de l'effort de guerre sudiste ; il suffisait de laisser la législature de Virginie se réunir afin qu'elle pût retirer ses troupes de la Confédération. Le Président trouva l'idée excellente et le 6 avril, il donna l'autorisation nécessaire. Campbell, cependant, se méprit sur la position de Lincoln, croyant que ce dernier reconnaissait implicitement que la législature était le gouvernement légitime de l'État de Virginie. Or, telle n'était pas du tout l'intention de Lincoln. Il avait autorisé la réunion des « messieurs qui avaient *agi* en tant que législature de la Virginie [...], détenant de fait le pouvoir de prendre des mesures spécifiques », mais il n'était pas question de reconnaître en eux « la législature de plein droit ». De toute façon, la capitulation de Lee, qui concernait à peu près tous les soldats de Virginie, faisait de cette affaire un geste de pure forme, si bien que Lincoln revint sur sa permission et interdit à la législature de se réunir. Et le 11 avril, il prononça depuis un des balcons de la Maison-Blanche un discours soigneusement pesé sur la paix et la reconstruction, devant une foule qui fêtait la victoire de l'Union. « Il n'existe aucun organe autorisé avec lequel nous pouvons traiter », déclara-t-il — envoyant par cette phrase aux oubliettes les gouvernement des États au même titre que celui, en fuite, de Jefferson Davis. « Il ne nous reste donc qu'à partir d'éléments désorganisés et disparates et à modeler l'organe nécessaire. » C'était ce qu'il avait fait en Louisiane, en Arkansas et dans le Tennessee.

1. Foote, *Civil War*, t. III, p. 900 ; Strong, *Diary*, p. 574-575.

Défendant le gouvernement de la Louisiane, Lincoln reconnut qu'il aimerait le voir accorder le droit de vote aux Noirs sachant lire et écrire et aux anciens combattants de toutes races. Il espérait d'ailleurs le voir bientôt exaucer ce vœu ; quant aux États qui n'étaient pas encore reconstruits, le Président promit qu'il annoncerait très bientôt une politique nouvelle pour leur réintégration au sein de l'Union[1].

Un de ses auditeurs, au moins, crut comprendre par là que Lincoln se rapprochait encore des républicains radicaux. « Ça veut dire la citoyenneté pour les nègres, lança d'un ton hargneux John Wilkes Booth à un compagnon. Eh bien, à présent, nom de Dieu, je vais lui faire son affaire. C'est bien le dernier discours qu'il prononcera[2]. »

1. *CWL*, t. VIII, p. 406-407, 399-405.
2. William Hanchett, *The Lincoln Murder Conspiracies* (Urbana, Illinois, 1983), p. 37.

ÉPILOGUE

VERS LES HAUTS-FONDS DE LA VICTOIRE

Booth mit sa menace à exécution le Vendredi saint et, au cours des trois semaines suivantes, les événements se succédèrent dans un tourbillon vertigineux. Des images heurtées se dissipaient et se reformaient comme les dessins d'un kaléidoscope, laissant les sens tour à tour abattus ou exaltés : Lincoln gisant en grande pompe sur son catafalque à la Maison Blanche, le 19 avril, avec le général Grant qui sanglotait sans fausse honte devant sa dépouille ; les armées confédérées capitulant les unes après les autres, tandis que Jefferson Davis s'enfuyait vers le sud, dans l'espoir de rétablir son gouvernement au Texas et de poursuivre la guerre jusqu'à la victoire finale ; Booth tué dans une grange en flammes en Virginie ; sept millions d'hommes, femmes et enfants endeuillés bordant la voie ferrée, afin de regarder passer le convoi funèbre du Président en route pour Springfield ; le *Sultana*, un vapeur qui ramenait vers le Nord des prisonniers de guerre récemment libérés, explosant sur le Mississippi et faisant autant de victimes que le *Titanic* un demi-siècle plus tard ; Jefferson Davis capturé en Géorgie le 10 mai, accusé (à tort) de complicité dans l'assassinat de Lincoln, emprisonné et même momentanément mis aux fers à la forteresse Monroe, en Virginie, où il resta enfermé deux ans avant d'être libéré sans autre forme de procès, pour vivre jusqu'à sa quatre-vingt-unième année et aller grossir la nombreuse cohorte des écrivains confédérés qui accouchèrent de tomes volumineux pour justifier leur cause ; la grande revue de l'armée du Potomac et de l'armée de Géorgie, de Sherman, fortes de deux cent mille hommes, descendant Pennsylvania Avenue les 23 et 24 mai, dans un cortège à la fois dominateur et purificateur, avant la démobilisation qui réduisit les effectifs de plus d'un million de soldats à moins de quatre-vingt mille un an plus tard, pour redescendre finalement à vingt-sept mille hommes en temps de paix ; les soldats confédérés exténués, dépenaillés, se traînant jusque chez eux en mendiant ou en volant leur nourriture à des civils sans ressort, qui bien souvent ne savaient pas eux-mêmes où se procurer de quoi assurer leur prochain repas ; des Noirs joyeux célébrant l'avènement d'une liberté dont ils ne discernaient pas encore les limites ; des bandes organisées de déserteurs, de maquisards et de hors-la-loi sudistes ravageant une contrée où la véritable paix ne devait pas revenir avant encore plusieurs années.

Les conditions de la paix et les limites de la liberté des Noirs allaient d'ailleurs préoccuper le pays pendant les dix années à venir, sinon plus. Entre-temps, on s'était sur-le-champ attelé à la tâche de raconter la guerre et d'en évaluer les conséquences et cela ne devait plus jamais cesser. Plus de six cent vingt mille combattants avaient péri au cours des quatre années du conflit — trois cent soixante mille yankees et au moins deux cent soixante mille rebelles. Quant aux civils sudistes, il est impossible de savoir combien furent les victimes directes ou indirectes des hostilités ; tout ce que l'on peut dire, c'est que la guerre de Sécession fut aussi coûteuse en vies américaines que tous les autres conflits du pays additionnés, jusqu'à la guerre du Viêt-nam incluse. L'affranchissement de quatre millions d'esclaves et la préservation de l'Union valaient-ils ce terrible prix ? Encore une question qui, fort probablement, ne cessera jamais d'être débattue — mais en 1865, il n'y avait guère de Noirs et bien peu de nordistes pour douter de la réponse.

Avec le temps, on vit même bon nombre de sudistes en venir à partager les sentiments que Woodrow Wilson (natif de Virginie, qui vécut quatre années de son enfance dans la tourmente de la guerre en Géorgie) exprima en 1880, alors qu'il étudiait le droit à l'Université de Virginie : « C'est *parce que* j'aime le Sud que je me réjouis de l'échec de la Confédération [...]. Imaginez seulement notre Union scindée en deux États souverains séparés et indépendants ! [...] L'esclavage était en train d'amollir notre société sudiste [...]. Je reconnais [néanmoins] les vertus des chefs de la sécession et je leur rends un hommage plein d'amour [...], ainsi qu'au bon droit de la cause qu'ils croyaient défendre — et qu'au courage immortel des soldats de la Confédération[1]. » Les paroles de Wilson donnaient forme à des thèmes qui allaient aider des générations de sudistes à vivre avec leur défaite ; peut-être méritaient-ils de vaincre, mais, au bout du compte, c'était une bonne chose qu'ils eussent perdu. Cette mentalité de la cause perdue prit les proportions d'une légende héroïque, une sorte de *Crépuscule des dieux* sudiste, avec Robert E. Lee dans le rôle d'un moderne Siegfried.

Pourtant, une question obsédante poursuit aussi bien les historiens que les spécialistes du mythe sudiste ; si « Marse Robert » était un tel génie et si ses légions étaient pour ainsi dire invincibles, pourquoi donc avaient-ils perdu ? Les réponses, bien qu'elles soient presque aussi

1. Cité par Thomas J. Pressly, *Americans Interpret Their Civil War* (Princeton, 1962), p. 199-200.

nombreuses que les soldats de Lee, tendent à se répartir entre quelques grandes catégories. Pour qui se place du point de vue nordiste, une réponse fort prisée a été formulée en citant l'aphorisme de Napoléon : Dieu était du côté des plus gros bataillons. Pour les sudistes, cette même explication prenait généralement une forme assez proche de ces paroles d'un Virginien : « Jamais ils ne nous ont battus, monsieur, à moins d'être à quatre contre un. Si nous avions eu une véritable chance, si nous avions pu lutter à armes égales, nous aurions imposé notre cause et établi notre indépendance[1]. » En ce qui concernait les effectifs potentiels, le Nord jouissait d'une supériorité numérique plus de trois fois plus forte (en ne comptant que les Blancs) et, durant la majeure partie du conflit, les forces armées de l'Union bénéficièrent d'une supériorité effective de deux contre un. En matière de ressources économiques et de capacité logistique, l'avantage du Nord était encore plus important. Ainsi, selon cette explication, la Confédération luttait contre un ennemi infiniment plus fort et sa défaite était inévitable.

Cette explication, cependant, n'a pas satisfait bon nombre d'analystes. L'histoire abonde en exemples de peuples qui ont acquis ou défendu leur indépendance dans des circonstances encore plus défavorables : les Pays-Bas contre l'Espagne de Philippe II ; la Suisse contre l'empire des Habsbourg ; les insurgés américains de 1776 contre la puissance britannique ; le Viêt-nam du Nord contre les États-Unis en 1970. Compte tenu de l'avantage reconnu qu'il y a à mener un combat défensif sur son propre territoire, en défendant des lignes intérieures, si bien que le seul fait de tenir en échec un ennemi obligé d'envahir, de conquérir, d'occuper et de détruire toute faculté de résistance équivaut à une victoire, le Sud était loin de lutter en désespoir de cause. On pourrait plutôt penser, comme le montre une autre catégorie d'interprétations, que la Confédération fut fatalement affaiblie par ses divisions internes : le conflit autour des droits des États, qui dressait certains gouverneurs contre les autorités de Richmond ; la désaffection de ceux qui n'avaient pas d'esclaves vis-à-vis d'une guerre de riches livrée par les pauvres ; l'opposition des libertaires à certaines mesures nécessaires telles que la conscription et la suspension de l'*habeas corpus* ; la tiède adhésion à la Confédération des anciens whigs et des unionistes ; la déloyauté des esclaves qui passaient à l'ennemi à la première occasion ; les doutes croissants parmi les propriétaires d'esclaves eux-mêmes, quant à la justice de leur institution particulière et de leur cause. « Ainsi, la Confédération succomba pour des raisons internes plutôt qu'externes », soutiennent de nombreux historiens. Le Sud fut victime d'un « fléchissement du moral », d'une « perte de la volonté de se battre ». Ce qui manqua à

---

1. Cité par David Donald (éd.), *Why the North Won the Civil War* (Baton Rouge, 1960), p. IX.

la Confédération, ce ne furent pas « les moyens de continuer la lutte », mais bien « la volonté de le faire[1] ».

Pour illustrer leur argument, selon lequel le Sud aurait pu continuer à se battre pendant plusieurs années encore, s'il l'avait vraiment voulu, quatre historiens ont cité l'exemple fort instructif du Paraguay. Ce minuscule pays lutta pendant six ans (1865-1871) contre une alliance composée du Brésil, de l'Argentine et de l'Uruguay, dont les populations conjuguées étaient près de trente fois plus nombreuses que la sienne. Tous les hommes du pays ou presque, entre les âges de douze et soixante ans, combattirent dans les rangs de l'armée paraguayenne ; le pays perdit cinquante-six pour cent de sa population et quatre-vingts pour cent des hommes en âge de se battre. Incontestablement, « l'effort de guerre confédéré paraît bien piètre en comparaison », puisque cinq pour cent seulement de la population blanche du Sud et vingt-cinq pour cent des hommes blancs en âge de combattre furent tués. Certes, le Paraguay perdit la guerre, mais sa « ténacité [...] montre bien jusqu'où peut aller la résistance d'un peuple lorsqu'il est animé par une conviction sans faille[2] ».

On ne saisit pas très clairement si ces quatre historiens estiment que le Sud aurait dû imiter l'exemple du Paraguay. Quoi qu'il en soit, si l'explication de la défaite du Sud par ses « divisions internes » ou son « absence de volonté » ne manque pas de validité, elle n'est pas non plus vraiment convaincante. Ce qui pèche, dans les théories de ce genre, c'est que le Nord fut lui aussi en proie à de graves discordes intérieures et que, si la guerre avait eu une issue différente, on aurait pu avancer pareillement, que c'était le manque d'unité des yankees et leur volonté défaillante qui leur avaient coûté la victoire. Dans le Nord aussi, le thème de la « guerre du riche-combat du pauvre » avait détaché de l'effort de guerre une importante minorité ; l'opposition s'élevait avec véhémence contre la conscription, les impôts, la suspension de l'*habeas corpus* et autres mesures de guerre ; les gouverneurs, les législatures et les représentants de divers États s'efforcèrent d'entraver la politique du gouvernement. Et s'il est vrai que d'importants éléments de la population sudiste, aussi bien blanche que noire, se désolidarisèrent d'une guerre livrée pour préserver l'esclavage, dans le Nord des groupes non moins substantiels contestaient une guerre visant à l'abolir. Une différence cruciale entre l'Union et la Confédération fut l'institutionnalisation de l'obstruction au sein du parti démocrate dans le Nord, qui obligea les

1. Richard E. Beringer, Herman Hattaway, Archer Jones et William N. Still, Jr., *Why the South Lost the Civil War* (Athens, Géorgie, 1986), p. 439, 55 : Kenneth M. Stampp, *The Imperiled Union: Essays on the Background of the Civil War* (New York, 1980), p. 255 ; Clement Eaton, *A History of the Southern Confederacy* (éditions Collier Books, New York, 1961), p. 250.

2. Beringer et al., *Why the South Lost*, p. 440-442.

républicains à se serrer les coudes et à soutenir la politique de guerre, alors qu'il n'existait pas dans le Sud de structure politique analogue susceptible de mobiliser le soutien à l'effort de guerre et de venir à bout de la résistance.

Néanmoins, l'existence de divisions internes dans l'un et l'autre camp semble infirmer ce facteur, lorsqu'il s'agit d'expliquer la victoire de l'Union, si bien que de nombreux historiens ont préféré se pencher sur la qualité des chefs respectifs, aussi bien militaires que civils. Il existe plusieurs variantes d'une interprétation qui met en relief l'apparition progressive d'une supériorité nordiste dans ce domaine. En la personne de Beauregard, de Lee, des deux Johnston et de Jackson, le Sud bénéficia, durant les deux premières années du conflit environ, du concours de commandants militaires plus capables que ceux du Nord, alors que Davis, de par sa formation et son expérience, était plus qualifié que Lincoln pour diriger une nation en guerre. Mais la vision stratégique de Lee était limitée au théâtre de Virginie et le gouvernement confédéré négligea celui de l'Ouest, où les armées de l'Union mirent au point un vaste plan stratégique et surent trouver les généraux qu'il fallait pour le mener à bien, alors que les forces sudistes sombraient corps et biens sous des chefs incompétents qui perdirent la guerre sur ce théâtre. Dès 1863, les remarquables capacités de Lincoln lui avaient donné un avantage sur Jefferson Davis comme dirigeant de guerre, alors qu'en Grant et Sherman le Nord trouvait deux commandants possédant une conception de la guerre totale et suffisamment déterminés pour la faire triompher. En même temps, grâce à Edwin M. Stanton et à Montgomery Meigs, bien secondés par l'esprit d'entreprise des hommes d'affaires du Nord, l'Union put acquérir la supériorité dans le domaine de la mobilisation et de l'organisation de ses ressources plus considérables, ce qui lui permit d'obtenir la victoire dans le conflit moderne industrialisé que devint la guerre de Sécession[1].

Cette interprétation semble plus crédible que les autres. Pourtant, elle a aussi le défaut d'être réversible — c'est-à-dire que si le résultat avait été inverse, on pourrait citer certains de ces mêmes facteurs pour expliquer la victoire de la Confédération. En effet, si le Sud avait ses nullités comme Bragg ou Pemberton ou Hood, qui s'arrangèrent pour perdre l'Ouest, ou comme Joseph Johnston qui se battit trop peu et trop tard, le Nord

1. Voir tout spécialement T. Harry Williams, « The Military Leadership of North and South », et David M. Potter, « Jefferson Davis and the Political Factors in Confederate Defeat », in Donald (éd.), *Why the North Won*, p. 23-48,91-114 ; Thomas L. Connelly, « Robert E. Lee and the Western Confederacy : A Criticism of Lee's Strategic Ability », in John T. Hubbell (éd.), *Battles Lost and Won : Essays from Civil War History* (Westport, Conn., 1975), p. 197-214 ; Allan Nevins, *The War for the Union*, 4 vol. (New York, 1959-1971) ; Herman Hattaway et Archer Jones, *How the North Won : A Military History of the Civil War* (Urbana, 1983).

avait ses McClellan et ses Meade qui gaspillèrent des occasions en or dans l'Est, ses Pope, ses Burnside et ses Hooker qui furent à deux doigts de perdre la guerre sur le théâtre où le génie de Lee et de ses lieutenants faillit bien s'imposer, en dépit de tous les désavantages dont souffrait le Sud. Et si l'Union avait ses Stanton et ses Meigs, la Confédération de son côté avait Josiah Gorgas et d'autres héros anonymes qui accomplirent de véritables prodiges dans le domaine de l'organisation et l'improvisation. Si Lincoln n'avait pas été réélu en 1864, comme il le redoutait au mois d'août, peut-être l'Histoire nous présenterait-elle aujourd'hui Davis comme un grand chef de guerre et Lincoln comme un médiocre.

Il manque à la plupart des explications de la défaite du Sud ou de la victoire du Nord la dimension de la *contingence* — à savoir, qu'à de nombreux moments critiques du conflit les choses auraient pu tourner de façon complètement différente. Quatre grands tournants marquèrent l'issue de la guerre. Le premier survint durant l'été de 1862, lorsque les contre-offensives de Jackson et de Lee en Virginie, ainsi que celles de Kirby Smith et de Bragg dans l'Ouest, privèrent l'Union, alors en plein élan, d'une victoire qui paraissait presque acquise. Ce redressement assura une prolongation et un intensification du conflit et rendit possible une victoire sudiste, laquelle parut à son tour imminente avant chacun des trois autres tournants.

Le premier eut lieu à l'automne de la même année, 1862, lorsque les bataillles d'Antietam et de Perryville permirent de repousser les invasions confédérées, de prévenir *in extremis* une médiation européenne et une reconnaissance diplomatique de la Confédération, d'empêcher peut-être une victoire démocrate aux élections de 1862, laquelle aurait fort bien pu interdire au gouvernement de poursuivre la guerre, et enfin de préparer la voie à la proclamation d'émancipation qui élargit la portée et l'objectif du conflit. Le troisième instant critique survint durant l'été et l'automne de 1863, avec Gettysburg, Vicksburg et Chattanooga qui firent basculer le cours des événements vers la victoire finale de l'Union.

On crut à la possibilité d'un ultime renversement de situation durant l'été de 1864, lorsque les épouvantables pertes subies par les armées fédérales et l'apparente absence de progrès, surtout en Virginie, mirent le Nord au bord des négociations de paix et de l'élection d'un Président démocrate. Mais la prise d'Atlanta et la destruction de l'armée d'Early par Sheridan, dans la vallée de la Shenandoah, gagnèrent la partie pour le Nord. Ce ne fut qu'alors, cependant, qu'il devint possible de parler de l'inévitabilité d'une victoire de l'Union. Ce ne fut qu'alors que le Sud subit une irréparable « perte de la volonté de se battre ».

Parmi toutes les raisons avancées pour expliquer la défaite de la Confédération, la thèse de la perte de volonté pèche surtout par une autre sorte de réversibilité — celle qui consiste à mettre la charrue avant les bœufs. C'est la défaite qui engendre la démoralisation et la perte de volonté; la victoire, au contraire, regonfle le moral et renforce la détermination de gagner. Rien n'illustre mieux cela que la transformation radicale de la volonté *nordiste* qui passa du défaitisme du mois d'août 1864 à une « profonde détermination [...] de lutter jusqu'au bout », au point d' « étonner » un journaliste britannique un mois plus tard. Ces changements d'humeur étaient dus principalement aux événements survenus sur le champ de bataille. La victoire nordiste et la défaite sudiste dans cette guerre ne peuvent être comprises que si l'on tient compte de la contingence qui pesa sur chaque campagne, chaque bataille, chaque élection, chaque décision, à tous les instants du conflit. C'est dans un cadre narratif que l'on est le mieux à même de présenter ce phénomène — cadre que le présent ouvrage s'est efforcé de fournir.

Les discussions concernant les causes et les conséquences de la guerre de Sécession, ainsi que les raisons de la victoire du Nord, continueront aussi longtemps qu'il y aura des historiens pour manier la plume — qui est, on le sait, peut-être même pour ce sanglant conflit, plus puissante que l'épée. Toutefois, certaines des grandes conséquences de la guerre paraissent évidentes. La sécession et l'esclavage périrent pour ne plus jamais revivre, ni l'une, ni l'autre, au cours des cent vingt-cinq années écoulées depuis Appomattox. Ces deux disparitions entraînèrent une transformation plus vaste de la société et de la vie politique américaines, transformation ponctuée sinon entièrement accomplie par la guerre. Avant 1861, les anglophones considéraient en général les deux mots « États Unis » comme un pluriel : « les États-Unis *sont* une république », disait-on.

La guerre marqua la transition vers le singulier. L'Union devint aussi la nation et de nos jours, les Américains parlent rarement de leur union, sinon au sens historique du terme. Ce furent les discours que prononça Lincoln au cours de la guerre qui marquèrent cette transition. Dans celui qu'il fit lors de son entrée en fonctions, le 4 mars 1861, il utilisa le mot « Union » vingt fois et pas une seule fois le mot « nation ». Dans son premier message au Congrès, le 4 juillet de la même année, le mot « Union » revenait à trente-deux reprises contre trois pour « nation ». Dans sa lettre du 22 août 1862, à Horace Greeley, concernant les rapports de l'esclavage et de la guerre, Lincoln mentionnait huit fois l'Union et pas du tout la nation. A peine un an plus tard, dans le célèbre discours de Gettysburg, le Président ne fit pas la moindre allusion à l' « Union », mais eut cinq fois recours au mot « nation » pour évoquer le renouveau de la liberté et du nationalisme aux États-Unis. Et dans le discours prononcé pour marquer le début officiel de son second mandat, jetant un regard rétrospectif sur les événements des quatre dernières années, Lincoln précisa qu'un des camps en présence avait cherché à dissoudre l'*Union*, en 1861, tandis que l'autre avait relevé le défi de la guerre pour préserver la *nation*.

La vieille république fédérale, dans le cadre de laquelle le gouvernement national n'avait guère touché le citoyen moyen, sinon par le biais de la poste, céda la place à un système politique plus centralisé qui se mit à percevoir des impôts directs et créa pour ce faire un bureau du fisc, qui incorpora les hommes dans l'armée, qui étendit la juridiction des cours fédérales, qui inaugura une monnaie et un système bancaire nationaux et qui établit la première agence nationale d'assistance sociale — le bureau des Affranchis. Onze des douze premiers amendements à la Constitution avaient limité les pouvoirs du gouvernement national ; six des sept suivants, à commencer par le treizième amendement de 1865, renforcèrent considérablement ces mêmes pouvoirs aux dépens de ceux des États.

Ce changement dans l'équilibre fédéral survint parallèlement à un glissement radical du pouvoir politique du Sud vers le Nord. Pendant quarante-neuf des soixante-douze premières années de la république (de 1789 à 1861) — soit plus des deux tiers de la période en question —, le président du pays fut un propriétaire d'esclaves résidant dans l'un des futurs États confédérés.

Au Congrès, vingt-trois des trente-six présidents de la Chambre et vingt-quatre des présidents intérimaires du Sénat furent des sudistes. La Cour suprême avait toujours eu une majorité sudiste ; vingt des trente-cinq juges qui se succédèrent jusqu'en 1861 avaient été nommés par des États esclavagistes. Après la guerre, il fallut attendre un siècle avant de voir un habitant d'un des anciens États confédérés accéder à la présidence du pays. Pendant un demi-siècle, *pas un seul* président de la Chambre ou président intérimaire du Sénat ne fut originaire du Sud et cinq seulement des vingt-six membres de la Cour suprême durant ce demi-siècle furent des sudistes.

Ces chiffres sont le symbole d'un changement brutal et permanent dans la direction du développement américain. Pendant la majeure partie de l'histoire américaine, le Sud a paru différent du reste des États-Unis, muni d'une « identité distincte et unique [...] qui paraissait rester à l'écart du courant principal de l'expérience américaine[1] ». Cela dit, on peut se demander quand le courant nordiste devint le courant principal ? En se replaçant dans une perspective plus large, on pourrait faire valoir qu'avant la guerre de Sécession, c'était le *Nord* qui était exceptionnel et unique. Au cours de la génération qui précéda le conflit, le Sud ressemblait davantage à la majorité des sociétés du globe que le Nord, en proie à de rapides bouleversements. Même si l'esclavage ou le servage

1. Monroe L. Billington (éd.), *The South : A Central Theme ?* (Huntington, N.Y., 1976), p. 1.

avaient été abolis dans la plus grande partie de l'hémisphère occidental et de l'Europe de l'Ouest, la majorité des nations du monde avaient — comme le Sud — une force ouvrière non libre ou quasi libre. La plupart des sociétés étaient toujours à prédominance rurale, agricole, employant une main-d'œuvre importante ; la plupart, y compris d'ailleurs plusieurs pays d'Europe, possédaient un taux d'analphabétisme aussi élevé, voire plus, que les quarante-cinq pour cent du Sud ; la plupart, comme le Sud, restaient unies par les valeurs et les liens traditionnels de la famille, de la parenté, de la hiérarchie et du patriarcat. Le Nord — ainsi que quelques pays du nord-ouest de l'Europe — allait de l'avant, avec enthousiasme, vers un avenir de capitalisme industriel que de nombreux sudistes trouvaient déplaisant, sinon effrayant ; avant 1861, le Sud restait avec fierté, et même avec défi, enraciné dans le passé.

Ainsi, lorsque les sécessionnistes prétendaient que leurs actes visaient à préserver les droits et les valeurs traditionnels, ils avaient raison. Ils se battaient pour protéger leurs libertés constitutionnelles contre la menace que le Nord faisait peser sur elles. En l'espace de trois quarts de siècle, la conception que le Sud se faisait du républicanisme n'avait pas changé ; celui du Nord, si. Avec une absolue sincérité, le Sud lutta pour préserver sa propre version de la république des pères fondateurs : un gouvernement aux pouvoirs limités, qui protégeait les droits de propriété et dont l'électorat se composait de grands et petits propriétaires terriens de race blanche, que ne venaient nullement perturber les troubles engendrés par les grandes villes, les usines impersonnelles, les travailleurs libres trop agités et les conflits de classes. L'accession au pouvoir du parti républicain, avec son idéologie fondée sur un capitalisme dominé par la libre concurrence, l'égalitarisme et le travail libre, fut pour le Sud le signal indiquant que la majorité des nordistes s'était irrévocablement tournée vers cet effrayant avenir révolutionnaire. D'ailleurs, le parti des républicains noirs passait aux yeux de nombreux sudistes pour « un parti essentiellement révolutionnaire », composé d'une « foule hétéroclite de sans-culottes [...], de mécréants et d'adeptes de l'amour libre, mâtinés de femmes dévergondées, d'esclaves fugitifs et de partisans de l'amalgame des races[1] ». Par conséquent, la sécession était une contre-révolution préventive, afin d'empêcher la révolution des républicains noirs d'engloutir le Sud. « Ce n'est pas nous qui sommes des révolutionnaires, répétèrent avec insistance James B.D. DeBow et Jefferson Davis durant le conflit. Nous, nous résistons à la révolution [...]. Nous sommes des conservateurs[2]. »

1. *New Orleans Daily Delta*, 3 novembre 1860 ; Steven A. Channing, *Crisis of Fear : Secession in South Carolina* (New York, 1970), p. 287.
2. *DeBow's Review*, n° 33 (1862), p. 44 ; Rowland, *Davis*, t. VI, p. 357.

La victoire de l'Union détruisit la vision sudiste de l'Amérique et garantit que celle du Nord s'étendrait au pays tout entier. Jusqu'en 1861, cependant, c'était le Nord et non le Sud qui se situait à l'écart du courant dominant. Certes les États septentrionaux, ainsi que la Grande-Bretagne et quelques pays du nord-ouest de l'Europe, étaient occupés à ouvrir dans l'histoire du monde une voie nouvelle qui l'aurait sans doute emporté, même si la guerre de Sécession n'avait pas eu lieu. La Russie avait aboli le servage en 1861, ce qui parachevait la dissolution de cette ancienne institution du travail obligatoire en Europe. Pour les Américains, cependant, le tournant fut la guerre civile. Un planteur de Louisiane qui regagna tristement ses pénates après la guerre écrivit en 1865 : « La société a été radicalement transformée par la guerre. La révolution [française] de 1789 n'avait pas provoqué un plus profond changement dans l'Ancien Régime que celle-ci ne l'a fait dans notre société. » Et quatre ans plus tard, George Ticknor, professeur de Harvard à la retraite, déclarait que la guerre de Sécession avait créé « un vaste abîme entre ce qui s'est passé avant au cours de notre siècle et ce qui est arrivé depuis, ou ce qui est susceptible de survenir par la suite. Je n'ai plus l'impression de vivre dans le pays où je suis né[1] ». Ce fut de la guerre que jaillit le raz de marée qui devait précipiter le courant de l'histoire américaine sur une voie nouvelle et faire passer le fardeau de la singularité du Nord au Sud.

Quelle serait la place des esclaves affranchis et de leurs descendants au sein de cet ordre nouveau ? En 1865, un soldat noir, reconnaissant son ancien maître parmi un groupe de prisonniers confédérés qu'il était chargé de garder, le salua par ces mots : « Bonjour, m'sieur ; pour cette fois, c'est le dessous du panier qu'est sur le dessus[2] ! » Cet arrangement durerait-il ? C'est là une question qui a préoccupé nombre d'Américains depuis 1865 et qui n'a toujours pas été résolue. La guerre de Sécession fournit une réponse définitive à deux questions cruciales : Les États-Unis survivraient-ils sous forme d'une seule nation ? L'esclavage subsisterait-il dans une partie quelconque des États-Unis ? La victoire nordiste permit de préserver l'intégrité de la nation et d'abolir la servitude. Mais une troisième question vitale — quelle serait la place des esclaves affranchis et de leurs descendants dans la société ? — demeure aujourd'hui encore vivace et épineuse. Au début de la guerre de Sécession, Abraham Lincoln avait dit que la question de la nation et celle de la démocratie, pour lesquelles on livrait ce conflit, concernaient « davantage

1. Lettre de Richard Taylor à Samuel L. M. Barlow, 13 décembre 1865, Barlow Papers, Bibliothèque Henry E. Huntington ; Ticknor, cité par Morton Keller, *Affairs of State: Public Life in Late Nineteenth Century America* (Cambridge, Mass., 1977), p. 2.

2. Leon F. Litwack, *Been in the Storm So Long : The Aftermath of Slavery* (New York, 1979), p. 489.

que le destin des seuls États-Unis » et qu'elles se posaient à « la famille humaine tout entière ». On pourrait en dire autant des relations interraciales et de la place des minorités. Ces questions liées aux causes de la guerre de Sécession concernent elles aussi la famille humaine tout entière, en France, en Union soviétique et dans bien d'autres pays, tout autant qu'aux États-Unis. Cent vingt-cinq ans après la guerre entre les Bleus et les Gris, les tensions raciales demeurent et portent en elles, comme un abcès suppurant, la menace de futures guerres civiles.

POPULATION NOIRE ET BLANCHE DES ÉTATS-UNIS EN 1860

(Établie à partir des bordereaux du recensement de 1860)

État	Noirs		Blancs	Total
	Esclaves	Libres		
ÉTATS-UNIS	3.953.760	488.070	26.922.537	31.364.367
ÉTATS-LIBRES	18	225.224	18.512.183	18.737.425
ÉTATS ESCLAVAGISTES	3.950.511	250.787	7.936.619	12.127.977
NOUVELLE-ANGLETERRE		24.711	3.110.480	3.135.191
Maine		1.327	626.947	628.274
New Hampshire		494	325.579	326.073
Vermont		709	314.369	315.078
Massachusetts		9.602	1.221.432	1.231.034
Rhode Island		3.952	170.649	174.601
Connecticut		8.627	451.504	460.131
MOYEN ATLANTIQUE	18	131.272	7.327.548	7.458.838
New York		49.005	3.831.590	3.880.595
New Jersey	18	25.318	646.699	672.035
Pennsylvanie		56.949	2.849.259	2.906.208
CENTRE NORD-EST		63.699	6.855.644	6.919.343
Ohio		36.673	2.302.808	2.339.481
Indiana		11.428	1.338.710	1.350.138
Illinois		7.628	1.704.291	1.711.919
Michigan		6.799	736.142	742.941
Wisconsin		1.171	773.693	774.864
CENTRE NORD-OUEST	114.931	4.900	1.906.583	2.026.414
Minnesota		259	169.395	169.654
Iowa		1.069	673.779	674.848
Missouri	114.931	3.572	1.063.409	1.181.912

État	Noirs		Blancs	Total
	Esclaves	Libres		
Atlantique Sud	1.837.260	196.622	3.144.344	5.178.226
Delaware	1.798	19.829	90.589	112.216
Maryland	87.189	83.942	515.918	687.049
Virginie	490.865	58.042	1.047.299	1.586.206
Caroline du Nord	331.059	30.463	629.942	991.464
Caroline du Sud	402.406	9.914	291.300	703.620
Georgie	462.198	3.500	491.550	957.248
Floride	61.745	932	77.746	140.423
Centre Sud-Est	1.372.913	21.447	2.626.376	4.019.736
Kentucky	225.483	10.684	919.484	1.155.651
Tennessee	275.719	7.300	826.722	1.108.741
Alabama	435.080	2.690	526.271	964.041
Mississippi	436.631	773	353.899	791.303
Centre Sud-Ouest	625.407	19.146	1.102.490	1.727.043
Arkansas	111.115	144	324.143	435.402
Louisiane	331.726	18.647	357.456	708.002
Texas	182.566	355	420.891	603.812
Pacifique		4.214	375.337	379.451
Oregon		128	52.160	52.188
Californie		4.086	323.177	327.263
District de Columbia	3.185	11.131	60.763	75.079
Territoires	46	928	310.316	311.290
Nebraska	15	67	28.696	28.778
Kansas	2	625	106.390	107.017
Colorado		46	34.231	34.277
Nouveau-Mexique		85	82.924	83.009
Utah	29	30	40.125	49.184
Nevada		45	6.812	6.857
Washington		30	11.138	11.168

TABLE DES ABRÉVIATIONS

Nous indiquons ci-dessous les abréviations les plus couramment utilisées pour les titres d'ouvrages qui figurent dans les notes en bas de page.

AHR : *American Historical Review*

Battles and Leaders : Clarence C. Buel and Robert U. Johnson (éd.), *Battles and Leaders of the Civil War*, 4 vol. (New York, 1888)

CG : *Congressional Globe*

CWH : *Civil War History*

CWL : Roy C. Basler (éd.), *The Collected Works of Abraham Lincoln*, 9 vol. (New Brunswick, N.J., 1952-1955)

Dennett, *Lincoln/Hay* : Tyler Dennett (éd.), *Lincoln and the Civil War in the Diaries and Letters of John Hay* (New York, 1939)

Foote, *Civil War* : Shelby Foote, *The Civil War : A Narrative*, 3 vol. (New York, 1958, 1963, 1974)

JAH : *Journal of American History*

Jones, *War Clerk's Diary* (Miers) : John B. Jones, *A Rebel War Clerk's Diary*, éd. Earl Schenck Miers (New York, 1958)

Jones, *War Clerk's Diary* (Swiggett) : John B. Jones, *A Rebel War Clerk's Diary at the Confederate States Capitol*, éd. Henry Swiggett (New York, 1935)

JSH : *Journal of Southern History*

MVHR : *Mississippi Valley Historical Review*

Nevins, *Emergence* : Allan Nevins, *The Emergence of Lincoln*, 2 vol. (New York, 1950). Tome I : *Douglas, Buchanan, and Party Chaos 1857-1859.* Tome II : *Prologue to Civil War, 1859-1861*

Nevins, *Ordeal* : Allan Nevins, *Ordeal of the Union*, 2 vol. (New York, 1947). Tome I : *Fruits of Manifest Destiny, 1847-1852.* Tome II : *A House Dividing, 1852-1857*

Nevins, *War* : Allan Nevins, *The War for the Union*, 4 vol. (New York, 1959, 1960, 1971). Tome I : *The Improvised War, 1861-1862;* Tome II : *War Becomes Revolution.* Tome III : *The Organized War, 1863-1864.* Tome IV : *The Organized War to Victory, 1864-1865*

O.R. Navy : *Official Records of the Union and Confederate Navies in the War of the Rebellion*, 30 vol. (Washington, 1894-1922)

O.R. : *War of the Rebellion [...] Official Record of the Union and Confederate Armies*, 128 vol. (Washington, 1880-1901)

Potter, *Impending Crisis* : David M. Potter, *The Impending Crisis 1848-1861* (New York, 1976)

Rowland, *Davis* : Dunbar Rowland (éd.), *Jefferson Davis, Constitutionalist : His Letters, Papers, and Speeches*, 10 vol. (Jackson, Mississippi, 1923)

Strong, *Diary* : *The Diary of George Templeton Strong*, tome III : *The Civil War 1860-1865*, éd. Allan Nevins et Milton Halsey Thomas (New York, 1952)

Wiley, *Billy Yank* : Bell Irvin Wiley, *The Life of Billy Yank : The Common Soldier of the Union* (Indianapolis, 1952)

Wiley, *Johnny Reb* : Bell Irvin Wiley, *The Life of Johnny Reb : The Common Soldier of the Confederacy* (Indianapolis, 1943)

Woodward, *Chestnut's Civil War* : C. Vann Woodward (éd.), *Mary Chestnut's Civil War* (New Haven, 1981)

NOTICE BIBLIOGRAPHIQUE

Dans ce guide de lectures ayant trait à la guerre de Sécession et à ses causes ne figurent que quelques-unes des études citées dans les notes, lesquelles ne constituent d'ailleurs qu'une fraction des sources consultées pour la rédaction du présent ouvrage. Or, les recherches entreprises dans ce but ne faisaient elles-mêmes qu'effleurer l'énorme littérature consacrée à l'ère de la guerre de Sécession, laquelle regroupe plus de cinquante mille livres et brochures sur les seules années du conflit — sans compter d'innombrables articles, thèses de doctorat et recueils manuscrits. On dit d'ailleurs qu'en dehors de Jésus de Nazareth et de William Shakespeare, Abraham Lincoln est l'homme sur lequel on a le plus écrit en langue anglaise.

La meilleure introduction à cette période de l'histoire américaine se présente sous la forme de deux études en plusieurs volumes, publiées à un demi-siècle de distance, qui sont désormais des classiques de l'historiographie de notre pays : *History of the United States from the Compromise of 1850 to the Restoration of Home Rule at the South*, 7 vol. (New York, 1892-1906) de James Ford Rhodes ; et les deux ouvrages d'Allan Nevins, *Ordeal of the Union* en quatre volumes et *The War for the Union*, également en quatre volumes (New York, 1947-1971). Ces œuvres magistrales offrent une interprétation fortement nationaliste de la crise de l'Union, comme le font presque toutes les biographies de Lincoln, dont les plus riches sont d'une part celle due aux secrétaires particuliers du Président durant la guerre, John G. Nicolay et John Hay, *Abraham Lincoln : A History* en dix volumes (New York, 1890) ; et d'autre part celle de James G. Randall, *Lincoln the President*, en quatre volumes (New York, 1945-1955 ; le tome VI a été achevé par Richard N. Current), un véritable tour de force d'érudition que seule vient gâter une volonté de faire entrer Lincoln dans un moule conservateur qui, de toute évidence, ne lui convenait pas vraiment. On trouvera l'antithèse de cette optique dans une biographie en un seul volume de Stephen B. Oates, qui se lit très agréablement, *With Malice Toward None : The Life of Abraham Lincoln* (New York, 1977). Le point de vue sudiste, concernant cette époque fertile en discordes, est reflété dans l'ouvrage en trois volumes de Hudson

Strode, *Jefferson Davis* (New York, 1955-1964). Les écrits de ces deux principaux protagonistes de la saga du nationalisme américain et confédéré ont été publiés sous la direction de Roy P. Basler, *The Collected Works of Abraham Lincoln*, 9 vol. (New Brunswick, 1953-1955) et *The Collected Works of Abraham Lincoln — Supplement, 1832-1865* (New Brunswick, 1974) ; et de Dunbar Rowland, *Jefferson Davis, Constitutionalist : His Letters, Papers, and Speeches*, 10 vol. (Jackson, Mississippi, 1923). Cela dit, en ce qui concerne les années antérieures à 1855, l'ouvrage de Rowland est désormais supplanté par la nouvelle présentation de Haskell M. Monroe Jr., James T. McIntosh, Lynda L. Crist et Mary S. Dix, *The Papers of Jefferson Davis*, 5 vol. à ce jour (Baton Rouge, 1971-1985). *The Abraham Lincoln Encyclopedia* de Mark E. Neely Jr. (New York, 1982) contient une incroyable quantité de renseignements fort utiles concernant le conflit Nord-Sud et la guerre ; de même que *The Encyclopedia of Southern History* (Baton Rouge, 1979), publié sous la direction de David C. Roller et Robert W. Twyman. Deux autres ouvrages de référence, même s'ils se concentrent surtout sur les événements et le personnel militaire, présentent aussi en partie l'évolution politique de la période d'avant-guerre et de la guerre : il s'agit de *The Civil War Dictionary* (New York, 1959), de Mark M. Boatner III ; et de *Historical Times Illustrated Encyclopedia of the Civil War* (New York, 1986), publié sous la direction de Patricia L. Faust.

George Rogers Taylor est l'auteur d'une étude de l'évolution économique avant la guerre, désormais considérée comme un classique qu'il faut avoir lu, *The Transportation Revolution, 1815-1860* (New York, 1951). Une étude plus récente, par le doyen des historiens américains spécialisés dans l'économie, s'intéresse aussi à la période d'avant-guerre ; il s'agit de *Frontiers of Change : Early Industrialism in America* (New York, 1981) de Thomas C. Cochran. Quant au livre de Brook Hindle et Steven Lubar, *Engines of Change : The American Industrial Revolution 1790-1860* (Washington, 1987), il souligne l'importance des innovations technologiques. Nathan Rosenberg a tenu la chronique de la montée du « système américain de manufactures » dans un ouvrage qu'il a supervisé, *The American System of Manufactures* (Edimbourg, 1969), de même qu'Otto Mayr et Robert C. Post pour *Yankee Enterprise : The Rise of the American System of Manufactures* (Washington, 1981). Paul Wallace Gates, avec *The Farmers' Age : Agriculture 1815-1860* (New York, 1962), a fait l'historique des changements survenus dans l'agriculture ; tandis que Gavin Wright, *The Political Economy of the Cotton South* (New York, 1978), et Harold D. Woodman, *King Cotton and His Retainers* (Lexington, 1988), analysent la production et l'écoulement de la principale matière première du Sud. Dans *The Americans : The National Experience*[1] (New York, 1965), Daniel J. Boorstin fournit des vignettes passionnantes sur les rapports qu'avaient entre eux et avec leur environnement les Américains appartenant à tous les milieux.

---

1. Traduction française *Les Américains* (A. Colin) ; trois volumes à paraître dans « Bouquins ».

L'étude la plus succincte et la plus mesurée de l'éducation durant cette période est due à Carl F. Kaestle, *Pillars of the Republic : Common Schooling and American Society, 1780-1860* (New York, 1983), qui fait la synthèse d'une vaste somme de recherches dans un style agréable. Sur l'immigration et le nativisme, on ne saurait mieux commencer qu'avec trois ouvrages de référence : ceux de Marcus Lee Hansen, *The Atlantic Migration 1607-1860* (Cambridge, Mass., 1940) ; Oscar Handlin, *Boston's Immigrants 1790-1880 : A Study in Acculturation* (éd. révisée, Cambridge, Mass., 1959) ; et Ray Allen Billington, *The Protestant Crusade 1800-1860* (New York, 1938). Le milieu des Américains d'origine irlandaise est analysé dans *Paddy and the Republic : Ethnicity and Nationality in Antebellum America* (Middletown, Connecticut, 1986) de Dale T. Knobel. En ce qui concerne le mouvement en faveur de la tempérance avant la guerre, voir Ian S. Tyrell, *Sobering Up : From Temperance to Prohibition in Antebellum America 1800-1860* (Westport, Connecticut,1979) ; et aussi Jed Dannenbaum, *Drink and Disorder : Temperance Reform in Cincinnati from the Washingtonian Revival to the WCTU* (Urbana, 1984). Quant à la meilleure introduction à l'importante littérature concernant le mouvement abolitionniste, il s'agit sans doute du livre de James Brewer Stewart, *Holy Warriors : The Abolitionists and American Slavery* (New York, 1976) ; auquel il convient d'ajouter celui de Ronald G. Walters, *The Antislavery Appeal : American Abolitionism after 1830* (Baltimore, 1976).

Au cours de ces dernières années, l'impact de la transformation économique de l'avant-guerre sur la classe ouvrière américaine a fait l'objet de nombreuses excellentes études, notamment celles de Thomas Dublin, *Women at Work : The Transformation of Work and Community in Lowell, Massachusetts, 1826-1860* (New York, 1979) ; de Jonathan Prude, *The Coming of Industrial Order : Town and Factory Life in Rural Massachusetts, 1810-1860* (Cambridge, 1983) ; de Sean Wilentz, *Chants Democratic : New York City and the Rise of the American Working Class, 1788-1850* (New York, 1984) ; et de Steven J. Ross, *Workers on the Edge : Work, Leisure, and Politics in Industrializing Cincinnati, 1788-1890* (New York, 1985). Les changements survenus dans le rôle de la femme et de la famille durant cette période ont aussi donné matière à une littérature fournie et croissante ; on retiendra notamment : Nancy F. Cott, *The Bonds of Womanhood : « Woman's Sphere » in New England, 1780-1835* (New Haven, 1977) ; Carl N. Degler, *At Odds : Women and the Family in America from the Revolution to the Present* (New York, 1980) ; Mary P. Ryan, *Cradle of the Middle Class : The Family in Oneida County, New York, 1790-1865* (Cambridge, Mass., 1981) ; Catherine Clinton, *The Plantation Mistress : Woman's World in the Old South* (New York, 1982) ; et Ellen Carol DuBois, *Feminism and Suffrage : The Emergence of an Independent Women's Movement in America 1848-1869* (Ithaca, 1978).

Le « système du deuxième parti » des démocrates jacksoniens et des whigs de Clay, qui se forma autour des questions économiques liées à la banque, à la révolution des transports et à l'industrialisation des années 1830, a été analysé par Richard P. McCormick, *The Second American Party System :*

Party Formation in the Jacksonian Era (Chapel Hill, 1966) ; Arthur M. Schlesinger Jr., *The Age of Jackson* (Boston, 1945) ; Jean Baker, *Affairs of Party : The Political Culture of Northern Democrats in the Mid-Nineteenth Century* (Ithaca, 1983) ; Daniel Walker Howe, *The Political Culture of the American Whigs* (Chicago, 1979) ; John Ashworth, *« Agrarians & Aristocrats » : Party Political Ideology in the United States, 1837-1846* (Londres, 1983) ; Harry L. Watson, *Liberty and Power : The Politics of Jacksonian America* (New York, 1990) ; Bray Hammond, *Banks and Politics in America from the Revolution to the Civil War* (Princeton, 1957) ; James Roger Sharp, *The Jacksonians versus the Banks : Politics in the States after the Panic of 1837* (New York, 1970) ; et William G. Shade, *Banks or No Banks : The Money Issue in Western Politics, 1832-1865* (Detroit, 1972). Les partisans les plus virulents d'une interprétation « ethnoculturelle » de la politique dans le Nord sont : Lee Benson, *The Concept of Jacksonian Democracy : New York as a Test Case* (Princeton, 1961) ; et Ronald P. Formisano, *The Birth of Mass Political Parties : Michigan, 1827-1861* (Princeton, 1971). La forme des relations entre l'économie, la société et la culture politique dans le Sud, avec un intérêt particulier pour les Blancs qui ne possédaient pas d'esclaves, a été étudiée par J. Mills Thornton III, *Politics and Power in a Slave Society : Alabama, 1800-1860* (Baton Rouge, 1978) ; Steven Hahn, *The Roots of Southern Populism : Yeoman Farmers and the Transformation of the Georgia Upcountry, 1850-1890* (New York, 1983) ; Marc W. Kruman, *Parties and Politics in North Carolina 1836-1865* (Baton Rouge, 1983) ; Harry L. Watson, *Jacksonian Politics and Community Conflict : The Emergence of the Second American Party System in Cumberland County, North Carolina* (Baton Rouge, 1981) ; Paul D. Escott, *Many Excellent People : Power and Privilege in North Carolina, 1850-1900* (Chapel Hill, 1985) ; J. William Harris, *Plain Folk and Gentry in a Slave Society : White Liberty and Black Slavery in Augusta's Hinterlands* (Middletown, Connecticut, 1986) ; et Lacy Ford, *Origins of Southern Radicalism : The South Carolina Upcountry, 1800-1860* (New York, 1989).

Aucun aspect de l'histoire du Sud — non plus d'ailleurs que de l'histoire américaine — n'a attiré davantage d'attention que l'esclavage. Parmi les dizaines d'ouvrages stimulants et importants sur les esclaves et leurs maîtres, ceux qui suivent constituent un point de départ pour comprendre l'institution particulière : Ulrich B. Phillips, *American Negro Slavery* ([1918] ; réédité avec une préface d'Eugene Genovese, (Baton Rouge, 1966) ; Kenneth M. Stampp, *The Peculiar Institution : Slavery in the Ante-Bellum South* (New York, 1956) ; Stanley M. Elkins, *Slavery : A Problem in American Institutional and Intellectual Life* (1re édition, 1959 ; 3e édition révisée, Chicago, 1976) ; Eugene D. Genovese, *The Political Economy of Slavery* (New York, 1965) et *Roll, Jordan, Roll : The World the Slaves Made* (New York, 1974) ; John W. Blassingame, *The Slave Community : Plantation Life in the Antebellum South* (1re édition, 1972 ; édition révisée et augmentée, New York, 1979)) ; Robert W. Fogel et Stanley L. Engerman, *Time on the Cross : The Economics of American Negro Slavery* (Boston,

1974) ; *Reckoning with Slavery : A Critical Study in the Quantitative History of American Negro Slavery* (New York, 1976), de Paul A. David et quelques autres, est une anthologie de certaines des nombreuses critiques et contestations qu'a suscitées l'ouvrage précédent ; voir aussi Herbert G. Gurman, *The Black Family in Slavery and Freedom* (New York, 1976) ; Willie Lee Rose, *Slavery and Freedom* (New York, 1982) ; et James Oakes, *The Ruling Race : A History of American Slaveholders* (New York, 1982). Une étude comparative révèle beaucoup de choses sur l'esclavage aux États-Unis ; il s'agit de l'ouvrage de Peter Kolchin, *Unfree Labor : American Slavery and Russion Serfdom* (Cambridge, Mass., 1987). Dans *Within the Plantation Household : Black and White Women of the Old South* (Chapel Hill, 1988), Elizabeth Fox-Genovese analyse l'interaction complexe entre les races et les sexes dans le contexte de l'esclavage et de la vie des plantations. Une autre étude, *Without Consent or Contract : The Rise and Fall of American Slavery* (New York, 1989), de Robert W. Fogel, replace l'esclavage et le mouvement antiesclavagiste dans le cadre de l'économie politique aux XVIIIe et XIXe siècles. Leon F. Litwack, *North of Slavery : The Negro in the Free States* (Chicago, 1961), et Ira Berlin, *Slaves without Masters : The Free Negro in the Antebellum South* (New York, 1974), se sont penchés sur le triste sort des Noirs libres tant dans le Nord que dans le Sud. Si l'on veut connaître l'histoire d'une famille noire libre qui possédait elle-même des esclaves, on peut lire l'ouvrage de Michael P. Johnson et James L. Roark, *Black Masters : A Free Family of Color in the Old South* (New York, 1984).

En ce qui concerne l'abondante littérature ayant trait à la frontière et au mouvement vers l'ouest, on ne peut citer ici qu'un minuscule échantillon. Malcolm J. Rohrbaugh, *The Trans-Appalachian Frontier* (New York, 1978), retrace le peuplement de l'empire intérieur entre les Appalaches et le Mississippi, tandis que Ray Allen Billington, *The Far Western Frontier 1830-1860* (New York, 1956) en fait autant pour la vaste région située à l'ouest du Mississippi. L'expansionisme de l'administration Polk, qui entraîna la guerre contre le Mexique, a été étudié par : Frederick Merk, *Manifest Destiny and Mission in American History* (New York, 1963) ; Norman A. Graebner, *Empire on the Pacific : A Study in Continental Expansion* (New York, 1955) ; et David Pletcher, *The Diplomacy of Annexation : Texas, Mexico, and the Mexican War* (Columbia, Missouri, 1973). L'enthousiasme populaire que suscita cette guerre victorieuse de conquête est dépeint dans *To the Halls of the Montezumas : The War with Mexico in the American Imagination* (New York, 1985), de Robert W. Wagner ; mais si l'on s'intéresse à la vive opposition à la guerre parmi les whigs et les antiesclavagistes, il faut consulter John H. Schroeder, *Mr. Polk's War : American Opposition and Dissent, 1846-1848* (Madison, 1973).

Les fatales conséquences de la controverse concernant l'expansion de l'esclavage dans les territoires anciennement mexicains sont le point de départ du meilleur ouvrage en un seul tome sur l'antagonisme Nord-Sud, qui mena à la guerre de Sécession ; il s'agit de *The Impending Crisis 1848-1861* (New

York, 1976) de David M. Potter. Une étude plus brève insiste sur l'effondrement du système du second parti, plutôt que sur l'antagonisme Nord-Sud, en tant que facteur ayant déclenché la sécession : *The Political Crisis of the 1850s* (New York, 1978) de Michael F. Holt. L'avènement du parti du Free Soil a été traité par Richard H. Sewell, *Ballots for Freedom : Antislavery Politics in the United States 1837-1860* (New York, 1976) ; par Joseph G. Rayback, *Free Soil : The Election of 1848* (Lexington, Kentucky, 1970) ; et par Frederick J. Blue, *The Free Soilers : Third Party Politics 1848-1854* (Urbana, 1973). Le compte rendu le plus concis du processus fort complexe qui mena au Compromis de 1850 est celui de Holman Hamilton, *Prologue to Conflict : The Crisis and Compromise of 1850* (Lexington, Kentucky, 1964).

On pourra suivre les progrès de l'hostilité et la violence engendrées par la loi sur les esclaves fugitifs chez Stanley W. Campbell, *The Slave Catchers : Enforcement of the Fugitive Slave Law 1850-1860* (Chapel Hill, 1970) ; et chez Thomas D. Morris, *Free Men All : The Personal Liberty Laws of the North 1780-1861* (Baltimore, 1974). La quête manquée du Sud pour une indépendance économique dans les années 1850 a été retracée par Robert Royal Russel, *Economic Aspects of Southern Sectionalism, 1840-1861* (Urbana, 1923) ; par Herbert Wender, *Southern Commercial Conventions 1837-1859* (Baltimore, 1930) ; et par Fred Bateman et Thomas Weiss, *A Deplorable Scarcity : The Failure of Industrialization in the Slave Economy* (Chapel Hill, 1981). Quiconque s'intéresse aux efforts du Sud pour acquérir de nouveaux territoires esclavagistes par des moyens tant légaux qu'illégaux est invité à consulter Robert E. May, *The Southern Dream of a Caribean Empire, 1854-1862* (Baton Rouge, 1973) ; Charles H. Brown, *Agents of Manifest Destiny : The Lives and Times of the Filibusters* (Chapel Hill, 1980) ; et William O. Scroggs, *Filibusters and Financiers : The Story of William Walker and His Associates* (New York, 1916). Le soutien sudiste en faveur de la reprise d'une traite des Africains a été étudié par Ronald T. Takaki, *A Pro-Slavery Crusade : The Agitation to Reopen the Slave Trade* (New York, 1971). Tous ces événements ainsi que d'autres manifestations du nationalisme sudiste sont évoqués chez John McCardell, *The Idea of a Southern Nation... 1830-1860* (New York, 1979). Dans *The South and the Politics of Slavery 1828-1856* (Baton Rouge, 1978), William J. Copper Jr. s'est penché sur le souci de défendre l'esclavage qui animait les hommes politiques du Sud ; tandis que Clement Eaton, dans *The Freedom-of-Thought Struggle in the Old South* (éd. révisée et augmentée, New York, 1964) étudie la façon dont les sudistes se sont serré les coudes face aux attaques de l'extérieur ; et qu'Avery Craven dans *The Coming of the Civil War* (édition révisée, Chicago, 1957) et *The Growth of Southern Nationalism 1848-1861* (Baton Rouge, 1953) s'efforce de prouver que le chauvinisme du Sud était une réaction naturelle face à l'agression nordiste. Bertram Wyatt-Brown, pour sa part, analyse dans *Southern Honor : Ethics and Behavior in the Old South* (New York, 1982) la qualité de la culture sudiste qui rendait les méridionaux si prompts à s'offusquer de toute atteinte à leurs « droits ».

C'est Eric Foner, avec *Free Soil, Free Labor, Free Men : The Ideology of the Republican Party Before the Civil War* (New York, 1970), qui propose la meilleure introduction à i'ideologie du travail libre prônée par le parti républicain, laquelle sous-tendait son opposition à l'expansion de l'esclavage ; mais le compte rendu le plus détaillé du mélange de politique, idéologie et nativisme dont naquit le parti est dû à Edward Gienapp, *The Origins of the Republican Party, 1852-1856* (New York, 1987). Pour mieux comprendre l'entrelacs fort complexe de la politique démocrate qui mena à la loi Kansas-Nebraska, on a tout intérêt à se reporter aux ouvrages de George Fort Milton, *The Eve of Conflict : Stephen A. Douglas and the Needless War* (Boston, 1934) et de Robert W. Johannsen, *Stephen A. Douglas* (New York, 1973). On trouvera une analyse très fine de la réaction de Lincoln, dans le contexte de l'opposition républicaine qui commençait à se dessiner, chez Don E. Fehrenbacher, *Prelude to Greatness : Lincoln in the 1850's* (Stanford, 1962). Si l'on s'intéresse aux conséquences de la loi Kansas-Nebraska tant au Kansas qu'à Washington, il faut consulter James A. Rawley, *Race and Politics : « Bleeding Kansas » and the Coming of the Civil War* (Philadelphie, 1969) ; et Alice Nichols, *Bleeding Kansas* (New York, 1954). La transformation des activités politiques dans deux États importants a été analysée par Stephen E. Maizlish, *The Triumph of Sectionalism : The Transformation of Ohio Politics, 1844-1856* (Kent, 1983) ; et par Dale Baum, *The Civil War Party System : The Case of Massachusetts, 1848-1876* (Chapel Hill, 1984).

L'apparition d'un schisme Nord-Sud dans le parti démocrate au cours de l'Administration Buchanan est le sujet de l'ouvrage de Roy F. Nichols, *The Disruption of the American Democracy* (New York, 1948). Tous les aspects possibles et imaginables de l'affaire Dred Scott ont été cernés par Don E. Fehrenbacher dans *The Dred Scott Case : Its Significance in American Law and Politics* (New York, 1978). L'analyse la plus systématique des débats mettant aux prises Lincoln et Douglas est celle de Harry V. Jaffa, *An Interpretation of the Issues in the Lincoln-Douglas Debates* (New York, 1959). Parmi la vaste littérature consacrée à John Brown et au raid contre Harper's Ferry, l'étude la plus détaillée est celle d'Oswald Garrison Villard, *John Brown, 1800-1859* (Boston, 1910) ; la biographie la plus récente est celle de Stephen B. Oates, *To Purge This Land with Blood : A Biography of John Brown* (New York, 1970). On trouvera quelques révélations et intuitions nouvelles chez Jeffery S. Rossbach, *Ambivalent Conspirators : John Brown, the Secret Six, and a Theory of Slave Violence* (Philadelphie, 1982). Citons enfin, car elles sont encore très valables, quatre monographies plus anciennes sur l'élection de 1860, qui retracent l'ascension de Lincoln et le comportement du Sud compte tenu de sa probable accession à la présidence : Emerson D. Fite, *The Presidential Campaign of 1860* (New York, 1911) ; William E. Baringer, *Lincoln's Rise to Power* (Boston, 1937) ; Reinhard H. Luthin, *The First Lincoln Campaign* (Cambridge, Mass., 1944) ; et enfin Ollinger Crenshaw, *The Slave States in the Presidential Election of 1860* (Baltimore, 1945).

Une monographie assez ancienne sur le mouvement sécessionniste conserve elle aussi tout son intérêt ; il s'agit de celle de Dwight L. Dummond, *The*

Secession Movement 1860-1861 (New York, 1931). Ralph Wooster présente avec *The Secession Conventions of the South* (Princeton, 1962) des données fondamentales sur les conventions et leurs délégués ; tandis que Donald E. Reynolds retrace le rôle important que joua la presse pour attiser les sentiments favorables à la sécession, dans *Editors Make War : Southern Newspapers in the Secession Crisis* (Nashville, 1970). Parmi les études les plus intéressantes et les plus récentes sur les États du Sud profond qui furent les premiers à faire sécession, on retiendra celles de Steven A. Channing, *A Crisis of Fear : Secession in South Carolina* (New York, 1970) ; de William L. Barney, *The Secessionist Impulse : Alabama and Mississippi in 1860* (Princeton, 1974) ; et de Michael P. Johnson, *Toward a Patriarchal Republic : The Secession of Georgia* (Baton Rouge, 1977). Plusieurs études plus anciennes ont tenu la chronique des débuts de l'unionisme et de la sécession des États septentrionaux du Sud après la chute du Fort Sumter : Henry T. Shanks, *The Secession Movement in Virginia, 1847-1861* (Richmond, 1934) ; J. Carlyle Sitterson, *The Secession Movement in North Carolina* (Chapel Hill, 1939) ; et enfin Mary E.R. Campbell, *The Attitude of Tennesseans toward the Union* (New York, 1961). En ce qui concerne les États frontaliers, on peut consulter William J. Evitts, *A Matter of Allegiances : Maryland from 1850 to 1861* (Baltimore, 1974) ; E. Merton Coulter, *The Civil War and Readjustment in Kentucky* (Chapel Hill, 1926) ; et William E. Parrish, *Turbulent Partnership : Missouri and the Union, 1861-1865* (Columbia, Missouri, 1963). La guérilla intérieure qui ravagea le Missouri a été retracée de façon très détaillée par Michael Fellman, *Inside War : The Guerrilla Conflict in Missouri during the American Civil War* (New York, 1989). On doit à Daniel W. Crofts une étude très complète du dilemme du haut Sud, *Reluctant Confederates : Upper-South Unionists in the Secession Crisis* (Chapel Hill, 1989). Parmi les histoires en un volume de la Confédération, la plus détaillée et la plus récente comportent l'une et l'autre d'excellents comptes rendus de la sécession et de l'établissement d'un nouveau gouvernement confédéré : E. Merton Coulter, *The Confederate States of America 1861-1865* (Baton Rouge, 1950) ; et Emory M. Thomas, *The Confederate Nation, 1861-1865* (New York, 1979).

Il existe deux ouvrages essentiels pour comprendre la réaction du Nord et surtout des républicains face à la sécession du Sud, écrits par deux des plus éminents spécialistes de cette période : David M. Potter, *Lincoln and His Party in the Secession Crisis* (New Haven, 1942, réédité avec une nouvelle préface, 1962) ; et Kenneth M. Stampp, *And the War Came : The North and the Secession Crisis, 1860-61* (Baton Rouge, 1950). Sur l'échec de la conférence pour la paix à Washington, visant à résoudre la crise de la sécession, voir Robert G. Gunderson, *Old Gentleman's Convention : The Washington Peace Conference of 1861* (Madison, 1961). Les causes et les événements du fort Sumter ont été exposés de façon très vivante par Richard N. Current, *Lincoln and the First Shot* (Philadelphie, 1963) ; et par William A. Swanberg, *First Blood : The Story of Fort Sumter* (New York, 1957).

Les campagnes de la guerre de Sécession ont donné lieu à quelques-unes des pages les plus frappantes de la littérature américaine, dont on ne peut citer ici qu'un minuscule échantillon. L'épopée la plus haute en couleur, longue de près de trois mille pages, est due à la plume d'un romancier qui se double d'un excellent historien ; il s'agit de Shelby Foote, *The Civil War : A Narrative*, 3 vol. (New York, 1958-1974), dont les sympathies vont très légèrement au Sud. Penchant tout aussi légèrement de l'autre côté et rédigé dans un style pareillement agréable à lire, citons l'ouvrage de Bruce Catton, *The Centennial History of the Civil War* : Tome I : *The Coming Fury* ; Tome II : *Terrible Swift Sword* ; Tome III : *Never Call Retreat* (Garden City, 1961-1965)[1]. Une autre trilogie, écrite par un prolifique spécialiste de la guerre de Sécession, est en cours et deux volumes ont déjà paru à ce jour : il s'agit de l'ouvrage de William C. Davis : *The Imperiled Union : 1861-1865* ; Tome I : *The Deep Waters of the Proud* et Tome II : *Stand in the Day of Battle* (Garden City, N.Y., 1982-1983). Deux merveilleux ouvrages sur les soldats de la guerre de Sécession, par l'un des géants de l'historiographie de la guerre civile américaine, sont fondés sur des recherches portant sur des centaines de recueils de lettres, journaux et mémoires, publiés ou inédits : il s'agit des deux livres de Bell Irvin Wiley, *The Life of Johnny Reb* (Indianapolis, 1943) et *The Life of Billy Yank* (Indianapolis, 1952). Parmi les études récentes sur les soldats de la guerre de Sécession figurent celle de Gerald Linderman, *Embattled Courage : The Experience of Combat in the American Civil War* (New York, 1987), et de Reid Mitchell, *Civil War Soldiers : Their Expectations and Their Experiences* (New York, 1988). Ella Lonn, avec *Desertion During the Civil War* (New York, 1928) fournit des données sur ce triste sujet. Pour la guerre navale et fluviale, voir tout spécialement Virgil Carrington Jones, *The Civil War at Sea*, 3 vol. (New York, 1960-1962). La meilleure étude sur ce sujet est celle de Stephen R. Wise, *Lifeline of the Confederacy : Blockade Running During the Civil War* (Columbia, Caroline du Sud, 1988).

Les récits rétrospectifs des campagnes et des batailles par ceux qui y participèrent, publiés pour la première fois dans le *Scribner's Magazine* vingt ans après le conflit et regroupés ensuite en quatre gros volumes (disponibles aujourd'hui dans une réédition peu coûteuse), ont été réunis sous la direction de Clarence C. Buel et Robert U. Johnson dans *Battles and Leaders of the Civil War* (New York, 1888, réimpression, Secaucus, N.J., 1982). Les archives officielles des opérations militaires, publiées quelque vingt-cinq ans ou plus après la guerre, sont aussi disponibles aujourd'hui dans les bibliothèques, chez les marchands de livres d'occasion ou sous forme de réimpressions : *War of the Rebellion... Official Records of the Union and Confederate Armies*, 128 vol. (Washington, 1880-1901) et *Official Records of the Union and Confedrate Navies in the War of the Rebellion*, 30 vol. (Washington, 1894-1922). La guerre de Sécession survint à l'aube de l'ère de la photographie et des milliers de clichés réalisés à partir de plaques sensibles, représentant les soldats, les champs de bataille, les dirigeants politiques et bien d'autres images de la guerre sont parvenus jusqu'à nous et figurent dans des ouvrages

1. Une version française abrégée en deux tomes a paru chez Payot.

modernes dont la plupart comportent un excellent texte d'accompagnement. On retiendra particulièrement ceux de Francis R. Miller (éd.), *The Photographic History of the Civil War*, 10 vol. (New York, 1911, réimpr., 1957) ; et William C. Davis (éd.), *The Image of War 1861-1865*, 6 vol. (Garden City, N.Y., 1981-1984). Les cartes sont aussi un excellent support visuel pour comprendre les campagnes et batailles de la guerre ; on trouvera les meilleures qui soient, accompagnées d'un texte explicatif, dans le premier tome de l'ouvrage dont la publication a été dirigée par Vincent J. Esposito, *The West Point Atlas of American Wars* (New York, 1959). E.B. Long a fourni un ouvrage de référence indispensable pour les opérations militaires avec *The Civil War Day by Day : An Almanac 1861-1865* (Garden City, N.Y., 1971). Citons deux compilations essentielles concernant les effectifs, l'organisation et les pertes des armées de la guerre de Sécession : William F. Fox, *Regimental Losses in the American Civil War, 1861-1865* (Albany, 1880) et Thomas L. Livermore, *Numbers and Losses in the Civil War in America, 1861-1865* (Boston, 1901).

Parmi les centaines d'excellents récits de campagnes et de batailles, de biographies des généraux et autres chefs militaires, d'études portant sur des armées particulières, nous n'avons ici de place que pour quelques ouvrages exceptionnels appartenant aux deux dernières catégories. On trouvera de courtes biographies de tous les généraux de l'un et l'autre camp chez Ezra J. Warner, *Generals in Gray* (Baton Rouge, 1959) et *Generals in Blue* (Baton Rouge, 1964). L'un des authentiques classiques de la littérature ayant trait à la guerre de Sécession reste l'ouvrage de Douglas Southall Freeman, *R.E. Lee : A Biography*, 4 vol. (New York, 1934-1935), lequel, avec un autre ouvrage du même Freeman, *Lee's Lieutenants : A Study in Command*, 3 vol. (New York, 1942-1944), constitue une histoire exhaustive de l'armée de Virginie septentrionale. C'est l'historien Thomas L. Connelly qui a été le principal critique de Lee, à qui il reproche d'avoir borné sa vision stratégique au théâtre de Virginie et c'est lui aussi qui a tenu la chronique la plus poussée de la principale armée de la Confédération dans l'Ouest : on lui doit *The Marble Man : Robert E. Lee and His Image in American Society* (New York, 1977), *Army of the Heartland : The Army of Tennessee, 1861-1862* (Baton Rouge, 1967), *Autumn of Glory : The Army of Tennessee, 1862-1865* (Baton Rouge, 1971), et aussi, en collaboration avec Archer Jones, *The Politics of Command : Factions and Ideas in Confederate Strategy* (Baton Rouge, 1973). G.F.R. Henderson, un officier de l'armée britannique qui se double d'un historien, a écrit une biographie élogieuse de Stonewall Jackson, qui comporte aussi une excellente analyse des opérations confédérées en Virginie jusqu'à la mort de Jackson : *Stonewall Jackson and the American Civil War*, 2 vol. (New York, 1898).

Du côté de l'Union, T. Harry Williams, *Lincoln and His Generals* (New York, 1952) et Kenneth P. Williams, *Lincoln Finds a General : A Military Study of the Civil War*, 5 vol. (New York, 1949-1959) ne ménagent ni l'un ni l'autre leurs critiques à l'adresse de McClellan et leurs éloges envers Grant, en tant que stratèges. La meilleure biographie du personnage déroutant que fut McClellan est due à Stephen W. Sears, *George B. McClellan : The Young Napoleon* (New York, 1988). La superbe trilogie de Bruce Catton sur l'armée du Potomac, *Mr.Lincoln's Army ; Glory Road* et *A Stillness at Appomattox* retrace la vaillance obstinée de ces soldats yankees, malgré l'incompétence de leurs chefs et les défaites. Deux livres dus à un expert de l'art militaire et historien britannique offrent aussi d'intéressants aperçus des prouesses stratégiques de Grant : nous voulons parler de J.F.C. Fuller, *The Generalship of Ulysses S. Grant* (Londres, 1929) et *Grant and Lee : A Study in Personality and Generalship* (Londres, 1923). La meilleure biographie militaire de Grant est celle en deux volumes de Bruce Catton : *Grant Moves South* (Boston, 1960) et *Grant Takes Command* (Boston, 1969). William S. McFeely, avec *Grant : A Biography* (New York, 1981), se montre moins révélateur sur le rôle de chef que joua Grant durant la guerre. On peut bien sûr suivre les activités de Grant narrées de sa propre main dans son superbe *Personal Memoirs of U.S. Grant*, 2 vol. (New York, 1885) ; et aussi dans l'ouvrage compilé par John Y. Simon, *The Papers of Ulysses S. Grant*, 14 vol. (Carbondale, Illinois, 1967-1985). Qui veut en savoir plus long sur Sherman a tout intérêt à commencer par *Sherman : Soldier, Realist, American* (New York, 1929), de Basil H. Liddell Hart, une très subtile analyse due à un officier de l'armée britannique ; ainsi que par les propres mémoires de Sherman, *Memoirs of W. T. Sherman*, 2 vol. (2e éd., New York, 1887). Il existe aussi une fascinante analyse moderne de la philosophie de Sherman et de sa pratique de la guerre totale, due à James Reston Jr., *Sherman and Vietnam* (New York, 1985). Parmi les autres mémoires de généraux de la guerre de Sécession, qui méritent d'être lus pour leurs qualités littéraires intrinsèques ou pour la position prise sur des questions controversées, on retiendra : George B. McClellan, *McClellan's Own Story* (New York, 1886) ; Philip H. Sheridan, *Personal Memoirs of P.H. Sheridan*, 2 vol. (New York, 1888) ; Joseph E. Johnston, *Narrative of Military Operations... during the Late War between the States* (New York, 1874) ; James Longstreet, *From Manassas to Appomattox : Memoirs of the Civil War in America* (éd. rév., 1903) ; et enfin Richard Taylor, *Destruction and Reconstruction : Personal Experiences of the Late War* (New York, 1879).

De nombreux historiens se sont attaqués de façon implicite ou explicite à la question de savoir pourquoi le Nord avait gagné la guerre — ou, en se plaçant du point de vue inverse, pourquoi le Sud l'avait perdue. On peut trouver cinq réponses différentes dans une anthologie publiée par David Donald, *Why the North Won the Civil War* (Baton Rouge, 1960). Herman Hattaway et Archer Jones font état de la meilleure exploitation des ressources logistiques et autres par le Nord pour l'expliquer dans *How the North Won* (Urbana, Illinois, 1983) ; thèse sur laquelle avaient anticipé Benjamin P. Thomas et Harold M. Hyman dans *Stanton : The Life and Times of Lincoln's Secretary of War* (New York, 1962). Grady McWhiney et Perry D. Jamieson attribuent, dans *Attack and Die : Civil War Military Tactics and the Southern Heritage* (University, Alabama, 1982), la tactique offensive du Sud, qui saigna à blanc ses armées, à des facteurs culturels, alors que Michael C. C. Adams, dans *Our Masters the Rebels : A Speculation on Union Military Failure in the East, 1861-1865* (Cambridge, Mass., 1978), avance lui aussi des facteurs culturels pour expliquer pourquoi les armées de l'Union faillirent bien perdre la guerre sur le théâtre de Virginie, avant d'importer, si l'on peut dire, les commandants qui avaient remporté des victoires dans l'Ouest pour leur faire appliquer leur stratégie dans l'Est. Une excellente analyse explique pourquoi l'armée confédérée du Tennessee connut beaucoup moins de succès que celle de Virginie septentrionale ; c'est le livre de Richard M. McMurry, *Two Great Rebel Armies : An Essay in Confederate Military History* (Chapel Hill, 1989) ; si l'on souhaite avoir une autre perspective sur cette question, on peut consulter Steven E. Woodworth, *Jefferson Davis and His Generals : The Failure of Confederate Command in the West* (Lawrence, Kansas, 1990). On doit à Joseph T. Glatthaar une étude d'une grande finesse sur les rapports entre les officiers et leurs hommes dans les régiments de couleur, *Forged in Battle : The Civil War Alliance of Black Soldiers and White Officers* (New York, 1990). Richard E. Beringer, Herman Hattaway, Archer Jones et William N. Still Jr. sont avec *Why the South Lost the Civil War* (Athens, Géorgie, 1986), les plus récents défenseurs de la théorie d'une perte de volonté pour expliquer la défaite sudiste.

Bien que l'on manque pour le moment d'ouvrages faisant autorité dans le domaine de la conscription, tant dans le Sud que dans le Nord, on peut toujours lire pour commencer les ouvrages d'Albert B. Moore, *Conscription and Conflict in the Confederacy* (New York, 1924) ; et d'Eugene C. Murdock, *One Million Men : The Civil War Draft in the North* (Madison, 1971). On a beaucoup écrit sur les soldats noirs pendant la guerre. Le pionnier dans ce domaine fut Dudley T. Cornish, avec *The Sable Arm : Negro Troops in the Union Army* (New York, 1956). Mary Frances Berry évalue dans *Military Necessity and Civil Rights Policy : Black Citizenship and the Constitution, 1861-1868* (Port Washington, N.Y., 1977) l'impact du service militaire noir sur l'adoption de lois garantissant aux Noirs des droits égaux à ceux des Blancs après la guerre. Robert Durden entremêle à son étude de la décision d'armer les Noirs, prise par la Confédération, des documents illustrant son propos, dans *The Gray and the Black : The Confederate Debate on Emancipation* (Baton Rouge, 1972) ; alors que l'ouvrage conçu par Ira Berlin et ses collaborateurs, *The Black Military Experience*, 2ᵉ série de *Freedom : A Documentary History of Emancipation* (Cambridge, 1982), propose un grand choix de documents empruntés aux archives de l'armée et fournit d'excellents textes de présentation et d'introduction. Les prisons de la guerre de Sécession et la question des échanges de prisonniers auraient grand besoin d'un historien moderne ; l'ouvrage de William B. Hesseltine, *Civil War Prisons : A Study in War Psychology* (Columbus, Ohio, 1930) est la seule monographie vraiment complète, alors que *History of Andersonville Prison* d'Ovid L. Futch (Gainesville, Floride, 1968) est sans doute l'étude la plus impartiale sur un sujet qui a suscité bien des réactions passionnées.

Les innovations technologiques mises au point pour faire face aux besoins militaires durant la guerre ont fait l'objet de deux études fourmillant de détails fascinants : *Lincoln and the Tools of War* de Robert V. Bruce (Indianapolis, 1956), et *Infernal Machines : The Story of Confederate Submarine and Mine Warfare* de Milton F. Perry (Baton Rouge, 1965). Robert Bruce a également écrit une superbe étude sur la science à l'époque de la guerre de Sécession : *The Launching of American Science 1846-1876* (New York, 1987). Le rôle joué par les chemins de fer a inspiré : George E. Turner, *Victory Rode the Rails* (Indianapolis, 1953) ; Thomas Weber, *The Northern Railroads in the Civil War* (New York, 1952) ; et Robert C. Black, *The Railroads of the Confederacy* (Chapel Hill, 1952). L'histoire de la médecine durant la guerre de Sécession a été étudiée par Paul E. Steiner, *Disease in the Civil War* (Springfield, Illinois, 1968) ; George W. Adams, *Doctors in Blue : The Medical History of the Union Army in the Civil War* (New York, 1952) ; et Horace H. Cunningham, *Doctors in Gray : The Confederate Medical Service* (Baton Rouge, 1958). On doit à William Q. Maxwell, *Lincoln's Fifth Wheel : The Political History of the United States Sanitary Commission* (New York, 1956), une histoire de la commission sanitaire des États-Unis. Les lecteurs que pourrait intéresser une interprétation stimulante de cette commission dans le contexte des transformations qu'a entraînées la guerre dans les attitudes des nordistes envers d'autres questions sociales et culturelles devraient consulter l'ouvrage de George M. Frederickson, *The Inner Civil War : Northern Intellectuals and the Crisis of the Union* (New York, 1965).

Les relations étrangères de l'Union et de la Confédération ont soulevé beaucoup d'intérêt chez les spécialistes ; parmi les études les plus utiles, citons : David P. Crook, *The North, the South, and the Powers 1861-1865* (New York, 1974) ; Frank L. Owsley et Harriet C. Owsley, *King Cotton Diplomacy : Foreign Relations of the Confederate States of America* (2e éd., Chicago, 1959) ; Ephraim D. Adams, *Great Britain and the American Civil War*, 2 vol. (New York, 1925) ; Brian Jenkins, *Britain and the War for the Union*, 2 vol. (Montréal, 1974-1980) ; et enfin Lynn M. Case et Warren F. Spencer, *The United States and France : Civil War Diplomacy* (Philadelphie, 1970).

La meilleure étude générale sur ce qui se passait à l'arrière dans le Nord, pendant la guerre, a pour auteur Philip Shaw Paludan et s'intitule : *« A People's Contest » : The Union and Civil War 1861-1865* (New York, 1988). Avec *Lincoln and the Radicals* (Madison, 1941), qui soulignait le conflit idéologique au sein du parti républicain, T. Harry Williams est l'auteur d'une étude de la politique nordiste, dont l'influence a été durable. Cette optique a, depuis, subi une modification généralement acceptée que l'on retrouvera chez Hans L. Trefousse, *The Radical Republicans : Lincoln's Vanguard for Radical Justice* (New York, 1969), qui insiste sur le front uni que présentaient généralement les républicains face aux profondes différences qui les opposaient aux démocrates. William B. Hesseltine montre, dans *Lincoln and the War Governors* (New York, 1948), le glissement du pouvoir des États vers le gouvernement fédéral pour répondre aux besoins de la guerre. L'ouvrage de Leonard P. Curry, *Blueprint for Modern America : Non-Military Legislation of the First Civil War Congress* (Nashville, 1968), est une étude très fouillée sur la législation qui vint compléter l'impact révolutionnaire du conflit pour transformer les États-Unis, république agrarienne et décentralisée, en une nation industrielle. Pour ceux qui voudraient en savoir plus long sur certains des dirigeants qui contribuèrent à imposer ce changement, citons Allan C. Bogue, *The Earnest Men : Republicans of the Civil War Senate* (Ithaca, 1981).

L'opposition, loyaliste et autre, a été analysée par : Joel Silbey, *A Respectable Minority : The Democratic Party in the Civil War Era* (New York, 1977) ; Christopher Dell, *Lincoln and the War Democrats* (Madison, N.J., 1975) ; Wood Gray, *The Hidden Civil War : The Story of the Copperheads* (New York, 1942), qui a tendance à accuser les démocrates pacifistes de déloyauté ; et dans trois livres de Frank L. Klement qui va parfois trop loin dans son désir de blanchir les *copperheads* en butte à de telles calomnies : *The Copperheads in the Middle West* (Chicago, 1960) ; *The Limits of Dissent : Clement L. Vallandigham and the Civil War* (Lexington, Kentucky, 1970), et *Dark Lanterns : Secret Political Societies, Conspiracies, and Treason Trials in the Civil War* (Baton Rouge, 1984). Sur le chapitre des arrestations militaires et de la suspension de l'*habeas corpus* pour museler l'opposition à la guerre dans le Nord, voir : Dean Sprague, *Freedom under Lincoln* (Boston, 1965) ; James G. Randall, *Constitutional Problems under Lincoln* (éd. rév., Urbana, Illinois, 1951) ; et Harold M. Hyman, *A More Perfect Union : The Impact of the Civil War and Reconstruction on the Constitution* (New York, 1973). La question de la paix en 1864 a été traitée par Edward C. Kirkland, *The Peacemakers of 1864* (New York, 1927) ; tandis que William F. Zornow a tenu, dans *Lincoln and the Party Divided* (Norman, Oklahoma, 1954), la chronique des chamailleries à l'intérieur du parti républicain aux premiers stades de la campagne électorale la même année. Pour l'histoire et l'historiographie de l'assassinat de Lincoln, on ne saurait mieux faire que de consulter *The Lincoln Murder Conspiracies* de William Hanchett (Urbana, 1983).

Pour mieux saisir la situation à l'arrière dans le Nord, l'étude d'Emerson D. Fite, *Social and Economic Conditions in the North* (New York, 1910), est encore précieuse, mais il convient d'y ajouter la lecture de l'ouvrage publié sous la direction de George W. Smith et Charles Judah, *Life in the North During the Civil War* (Albuquerque, 1966), qui reproduit de nombreux documents de l'époque. Paul W. Gates, *Agriculture and the Civil War* (New York, 1965) traite le problème agricole tant dans le Nord que dans le Sud ; alors que les essais réunis par Ralph Andreano dans l'ouvrage qu'il a supervisé, *The Economic Impact of the Civil War* (2ᵉ éd., Cambridge, Mass., 1967) et ceux présentés par David Gilchrist et W. David Lewis dans *Economic Change in the Civil War Era* (Greenville, Delaware, 1965) s'attachent surtout à ce qui s'est passé dans le Nord ; quant à Bray Hammond, *Sovereignty and an Empty Purse : Banks and Politics in the Civil War* (Princeton, 1970), il n'a traité que le Nord.

Deux ouvrages sur la religion dans le Nord durant la guerre sont fort instructifs ; il s'agit de *American Apocalypse : Yankee Protestants and the Civil War* de James H. Moorhead (New Haven, 1978), et de *Catholics and the Civil War* de Benjamin Blied (Milwaukee, 1945). En ce qui concerne le rôle des femmes du Nord tant à l'arrière que dans les hôpitaux militaires, il faut lire Mary Elizabeth Massey, *Bonnett Brigades* (New York, 1966), et Agatha Young, *Women and the Crisis : Women of the North in the Civil War* (New York, 1959). La main-d'œuvre dans le Nord a fait l'objet d'une étude de David Montgomery, *Beyond Equality : Labor and the Radical Republicans, 1862-1872* (New York, 1967). Quant aux tensions de classes et aux tensions entre les différentes ethnies qui explosèrent durant les émeutes que provoqua la conscription à New York, elles ont été analysées par Basil L. Lee, *Discontent in New York City, 1861-1865* (Washington, 1943) ; par Adrian Cook, *The Armies of the Streets : The New York City Draft Riots of 1863* (Lexington, Kentucky, 1974) et par Iver Bernstein, *The New York City Draft Riots : Their Significance for American Society and Politics in the Age of the Civil War* (New York, 1990).

On s'est aussi beaucoup intéressé à la politique sudiste durant la guerre. Si l'on souhaite lire des histoires générales de la Confédération, il faut se reporter aux ouvrages d'E. Merton Coulter et Emory Thomas, cités plus haut. Wilfred B. Yearns fournit dans *The Confederate Congress* (Athens, Géorgie, 1960), une histoire narrative de cette institution, alors que Thomas B. Alexander et Richard E. Beringer en proposent une analyse quantitative avec *The Anatomy of the Confederate Congress* (Nashville, 1972). Pour en savoir plus long sur les ministres de la Confédération, voir Rembert Patrick, *Jefferson Davis and His Cabinet* (Baton Rouge, 1944). *The Road to Appomattox* de Bell Irvin Wiley (Memphis, 1956) comporte une analyse caustique de la présidence de Jefferson Davis. Avec *Bullets, Bayonets, and Rhetoric : Confederate Policy for the Unites States Presidential Contest of 1864* (University, Alabama, 1980), Larry E. Nelson étudie, documents à l'appui, la tentative de saper l'administration Lincoln ourdie par Davis. Frank L. Owsley exprime, dans *State Rights in the Confederacy* (Chicago, 1925), l'idée que la Confédération mourut par la faute des droits des États, mais Mary S. Ringold, dans *The Role of State Legislatures in the Confederacy* (Athens, Géorgie, 1966), et W. Buck Yearns (éd.), dans *The Confederate Governors* (Athens, 1984), insistent sur le rôle positif que jouèrent dans l'effort de guerre la plupart des législatures et des gouverneurs. Pour les deux États où l'opposition au gouvernement de Davis fut la plus forte, voir John G. Barrett, *The Civil War in North Carolina* (Chapel Hill, 1963) ; et T. Conn Bryan, *Confederate Georgia* (Athens, 1953). Robert L. Kirby étudie dans *Kirby Smith's Confederacy : The Trans-Mississippi, 1863-1865* (New York, 1972) une région qui devint semi-autonome après la prise de Vicksburg.

Georgia Lee Tatum, *Disloyalty in the Confederacy* (New York, 1972), présente des documents sur les activités pacifistes et l'unionisme parmi les Blancs du Sud hostiles à la Confédération, surtout dans les régions de l'intérieur. Paul D. Escott, *After Secession : Jefferson Davis and the Failure of Southern Nationalism* (Baton Rouge, 1978), soutient que le plus grand échec des dirigeants confédérés fut leur incapacité de conserver le soutien des citoyens qui ne possédaient pas d'esclaves et pour qui la guerre devint de plus en plus une guerre du riche et un combat du pauvre. Le thème de la désaffection des petits fermiers et des tensions entre les classes a aussi été abordé par Philip S. Paludan, *Victims : A True History of the Civil War* (Knoxville, 1981) ; dans plusieurs bons articles publiés ces dernières années dans la *North Carolina Historical Review* et dans le *Journal of Southern History* ; et dans de nombreux ouvrages sur la politique sudiste cités à la page 932. Mary Elizabeth Massey s'est intéressée à une catégorie particulière de sudistes malheureux avec *Refugee Life in the Confederacy* (Baton Rouge, 1964). Et un autre groupe non intégré se trouve au centre de l'ouvrage d'Ella Lonn, *Foreigners in the Confederacy* (Chapel Hill, 1940). La contribution des femmes à l'effort de guerre sudiste a été étudiée par Francis B. Simkins et James W. Patton, *The Women of the Confederacy* (Richmond, 1936).

L'ouvrage fondamental sur ce qui se passa à l'arrière dans le Sud est celui de Charles W. Ramsdell, *Behind the Lines in the Southern Confederacy* (Baton Rouge, 1944). John C. Schwab, *The Confederate States... A Financial and Industrial History of the South during the Civil War* (New York, 1901) traite l'histoire financière et industrielle du Sud de façon encyclopédique, alors que *Confederate Finance* de Richard C. Todd (Athens, Géorgie, 1954) est plus agréable à lire. Emory M Thomas, dans *The Confederacy as a Revolutionary Experience* (Englewood Cliffs, 1971), s'intéresse à la difficile industrialisation que la guerre imposa au Sud, tandis que Louise B. Hill se penche sur le rôle des gouvernements des États et du gouvernement de Richmond dans ce domaine, avec *State Socialism in the Confederate States of America* (Charlottesville, 1936). Ella Lonn, *Salt as a Factor in the Confederacy* (New York, 1933), et Mary Elizabeth Massey, *Ersatz in the Confederacy* (Columbia, Caroline du Sud, 1952), étudient les efforts faits pour s'accommoder des pénuries.

La volonté de faire de l'émancipation des esclaves un des objectifs de guerre de l'Union est au centre de l'ouvrage de James M. McPherson, *The Struggle for Equality : Abolitionists and the Negro in the Civil War and Reconstruction* (Princeton, 1964), qui s'attache aussi aux espoirs que nourrissaient les abolitionnistes d'imposer l'égalité raciale grâce à la guerre. Le rôle joué par les Noirs du Nord dans ce domaine a été traité par : Benjamin Quarles, *The Negro in the Civil War* (Boston, 1953) ; et par James M. McPherson, *The Negro's Civil War* (New York, 1965), un recueil dans lequel les sources originales sont reliées par un texte narratif. Les réactions hostiles de nombreux nordistes à l'émancipation sont exposées dans : V. Jacque Voegeli, *Free But Not Equal : The Midwest and the Negro in the Civil War* (Chicago, 1967) ; et Forrest G. Wood, *Black Scare : The Racist Response to Emancipation and Reconstruction* (Berkeley, 1968). Les tentatives républicaines de mettre au point une politique de reconstruction durant la guerre sont analysées dans trois ouvrages de Herman Belz : *Reconstructing the Union : Theory and Policy during the Civil War* (Ithaca, 1969) ; *A New Birth of Freedom : The Republican Party and Freedmen's Rights, 1861-1866* (Westport, Connecticut, 1976) ; et *Emancipation and Equal Rights : Politics and Constitutionalism in the Civil War Era* (New York, 1978). La Louisiane servit de modèle aux efforts de reconstruction durant la guerre et de ce fait mobilisa dans ce domaine l'intérêt historiographique ; on retiendra tout spécialement l'ouvrage de

Peyton McCrary, *Abraham Lincoln and Reconstruction : The Louisiana Experiment* (Princeton, 1978), et celui de LaWanda Cox, *Lincoln and Black Freedom : A Study in Presidential Leadership* (Columbia, Caroline du Sud, 1981). *Conflict and Compromise : The Political Economy of Slavery, Emancipation, and the American Civil War* (Cambridge, 1990), de Roger L. Ransom, présente une bonne synthèse de l'économie politique de l'esclavage et de l'émancipation.

C'est Bell Irvin Wiley qui a fait œuvre de pionnier dans le domaine des expériences pénibles, mais exaltantes vécues par les esclaves et les affranchis durant la guerre, avec *Southern Negroes 1861-1865* (New Haven, 1938) ; l'étude récente la plus riche est celle de Leon F. Litwack, *Been in the Storm So Long : The Aftermath of Slavery* (New York, 1979). Ira Berlin et son équipe de collaborateurs ont su mêler de main de maître la narration et l'interprétation aux documents illustrant leur sujet dans l'ouvrage dont ils ont dirigé la publication, *The Destruction of Slavery*, 1re série, tome I de *Freedom : A Documentary History of Emancipation* (Cambridge, Mass., 1985) ; ils retracent de façon brillante le processus grâce auquel de nombreux esclaves s'affranchirent tout seuls en passant derrière les lignes de l'Union et en obligeant ainsi l'armée et le gouvernement à faire face au problème que posait leur présence. Le rôle des Noirs et le processus d'émancipation ont été le sujet de monographies en provenance de plusieurs États du Sud, notamment : James H. Brewer, *The Confederate Negro : Virginia's Craftsmen and Military Laborers 1861 (1865* (Durham, 1969) ; C. Peter Ripley, *Slaves and Freedmen in Civil War Louisiana* (Baton Rouge, 1978) ; William F. Messner, *Freedemen and the Ideology of Free Labor : Louisiana, 1862-1865* (Lafayette, Louisiane, 1978) ; John Cimprich, *Slavery's End in Tennessee, 1861-1865* (University, Alabama, 1985) ; Clarence L. Mohr, *On the Threshold of Freedom : Masters and Slaves in Civil War Georgia* (Athens, 1986) ; Victor B. Howard, *Black Liberation in Kentucky : Emancipation and Freedom, 1862-1884* (Lexington, 1983) ; Charles L. Wagandt, *The Mighty Revolution : Negro Emancipation in Maryland, 1862-1864* (Baltimore, 1964), et enfin Barbara Jeanne Fields, *Slavery and Freedom on the Middle Ground : Maryland during the Nineteenth Century* (New Haven, 1985). On doit à Willie Lee Rose une superbe étude locale, qui possède de vastes prolongements au niveau national, *Rehearsal for Reconstruction : The Port Royal Experiment* (Indianapolis, 1964). Un grand nombre des ouvrages cités ci-dessus comportent des études de la gestion bien imparfaite des affaires des affranchis par l'armée et le gouvernement de l'Union, laquelle est le sujet principal du livre de Louis S. Gerteis, *From Contraband to Freedman : Federal Policy Toward Southern Blacks 1861-1865* (Westport, Connecticut, 1973). La réaction des propriétaires d'esclaves à la perte de leur autorité est le thème de *Masters without Slaves : Southern Planters in the Civil War and Reconstruction* (New York, 1977) de James L. Roark ; alors que Lawrence N. Powell a brossé un tableau quelque peu cynique de la reprise en main des esclaves par les autorités nordistes : *New Masters : Northen Planters during the Civil War and Reconstruction* (New Haven, 1980).

INDEX

A

B

C

D

E

F

G

H

I

J

K

L

M

N

O - P

Q - R

S

T

U - V

W

Y

TABLE DES MATIÈRES

CARTES

DANS LA MÊME COLLECTION

HISTOIRE ET ESSAIS

AMOUROUX, Henri

La Grande Histoire des Français sous l'Occupation *(4 volumes)* : *Tome 1* : Le Peuple du désastre — Quarante millions de pétainistes — *Tome 2* : Les Beaux Jours des collabos — Le Peuple réveillé — *Tome 3* : Les Passions et les Haines — L'Impitoyable Guerre civile — *Tome 4* : Un printemps de mort et d'espoir — Joies et douleurs du peuple libéré

La Grande Histoire des Français après l'Occupation : Les Règlements de comptes — La page n'est pas encore tournée *(1 volume)*

ANTHOLOGIE MONDIALE DE LA STRATÉGIE

Des origines au nucléaire, édition établie par Gérard Chaliand *(1 volume)*

BARK, Dennis L. — GRESS David R.

Histoire de l'Allemagne (1945-1991) *(1 volume)*

BENNASSAR, Bartolomé

Histoire des Espagnols (VIe-XXe siècle) *(1 volume)*

BENOIST-MÉCHIN, Jacques

Soixante jours qui ébranlèrent l'Occident (10 mai-10 juillet 1940) *(1 volume)*

Histoire de l'armée allemande *(2 volumes)* : *Tome 1* : 1918-1937 — *Tome 2* : 1937-1939

BETTELHEIM, Bruno

Parents et enfants : Freud et l'âme humaine — Psychanalyse des contes de fées — L'amour ne suffit pas — Pour être des parents acceptables — Dialogue avec les mères *(1 volume)*

BOORSTIN, Daniel

Les Découvreurs *(1 volume)*

Histoire des Américains *(1 volume)*

CONQUEST, Robert

La Grande Terreur, *précédé de* Sanglantes Moissons *(1 volume)*

COURTOIS, Stéphane - WERTH, Nicolas - PANNÉ, Jean-Louis - PACZKOWSKI Andrzej - BARTOSEK, Karel - MARGOLIN Jean-Louis

Le Livre noir du communisme : Crimes, terreur, répression *(1 volume)*

DARU, Pierre

Histoire de la République de Venise *(2 volumes sous coffret)*

DROYSEN, Johann Gustav

Histoire de l'Hellénisme *(1 volume)*

ELLIOTT, John H.

Olivares (1587-1645) : L'Espagne de Philippe IV *(1 volume)*

EUROPES

De l'Antiquité au XXe siècle. Anthologie critique et commentée, par Yves Hersant et Fabienne Durand-Bogaert *(1 volume)*

EXPLORATEURS (LES)

Des pharaons à Paul-Émile Victor, publié sous la direction de L.-H. Parias, mise à jour de Guy Stavridès, préface de Lucien Febvre *(1 volume)*

FRANÇAIS VUS PAR EUX-MÊMES (LES)

Le Siècle de Louis XIV : Textes choisis et présentés par Alain Niderst *(1 volume)*

Le XVIIIe siècle : Textes choisis et présentés par Arnaud de Maurepas et Florent Brayard *(1 volume)*

Le Consulat et l'Empire : Textes choisis et présentés par Alfred Fierro *(1 volume)*

FRAZER, James George

Le Rameau d'Or *(4 volumes)* : *Tome 1* : Le Roi magicien dans la société primitive — Tabou ou les Périls de l'âme — *Tome 2* : Le Dieu qui meurt — Adonis — Atys et Osiris — *Tome 3* : Esprits des blés et des bois — Le Bouc émissaire — *Tome 4* : Balder le Magnifique — Bibliographie générale

GABORY, Émile

Les Guerres de Vendée : La Révolution et la Vendée — Napoléon et la Vendée — Les Bourbons et la Vendée — L'Angleterre et la Vendée *(1 volume)*

GIBBON, Edward

Histoire du déclin et de la chute de l'Empire romain *(2 volumes)* : *Tome 1* : Rome de 96 à 582 — *Tome 2* : Byzance de 455 à 1500

GREEN, Peter

D'Alexandre à Actium : Du partage de l'Empire au triomphe de Rome *(1 volume)*

GRIMAL, Pierre

Voyage à Rome *(1 volume)*

GUICCIARDINI, Francesco

Histoire d'Italie (1492-1534) *(2 volumes sous coffret)* : *Tome 1* : 1492-1513 — *Tome 2* : 1513-1534

GUILLEMINAULT, Gilbert

Le Roman vrai de la IIIe et de la IVe République (1870-1958) *(2 volumes)* : *Tome 1* : 1870-1918 — *Tome 2* : 1919-1958

GUIZOT, François

Histoire de la révolution d'Angleterre *(1 volume)*

HÉRITAGE DE LA GRÈCE ET DE ROME (L')

Textes réunis par Moses I. Finley et Cyril Bailey *(1 volume)*

HISTOIRE AUGUSTE, édition bilingue latin-français établie par André Chastagnol

Les empereurs romains des IIe et IIIe siècles *(1 volume)* : Vie d'Hadrien — Vie d'Aelius — Vie d'Antonin le Pieux — Vie de Marc Aurèle — Vie de Vérus — Vie d'Avidius Cassius — Vie de Commode — Vie de Pertinax — Vie de Didius Julianus — Vie de Septime Sévère — Vie de Pescennius Niger — Vie de Clodius Albinus — Vie de Caracalla — Vie de Géta — Vie de Macrin — Vie de Diaduménien — Vie d'Élagabal — Vie d'Alexandre Sévère — Vie des deux Maximins — Vie des trois

Gordiens — Vie de Maxime et Balbin — Vie des deux Valériens — Vie des deux Galliens — Vie des trente tyrans — Vie de Claude — Vie d'Aurélien — Vie de Tacite — Vie de Probus — Le quadrige des tyrans — Vie de Carus, Carin et Numérien

HISTOIRE ET DICTIONNAIRE

La Préhistoire, sous la direction de Denis Vialou, assisté de Roger Joussaume et de Jean-Pierre Pautreau pour le Mésolithique et le Néolithique *(1 volume)*

Les Celtes, par Venceslas Kruta *(1 volume)*

Alexandre le Grand, sous la direction d'Olivier Battistini et de Pascal Charvet *(1 volume)*

Les Capétiens (927-1328), par François Menant, Hervé Martin, Bernard Merdrignac et Monique Chauvin *(1 volume)*

La France de la Renaissance (1470-1559), par Arlette Jouanna, Dominique Biloghi, Philippe Hamon et Guy Le Thiec *(1 volume)*

Les Guerres de Religion (1559-1598), par Arlette Jouanna, Jacqueline Boucher, Dominique Biloghi, et Guy Le Thiec *(1 volume)*

France baroque, France classique (1589-1715), par René et Suzanne Pillorget *(1 volume)*

Le Temps des Lumières (1715-1789), par Jean de Viguerie *(1 volume)*

La Révolution française (1789-1799), par Jean Tulard, Jean-François Fayard et Alfred Fierro *(1 volume)*

Le Consulat et l'Empire (1799-1815), par Jean Tulard, Alfred Fierro et André Palluel-Guillard *(1 volume)*

Paris, par Alfred Fierro *(1 volume)*

Dictionnaire historique de la Résistance et de la France libre, sous la direction de François Marcot, avec la collaboration de Bruno Leroux et de Christine Levisse-Touzé *(1 volume)*

Paris, par Alfred Fierro *(1 volume)*

La Police, sous la direction de Mibel Aubouin, Arnaud Teyssier et Jean Tulard *(1 volume)*

KOESTLER, Arthur

Œuvres autobiographiques : La Corde raide — Hiéroglyphes — Dialogue avec la mort [Un testament espagnol] — La Lie de la terre — L'Étranger du square *(1 volume)*

LAVISSE, Ernest

Louis XIV. Histoire d'un grand règne (1643-1715) *(1 volume)*

LEA, Henry Charles

Histoire de l'Inquisition au Moyen Âge *(1 volume)*

LEROY-BEAULIEU, Anatole

L'Empire des tsars et les Russes *(1 volume)*

LÉVI, Éliphas

Secrets de la magie : Dogme et Rituel de la haute magie — Histoire de la magie — La Clef des grands mystères *(1 volume)*

LEYS, Simon

Essais sur la Chine *(1 volume)*

MACAULAY, Thomas Babington

Histoire d'Angleterre *(2 volumes sous coffret)*. Depuis l'avènement de Jacques II (1685) jusqu'à la mort de Guillaume III (1702)

McEVEDY, Colin

Atlas historiques *(4 volumes sous rétractable)* : Atlas de l'histoire ancienne (50000 av. J.-C.-362 apr. J.-C.) — Atlas de l'histoire du Moyen Âge (362-1478) — Atlas de l'histoire moderne (1483-1815) — Atlas de l'histoire des XIXe et XXe siècles (l'Europe depuis 1815)

MACHIAVEL

Premiers écrits politiques — Le Prince — Discours sur la première décade de Tite-Live — L'Art de la guerre — Vie de Castruccio Castracani — Histoire de Florence — Écrits littéraires — Lettres familières, *précédé d'un* Dictionnaire de Machiavel *(1 volume)*

McPHERSON, James M.

La Guerre de Sécession (1861-1865) *(1 volume)*

MADELIN, Louis

Histoire du Consulat et de l'Empire *(4 volumes sous coffret)*

MICHELET, Jules

Histoire de la Révolution française *(2 volumes)* : *Tome 1* : Livres I à VII — *Tome 2* : Livres VIII à XXI
Le Moyen Âge : Livres I à XVII de l'Histoire de France *(1 volume)*
Renaissance et Réforme : Histoire de France au XVIe siècle *(1 volume)*

MOMMSEN, Theodor

Histoire romaine *(2 volumes)* : *Tome 1* : Des commencements de Rome jusqu'aux guerres civiles — *Tome 2* : La Monarchie militaire — Les Provinces sous l'Empire

MONDE ET SON HISTOIRE (LE), édition dirigée par Maurice Meuleau *(4 volumes)*

Tome 1 : Le Monde antique et les débuts du Moyen Âge, par Maurice Meuleau et Luce Pietri — *Tome 2* : La Fin du Moyen Âge et les débuts du monde moderne, par Luce Pietri et Marc Venard — *Tome* 3 : Les Révolutions européennes et le partage du monde, par Louis Bergeron ; Le Monde contemporain de 1914 à 1938, par Marcel Roncayolo — *Tome 4* : Le Monde contemporain de la Seconde Guerre mondiale à nos jours, par Marcel Roncayolo

MOUSNIER, Roland

L'Homme rouge ou la Vie du cardinal de Richelieu (1585-1642) *(1 volume)*

MÜLLER, Max

Mythologie comparée *(1 volume)*

NAPOLÉON À SAINTE-HÉLÈNE

Par les « quatre Évangélistes » : Las Cases, Gourgaud, Montholon, Bertrand. Textes préfacés, choisis et commentés par Jean Tulard *(1 volume)*

PLUTARQUE

Vies parallèles *(2 volumes)* : *Tome 1* : Thésée et Romulus — Lycurgue et Numa — Solon et Publicola — Thémistocle et Camille — Périclès et Fabius Maximus — Alcibiade et Coriolan — Timoléon et Paul-Émile — Pélopidas et Marcellus — Aristide et Caton l'Ancien — Philopœmen et Flamininus — Pyrrhos et Marius — Lysandre et Sylla — Cimon et Lucullus — Nicias et Crassus — Sertorius et Eumène — *Tome 2* : Agésilas et Pompée — Alexandre et César — Phocion et Caton le Jeune — Agis et Cléomène. Les Gracques — Démosthène et Cicéron — Démétrios et Antoine — Dion et Brutus — Artaxerxès et Aratos — Galba et Othon

RANKE, Leopold

Histoire de la papauté pendant les XVIe et XVIIe siècles *(1 volume)*

RÉAU, Louis

Histoire du vandalisme : les monuments détruits de l'art français *(1 volume)*

REINACH, Joseph

Histoire de l'affaire Dreyfus *(2 volumes sous coffret)* : *Tome 1* : Le Procès de 1894 — Esterhazy — La Crise — *Tome 2* : Cavaignac et Félix Faure — Rennes — La Revision

REINACH, Salomon

Cultes, mythes et religions *(1 volume)*

RENAN, Ernest

Histoire et Parole : Œuvres diverses *(1 volume)*

Histoire des origines du christianisme *(2 volumes sous coffret)* : *Tome 1* : Vie de Jésus — Les Apôtres — Saint Paul — *Tome 2* : L'Antéchrist — Les Évangiles — L'Église chrétienne — Marc-Aurèle

RETOUR DES EXILÉS (LE)

La lutte pour la Palestine de 1869 à 1997, édition établie par Henry Laurens *(1 volume)*

REVEL, Jean-François

Ni Marx ni Jésus — La tentation totalitaire — La grâce de l'État — Comment les démocraties finissent *(1 volume)*

Pourquoi des philosophes — Pour l'Italie — Sur Proust — La cabale des dévots — Contrecensures — Descartes inutile et incertain *(1 volume)*

RIASANOVSKY, Nicholas V.

Histoire de la Russie (des origines à 1996) *(1 volume)*

ROSTOVTSEFF, Michel

Histoire économique et sociale de l'Empire romain *(1 volume)*

Histoire économique et sociale du monde hellénistique *(1 volume)*

SAINTYVES, Pierre

Les Contes de Perrault et les récits parallèles — En marge de la *Légende dorée* — Les Reliques et les Images légendaires *(1 volume)*

SERGE, Victor

Mémoires d'un révolutionnaire, et autres écrits politiques *(1 volume)*

STANISLAS LESZCZYNSKI

Anthologie, édition établie et présentée par Anne Muratori-Philip *(1 volume)*

TAINE, Hippolyte

Les Origines de la France contemporaine *(2 volumes)* : *Tome 1* : L'Ancien Régime — La Révolution — *Tome 2* : La Révolution — Le Régime moderne

THOMAS, Hugh

La Guerre d'Espagne (juillet 1936-mars 1939) *(1 volume)*

THUCYDIDE

Histoire de la guerre du Péloponnèse, *précédée de* En campagne avec Thucydide, par Albert Thibaudet — Dictionnaire de Thucydide, sous la direction de Jacqueline de Romilly, de l'Académie Française *(1 volume)*

TOCQUEVILLE, Alexis de

De la démocratie en Amérique — Souvenirs — L'Ancien Régime et la Révolution *(1 volume)*

TREVELYAN, George Macaulay

Histoire sociale de l'Angleterre : six siècles d'histoire de Chaucer à la reine Victoria *(1 volume)*

VAN GENNEP, Arnold

Le Folklore français *(4 volumes sous coffret)* : *Tome 1* : Cérémonies familiales : Du berceau à la tombe — Cérémonies périodiques : Carnaval-Carême, Pâques — *Tome 2* : Cérémonies périodiques (suite) : Cycle de mai, Cycle de la Saint-Jean, Cérémonies agricoles de l'été, Cérémonies agricoles de l'automne — : *Tome 3* : Cérémonies périodiques (fin) : Cycle des Douze Jours : Noël, de Noël aux Rois *(rédigé par Bernadette Guichard)* — Textes inédits sur le folklore français contemporain — Essais divers de folklore — : *Tome 4* : Bibliographies : Questionnaires, provinces et pays — Bibliographie méthodique — Index des auteurs cités, Index des provinces — Bibliographie personnelle de Van Gennep

VENISE ET LA RÉVOLUTION FRANÇAISE

Les 470 dépêches des ambassadeurs de Venise au doge (1786-1795) *(1 volume)*

WALLON, Henri

Histoire de l'esclavage dans l'Antiquité *(1 volume)*

WILSON, Arthur M.

Diderot — Sa vie et son œuvre *(1 volume)*

LITTÉRATURE

ALLAIS, Alphonse

Œuvres anthumes : A se tordre — Vive la vie ! — Pas de bile ! — Le Parapluie de l'escouade — Rose et vert pomme — Deux et deux font cinq — On n'est pas des bœufs — Le Bec en l'air — Amours, délices et orgues — Pour cause de fin de bail — Ne nous frappons pas — Le Captain Cap *(1 volume)*

Œuvres posthumes, 1877-1905 : Le Tintamarre — L'Hydropathe — Le Chat-Noir — Gil Blas — Le Journal *(1 volume)*

ANTHOLOGIE ÉROTIQUE

Le XVIIIe siecle : Histoire de la vie et des mœurs de mademoiselle Cronel dite Frétillon — Les Galanteries de Thérèse — La Grivoise du temps ou la Charolaise — Mademoiselle Javotte — Les Lauriers ecclésiastiques — Les Cannevas de la Pâris — Correspondance de Madame Gourdan — Correspondance d'Eulalie — Le Courrier extraordinaire des fouteurs ecclésiastiques — Les Sérails de Paris — Les Amours de Charlot et Toinette — Portefeuille d'un talon rouge — Le Godemiché royal — L'Autrichienne en goguettes — La Confession de Marie-Antoinette — Bordel royal — Bordel patriotique — Grande fête donnée par les maquerelles de Paris — Fureurs utérines de Marie-Antoinette — Les Adieux de La Fayette ou Cadet Capet à Antoinette — Les Adieux de la reine à ses mignons et mignonnes — Les nouvelles du ménage royal sens dessus dessous — La Journée amoureuse *(1 volume)*

AUDOUARD, Yvan

Tous les contes de ma Provence : Ma Provence à moi — Le Trésor des Alpilles — Bons baisers de Fontvieille — Les Cigales d'avant la nuit — Lettres de mon pigeonnier — L'Heure d'été — L'Apprenti fada — Le Noble Jeu provençal — Camargue — Almanach égoïste à l'usage de quelques-uns — La Vérité du dimanche — Le Sabre de mon père — La Cabane de mon père *(1 volume)*

BALZAC, Honoré de

Premiers romans : 1822-1825 *(2 volumes)* : *Tome 1* : L'Héritière de Birague — Jean Louis, ou la Fille trouvée — Clotilde de Lusignan, ou le Beau Juif — Le Centenaire, ou les Deux Beringheld — *Tome 2* : La Dernière Fée, ou la Nouvelle Lampe merveilleuse — Le Vicaire des Ardennes — Annette et le Criminel — Wann-Chlore

Lettres à Madame Hanska *(2 volumes sous coffret)* : *Tome 1* : 1832-1844 — *Tome 2* : 1844-1850

BARBEY D'AUREVILLY, Jules

Une vieille maîtresse — L'Ensorcelée — Un prêtre marié — Les Diaboliques — Une page d'histoire *(1 volume)*

BARRÈS, Maurice

Romans et voyages *(2 volumes)* : *Tome 1* : Le Culte du Moi : Sous l'œil des Barbares. Un homme libre. Le Jardin de Bérénice — L'Ennemi des lois — Du Sang, de la volupté et de la mort — Le Roman de l'énergie nationale — *Tome 2* : Amori et dolori sacrum — Les Amitiés françaises — Les Bastions de l'Est — Le Voyage de Sparte — Greco ou le Secret de Tolède — La Colline inspirée — Un jardin sur l'Oronte — Le Mystère en pleine lumière

BENOIT, Pierre

Romans : Kœnigsmark — L'Atlantide — Pour Don Carlos — Le Puits de Jacob — Le Roi lépreux — Le Désert de Gobi *(1 volume)*

BIBLIOTHEQUE BLEUE (LA)

Littérature de colportage *(1 volume)*

BIOY CASARES, Adolfo

Romans : L'Invention de Morel — Plan d'évasion — Le Songe des héros — Journal de la guerre au cochon — Dormir au soleil — Un photographe à La Plata — Un champion fragile — Un autre monde *(1 volume)*

BLONDIN, Antoine

L'Europe buissonnière — Les Enfants du bon Dieu — L'Humeur vagabonde — Un singe en hiver — Monsieur Jadis — Quat' saisons — Certificats d'études — Ma vie entre les lignes — L'Ironie du sport *(1 volume)*

BLOY, Léon

Journal *(2 volumes)* : *Tome 1* : 1892-1907 : Le Mendiant Ingrat — Mon Journal — Quatre Ans de captivité à Cochons-sur-Marne — L'Invendable — *Tome 2* : 1907-1917 : Le Vieux de la Montagne — Le Pèlerin de l'Absolu — Au seuil de l'Apocalypse — La Porte des Humbles

BOULGAKOV, Mikhaïl

La Garde blanche — La Vie de monsieur de Molière — Le Roman théâtral — Le Maître et Marguerite *(1 volume)*

BRONTË, Anne, Charlotte, Emily et Patrick Branwell

Œuvres *(3 volumes)* : *Tome 1* : E. Brontë : Wuthering Heights — A. Brontë : Agnès Grey — C. Brontë : Villette — *Tome 2* : C. Brontë : Jane Eyre — A. Brontë : La Châtelaine de Wildfell Hall — C. Brontë : Le Professeur — *Tome 3* : C. Brontë : Shirley ; Caractères des hommes célèbres du temps présent ; Albion et Marina ; Le Grand Monde à Verdopolis ; Le Sortilège ; Quatre Ans plus tôt — P. B.Brontë : Magazine (juin) (juillet) ; L'Histoire des jeunes hommes ; Le Pirate ; The Monthly Intelligencer ; La Mort de Mary Percy ; « Et ceux qui sont las se reposent »

BUZZATI, Dino

Œuvres : Bàrnabo des Montagnes — Le Secret du Bosco Vecchio — Le Désert des Tartares — Petite Promenade — Les Sept Messagers — La Fameuse Invasion de la Sicile par les ours — Panique à la Scala — Un cas intéressant *(1 volume)*

CAMÕES, Luís de

Les Lusiades *(1 volume)*

CARCO, Francis

Romans: Jésus-la-Caille — Les Innocents — L'Équioe — Rien qu'une femme — L'Homme traqué — Verotchka l'étrangère ou le Goût du malheur — Perversité — Rue Pigalle — La Rue — L'Ombre — Lumière noire — Brumes *(1 volume)*

CARROLL, Lewis

Œuvres *(2 volumes sous coffret)* : *Tome 1* : Les Aventures d'Alice sous terre — Les Aventures d'Alice au pays des merveilles — De l'autre côté du miroir et ce qu'Alice y trouva — Le Frelon à perruque — Alice racontée aux petits enfants — Autour du pays des merveilles — Lettres à ses amies-enfants — Petites Filles en visite — Jeux, casse-tête, inventions — Les Feux de la rampe — Fantasmagorie et poésies diverses — Journaux — *Tome 2* : La Chasse au Snark — Sylvie et Bruno — Tous les contes et nouvelles — Une histoire embrouillée — Le Magazine du presbytère — Le Parapluie du presbytère — Méli-Mélo — Logique sans peine — La Vie à Oxford — Essais et Opinions

CASANOVA

Histoire de ma vie *(3 volumes sous coffret) : Tome 1 :* Volumes 1 à 4 — Annexes : A la recherche de trois femmes — Théologie et religion — Philosophie et morale — Amour du beau — Le pédagogue — *Tome 2 :* Volumes 5 à 8 — Annexes : L'évasion des Plombs — L'Icosameron — A propos des œuvres de Bernardin de Saint-Pierre — Sur la loterie — La Kabbale — Casanova économiste — *Tome 3 :* Volumes 9 à 12 : Annexes : Casanova après les Mémoires — Derniers textes de Casanova

COLETTE

Romans, récits, souvenirs *(3 volumes)* : *Tome 1* : (1900-1919), Claudine à l'école — Claudine à Paris — Claudine en ménage — Claudine s'en va — La Retraite sentimentale — Les Vrilles de la vigne — L'Ingénue libertine — La Vagabonde — L'Envers du music-hall — L'Entrave — La Paix chez les bêtes — Les Heures longues — Dans la foule — Mitsou — *Tome 2* : (1920-1940) : Chéri — La Chambre éclairée — Le Voyage égoïste — La Maison de Claudine — Le Blé en herbe — La Femme cachée — Aventures quotidiennes — La Fin de Chéri — La Naissance du jour — La Seconde — Sido — Douze Dialogues de bêtes — Le Pur et l'Impur — Prisons et Paradis — La Chatte — Duo — Mes apprentissages — Bella-Vista — Le Toutounier — Chambre d'hôtel — *Tome 3* : (1941-1949), *suivi de* Critique dramatique (1934-1938) : Journal à rebours — Julie de Carneilhan — De ma fenêtre — Le Képi — Trois... six... neuf... — Gigi — Belles Saisons — L'Étoile Vesper — Pour un herbier — Le Fanal bleu — Autres bêtes — En pays connu — La Jumelle noire

COURTELINE, Georges

Théâtre, contes, romans et nouvelles, philosophie, écrits divers et fragments retrouvés : Théâtre : Boubouroche — La Peur des coups — Un client sérieux — Hortense couche-toi ! — Monsieur Badin — Théodore cherche des allumettes — La Voiture versée — Les Boulingrin — Le gendarme est sans pitié — Le commissaire est bon enfant — L'Article 330 — Les Balances — La Paix chez soi — Mentons bleus — Contes : Le Miroir concave — Lieds de Montmartre — Dindes et grues — Les Miettes de la table — Scènes de la vie de bureau — Les Fourneaux — L'Ami des lois — Romans et nouvelles : Messieurs les ronds de cuir — Les Linottes — Le Train de 8 h 47 — Les Gaîtés de l'escadron — Philosophie — Écrits et fragments retrouvés : Pochades et chroniques — L'Affaire Champignon — Rimes — X..., roman impromptu *(1 volume)*

CROISADES ET PÈLERINAGES

Récits, chroniques et voyages en Terre sainte, XIIe-XVIe siècle : Chansons de croisades — La Chanson d'Antioche — La Conquête de Jérusalem — Le Bâtard de Bouillon — Saladin — Chronique de la croisade — La Conquête de Constantinople — La Fleur des histoires de la Terre d'Orient — Traité sur le passage en Terre sainte — Récits de pèlerinages — Récits de voyages hébraïques — Le Livre de Messire Jean de Mandeville *(1 volume)*

DAUDET, Léon

Souvenirs et Polémiques : Souvenirs — Député de Paris — Paris vécu — Le Stupide XIXe Siècle *(1 volume)*

DICKENS, Charles

Les Grandes Espérances — Le Mystère d'Edwin Drood — Récits pour Noël *(1 volume)*

DIDEROT, Denis

Œuvres *(5 volumes)* : *Tome 1 :* Philosophie : Pensées philosophiques — Addition aux Pensées philosophiques — De la suffisance de la religion naturelle — La Promenade du sceptique — Lettre sur les aveugles — Additions à la Lettre sur les aveugles — Encyclopédie — Suite de l'apologie de M. l'abbé de Prades — Pensées sur l'interprétation de la nature — Le Rêve de d'Alembert — Principes philosophiques sur la matière et le mouvement — Observations sur Hemsterhuis — Réfutations d'Hélvétius — Entretien d'un philosophe avec la maréchale de *** — Sur les femmes — Essai sur les règnes de Claude et de Néron — Éléments de physiologie — *Tome 2 :* Contes : Les Bijoux indiscrets — L'Oiseau blanc, conte bleu — La Religieuse — Mystification — La Vision de M. de Bignicours — Les Deux Amis de Bourbonne — Entretien d'un père avec ses enfants — Ceci n'est pas un conte — Madame de La Carlière — Supplément au Voyage de Bougainville — Satyre première — Lui et moi — Le Neveu de Rameau — Jacques le Fataliste — *Tome 3 :* Politique : Articles de politique tirés de l'*Encyclopédie* — Lettre sur le commerce de la librairie — Apologie de l'abbé Galiani — L'Anti-Frédéric — Mélanges philosophiques, historiques, etc. pour Catherine II — Plan d'une université — Observations sur le Nakaz — Contributions à l'histoire des deux Indes — Lettre apologétique de l'abbé Raynal à Monsieur Grimm — *Tome 4 :* Esthétique-Théâtre :

Esthétique : Lettre sur les sourds et muets — Additions à la Lettre sur les sourds et muets — Traité du beau — Articles d'esthétique tirés de l'*Encyclopédie* — Au petit prophète de Boehmischbroda — Les Trois Chapitres — Éloge de Richardson — Les Salons de 1759, 1761, 1763, 1765, 1767, 1769, 1771, 1775 et 1781 — Pensées détachées sur la peinture, la sculpture et la poésie — Théâtre : Le Fils naturel — Entretiens sur Le Fils naturel — Le Père de famille — De la poésie dramatique — Sur Térence — Paradoxe sur le comédien — Est-il bon? Est-il Méchant? — *Tome 5* : Correspondance

DUMAS, Alexandre

Mes mémoires *(2 volumes sous coffret)* : *Tome 1* : (1802-1830) — *Tome 2* : (1830-1833) *suivi d'un* Quid d'Alexandre Dumas

Mémoires d'un médecin *(3 volumes) : Tome 1* : Joseph Balsamo, *suivi d'un* Dictionnaire des personnages — *Tome 2* : (1830-1833) Le Collier de la reine, Ange Pitou — *Tome 3* : La Comtesse de Charny — Le Chevalier de Maison-Rouge

Les Mousquetaires *(3 volumes)* : *Tome 1* : Les Trois Mousquetaires — Vingt ans après, *précédé d'un* Dictionnaire des personnages — *Tomes 2 et 3* : Le Vicomte de Bragelonne

Les Valois *(2 volumes) : Tome 1* : La Reine Margot — La Dame de Monsoreau, *précédé d'un* Dictionnaire des personnages — *Tome 2* : Les Quarante-Cinq, *suivi des* Adaptations théâtrales.

Le Comte de Monte-Cristo *(1 volume)*

ÉRASME

Éloge de la folie — Adages — Colloques — Réflexions sur l'art, l'éducation, la religion, la guerre, la philosophie — Correspondance, *précédé d'un* Dictionnaire d'Érasme et de l'humanisme

FONTANE, Theodor

Errements et Tourments — Jours disparus — Frau Jenny Treibel — Effi Briest *(1 volume)*

GALSWORTHY, John

Histoire des Forsyte *(2 volumes)* : *Tome 1* : La Saga des Forsyte — *Tome 2* : Comédie moderne — Fin de chapitre

GAUTIER, Théophile

La Cafetière — Omphale — Les Jeunes-France — Mademoiselle de Maupin — La Morte amoureuse — La Chaîne d'or — Fortunio — La Pipe d'opium — Une nuit de Cléopâtre — La Toison d'or — Le Pied de momie — La Mille et Deuxième Nuit — Le Roi Candaule — Le Club des hachichins — Arria Marcella — Avatar — Jettatura — Le Roman de la momie — Le Capitaine Fracasse — Spirite *(1 volume)*

GONCOURT, Edmond et Jules de

Journal. Mémoires de la vie littéraire, 1851-1896 *(3 volumes sous coffret)*

Les Maîtresses de Louis XV. Et autres portraits de femmes *(1 volume)*

GRAND-GUIGNOL (LE)

Le théâtre des peurs de la Belle Époque *(1 volume)*

GROSSMAN, Vassili

Vie et destin — La Madone Sixtine — Le Repos éternel — Le Phosphore — La Route — Abel. Le six août — Tiergarten — Maman — À Kislovodsk — Tout passe *(1 volume)*

HARRISON, Jim

Wolf, Mémoires fictifs — Un bon jour pour mourir — Nord-Michigan — Légendes d'automne — Sorcier *(1 volume)*

HOMÈRE

L'Iliade et l'Odyssée *(1 volume)*

HUGO, Victor

Roman *(3 volumes)* : *Tome 1* : Han d'Islande — Bug-Jargal — Le Dernier Jour d'un condamné — Notre-Dame de Paris — Claude Gueux — *Tome 2* : Les Misérables — *Tome 3* : L'Archipel de la Manche — Les Travailleurs de la mer — L'homme qui rit — Quatrevingt-treize

Poésie *(4 volumes)* : *Tome 1* : Premières publications — Odes et Ballades — Les Orientales — Les Feuilles d'Automne — Les Chants du Crépuscule — Les Voix intérieures — Les Rayons et les Ombres — *Tome 2* : Châtiments — Les Contemplations — La Légende des Siècles, première série — Les Chansons des rues et des bois — La Voix de Guernesey — *Tome 3* : L'Année terrible — La Légende des siècles, nouvelle série — La Légende des siècles dernière série — L'Art d'être grand-père — Le Pape — La Pitié suprême — Religions et Religion — L'Âne — Les Quatre Vents de l'esprit — *Tome 4* : La Fin de Satan — Toute la lyre — Dieu — Les Années funestes — Dernière Gerbe — Océan vers

Théâtre *(2 volumes)* : *Tome 1* : Cromwell — Amy Robsartl — Hernani — Marion de Lorme — Le roi s'amuse — Lucrèce Borgia — Marie Tudor — Angelo, tyran de Padoue — La Esmeralda — *Tome 2*: Ruy Blas — Les Burgraves — Torquemada — Théâtre en liberté — Les Jumeaux — Mille francs de récompense — L'Intervention

Politique : Paris — Mes fils — Actes et paroles I — Actes et paroles II — Actes et paroles III — Actes et paroles IV — Testament littéraire — Préface à l'édition *ne varietur (1 volume)*

Critique : Préface de *Cromwell* — Littérature et philosophie mêlées — William Shakespeare — Proses philosophiques des années 60-65 *(1 volume)*

Histoire : Napoléon le Petit — Histoire d'un crime — Choses vues *(1 volume)*

Voyages : Le Rhin — Fragment d'un voyage aux Alpes — France et Belgique — Alpes et Pyrénées — Voyages et excursions — Carnets 1870-1871 *(1 volume)*

Chantiers : Notre-Dame de Paris — Châtiments — La Fin de Satan (fragment) — Dieu (fragment) — Le Dossier des Misérables — Autour des Chansons des rues et des bois — Fragments critiques — Fragments dramatiques *(1 volume)*

Océan : Océan prose — Philosophie prose — Faits et croyances — Moi, l'amour, la femme — Philosophie vers — Plans et projets *(1 volume)*

Correspondance familiale et écrits intimes, 1802-1839 *(2 volumes)*

HUYSMANS, Joris-Karl

Romans : Marthe — Les Sœurs Vatard — Sac au dos — En ménage — À vau-l'eau — À rebours — En rade — Un dilemme — La Retraite de monsieur Bougran *(1 volume)*

JAMES, Henry

Daisy Miller — Les Ailes de la colombe — Les Ambassadeurs *(1 volume)*

JARRY, Alfred

Œuvres : Les Minutes de sable mémorial — César Antechrist — Poèmes de jeunesse — Écrits sur l'art — L'Ymagier — Perhinderion — Ubu roi — Ubu enchaîné — Ubu cocu — Ubu sur la butte — Almanach du père Ubu — Gestes et opinions du Dr Faustroll, pataphysicien — Les jours et les Nuits — L'Amour en visites — L'Amour absolu — L'autre Alceste — Messaline — Le Surmâle — Poèmes — La Chandelle verte — La Dragonne *(1 volume)*

KIERKEGAARD, Søren

Œuvres : L'Alternative (Ou bien… Ou bien…) — La Répétition (La Reprise) — Stades sur le chemin de la vie — La Maladie à la mort *(1 volume)*

LABICHE, Eugène

Théâtre *(2 volumes)* : *Tome 1* : Rue de l'Homme-Armé n° 8 bis — Embrassons-nous, Folleville ! — Un garçon de chez Véry — La Fille bien gardée — Un chapeau de paille d'Italie — Un monsieur qui prend la mouche — Le Misanthrope et l'Auvergnat — Edgard et sa bonne — Le Chevalier des dames — Mon Isménie — Si jamais je te pince… ! — L'Affaire de la rue de Lourcine — L'Avocat d'un grec — Voyage autour de ma marmite — La Sensitive — Les Deux Timides — Le Voyage de monsieur Perrichon — Les Vivacités du capitaine Tic — Le Mystère de la rue Rousselet — La Poudre aux yeux — *Tome 2* : La Station Champbaudet — Les 37 sous de M. Montaudoin — La Dame au petit chien — Permettez, madame !… — Célimare le bien-aimé — La Cagnotte — Moi — Premier Prix de piano — Un pied dans le crime — La Grammaire — Les Chemins de fer — Le Papa du prix d'honneur — Le Dossier de Rosafol — Le Plus Heureux des trois — Doit-on le dire ? — 29 degrés à l'ombre — Garanti dix ans — Madame est trop belle — Les trente millions de Gladiator — Un mouton à l'entresol — Le Prix Martin — La Cigale chez les fourmis

LAWRENCE, T. E.

Œuvres *(2 volumes) : Tome* 1 : Dépêches secrètes d'Arabie — Correspondance et autres textes — *Tome 2* : Les Sept Piliers de la sagesse

LE BRAZ, Anatole

Magies de la Bretagne *(2 volumes)* : *Tome 1* : La Bretagne à travers l'Histoire — La Légende de la mort chez les Bretons armoricains — Récits de passants — Vieilles Histoires du pays breton — Pâques d'Islande — Contes du soleil et de la brume — Les Saints bretons — Au pays des pardons — *Tome 2* : Le Gardien du feu — Le Sang de la Sirène — Âmes d'Occident — Chansons populaires de la Basse-Bretagne — Le Théâtre celtique — Cognomerus et sainte Tréfine — Croquis de Bretagne et d'ailleurs — Vieilles Chapelles de Bretagne — Îles bretonnes — La Terre du passé

LÉGENDE ARTHURIENNE (LA)

Le Graal et la Table Ronde : Perceval le Gallois, par Chrétien de Troyes — Perlesvaus — Merlin et Arthur, attribué à Robert de Boron — Le Livre de Caradoc — Le Chevalier à l'épée — Hunbaut — La Demoiselle à la mule, attribué à Païen de Maisières — L'Âtre périlleux — Gliglois — Méraugis de Portlesguez, par Raoul de Houdenc — Le Roman de Jaufré — Blandin de Cornouaille — Les Merveilles de Rigomer — Méliador, par Jean Froissart — Le Chevalier au Papegau *(1 volume)*

LEVI, Primo

Œuvres : Si c'est un homme — La Trêve — Le Système périodique — La Clé à molette — Maintenant ou jamais — Conversations et entretiens *(1 volume)*

LOTI, Pierre

Voyages (1872-1913) : L'Ile de Pâques — Une relâche de trois heures — Mahé des Indes — Obock (en passant) — Japoneries d'automne — Au Maroc — Constantinople en 1890 — Le Désert — Jérusalem — La Galilée — L'Inde (sans les Anglais) — Les Pagodes d'or — En passant à Mascate — Vers Ispahan — Les Derniers Jours de Pékin — Un pèlerin d'Angkor — La Mort de Philae — Suprêmes visions d'Orient *(1 volume)*

MAUPASSANT, Guy de

Contes et nouvelles. Romans *(2 volumes)* : *Tome 1* : Quid de Guy de Maupassant — Contes divers (1875-1880) — La Maison Tellier — Contes divers (1881) — Mademoiselle Fifi — Contes divers (1882) — Contes de la Bécasse — Clair de lune — Contes divers (1883) — Une vie — Miss Harriet — Les Sœurs Rondoli — *Tome 2* : Yvette — Contes divers (1884) — Contes du jour et de la nuit — Bel-Ami — Contes divers (1885) — Toine — Monsieur Parent — La Petite Roque — Contes divers (1886) — Le Horla — Contes divers (1887) — Le Rosier de Mme Husson — La Main gauche — Contes divers (1889) — L'Inutile Beauté

MAUROIS, André

Prométhée ou la Vie de Balzac — Olympio ou la Vie de Victor Hugo — Les Trois Dumas *(1 volume)*

MÉLANCOLIES

De l'Antiquité au XXe siècle. Anthologie critique et commentée *(1 volume)*

MERCIER, Louis Sébastien et RESTIF DE LA BRETONNE

Paris le jour, Paris la nuit : Tableau de Paris — Les Nuits de Paris *(1 volume)*

MILLE ET UNE NUITS (LES)

Dans la traduction du Dr J.-C. Mardrus *(2 volumes)*

MONTESQUIEU

Pensées — Le Spicilège *(1 volume)*

MORALISTES DU XVIIe SIÈCLE (LES)

La Rochefoucauld : Maximes et réflexions diverses — Mme de Sablé : Maximes — Abbé d'Ailly : Pensées diverses — Étienne de Vernage : Nouvelles Réflexions — Pascal : Pensées — Jean Domat : Pensées; Discours sur les passions de l'amour — La Bruyère : Les Caractères — Dufresny : Amusements sérieux et comiques *(1 volume)*

MORAND, Paul

Voyages : Paris-Tombouctou — Hiver caraïbe — Le Rhône en hydroglisseur ou un Mississippi sans crocodiles — New York — Londres — Le Nouveau Londres — Bucarest — Méditerranée, mer des surprises — L'Europe russe annoncée par Dostoïevski — Le Voyage *(1 volume)*

NIETZSCHE, Friedrich

Œuvres *(2 volumes)* : *Tome 1* : La Naissance de la tragédie — Considérations inactuelles — Humain, trop humain — Aurore — *Tome 2* : Le Gai Savoir — Ainsi parlait Zarathoustra — Par-delà le bien et le mal — La Généalogie de la morale — Le Cas Wagner — Le Crépuscule des idoles — L'Antéchrist — Ecce homo — Nietzsche contre Wagner — Dithyrambes de Dionysos

PEPYS, Samuel

Journal (1660-1669) *(2 volumes sous coffret)*

POE, Edgar Allan

Contes, essais, poèmes *(1 volume)*

PROUST, Marcel

À la recherche du temps perdu *(3 volumes)* : *Tome 1* : Du côté de chez Swann — A l'ombre des jeunes filles en fleurs, *précédé d'un* Quid de Marcel Proust — *Tome 2* : Le Côté de Guermantes — Sodome et Gomorrhe — *Tome 3* : La Prisonnière — La Fugitive — Le Temps retrouvé

RÉCITS D'AMOUR ET DE CHEVALERIE (XIIe-XVe siècle)

Pirame et Tisbé — Narcisse — Ipomédon — Protheselaüs — Floris et Lyriopé — Joufroi de Poitiers — Le Roman de Silence — Durmart le Gallois — Le Roman du comte d'Anjou — Ponthus et Sidoine — Histoire d'Olivier de Castille et Artus d'Algarbe — Histoire de Jason *(1 volume)*

RÉCITS DE CAMPAGNE ET DE CHASSE

La Vie à la campagne d'un gentilhomme picard à la fin du XVIe siècle — Laurent Labruyerre : Les Ruses du braconnage mises à découvert ou Mémoires et instructions sur la chasse et le braconnage ; Mémoires d'un braconnier — Melchior de Savigny : Un jour de chasse à Lorcy — John Delegorgue-Cordier : La Chasse au tir — Elzéar Blaze : Le Chasseur conteur — Théophile Deyeux : Tablettes de Saint-Hubert, ses commandements, ses aphorismes — Adophe d'Houdetot : Le Chasseur rustique — Théodore de Foudras : Les Gentilshommes chasseurs ; Les Veillées de Saint-Hubert — Léon Bertrand : Tonton Tontaine Tonton — Charles Jobey : La Chasse et la Table — Alphonse Daudet : Lettres de mon moulin ; Contes du lundi — Jules Verne : Dix heures en chasse — Guy de Maupassant : Quelques contes — Florian de Pharaon : Le Fusil sur l'épaule — Gustave Black : Le Château de la Baraque. Roman de chasse et de sport — Alexandre Dumas : Coups de fusil — Henri Gourdon de Genouillac : L'Église et la Chasse — André Theuriet : Contes pour les soirs d'hiver — Paul Arèbe : Contes de Paris et de Provence — Étienne Grosclaude : Les Joies du plein air — Gaspard de Cherville : Récits de terroir — Paul Bilhaud : Les Vacances de Bob et Lisette illustrées par Job — Jules Renard : Histoires naturelles — Gyp : Sportmanomanie — Jean Marbel : Histoires de chasseurs — Louis Pergaud : Le Roman de Miraut, chien de chasse — E. Descours : En quête dans le Velay. Clo-Grand Feutre et Foulard rouge. Notes, impressions de chasse et de la vie au grand air *(1 volume)*

RENAN, Ernest

Histoire et Parole. *Morceaux choisis* de : Correspondance — Lettres intimes — Cahiers de jeunesse — Fragments intimes — L'Avenir de la science — Essais de morale et de critique — Vie de Jésus — Les Apôtres — Saint Paul — L'Antéchrist — L'Église chrétienne — Marc-Aurèle — La Réforme intellectuelle et morale — Dialogues philosophiques — Drames philosophiques — Examen de conscience philosophique — Souvenirs d'enfance et de jeunesse — Feuilles détachées — Histoire du peuple d'Israël — Conférences d'Angleterre *(1 volume)*

Histoires des origines du christianisme *(2 volumes sous coffret)* : *Tome 1 :* Vie de Jésus — Les Apôtres — Saint Paul, *précédé d'un* Dictionnaire de Renan — *Tome 2 :* L'Antéchrist — Les Évangiles — L'Église chrétienne — Marc-Aurèle

RENARD, Jules

Journal (1887-1910) *(1 volume)*

RESTIF DE LA BRETONNE

Romans *(2 volumes)* : *Tome 1* : Le Pied de Fanchette — Le Paysan perverti — La Jolie Polisseuse. La Jolie Fourbisseuse. La Jolie Boursière. La Belle Imagère. La Petite Coureuse (*extraites de* Les Contemporaines du commun) — *Tome 2* : La Vie de mon père — La Femme de laboureur — La Femme infidèle — Ingénue Saxancour — L'Épouse d'homme veuf — La Dernière Aventure d'un homme de quarante-cinq ans — La Fille de mon hôtesse

ROMAINS, Jules

Les Hommes de bonne volonté *(4 volumes)* : *Tome 1*: Le 6 octobre — Crime de Quinette — Les Amours enfantines — Éros de Paris — Les Superbes — Les Humbles — Recherche d'une Église — *Tome 2* : Province — Montée des périls — Les Pouvoirs — Recours à l'abîme — Les Créateurs — Mission à Rome — Le Drapeau noir — *Tome 3*: Prélude à Verdun — Verdun — Vorge contre Quinette — La Douceur de la vie — Cette grande lueur à l'Est — Le monde est ton aventure — Journées dans la montagne — *Tome 4* :Les Travaux et les Joies — Naissance de la bande — Comparutions — Le Tapis magique — Françoise — Le 7 octobre

ROMANS DE CIRQUE

Jules Claretie : Le Train 17, *suivi de* Boum-Boum — Edmond de Goncourt : Les Frères Zemganno — Rodolphe Darzens : Ukko'Till — Gustave Kahn : Le Cirque solaire — Félicien Champsaur : Lulu — Gustave Coquiot : Histoire de deux clowns et d'une petite écuyère *(1 volume)*

ROMANS DE FEMMES DU XVIIIe SIÈCLE

Mme de Tencin : Mémoires du comte de Comminge — Mme de Graffigny : Lettres d'une Péruvienne — Mme Riccoboni : Lettres de mistriss Fanni Butlerd — Mme de Charrière : Lettres de mistriss Henley ; Lettres neuchâteloises ; Lettres écrites de Lausanne — Olympe de Gouges : Mémoire de Mme de Valmont — Mme de Souza : Adèle de Sénanges — Mme Cottin : Claire d'Albe — Mme de Genlis : Mademoiselle de Clermont — Mme de Krüdener : Valérie — Mme de Duras : Ourika ; Édouard *(1 volume)*

ROMANS FIN-DE-SIÈCLE (1890-1900)

Jean Bertheroy : Le Mime Bathylle — Jean Lorrain : Monsieur de Bougrelon — Louis Dumur : Albert — Catulle Mendès : Le Chercheur de tares — Georges Eekhoud : Escal-Vigor — Rachilde : Les Hors Nature — Camille Mauclair : Le Soleil des morts *(1 volume)*

ROMANS LIBERTINS DU XVIIIe SIÈCLE

Crébillon fils : Les Égarements du cœur et de l'esprit — Charles Pinot Duclos : Les Confessions du comte de *** — Godard d'Aucour : Thémidore ou Mon histoire et celle de ma maîtresse — La Morlière : Angola, histoire indienne — Voisenon : Le Sultan Misapouf - Histoire de la félicité — Boyer d'Argens : Thérèse philosophe ou Mémoires pour servir à l'histoire du père Dirrag et de mademoiselle Éradice — Fougeret de Monbron : Margot la ravaudeuse — François-Antoine Chevrier : Le Colporteur — Claude-Joseph Dorat : Les Malheurs de l'inconstance — Andréa de Nerciat : Félici ou Mes fredaines — Vivant Denon : Point de lendemain *(1 volume)*

SAGAN, Françoise

Bonjour tristesse — Un certain sourire — Dans un mois, dans un an — Château en Suède — Aimez-vous Brahms... — Les Merveilleux Nuages — La Chamade — Le Garde du cœur — Un peu de soleil dans l'eau froide — Des bleus à l'âme — Le Lit défait — Le Chien couchant — La Femme fardée — La Laisse — Les Faux-fuyants *(1 volume)*

SAINTE-BEUVE

Portraits littéraires *(1 volume)*

Port-Royal *(2 volumes sous coffret)*

SAND, George

Consuelo — La Comtesse de Rudolstadt *(1 volume)*

SEGALEN, Victor

Œuvres complètes *(2 volumes)* : *Tome 1* : *Cycle des apprentissages :* Les Cliniciens ès lettres — Les Synesthésies et l'école symboliste — Essai sur soi-même — Journal de voyage — *Cycle Polynésien :* Les Immémoriaux — Gauguin dans son dernier décor — Le Maître-du-Jouir — Hommage à Gauguin — La Marche du feu — Pensers païens — Journal des îles — Le Double Rimbaud — Vers les sinistrés — Hommage à Saint-Pol-Roux — *Cycle musical et orphique :* Voix mortes : Musiques maori — Dans un monde sonore — Siddhârtha — Entretiens avec Debussy — Orphée-Roi — Gustave Moreau, maître imagier de l'orphisme — Queques musées par le monde — *Cycle des ailleurs et du bord du chemin :* Essai sur l'exotisme — Essai sur le mystérieux — Imaginaires — Un grand fleuve — Briques et Tuiles — Feuilles de routes — *Tome 2* : *Cycle chinois :* Stèle — Peintures — Équipée — le Fils du Ciel — René Leys — Odes — Thibet — Le Combat pour le sol — Lettre X — Sites — *Cycle archéologique et sinologique :* Chine. La Grande Statuaire — Les Origines de la statuaire de Chine — Chez le président de la République chinoise — Une conversation avec Yuan-Che-K'ai — Rapport de M. Victor Segalen sur les résultats archéologiques de la mission Voisins, Lartigue et Segalen — Premier exposé des résultats archéologiques obtenus dans la Chine occidentale par la mission Voisins, Lartigue et Segalen — Sépultures des dynasties chinoises du Sud — Le Tombeau du fils du roi de Wou — La Queste à la Licorne

SÉGUR, comtesse de

Œuvres *(3 volumes sous coffret)* : *Tome 1* : Lettres à son éditeur — Nouveaux Contes de fées — Les Petites Filles modèles — Les Malheurs de Sophie — Les Vacances — Mémoires d'un âne — Pauvre Blaise, *suivi d'un* dictionnaire de la Comtesse de Ségur — *Tome 2* : La Sœur de Gribouille — Les Bons Enfants — Les Deux Nigauds — L'Auberge de l'Ange Gardien — Le Général Dourakine — François le Bossu — Comédies et Proverbes — Un bon petit diable — *Tome 3* : Jean qui grogne et Jean qui rit — La Fortune de Gaspard — Quel amour d'enfant ! — Le Mauvais Génie — Diloy le chemineau — Après la pluie le beau temps — La Santé des enfants

SÉNÈQUE

Entretiens et Lettres à Lucilius *(1 volume)*

SHAKESPEARE

Œuvres complètes *(8 volumes)*

Tragédies *(2 volumes sous coffret)* : *Tome 1 :* Titus Andronicus — Roméo et Juliette — Jules César — Hamlet — *Tome 2* : Othello — Timon d'Athènes — Roi Lear — Macbeth — Antoine et Cléopâtre — Coriolan

Histoires *(2 volumes sous coffret)* : *Tome 1 :* Le Roi Jean — Richard II — 1 Henri IV — 2 Henri IV — Henri V — *Tome 2* : 1 Henri VI — 2 Henri VI — 3 Henri VI — Richard III — Henri VIII — Sir Thomas More

Comédies *(2 volumes sous coffret)* : *Tome 1* : Les Deux Gentilhommes de Vérone — La Mégère apprivoisée — La Comédie des erreurs — Peines d'amour perdues — Songe d'une nuit d'été — *Tome 2* : Le Marchand de Venise — Les Joyeuses commères de Windsor — Beaucoup de bruit pour rien — Comme il vous plaira — La Nuit des Rois

Tragicomédies et Poésies *(2 volumes sous coffret)* : *Tome 1* : Troïlus et Cresside — Mesure pour Mesure — Tout est bien qui finit bien — Cymbelin — Les Deux Nobles Cousins — *Tome 2* : Périclès — Le Conte d'hiver — La Tempête — Vénus et Adonis — Le Viol de Lucrèce — Sonnets — Complainte d'une amante — Poèmes divers — Musique des chansons de Shakespeare

SPLENDEURS DE LA COUR DE BOURGOGNE

Récits et chroniques : Baudouin de Flandre — La Belle Hélène de Constantinople — Gillion de Trazegnies — Le Cycle de la fille du comte de Ponthieu — Histoire du bon roi Alexandre — Faits du Grand Alexandre — Les Actions et paroles mémorables d'Alphonse, roi d'Aragon et de Naples — La Mort du Téméraire — Banquets, entremets et cuisine à la cour de Bourgogne — Les Vœux du faisan - — Le Pas du Perron fée — Le Livre des faits du bon chevalier messire Jacques de Lalaing *(1 volume)*

SUARÈS, André

Idées et Visions et autres écrits polémiques, philosophiques et critiques, 1897-1923 *(1 volume)*
Valeurs et autres écrits historiques, politiques et critiques, 1923-1948 *(1 volume)*

TCHÉKHOV, Anton

Œuvres *(3 volumes) : Tome 1 :* Théâtre complet : Platonov — Ivanov — Le Génie des bois — La Mouette — L'Oncle Vania — Les Trois sœurs — La Cerisaie — Sur la grand-route — Les Méfaits du tabac — Le Chant du cygne — L'Ours — La Demande en mariage — Tatiana Répina — Le Tragique malgré lui — Une noce — Le Jubilé, *précédé d'un* Dictionnaire de Tchékhov — *Tomes 2 et 3 à paraître*

THÉÂTRE DE LA CRUAUTÉ ET RÉCITS SANGLANTS,

Édition établie sous la direction de Christian Biet *(1 volume à paraître)*

TOULET, Paul-Jean

Œuvres complètes *(1 volume)*

TRAGIQUES GRECS (LES)

(2 volumes) : *Tome 1* : Eschyle : Les Perses ; Prométhée enchaîné ; Les Sept contre Thèbes ; Les Suppliantes ; L'Orestie : L'Agamemnon ; Les Choéphores ; Les Euménides — Sophocle : Ajax ; Les Trachiniennes ; Antigone ; Œdipe roi ; Électre ; Philoctète ; Œdipe à Colone — *Tome 2* : Euripide : Le Cyclope ; Alceste ; Médée ; Les Héraclides ; Hippolyte ; Andromaque ; Hécube ; Les Suppliantes ; Électre ; Héraclès ; Les Troyennes ; Iphigénie en Tauride ; Ion ; Hélène ; Les Phéniciennes ; Oreste ; Les Bacchantes ; Iphigénie à Aulis ; Rhésos

VIALATTE, Alexandre

Chroniques de La Montagne *(2 volumes)* : *Tome 1* : 1952-1961 — *Tome 2* : 1962-1971

VIEL CASTEL, Horace de

Mémoires sur le règne de Napoléon III, 1851-1864 *(1 volume)*

ZINOVIEV, Alexandre

Les Hauteurs béantes — L'Avenir radieux — Notes d'un veilleur de nuit *(1 volume)*

ZOLA, Émile

Les Rougon-Macquart *(5 volumes)* : *Tome 1* : La Fortune des Rougon — La Curée — Le Ventre de Paris — La Conquête de Plassans — *Tome 2* : La Faute de l'abbé Mouret — Son Excellence Eugène Rougon — L'Assommoir — Une page d'amour — *Tome 3* : Nana — Pot-Bouille — Au Bonheur des dames — La Joie de vivre — *Tome 4* : Germinal — L'Œuvre — La Terre — Le Rêve — *Tome 5 :* La Bête Humaine — L'Argent — La Débâcle — le Docteur Pascal

Dictionnaire d'Émile Zola : Sa vie, son œuvre, son époque *(1 volume)*

IMPRIMÉ EN ITALIE
PAR G. CANALE & C. S.p.A.
BORGARO TORINESE - TURIN